史明回憶錄
追求理想不回頭

著　　者　史明
責任編輯　周俊男
美術編輯　Nico
出 版 者　前衛出版社
10468台北市中山區農安街153號4樓之3
Tel：02-25865708　Fax：02-25863758
郵撥帳號：05625551
e-mail：a4791@ms15.hinet.net
http://www.avanguard.com.tw
出版總監　林文欽
法律顧問　南國春秋法律事務所
出版日期　2016年01月初版一刷
2019年10月初版六刷
總 經 銷　紅螞蟻圖書有限公司
台北市內湖區舊宗路二段121巷19號
Tel：02-27953656　Fax：02-27954100
定　　價　普藏版1500元

Printed in Taiwan　ISBN 978-957-801-788-7

獨立台灣會 史明

台北聯絡處：
新北市新莊區中平路110巷17號3樓
02-23632366 黃敏紅 李政忠

高雄聯絡處：
高雄市左營區文府路238巷7號
0933-302413 李銘崇

國家圖書館出版品預行編目(CIP)資料

史明回憶錄：追求理想不回頭／史明著.
－初版.－臺北市：前衛, 2016.01
1040面；17×23公分
ISBN 978-957-801-788-7(精裝)

1.史明 2.回憶錄

783.3886　　104024812

索引

(1) 人名 *1*
(2) 地名 *11*
(3) 組織 *13*
(4) 事件 *16*
(5) 理念 *17*
(6) 書刊 *19*

【人名】

兩畫

丁玲 287, 340

三畫

三浦環 251
三宅雪嶺 200, 210, 212
三宅清子 524, 539, 540
三輪壽壯 204, 206
山川均 194, 197, 198, 200, 222
山崎雄造 153
大頭連 441, 493, 499, 511, 763
大杉榮 200, 202, 257
大隈英麿 175
大隈重信 164, 171, 174-176, 179-181, 184, 190-192, 203, 206, 208, 250
大山郁夫 191, 193, 195-207, 209-215, 218, 222
大西邦敏 228, 255
大柴滋夫 225, 247, 248, 262, 271
大森義太郎 213, 217, 222
小野梓 175, 177, 179, 184, 208, 254
小川未明 199, 214
小林正之 227
小林躋造 170
小林多喜二 233
久保田明光 185, 255

四畫

尤清 480, 581
方方 278, 335
毛澤東 38, 278, 279, 285-289, 292-294, 296, 300-302, 304-306, 308-311, 313, 314, 316-318, 320, 321, 323, 325-340, 342-369, 373, 386, 387, 390, 391, 393, 398-401, 405-408, 418, 583, 614, 719, 721, 765, 828, 845, 850, 864
王明（陳紹禹） 308-311, 313-317, 320, 325
王文宏（史清台） 453, 469, 471, 493, 507, 528, 546, 548, 567, 580, 581, 584
王水柳 69, 412, 413, 438, 604
王克敏 283, 313
王廷宜 576
王秀惠 481, 482, 528, 531, 532, 535, 536, 540
王育德 438, 444-447, 467
王洪文 359, 365, 366
王秋森 453, 475, 477, 478, 543, 549, 551-553, 555, 556, 560-563, 567, 574, 575, 580, 581, 584, 593
王桂榮 552, 578
王泰澤 28
王能祥 543
王康陸 551, 574, 628
王敏川 103, 112, 822
王淑惠 69, 412, 413
王添灯 69, 438, 464, 573
王瑞華 562
王瑞霖（乙峰） 471, 507, 546, 548, 567, 578
王曉波 472, 675, 676
天野爲之 175, 177, 178, 181, 187
井上日召 169, 217, 220

井島六助　153
五來欣造　211, 256
中谷博　227
中江兆民　703, 835
中野登美雄　185, 190, 255
中澤半次郎　205
內ヶ崎作三郎　195, 199
巴哈（J.S. Bach）　121, 251
巴貝夫（F. Babeuf）　831
巴枯寧（M.A. Bakunin）　833, 857-860, 865
扎德金（O. Zadkine）　249

五畫

皮蛋　499, 511
左雄　456, 471-474, 477, 544, 545, 559, 562
伍英　446, 543
甘得中　106
石平　402, 406
石秋洋　559, 572, 581
石清正　439, 472, 555-557, 590
石煥長　104-106, 109, 148, 822
石川啄木　210, 211, 233
石橋湛山　193, 257
平賀協子　9, 284-287, 295, 329, 409, 411, 415-417, 427, 429, 430, 450
古屋員安　153
田中穗積　185-187, 189, 190, 209-211, 222
田健治郎　134, 135
市島謙吉　177, 178
布施辰治　198, 205, 206
北條誠　266
北原白秋　166, 231
北澤新次郎　185, 189, 193, 195-199, 202, 205, 206, 209, 210, 222, 256
矢內原忠雄　135, 162, 221
永井柳太郎　192, 214
史諾（E.P. Snow）　285, 387, 399
史懷哲（A. Schweitzer）　251
布朗基（L.A. Blanqui）　272, 831, 851, 862
加米涅夫（L. Kamenev）　899, 904, 905, 908, 911-913, 915, 928-930
布哈林（N.I. Bukharin）　198, 222, 303, 305, 307, 308, 313, 386, 823, 890, 897, 899-901, 904, 908, 912, 913, 915-917, 929, 930

六畫

朱斌　276
朱德　285, 296, 306, 308-310, 312, 314, 319, 321, 326-329, 331, 332, 334, 335, 337, 347, 348, 356, 360, 363, 366, 389, 393
老鼠　11, 471, 493, 500
安正光　482, 532
江青　285, 355-357, 360-366, 400
江丙坤　640, 641, 643, 646, 647, 655
江澤民　366, 378, 379, 381, 382, 488, 489
江鵬堅　479, 487, 534
池寶足　571
阮朝日　109
向忠發　306-308, 310
艾琳達　552, 575, 581
羽生功　153
寺西正衛　153
伊澤修二　130-132
伊藤博文　131, 175
吉野作造　193, 202
西條八十　166, 185, 228, 234, 256
安藤利吉　170, 462
安部磯雄　176, 195, 199, 204, 206, 214
安宅安五郎　248
伏龍芝（M. Frunze）　913, 914
考烏茨基（K. Kautsky）　258, 850, 869-871, 892
托洛茨基（L. Trotsky）　258, 303, 305, 307, 341, 343, 886, 890, 891, 896, 899-901, 904, 905, 907-917, 925, 929, 931, 933
米開朗基羅（Michelangelo）　249, 713
伏羅希洛夫（K. Voroshilov）　914, 924, 927
安托洛波夫（Y.V. Andropov）　942

七畫

阿成　475

阿富　475, 501
阿水仔　441, 493, 499, 763
李涼　92, 93
李喬　533, 649
李大釗　197, 302, 303, 304-306, 310
李友邦　277
李永熾　487, 488
李立三　307, 308, 325
李宗仁　283, 326, 331, 333, 334, 391, 408
李政忠（阿忠）　22, 26, 51, 147, 617, 620, 639, 696
李敏勇　623, 625, 770
李勝雄　482, 490, 534, 541, 596, 606, 633
李復禮　141, 143, 144
李登輝　530, 600, 604, 611, 635, 750, 759, 826
李萬居　465
李維漢　308, 334, 335, 354, 374
李慶雄　482, 596
李應元　478, 480, 582, 593, 627
李應章（李偉光）　277
李鎮源　141, 482, 487, 488, 490, 592, 596
邱上義　525, 586
邱永漢　447, 467, 472
邱坤土　69, 70, 172, 173
邱寒梅　69
邱義仁　480, 484, 486, 556, 575, 598
杜聰明　109, 141
余登發　465, 475
吳西　294
吳三連　465
吳文就　468, 469, 504, 506, 507
吳西面　576, 580, 589, 593
吳振南　467, 468
吳敬次　561, 581
吳鍾靈　466, 467
呂秀蓮　489, 575
呂國民　468, 469, 504, 507
何文燦　467, 468
何康美　517, 525, 566, 567, 587
何惠妃　552
宋美齡　81, 131, 146, 311, 322, 417
宋楚瑜　615, 616, 750
宋慶齡　278, 312, 323, 335
邵力子　304, 324, 333, 408
汪精衛　220, 276, 277, 280, 283, 313, 316-319, 321, 323, 412
佐野學　193-195, 197-200, 203, 217
近衛文磨　219, 221, 265
尾崎士郎　183, 184
貝山好美　107
折田克子　3, 768
阿部喜三雄　153
列寧（V. Lenin）　103, 194, 195, 197, 245, 258, 269, 287, 302-304, 325, 385, 718, 721, 850, 865, 871, 872, 883-896, 898-901, 904-914, 917, 919, 924, 925, 929, 930, 937, 939, 941, 942
李德（O. Braun）　309, 310
李可夫（A.I. Rykov）　899, 901, 915, 917, 929, 930
李沃夫（G. Lvov）　886-888
李嘉圖（D. Ricardo）　244, 832
克拉克（W.S. Clark）　38, 171
希特勒（A. Hitler）　170, 220, 901-903
里爾克（R.M. Rilke）　234, 238
貝多芬（L. Beethoven）　121, 239, 241, 251, 253
貝利亞（L.P. Beria）　342, 898, 932-934, 936-938, 943
克倫斯基（A.F. Kerensky）　887, 888, 891, 895
李卜克特希（W. Liebknecht，父）　856
李卜克特希（K. Liebknecht，子）　871, 885
克魯泡特金（P.A. Kropotkin）　833, 859, 860

八畫

林水　469
林彪　114, 289, 296, 309-312, 315, 316, 326-330, 333, 334, 344, 347, 348, 350, 352, 354-357, 359-367, 408, 409

林鐸（史明） 286, 295, 297, 327, 329, 330, 332, 409
林山田 382, 488, 490
林中禮 469, 504, 507
林少貓 159, 821
林文德 28, 517, 525, 543, 586-588
林木土 102, 103, 115, 141
林木順 270, 386, 823
林氏玉英 64, 116, 123, 124, 127, 145, 223, 418, 566
林氏阿滿 418, 566
林水泉 468, 469, 479, 504, 507, 583
林以文 440
林冬桂 29, 564
林台元 468, 551
林永生 479, 533
林西陸 438
林呈祿 103-106, 110, 148, 150, 159, 420, 447, 822
林孝信 394, 473, 544, 545
林見中 510, 513, 763, 764
林佳敏（Felicia Lin） 44, 670, 672, 673, 677, 696, 697
林宗義 376, 473, 592
林保華 765, 766
林建德 47, 52, 111
林施氏秀 70, 100, 115
林柏壽 103, 114
林茂生 109
林飛帆 43, 678, 680, 683-685
林哲台 478, 479, 575, 582, 590-593
林益謙 420, 447, 448
林啓旭 467, 469
林國詳 508
林國慶 478, 582
林爽文 75, 84, 97, 436, 681, 740, 746, 753, 819
林朝陽（松本一男） 8, 9, 70, 74, 277, 278, 428, 445, 447
林義雄（律師） 48, 475, 487, 528, 776
林義雄（學者） 571, 591
林榮來 471
林榮勳 542
林熊祥 162, 277
林熊徵 103
林翠雲 8, 127
林銀福 482, 532, 535
林樹森 282
林樹欉 506, 507
林濁水 484, 486, 592, 598
林衡道 277
林濟川 47, 54, 100, 102
林麗清 29, 564
林麗韞 392-394
林獻堂 103-105, 111, 112, 150, 152, 159, 462, 465, 681, 741, 748, 822
周浩 465, 500
周揚 292, 293, 354-356, 358
周實 575, 576, 583, 584, 589, 593
周英明 467
周恩來 278, 285, 289, 296, 306, 308, 310-315, 317, 324-329, 332, 334, 335, 337, 338, 348-350, 356, 359-368, 374, 376, 387-393, 400, 408, 827
周烒明 543, 573, 590
周婉窈 557
周敦人 477, 562, 582, 591
周慶安 338, 419-421, 441, 442, 465, 542
周龍三 622
金少山 284
金美齡 445, 467
杭立武 524
尚小雲 284
河上肇 217, 257
和田巖 196, 197
岡一雄 227
岡村寧次 320, 321, 326, 333
坪內逍遙 175, 178, 181, 230
松山利治 142
松崎恒夫 163
金井眞六 155
幸德秋水 196

京口元吉　227, 264
青柳篤恒　199, 211, 256
和辻哲郎　240, 257
東條英機　261, 265
武者小路實篤　28, 230, 248, 249, 435
長淵一郎　514, 515
長谷川如是閑　195, 198, 202, 212, 213, 240
雨果（V. Hugo）　238
孟克（E. Munch）　6
亞當・斯密思（A. Smith）　244, 718, 846
拉迪克（K. Radek）　304, 928, 929
拉斯基（H. Laski）　243, 255
拉薩爾（F. Lassalle）　833, 856, 865
明仁斯基（V. Menzhinsky）　896, 897, 914, 918
波特萊爾（C. Baudelaire）　231, 238
亞里斯多德（Aristotelēs）　241-243, 698, 699, 701, 703, 705-708, 725, 834, 837, 838, 840
季諾維也夫（G. Zinoviev）　899, 900, 904, 905, 908, 911-913, 915, 928-930

九畫

施琅　734, 746, 796
施光國　581
施廷章　74
施明德　484, 486, 598, 745
施邱氏桂（阿嬤）　37, 62-64, 69-74, 77, 89, 97, 115, 119, 124, 126, 132, 172, 251, 268, 275, 412, 416-422, 768, 773
施振興　73, 119, 123, 136, 144
施清香　470, 472
施朝和　69, 73, 74
施朝暉（史明）　36, 39, 47, 78, 100, 321, 327, 428, 438, 513, 532
施錫祥　62
施贊隆　62, 63, 66
侯榮邦　469
侯錦郎　517, 525, 587
姜啓我　508
柯文士　508
柯泗濱　478, 516, 520-523, 525, 526, 566
柯鐵虎　821
洪惠　581, 592
洪志猛　267, 565, 581
洪奇昌　480
洪哲勝　478, 479, 544, 551, 559, 573, 578, 581, 582, 590-593, 745
洪維和　510, 511, 513, 763, 764
范良信　543
范良政　543, 558, 591
胡風　340
胡宗南　318, 321, 323, 325, 329, 330
胡忠信　561, 576
胡勝正　572, 591
胡漢民　304, 812
胡錦濤　383, 384, 395, 396, 750
胡鑫麟　464, 592
郝柏村　48, 487, 530, 534
姚文元　355, 360, 365, 366
後藤止　140
後藤新平　151
秋田雨雀　199, 213
前田光枝　475, 478, 516, 519-527, 540, 587
津田左右吉　215, 218, 219, 240, 265
則南（Zēnon ho Eleatēs）　700-702, 706, 837
拜倫（G. Byron）　236
洛克（J. Locke）　271, 720
韋伯（M. Weber）　246, 251, 255, 698
韋傑理（Gerrit）　525, 587
柏拉圖（Platōn）　241, 242, 255, 258, 272, 703-708, 725, 837
柏恩斯坦（E. Bernstein）　867, 869-871

十畫

孫文（孫中山）　257, 270, 276, 294, 303, 304, 312, 397, 411, 418, 589, 812, 813
陳炘　105, 111
陳甜（阿甜嬸）　108, 648
陳菊　522, 539, 689
陳儀　463, 759, 828

陳毅 276, 313, 315, 316, 318, 319, 329, 332, 334, 391
陳文成 477, 528, 567
陳月妙 658
陳水扁 48, 383, 384, 592, 598, 611, 638, 759, 826
陳以德 542, 543
陳正然 482, 528-532, 535, 536, 540
陳永興 590, 633
陳光英 468, 469, 505-507
陳伯達 356, 357, 360, 364
陳希寬 543, 592
陳定南 484, 598, 778
陳承藩 136
陳明仁 459, 533
陳芳明 478, 525, 561, 580, 589, 629, 631, 670
陳南天 567, 574, 689
陳映眞 478
陳昭南 478, 479, 552, 553, 556, 561, 578, 580, 584, 592, 593
陳美津 525, 587
陳若曦 557
陳郁秀 518, 524
陳唐山 558, 564, 565, 581, 584
陳師孟 482, 536
陳根火 159
陳婉眞 475, 477, 551-553, 555, 556, 575, 578, 584
陳淑芳 53, 461, 622, 623, 669
陳清山 469, 504, 506, 507
陳逢源 102, 106, 111, 148, 150, 159
陳焜旺 440, 448
陳貴賢 481, 635, 638
陳進金 689
陳隆志 471, 546-549
陳義雄 479, 578, 580, 583, 589, 590
陳蕲新 471, 544, 552, 575, 578
陳榮成 546-549
陳儀深 43, 670
陳澄波 84
陳獨秀 197, 296, 302-307, 325
陳麗貴 43, 450, 774, 775, 778
陳寶川 280, 419
徐美 473, 514-516, 586
徐雄彪（江圳、阿波） 473, 517, 525, 566, 580, 581, 584, 585, 587, 593
袁殊 277
袁世凱 192, 216, 411, 813
袁紅冰 382
連橫 436
連戰 488, 604, 616, 640, 643, 645-647, 655, 682, 750
連溫卿 104, 112, 822
郭溪（郭輝雄） 591, 593
郭秀琮 141, 142, 464, 592
郭尚五 564, 592
郭幸裕 515
郭明昆 228
郭沫若 278, 313, 323, 327, 333-335, 356
郭雨新 465, 474, 475, 539, 544, 545, 551, 552, 565, 567, 582, 583, 590
郭倍宏 478, 480, 582, 590, 593, 627, 628
郭泰成 468
郭國基 465
郭榮桔 440, 559
高玉樹 465, 587
高成炎 559, 570
高成城 525, 587
高俊明 474, 487, 488
高理文（高素明） 280, 419, 421
高雅美 564, 582
馬英九 43, 48, 383, 613, 616, 649, 765
馬連良 284
唐樹備 380, 483, 485, 598, 601
荀慧生 284
夏目漱石 225, 230
島中雄三 205
島崎藤村 230, 231
荒畑寒村 194, 200
馬場恒吾 195, 214

高田早苗　174, 175, 177, 178, 180, 181, 186, 187, 192, 203, 207-209, 222, 254
高津正道　196, 197, 200
高橋清吾　196
高橋龜吉　198, 205
席勒（F. Schiller）　236, 253
海涅（H. Heine）　238
高更（P. Gauguin）　249
夏卡爾（M. Chagall）　249
馬林（H. Maring）　303
馬諦斯（H. Matisse）　249
馬克思（K. Marx）　38, 39, 195, 196, 198, 217, 238, 244, 245, 258, 268, 271, 272, 274, 287, 298, 300, 302, 325, 350, 355, 438, 710, 718, 724, 781, 828-831, 833, 836, 841, 842, 845-847, 849-851, 853-859, 861-867, 869, 870, 873, 877, 880, 882, 885, 890, 919, 941
馬歇爾（G. Marshall）　289, 327, 328, 903
馬基維利（N. Machiavelli）　241, 255, 713
馬爾托夫（J. Martov）　889
馬林可夫（G.M. Malenkov）　936, 938
恩格斯（F. Engels）　196, 244, 245, 268, 269, 271, 272, 302, 781, 829-831, 834, 836, 841, 845, 846, 851-853, 855, 857, 858, 862, 864-866, 868, 869, 876, 941
泰利斯（Thalēs）　272, 699, 700, 702, 706, 834, 835
高爾基（M. Gorkii）　897, 908

十一畫

許丙　102, 462
許文輔　478, 573, 632, 633
許丕龍　576, 580, 583, 593
許世楷　445, 446, 453, 467, 469, 544
許世賢　465
許永華　573, 590, 592
許炎亭　110, 150, 427, 448
許信良　382, 394, 475, 477-479, 481, 487, 489, 551-553, 555, 556, 560-562, 564, 566, 572, 573, 575, 580, 583, 584, 589, 590, 593, 676, 745
許曹德　469, 479, 504, 507
許錦銘　575, 580, 589
曹禺　292
曹永和　87, 436
張群　289, 328, 329
張之豪　43
張文祺　453, 543, 544, 548
張君秋　282
張明陽　571, 591
張明彰　468, 469, 504, 507
張治中　333, 391, 408
張炎憲　674, 695, 757
張金策　477, 551, 559, 560, 562, 570, 572, 593
張俊宏　382, 474
張信堂　591, 627
張春橋　355, 357, 360, 366
張春興　445, 469
張國燾　304, 306, 308-311, 316, 325, 363
張富美　472, 555, 557
張煥圭　111
張萬年　380, 487
張萬傳　136
張維邦　475, 543, 549, 552, 555, 556, 575
張維嘉　471-475, 477, 517, 544, 549, 551-553, 555, 556, 561, 575, 578
張學良　311
張燦鍙　473, 475, 478, 482, 543, 546, 549, 551, 552, 558, 559, 574, 596
康泰山　453, 475, 549, 553, 555, 561, 562, 564, 566, 573-575, 582, 584, 591, 593
康寧祥　474, 581
莊秋雄　543, 572, 582, 590, 592
習仲勳　276, 354
莫那魯道　824
逸見梅榮　27, 248, 435
猪俣津南雄　193, 195, 198-200, 203, 214, 217
淺沼稻次郎　193, 196, 197
康德（I. Kant）　242, 243, 798, 838, 839

梵谷（V. van Gogh） 241, 249
密夫（P. Mif） 304, 305, 308
莫內（C. Monet） 6, 7
莫札特（W.A. Mozart） 121, 251, 586
莫洛托夫（V. Molotov） 905, 906, 927, 929
莫迪里安尼（A. Modigliani） 5
密爾頓（J. Milton） 236
笛卡兒（R. Descartes） 243, 259
畢卡索（P.R. Picasso） 4, 249
基洛夫（S. Kirov） 911, 924, 926-928
麥克阿瑟（D. MacArthur） 164, 338, 347, 440, 825
莎士比亞（W. Shakespeare） 178, 235, 236
捷爾任斯基（F. Dzerzhinsky ） 892-896, 913-915, 932, 942, 943

十二畫

黃元 465, 500, 501
黃華 468, 469, 504, 507, 597, 633
黃介一 446, 468, 469, 474
黃介山 472
黃文雄 471, 546-549, 551, 627, 776
黃世宗 478
黃再添 478, 479, 581, 592, 593
黃呈嘉 552, 555, 581
黃呈聰 103
黃坤能 510, 511, 513, 763, 764
黃武東 473, 564, 565, 587, 591
黃金和 482, 493, 606, 616
黃信介 382, 474, 480
黃昭堂（黃有仁） 50, 444-447, 453, 467-469, 567
黃界清 36-38, 40, 43, 477, 542, 545, 568-570, 576, 578
黃紀男 443, 465
黃敏紅（敏紅） 22, 26, 51, 147, 617, 620, 642, 645, 647, 677, 686, 688-690, 693, 695, 696
黃朝琴 105
黃運元 69, 106
黃增桐 581, 592
黃慶璿 566
彭眞 286, 326, 332, 334, 349-351, 353, 355-357, 359, 360, 362
彭孟緝 463
彭明敏 141, 447, 467-472, 475, 479, 482, 484, 485, 487, 488, 505, 544, 548, 551, 555, 558, 560, 567, 572, 596
彭明輝 141, 142, 144, 159
彭德懷 285, 306, 308, 310-312, 314, 315, 319, 326, 328, 329, 347, 348, 354, 358, 391
辜振甫 462, 554
辜寬敏 50, 382, 445-447, 453, 468, 469, 472, 484, 488, 542
曾文獻 564, 592
游伯龍 558, 581, 591
游進龍 510, 513
傅作義 283, 286, 333, 373, 392, 408
華國鋒 366
程硯秋 284
項英 278, 309, 312, 314, 319
賀龍 306, 308-310, 312, 315-317, 332, 356, 363
博古（秦邦憲） 308-311, 313-316, 325, 327
堺利彥 194, 196, 197, 200, 214
賀川豐彥 198, 205, 206
絲屋壽雄 213, 214
喜多壯一郎 211, 213, 214, 256
越飛（A. Joffe） 303
傅立葉（F.M.C. Fourier） 271, 829, 831
普魯東（P.J. Proudhon） 832, 833, 857
黑格爾（G.W. Hegel） 243, 258, 272, 698, 830, 831, 833, 836-841, 853
達文西（L. da Vinci） 249, 713
舒伯特（F.P. Schubert） 121, 241, 252, 253
雅果達（G. Yagoda） 897, 898, 943
斯大林（J. Stalin） 168, 169, 197, 203, 255, 258, 302-307, 310, 311, 313, 317, 336, 338, 339, 341-343, 350, 364, 399, 562, 676, 718, 721, 781, 782, 828, 845, 850, 864, 890, 892, 894-902, 904-943

萊布尼茲（G.W. Leibniz） 838
費爾巴赫（L.A. Feuerbach） 258, 272, 830, 836, 853
普列漢諾夫（G. Plekhanov） 883, 890

十三畫

雷震 465
葉挺 306, 312, 316, 319, 320, 327
葉治平 42, 45, 46, 568
葉博文 42, 47, 49
葉劍英 285, 296, 311, 312, 315, 328, 329, 331, 332, 334, 366, 375, 381, 392
溫連章 471, 472, 507-509
詹天甄 768, 772
詹世平（吳克泰、吳國泰） 278, 341, 389, 391
詹益樺 688, 689
董必武 278, 309, 313, 316, 323, 325, 326, 328, 332
董芳苑 636
楊虎城 311
楊貴運 575, 583, 589
楊葆菲 564, 592
楊嘉猶 583, 589
楊緒東 673, 674, 695, 757, 974
楊肇嘉 148, 277
新明正道 256, 798
新沼五郎 161, 163
新沼佐助 155, 156
福田德三 200, 202, 205
福澤諭吉 164, 171, 174, 256, 260
煙山專太郎 176, 195, 196, 222, 254, 255, 266
萩原朔太郎 233
葉佐夫（N.I. Ezhov） 897, 898, 926, 932, 943
聖西蒙（H. de Saint-Simon） 246, 271, 829, 831
愛因斯坦（A. Einstein） 243, 931

十四畫

鄭評（鄭智仁） 52, 473, 474, 501, 504, 509-513, 675, 757, 762-764
鄭節 477, 551, 559, 562, 572-574, 593
鄭成功 734, 791, 796
鄭自才 471, 472, 474, 479, 543, 546-551, 586, 592, 776
鄭松筠 103, 104
鄭芝龍 734, 746, 796
鄭南榕 47, 479-481, 633, 689
鄭紹良 469, 544, 549, 553, 555, 556, 560, 575, 583, 584, 593
鄭欽仁 592
廖文毅 109, 419, 441-446, 463-465, 467, 468, 542, 543
廖史豪 443, 465
廖宜恩 478, 573, 582, 590, 627
廖明耀 467, 468, 471
廖春榮 467
廖述宗 572, 590
廖偉程 482, 531-533, 535, 537, 538, 540
廖蔡秀鸞 443, 465
趙宗宋 29
鄧小平 293-295, 306, 316, 328-330, 332, 334, 341, 342, 344, 348-351, 353, 356, 359, 360, 362, 364-367, 370, 372, 374, 375, 377-379, 383, 393-396, 400, 401, 406, 488, 597, 686, 742, 827
鄧穎超 316, 375, 376, 589
熊光楷 381, 382, 487
歌德（J.W. Goethe） 236, 238
赫魯雪夫（N. Khrushchev） 339, 341-343, 350, 357, 364, 927, 928, 930, 936-939, 943, 944

十五畫

蔡嘯 338, 388, 389, 392
蔡丁貴 563, 657, 670
蔡公狄 295, 297, 330, 332
蔡先於 103, 105, 106, 112, 148

蔡同榮 471, 543, 544, 546-549, 558, 590, 597, 674
蔡式穀 103, 105, 106
蔡有全 479
蔡孝乾 142, 386, 465, 823
蔡明華 482, 596, 606
蔡明殿 545, 568, 581
蔡英文 2, 24, 51, 52, 648-650, 652, 655-657, 670, 671, 691, 692
蔡培火 103-105
蔡惠如 103, 105
蔡瑞月 247, 696, 767-770, 774-776, 778
蔡義宏 585
蔡嘉寅 572, 591
潘永清 82, 128, 694
潘迺禎 94, 141, 694
潘漢年 278, 335
蔣介石 39, 48, 130, 131, 146, 219, 271, 276, 277, 283, 288, 293, 294, 296, 305, 309-313, 319-334, 337, 338, 355, 390, 391, 393, 397, 408, 417, 418, 420, 421, 428, 430, 464, 489, 544, 604, 611, 614, 649, 682, 686, 693, 694, 716, 750, 759, 775, 812, 813, 825, 826
蔣松輝 108
蔣時欽 109, 277, 438
蔣渭水 104, 106-109, 112, 148, 150, 159, 277, 438, 648, 681, 741, 748, 822
蔣經國 50, 52, 280, 391, 393, 419, 471, 474, 475, 479, 480, 489, 509, 511, 530, 545-547, 549, 557, 604, 605, 611, 675, 750, 763, 764, 776, 826
劉斐 333, 391, 408
劉一德 573
劉少奇 285, 288, 296, 314, 317-319, 325-327, 329, 330, 332, 335, 340, 342-344, 348-360, 362-365, 367, 406, 814
劉伯承 293, 294, 312, 316, 318, 326, 328-330, 334, 363
劉佳欽 469, 505, 506
劉明憲 469, 552, 555, 576, 592
劉格正 478, 582, 590, 593
劉紀力 480, 481
魯迅 259, 287, 292, 335, 340
稲岡進 213
稲垣達郎 227
德田球一 194
摩爾（T. More） 235, 255, 713, 829, 850
歐文（R. Owen） 271, 803, 829, 831
墨索里尼（B. Mussolini） 170, 221, 902

十六畫

賴文雄 453, 475, 543, 544, 546, 549, 551-553, 555, 558, 573-575, 582, 584, 591
賴水河 469, 507
賴永祥 564
賴芳雄 475, 478, 543, 549, 552, 555, 558, 561, 575, 581, 582, 591
賴錦桐 511, 512, 763, 764
盧修一 473, 478, 516-527, 540, 587
盧慕義 552, 555, 561, 575, 578, 583, 584, 589
蕭軍 287
蕭來福 571
蕭渥廷 767, 768, 776
蕭義明 562, 581
蕭廣志 479, 570-572, 591
閻錫山 296, 318, 320, 321, 327, 331, 332, 334
樺山資紀 130
盧梭（J.J. Rousseau） 227, 242, 255, 271, 751, 752, 784
盧奧（G. Rouault） 249
盧森堡（R. Luxemburg） 258, 269, 870-872, 891
鮑羅廷（M.M. Borodin） 304, 305
霍布斯（T. Hobbes） 271, 836
霍金斯基（G. Voitinsky） 303

十七畫

謝長廷 488, 613, 615, 638

謝雪紅　109, 112, 149, 270, 297, 341, 386, 389, 391, 438, 442, 464, 542, 681, 741, 749, 822, 823
謝聰敏　467, 479, 507
鍾謙順　443, 465
齋藤隆夫　192, 219, 220

十八畫

簡吉　112, 149, 681, 741, 822
簡大獅　159, 821
簡文介　467, 471
簡炯仁　572, 581, 582, 590
藍士博　43, 693
藍國城　277
魏廷朝　467, 567
顏尹謨　453, 468, 469, 499, 504-507, 553
顏尹琮　469, 505, 507
顏朝明　544, 552, 555, 576
聶元梓　357, 359
聶榮臻　286, 296, 309, 315, 316, 326, 328, 329, 331-334, 356, 408
瞿秋白　304-308, 310, 325
邊沁（J. Bentham）　254, 832

十九畫

羅萬俥　103, 110
羅福全　543
譚富英　284
麒麟童（周信芳）　27, 282
瀨古喜三郎　154
羅斯福（F. Roosevelt）　243, 902
羅特列克（Toulouse-Lautrec）　249, 697

二十畫

蘇新　571, 676
蘇東啓　465
蘇貞昌　615
蘇振明　43
蘇鳴崗　733, 796
蘇慶黎　676
蘇鐵英　471, 544
蘇格拉底（Sōkratēs）　241, 703, 704, 706, 834, 837

二十四畫

鹽月善吉　153
鹽澤昌貞　181, 185, 187, 207, 255

【地名】

三畫

士林（八芝林）　37, 47, 62-67, 69, 70, 74, 76, 78-85, 87, 89-92, 94-97, 99, 100, 102, 105, 109, 110, 114-116, 119, 120, 122, 123, 126, 128-136, 140, 141, 145-148, 150, 155, 159, 165, 166, 172, 287, 416, 417, 419-422, 448, 465, 480, 500, 564, 566, 568, 575, 578, 581, 591, 606, 618, 628, 677, 694, 716, 766, 774, 820
下營　472, 507, 508
土城　515, 520, 521, 526
大湖　421, 422, 465
大坵園（大園庄）　68, 71, 74
大稻埕　66, 68, 69, 92, 105-110, 116, 141, 146, 159, 165, 282, 501, 542
大龍峒　82, 87, 129, 618

四畫

太平町　66, 69, 107, 108, 117, 146
井崗山　276, 278, 296, 308-310, 347, 362
牛頭村　295, 329
户山ケ原　224, 247, 262, 272
丹佛　570, 571, 591, 592
巴西　453, 469, 471, 477, 478, 507, 524, 546, 548, 553, 567, 568, 578, 868
巴拉圭　478, 567
水牛城　477, 562, 581, 582, 591-593
匹兹堡　592
比利時　477, 516, 517, 525, 566, 567, 584, 587, 851, 856, 876
巴頓魯治　591-593
巴爾的摩　590

五畫

外澳　462, 500
永樂町　147
石家莊　286, 289, 295-297, 312, 323, 329-332, 409, 414
卡城　37, 542, 568, 570, 573, 576, 592
布魯塞爾　584, 587, 851, 856, 876

六畫

池袋　339, 428, 429, 447, 459, 460, 519
西池袋　39, 149, 430, 445, 493, 518, 539, 633
西柏坡　296, 329, 331
西雅圖　552, 555, 576, 591, 592
休士頓　477, 560, 570, 578, 581, 592
托皮卡　561, 591, 592
多倫多　562, 582, 591, 592

七畫

辛辛那提　572, 582

八畫

芝山岩　66, 68, 75, 78, 81-84, 89, 96, 97, 109, 116, 128-134, 146, 155, 166, 417, 459, 694
青島　38, 286, 296, 313, 327, 329, 334, 362, 408, 410-413, 415
阜平　289, 291, 294, 322, 326, 329
拉里　582, 590, 592, 593
芝加哥　394, 559, 560, 572, 573, 576, 581, 591
波士頓　11, 545, 564, 568, 569, 592
底特律　573, 592
法蘭克福　566, 567
明尼亞波利　572, 581

九畫

城內　141, 147, 165, 172, 418
南庄　421, 422
神戶　39, 122, 193, 392, 422, 425-428, 430, 439-442, 444, 446, 465, 499, 511
柏林　566, 586, 661, 662, 718, 830, 833, 902, 903, 914
柑縣　575
洛杉磯　141, 394, 469, 475, 477, 478, 481, 507, 525, 527, 528, 543, 544, 548, 552, 554, 555, 560, 561, 575, 577, 578, 580, 582, 583, 589, 590, 592, 593
威奇塔　561, 581, 592
俄克拉荷馬　591

十畫

草山（陽明山）　66, 78, 82, 91, 96, 111, 131, 146, 166, 334, 338, 417, 419-421, 481, 564
紐約　109, 471, 475, 479, 483, 543, 544, 546-549, 551, 552, 554, 555, 558, 561, 562, 564, 565, 573, 574, 582, 591-593, 672, 693, 696, 697, 857-859
哥倫布　573, 582
海德堡　566, 586
格屯斯堡　560, 564

十一畫

基隆　38, 39, 82, 107, 122, 125, 127, 172, 415, 422, 423, 427, 464, 465, 479, 504
康莊　286
釣魚台　375, 392, 393, 471, 487, 499-502, 604, 606
張家口　282, 286-289, 291, 298, 312, 328, 333, 409, 430
麥迪遜　558, 572
密爾瓦基　559, 572, 581

十二畫

湳雅　62-65, 75, 78, 81, 82, 91, 96, 115, 116
菁礐　66, 82, 338, 420, 421, 465
棗兒莊　295-297, 330, 407
費城　477, 542, 543, 551, 560, 562, 592
堪薩斯　552, 555, 558, 580, 581, 591, 592
達拉斯　568, 581, 592
勞倫斯　580, 591, 592

華盛頓　439, 479, 486, 551, 565, 582, 590, 592, 902
渥太華　582, 591, 592

十三畫

新宿　175, 223, 247, 248, 440, 767
奧羽　247
廈門　103, 111, 113, 114, 124, 125, 127, 268, 274, 277, 283, 297, 313, 377, 440, 564, 573, 733, 796
瑞金　278, 309, 310, 386, 813
聖荷西　552, 554, 555, 557, 558, 578, 583, 590, 592
聖路易　591, 592
聖保羅　507, 548, 567, 568
聖地牙哥　575
新澤西　558, 561, 566
溫哥華　469, 591, 592
奧巴尼　563
奧斯丁　568, 592
奧克拉荷馬　592

十四畫

榮町　141, 421
艋舺（萬華）　68, 82, 86, 87, 97, 102, 129, 141, 280, 462, 482, 483, 500, 501, 531, 597, 634, 687
與那國　440, 498-501, 606, 638
漢堡　566, 585
維也納　253, 516, 552, 586, 885, 907

十五畫

慕尼黑　586

十六畫

頭家厝　100, 102, 110

十七畫

濟南　313, 325, 332, 410
應縣　289

十八畫

雙溪　63, 67, 76, 82, 96, 146, 465
豐原（葫蘆墩）　47, 100, 103, 110, 649
薩爾茲堡　586

十九畫

羅徹斯特　592

二十畫

蘇澳　498, 500, 501
蘇州　9, 275-281, 313, 419

二十四畫

靈丘　289

【組織】

兩畫

二七部隊　438, 464
二二八事件處理委員會　438, 464
八路軍　142, 278, 285, 286, 291, 293, 296, 306, 312, 313, 316-321, 323-325, 328, 329, 347, 363, 406
人民公社　306, 307, 343-347, 368
人民裁判　290, 291, 298-300, 327, 328, 339, 408
人民解放軍　293, 294, 296, 327-334, 337, 339, 347, 348, 392, 396, 398, 399

三畫

大政翼贊會　220, 265
大有物產株式會社　103
大東信託株式會社　109, 111
三民主義青年團　295, 313

四畫

巴黎公社　828, 831, 856-858, 861-868
文化同盟會　198-200, 211, 214
日本共產黨　169, 194, 197, 198, 200, 212, 213, 233, 270, 307, 356, 386, 528, 823
日本勞動黨　206

日本農民黨　206, 210
日本労動組合評議會　205
日華信用組合　447, 448
公投護台灣聯盟（公投盟）　657, 670, 689

五畫

白團　430
台灣隊　293, 295-297, 329, 330, 332, 338, 388, 389, 407, 409
台灣公會　446, 452, 468, 474
台灣民眾黨　112, 148, 741, 822
台灣共和黨　468
台灣共產黨　112, 149, 270, 307, 386, 391, 438, 516-518, 544, 571, 572, 676, 741, 822, 823
台灣協志會（美國）　557, 558
台灣協志會（歐洲）　473, 474, 517
台灣青年社　445, 446, 467
台灣革命黨　478, 479
台灣新民會　103
台灣學生社　478, 481
台灣文化協會　47, 104, 112, 148, 741, 822, 823
台灣教授協會　42, 43, 486, 601, 632, 640-642, 675, 765
台灣農民組合　112, 149, 391, 741, 822, 823
台灣獨立戰線　468
台灣獨立聯盟（獨盟）　440, 447, 453, 471-473, 477, 478, 505, 543-545, 551, 552, 555, 559, 562, 564, 566, 568, 570, 572-575, 583, 587, 589, 590, 627
台灣公共事務會　558
台灣民主獨立黨　442, 464, 465, 467, 468
台灣再解放同盟　419, 442, 542
台灣自由獨立黨　467, 468
台灣社會研究社　471
台灣獨立革命軍　458, 471, 472, 504, 511, 762, 764
台灣獨立總同盟　445, 469
台灣獨立聯合會　444, 445, 452, 453, 468, 553
台灣大眾幸福黨　469, 506, 507
台灣大眾廣播電台　604, 639, 640
台灣建國聯合陣線　475, 551, 552, 560
台灣青年獨立聯盟　445, 446, 468, 469, 471
台灣大地文教基金會　673, 674, 687, 690, 754, 756
台灣獨立革命武裝隊　338, 419, 420, 436, 441, 465, 500, 542, 775
台灣共和國臨時政府　442-445, 465, 468, 471, 542, 551
台灣民主運動海外同盟　544, 551
台灣民族民主革命同盟　478, 527, 560, 561, 583
民人同盟會　196, 197, 202
民主進步黨（民進黨）　51, 382, 383, 479, 480, 483-486, 488, 489, 530, 531, 533, 536, 540, 597, 598, 602, 605, 614, 615, 629, 648, 652, 655, 670, 691, 692, 750
布爾塞維克　194, 197, 198, 204, 205, 216, 217, 302, 308, 872, 883-885, 887-891, 893-895, 897-899, 907, 908, 911-914, 921, 922, 926, 928, 931
史明教育基金會　43, 49, 53, 657

六畫

早大文化會　197
共產主義者同盟　851, 854, 855, 857
共產國際東方局　303
全國青年團結促進會　468, 504, 505, 507

七畫

社會民主黨（日本）　206

八畫

林本源　103, 107, 277, 822
孟塞維克　302, 883, 887, 889-891, 894, 896, 907, 917, 922, 923

九畫

契卡（Cheka）　893-898, 919, 932, 943
政友會　193, 194, 203, 204, 219

紅衛兵 297, 310, 348, 350, 357, 360-363, 367
革命社 555, 556, 560, 575, 576
泉和組 106, 107
建國會 488
建國黨 489, 490
建國愛鄉會 482, 606
政治研究會 205, 206
建設者同盟 197, 198, 214
軍事研究團 194, 196, 198, 199, 202, 211
軍事革命委員會 888, 892, 908
美麗島週報社（週報社） 478, 552, 555, 556, 560, 561, 589, 592
俄國社會民主勞動黨 883, 889, 890, 892, 900

十畫

格別烏（GPU） 342, 895-897, 913
馬克思主義研究會 204

十一畫

第一國際 245, 268, 269, 302, 832, 833, 851, 853-859, 862, 864, 865, 867
第二國際 302, 867-870, 872, 885
第三國際（共產國際） 193, 194, 215, 228, 269, 270, 285, 303-311, 313, 321, 384-387, 823, 885, 892, 897, 899, 900, 902, 903, 908, 911, 913, 929
第四國際 890, 909
國際特赦組織 525

十二畫

「登」部隊 276, 278, 279
費邊社 175, 869
富春協會 475
勞動總同盟 205, 206
勞動農民黨 205-207

十三畫

瑞泰 106, 107
新黨 382, 483, 484, 486, 487, 598
新人會 196
新珍味（珍味） 10, 12, 26, 39, 149, 163, 339, 431, 434, 435, 439, 446, 448, 452, 460, 467, 470, 490, 492, 493, 498, 505, 507-509, 511, 514, 518, 522, 526, 528, 539, 540, 544, 553, 565, 572, 576, 604, 622, 633, 634, 670, 693, 762
新四軍 268, 276, 278, 282, 306, 312, 313, 316-319, 321, 323-326, 328, 347, 365, 389, 406, 410
新編七十師（七十軍） 293, 328, 330

十四畫

蒙疆銀行 289, 291

十五畫

黎明會 196, 202
歐格別烏（OGPU） 896, 897, 914, 918, 921-923, 925, 931
蔡瑞月舞蹈社 43, 767, 768, 777, 778
德國社會民主黨 269, 833, 869, 870, 872

十六畫

獨立台灣會（獨台會） 15-17, 38, 39, 45, 47, 52, 53, 159, 383, 384, 445, 452, 453, 458, 465, 467-469, 472-475, 477-490, 493, 496-499, 501, 503, 504, 506, 507, 509, 517, 519-524, 526-528, 531-537, 543, 546, 548, 551, 553, 555, 556, 560-562, 567, 569, 576, 579, 580, 584, 586, 592, 594-602, 604-608, 613, 616-620, 623, 625, 627-629, 632, 634, 636, 638-643, 645-649, 652, 670, 673, 677, 679, 680, 682, 684, 689, 693, 743, 748, 749, 755, 756, 762-764

十七畫

聯合大學 287, 288, 290, 293, 297, 327

二十畫

蘇聯共產黨　302, 307, 341, 342, 354, 889, 900, 905, 923, 925, 926, 936, 937, 939

【事件】

兩畫

二月革命　258, 302, 831, 876, 886, 888, 891, 895, 899, 907, 911
二二六事件　169, 217, 220
二二八事件（二二八、二二八大革命） 48, 69, 109, 111, 119, 294, 329, 387, 391, 392, 394, 419, 438, 442, 445, 463, 624, 633, 636, 673-676, 682, 687, 694, 738, 739, 749, 753, 754, 757, 759-761, 824, 826
九一八事變　149, 157, 169, 815
十月革命　201, 302, 718, 891, 892, 895, 899, 900, 904, 907, 911, 919

三畫

大躍進　343-348, 364
三F運動　542
三反運動　337, 339
三面紅旗　344, 347-349, 351, 353, 367
三一五事件　213

四畫

日俄戰爭　164, 191, 812, 814, 872, 883, 884
中日事變　113, 170, 189, 219, 223, 283, 312, 813, 815
中山艦事件　305
五四運動　197, 303, 304, 306, 372, 376, 813
五反運動　337
五一五事件　217, 220
五二〇事件　480
毛兒蓋會議　311
反右派鬥爭　340, 341, 348, 400, 408
文化大革命　276, 278, 296, 342, 348, 350-352, 354-367, 400
太平洋戰爭　87, 124, 164, 169, 258, 261, 265, 266, 749
太陽花學運　43, 678, 681, 684-686, 692, 698

五畫

北伐　276-278, 296, 305, 306, 813
甲午戰爭　164, 740, 811, 812, 814
四六事件　305
四二四事件　546, 549, 551, 562
四二六擋連事件　642-647
瓦窯堡會議　311
矢內原忠雄事件　221

六畫

光榮革命　720
西安事件　311
百花齊放　340, 342
百團大戰　319
血盟團事件　220

七畫

辛亥革命　259, 278, 293, 872, 873

八畫

治警事件　148
明治維新　163, 171, 174, 175, 177, 195, 208, 217, 814
武漢事件　363
長沙起義　307
法國大革命　176, 720, 721, 751, 802, 804, 831, 832, 837, 866, 867

九畫

保釣運動　544
南昌起義　286, 306
洛川會議　312
俄國革命　176, 198, 258, 343, 726, 871, 872, 883, 885, 889, 893, 910, 911
流血星期日　883
皇民化運動　161, 162, 170
軍事研究團事件　196, 202, 211

研究室蹂躪事件　196, 199, 200

十畫
泰源事件　690, 691
高雄事件（美麗島事件）　377, 475, 540, 551, 557, 562, 633
馬夜事變　305

十一畫
產業革命　245, 271, 809, 828, 829, 831, 852, 854, 873
國共合作　270, 303-305, 312, 315, 390, 813
國共內戰　114, 276, 289, 326, 328, 337, 397, 636, 677, 759
淮海戰役（徐蚌會戰）　294, 332, 333, 363
清教徒革命　720
第一次世界大戰　103, 164, 193, 238, 371, 718, 726, 810, 815, 822, 868, 884, 885, 912
第二次世界大戰　119, 139, 164, 320, 372, 397, 440, 654, 726, 741, 742, 744, 810, 901, 933

十二畫
皖南事變（新四軍事件）　278, 306, 319
森戶事件　196
普法戰爭　239, 806, 856, 861
華盛頓會議　168

十三畫
新經濟政策　918

十四畫
滿洲事變　258, 264

十五畫
鴉片戰爭　371, 810, 811
遵義會議　310, 347

十六畫
整風運動　287, 320, 321

獨立台灣會事件（獨台會事件）　482, 528, 538, 605

十七畫
韓戰　332, 338, 339, 347, 348, 388, 389

十九畫
霧社事件　149, 464

二十畫
瀧川事件　217

【理念】

一畫
一國兩制　376, 395-397
一國社會主義　343, 890, 899, 908, 911, 916

兩畫
人道主義　230, 231, 239, 287, 875

三畫
大正民主主義　103, 153, 191, 193, 210, 211, 216, 254, 263
大和民族主義　174, 195, 216, 787, 806, 814, 815, 819, 821

四畫
日本精神　161, 218, 219
中華思想　337, 370-373, 463, 788, 806, 811, 812, 814, 826, 827
毛澤東主義　282, 288, 343
毛澤東路線　308, 366
中華民族主義　53, 139, 311, 370, 372, 375, 379, 397, 398, 472, 484, 487, 529, 555, 589, 598, 627, 630, 632, 652, 654, 682, 737, 738, 741-743, 745, 748, 806, 811-814, 824, 825, 827

五畫
平等主義　829, 831

民粹主義（民粹派） 197, 833, 883, 890, 895
民族自決 103
民族矛盾 574, 780
民族統一戰線 311, 574, 822
永久革命論 343, 890, 907-909
台灣民族主義 12, 19, 39, 42, 43, 45, 47, 51, 53, 102, 112, 132, 138, 139, 148, 159, 372, 373, 380, 397, 462, 469, 477, 479, 482-484, 487, 490, 492, 496, 506, 508, 509, 517, 529, 553-555, 564, 570, 576, 580, 589, 595, 597-599, 604, 605, 609, 610, 612, 613, 617, 620, 623, 627, 629, 630, 632, 634, 636, 639, 642, 652, 654, 669, 670, 672, 673, 676, 683, 684, 687, 737-741, 743-745, 748-750, 752, 764-766, 805, 815, 821, 822, 824, 826, 827
台灣社會主義 469, 477, 496, 580
主戰場在島內 465, 469, 471, 496, 506, 517, 578, 764
出頭天做主人 139, 482, 544, 589, 597, 610, 612, 613, 635, 654, 738-742, 815, 822, 827

六畫

自由主義 153, 194, 195, 203, 204, 207, 216, 217, 224, 225, 238, 255, 258, 271, 726, 831, 836, 875, 934
全體主義 168, 288, 815, 828, 863, 864
列寧主義 302, 355, 889, 915, 925, 937, 939
早稻田精神 176, 179, 181, 183, 207-209, 222

七畫

改良主義 822, 856, 857, 868, 869
李立三路線 307, 308

八畫

抵抗權 631, 678, 681, 682, 720
物質論（唯物論） 245, 258, 272, 298, 698-703, 829-831, 833-836, 838, 849, 877
空想的社會主義 245, 829, 873, 917

九畫

重商主義 733, 807, 808, 815, 873
軍國主義 161, 164, 169, 191, 194, 199, 212, 216-218, 220, 254, 264
科學的社會主義 245, 829, 841, 857, 874

十畫

馬克思主義 44, 193-196, 201-205, 213, 214, 217, 218, 222, 244, 245, 254, 265, 268, 271, 272, 278, 288, 302, 340, 342, 350, 407, 408, 436, 437, 467, 490, 530, 574, 633, 639, 676, 718, 780, 781, 828, 830, 831, 833, 834, 842, 845, 857-859, 862, 864, 865, 867-870, 872, 873, 883, 889, 890, 895, 910, 917, 919, 922, 925, 937

十一畫

階級矛盾 367, 574, 780
唯物史觀（史的唯物論） 198, 271, 272, 287, 574, 841-843, 867, 870, 874, 876

十二畫

番薯仔 638, 654, 737, 741, 746, 747, 752, 791, 792, 803, 820
黑格爾左派 244, 830, 831, 875
斯大林主義 194, 301, 339, 341, 405, 472, 473, 544, 559, 570, 572-574, 905, 939
無政府主義 104, 194-196, 198, 200-205, 254, 257, 741, 831-833, 857-860, 866
無產階級專政 342, 718, 850, 866

十三畫

新民主主義 279, 287, 294, 318, 332, 337

十四畫

實證主義 246, 271

二十畫

議會主義 204, 506, 720, 869, 872

二十一畫

辯證法　242, 245, 258, 272, 700, 701, 703, 782, 830, 831, 836-841, 874, 876-878

二十三畫

體制內改革　489, 598, 607, 609, 611-613, 616, 625, 633, 637, 648, 750

體制外革命　49, 483, 486, 596-598, 607-609, 611, 612, 633, 634, 637, 682

二十五畫

觀念論（唯心論）　258, 272, 698, 699, 701-704, 707, 833-841

【書刊】

一畫

《一九〇五年》　909

《1980 年代史明與《台灣大眾》政論選輯》　43, 570

《一八四四年英國勞動階級狀態》　852

兩畫

《十月的教訓》　908

《人民日報》　341, 350, 356-359, 363-365, 374, 390, 392

《人間不平等起源論》　227, 242, 271

三畫

《大長征內幕》　310

四畫

《火花報》　89, 907

《文匯報》　355, 356

《中央日報》　524

《中國時報》　364, 524

《中国共產黨史》　353

《反杜林論》　245

《毛澤東選集》　336, 344, 354, 406

《毛沢東主義》　343

《毛沢東の悲劇》　341, 343, 345, 346, 348, 354, 406

《毛沢東と中国共產黨》　348, 353

《什麼是人民之友》　890

五畫

《台生報》　470

《半屏山》　477

《古達批判》　850

《北京日報》　356, 357, 359

《左聯通信》　472

《民主主義》　39, 44, 725

《台灣人民》　472

《台灣大眾》　39, 43, 441, 477, 479, 526-528, 570, 576-580, 584, 799

《台灣文化》　473

《台灣日報》　613, 642, 646

《台灣民報》（日治）　109

《台灣民報》（戰後）　465

《台灣青年》（日治）　104, 105, 109

《台灣青年》（戰後）　446, 467, 543

《台灣政論》　458, 474, 557, 750

《台灣革命》　474

《台灣時代》　456, 474

《台灣學生》　478, 481

《台灣新民報》　106, 109, 149, 150

《台灣民本主義》　465

《台灣人四百年史》　10, 36, 39, 41-43, 47, 49, 249, 435-439, 448, 452, 467, 468, 475, 479, 505, 518, 522, 528, 529, 540-542, 544, 556-558, 564, 570, 585, 627, 630, 632, 633, 636, 684, 687-690, 765, 766, 775, 799

《台灣獨立的理論與實際》　480, 605

《台灣民族革命與社會主義》　854

《史明口述史》　36, 43, 693

六畫

《光明日報》　341, 359

《自立晚報》　47, 87, 590, 756

《自由時報》　657, 674, 684, 766, 767

《共產黨宣言》 196, 244, 245, 272, 302, 850-853, 855, 876, 883
《早稻田學報》 208, 211, 214, 227
《早稻田大學新聞》 198, 206, 207, 210, 211, 213, 264, 266
《早稻田學生新聞》 214, 215
《西洋哲學序說》 698

七畫

《唯物論史》 835
《理學鈎玄》 703, 835
《社會契約論》 227, 242, 271, 751
《近代國家的自由》 243
《社會主義的前提》 869, 870

八畫

《法國的內亂》 856, 857, 861, 863, 865, 866

九畫

《紅旗》 363-365
《風土》 240
《帝國主義》 245
《美麗島週報》 475, 477, 478, 525, 527, 551, 553, 561, 562, 578, 584, 593
《紅星下的中國》 285
《帝國主義下的台灣》 135, 162, 221
《俄國資本主義的發展》 890

十畫

《烏托邦》 235
《眞理報》 891, 900, 907, 912, 914, 917
《草地人》 545, 568
《荒野孤燈》 43, 52
《海外政論》 477
《純粹理性批判》 242, 839

十一畫

《國富論》 244, 718, 846
《國家與革命》 287, 891
《從何著手？》 890
《進一步，退兩步》 890
《唯物論與經驗批判論》 890
《從空想到科學的社會主義之發展》 245

十二畫

《萊茵報》 830, 875
《無產者報》 911
《費爾巴赫論》 258, 834
《黑格爾法哲學批判》 841

十三畫

《資本論》 244, 245, 269, 272, 287, 830, 844, 850, 874, 876-880, 882
《新青年》 302
《解放日報》 287, 293, 294, 329
《解放軍報》 355-357, 359
《經濟學批判》 245, 272-3, 842, 849, 874, 881
《經濟學・哲學草稿》 244
《經濟學及び課税の原理》 244, 832
《賃勞動と資本》 245, 882

十四畫

《實踐哲學》 43

十五畫

《德國思想》 272, 849
《衝突與挑戰》 43
《劉少奇選集》 344, 406
《價值・價格及利潤》 245

十六畫

《獨立台灣》 39, 445, 447, 452, 453, 456, 458, 468, 469, 472, 499, 506, 517, 553, 558, 579, 594

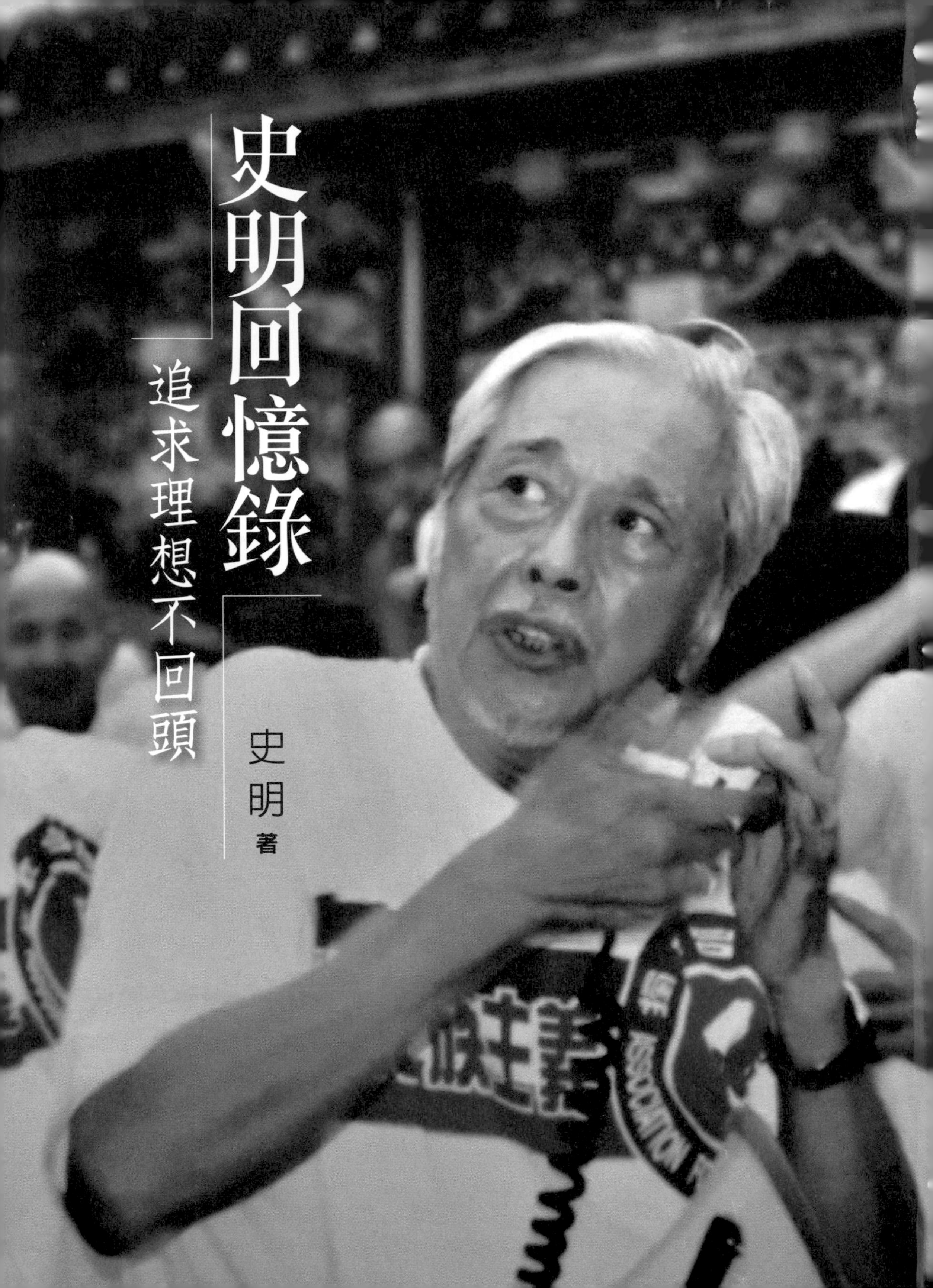
史明回憶錄
追求理想不回頭
史明 著

蔡英文，加油！

頑張れ!!

がンバレ

日本現代舞大師折田克子

畢卡索（Pablo Ruiz Picasso, 1881-1973），「鬥牛士之死」（1933）

莫迪里安尼（Amedeo Modigliani, 1884-1920），義大利畫家，喜歡描繪住在巴黎後街的窮人及裸婦生活。他的作品以纖細的線條表現細長的頭部及蛋形的面貌，傳達出不可思議的官能美、憂鬱及古典的優雅，使人感到滿溢的知性與詩情。巴黎畫壇認為莫迪里安尼是世界一流的繪畫美術家

孟克（Edvard Munch, 1863-1944），挪威著名畫家，首都奧斯陸（Oslo）美校畢業，後留學巴黎，受到印象派創立者莫內（Claude Monet）的影響，並與畢沙羅（Camille Pissarro, 1830-1903）很要好。他一輩子幾乎受愛、孤獨、生死及不安等情事所困，畫了關於「內心」（heart）的哲思等。最著名的「吶喊」（The Scream），引起愛好者很大的共感。他說：「與友人同行，太陽將落山的時分，突然受到憂鬱的氣氛襲擊，天空立即變成似血的紅色，我突然停步，傾立於一旁的牆垣!?」

莫內（Claude Monet, 1840-1926）這幅睡蓮畫（1904），令人賞心悅目，值得品味再三

青年時代的家庭照，後排左起：父、史明、大妹夫，前排左起：三妹翠雲、母、小弟朝陽、大妹、二妹

早稻田三年級

早稻田時期，中立者：史明，其餘兩位為林家親戚

▶與小弟林朝陽（右）合影

▼流亡日本初期，一九五〇年代

▲並肩穿越紅色浪潮的平賀協子，一九五〇年代

◀蘇州時期，從事地下情報工作，一九四〇年代

▲寫作《台灣人四百年史》的書桌

▶東京新珍味樓頂，一九六〇年代

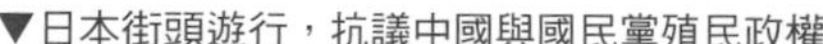

▼日本街頭遊行，抗議中國與國民黨殖民政權

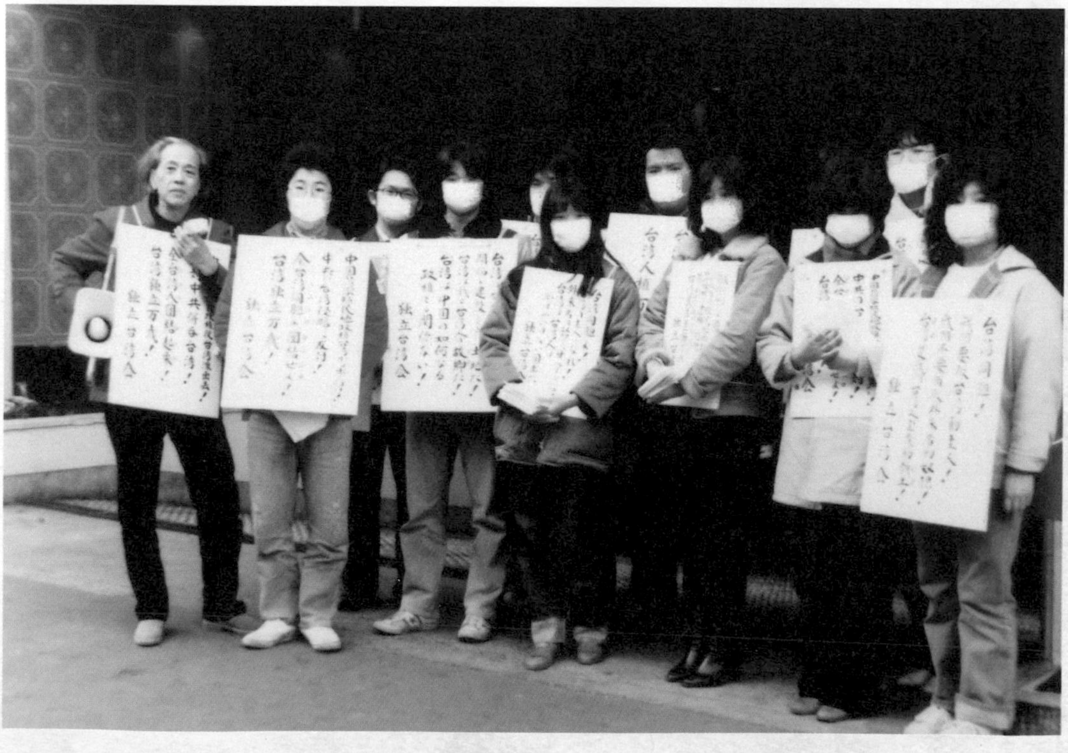

東京附近的大洗海濱，一九六〇年代

▲與從事地下工作的迌迌人老鼠仔（右）合影，一九七〇年代

▶參觀波士頓美國獨立戰場，一九八一年

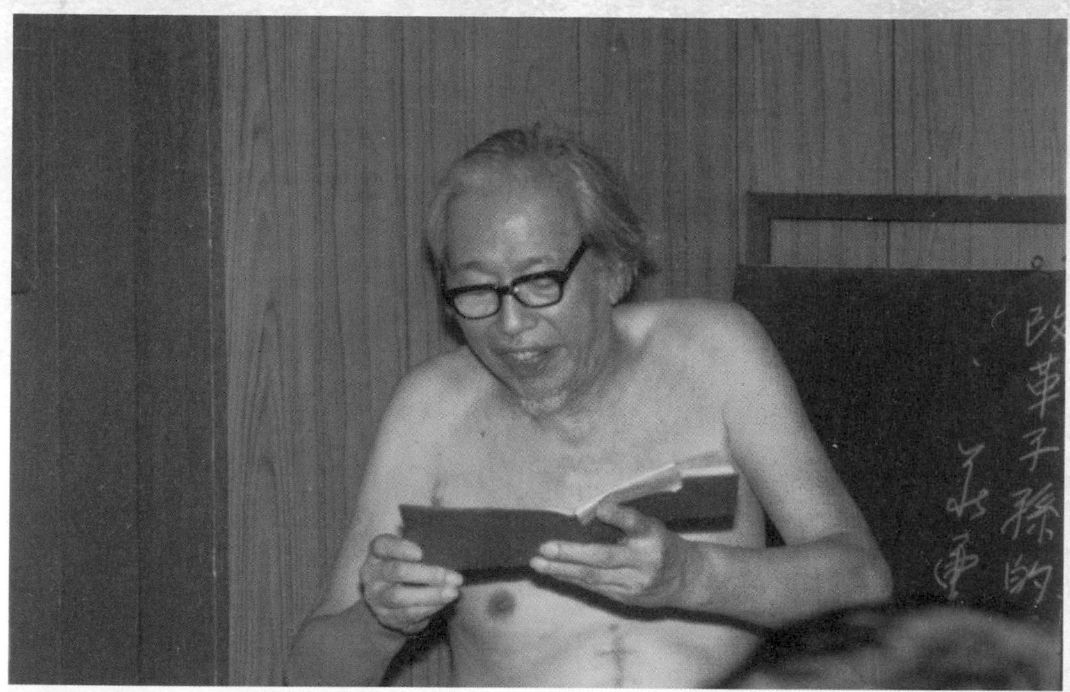

炎熱天，裸體讀書，東京新珍味五樓

潛返台灣前夕，依然在日本講述台灣民族主義與台灣獨立理論，一九九三年

▲寫作中，一九九四年

▶在「台灣的店」講授台灣革命史，一九九四年

▼焚燒五星旗，抗議中共發射飛彈恐嚇台灣，一九九四年

◀「反金權爭平等」遊行，一九九五年

▼第一次宣傳車隊環島，屏東縣政府前，一九九五年

▲▼獨立台灣會高雄宣傳車隊，一九九五年

獨立台灣會台北宣傳車隊成立，一九九五年

▲站台輔選，一九九五年

◀獨立台灣會嘉義宣傳車隊成立，一九九五年

第一次宣傳車隊環島，花蓮安通溫泉，一九九五年

▲▶大眾活動，一九九五年

生平第一次慶生會，一九九五年

宣講台灣民族主義，一九九六年

二二八和平公園支援靜坐學生，一九九六年

反統一・反併吞大遊行，火燒中共高幹，一九九六年

二二八大遊行前精神講話，一九九七年

▲東北角

◀東京房間，二〇〇一年

與敏紅、阿忠合影，二〇〇一年東京

二二八大遊行前的籌備工作，二〇〇二年

在台大校門口靜坐，抗議中國通過反分裂國家法，二〇〇五年

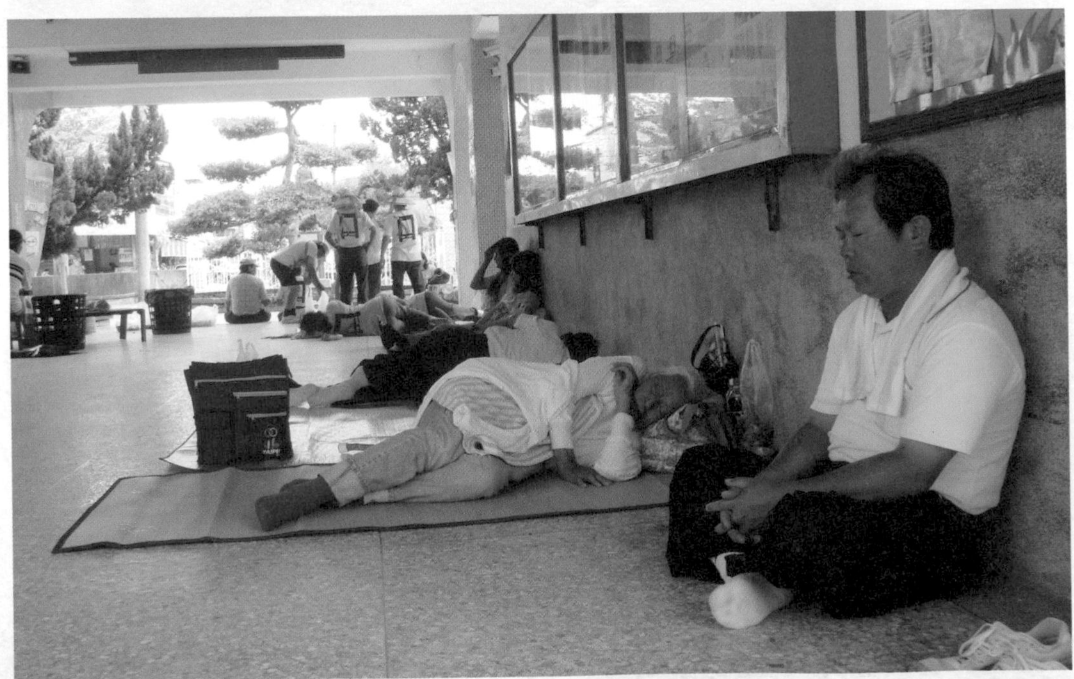

席地小歇，醒來再戰，二〇〇九年

▲▶宣傳車隊環島為蔡英文助選，
二〇一一年

▼演講

街頭抗爭

新莊自宅

阿忠

東京新珍味

風雨中不斷前行的宣傳車隊

敏紅

▲▶大學時期在逸見教授夫婦的領導下，逐漸懂得欣賞日本傳統的舞蹈戲

▲▶麒麟童（本名周信芳）演唱《蕭何月下追韓信》，我很喜歡

王泰澤木雕

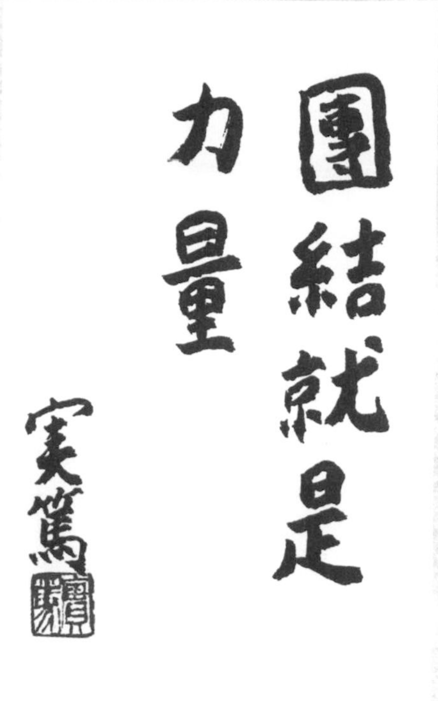

團結就是
力量

實篤

武者小路實篤所贈的墨寶

林文德塑像

趙宗宋素描

父親友人林冬桂之女林麗清繪

▶高雄美華同志繪

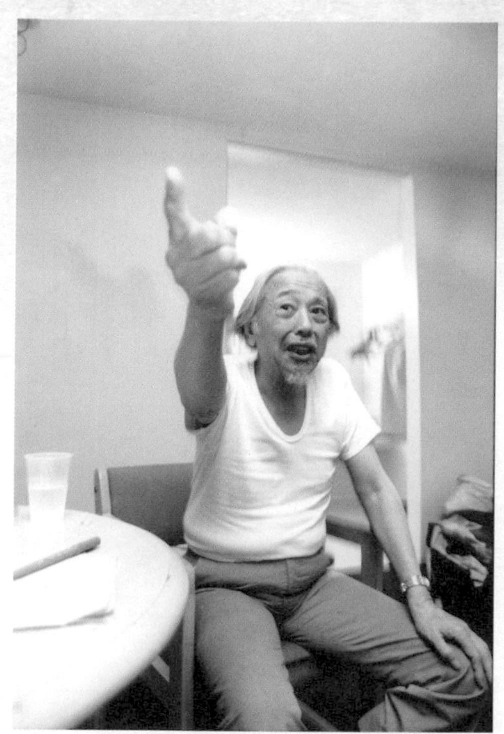

環島途中，二〇一一年

▲▼授課中，二〇一一年

史明大眾學舍，二〇一五年

生日晚會

寫作本書

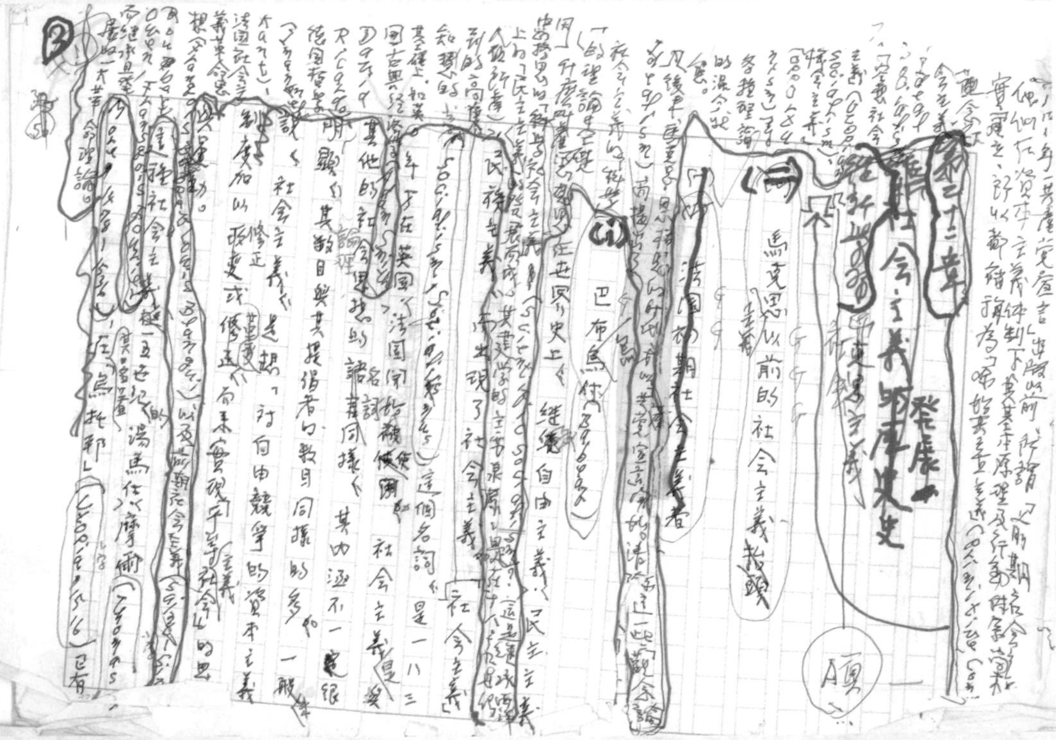

本書手稿

推薦序

獻給台灣後代子孫的精神寶典

黃界清——美國德州農工大學傑出講座教授

本來，我以為對史明老前輩早在三十年前就有相當的認識與了解。直到最近，看完《史明口述史》及《史明回憶錄》才恍然大悟，我對史明老前輩的了解只有他後半生這一段，只看到一九八〇年代之後（六十歲以後）的前輩史明，從未看到他前半生那段，在一九八〇年代之前（六十歲以前）的青年——施朝暉。只知道他的《台灣人四百年史》是第一本站在台灣人立場寫的歷史，但不知道為何他會有這種為大眾勞苦立場的思想，只覺得他與很多我在美國認識的台獨運動者不太一樣，但不知道為何他會不一樣。

二〇〇九年十一月，高齡九十一歲的史明前輩在日本東京意外病危，震痛了許多海內外台灣人的心，大家才驚覺到史明歐里桑年事已高，因而開始認眞地探討史明前輩的思想著作，積極挖掘史明前輩這塊瑰寶，很多台灣人想了解他傳奇的一生，為他舉辦生命經驗分享會、座談會、文化舞蹈劇以及出版有關他生平的書籍和紀錄片……等，榮耀且肯定了史明前輩的人格。

尤其，這幾年來，大難不死、跨入老耄耄鮐背之年的史明前輩，以超人的堅強生命力繼續花費大量時間與體力來和年輕人對話；這些年輕人將平時接觸史明前輩的過程和天南地北、無所不談的對話一一記錄下來，於二〇一三年整理出版成《史明口述史》，同時，史明前輩也有系統地逐漸整理出他自己多年來的心路歷程，以一章一節的方式寫出《史明回憶錄》。

讀了這本《史明回憶錄》會讓人了解到四十歲以前年輕的史明，他的人本社會主義思想以及台灣民族獨立思想是如何成形與發展的。

回頭看《台灣人四百年史》（二〇一四年最新檢定版），更讓人明白這本台灣民族獨立運動的經典大

作，是史明前輩如何在一九六〇年代怎樣的生活時空背景下撰寫出來的。《史明回憶錄》本身就是透過他自身的成長經歷，親自見證並參與而寫出的一部「台灣近百年史」的縮影；透過這本回憶錄，對史明前輩的一生與人格精神思想才會有比較完整而全面的認知與了解。

還記得在一九八一年的夏天，史明前輩第一次由日本來到美國拜訪同鄉，我特別邀請他來到天氣炎熱的德州卡城，與德州農工大學的同學們座談。之後史明前輩每年暑假來美國拜會同鄉和同學時，一定會抽空順道來卡城住幾天和同學們交談分享。

當年，大家只談論政治，很少談到史明前輩個人的身世背景，即便有談到，也只是片段，從未深入；而他總是穿著一身牛仔衣褲，大談台灣四百年史的他，曾讓我以為他是窮苦人家出身，才信奉社會主義。但看了這本回憶錄後，才知道，史明前輩是一九一八年出生於日治時代台北士林富裕的望族！他的一生有好幾個重要的轉折點。

首先是從小深愛他的阿嬤，阿嬤的身教與言教養成他擁有路見不平、拔刀相助的英雄俠骨本性與急公好義；此外，在他阿爸參加的「文化協會」裡幾位重要人物的抗日言論之下耳濡目染，讓他從小就萌發出反日意識。而他的阿母，則對他從嚴管教，非要

史明在黃界清自宅客廳，一九八一年德州

黃界清隨獨立台灣會宣傳車隊遊行，一九九五年

他唸醫科，將來好賺錢養家的想法，引起史明很大的反感，進而決定走向政治以便未來貢獻社會。終於，高中正要畢業，焦慮不安的史明受到當年日本札幌農業學校（現日本北海道大學前身）的教育長克拉克（美國人）的一段名言「青年よ，大志を抱け！」（青年啊，懷抱大志吧！）的影響，決定於一九三六年申請到日本早稻田大學念政治經濟學科，以便將來爲台灣前途奮鬥。

受到早稻田大學自由民主開放的學風影響，史明大開眼界！唸了很多世界政治經濟學以及歐洲文明社會歷史的相關書籍，也參加馬克思讀書會，他的社會主義思想於此時開始萌芽。在他大學畢業前，對前途徬徨的史明受到當時中國社會主義革命的影響，以爲到中國抗日，可以解決台灣問題，於一九四二年決定到中國上海當中共的地下情報員，加入反抗日本帝國主義的抗爭。在中國華北親睹毛澤東的假共產主義，對其徹底失望，於一九四九年費盡千辛萬苦逃到青島再搭船回到基隆；之後再度

見證另一種中國人蔣介石高壓統治台灣的方式，從而策劃刺蔣行動，後因行動被暴露，只好在一九五二年搭香蕉船從基隆逃到日本神戶，此時台灣人的台灣民族思想逐漸在史明腦海中篤定。

一九五二年當年才三十四歲的年輕史明，被蔣介石通緝而逃到日本後，在東京西池袋一邊擺水餃麵攤維生，一邊向早稻田及東京圖書館借書來看，從新的思維來定位台灣問題。他重新研讀整理馬克思思想，分析在中國看到反人性的假共產主義的本質，逐漸整理出台灣人台灣民族的形成與發展。於是，白天雙手忙著包水餃煮大滷麵，大腦同時也思考著台灣問題的出路；晚上不眠不休奮力地看書，雙手也不停的一字一句用力地寫出台灣人的歷史。以「新珍味料理店」為據點，十年沉潛的功夫，於一九六二年，在他四十四歲時，寫出第一本日文版《台灣人四百年史》，本名「施朝暉」的他，首次正式以「史明」為作者名出現。

史明前輩以左派社會主義的理論觀點立場主張台灣民族獨立建國，一九六七年在日本成立「獨立台灣會」並發刊《獨立台灣》，堅持推動島內工作及武力革命；多次秘密成員失敗犧牲後，在一九七五年開始轉向思想啓蒙大眾的工作。一九八〇年，六十二歲的史明前輩在美國出版《台灣人四百年史》漢文版，一九八二年在美國重新發刊《台灣大眾》並在每年夏天於美國各大城市校園巡迴座談演講，台灣人歷史、台灣民族民主革命以及公平正義的社會主義制度，這也是一九八〇年代在美國台灣人所知道的史明先生。

史明前輩剛來美國時，受到右派台獨及左派台獨的誤解並排擠，讓史明有口難言，他在回憶錄裡也多處提及。幸好當年很多學生與同鄉們因為看了他《台灣人四百年史》漢文版的著作而歡迎他。一九九三年，七十五歲的史明前輩潛回台灣被捕，之後以「地下電台」講述台灣歷史，以「車隊」宣揚台灣民族主義。直到二〇〇〇年，政黨輪替後，史明前輩依然堅持體制外的台獨革命抗爭。二〇〇七年，以八十九歲的高齡及一顆不死之心，為台灣寫出《民主主義》這本西方社會文明進步史大作，從歐美文明發展史，點出台灣獨立建國的困境與方向，展望台灣建立一個有公平正義民主的獨立國家。路遙

知馬力，日久見人心，二〇〇九年大難不死，必有後福的史明前輩，在兩年後，以九十三歲高齡，返台十八年來，第一次可能也是最後一次，來到美國，受到各地台灣學生與同鄉們伸出雙手熱情地擁抱他、歡迎他，讓他受到很大的敬重與肯定。

史明前輩的一生，其實就是一部活生生見證台灣人被統治的歷史。從三〇年代到四〇年代，前後大約二十年的青春年華，從在台北唸中學高中到日本留學受到思想啓蒙，到中國革命抗日再逃離共產中國，逃回台灣反蔣失敗再逃離台灣偷渡到日本，每次化險爲夷，可說是九命怪貓。從五〇年代到八〇年代，大約前後四十年的壯年時代，在海外從事台灣獨立運動，從日本到台灣，從日本到美、歐洲、南美洲。一九九三年「台灣最後一個黑名單」返回台灣後，拄著拐杖，老當益壯的他，繼續宣揚體制外台灣民族獨立運動二十年。二〇一四年，九十六歲高齡的史明前

再訪黃界清，二〇一一年美國

輩，在台北出版《台灣人四百年史》最新校訂版。

台灣經過最近二十年政黨輪替的民主洗禮，台灣人與「台灣民族」逐漸被台灣大眾所認同接受。史明前輩的《台灣人四百年史》及「台灣民族獨立與社會主義理念」，也將融入台灣歷史的一部分，讓後代子孫眞正認識，一位一生爲台灣勞苦大眾著想說話的有骨氣的台灣人。更令人感佩的是，史明出身背景良好，中學畢業後，沒有選擇走醫生或者教授的平穩生涯，而是選擇畢生穿牛仔褲與底層人民站在一起的甘苦路。史明前輩眞正代表台灣知識份子的良心尊嚴與精神，儉樸一生，勤於論述，知行合一，勇者表率。

這本《史明回憶錄》是史明奮鬥一生的思想精華與智慧結晶，是要傳承給台灣後代子孫的精神遺產。史明思想是：台灣史觀，認清自己的歷史，世界史觀，了解現代文明發展的歷史，把台灣帶向有公平正義的現代進步文明社會的民主獨立國家。年輕世代研讀史明思想，從認識台灣長期被殖民統治被壓迫被剝削的抗爭史實，再來深入了解西方現代文明進步的革命動力，將台灣舊有不好的封建文化，脫胎換骨，提升台灣文明價值觀，讓史明思想體系成爲台灣未來文明發展的動力。

筆者非常榮幸有機會在史明自己寫的《史明回憶錄》即將付梓之際，歡喜寫下這篇序文，對老前輩致上最高敬意與最深的感謝。

推薦序

譜出台灣民族主義的樂章

葉治平——前北美洲台灣人教授協會會長

史明先生第一次和我談起他的回憶錄是在二〇〇九年，往後我每去拜訪他，總會和他談到回憶錄的出版事宜。我對這本書充滿著期待，因爲史明先生承襲了文化協會末期的反抗意識，接受世界民族解放思潮的洗禮，目睹中共革命的慘無人道，也親身參與台灣獨立運動從海外發展到落實本土的過程。他在戰火中思索社會主義與人性解放的眞諦，也從實踐中驗證了台灣民族的存在。這段歷經風浪的人生經驗與心路歷程，譜出了台灣民族主義思想，從啓示，萌芽，茁壯，到開花結果的樂章。這本回憶錄將是他繼《台灣人四百年史》後，最重要的一本文獻。此書即將付梓，我心中充滿喜悅，但史明先生要我寫一篇序文，我卻猶豫不決，遲遲不敢執筆。因爲我只是受教於他的眾多學生之一，實在沒有資格來爲他的回憶錄寫序。但因他的鼓勵，我謹以一個受他啓蒙的晚輩，整理出一些相關記事，並寫出一點個人的感想。

史明先生在十幾年前就開始構思他的回憶錄，並在百忙中逐步寫下他的成長、奮鬥與生命中的故事。二〇〇九年九十二歲的他在造訪東京時，因積勞成疾而病倒，曾經一度病危。歷劫歸來後，台灣教授協會與北美洲台灣人教授協會爲他舉辦了一場「史明生命經驗分享會」，並出版中英對照的《穿越紅色浪潮》。這是史明先生第一次將他回憶錄中的一部分公諸於世，但要爲他出書作傳的想法，其實始於更早。自一九九三年史明先生結束海外流亡回到台灣後，就有許多人和他接觸，向他索取資料，或做錄音採訪。有人要寫他的口述歷史，有人要拍攝他的電影，也有人計劃將他的文稿編成電子檔案。史明先生非常大方的將一些珍貴的資料、手稿及照片交給他們使用，這些計劃包括二〇〇一年由葉博文先生主

編，透過「史明教育基金會」出版的《荒野孤燈》一書。

二〇〇〇年政黨輪替後，許多台獨領袖進入政府體系，但史明先生不改其志。他持續數十年如一日的耕耘，深入群眾，教育學生，將台灣民族的觀念普及於年輕一代與社會基層。二〇〇八年政黨再輪替，馬英九的極度傾中政策激起了野草莓學運，史明先生的理念與行動吸引了更多的青年學子。當他從東京轉院回台，在台北醫學院附設醫院療養的期間，幾位野草莓學運領袖，如藍士博、張之豪等，組成「史明口述史訪談小組」，定期到病房採訪史明先生，並將訪談內容編著成《史明口述史》。這本書分爲「穿越紅潮」、「橫過刀山」與「陸上行舟」三冊，於二〇一三年出版，並於二〇一四年獲得金鼎獎中的「非文學圖書獎」。他們並帶領一群學生來學習史明先生的思想與理論，將研讀成果發表於二〇一二年出版的《實踐哲學：青年讀史明》，其中包括太陽花學運領袖林飛帆等人的文章。這些青年學生更在史明先生的指導下，藉著研讀台灣歷史，重新校定《台灣人四百年史》，補強內容，並將該書分成三冊，於二〇一四年八月出版了這本巨著的最新版本。

在他養病期間，中央研究院近代史的陳儀深教授（台灣教授協會前會長）也到病房爲他做錄音訪談，並於二〇一二年底出版於《海外台獨運動相關人物口述史（續篇）》。除此之外，台北大學視覺藝術學系的蘇振明教授於二〇一一年出版了《衝突與挑戰：史明的生命故事》，書中包括許多由史明先生提供的珍貴照片與史料；蔡瑞月舞蹈社也於二〇一二年九月以《擁抱勞苦大眾的革命者——史明》爲主題，舉辦連續三天的文化論壇，除公演「史明歐吉桑——革命百年的獨立台灣夢」舞蹈劇之外，並出版論壇所討論的一系列文章。在影片方面，民視的「台灣演義」於二〇一〇年製作了一集「永遠的革命家：史明」，介紹他的生平事蹟；拍攝《紅色戒嚴》的導演陳麗貴女士則用兩年多的時間，拍攝史明先生的各種活動，並遠到海外收集資料，製作一部傳記紀錄片《革命進行式》。在海外，德州農工大學（Texas A&M University）的黃界清教授也帶領學生，整理一九八〇年代史明先生在海外出刊的《台灣大眾》中，有關歷史、台灣民族主義與殖民地革命的文章，編輯成《1980年代史明與《台灣大眾》政論選輯》。台

美人第二代則有林佳敏小姐（Felicia Lin）積極與史明先生連絡，爲他開設英文版部落格，以及「About Su Beng」網站，並得到史明先生的允諾，由她來寫英文傳記。

有關史明先生生平的書籍及影片紛紛出版，但他自己所寫的回憶錄卻遲遲尚未付梓。我曾問起，他向我解釋，既已答應林小姐來爲他寫傳記，就應等她的書出版後，再出版自己的回憶錄。我無言以對，因爲他就是如此信守承諾，又願犧牲自己來提攜後輩的長者。他也利用這一兩年的時間，繼續加強回憶錄的「思想與歷史」部分，尤其是「眞正的馬克思主義」、「假的馬克思主義」與「社會主義與假的社會主義」等章節，他更是再三斟酌，力求精闢。他一生深受馬克思主義的影響，但把這些理論、思想與主義的介紹與討論放在回憶錄中，卻是很特殊的做法。我原想，這些有關思想的部分是否應和回憶錄分開。但讀到史明先生在他所著《民主主義》的自序，才深深瞭解他的做法。他寫到：「回來幾年後才想要正確的把我的公、私事做一交代，而開始寫所謂的回憶錄，然而，又過了幾個寒暑，回憶錄一直無法深入精髓，直到去年二〇〇五年才頓悟，回憶錄之所以不能順利的原因，在於得從思想歷程開始，才能寫出鉅細靡遺的一生……寫完這本書，自己感到不論好與壞，這是我一輩子的人生思惟、生活、行動的準則。」

的確，史明先生一生所強調的就是「理念」與「實踐」。唯有從他的思想歷程開始，才能眞正瞭解他一生的所作所爲，也才能解釋他那掩不住的深厚內涵。他用兩年的時間來撰寫《民主主義》，把自古希臘以來的各種哲學思想做一個有系統的整理，用人類歷史的發展來印證這些理論，從而推導出觀察社會演進法則的方法。這套完整的思想體系將他導向社會主義革命，經過實踐的驗證，建構出台灣獨立的理念基礎，成爲他畢生所奮鬥不懈的志業。這本書於二〇〇七年出版，書中夾有一片書籤，上面印有史明先生所寫：「向人類的**想**、**講**、**做**學習，才會踏實爲台灣**想**、**講**、**做**。」他用這句話來期勉台灣人，也用他的一生爲這句話樹立典範。他的回憶錄「激越人生」部分，就是他「爲台灣**想**、**講**、**做**」的「實

與葉治平（左）、魚夫（右）合影，一九九一年美國

踐」，「思想與歷史」部分就是他「向人類的**想**、**講**、**做**學習」的「理念」精華。將這兩部分結合起來，才能完整的描述史明先生的特質，他的人生目標，以及他爲實踐理念所付諸的行動。因爲有他的理念，台灣民族的論述才能從鬆散的概念落實於歷史與現實；因爲他的實踐，台獨運動才能和全世界的民族解放運動接軌；也因爲他一生的堅持，無怨無悔的付出，台灣人的體制外運動才有一個典範，這是台獨運動史上無人能出其右的貢獻。

我曾以「荒漠中的行者」來描述一九八〇年代我在美國所看到的史明先生。他每年風塵僕僕地從日本來到美國，背著一大袋書籍，一個校園走過一個校園，向我們這些學生宣揚台獨理念，那時他已接近七十歲。我也曾以「率領戰象隊，翻越高山峻嶺，擊敗羅馬兵團的迦太基名將漢尼拔」來比喻一九九〇年代我在台灣看到的史明先生。他帶領著「獨立台灣會」的戰車隊，擊鼓遊街，走遍全島，鼓吹台灣民族主義，那時他已八十多歲。如今又過了十幾年，史明先生已經九十七歲，他仍然南北奔走，繼續爲台灣打拚，毫無倦意，而且對台灣獨立充滿信心。我讀他的回憶錄，再回顧三十多年來對他的認識，才深深覺得自己只是以管窺天，對他的描述更如盲人摸象。他不只是行者，更不是功敗垂成的漢尼拔。因爲他走過荒漠，也沿途播種，孜孜耕耘。八〇年代的那一片荒漠，如今已綠意盎然，花果可期。我曾目睹當年史明先生在北美傳播台灣民族主義時所遭受的種種阻力，也見證了這個理念的傳播，從「萬山不許一溪奔」到「堂堂溪水出前村」，以至聚流成河，成爲保衛台灣之主流意識的過程。但他的貢獻卻

不止於此，因爲有那麼多年輕一代受到他的啓蒙，以他爲師。他們將從史明先生的人生回憶錄中找到自己的人生道路，持續他的理念，世代承傳，完成他一生所奮鬥的志業。

我也曾這樣寫到：「他每到美國巡迴演講，總會到我家住一星期左右。一方面小作休息，另一方面努力地向我傳道，解惑。雖然，充滿著小資產階級軟弱性格的我，終究是看不破大是大非，而未能追隨他走向勞苦大眾。但與史明先生的認識，的確改變了我對人生的許多看法。」在他回憶錄出版的前夕，我回顧這段，格外感念在心。八〇年初在德州大學城與史明先生初次相識時，我只是個懵懵無知的學生，他卻待我如友，與我無所不談，令我深深被他的氣質、風範與內涵所吸引。從此三十幾年間，我在思想上受他啓蒙，對人生的看法受他影響，在做人處世方面，甚至豐富人文素養的哲學、文藝、音樂等知識，都一點一滴地向他學習，使我一生受用無窮。行文至此，想起史明先生談到所喜愛的交響樂曲「我的祖國」（Má vlast），我也深深爲我的母國台灣感到慶幸，因爲有這樣一位傳奇般的思想家與革命家，用他引人入勝的生命故事，在台灣民族史上寫下一段不朽的樂章。

我謹以此文，恭賀回憶錄出版，並向史明先生致上最高的敬意，以及我對他衷心的感激。

12/01/2014 Michigan

葉治平，二〇一一年

推薦序

一盞孤燈，點燃千萬火炬

葉博文——台北建成扶輪社創社社長

八零年代，我雖然已經在讀書會中接觸了史明寫的漢文版《台灣人四百年史》，但是歐吉桑這個人對我而言還是很神祕陌生。猶記得一九九一年五月發生「獨台案」之後，我爲那些被捕的年輕人忿忿不平，跑到鄭南榕先生的自由時代雜誌社辦公室，把他們當時僅存的六套《台灣人四百年史》全部買下來，帶到大同扶輪社讓社友認購並介紹他的理念。當時社友林建德醫師告訴我：「史明是我親伯父。」我聽了很詫異：史明本名不是「施朝暉」嗎？

林建德先生是知名的牙醫師，雙連教會長老，曾經擔任過兩屆馬偕醫院董事長，也成立了一個視障基金會，對弱勢族群的關懷總是不落人後，政治理念上支持台灣也很清楚，但是從來沒聽過他有這麼一個有名的伯父。他和歐吉桑，一個姓林，一個姓施，怎麼會是同家族？當時我心裡雖然很納悶，但不知道是社會氣氛或什麼理由，我沒有多問。不久之後讀了陳銘城在自立晚報上的文章，才知道史明歐吉桑的父親是台中豐原的林濟川先生，早年留日也參與台灣文化協會。母親則是來自台北上林施家大戶，五個兄弟當中只有他從母姓。

一九九三年底，史明「用自己的方式」回到台灣，隔年大同扶輪社邀請歐吉桑演講，談「台灣的未來」。向來穿著藍布衫牛仔褲的史明說，這是他第一次到扶輪社演講。當然，這也是許多扶輪社友第一次親身接觸到史明。演講後我開車送他回家，一路上他暢談接下來要在台灣做的許多「大事業」。接下來幾年，歐吉桑不僅成立了「獨立台灣會」的台北總部，並且組成宣傳車隊，每個週末都親自坐鎮，在車隊上打鼓宣揚台灣獨立和台灣民族主義。

不過經過八零年代狂飆的街頭運動之後，九零年代的台灣不僅經濟成長達到高峰，各種政治主張和團體也如雨後春筍快速成長。隱隱約約當中，我感覺不要說是李登輝執政下很愛標榜的博士內閣，即便是在野的各團體和獨派勢力也都採取菁英主義，對擁抱勞苦大眾的史明也都保持某種距離。與其說，史明回到溫暖的故鄉，不如說是孤獨的史明回到不熟悉他的台灣。當時的我內心想著應該做些什麼，給史明歐吉桑一些溫暖，但也沒有想出什麼具體的做法。

一九九七年，二二八事件五十周年紀念日，台北二二八紀念館開始營運。隔天一早，我在三樓辦公室接獲志工通報，有一位老先生帶著十幾個人強要進入紀念館張貼標語。我下樓一看，竟是史明歐吉桑！他質問我：「你怎麼會變成國民黨政權的館長？」我趕緊跟他說明這是台北市政府「公辦民營」的紀念館，我不是公務員，也一定會讓二二八紀念館成為台灣人的紀念館，符合台灣人的立場。

經過一番解釋，歐吉桑才釋然。我一邊跟他講話，一邊扶著他往外走，並同意他們在紀念館外的藝文廣場張貼海報。歐吉桑離開之後，整個二二八和平公園門口和樹上都貼滿了「追緝元凶、公布眞相、清算蔣介石…」的海報。此後，歐吉桑一路支持我在二二八紀念館的工作，一直到後來馬英九市長上任，龍應台出任文化局長，我所代表的台灣和平基金會開始受到各種打壓，歐吉桑還曾經不顧眼睛剛開刀的不適，在二〇〇〇年的二月二十八日親自到紀念館相挺，讓我倍感溫暖，卻也十分過意不去。

二〇〇〇年三月陳水扁當選總統，在五二〇就職之前先拜訪各界，其中包括史明和郝柏村。拜訪史明時他偷偷摸摸，不敢聲張。相反地，拜訪郝柏村卻是大張旗鼓通知媒體，唯恐天下不知。我當時相當不以為然，但歐吉桑卻很體貼地告訴我說：「沒關係，他在體制內有他的難處。」等到二〇〇〇年五月底卸任台北二二八紀念館館長之後，我就一邊協助林義雄先生的慈林基金會籌建「台灣民主運動館」，一邊籌劃成立史明歐吉桑的基金會。也因為籌劃史明基金會而意外促成了李登輝前總統和史明歐吉桑同台相聚的歷史性盛會。

二〇〇一年六月史明基金會開始籌備的時候，基金會成員都認爲邀請李登輝前總統當貴賓最是恰當不過了。畢竟一九一八年出生的史明歐吉桑，和一九二三年出生的李登輝，同樣都經歷了日治時期和隨後的國民政府時代，兩人年輕時都曾經心儀社會主義，但一個堅持體制外革命抗爭，一個卻進入體制內漸進改革。如果能讓他們兩人同台對話，眞不知會激盪出多麼精采的火花！

邀請李登輝出席盛會，我內心小有把握。雖然他在一九九九年五月出版《台灣的主張》時，把許多民間、社運團體在體制外的努力，全盤收納成爲他的政績，高談「民之所欲，常在我心」，我認爲他實在太過攬功，公開批評。但是幾個月後，李登輝突然拋出「兩國論」，我又覺得他在卸任之前的這個舉動，對台灣未來實在影響至大，馬上召開記者會公開力挺。當時我心想，基於我們之間二十多年的交誼，他應該知道我是站在台灣的立場就事論事才對。

不過，要讓一向批判李登輝不遺餘力的史明歐吉桑同意在他八十五歲生日，同時也是基金會成立這一天跟李登輝同台，反而比較棘手。左思右想之後，我決定先斬後奏，先問問李前總統再說。

果然，李前總統欣然接受，還告訴我，早在《台灣人四百年史》漢文版出版之前，他就讀過日文版。他甚至透露曾經想跟史明歐吉桑見面，卻遭到拒絕，因此他不僅非常期待有機會能跟史明歐吉桑見面，還把當天的家人聚會地點改到國賓飯店，好方便聚餐後就出席史明基金會成立大會。

接著，我懷著忐忑的心情跟歐吉桑報告：已經邀請李前總統出席史明基金會成立大會，並且跟歐吉

史明教育基金會成立茶會，葉博文致詞

桑一起切生日蛋糕。剛開始歐吉桑相當不能接受，但經過一番解釋，他終於決定放手信任我一次。也因爲李前總統答應出席，當年跟史明在日本有過齟齬的幾位台獨大老，包括辜寬敏先生、黃昭堂先生也都出席了二〇〇一年十一月九日的史明基金會成立大會。

史明與李登輝共同切蛋糕（照片來源：Taiwan News財政經總合周刊，2001/11/15）

那一天，李前總統和太太曾文惠女士、媳婦張月雲、女兒李安妮和孫女李坤儀全家出動，早早來到國賓飯店二樓的貴賓室。他一見到歐吉桑，就開始用日語談起來。兩位歐吉桑可說是「一見如故」，這時候我才放下心中的一塊大石頭。他們忘我地用日語講了二十多分鐘。李前總統向歐吉桑解釋，他不是蔣經國的人馬，進入體制內其實連他自己都很意外。歐吉桑則稱許李前總統個性內斂沉得住氣，所以才能進入體制內並堅持一些理念。這場在貴賓室內的「會前會」，讓兩人盡棄前嫌。意猶未盡的兩位老人家終於起身要到會場的時候，「小老弟」李前總統還略微退後地扶著「老大哥」史明歐吉桑的手出場，眞是差點沒讓我的眼珠子掉下來。

會場上我們準備了一個大蛋糕，一邊是紅色的中國，一邊是綠色的台灣。我又事先安排了兩位好友分別拿著「革命導師」和「台灣國父」的牌子，站在兩位歐吉桑的後面。李前總統不知道是不是有注意到「台灣國父」四個字後面附上了紅色的「？」，只見他們兩人笑嘻嘻地拿刀往台灣海峽切下去……

原先李前總統說，他切了蛋糕之後就必須先離席。沒想到他當天好像高興地忘記了時間，一直待到

整個活動結束才離開。史明歐吉桑在致詞的時候則稱讚李前總統在國民黨內的改革，並且期許他「百尺竿頭，『再』進一步」，在座者都露出會心的一笑！

其實，之所以選擇在史明歐吉桑生日這一天成立基金會，是有原因的。一九九七年十一月九日，史明歐吉桑八十大壽，我們幾個扶輪社友成立了「歡喜會」，為他慶生。歐吉桑說，這是他六十年來的第一次生日宴會。此後大家約定每一季都跟歐吉桑聚會，每年生日這一天，更是一定要聚會，期盼歐吉桑一年比一年年輕。

雖然這是不可能的期待，不過這幾年歐吉桑的生日宴會上，倒是出現越來越多年輕人的面孔。不僅有年輕人為他做口述歷史，更多年輕人喜歡圍繞著歐吉桑，親炙史明歐吉桑一生的堅持與熱情。去年（二〇一四）我到台南時，剛好歐吉桑在成大附近演講。我到現場一看，擠得滿滿的年輕面孔。

每年陪著歐吉桑奔跑，照顧歐吉桑生活起居的敏紅跟阿忠告訴我，這樣的演講邀約多得不得了。其實大家都知道史明歐吉桑年歲已大，二〇〇九年又大病一場，實在不忍心看他這樣南北奔波。但是歐吉桑只要身體健康許可，從來都一口答應，不曾拒絕過年輕人。

二〇〇九年史明歐吉桑在日本病重，性命垂危之際，他老人家堅持就算是死也要死在台灣。當時很多人心焦如焚，能做的卻不多。後來是在甫卸任民進黨主席的蔡英文大力協助之下，歐吉桑才得以順利回台，並且到台北醫學院接受最好的治療與照顧。奇蹟似地，在日本讓群醫束手無策的歐吉桑病情，回到台灣，竟然漸漸好轉，甚至痊癒出院。這也讓歐吉桑與蔡英文女士建立起緊密的情誼。此後小英主席持續關注史明，歐吉桑也時不時探訪小英主席，傳授他的政治哲學與人生觀。每回小英主席都仔細聆聽，這樣的態度，更讓史明歐吉桑在她第三度回任民進黨主席之後，破天荒地親自到民進黨中央與她晤面身談。

以史明這樣一個反體制，一度主張武力革命的人，回到台灣之後，也體認到台灣目前面臨空前險峻的時局。最近，他的宣傳車再度出動，一方面繼續宣揚台灣民族主義，另一方面也明確地支持蔡英文選

總統。我知道他期待台灣人不論體制內與體制外，都能在這個危急的時刻攜手合作，我也相信歐吉桑不只珍惜小英主席的情誼，也理解小英確實清楚他的想法、認知與理念。歐吉桑知道蔡英文主席當選總統之後，不會背離台灣人長久以來當家作主的心願。

二十多年來，我與史明歐吉桑的交往，平淡中有深刻的心靈交會。爲了革命孑然一生的史明，其實是個深情的人。在林建德醫師生病的時候，身爲長輩的史明多次探望。後來林醫師蒙主寵召，史明也親自到雙連教會出席了追思會。另外，他的深情更是體現在對同志的身上，尤其是當年透過史明加入獨台會，擬刺殺行政院長蔣經國而被槍決的鄭評，更是令史明念念不忘。流亡日本期間，史明歐吉桑把雙親、祖先和鄭評的牌位放在一起祭拜。回台二十二年來，他一直想爲鄭評立碑紀念，一直到今年（二〇一五）四月十一日終於如願。

其實很長一段時間以來，史明歐吉桑的作爲、理念都還是相當非主流，甚至許多台派人士也不以爲然。二〇〇一年在籌設史明基金會的同時，我也編寫了一本文集，邀請許多人寫下他們心目中的史明。那時候瞭解史明的人都說他是孤獨的革命家。史明堅毅卻孤獨的形象躍然紙上，所以我把那本書命名爲「荒野孤燈」，歐吉桑也不以爲意。

沒想到這荒野孤燈一路堅持下來，不僅出版了三冊的口述歷史，啓發了許多年輕人，這幾年歐吉桑全台走透透，到處演講，我親眼見證，歐吉桑所到之處，都是年輕人。他們仰望史明的眼神，閃爍著敬仰、驚嘆與疼惜。我深知，史明這盞孤燈已經點燃千萬火炬，也相信這熊熊火炬必然點亮台灣。

致台灣新世代

有一天人終將老去，息了世上的勞苦！
當這一天來到！朋友們無通甘苦要大大歡喜！
因爲美麗的仗我已打過！
未完成的革命事業就要交給你們這些年輕人來承擔責任！
記得台灣獨立解決一切！也就是解決目前台灣國家社會問題！
台灣民族主義解釋中國侵台的非正當性！
舉起台灣民族主義的大旗！抵抗中國試圖用大中華民族主義併吞台灣！
當我終老離開大家那一天，你們認爲我對台灣有多少影響，
就要看你們日後爲台灣做了多少有價值的事！
當獨立建國成功要致力於民主深化根除殖民統治的毒害！
讓台灣循著歷史的長流發展本土化的歷史觀！
獨立台灣會及史明教育基金會是宣揚台灣民族主義的基地！
大家要堅持理念守護這個基地、生根拓展！
讓這個火苗發光持續照亮台灣獨立這條路！
大家啊！台灣的未來就交給你們了！
要堅持到底爲台灣獨立這個目標勇敢前進！

陳淑芳擬稿　二〇一五年六月

目次

黃界清序 36
葉治平序 42
葉博文序 47
致台灣新生代 53

第一章　我難忘的老祖母施邱氏桂
一、老祖母的生平 62
二、老祖母的身教言教 70
三、台灣人意識的最初啓蒙者 74

第二章　我的故鄉八芝林（士林）
一、八芝林 78
二、八芝林昔日的舊街、新街 81
三、敬神祭祖的習俗 83
四、士林歲時記 85

第三章　我有兩個家
一、我的父親林濟川 100
二、我的母親林施氏秀 115
三、我的阿舅施振興（養父） 119
四、我的阿姑林氏玉英 123
五、三妹林翠雲，亡於美國潛水艦攻擊 127

第四章　啓蒙教育
一、芝山岩惠濟宮 128
二、芝山岩學堂 130
三、士林庄「士林公學校」 133
四、幼鳥出籠：我上學了！ 135

第五章　建成小學校
一、日本殖民統治與台灣民族 137
二、建成小學校 140
三、「小動物」慢慢抬起頭來 144
四、民族意識的啓蒙 147

第六章　台北第一中學校
一、進入日本人的「北一中」 150

二、以日文讀漢文 153
三、魔鬼教官的啓示 154
四、軟派與硬派 157
五、「天皇陛下萬歲」 161
六、中學時代的私人生活 164

第七章 「青年啊，懷大志吧！」

一、日本軍國集團壟斷國政、侵略中國的全體主義 168
二、日本軍閥帶給台灣的禍害 170
三、瞞騙老祖母，前往東京求學 171

第八章 早稻田大學之教旨與學制・校歌・田中總長

一、明治維新 174
二、早稻田大學學祖——大隈重信 174
三、創校首腦與四尊教授 177
四、早稻田大學的教旨與早稻田精神 179
五、早稻田大學校歌 182
六、學制（一九三七年度） 185
七、第四代總長田中穗積 185
八、田中總長的學術貢獻 188
九、中日事變爆發 189
十、田中總長去世 190

第九章 早稻田野黨精神與大正民主主義

一、第一次護憲時代 191
二、第二次護憲運動 192
三、早稻田大學與左翼主義運動 193
四、大學與學問受政治壓迫 215
五、中日戰爭擴大與學苑戰時體制化 220

第十章 第一早稻田高等學院

一、第一早稻田高等學院時代 223
二、第一早稻田高等學院的教授與講師 227
三、第一高等學院時老師推薦的書籍 228
四、第一學院學生生活 246

第十一章　早稻田大學政治經濟學部政治學科
一、早大政經學部教授陣營　255
二、早稻田大學政治經濟學部時讀的書籍　256

第十二章　戰時中的早大學生生活
一、早大學生的氣質　260
二、大學部時代的學生生活　261

第十三章　穿越紅色浪潮
一、馬克思主義的召呼　268
二、當時學什麼馬克思主義？　272
三、蘇州年代：從中共地下情報員做起　275
四、蒐集情報的奢靡歲月　278
五、蘇州舊都的文化遺址　280
六、毛澤東主義在張家口　282
七、個人獨裁的情景．古井裡的年輕朋友　288
八、游擊戰初體驗　291
九、獨裁軍中，流行歌謠倫倫唱　291
十、提議組成「台灣隊」　293
十一、人民裁判，人間煉獄　298

第十四章　中國共產黨崛起、取天下及其內部鬥爭
一、建黨　302
二、井崗山建軍及大長征，到達延安　308
三、中日事變爆發，八年抗戰　312
四、抗日戰勝利，佔領華北軍區，國共內戰爆發　326
五、「百花齊放」「反右派鬥爭」　340
六、蘇共赫魯雪夫「批判斯大林」與中共八全大會　341
七、毛澤東狂熱一年的經濟大躍進與人民公社化運動　343
八、彭德懷諫言與遭清算　347
九、毛、劉開始權力鬥爭　348
十、「造反有理」「紅衛兵」　350
十一、毛澤東辭職「中華人民共和國主席」　353
十二、江青跳上政治舞台　355

十三、毛澤東派與劉少奇派的權力鬥爭表面化 355
十四、劉少奇措手不及 359
十五、文化大革命第二階段，毛澤東軍事政變 359
十六、「紅衛兵」往全國發展 360
十七、武漢事件 363
十八、一九七六年，華國鋒任黨主席，毛澤東死亡 366

第十五章　中國共產黨的「台灣侵略政策」

一、侵略的「中華民族主義」 370
二、中共的「統戰」戰略 373
三、江澤民繼承「統一台灣」政策 378
四、中國共產黨對台灣及其革命運動的態度變化 384
五、所謂的「民族區域自治」 394
六、一國兩制 395
七、台灣 396
八、人民解放軍 398
九、武裝警察 399
十、百弊叢生的中國共產黨領導人 399
十一、反革命份子鎮壓運動 401
十二、生存空間 401
十三、中國無「社會革命」，只有易姓革命 401

第十六章　出逃中國

一、共產黨也搞分化策略 407
二、偽造路條，逃離「解放區」 409
三、關關難過，關關過 411

第十七章　回到台灣

一、青島坐船到基隆 415
二、「回來就好，回來就好！」 416
三、半夜裡，特務警察踹門查戶口 417
四、苦悶的日子 418
五、成立「台灣獨立革命武裝隊」，先搞掉臭頭仔，做地下工作 419
六、大進大退，逃亡日本 421

第十八章　政治亡命日本

一、偷坐香蕉船，逃亡日本 423
二、天山輪晚到神戶，被日警扣押 425
三、以不法入國，遭神戶警察逮捕 426
四、獲得日本居留權，擺攤子、賣餃子 428
五、撰寫《台灣人四百年史》 435
六、戰後在日本的台灣人 439
七、重啓地下工作 440
八、大統領廖文毅 442
九、王育德與辜寬敏 445
十、建立「日華信用組合」，經營「泡麵工廠」 447
十一、《獨立台灣》創刊 453
【附錄一】池袋常在leh落雨/陳明仁 459
【附錄二】走過相識的年代/陳淑芳 461

第十九章　島內地下工作

一、島內地下工作年表 462
二、島內地下工作列誌 490
三、虎穴進出：兩次潛回台灣 499

第二十章　壯志未酬：六起地下革命事件

一、林水泉、顏尹謨革命事件 504
二、溫連章革命事件 507
三、鄭評槍擊蔣經國未遂，遭死刑犧牲成仁革命事件 509
四、徐美被捕革命事件 514
五、盧修一、柯泗濱、前田光枝被捕革命事件 516
六、陳正然、王秀惠被捕革命事件 528
【附錄】永遠與勞動者站在一起/陳菊 539

第二十一章　巡迴美國、歐洲宣傳「台灣民族」

一、初期台灣獨立運動 542
二、黃文雄、鄭自才槍擊蔣經國「四二四事件」 546
三、《美麗島週報》在美國創刊 551
四、前往美、歐，宣傳台灣民族主義 553

五、巡迴感想 594

第二十二章 返台永久居住

一、返台初期年表 596
二、「最後一個黑名單」歸來 604
三、進入另一階段的革命生涯 606
四、台灣獨立建國的兩條路線及兩個工作方向 609
五、「獨立台灣會」在台灣 616
【附錄一】陳月妙ê詩 658
【附錄二】獨立一老人／倪國榮 666
史明／倪國榮 667
【附錄三】永遠吟唱的歌／陳淑芳 669

第二十三章 返台後的啓蒙工作

一、側記史明 673
二、古代希臘哲學的兩大系統 698
三、以「人」爲主體的發現 708
四、「革命」的眞義 713
五、基本人權 719
六、階級 722
七、民主主義 724
八、認識台灣史的前提 727
九、從福佬、客家、原住民各族群的分類到融合 733
十、台灣民族主義 739
十一、認識歷史，站在台灣人團結的立場，以眞誠謙讓的胸襟化解族群的隔閡，實現「出頭天、做主人」 745
十二、不要怕台灣民族主義 748
十三、台灣民族革命的主力軍就是台灣大衆 751
十四、台灣獨特大衆文化—「普度」 754
十五、台灣大地文教基金會 756
十六、史明與林保華對談民族主義 765
十七、我所認識的蔡瑞月及蔡瑞月舞蹈社 767
【附錄一】革命的夢．流亡的風景／李敏勇 770
【附錄二】台灣「好男好女」／陳麗貴 774

第二十四章 重新學習「民族主義」

一、民族的本質 779

二、民族學 783
三、民族形成的三個因素 784
四、諸民族的民族形成 785
五、自然因素共同 787
六、社會因素共同 792
七、台灣、台灣人的語言共同、文化共同 793
八、台灣、台灣人的政治命運共同、經濟利益共同 797
九、歷史發展過程 797
十、台灣、台灣人的文化特質 799
十一、民族國家 804

第二十五章 台灣民族主義

一、民族主義的兩面性 805
二、西歐型民族主義 806
三、亞細亞型民族主義 806
四、中華民族主義 811
五、日本大和民族主義 814
六、台灣民族主義 815

第二十六章 真正的「馬克思主義」

一、初期社會主義 828
二、馬克思與恩格斯 830
三、馬克思主義以前的「前期社會主義」 831
四、學習馬克思主義的「理論」 833
五、「唯物史觀」 841
六、學習馬克思、恩格斯的革命「實踐」 851
七、「第一國際勞動者協會」前身 854
八、巴黎公社 861
九、第一國際與巴黎公社 864

第二十七章 馬克思去世・第二國際分裂・修改馬克思主義

一、創立第二國際 867
二、改良主義的興起 868
三、第二國際的告終 872

第二十八章 馬克思經濟學

一、馬克思的生涯 873

二、「馬克思經濟學」大綱 876
第二十九章 假的馬克思主義
一、俄國革命序言 883
二、列寧高揭「反戰」旗幟 884
三、俄國二月蜂起 885
四、列寧歸國 887
五、列寧奪權簡史 889
六、捷爾任斯基登場 892
七、秘密警察簡史 893
八、斯大林崛起 898
九、第二次世界大戰 901
第三十章 斯大林掠奪國政，展開大清算
一、列寧主張辭任斯大林的書記長 904
二、斯大林與反對派的鬥爭 905
三、斯大林與托洛茨基的鬥爭 907
四、季諾維也夫與加米涅夫的新反對派 911
五、伏龍芝、捷爾任斯基之死 913
六、一九二六—二七年的「聯合」反對派鬥爭 915
七、斯大林對「右翼」偏向的鬥爭 916
八、三十年代初期斯大林的犯罪與挑釁 917
九、斯大林個人崇拜公開 920
十、暗殺基洛夫，對舊反對派的不法裁判 924
十一、貝利亞的「秘密警察帝國」 932
十二、內務人民委員部所用的不法的監禁、槍殺 934
十三、斯大林徒弟貝利亞的最終 936
十四、蘇共批判斯大林 937
十五、斯大林對社會主義與民主主義的侵害 939
十六、改寫蘇聯史的安托洛波夫 942
寫真集錄 945
不敗的戰神／黃敏紅、李政忠 1000
編後語 1004
索引 卷末01

第一章　我難忘的老祖母施邱氏桂

搖啊搖　阿公仔偷挽茄
茄偌濟（jōa-chē）　挽一飯籬（pn̄g-lē）
也好食　也好賣
也好呼（ho）咱囝仔做度晬（tsō-to-tsè 周歲生日）
——童謠「搖啊搖」

一個人的一生，除非有什麼特殊的機緣，大體上決定於他自己的個性。在我這個理直氣壯卻又曲折坎坷的一生中，最早影響我個性的人，就是我的「阿嬤」。我的阿嬤事實上就是我的外嬤，因為我從小就被過繼給我母親施家，所以對我來說，「外嬤」遠比「內嬤」來得親近。

一、老祖母的生平

我的外嬤施邱氏桂，在一八七九年陰曆七月十二日生於八芝林新街（又稱士林街、士林新街），之後嫁給滴雅施家第四代第一房排行老三的施錫祥（俗名木樹）。當時台灣是清治的末期。外公的父親施贊隆，也就是我的外曾祖父，是清朝同治九年（一八七〇）的舉人；依照清朝律法，施厝前庭兩邊豎有兩枝高高的旗杆，以彰顯舉人之家的榮耀，因此施家也特別地受人尊崇。不過外公錫祥很早就過身（kuè-sin過世），我沒看過他，阿嬤從二十餘歲就守寡，含辛茹苦，一世人（tsit-sì-lâng 一輩子）過著虔誠的佛教徒生活，專心養育獨生女兒（我母親）。

老祖母（即阿嬤）在母親結婚之前，搬到於士林新街新建的樓仔厝住。阿嬤雖然是查某人，卻被施家一族選作「施正成」祭祀公業的第一屆大房管理人（一九一八—二四），管理公媽祭祀，舉辦「大公」（tōa-kong祖先）以及有關的公業；當時施正成公業在湳雅田地、雙溪山地及桃園田地等有很多田租、土地糾紛訴訟等等，施家一有公事，都得由老祖母來出面處理。因爲這樣，我們士林街的家也變成了施厝親戚的公共場所，施厝老人家叔伯公，比如阿才（贊緒）叔公太、錫文伯公、錫芸叔公、錫靜伯公、錫芳叔公、世眞叔公、炳東叔、炳訓叔等人，都常在我家會談、開講，鬧熱

外曾祖父施贊隆中舉的「文魁」匾

終生難忘的阿嬤施邱氏桂

滾滾。他們老人家叫我「阿暉仔」、「大頭仔」，常差遣我去這裡去那裡。

施厝每年辦「大公」時，施家一族大小都得集合在湳雅祖厝裡祭拜公媽（kong-má祖先），祭拜後擺桌聚餐，叫「吃大公」。大家大吃大喝之後，還要分大公錢，這時那些男子大漢往往會打起架來，打得頭破血流，還得要麻煩縛小腳的老祖母出來嚇阻，才能平息。我在旁邊看到老祖母的威儀凜然，在我囝仔人的心內實在感到非常驕傲。

俗語說：「素封之家，富源好不過三代。」施家大房第四代的外公錫祥，攏總有六個兄弟，除了老大錫英的長子炳訓在日治時代考上高等考試做辯護士（律師），以及其次子施拱星研究尖端數學，戰後從日本返台創設台灣大學數學系，並就任該校理學院院長（在職一九六二—七二）之外，大房的幾個子弟不是吃鴉片就是博傲（poah-kiáu賭博），最後都落魄到一無所有。尤其老五錫元與老六錫屋，看見老祖母孤寡，罔顧人情之常，還不時地向老祖母伸手討錢，使老祖母吃盡苦頭。

老祖母是「在家吃齋的佛教徒」，吃齋不吃葷，所以玉英姑（阿嬤的童養媳）準備飯菜時都得

士林湳雅的施家祖厝

士林湳雅的施家祖厝

施家祖厝畫像

用兩種鼎（tiá^{n}鍋子），一種用來做齋菜，一種是做葷的；做齋菜用火油（hóe-iû花生油），做葷菜用豬油；吃飯時也得準備齋菜與葷菜兩桌。我家用的醬油、豆醬都是老祖母每年自己親手做的。她也都叫我與她一起做，總會說：因爲我是大孫，必須懂家事。所以不僅是做醬油等，還使我學會醬胡瓜、冬瓜及豆腐乳等，也學會踩菜脯。

老祖母每天透早四點天還未亮就起床，梳頭整裝之後，先在大廳跪拜佛祖，燒香念經一個多鐘頭，有時也叫我起來一起跪在旁邊拜佛。我常常因爲跪拜的時間太長，每每起身後雙腳都痛得走不

動。當時台灣民間的佛教（即「齋教」，其廟宇稱爲「堂」）有「先天派」、「金幢派」與「龍華派」，老祖母信仰的是先天派，她常去的佛堂叫做「至善堂」，在大稻埕太平町（今延平北路）的媽祖廟旁邊。老祖母每個月都去參加例行的集體拜佛，每次也都叫我跟她一起去。

老祖母早年縛腳，穿自己做的小布靴，後來才流腳（纏腳放開），改穿訂做的小皮靴。她總是很勤勉的到處走動，尤其是時常到各地的寺廟拜佛，我也都得跟她去。俗語說：「揹（koā^{n}）籃仔假燒金」，正如同我小時候並沒信什麼神佛，就只是跟著老祖母到各處寺廟去逛逛而已。我跟老祖母常去芝山岩惠濟宮、士林街慈諴宮、關渡媽祖宮（今關渡宮）等寺廟，有時也遠行赴木柵猿山坑的仙公廟去拜赤腳佛呂洞賓，士林市郊四處都去參拜過，但是在我的囝仔人的心內，更重要的是到處都玩遍了。

施家拜堂

施厝來台第一房外曾祖父施贊隆舉人大墓，草山菁礐

老祖母也多次到北港朝天宮燒金拜媽祖，那時候，我們一家人都得跟老祖母一起進行爲期三天二夜的大旅行。我們早上八點從台北車站坐「特別急行」（特快車），黃昏時到嘉義，在嘉義住一晚，

次日早上再坐「五分仔車」（沒有頂蓋的甘蔗搬運車），一個多鐘頭後才到北港街仔。這樣從台灣頭走到台灣尾（在那個時代，台北人光是下到台中就會說是到台灣尾了）的大旅行，就像天大的樂趣一般，使我的囝仔心肝歡喜雀躍。從火車上眺望窗外，一片片青綠的稻田與田寮（佃農住的厝）、竹圍，好比走馬燈一般，從眼前一場又一場地飛快閃過，令人目不暇給；放眼遠處，又能欣賞一山又一山綿延不斷。火車靠近車頭（chhia-thâu火車站）時，就能看到庄頭庄尾的大墓公墓碑，也能看到萬頭攢動，各種千變萬化的情景，眞是令我眼界大開。另外還能品嘗台灣各角頭的鄉土小吃滋味，胃口也大開。

施厝來台第一代祖墓，士林雙溪，攝於一九九三年

老祖母確實是一個熱誠的佛教徒，她常從天亮就站在門口，買下莊稼人要賣出去的斑鳩、竹雞仔等小鳥「放生」，實踐她一生不殺生的慈悲風範。

老祖母唯一的興趣就是看戲，每當士林媽祖廟口做戲，無論是大戲、歌仔戲、白字戲仔，或客家戲、布袋戲等，她都會帶我一起去看戲。當年，我的阿母是標準的京戲迷，常帶我去台北車站後車頭的「新舞台」看「正音」（京戲），也培養了我欣賞京戲的興趣。我們家二、三年總會輪到一次神明會的「爐主」，那時就會在亭仔腳（têng-á-kha騎樓）設戲台，請戲班來演布袋戲。有時也會去士林市場尾看日本人扮演的獅仔、老虎等動物戲，以及表演奇術的「馬戲團」。我還記得曾看過關公、劉備的「三國演義」，也常看到「釣水雞」、「白蛇

傳」、「陳三五娘」等歌仔戲。特別是大稻埕「小西園」布袋戲班所演出的「火燒紅蓮寺」武俠戲，那些吐劍光或飛簷走壁等等的畫面，總會讓我的囝仔心肝走入空思夢想，興奮得夜不成眠。但是到了一九九〇年代，我從海外返台時所再看到的歌仔戲或布袋戲，不論其裝飾、唱工或做工等，大多喪失了昔時所擁有的台灣特殊的大衆性與幻想性，時間的流逝與生活方式的演化，不免令人對時代的變遷感到不勝唏噓。

談起老祖母的生平，「勤儉累積」（khîn-khiām liap-chek）是她一生奉行的圭臬。她的日常生活過得非常簡樸，買一錢（一分錢）青菜吃三頓飯，一條面巾用到破爛成網狀也還在使用。她說：「買一件衫得穿一世人。」她這樣子艱苦辛勞、踏實樸素的生活，終其一生攢下了很多錢，把外公留下來的土地財產，從二十餘甲（一甲是二九三四坪）田地增加到八十多甲（在桃園竹圍庄與大園庄）。

一九五〇年，蔣家國府佔領台灣後，企圖要掠奪台灣的土地，進行「三七五減租」（一九四九），並發表在一九五三年將要實行「土地改革」，從地主沒收土地（約有六十二萬甲）。結果台灣總耕地九十餘萬甲之中，國民黨掠奪耕地達四十餘萬甲的龐大數目。我父親早料到蔣家國府的掠奪手段，誠心勸解老祖母，快把土地賣掉，不然，所有土地將會被沒收。然而老祖母一聽到我父的話，卻毅然決然的回答：「管伊賊仔政府怎樣沒收，我哪會自己來賣祖公仔的土地!!」可見老祖母對自己的土地有傳統的愛心。

老祖母雖然自律甚嚴，但是爲人誠懇，心胸開闊，待人接物或禮尚往來等都很大方，無一不費心張羅。她對家裡的照顧所費不貲，對待親朋的應酬更爲爽快；她對田佃（chhân-tiān佃農）或幫忙修理房子等的木匠、土水（thô-chúi瓦匠）也都相當照顧，工作當中的茶水、酒飯更要求豐盛，她總說：「不可讓做代誌（tāi-chì工作）的人沒吃飽就回家。」她對待厝邊（chhù-pi^{n}鄰居）也都很懇切溫暖，會借給他們一些小錢，或參加大家的「搖會仔」（iô-hōe-á互助會），幫助他們一些做小買賣所需要的本錢。

施家老祖父（木樹）有兩位妹妹，三姑婆嫁給芝山岩山腳的名家簡家（簡萬傳一家人）；五姑婆則嫁到艋舺，她的兒子張火爐是大稻埕大街（迪化街）數一數二的「瑞豐」商店主。正月二日，三姑

婆、五姑婆都是由我去接回來「作客」（chò-kheh回外家）。

在我小的時候，外曾祖母尚還健在。老祖母的弟弟（已故）有四個兒子，如坤土舅等，以及寒梅仔姨、玉鳳姨仔等。老祖母對自己的「外家厝」在精神上、物質上都有很大的照顧，阿彩姨嫁苗栗的富家黃運元，他們來台北時，都住在士林我家。寒梅仔姨嫁給大稻埕太平町石橋仔頭的大茶商「文山茶行」的老大王水柳（二二八犧牲的王添灯的兄哥）。老祖母尤其和寒梅仔姨最親，所以她回外家厝時總會住上一、二個月，與老祖母共同過日子。老祖母也很信任王水柳姨丈，譬如我在一九五二年以後，因爲獨立運動亡命日本，與家裡音訊斷絕、不能聯絡時，王水柳姨丈從一九五〇、六〇年代到日本做茶葉買賣時，都接受老祖母的委託，冒險來看我，帶給我老祖母的吩咐。記得老祖母曾吩咐說：「阿暉仔，沒辦法就回來家裡，哪有必要在外頭做麵店!?」「曾與你母親約束，阿暉仔過房施家是做大孫，所以施家財產是要得兩份，其他弟弟是各一份。然而現在你（朝暉）不在家，決定你與朝和各得一份，你不在，你的份叫林家次女陳林蕙芳管，你要曉得。」這些阿嬤的吩咐，都透過王水柳姨丈傳達給我。一九九三年我結束日本亡命回台後，姨丈已經過世。但我與寒梅仔姨的長女惠子（王淑惠），至今多有來往，受她照顧，她現在做澳洲的煤炭事業，成爲大企業家。

寒梅仔姨與姨丈王水柳

王水柳七十歲與惠子（王淑惠）全家

阿嬤與娘家親戚合影。二列：左五阿嬤母親（阿祖）、左四阿嬤邱氏桂、左三阿嬤弟之妻（妗婆）、左二阿嬤弟之末女（玉鳳姨）、右二母親施氏秀、右一阿嬤弟之女（阿彩姨）；三列：左二阿嬤弟之長男邱坤土（阿土舅仔）；一列：右四弟弟（林朝陽）

老祖母有時一早就去士林菜市場，買了大掛小掛的魚肉回家，路途中有熟識的人好奇地問她：「阿桂姑仔，妳吃菜人，爲何買那麼多魚肉？」老祖母便答說：「哈！哈！是要給我的孫仔吃的。」老祖母如此的有慈愛心且寬宏大量，老實說，卻影響我長大後有時花錢大方，甚至過於浪費，而不計較回報的習氣。

二、老祖母的身教言教

我自從呱呱落地後就受老祖母的扶養，白天纏前纏後、寸步不離，與老祖母如影相隨，夜裡也跟老祖母睡在一起，直到十九歲離家赴東京留學爲止。我還記得六、七歲時，半夜若睡不著覺，會抱著老祖母問說：「死亡之後，我會往哪裡去？能跟阿嬤一起嗎？」老祖母總會回答我：「好好睡吧！一定會做伙，囝仔人不要想東想西。」說起來很奇怪，囝仔子爲何會想到「生死問題」？這恰似表示我這個囝仔心肝，已經完全依靠老祖母的呵護了。

老祖母爲了要我快睡覺，常唱囝仔歌給我

聽，到現在我仍記得一、二首老祖母常唱的搖籃歌，如：

賣豆菜

賣豆菜　蔭豆芽
賣潤餅　釣（tiò）水雞
紅龜發粿
土地公食物（mih東西）
著跋杯（poah-poe）

自動車（汽車）

自動車　ジドゥシャ（ji-do-shia）
火車載甘蔗
癩哥（thái-ko）貓　掛目鏡
阿爸做保正
煙（hun）吹頭　打未痛

老祖母早上起來，就會捏我的鼻子上端，說：「做一個男子漢，鼻子要筆挺，才會成做好大人。」她叫我「大頭仔」，每次都將我的頭顱剃得光光光，說這樣做人，心才會大方開闊。我這款和尙造型，也一直持續到十九歲。

老祖母一再對我說，做人要有志氣、有勇氣，也要有體貼心、要細膩（sè-jī客氣），得要驚見笑（kia^{n}-kiàn-siàu知恥辱），做事要認眞、要勤儉、要愛惜物件（mih-kia^{n}物品）等等，特別強調對自己要嚴格，對他人要寬大。這些做人的道理，她不僅是嘴裡講講而已，更以實際的行動來鍛鍊我。比如說我從小就膽小、行動畏縮（這和封建的所謂「威嚇教育」稍有關係），清明時節到墓仔埔（bōng-á-po塋地）培墓（pōe-bōng掃墓）時，我就不敢爬山。那時候老祖母就會拐著小腳走在後面，很嚴厲地驅趕我一番，之後看我眞的爬不上去時，才叫人背我上山。

老祖母每次往桃園大坵園（大園庄）收租時，也一定叫我一起去。我們跟阿嬤早上從台北車頭坐火車到桃園，再從桃園車頭前坐「輕便車」到油車口，途中還得徒步走一點多鐘，我的囝仔腳很快就感覺疲憊，可是當我喊腳痠、蹲在地上耍賴時，老祖母便馬上發威，罵我：「你這個死囝仔這麼沒志氣，那你死蹲在這裡好了。」她就這樣子也不停足、也不理我，自顧自的先走，我只得自己腳摸摸，趕快從地上爬起來，邊哭邊追上去。

老祖母，約攝於八十歲

我幼年時，生病就吃老祖母做的漢藥或青草藥，有時她也會帶我到吳文明醫院或李玉聰醫院去看西醫。大學初期，我暑假回台灣時，因罹患了痔瘡，病一發作起來，總是讓一個堂堂七尺大的男人痛得叫苦連天，老躺在客廳的長條籐椅上。那時候老祖母為了照顧我，腳踩著「流腳」的小皮靴子，蹚蹚蹚的一會兒端藥，一會兒又是茶水，日夜一趟又一趟地來來回回照料我。當時我年紀輕，不懂人情世事，只知道心存謝意而已。然而這病症後來伴隨了我五、六十年，每當痔瘡發作痛楚時，總會讓我想起老祖母那時照料我的影像，一幕一幕地在眼前溜過；老祖母的笑臉、老祖母愛好的心，老祖母走路時蹚蹚蹚的腳步聲也好似在耳邊又響起來，讓我感激到無法形容。這樣屢屢回憶起老祖母對我的疼愛之深，真是讓我萬感交集。我想：阿嬷這樣用心磨練我、疼愛我，無非是期望我能鍛鍊出一股堅強的精神內涵。她也常說：「做人總有成功或失敗，無論在怎樣的處境，都得有堅強的志氣與膽量，才能追得上人家。」也因為老祖母對我這樣的疼愛與教訓，才使我日後能排除萬難，毅然邁向我所信的路，並且貫徹到老。

我家當時是典型的封建家庭，家中養了兩個查某嫺仔（tsa-bóo-kán下女）。她們每天幫忙阿姑打掃、煮飯或是帶小孩等家事。這當然是古早蓄「奴婢」風氣的流傳，她們兩位都是貧寒出身，社會地位比家人低，母親對待她們也很嚴格，阿嬷對她們就比較寬大，平時常叫她們要吃得飽、睡得好，她們適齡出嫁時，也都為她們準備一些嫁妝與少許的「私傢」（sai-khia私房錢），像嫁女兒一樣地以花轎送出嫁。阿嬷吩咐我們囝仔都得叫她們「阿姨仔」，不讓小孩輕視她們。這在封建習俗濃厚的台灣家庭，是破天荒，很不簡單的事。

阿嬤嚴格教我們囝仔人去拜訪親戚時，一定要有禮貌，要細膩，不能吵吵鬧鬧。吃飯時，大家若還未到齊，不能一坐下來就動碗筷，否則，就是顯得沒家教，是不見笑（bē-kiàn-siàu不知恥辱）的代誌。

過年過節時，田佃、工人們來幫忙打掃等準備工作，到中午時，老祖母總會準備飯菜邀他們吃頓午飯。然而，他們都毫無例外地很細膩，硬是要回自己家吃。此時，便總得需要由我出頭，強拉著他們在我家吃午飯。如此的情況，顯示出早時的做工人（chò-kang-lâng）都很細膩和客氣。

我的阿舅施振興（也是我的養父，詳見第三章），是自小被阿嬤抱回來做兒子的。在他快要過身（kòe-sin去世）的前幾個月，阿嬤請來法定公證人，公證阿嬤是施家的「親權者」；因爲若沒有這樣的公證，阿舅去世後親權將自動歸屬於阿妗（a-kīm舅媽），阿妗就能夠任意地處理施家財產。然而當阿舅去世以後，阿妗卻把襁褓中的小弟從乳母家偷偷地抱回娘家（在大嵙崁，今之大溪），並隨即向日本檢察廳提出控告，說老祖母偷刻印章僞造親權書，擬以奪去小弟「朝和」名義下的施家財產。這件事實屬突然，但卻是老祖母預料中的代誌，也早已做好預防措施了。

依當時日本在台灣司法上的慣例，被控告刑事案的被告人，往往會先以刑事犯當庭收押，然後再審問案件。但阿嬤卻不驚，並坦坦蕩蕩地帶著十一歲的我一起出庭。法庭上，日本檢察官穿著很威嚴的法服，坐鎮在法庭的最高層，下一層則坐著客家人的通譯官（日本殖民統治的分化政策），再下一層才是被告的老祖母，她站著等待審問。我則是坐在最下層的板凳上等候著。很慚愧的是，我的父親懂曉日語，本來應該來法院照顧老祖母，卻沒趕上審問的時刻。

一開始，日本檢察官先用溫和的日語說了幾句話，話未說完，那個通譯官就以台語破口大罵，用力敲桌，大發雷霆地問：「爲何偷刻印章？」企圖藉以威嚇老祖母認罪。當時台灣人都稱呼當官的日本人爲「大人」，所以一般人碰到通譯官的大威嚇，大多會嚇得失魂落魄，很難過關，惶惶然地被迫認罪。不過老祖母卻是臨危不亂，她一聽到通譯官如雷貫耳般的大罵聲，反倒身軀挺直，以穿小皮靴的小腳向地板強蹬一下，更爲大聲的反問：「你們有什麼證據？拿出來！天地良心，我沒有就是沒

有。」此時，法庭的氣氛突然間凝固了，連那兇惡的通譯官也一時講不出話來。我坐在下邊更是驚出了一身汗，心內怕得魂飛魄散，遂哭了出來，那時老祖母卻反倒轉過頭來說：「阿暉仔，不要驚！」

檢察官審問之後，似乎是感受到了阿嬤理直氣壯的眞摯態度，在這極端緊張的氣氛之中，忽然聽到檢察官平靜地說：「今天到此爲止，閉庭。」（日本話）這時，我緊張的心情才大石落地。老祖母沒被扣押，慢步踏出法庭，安然回到士林家裡。阿母、阿姑見到老祖母安全回家，都鬆了一口氣，立刻請老祖母吃甜麵線去霉運。這件事也成了士林街仔親朋稱讚老祖母膽量奇大的一則故事。

這場官司前後出庭十幾次，經過六年才結案，老祖母說我是施家大孫，所以必須從頭到尾跟著看，更不惜向學校請假，每次出庭都帶著我一起去。一次又一次，看到老祖母堅毅奮戰，無形中也讓我增加了好幾倍的勇氣，也學到了做人的大道理。六年後，老祖母勝訴，阿妗黔驢技窮，不得不把當時已經六歲的朝和託人送回士林施家，阿妗亦與施家完全斷絕關係，日後改嫁他人。朝和回家後，因他所帶的「庄裡氣」頗重，所以常受家裡與厝邊的小孩欺負。我因爲朝和的事，也常和林家小弟（林朝陽）及親戚阿鐘仔等打起架來。

我從小時候起，吃東西都會叫弟妹一起吃。老祖母看我很照顧弟妹，常對我說：「阿暉仔，你的命底是注定六親無情，你什麼都要差不多（適可而止）才好。」

三、台灣人意識的最初啓蒙者

老祖母是在滿清時期長大，而且「大官」（ta-koa^{n} 丈夫的父親）是書香出身的清朝舉人，所以有關清國時代的種種是非都一清二楚。她好似講古的說：咱施家的祖先（廷章公）是在「唐山」（又稱本土、中土、內地，中國大陸之別稱）吃不開，才過了黑水溝，冒了大險來到「本地」（台灣）。最初是在桃澗堡（今之桃園）的大坵園（今之大園）定居，從事開墾埔地。起初生活赤貧。某日半夜，一個衣衫襤褸的乞丐來借住過夜；次日一早，乞丐失去蹤影，只留下一擔米籮仔（挑米大竹籠），蓋子掀開一看，赫然是滿籮黃金。施厝祖先又驚又喜，自以爲是「天公賜福」，跪拜感謝天地後，將黃金佔爲己有。施

家也就這樣子發跡起來，買了好多田地成爲大地主，之後才選芝蘭一堡做爲福地，搬到湳雅德行（今之天母）來蓋大厝，並且在此定居。

我小時候聽老祖母講這些故事，感到很有意思，但是到後來學得了一些歷史學與社會學知識，經過一番思索才發覺：當時封建時代的台灣社會是弱肉強食，一般的強者都是靠巧取豪奪、呑併弱者土地，才造成所謂白手起家的家族傳說。這類型的故事，一般應該多是爲了掩飾一些豪奪手段才虛構出來的神話吧！

老祖母也說，古早時台灣除了少數的平埔與高山的番族之外，大多是從唐山過來的漢人祖先。但是從唐山過來的漢人有兩種，一種是赤腳的貧苦農民，另一種是做官、做兵、穿靴子的漢人大人。做官的與兵卒們都很苛刻地欺負赤腳的漢人農民，不

施家祖先流傳下來的「執事牌」

但替清帝國的衙門抽重稅，自己也大肆爲非作歹，正如「衙門八字開，無錢莫進來」所形容的；或遭逢天災地變，也不管他人死活，照樣課以重賦苛徵，有一句話：「水沖沙壓，田去稅存。」除此之外，清朝官兵再以高利貸來魚肉農民老百姓，如「五虎利」（每百錢，按日繳息五文；若一日停繳，即把前繳利息全部抹銷）等。

因此，移民農民老百姓的漢人與做官的漢人，才會漸漸地分成咱「本地人」（台灣漢人）與他們「唐山人」（大陸漢人）兩邊，而「本地反唐山」的對立抗爭也日益頻繁，正如膾炙人口的俗語「三年一小反、五年一大亂」所反映的。例如反唐山的佼佼者林爽文，當他起義時，庄堡角頭的犧牲者屍橫遍野，那時庄民多把其稱作「好兄弟」，也就是葬在芝山岩等地的「大墓公」。

老祖母還說過，古早時咱的老祖先都是赤腳的農民移民，開荒種地都要靠天公爺給予雨水，所以做田人（種地人）暝日要顧田水，經常得依靠庄頭（角頭）的集體力量，才保得田水順利流通；有時也會爲了守田水，角頭與角頭之間互相打得頭破血流，甚至犧牲身亡。後來我才知道，這就是所謂的「分類械鬥」，犧牲者同樣都被葬在大墓公。諸如此類，老祖母對於古早時代的知識龐博，可說是鉅細靡遺。

老祖母又告訴我，古早時，漢人祖先很多人沒娶某（chhōa-bóo 娶老婆），所以只好去外面找個查某人同居，男人有錢時受款待，錢花完了，查某人就開始對他冷淡起來，遂以惡言想激男人走，那時男女間的鬥嘴情況往往相當滑稽可笑，諸如：（前兩則是老祖母所說的，第三則引自稻田尹的《台灣歌謠集》）

女：「厝不是廟，茶不是尿（jiō），人不是破草蓆（phòa-chháu-chhióh），你該走了。」

男：「錢銀不是鱟餅片（hāu-piá^{n}-phoè 破瓦片），人不是破棉被（phòa-mî-phōe），還錢再來講。」

人食閒米（êng-bí）講閒話（êng-ōe），講咱二人有交陪（kau-pôe），只有姻緣若無配，汝我二人大家衰（soe）。

相好二人睏同床，分開離別心頭酸，看著搭心汝卜返（beh tńg），較慘持（giáh）刀割心腸（sim-tńg）。

一八九五年六月七日，日軍佔領台北城，同時派遣一支軍隊佔領八芝林，進駐淡水街。根據老祖母的說法，士林街八芝林的居民此時都逃到內雙溪等山頂去避難，叫做「走番仔反」（「走」指逃，「番仔」指日本人，「反」指動亂）。那時老祖母是十五、六歲的小姑娘，跟一群鄰居一起逃難，當她苦撐著疲勞的身軀爬上山坡時，因腳小（縛腳）無力，一不小心就摔落山坡下，在驚慌中突然放聲大哭，這種悲痛的情緒好似會傳染，使同道的一群人也情緒崩潰，哭成一團。外族入侵、家破人亡，這種傷感的情景，台灣人在終戰後，又再經驗了一次。老祖母說：「第一奸臣李鴻章，第二奸臣是辜顯榮……」「紗帽顛倒戴，台灣沒福氣。」（老祖母的反日本仔很實際，比較起來，我父親的反日思想就比較偏

向觀念）

日本軍侵佔台灣後，以一八九七年五月八日爲「國籍決定日」，日本政府規定留居台灣者皆爲「日本籍民」，最後一批唐山人（在中國有家可歸的漢人官兵、大租戶、大商人等等）回中國後，留在台灣的原住民（約十八萬人）與本地人（約二百七十萬人），就成爲日本籍民，也被稱爲「台灣人」。後來從中國大陸重新來台灣作息的少數唐山人（主要是廚師、理髮師、裁縫師、皮靴修理匠等等），就是現在所謂的「中國人」，是外國人。但在當初，老一輩的台灣人還是叫自己爲「本地人」，叫他們「唐山人」。

我囝仔的時候，有一天，一個唐山人挑個小擔子放在我家門口的亭仔腳，開始替人修理皮靴。囝仔時，看什麼都覺得稀罕，我就走過去看那個唐山人砧（tiam修理）皮靴。老祖母站在門口，一看到我走近砧皮靴的，就馬上走過來，拉住我的手拖進屋裡，她說：「你這個死囝仔，叫你不要接近唐山人，你又不聽話。」從此可以窺知，台灣人在清國時代對唐山人的怨恨，到了二十餘年過後的日帝時代，還是那麼地深刻。

時序更迭，我經過了小學（六年）、中學（四年）、大學（六年），在孜孜耕耘、稍通事理、學業有成之下，爲了自己所信仰的信念投身於革命運動，至今已超過七十年之久。我義無反顧地全心投入自己所相信的理想，長期在外奔波，對家裡的老祖母全無照顧，不但沒有對老祖母盡孝道，她還因爲我而受人指點議論，我眞是個不孝孫。但是即使如此，老祖母對我的疼愛與信任卻絲毫未減，仍然日夜祈求我平安歸來。老祖母對我的恩澤情意如天如地。然而我卻沒有報答她恩情的萬分之一，甚至於在老祖母臨終時（享年九十二歲）也不能在旁伺候。

每當憶及阿嬤，有時仍不免老淚縱橫

第二章　我的故鄉八芝林（士林）

整條街仔都是囝仔三三五五各坐一堆，每個人手中都拿著在家裡便包好的潤餅，各自比較著誰的潤餅是最大的。那時，我心中總認為自己的潤餅是無人可比的、最大的潤餅。

一、八芝林

士林八芝林（士林人日常是叫著「八芝林」Pajiena）是我難忘的故里，我所思慕的父祖長眠之地。我生在八芝林，長在八芝林，芝山岩、農藝試驗場、草山溫泉（陽明山）等地，都是我幼年最溫馨的遊玩去處，那裡的山川、街道，處處都留有我的足跡，也在我心中留下終生難以忘懷的美麗回憶，令我魂牽夢縈。

我們施家（我的戶籍姓名是施朝暉）的祖厝在芝山岩山腳的湳雅德行（今之天母），但我是在施家新街新厝長大的。施家的新厝位於士林街大東路，就在士林新街圓環往士林國小的半路上。當年，那兒周圍只有一片綠油油的田園，並沒有太多人家。清早起來，站在我家樓上的磚坪仔（陽台）眺望，對面的西方是觀音山，基隆河（淡水河支流）平靜地圍繞著觀音山蜿蜒而行，河面上隨處可見帆影點點（戎克船），一艘又一艘地往來航行（在「蔣家中華民國殖民政府」的倒行逆施下，如今基隆河已被填塞阻死，昔日河川的美景已成過往雲煙）。在我家的右側，則可以看見山巒起伏的面天山、大屯山及七星山，由於沒有污濁的空氣阻隔，所以淡淡的紫峰清晰可見，冷冽中隱含著清涼的風情，令人產生一股不可言喻的浪漫情趣。對著這般如詩如畫的美景，如今回想起來依舊使我陶然。然而自一九九三年返台後，舊時的故鄉完全變了樣，昔時從自家磚坪仔能欣賞的觀音

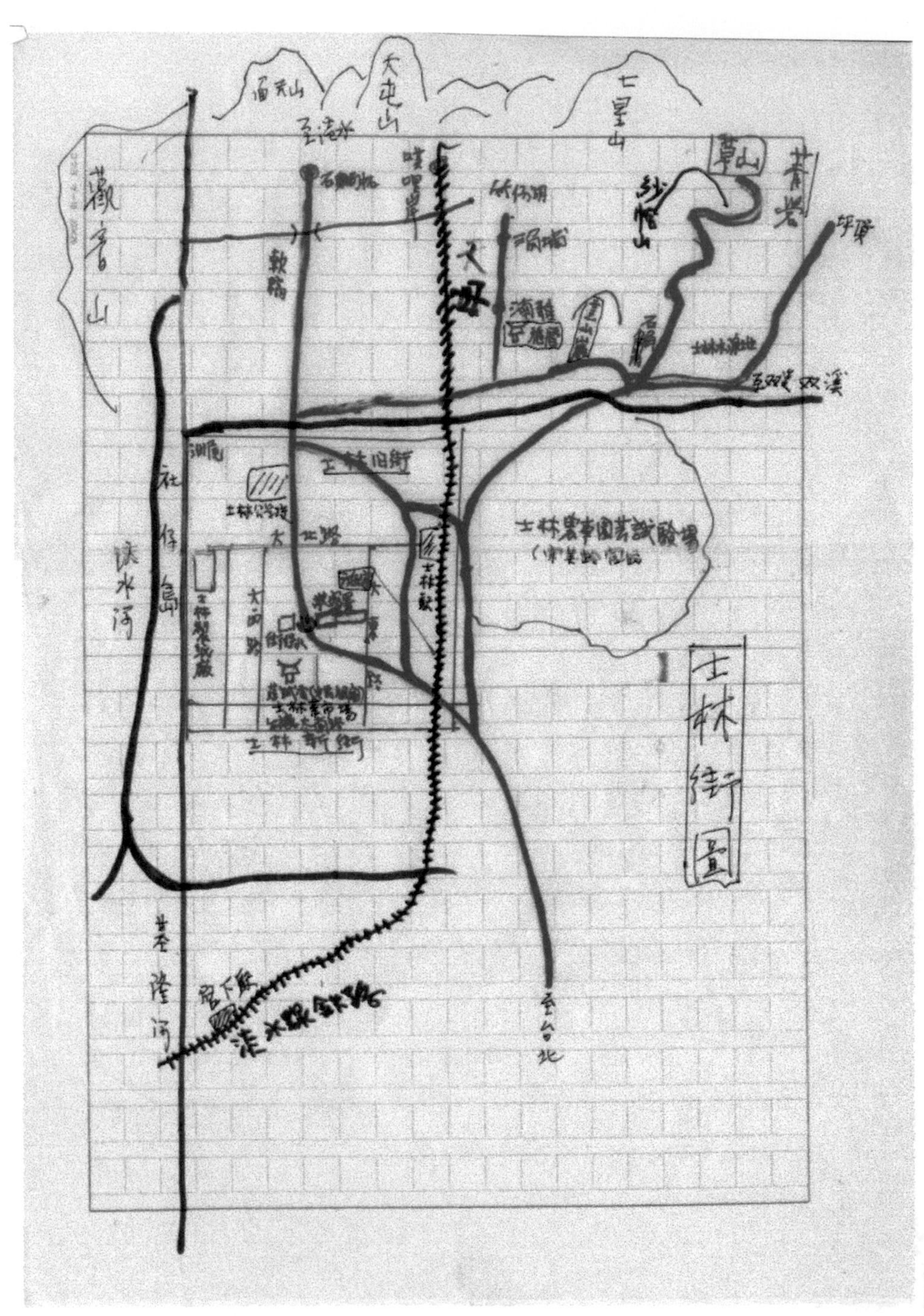

士林街圖（史明手繪）

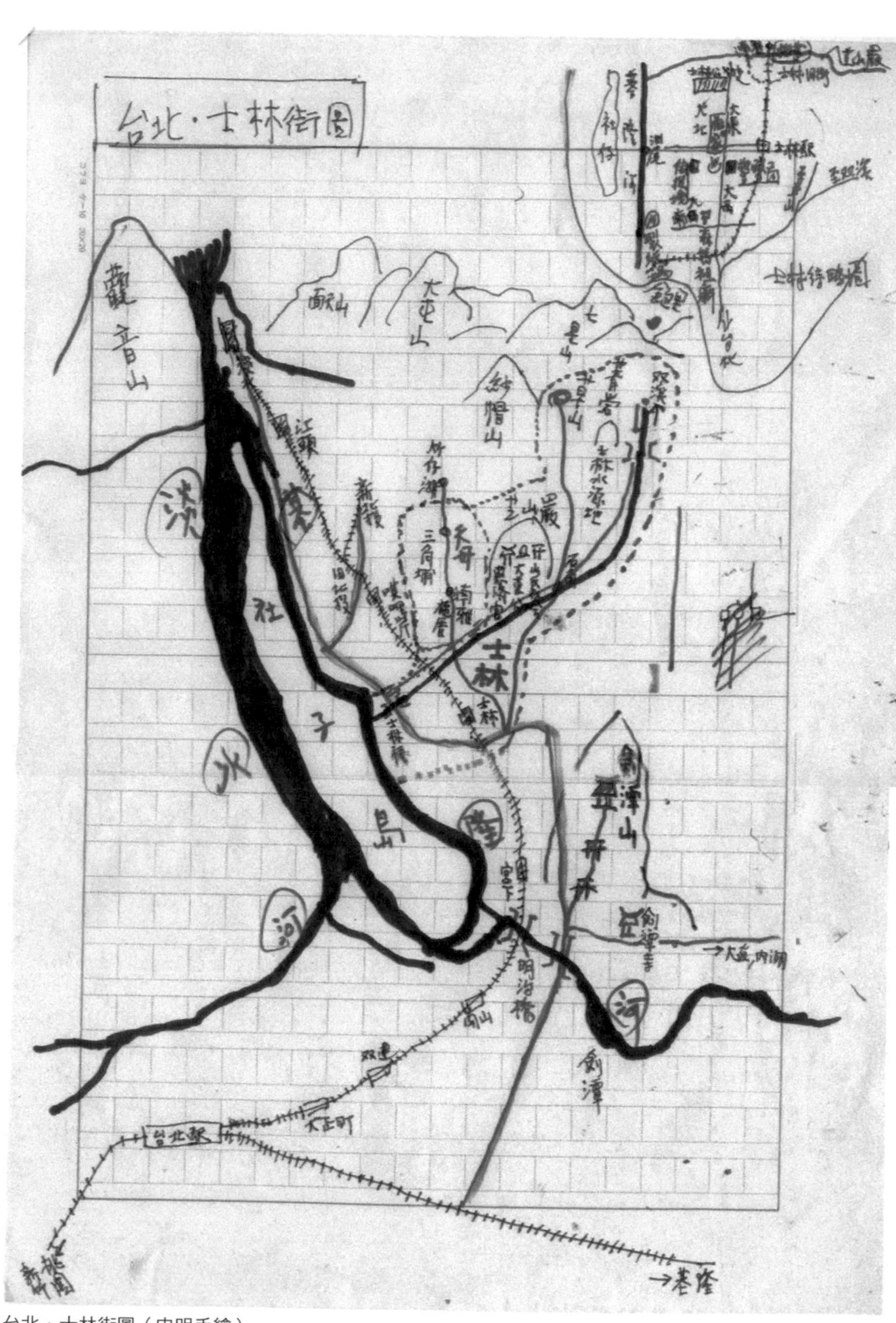
台北・士林街圖
士林街略圖
觀音山
淡水河
社子島
劍潭山
劍潭寺
基隆
大正町
台北駅
士林
紗帽山
大屯山
面天山
七星山
明治橋
圓山
劍潭
→大直 內湖
→基隆
台北・士林街圖（史明手繪）

山、大屯山已經無影無蹤，供應士林人所吃的魚蝦、蛤等水族的基隆河也被塡平了，日本時代的士林農藝試驗場更被宋美齡霸佔去，保守傳統的士林人，怎會連與自己日常的生活、吃喝的基礎息息相關的士林街仔，也完完全全由天堂變成地獄，連我也在內的士林人，做人這麼沒志氣，如何向嘔心瀝血開拓經營士林的先人們交代？

思想起來，我一生對台灣不悔的愛，正是源自小時候生活裡的點點滴滴、成長中的一草一木所共同累積起來的懷念的結晶。在我記憶中，有許多長輩們傳誦的故事與生活俗語，那些祖先們血汗交織的故事，讓我對鄉土有了原貌的瞭解，並對這片土地產生了相連的深刻情感。正也是這份眞摯的情感，使我畢生即使經歷了無數的痛苦折磨，仍然無怨無悔。

二、八芝林昔日的舊街、新街

八芝林位於台北盆地北部，北邊依大屯山山脈、西望山形端正的觀音山、東南角則爲山地所環繞，是與台北盆地有所隔離的另一個盆地地形的小天地。

古早時，八芝林本屬原住民狩獵的草原，部落名稱爲「毛少翁」（荷人文獻寫作Masiaoun）。一六九七年（清康熙時代），杭州商人郁永河旅行台灣視察硫磺商事，後撰寫《裨海紀遊》云：「毛少翁等三社，沿溪居，甲戌（一六九四）四月，地動不止，番人怖恐，相率徙出，俄陷爲浸。」原先，漢人屬於人數較少的種族，但是後來在移民開始以後，才與原住民族稍有通婚。八芝蘭、八芝林等地名，就是由原始族語音所譯成的漢名，原意爲「溫泉」。最早是叫做「八芝蘭林」，乾隆六年（一七四一）刊行的劉良璧《台灣府志》改稱「八芝蘭」，乾隆二十九年（一七六四）刊行的余文儀《續修台灣府志》再改爲「八芝林」（pattsen-na）。直到滿清末期的一八五〇年代，才基於文人成林之意，改爲「士林」。

鄭氏據台後，漢人移民入墾者與日俱增，「鄭氏來台，漳泉之民人附島寄居」（日本總督府，《台灣私法附錄參考書》）。聽老人家說：八芝林地區的開發迅速擴大，是由唭哩岸開始，延及滬雅、石牌、芝山岩（圓山仔）、三角埔（今之天母山邊）；再

後來，才擴張到石角仔（草山山坡路起點）、雙溪、坪頂、菁礐、草山、竹仔湖、山豬湖及社仔等地。

八芝林平地較多，適宜農耕，山地富山產。第一代漢人移民離鄉背井，好不容易跨越黑水溝來到這裡，忍受饑寒，拓殖基業，原來的荒野林地，變成萬頃良田，子孫們才得以享受「日出而作、日入而息」的安穩生活，年年生產豐盛的稻米、番薯、蓮藕、荸薺、竹筍、柑橘、樹莓、龍眼及各種蔬菜水果。

到一七二〇年代（雍正初年），八芝林因爲交通四通八達，已成爲台灣北部重要的農產品集散中心，遠自桃澗（桃園）、竹塹（新竹）、金包里（金山）、滬尾（淡水）、雞籠（基隆）等地的農產品都集中到這裡，魚蝦海味也都運來這裡銷售，然後才由「販仔」（hòan-á 中盤商）從士林運到台北街。一七六〇年代（乾隆中葉），漢人開拓者的人口越來越多，芝山岩西邊庄頭到基隆河邊的下樹林、洲尾之間，自然發展爲人口集中的市街，就是後來的八芝蘭「舊街」。

一八五九年（咸豐九年），八芝林的漳州人與艋舺及大龍峒的同安人（泉州）發生械鬥，八芝林舊街被同安人燒燬。之後，居民希望恢復街道的舊觀，於是，地主大戶曹厝等人，獻出「下樹林」一帶土地，由縉紳潘永清負責規劃建造，以媽祖宮爲中心，周邊以四大街爲主要交通幹道，名曰大東、大西、大南、大北，端正四方，古早人講「士林街行雅彬彬」，並在廟前建造廣場做爲物資交易中心（今之士林菜市場及夜市），有朝市、下午市、夜市，然後興建店鋪。由於街廓設施規劃完善，即刻吸引了許多富商大戶前來建屋開鋪。一個市容整齊、全新風貌的八芝林「新街」於焉出現。

「士林街」在一九四一年（昭和十六年）有人口五萬人，其行政區域包括士林、福德洋、林子口、洲尾、湳雅、石角、三角埔、下東勢、草山、菁礐、七股、坪頂、雙溪、永福、公館地、社子、溪洲底、中洲埔等十八地區，算是全台灣最大的街庄（《民俗台灣》，第一卷第一號）。「士林刀」（Sū-lîm-to）從古早就是士林名產，其形狀非常厚重，並且以水牛角爲刀柄，用手握起來就很舒服。今日的士林街，也就是過去所稱的「新街」，雖歷經一百四十餘年，昔日風貌猶存，可見當年我們的祖先是多麼用心經營這片土地。

阮在士林街的厝，是位於士林圓環要去士林公學校的中間，阮厝的前面是大馬路，同時離火車站很近，所以是士林交通的要道，很利便。

阮厝的四周當時偕是稻田，若是起冬（khí-tang開始收割）下冬（ē-tang稻作第二期），做田人得牽水牛來犁田，才播種，到割稻收成的時候，農民在田底割稻仔，摔稻取稻米，那時士林街的雀鳥或燕仔都集來撿偷取稻米。另外，士林街的囝仔也去撿稻穗（掉在田中的稻穀），所以，我在磚坪看得到，眞想和他們做伙去撿稻穗，但家人不允許。後來田地乾燥沒水了，才能去田底釣毛蟹仔。

日本時代，士林街整理得很清潔，在春、秋兩季，日本警察都來督促大拚掃（pià^{n}-sàu打掃），亭仔腳每天早晚都會來巡視，要掃得很清氣（chheng-khì乾淨），亭仔腳前的水溝仔要天天清。後來大路鋪點仔膠路（tiám-á-ka-lōo柏油路），夏天時，每日都用灑水車把路面洗得眞清氣。

日本人對禮儀、問答也很用心教育，禁止賭博，捉到關二十九天，若沒穿衣裸體被看到罰五圓，菜市場都進行整理（整頓），警察常去市場檢查秤重有足無，這種干涉生活的做法，反而使台灣人的日常生活很清氣，對人規距。日本時代士林街路都有種街樹，春天栴檀樹綠葉開紫色花，很美麗。夏天在榕樹抓蟬，台灣的蟬體型較大，黑色，日本人叫做熊蟬（kuma-zemy），叫得很大聲，咪咪咪，飛得妙麗，若在下午三、四點，下過西北雨後，哭聲好似在唱歌。夏天夜裡變爲蛙在田裡哇哇叫。冬天就爬上相思仔樹，抓金龜。

三、敬神祭祖的習俗

清康熙年間，台灣第一批的漢人移民主要來自漳、泉二州，他們各自聚集一個個庄堡部落發展。到了一七五〇年代（乾隆年間），八芝林就已經成爲漳州人社會，而泉州人則聚集於社仔島上。

漢人移民開拓者爲了橫渡大海、開疆闢土，並且與外來的統治者抗爭，在過程中，爲庇佑生存而普遍地建廟祀神。漳州移民兩百多年間在八芝林建立了三座廟宇：第一座是一七〇九年（康熙四十八年）在八芝林舊街建立的「神農宮」，主祀五穀大帝；第二座是一七五二年（乾隆十七年）八芝林士紳吳慶三等人主盟捐建於芝山岩的「惠濟宮」，主

祀開漳聖王（陳元光聖王）；第三座是一八六二年（同治元年）與八芝林新街同時興建的「慈諴宮」，主祀天上聖母（媽祖婆，漳州人的守護神）。另外，在芝山岩惠濟宮旁邊還有一座八芝林的「大墓公」，係起源於一七八六年（乾隆五十一年）林爽文起義時，當地義民依據芝山岩勇敢抗拒清軍，結果悉數遭到屠殺，骨骸露積，當地業戶不忍見此慘狀，乃提出捐獻，建立義塚，將這些殉難者屍骨一一收集埋葬；後來又繼續安葬那些反抗清帝國或分類械鬥時保衛鄉土而犧牲的無主戰士骨骸，台灣民間則大多稱之爲「好兄弟」。然而事隔二百餘年，這些廟神或大墓公雖說未被人遺忘，如今卻也寥落冷清，但無論如何，祂們自早就一直是八芝林人日常祈求平安的守護神。

台灣敬神祭祖的慣習，後來竟然演變成很大的「鬧熱」（lāu-jiat），鑑

陳澄波所繪的「廟口」，展現濃厚的台灣味

其原因，除了上述的歷史條件之外，還有台灣社會與時代的因素使然。由於農民大眾受到永無止境的壓榨，全無休息的時刻，所以古早的敬神祭祖儀式便成爲農民大眾難得的休閒娛樂。每逢迎神賽會，都把它當作是日常當中所罕有的慰藉，興高采烈地欣然樂從。因此，台灣社會不論是迎媽祖或七月普度等，大都由農民大眾爲主體，年年地在各角落此起彼落。好比說獅陣比武、歌仔戲，或者是迎聖王時的范、謝將軍、八家將，及迎媽祖時的千里眼、順風耳等，都是由農民自己精心扮演，而不假手於他人。即使平日爲著顧田水，各角頭（各庄頭）的農民都發生對立鬥爭（分類械鬥），但在迎媽祖、七月節時，卻不分你我，一起聯歡愉快，這種情況，對於台灣從未開發狀態到形成一個社會，是有決定性的重要意義。敬神祭祖逐年地興盛起來，並一代又一代的傳給後代子孫。

四、士林歲時記

何謂「台灣民眾文化」？就是台灣居民大眾以日常的生活思維、生活器具、生活習慣以及敬神祭祖儀式等做爲基本因素而形成、並且傳承下來的具體生活方式。

初期的漢人移民開拓者，主要都是在中國的「大陸性風土」（continental climate）的自然環境中成長，到台灣後所面對的則是「海洋性風土」（oceanic climate）的自然環境，風土的差異，加上荷蘭殖民體制下不同於漢人的社會條件、封建制度，讓他們一時很難適應。這個尚未開發、人跡稀少、充滿瘴癘之氣的海島，使得剛從大陸性風土中來到此地的漢人移民們飽受酷熱、疫病及毒蛇害蟲等禍害，再加上外來殖民統治者的壓迫（這與在中國大陸千年下來的社會狀況完全不一樣）與原住民報復性的襲擊，使他們受盡種種磨難，一時難以招架。於是就在這樣艱困的環境下，神佛成爲了唯一的精神依靠，因此開拓者所祭拜的神明，必然地便以保佑生命安全以及農事生產興旺的神祇爲主。

在他們賴以生存的農事生產方面，最重要的神祇是土地、天候、水利，所以大家祭拜的就是天、地、水三神。天神又稱「天公」；地神就是「土地公」，又名「福德正神」；水神就是「媽祖婆」、「霞海城隍（城隍爺）」。根據日本人在一九三四

年所做的調查，當時台灣全島已有土地公小廟七百一十八處、媽祖大廟三百三十五處。

「媽祖」是福佬系漢人移民開拓者心中最尊崇的保護神。在先民的傳說中，媽祖本是福建興化府莆田人氏，本名林默娘（九六〇—九七八），十三歲習法術，十九歲時因爲救父而死於海上。根據當地各種不同的神話傳說，林默娘在宋雍熙四年（九八七）盛裝登山「升天」爲神，宋、元、明、清歷代朝廷皆有加封，一六九四年（康熙三十三年）首度在莆田湄洲島建廟奉祀，尊爲「通賢靈女」，後來則又更進一步地冊封爲「天上聖母」。

開拓者的子孫都聽過老人家講述有關祖先「唐山過台灣」的故事。先人移民到台灣的過程中，最嚴酷的考驗就是橫渡大海那一關。這片吞食無數人命的大海，被先民稱作「黑水溝」，在渡海的過程中，平均每十人中便有六人死於海上，一人半途而廢，只有三個人能夠平安登陸，成爲台灣的開拓者祖先。所謂的「十來六死三留一回頭」，一句話便道盡了我們的祖先離開中國故土、另尋活路時的決心與辛酸，而他們甘願冒著這麼大的危險渡海來台，可見台灣這塊土地也是他們心目中唯一的求生之路。

正因爲這片黑水溝的殘酷無情，所以海神「媽祖」就變成了渡海者最重要的心靈寄託，也成爲了登陸者最尊敬、最虔誠信仰的守護女神。因此，隨著開拓事業的進展，媽祖信仰也逐漸地普及全島。只要有漢人的地方、只要有開拓者庄堡存在的地方，都有媽祖廟；而各庄堡的媽祖廟廣場也必定是人潮聚集的中心。嘉慶年間開始，所謂「一府二鹿三艋舺」（台南府城一七二五年開港，鹿港一七八四年開港，艋舺一七九四年開港），這些人才薈萃的大商埠，當地媽祖廟的規模更是宏偉壯觀。

媽祖有紅面媽祖與黑面媽祖，又有分身媽祖，稱作一媽、二媽、三媽，可任人請回家中消災解厄，然後再送回原廟安置。媽祖廟又有所謂「官祠」、「民祠」之分。所謂的官祠均冊封爲「天后宮」，凡縣治所在地必有天后宮，如台南天后宮、彰化天后宮等（清德宗實錄：「光緒十三年春……以神靈顯應，頒福建台灣嘉義縣……天后宮匾額曰慈雲灑潤」，引自：李獻章，《媽祖信仰の研究》，一九七八，東京）。「民祠」則是各庄堡的漢人開拓者各自興建的，並且以北港「朝天宮」爲首，香火更盛於官祠天

后宮，分香全島各地的媽祖廟（曹永和寫道：「媽祖廟興盛原因，也是由於民間信仰結合……」，引自：自立晚報「媽祖信仰與北港朝天宮座談會」，一九九四）。日治時代一九四二年（昭和十七年）時，日本正在太平洋戰爭，當時台灣人口有六百萬，參與北港朝天宮進香的人數竟達到一百五十萬人。從民祠的香火鼎盛，其實也可以看出官威難以宰制民心的台灣社會傳統。當年香火鼎盛的民祠，除了北港朝天宮，還有與北港一河之隔的新港「奉天宮」、大甲「鎮瀾宮」，以及台北北郊的「干豆宮」（今之關渡宮，宜蘭、羅東方面的信仰中心）。

八芝林人祭拜媽祖非常虔誠熱心，我幼年時常常伴隨老祖母到北港及關渡拜媽祖，這是南北的兩大媽祖廟，民間多稱爲「南部北港媽、北部干豆（關渡）媽」。八芝林當地則是以士林新街「慈諴宮」爲信仰中心，附近還有「劍潭寺」、艋舺「龍山寺」，以及奉祀呂洞賓爲主神的木柵猿山坑「仙公廟」、台北大龍峒主祀保生大帝（大道公）的「保安宮」等等，都是居民過年過節前往進香的聖地。以上所述的廟宇，大多是漳州系漢人的守護神祇。

至於泉州系漢人的守護神，則有清水祖師、保儀尊王、廣澤尊王等。客家人的守護神則是三山國王。這些都是台灣人過年過節前往朝拜的聖地。日本統治台灣的時期，由於主要的目的是爲了在經濟上進行剝削，所以對於台灣人的生活習俗，直到太平洋戰爭晚期以前，倒是沒有什麼太多的干涉。所以，我過舊曆年的生活經驗才會如此完整。

（二）十二月除夕：大家愛過年

人的一生，總是要往前邁進，要有變化，要有更新。

舊曆「過年暗」（kòe-nî-àm 除夕）是一年當中最後一個夜晚，也是每個家庭最隆重的節日。從臘月年底就開始進行厝內外大掃除，等到十二月二十四日「送神」當天，便要焚燒由紙糊成的神將、神馬，過年的氣氛也從這一場儀式而開始逐漸濃厚。

隨後，門口的門聯與門神畫全部換新。老祖母的弟弟番薯仔舅公是士林著稱的書法家，他所寫的春聯自然格外講究詞藻，我家的春聯：「喜溢高堂椿萱茂，慶鐘洞府琴瑟和」，就是舅公的作品。每個門扉背後兩邊也都要豎立帶有青綠長葉的甘蔗

枝，叫做「長年蔗」（tn̂g-nî-chià），藉以祈求全家人一整年的福氣綿長。

爲了準備除夕夜的菜餚，一家人在好多天前就忙著採購，廚房裡的年貨也堆得像菜市場。甚至連平常不下廚的母親，也破例地下灶腳（chàu-kha 廚房）準備美酒佳餚，阿姑則炊各種「過年粿」（kòe-nî-kóe），例如，祈求平安順遂的「甜粿」（ti^{n}-kóe）、代表好彩頭的「菜頭粿」、祈求年年高昇的「發粿」（hoat-kóe），還有一大鼎代表長壽的「長年刈菜」。

大廳奉祀（hòk-sāi）神明的紅架桌（ang-kè-toh），正中央奉祀的是釋迦牟尼佛、觀音佛祖，右邊奉祀太陽公、太陰婆、土地公、土地婆，左邊則安置施家祖先神主（sîn-chú 牌位）。神桌在幾天前就已經恭敬地擦拭乾淨，並且在桌面的兩側擺上水仙花、椿仔花及柑橘仔等供品。

過年暗，是全家團圓的日子，全家大小，無論旅居遠近，都要趕回家「圍爐」（ûi-lô·）。所謂的「圍爐」，就是要在圓桌底下放置火爐，讓大家圍著桌子用餐。全家「坐做夥」（chē-chò-hóe）來圍爐，表示全家一人不缺地平安過年的意思。全家團圓，桌上大魚大肉，有魚翅、高湯、豬肝、香腸、魚子、鰱魚等滿桌美食。老祖母吃素，所以在另一桌也排滿豆雞、麵炙（mī-chià）、麵筋（mī-thi）、冬筍香菇等素菜的大雜燴，以及松菇、海帶、長年菜等。我在葷菜桌吃，也跑到素菜桌跟老祖母一起吃。這一餐當然是格外地溫暖且盛大。接著，就是這一天歡樂的最高潮——家中長輩要發「過年錢」，也就是給囝仔大小與佣人們壓歲錢，慰勞他們一年的辛勞，並祝小孩子平安長大。這個時候也是我們做囝仔時頂快樂的時分。

到現在，我還記得老祖母常嘻嘻哈哈快樂地教我們囝仔唱的過年的俚歌：

天公伯仔　真好天
大人愛賺錢（thàn-chî^{n}）
囝仔愛過年（kòe-nî）

（二）正月初一炮聲齊放．迎新春．弄土地公

吃過年夜飯，發紅包之後，大家都回去房間小歇一下。沒多久，當時鐘敲響十二點時，便正式宣告「新正」（sin-chia^{n}正月初一）的到來，那時炮仔聲

此起彼落，一聽到炮仔聲，全家人便趕緊起床，喜氣洋洋地穿上新衣，先拜神明，後祭公媽（祖先），稱爲「開正」（khui-chia^{n}）。由於開拓者的子孫瞭解祖先開疆闢土的辛苦，所以對於敬神祭祖這方面十分虔誠，逢年過節時總是盡其所能地奉上最豐盛的祭品與儀節。

開正之後，全家大小先向家長（老祖母）道喜，然後互道恭喜。接著大家再團圓一起吃前晚炊好的「年飯」（nî-pn̄g），餐點則有甜粿、菜頭粿、發粿，還有長年菜。這一餐吃的是素菜，據說源自佛家的慈悲心，表示萬物同喜，所以這一餐不殺生。吃過早餐，我就有一連串的忙碌行程，因爲我要陪老祖母到士林街慈諴宮、神農宮、芝山岩惠濟宮或劍潭寺等許多廟宇進香（老祖母抱著我，坐「手車」即人力車到各處廟宇進香）。

初一早上，還有一個使人難忘的場面，就是「走唱」（tsáu-chiù^{n}）。四、五個貧窮人，成隊進入家家戶戶，敲鑼打鼓，並做起布袋戲來湊湊熱鬧，表示大家平安，此時，各家主人就包紅包感謝走唱。

午後，親戚朋友接踵而至，歡天喜地地向阿嬤「賀正」（hō-chia^{n}），也就是拜年恭喜。這時老祖母都會發紅包給晚輩，叫做「壓年錢」（teh-nî-chî^{n}），再發一對柑仔，祝福他們吃甜甜、迎新年，平安順遂。然後端出具有吉祥意味的紅棗茶、樹莓餅、冬瓜糖、寸棗及生仁（花生）等新正的果點款待客人。日本統治時代士林街庄的街長、警察長（日本人）等頭人，此時都會逐戶地說：「お芽出とう」（おめでとう，恭喜！），家家戶戶也都請他們喝一口酒以示回禮。

初二，是出嫁的女兒回「外家厝」（gōa-ke-chhù娘家）的日子，叫做「作客」（chò-kheh）。她們都搭乘火車、自動車（汽車）、輕便車、手車或轎子等，歡歡喜喜地回外家厝向父母及兄弟拜年問好，也是出嫁的女子最自由快樂的時間。接下來，初四要燒神馬神轎「接神」（chih-sîn），迎接天頂的諸神明回到凡間。初五「隔開」（keh-khui），商家則紛紛開張做生意，吃頭路人（上班族）也開始上班工作。初九「天公生」（thi^{n}-kong-se^{n}），家家戶戶都在門口設置「紅架頂下桌」（tíng-ē-toh神桌）布置祭壇，擺上佳餚水果、燒「大壽金」（tōa-siū-kim）、放大炮，祈求一年平安。

正月十五是「上元」（siōng-goân），老人家叫著「弄土地公」（lāng-thó-tī-kong）。這一天是新年最初的滿月，活動的高潮在晚間。上元暝是囝仔繼續正月的高興時點，人人都手提自製的「鼓仔燈」（kóo-á-teng）逛街嬉戲。大人也鑼鼓喧天、熱鬧非凡地「弄土地公」，祈願今年好運，五穀豐穰、家業隆昌。俗諺說：「田頭田尾土地公，庄頭庄尾大墓公」，可見台灣人敬拜土地公及大墓公的虔誠熱心。土地公不但是村莊的守護神，同時也是農事、商業的「財神爺」，所以無論是農、漁、礦、工、商家等都會敬奉土地公；除了上元外，每月的初一、十五也都會祭拜。

上元祭拜土地公的儀式，是一年當中極隆重的。當天晚上，角頭裡的年輕人用神轎抬著土地公，沿著街道亭仔腳，在熱鬧的鑼鼓聲中挨家挨戶地狂舞搖弄，各店家也轟轟然的燃放大炮仔、小炮仔，以示迎接土地公的熱誠。同時為了慰勞抬轎青年，店家也會順便包個紅包給抬轎者。除此之外，文人雅士則聚集一處，通宵進行「結壇」（kat-tôa^n），點燈結彩，一家人聚集觀賞「點走馬燈」、「作詩對」等活動。二月則是「土地公生」（thó-tī-kong-se^n），大家都到各地去參拜土地公。

(三) 三月：清明時節雨紛紛．掃墓

舊曆三月初十前後是清明節，每年這個時候的天氣差不多都是細雨紛紛，八芝林人家家戶戶都到士林庄外「林仔口」（Nâ-á-kháu）的墓仔埔（bōng-á-poo 現在銘傳大學所在地邊緣一帶）「培墓」（pōe-bōng）。當天的墓仔埔山頂山下處處都是人山人海，附近的「看牛囝仔」就會來「猜墓粿」（ioh-bōng-kóe），討一些供品吃。清明的民謠有：「三月初一，桃仔李仔沿路擔……」，此時也是桃子、李子盛產的時期。

清明時節雨紛紛
路上行人欲斷魂
借問酒家何處有
牧童遙指杏花村

這首詩就是我番薯仔舅公喜歡吟詠的詩，正是描述清明時節下著毛毛細雨的情景，有人生如戲之感觸。

（四）四月：鑼鼓喧天迎媽祖

媽祖的誕辰是三月二十三日，但昔日士林「迎媽祖」卻是在四月。士林新街一年當中最熱鬧的日子，可以說是四月二十二日「迎媽祖」這天。迎媽祖的日子各角頭不同，我記得士林新街是二十二日，舊街是二十三日，湳雅是二十六日，石牌、軟橋則是二十八日。因爲有媽祖婆的庇佑，祖先才能渡過風浪凶險的黑水溝，從唐山來到台灣。後代子孫爲了表示對媽祖的感激與崇敬，都會以最盛大的儀式迎媽祖，八芝林人也不例外。此時大家都會放下手邊的代誌（工作），放鬆平常勞苦的身心，與親朋鄰居們連絡久違的感情。同時，正因爲迎媽祖當天的活動熱鬧非凡，所以我們這些囝仔也都充滿期待，自好幾天前就開始興奮雀躍。

媽祖廟裡頭，中央高坐著一尊媽祖神像，旁邊還奉祀著關聖帝君、文昌帝君、註生娘娘、觀音佛祖、土地公、玉皇大帝、神農大帝等大小不一的神像，兩邊則還有千里眼、順風耳等。廟裡有神帳、大案桌，大案桌上有神璽台（木彫印章）、香爐、燭台、花瓶、聖筶（sèng-poe）、燈火、籤詩，以及中案桌、下案桌等（石陽睢，〈古廟の調度品〉，《民俗台灣》創刊號，一九四一）。

透早新街的菜市仔就已經鬧烘烘，擠滿了採購祭品的人潮。時當春夏交替的時節，桃仔李仔等盛產，女人們也會在頭上插上一朵時令的香花，如玉蘭花、茉莉花、含笑花等（說到玉蘭花，我就想起老祖母有時也會唱：「玉蘭開花眞清香，牛美兄仔害死人，心肝若好有所願，錢銀來塡無採工」）；同樣地，囝仔也都換上新衣衫。大家就這樣子趕往士林街的慈諴宮拜媽祖婆，供上「牲禮」，即包括豬、雞、鴨、魚和鴨蛋的五牲（拜公媽時是三牲），然後燒金紙（拜往生者用銀紙）。當士林迎媽祖時，周圍的草山、竹仔湖等山，正值白波波的百合（司公鉼仔花 sai-kong-giang-a-hoe）盛開，大家都拂曉就登山摘露水滴滴的百合花，插在客廳大花瓶讓來客欣賞。

午後，開始迎媽祖。迎媽祖的行列非常壯觀，在前方引導的有路關牌、大燈、旌旗、涼傘、大鼓吹陣、獅陣（成員都爲農民）、子弟陣頭（士林有集英社、士林軒、蘭藝社等子弟組織）、音樂隊、藝閣、踏蹺及公背婆（kong-iāng-pô）等等，所有的樂府樂隊也都總動員，甚至於連當時算是新式的西洋樂隊也都踴躍參加。鑼鼓喧天，從廟前出發。由這些鬧熱

熱的隊伍前導，後面才跟著千里眼、順風耳（台北大稻埕迎霞海城隍出巡時則是七爺、八爺）走先鋒，然後才看見芭蕉扇，以及由八個人抬著、一群人在旁邊扶著的媽祖神轎，神威顯赫地緩緩前進。神轎後面還有一大群虔誠的媽祖信徒、善男信女們爭著護駕隨行，整個行列浩浩蕩蕩，真是說不出的壯觀鬧熱。

當天晚上，家家戶戶都在辦桌請人客，大家都邀請鄉下的親戚朋友們一同餐敘聯歡。客人越多，主人就越有面子。整個士林街一片人山人海的熱鬧景象，從早上延續到第二天天明。每一年迎媽祖的盛典，使不同時期、從不同地方移民來台、散居各地的農民大眾，有互相來往、一起作樂的機會，進而也讓角頭、街庄、都市等一步步連繫，慢慢的形成了密切的台灣人與台灣共同社會

（五）五月：扒龍船．吃粽搵白糖

五月初五這一天，俗語說：「插艾較勇健，插榕樹成勇龍」，每家每戶都會在門口插上菖蒲、艾草、榕樹，以祈求闔家平安，並灑雄黃酒（把雄黃酒灑壁厝頂，並以酒塗在囝仔的額頭，以破邪氣、害蟲），及在正午時飲「午時水」（gōo-sî-tsuí），以去除邪氣；同時還準備松、艾、菖蒲、紫蘇等，放在浴湯中洗澡做清潔之藥。同時還縛粽（pa̍k-tsàng包粽

素人畫家李涼所畫的「縛粽」

▲素人畫家李涼所畫的「搓圓仔」

▶素人畫家李涼所畫的「曬菜脯」

子）、供牲禮以敬謝神明。翌日（五月初六），則是爲了驅除水鬼、水患，在八芝林、洲尾、下樹林至後港墘間的基隆河水域舉行「扒龍船」。

我至今仍記得，長輩總會在那時告訴我們囝仔扒龍船的意義，是爲了向唐山一個浪漫悲劇人物的崇高愛鄉精神致敬。這個人物據說是中國戰國時代楚國人——三閭大夫屈原，他不僅是中國最早的大詩人，著作有《離騷》、《九歌》等著名的詩篇，同時也有抵抗秦國併呑、保護楚國獨立的愛國人格。不過他卻因遭小人讒言，被楚襄王放逐於沅湘邊遠之地，後來，楚國被秦國毀滅後，在汨羅江投水自盡。屈原的故事，我在大學時有較詳細地學習過，也由於日本人很敬佩屈原悲壯的骨氣，所以其所著的《離騷》、《九歌》等詩篇，我在學校的課堂中也都曾經過目。

扒龍船具有特殊意義，古早常說：「西仔叛進（「西仔」指清法戰爭時的法軍，「叛進」指攻擊）前就有扒龍船……」，而龍船製作的規格也特別的嚴格，規定是五丈長、四尺寬、一尺五寸高，用樟木製成。船身頭尾要畫上龍頭、龍尾，兩舷則畫上龍鱗，船上有漕船人三十人，搏鑼助氣者一人，掌舵者一人（潘迺禎，〈士林歲時記〉，《民俗台灣》第六號）。囝仔時代很喜歡唱的「扒（划）龍船歌」猶然在耳：

龍船龍船做真長
食粽搵白糖
糖甜甜　粽摻羹
粽食了　庭闊闊
洗浴來飲午時水
燒香香　掛香芳
大家來看扒龍船

扒龍船在台灣各地都能看得到，俗語云：「頂港（台灣北部）下港（台灣中南部）扒龍船」，然而，基隆河現在已經被蔣家的貪官、奸商塡平了，所以士林的扒龍船傳統也早就已經消失了。

(六) 七夕情侶天上相會．中元做普度

七月是俗稱的「鬼仔月」。七月初一開鬼門，讓陰間的孤魂餓鬼都出來到現世討吃，一直到七月二十九日才關鬼門。長輩們都會藉機告誡後輩晚上

少出門，不要在外面逗留太晚，以免惹起禍害。

但是在這個所謂不吉祥的月份中，率先登場的卻是個傳說裡最浪漫的日子「七夕」（chhit-se̍k）。七月初七這一天，又稱作「七娘媽生日」（囝仔生育之神，社仔的泉州系台灣人特別重視敬拜），也是傳說中的情侶牛郎、織女一年一度相會的日子。八芝林人非常重視七夕祭祀，每家每戶都要做「烏草仔粿」（o·-chháu-á-kóe），並準備牲果赴廟裡祭拜七娘媽及天上的牛郎、織女二星，目的大多是爲了祈求生育順序（sūn-sī順利）、家中囝仔平安長大，另外也歎惋牛郎、織女二星的薄命。據說客家人也會把七娘媽當成小孩保護神，做烏草仔粿來祭拜「七仙女」。

到了七月十四、十五，一直到月底，就是盛大的鬼節祭典——中元「普度」，普度是廣行普化的意思。原本佛教觀念中的普度，是廣度眾生成佛，但在傳播的過程中，卻形成了各地方或不同時代的特異性，如日本的普度（盂蘭盆urabon）是只祭拜自己祖先，台灣則主要是祭拜移民途中在黑水溝沉水犧牲，以及反抗滿清吏役橫暴的犧牲者、爲自己角頭（庄堡）捨命而亡的所謂「好兄弟」。由此也可

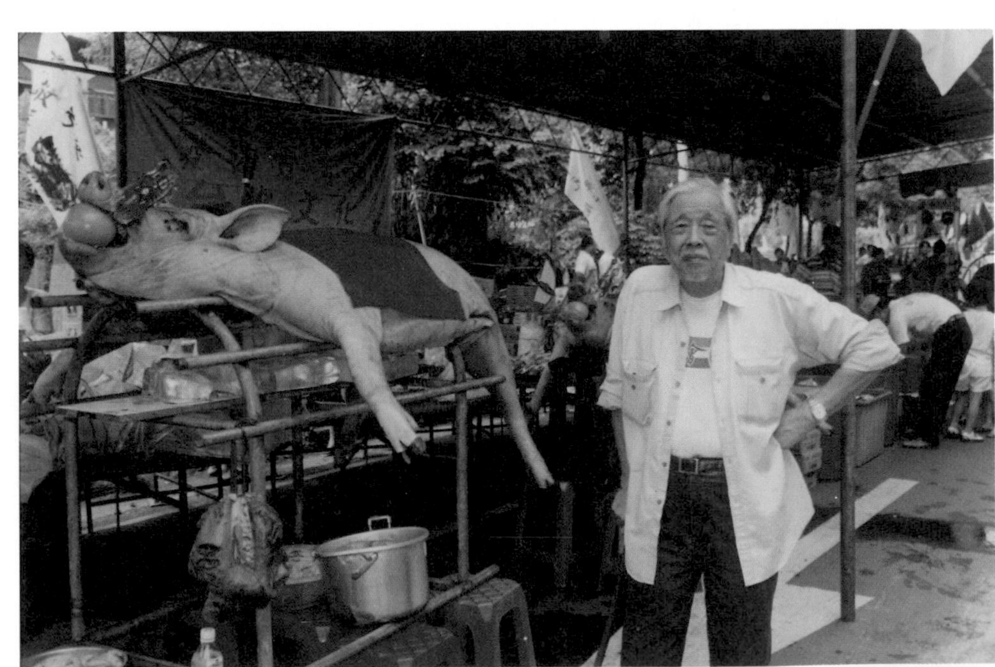

一九九三年返台後，為復興台灣大眾文化所舉辦的「普度」

以看到各社會、各民族在文化精神上所特有的性格。

整個中元普度分成好幾個程序。首先，在十四日的白天前往芝山岩的「大墓公」祭拜，夜晚在慈誠宮媽祖廟前設置「燈篙」（teng-ko），接著是迎「斗燈」（táu-teng）。各角頭一起迎了斗燈，行列便一直到下樹林、洲尾的基隆河邊「放水燈」（pàng-chúi-teng），爲無主孤魂引路。放水燈的行列有各子弟樂隊（農民子弟組成），每一隊所敲的銅鑼「吊灯、吊灯、吊灯、吊灯……」，音律重複且單純，聲音響亮，銅鑼的形態又特殊，給人很獨特的印象。這熟悉的聲音，也好似永遠在耳朵裡響著。

七月十五以後直到月底，普度祭典便熱鬧登場。首先在媽祖廟前設立鬼王祭壇「大士山」（toā-sū-soa^{n}），然後再舉行佛教形式的「盂蘭盆」（祭好兄弟、孤魂野鬼、路傍屍 lōo-pông-si）之夜。八芝林的普度分「合家普」（ha̍p-ke-phóo公普）與「諸家普」（chiòng-ke-phóo私普）；前者爲角頭聚集在士林街共同公普，後者則爲各家的私普。合家普即把士林庄分成四個「角頭」，各角頭每年輪流在士林街結壇祭典。我記得當年是分成士林新街、士林舊街爲一個角頭，湳雅、三角埔、竹仔湖爲一個角頭，雙溪、坪頂、草山爲一個角頭，石牌、軟橋、唭哩岸爲一個角頭。

每當輪到我們士林新、舊街主祭時，每一條街的亭仔腳都是用店板（tiàm-pán窗板）連接而成的長長桌子，綿延近百公尺，桌子上面擺滿雞、鴨等牲禮，以及紅龜粿、烏草仔粿、芋粿曲等供品，還有許多用手工彫製成的各種魚、蝦、水族圖形等美麗食品，加上用紙製成的「八仙過海」、「呂鐵拐勸世」等戲劇場面。而且，每家每戶幾乎都會殺豬宰羊，並且讓牠們的口中咬著柑仔，擺在豬公架上祭拜，叫做「豬公」（ti-kong），以做爲獻祭中最隆重、最豪華的祭品。當年農家、商賈老百姓的生活刻苦勤儉，這些所費不貲的排場，正好說明了開拓者子孫對「好兄弟」的信仰與虔誠是多麼地深摯切實。

合家普儀式一直要進行到半夜，燒完大量的銀紙之後才散場。當天晚上，士林街上擠滿了人潮，一邊仔細欣賞擺在亭仔腳長桌上那些豐盛又精緻的供品，一邊評量各家奉獻的豬公大小（各村莊年年都舉行豬公大小的比賽），熱熱鬧鬧地度過這個初秋的

夜晚。阿嬤吃齋拜佛，不殺豬，我母就從鄰居處買半隻來拜，並分豬公肉。

囝仔人當然愛鬧熱，碰上節日總是興奮，但是，老人家會說七月普度是非常莊嚴的事情，因為祖先們渡海的時候，有許多人死在海上，困在大海中，變做孤魂野鬼，所以要放水燈引路，並施大法救濟，使他們能夠登上「彼岸」、脫離苦海。關於祖先來台之艱辛，我還記得台灣有一句諺語說：「九十九，犯著呂洞賓手。」話說有一隻船搭載著九十九個漢人，準備渡海移民台灣。呂洞賓在大陸海岸看見海中這一隻船，好心地拿手中的扇子揮一揮表示歡送。不料，這一揮卻揮起強烈的海風，立刻把那艘船打翻，九十九個移民同時葬身黑水溝。這九十九個亡靈心有不平，認為別人都能平安登陸台灣，為什麼他們不能？於是到了閻羅王地獄便大聲喊冤。閻羅王也覺得奇怪，就掀開「生死簿」察看，發現在一頁紙片上註解云：「九十九，犯著呂洞賓手。」閻羅王只好告訴他們：「這是你們九十九個人命中注定。」一句話，道盡先民渡海時所面對的風雲莫測、生死難卜。

普度那天，大家還都會到芝山岩拜大墓公（又稱「老大公」、「有應公」、「萬應公」）。因為，大墓公裡埋葬著捍衛八芝林鄉民時陣亡的無名戰士，例如，林爽文起義時（一七八六年），領導八芝林人抗清而犧牲的吳維仁等好兄弟，以及漳泉械鬥（八芝林漳州人與艋舺同安人械鬥）時陣亡的好兄弟。大家透過瞭解中元普度的由來，也對自己的祖先、故鄉的小歷史有了一些基本的認識。至於新竹新埔（義民廟）以及中壢等客家人村庄的普度，也是特別地隆重盛大，尤其客家人在普度時所舉行的「神豬競賽」，更是聞名全島。

（七）八月十五：月光光，秀才郎，騎白馬，過南塘！

記憶中的「中秋節」（tiong-chhiu-cheh），就是要拜月娘、吃「餡餅」（ā^{n}-piá 或「中秋餅」）。台灣原來沒有「月餅」之稱呼。大家都在門口（我家是在二樓磚坪仔）點燈結彩，桌上排水果、清花、餡餅拜月娘，然後大家再坐在戶碇（hō-tēng門檻）上面「殺斗柚」（táu-iū柚子的一種），老人家說：這是為了防小偷，殺柚仔就是殺賊頭（chhat-thâu）的意思。我們囝仔和大人一起舉手拜月娘，眼睛卻老瞪

著桌上的供品（如餡餅或紅柿），迫不及待地想趕快分到手。因爲那個圓丸丸且紅澄澄的紅柿，每年都是在八月節時才新上市的，又軟又甜，使囝仔眞喜歡吃。

當晚到半夜月色皎潔的時候，老祖母平常精心培植、擱在欄杆的一盆曇花，竟然幽靜地開綻了，大爲助長中秋的氣氛。但是，就有如「曇花一現」這句話，這珍貴的曇花卻一到拂曉便瞬間凋謝零落。當天晚上，晚秋的涼風從樹蔭間吹過來，濃濃的秋意裡透著寒氣，但是全家人都不甘心早睡，而以晚睡爲貴，越晚睡也表示自己越加孝順。讀書人欣賞月娘時往往詩性大發，紛紛吟詩作對。我父也整個晚上都呢呢喃喃地獨吟古詩，後來才察覺到他吟詠的是唐．杜甫的詩〈旅夜書懷〉：

細草微風岸　危檣獨夜舟
星垂平野闊　月湧大江流
名豈文章著　官應老病休
飄飄何所似　天地一沙鷗

以及唐．李白的〈子夜秋歌〉：

長安一片月　萬戶擣衣聲
秋風吹不盡　總是玉關情
何日平胡虜　良人罷遠征

母親則把唐．劉禹錫的〈秋風引〉念來念去：

何處秋風至　蕭蕭送雁群
朝來入庭樹　孤客最先聞

小時候我聽到父母親這樣吟詠，完全不懂那是什麼。老祖母重複教我念的童歌，長大後也記得：

月光光　秀才郎
騎白馬　過南塘（lâm-tông）
南塘未得過　掠（lia̍h）貓仔來接貨（tú-hòe）
接貨接未著
舉（giâ）竹篙　打（phah）鵁鴒（lâi-hioh）

中秋夜，女人多在半夜裡單身跑到郊區無人的地方「聽香」（thia^{n}-hiu^{n}），卜一卜自己的運途（日

人時代治安好，晚上去郊外僻地也不會危險）。譬如說，一個懷孕婦女如果在清靜處突然聽到男子的叫門聲：「姨仔開門，我回來了。」那麼，她所得到的徵兆就是會生一個男娃娃。

除此之外，還有九月初九重陽節要吃「九重炊粿」（káu-têng-chhoe-koé）。此時最生動的情景就是：「九月九，風吹滿天哮」（風吹，即風箏），顯示出囝仔們都喜歡「放風吹」（pàng-hong-chhoe）。

十月，立冬「吃補」（吃八珍雞、甜米糕）。冬至「搓圓仔」（so-î^{n}-á）來拜土地公、門神、竈熏公（chàu-hun-kong），以及祭拜公媽祖先。吃甜圓仔湯當然高興，更好玩的是，老祖母會用生粿粞（koé-chhè）做「雞母狗仔」（koe-bó káu-á）等各種動物造型給我當玩具。

（八）十二月：尾牙．捲潤餅．包刈包

十二月尾牙（bóe-gê），又稱「祭牙槽王」。這一天，當老闆或當家的都要辦桌宴請員工、雇傭一起餐敘，慰勞他們一年的辛勞，祈求來年生意興旺。這一天，吃的是「潤餅」（lūn-piá^{n}）和「刈包」（koah-pau）。傍晚，整條街仔都是囝仔三三五五各坐一堆，每個人手中都拿著在家裡便包好的潤餅，各自比較著誰的潤餅是最大的。那時，我心中總認爲自己的潤餅是無人可比的、最大的潤餅。

以上列舉的生活習慣，可說是八芝林鄉人都念念不忘的歲時記。在我們那個時代，士林人（應該說是全體台灣人）無論家境貧富，一整年都在做粿、過節、拜神明、祭公媽。記得小時候，我總是時時等著佳節的到來，在節日的前一天晚上，常常興奮得睡不著覺。在那些節慶的夜晚，老人家也總會將自己過去從長輩處聽到的、或親身經驗過的先人故事、英雄事蹟等講給囝仔聽。正因爲有這些台灣民眾的生活習慣、文化做爲底子，台灣移民開拓社會也才可以一代又一代的形成發展起來。我撰寫這「士林歲時記」時，童年的往事歷歷如昨，我覺得自己其實也與一般的台灣民眾一樣，在幼時所做、所聽、所看如此一般的生活習慣當中，漸漸地生長成爲一個道道地地的台灣人。

第三章　我有兩個家

櫟社當年天下聞，萊園詩客日紛紛。
任公來作廣長舌，從此詩魂併國魂。
——父・林濟川

我的父親林濟川與母親結婚時，老祖母在士林新街新建了一棟樓仔厝，做為我們施家的住所。老祖母住進新厝後，我的父母親也搬進新厝與老祖母同居，施林兩姓才會因此而共住在一起。

一九一八年十一月九日（陰曆十月初五），我出生在日本統治下的台北州七星郡士林庄七十五番地。我出生時，老祖母是四十歲、父親二十五歲、母親二十歲、阿姑十九歲、阿舅十六歲。

一、我的父親林濟川

（一）苦學出身的父親

我的雙親是父親林濟川（林川）、母親林施氏秀。我有兩個姓，分別姓施和姓林。我出生時原本姓林，叫林朝暉，但在十一歲時，戶籍上由林家過繼給施家，變成了施朝暉，也是我後來在戶籍上一直使用的姓名。

我父親出生在清治台灣末期的一八九三年，他出生的地址是日治時代的「台中州豐原郡潭子庄頭家厝」。豐原早先為平埔巴宰族的領域，舊名「葫蘆墩」，係平埔巴宰族語的音譯，此地生產的稻米產量大、品質精良，稱為葫蘆墩米，一九二〇年時被日本總督府改稱為豐原，意為豐饒的平原；潭子古名叫潭仔墘，頭家厝在滿清時代則是墾主之家的

與父母最早的合影

稱呼。

頭家厝的林家，早期自第十五代林泰和起，在台灣中部開墾土地至今；第十七代林德喜生有五子，我父親排行第二。父親年幼時讀潭子公學校，從小就爲人正直、馴良、認眞讀書，可以用漢文與日文寫一手很好的文章，頗受鄉黨父老稱讚。因此，我父親公學校畢業以後，便獲得公學校校長藤下理周先生推薦，在十幾歲時離鄉背井，往赴台北「國語學校」進修。那時候，日本佔領台灣尙未完全就緒，從台中還沒有直通到台北的鐵路，我父親都是從潭仔墘往梧棲（今之台中港）坐船，經過一、二天的海路北上到艋舺，往台北國語學校報到。

父林濟川，約攝於六十歲

日本總督府爲了培養殖民統治的下級職員，從全島招募台灣青年子弟，在國語學校施以近代的文明教育。國語學校是當時台灣現代教育的最高學府，一年只招生幾十個學生，而且待遇特別優渥，不但不收學雜費、免費住宿、供給衣服皮靴，每月甚至還給零用錢。對於貧寒出身的父親來說，這種待遇簡直是無上的恩澤。

父親後來以國語學校師範部第一名的成績畢業，而國語部的第一名，則是後來與父親成爲刎頸之交、台南出身的陳逢源，他也是個台灣民族主義者。除此之外，與阿爸同期畢業的畢業生，還有親日派的許丙（日本國會官選貴族院議員）、士林大戶林木土等。

父親自國語學校畢業以後，隨即在艋舺的老松

公學校當教員；但沒多久，就應板橋殷戶林本源家之邀，進入他們的商務公司「大有」當家長（ke-tiū^{n}管事）。我父親在大有物產株式會社當家長時，每月只拿月薪，不另外賺外快，當時能如此潔身自愛的，恐怕也只有我父親一人了。

林本源家族是清治時代的福建籍台灣富商，日軍佔領台灣初期逃回廈門，後來才在總督府勸誘下回到台灣，獲得許多經濟特權，成爲日本買辦特權份子。父親曾經隨林本源家族大房的林熊徵旅行南洋考察商務，同時籌募了一些華僑資金，返台以後便開設了半官（日本）半民（台灣人）的「台灣華南銀行」。我父親與林本源二房的林柏壽結有私交；終戰後，林柏壽在蔣家國民黨政府統治下，擔任了中華開發信託公司創辦董事長、台灣水泥公司董事長等特權職務。

當時除了華南銀行之外，日本政府允許台灣人投資的金融機構，便只有林獻堂系統的「彰化銀行」，以及李延禧、林木土合資的「商工銀行」（即今第一商業銀行的前身）。一九二一年，父親結婚後不久，便被林本源派遣赴日本東京任職。他利用這個機會，考進東京「明治大學」，並以半工半讀方式，在該校專門部進修商科三年。畢業考試時，我父親在眾多日本人學生中（約有四百餘人）得到第四名，日後他便常常以此事爲榮。

（二）父親與他的時代

父親留學東京時，恰好是第一次世界大戰終結（一九一八）之際，日本社會當時正盛行所謂「大正民主主義思潮」（Taisho democracy），自由民主、社會平等的思想俯拾皆是；俄國列寧的「無產革命」（一九一七）也剛成功不久；美國第二十八任總統威爾遜所提倡的「民族自決」（self-determination，一九一八），以及各地的民族獨立、殖民地解放運動也正波詭雲譎。在這種爭自由、求解放的澎湃氣氛下，殖民地出身的台灣留學生們也被激盪起來，義無反顧地縱身時代思潮的漩渦當中。好比說，由林獻堂（霧峰）、林呈祿（桃園）、蔡惠如（大甲）、黃呈聰（台中）、蔡式穀（新竹）、蔡培火（台南）、羅萬俥（埔里）、蔡先於（台中）、王敏川（彰化）、鄭松筠（豐原）等值得尊敬的長輩爲首腦，於東京創立了「台灣新民會」（一九二〇），進而發展爲政治集團「台灣議會設置請願運動」（一九二一）。

台灣議會設置請願歌（一九二一）

詞：謝星樓　曲：不明

一、世界和平新紀元　歐風美雨
思想波瀾　自由平等重人權
警鐘敲動強暴推翻　人類莫相殘　慶同歡
看看看　美麗台灣　看看看　崇高玉山

二、日華親善念在茲　民情壅塞
內外不知　孤懸千里遠西陲
百般施設民意為基　議會設置宜　政無私
嘻嘻嘻　東方君子　嘻嘻嘻　熱血男子

三、神聖故鄉可愛哉　天然寶庫
香稻良才　先民血汗掙得來
生聚教訓我們應該　整頓共安排　漫疑猜
開開開　荊棘草萊　開開開　文化人才

當時在台灣島內，林獻堂、蔣渭水（宜蘭）、石煥長（宜蘭）等人在台北創立「台灣文化協會」（一九二一）。繼之，受到俄國「無產革命」思想影響頗深的台灣左傾留學生范本梁（嘉義）、許乃昌（彰化）、謝廉清（彰化）、連溫卿（台北）、謝文達（台中）、陳來旺（梧棲）等人，也成立了「台灣青年社會科學研究部」，做爲社會主義或無政府主義革命思想傳播的據點。

台灣文化協會會歌（一九二一）

詞：蔣渭水　曲：奧好義

一、我等都是亞細亞　黃色的人種
介在漢族一血脈　遠東的百姓
所以天降大使命　囑咱緊實行
發達文化振道德　造就此才能

二、欲謀東洋永和平　中日要親善
我等須當作連鎖　和睦此弟兄
糾合東亞諸民族　締結大同盟
啟發文化比西洋　兩兩得並行

三、可免黃白起戰爭　世界就和平
我等一舉天下利　豈可自暴棄
但願最後完使命　樂為世界人
世界人類萬萬歲　台灣名譽馨

另外，林呈祿、蔡培火、鄭松筠等人，也在東京創辦發行反殖民地統治的機關誌《台灣青年》

（一九二〇）。自此，台灣殖民地解放的民族運動，隨即如野火燎原一般，把台灣島內外的知識青年捲入轟轟烈烈的抗日鬥爭潮流。

父親在明治大學念書時，自然也參與這些台灣學生抗日運動，但是他個性消極，最多是在《台灣青年》從事編輯工作，或者寫匿名文章，並沒有直接參與檯面上的政治活動。不過，這些台灣民族運動的活躍份子，與我父親要不是長輩同鄉，不然就是同學知友，所以他與林獻堂、蔡惠如、林呈祿、蔡式穀、蔡培火、蔡先於、石煥長、黃朝琴（台南）、陳炘（台中）等人也交往甚密。

一九二一年冬天，在我四歲時，母親曾帶我到東京探視父親，至今仍存有一些記憶。那時候，我們搭乘來往台灣、日本的最新式汽船（後來才知道是「瑞穗丸」，一艘七千餘噸堂皇豪華的大汽船），船內客廳都鋪著鮮艷的紅色地毯。雖然已事過境遷九十餘年，但地毯在燈光的照射下所散發的耀眼紅色，似乎仍在我的眼前跳動。

我與母親到達東京以後，便在父親的宿舍住下。有一天東京下大雪，在熱帶地區出生的我，從沒看過那白茫茫的大雪景緻，喜出望外之下，便不時地走到後庭，仿效日本囝仔做「雪球」扔來扔去，或堆「雪人」（ゆきだるま）玩，玩得相當起勁，即使天寒地凍，手腳都凍僵了，也不願意進入室內取暖。

那次我與母親在東京住了二、三個月，父母親與親朋、同鄉等人來往時，每次都帶我去訪問叔叔伯伯們。尤其是台中出身的同鄉，與我父親的情誼往往特別濃厚。像我父親與獻堂伯公太及蔡先於伯伯的交往便特別頻繁，另外如林呈祿伯姆、石煥長伯姆、蔡式穀伯、柯文質（士林）等人，也是我在東京時常常訪問到的。

父親學成返台後，這些抗日運動的老長輩們也都相繼返台，與我父母親仍維持著留學東京時的密切關係，在台北仍常常來往會面，遂成為了世代交誼。好比說，獻堂先生來台北時，常常落腳於大稻埕圓環邊的旅社「嘉義閣」（中南部進步人士來台北時常常住宿的地方），也常常聚餐於鄰近的台灣料理店，如「蓬萊閣」或「江山樓」。我父親當然也都陪著忙來忙去。比如說，他們都喜歡到北投洗溫泉，每次經過士林時也常來造訪我家，受我父母的餐敘招待，所以，我小時候便時常有機會可以見到

這些抗日名人。

當時居住在台北的有名人物，差不多都與我父親有密切的交誼。林呈祿伯、呈祿姆出身桃園，留學東京時於明治大學攻讀憲法，是數一數二的抗日首腦，他的爲人信實篤厚，一輩子不改爲台灣獨立奮鬥的初志，返台後則一直擔任《台灣新民報》的主筆；二次大戰結束後，他是不沉淪於國民黨官僚職位的、寶貴的台灣獨立鬥士，只把前「新高堂」書店改爲「東方書局」，就此度過清高且堅持台灣立場的一生。

蔡式穀伯則是新竹人，明治大學畢業以後，在台北大稻埕石橋仔頭（今之延平北路、南京西路交叉點）開設律師辦事處，施厝公業打官司時，我老祖母都會請式穀伯幫忙，其辦事處的斜對面就是年輕時的吳鴻麒律師的辦事處，我也曾跟我父親去看過他數次。

蔣渭水伯是宜蘭人，是台北知識份子抗日運動領導者，我小時候常在他的「大安醫院」玩耍。陳逢源伯、逢源姆是台南人，不但是台灣民族運動的首腦，也是台灣罕有的經濟學專家及詩人。石煥長伯、煥長姆與蔣渭水有妻舅的親戚關係，他們從宜蘭來台北時，常來我家暫住。甘得中（彰化）、蔡先於等中南部的抗日首要也到過我家，都是我父的親密至交。呈祿伯、呈祿姆與逢源伯、逢源姆，及阿彩姨（老祖母弟弟的女兒）與黃運元（苗栗、姨丈）等人，與我家的往來最爲親密，無論什麼事都互相關心幫襯。

父親懷有抗日思想，親近抗日領袖，是讓我產生革命思想的啟蒙者

我父親在一九二四年從東京回來台灣以後，即在台灣人民族資本的「瑞泰合資會社」（代表者許雨亭）及「株式會社泉和組」（代表者劉蘭亭）兩大米穀商社就職。他在這些米穀商界學習四、五年，得到一些有關米穀商務的基本學問，逐漸地成爲了米穀生產或外銷商務等的分析專家。然而，這兩家屬於台灣人米穀商資本數一數二的米穀商社，卻在短期間內，相繼遭到三井物產、三菱商事等日本帝國主義大資本所摧毀。

日本統治時代，除了台灣人買辦資本家的四大家族（鹿港辜顯榮、板橋林本源、高雄陳中和、基隆顏國年）之外，由台灣人所擁有的「株式會社」（股份公司）簡直是寥寥無幾。尤其是從一九一二年起，總督府禁止台灣人單獨設立近代的「株式會社」，除了台灣四大買辦資本家的株式會社之外，當時只有土地改革後所允許的，由地主資產家與日本人合辦的新高銀行、嘉義銀行（即後來的「商工銀行」），以及華南銀行、彰化銀行而已。其他諸如瑞泰、泉和組等純粹的「台灣民族資本」，則都無法繼續存在。

兩家台灣人米穀商社相繼倒閉之後，我父也隨之失業。但是由於他較熟悉台灣米穀的生產、集貨、流通及米價起落等問題，所以反而受到日本米穀移出商「加藤商會」社長的推薦，而任職於「台灣米穀移出商同業組合」的專務理事（總經理）。

所謂的「台灣米穀移出商同業組合」，是由日本大資本企業的三井物產、三菱商事、加藤商會、杉原產業等四大米穀商行，爲了達成壟斷台灣蓬萊米移出（運往日本本國叫「移出」，外銷外國叫「輸出」）日本的目的，才在一九三二年於台北大稻埕六館仔（今之貴德街與南京西路口交接處）成立的半官半民的公司。一九三〇年代，台灣米運往日本的數量，每年竟達五百餘萬石（一石是一百五十公斤，即二百五十台斤），都是由日本大資本的米穀商社一手包辦，這即是日本殖民統治台灣的基本政策。

父親因爲工作的關係，與日本人米穀企業幹部來往頻繁，尤其與「台灣正米市場」（米穀交易所，依據米價起落從事的投機買賣）理事長貝山好美（日本宮城縣人）交情頗密。此一職業環境上的變化，也是我父親從脆弱的抗日思想逐漸轉變爲「親日」的原因之一。

我還記得，當時我父親每月領有二百五十圓的高薪，而中學畢業生的初薪爲二十五圓，大學畢業生的初薪則是六、七十圓，相較之下，明顯是一份令人欣羨的優渥工作。不過，這筆大錢幾乎都是任我父親自己花用，很少拿來貼補家用；他覺得我母親及老祖母都很有錢，所以不太拿錢回家。我父親生活的過份奢侈，也使他的思想開始墮落。

我母常到大稻埕大街（今之迪化街）買衣料。每次她帶我同去時，就把我放在蔣渭水伯的「大安醫院」（太平町三丁目，今之延平北路二段，病院的後廳成爲

「文化協會」人員的食堂，往來出入者眾多），要我一個人在那兒等候二、三個鐘頭。那時候，都是渭水伯的女友阿甜嬸很親切的看顧我。當時我才七、八歲吧，見她面貌清秀，常穿著樸素的藍衣或黑色長衫，有夠美麗。當然我每次也都見到大名鼎鼎的渭水伯，他的皮膚白皙，眼睛深邃，身材特別瘦長，穿著醫生的白衣時，更是一表人才。他都叫我「阿暉仔」，還會摸摸我的頭，有時候則從抽屜中拿出日本糖果「キャラメル」（糖果）賞我吃。老實說，雖然我當時還不太瞭解渭水伯在做什麼反日運動，但他已經成爲我心目中的大英雄了。

渭水姆與我母親也有深交，她住在另一處住宅，我也跟著母親去過幾次。渭水伯的長子蔣松輝，現在仍住在台北，年紀已經百歲高壽，他因急

昔日的大稻埕

昔日的太平町，圖片左側為蔣渭水的大安醫院

與蔣渭水長子蔣松輝（左二）合影（右二為史明）

於讚揚其父蔣渭水的聲譽，所以反與蔣家國民黨常有來往。三子蔣時欽則是在上海《大陸新報》（日刊的日本報紙）做過記者，我在上海時與他來往甚密，他終戰後返台，於二二八大革命中對台灣青年的反蔣運動起了不小的作用；後來他轉赴香港，起先在廖文毅的獨立陣營發揮，後來轉爲謝雪紅的社會主義，之後進入中共解放區，據聞由於鬱鬱不得志而逝於北京。至於渭水伯的大舅子，就是民族主義者石煥長，他在戰後一九五〇年代之際，聽說還在台灣、香港等地，爲了台灣獨立努力奮鬥。

我十五歲入中學後（一九二〇年代），常到位於大正街下奎府町（今之台北市政府舊址後面）的逢源伯家玩，他是台南市出身，但在擔任「大東信託株式會社」理事時，曾經於台中住過一段時間，後來搬到台北，擔任《台灣新民報》經濟部長。逢源姆與我母親特別要好，彼此來往相當密切。逢源姆也是台南望族姑娘出身，幼年時即遠到士林芝山岩學堂學習，是當時台灣社會很稀罕的進步婦人，文化水準高且思想開明。逢源姆的長女璧月姊（我母親的乾女兒）大我一歲，後來與醫學博士郭金塔兄結婚。

逢源姆廚藝很好，常常做台南擔仔麵或台南佳餚請我們。我在逢源伯家見過不少思想先進的名人、知識份子，如林茂生伯姆等人都是在逢源伯家才初次見到面。茂生伯是早期留日學生，也是第一期的美國留學生，在紐約市哥倫比亞大學進修，成爲台灣首位的哲學博士。他從美國返台以後，在「台南工業專門學校」（今之成功大學）擔任英文、德文教授（台灣人當日本政府的「高等官」，早期只有杜聰明、林茂生兩人），同時也是虔誠的基督教徒。然而，他在戰後二二八事件時竟遭蔣家國民黨特務暗殺，屍骨無存。

我在逢源伯家也認識了阮朝日夫婦，他是屏東大地主，當時在《台灣新民報》任職販賣部長兼廣告部長。戰後《台灣新民報》被蔣家台灣省機關報《新生報》吞沒。二二八事件時，阮朝日叔亦遭到蔣家特務的劊子手殺害，屍骨無存。阮美姝是他的女兒。

《台灣青年》是當時殖民地解放運動的喉舌刊物，一九二〇年在東京發刊，後來陸續改名爲《台灣》、《台灣民報》、《台灣新民報》（一九三〇）；到了一九二七年，才輾轉搬回台灣，發行週刊及日刊新聞，總局設於台北大稻埕。當時，社

長兼印刷局長羅萬俥（台中埔里望族出身、抗日運動首要幹部，萬俥姆是獻堂一家的姑娘）、主筆兼編輯局長林呈祿，以及青年記者陳萬、林佛樹、許炎亭、林東信等人，在險惡的時代環境下，爲台灣的自由民主努力奮鬥、四處奔波。他們常到我父親的宿舍（大稻埕圓環邊）高談闊論，對總督府壓迫言論自由等作爲大鳴不平。我那時剛進入台北一中，處於十五、六歲智慧漸開的階段，從旁聽到這些人物所發表的熱烈言論，感覺到很大的興奮。青年人初步的正義感，也從內心油然而生。我的母親也以與這些愛台灣的青年接觸爲榮。

我生長在台北市市郊的士林庄內（後來變成士林街），卻反倒對於父親老家台中豐原頭家厝的純樸鄉村生活有很大的憧憬。我囝仔時陣，有時逢年過節會跟父母回頭家厝，那種不同於士林市街的農家生活，每次都讓我感到新鮮有趣。譬如吃自家養的大雞、大鴨，以及在士林吃不到的火雞、番鴨（紅面鴨）、水雞（青蛙）、鰻魚等等，都覺得特別好吃。

曾祖母及阿公、阿嬤（內嬤）等一家人，都把我們囝仔當做客人款待，住在隔壁的阿仲叔公（林春木）、阿發叔公（林春發）、阿祥叔公（林貞祥），以及阿火叔公（林瑞火）等也都很親切，好幾次請我們過去吃飯。我跟林家囝仔伴，如大伯的大兒子阿才、三叔的兒子阿章（阿章幼時失去了母親（三叔

台中林家祖厝，攝於一九九〇年代

林家祖先牌位

一九九三年返台後，拜訪陳炘姆（左三）於草山宅邸（左四為史明）

嬸），後來跟我父去廈門住，與我們最親，其長子建德是虔誠的基督教徒，擔任過台北市馬偕醫院董事長、齒科醫師，是我現在唯一仍有來往的林家子弟），經常一同去祖厝前面的魚池撈鯉魚、鯽魚等，也常到田裡去捉泥鰍、土虱、鮕呆（koo-tai）、青蛙及撿田螺等，有時也到日本製糖會社的甘蔗園去偷砍甘蔗，藏在園內大家做夥吃。或者，晚上與我家的屘叔（ban-chek 我父的末弟），以及阿仲叔公的兒子阿分叔、肇基叔、阿狗叔等「房頭」內的親戚，在院子裡（大埕）閒談聊天，聽一些具體的農村生活情趣。

每次住在台中，爲期大略一個禮拜或暑假一個多月，當中還有一件很喜歡、很快樂的事，就是父母親一定領我到台中市內訪問陳逢源夫婦、張煥圭夫婦及陳炘夫婦。陳炘伯是大甲人，留學日本、美國，是台灣著名的金融學家。他在台中爲林獻堂先生等地主資產家創立「大東信託株式會社」，專爲台灣人經營金融業務，後來遭台灣銀行吞併。二二八事件時，陳炘伯遭蔣家國民黨特務暗殺，連屍體都找不到；陳炘姆是台南學甲的望族姑娘出身，是少棒老師謝國城的姐姐，她與我母親很要好。另外還有張煥圭夫婦（煥圭叔是大雅大地主，煥圭

嬸是霧峰林階堂之姑娘）、蔡先於夫婦（我父親友人，從東京返台後，在台中市做律師）。尤其我們全家每次都住在逢源伯家，受到逢源伯、姆的特別款待，逢源姆常從台中市場買來聞名全台的「肉丸」請我們吃，至今回想起來，仍感到齒頰留香。

中學時代，我在家中的書棚（書架）裡發現用桐木木箱裝的一套厚重的漢字書籍，當時的我當然看不懂。父親說，這套書籍是中國北京著名「政治家」梁啓超的名著《飲冰室全集》，父親同時也對我說了梁啓超與康有爲所倡導的「變法圖強」的道理，我當然是聽不懂，只在心中留下這句辭句而已。聽我父親說：這套書是梁啓超送給林獻堂先生的（林獻堂與梁啓超在日本橫濱相識，交誼深厚），不過因爲林獻堂先生認爲我父漢文素養不錯，所以才把這套書擱在我父手裡。

後來我父在一九七三年正月，即去世前一年，有作一首七言律詩回憶當年：

櫟社當年天下聞，萊園詩客日紛紛。
任公來作廣長舌，從此詩魂併國魂。
（櫟社為林獻堂之詩社，任公即梁啟超也）

如上所述，我在幼年時，因爲父親的人際關係及早年的思想傾向，聽到、看到許多有關台灣反殖民地運動的具體事實，再加上親眼見到那些大名鼎鼎的台灣民族主義者諸先生前輩，耳濡目染下，不知不覺地也被他們的思想所影響，漸漸地成爲我一輩子思想歷程的起點、人生初期的指向。當然，起初我所瞭解的「反日帝」等話語，還是停留在所謂「感情反日」的階段，關於反日的理念或道理等等，則尚未有所瞭解。

(三) 父親落寞寡歡的後半生

從一九三一年開始，抗日運動中立場較激進的「台灣共產黨」（謝雪紅等人於一九二八年創立）、「台灣農民組合」（簡吉等人於一九二六年創立），以及左傾的新台灣文化協會成員，如王敏川、連溫卿等人，均遭總督府警察的壓制與逮捕。繼而「台灣民眾黨」的左派領袖蔣渭水逝世（一九三一），其他的抗日運動者均遭到迫害或四散海外，整個台灣民族解放鬥爭終於煙消雲散。然而，就在這破滅性的時期，我父親卻開始思想動搖，漸漸地向總督府低頭，與《台灣日日新報》（總督府機關報）的日本人

記者相互接近，尤其與該報親台灣派的政治部長衛藤俊彥（日本大分縣人，衛藤叔是很有人性的人）等人的私交特別深。

日本殖民統治有一個特色，那就是在個人層面上，日本人對於台灣人並沒有顯出明顯的優越感，願意與台灣人交往（這點與英國殖民統治印度時不同，當地的英國人總是表現出高高在上的優越感）；但在政治層面上，日本人對於台灣人的管控壓制卻也絕不手軟。（日本人有這種兩面特色，也導致二戰後台灣人對於昔日的殖民時期持有截然不同的看法，衍生出親日派與仇日派之別。）因此，我父親雖然與日本人結有私交，卻因文化協會的關係，仍然遭受日本當局的持續監視，久而久之，遂萌生了暫離台灣的念頭。

一九三五年，我父親從台灣逃亡到上海，卻又與日本海軍駐上海的武官府官員結識，但是當時在上海有個我父在國語學校的同窗，汐止人，做日本海軍在上海的情報工作，忽然不知去向，我父怕得不想接近有關情報的問題（這點算是很好運），所以在上海沒職業，得等我母親從台灣寄錢去，才能生活。等到一九三七年中日事變爆發、一九三八年日本海軍佔領廈門之後，我父親產生一個錯覺，認爲自己要爲「中日親善」做橋樑工作。因抗日而逃亡海外的父親，怎麼會生出這種錯覺呢？父親所選擇的首要目標當然是抗日，但抗日不成後，父親所選擇的並不是堅定原先的立場，而是幻想存在另一種次佳的方案，即：若能促進中日兩國合善，則夾在其間的台灣人，便可能有生存的空間。說來，這種錯覺是當時台灣大部分知識份子的通病。台灣人持有的這種錯覺，與第一次大戰（一九一八年）後立即舉起獨立國旗的朝鮮國家比起來，眞有天淵之別。無論如何，我父就是懷著此一虛無縹緲的目標，前往廈門市擔任僞臨時政府的參議兼公賣局長。聽中國人說，當時公賣局長一職是個肥缺，一般人當個四個月即可終生不虞吃穿，我父卻嚴守清廉原則，故深受日人重用。

一九四五年日本投降以後，蔣家國民黨重慶政府指派福建省政府總務科長林某，前來廈門接收僞市政府公賣局。這位林科長對我父說：「你我同姓同堂，我可派人送你逃到香港，你竄改公賣局帳簿吧！庫存鴉片塊分爲兩份，你我各取一份。」據說，當時我父親很吃驚地答他說：「我在日本海軍支配下當了八年局長都沒有貪圖分毫，更何況是現

在！」然而，也因爲我父親拒絕貪污合作，便當場遭到扣押，以「漢奸」的罪名被蔣家特務判處十二年有期徒刑，並隨即被監禁於廈門的禾山監獄。

一九四八年，當蔣家國民黨軍隊在國共內戰中兵敗如山倒，中共林彪部隊即將打過長江，南京蔣家國民黨政府潰敗得不成體統之際，我母親覺得我父親的生命會有危險，才急忙地從台灣攜帶二十餘條黃金（每條十兩）趕往廈門，從禾山監獄特務手中「贖」出我父親，返回士林家裡。父親返台後，在老祖母的庇護之下，閒閒地過日子。後來，我父才在「台灣水泥公司」（因爲董事長爲林柏壽的緣故）任職，鬱鬱寡歡地度過餘生。他在一九七四年逝世於台北，享年八十三歲。

一九九三年我翻牆返台後，偶見我父親遺物中有他所作的《紫峰詩稿》的親筆手冊。其中有幾首詩篇：

詠志

讀書本意在知理　白首空談是與非
一旦雲開明月見　人生服務總為歸

灌園

街衢車馬日紛喧　日暮還家事灌園
七十人生猶幾許　我行吾素復何言

秋思

残花寂寂映斜暉　又見秋風到客扉
千里家山頻入夢　匆匆空羡燕南歸

悲秋

冷落河邊行客稀　秋風日暮遠帆歸
豪情酒興年來盡　獨坐江樓送落暉

拜祭亡妻十年忌並懷念兩兒

艱難寂寞爾先行　風雨十年暗淚傾
今日靈前營祭奠　東方回首暗淚傾
（兩兒流落東京也）

當我手拿起父親的詩稿，想起我父親一生平順，衣食無憂，是個安分守己的讀書人，只是在政治上有些錯誤。然而，因爲我堅持台灣獨立的理想，畢生奮鬥不休，讓我父親受到牽累，在晚年更加地潦倒困苦，甚至於因爲我而遭到蔣家特務施虐

迫害（特務要我父催促我回台，又不肯讓他到日本來找我，事事受迫害），想來不禁心酸落淚。我身爲人子，不僅未能善盡孝道讓老父安享晚年，反而讓他爲我受苦，眞是愧疚萬分。

我父一生雖然沒有豪情壯志，但他正直廉潔，更是讓我產生革命思想的啓蒙師，這是我父最令我懷念的地方。

二、我的母親林施氏秀

（一）天之驕女

我的母親一八九八年生於八芝林湳雅的「施厝」，小我父親五歲。由於母親是獨生女，加上外祖父早逝，所以她是由老祖母一手養大的，所謂的大家閨秀。老祖母把我母親看成是掌上明珠，疼愛有加。我的曾祖父是滿清時代的舉人，在封建時代是庄堡裡頗受敬重的士紳，家境富裕。因此，我母親自小時起，老祖母就會請漢文老師到家中教她讀三字經、千字文或千家詩等漢字古文，另外也有老師教書畫、刺繡等等，甚至於在她結婚生子以後，漢文老師還繼續來家中教她念論語、詩經等孔孟禮教的書冊，以及曾文正公（國藩）家訓。除此之外，她也看《列國史志》、《封神演義》、《三國志演義》或《唐詩合解》等。

在那個時代，普通男童都是到舊式私塾念書，女子受教育的情況是少之又少，所以像我母親這樣請專人到府教課，甚至於到婚後還繼續授課的情況，簡直只能以「天之驕女」來形容。不過在這種環境之下，自然而然的也使她的思想頗爲封建，滿腹盡是所謂的傳統禮教。同時，母親小時候也與封建人家的女子一樣，飽嚐了「纏腳」（pak-kha）的苦頭。據聞，那時她每每在夜裡捧著鮮血淋漓的兩腳，哭泣不已，直到長大「流腳」（liû-kha）穿皮靴後，才獲得解脫。

我母親面貌端正，身材窈窕，舉止文雅，一生爲人正派，是非分明，正義感強。然而她的個性倔強，不妥協，好講昔日的倫理道德（仁義禮智信），特別重視從下而上的絕對服從。

我母親是透過父親的同學、也是阿嬤舊知的林木土伯做媒，才與父親結婚。他們的婚事在當時的士林算是數一數二的大事。因爲新娘是八芝林望族出身的千金小姐，更是外祖母心愛的女兒，子婿

母親端莊賢淑，舉止文雅，是當時的千金大小姐

（kiá^n-sài）則是遠從台中而來，受過近代高等教育的新知識份子。當時士林沒有幾個畢業於國語學校或醫學專門學校的知識份子，所以兩人的婚事一時也轟動了整個士林庄頭。

老祖母在母親結婚時，因爲不甘與她分離，於是便從湳雅（芝山岩沿邊）的施厝搬出來，在士林新街上蓋了一棟二層的樓房（當時士林街上只有二棟二層的樓房），成爲施家的新房子。父母結婚後搬進新厝同居，所以新厝也就成爲了施林兩族共同的家。但是，我父親並不是入贅，只是和老祖母同住而已。不過，雖然說是施林兩家共住，但實際上卻是施家養林家，我們兄妹們都是由老祖母扶養。

母親結婚時，老祖母給了她五千塊做私傢（sai-khia私房錢），這在當時是一筆不得了的大錢。當時老祖母蓋那棟二層樓房還花不到一百塊錢，一升白米僅是一、兩個錢（銅板）。因此母親一輩子都不缺錢財花用，父親後來也不大拿錢回家，家事或子女的教育等等也幾乎不太過問，林家六、七口人的生活，從頭到尾都是由老祖母在幫助維持。老祖母雖然沒有養活我們林家一家的責任，但是卻願意這樣子付出，可見她爲人寬宏大量，以及疼愛獨生女與這些小孫子們的心情。

我想，可能是因爲我母親當時有了這種龐大且獨自的經濟背景，導致我父母親兩人的關係變得不太平常，大大的影響了我們做子女的生活。母親一直過著傳統封建大家庭富裕千金的生活，很少管家，幾乎不下廚房，甚至結婚生子後還是跟著老師念漢書，施林兩家的日常家事等等均由老祖母親自打理。至於我們兄妹的吃、穿，以及起居或洗澡等事，都是靠玉英姑處理。

我母親當時經常到台北大稻埕買東西，每次都帶我同去。好比說：買衣料（綢緞、毛織、布料等）是

在大街的「裕源布行」、太平町的「菊元」，漢藥、人蔘、白木耳等在「乾元」漢藥房，高級菓餅則在「寶香齋」餅店。

（二）母親對我的愛心與期望

自我小時候開始，母親最熱衷的就是對我的訓育。她深信自己必須做到「教子有方」，所以對我的訓育非常嚴格認眞，可以說簡直是「斯巴達」（Sparta）教育。母親採取極嚴格、甚至用鞭打的方式來督促我的學習，也想灌輸我孔孟禮教，要求我在日常的生活當中，必須體現「國用大臣，家用長子」、「修身、齊家、治國、平天下」（《四書‧大學篇》）的觀念，一切行動都要顯現出「大人氣概」。好比說：待人要規規矩矩，無論大小事情都要長子先動手去做；如果做得不好，便立刻施以雷霆般的嚴厲處罰。特別從我小時候起，母親就很嚴格地注意男女之間的問題，時常以「男女授受不親」這句話來訓育我。但是到後來，我在早稻田大學就讀（二〇—二五歲），夏天放假回台灣時，老祖母對我說的卻是：「阿暉仔，你在東京如果和日本女人生下小ウァウァ，就帶回來，我來養大。」然而我母親卻早晚不斷的念著：「窈窕淑女，君子好逑。」

我還記得四歲時，母親就教我算數，即以「オハジキ」（小星型玩具）學數一個、兩個，若一次數不來、兩次又算錯，馬上便會吃到一個痛死人的拳頭。其實說起來，倒也不是母親打在我頭上的拳頭痛，而是母親掛在手腕上的金手環，敲打在我剃光的頭上，總讓我痛得差一點就流下眼淚。除此之外，母親從我小時候就督促我練習寫毛筆，一個早上要寫完三張紙的小字，若寫不完，就不讓我吃午飯。然而，這種嚴格的要求，反而使我對於寫毛筆字感到厭惡，久而久之，竟然寫不出端端正正的字體。雖然如此，母親對我的愛護與期待實在是非常深厚，她一有空便經常帶尙年幼的我到相命仙那裡「看命」、排「八字」，很關心我的將來與運氣。

母親的個性好強，一有不順心便經常發脾氣。我若不聽話，也時常受她打、罵。所以我從小就很怕母親，看到她，不時驚得臉色轉白。因此我從囝仔開始，內心便不知不覺地對母親產生一種反叛的心理，等進入中學，受到文明教育啓蒙、智慧略開後，更開始對她陽奉陰違，甚至於產生叛逆之心。

特別是她最希望我進醫學校做醫生，而且事實上醫生救人生命也是很崇高的職業，但是我卻因爲母親的關係，對這項職業感到排斥、抗拒。

當時台灣的年輕人，只要能上中學的，都想讀「台北醫學專門學校」（一八九九年創校）及後來的「台北帝國大學醫學部」，好待畢業後能開醫院懸壺濟世。日本殖民統治下的台灣，做醫生的收入特別好，社會地位也較高，生活過得也較自由。我是長子，母親自然會要求我長大後做醫生、開醫生館，成爲街庄的上流人物，以顯宗耀祖、孝順父母。

我母，攝於四十餘歲

我母親凡事都想要高人一等，不願意屈居人下，尤其她又是一位完美主義者，什麼事都得達到「絕對」的地步。囝仔人總是愛𨑨迌（chhit-thô），我也同大家一樣，但母親卻不准我和鄰居小童一起玩，所以我只能跑到二樓磚坪仔（陽台）上，很羨慕大馬路上別人家的囝仔嘻嘻哈哈地玩耍。

後來，在我近二十歲忤逆母親踏出家門以後，才微微嚐到在外頭孤獨奔波的滋味；當我進入早稻田大學，看了一些書、也接觸了一些人際關係後，才漸漸地領悟到我母親望子成龍的深切母愛。事實上，正因爲母親的用心計較與認眞督促，我才能在眾多的競爭者中，一關又一關的克服障礙，脫穎而出。譬如，那時候在建成小學校與台北一中時，每年所招生的二百多名學生當中，以日本人學生佔絕大多數，台灣人學生僅有少數的五、六個人，而且還是在與近百位優秀的台灣人應考學生一起競爭，通過考試以後才能進去就讀。

因此，當我負笈東京進入早稻田大學政治經濟學部時，雖然覺悟到深厚的母愛，但也已經太遲了。我在台灣時，反抗母親的期待，拒絕習醫，就已經使她覺得我無法光宗耀祖、在父母身邊極盡孝

道，已對我大失所望；緊接著，我又在大學畢業後、第二次世界大戰激烈化時，爲了實踐自己所相信的理想，沒有返回台灣，反而奔走至中國大陸參與抗日革命，更使母親對我徹底絕望。

第二次世界大戰後，世界形勢起了翻天覆地的變化，讓我母親經歷許多的艱難辛苦煎熬。社會方面是日本投降，蔣家國民黨軍佔領台灣（一九四五），緊接著二二八事件爆發，台灣人遭到大屠殺（一九四七）。經濟方面則是蔣家國民黨政府施行三七五減租（一九四九），使得前所未有的超經濟恐慌（相對於經濟性的剝削，超經濟的掠奪更加殘酷可怕）衝擊台灣。通貨膨脹宛如天文數字一般（一九四五—五〇，發行鈔票增爲六萬倍），物價飆漲（台北米價史無前例地飆漲幾十萬倍）使得台灣人的生活環境一落千丈。在這種大環境下，施林家（也就是老祖母家）的家境空前敗落，生活困苦。那陣子父親失志回家（一九四八），我也從華北垂頭喪氣地回到士林（一九四九）。再加上母親投資的地下錢莊（錢桌仔）倒閉，連帶讓母親外借的私房錢幾乎全部被倒帳，讓她在憤怒與失意中，於一九五〇年正月因大腸癌去世。她臨終時，仍責備我這個「不孝子」。我眞是不孝子，眞是讓母親一輩子擔憂、憤怒、失望。

母親「出山」（chhut-soa^{n} 出殯）時所用的棺材，原本是阿嬤準備要留給自己用的，沒想到最後會變成白髮人送黑髮人，先給母親使用。母親享年僅僅五十三歲，回想起來，我做爲人了，對爲我傾注了那麼多親切母愛的阿母，沒有盡責任，沒有盡孝道，反而讓她不滿憤恨地過日子，此事自始至終都讓我傷痛不已。

三、我的阿舅施振興（養父）

前面提到的阿舅（我的養父）施振興，他生於一九〇三年，在襁褓中便被老祖母自士林庄貧寒家庭「番薯仔嫂」手中抱來，過繼給施家，成爲老祖母唯一的男孩子。

阿舅青年時，念的是「台北第二師範學校」（今之國立台北教育大學）。當時青年人「公學校」畢業後，絕大部分都得去農場或工廠做工，士林人當中能夠念師範學校的，更是沒有幾個，可見是老祖母一心想要栽培阿舅，才得以讓他繼續升學讀書。

台灣子弟念師範學校，照慣例不用繳納學雜費，還能住進學校宿舍，成爲免費的「全寮生」；除此之外，還可以領衣服、靴子，每個月還有零用錢。學生前後需要讀七年書，畢業後得任「公學校」（台灣人兒童進入的小學課程）的教員。公學校教員的待遇相當優渥，初薪每月領四十五圓，還可以分到宿舍（當時，一般中學畢業生起薪每月二十五圓；公學校畢業生當短工，一天僅有七、八毛錢）。但是，師範學校畢業生必須擔任義務教員五年，五年之後才可以退職，進入社會工作；若是繼續服務十五年以上，就能領到「恩給」（恩薪，一世人可以領取的終身俸），終身的生活都不成問題。

當時，每個村庄無論大小均有一公學校。擔任公學校老師的人，在村庄中享有很崇高的社會地位，所以一般家庭子弟都希望能夠進入師範學校，在畢業後成爲領取「判任官」（委任官）待遇的訓導。

阿舅師範學校畢業，在公學校教書（暖暖、社子、汐止等處）滿五年後，因爲對音樂方面特別有興趣，便在一九二五年留學東京，進入「國立音樂學校」學鋼琴。在當時的台灣社會，如果選擇念音樂學校、做音樂家，就一定要有可能會過苦日子的覺悟，甚至可能會一輩子都沒有安穩的工作。換句話說，阿舅可能一輩子都得靠老祖母過活。然而，在這種情況下，老祖母還是允許阿舅到海外學習音樂，由此可看出老祖母的厚道、思想開明及心胸寬大。在當時那樣半封建半近代的時代裡，老祖母能夠有如此大量，眞是了不起，也深爲士林鄰里所稱道。

阿舅到東京上學以後，老祖母不但供給他每月的學費與生活費用，還寄去一筆幾百塊的大錢讓阿舅買鋼琴，好使他能夠專心練琴；聽說當時即使是日本人同學，也很少有人能夠擁有鋼琴。後來阿舅生病回台灣時，沒能把這台寶貴的鋼琴搬回來，直到他在台灣去世以後，東京的親戚在老祖母的再三催促之下，才只將鋼琴的座椅寄回了台灣。事後我們才知道：原來鋼琴早已被老祖母在東京的外甥邱炳輝給變賣了，眞是開了一場大玩笑。

到東京受到西洋音樂教育洗禮而成爲新進音樂家的阿舅，在生活中常常展露出他的音樂素養與歌唱情調。據說阿舅在東京學鋼琴之外，還另外學男唱女高音（boy soprano），實在很稀奇。阿舅氣質溫

良和氣，同時也很疼愛我；每當他從東京返回台灣渡假時，都帶給我在台灣買不到的新奇玩具。我拿到新玩具以後，總是立刻跑到亭仔腳向鄰居的小朋友炫耀，得意地在大家的羨慕眼光圍繞下，展示阿舅帶給我的東京新玩具。

他也常教我唱當時台灣很少人會唱的日本童謠，這對我在封建家庭中的枯燥生活來說，無疑是一項很新鮮的調劑。所以我總是很開心、很認真的跟著阿舅學唱日本歌。阿舅教我唱歌，使我在潛移默化當中，養成了對音樂的興趣與音感。童年時期原本就是孩子最能發揮活潑天性的時候，這個階段的我受到阿舅的音樂啓蒙，長大後自然就喜歡欣賞巴哈、莫札特、貝多芬、舒伯特或歌劇等許多西洋的古典音樂。直到現在，每當我聆聽到美妙的音樂之際，也常常會懷念起阿舅的種種舊事，心中感念到他的疼愛。

我學到的日本童謠，到現在還記得一些：

「七つの子」

からす　なぜ鳴くの　からすは山に
かわいい七つの　子があるからよ
かわいかわいと　からすは鳴くの
かわいかわいと　鳴くんだよ
山のふるすへ　行て見てごらん
まあるい目をした　いい子だよ

七歲的小孩子

烏鴉呀　為何哭叫叫　在那深山樹林裡
可愛小烏鴉呀　等著媽媽快回家
可愛　可愛的　叫得媽媽快回家
可愛　可愛的　叫媽快回家
到山仔內　進去看一看
圓圓目睭的　可愛的囝仔子

「赤い靴」

赤い靴　はいてた　女の子
異人さんに　つれられて　行つちゃつた

横濱（よこはま）の　埠頭（はとば）から　船（ふね）に乗（の）って
異人（いじん）さんに　つれられて　行（い）つちゃつた
赤（あか）い靴（くつ）　見（み）るたびに　考（かんが）える
異人（いじん）さんに　逢（あ）うたびに　考（かんが）える

紅色的小皮靴

紅色小皮靴　穿著的　查某囝仔
紅毛人　牽伊的手　帶她走了去
橫濱港　白碼頭　坐著汽油船
紅毛人　牽伊的手　帶她走了去
紅色小皮靴　再次看到時　定要想到她
紅毛人　再遇時　都會想到她

阿舅去東京不到三年就罹患了腹膜炎，那在當時是無藥可醫的重病。但是，阿舅卻不想回台灣治療，於是老祖母便獨自一個人趕到東京，將身染重病的阿舅帶回家。當時去東京，要從基隆坐汽船到神戶，再坐火車到東京，總共要歷時六天五夜才會抵達。這對普通人而言都是一件很不容易的事情，再加上老祖母完全不懂日本話，人地生疏，又是一個吃素、纏腳的老太太，更是難如登天的一趟旅程。

阿舅（養父）是當時新潮的音樂家，啟發我對音樂的喜好

但老祖母毫不畏懼，一個人毅然地從士林家裡啓程，抵達東京以後，老祖母穿台灣衣衫，用一雙小腳搖搖擺擺地在街上四處走動，當然引起日本人好奇的眼光，可謂是萬眾矚目。日後，我們問起老祖母這件事時，她只淡淡回答說：「人家看我奇怪，我就還他們一眼，不就得了嗎？」可見我的老祖母是多麼充滿自信、勇敢又有膽量的「女丈夫」啊！

一九二八年三月（我十一歲時），阿舅在返台一年後，黯然地因病離世，享年僅二十六歲。老祖母早已決定要我繼承施家香火，便將我過房（過繼）做阿舅的養子，辦好了戶籍（日本時代的「戶籍」，是當時世界上手續最麻煩，但是最齊全的人口紀錄）手續。老祖母在當時已躺在病床上的阿舅面前，制定了所謂的「親權書」，即把施家子弟（阿舅過世前，小弟還沒出世，尚在阿妗的腹肚內）的相關財產處理等一切權利，置於老祖母的監管之下。幸虧有這個法律措施，後來才能贏得舅母要奪取財產的官司，保住施家所有的財產。

阿舅去世兩、三個月之後，舅母生下孩子（即我的施家小弟）。

四、我的阿姑林氏玉英

我們施家，還有一個難忘的姑母林氏玉英（因爲與父親同姓林，我們從小就叫她「阿姑」）。阿姑的娘家在士林內雙溪，老祖母很早就收養了阿姑，原本準備長大後匹配給阿舅施振興爲妻（即童養媳 sim-pū-á）。但是阿姑成人後，由於一方面她比阿舅大三歲，再加上阿舅有些「查某體」（cha-bóo-thé 娘娘腔）的習氣，所以不願意與阿舅結婚。阿舅後來另娶她人爲妻，這件事當然使得老祖母氣憤極了。

我還記得此事使得阿姑哭哭啼啼的回到娘家，就這樣離開了施家。然而，阿姑離去後，施林兩家的家事幾乎都不能順利處理，日常瑣事本來多經由阿姑一手包辦，老祖母與母親都沒有動手去做。於是一、兩個月後，我母親乃帶著我，一起坐轎子越過幾個山頭到內雙溪，苦勸阿姑返回士林施家，繼續爲施林家操持家務。

母親表示會保障阿姑一輩子的生活，說：「我有飯吃，妳也有飯吃，不必擔心。」由於母親大阿姑一歲，兩人是從小在施家一起長大的，已有深厚的姊妹情份，阿姑重情，隨即跟母親下山回施家。

阿姑回施家後，與老祖母同樣吃素信佛，一輩子沒有出嫁，過著如婢僕（tsa-bóo-kán）般的勞碌生活。但是，由於她拒絕與阿舅結婚，忤逆了老祖母的心願，令老祖母始終耿耿於懷，終其一生都沒有原諒她。雖然如此，阿姑仍不怨不悔地默默做著家常瑣事，老老實實如鄉下人一般。每天天一亮，她就起來打掃全家，一天到晚都在廚房裡做飯燒菜，

準備老祖母的素食飯菜，以及母親與囝仔吃的葷食、三餐，就連叫我們囝仔起床、穿衣服、吃飯、去上學及洗衣衫、洗澡等繁瑣的家事，也都是由阿姑一手包辦。

玉英姑勤儉樸素，個性自卑且細膩，相當疼惜我

阿姑的娘家是住在山頂裡的做山人，她的生活起居勤儉樸素，個性自卑且細膩，眞驚見笑，對人也和藹和氣。

阿姑很疼愛我，我若是被母親打罵，她也會在暗地裡安慰我，勸我要聽話、要認眞念書，長大後才會成爲有用的人。她對我的疼惜令我終生難忘，我一輩子都感激著她對我的恩情。

一九三六年我遠赴東京，其後每逢暑假回家時，阿姑總是加倍地疼惜我，安慰我遊子的心情，特別爲我做了好多台灣口味的烏骨雞等佳餚好菜。一九四二年太平洋戰爭激烈化，我那時即將大學畢業，在準備前往中國前夕，先回來台灣探望老祖母。老祖母與阿姑知道，戰爭一旦延燒到台灣，以後要再見面恐怕就不容易，所以兩個人很不安地對我說：「阿暉仔，你青年人一旦走了，留下我們兩個老人，今後都沒有人可以依靠了。」那個時候，我的父母與妹妹們都在廈門，只有阿嬤、阿姑及其養女三個人在家，我聽她們這樣一說，心裡頭也大吃一驚。老實說，我當時也沒有想過這件事情，所以只好表面上假裝若無其事的向老祖母、阿姑說：「阿嬤、阿姑，您們不必擔心。戰爭就快要結束了，我一定會早日回來。我將來打算建立一個『靈骨塔』（家墓），讓您們老人家百年之後可以安居，我一定會盡我的能力辦好您們的後事的。」我這個諾言，其實只是隨口說說的一句話，沒想到出乎意料的，對老人家起了極大的安撫效果。兩位老人家相信了我，也露出了安心的表情。但是，那時的我其實早已下定決心，要到中國大陸去參與抗日，上面所說的這句話，也就成了欺騙老人家的虛言。其後因爲我始終沒有實踐諾言的機會，所以也使我今後的半輩子常常感到良心不安。

當時我隨即離別了老祖母與阿姑，從基隆出發，繞過廈門，看過我父母後，回到東京，戰爭期間就不曾再與兩老人家見面了。

我在一九四二年投奔解放區，一九四九年因爲理想破滅，垂頭喪氣地回家。翌年母親去世，卻沒有履行對阿姑的約定，未留下分文給阿姑，讓當時已過半百的阿姑手裡頭沒有養老費，心中十分不安。另一件事，就是阿姑有一個養女，是從她三弟那邊接養過來的。母親過去曾對阿姑允諾說：「一定使妳的養女，與我自己的女兒一樣，讓她進第三高等女學校（女高中）。」然而母親最終卻沒有實踐這個諾言，而且把阿姑的女兒，也當做使用人（sú-iōng-lâng傭人）使喚，我的三個妹妹都進入該校念書，但阿姑的養女卻沒有，此事也讓阿姑相當不滿。因此，阿姑就這樣長期下來累積了種種不滿與不安。我母親當時還有不少金條，但一點都沒留給阿姑，都事先被二妹蕙芳奪去（當時我絲毫不知有這種事），所以讓阿姑感到餘生沒有依靠。這樣，阿姑的情緒到母親去世之後終於爆發，她的個性雖然溫和，但或許是因爲連最後的依靠（我的母親）都沒有了，所以日夜大哭，以排解她心中的苦痛。我當時看到這種情況，感到很心痛，卻也無能爲力，只能講幾句良心話，盡量安慰她而已。

流亡海外時期，只能以這種方式祭拜至親

一九五二年，我又因爲政治問題，自台灣出走到日本，到一九九三年再度回到台灣時，才得知阿姑已於一九八六年罹患老人痴呆症，在沒有人好好看護的情況之下，孤伶伶地走完一生，享年八十八歲。她臨終時，卻不能待在家裡，竟被二妹蕙芳夫婦搬到台北醫院殯葬處而亡，如此孤獨、淒慘的告終，世間哪有像這樣慘酷的事啊！但是，深深思想起來，這種做人的責任，完全是在我身上，因爲阿姑、老祖母、父親告終時，我

都不在家，阿姑會遭不幸壽終也是我不在才惹起的，罪惡都得由我來擔。我想起阿姑慘痛的一生，也想到我自己沒有盡到絲毫的責任，我這一生虧欠對不起她，無論何時都感到很大的罪惡。阿嬤、阿姑的事情，在心中苦惱我半生。但當時的我，都想台灣的社會大事比私人關係要緊，爲遵從公理，不惜捨棄私情。我到現在還是這樣想著。

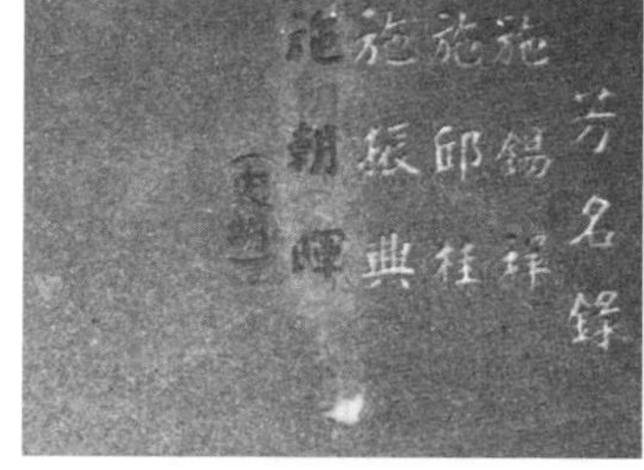

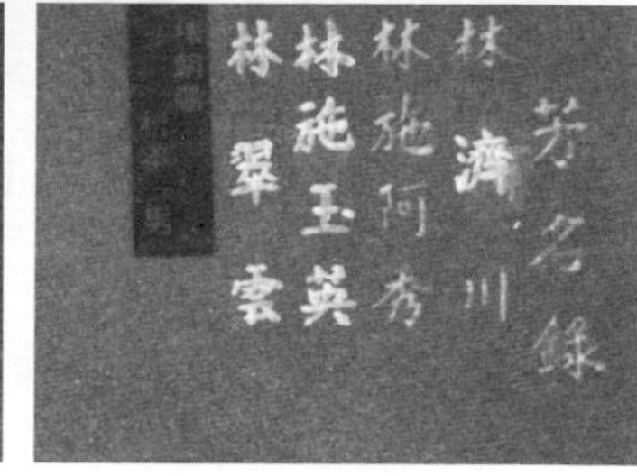

返台後在八里所建的施林墓地

　一九九三年，我在結束流亡生活返回台灣後，才在士林近郊的台北縣八里鄉小八里坌一段巷阡小段築了一座「施林墓地」（約五十坪），將施、林兩

施林墓地內部

家連同玉英姑的骨灰都置在一起，才算盡到爲人子萬分之一的責任。

五、三妹林翠雲，亡於美國潛水艦攻擊

我三妹翠雲，在諸弟妹之中，與我較合得來。她第三高女學校畢業後，在一九四三年三月，從基隆坐日本汽船要到廈門看我父親及與我相見，但很不幸地，所搭船隻在廈門外海遭美國潛水艦擊沉，阿雲與日本船同沉於海底而亡，享年只有二十三歲。我一想起她的早逝殞命，至今心中仍悲酸得難以自已。我中學校時，她常喜歡與我合唱「何日君再來」，到現在，我若想念阿雲，就想起「何日君再來」。

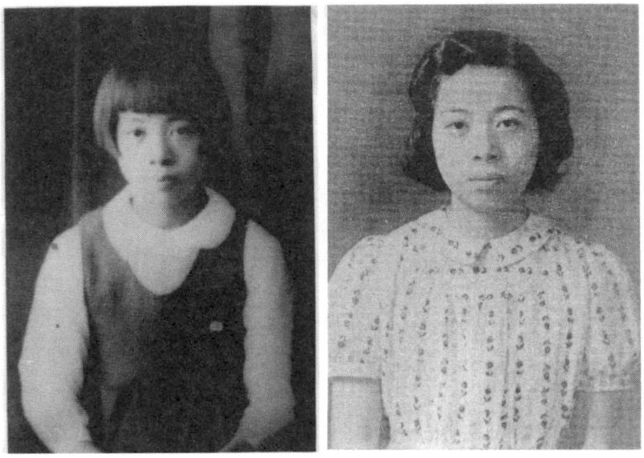

若想念三妹翠雲，就吟起「何日君再來」

何日君再來

忘(わす)れられない　あの面影(おもかげ)よ
燈火(ともしび)搖れる　この霧(きり)のなか
二人並(ふたりなら)んで　寄添(よいそ)りながら
囁(ささや)きも　微笑(ほほえ)みも
楽(たの)しく融(と)け合(あ)い過(す)ごしたあの日(ひ)
ああ愛(いと)し君(きみ)　何日(いつ)また歸(かえ)る
何日君再來

何日君再來

好花不常開　好景不常在
愁堆解笑眉　淚灑相思帶
今宵離別後　何日君再來
喝完了這杯　請進點小菜
人生難得幾回醉　不歡更何待
（口白：來來來再敬你一杯）
今宵離別後　何日君再來

第四章　啓蒙教育

若逢「祭日」，同學們多仍舊穿著台灣衫褲、打赤腳上學，我則是整齊裝扮並穿上皮靴，威容登校。同學兒童們見我這般穿著，莫不另眼看待，非常羨慕。我的囝仔心肝則感到很虛榮，人家愈羨慕，我就愈加誇耀自己，得意地到處走動。

一、芝山岩惠濟宮

根據日治時代一八九六年編的《總督府國語學校日本教師紀錄》，芝山岩是獨立於士林舊街東北角平野的一座小山丘，海拔僅百餘公尺，舊稱「圓山仔」。芝山岩山勢陡峭，但山頂平坦，南臨雙溪水，北面又有小溪，山上古木參天，蒼翠茂盛。山中有古城牆、蝙蝠洞、石蛙、石象、石馬等許多奇特的奇岩古蹟，一重又一重地相疊於山丘上下。在我們八芝林的住民眼中，這處極爲優雅清靜的山間景色就像神仙佳境，文人雅士也多在此留下墨筆，像在芝山岩西面山屛斷崖處，至今仍留有八芝林富戶潘永清（一八二〇—七三）所刻的「洞天福地」遺跡。

芝山岩西面入口處有一片斷崖，昭和初年（一九二七），斷崖下有靈泉湧出，八芝林人稱之爲「仙水」，據說有治病神效，全島到此汲取仙水的信徒絡繹不絕，排隊的人潮，往往從芝山岩一直迤邐到士林車站，行列長達一公里多。另外，士林的慈諴宮昔日在重

芝山岩石蛙

建之際，靠近芝山岩山下的施厝，四房祖先「謙吉」受邀就任重建董事，出錢出力，參與廟宇建造等事，盡力而爲。

芝山岩山上的舊城牆，是昔日「漳泉械鬥」的遺跡，以前八芝林的漳州人和大龍峒、艋舺泉州系的同安人分類械鬥，動不動就打起仗來。漳州人打敗仗時，就退到芝山岩，堅守不出，因此在芝山岩舊道的半山腰上築了城門、城牆，以保護漳州人的安全。芝山岩山頂上的惠濟宮，主神是開漳聖王（供奉於前殿大廳）及文昌帝君（供奉於後殿樓上）、觀音菩薩（供奉於後殿樓下）諸神，都是八芝林祖先在滿清時代便建置的神靈，也是八芝林人的信仰寄託。後來由楊錫侯（楊雲萍之祖父）接棒，成爲文人墨客聚集讀書、吟詩作樂之處，進而也造就八芝林文風鼎盛，文人輩出，八芝林也因此而改名爲「士林」（Sū-lîm）。

芝山岩惠濟宮

我的老祖母是虔誠的佛教徒，同時也是斷絕葷食的「食菜人」。老祖母經常去芝山岩惠濟宮敬聖王、拜佛祖，所以也常在廟裡過夜；她經常帶我同去，因此我也有機會在廟裡過夜，體驗廟中的莊嚴寧靜，並在廟庭前鳥瞰士林街上萬家燈火的迷人夜景。每次看見這些燈火，我就想起老人家所說的，一個有關火的傳奇故事：傳說每當漳州人與艋舺同安人械鬥時，八芝林漳州人只要在初一、十五日，把惠濟宮正殿的大神燈火點上，艋舺（草店尾街）的同安人住宅便會立刻發生火災；艋舺人爲了破解火災的魔咒，就在龍山寺前面挖一個大水池，來對抗火燒的魔咒。現在已經沒有漳泉械鬥了，龍山寺前的大水池，也於日本時期就被填平，做爲寺前擺攤子、賣貨物的大商場。

惠濟宮南側有八芝林大墓公，香火不斷。從大

墓公再往南走，就是「芝山岩六氏先生神社」。這是日本統治初期「芝山岩學堂」的遺跡，也是台灣近代西洋文明教學的發祥地，後來都遭蔣介石國民黨集團毀滅殆盡。

二、芝山岩學堂

一八九五年六月，日本政府派遣首任台灣總督樺山資紀赴台就職，樺山即帶著日本的音樂家、教育家伊澤修二同行，且賦予他總督府學務部長之職責。伊澤率領楫取道明、關口長太郎、中島長吉、桂金太郎、井原順之助、平井數馬等六名日本教師，選擇在惠濟宮開設「芝山岩學堂」，就地招募士林士紳子弟柯秋潔、潘光樹、陳水鸞、潘光明、潘迺文、潘光楷等六人爲學生，教授日語及西洋文明基礎學科。

伊澤修二在很短的時間內，編纂日語教科書，並編定教學方案。同年（一八九五）九月，學堂擴大招生，以原有六名學童編爲甲班，再招收十五名學生編爲乙班及丙班。後來，又從全台灣募集女學童，均施以日語及西洋文明教育。

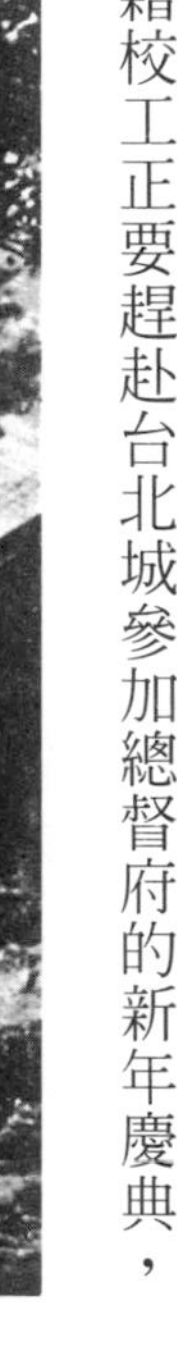
翌年（一八九六）元旦的早晨，「台灣抗日義勇軍」準備圍攻台北城時，六名日籍教師與一名日籍校工正要趕赴台北城參加總督府的新年慶典，

芝山岩學堂

在芝山岩山腳遇見賴唱領導的抗日游擊隊，七名日人均被殺害。伊澤修二恰巧返回日本，才能倖免。同年（一八九六）七月，日本總督府乃在芝山岩頂建立「教務官六氏先生神社」，並在神社內建立當時日本政府總理大臣伊藤博文揮毫的「學務官僚遭難之碑」，規定每年二月一日爲六氏先生祭典紀念日。總督府每年都動員在台灣的文武官員以及北部地區各級學校師生，到芝山岩神社舉行隆重的紀念儀式。於是，士林芝山岩就被稱爲台灣教學的發祥地。然而，自從蔣家國民黨中華民國佔領台灣（一九四五年）之後，由於蔣介石、宋美齡佔據士林草山與士林農藝試驗場爲其殖民統治的獨裁巢穴，芝山岩及其附近這個台灣近代西洋文明發祥地，就遭蔣家特務軍統頭子戴笠（號雨農，已故）的國防部情報局霸佔，污染爲軍閥特務橫行的恐怖政治大本營。

芝山岩紀念碑

芝山岩「六氏先生案」發生後，日本又在士林街北郊建立小學六年制、高等科兩年制的「士林公學校」，以正式學制取代了學堂教育。凡是生長於士林的男女兒童，大多就讀於這所學校，接受日語、歷史、地理、理科、算數及近代文明等基礎教育，受惠不小。根據統計，在一九四二年時，中國等亞洲國家或殖民地，文盲佔總人口的百分之九十以上，但在台灣，光是八歲學齡兒童的就學率就已達九十二・三％，可見台灣的現代文化程度特別進步。

一八九六年，總督府進一步開設「國語學校」，其中，國語部發展爲後來的「台北帝國大學」，師範部則成爲「台北第二師範學校」的前身。這些高等教育學校，都是以芝山岩學堂爲教學源流所興建的。

日本帝國主義侵佔台灣，施以殖民地統治時，曾發生過大屠殺，引起台灣人強烈的憤怒與抗爭。然而，日本人在台灣實施的近代教育，帶給台灣人西洋文明知識與近代思想，進而促使台灣社會邁向近代化、資本主義化，以及西洋文明化。同時，台灣人經過抗日鬥爭後，促使台灣民族意識覺醒，台灣民族主義茁壯發展。

我仍記得，我母親受到時代進展的影響，更加用心督促我認眞讀書，希望我長大後當醫生，她經常教我吟唱從番薯仔舅公學到的一首朱熹詩〈偶成〉，來勉勵我念書：

少年易老學難成
一寸光陰不可輕
未覺池塘春草夢
階前梧葉已秋聲

這首詩吟著：在春色無邊的池塘邊無意中打個盹睡一下，忽然醒來，看到石階前面已堆滿了梧桐落葉，春天已變成秋天了。這首詩字義上是描寫光陰似箭，卻也引起當時我這個「爲賦新詞強說愁」的囝仔心肝，加添一股淡淡的「人生幾何」的傷感味道；七、八十年後的今天，對這首名詩仍然記憶猶新，感受未泯。

那時節，阿嬤則是教我唱一首在士林膾炙人口、由伊澤修二作詞作曲的日文童歌：

六氏先生歌

やよや兒（こ）ら，勤（はげ）めやよ
進（すす）め兒（こ）ら　こどもらよ
慕（した）え慕（した）え，倒（たお）れて已（や）みし先生（せんせい）を

意譯：呀唷呀　您們這些囝仔子　好好認眞學習吧！
得前進　您們這些囝仔子啊！
懷念　懷念犧牲已故的先生們啊！

阿舅也教我唱士林公學校的校歌：

士林公學校校歌

（一）略

（二）我が里近き　芝山巖
今の教えの　もとどころ
まめしき功を　偲びつつ
共に勵みて　學ぶべし

故鄉近鄰　芝山岩
今代教育　發祥之地
真誠功勳　由衷欽慕
共勉共勵　認真學習

（三）士林の里は　もの學び
早く開けて　名に負えり
我等も共に　進みつつ
務め勵みて　學ぶべし

士林故里　學問之都
儘早開化　揚名世上
咱也攜手　共同前進
務必共勉　認真學習

三、士林庄「士林公學校」

「芝山岩學堂」是日本在台灣教學的嚆矢，隨後

士林公學校一景，楠木正成銅像與奉安殿

總督府爲了加強日語教育，以便同化台灣人，即於一八九六年在台北設立「國語學校」，並且在全台灣的主要都市設立「國語傳習所」。這兩種學校的畢業生，後來便逐一被提拔爲日本公私各機關的下級職員、通譯、補助教員及巡查補（日人警官補助員）。

一八九八年，總督府爲了再進一步同化台灣人，公布了「台灣公學校令」，即把台灣人子弟與日本人子弟分開教育，規定台灣人兒童就讀六年制的「公學校」，日本人兒童則就讀同爲六年制的「小學校」。公學校的教育科目有國語（日語）、作文、算術、毛筆字、唱歌、繪畫、體操，以及修身（教化公民、道德、愛國等）。到了四年級以上，則增加日本史、日本地理及博物（生物、植物）等科目。公學校六年間，各年級所教授的教學科目，在內容上與小學校相差不遠，但是在上學的功效上，與小學校的學生便頗有上下。

「士林公學校」的沿革，由本來的「芝山岩學堂」於一八九六年被改稱爲「國語學校第一附屬學校」（同於「國語傳習所」），一八九八年又改稱爲「八芝蘭公學校」，一九二一年時改稱作「士林公學校」，一九四一年爲「士林國民學校」。

日本統治至一九一〇年代（大正時代），正値台灣近代化教育進入第二期，台灣資本主義開始萌芽，社會開始安定發展的階段。另一方面，也是台灣土地資產家與知識青年政治覺醒，組織「近代性」反日本帝國主義運動的時候。在這樣子的社會變革之下，當時第八任總督、同時也是第一任的文官總督（上任七代的總督都是由武官擔任）田健治郎認爲，有必要再進一步地同化台灣人；一來爲了培育台灣資本主義化所需的熟練工人，二來爲了對台灣民族運動遂行軟硬兼施的懷柔政策，便開始提倡所謂的「教育文化同化政策」。

「教育文化同化政策」的內容是：「（統治政策）務必先從普及教育，一面啓發其知能德操，一面使之感得我朝廷（天皇）撫育蒼生之精神與一視同仁之聖恩，醇化融合，以期在（台灣人）與內地人（日本人）之社會接觸上，無有任何逕庭，教化善導，務必使之進入政治均等之地步。」（田健治郎傳記編纂委員會，《田健治郎傳記》，一九三二）因此，總督府即在一九一九年公布「台灣教育令」（第七任總督明石元二郎公布，確定對台灣人教育學制與方針），

增設「師範學校」於台中、台南兩地；設立中等程度的「台北工業學校」、「台北商業學校」。

一九二二年時則再公布「新教育令」（田健治郎總督公布，決定台灣學制要與日本本國學制相等），新設「台北高等學校」（三年制，等於大學預科），及「台北醫學專門學校」、「高等農林學校」、「高等商業學校」、「高等工業學校」等，終於在一九二八年時設立最高學府「台北帝國大學」（今「台灣大學」前身）。繼之，則擴充普及全島的「公學校」（一九三五年七八一校、一九四三年九二二校）及「小學校」（一九三五年一三六校、一九四三年一五二校）。

田健治郎所開始的近代化教育固然是冠冕堂皇、規模可觀，但是殖民地的差別教育仍然存在，不但公學校（台灣人兒童就學率二八・二%）與小學校（日本人兒童就學率九八・二%）的就學率相差甚遠（一九二六年統計）；新創的中等學校以及各種高專、大學的就學機會，也均由日本人子弟所壟斷。全台灣也唯有「醫學專門學校」才是台灣人學生在數量上勝過日本人學生的學府（一九二六年統計台灣人一六八人，日本人一二三人，參見矢內原忠雄，《帝國主義下的台灣》，一九二九）。僅有極少數的台灣人能念小學校、中學校或者是大專學院。

四、幼鳥出籠：我上學了！

我是在一九二五年（八歲）進入「士林公學校」（校長石原靜三）就讀一年級。因爲我小時候就好似籠中鳥一般地被關在封建家庭，很少有機會單獨往外玩遊，所以上公學校時就如小鳥飛出籠仔，每天一大早就欣喜雀躍地跳出家門，到紅磚青瓦的士林公學校洋式校舍，接受日語的初級教育。

士林公學校位於士林新街大東路往北，距離我家約五、六百公尺，每天上學時走路大約三、五分鐘就到。當時我與一般學童同樣，穿著簡單的台灣衫與短褲子（叫著「水褲仔」），打赤腳徒步上學，日常與同學們玩耍等倒也挺起勁。但是若逢「祭日」（一月一日迎春、二月十一日紀元節（日本建國紀念日）、十一月三日明治節（明治天皇生日）等），同學們多仍舊穿著台灣衫褲、打赤腳上學，我則是整齊裝扮並穿上皮靴，威容登校。同學兒童們見我這般穿著，莫不另眼看待，非常羨慕。我的囝仔心肝則感到很虛榮，人家愈羨慕，我就愈加誇耀自己，得意

地到處走動。

我上一年級時，有男童兩班、女童一班，一班約有四、五十名學生。由於士林從早就被稱為「文人輩出，學風鼎盛」的學問之都，所以比起當時台灣住民子弟的就學率來說，普遍較高，而兒童們在學校中接受「文明教育」，也是受益匪淺。

一年級時我被編入甲班，老師是陳承藩先生，同樣是士林人，家住在大東路橫街。陳老師為人文雅，面貌和藹可親，有點藝術家的浪漫氣質，後來他留學於東京美術學校（今之日本藝術大學），回台後成為台灣早期有名的油畫家。陳老師在東京時，正好我舅父（養父）施振興也在東京學音樂，聽說這兩人同鄉摯友，休暇時屢次同行遊歷京都、奈良等名勝古蹟。另外，士林還出身另一個著名的畫家張萬傳，我從少時就熟悉他。

我在士林公學校雖僅學習一年，但在陳老師教授初級日語之下，因為記憶力還不錯，所以到學年末時，普通的日語會話大體上都已經可以朗朗上口。再加上我每天背著書包回家時，母親差不多都會在門口等著，她迫不及待地督促我複習所學的功課，同時很嚴格的叫我背念日語，直到我把當天所學的都背得流暢無誤以後，才放我過關。我從小就有背念東西的習慣，因此日後不管是學習或作業，都得到不少的幫助與方便。想起來，我必須感謝母親的愛心與督促才是。

第五章 建成小學校

入學典禮那一天，父親親自帶我上學。當我見到父親堂堂正正地與態度客氣的松山主任老師講話時，實在感到相當自豪。我當時心想：今後一定要好好的讀書、學習。

一、日本殖民統治與台灣民族

（一）台灣的資本主義化、近代化（一八九五—一九三〇）

日本帝國主義佔領台灣以後，就開始施行嚴格的殖民地統治政策，其苛刻誅求並不亞於英、法等老帝國主義國家統治印度、安南的情況。但是，日本政府起初派遣來台的日本總督及其屬僚（軍人、警察、官僚、教員、資本家），因為懷著要把日本史上第一處殖民地統治管理得當的企圖，所以能夠抑制私人慾望，將國家的利益視為優先，例如倡導「滅私奉公」、「公私分明」等觀念。因此，就個人層面及日常生活來看，日本人個人對於台灣人個人並沒有顯現出太多的優越感。

日本總督一到台灣，隨即著手於如下所述的殖民地政策，並進行台灣社會的基本建設（infrastructure）：

1. 制定「律令權」（總督不經本國議會，即能發出具有法律效力的命令），採用「特別會計制度」（總督可以與本國的一般會計制度分開，能苛求重稅，並恣意花費財政），且實施「警察政治」，限制「言論自由」，施行「差別教育」、「限制就職機會」等。

2. 確立台灣人的日本國籍，掃蕩中國封建遺制，廢除英法諸國的貿易商權，以及限制台灣人的對外（特別是對中國大陸）貿易與往來等。

3. 設立殖民地銀行「台灣銀行」，做為壟斷

台灣經濟的大本營。

4. 清查戶口，清查土地，確立治安，廢除封建殘餘的「大租」（第一地主）土地所有權。

5. 沒收土地、山林，進行總督府的「資本原始積蓄」（primitive accumulation of capital），重徵土地租稅，發行公債，創辦專賣事業，擴大總督府財政。

6. 整頓水利灌溉，改良稻米品種，發展蓬萊米生產，改良甘蔗生產，創設新式製糖廠，擴張新式製糖業，剝削多種農業生產效果。

7. 敷設鐵路與建設縱貫公路，廣泛設立全島規模的電信、電話等文明設施。

8. 發展近代輕重工業，擴張對日本本國的移出入貿易市場。

9. 建設新式都市、新式教育、新式醫院、新式娛樂場所，設立公園、公會場、電影院等新式公開場所。

10. 建設新式學校（透過日本語，使台灣人取得西洋文明、思想與生活）、新式傳播機關，提升台灣人的初等教育，提高台灣民眾文化、文明水準，培養現代式熟練工等。

這個資本主義化的台灣，一方面受制於日本帝國主義的壟斷，例如：日本政府年年把四、五百萬石（一石等於一百五十公斤，二百五十台斤）的蓬萊米，源源不斷地運回日本享用；但另一方面，以上一連串殖民統治與社會的基本建設，雖然是以日本帝國統治者的利益爲出發點，卻也一併地招來了台灣、台灣人的近現代化（modernization）與資本主義化（capitalization），同時也誘發了台灣民族主義的誕生。台灣、台灣人在昭和年代（一九二〇、三〇年代）所實現的社會現代化與資本主義化，遂讓台灣人的生活水準提高，在亞洲各國中僅次於日本，處於優越的地位。

（二）台灣民族與台灣民族主義崛起

事實上，一般所謂的民族與民族主義，其實均是西洋「民族學」（ethnology，德文Völkerkunde，十九世紀創立）的近現代概念。從人類昔初，「族群」即以１、客觀因素，如（１）血緣、（２）地緣、（３）語言、（４）文化等的共同條件而形成，又或者受到２、歷史過程的影響，以及與３、主觀因素（共同意識、共同感情）有關，而形成

血族（blood relation，德文Kith und Kin）、部族（tribe，德文stamm）、種族（tribe，德文Rasse）等古代「共同社會」（community，德文Gemeinschaft）。

然而，發展到十五、六世紀之後，因爲封建制度的衰亡，以及社會的資本主義化、近代化茁壯發展的影響所及，進而更加上了如（5）政治的共同命運（被統治、被壓迫）與（6）經濟的共同利益（被掠奪、被剝削）兩大因素，而更進一步地形成了所謂的近現代社會，就是「民族」（nation，德文Völk）。

「民族主義」（Nationalism，德文Nationalismus），一般被定義爲：「有志於自己民族的解放、統一、獨立及發展的理念（ideology，德文Ideologie）與行動（action，德文Verhalten）。」民族主義具有兩面性格，一方面乃是自己民族的自由、獨立、進步與解放的種種特質，另一方面則是對他民族的侵略與抑壓的特質。例如：西歐的資本帝國主義，或是蘇聯、中共的共產帝國主義等，它們對於殖民地的侵佔，抑壓弱小民族的侵略行動等等，都是屬於後者；而亞、非、拉丁美洲等地的殖民地住民，要求殖民地解放的民族獨立思想與行動，則是屬於進步、解放的民族主義。

事實上，中華民族主義在八年抗戰的過程中，也是屬於解放的、進步的民族主義；然而第二次世界大戰之後，卻相繼發生侵佔台灣、大屠殺西藏民族及中國境內的諸多弱小民族等行爲，而逐漸演變成爲侵略的、抑壓的民族主義。

台灣的史前時代，乃是由最初的主人——馬來印尼原始族（或稱南島民族、南島語族）的社會所組成。直到有史以來的四百年間，台灣才在外來侵略者荷蘭、明鄭、滿清漢人官僚、日本帝國主義及蔣家・中國國民黨・中華民國的統治之下，成爲了任人宰割的殖民地社會。然而，台灣人代代祖先（漢人系台灣人與原住民系台灣人）所致力的：1、物質建設（移民、開拓、資本主義化、近代化），以及2、精神建設（反紅毛番仔、反唐山、反日帝狗仔及反中國芋仔），使得台灣人逐漸累積，生成了「出頭天做主人」的志氣與傳統，進而把原本是叢林曠野的台灣，變成今日的豐收大地，以及僅次於日本的高度工業社會，也逐漸地產生了「台灣民族」與「台灣民族主義」。

二、建成小學校

就在上述的台灣社會狀況與時代形勢之下，九歲的我在一九二六年轉了學，從士林公學校一年級，轉進日本學生佔絕對多數的台北市立「建成小學校」，開始與日本人孩子一起「共學」。

一般來說，小學校是家庭比較富裕的台灣人子弟，通過較難的考試以後，才能就讀的學校。從我的年齡來看，本來應該是上二年級，但校方卻把我編入一年級，以致我的小學生涯比別人多讀一年。台灣囝仔進小學校前，需要通過筆試與口試，然後再審查家庭狀況。我後來才知道：因爲我父親有激烈的反日言論，所以總督府在審查我的家庭背景時另有考量，影響到我進入小學校的機會。但是，當時建成小學校的後藤校長看我的考試成績還不錯，爲了不耽誤小孩子的前途，所以才以降一年級的方式，來緩和執政當局的反對，讓我得以進入建成小學校就讀。也就是說，我是因爲有母親的管教，以及後藤校長的愛護，才能夠突破殖民統治下差別教育政策的限制與枷鎖。

建成小學校校長後藤止先生是一個有教育品格的人格教育家，他平常在學校都是以很溫和的態度來對待小學生；小學校的教師都是日本人，也都是篤實、正直的好老師。建成小學校是專爲教育日本囝仔而成立的，所以他們入學時都不需要考試，全校男女學生共有一千二、三百人；其中，台灣囝仔只有三、四十個人左右（每年級平均只有四、五個人），算是極少數。

不用說，小學校的教育程度自然是高於公學校一級，所以未來要突破中學考試的難關，也相對較容易。不過，以我當時的頭腦來看，我往後之所以能考進台灣第一流的中學「台北一中」（今之建國中學前身），母親用盡心力讓我讀日本人的建成小學校，無疑是相當關鍵的一個決定。

母親一心希望我讀日本人學校的原因，主要還是出自於母愛，以及希望我能夠進入最好的教育體系，以便日後能夠順利做醫生，光宗耀祖。這種想法無疑是當時台灣中上流家庭普遍的理想。事實上，不但母親做如是想，連當時還是囝仔的我，對於自己能夠突破難關，進入日本人學校就讀，也總覺得自己眞的高人一等，因而顯得志得意滿。

母親對我能進入小學校就讀當然很開心，隨

即帶我到台北市「城內」（日本人居住的行政中心，即「台北城」內）榮町（今之衡陽路）的新高堂（日治時最大的書店，今之「東方書局」）買小學讀本，然後再到隔壁的吳服店（日本衣服店）買小學生制服。

入學典禮那一天，父親親自帶我上學。當我見到父親堂堂正正地與態度客氣的松山主任老師講話時，實在感到相當自豪。我當時心想：今後一定要好好的讀書、學習。

建成小學校位於淡水線的「大正街」（今之長安西路）車站旁，舊校跡到中華民國時代變成了台北市政府的舊址。台北市在日本統治時代分成了三個生活圈：日本人住「城內區」（滿清．劉銘傳時代的台灣省行政中心），台灣人則聚居於南北兩邊的「艋舺區」（萬華）與「大稻埕區」。大正街位於台北市的東北角，是城內與大稻埕的交接處，住宅街道則有大正町（七條通）與御成町（七條通），都被日本官員佔爲「官舍」；大正町尾則有日本人專用的墓地「三板橋」。

我每天都從士林火車站坐「淡水線」的五分仔車，經過宮下、圓山、雙連各站，十幾分鐘後便到大正街車站，下車後再步行兩分鐘，即抵達建成小學校。

我進建成小學校那一年，台灣囝仔的同學有甲組的李復禮、林永芳（林木土的次子）、吳幼聰，乙組的彭明輝、林永茂（林木土的長子）。李復禮後來與我同時進入「台北一中」，畢業後再入「台北帝國大學」的醫學部進修，成爲台灣第一位醫學博士杜聰明的高材生（杜聰明當時有兩個優秀的學徒，一個是李鎮源，再一個就是李復禮，被稱爲「大李小李」），後來成爲台美兩地著名的「醫學研究家」，於洛杉磯去世。彭明輝則是獨立運動家彭明敏的二哥，他肄業於日本「慶應大學」的醫學部，後來因爲疾病纏身，才返台就任姐夫經營的、台灣數一數二的貿易公司「廣合洋行」的總經理（已過世）。李、彭兩人都是認眞念書、不管閒事的讀書人，也都是我的好同學。

士林街早就以「山明水秀，地靈人傑」著稱，在我小學時，此地計有四、五個小學生，分別於台北市的五個小學校讀書，與我同年齡的就有潘迺禎與郭秀琮，兩人都念「樺山小學校」，後來也成爲了我在台北一中的同學。潘迺禎出身於士林新街的世家，從小文化水準就高，台灣意識強，更寫得一

手好文章。他自「台北帝國大學醫學部」畢業後，在終戰的第二年，因罹患惡性傷寒症而猝然早逝。郭秀琮也畢業自「台北帝國大學醫學部」，他在終戰後，爲了反抗蔣家國民黨虐政，參與共產黨員蔡孝乾在台灣的擴大組織工作，竟遭蔣家特務殺害。

建成小學、台北一中的同學彭明輝（右一，右二為史明），攝於一九九六年

建成小學同學岡本

順帶一提，蔡孝乾是彰化人，是唯一參加中共「長征」（一九三四—三五）的台灣人。八年抗戰時，他在延安擔任中共黨中央候補中委兼八路軍的總政治部（主任任弼時）敵工部長，戰後密航返台，做「中共台灣省工作委員會」領導人，領導中共在台灣的地下工作。一九五〇年，其地下組織遭蔣家特務一網打盡，他獨自倒戈，成爲蔣家國防部情報局長葉翔之的少將特務幫手。

話說回來，小學六年期間，我被編入第二十六學級（甲組），主任老師是松山利治先生，他是日本四國愛媛縣的松山市人，年約三十餘歲。松山先生與一般日本教員一樣，夏天穿白色的制服，冬天

則穿黑色，衣著樸素，頗具威嚴。他為人誠實，言行一致，個性耿直、公道，且擁有年輕人的氣質，但也有些日本軍人的硬骨頭與偏執。

松山先生喜歡在講義中提倡「忠君愛國」，強調「滅私奉公」等等的武士道精神，他也常提及當兵時在軍隊中的種種生活，像是遵守規律與服從命令等（每到此時，他的態度就會變得非常嚴肅，令學生們都緊張得喘不過氣來），是一個典型的日本人。但是，松山老師並沒有刻意歧視我們台灣囝仔，大體上，對待台灣囝仔與日本同學的態度十分公平。

我小時候原本很怕所謂「日本臭狗仔」（日本警察），因為母親常說：若是我不聽話，就要叫臭警察仔來打（這種說法當時在台灣家庭很普遍）。但是等到我念小學時，因為松山老師無論對台灣囝仔或日本囝仔，都以嚴格但溫和的態度來對待，所以我才逐漸去掉對日本臭狗仔的恐懼心理，慢慢能夠自然、安靜的上學，與他們和平相處。

說起來，上小學校是我頭一次有機會與日本人接觸。日本同學幾乎都是單純幼稚的囝仔子，與

建成小學校時期（最前排右六松山先生、右七校長，第二排右五李復禮，第四排右四松見繁司、左三松崎恒夫，最後排右六穿黑衣者為史明）

我差不多年齡，天天穿同樣的制服與運動靴上學。不同的地方是，他們都會在腰帶夾一條白色的西洋式手帕（handkerchief），相當地醒目（be striking）。他們就似有錢家庭出身的子弟，天眞浪漫，很明朗但也很輕率，平日與我們台灣囝仔相處，也是說說笑笑，調皮活潑，有時候也會互相交換便當小菜，一起吃午飯。然而日子久了，大家熟悉了以後，相處過程有時也會打起架來，那個時候我也會罵他們「臭狗仔」，他們則會喊叫「馬鹿野郎」（混蛋）。不過，總歸是囝仔事，過一會兒就又和好起來，又說又笑。在學校中，我從來沒有被罵過「清國奴」，不過這種情況聽說在鄉村地方常有，台灣囝仔據說常如此被日本孩子欺侮。

我初上小學校時很緊張，尤其天天與日本人在一起，感覺與家中的氣氛截然不同，讓我壓力很大，甚至於有些畏懼、怯懦。日本同學的生活條件都比我好，穿著走動也更顯得時髦與豪華。然而，如同上面所說，我因爲感受不到老師、同學的刻意區別，也沒有受到欺負，更加上我在念書方面比他們佔上風，所以很快就加入了他們的行列。

三、「小動物」慢慢抬起頭來

當時我在家中時常傾聽父親與叔伯們激烈的抗日言論，有時大家罵日本人爲「臭狗仔」，我也會在一旁附和。然而，當我進入小學校後，卻也毫無遲疑的與日本人老師、同學們一起升日本國旗，唱日本國歌，並像在「公學校」時那樣，喊叫著「大日本帝國萬歲」、「日本天皇萬歲」，沒有感覺到任何的矛盾。等到我大學階段思想啓發之後，回想起童年的情況，才覺得汗顏。

小學校的六年期間，在全是日本人同學的環境中，我們台灣學生倒也能奮發向上，所以功課成績大體上都名列前茅。李復禮、彭明輝如此，我也不落人後。尤其是我有母親的熱心管教，所以在班上都可以考進前五名，舉凡國語（日語）、算術、日本地理、日本歷史及生物理科等科目，每次考試都能取得優等的甲級點數。我的繪畫也不錯，音樂方面則因爲有振興阿舅教唱童歌的底子，所以在全班也是數一數二的。我在四年級時，還曾有一次被派到「台北廣播電台」唱童歌，我到現在還記得其中的歌詞片段：「夕べ見た見た初夢は，朝の朝日に

照らされて……」（昨夜做的初夢是，受早上太陽的燄光照射之下……）但是在「修身」課程上，卻因爲我當時正處在新、舊兩種教育的對立交接期間，講話與行動都猶豫不前、不夠積極，所以不能拿好的點數。另外，我雖然喜歡賽跑等個人運動，但是在日本人學校所注重的野球、排球等集體運動上，表現得只能算差強人意，在「體操」的點數也被大打折扣。

當時學校在上生物課時，老師要我們在家裡餵生物，並觀察其生態。所以我回家後，就到「農藝試驗場」的小溝裡撈了一尾十多公分長的鯽魚，養在水桶裡。每天一早起床後，就把魚從水桶裡撈出來，量一量長大了多少。老祖母看了便笑哈哈的說：「阿暉仔眞是憨大呆，一個月量一次都還看不出長大了多少呢？」學校老師則形容我過於「正直」（憨直）。

除了學校功課以外，我對新鮮的東西也非常感興趣，經常在閒暇之餘或晚上睡覺前，認眞地看《兒童文庫》、《童話》、《童謠》等兒童文集，尤其每逢出刊日，更是迫不及待地跑到書店買《幼年俱樂部》、《少年俱樂部》等月刊，讀得快樂起勁。這種閱讀課外書籍的習慣，導致我後來喜歡親近各種小說、詩歌等等，對我的人格塑造有不小的幫助。

學校下課以後，我還常到士林公學校的運動場，與住士林的中、小學生一起練體育。我的跳高跳得比別人好，小學六年級曾參加在圓山運動場舉行的「台北市小學聯合運動會」（共有六間小學校參加），我做爲建成小學校的跳高選手，以一米三五的紀錄獲得冠軍，那時我所嚐到的光榮滋味，到現在也還記憶猶新。

我進入小學校以後，老祖母在家仍然教我「做人」要有志氣、要慷慨大方；母親則嚴格教育「道德」、「禮貌」；開明的父親教我「社會」；玉英姑的細膩溫柔教我「情誼」。在小學校受到新文明新教育的薰陶，使我的智慧初開，我好似一向被管制的「小動物」，慢慢抬起頭來，動手動腳地開始「自己活動」。不過這樣一來，我對家裡的封建思想與舊習慣就感覺到很狹窄、很受束縛。因此，以前是絕對聽話的乖囝仔，這時突然「反形」（hóan-hêng），變成隱瞞欺騙母親的「大人囝仔」，常以

建成小學校同學會（後排右二為史明）

學校功課的要求爲藉口，頻繁地離家往外跑，到處玩耍。例如，到芝山岩前面的雙溪下游釣魚，到草山（今之陽明山）捉蝴蝶，到附近的稻田抓水雞、釣毛蟹仔、撿田螺。除此之外，也常到「士林農藝試驗場」（戰後被蔣介石、宋美齡佔據）吃水果、撈魚，以及繪畫等等。這些偷偷摸摸所做的活動，倒使我獲得了許多接觸大自然的寶貴經驗。另外，小學校一年有二、三次，會集體帶學生到西門町的第一世界影戲館看電影。

這個時期，不但我身上起了變化，家裡也發生巨變。我從姓林變成姓施，舅父（養父）去世，老祖母與阿妗打起官司。而不斷吸收新知識的父親，與學習舊禮教的母親愈來愈沒有交集，夫婦感情也變得疏離。由於父親在家中較沒有地位，也導致他的生活日趨放蕩，每天下班後就到大稻埕太平町（今之延平北路、南京西路口）的「エルテル」（今之「黑美人」）酒家花天酒地。

父親幾乎都到半夜二、三點才酒醉回家，每次也都會被母親拒於門外，不給他開門。這時父親就會在外頭喊著：「阿暉仔來開門哦！」母親也總是不准我去開，往往讓我夾在他們兩個人中間，左右

爲難。有時候兩人吵完架以後，父親乾脆索性逃到台北去，幾天都不回士林。那時候母親就會要我去找父親，我就到「エルテル」跟父親回來，才終於結束了一場鬧劇。

早期台灣婦人生產時，都請產婆來家中接生，古早有句話：「生得過雞酒香，生不過四塊板」，足見生產時的危險。母親生我時，因爲難產，就託有名的產婆楊梅歐巴桑，特地去邀請著名日本人婦產科醫師「迎諧」（「台北醫院」婦產科主任教授）來家裡接生，才終於平安的生下我。由於我是長子，母親生我的過程又驚險萬分，再加上我事事總違逆她的期盼，所以她從我小時候就經常氣憤地罵我是「不孝子」。

我在飯前飯後都很喜歡吃「四秀仔」（si-siù-á 零食），早上起來喝杏仁茶、吃「油車粿」（油條），午後從學校回來就向老祖母討三、五分錢，跑到媽祖廟口買零食吃，廟口賣零食的攤子很多，有凹阿粿（碗粿）、油粿、燒肉圓、冬粉湯、炸尤魚（魷魚），以及土豆糖、貢糖等等，應有盡有。夏天時有米苔目、粳仔粿、愛玉、仙草冰；冬天晚上吃燒肉粽、攤仔麵，都是一至三分錢就能買一份。我因爲吃得多，被家人笑稱是「餓鬼暉仔」。中學時，我的活動領域已不只在士林市場，也跑到台北永樂町食雞捲，圓環吃滷肉飯、炒米粉，御成町市場吃壽司，南門市場吃沙西米，這樣的大吃及重吃，一輩子沒改變，現在和敏紅及阿忠一起吃飯，我總是吃得比他們年輕人還多。

現在我還記得，幼時我在吃東西時，總愛叫其他人（妹妹、弟弟等）過來一起吃。老祖母看我很熱情，就會在一旁跟我說：「阿暉仔，你自己吃吧！Tú-hó chiū-hó（適可而止），弟妹、朋友總無情的。」

四、民族意識的啓蒙

在我小學五、六年級時（一九二〇年代末），日本人的生活方式漸漸地傳進台灣，上、中流家庭都增設「榻榻米」的房間，吃飯時也增加味噌湯、沢庵（醃黃蘿蔔）等日式家常菜；很多年輕人在夏天時也喜歡穿著浴衣（日本單衣）。如果要吃日本的佳餚好菜，一家人就往台北城內的「新起町」（西門町）去吃蒲燒（鰻魚飯）、すし（壽司）、さしみ

（生魚片）、すきやき（牛肉壽喜燒）等好吃的日本料理。

在日本帝國主義侵台的第二階段（一九二〇年代），總督府雖然已經施行了將近三十年的新式教育，帶給台灣近代的文明與生產技術，促成了台灣社會邁向近代化與資本主義化的成果；但是另一方面，其殖民統治，以及掠奪、剝削、不平等待遇的政策，也同時讓台灣人深刻地感覺到忿忿不平。根據一九二六年的統計，台灣人人口增爲四百萬人，至於在台灣的日本人則約有二十萬人。此時，出身自台灣人地主資產階級的知識青年，也就在反對殖民統治運動的世界怒濤衝擊之下，在辜顯榮等買辦御用紳士的萬般阻撓中，揭起「台灣民族主義」的旗幟，開始進行反對日本帝國主義的鬥爭，向一般的台灣大眾進行政治上的啓蒙運動。

那時我也受到父親本身的抗日氣息所影響，時常到士林媽祖廟的廟埕，認眞地聽由台灣文化協會所舉行的「時局報告演講會」（根據記錄，一九二三至二六年，全島共開過七百九十八次演講會）。當時我的思想尙幼稚模糊，只是像看熱鬧似的，跟著父親與那些演講員（父親的知友）見面，感覺到很光榮。每逢演講員與聽眾意氣高昂時，我也會跟著興奮起來，然後再看到演講員因爲說到總督府摧殘台灣人權益的種種惡行，進而遭到臨檢的日本警察喊「停止演講」，甚至於把演講者帶走時，我也毫不遲疑地跟著父親與上百的聽眾們，跟隨日本警察走到「士林警察支廳」，口中叫喊著：「警察無理，食人太過」來示威抗議。日本警察們看我們一群人來勢洶洶，所以也不敢胡亂來，過了一、二個小時以後，也就釋放了被他們扣留在警局的演講員。當時年幼的我，親眼看到這些熱血沸騰的緊張場面，囝仔心也受到了不小的激動與鼓勵。

一九二三年，那些與我父親有深交的鬥士們，如蔣渭水、林呈祿、陳逢源、石煥長、蔡先於等，一一遭到逮捕（治警事件）；一九二七年「台灣文化協會」分裂，「台灣議會期成同盟會」也遭鎭壓；繼之，蔣渭水在高雄領導工人罷工以後，於一九三一年去世，而「台灣民眾黨」也宣告解散；一九三七年「台灣地方自治聯盟」（楊肇嘉主持）被迫解散。這些接踵而來的抗日運動，雖然都一一遭到壓制撲滅，但對於我日後的思想覺醒都有很大的

建成小學同學會（後排左二為史明），一九九三年東京西池袋新珍味三樓

啓蒙與影響。

當時的「台灣農民組合」（簡吉、趙港等等），在農民大眾武力鬥爭時發揮了領導作用，一九二七至二八年兩年間，爆發的「農民爭議」據報多達四百二十件。但是，此時「台灣共產黨」在台灣社會中卻被視為洪水猛獸，一般的台灣人也沒有機會知道「共產主義」是什麼物件。我記得我也是在偶然間，聽到《台灣新民報》報導謝雪紅等幾十人被捕的新聞（一九三一），才知道原來有「共產黨」這個名詞。

再來就是聽到埔里發生了轟動一時的「霧社事件」（一九三〇），強悍的「高砂族」同胞殺了二百多個日本人，後來則據聞日本軍隊在深山裡使用毒氣瓦斯，做報復性的大屠殺（一九三〇）。翌年（一九三一），則由新聞報導中得知滿洲爆發了「九一八事變」。

第六章　台北第一中學校

幼年時在蔣渭水的大安醫院玩耍、小時候在士林廟裡聽文化協會演講，以及親眼瞻仰林獻堂、林呈祿、陳逢源等抗日志士的昔日往事，已逐漸在我身體上發酵醞釀，讓我在小學校時還沒有感受到的「反日意識」，在北一中的階段逐漸顯現出來，我因而成為北一中的「硬派」台灣人學生。

一、進入日本人的「北一中」

一九三二年，十五歲的我從建成小學校畢業後，隨即考進「北一中」。北一中是「台北州立台北第一中學校」的簡稱，當時這所學校是全日本數一數二的一流日本人中等學校，必須讀五年才能畢業。

那年，台灣的總人口數是四百九十三萬人，其中，在台日本人有二十五萬人，該年報考「北一中」的日本人學生共有一千多人，多是來自台灣各地的日本大官或日本大企業家等的子弟，考上二百餘人；台灣人子弟應考的則超過百人，共有九人考上。

我小學校六年級時，母親請來了《台灣新民報》的名記者許炎亭，做我的課外補習老師；就這樣，經過一番的專心苦讀，最終才能突破難關考進北一中。我當時能夠念北一中，著實感到心滿意足，十分榮耀。

北一中是在一八九九年以「台灣總督府國語學校第四附屬學校」的名稱創立的，當時它主要是招收來自日本本國的日本人，並傳授他們「土語」，也就是台灣的福佬話，學習三年以後，才分發到台灣的公私立機關做行政人員。後來，總督府為了加強在台日本人子弟的中等教育，台灣總督府

昔日的台北第一中學校

第四任民政長官後藤新平（一八九八—一九〇六在職），特別傾注總督府的財力與人力，自一九〇七年開始，在原址設立了師資與設備俱全、近代式紅磚大樓的「台灣總督府中學校」。等到一九二二年總督府修改「台灣學制」以後，才再將該校改稱爲「台北州立台北第一中學校」。

北一中過去培養出的日本人，人材濟濟，在日本本國或台灣都有不少著名的學者、企業家及政府官員。一九二三年，總督府爲了實行所謂「一視同仁」的政策，開始允許台灣人子弟進入北一中念書，但是實際上仍然存在著差別性的教育政策。好比說，每年能考進北一中的台灣人子弟寥寥無幾，一九二三年第一次考進北一中的台灣人學生只有一人；其後，每年招收的日本人學生漸漸增加爲二百餘人，但台灣人學生的人數卻都不超過十人。

多年來，北部的台灣人子弟若要念中學，都是進入「台北州立台北第二中學校」；台南市也是一樣，「台南一中」是日

本人念的中學校，「台南二中」則是台灣人念的中學校。可是台中市又與台北、台南不同，由於中部的台灣人家長們對於總督府的差別教育政策很憤懣，遂由林獻堂等台中富豪出面籌資，準備自力創設「私立台中中學校」。然而，總督府認爲此舉對他們統治台灣有所不利，便把這間即將爲台灣人所創立的私立中學校，接收爲官辦的「公立台中中學校」，後來又改稱爲「台中州立台中第一中學校」，其中大部分的學生都是台灣人子弟；後來，總督府才再另外設立了「台中州立台中第二中學校」，以招收居住在台中地方的日本人子弟。

台北第一中學校正門

台北第一中學校全景

二、以日文讀漢文

北一中從一年級開始，分爲甲、乙、丙、丁四個學級。我從一年級就配屬於甲學級。因爲我的身材高大，所以排隊時都排在甲學級的一、二番。

北一中的教官當然全是由日本人老師擔任，他們的職等是高等官或判任官，等於薦任官或委任官，如果不是大學畢業生，就是等同於大學畢業的資格，都屬一流大學出身的學者教師。譬如羽生功（教英文，東京帝國大學畢業）、寺西正衛（教英文，大阪外語學校畢業）、藤下理周（教數學，日本物理學校畢業）、古屋員安（教歷史，東京帝國大學畢業）、阿部喜三雄（教國文，東京帝國大學畢業）、井島六助（教國文、漢文，東京高等師範學校畢業）、山崎雄造（教物理化學，日本物理學校畢業）、鹽月善吉（又名「桃甫」，教繪畫，東京美術學校畢業）等，都是學術精良的高級知識份子。

我還記得寺西老師教我們一年級英文時，天天叫我們用單語卡暗記英文單語。古屋老師教西洋史，叫我們要暗記大記事的年號。井島老師則督促我們背念日本文言文（古文）的歷史小說《平家物語》或以日語吟誦漢詩，譬如：

祇園精舎(ぎおんしょうじゃ)の鐘(かね)の声(おと)	祇園精舍之鐘聲
諸行無常(しょぎょうむじょう)の響(ひびき)あり	響亮著諸行無常
沙羅双樹(さらそうじゅ)の花(はな)の色(いろ)	沙羅雙樹之花色
盛者必衰(せいじゃひっすい)の理(ことわり)を顯(あらわ)す	盛者必衰理明也
奢(おご)れる人(ひと)も久(ひさ)しからず	驕奢者必不持久
只春(ただはる)の夜(よ)の夢(ゆめ)の如(ごと)し	恰似春宵之一夢
猛(たけ)き者(もの)も遂(つひ)には亡(ほろ)びぬ	猛戾者勢將滅亡
偏(ひとえ)に風(かぜ)の前(まえ)の塵(ほこり)に同(おな)じ	一如風中之塵埃

除此之外，井島老師也教我們以日本語讀陶淵明的〈歸去來兮〉等等的漢文。油畫家鹽月老師則屢次帶我們出校門，到學校對面的植物園做野外寫生。北一中的老師們，大多有所謂的「西洋派頭」，具有自由主義的傾向，即所謂「大正民主主義時代」的風味，不論在思想或態度上都頗爲開明。他們對於少數者的台灣人學生，雖然沒有特別

的看顧，但是比起小學校老師還更為平易近人，使我們不覺得有什麼樣的差別。

台北第一中學校諸教師

三、魔鬼教官的啓示

讀過北一中的學生，當然忘不了這所學校極為嚴格的軍事訓練。尤其當時日本的軍國思想正在勃興，所以有關軍事方面的訓練也就特別地注重。

當時日本人普遍認為軍隊很嚴肅，是日本天皇的「子弟兵」，所以每個軍人都得以忠貞、懇摯的態度，日日服膺於操練工作；操練時也要特別以「質實剛健」、「滅私奉公」為圭臬，必須做到「嚴守紀律」、「服從命令」的地步。北一中遵循的，就是這種所謂的「軍人精神」，每週都得操練四小時，從訓練的初期就要求學生的姿勢要筆直，動作要敏捷，發聲要響亮，行動要飽滿，而且一切都得聽從指揮。

我們一年級時的軍事訓練教官名叫瀨古喜三郎，他是下士官退役的在鄉軍人，言行端正，為人堅實，綽號「カタパン」（硬麵包，意指他咬不碎）。他的訓練方法很嚴格，但也很具體，他總是把全班學生逐一從行列中叫出來，個別且具體地教授各種動作。若有學生做得不夠標準，他馬上以動作模仿你的缺點給你看；並且要求我們在矯正之後，得重

複做到熟練爲止。因此，我們光是立正與休息、起步與立定、正步與跑步、個別行動與集體行軍等基本動作，就訓練了一整個年級。

瀨古老師在教練時雖然很嚴格，但是他的態度認眞，說話大聲又很乾脆簡捷，所以在學生中的人氣還算不錯。一年級快結束時，無論天氣是大雨天或大太陽，他都經常把學生們帶出去校外做「強行軍」的訓練，往往走到三張犁或士林芝山岩，甚至於遠足到淡水海岸等地，弄得大家全身勞累不堪。

起先我在接受這種綁手綁腳的嚴酷軍事訓練時，心理上很驚慌，因爲我從小在家中就被整得很充份了，進入北一中又遭到料想不到的「斯巴達式」訓練，眞的是暈頭轉向，幾乎應付不過來。然而不管如何，不僅是日本人同學，連台灣人同學也一樣，都拚命地聽從指揮，緊張萬分的隨口號操演。所以，我雖然在內心感覺到很苦悶，但也還算跟得上進度。於是，這樣一日過一日，在不知不覺之中，我如附驥尾似地也漸漸習慣跟著別人的動作行動了。不過現在回想起來，北一中時代感覺到痛苦的軍事操練，對我以後的生活習慣有著不小的影響，使我這輩子較能尊重規則或遵守時間等等。

二年級時的軍事教官是中尉退伍的金井眞六老師，他與別的教官不同，動作有如老人似的溫和柔善，言行寡默，以慈父的態度指導學生，所以學生對他都很親近。他諄諄不倦的教導學生，使學生學得持槍的基本動作，能夠標準地完成揹槍與開槍，以及臥倒開槍、匍匐前進等動作。同時，他也帶領我們整隊到北一中後面的「練兵場」去做戰鬥演習。

到了三、四年級時，擔任軍事教練的是大尉（上尉）退伍軍人新沼佐助教官，他教練的嚴格度是瀨古教官的好幾倍，以「オニ教官」（魔鬼教官）聞名於全島各中學。他在北一中的綽號便叫做「サスケ」（Sasuke，日本傳說有個忍者名叫「猿飛佐助」，能飛簷走壁）。

新沼教官的軍事教練是態度緊促，口令響亮，訓練特別嚴謹。他在操場上發出號令，要求學生必須精神集中、步伐整齊、姿勢筆直、動作敏捷，不然就一定會叫你一次又一次的重複練習，直到達到標準爲止。這種要求對學生來說，無疑是最受不了的事，所以大家在等待操練時，總是面容緊張、整裝立正，一個口令一個動作。新沼教官這兩年所教

授的，是持槍、揹槍，以及如班、小隊、中隊的隊型與戰鬥，還有關於操縱輕機槍等等的中級軍事動作。

「サスケ」是道道地地的日本軍人，腦筋裡充滿了武士道精神，每次一開口就是「精神一統」、「忠君愛國」等詞彙。但是，他在另一方面卻是態度直率、說話簡潔、主張一貫的人，所以學生們對他並不太反感。

不過，在我四年級的夏天，這個讓人害怕的「オニ教官・サスケ」，卻讓我有一次相當意外的經驗。我記得：那天剛好是吃過午飯的時候，我們在豔陽高照的運動場中，在「サスケ」指揮下正揹槍進行團體繞場跑步的操練。我因酷陽高照而體力不支，突然跌倒在地上（日本話叫「日射病」，台灣福佬話叫「得痧」，也就是「中暑」），頭暈目眩地在地上遲遲爬不起來。魔鬼教官サスケ一看見，立刻停止操練，緊急地跑到教官室拿一杯不知是什麼的藥水，叫我一口喝下（後來才知道是濃度很高的威士忌）。不可思議的是，我在喝了這杯威士忌之後，發了一身汗，過沒多久就意識清醒，自己站了起來。原本我打算和同班同學繼續跑步的訓練，然而新沼教官眼看我的動作有些狼狽，便嘴角含笑地說：「喂，施！去樹下坐坐，休息一下！」然後，便指揮同學們繼續跑步。

事後我推想：嚴厲的サスケ爲什麼會如此柔和親切地對待我？想來想去，只好想成：這大概就是他所拳拳服膺、所謂的「武士道」吧！

我也還記得：北一中三年級以上，春、秋兩季都得行軍到松山的三張犁打靶。全級學生還要一年一度集體遠赴新竹的「湖口練兵場」住宿一個禮拜，長期訓練射擊、刺殺、投手榴彈，以及

「窮兵黷武」的台北一中魔鬼教官——新沼佐助

偵察、宿營、戰鬥、防禦、夜間演習等軍事作戰行動，反映了當時日益緊張的國際氣氛。然而到晚上，演習終了，大家一起休息時，好似忘掉了一天的疲勞，大夥兒一起談天、唱歌或唱戲，不想睡覺，親密的如同一家人。這是我們一輩子難忘的美好回憶。

一九三一年「九一八事變」爆發，日本帝國主義發動了對中國大陸的侵略戰爭。因此從一九三五年起，便在台灣實施戰時教育，如全島實行很逼眞的防空訓練「防空演習」。關於這類型的軍事行動，北一中尤其熱衷，譬如我們在學校內便常常做

台北一中軍事教練

如下的防空訓練：在炎熱的夏天晚上，將全校學生關在一間熄燈且關上窗戶的教室當中，並在黑暗的教室裡發射「催淚彈」；「催淚彈」一發射，學生們便因吸入催淚瓦斯而淚流滿面、嗓子嗄啞，人人驚慌不已，在教室裡不安地頻頻騷動；經過一會兒後，教官才打開一扇小門，讓大家逃到運動場喘氣歇息。後來教官說：這是爲了訓練戰時的「持久戰」所做的準備。

然而，在「窮兵黷武」的北一中軍事操練裡，卻顯示了校方對於台灣人學生唯一的差別待遇，就是不讓台灣人學生擔任具有指揮權的小隊長或中隊長。他們的藉口是：台灣人沒有「兵役」，所以不必當兵。

四、軟派與硬派

我進入北一中時，全校共有一千餘位學生，其中日本人佔壓倒性多數，台灣人學生則不出五十人。日本人同學大多是大官僚或大企業家的子弟，常聽到他們的父親是總督府局長或高等法院的院長，或者是台北醫學專門學校的校長等等。他們日

本人學生受過較高的近代文明薰陶，思想開放，生活水準當然高於一般的台灣大眾。雖然他們很有個人主張，態度矜持，但是對台灣人同學的態度，一般而言並沒有什麼歧視，大家也沒有感覺到什麼隔閡，普遍都以「喂！平野」、「喂！上運天」，或「喂！施」、「喂！郭」的方式隨意地接觸聊天。不過，有時候同學之間也會因爲談論激烈，以致於互相叫罵「馬鹿野郎」（混蛋）等惡言穢語。但是，互罵不一定就會交惡，像我便沒遇過他們罵我「清國奴」，只是常聽到他們叫台灣人短工、勞動傭人爲「leaa」（你也）。當然，那種稱呼方式帶有一些輕視他人的優越感，有時還會聽到他們叫中國人爲「支那人」或「清國奴」。

考進北一中的台灣人，都屬於台灣社會中上階層的子弟。北一中的台灣人學生，差不多都分爲「軟派」與「硬派」。軟派台灣人爲人順良，溫和友善，他們大多服從家庭而立志要做醫生，而且有死讀書的傾向，對於日本人同學也較逢迎。他們想當醫生，主要並不是要懸壺濟世，大多只是爲了生活安定，希望日子能夠好過，有機會可以娶有錢人家的女子做老婆，進入上流社會。正因爲台灣是

台北一中同學會（前排右三為史明）

日本統治下的殖民地，謀職多受限制，階級流動的機會也頗為有限，所以台灣人家庭不論上下階層，對於醫生這個行業都相當欣羨，很多父母都期盼孩子能夠進入台灣唯一的台北醫學專門學校，因此，考上這所學校的台灣人學生，往往多過日本人學生。

當時的我，雖然還不清楚這輩子要做什麼，奮鬥的目標又是什麼，但看到同學們如此欣羨醫生這項職業，反而就愈加不想做醫生。這種情緒反映了我當時萌芽中的「台灣意識」與「反日意識」，也讓我成了「硬派」的台灣人學生。我自小就從父親那裡，以及那些擔任抗日運動領袖的阿伯、阿叔身上，感染了所謂的「抗日」氣息，進而比起其他的台灣少年人，懷著更多粗糙的「台灣人」情感。

台北一中同學彭明輝（左）

記得我剛進入北一中時，恰巧聽到有個叫陳根火的前輩（台北市大稻埕大橋頭人，後來又成為我在早稻田大學政治經濟學部的三年先輩，我在一九九三年回台後，他很維護我主張的台灣民族主義，一九九九年元月去世），他就讀北一中時因為批判日軍侵略中國東北（滿洲），於一九三一年遭到校方勒令退學。他這般的熱情與勇氣，對我的刺激很大，也讓我對台灣的感情更加滋長（他的長子陳永宗，台灣人意識強，贊同台灣民族獨立建國，大力協助「獨立台灣會」）。小時候老祖母說過的那些抗日戰役，例如大屯山抗日領袖簡大獅為了準備圍攻台北城，預先在觀音山頂起狼火、發信號；林少貓在高雄大打日軍；以及「噍吧哖」（今之台南市玉井，一九一五）起事的台灣農民遭到大規模殺害等等；這些抗日英雄悲慘犧牲的事跡，此刻再度浮現在我腦海。另外，幼年時在蔣渭水的大安醫院玩耍、小時候在士林廟裡聽文化協會演講，以及親眼瞻仰林獻堂、林呈祿、陳逢源等抗日志士的昔日往事，已逐漸在我身體上發酵醞釀，讓我在小

學校時還沒有感受到的「反日意識」，在北一中的階段逐漸顯現出來，我因而成爲北一中的「硬派」台灣人學生。

因爲我是硬派，所以經常爲了芝麻小事而屢屢與日本人同學惹起口舌。不過，其實我並不是感覺到他們有什麼優越感，只是我對當時同班裡的一些日本人不良學生（如不尾、牛尾、吉田等人）感到反感，才會吵起架來。例如，大家在酷熱的夏天接受軍事訓練，散會後都爭先恐後的跑到自來水前，迫不及待地等著喝水。有一天，正當我排著隊要輪到我的時候，突然有些不良學生衝過來，想要插在我的前面喝水。此時，無論日本人同學或台灣人同學，往往都懾服在他們的淫威之下，敢怒不敢言，任由他們搶先喝水。但是，我卻認爲豈有此理，絕不退讓，於是雙方就馬上因爲爭執而大打出手。有的時候，他們也會二、三個人衝過來，把我大打一頓，打得我面腫血流。

台北一中同學會（前排左三為史明）

說起來，我和這幾位日本人同學之間也不過是一些私人恩怨，但卻使我覺得他們日本人欺負我台灣人，一次又一次地在我反日的情緒上火上加油，我的反日意識也就愈來愈強烈。

台灣人同學本來在北一中就極少數，但是

軟派學生在我與日本學生爭執時，卻都毫不例外地視若無睹，甚至還怪我好惹事生非。只有少數的日本人學生會挺身而出，怒目勸阻那些同樣也是日本人的不良學生。回家以後，母親看到我臉上的傷痕，知道我與人家打架時，總免不了又是一頓罵。

北一中同學新沼五郎（右），二戰時擔任日本軍參謀

五、「天皇陛下萬歲」

我從小即在封建家庭中長大，後來到新環境中受日本教育，尤其念北一中以後，透過日語學習「現代教育」，主要有西洋史、日本史、東洋史（主要是中國史）、世界地理、日本地理，以及「初步的」西洋式社會科學與自然科學。我對西洋的新文明、新教育感到很新鮮。除了學校功課外，其他關於世界史的日譯書籍，我也喜歡找來閱讀，並受到很大的影響。

北一中時期，適值我十五歲到十九歲，是人生智慧將開的青春時代，不過當時的我，卻產生了新舊思想的矛盾鬥爭。第一，在個人層面上，是過去在家裡所吸收的舊教育、舊生活及舊道德觀，與在中學校所學習的新知識、新文明、新思想之間，因互有牴觸而造成的衝擊；第二，在社會層面上，日本總督府對於台灣人的差別待遇與政經壓榨，先前我在小學時雖然不太在乎，此時卻變得異常刺目，無法再視而不見，也使我對日本人同學逐漸感覺到一種「不同」的心理。

我就讀北一中時期，日本國內的軍國主義得勢，不僅發展得相當迅速，並且開始對外侵略中國。總督府爲了進行所謂的「非常時期國策」，開始在台灣推動「皇民化運動」，目的是爲了要向台灣人灌輸「日本精神」與「尊皇思想」。簡言之，

「皇民化運動」就是讓台灣人更進一步「同化於日本」的愚民政策。爲此，總督府也在一九三四年成立了所謂的「台灣社會教化協議會」，並且讓辜顯榮、林熊祥等御用台灣人構成主要幹部。

總督府雖然一直以「日台融化」、「一視同仁」爲號召，但是在其「台灣社會教化要綱」中卻規定著：（一）振作「皇國精神」，（二）滋長「日台融化精神」，（三）啓發「技能知識，加強產業報國」等三個要綱。這三項要綱就是皇民化運動初期的精神綱領。

總督府爲了實踐這三個綱領，也隨即採取如下的三項新政策，即：（一）國語普及化運動：獎勵年紀大且不懂日語的台灣人或家庭主婦，在夜間參加日語補習（但不像後到的蔣家國民黨中華民國那樣，禁止台灣人說台灣話。這點，日本帝國比蔣家國民黨更近代化、文明化）；（二）獎勵「國語家庭」：全家人如果都能講日語，總督府官員就在你的住家門口貼上「國語家庭」的標籤表示獎賞（但是沒有給予任何特權）；（三）獎勵改爲日本姓名：如把「林」姓改爲「林田」等（我家從來沒有改過台灣姓名）。總督府很積極地勸誘台灣人改姓名或說日語，但不以強迫手段來強制。雖然如此，「皇民化運動」總歸是爲了戰爭而強加支配於一般大眾的組織，所以當然引起不少台灣人的反感。

我在此時已能散讀父親從東京訂購的月刊《改造》、《日本評論》、《中央公論》等民主雜誌，所以也慢慢地知曉什麼叫「殖民統治」，什麼是「民主、人權」。同時也是在這個時候，我第一次閱讀矢內原忠雄的《帝國主義下的台灣》（一九二九年出版，矢內原忠雄在一九三七年因批評日本侵略中國的政策，被迫辭去東京帝國大學教授職務），開始曉得所謂「日本帝國主義」究竟是什麼東西。譬如說，當時台灣產的米穀，每年運往日本的數量約有五百萬石（一石等於一百五十公斤，二百五十台斤）；蔗糖產量每年平均有一百四十萬噸，其中的一百二十萬噸是運回日本本國。這些閱讀經驗，在在都促使我的「反日本帝國主義」思想開始萌芽。

因此，我從北一中三年級（一九三五）起，就對於「皇民化運動」相當嗤之以鼻；同時對於小學校時代視爲理所當然的詞句，如「天皇陛下萬歲」、「大君（おおぎみ）萬歲」等，也開始在腦裡產生問號。至於像「天皇陛下對我們台灣人來說算是什

麼？」之類的問題，更使我的心中產生了重重的迷團。

不過，如上所述的那類問題，在日本帝國統治下的台灣，無疑像是一個鬼門關，要是不小心踏入，災殃便馬上臨頭。因爲日本人所崇拜的「天皇陛下」，是絕對「不可侵犯」，是「無謬性」（不會犯錯），日本人敬天皇爲「現人神」（あらひとがみ，神顯靈爲人），是絕對不可以做爲與人討論的對象的。所以我內心裡的暗地猜想，也就持續了很長的一段時間，遲遲無法解惑。

直到四年級的某一天，我與一位日本人同學（綽號叫「驢馬」）說笑時，忽然地問他：「我們所敬崇的萬世一系的天皇陛下到底是怎樣的人呢？」他卻以戲謔的口吻回答我：「あ！お天ちゃんのことか！だめだめ！それ言っちゃだめ！」（啊！那個「天皇仔」的事情嗎！不行不行，不能說出來！）「驢馬」爲人輕快明朗，一方面嘲笑的說出內心裡的話，一方面以手掩口。我聽到這個輕蔑的、令人意外的回答後，不但大爲吃驚，也覺得不可思議。從此我也才頓然大悟：日本人雖然在表面上崇拜日本天皇爲「現人神」，並狂呼「天皇陛下萬歲」，但他們內心深處也不一定都是清一色地認爲，天皇是不可侵犯的「神」。天皇不是日本人的祖先，也不是台灣人的祖先，更不是台灣人的神。從此，我的腦筋才能較輕鬆，也才能沒有任何顧忌、畏懼的，和他們日本人同學一起敷衍、狂呼「天皇陛下萬歲」了。後來，我認識了日本人的生活、社會、歷史後，才稍微瞭解「天皇」是日本一般人的精神象徵，大家團結在一起的中柱。

台北一中同學（左一新沼五郎，右一松崎恒夫，右二史明），二〇〇二年東京新珍味二樓

日本從十九世紀中葉「明治維新」開始，從封

建體制轉變爲近代的社會體制，但在國政上仍然是以天皇爲中心，並由軍人、官僚與財閥所壟斷。後來由維新元老大隈重信（早稻田大學創立者）及福澤諭吉（慶應大學創立者）推行了「民主化」運動，在一八九〇年制定出憲法，開設議會，資本主義也跟著發展起來。然而，日本在甲午戰爭（一八九四—九五）、日俄戰爭（一九〇四—〇五）中戰勝，又在第一次世界大戰中（一九一四—一八）佔有優勝的地位，成爲世界五強之一，致使軍閥得勢，促成軍國主義，讓整個議會制度失去功能。日本從一九三七年起開始侵略中國，一九四一年開啓了太平洋戰爭，終於在一九四五年被盟國聯軍打得體無完膚，吃了大敗戰。

戰後，日本本國遭盟國聯軍佔領，其後受盟軍總司令麥克阿瑟的強力指揮，日本社會開始革命性變革，開國以來，民主政治基礎至此才上軌道，實現上述的「主權在民」。不過，老實說，第二次大戰結束以前的日本人，在歷史上及倫理上，確實是尊敬日本天皇爲不可侵犯的「現人神」，而日本天皇也是團結「大和民族」的絕對樞紐（這點是日本人的幸福）。

舊日本憲法中也規定了「大日本帝國的主權在天皇」，對外的侵略戰爭也都以「天皇」之名遂行。然而，第二次世界大戰敗戰後，現行的「日本新憲法」在盟軍總司令麥克阿瑟的督促下，進行了土地改革（消滅「不在地主」），同時分化了三井、三菱、住友等舊財閥，才終於把憲法上的主權問題改爲「日本國主權在日本國民」。天皇的地位則修改成：「天皇是日本國的象徵，日本國民統合的象徵，這個地位是基於擁有國家主權的日本國民的總意志所規定。」（新憲法第一條）

六、中學時代的私人生活

日本時代，台灣的行政區域被區分爲五州（台北、新竹、台中、台南、高雄）、三廳（澎湖、台東、花蓮港）。台北州市不但是總督府、台灣銀行、三井商事、三菱株式及大日本製糖等日人領台的政治、經濟最高機構所在地，同時像台北帝國大學、台北高等學校，以及公、小學校和中等學校等文化、教育機關，也多集中在台北。日本人在台灣的四十萬總人口當中，便有二十五萬人住在台北，大體上集中

在城內地區。

我在北一中時的私人生活，幾乎是小學校時代的延長，差不多都是一樣的。上課時，我每天早上八點鐘出門，有時騎腳踏車（大約四十分鐘的路程），沿途經過圓山仔邊（今圓山大飯店山下道）、明治橋（劍潭大橋，戰後改稱中山橋）、宮前町大路（今之中山北路），穿過三線路及麗正門、植物園（今之青年公園），趕上九點的第一堂課。有時候從士林火車站坐五分仔車，十幾分鐘就到台北車頭，再步行四十分鐘赴學校。坐火車上學的趣味是，可以多認識從淡水、北投及士林上學的中、小學生（日本人居多），大家擠滿了車廂，無論台、日學生，都沒有學長學弟的顧慮，恣意談天說笑。

學校下課放學後也有不少的樂趣，像騎腳踏車回家時，從城內繞過大稻埕（台灣人地區），在永樂市場或圓環吃蚵仔煎、雞捲、滷肉飯、甜米糕、紅豆仔湯等台灣小吃；或者在永樂座、第三世界館看電影。像我所說的這些行爲，在當時被叫做「買食」（カイグイ）、「一人行動」（ヒトリ コウドウ），如果被老師看見了，會被處以一週停止上學的處分。但是，當時的我爲了滿足吃食的欲望，以及故意要試試是否眞會被老師發現的冒險心，所以放學後還是時常繞道閒晃，最後才回家。實際上，因爲中學教師很少到萬華、大稻埕等台灣人地區巡查，所以幾乎沒有看過有人被抓到。

台北一中同期生四人，二〇〇四年東京新珍味

過年過節時，我還得受老祖母的指令，到大稻埕採購素齋食料的豆皮、麵筋、麵炙、香菇、頭毛海菜，以及葷食所需的魚翅、鮑魚、海參等菜料，回家時，總在腳踏車的雙邊扶手及車後掛滿大包小包的什貨，讓士林街道、厝邊頭尾的人看得目瞪口呆。

中學時代，我喜歡看日本現代小說，同時也好看《萬葉集》等日本古文。除此之外，我也看了一些外國小說的日譯本，如《悲慘世界》等等；另外還有詩人北原白秋、西條八十的抒情詩集。我自學校回家以後，照舊前往士林公學校的運動場，和士林的台灣人中、小學生一起鍛鍊身體、運動或者聊天說笑，也經常到芝山岩、草山、農藝試驗場去釣魚、捉蝴蝶、繪畫。大致說起來，實在是小學校時代的延長。

以下是當時很能感動我的一些詩歌，事後看來，它們反映了我那時的心境，鼓勵我往理想勇往直前，莫管他人眼光！

▲▼北一中同學相聚

《神曲》（*Divina Commedia*）　　但丁（Dante）

汝(ナンジ)の道(ミチ)を行(ユ)け
人(ヒト)にはその言(イ)うに負(マカ)せよ
儘管走你的路子吧
莫管他人講什麼！

この道　此道

芭蕉

この道や　這條路啊
ゆく人なしに　未曾有人走過呢
秋の暮れ　暮秋已沉沉

Home, Sweet Home

H. R. Bishop

Mid pleasures and palaces though we may roam,
Be it ever so humble, there's no place like home;
A charm from the skies seems to hallow us there,
Which seek thro' the world, is ne'er met with elsewhere.
Home! home!
Sweet, sweet home,
There's no place like home,
Oh! Ther's no place like home.

（日譯〈埴生の宿〉的漢譯）
埴生的宿店　我的宿店
平穩的啊　春的天空
花是主人　鳥兒是朋友
哦！我的宿店　快樂的朋友，親切的朋友

The Last Rose of Summer

Thomas Moore

Tis the last rose of summer,
Left blooming alone;
All her lovely companions
Are faded and gone;
No flower of her kindred,
No rosebud is nigh,
To reflect back her blushes,
Or give sigh for sigh.

（日譯〈庭の千草〉的漢譯）
庭園諸草，幼蟲聲音，
眾都枯死，現出寂寥之形影；
啊！白菊花！
啊！白菊花！枯榮了！

破天荒的所謂「大志」，毅然在我腦海裡生根。我這股傻勁，就以初生之犢不畏虎之姿，放膽移諸實行了。

第七章 「青年啊，懷大志吧！」

一、日本軍國集團壟斷國政、侵略中國的全體主義（totalitarianism）

日本在第一次大戰時期的榮景，隨著戰爭結束而不復見，日本景氣開始一落千丈，產業凋零，社會蕭條。國際上是蘇俄的斯大林共產獨裁勢力崛起，德國納粹及義大利法西斯相繼波及世界。促使日本社會亦將發生一大變動。

又在一九二一年，在美國召開的「華盛頓會議」，即以「裁軍」名目，決議限制世界五大國海軍主力艦艇總噸數率（美國五，英國五，日本三，法、義各一．六七）。

又在一九二三年九月一日，東京發生史無前例的大地震，罹災者三百四十萬人，死者十六萬人，燒毀民房四十五萬戶。

在這種國內外形勢惡化之下，日本各界如雪上加霜，舉國輿論沸騰，生活困苦的一般民眾，必然掀起「反軍」運動，促使陸海軍威信掃地。

當時的內閣首相．海軍大將山本權兵衛，陸軍大臣．陸軍中將宇垣一成，爲了收拾財政短絀，及恢復軍人的信譽，敢然實行「裁軍」，即在一九二二、二三年實行第一、二次，一九二五年第三次的大規模裁軍，廢除陸軍四個軍團（等於步兵十六個團隊），免職士官三萬餘人，等於當時陸軍總數的十四％，結果，造出走頭無路的一大群失業軍人。這些大量失業軍官，遂成爲極右軍國勢力抬頭

的濫觴。

同在此時，大正民主時代各種外來思想傳至日本，尤其是蘇聯斯大林獨裁共產主義趁機侵入，一九二二年「日本共產黨」成立，結果招來極右派軍國主義與極左派共產黨互相反目，情況愈演愈烈。

其後，極右軍國主義勢力擴大，日本政府受其軍隊的淫威脅迫，遂走上所謂「北進政策」，頻繁進行對中國大陸的軍事侵略。如一九二八年侵略山東，與北伐軍發生衝突的「五三慘案」；同年暗殺東北軍閥張作霖於瀋陽近郊；一九三一年日本滿洲關東軍在柳條溝造成「九一八事變」；一九三二年建立「僞滿洲國」等。

自九一八事變發生的前後，日本政府的陸軍省參謀部，乃分裂爲「皇道派」、「統制派」。

「皇道派」：以荒木貞夫、眞崎甚三郎、林銑十郎三大將爲背景，急進的尉官青年將校爲中心，信奉天皇政治，企圖實行軍事政變，擬以掌握國政，然在「二二六軍事政變」（一九三六）失敗後，遭毀滅殆盡。

「統制派」：一九二七年，西田稅（士官學校三十四期，民間極右派）聚集陸海軍少壯軍人，組織秘密政治結社「天劍黨」，企圖以武力改造國家體制，雖未果，然成爲軍人的統制派成立的先聲；之後統制派積極份子橋本欣五郎大佐（參謀部露西亞（俄羅斯）班長），結成秘密團體「櫻會」（一九三○），發起所謂「三月事件」及「十月事件」，這就是統制派所企圖的軍事政變，雖然沒有成功，但是他們由此改爲與元老、官僚、資本家等守舊派提攜，遂掌握到中央行政實權，藉以統治「戰時體制」。

皇道派的二二六事件失敗後，統制派成爲唯一能掌握軍政者，自七七事變至太平洋戰爭，一直把持著日本軍政，進而壟斷國政。

這時，日本國內尚有其他極右國家主義派，如：一九三二年，以井上日召爲首領的「血盟團」，暗殺井上準之助（前財政相）與團琢磨（三井合名會社理事長）；同年，海軍極右青年將校三上卓等，殺害首相犬養毅；一九三三年，民間極右派天野辰夫、前田虎雄聚集民間三千人，組織「大日本神兵隊」，計劃暗殺首相等高級官員。

在國際上，日本極右國家主義一九三七年與義

大利法西斯墨索里尼（一九二二年結黨）及德國納粹希特勒（一九三三年成立）攜手，訂締「日德義防共協定」（Anti-comintern Pact）；一九四〇年締結「日德義三國同盟」（Three-Power Pact），通稱「樞軸國」（Axis powers），向英美法老帝國主義挑戰，爆發世界大戰。

二、日本軍閥帶給台灣的禍害

當日本軍閥在國內壟斷國政以及在國外侵略中國的時期，台灣殖民統治正值其後期（一九三〇—四五）。

一九三七年中日事變的槍聲一響，立即影響到台灣，日本政府這時也派遣海軍大將小林躋造爲第十七代總督（一九三六年就任），擬以施行「戰時體制政策」（前七代爲武官總督，中期九代爲文官總督，到後期三任又改爲武官總督，即特別任命小林躋造、海軍大將長谷川清、陸軍大將安藤利吉，使之盡力於遂行戰爭）。

小林總督莅任後，一開始就大力推行戰時統治：

（一）動員農業生產：改變生產構造，低價收購米糧，公布「米穀移出管理令」（一九三九），施行米穀配給制度（一九四一），「台灣砂糖統制令」（一九四一）。

（二）動員「人力」：即動員勞動力，充當軍伕、通譯、護士，又任爲工廠工務員、勞動者，組織青年團、壯丁團、防衛團，訓練志願兵及預備軍人。

（三）皇民化運動：早從一九三四年開始提振「皇國精神」，擬以取消「台灣人意識」，強調「日台團結」，普及「日語」，推進「改姓名」，勸誘信仰「天照大神」（但並不像蔣家國民黨以特務武力強迫台灣人遂行這些政策）。同時施行「國民精神總動員」（一九三七），「產業報國運動」（一九三八），「國家總動員法」（一九三八），「國民徵用令」（一九三九），「學校卒業者使用制限令」（一九三九），「從業員移動防止令」（一九四〇），「賃金（工資）統制令」（一九四〇），「工業技能者養成令」（一九四〇），「青年雇入制限令」（一九四〇）。

（四）動員「財力」：增稅（增到戰前五年的二·二倍），強銷「愛國國債」（總督府八年間財政支

出增爲三倍），增發台銀券，推行「戰時儲蓄」，徵收金銀銅鐵。

（五）產業「軍事工業化」：「日月潭發電所」完成（一九三四），化學、金屬機器、窯業發展，軍需工業勃興，金屬、製油、造船分布全島，一九三九年工業生產總値佔總生產四五．九％（超越農業生產），一九四二年工業總生產超過七億圓。

（參考：日本．大藏省管理局，《台灣統治概況》；大藏省，《昭和財政史》，一九六〇）

三、瞞騙老祖母，前往東京求學

我上北一中四年級的時候，國際情勢就如上所述處於混亂的時期。在客觀環境變動不測的情況下，使我對自己的前途感到焦慮與不安，「如現在茫然讀死書，有何用處？」，這種念頭始終浮現在我的腦筋裡。中學五年制，畢業時期將近，做醫生懸壺濟世卻引不起我的興趣，反而所謂「愛台灣的英雄主義」勃然佔滿我腦筋，並且對家裡的保守、封建氣質，愈來愈感不對頭，做人應有的感情、熱情及正義感，正在上昇。

某日，我偶然在日本雜誌上看到：「青年（セィネン）よ，大志（タイシ）を抱（イダ）け！」（青年啊，懷大志吧！Boys, be ambitious!）這句話，原來是「札幌農學校」（北海道大學前身）的教育長，農業博士．克拉克（William Smith Clark, 1826-86，美人教師），爲了勉勵日本學生對將來要擁有人生「理想」所說的警語，成爲一時的名言，使當時青年膾炙人口。我出乎意外的看到這句名言，一瞬間，有如晴天霹靂般的把眼睛釘在這幾個字上面，「對了，不要發愁，就這樣做！」同時也想到父親、阿舅曾留學東京，好似在黑暗中看到一線曙光，青年應有的熱情漸漸燃燒起來，「我不是決心要爲台灣前途奮鬥嗎？……我得向政治一直走。」

恰好，日本新聞頻頻登出日本私立大學的招生，我特別注重早稻田大學政治經濟學部與慶應大學經濟部，這兩大私立學校是由大隈重信及福澤諭吉所創校，他們乃是明治維新以來反官僚、反強權的民主主義運動的領袖。

在這樣情況之下，破天荒的所謂「大志」，毅然在我腦海裡生根。我這股傻勁，就以初生之犢不畏虎之姿，放膽移諸實行了。

然而，「大志」的背後卻暗藏好多困難等待解

決。其中最大的困難，第一是離開老祖母、阿姑，並放棄爲施家傳宗接代的責任；第二是踐踏母親對我的愛心；第三則是背著中、小學日本同窗友人，偷偷去報考。這些事情成爲我心理上的障礙，埋藏在我內心很長一段時間，不斷苦思解決之道。

時間將屆一九三五年年底之際，我要上東京學政治的大志不但未見減低，反而更加堅定。我就像一艘小舟，準備單獨划向汪洋大海，便在心裡將這些難題一一解決。遂在一九三六年三月，北一中四年級一念完，就毅然離家出走。

無論如何，頭一個要做的、最無奈的，就是要騙老祖母，設法從她手中拿到去東京的旅費。我告訴老祖母說：「要繳納五年級第一學期學費與畢業照費用，一共二十八圓。」老祖母很自然就給我錢，我自覺罪孽深重，在心中一直念著對不起、對不起……，而接過了錢。

到了三月十六日，我很悲壯的一早起床，急忙溜出家門，趕快到台北市城內本町的日本商店，買一個紙做的大皮箱（因爲是中學生，若單獨一人又沒帶任何行李，恐怕要上船時，會被警察看出是從家裡逃出），馬上直奔到台北車頭（車站），購買從台北往東京的通關車船票，花了二十一餘圓。上午坐火車，十二點半到達基隆，暫時待在前往東京的汽船岸邊休息室，等著登船。我這時才喘了一口氣，放鬆一下緊張的心情，想起我眞的要離開台灣，離開老祖母……此時眞是五味雜陳，百感交集。

坐船的時間一到，下午三點將要開往日本的「高千穗丸」（總噸數九千餘噸，在當時算是日本最新式的汽船）正準備開門迎接客人上船。

此際，忽然有人從背後抓住我的臂膀，叫：「阿暉仔，你爲什麼在這兒？」慌忙回頭一看，著實讓我嚇了一跳，原來是邱坤土舅（老祖母弟弟的長子），一瞬間，阿舅與我都呆了一會兒，聽他說是要送站在一旁的兒子邱文鴻去日本念中學。當他看我帶著大皮箱，一切就都了然於胸，隨即拉著我一同去公共電話所，打電話回士林家裡。我家接到電話後，大家驚慌得亂成一團，一片鬧哄哄的景象（此時我父並不在家，他人在上海），我母親忿怒地叫阿土舅仔：「立即抓那個死囝仔回來……」在這臨到斷崖邊的決死危機，坤土舅仔卻繼續通話一段時間，才把電話掛掉，他急忙的對我說：「阿嬤講，讓阿暉仔去吧！青年人要走就讓他走，擋也擋不

住。」一聽到老祖母的這句話，我全身如釋重負似的放鬆下來，忽然擁抱著坤土舅，「本当にありがとう，眞多謝，ありがとう，多謝……」一方面在心頭哭泣，另一方面感謝老祖母。

此時，聽到預告坐船的汽笛聲響起，我一邊向阿土舅喊感謝，一邊跟邱文鴻跑進船艙，在百般波折下，總算上了高千穗丸。老祖母最後一刻的一句好話，終於讓我過關，踏出赴日的第一步，也是我有生以來離家往外的第一步，更是離開台灣的第一步，再回首，眞是感慨萬千。

汽笛一響，船就開始動搖，這時的我癱軟在船底的大房間，滿堂的三等船客騷亂談話中，只有我一個人垂頭喪氣，無言地坐在一旁。此時淡淡然地想起番薯仔舅公時常吟詠的一首詩：

此行北去路悠長
欲求功名苦斷腸
焉知乾坤轉移日
白鶴騰空任飛翔
（作者不明）

其後，在東京的六年間，每年都來往東京、台北之間。當坐日本汽船渡過太平洋時，站在甲板上，眺望大海，我深刻感到自己已踏出前往「大世界」的第一步了。

第八章　早稻田大學之教旨與學制・校歌・田中總長

在早稻田大學深造學問的人，要有遠大的理想與勇往的行動，才能說是實用的人物。

——總長・高田早苗

一、明治維新

從十九世紀開始，當亞細亞普遍遭到歐美帝國主義諸列強大舉侵犯，各地諸民族動盪不安，前途岌岌可危之際，獨有日本是唯一例外，它在國內先把三百年來的德川幕府封建體制推翻，對外則擋住歐美列強的侵略意圖，隨即樹立了天皇親政，舉國努力於社會資本主義化、近代化，獨特的大和民族主義也迅速發展。

但在另一方面，日本國內政治卻仍然停滯於舊的天皇政治，政治中樞乃由封建殘餘的藩閥、元老及新生的官僚、軍人所壟斷，墨守成規，官尊民卑，窮兵黷武，推進對外擴張。故雖早一步踏出近代建設，原來的封建遺制尚行苟延殘喘，社會改革遲遲不進。

當時著名的民間啓蒙思想家福澤諭吉（慶應大學創始者，其名著《文明論之概略》全六冊，《學問のすすめ》推選研究學問）就曾諷刺的說：日本指向普魯士式的「臣民社會」（國家、主權、政府在帝王），迄未達成英法式的「市民社會」（國家、主權、政府在國民），也說：「貧國強兵。」

二、早稻田大學學祖——大隈重信

眾所皆知，早稻田大學的創始者，是明治維新元老，也是立憲民權主義者大隈重信侯爵

學祖大隈重信

（一八三八—一九二二）。早在德川幕府末葉，他就在故鄉佐賀及長崎，學習當時算是最近代最前進的蘭學與英學，並在日本形成統一國家的明治維新過程中，擔任有關財政、外交的中央行政，前後就任兩次首相，而爲日本的國家獨立與近代建設，盡一臂之力。他後來留學英國，與自由保守派的倫敦政治經濟學院的教授們交往，學習自由民主的思想與理論，例如Fabian Society（費邊社）、Arnold Toynbee、H. Laski。

但是，大隈在從政過程中，卻深深認識到若要建設近代國家，必須採取立憲政治體制（明治十四年（一八八一），大隈主張建立議會，採取民主政治，但因盟友的保守派伊藤博文、井上馨，違約叛變，故從內閣中被追放），爲了實行立憲政治，必須培植富有獨立自主思想的菁英人才，因此他就想要創立一間擁有自由獨立精神，並富有發展學問、文化，且不受政治權力左右的私立學校（當時的近代式學校，大多是帝國大學等官立學校，專爲培養政府官僚而設立），終在一八八一年的政變（因天皇身邊的公卿元老與藩閥官僚排擠自由開明派，故大隈等辭官下野）之後，一八八二年十月二十一日，創立「私立東京專門學校」（早稻田大學前身）於東京府豐多摩郡戶塚町大字下戶塚六四七番地（今之東京都新宿區西早稻田一—六—一）。學校初代校長大隈英麿（大隈重信之女婿），評議員小野梓、鳩山和夫等人，講師則聚集當時的青年學者高田早苗、天野爲之、岡山謙吉、山田喜之助、坪內逍遙等多人。

然而以眞理學問、近代思想爲宗旨所創辦的東京專門學校，卻不經多久就遭到保守封建的天皇制元老及薩摩（鹿兒島縣）、長州（山口縣）兩大藩閥官僚所歧視壓迫，所以學校的核心人物大隈重信、小

野梓等人，隨即團結全校的教職員與學生，誓死堅持創校理念，堅持學問獨立，在其衝擊與奮鬥的過程中，反而見到反官僚體制的在野「早稻田精神」受鍛鍊而飛躍發展，並被稱爲「大隈之私學校」。

東京專門學校即早稻田大學，在這百年來，若說曾有過危機時期，那麼一九一六、一七年學苑在經營、教學上所發生的所謂「早稻田騷動事件」，就是最大的危機時刻。話說在一九一〇年代，世界各國，包括日本在內，都在新舊交替的漩渦之中。這種新生革命的潮流，當然震撼了創校以來走上反體制、在野的「都之西北」的私立學府。恰在此時，早大兩位教授煙山專太郎（國際政治學者，後來教吾人英國政治史的恩師）、安部磯雄（著名社會主義者，左翼政治家）共同介紹美國名著*History of Modern Europe*（Ferdinand Schwill著，一八九八），其中有關法國大革命（一七八九—一八四八）的描述，使青年學徒之心，非常沉醉於悲壯的革命劇。當時爆發的俄國革命（一九一七），讓青年人也感染到正義與憧憬，所以早稻田學生的學潮或紛爭，往往都帶著revolutionary（革命性）的色彩。但在一九一七年二月召開的早稻田大學三十五周年校慶及大隈重信公八十壽慶的全國校友大會上，延宕二個月的世界最大的早稻田騷動事件，見到全面解決。

事過境遷，自創學以來，當在早上太陽暉映，把早稻田大隈講堂鐘樓照染爲光亮的赤褐色時，你若能站在聳立於校庭中央的大隈銅像旁邊，此時鐘樓大鐘悅耳的鐘聲忽遠忽近的傳至耳朵裡，我等腦筋裡勢必會響起「學問獨立」的大隈最高理想。

早稻田大隈銅像前，二〇〇一年

三、創校首腦與四尊教授

小野梓（一八五二—一八六），明治維新初期傑出的先覺，自由民權思想家及實踐者。他在一八八一年政變時，深深欣羨大隈的自由民權思想，遂成爲大隈的心腹，與大隈成立在野的「立憲改進黨」（一八八二），進而繼承大隈的私學建立理念，決然負起創學的實際責任，同年一八八二年完成創立「東京專門學校」的最終任務，之後繼續爲奠定建學理念及教授學問，渾身解數，日夜奮鬥，終使新創學校順利成長，遂成爲早稻田大學最大的功勞者。他是學術湛深的先進思想家，著有萬年不朽的大理念《國憲汎論》（上中下卷）。他發刊這本名著時，寫有一首詩，表明他的熱衷與意氣：

小野梓

欲暖猶寒節序遲
朝朝屈指數花期
花期未到意先到
為賦墨江春色詩

小野梓過世後，他的墓碑銘「梓之辭」很著名，即：「一國之獨立，基於國民之獨立，國民之獨立，定基於精神之獨立，而國民精神的獨立，誠是由學問之獨立。」（齋藤一寬，《小野梓之人與思想》，一九四八）

早稻田大學的草創時期，除了核心人物大隈、小野之外，尚有多士濟濟，都是仰慕大隈的進步思想，而雲集於建校事跡。其中，特別信奉眞理並熱衷教學而對創校貢獻頗大的教授四人，被稱爲四尊，即政治學的高田早苗，經濟學的天野爲之，英文學的坪內雄藏（逍遙），及經營學的市島謙吉。

高田早苗（一八六〇—一九三八），主要是教授憲法、政治學、史學、西洋哲學。他爲奠定早稻田教旨，用盡心血，並負責校務，歷任初代學長、第三代學長及學監、總長等要職，終生貢獻於早稻田教學。同時在社會、文化各方面工作也擔負重任，曾任職讀賣新聞主筆、國會議員、政府文部大臣（教育部長）及文化運動指導者。我於一九三七年入學後，高田早苗在此年秋天，曾於大隈講堂演講過數次。我有幸恭逢其盛，聆聽過他二次的演講。他與一般演講者不同，主題皆在啓發有關哲學、人生觀、學問獨立等做人的根本道理，受其教誨到現在仍記憶猶存。

高田早苗

天野爲之（一八六一—一九三八），學苑商科學部之祖，教經濟原論、銀行論、國債論等經濟學課目，任職第二代學長、早稻田實業學校校長，參與東洋經濟新報（當時唯一的經濟新聞）創刊，其名著《經濟原論》，被認爲是日本近代經濟發展的里程碑。

坪內逍遙（一八五九—一九三五），是當時日本首位、唯一的莎士比亞研究學者，翻譯莎士比亞全集轟動一世。他是著名的英文學家、文學作家、西洋史學家、戲劇學家、日本文學家，早稻田大學「文學學部」創始設立者，他在大學教英國文學史、西洋文學史、戲劇史等。台灣在一九三四、五年左右，就能接觸到坪內逍遙所翻譯的莎士比亞全集，那剛好是在我中學三年級的時候。那一大套綠色封面，相當豪華、鮮艷的書籍，我曾涉略過其中數本，透過逍遙之手，超越時空與英國大文豪精神交會。後來進入早稻田後，接觸坪內逍遙的各種事跡（文學部、戲劇博物館等），感到無比的興奮。

市島謙吉（一八六〇—一九四四），早稻田圖書館館長，默默耕耘，爲圖書館的內容充實及擴大發展

長期努力奮鬥，是早稻田大學發展、行政工作的功勞者。

四、早稻田大學的教旨與早稻田精神

早稻田大學「教旨」文件開頭首句，就是以「學問之獨立」爲開端。

當東京專門學校開校時，學祖大隈重信即標榜「學問獨立」的理念。什麼是學問獨立之理念？

有人把學問獨立指爲反對官學的自由學風之意。有人謂是不同意以外國人使用外國語教學的意思。

小野梓負起教學的實際責任，他在東京專門學校開學典禮時，代表學校當局致詞：「希望本校在數十年後，必須加以改良刷新，使大學能以邦語（日本語）教授我們的子弟，期以協助我國的學問之獨立。凡是一國之獨立，必須基於國民之獨立，國民之獨立必是基於國民精神之獨立，國民精神之獨立則端賴於學問之獨立。所以若欲達成國家之獨立……非先實現學問之獨立不可，這乃是數之必然，勢之所趨矣。」

學問獨立之理念，與國民之獨立或自國的獨立，具有不可或缺的相關關係。這是以極爲高邁的哲學理念爲基本，才能達到的原理。同時主張要把學問獨立的重點放在必以母語教授學術，也是出於高明的見識。

凡在明治初期，一般都認爲若不使用外國的文獻或語言，就不能良好的教育子弟。然而大隈、小野等早稻田的教授，卻認爲不是這樣，非但不是這樣，更主張這種觀念不但會歪曲學問之正道，還會使自國隸屬他國，甚至拜跪他國民。學問獨立的理念，果然對這種不正確觀念敲下一記警鐘。這就是學問獨立的基本觀念。

大隈重信常說：「爲了實現學問獨立的大理想，我等必須重視學問之活用。以研鑽學問之心而應用於實際，尊重個性，提昇品格，並廣爲世界飛翔，若能再添堪任之責，這可稱爲模範國民。」

（大隈重信，《東西文明之調和》）

一九〇二年十月九日，舉校熱烈召開二十周年校慶，同時，東京專門學校改校名爲「私立早稻田大學」，學祖大隈重信乃就任初代大學總長。

在早稻田大學第一屆開學典禮上，學監高田早

苗乃做了「關於今後的教學方針」的演講：「……我所要講有關學苑應有的特色，是學理與實際要緊密結合的問題。換句話說，就是我等的學苑應該是實用大學……今日世界的學問，已非如昔時那樣，學理歸學理，實際歸實際的學問，而是為實際來學習學理的學問。所以早稻田大學要採取重視理論也要重視實際的教育方法。……若是有人問起早稻田大學的教育目的與東京專門學校有何不同，我等務必解答，早稻田大學是同樣要培植模範國民。

早稻田大學必以教育擁有高水準的道義的『人』為目的。這種人的缺乏，乃是世界上的先覺所嘆息者。……教學雖說是要培養有道義水準的人材，要製造英雄豪傑，但是我等定是不為製造少數的英雄豪傑，而犧牲多數的學生。『人』的教育，不能與實際的教育有了齟齬。站在二十世紀先頭的人，必定要是具有實用性的人，二十世紀的英雄豪傑，必須擁有有用性。……因此，從早稻田大學出社會的學生，要成為第一流人物，要能滿足國家所需要。換句話說，我等希望培養多數的有遠大思想的人，我等不期產生思想粗魯且不切實用的人。」

沒有與實踐結合的理論，是空洞的理論，沒有與理論結合的實踐，是狹隘的經驗主義。早稻田大學繼承從東京專門學校傳下的根本理念，即學問之獨立。同時，以實用教育與養成模範國民為教學的基本目的。

一九〇七年十月二十日，早稻田大學舉行二十五周年校慶，學祖大隈重信銅像開幕典禮也同時舉行。當發表早稻田大學校歌完成之際，總長高田早苗再次言及：所謂實用的人物，並不指僅有便利性或淺薄性的人，在早稻田大學深造學問的人，要有遠大的理想與勇往的行動，才能說是實用的人物。

一九〇九年九月十三日，大學開學時，高田早苗再把「學問之獨立」發展地說，早稻田擁有培植模範國民與專門技術的兩大教學目的，為了達成這兩個目的，大學決定使用「自主研究」與「應用研究」的兩種方法。但要使用以前，大家要做認識自主研究的原則性與應用研究的必要性的思想訓練。這樣做，才會體會學問研究的系統性與發揮日本學問的特色。他再換句話說：「這樣研究學問，才能不只做西洋人的徒弟，也能做西洋老師的嚮導。」

大隈曾經強調過要學「活的學問」，不要學

「死的學問」。高田早苗以上所說的自主研究與應用研究，就是活的學問。光陰似箭，很快的再到一九一三年十月七日，三十周年校慶時，大隈總長發表了「早稻田大學教旨」，想把建學精神進一步系統化、具體化的宣告於內外，即「學問之獨立」、「學問之活用」、「成爲模範國民」。這個教旨，乃經過天野爲之、坪內逍遙、浮田和民、松平康國、鹽澤昌貞、金子馬治、中島半次郎等委員起草，承大隈重信及高田早苗認定，才付之公布。

早稻田大學如此經過不少時間的磨練，並經過許多承先啓後的傳統發展，逐漸具體化反骨精神、在野精神、進取精神及自由民主精神，這些精神都成爲早稻田精神的獨特屬性。大學生在早稻田度過寶貴的青春時代，享受了富有活躍的純粹的熱情與正義感的青春生活，終於體驗到「早稻田精神」而飛翔於動盪不安的世界之中。

這個早稻田精神獨特的象徵，表現在世界唯一的四角尖端的學生帽、聳高的大隈講堂及大隈銅像等，尤其表現在文藻並茂、青春橫溢的「校歌」中。

五、早稲田大學校歌（作詞相馬御風　作曲東儀鐵笛）

（一）

都の西北　早稲田の森に　　東都西北　早稲田森林
聳ゆる甍は　我等が母校　　瓦舍聳立　我等母校
我等が日頃の　抱負を知るや　　知否我等　日常抱負
進取の精神　學の獨立　　進取之精神　學問獨立
現世を忘れぬ　久遠の理想　　不忘現世的　久遠之理想
輝く我等が　行手を見よや　　看著！我等之輝煌未來
早稲田　早稲田　早稲田　早稲田　　早稲田　早稲田　早稲田

（二）

東西古今の　文化の潮　　東西古今　文化之潮流
一つに渦巻く　大島國の　　一同凝聚　大島之國
大なる使命を　担いて立てる　　偉大使命　頂天立地
我等が行くては　窮まり知らず　　我等前程　無窮無盡
やがて久遠の　理想のかげは　　終至久遠　理想之形影
あまねく天下に　輝き布かん　　向滿天下　飛黃騰達

早稲田　早稲田　早稲田　早稲田

（三）あれ見よかしこの　常盤の杜は

心の故郷　我等が母校

集り散じて　人は変れど

仰ぐは同じき　理想の光

いざ声をそろえて　空もとどろに

我等が母校の　名をばたたえん

早稲田　早稲田　早稲田　早稲田

早稻田　早稻田　早稻田

且看那兒　長久之森林

心之故鄉　我等母校

聚散離合　人雖變還

眾望所歸　理想之光

來吧！　整齊聲音　響徹雲霄

我等母校　讚揚美譽

早稻田　早稻田　早稻田

一九一九年讀早稻田大學政經學部的名作家尾崎士郎，在著作《人生劇場》之中，曾把其主角青成飄吉的生活，描寫爲早稻田精神的發露。五木寬之，一九四七年畢業於文學部露文科（俄文科），戰後傑出的小說家，他也在著作《青春之門》裡頭，從其主角伊吹信介的生活中，摸索早稻田精神的特質。

尾崎士郎及其《人生劇場》

人生劇場

尾崎士郎

一、やると思えば　どこまでやるさ
それが男の　魂じゃないか
義理がすたれば　この世は闇だ
なまじとめるな　夜の雨

二、早稲田なりやこそ　一言でわかる
つらい憂き世も　楽しく生きる
ばかな奴だと　笑えば笑え

想到要做　得做到底
這才是男子漢的　靈魂吧
若捨棄義理人情　世間成黑暗
萬不叫停　今晚之夜雨

早稻田學生　說一句就能知道
冷酷世間　也能快樂活下去
想笑呆笨　隨便笑吧

（以上參考：早稻田大學史編集所著，《早稻田大學──學祖・礎・志》；早稻田大學學生生活中心著，《早稻田大學小史》；早稻田大學學生生活課編，《學生の手帖──教旨と建學の精神》；齋藤一寬，《小野梓の人と思想》；中村尚美，〈大隈重信〉，《早稻田大學記要》第三十五卷）

《人生劇場》插畫

六、學制（一九三七年度）

大學本部　田中穗積（法學博士）

總長　田中穗積（法學博士）、鹽澤昌貞（法學博士）、山本忠興（工學博士）、寺尾元彥（法學博士）、吉江喬松（文學博士）、杉本孝次郎、增田義一

理事　田中穗積（法學博士）、鹽澤昌貞（法學博士）、寺尾元彥（法學博士）、山本忠興（工學博士）、吉江喬松（文學博士）、杉本孝次郎、增田義一

監事　磯部愉一郎　早川德次

維持員　會長　伯爵　松平賴壽

五十嵐力（文學博士）以下三十七名

幹事（庶務）　永井清志

（教務）　岡村千曳

大隈會館　主事深澤政介

大學部

第一早稻田高等學院（三年畢業）

第二早稻田高等學院（二年畢業）

政治經濟學部（三年畢業）　學部長　鹽澤昌貞

政治學科教務主任　中野登美雄

經濟學科教務主任　久保田明光

法學部　學部長　寺尾元彥

文學部　學部長　日高只一

哲學科・文學科（西條八十）

史學科（西村眞次）

商學部　學部長　北澤新次郎（法學博士）

理工學部　學部長　山本忠興（工學博士）

專門部（三年畢業）

圖書館　館長　林發未夫

坪內博士紀念演劇博物館　館長　吉村繁俊

理工學部鑄物研究所　所長　石川登喜治

科外講演部

七、第四代總長田中穗積

（一）大學本部時代

我進入早稻田大學時（一九三七），第四代大學

總長是法學博士・田中穗積。

田中穗積，明治九年（一八七六）出生於長野縣更級郡川柳村，畢業於鄰村的鹽崎小學校高等科後，進入長野縣唯一的中學校——松本中學，並獨修東京專門學校校外講義錄，明治二十八年（一八九五）東京專門學校日語政治科第二學年的編入考試合格，進入該校第三學年級。

明治二十九年（一八九六），十九歲的田中大學畢業後，繼續留在母校研究財政學，同時在東京日日新聞社，擔任經濟財政記者。

他在明治三十四年（一九〇一），以東京專門學校留學生身份，留學美國哥倫比亞大學，取得Master of Arts（碩士）學位。其後，前往英國倫敦政治經濟學院，研究經濟學與財政學，明治三十六年（一九〇三）留學結束，歸國回校。

明治三十七年（一九〇四），在母校政治經濟科財政學擔任教授，明治四十年（一九〇七）就任教授會議員，大正四年（一九一五）接受法學博士。

田中教授在學校行政方面，從明治三十九年（一九〇六）至大正十二年（一九二三）的十七年間，歷任商科學部學務主任、科長及商科學部部長，同時，在大正四年當選大學本部理事，參與早稻田大學的經營。繼之，從大正十三年（一九二四）至昭和六年（一九三一），就任常務理事，輔佐總長高田早苗的總長職務。

田中穗積總長

田中教授再從昭和六年至昭和十九年（一九四四）的十四年間，就任早稻田大學總長，擔負大學營運的重任（我在早稻田的六年間，正是接受田中總長的薰陶）。

田中穗積在大學校外，也歷任日本政府文政審議員、文部省教學局參與、日本學術振興會創立委

員會委員及理事，昭和十四年（一九三九）被敕選爲日本政府貴族院議員（議會上院議員）。

田中教授就任大學本部常務理事後，輔佐了天野爲之、平沼淑郎、鹽澤昌貞三位學長，與鹽澤昌貞及高田早苗二名總長，並在自己擔任總長時，爲大學教務發展，渾身努力，奮鬥到底，其活動大約如左。

（二）商學部首腦時代

明治四十三年（一九一〇）修改早稻田大學學則，在第四高等預科（商科）設立二部教授制，同年設立商科研究室於恩賜紀念館（以天皇下賜金建設的紀念館），供學生研究經濟學的基本理論。大正二年（一九一三）學苑三十周年校慶時，設立商學部主催的研究會，推動廣告學的普及發展。爲了促進學風向上與學生間的意志疏通，同年也設立商科學生委員制。大正八年（一九一九）就任大學令實施準備委員，著手學苑改革整備工作。

（三）大學本部常務理事時代

田中理事，在天野學長領導之下，在大正四年（一九一五）完成「設備大學教育機關中心計劃」。這是爲了完成從東京專門學校轉移到早稻田大學的大事業，此時對於學校設施完備工作，田中教授說：「完備大學設施是學校的生命，在學界可以發揚我們早稻田大學的名聲，而且能啓發學生自習功課，提高學習功課。」

田中教授在次任的平沼學長之下，繼續進行大學移行工作，這可說是開學以來最艱苦的大事業，因爲要繳納政府供托金，及新築整備高等學院需一大筆金額，共達一百五十萬巨額資金。田中理事爲了達成建校的大任務，親自出馬，出差各地勸說，改造才能完成，而終於達成大成功。

大正十年（一九二一）組織全校的體育會，招來各種運動在日本主辦競技運動。同年實施女子聽講生入學學習，招致外國人及外地人（台灣、朝鮮）能與日本人平等考入大學正科。昭和三年（一九二八）名揚世界的「大隈講堂」完成。又在同年日本唯一的「坪內（逍遙）博士紀念演劇博物館」開館。

（四）大學總長時代

昭和六年（一九三一）田中穗積就任總長後，實

施教學改革，矯正塡鴨式教育傾向，採取「出於自發性研究爲指導本位，刺激對學問研究的興趣」。學苑五十年校慶時，以皇室下賜金，設立恩賜紀念賞金制度，給予學生做爲獎學金。改築木造校舍爲混凝土的近代建築，促使校本部等主要校舍陣營整齊，面目一新，並現代化工業部研究設施。

如上所述，田中總長在各時期對母校所付出的努力經營及其事跡，眞與早稻田大學這幾十年的隆昌發展有直接關係。

八、田中總長的學術貢獻

田中總長爲學校發展捨身奮鬥而無寧日，他雖然事務繁忙，但在學術方面也留下特異的莫大事跡。

田中教授，大學畢業二年後，在明治三十一年（一八九八）就出版大著作《財政學》（九百二十五頁）。從此，財政學乃成爲其專科研究學問。這本書當初是以法國財政學爲基本理論，二十年後，再加入德國財政學因素，繼續發表有關租稅著作，即：《高等租稅原論》（一九〇三）、《稅制整理

早稻田大學政治經濟學部

論》（一九一〇）、《國民經濟概論》（一九一七，這本書反映了日本學界的比例稅主義改爲累進稅主義，昭和六年（一九三一）重新發表改訂新版）。

《國民經濟概論》，是田中教授爲了提供學生研究經濟學的指針所著書。改訂了新版書後，站在社會主義經濟學觀點的商學部長・北澤新次郎，對此新版加以批判。當世界性經濟恐慌爆發時，田中教授隨即發表「答北澤教授的批判」，且公言「資本主義經濟體制是勝過社會經濟體制」，表示他對於資本主義社會的信心。

田中教授雖然大學行政工作相當繁忙，但他在商業學部每周對學生講義「經濟原理」（《國民經濟概論》就是講義稿本），繼續到昭和十三年（一九三八）才停止（我也曾經去商學部旁聽過幾個鐘頭的授課）。

田中穗積總長爲人開明溫厚，思緒周密，舉止端正，責任感強，一旦決定必然移諸實行。

他絕妙的演說，實是別人無法比擬，談吐具有特別風格，理路清晰。

我在早稻田大學六年間，年年聽到從講壇傳來的琅琅聲音，已過七十年了，現仍澄澈響亮在耳際。

九、中日事變爆發

昭和十二年（一九三七）中日事變爆發，在日本政府掌握壓倒性發言權的陸軍軍部，下令大學當局實施戰時體制，開始無視大學存在，擬以掌握青年的思想與行動。田中總長等大學首腦，看透時勢的去向，日夜苦思，希望找出妥協辦法。

昭和十五年（一九四〇）九月，田中總長召集全校教職員於大隈講堂，由衷陳述學苑所處的苦境，切望大家必須「愼言愼行」，並努力振興體育活動，期以緩和政府戰時措施的壓迫。

昭和十五年，戰爭的腳步愈來愈粗暴，政府命令各大學從九月起，縮短教育年限，使學生「提前半年」大學畢業（實際在學應是六年，縮短爲五年半，此時我已上大學政治經濟部政治科，所以一九四二年九月畢業）。

昭和十八年（一九四三），日本政府再下令將要畢業學生實現「學生出陣」，放棄學業立即當兵。結果，六千餘名早稻田文科系大學健兒，半途就遭徵兵入軍隊。理工系學生雖說被允許留校繼續研究，但實際上，大部分都被調到軍需工廠做勞動。

所以留在學校的學生寥寥無幾，學校成爲空城。校友窪田空穗（兒童文學家）有一天偶然到母校，看了少有學生在校庭活動，赫然跳起來說：「學生皆去當兵，校庭幾乎聽不到學生的腳步聲了。」

爲了度過這極大危機，挺身而出負起重責大任的，就是田中穗積總長，與第五代總長中野登美雄（我的憲法學恩師）。

十、田中總長去世

不幸的，在戰爭未結束之前的昭和十九年（一九四四）八月二十二日，田中總長因校務過於繁忙而病逝，享年六十八歲。中野總長也相繼病骨支離而病倒。

一九三七年（昭和十二年）四月，我初入早稻田大學時，共有二十餘學部及第一、第二學院的新入學生，以及教授、講師等，齊聚於大隈講堂，舉行入學典禮。那次儀式，最讓我印象深刻的，就是田中穗積總長的訓話。他說：

「你們將做爲人最重要的再出發……早稻田大學的創學教旨，就是大隈重信的『學之獨立』……你們當要選擇做人的一條路，即打定做人應有的人生觀……『浩然正氣』是人生的一個重要理法……」

田中總長這個高明出色的教訓，令我擺脫過去的封建舊思惟，走上建立做人的新思惟新指標，一生拳拳服膺而無窮盡。

第九章　早稻田野黨精神與大正民主主義

在本質上是進步的科學，一旦與保守的支配階級面對，就擁有衝突的必然性。

——大山郁夫

一、第一次護憲時代

大正天皇在位的一九一二—二六年，爲大正時代，但在歷史學上，是一九〇五年反日俄講和並批判藩閥官僚政治爲起點，至一九二四年政黨內閣成立的二十年間，爲「大正民主主義」（Taisho Democracy）時代。

一八九〇年，日本發布憲法開設議會，一九〇五年在日俄戰爭獲勝，在這十五年間，日本國內獨佔資本急遽成長（鋼鐵、造船、機械、產業等重工業發達），社會近代化日進月步。日俄戰爭結束後，以現實合理的立憲政治思想爲主導，中產階級、無產階級（勞動者、農民）的勢力日益擴大，招來護憲與非講和（不以不利條件與俄國講和）的民眾運動，這個民眾運動逐漸發展爲全國性政治運動。這可以說是「大正民主主義」的起點。

然在日俄戰爭所花費的財政開支，高達十九億圓（當時政府預算只有二億圓規模），其財政短絀都靠內外貸款彌補。這個過重的財政負擔，當然使國民的納稅異常加重，所以以往的護憲運動，很快就發展爲反政府、反軍國主義的大規模民眾運動。

當在此時，一貫主張「眞正立憲」（政黨政治）的在朝黨自由民主派大隈重信及其追隨者（主要是早稻田的教授、學生、媒體及政治家等），乃把「民眾」與「政黨」結合在一起，掀起要求眞實的立憲政治的全國性民眾運動。這就是大正民主主義運動發

展，也是第一次護憲運動的盛時。

但是第一次護憲運動發展不久，在野的部分政黨、財閥資本家，卻與在朝的元老官僚、軍部妥協，在對外擴張與軍備擴大的政策上取得共同行動，終與反對財政膨脹、對外擴張的民眾運動發生正面對立，竟使護憲運動碰到一段試煉的時期。

二、第二次護憲運動

一九一四年，日本在軍備擴張、外購軍器之際，因購買外國軍艦發生政府官僚、軍人的收賄事件（西門子事件Siemens Scandal），全國民眾群起叫囂抗議，要求高級官僚與軍人引咎下台。在這種輿論沸騰的形勢之下，護憲運動再次興起，在朝的大隈重信等人，爲了展開久年堅持過來的抱負，隨即辭任早稻田大學總長一職，應運組成第二次大隈內閣，竭力擴大民主政治，伸張政黨勢力。

然而，大隈內閣及其輿黨的立憲同志會，在這內外政局極度混亂的情況下，雖能給予明治保守派當頭棒喝，但在原來的護憲運動與民主改革上，卻未獲得多大進展。在對外方面，因一九一四年世界大戰爆發，亞洲地區幾乎成爲日本專管的獨戰場（西歐列強無暇維持在亞洲的威權）。日本政府（大隈內閣）卻趁此機會，爲了對中國本土打進帝國主義侵略的橋頭堡，竟然迫使北京的袁世凱承諾「二十一條要求」，把山東半島納爲日本帝國主義的勢力圈（本來是德國的勢力圈），而引起中國國民激烈的反日運動。

日本在大戰中，國內經濟達成高度成長（化工工業、電力事業飛躍發展），對外是獨佔亞洲市場，工業產品輸出擴展，原來是債務國的日本，搖身一變成爲債權國。這超級的好景氣，招致日本財閥（三井、三菱、住友、安田）金融大資本，更進一層的進行資本集中，以財閥爲頂點的金融資本獨佔體制，依此完成。

但在另一方面，社會近代化發展，勞動者增加，中產階級（白領階級）成長，大專學生勢力壯大，鄉村都市化，民主主義、社會主義等進步思想擴大其活動空間，階級運動公然化，教授、思想家、媒體等，頻繁開會高談闊論。早稻田大學人才濟濟，高田早苗（總長）、齋藤隆夫（自由民主主義者、國會議員）、永井柳太郎（自由民主主義者、國

會議員、早大教授）、石橋湛山（自由民主主義者、國會議員、早大教授）、緒方竹虎（自由民主主義者、早大教授、著名記者）、中野正剛（自由民主主義者、著名記者）、大山郁夫（馬克思主義者、早大教授、著名政治家）、北澤新次郎（馬克思主義者、勞動運動家、早大教授）、猪俣津南雄（馬克思主義者、早大講師）、佐野學（馬克思主義者、早大講師）、鈴木茂三郎（馬克思主義者、左翼運動家）、淺沼稻次郎（馬克思主義者、勞動運動家）等人，都是活動於政治、社會運動上的佼佼者。東京帝國大學最突出的自由民主教授吉野作造，乃主張主權在民、言論自由、普通選舉，並派出許多進步人士參與民主、社會運動。全國最大報紙的大阪朝日新聞（早稻田派），提倡所謂「媒體民主主義」。一九一八年，終由「政友會」（政黨）總裁原敬，組織內閣，而實現了日本最初的「政黨內閣」。這成爲大正民主主義盛時的最高峰，但也爲大正民主主義敲下衰退的晚鐘。

三、早稻田大學與左翼主義運動

（一）第一次世界大戰後的內外情勢

一九一八年世界大戰一結束，日本國內立即受到深刻的不景氣打擊，工業生產一落千丈，外貿萎靡不振，工廠倒閉，勞動者、農民民不聊生，米糧騷動（因缺糧食，大眾暴動，一九一八），東京砲兵工廠大罷工（一九一九）、八幡製鐵所大罷工（日本最大鐵工廠，一九二〇）、神戶造船所大罷工（一九二〇）等大小工廠勞動爭議迭起，全國騷動。

此時，統治階級的元老官僚、軍部、政黨、財閥資本家，因懼怕無產革命，隨即構築「反革命統一戰線」，使民主政黨內閣的原敬以「治安警察法」（取締政治結社的法西斯法，一九〇〇），做了大彈壓大逮捕，及壓迫言論、出版。

同時在國際上，爆發中國國民革命（一九一一）、俄國無產革命（一九一七），這國際上的體制變革，給予日本的在野進步派很大的興奮與鼓勵，且讓在朝保守派非常的驚愕與憂慮。繼之，一九一九年成立「第三國際」（Komintern）於莫斯科，擬以支援資本主義力量薄弱的亞、非各殖民地的殖民地解放運動。第三國際隨即召開「東方民族大會」（東方勞動者大會）。但在．九一〇年，早稻田大學已有先進的教授、學生起來成立了日本「社

會主義同盟」。在這種社會情勢變革之下，各地的社會主義團體或勞動運動組織相繼出現，如有「日本勞動組合（工會）全國協議會」（一九二八，日本共產黨領導，立即加入第三國際勞動者組織Profintern）、「日本勞動組合會議」（一九三二，日本勞動俱樂部後身）、「日本海員組合」（一九二八）、「日本勞動全國評議會」（一九三四）等。

第三國際在莫斯科召開「東方勤勞者大會」（一九二二）之際，日本有德田球一（山川均派）、佐野學（早大講師）、高瀨清（曉民會）、吉田一（無政府主義者）等十六名左翼主義者秘密前赴莫斯科參加大會。在大會上決議：「各國勞動者對自國權力中心鬥爭的戰略戰術」（日本是對抗元老官僚、軍部、財閥）。德田等返日後，馬上召集在日的布爾塞維克（列寧共產主義者），在一九二二年七月，秘密結成「日本共產黨」（執行委員堺利彥、山川均、荒畑寒村等人，委員長堺利彥）。日共的建黨雖然勢力微小，但其象徵性意義卻相當巨大，所以原來是批判派的政黨、財閥資本家，一聽到共黨建黨，立即連繫被批判派的元老官僚、軍部，擬以對付共產主義派的革命運動。

另一方面，反政府、反軍國主義的學生、勞動者、記者等進步份子，也受到日共建黨的很大刺激，雄心勃勃，蠢蠢欲動。可是，這些進步份子幾乎都不屬布爾塞維克共產主義者（斯大林主義者），他們大部分都是要求政治民主的自由主義者或勞動運動的社會主義者。

然而在朝的保守派，卻不論是共產主義者、社會主義者或自由民主主義者，都全部歸類爲共產主義者，加以無情的監管、逮捕、拘禁，或限制言論、禁止出版；並煽動右翼團體，如早稻田大學內的「軍事研究團」、「縱橫俱樂部」，東京帝國大學的「興國同志會」，或「政友會」（政黨）下屬的「大正赤心會」、「大日本國粹會」、「神州義團」等，對進步份子挑戰或進行暴力鬥爭。

（二）左傾學生團體與馬克思主義

大戰結束後，社會環境有了大轉變，媒體（journalism）空前發展，報紙、雜誌等刊物發行遽增，尤其是有關思想、勞動的單行本氾濫於全國。大學教授、思想家、主義者等，也頻繁寫文章刊登於新聞、雜誌，熱烈的發表意見。這必然會促使學

生、知識份子（intelligentsia）提高對思想或社會問題的關切。

當時在早稻田大學，就有著名教授大山郁夫（馬克思主義者）、北澤新次郎（勞動問題專家）、杉森孝次郎（社會學理論家）、煙山專太郎（國際政治史學專家）、安部磯雄（社會主義者、基督教徒、早稻田棒球運動之父）、內ヶ崎作三郎（自由民主主義者）、豬俣津南雄（馬克思主義者）、佐野學（馬克思主義者）、長谷川如是閑（自由主義左派政治評論家）、馬場恒吾（自由主義政治評論家）等人，能看到他們常寫文章或登台演講，熱心傳播自己所信奉的思想。但是因社會主義出現，早稻田大學卻被稱爲「革命思想的溫床」。

早稻田大學學生，只要是富有青年的熱情與正義感，並對社會問題有關心的人，在充滿著自由民主主義或社會主義的環境中，聽進步教授的課，看他們寫的書等，耳濡目染之下，都會受其影響，而開始深刻思考，進而活躍於學生團體中。

然在當時正捲起所謂「ana-bol」（anarchism-bolshevism，無政府主義與列寧共產主義）熾烈的理論鬥爭的漩渦。但是，思考略顯單純的學生們，大部分都選擇比較容易接受的馬克思主義，認爲這樣才能排除日本社會的「前近代性」，而成爲眞實的「近代社會」。

原來日本社會從明治維新以來，就產生了「非近代」與「近代」的兩種思考方式在互相矛盾對立著，就是固有的封建傳統方式與外來近代方式互相鬥爭著。特別在哲學「價値觀」上，這兩種方式更加尖銳對立著。但是日本只要是想社會的資本主義化、近代化，就難免要容納西洋的現實主義（realism）與合理主義（rationalism）這兩種觀點。另一方面，在資本主義化、近代化時期，必然是民族主義（nationalism）的高揚期。然而日本的「大和民族主義」，是與以天皇爲中心的社會體制不可分離。因爲兩者如此矛盾，所以在日本，無論是一般人或是學生、知識份子，絕大部分都把近代性進步的價値觀，與前近代的帝王價値觀融合，而想要實現自由民主主義或社會主義、共產主義等。

研究馬克思主義，應該是從馬克思經濟學開始。但在日本學界，當初是不太重視經濟學的。唯獨早稻田大學，從一八八二年東京專門學校開學時，就創設「政治經濟學部」，而開始講述「經濟

學」。東京帝國大學起先卻把經濟學放在法學部之下，不看重經濟學。

到了一九〇〇年代，左翼主義諸學說，才由幸德秋水（一八七一—一九一一，無政府主義的代表性人物，他受早大教授煙山專太郎著《近代無政府主義》很大的影響）、堺利彥（一八七〇—一九三三，早期共產主義的代表性人物）逐一介紹。馬克思、恩格斯所著的《共產黨宣言》，亦在此時被翻譯而登載於《平民新聞》。但這些共產主義刊物都立即遭政府峻烈的彈壓。不管如何，這些被禁的左翼主義學問，卻更加為學生、知識份子所熱衷。大家進而把馬克思思想研究的據點，成立於早稻田大學學苑內與東京帝國大學的校內，所以後來政府官憲要搜索「危險思想」的馬克思研究據點，也集中於這二校。可是官憲攻擊壓迫愈加嚴厲，這二校的左翼主義者的抗爭也愈趨熾烈，終在一九一九年爆發了「森戶事件」（東大經濟學部助教授森戶辰男，因發表有關無政府主義論文，竟遭政府憲警壓迫而辭職）。繼之，早稻田大學繼續發生「軍事研究團事件」、「研究室蹂躪事件」等。

早在一九一八年，受黎明會（東大啓蒙民本主義的團體）與新人會（東大社會主義運動的團體）各派成立組織的刺激，早稻田大學的左翼學生，以和田巖、高津正道、淺沼稻次郎為中心，也想組織學生團體。他們事先獲得北澤新次郎（社會主義者、商學部教授）、高橋清吾（社會主義者、政治經濟學部講師）及大山郁夫（當時尚在校外的馬克思主義者）的參考意見，一九一九年才在大隈講堂舉行盛大的「民人同盟會」（早稻田大學生的左翼主義運動組織，後來傾向民主主義）創立大會。其宣言云：

「我等社會與國家，在過去四年有餘所經過的試煉與堅持，我等思想竟然從動搖走上安定的過程，如今將要迎接光明與希望。這個新時代的主流，是伴隨著國民意識的敏感與階級意識的協調，已以不可抗拒的強大力量，進入社會民主主義化。世界各國，在這新舊兩文明鬥爭的過程中，誓死努力於世界的根本改造。我等為了愛護擁有三千年歷史與傳統的國家與國民，認為必須擁有保持國際生活上的協調，並要有對世界文明做出貢獻的覺悟與使命。為了進行這些世界性大使命，我等先得受到自由解放的各階級的協力合作，同時也要撲滅頑固者流的時代倒錯的反動思想，而為民主主義站在新

時代的關頭。我等將在這個主張之下，付出一切犧牲而向前邁進。」

民人同盟會成立不久，高津正道等人，即投靠堺利彥、山川均，而以列寧、斯大林的布爾塞維克共產主義創立日本共產黨。和田巖即與淺沼稻次郎等人，在北澤新次郎、大山郁夫的領導之下，創立「建設者同盟」（早大學生的社會主義思想團體，從事農民運動，一九一九）。高野實等人，把「民人同盟會」改組爲「早大文化會」，其宣言如左：

「……我等不要止於紙上談兵，必須努力於暴露藏在現實裡頭的眞實。……仿傚打破了壓迫革命主義的奧地利首相梅特涅（Metternich，1773-1859，奧地利保守派政治領袖）下的德國學生，及以純粹的熱情勇敢鬥爭的俄國大學生，我等都得從這些歷史學習，同時也要面對嚴厲的現實，而深刻感到我等使命的重要。」

如此看來，就能知道民人同盟會、早大文化會與建設者同盟，在宣言上，有了顯著的不同。早大文化會是承受大山郁夫、佐野學領導，其思想背景爲共產主義。

建設者同盟，是承受北澤新次郎（商學部教授）指導，他著作《歷史の齒車》（齒輪，gear），倡導帝俄時代進步知識份子高唱的「到群眾中去」（V narod，中國五四運動時，李大釗、陳獨秀翻譯爲「民粹主義」）。他不是共產主義或勞動工會主義（Syndicalisme，以勞動工會爲革命核心的急進社會主義，十九世紀末發生於法國），他主張依具體的勞動工會與農民工會爲中心，來團結無產階級並實現新社會。

北澤新次郎較具體的描寫了建設者同盟當初的生活模樣如下：「我在負責建設者同盟的指導時，對他們提出兩個要求，一是爲了求得盟員的思想一致，必須進行集體生活，二是在學習中，爲了獲得鞏固的理論基礎，要熱心學習。……當時我借來我家隔壁的房子……供同盟諸君共宿。」

後來同盟的平野力三（從事農民運動），才提倡自炊生活，以前是大家都在北澤教授家吃三頓飯，使他的生活將近破產。田所輝明也說先生薪水只有十三圓五十錢，把他吃倒了，所以都贊同改爲自炊生活。淺沼稻次郎很用心，田所頭腦尖銳。由此可看到北澤新次郎做一個革命者，是全身全力以赴，不但成爲理論、實踐的指導者，也用心照顧學生的食宿生活。

建設者同盟從一九二〇年開始，爲一般學生開研究會，如山川均所講的「無政府主義」，北澤新次郎講的「同業組合主義（guild socialism）」，布施辰治講「被告論」，大山郁夫講「民眾文化について（關於民眾文化）」，長谷川如是閑講「政治と藝術」，賀川豐彥講「心理の研究」，本間久雄講「現代婦人問題」，帆足理一郎講「新實用主義の哲學概論」等。

(三)左翼「文化同盟會」與右翼「軍事研究團」

一九二二年中葉，早稻田大學內部掀起學生要組織統一的學生團體的聲音，其聲音的起源，大體上是同年七月秘密結成的日本共產黨。從此學生間議論沸騰，終在同年十一月七日，選俄國革命五周年紀念日，東京帝國大學、早稻田大學、明治大學、日本大學，及第一（東京）、第三（京都）、第五（熊本）、第七（金澤）高等學校，學生齊聚並創立「學生聯合會」。

於是，早稻田大學既成的各種學生組織，乃應學生聯合會的號召，即以文化會與建設者同盟爲中心，創立「文化同盟會」（會長大山郁夫，顧問佐野學、北澤新次郎、猪俣津南雄），一九二三年五月五日出刊的《早稻田大學新聞》有如左的報導：

「本同盟爲了反抗資本主義思想，與充滿著虛僞與矛盾的現代資本主義社會，並以研究與訓練新社會爲目的。本同盟乃在五月一日至四日，舉辦演講會，即『唯物史觀の社會的考察』（大山郁夫）、『馬克思經濟學』（北澤新次郎）、『近世社會思想史』（平林初之助）。還有高橋龜吉、鈴木茂三郎、市川正之、佐野學、猪俣津南雄等左翼主義研究的佼佼者，共同研究布哈林著的《共產主義入門》，及由猪俣津南雄講述『布爾塞維克共產主義』等。」

然文化同盟會創立不久，就遭反左翼的右翼學生所組織的「軍事研究團」的挑戰與襲擊。

早在一九二三年五月十一日的全國報紙，都大寫特寫的報導，前一天在早稻田大學成立「軍事研究團」時的情況，尤其是東京日日新聞（首都三大報紙之一，有大報導）。即以大篇幅報導一些思想進步的學生，對軍事研究團成立大會給予激烈的反擊，諷刺的說：「軍閥（軍事研究團）成爲（進步學生）的眼中釘，戴著大角帽的學生直衝猛攻，官憲爪牙軍

事研究團孤立於諷刺謾罵聲中」，並且還說這場激戰好像是學生與軍隊的戰爭。

在騷動當中，許多學生也被捲入謾罵與暴力的漩渦裡，學校當局則因懼怕騷動擴大於全校，馬上介入現場，終於命令雙方解散組織。

騷動發生後，文化同盟會顧問的大山郁夫與佐野學兩人，立即召集志同的片山伸、內ヶ崎作三郎、帆足理一郎、安部磯雄等十八名教授，討論學苑騷動的始末方策。此時一般學生發出二項聲明：

1. 不承認政府爪牙的軍事研究團爲學術研究團體。
2. 不歡迎宣傳軍國思想的團體存在。

另外，小川未明（文學部英文科畢業，兒童文學作家）與秋田雨雀（文學部英文科畢業，新劇運動者）等著名校友，在討論會上亦發言說：「……反對軍國主義的學生大會表現出暴力團行動而打得頭破血流。這空前破壞了以學問獨立與言論自由爲校旨的早稻田大學的無上名譽。這種噩耗顯出早稻田大學最大的恥辱。……這是我等校友最爲遺憾之事。故我等爲了擁護早稻田大學所依據的獨立與自由，盼學校當局盡快發表其眞相與處理的具體方策。」（中央新聞，一九二三年五月十五日）

其後不久，糾紛的兩組織，遂在五月二十日，宣稱「爲母校和平」而宣布解散。

軍事研究團則在同月十五日，團長青柳篤恒教授向學校當局提出解散書，隨即解散。「本團舉行發團式時，因措施不周，引起不測的誤解與疑惑，鑑於此，爲避免累及母校，決定解散本團。」文化同盟會也宣告解散。

(四)「研究室蹂躪事件」

一九二三年六月五日正午，數輛汽車停在早稻田大學本部門前，一群官憲（檢察官、判定書記及警視廳刑事）下車後，向恩賜館蜂擁而入，立即執行搜索佐野學與猪俣津南雄兩講師的研究室。這棟研究室是所謂的共同教室，除了佐野、猪俣以外，還有其他教授一起使用，結果，教授勞動問題的北澤新次郎教授及大山郁夫教授、出井盛之教授的研究桌也被搜索，連資本主義商業經濟教授的小林行昌也遭池魚之殃，受到蹂躪之禍。

然而這個事件不僅是單純的大學研究室蹂躪事件，更成爲第一次共產黨逮捕大事件的開端。

日本共產黨原先是秘密建黨，但是政府當局早就探悉其動靜。他們經過一年有餘的監控、內探，早就掌握其組織、黨員的一切狀況。在與搜索早稻田大學同一天的六月五日拂曉，即動員全部檢察官、警察，突擊所謂「主義者」（共產黨員）的全國大檢舉。

檢舉日共的動機，除了上述早稻田大學騷動事件之外，還有當時左翼組織的分裂問題，如水曜會（山川均）、無產社（堺利彥）、突破社（近藤榮藏）、曉民會（高津正道）、たねまき社（播種社、市川正一），及早大文化同盟會（佐野學、猪俣津南雄）等團體，分裂爲兩條路線，即堺利彥、山川均、荒畑寒村等共產主義派，與大杉榮、岩佐作太郎等無政府主義派的對立抗爭，勞動運動也分裂爲總同盟與反總同盟的兩派。左翼陣營在這兩派尖銳對立的情況之下，政府官憲趁機進行大檢舉，這就是日共被大檢舉的另一個動機。

（五）學問獨立與自由遭侵犯

一九二三年六月五日在早稻田大學所發生的研究室蹂躪事件，以日本全國而言，雖不算是大事件，但對文化、學術界來說，卻是非常大的打擊。因爲早稻田大學的教旨是學問的獨立，這個教旨是具體表現在學問研究不可侵犯的原則問題上。

然政府官憲檢舉的魔手，竟然伸至早稻田大學校內，恩賜館研究室遭搜索，講師教授受查問，此事絕不能輕率的放過。因爲大學被糟蹋，學問喪失獨立自由，這是天理難容的大問題。

大山郁夫認爲研究室蹂躪事件是大學獨立、學問自由的危機，他覺悟到即使最後得拋棄教授職位，也得爲現在的危機振臂一呼。他把這樣的決心付諸實踐，就是舉行「大學擁護演講會」。他以早大「雄辯會」爲中心，排除官憲萬般的妨害，於六月二十六日，在東京神田基督教青年會館召開演講會，演講者是三宅雪嶺（明治、大正、昭和時代著名的評論家）、福田德三（明治、大正期的著名經濟學者，社會主義者）、大山郁夫三人。因大山是研究室搜索事件的早大教授當事人，也是早大學生團體文化同盟會顧問，所以一般民眾自然最注目大山。當晚六點未到，基督教青年會館大廳已坐滿聽眾，一大堆進不去的民眾則雲集於大廳門口廣場。繼三宅之後，登上講台的大山郁夫，即以「大學的使命及其

社會意義」爲講題，公開坦白的講了左述的話：

「在本質上是進步的科學，一旦與保守的支配階級面對，就擁有衝突的必然性。以尊重科學本質的精神而行動的我等，屢次陷於與支配階級對峙的命運。尤其從事『社會科學研究』的學徒的我等，不但不得不與從支配階級裡的資本家階級來的壓迫做慘烈的鬥爭，也要與來自仍然維持保守心態的官僚軍閥等支配階級的壓迫做鬥爭。……

大學是以教師與學生爲主要構成份子。然而，在我國，學生的學術研究團體中的某些部分，卻受到官憲非理的壓迫。並且，更加遺憾的是，一般人對這些罪惡行爲視若無睹。若從我的直接經驗來說，以馬克思主義，或無政府主義及其他種類的社會學說爲研究目的的學生團體的大多數，常遭當局的猜疑與嫉視，有的還被當做危險份子而置於嚴酷的監管之下，或者常以種種的奸詐手段，被誣衊爲非國民的人物。爲了社會進步，這種學問研究當然是必要的。然而，從事這些研究的人，都在晦暗的環境當中，衝過身上的束縛或腳底下的陷阱，才能在岌岌可危之下，繼續其學問之研究。」（紀念事業會編，《大山郁夫傳》，一九五六）

大山郁夫

大山郁夫演講至激動處，涕泗縱橫，台下的學生也站起來揮手揮帽，與大山同聲大哭。

官憲打擊早稻田大學的左翼主義思想，欲收殺雞儆猴之效。從此之後，他們對學苑的社會科學研究，逐漸加以政治彈壓。就是在這種對左翼主義思想的連續彈壓的背景下，大山郁夫開始實際從事革命實踐。

（六）東京大震災與大山郁夫危機一發

第一次大戰後的左翼主義運動發展，就是反軍

國主義思想的崛起。所以軍部，尤其是陸軍將校，對左翼主義者懷有很大的怒火與深沉的怨忿。終在「東京大震災」（一九二三年九月一日）的混亂時期，陸軍官兵對左翼主義者伸出殘殺暴行的魔手。最具象徵性的事件，就是無政府主義的代表人物大杉榮、伊藤野枝夫婦及其外甥橘宗一，在大手町（東京火車站附近）的東京憲兵隊，遭東京憲兵隊澁谷分隊長兼麴町分隊長甘粕正彥及其部下的毒手，被凌辱殺害。

早稻田大學軍事研究團事件之際，在演講時激烈發動革命熱情的大山郁夫，當然也被列入陸軍暗殺的黑名單中，此即一九二三年九月七日軍部所進行的「大山襲擊事件」。大山郁夫立即從自家被逮捕到落合（早稻田附近）的憲兵隊臨時屯所，原本要將他就地處決，因消息走漏，附近民眾騷動起來，記者也隨即趕到現場予以報導，民意沸騰，憲兵隊懼怕問題被擴大並受輿論攻擊，不敢遽下毒手，到夜晚才偷偷釋放大山郁夫，讓他自己回家。

（七）大山郁夫從事革命運動與辭任早稻田大學

一九一〇年代前半（大正初期），大山是不贊成學者直接關係現實政治鬥爭的所謂「象牙塔派」。

「當時先生是屬於進步派，但思想上是白紙。……當時偶爾在研究室走廊相會時，他說：北澤君，你在搞友愛會的運動，但學者應該是隱居於象牙塔內，從事實踐運動是學者過份的行動。」（北澤新次郎，《歷史の齒車（齒輪）》，一九六九）

大山郁夫這樣的學者態度開始變化的契機，是擔任《大阪朝日新聞》論說委員記者以後的事。一九一七年九月，大山抗議「早稻田騷動」的處理方法而辭去早稻田大學講師之後，受大阪朝日新聞社聘爲記者，與長谷川如是閑（早大出身，著名左派民主主義評論家）、櫛田民藏（著名馬克思主義者）有親交，結果，從長谷川學習自由言論人的涵養，並從櫛田學到馬克思主義。大山郁夫經過「白虹事件」（大阪朝日新聞社編集局長鳥居素川的筆禍事件，一九一八），不到一年就辭任大阪朝日新聞，其後，從事於啓蒙政治的實踐運動，成爲「黎明會」（吉野作造、福田德三、大山郁夫等創立的民本主義啓蒙團體，一九一八）的有力會員。一九一九年，對於早稻田大學的民人同盟會，大山也從校外積極支持校內

運動。

一九二〇年，大山再次受到早稻田大學名譽學長高田早苗之聘，重新就任早大教授職。從此，他的實踐運動日益頻繁，教給學生有關馬克思主義思想，影響深遠。此期是早稻田大學社會科學研究的興盛時代，大山乃自然而然成爲社會科學研究的守護者。當時對學生而言，所謂的社會科學是指馬克思主義，故守護者大山當然被當成是馬克思主義者。但原來是自由主義者、社會主義者的大山，終不能成爲百分之百的馬克思主義者。在他的論文中，雖然階級或階級鬥爭等用辭頻頻出現，但因他的思想基礎，早在留學美國芝加哥大學時，深受Lester Frank Ward（1841-1913，美國社會學者，美國社會學會初代會長，著作《動態社會學》（1883））的影響，所以大山是理想主義者，與斯大林共產主義者的佐野學及猪俣津南雄有著決定性的不同。可是，在當時充滿著馬克思主義的社會背景之下，大山郁夫漸爲馬克思主義者是不爭的事實。

一九二二年大隈重信逝世，政黨政治家原敬橫死於刺客毒手（一九二一），政友會弱體化，政府當局恐懼革命思想高揚或民眾的普選運動發展，終於通過所謂「過激社會運動取締法」（一九二三），而把無政府主義與共產主義非法化。「無政府主義、共產主義，及其他被認爲有關宣傳紊亂朝憲，或其宣傳者，處以七年以下徒刑或禁錮。」（第一條）由此，大學的自由與學問的獨立，從根底受到威脅。

大山對於官憲彈壓社會科學研究，感到非常憤怒與很大的不安。他終於從普通選舉運動，一下子進入左翼運動。他在三月一日於神田青年會館召開的「過激社會運動取締法案反對演講會」上，說了一句千古流傳的名言：「……這個法案的實施，反而會激動階級意識的高漲……」如此，大山郁夫對治安警察法或社會運動取締法的激憤，立即使他更加深入現實政治的實踐運動。「……社會思想必須從理論踏出第一步，而進入實際的社會實踐運動。……這當然要以社會科學爲基礎。否則，社會思想不能供給社會實踐運動所要求的思想基礎。」

一九二二年，「社會科學研究會」在各大學、高等學校相繼創立，做爲馬克思主義的研究團體。早稻田大學從早時就有「學生連合會」（F・S）。一九二四年九月，許多學生再創立「學生社會科學

連合會」（S・F・S＝Student Federation of Sociology）。翌年擴大為各大學、高校的社研的上部團體的「日本學生社會科學連合會」，一貫從事普選運動與反治安警察法運動，成為民主運動有力的一環。

一九二〇年代初葉是所謂「第二次護憲時代」（以政友會、憲政會、革新俱樂部等護憲三政黨為主）。一九二五年三月二十九日，在貴眾兩院通過抗爭已久的「普通選舉法」（仍有許多限制條例）。然而所謂「治安維持法」（明治以來最嚴酷、最廣泛的法西斯法案），卻與普選法表裡一體而成立。這種惡法擴大為全面控制政治、經濟、社會、文化等一般的民眾生活，甚至使議會制度本身變成無意義的剩餘物。治安維持法的第一、第二條如左：

第一條：以變革國體與否認私有財產制度為目的的結社及知情加入者，處十年以下徒刑或禁錮。

第二條：以前條第一項為目的，協議其實行者，處七年以下徒刑或禁錮。

究竟哪些思想案件違反治安維持法，哪些又沒有，這種法律上的判斷，都取決法官的自由裁量。所以在治安維持法之下，任何革新的政治運動都難過關，學問的自由或講義的自由都不可能存在。

大山郁夫進入實踐運動的政治目標，是普選、反軍、和平主義的實現及確立學問研究的獨立與自由。他認為這種惡法應該儘早廢止。他與早稻田大學教授安部磯雄及社會主義者三輪壽壯、自由主義議會主義者清瀨一郎等人，在各處的演講會都竭力提倡廢止治安維持法，但許多學校的社會科學研究會一一被解散，學生被迫退學。大山此時才知道，在日本，所謂的民主化，實際上是開倒車的民主化。大山自覺現在要做的政治實踐，只有是撲滅治安維持法，他進而想到若要撲滅治安維持法，必要走上馬克思主義革命的途徑。因為政府當局制定治安維持法的真正目的，是要消滅共產黨或共產黨性的社會主義派。當時受蘇聯支助的布爾塞維克的共產主義派勝過無政府主義派，這種馬克思主義風靡一時，盛行於日本的學生、知識份子之間，所以，所謂社會科學研究會，大體上都是布爾塞維克派馬克思主義研究會。因此，大山郁夫乃一天一天地成為馬克思主義研究者。當時，無產政黨內部，共產黨的勢力迅速擴大，也產生反對其勢力擴大的另一群人（馬克思主義正統派），左右的對立鬥爭非常激烈。然而學術研究派的大山郁夫不是贊同布爾塞維

克馬克思主義派，而是祖護馬克思主義正統派，所以無產政黨開始普選運動之際，大山乃受青野季吉（早大出身，文藝評論家）、鈴木文明（東京帝大出身，評論家）、高橋龜吉（早大出身，經濟史家、左翼經濟評論家）、福田德三（東京帝大出身，經濟理論家）等人勉勵，一起努力，並受「勞動總同盟」、「關東機械工組合」、「出版從業員組合」、「農民組合」、「社會思想社」等的推舉，竟任「政治研究會」創會委員。

一九二四年六月二十八日，在東京市芝區的協調會館，舉行「政治研究會」（勞動農民黨前身）創立大會。賀川豐彥（社會主義者、基督教著名牧師）致開會詞，布施辰治（律師、社會主義者）就任大會議長，島中雄三（社會主義者）報告籌備經過，並決定十六條規約，發表宣言：「我國的政府與政黨，多年來淪陷於追求個人利益，熱衷私權力欲望，敢當財閥的代言人而出賣國民財富，所以內外政治弊端百出，國民生活已被逼上破滅之邊緣。財政負擔不公平，農村衰微，應有的權利被剝奪，失業者遽增，故民不聊生，人權沒受到應有的保障。但是，要解決這等弊病之方策到底何在？我等相信，起碼的先決條件，我等在本大會決議事項，我等期待樹立立腳於無產階級的政黨。」（《大正政治史》）

然而，到各團體代表祝詞演講的時候，總同盟（共產黨）與無政府主義者之間，開始大爭執，甚至以暴力相向。但是，大山郁夫乃做爲同會的調查委員，與北澤新次郎、澤田謙（大正—昭和時代評論家）、平林初之輔（大正—昭和時代評論家）、市川房枝（明治—昭和時代左翼女性運動家）、高橋龜吉、青野季吉、新居格（大正—昭和時代評論家）等人，一起爲大會的圓滿成功努力奮鬥。一九二五年四月第二屆大會時，政治研究會發展成爲一道三府三十九縣的五十三支部。其會員三分之一是學生，學生社會科學連合會（S·F·S）的影響非常強大，但在另一方面，學生社會科學連合會幾乎成爲布爾塞維克系共產主義的研究團體，所以政治研究會被認爲是共產黨團體，以致招來團體內部激烈的對立鬥爭。

另一方面，「勞動總同盟」內部左右對立的結果，右派脫盟，重新創立「日本勞動組合評議會」。這種組織上的糾紛，影響到政治研究會內部左右對立的深刻化，結果，右派的島中雄三、高橋龜吉、中澤牛次郎等人辭職中央委員，代之大山郁

夫、布施辰治、黑田壽男被選爲新中央委員。

一九二六年三月五日，「勞動農民黨」（政治研究會後身）成立，此時核心幹部決定不准共產黨加入。然而，同年十月，勞動總同盟等的右派份子宣言脫出勞動農民黨，安部磯雄、三輪壽壯、賀川豐彥辭任中央委員，此時勞動農民黨實際上是崩潰瓦解。

在這種糾紛的情況下，無產政黨戰線起很大變化。十二月五日「社會民主黨」（委員長安部磯雄）成立，十二月九日「日本勞動黨」（書記長三輪壽壯）成立。於是在十二月十三日，「勞動農民黨」選出大山郁夫（四十六歲）爲中央執行委員長。十二月二十五日大正天皇逝世，改元昭和。

一九二六年十二月十六日的《早稻田大學新聞》，以「從稻門（早大）的舞台送出無產黨的鬥士，以安部、大山兩教授爲代表，出現早稻田王國」爲抬頭，教職員、學生、校友寫出慶詞。從創校以來，被稱爲「政治的早稻田」，即以大隈重信爲大代表（就任首相兩次），早稻田出身的著名政治家陸續輩出，在第一、第二次民主運動（護憲運動）均起了帶頭作用。普通選舉實現，政治成爲民眾（國民）的共有物之後，早稻田政治家又擔任無產大眾政黨的領導作用，而且，其三大無產政黨（勞動農民黨、社會民主黨、日本勞動黨）之中，兩黨的中央委員長由早稻田大學的教授（安部磯雄、大山郁夫）擔任，這是全國「早稻田人」所慶祝之事。「日本農民黨」（平野力三，一九二六）成立時，北澤新次郎教授也被推選就任顧問。

然到一九二七年，早稻田大學內的慶祝氣氛，卻轉爲沉鬱、深刻。早在一九二六年安部磯雄擔任社會民主黨委員長後，基於學校慣例，向校方申請

安部磯雄

辭職本校教授而降任爲講師。當時的總長高田早苗，根據校方慣例，基於「教授全力教學主義」爲宗旨的本校教授責任，認爲大山郁夫既然擔任勞動農民黨黨首，也要辭任早大教授，所以要降爲講師。然而大山則堅信委員長與教授能兩立，所以不接受校方的總長及理事之建言。但是，高田總長與學校當局、教授會及學生，卻嚴格要求大山辭職教授。經過一個多月的糾紛後，在政治經濟學部部長鹽澤昌貞（吾人的「經濟學原論」教授）主持下，召開緊急教授會，討論並投票大山進退問題，結果除了阿部賢一（二次大戰後，就任過「早稻田大學總長」）教授投反對票及一票棄權之外，其他十四票都投贊成高田總長要求退職的主張（一九二七年一月二十六日）。

消息傳來，以社會科學研究會的學生爲中心，反對校方決議並要求大山復職的聲浪空前激昂。同日下午，在中央校庭舉行緊急學生大會，決議：「我等糾彈突如其來而召開教授會議的學校當局，期以貫徹我等初志。」（《早稻田大學新聞》一九二七年一月二十七日刊）然而，大學當局則置之不理，一月二十七日召開維持委員會，高田總長報告大山辭職問題經過，滿場一致承認大山辭職的決議，大山解職令在一月二十六日發布。

（八）大山郁夫告別演說會

關於大山辭職問題，做運動的學生雖然悲憤慷慨，但因學校在處理手續上並無違反校規，所以無法激起一般學生的參與。最後，有些有志學生乃選定二月十日，於二十番教室，舉行「大山教授告別演說會」，大山則以「給早稻田學徒」爲講題，做了最後的熱辯。

大山演講的第一句話就是：「早稻田精神今將面臨滅亡。」

「在一般社會，政治民主主義的興隆時代，早稻田精神尚能完全追隨時代精神。然社會舞台急轉直下，一般社會階級對立關係尖銳化之後，從初就站在以學問獨立及研究自由爲目標的早稻田精神，以階級對立爲分界線，分裂爲左右兩翼。其右翼即依然固執對官僚閥族抗爭時代的自由主義的形骸，始終拒絕努力於自己運動發展。相反的，左翼則一直在理論與實踐的統一之原則下，努力於掌握不斷轉變的現實社會的問題爲自我的問題，逐漸深入於

無產階級鬥爭原理的方向，校方以學問獨立之研究自由爲名，急速展開了爲社會科學研究自由的鬥爭趨勢。」（《改造》一九二七年三月發行）

「在現在的早稻田，反動主義或國粹主義的勢力，大體上已崩潰殆盡。……然而，在實際上，校方所要保全的學問與研究，在今日已是統治階級不但加以容認，尙要加以歡迎及支持。所以，他們到現在仍然重複高倡，已經成爲內容空虛、且不足掛齒的無用物的所謂學問獨立與研究自由的口號。」（《改造》同年月日）

大山上述的所謂「早稻田精神」，不外是「早稻田大學教旨」所提倡的建學精神。教旨精神乃是東京專門學校創設以來，一脈流傳下來，到一九一三年十月十七日，在創校三十周年紀念典禮上，再以「早稻田大學是要完成學問之獨立與效法學問之活用，造就模範國民」爲主文，而明確且具體的闡述。

早稻田大學教旨的具體涵意，到底是指什麼？這取決於「學問之獨立」如何定義。

大山認爲，這是對政治權力的獨立及其前提的政治批判，並斷言教旨現已由少數左翼所擔當。

校方的解釋，是認爲從歐美的學問之獨立，是早稻田大學應創出的日本文化的眞的自主獨立。後者就是發源於大隈重信及小野梓，並延續至高田早苗把其具體化。大隈在十五周年紀念典禮上，平易且明確的說明小野梓在東京專門學校開校式所演講的早稻田教旨：「明治維新以來，種種學校成立，都注重西洋的學問……我想，這樣不會成爲有日本社會的根底……教育既然重要，應該從一國國民的特質組成其社會根底，所以不從日本社會根底出發，而單以外國方法教育日本人是可擔憂的。……因此，有必要創立以日本語教育眞正並且有普遍性科學的學校。……我不覺得今日的任何高尚的學問都不可能以日本的文字和語言翻譯過來的道理。故若使學者等充分致力於此，日本的學問必會在凡有的教科書，以日本文字講義，進而以日文著述，或從外來語翻譯，因而我才把學問之獨立大膽的提出來。」（《早稻田學報》一八九七年七月版）

以上兩種解釋，可說不是相對立，應該是相輔相成的表裡關係。若是缺乏正確的內容的研究自由，恐有陷於空虛的政治論議。若是要展開獨自的思想、學問，研究自由當然是不可或缺的。「學問

之獨立」即早稻田精神的特質，就擁有學問的本身的內涵，及排除政治權力干涉的自由的行動，「獨立」的這兩側面，就是說「學問獨立」具有「教學的文化側面」與「排除政府干涉的政治側面」。總長高田早苗等學校當局重視教學的文化側面。他們認爲若是一方面就任教授地位，另一方面在政治舞台過度活動，教學任務會趨於保守，以致學問獨立本身會成爲有名無實。

大山則是重視排除政府干涉的政治側面，他說若是輕視政治自由而主張學問獨立，這種學問獨立畢竟是被體制容許的學問獨立，所以只爲追隨體制的御用性學問而已。這種學問獨立不值得誇耀。換言之，大山事件發生的事實本身，就能看出早稻田精神的存在已瀕臨危機。關於大山認爲早稻田大學教授與勞農黨委員長可以兩立的根據，舉述如下：1、政黨黨首必須有自己的職業，以處理生活費等私生活，2、教授必須要與現實社會擁有密切關係，3、若是辭職教授會而後就任講師（如早大學校當局要求），就不能出席教授會，以致學生若遭彈壓或迫害時，無法做有責任的救援工作。

學校當局在許可召開「大山告別演說會」時，曾附有學生應該遵守不做政治活動的條款。然而這個約定終不被遵守，政治經濟學部的一些「社會科學研究會」的中心會員，當場宣布要成立「學生自治同盟」，並做了彈劾學校當局的演講。學校當局隨即宣布自治同盟無效，同時把社會科學研究會的主要成員分兩次，處分（退學、譴責）共三十七名。學校當局在二月二十五日，以田中穗積理事（後來就任總長）的名義，發表處分理由書。以這樁大山事件爲遠因，學校當局乃在一九二七年六月八日，制定了「教職員任命規程」。

（九）「學生團體」解散

1. 社會科學研究會解散

大山郁夫是早稻田社會科學研究會會長，所以他退出早稻田大學之後，社會科學研究會就必須儘早找新會長。根據學校規定，學生團體的會長必須由本校的教員擔任才可，否則是不被承認爲學生團體，教室等設備就不能使用。研究會的學生幹部乃希望邀請北澤新次郎爲繼任會長。經過數次磋商，北澤以研究會不從事實踐運動、只做理論研究爲就任會長的條件，最終才答應就任新會長。然學生卻

不遵守約束，幹部學生仍舊傾注於實踐的運動，所以疏於與北澤會長溝通。

社會科學研究會在一九二七年六月二十二日，計劃舉行「大學擁護紀念演講會」，這在名目上是同學的「雄辯會」爲主催，「新聞學會」協辦，並招聘三宅雪嶺、大山郁夫爲講師。學校當局因知道研究會才是實際上的主催者，所以不准其開會。學校當局就此批判研究會的體質沒改善，學生幹部則攻擊學校當局的食古不化。北澤新次郎居中調停，但白辛苦一場，勞而無功。本是無產政黨的左翼理論家並從事實踐運動多年的早稻田大學商學部教授北澤新次郎，在此不得不全面退出勞動實踐運動，辭去「日本農民黨」顧問，及「日本農民組合」會長，準備全心沉潛於學研生活。北澤也認識到再繼續支援研究會的政治運動，可能增加學生犧牲者（停學、退學），所以對研究會表示要辭任會長一職。

社會科學研究會學生幹部，於一九二七年七月，舉行「俄國十月革命紀念研究會」。這因沒經過學校當局許可，所以學校當局即以手續不齊備爲由，對主要幹部課以除籍處分。藉此，北澤新次郎正式辭任社會科學研究會會長。

學校當局乃依據「科外教育審議會規則」及「關於學生會規則」，把沒有會長的社會科學研究會宣告解散。

2. 新聞學會、雄辯會解散

《早稻田大學新聞》是創刊於一九二二年十一月五日，在大正民主主義盛時中呱呱落地。最初是由東北地方出身的石川準十郎、服部敬雄、信夫韓一郎、西垣武一等學生的「親慕啄木會（詩人石川啄木）」，發展後成爲「新聞學會」，初代會長是田中穗積教授。

在大正民主主義時代，對言論自由的要求，必然發展成爲實踐。民主自由的實踐，必然是企圖擁有新聞、雜誌、廣播等大眾傳播（mass media）。這種大眾傳播機關的必要性，學苑當局也有擔當的認識，所以高田總長也著文登載於早稻田大學新聞。

早稻田大學新聞創刊時，幹部同人把自己的團體稱爲「新聞學會」。他們認爲辦報紙不僅是要傳播消息，更加是要學好媒體（journalism）的基本概念，所以屢次邀請《朝日新聞》的美土路昌、

土岐善麿、原田讓二、名倉聞一、楚人冠（杉村廣太郎），《東京日日新聞》的小野賢一郎，《報知新聞》的太田正孝，《讀賣新聞》的千葉龜雄、安成二郎等早稻田大學出身的第一流記者，在母校指導學生。學生有時也招待這些報界的錚錚人士，到三朝庵麵店，舉行「仰慕石川啄木之會」，朗誦吟讀石川啄木（一八八六—一九一二，明治時代的社會派詩人、歌人、評論家）的歌集《悲しき玩具》（悲哀的玩具）及《一握の砂》（一握之砂）。（《早稻田學報》一九二九年七月刊）

然而，早稻田大學新聞的前途多災多難，創刊半年之後，就遭到停止發行的處分。因為一九二三年軍事研究團事件發生時，早稻田大學新聞在五月十六日報導，並刊載大山郁夫的〈由一早稻田人——批判在軍事研究團發團式的騷擾事件〉，及青柳篤恒的〈為被誤會的軍事研究團的團長〉兩篇文章，卻引起糾紛，遂招來二十五日刊（第十五號）受停刊處分的結果。因為這兩篇文章被許多人認為早稻田大學新聞是採取反軍事研究團，同時也批判大學當局，並與左翼團體文化同盟會有了密切關係。報紙與文化同盟會有友好關係是事實，但新聞學會並不因此就傾向左翼。文化同盟會當然是企圖把早稻田大學新聞當做發表意見的主要報紙，同時新聞學會會員之中，也有把文化同盟會的意見視為正論。無論如何，《早稻田大學新聞》是大正民主主義時代的產物，所以自然而然的認定是左翼的想法相當濃厚，終在一九二八年六月（第一六一號）宣布停刊一年。

早在一九二三年第十五號受停刊處分時，學生幹部努力於與校方交涉復刊問題。高田總長也認為他們有誠意，所以在暑假前夕，會同副會長五來欣造教授及服部、信夫、青山等學生九人於大隈會館談話，結果，雙方同意新聞學會要遵守大學教旨，基於學校內外的妥當基準發報，高田總長同意暑假結束後復刊早稻田大學新聞。

一九二三年九月一日東京大震災，早稻田大學被害不算大，但為了救濟罹難者，有志教職員、學生等成立「救護團」，從事對東京市的本所、深川等罹災地區搬運物資等救濟工作。早稻田大學新聞亦在震災後開始復刊。此時，會長田中穗積、副會長五來欣造退職，新會長增田義一、新副會長喜多壯一郎就任，報刊順利發展。自一九二四年第三十

號起，從旬刊改爲週刊。

一九一〇—二〇年代的大正末期至昭和初期，在議會是以「普通選舉」爲熾烈的議論對象，國際上是世界減軍相當進展，一般民眾則批判軍國主義日益猖獗。普選實施與反軍國主義，是日本左翼主義運動的當前急務，同時也是一般大眾所熱望的政治目標。此時，在早稻田大學也是左翼主義的實踐團體「社會科學研究會」的全盛時期。因此，研究會企圖把早稻田大學新聞當做自己的機關報紙，而向大學新聞加以滲透。

因爲這樣，所以早稻田大學新聞從此開始主張普選徹底與反對軍事教練進入學校，與社會科學研究會的運動密切關聯。當時最強硬要求普選與軍部批判的是「日本共產黨」，所以受共產黨領導的早稻田大學社會科學研究會所滲透的早稻田大學新聞，即被政府當局認爲是「過激的左翼」。政府官憲曾在一九二五年制定治安維持法，取締所謂左翼學生。政府即以陰謀詭計，使社會一般人懼怕與左翼份子接觸。

一九二四年以降，早稻田大學新聞與其他大學的新聞取得連繫，展開普選徹底與反對軍事教練的活動。在包括早稻田大學的「五大學新聞連盟」主催之下，舉行「普選問題講演會」，以此爲契機，創立「全國學生普選連盟」。早稻田大學「新聞學會」在軍事教練將要實施於大學之際，與各大學取得步調一致而舉起反軍事訓練的狼火，以早稻田大學、東京帝國大學、立教大學的三大學新聞，發出「反對軍事教練」的共同聲明，再在十一月十日夜，以早大新聞創刊二周年紀念，在報知新聞講堂舉行「軍事教育批判講演會」，講師大山郁夫、三宅雪嶺、長谷川如是閑。

到一九二五年，軍訓問題成爲迫切的時局大問題，政府當局乃排除各方面的反對，於四月十三日，以勅令（天皇命令）公布「陸軍現役將校配屬令」，在中學以上的公立學校配屬軍官，以軍事訓練爲義務制。十月十五日，所謂「小樽高等商業學校事件」發生（學校將校動員學生，與在鄉軍人共同作戰，鎮壓所謂「暴民」）。全國諸大學學生爲此一起站出來，反對小樽高商事件。十月二十一日，「日本學生社會科學連合會」向文部省（教育部）當局提出嚴重抗議。十一月十三日，包括早稻田大學新聞學會的三大新聞會共同主催，舉行「學術研究擁護

講演會」，大山郁夫、大森義太郎（東京帝大教授，馬克思主義者）、長谷川如是閑（早大出身，著名政治評論家）、千葉龜雄（早大出身，社會主義者）、麻生久（東京帝大出身，著名社會主義者）等相繼登場演講，爲反對軍事教育、擁護學問自由等問題做了熱烈辯論。尤其大山郁夫，乃強調軍事教育，是爲了抑壓無產階級與殖民地的工具（《中央公論》一九二五年十二月刊）。

早稻田大學校內，即由新聞學會、辯論會、社會科學研究會、讀書會、國際連盟學生支部、第一高等學院文化思想研究會、第二高等學院辯論部、第二高等學院文化思潮研究會等學生團體集合在一起，組織了「早稻田軍事教育反對同盟」，於十一月三日發出軍事批判演說會的第一聲。

然而，政府當局卻不管全國大學生猛烈的反對，軍事教練逐漸定著並擴大，同時，參加反對軍事教練的學生各團體，卻被貼上「左翼」、「危險份子」的標籤。學校當局正處在大學存亡的關頭，很多困難問題等待處理。新聞學會乃繼續批判軍事訓練的政治動向，一九二七年前述的大山事件發生時，也基於大山的論理而批判大學當局。

一九二八年，所謂「三一五事件」發生，日本共產黨遭全國性大檢舉。早稻田大學當局，對於被檢舉的學生也不能繼續留置於學校，新聞學會幹部學生依然批判學校行政。從一九二三年以來爲新聞學會熱烈工作不遺餘力的喜多壯一郎會長，因故辭任會長。由於沒有教師敢於擔任會長，所以，新聞學會也受學校當局依據「科外教育審議規則」，被宣布解散。《早稻田大學新聞》即於一九二八年六月，以第一六一號爲最後出刊而告終結。

一九二九年，一部分學生計劃重新發刊報紙，但是新聞學會今後的學生幹部，因憂慮其非法性，大多遠離。所以，實際上的再刊運動，是由「雄辯會」爲中心的學生進行。雄辯會幹部稻岡進等人，獲得大山事件被迫退學的先輩大賀駿三的支援與斡旋，從高利貸處借來保證金，有的學生即把自己的衣服拿去當店借錢。另一方面，絲屋壽雄等學生，造訪先輩或名人，邀請他們振筆揮毫，將他們的筆墨拿去換錢籌資金，如秋田雨雀（早大出身，戲劇家）、大山郁夫、久保田萬太郎（早大出身，文學家）、岡本一平（美校出身，畫家）、宮崎龍介（東大出身，國家社會主義者）、柳原白蓮（東洋英和女學校出

身，女流歌人）、三上於菟吉（早大出身，小說家）、長谷川時雨（女流劇作家）、猪俣津南雄（早大教授，馬克思主義者）、林房雄（早大出身，小說家）、堺利彥（馬克思主義者，共產黨員）、佐佐木孝丸（早大出身，小說家）、村山知義（劇作家）、橋本英吉（勞動者出身，小說家）、吉井勇（早大出身，小說家、詩人）、直木三十五（早大出身，小說家）、菊池寬（東京帝大出身，小說家）、馬場孤蝶（明治學院出身，翻譯家）、馬場恒吾（早大出身，政治評論家）、堀口大學（早大出身，小說家、詩人）、小川未明（早大出身，兒童小說家）、葉山嘉樹（早大中退，小說家）等著名人士，都應學生之邀請而伸出援手。經過熱情且辛苦的努力，於同年的四月創刊成功，就是《早稻田學生新聞》。早稻田學生新聞一直發行到一九三一年，才變成絲屋壽雄的《日本的學生運動》。

「雄辯會」的歷史較久，創於一九〇二年，永井柳太郎（早大出身，雄辯、獨腳的大眾政治家）、井芹繼志、菊地茂等的學生時代，以安部磯雄爲會長。隨著時代變遷，其性格也起了變化。大正末期至昭和初期（一九一〇—二〇年代）的雄辯會，是左翼學生多數聚集，尤其建設者同盟、文化同盟、社會科學研究會的大多數學生都是雄辯會會員，新聞學會也與雄辯會成爲表裡一體的同志關係。所以，這些進步的學生團體所走過的路，當然成爲雄辯會追尋的路線。大山郁夫辭任會長之後，二木保幾繼任雄辯會會長，但在喜多壯一郎辭任新聞學會會長後，二木也辭去雄辯會會長。因無人繼任會長，所以在一九二九年五月十日，能繼續存在的期限到期，雄辯會遂歸於自然消滅。（《早稻田學報》一九二九年六月刊）雄辯會學生幹部等，認爲這是學校當局對學生團體的彈壓行爲，即以演說、開會及校內遊行等表示反對，甚至在第一學院校庭毆打出面制止的講師松永仙吉的意外事件層出不窮。於是，五月末至六月初，各學部召開教授會，並決定如下：

「近來學生動輒趨於過激，吾人頗感遺憾。爲擔任教育之徒，吾人必須基於本大學建學之校旨，更加戮力同心，盡其指導訓育，期以導使學生不誤其前途。」（《早稻田學報》一九二九年六月刊）

原來，學生團體解散，不僅於社會科學研究會、新聞學會、雄辯會。一九二八年，第一高等學院、第二高等學院的各學生團體，都在學部的學生諸團體的前後期，均被迫解散。一九三〇年九月，

「近代文藝研究會」（會長宮島新三郎）的解散，是早稻田大學進步學生團體從公開場面銷聲匿跡的尾聲。「殘留到最後的近代文藝組織突然勒令解散，學生團體唯一的存在，終於告終。」（《早稻田學生新聞》一九三〇年五月二十二日刊）

在這危機重重的現實情況之下，一小部分進步學生及團體，只有化明爲暗，在地下繼續進行革命運動，從事理論鬥爭與思想傳播工作。

（以上參考：早稻田大學史編集所，《早稻田大學百年史》第三卷、第四卷；紀念事業會編，《大山郁夫》，一九五六；北澤新太郎，《歷史の齒車》，一九六九；津田左右吉，《日本精神に関して》，一九三二）

四、大學與學問受政治壓迫

（一）太平洋時代出現

第一次大戰後，世界迎來所謂「太平洋時代」。世界史原本是以大西洋爲主舞台發展，主角是英國及德、法、俄等西歐資本主義諸國家。第一次大戰，就是這些西歐資本主義諸國各自爲了支配世界，所引爆的殖民地爭霸戰爭。大戰的結果，德國敗北，但英、法等戰勝國也因大戰而滿身瘡痍，俄國則發生共產革命，帝俄被消滅而蘇維埃政權成立。所以戰後在世界取代這些西歐諸國而獲得主角地位的，是後起的美利堅合眾國。因第一次大戰提供了美國能把其龐大的工業力最大發揮的機會，故使之成爲名符其實的世界最大的資本主義國家。而次於美國，提昇爲世界五大強國之一的，則是日本。日本趁此機會，在太平洋佔據東南亞市場的首要地位。

美國、日本兩大資本主義國家，構築太平洋時代，而成爲決定世界史的要角。除去美日兩大國，在太平洋亞洲地區，還有蘇聯與中國這兩大國家。蘇聯在革命成功後，雖然指向世界革命，但在歐洲革命初戰失利，隨即將其第三國際（共產國際）的革命方向，轉向於殖民地化的亞細亞地域，極力促進殖民地解放革命（特別是幫助中國的民族獨立革命運動），擬以削弱世界資本主義的整個勢力。這種蘇聯革命勢力的侵入，對太平洋時代的政治形勢亦構成一個重要因素。然在一九二〇—三〇年代，中國仍停滯於極未開發的（半封建軍閥的）半殖民地狀態。在中國，除了舊有的英、法、蘇、日等帝國

主義國家分割其權益與市場之外，後到的美國即以「門戶開放，機會均等」為號召，擠進於分割中國的帝國主義爭霸戰。

日本已在中國劫掠廣泛的國家權益與龐大的經濟市場。但因日本政府在一九一五年，強要中國政府（袁世凱）承認二十一條要求，擬以達成貪圖領土的野心，竟使中國國民燃起民族獨立的烈火，抗日鬥爭猛然興起。日本在另一方面，尤其是對蘇聯加強侵入亞細亞，感到非常的恐懼與緊張，特別是對其布爾塞維克共產思想滲透於日本國內，日本政府產生不可言喻的大恐慌與大危機感。這種恐慌與危機感，立即與原有的對外擴張政策相結合，在國內，即透過初等、中等教育，導使國民意識轉為「好戰的愛國主義」（反動的民族主義），甚至採取對大學、學問的統制與政治壓迫政策。對外，則由日本軍閥進行軍事侵入滿蒙地域，並成立偽滿洲國的戰略性侵華政策。他們公開宣布：「滿洲蒙古是國防生命線，中國大陸是經濟生命線。」因此，日本與中國加緊尖銳的敵對關係，與美、蘇等帝國主義諸國的關係也趨於僵化。

(二) 侵略的大和民族主義

日本從大正初期至昭和初期（一九一四—一九三六），是大和民族主義轉為侵略性，並強化其帝國主義的時代。這種情勢，大約起因於：1、日本統治階級（軍閥、官僚、財閥、政黨）所採取的帝國主義政策，及為了保持階級的統治地位，公布「治安維持法」。2、資本主義化、大眾化的社會所造成的貧富階級對立，都市、農村的矛盾深化。3、太平洋時代即民族革命時代所釀成的緊張感與危機感，尤其是蘇、美的侵入所給予日本的極大衝擊（impact）。這種危機感與衝擊感，促使日本從近代大眾社會，轉變為激烈的軍國主義（militarism）。

「治安維持法」（一九二五年開始施行），主要的目的是要封殺民眾批判政治的能力，並壓制自由主義及社會主義、布爾塞維克共產主義等左翼主義思想，結果，導致大正民主主義時代有活力的政治運動與社會運動及思想傳播運動，快速趨於衰亡。一般民眾則陷於對政治、社會諸問題的冷漠、無動於衷狀態（apathy）。

治安維持法的惡果不僅於此，更招致另一個問題，就是天皇與國體（national constitution）的權威觀

念無限上綱。原本從明治維新以來，日本統治階級（官僚、軍部、財閥所擁有的統治體制）即把這種權威，做爲行使權力與教育國民的政治手段。統治階級利用天皇爲國家權力的絕對泉源。然日本政府當局本身，卻不遵守這種絕對觀念，反而以天皇之名，來壟斷所有國家權力。

日本統治階級，雖以這個治安維持法鎮壓布爾塞維克共產黨，及壓迫其他左翼份子與自由主義者，然因其國體權威與國家權力過度膨脹，所以連政府本身的存在基礎的「資本主義民主政治」（bourgeoisie democracy），都被驅逐至存亡的邊緣，五一五事件（一九三二）或二二六事件（一九三六）等軍事政變（coup d'état）相繼爆發，政黨政治幾乎被否認，原來是舞弄治安維持法的政府當局，反而遭到軍國主義者所逼迫而趨於消沉退縮。

日本社會資本主義化、大眾化的結果，農村日益疲憊（be exhausted），反而都市更爲頹廢（be corrupted）。尤其相繼襲來的世界經濟恐慌（一九二九年開始的世界恐慌等），使日本東北地方的農民生活將近崩潰，淪落至賣女兒給人肉市場才能過日子。農民們覺得農村必須重新再建，爲此，必以日本的傳統文化（traditional culture）來否定被資本主義化、西洋化的都市有產階級文化（bourgeois culture）。把這種農民的感覺提昇至冀望社會變革的人們（如愛鄉塾的橘孝三郎、農民自治學會的權藤成卿、血盟團的井上日召等），造成要批判、打倒政府體制的右翼國家主義者，但他們在政治上卻與軍國主義者相勾結，成爲軍事政變與侵略滿洲蒙古的民眾基礎。

(三) 大學學問、思想遭政治摧殘

反動的日本國家權力，對學問研究的干涉與壓迫，已開始於大正時期（一九一〇年代初）。初在早稻田大學，共產主義者的佐野學、猪俁津南雄遭官憲的政治壓迫、檢舉、投獄，而不得不辭去早大講師乙職（一九二三）。一九二八年四月，因關聯到三一五共產黨員大檢舉，京都帝大教授河上肇（著名馬克思理論學者），東京帝大助教授大森義太郎，及九州帝大教授向坂逸郎、石濱知行、佐佐弘雄等人，均被迫辭任教職。一九三〇年七月的「親共產黨人壓迫事件」，東京帝大助教授平野義太郎（馬克思主義者）、山田盛太郎（馬克思主義者）也同樣被迫辭職。一九三三年四月所發生的「瀧川事件」，

是京都帝大教授瀧川幸辰因其著作《刑法講義》、《刑法讀本》被文部大臣（教育部長）認爲是違反日本的醇風美俗，鼓吹共產黨言論，而被解任教職。這個事件引起很大學潮，結果，八名教授、五名助教授、三名講師等一起自動退職。

在這所謂「日本軍國主義」的發展過程中，早稻田大學自然出現許多的批判與抵抗。大山郁夫在一九三〇年六月發行的月刊雜誌《中央公論》著文：「法西斯化的傾向及其將來」。他把法西斯的「本質」，論斷爲：「必然是大工業及金融資本的獨裁」，其他，如激進派軍人的叛亂與農民或小市民對叛亂的支持，都不過是法西斯發展過程中的一種小「現象」而已。大工業與金融資本爲了與「國家資本」勾結而壟斷國家資本與國家權力，擬以廢止議會而遂行獨裁政治，這就是法西斯（fascism）。大山的這種論斷，當然是基於馬克思主義的社會分析方法，無論如何，他是有抓到法西斯的重點的。然而，大山爲此，遭到政府官憲更爲嚴厲的歧視與壓制，遂不得不亡命於美國（一九三二年。大山在美國過了十五年半的亡命生活，第二次大戰後的一九四七年十月，才回歸日本，應早稻田之邀，三度就任教授職）。

津田左右吉（早大出身，著名日本古代史學者，早稻田大學文學部歷史學教授，日本上代思想史權威，研究東洋哲學史、支那上代思想史）對於國民意識的問題，平時就抱著深刻的危機感。他在著作《關於日本精神》中，把所謂日本人的自我認識，批判得體無完膚。

津田以暗示的方式，說明當時的所謂「日本精神」，是因要適應時局的需要，才由一些右翼人士有意塑造起來的意識形態。日本精神若是以日本人的氣質或習俗所產生，就不一定全部都是美或善。若是僅僅強調日本人的善美之一面，則這種日本精神，就是要叫我們把日本精神的sollen（當爲，應該做的），承認是日本精神的sein（存在，實在有的）。如果是這樣，不但是自己有偏差，也會犯了害人的錯誤。原來所謂日本精神，必然具有善惡的兩面相，當然與外國的精神必有許多對立的方面。

「從日本『國家』層面與世界列強對立，尤其是與歐美諸國對立的現狀看來，誤認爲『日本精神』也與世界或歐美的文化完全對立著，同時認爲現代日本已被歐美文化或世界文化壓倒。懷有這種想法的人，都懼怕日本文化及日本固有精神將會衰

亡。從這種觀點出發，他們都擬從歐美文化未曾侵入之前的舊日本，冀求日本精神之典型。這可說是非常錯誤的想法。

現代的日本文化，有了從昔古傳來的部分，加上發源於歐美而在世界發展的兩部分。這兩部分之中，若是喪失一個，民族生活就不能維持。……」（津田左右吉，《關於日本精神》，一九三二）

津田對當時的所謂日本精神的批判，卻讓許多官僚、政治家及右翼學者感到很大的憤怒與恐懼。故在一九四〇年，遂使津田本身不得不辭去早大教職，退休而成爲伏龍鳳雛的隱士。而且在一九四二年，又以其著作《日本上代史研究》違反出版法爲由，處以三個月禁錮徒刑。

一九四〇年前後，中日事變（一九三七年開始）逐漸呈現戰爭長期化的樣貌，加上日本與美國的外交關係也急速趨於惡化，國家前途就在千鈞一髮之際，官僚、政治家、軍部等當權者，應該以義無反顧的決心，向民眾說明若是繼續對中國侵略之戰，日本必遭亡國的災禍。然而所有官僚、政治人物都驚恐遭軍人、右翼份子及愛國情緒高昂的民眾等的反駁，所以無人敢冒天下之大不韙，挺身而出說明事實眞相。

唯有東京專門學校（早稻田大學前身）行政科出身的政友會（政黨）國會議員齋藤隆夫，在一九三九年第七十五屆國會眾議院，關於中日事變的處理方法，決然起身做一個半小時的彈劾演說，給予首相、閣僚、議員激烈的大衝擊。他的彈劾內容是：1、所謂「近衛聲明」（一九三八年一月十六日，當時的首相近衛文麿聲明說：爾後不與蔣介石爲交涉對手），是否爲處理中日事變最妥善的方法，2、所謂「東亞新秩序建設」，內容到底如何，3、是

齋藤隆夫

否能獲得東洋和平以及世界和平，4、對將要成立的中國新政權（汪精衛偽政權）的幾個疑問，5、事變以來政府是否有負起責任（齋藤隆夫，《回顧七十年》，一九四八）。

凡是有責任感的政治家，都得嚴正關切這些問題。然而，當時的議會及政黨卻因懼怕軍部官僚，不但把其彈劾演說的速記紀錄銷毀，並決議將齋藤從眾議院除名。結果，各政黨也被迫解散政黨，遂在一九四〇年十月十二日，成立唯一的御用政黨，所謂「大政翼贊會」（以內閣總理大臣為總裁的官僚政黨，把全國的政治團體支配於其權力之下），大日本帝國議會從此變成完全虛有其表。

五、中日戰爭擴大與學苑戰時體制化

一九三一年滿洲（中國東北）事變爆發後，日本急遽趨於軍國主義，愛國右翼份子的暴力行動頻頻爆發，政情譁然。一九三二年二月，前藏相（財政部長）井上準之助被暗殺（井上日召、小沼正，血盟團事件）；同年三月，三井財閥重鎮團琢磨亦被暗殺（井上日召、菱沼五郎，血盟團事件）。繼之，同年五月海軍將校一團（三上卓等），為了樹立軍人政權，白晝侵入總理大臣官邸，殺害首相犬養毅（早大東京專門學校時代的學苑評議員，五一五事件）。事件後，軍部向政黨內閣施壓，遂以退役海軍大將齋藤實組織次期內閣，而後軍部及其右翼官僚取代政黨勢力，開始壟斷日本國政。

一九三四年預備役海軍大將岡田啓介組閣，與元老派官僚合作，企圖擋住急進的陸軍右翼勢力，回復國際協調路線。然在一九三六年，受右翼國家主義者北一輝的思想影響，陸軍皇道派青年將校二十二名，領導下士官、兵卒一千四〇〇名，搞起軍事政變，佔領東京中心地區，主張以天皇親政的所謂「昭和維新」（史稱二二六事件）。但因昭和天皇親自命令討伐叛亂部隊，所以軍事政變當日即被鎮壓，皇道派軍人及民間右翼份子大量被逮捕處分，岡田啓介（海軍）內閣垮台，反而陸軍法西斯勢力在政治上強化其發言權，往後的政治去向都得仰奉陸軍的臉色才能進行。在這種情況下，下期的廣田弘毅內閣（前外交部長，文官），受到陸軍壓力而加強侵略中國大陸與進行對東南亞的帝國主義政策，進而在一九三七年與納粹德國希特勒（Adolf

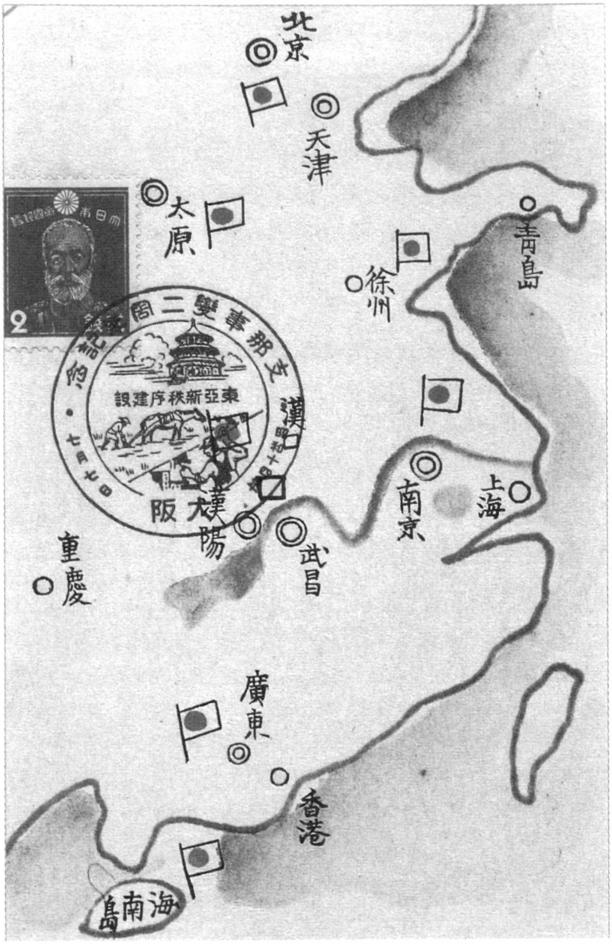

Hitler）及法西斯義大利墨索里尼（Benito Mussolini）締結「日德義三國防共協定」，打定了四年後發展為法西斯三樞軸國同盟的政治基礎。

一九三七年近衛文麿（貴族政治家）內閣時，終在七月七日，在北京郊外盧溝橋發生中日兩軍衝突，爆發「中日戰爭」。

自從中日戰爭開始，早稻田大學的學校經營、教課內容及學生生活等，都受到政府當局的所謂「指導與監督」（其實是管制與監視），學苑當局終於不得不服從戰爭的觀點，改為對「戰時國策」的協力體制，這在早稻田大學六十餘年歷史上，是最為充滿苦衷且最大痛恨的時代。

軍人內閣當局對大學最主要最具體的干涉措施，就是所謂「國民精神總動員」與「國家總動員」的徹底施行，即以「舉國一致」、「盡忠報國」、「堅忍持久」為目標，擬以取得完遂侵略戰爭之實。另一方面，軍部控制的政府當局即時著手的，就是對學問、學者及學生的嚴格的思想統治，結果發生了許多對學問、學者的壓迫事件，如：（一）矢內原忠雄事件（東京帝國大學教授矢內原，著有《帝國主義下の台灣》（一九二九），一九三七年發表〈國家的理想〉，卻被民間右翼與陸軍將校認為是反戰

中日戰爭兩周年，日軍已攻陷北京、太原、徐州、南京、廣東、海南島等地

思想，終被迫辭職東大教授），（二）第一次人民戰線逮捕事件發生，勞農派的山川均（馬克思主義者）、加藤勘十（社會大眾黨勞動運動家）、大森義太郎（東大教授、馬克思主義者）等學者、政治家、學生遭檢舉四百餘人。

早稻田大學當局，在這凶惡的時局包圍之下，其教學方針逐漸傾向於軍事國策，而嚴格施行軍事教練或慫恿學生接受愛國主義思想。這不外是干預著早稻田大學傳統的教旨與早稻田精神。這樣日復一日，遂招來教職員與學生的軍役服務及出征參戰，而必然的發生戰亡或遭難的慘劇。

當時，早稻田大學若與陸軍或右翼官僚做正面對抗，學苑可能會面臨被解散的命運。學苑的田中穗積等最高首腦，都日夜苦惱於「在對學苑的歷史不會印上污點的前提下，如何找出與政府當局的妥協方策」。

然而，在這所謂國民精神總動員聲音與壓力日益凶猛化的環境之中，戰時的二萬五千名早大學苑學生，一般的說，大體上都還能把政府當局執拗的干涉與壓力當做耳邊風，以爲是不急之務，還盡量保持自己自由的空間，依舊「我行我素」，並自認爲是前衛的自由進步份子。但也有少數學生對法西斯政策的批判相當強硬，可是一不小心就災禍臨頭，被逮捕而嘗到鐵窗之苦。也有一些學生在學苑本部前庭，暗地裡貼上無名氏的反戰、反思想統治的傳單或壁報。到了校外鄰近的書店，書架上所排列的果然是贊揚戰爭的書籍，但將其拿開之後，底下第二冊卻是被禁的馬克思主義著作或勞動運動雜誌等，白晝公然藏在書堆之下，暗中幫助有志的學生購買閱讀。

當時的早稻田大學第四代總長田中穗積（繼學苑重鎮高田早苗之後，一九三一年就任總長），處於這種進退維谷兩難之際，憂慮學生的安全與前途，於一九三九年二月，做了一場「長期交戰與學徒的態度」的演講，極力切望學生「自肅自戒」。

（以上參考：早稻田大學史編集所，《早稻田大學百年史》第四卷；北澤新次郎，《歷史的齒輪》；煙山專太郎，《近代無政府主義》；布哈林，《共產主義入門》；紀念事業會編，《大山郁夫傳》）

第十章　第一早稻田高等學院

春秋兩季的早慶野球比賽時，大家都急忙趕到代代木的大球場，拚命聲援早大球隊能獲得勝利。但無論是勝是敗，其後成群結隊，從新宿喝到銀座，一家又一家的亂搞到底，大發青春的熱氣，這才是早、慶兩校學生真實的早慶競爭的本場。

一、第一早稻田高等學院時代

早稻田大學規定，首先要念「第一（或第二）早稻田高等學院」三年（或二年），然後進入大學的各學部念三年，畢業授給學士（碩士）學位。

一九三七年（昭和十二年）我虛歲二十歲時，正是中日事變爆發的那一年，考進第一早稻田高等學院，當時台灣人是日本國籍，所以要與日本人同等應考，不能獲得外國學生給付的特權（外國學生只要會說日本話，其他課目的考試都不用）。我與日本人一起考的，是平均七人考上一人。那年考進第一高等學院的台灣人，只有我及其他幾個（每年進入早稻田大學的台灣留學生都有幾十個人，但幾乎都是進入三年畢業的「早稻田大學專門部」就讀）。

我考進第一高等學院後，隨即電告台灣家裡，很高興的，家裡老祖母等家人都表示祝賀，特別是母親，立即寫信鼓勵我不忘初志，必須努力勤學，老祖母當天就郵寄二百圓給我做學費，玉英姑也表示很高興，傳話來賀喜。旅居上海的父親也寫信勉勵，舉家表示溫暖與勉勵，實在使我很感激並給我相當大的鼓舞，此時我深感到東京留學，結果是對的，決意得要勇往前進。

第一高等學院離「大學部」不遠，徒步三分鐘可達。校舍比起大學部簡陋，有木造二層樓兩棟

（大學部是五層洋式大樓房），教室亦單調粗糙，尤其是室內空調不好，只放一個燒煤炭的小火爐，像我這種從熱帶來的學生，在冬天寒冷的時候總是身體凍得受不了。

但是，學校周圍環境比大學的任何學部都好，附近有樹林，有「穴八幡」寺院，其中日本庭園也很寬闊，中午休息時間，同學們都能在庭園裡歇歇、或聊聊天。如果離學院遠一些，有靜悄悄的舊陸軍大練兵場「戸山ヶ原」（Toyama ga hara），恰好是同學們下課後，三、五個人各自成群到此地，或坐、或就地躺在草地上，爭論問題或隨便聊天享樂。戸山ヶ原，有一片很廣大的草地，洋溢著「來者不拒」的氣氛，雖然是陸軍遺跡，但是出入都很自由。

在第一高等學院擔任各課程的老師，都是大學各學部的專科教授等到高等學院兼課，他們不是民主自由主義者

早稻田時期學生照

就是社會主義者，思想前進，熱心講述課業，學生如有問題，都會不厭其煩的諄諄教誨，如親朋一樣的熱烈對待學生。師生相處久了，有的老師即帶學生到學校附近的咖啡店或居酒屋（Pub），使學生對於人生諸問題自由的高談闊論。甚至雙方更加親密之後，也邀三個學生往神田區（書店雲集的著名學生街），一起一店又一店的狂逛書店，有時也找尋舊古的書籍，或使學生嘗到日本蕎麥麵的好滋味。

不過，老師們這種敦厚的教學品質，有時也使一部分同學，把自由、平等錯覺爲自由放任（laissez-faire），逃避聽課或上課時打瞌睡（我也曾有過），但是，老師卻會視若無睹而繼續講課。然老師這般的高邁寬大，終使學生的這些不良行爲逐漸減少。而後，老師才慢慢的說明：「尊重個人的自由，這是做人的『必然眞理』（necessary truth），盡量限制國家干涉個人自由，是社會發展的要因，

爲了維持這個必然眞理，前提就是要遵守一些社會基本紀律!!」老師也引用明治、大正時代的文豪夏目漱石（一八六七—一九一六）的文章，「沒有義務心的自由，不是眞正的自由，什麼叫做義務心？愛護自己的自由，同時也尊重他人的自由，就是義務心，有義務心不會亂用權力，也不以金錢造成社會腐敗」（夏目，〈我的自由主義〉）。

早稻田時期與同學合影（右起：史明、大柴滋夫、小林一郎）

初上高等學院時，就有各種學生會（英文、德文、柔道、劍道、游泳、陸上運動、漕船、辯論等學生同好會）之邀約，參加在學校近邊的大眾酒店舉行的「早稻田洗禮酒會」。從先輩登場介紹各種同好會，其後才是集會的重頭戲大場面，前輩們舉杯要求新生加入早稻田的洗禮酒會，在場的二、三百個新生後輩，則不分青紅皀白的大吃大喝一番，過沒多久的時間，大家就都已經鬧烘烘的，有的高歌、有的跳舞，結果，新生們幾乎都醉得東倒西歪，到半夜也不覺時刻已晚。我們那個時代，大學生這樣酩酊大醉的情況，在日本比較普遍，早大學生尤甚。以我來說，這種情況是頭一次的經驗，起先是很感驚訝，然一次又一次喝得酒酣耳熱，醉醺醺的遂成習慣，最後變得喝酒海量，這倒使我的生活氣象一新。

從我到東京後，進入早稻田大學，就是過了很自由，很平等的生活，這與在台灣所預測的有很大的不同，因此把過去的所謂半封建、半殖民地的

生活，很輕快的拋棄，在全新的環境與學業之下，要做什麼都能自己決定（意志的自由），學或玩都自如。到學校，學習用功，以及看書等等，都自如而認眞。同時也漸漸學到站在「人」（希臘anthrōpos，英human being）或者「人性」（人的本質human nature）的觀點，探究人生。

難以忘懷的早稲田

二、第一早稻田高等學院的教授與講師

中谷博　學級主任，講述德文、修身，介紹德國小說、德國思潮，提出「人是什麼東西？」「人爲什麼要存在？如何生存？」等人生問題。這種講述，使學生漸漸深入「人生觀」的思考，爲了這個難題，我們即使苦思到大學部時代，依舊思考得無病苦吟。

京口元吉　介紹《古事記》、《日本書紀》、《萬葉集》等日本古典，有時也講述日本史、西洋史、世界史、現代政治史、現代思想史，也介紹《早稻田學報》。他是自由民主主義者，常常批判日本軍人的軍事獨裁，戰時受警察壓迫，遂被迫辭任。他在思想上給我們很大的影響。

稻垣達郎　講述日本現代文學、文章論，介紹江戶「性」文學，以文學部五十嵐力教授著《文章讀本》爲講義，對我們瞭解日本文化助益頗多。

岡一雄　講述日本古文，介紹《古事記》、《日本書紀》、《萬葉集》、《平家物語》、《徒然草》等古文學，使學生們重新了解日本古典。

小林正之　講述西洋史、社會思想史、歐洲近世史，介紹盧梭《社會契約論》、《告白》、《人間不平等起源論》，在政治思想上，教給我們民主主義或其他現代思想的本質與歷史發展，受影響頗大。

仁戶田六三郎　講述西洋哲學史、論理學、宗教學、倫理學，討論「人生是什麼？」「如何生存下去？」我們在哲學思考上所受影響很大。先生說：「眞實的愛，是不以自己的愛去束縛對方。」「雖說有超越時空的那麼眞善的『愛』!!但最後，眞愛與其成爲生涯的大愛，更可能閉幕於暗地裡的悲哀。」

戶川行男　講述心理學、兒童心理學、社會心理學，介紹フロイド（佛洛依德Sigmund Freud，1856-1939）等的精神分析學，發現智障兒山下清的藝術才能，收集其藝術畫繪，加深我們對美術的興趣。

樋口清策　講述地理學、商品學，介紹「絲路」的商品交通，及西洋文明東漸。我暑假回台時，叫我探查台灣著名商品「烏魚子」每年的市價，使我認識到台灣烏魚子的世界價值。

和田小次郎　講述法律論、德國法律哲學、法國法律哲學。

末高信　講述經濟學概論、保險學、英國政治

學、社會政策。

高木純一　講述物理學、自然科學概論、自然科學方法論、電氣工學、應用物理學。

郭明昆　台灣虎尾人，我曾和郭先生一起旁聽東洋社會史，及共讀《中國的經濟與社會》（一九三一，日譯《在崩潰過程中的支那》，作者魏復古Karl August Wittfogel，1896-1988，原是德國共產黨員，第三國際宣傳要員，脫離共產黨後，一九三四年亡命美國，在中國南京大學研究中國社會、經濟地理學）。郭明昆在戰時回台途中，因所乘汽船遭美潛水艦擊沉，全家犧牲。

大西邦敏　講述政治學概論、行政法概論、憲法概論。

其他如渡俊治（支那語）、吉川秀雄（讀日本古文《落窪物語》）、飯島小平（英文學講讀Shakespeare）、新庄嘉章（近代思想、法國文學）、舟木重信（講述德文、浪漫戲劇、Rilke《詩集》、Hermann Hesse文學作品、Baudelaire《惡の花》等）、市川又彥（英文學、講讀George Bernard Shaw的諷刺文學）、原田實（政治學概念、政治學史，介紹英國政治哲學家Harold Joseph Laski（1893-1950）的*Studies in the Problem of Sovereignty*（1917）及*Authority in the Modern State*（1919））。

我有時也會去文學部，旁聽著名詩人西條八十教授的詩歌創作，藝術思潮，現代、古代詩，法國文學概念，及喜劇作家Moliere（莫利哀，1622-73）的《守錢奴》等。

三、第一高等學院時老師推薦的書籍（從回憶中找出以前看過的書籍資料，並尋找一些記錄）

第一高等學院時代，教授各自介紹很多有關人生萬般的課外的世界名著，我們對於這些哲學、社會、人生、小說等都感覺很新鮮，讀書的熱情也非常高，所以看的書籍相當多，種類廣泛，如在來往學校的電車裡，也都會手中拿著書本很認眞的閱讀。早上出門時，常帶著一個便當，準備在圖書館待個十幾個鐘頭來看書。這裡寫這麼多的書單，不是要誇耀，而是要讓台灣學生、青年看看，與你們所看的書做一比較。

《古事記》　八世紀初成立的現存日本最古老的文學、歷史書。

《日本書紀》　舍人親王等撰，日本最古正

史、神話、傳說、記錄的編年體記述的史書，全三十卷，日本古典文學大系版。

《萬葉集》 日本最古歌集，共四、五千首，作者是無名百姓、大詩人、貴族、天皇。

《源氏物語》 池田、秋山校注，貴族藤原王朝的文化生活，給後代很大影響的生活與感覺的具體敘述。

《枕草子》 平安時代（公元八—十二世紀），觀察貴族生活的散文代表作。

《徒然草》 人生的達人，達意的寫文章。

《平家物語》 從武將貴族平家的全盛寫到滅亡，祇園精舍之鐘音，沙羅雙樹之花色，表現盛者必衰之理。從鎌倉時代（公元十二—十四世紀）到現代，有許多讀者愛讀，以音律的文章，寫英雄的種種命運。

《好色一代男》 江戶時代（公元十七—十九世紀），井原西鶴著，寫實人的性生活，主角世之介，自七歲就感到性，過了漁色的一生。西鶴的代表作。

《芭蕉・おく（東北地方）のほそ（小）道》 以旅行來當做人的一生（公元十七世紀），芭蕉把自己生活藝術化所詠的，風情的俳句文集，巧妙的構成，洗練的藝術精神，來產生「幻術」世界。

夏草（なつぐさ）や　兵（つわもの）どもが　夢（ゆめ）の跡（あと）
閑（のど）かさや　岩（いわ）にしみいる　蟬（せみ）の声（こえ）
夏草繁茂　兵荒馬亂　夢幻勝戰之足跡
靜悄悄的　好似蟬鳴叫的聲音滲進岩石內

《一茶俳句集》 一茶（一七六三—一八二七），二萬句的人生俳句，看此詩等於與一茶走同樣的生涯，特別反映了詩人畢生的嚴苛遭遇。

やせ蛙（かえる）　負（ま）けるな一茶（いっさ）　ここにあり
瘦弱的青蛙　不要輸吧　姜太公在此

《阿部一族》 森鷗外探討封建社會的人以如何的思想、心情來生存？封建大將細川忠利公死亡時，殉死忠臣十八名，只有阿部彌一右衛門不准殉死所招來一族的悲劇，封建制度下，日本社會在如何的思想，以如何的心情來生存，且邁向死亡?!

《當世書生氣質》 坪內逍遙著，學生小町田與藝妓田の次的戀愛，詳述明治一〇年代的學生生活與社會風俗。坪內（一八五九—一九三五）是日本近代文學的先驅，早稻田名教授，提倡寫實主義文學。

《或る（一個）青年の夢》 武者小路實篤著，以人道主義的觀點看青年時代。武者小路是平安朝代貴族的末裔，本人是明治、大正、昭和時代的現代文豪，青年時曾在九州建立「共產村」。

《坊ちゃん（少爺）》 夏目漱石著，描寫直情徑行的青年，痛快的生活。

《草枕》 夏目漱石的自傳小說，赤裸裸地表現自己，從惡毒、醜惡的俗世界脫離，想遊歷於非人情的世界的一個畫工的物語，作者自己評論這篇爲「閒閑文學」，這種說法，到底是作者的行動或理論的眞實?!

《五重塔》 自然主義者幸田露伴著，主角大工（木匠）十兵衛捨去人情，熱衷建立五重塔，他放棄人情義理，奉獻自己去建設東京谷中之感應寺的五重塔。明治時代作品。

《北村透谷選集》 勝本清一郎校訂，北村透谷作品，描寫苦命、浪漫的長詩，〈楚囚之詩〉、〈厭世詩家與女性〉等。明治著名文人的北村透谷，後來自絕生命而亡。

《武藏野》 明治時代著名文人國木田獨步著，近代日本的自然主義文學傑作，散步東京郊外（武藏野平原）的落葉森林或田園的小道，描寫其情景及相會的人們。

《蒲團》 田山花袋著，中年作家對女學生的戀情，日本自然主義文學的代表作。

《藤村詩抄》 島崎藤村之詩，人、詩人的青春文學。

千曲川（中野縣之溪流）

小諸なる古城のほとり（古城小諸邊）
雲白く遊子悲しむ（雲白遊子心中悲）
昨日またかくありけり（昨日如此過）
今日もまたかくてありき（今日又如此）
この命なにを齷齪（此條生命為何齷齪）
明日をのみ思ひわづらう（只想明天可苦楚吧!?）

《破戒》 島崎藤村著，描述生於被差別部落的教師，以新的人道主義告白出身。

《高野聖》 泉鏡花著，高野山的旅僧，告白青年時，在飛驒深山的怪異的男女浪漫經驗。

《上田敏全譯詩集》 山內義雄編，ボードレール（波特萊爾C. Baudelaire，1821-1867，法國詩人）、ヴエルレーヌ（魏爾蘭P. Verlaine）、ロゼッティ（羅塞塔D. Rossetti）、マラルメ（馬拉梅S. Mallarme，1842-1898，法國詩人）、ランボー（蘭波A. Rimbaud，1854-1891，法國詩人）等歐洲高踏派、象徵派之詩，上田敏以美麗的日本語翻譯這些詩集。

《與謝野晶子歌集》 《みだれ（亂）髪》詩集帶給明治歌壇新潮流，生存在近代最華麗的一個女詩人的軌跡。

「やわはだの熱き血潮に觸れもせで 寂しかうずや 道を説く君」（無接觸過熱血肌膚的你 不感寂寥麼？ 只說倫理道德的先生?!）

《濹東綺譚》 永井荷風著，主角在玉井私娼寮窟碰到女娼阿雪，竟愛上她的美麗的哀思。

《暗夜行路》 志賀直哉著，祖父與母親所生的不義之子的謙作，寫其從苦惱到平安境地的內心發展過程。

《北原白秋歌集》 日本現代印象派詩人北原白秋，以《東京景物詩》、《邪宗門》等詩集鮮亮登場，以後發表很多詩、童謠、民謠等。早稻田大學文科畢業。白秋的最盛期在明治末期的一九〇〇年代。

片戀

あかしやの金と赤がちるぞえな
かはだれの秋の光にちるぞうな
片戀の薄着のねるのわがうれい
「曳舟」の水のほとりをゆくころを
やはらかな君が吐息のちるぞえな
あかしやの金と赤とがちるぞえな

單相思

金紅色的花要凋零
那是為誰的秋光凋謝哪
單相思的我，穿著布衣在憂愁
走過曳舟水邊的時候

看你柔情的氣息會消失吧
金紅色的花將要凋零枯萎呢

落葉松（からまつ）

からまつの林過ぎて
からまつをしみじみと見き
からまつはさびかりけり
たびゆくはさびこかりけり
からまつの林を出でて
淺間嶺にけぶり見つ
淺間嶺にけぶり見つ
世の中よ，あはれなりけり
常なけどうれしかしりけり
山川に山川の音
からまつにからまつのかぜ

落葉松

走過落葉松的森林
深深的欣賞了落葉松
落葉松看得很寂寞
旅人也很寂寞
走出落葉松之森林
看到淺間嶺噴出無盡的火煙
看到淺間嶺噴出無盡的火煙
俗世啊，哀哀哉
雖然無常有，我也喜悅矣
山川有山川之聲音
落葉松有落葉松之風吹

《若山牧水歌集》　伊藤一彥編。旅人若山牧水作了平易近人、簡單易懂，但涉及人的根底、使人共感的詩。

幾山河　越えさりゆかば　寂しさの
はてなぬ国ぞ　今日も旅ゆく
越過幾山河　才能去掉寂寞呢
今日仍舊在無窮盡的旅行

《啄木歌集》　《一握の砂》、《悲しき玩

具》的作者石川啄木，「東海小島的磯的白砂上，我哭得與蟹玩耍」。苦於貧困與孤獨的石川啄木，以五七五七七句短歌，唱出慘痛的現實，是永遠的青春贊歌的詩人。

《萩原朔太郎詩集》　「詩只是靈魂病傷者及孤獨者的安慰」，徬徨於感情世界的萩原朔太郎，是近代日本史上獨一無二的詩人。

廣瀬川

廣瀬川白く流れたり
時さればみな幻想は濟えゆかん
われの生涯を釣らんとして
過去の日川辺に糸たれしが
ああかの幸福は遠きにすぎさ
ちひさき魚は眼にもとまらず

廣瀬川

廣瀬川起白波行流
一旦時過，一切幻想均必消熄
想要釣來我的生涯
把釣線垂下過去回想的河邊
嗚呼，過去的幸福已喪失
連一條小魚都不在眼前

《河童》（かっぱ）　芥川龍之介著，以筆記精神病者的形態描寫的烏托邦小說，反映出作者生命的苦惱與不安，其後芥川以自殺結束生命。

《煤煙》（ばいえん）　森田草平著，明治時代在東京市本鄉區的男女愛戀之小說文章。

《雪國》（ゆきぐに）　川端康成著，從「過了國境的長隧道就是雪國」這名句開始，在這溫泉與妓女駒子相逢，感覺到人間世界的哀與美。

《蟹工船》（かにこうせん）　小林多喜二著，「蟹工船是要往地獄走……」，最後號召日本共產黨萬歲，是日本罕有的社會主義小說。

《女工哀史》（じょこうあいし）　細井和喜藏著，紡織業是日本資本主義發展初期的基幹產業，在這個產業工作的女勞動者，生活是極爲貧窮的。日本社會主義小說。

《林芙美子隨筆集》　寫《放浪記》、《清貧

之書》、《晚菊》等作品，二十餘年在社會上吃苦的小說家林芙美子快樂的隨筆，著名女作家。

《リルケ（里爾克）詩抄》　茅野蕭蕭譯，リルケ（里爾克Rainer Maria Rilke，1875-1926，德國詩人）去世之翌年，本書開始翻譯，リルケ的詩才首次介紹於日本。

秋

里爾克作　李魁賢譯

葉子飄落，有如飄落自遙遠的地方
從遠在天上的花園凋零，
以消極的姿態飄落。

夜裡，沉重的大地也在飄落
自群星間到寂寞的地方。
我們都在飄落。這手也飄落。
環顧四週：一切都隨之飄落。
當我們飄落，還有一個人，
以柔和的雙手，永遠把我們拉住。

《西條八十詩集》　日本現代象徵派抒情歌詩人，早稻田大學文學部教授（我有聽過他的課），詩、歌、文等寫作很多。

かなりや（Kanarie）

唄を忘れた　かなりやは
後の山に　棄てましょか
いえいえ　それはなりません
唄を忘れた　かなりやは
柳の鞭で　ぶちましょか
いえいえ　それはかわいそう
唄を忘れた　かなりやは
象牙の船に　銀の櫂
月夜の海に　浮かべれば
忘れた唄を　おもいだす

金絲雀

忘去唱歌的　金絲雀
丟掉後山了吧
否，否，那樣不行

忘了唱歌的　金絲雀
用鞭子來打吧
否，否，那樣太可憐
忘了唱歌的　金絲雀
用象牙的船　甲銀的划槳
給浮船　在月夜的海
會想出來忘掉的歌

《アポロドーロス希臘神話》（*Bibliotheca*）　アポロドーロス（阿波托羅斯 Apollodorus，前二世紀的文法家）以純粹古典的希臘敘述爲典故，是希臘神話的原典，有系統的、包括的敘述。

《ユートピア》（*Utopia*）　トマス・モアー（摩爾 Thomas More，1478-1535，英國資本主義初期的社會主義者、理想主義者）著，Utopia（烏托邦）是モアー的造語，意味「那裡都沒有」，他說是具有自由與規律的共和國。本書是社會思想史上第一級的古典。

《ヴェニス（威尼斯）の商人》（*The Merchant of Venice*）　シエークスピア（莎士比亞 W. Shakespeare，1564-1616，世界著名的英國劇作家）著，以說明人肉裁判、戒指等插話，爲戀愛、反情、人情、錢的價值的對照，古來最受愛讀。

《お氣に召すまま》（*As You Like It* 皆大歡喜）　シエークスピア（莎士比亞）著，浪漫喜劇的最佳作品，描寫男裝的公爵娘子，甘美的牧歌，很有品格的作品。

《ハムレット》（*Hamlet*）　シエークスピア（莎士比亞）著，被弟弟毒殺的丹麥王之亡靈，對王子ハムレット（哈姆雷特Hamlet）告訴眞相，逼王子爲他復仇，王子苦惱之後，達到復仇的目的，但他終也死於復仇的刀刃。

《オセロ》（*Othello*）　シエークスピア（莎士比亞）著，ヴエニス（威尼斯）的將軍オセロ（奥塞羅），對妻子執著自己的愛情、信仰、理想，但上了奸惡的旗手的當，嫉妒殺死妻子。

《リア王》（*King Lear*）　シエークスピア（莎士比亞）著，李爾王四十一歲，要試試看三個女兒的愛情，他不信任小女兒的眞心，輕信長女、次女的甜言蜜語，然被背叛，以狂亂來吠叫世間，亂跑於狂風暴雨的荒野中，父女再重逢，成喜悅與悲慘的結束。

《マクベス》（*Macbeth*）　シエークスピア（莎

士比亞）著，十一世紀スコットランド（蘇格蘭）勇敢的武將マクベス（馬克白，四十二歲），聽鬼女的暗示，殺害ダンカン（Duncan探干）王，進入惡夢的世界。シエ—クスピア（莎士比亞）在最興盛時期，完成上述這四大悲劇。

《失樂園》（*Paradise Lost*）　ミルトン（密爾頓J. Milton，1608-1674，十七世紀英國詩人）著，伊澤龍雄日譯，「若一敗塗地陷入，就怎麼樣？並不是全部喪失」，神既然是大天使，現在陷於黑暗サタン（撒旦Satan，基督教的魔鬼），已向你進攻，神的復仇如何成功。本書是英國文學的最高峰的長篇敘事詩。

《カイン》（*Cain*）　バイロン（拜倫G. Byron，1788-1824，代表英國浪漫時代的熱血詩人）著，島田謹二日譯，以五幕寫詩，託《創世記》中殺弟的カイン（該隱），高揚作者的惡魔主義，頗受當時的宗教界攻擊。

《フランクリン自傳》（*The Autobiography of Benjamin Franklin*）　雷雨中大風吹裡，發見電氣與雷是同樣東西的フランクリン（富蘭克林B. Franklin，1706-1790），是科學家，同時也是哲學家、經濟學者、政治家，又是美國資本主義的產生者。

《大地》（*The Good Earth*）　パ—ルバック（賽珍珠Pearl Buck，1892-1973，美國女作家）著，從貧農成爲大地主的王龍，以動亂的中國社會寫他及一族的歷史。本書與《兒子們》、《分家》爲三部大著作。

《青年ウェルテル的苦惱》（*Die Leiden des jungen Werther*）　ゲ—テ（歌德J.W. Goethe，1749-1832，德國詩人、作家、古典派代表者）著，對親友的未婚妻的眞愛，及其破局的小說，洋溢著青春的熱情與陶醉，不安與絕望。若在一輩子不感到ウェルテル（Werther）是爲自己所寫的，他定不幸。

《フアウスト》（*Faust*）　ゲ—テ（歌德）著，爲了把握生命的意義，把靈魂賣給惡魔也不怕，爲フアウスト（浮士德）自己救濟是如何可能，ゲ—テ從青年時期起，就費了全部生涯寫出這部大作。

《たくみと恋》（*Kabale und Liebe*陰謀與戀愛）　シラ—（席勒F. Schiller，1759-1805，德國詩人、作家、詩理論家）著，在清純之戀中，卻浮出奸惡與陰謀，並表示慾望的奴隸的權力者，與良心的勇敢使徒的無力者兩極的對立，在這戲劇中，這位名匠有著熱烈理想主義的火花顯現。

早稻田大隈講堂鐘樓前

《流刑の神々・精霊物語》（*Les Dieux en Exil*）基督教以非寬容性而席捲歐洲時，歐陸古來的民間信仰做了怎樣的變容？一世紀以前，早就著眼於歷史的ハイネ（海涅H. Heine，1797-1856，德國詩人，高唱反抗封建主義的自由主義，甜美的詩情，馬克思之友，接收社會主義，嘲諷的多感、分裂的詩情，是近代文學的象徵）以這篇讀本，寫出希臘的神與古代ゲルマン（日耳曼Germans）的民族神之後的共感。

《デミアン》（*Demian*） ヘルマン・ヘッセ（赫塞Hermann Hesse，1877-1962，德國生的瑞士作家，主張非政治的和平主義）著，雖有夢想，但卻擁有現實的意志，如輝光之星，秘存有靈氣與生氣的青年像，以「人的使命是歸於自己」爲主題的小說，脫出在第一次世界大戰之後的精神危機的作者，在世界無自己的轉換期，建立高凡的記念碑的名著。

《德國名詩選》 精選ゲーテ（歌德）、ハイネ（海涅）、リルケ（里爾克）、ブレヒト（布萊希特B. Brecht，1898-1956，德國劇作家、詩人）等現代詩人，共三十八人、八十二篇。

《レ・ミゼラブル》（*Les Misérables*） レ・ミゼラブル是「悲慘世界」之意，ユーゴー（雨果，V. Hugo，1802-1885）描寫主人公的波瀾人生，對貧窮的民眾給予莫大愛情，相信人類社會一定會進步。

《赤と黒》（*Le Rouge et le Noir*） スタンダール（斯湯達爾Stendhal，1783-1842）著，寫拿破崙沒落後，立武勳的機會喪失的ソレル（色列爾Sorel）投入僧侶階級，以其才智與美貌進入貴族階級，爲了野心，如何的戰鬥並戀愛，讀者可以透過心理描寫，看其傑作。

《惡の花》（*Les Fleurs du mal*） ボードレール（波特萊爾C. Baudelaire，1821-1867，十九世紀法國詩人）的代表性詩集，寫近代詩人充滿苦惱，但其激烈的煩悶完全是藝術性，這是成爲近代詩的精髓的大古典。

《ボヴアリー夫人》（*Madame Bovary*） フローベール（福樓拜G. Flaubert，1821-1880）著，寫夢與現實的相剋，把空想熱情擱在世俗時，發生不幸的悲劇。作者起先是追求「美」，但他後來在十九世紀法國文學史上，是向寫實主義轉變，此作是寫實主義的代表作。

《ジエルミナール》（*Germinal*） エミール・ゾラ（左拉Emile Zola，1840-1902，法國自然主義小說家）

著，寫法國革命，結合產業與科學，促使大工業發達，另一方面組織勞動者，在此勞資的利害鬥爭表面化，ゾラ（左拉）把這個做爲社會因素，描寫勞動者的生態，招來自然主義文學的盛期。另著作《ナナ》（*Nana*）、《居酒屋》（*L'Assommoir*）。

《脂肪のかたまり》（*Boule de suif*）　モパッサン（莫伯桑G. Maupassant，1850-1893）著，三十歲的モパッサン如彗星般跳上文壇，以普法戰爭爲背景，對人的愚蠢與醜陋的怨恨加以客觀描寫。他是法國自然主義的代表作家，但很厭世。

《ベートーヴェンの生涯》（*Vie de Beethoven*）　ロマン・ローラン（羅曼羅蘭Romain Rolland，1866-1944，法國作家）著，作者從少年時代就愛好ベートーヴェン（貝多芬）的音樂，在其生涯的鬥爭中支持其生活方法，一部ベートーヴェン（貝多芬）贊歌。

《狹き門》（*La Porte étroite*）　アンドレ・ジッド（紀德Andre Gide，1869-1951，法國作家）著，在叔父家與アリサ（阿利薩）再會時，ジエローム（傑羅孟）突然感到自己已不再是兒童，高昇的二人的慕情，然アリサ把戀愛當做是污染信仰的感情，就承認ジエロームの愛的行爲，但要追求神之國，所以拒絕他的愛，苦惱到死亡。

《エヴゲーニイ・オネーギン》（*ЕВгеНИЙ ОНегИН*）　プーシキン（普希金A. Pushkin，1799-1837）著，殘忍糟蹋純情少女タチヤーナ（泰恰娜）的切實戀情的オネーギン（阿內晉），後來覺醒他的愛，但已來遲，他的愛遂不能被接受。本書成爲俄國文學韻文小說的原型。

《罪と罰》（Преступление и наказание）　ドストエフスキー（杜斯妥也夫斯基Dostoevsky，1821-1881，俄國作家，參加社會主義團體）著，炎熱的夏天，大學時被除籍、貧窮生活的青年，在故鄉的母親及妹妹的期待與犧牲成爲他的負擔，爲了從這種悲慘逃脫，他決定一個「計劃」，描述回復人性的強烈願望的不朽名著，這是否定革命，靠宗教救濟「人」的小說。

《戰爭と平和》（Война и мир）　トルストイ（托爾斯泰Leo Tolstoy，1828-1910，俄國作家），以人道主義觀點，對拿破崙的來襲受震撼的俄國社會，以兩個主角，描述貴族社會的、國民的、良心的典型。

《津田左右吉歷史論集》　津田左右吉（一八七三－一九六一）著，中國古代的宗教、政治、思想研究，日本古代史的批判研究，生活與思想的關係的大著，在文學所顯示的國民思想的研究留下大足跡的津田左右吉，其代表性歷史論，從歷史觀、研究方法論的觀點對同時代思想展開批判。早稻田大學文學部教授。

《古寺巡禮》　和辻哲郎（一八八九－一九六〇，社會學學者）著，大正七年五月，作者三十歲參觀奈良的唐招提寺、藥師寺、法隆寺等寺院時，對於飛鳥、奈良時代（一千五百年前）的古建築、古美術，以年輕熱情的尖銳細微筆觸寫下的筆記，對東西兩文化擁有淵博知識，展現出日本的美的世界。

《風土》　和辻哲郎著，風土不僅是指自然風土，更是以刻印在人的精神構造之中，分類自己理解的辦法，作者從此觀點看颱風、沙漠、牧場爲風土的三類型，藉以浮現世界各地域的民族、文化、社會的特質。

《日本精神史研究》　和辻哲郎著，透過各地的各種「文化產物」，來把握表現時代的「生」，從此觀點，對天平時代（八世紀）的佛像、《萬葉集》、《源氏物語》等古典加以論述。

《民藝四十年》　民藝美術家柳宗悅（一八八九－一九六一）著，欣賞各時代的，由無上的職人之手所製造，未有人認識的日常利器之美，是從作者的民藝運動開始的。他到晚年歸依念佛宗，到達「他力本願」的思想。

《長谷川如是閑評論集》　如是閑（一八七五－一九六九），著名民主主義評論家，即以「斷然不幹」爲座右銘，決然從觀察的立場，用筆一生，從大正民主到昭和法西斯批判時期爲焦點的著作的全體像。早稻田大學文學部畢業。

《茶の本》　岡倉覺三（天心，一八六三－一九一三），聞名國際的作家，明治時代的美術行政、思想家，在世界各地進行古美術的保護、普及與調查。這位住在外國的藝術家，思慕故國，藉茶道之席，宣傳日本文化、人情、禪道及老莊思想等美的世界，表現日本人的生活。

《種の起原》（*On the Origin of Species*）　ダーウイン（達爾文Charles Darwin，1809-1882）著，確立自然淘汰、「適者生存」的科學實證的「進化論」，對自然科學、社會觀、文化觀給予決定性的影響。

《道元禪師語錄》 日本永平寺開祖、日本曹洞禪宗開祖道元，著作鼓吹坐禪撰述的法門本義及其鐵則的《普勸坐禪儀》、《道學用心集》、《永平元禪師語錄》。

《君主論》（*Il Principe*） マキアヴエッリ（馬基維利N. Machiavelli，1469-1527，封建末期義大利的政治學者、歷史家）著，本書是近代政治學的基礎，作者生活在「文藝復興」時代義大利的政治混亂下，傾向外交、軍事的全部實際經驗與思索，敘說君主在權力上如何維持與伸展，切入人與組織的犀利觀察與分析，其論點在今日依舊未失效。

《革命的群集》（*La Révolution Française*） ルフエーヴル（留付布爾G. Lefebvre，1874-1959，法國歷史家）著，研究農民革命，打動歷史的群眾如何出現，興起革命的心理如何造成，注重以個人與集體的相互作用，在日常形成的「集合心理」面對危機，說明其變容與傳導，是群眾心理的古典著作。

《音樂と音樂家》（*Gesammelte Schriften über Musik und Musiker*） シューマン（舒曼Robert Schumann，1810-1856），德國作曲家，作品有《春天交響曲》、《兒時情景》等，著名的德國初期ローマン（浪漫派）作曲家，也是優異的音樂評論家，評論ショパン（蕭邦Chopin）、ベルリオーズ（白遼士Berlioz）、シューベルト（舒伯特Schubert）、ベートーヴェン（貝多芬Beethoven）、ブラームス（布拉姆斯Brahms）等多數音樂家，爲理解ドイツ（德國）音樂傳統的寶貴著作。

《ゴッホの手紙》 ゴッホ（梵谷V. van Gogh，1853-1890），荷蘭著名畫家，以一發鎗彈終結三十七歲的生涯時，世人認爲其作品很庸俗，這個書簡集，是寫世上的無理解與惡意，是爲畫業燒盡天才的靈魂的記錄。

《國家》（*The Republic*） プラトン（柏拉圖Platōn，427-347 BC）著，ソクラテス（蘇格拉底Sōkratēs）是由國家的名目被處刑，以此爲契機，プラトン說，ソクラテス師所說的正義及德的實現的靈魂是不夠的，國家的原理也得追求，這課題追求的結果，所提示的，就是本書中心主題的「哲人政治」，プラトン所做對話中的最高峰。

《形而上學》（*Metaphysics*） アリストテレス（亞里斯多德Aristotelēs，384-322 BC）著，論文集錄，不但千年來對西洋的世界觀給予決定性的影響，也產

生許多西洋哲學的基本概念，其分析問題的態度與流動發展的辯證法思考方法，成爲研究者歷史上的不朽模範。

《法的精神》（*De l'esprit des lois*） モンテスキュー（孟德斯鳩Montesquieu，1689-1755，法國哲學者、政治學者）著，本書以三權分立論最爲有名，做爲法社會學、比較法學、法學史、民主主義的先驅，很受注目，他的法與社會的多方面分析及異文化間的相互理解，具有很重要的啓示。

《告白》（*Les Confessions*） ルソー（盧梭Rousseau，1712-1778），法國思想家，《人間不平等起源論》的作者，論人間與社會的關係，被尊爲近代人之祖。本書自稱是「破天荒」的嘗試赤裸裸的告白錄，其激烈的自己主張與感情的流露，超越所有的毀譽褒貶，被認爲是近代現代思想的起源。

《人間不平等起源論》（*Discours sur l'origine et les fondemenis de l'inégalité parmi les hommes*） ルソー（盧梭）著，從幾乎不存在不平等的自然狀態，在歷史進步中，時代墮於所謂「不德行的名譽，無智慧的理性，無幸福的快樂」的存在，ルソー認爲當時是專制社會的人的悲慘，批判同時代的一本書。

《社會契約論》（*Du Contrat Social ou Principes du droit politique*） ルソー（盧梭）著，本書成爲法國革命的導火線，代表思想具有變更現實歷史的力量的古典，從「人生而自由，卻無處不被束縛」出發，對主權、政府、憲法、選舉、宗教等發表特別的意見，近代デモクラシー（民主主義democracy）的先驅宣言。

《純粹理性批判》（*Kritik der reinen Vernunft*） カント（康德I. Kant，1724-1804）著，在認識、區別經驗的及先驗的（ア・プリオリ，a priori，從更早的事項開始的意思，從希臘的亞里斯多德開始，透過中世紀哲學，形容概念眞理的基礎確立的用語），本書是說明先驗的認識的妥當範圍與界限，就是哲學史上所謂的コペルニクス（Copernicus哥白尼，1473-1543，波蘭天文學者，主張「地動說」）一百八十度轉變的世紀古典。其後展開爲《實踐理性批判》、《判斷力批判》的カント（康德）的偉大的哲學體系基礎的總論。

《西洋哲學史》 シュヴェーグラー（A. Schwegler）著，作者引用各哲學作者的話，簡明說明其學說的內容，巧妙簡約的闡述諸學說的根本思想。詳細說明プラドン（柏拉圖）、アリストテレ

ス（亞里斯多德）、カント（康德）、ヘーゲル（黑格爾Hegel）等，爲了知道西洋哲學的歷史，是很好的著作。

《ツアラトゥストラ所説》（*Also Sprach Zarathustra*）　ニチエ（尼采F. Nietzsche，1844-1900）晚期的作品，其根本思想的體系成熟的第一步，從其有名的「神死了」這句話的ニヒリズム（虛無主義nihilism）開始，停止由神給的價值及目的，自自然然地企圖解答從如何的人間存在，找出其意義。

《哲學原理》（*Principia Philosophiae*）　デカルト（笛卡兒R. Descartes，1596-1650），法國哲學家，被稱爲近代哲學之祖，不限於狹義哲學，敘述包含自己的廣義哲學的著作。本書四部之中，第一部形而上學，第二部說明物體的運動法則的物理學自然學部分，開示作者的「學」的哲學根本思想。

《デカルト（笛卡兒）的省察》（*Cartesianische Meditationen*）　フツサール（胡賽爾E. Husserl，1859-1938），德國哲學家，晚年的主著，復權笛卡兒，同時超越笛卡兒，進於超越論的現象學，證明性學問的現象學，把唯我論及其克服的主觀性問題提上，明示通到異文化或形而上學的道路。

《存在と時間》（*Sein und Zeit*）　ハィデツガー（海德格Martin Heidegger，1889-1976），現代德國哲學界的第一人，敘述關於希臘以來的歐洲哲學高貴的課題的存在意義，透過有限的個個的人的根本構造的分析，將要從時間的觀點決定制定二十世紀前半的大勢，對形而上學的復興，及其後的「實存哲學」的發展，給予很大影響的名著。

《相對性理論》（*Relativity*）　アィンシュタイン（愛因斯坦A. Einstein，1879-1955），生於德國的美國理論物理學者，使時空概念一變，其想法敘述在最初論文〈動著的物體的電氣力學〉，經アィンシュタイン創造性的思考過程，理解「相對論」。納粹統治時，亡命美國。

《近代國家的自由》（*Liberty in the Modern State*）ラスキ（拉斯基H. Laski，1893-1950，英國政治學者）著，不受統制的權力常爲自由的宿敵，ルーズベルト（羅斯福F. Roosevelt，1882-1945，美國第三十二任總統）提倡的「四個自由」要實現的條件，國家權力要服從的基準是什麼？作者對法的威脅加以敏銳的洞察，考察近代國家所擁有的權力與自由的矛盾，強調自由、平等的不可分性。本書是英國思想家的現代自

由論，「政治學典範」（A Grammar of Politics）。

《人權宣言集》 爲了保障人間權利的法律，以英國大憲章（Magna Carta, 1215）爲始祖，今日各國的成文憲法中一定含有「人權宣言」。

《世界憲法集》 現代國家爲了制定其統制體制的基本，必須有憲法，本書爲美國、加拿大、德國、法國、韓國、瑞士、俄國、中國、日本等歷史與性格不同的九國的憲法記載。

《國富論》（*The Wealth of Nations*） スミス（亞當・斯密思Adam Smith，1723-1790）著，基於近代市民社會的分業與協業，把握生產力體系的社會科學的古典，形成「資本家古典經濟學」，並對十八世紀的現狀、教育、軍事、稅制也有所批判。

《經濟學及び課稅の原理》（*On the Principles of Political Economy and Taxation*） スミス（亞當・斯密思）所創始的古典經濟學的完成者リカード（李嘉圖D. Ricardo，1772-1823）的主著，作者認爲「經濟學原理」與「課稅原理」是有區別的兩個事情，認爲課稅論是在經濟原理的應用領域而展開理論。

《戰爭論》（*Vom Kriege*） クラウゼヴィッツ（克勞塞維茨C. Clausewitz，1780-1831，普魯士將軍）著，本書對拿破崙一世使戰爭形態本質上變貌的，即國民戰爭，加以精密的分析，明瞭了近代戰爭的特質，提示正確的本來的戰爭哲學問題，解明戰爭與政治、戰爭的原型、戰爭的本性。

《經濟學・哲學草稿》（*Ökonomisch-philosophische Manuskripte*） マルクス（馬克思K. Marx，1818-1883）著，最初對市民社會的根底的資本主義經濟加以尖銳的開刀，想解明眞的人間解放，後來在《資本論》結實。本書爲研究Marx不可或缺的文獻。

《ドイツ・イデオロギー―》（*Die deutsche Ideologie*德國思想） 馬克思、恩格斯合著，爲近代化論爭，對「近代」的夢，感到哲學上的失望的ヘーゲル左派（黑格爾左派），其運動總括的加以批判的馬克思、恩格斯，在本書定礎超越近代的規範的世界觀。

《共產黨宣言》（*Das Kommunistische Manifest*） 馬克思、恩格斯合著，從「到今天的凡有社會的歷史，是階級鬥爭的歷史」開始，對在階級鬥爭中的プロレタリアート（無產階級Proletariat）的使命加以明瞭的馬克思主義基本文獻，以壓縮共產主義與戰術的形態，來明示其體制化。

《賃勞動（工資勞動）と資本》（*Lohnarbeit und Kapital*）　馬克思著，工資是什麼？是如何被決定？作者從此身邊問題出發，簡潔說明價值法則，明瞭剩餘價值的成立。馬克思將此刊登於《新ライン（萊茵）新聞》，已經過將近二百年，暴露資本制剝削方法的構造。此論文被當時的世界各國勞動者廣泛閱讀。

《價值・價格及利潤》（*Value, price and profit*）　一八六五年馬克思在第一インタ（第一國際）中央委員會的演講。某個委員主張，一般的工資提升並無利益，這對勞動者組合是有害的。馬克思對此給予一一反駁之後，他基於自己構築的經濟學，積極展開自己的主張，明確指出政治鬥爭與經濟鬥爭的關係，及勞動組合的使命。

《經濟學批判》（*Zur Kritik der Politischen Ökonomie*）　《資本論》、《共產黨宣言》、《經濟學批判》是馬克思的三大作。作者在序說中，有組織的說明方法論，在本文中，批判歷史上的價值、貨幣理論。這本書是讀解《資本論》的入門。

《資本論》（*Das Kapital*）　《資本論》，馬克思稱它是自己一輩子的事業，十九世紀最大的政治經濟學著作，徹底究明近代資本主義社會的經濟的運動法則，使經濟學「革命」對人間社會的見解招來完全的變革，把社會主義抬上科學軌道的不朽名著。

《從空想到科學的社會主義之發展》（*Die Entwicklung des Sozialismus von der Utopie zur Wissenschaft*）　エンゲルス（恩格斯F. Engels，1820-1895），與馬克思並行的馬克思主義共同創始者，由大著《反デューリング論》（*Herrn Eugen Dührings Umwälzung der Wissenschaft*反杜林論）拔粹三章而成的小冊子，介紹與批判十九世紀的空想社會主義，並說明辯證法的唯物論成立的歷史，資本主義之發達，科學社會主義到來的必然性。這本書是社會主義入門之書。

《帝國主義》（*Imperialism*）　レーニン（列寧V. Lenin，1870-1924）著，繼承馬克思的理論，說明資本主義到獨佔的階段是帝國主義、金融資本與金融寡頭制的時代，在此成爲資本輸出，寄生性的資本主義，並社會腐朽化，列強的世界分割等必然產生。列寧是獨裁主義派馬克思主義的創始人。

《產業革命》（*The Industrial Revolution*）　アシエトン（阿斯頓T. Ashton）著，產業革命帶來史上未曾

有的大轉變，工業、農業生產力飛躍增大，生產樣式機械化，本書從經濟史來敘述現代資本主義的母胎在歷史上的大轉變。

《雇用・利子及貨幣的一般理論》（*The General Theory of Employment, Interest and Money*） ケインズ（凱因斯J. Keynes，1883-1946），英國經濟學者，在十九世紀末葉資本主義經濟學的歷史時期中，本書導致「ケインズ修正資本主義革命」，提出資本主義所擁有的大量失業與不安定經濟循環的藥單，找出雇用與有效需要，利率的流動性相結合的經濟體系。作者與新古典派資本主義家訣別，創立包括性的「一般理論」，成爲現代經濟理論的出發點。

《古代社會》（*Ancient Society*） モーガン（摩根L. Morgan，1818-1881）著，從北美東岸的イロコイ（Iroquois）部族，至ニュメキシコ（新墨西哥New Mexico）、中美的マヤ（馬雅Maya），南美的インカ（印加Incas）等，復原並記述其居住與生活，指出其特質是收容類家族的共同體住居。《古代社會》是文化人類學的古典，近代空間近接學的先驅。

《プロテスタンティズムの倫理與資本主義的精神》（*Die protestantische Ethik und der 'Geist' des Kapitalismus*） ヴェーバー（韋伯Max Weber，1864-1920）著，說明敵視營利追求的ピューリダニズム（清教主義Puritanism）的經濟倫理，實際上，是對近代資本主義的誕生有很大的貢獻，究明資本主義歷史上的矛盾。作者在此書中，企圖分析近代資本主義的特質與新教主義的關連，做爲其比較宗教社會學研究的出發點。

《產業者的教理問答》（*Catéchisme des industriels*） サン・シモン（聖西蒙Henri de Saint-Simon，1760-1825），今日各式各樣的社會思想、社會科學的源泉，「思想的播種人」，實證主義與產業主義的提倡者，他晚年的兩部著作，就是《產業者的教理問答》與《新基督教》。

《當做職業的政治》（*Politik als Beruf*） Max Weber著，凡是政治行動的原動力，都是權力（暴力），政治是政治，不是倫理，只要是這樣，對政治實踐者給予倫理上的要求，是不可能的。

四、第一學院學生生活

在第一早稻田高等學院時，我第一個認識的，

就是I組坐在一起的大柴滋夫，他大我兩歲，有社會主義思想的傾向，過去曾出社會，任報紙的配達員，社會經驗比別的同學都豐富，自然成爲I組同學的人際中心，也很樂於幫助他人。先前的喝酒洗禮會，就是他穿針引線聚集同學而召開的。我透過大柴滋夫，才認識了中島、野上、枝廣、森本等同學，他們都是和善坦率、天眞浪漫的好青年，我與這些日本同學很自然就成爲熟悉的伙伴（playmate），常在下課後，七、八個同伴一起跑到新宿的繁華街上，吃飯、喝酒及看電影等（現在還存在的武藏野館，我曾在此偶然看到台灣少女舞蹈家蔡瑞月演出現代芭蕾）。春秋兩季的早慶（早稻田與慶應大學）野球比賽時，大家都急忙趕到代代木的大球場，拚命聲援早大球隊能獲得勝利。但無論是勝是敗，其後成群結隊，從新宿喝到銀座，一家又一家的亂搞到底，大發青春的熱氣，這才是早、慶兩校學生眞實的早慶競爭的本場。

天晴的午後下課，大家回家以前，都會到陽光晴朗的戶山ヶ原大草原，成群團團圍坐，各自咬「大福」（日本甜餅）爲酒肴，大談人生，開口學問獨立、自由民主，閉口浩然正氣、大器晚成等等，早大學生慣用的大題目，層出不窮。

每年三月，學校放一個多月春假時，我們也集團遠行到日本東北的奧羽地方（當時坐火車要六、七個鐘頭），如福島縣會津若松的「熱鹽」溫泉，或宮城縣仙山線的「鳴子溫泉」（當時到溫泉，日本人也不像現在這樣頻繁），雖然旅店只有一間，有時也碰到附近農民來「湯治」（住旅店一、兩個禮拜，長期保養治健康）。他們都是純樸的老百姓，然也有特別的習慣，如泡溫泉時，男女老少都裸體且一起進入浴湯，晚餐後也是一樣，都在自己房子裸體喝酒唱歌跳舞。我頭一次碰到這種連想也想不到的情景，覺得很奇怪，感到很羞恥，但也在無形中窺看到日本農民大眾，大家都裸生物似的投身於大自然的日常生活的一面，讓我這樣的外國人有很好的機會來瞭解日本人。

老祖母每個月都會寄生活費一百塊錢日幣（在當時是一筆大錢）來給我，當錢一寄到，我都先將一個月的住宿費、洗澡錢，以及電車定期劵費用、中飯錢（學生會館的咖哩飯很好吃，可以說天天吃也吃不厭，而且很便宜，一頓飯十三錢）或買書等上學所必須的諸費用，給預先處理。然後，剩下來的五十多塊錢，

就邀五、六好友，大家到新宿、上野、淺草等熱鬧地區，狂遊個幾天，把錢都給花完。同樣的，同學們各人家裡的錢一到後，也都呼朋引伴，盡情地狂歡個幾天，這叫做浩然之氣，大器晚成。

到了高等學院三年級，青年人為了養精蓄銳，統一精神，常與大柴、中島等，到神奈川縣北鎌倉的名刹古寺「圓覺寺」（臨濟禪寺關東本山）參禪，有時心血來潮，一時興起，就坐火車去日本海緣邊的福井縣，參觀曹洞禪宗宗主道元創始的大廟宇「永平寺」，感受日本信仰佛教的虔敬精神。

當時的日本大學生很浪漫，都沉思著「人生幾何」，喝喝酒而無病苦吟，極端者甚至不能自解而尋求死路。有一個東京第一高等學生，名叫藤村操，他苦惱於「人生幾何」的哲學思考之餘，留了一紙遺言書，「萬有的眞相，曰：不可解」，遂跳下日光的「華嚴瀑布」而亡，終結了青年學生的一生。這倒是被批評為過度把「人生絕對化」的不慮結果。

所謂「人生問題」的思量，從昔古以來，經過富於道德學養的許多聖賢研習學求都尚不能得其極致，所以淺問低識的我們，如何愼謹盡學，也不能盡其高峰。然而，所有人在青年時，腦中總會深思熟慮未來的人生，一輩子要怎樣活下去，才能具有計謀周詳、考慮深遠的風度。

進入大學後不久，我就偶然認識東京．多摩美術學校教授，教佛教美術（喇嘛佛像美術）的專家逸見梅榮、愛子教授夫婦，他倆因我是台灣人，很熱心要我看看日本的文化、歷史、生活，才回台灣，對我特別照顧，有機會就叫我參加他們師生前往奈良、京都的旅行，訪問日本二千年來的古代文化、生活，以及探訪著名的佛廟、佛像等，使我能親近日本的文化、生活的底子。逸見夫婦也常帶我去他們的故里山形縣泡溫泉，特別是逸見夫人，為了要使我能懂得日本的生活藝術，帶我去參加日本「茶道」的講習會或彈日本琴會等，也去看歌舞伎，日本傳統的舞蹈戲。台灣留學生對此都沒興趣，都不去看。

我也認識了明治、大正、昭和時代的著名西洋畫家安宅安五郎，日本貴族出身的大文豪武者小路實篤等文化人，他們很愛護我，每有機會，就邀我到他們的住邸，以日本料理招待我，或邀我一起看世界的名畫，或是跟我談論有關日本的文化藝術。

後來我著《台灣人四百年史》時，武者小路欣然幫這本書題字（這是很難得、很寶貴的大禮）。

東京有許多百貨店，經常展覽世界各時代的名畫，我因此可以從達文西（Leonardo da Vinci, 1452-1519）、米開朗基羅（Michelangelo, 1474-1564）看起，然後跳至羅特列克（Toulouse-Lautrec, 1864-1901，法國畫家），他畫舞女、歌手的油畫，實在是很新奇；以及盧奧（G. Rouault, 1871-1958）、夏卡爾（M. Chagall, 1887-1985）等俄國畫家。我也看過荷蘭油畫家梵谷（V. van Gogh, 1853-1890）的畫，他在巴黎促使表現派、野獸派的發展，主要畫風景、人像，有激烈色調，活動性的畫風，他最終自殺而亡；也看過法國畫家高更（P. Gauguin, 1848-1903）的畫，他曾一時與梵谷同居，之後渡到太平洋大溪地（畫風新裝飾風）。反現代的馬諦斯（H. Matisse, 1869-1954）、畢卡索（P. Picasso, 1881-1973，西班牙出身，法國畫家，天才畫家）等名畫，都有時會推出來。我對扎德金（O. Zadkine, 1890-1967）的彫刻也有很深的印象。

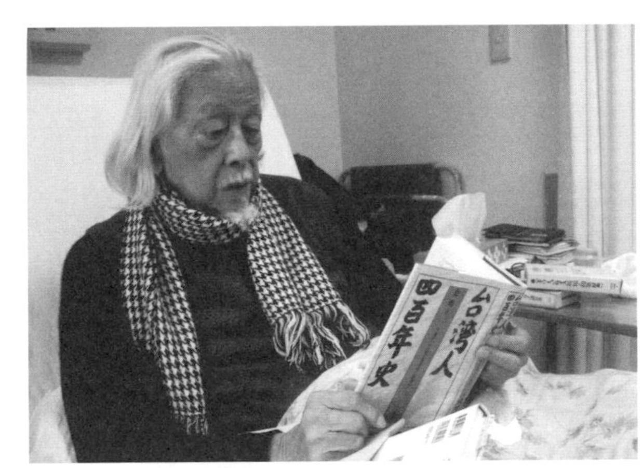

手上這本日文版《台灣人四百年史》，就是武者小路實篤題字的

一九八〇年代，在東京駅（站）八重洲出口的橋石美術館參觀的盧奧（G. Rouault）的「郊外的耶穌」，是到現在次次都還會想出來。從勞動者居住區，有很高的煙囪當背景，冷寒的光景，但使觀者能感到溫暖的安定。

對我來說，音樂、藝術是心靈的糧食，生活的養分。當歌聲或撫琴挑弓的旋律感動了靈魂，情緒高揚時，就是人生的陽光燦爛的時刻。我在幼時，有音樂家阿舅的引導，早就產生對音樂初步的感應。

一九三七年在東京，早稻田大學的六年間，我終於成了西洋古典音樂迷，買了許多（大小八千餘張）唱片，日夜聽得如癡如醉，有時也爲了去聽音樂會或歌劇而荒廢功課。例如，要從德國

早稲田大學政治經濟學部

大隈重信銅像前

大學時期光顧過的老店

早稲田大學一景

早大校庭，杏樹大道秋色滿開

「注文」（訂購）才買得到法國新教神學者史懷哲（Albert Schweitzer, 1875-1965）彈的巴哈作曲的風琴唱片，如果錢不夠，就拿書籍去當舖抵押換現金；要聽世界著名女高音三浦環演唱歌劇《椿姬》（*La traviata*），也會拿舖蓋去換錢，而沉醉在絕世的演奏中。

我在早稻田大學時代，爲了買唱片，就騙阿嬤寄錢，或爲了保持唱片而拜託同學及朋友幫忙等，忙無寧日。

我較常聽西洋古典音樂家的名曲，各時代皆有可觀之處，只要作曲家、指揮者及演出藝術家能展現高尚的音樂性、美妙性，就可以欣賞：

（一）巴洛克時代（Baroque music），興盛於十七、十八世紀，構想壯大，裝飾纖細的古代音樂，此時代出了維瓦第（Antonio Vivaldi, 1678-1741）、巴哈（Johann S. Bach, 1685-1750）、韓德爾（George F. Handel, 1685-1759）的三大音樂巨匠。

（二）古典時代（Classical music），興盛於十八、十九世紀，注重傳統與形式，強調藝術性，有海頓（Franz J. Haydn, 1732-1809）、莫札特（W. Amadeus Mozart, 1756-1791）、貝多芬（Ludwig Beethoven, 1770-1827）三巨星。

（三）浪漫時代（Romantic music），興旺於十八世紀末到十九世紀初期，重視感情與想像、豪華爲特色，有舒伯特（Franz P. Schubert, 1797-1828）、韋伯（Carl M. Weber, 1786-1826）、白遼士（Hector Berlioz, 1803-1869）、孟德爾松（Felix Mendelssohn, 1809-1847）、蕭邦（Frédéric F. Chopin, 1810-1849）、舒曼（Robert A. Schumann, 1810-1856）、李斯特（Franz Liszt, 1811-1886）。

（四）其他，華格納（Wilhelm R. Wagner, 1813-1883）的國民戲曲、布拉姆斯（Johannes Brahms, 1833-1897）、古諾（Charles Gounod, 1818-1893）、史邁塔那（Bedrich Smetana, 1824-1884）、德弗札克（Antonin Dvorak, 1841-1904）、柴可夫斯基（Pyotr I. Tchaikovsky, 1840-1893）、馬勒（Gustav Mahler, 1860-1911）。

（五）印象派時代（Impressionist music），德布西（Achille-Claude Debussy, 1862-1918）、拉威爾（Joseph-Maurice Ravel, 1875-1937）。

以下是幾首我喜歡聽的藝術歌曲的歌詞：

Der Lindenbaum（舒伯特作曲，收錄在《冬之旅》（*Winterreise*））

Am Brunnen vor dem Tore
Da steht ein Lindenbaum
Ich träumt in seinem Schatten
So manchen süßen Traum
Ich schnitt in seine Rinde
So manches liebe Wort
Es zog in Freud' und Leide
Zu ihm mich immer fort

菩提樹

門前的泉水旁邊
一棵菩提樹繁茂著
我去其木蔭，做了夢
耽於種種的美夢
我在其樹幹彫了甘美的語言
我又彫刻種種愛的話
無論喜或悲
我不斷的繼續懷念著菩提樹

Die Forelle（舒伯特作曲）

In einem Bächlein helle
Da schoß in froher Eil
Die launische Forelle
Vorüber wie ein Pfeil
Ich stand an dem Gestade
Und sah in süßer Ruh
Des muntern Fischleins Bade
Im klaren Bächlein zu

鱒魚

明朗的小河
歡歡喜喜的自由自在
鱒魚隨意
如矢的急迅游泳
我站在岸邊
愉快的眺望著
在澄清的小川之中
看鱒魚很快樂的遊玩著

Plaisir d'amour（Jean Martini作曲）

Plaisir d'amour ne dure qu'un moment.
Chagrin d'amour dure toute la vie.
J'ai tout quitté pour l'ingrate Sylvie.
Elle me quitte et prend un autre amant.
Tant que cette eau coulera doucement
Vers ce ruisseau qui borde la prairie,
Je t'aimerai me répétait Sylvie.
L'eau coule encore. Elle a changé pourtant.

愛的喜悅

愛能繼續的是只有一瞬間
但是愛的悲哀是畢生延長
對我不實的Sylvie，一切都放棄
然而她遺棄我，選擇他人
「還流野原的小川
如靜靜流入的水，不限的
我愛你」，Sylvie這樣重複的對我說
河流現在如前在流，但是她的心已經變了。

各時代音樂大家的交響樂作品之中，我最喜歡聽的，有貝多芬的交響曲第九（歡喜之歌）、第六（田園）、第五（命運），馬勒的第九號交響曲，白遼士的「幻想交響曲」，舒伯特的第八號交響曲（未完成）。例如貝多芬的「第九號交響曲」，有壓倒性的音樂性，一八二四年在ウィン（維也納）初演，其特徵是在第四樂章，付四人獨唱與合唱，唱出Schiller（席勒，1759-1805，德國十八世紀大詩人）的《歡樂頌》，日本音樂家形容本曲：「不論宗教、政治體制的不同，在世界中被演奏普遍的世界性，是空前絕後。」

Mérimée（梅里美，1803-1870，法國小說家）的*Carmen*（《卡門》），Bizet（比才，1838-1875，法國作曲家）作曲，爲著名的歌劇，是法國歌曲中最重要、最普遍，具有野性美。

第十一章　早稻田大學政治經濟學部政治學科

忘卻「歷史」，民族、國家都會滅亡；忘了母語，民族也會消失。

——恩師・煙山專太郎

「東京專門學校」首腦小野梓，曾經留學英國，研究邊沁（Jeremy Bentham, 1748-1832）的「功利主義」（utilitarianism）、自由民權思想。他說：「……凡是一國之獨立，國民之獨立，必須基於國民精神之獨立，國民精神之獨立，端賴於學問之獨立。」

一九〇二年，東京專門學校改爲「早稻田大學」之時，初代學監高田早苗，再強調的說：「……教學雖說是要培養有道義水準的人材……『人』的教育，不能與實際的教育有了齟齬。……二十世紀的英雄豪傑，必須擁有有用性……從早稻田大學出社會的學生，要成爲第一流人物，要能滿足國家所需要。……我等希望培養多數的有遠大思想的人，我等不期產生思想粗魯且不切實用的人。」

及至「大正民主主義」時代，早稻田大學學生們，再受自由民主主義、社會主義、馬克思主義、無政府主義及民族主義等現代的解放思想所洗禮。

早稻田大學的學風，如此從初就受到英、法學問的影響，即以自由、民主、平等爲人類社會的目標，然而日本政府官僚在中日侵略戰爭之下，卻以德國封建爲基礎，而國家的主權「不」在民。

我在一九四〇年代，上了早大政治經濟學部政治科時，日本社會雖說在「軍國主義」獨裁之下，然大學的思想意識，仍然繼承自學長先輩建構的創校傳統，仍是以「學之獨立」爲基礎，自由、平等、反骨、在野等精神，均瀰漫於全校教職員以及

學生們的心胸。

日本各大學，都把「政治學」這一科學問，放在「法學部」裡面，惟有早稻田大學，將「政治學」歸類爲頭等學問，並與「經濟學」聯繫起來，將之成立爲「政治經濟學部」，促使政治學科的學生們，產生固有的榮懷（原來，歐洲的英法諸國的大學，都從中世紀的千年以來，就以「政治經濟學部」爲學問傳統）。

一、早大政經學部教授陣營

煙山專太郎　政治學博士，革命思想家，著名政治評論家，講述政治思想史、英國政治史，介紹著名政治史家與政治學家，他說：「忘卻『歷史』，民族、國家都會滅亡；忘了母語，民族也會消失」這句箴言，使我永生難忘。他言及：Herodotus（希羅多德，紀元前五世紀，希臘的歷史家，被稱爲「歷史學之祖」）、Platōn（柏拉圖）、Machiavelli（馬基維利，1469-1527，義大利政治理論家，被稱做「政治學之祖」）、Thomas More（摩爾，1478-1535，英國早期的文學家、社會主義者）、Rousseau（盧梭，1712-1778，法國思想家、革命者）、Montesquieu（孟德斯鳩，1689-1755，法國政治家、法律家，民主政治的三權分立說的發明者）、Max Weber（韋伯，1864-1920，德國社會學者）、Guizot（基佐，1787-1874，法國政治家、歷史學家）。煙山先生講：十九世紀後，自由主義思潮停滯，而發展出共產主義，但是他反對斯大林個人獨裁專制，繼承英國的功利主義（Fabianism Democracy費邊社會民主主義），主張資本與土地公有化，介紹英國的Laski（拉斯基，1893-1950，英國社會學者、社會主義政治家）、Sidney Webb and Beatrice Webb（韋布夫婦，英國左翼革命家）、George Bernard Shaw（蕭伯納，1856-1950，英國諷刺戲劇家、社會革命家），以及一九〇〇年英國結成「勞動黨」等。

鹽澤昌貞　美國留學，法學博士，政治經濟學部部長，講述經濟原論，農業經濟學專家。

中野登美雄　法學博士，政經學部政治科主任，講述憲法學、日本憲法。

久保田明光　早大政經學部經濟科主任，法學博士，講述農業經濟學說史，農業政策專家。

大西邦敏　法國留學，法學博士，講述比較憲法學、國家學概論、英國憲政史、政黨及官僚論，

Seminar指導教授。

北澤新次郎　英國留學，商學博士，社會主義者，勞動運動指導者，早稻田大學商學部部長。

信夫淳平　法學博士，講述國際法、外交史、國際政治論、殖民政策。

服部文四郎　經濟學博士，講述國際金融論、貨幣及銀行論、金融政策。

天川信雄　法國留學，講述比較憲法、行政學、行政法。

五來欣造　法國留學，政治學博士，講述政治哲學、政治學原論、政治學說史。

酒枝義旗　德國留學，經濟學博士，講述經濟學原理（ゴットル，Gottl歌德爾）、工業經濟原論、食糧問題。

時子山常三郎　講述財政學、稅制論、金融論。

川原篤　英國留學，講述國際關係、國際政治學、國際公法。

小松芳喬　講述社會學、民族學。

喜多壯一郎　英國留學，講述法制學、新聞研究、西洋經濟。

新明正道　講述民族論、史的民族理論。

青柳篤恒　講述支那現代外交史、支那文學、支那現代思想史。

吉村正　美國留學，介紹美國政治評論聞人，講述英文學。

杉森考次郎　著名政治評論家，社會學者，講述社會學。

此外，我們也常到文學部，旁聽文學博士會津八一（日本美術史）、文學博士日夏耿之助（英文學研究）、文學博士吉江喬松（十八世紀文學思潮）、日本文學博士五十嵐力（國語作文）、哲學博士出隆（希臘哲學史）、金子馬治（現代哲學概論）、西條八十（詩論）等講課。

二、早稻田大學政治經濟學部時讀的書籍

《學問のすすめ》　「天在人之上不使人在，在人之下也不使人在」，福澤諭吉（一八三五—一九〇二）以這句平等思想的名言，啓蒙社會，並勸人必須研究學問，他說「學問」，不外是西洋的批判學。福澤諭吉是慶應義塾大學的創始者。

《武士道》　新渡戸稻造（一八六二—一九三三），以「武士如同櫻花」，說武士道及櫻花都是日本固有的花，講述武士道的淵源、對民眾的感化，來說明武士道如何開花結實，而成爲日本的精神土壤。

《余如何成爲基督教徒》　本書不但是以日本基督教文學成爲日本的代表性古典作品，更是在歐美博其名聲的世界名著。懷疑與感謝，絕望與希望，悲哀與歡喜，主人公的「我」的歸信的姿態，以著者內村鑑三（一八六一—一九三〇）獨特的強有力的文章發展的記述著，撼動讀者的靈魂。

《三十三年の夢》　共鳴中國革命的宮崎滔天（一八七一—一九二二），初見來日的孫文，成爲熱烈的支持者，不顧私利，爲了中國革命東奔西走，走轉南亞細亞各地。本書是明治的浪漫派，宮崎滔天波瀾萬丈平生，寫到三十三歲的自傳。

《善の研究》　西田幾多郎（一八七〇—一九四五）著，本書從所謂「純粹經驗」的立場，涉及哲學的全領域，整然組織的哲學體系，成爲後來的著名哲學者西田幾多郎的基礎，以純粹經驗，企圖認識知識道德、宗教的處女作。明治以後日本人所完成最初的西洋哲學書籍。

《貧乏物語》　在第一次大戰下的日本開始社會主義化，直視了「貧窮」問題的河上肇（一八七九—一九四六），爲何多數人都貧窮，如何能根治貧窮，集古今東西的典籍說明，富者廢止奢侈，才是廢止貧窮的第一策。

《自敘傳・日本脫出記》　近代日本代表性無政府主義者大杉榮（一八八五—一九二三）的元眞的自傳，「思想如何自由，並在行爲也有自由，且動機也如何自由」，如此奔放精神走過波瀾的人生而提倡「生動說」，爲日本無政府研究者不可或缺的一書。

《倫理學》　和辻哲郎的主著，近代日本最大的有體系的哲學書。作者想把握各時代的日本人的「生」，涉獵東西方的古典，綜合現象學、人類學、社會學、地理學的倫理學，做規律人倫體系的倫理學的根本理法，也把日本的西洋哲學建立起來。作者到歷史哲學的一大構想，是不許他人追隨的壯大的規模。

《石橋湛山評論集》　從明治四十四年到敗戰之後，《東洋經濟新報》（日本首本的經濟雜誌）的石

橋湛山（一八八四—一九七三）的評論，涉及普選問題、俄國革命、三・一運動、滿洲事變等，所有評論都貫穿著無以倫比的自由主義論調，主張非武裝、非侵略。作者是早稻田大學畢業的名記者，日本戰後首要的政治家。

《暗黑日記》 太平洋戰爭下，根據當時的政治、經濟狀況及身邊生活，生動描寫出豐富的國際感覺與廣闊的交友。清澤洌（一八九〇—一九四五），做爲將來要寫日本現代史的備忘錄，以外交評論家的筆觸來寫這本日記，其尖銳的時局批判，顯示著自由主義的一座高峰。

《プラトン入門》 英國代表性プラトン（柏拉圖Platōn，427-347 BC）研究者ブラック（布萊克R.S. Bluck，1919-1963）著，即以中心問題的「第二部」，維持引導プラトン研究者的水準，爲不懂希臘語但對希臘哲學有關心的人所寫的入門書。

《國家と革命》 レーニン（列寧V. Lenin，1870-1924），二月革命後，歸國俄國，發表「四月綱領」，從七月潛入地下，準備武裝蜂起，分析革命與國家權力，寫出本書。

《裏切られた革命》（*The Revolution Betrayed* 被叛逆的革命） 原題「蘇聯是什麼？會往哪裡走？」，トロツキー（托洛茨基Leon Trotsky，1879-1940）著，究明蘇聯成立當初的諸理念，被斯大林如何的變質，而主張第二革命。本書是蘇聯研究的古典（一九三六），可以參考的要點很多，如自由選舉、複數政黨制、經濟民主主義等。

《フォイエルバッハ論》 在近代思想史上，フォイエルバッハ（費爾巴赫Ludwig A. Feuerbach，1804-1872）處在Hegel（黑格爾）與Marx（馬克思）之間，他爲了批判基督教的絕對性（absolute，觀念論），著其唯物論，但他的唯物論也因停止於抽象的觀念論而受批判，然而德國古典哲學即以費爾巴赫到達最高點，同時也是在此告終，馬克思從此根本的掌握辯證法唯物論。

《ローザ・ルクセンブルグの手紙》 《資本積蓄論》作者、德國共產黨創始者ローザ（羅莎・盧森堡Rosa Luxemburg，1870-1919），對カウツキー（考烏茨基Karl Kautsky）夫妻發出的信等，是她自己的理論、實踐的活動及日常生活的描寫。

《阿Q正傳・狂人日記》 人食人的妄想的《狂人日記》，以及農村中貧乏的臨時工，怎樣被

罵著呆子，描寫以「精神勝利法」意氣軒昂的阿Q，作者以辛亥革命爲背景，提出他的妄想者的意識、行動，藉以尖銳批評中國社會的欺瞞性。這兩篇小說皆收錄在魯迅最初的作品集《吶喊》。

「天動說」（The Ptolemaic Theory）與地動說相反，地動說突破了天動說的絕對統治，近代自然科學才發展起來。

「地動說」（The Heliocentric Theory） Copernicus（哥白尼1473-1543），波蘭的天文學家，他發表的「地動說」，引起近世思想界、科學界的大革命，但受到當時宗教家、天文學者的激烈責難，成爲「禁書」。後來，他的理論受到Galileo（伽利略1564-1642）、Newton（牛頓1643-1727）支持，十八世紀才完全被證實。

「宇宙觀」（Space Science） Galileo（伽利略），義大利的物理學家、天文學者，發明望遠鏡（一六○九），發現木星的衛星，證明了地動說的正確性。

「我思，故有我」 Descartes（笛卡兒1596-1650），法國的哲學家、數學家、自然科學家，確立新的思想體系，對其後的哲學有很大的影響，被稱爲「近世哲學之父」。他說：知識的學問，必須以確實的證明性爲基礎，所以要先排除一切的先入觀，與對將來的疑惑，「我思，故有我」（Cogito, ergo sum），從此，確信了「明知」的眞實性。

第十二章　戰時中的早大學生生活

我學習了反帝國主義的理論與歷史之後，深深的想到台灣、台灣人的歷史，就是確確實實的殖民地奴隸的被統治的歷史。

一、早大學生的氣質

早稻田大學學生，從東京專門學校開始以來，都被外界視爲是以鄉下老百姓的純樸但愚直爲其生活氣質。

原來，東京大學是創始於官校「開成所」（一八七〇），一八九七年才更名爲官校「帝國大學」，一九四七年再改爲官校「東京大學」。其初期時代，是從全國各地大藩閥，拔擢地方武士的優秀年輕人，使之前往中央政府所在地的東京，而成爲學生，都是頭上結髻、腰佩兩刀的支配階級裝扮，動作豪邁不羈，心懷舊式的優越感。

慶應義塾大學，是開始於福澤諭吉創始的「蘭學塾」（一八五八），一八六八年改稱私校「慶應義塾」，一八九〇年成爲私校「慶應義塾大學」。初期，學生也由地方藩閥的上層階級或地方富戶武士階級選拔，同樣結髮佩刀上學，後來在開明的塾頭（校長）福澤諭吉的勸解之下，學生們才換穿西洋式學生制服，卻也帥氣挺拔，生活豪華，在平常舉動上散發近代資本家有錢人氣息。

早稻田大學的前身東京專門學校，其創校遲於前述兩校，於明治十五年（一八八二）才開始，因爲此時政府已經施行「散髮脫刀令」，禁止大學生仍舊結髮帶刀上校，所以東京專門學校的學生都以光頭不帶刀上學，並且，學校從初就以「學之獨立」、「自由研究」爲校旨，在這種情況之下，志

願進入東京專門學校的青年，都超越封建時代的階級差異，除了武士（所謂「士族」）家庭出身，地方富裕的農民大眾子弟也能入東京專門學校，進修政治、經濟、法律等各科專門學科。因此早稻田大學學生，具有鄉下庶民泥土味的純樸學生氣質之傳統。

一九四一年十二月八日，日本海軍偷襲美國國土珍珠港（先襲後宣戰），太平洋戰爭（第二次大戰）在亞細亞爆發。

早稻田大學田中總長在日本政府聽取「宣戰布告」。文部省（部）指示各大學責任者（總長）：「宣戰目的大詔（天皇命令）渙發，從事教育學徒，率先奉體聖旨（天皇命令）。」

宣戰之前，日本首相陸軍大將東條英機宣布，從該年起，中、高、大學生必須提前半年畢業，接受徵召檢查。所以，原來是一九四三年三月三十一日畢業的我，卻被命提早六個月，即一九四二年九月三十日就得舉辦畢業典禮。

二、大學部時代的學生生活

戰爭禍害，從南太平洋一步步逼近日本本國。一九四二年四月十八日午前十點許，從距離日本本土一千三百餘公里的北太平洋大海上的美國航空母艦大隊上，飛來B29轟炸機，初次自東京上空投下燒夷彈，有三百四十五個日本人中彈（東京警視廳公布）。

此時，我恰巧從早稻田正門前的書店出來，正在鶴卷町路上往大學教室走。我忽然聽到拍、拍……的飛機飛來的聲音，轉瞬間，在頭頂上空看到好幾架飛機，低空航行著。聽到旁邊同學說：「日本飛機正在做低空飛行訓練!!」然而，在他聲音剛落下之際，忽又聽到嗒、嗒……的炸彈掉在身邊不遠的路上，炸在兩邊或屋頂上，災害急遽擴大。

一九三七年，我進入早大時，日軍繼一九三一年的滿洲事件（東北事件）及日本政府撤出「國際聯盟」（League of Nations, 1919-1945），於當年七月七日，爆發中日戰爭。

日本軍閥政府基於對中國的戰爭政策，對各大學發出「戰時總動員令」，早稻田大學當局接到強制性命令，趨向緊張，從來未曾發過的「軍事

訓令」，從此開始，就是一週兩個小時，學生都得在學校運動場做行軍、操槍等訓練（與台北一中一樣）。

但是對一般教授與學生來說，雖然周圍情況緊迫，但私人生活卻未受到影響，大家都維持自由的上課及生活，從容自得的過日子。大家仍然在附近飲食談天，也同樣的群集於戸山ヶ原，放言高論，養精蓄銳。

大學正門的山吹通或鶴卷町，仍然有爲數眾多的學生徘徊在各書店，看看雜誌或買各類書籍。

若從喧鬧的書店大街走進左右小巷弄，就有如齒梳般一列一列的排列著下宿（住宿）旅社街。我在當時，也常在學校下課後，與大柴、中島等同伴，準備著一、兩瓶便宜的燒酒或威士忌，並在附近的小魚店買一些約三、四十錢的低價鮪魚頭當酒菜，然後到森本的下宿，大家一起吃喝如常，高談闊論，當時也會偷偷的批判日本軍閥的獨裁橫暴。

另一方面，從大學徒步二十來分鐘左右，就到達東京著名的歡樂地「神樂坂」（Kagurazaka），是爲中高級官員及企業、商人等殷商應酬喝酒吃飯的地方，店家爲了促使街道繁榮熱鬧，也很歡迎早稻田的學生去喝酒吃飯。學生們有時會七、八個人一起把錢湊一湊，然後前往神樂坂，好整以暇地享受一晚。若是花費太大不夠付錢時，就會慷慨地將各人手上的手錶拔下來，拿去當舖換錢來抵帳。同時也有不少家裡較有錢的學生，到神樂坂大喝一晚，之後就在店裡過夜，隔天一早直接從神樂坂登校上學。

如上所述，很多學生常把家裡寄來的學費及生活費，幾乎一下子就花費殆盡，花掉一大半之後所剩無幾，而借住的下宿（包含早晚兩餐）錢少就粗拙了，不但下宿的住房簡陋，所給的兩餐飯菜也粗糙。

因爲學生們住的是廉價的破房，吃的是粗茶淡飯，很傷腦筋，所以就將早稻田的校歌給改編爲「早稻田下宿的歌」，藉以諷刺下宿的破舊及餐飲的粗略。

早稻田下宿的歌

都（みやこ）の西北（せいほく）　早稲田（わせだ）の森（もり）に
聳（そび）ゆるトタン屋根（やね）　我等（われら）が下宿（げしゅく）

我等が日頃の　賄を知るや
新香二切　なっぱのおつけ
現世を忘れた　煮豆と白湯
斯く痩する我等の　指手を見よや
早稲田　早稲田　早稲田　早稲田

都的西北　早稻田森林
看到亞鉛板的破屋頂　就是咱的下宿
你知否咱的早晚兩餐吃的什麼飯
只有兩片醬菜　再來青葉的味噌湯
從未吃過的煮豆與白菜湯
且看如此瘦弱的　手指頭仔
瘦了　瘦了　瘦了　瘦了

然而一般的早大學生，對日本政府所進行的思想統治與對學校當局的政治壓迫，當然是以尊重自由，以及反對在朝獨裁的在野精神來抗拒。這是早稻田從二十世紀初「大正民主主義」以來的傳統精神。大正民主主義末期以來，和平已久的大隈校庭

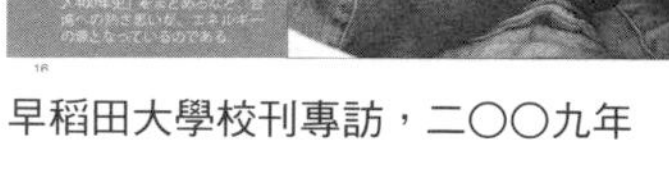
早稻田大學校刊專訪，二〇〇九年

及斑駁的教室牆上，屢屢看到貼上的「堅持學問獨立」、「反對廢滅自由」、「趕走軍國主義」等鬥爭標語。我深深受到這種傳統精神的刺激，很自然的激昂贊成這種暗默裡的反抗運動。

《早稻田大學新聞》（學生報）也在三月二日，刊出「大總動員」爲標題，對政府無理干涉學校行政表示反對。

就是這個「早稻田傳統精神」的思想與行動，不斷的刺激我、鼓勵我，並長期磨練我，淘汰我過去的封建殘餘與殖民地統治所受的缺陷，在思想上及政治上，彫塑我的新「人生觀」（理論、科學、合理、現實、實踐、客觀、人性、自由、平等等思惟）。

當時，我亦接觸了「反帝國主義」的初步理論（即資本主義國家生產發展到十九世紀，因供過於需，所以，爲了霸佔新的市場，乃出兵侵略亞、非等未開發地區，佔領異族的領土爲殖民地，以本地人爲奴隸，並加以政治壓迫與經濟掠奪，甚至大屠殺本地人的殖民統治，因此未開的異族本地人決然起來鼓吹「解放的」民族主義來抗拒）。我學習了反帝國主義的理論與歷史之後，深深的想到台灣、台灣人的歷史，就是確確實實的殖民地奴隸的被統治的歷史。

恰好當時我也讀了一本日本舊書《塚原卜傳》。塚原卜傳，一四八九年生於常陸國（hitachi-nokuni，今之栃木縣），他五、六歲的囝仔時代，就在下總國（shimousanokuni，今之千葉縣）的「鹿島神宮」（kasima-zingu），「一心一意」力練刀槍，長大後，成爲史上著名的所謂「無手勝流」（mutekats-lıu，劍道的流派）的武藝者。看完書後，我很感動塚原卜傳從小就心懷大志，眞摯努力，同時我腦筋裡也浮上「加強爲台灣奮鬥」的想法。

日本軍國政府，隨著中日戰爭的軍事逐步擴大，愈來愈把政治壓迫的黑手伸向大學：一九三四年，政治經濟學部財政學教授兼圖書館館長林癸未夫，因爲著作《國家社會主義原理》一書而被停止教職。一九三五年，美濃部達吉（憲法）、金森德次郎（憲法）兩位進步教師，以危害「國體明徵」之罪（天皇的絕對性），被迫辭去早稻田大學講師教職。一九三七年，滿洲事變發展爲中日戰爭，政府監管之手伸到早稻田大學象牙塔內，文學部助教授兼第一早稻田高等學院名教授京口元吉（吾的恩師），遭警視廳官員潛入教室偷聽其「國史概說」

講義，之後大學本部與教授京口先生被控告是反軍國的馬克思主義者並有「反國是言論」，京口教授恐怕學校遭殃，自己引責辭職。西村眞次（文學部教授）、帆足理一郎（文學部教授）也以言論不當，受到批判。一九四〇年，津田左右吉退職早大文學部，以違反出版法坐獄。他因出版物內容牴觸法令，被以紊亂秩序、壞亂風俗之罪，逮捕坐牢。

一九四〇年，戰況告急，軍閥政府再次強制學苑設立「學徒鍊成部」，並教訓學生遵守：（一）國是即應，（二）體力練磨，（三）集體訓練。

第二次近衛文麿內閣成立（一九四〇年七月二十二日）後，閣議決定「基本國策要綱」，政府再加強對大學的統制，使田中總長在腦筋裡更添煩惱。

田中總長終在同年暑假完了，召集學苑全部教職員於大隈講堂，力說：「支那事變難於結束，時局危難」，各人必須昂揚實質，以勇往邁進精神，養成飛翔世界，成爲有用的人材，而鼓舞多少垂頭喪氣的教職員。

一九四一年，太平洋戰爭前夕，陸軍大將東條英機內閣宣布，大學學生修學期間縮短六個月，預定翌年三月末日畢業的學生，必須在今年九月末日施行畢業，而受到徵兵檢查。因此，原來在一九四三年三月畢業的我們同期同學，在一九四二年九月就要提早離開大學。

太平洋開戰當日，田中總長正在出席「大政翼贊會」（政府創立的御用「政黨」），聽到「宣戰布告」。此時，做爲學苑的責任者，他抱著悲壯的大決心。文部省訓令：「宣戰的大詔渙發，從事教育學徒，率先奉體聖旨……」繼之在一九四二年，文部省所採取的措施就是修業年限縮短，建立報國隊等。其中，理工科學生從此特別措施除外。

田中總長本來是反對私校學生提早入伍的特別政策，曾向當局請願，說明學校的目標不是在短期中爲戰爭服役，而是在他日的學業發展，然文部省不予理會，其政策乃強制從修學年限縮短做起。

基於戰爭政策，政府更一再趨於激烈化，一九四一年實施：（一）戰技訓練：射擊、機甲隊、高射野砲、騎兵等，（二）特技訓練：劍道、柔道、騎道等。並開始動員學生拿斧帶鍬、掘削機，或送行李等，結成「學校報國隊」，擔當土木工工作。

一九四三年十月（我已畢業離校）「學徒出

陣」，學生從「校門到營門」爲至上命令，爲了擊垮仇敵美英，被送到戰場。該年十月十六日，早稻田大學主催「出陣壯行會」；六日後的十月二十一日，文部省學校報告會主催「出陣學徒壯行會」於明治神宮外苑競技場。

太平洋戰爭爆發不久，既有的大學生延期入伍的特典立即被宣布停止。九月二十一日後，學苑內充滿緊張。

一九四二年九月，我在學五年六個月的早稻田大學畢業日期，終於來到。

聽說在一九四三年，早稻田大學爲了五千八百名入伍學生舉行「壯行會」，十月十五日午前十時，大家集合在戶塚野球場（大學本部近鄰），西洋史教授煙山專太郎（吾之恩師）代表教職員，登壇報告送別之辭，他說：「軍隊是野蠻的地方，可不要過於熱情而急於犧牲，一定要有元氣回來。古來在中國，送朋友出外時，定是喝酒或詠詩送行，然而我要送你們，既沒有酒，也無做詩的心情，僅以這幾句話送你們，對不起。」如此沒講幾句話，就下壇而告別。

大部分學生出征後，學校閑散無人，有時珍奇的從附近下宿窗內傳來西洋古典音樂、尺八（一尺八寸長的日本竹管簫）的歌聲，有時也會聽到留聲機的日本演歌樂音。此時的街道上也已無先前的繁盛，酒醉徘徊的學生也失去了蹤影。在路邊漫步走動的學生，大都眉頭深鎖，好似思惟哲學難題，而無從排解發洩。走到書店，老板娘嘆說：「現在的學生眞不看書。」

戰爭將近末期，日本必嘗敗戰。但是《早稻田大學新聞》仍然刊出：「斷乎給予鬼畜英美的鐵鎚。」然通曉事理的人，卻暗淚滿盈。

北條誠乃是早稻田大學畢業的作家。他在《懷念日本》一書中，刊登同窗柴田忠男作的詩，懷念大學畢業時的寂寞感（lonely）與空虛感（empty）。

（以下爲節錄）

想起你我青春時
願成初入大學門
鐵扉銅像紅練磚
聽自銀杏樹道中

高唱歌聲與慧識
大學小道滿輝映
撩亂櫻花處處開
潛走花墜是我春

如今我想再思想
學業將畢正寒冬
你我同時受軍召
倉促離校往日悲
兩人分手永別離
六年前潛走小道
花之墜道現不存
邊唱悲歌邊出門

「柴田在作詩中所寫的學生時代……這並不是我的浪漫感傷之故，悲慘的就是一旦和平被損害的那一瞬，就在殘酷的戰爭混亂之中……我們的青春常不安，常有苦惱，然而如今一想，也是在青年純粹的感激之中，而走過來的。」

戰爭長期化，校外茶店Jazz tango流行歌的漩渦卻消影，代之軍歌的旋律從收音機流出來，喝一杯咖啡的時間中，重複聽到戰爭勝利的號外報紙，隨著日軍偷襲珍珠港，佔領香港、佔據新加坡……喫茶店的室內空氣是一刻一刻的變成戰時色彩，一杯紅茶已冷去，也在大聲叫囂「美國暴戾」，但在一方，室外也都有偷偷的在講軍閥的暴戾。

早稻田大學先輩、摯友洪志猛

第十三章　穿越紅色浪潮

上車，趕路吧！如此，青年時的熱情，使我不顧一切的向革命奔去。

一九四二年，我已經決定早稻田大學畢業後，九月進入中國大陸，參加反帝抗日戰爭與社會主義建設。我先在那年的四月到上海，進入新四軍解放地區參觀（一個四十多歲林姓、住京都的上海人帶路），後來才知道去的是江北的所謂「淮南黃花塘根據地」；五月回台，我和老祖母、阿姑相辭之後，後來又繞道經廈門回日本。當時的我爲了理想割捨親情，並沒讓她們知道我要去中國參加抗日戰的事。

當時我是一個被家人照顧得很好的青年人，在大學時代過著很自由、富裕，不必擔當什麼責任的學生生活，一點也沒接觸過外面的人心險惡，現在回想起來，可能我比起同年紀的青年人更遲鈍，且相當幼稚。大學畢業後，我滿腦子馬克思的思想，自以爲加入中國共產黨的抗日隊伍，就可以把書本上的馬克思主義解放哲學，眞正的實踐起來。

一、馬克思主義的召呼

我在早稻田大學二、三年級時，很認眞研讀過馬克思理論。爲什麼會往馬克思理論走？實在是因爲在大學學習中醱酵的做人原則。年輕時，智慧初現的時候，做一個眞正的人的熱烈慾望與初步簡單的正義感總會抬起頭來，阿嬤從小就教我「情理不平，氣死閑（êng）人」的做人道理，這也是我比其他人較早理會「抗日是自己的大事」的原因吧。馬克思主義是以階級解放爲理論基礎，所以比較容易被受壓迫、受侵略的人所接受，但是第一國際的時期（一八六四—七六），尤其是馬克思、恩格斯，原

本就很理解被抑壓民族之民族獨立鬥爭的政治重要性。

在當時，第一國際所從事的主要民族鬥爭，是關於歐洲大陸的從屬民族解放革命（譬如波蘭、愛爾蘭及義大利）。馬克思對東方各個民族的革命，平常也積極在研究；他對中國的「太平天國事件」（一八五一—六四），也有一定的認識，寫過「中國革命，是把火種投入產業組織的火藥庫，致使中國醞蓄很久的一般危機終於爆發，定會再引起其堅固結合的歐洲政治革命的爆發」。此外，馬克思在《資本論》即使說到亞細亞的不多，但是各個殖民地解放的重要性都有觸及。

恩格斯在一八八三年也寫過對印度、波斯、埃及等殖民地會發生革命的預測。

一九二〇年，第三國際第二屆大會在莫斯科召開，當時，列寧已成爲世界勞動運動的偉大指導者，從世界各地參加的有三十五國、四十二支部代表。列寧當然是以歐洲革命爲主體，在大會上成立一連串的實踐上、政治上及組織上的方策，但是第二屆大會的最高政治問題，還是列寧「有關民族、殖民地問題的綱領」的提議及決議案。列寧在這屆大會的演講中，說到「與本國的無產革命一起，在殖民帝國的解體，能瓦解歐洲的資本主義體制」、「民族，有抑壓民族與被抑壓民族兩種，地球上約七十％的人口是屬於被抑壓民族，十五、六世紀，與成立資本主義與現代國家同時崛起，歐洲資本主義生存力量的主要泉源之一，是在殖民地的屬領與從屬國。資本主義列強若不廣泛的剝削掠奪殖民地，一時都不能存在。」

起初列寧的想法也是從歐洲出發，所以積極支援匈牙利、德國等國的勞動者革命。然而一九一九年匈牙利革命失敗，波蘭籍的羅莎・盧森堡（Rosa Luxemburg, 1870-1919，德國共產主義者，不同意列寧的獨裁政治作風）在德國成立的「斯巴爾達克團」（Spartakusbund，德國共產黨前身，由德國社會民主黨左翼所結成，Spartacus是公元前一世紀，在羅馬指揮奴隸叛亂的名將之名）也被打敗，盧森堡等革命者身亡，此時列寧才覺悟到，要在資本主義強盛的歐洲革命成功，是非常不容易的，應該把世界無產運動的中心，放在資本主義勢力弱小的殖民地，來支援殖民地革命運動。因此，第三國際乃開始把其世界無產革命重點，灌注於對亞、非殖民地或從屬國的「殖民地解

放、民族獨立」的支援工作，如一九二〇年印尼共產黨成立，一九二一年中國共產黨成立，一九二二年日本共產黨成立，一九二四年支援中國孫中山結成國共合作。在這種背景之下，謝雪紅、林木順一九二六年前往莫斯科接受共產主義的訓練，回上海成立「日本共產黨台灣民族支部」（台灣共產黨，一九二八年中央委員之中，翁澤生是中國共產黨員，一九二五年入中國共產黨）。第三國際的策略，就是決定支持殖民地獨立，使資本帝國主義垮台，而促成世界的無產階級革命。

我在早稻田大學政治科的日本同學，都有服兵役的義務，畢業後，他們都很堅定的入伍當「神風隊」（決死隊）的隊員，爲天皇、國家，與敵人做「視死如歸，泰然自若」的生死戰。他們都下了殉國的決心，當視死如歸的飛機特攻隊，執行一架飛機攻擊一艘敵艦，雙方一同死滅的戰術。他們的態度都泰然自若，很值得尊敬。

但是他們心理上也難免有做一個「人」的苦衷，常吟唱著搬「往路」的飛機汽油，而沒有「回程」的飛機汽油的軍歌：

「特攻隊節」（決死隊軍歌）
燃料片道　涙で積んで
行くは琉球　死出の旅
エーエ　死出の旅

流著眼淚　搬運單程飛機汽油
去的是琉球戰場
去死的飛行
唉！唉！是去死的旅行！

他們在等出征的態度也悲壯。相較之下，我雖然不必當兵，卻感覺心裡很空虛，走到這個地步，我常想到底要做什麼？當時在國際上，反殖民主義、民族解放的運動風起雲湧，我左思右想，經過一段深刻苦思的結果，毅然想到去中國參加「反日帝國主義鬥爭」的抗日戰，爲台灣的社會、階級的解放奮鬥。這是我很突然且粗糙的想法，卻不外是純粹的青年熱情與愛台灣的深思，以及正義感所使然。我決定要去中國共產黨解放區，與日本同學同

樣，都是爲了保衛家鄉。

我要放棄日本，到中共地區把抗日移諸實行的前一年，一九四一年十二月，日帝動員空軍突擊珍珠港，登陸馬來半島，佔領新加坡、荷領印尼、馬尼拉等，在太平洋大戰的初期獲得大捷。日本全境（包括朝鮮、台灣）正沉醉在舉國歡騰慶祝大勝利的得意時期。

因此，我去中國，不是單純的爲了歷史上的漢族情感或共產主義思想，而是因爲馬克思主義反對日本帝國主義的必然性。我根本沒考慮去重慶參加蔣介石的國民黨軍，當時蔣介石軍一直後退於中國大後方，根本沒有與日本軍打仗的意願。

我在早稻田大學二、三年級時，有一個偶然的機會，參加了「馬克思理論讀書會」的秘密組織。那時感到很興奮，但是危險重重，如被警察發現，定會被抓，當做思想犯辦罪。這是由高等學院同學也是同伴的大柴滋夫介紹入會的（大柴到第二次大戰後，曾是日本社會黨的國會議員）。這個秘密讀書會有七個日本學生，互相不知道對方的姓名、學校等等，定期的秘密集合研習馬克思的唯物史觀及戰略戰術等。關於馬克思主義的著作，我從高等學院時代就屢屢有讀過。話雖如此，但馬克思思想等有關共產主義、社會主義的書籍，實在不是那麼容易看得懂，儘管是重複閱讀，並有先行的馬克思主義者的教導或引進，一時之間還是不能完全理解。那麼，在讀書會所學到的是什麼馬克思主義？

原來在早稻田大學第一學院時，大體上是讀了霍布斯（Thomas Hobbes, 1588-1679）、洛克（John Locke, 1632-1704）、盧梭（Jean-Jacques Rousseau, 1712-1778）等，自由思想追隨了資本主義茁壯（十六世紀），與社會市民革命（十八世紀）一起前進，肯定人類發展史觀（十八世紀），與產業革命（十八世紀末葉）的成熟發展。（讀西印度諸島法國Martinique島黑人，參加非洲殖民地革命的Frantz Fanon著作集日譯）

再就是從盧梭的《人間不平等起源論》（一七五五）、《社會契約論》（一七六二），學到自由主義（liberalism）與實證主義（positivism）等理論爲人類進步的目標。

繼之，進入聖西蒙（Saint Simon, 1760-1825）、傅立葉（Charles Fourier, 1772-1837）、歐文（Robert Owen, 1771-1858）等（被恩格斯稱爲「空想主義者」）的前期社

會主義者的革命路線。

之後，馬克思（Karl Marx, 1818-1883）、恩格斯（Friedrich Engels, 1820-1895）才成爲當時的代表性社會主義理論。**馬克思尤其是看到資本主義體制之下，「人性」（human nature）將遭毀滅，所以他即決心回復人性。**

馬克思、恩格斯的思想，最早是發表於兩人共著的《共產黨宣言》（一八四八），再經過馬克思的《經濟學批判要綱》（一八五七—五八），到馬克思的《資本論》（一八六七—九四），更加思想化、體系化，而成爲馬克思主義理論的集大成。

馬克思主義的思想基礎——唯物史觀（historical materialism），是黑格爾（G.W.F. Hegel, 1770-1831）的「辯證法」（dialectic）與費爾巴赫（Ludwig A. Feuerbach, 1804-1872）的「唯物論」（materialism），再加上英國「古典經濟學」（Adam Smith, 1723-1790）與法國「革命思想」（主要是布朗基（L.A. Blanqui, 1805-1881）的革命思想與實踐），而成立了馬克思、恩格斯的法則性歷史方法論。

每次秘密會合，都在幾十間大教室的空時、大隈庭園、戶山ケ原或熟悉的飲食店小單間等，很危險的場合下，每次集會兩個鐘頭，最後會決定下次集合的場合與時間。

二、當時學什麼馬克思主義？

人類世界開闢以來，人就懷有進步、發展的大期望，分成兩種立場，貫穿於一切哲學的根本問題。一是「物質論」（materialism, Materialismus），一是「觀念論」（spiritualism, Spiritualismus）。物質論是以泰利斯（Thalēs, 640-560 BC）爲元祖，主張人類的世界始源（希臘arche，英origin，德Elencr）是物質、自然。觀念論是以柏拉圖（Platōn, 427-347 BC）爲元祖。馬克思則是站在「唯物論」的立場。

那麼，當時我學到的所謂「馬克思主義」是什麼理論？

馬克思在《德國思想》之中說：「我們必須知道人能生存的第一前提，也是歷史的第一前提，就是人爲了『製造歷史』，要活下去，頭一個必須維持的，是確保食、衣、住等物資生活。……」這就是馬克思認識歷史的出發點。

這個「歷史的出發點」，馬克思已在《經濟

學批判》（*Zur Kritik der Politischen Ökonomie*, 1859）的序言（Preface）之中加以定式化。其「定式化」的內容，可以整理爲十項，即：

（一）「人」（human being）爲了生存，必須形成「集團」（mass社會），且必須與「自然」（nature）鬥爭，以人的「勞動」（work）改造自然，而來「生產」爲食（food）、衣（clothing）、住（live）所需的「物質」（matter物資）。這樣，人以勞動改造自然而生產物質的「綜合力」（synthetic power），稱爲「**生產力**」（productive forces）。

（二）「人」在生產物質時，要建立與爲了生產的人之間的相互關係，這稱爲「**生產關係**」（relations of production）。例如：奴隸與主人、地主與農奴、勞動者階級與資本家階級等諸關係，或者生產者與消費者、賣者與買者等。這種生產關係，是客觀的社會關係，而非從個人的獨立意志能產生的私人關係。

（三）生產力與生產關係，在「人類史」上的任何階段，都是爲「人」的生存不可缺的兩大意涵。

（四）社會的生產力必然會日益增大，從此，物質生產很快就超過社會消費，而產生所謂「剩餘價值」（surplus product），進而發生「階級」（class）。從此，「人」的社會，終於分裂爲物質生產的「勞動大眾」（working classes）與支配階級（ruler classes），支配階級剝削（exploit）勞動大眾的生產物（剩餘價值），這兩個階級逐漸產生尖銳的對立。

（五）生產關係的「總體」（the whole），在社會構成上，成爲社會的「基層構造」（basic structure）的「經濟」，並以基層構造爲基礎，在其上面構成政治、思想、法律、國家、主義等的「上層構造」（super structure）。

（六）生產力若是發展到某些階段，和保守的生產關係就發生矛盾（contradiction），此時，原來保守的（conservative）舊生產關係被打破，新的生產關係很快就被創立，而使生產力繼續向前發展。這種「社會變革」稱爲「**革命**」（revolution）、「階級鬥爭」（class struggles）。

（七）人類從「共同社會」（Community，共勞、共配、共消、共活）開始，產生「社會」與「階級」。

（八）經過「奴隸社會」（slave society）及「封建社會」（feudal society）。

（九）到「資本主義社會」（capitalistic society），政治壓迫深刻化（political oppression become intense），經濟剝削擴大化（economic exploitation magnified），階級鬥爭頻繁（class struggle very often），人性低落（human nature go down）。

（十）馬克思爲了回復人性（recover human nature），回復社會正義（recover social justice），努力推翻資本主義制度，以實現社會主義（try hard to remove capitalism system, and realize socialism system）。

認識了馬克思「歷史觀」的「定式化」（法則定式化nomothetische Wissenschaft，自然諸學）與「法則性」（Gesetzlichkeit）後，以這個馬克思的史觀爲基礎，進而看到從十八世紀末「獨佔資本主義」（monopoly capitalism）階段，歐洲諸資本主義國家與日本成爲「帝國主義」（imperialism），而對亞、非、南美洲等未開發社會，以武力佔領爲「殖民地」（colony），產生了革命的、進步的（progressive）民族主義（被侵略的各各本地人），向侵略的（aggressive）、反動的（reactionary）西洋民族主義，展開「民族獨立、殖民地解放運動」。

當時日本在戰時中，很嚴格監視學生思想，被點名的學生，往往被跟蹤，有時也到宿舍公開臨檢，若被發現左傾書籍，立即抓走，所以心裡有數的學生，都得隨時隨地緊張預防。

我在讀書會中，恰好碰到一個中國的留學生，姓沈（假名），後來才知道他原來是中國共產黨派來日本的地下工作人員。我就是在他的引導下，進入中國共產黨在中國華北的解放區。

我很相信馬克思對民族問題的看法：「倘若階級問題解決，民族問題也同時可以解決。」

當時我與一般台灣人大眾相同，知道我們台灣人的祖先來自中國大陸，台灣人與中國人起先是同文同種（血族，tribe），是漢族（Han tribe），但來到台灣不久，就漸漸沒有漢人的意識與感情。四百年來，在滿清時代台灣和中國的農民大眾根本沒有往來，沒有社會關係，能來往的，只有當官的統治者、當兵、做大買賣等唐山人，台灣本地人與大陸，幾乎處於隔絕狀態；在日本時代，台灣一般民眾很少碰到中國人，也沒有去過中國大陸，有去過中國廈門等地的人，在總人口說來，是一小撮人，大部分是做走水（走私）的人及留學生。在廣大的

中國，中國老百姓的腦筋裡更是根本沒有「台灣」的意識，譬如，我一九四八年在華北，碰到中國老百姓（農民大眾佔當時中國總人口的九成以上）問我是哪裡人，我回答「台灣」，他們想了想後說：「哦！哦！我知道了，那是朝鮮的北面的地方吧。」

我去中國，和台灣與中國的民族問題完全無關。依照我當時的人生觀，我只有兩個方向可以選擇，一是為自己生活和享樂打拚，一是前往中共，為社會、民族（台灣）、階級等去奮鬥，我最後選擇的是第二個方向。

我要離開日本，赴中國參加抗日戰爭，固然是雄心勃勃、熱情洋溢，可是對於二十餘年來，在日本生活圈的美好經驗、優美的風景、精良的日本文化，以及朝夕共處的日本同學、大學老師以及社會人的懷念等等（日本帝國統治台灣確實是殘酷的殖民統治，但比起西歐白人對亞洲人的殖民，日本人對待台灣人可說是幾乎沒有什麼優越感，在人的關係上是較友善的，但帝國主義對台灣殖民地的政治壓迫與經濟剝削是很巨大的），在我的腦海裡閃來閃去，有如雷電四起。

臨走時，我的心裡感到不安，腦筋裡的疑問則好似螞蟻般，不斷湧現：要去華北，為何不從北京而繞道上海？真的能到達解放區嗎？途中真的不會被抓嗎？後來想起來，這些懷疑都是自己決心動搖的表現。沈先生看我在苦惱，每次都對我說「絕對保證，中共不是那麼脆弱的」。阿嬤的面容也突然浮現在我眼前，使我傷感唏噓，不能自已。但我自己所謂「大義滅親」的結果，已置死生於度外，荊軻刺秦王的「風蕭蕭兮，易水寒，壯士一去兮不復返！」在耳邊響起。

上車，趕路吧！如此，青年時的熱情（romanticism），使我不顧一切的向革命奔去。

三、蘇州年代：從中共地下情報員做起

一九四二年九月，我沒有參加早稻田大學的畢業典禮，倉卒坐上火車，從東京到長崎，搭一萬噸的「長崎丸」。由火車窗戶往外看，或船將離開長崎時，悲歡離合之情再度湧上心頭，但隨即用「革命」的思想意識克服自己。

坐上長崎丸的第二天早上起來，同船的日本人說：「快到了。」我一看船邊，已從清澈的海水，行駛到滂滂的河水，才知道船已進入了長江的茫茫

大海口。中國大陸常被形容爲「地大物博」，眞是「大陸」、「大國」，從船的看板眺望，海與陸地的區別都幾乎看不到邊，連一個小山都沒有，就是一味「廣闊」的河水天地。船再走半天，進入黃浦江，最後看到蘇州河口的外白渡橋（Garden Bridge），以及蘇州河岸邊的「百老滙大廈」（Broadway Mansion）。船再進入，其右邊是浦東，左邊是外灘，英國猶太人財閥「沙遜」（Sassoon）擁有的高樓大廈，棟棟相連，林立於沿海路邊。船乃停泊在外灘靠岸。

到船上來接我的，是一個名叫朱斌（假名姓周，他會講單字的日本會話）的上海人，他馬上把我帶到蘇州（坐火車費時四個鐘頭），住進了一個「單間兒」。第二天，他帶我到一個警察派出所，領「戶口單」，這麼簡單的，我就變成「中國人」，前後用過施明、林明、林煥等名字。由於我到上海或蘇州後，沒去日本領事館申報，所以自然的丟了日本戶口，等於放棄日本國籍了。

在蘇州住了十幾天，朱斌帶我去鎭江，過江到揚州，原準備帶我北上，走所謂第七師路線到新四軍；江北一帶當時是「新四軍」解放區，司令員是陳毅（一九〇一年生，四川人，上海交通大學畢，渡法苦學，一九二三年在北京入共黨，參加北伐，南昌暴動，一九二八年井崗山紅四軍黨執委，長征時，留在華南打游擊，一九三七年新四軍第一部隊司令，一九四一年改編新四軍代理軍長，一九四五年全黨大會中央委員，國共內戰時，第三野戰軍司令，一九四九－五八年上海市長，國務院副總理兼外交部長，一九六九年黨中央委員，政治局委員，一九七一年遭文化大革命打擊，一九七二年回復），組織部長習仲勳。然而不知爲何，徒步走了二、三天後，又把我帶回蘇州。後來才知道，蘇州有日本佔領軍「登」部隊（十三萬）的許多中央機關，中共上級看我像個日本人，才把我調回來替他們做地下情報工作，獲取日本軍事政治情報。

當時江南的政治局勢很複雜。原來孫文從事國民革命時的左右手汪精衛，本是原中華民國南京政府（蔣介石在北伐後，一九二八年建立）的行政院長，一九三八年，他從重慶蔣介石政府管轄下的昆明逃到安南河內，發出投靠日本帝國主義的所謂「豔電」，於一九四〇年三月，設立傀儡政權，反共的「中華民國國民政府」於日軍佔領下的南京，標榜「中日親善，共同反共」，企圖與日本講和。至於

蘇州，則是蔣介石的戴笠軍統局特務丁默邨及李士群投降日本軍後，爲了做所謂「清鄉工作」（反共工作）所成立的江蘇省省都，當時省長是任援道（江蘇省宜興人）。

一九四二年十二月至一九四五年，我在蘇州的那段時間，是由江蘇省教育廳長袁殊（其實是中共地下幹部，我沒有見過他本人），介紹我去位於名園「拙政園」（明．正德年間，御史王獻臣建立）的省政府經濟科上班，但我不必工作，每星期只去辦公室報到一次，就可以領到薪水。這是我頭一次拿到的薪水，也是頭一次知道什麼叫做「坐領乾薪」。

雖然已經到拙政園正式上班，但我連北京話或上海話都不會講，起先是用寫字或手比，從那時起開始學ㄅㄆㄇㄈ。台灣話和北京話是同文同種，學起來較容易懂，我算是很用功在學，譬如每天走在街上，沿途就唸唸招牌上的字學北京語，但蘇州話我搞不清楚。我常到蘇州熱鬧地區的館前街後面，吃有名小吃八寶飯及粽子等。台灣富豪林本源家．林熊祥長子——林衡道，當時在江蘇政府當秘書，但是互相不太有見面。

當時旅居華中一帶的台灣人不多，較有名氣的有二林蔗農反日事件的領導者李應章，改名「李偉光」，在上海擔任中共的聯絡人；以及台北和尙洲（蘆洲）人李友邦（一九四九年回台灣後，被蔣家特務槍斃），他統領幾十個台灣義勇軍，在浙江省金華做蔣介石國民黨軍（第三戰區司令顧祝同（江蘇人，保定軍官學校畢，黃埔軍官學校教官，參加北伐，蔣介石心腹，抗日戰時，第三戰區司令官，遷台後，陸軍總司令、國防部長）、第四戰區司令張發奎，國民黨上海地下工作領導蔣伯誠）和日本軍交易的經紀人；此外，藍國城在南京做汪精衛僞政府軍總參謀長；王柏榮、林坤鐘在上海開振亞銀行等；其他如楊肇嘉、黃白成枝等抗日份子，也住在上海法租界。蔣渭水三男蔣時欽與我有聯絡。我知道的只有這樣。

一九四三年夏天，我曾赴廈門省親。待了半個月後，廈門組織叫我帶中國女性阿雲和叫做陳武的男人一起回上海。我在上海和阿雲僞裝成夫婦，同居於蘇州北寺塔附近，我因怕懷孕而妨害日後的革命工作，就不管三七二十一，也沒想我要傳施家後代，在上海北四川路的一家日本人醫院，毅然地就結紮絕後。

我的小弟林朝陽，此時有逃兵意圖，從日本來

到上海，但他後來卻跑到日本軍南京部隊報到入伍，所以常到蘇州找我。吳克泰（後來做中共地區台灣民主自治同盟常務理事，本名詹世平，宜蘭人，和朝陽在台北二中同窗，他在台北高等學校時，志願當日本兵，被派到上海「登」部隊司令部擔任翻譯官，據說常看到日軍殺國民黨地下人員的悲慘場面），也屢屢到蘇州我家過夜。

四、蒐集情報的奢靡歲月

據聞，當時在長江下游的國民黨地下軍是蔣伯誠指揮，另外青幫頭子杜月笙派陸京士總管上海的青幫人員。

中共黨中央曾在一九三八年設立「東南局」，書記項英（一八九四年生，湖北人，工人出身，一九三一年任中央蘇維埃政府（瑞金）副主席兼勞動人民委員，長征時，留在井崗山根據地，展開游擊戰，一九三八年任新四軍副軍長，政治行動強，一九四一年皖南事變，在戰爭中中彈死亡），負責江蘇、浙江、安徽、江西等長江下游國民黨地區的秘密地下工作。一九四一年「皖南事變」（國民黨的大軍圍攻中共新四軍，使之從江南駐軍撤退於江北）後，東南局改為周恩來、董必武（一八八六年生，河北人，清末舉人，參加辛亥革命，一九一四年日本留學，一九二一年參加共黨，一九二八年蘇聯留學，參加井崗山長征，一九三八年八路軍參謀長，一九四九年政務院副總理，一九五四年最高人民法院院長，一九五九年國家副主席）領導的「東方局」，當時中共八路軍在上海的地下工作，全由潘漢年及方方、李克農等人負責，當然這些大幹部我都沒有見過面。

潘漢年是江蘇省宜興人，早時在郭沫若（一八九二年生，四川人，日本九州帝國大學醫學部畢，與郁達夫、成仿吾等文人結成「創造社」，馬克思主義信奉者，從軍北伐，國共分裂，亡命日本，一九三七年回國參加抗戰，成作家，中共政權成立後，任副總理，往毛澤東一邊倒，文化大革命時也當權）、成仿吾的「創造社」主編《洪水》，後來在中共黨中央直屬文化工作委員會任第一書記、華中局聯絡部長，抗日戰爭前後在上海、香港從事地下黨秘密工作，是中共大幹部，廣泛和所謂反蔣反共的「第三黨」，沈鈞儒、鄒韜奮、宋慶齡、史良、黃炎培、馬敘倫、沙千里、張瀾、章乃器、章伯鈞及作家郭沫若、老舍、田漢、茅盾等做抗日救亡工作（中國知識份子、學生的抗日團體，中共在背後指揮）。解放戰爭後期，他以「新政治協商

會議」爲號召，使三百五十餘人所謂「開明紳士」安全到達解放區（這些「開明紳士」，後來被中共利用爲假民主政權的花瓶，都收容在「政治協商會議」），繼之當上中共上海市副市長。但一九五五年他卻被以「內奸」罪嫌遭逮捕審查，死後於一九八二年才恢復名譽，成爲所謂「革命家」悲慘末路的一個例子。

最初，有個姓彭的老同志跟我說，要在工作當中學習道理和方法。第一，由命令、策畫、執行，學習工作的結構和成效；第二，完成命令、策畫，學習任務和方法；第三，展開工作，在工作上學習，如何把理論結合行動，與他們舊同志一起行動。新同志最大的學習，就是在行動中學習地下工作，並檢討績效。他們只有叫我記住，不許我反問。我聽到後只有點點頭，只能似懂非懂的抽象瞭解。

我到中共地區，是決心要從事抗日革命，但是從中共當局來看，我不過是一個沒經驗、初來的下級人員而已。開會時，只有我一個人不能參加。後來才知道，給我個人住單房，算是孤立我，即不把我看成是成員（當然有人在背後監視著）。因我是第一個自願到中共地區的台灣人，他們派了幾個人，天天有幾個人輪流來教我，起先是寫「自傳」，前後要寫三次，但是這些幹部同志都只和我碰面一次，沒有見過第二次面。繼之，教我讀毛澤東著作〈新民主主義論〉（一九四〇）、〈論聯合政府〉（一九四五）。當時，我看到毛澤東思想感到很新鮮，也很認眞聽從他們的指導與教練。後來，學習毛澤東的「游擊戰」，教我毛澤東的抗日鬥爭的三大戰略，即「武裝鬥爭」（政權出於槍桿之下）、「土地改革」（消滅地主、富農）、「游擊戰爭與設立根據地」。

他們漸漸帶我到蘇州、上海等街上，學習保密與聯絡，以及在暗地裡貼小傳單等行動工作。同時一個一個的慢慢教我抗日游擊戰的六個具體戰略問題：（一）主動、靈活、有計劃，（二）建立根據地，（三）與正規軍相配合，（四）防禦與進攻，（五）發展運動戰，（六）正確聽指揮（不許違背）。

我在蘇州時，從中共地下人員處，零零碎碎聽到很多情報。日本佔領軍「登」部隊的特務機關也在蘇州，經過中共地下人員層層牽線，我遂認識

了特務機關長松井（他在上海娶中國老婆，受到中共控制），由我接近套取情報。所以我與日本特務頻繁往來蘇州、上海、南京或北京等地，同時與地下人員一起在上海大世界對面的弄堂裡，借民房爲「地下聯絡站」，與日本軍人喝酒、跳舞、嫖妓，天天花天酒地，生活日趨糜爛。

日本海軍在上海有「武官府」小笠原大佐，是我父親的友人，江陰有「陸戰隊」隊長有働大尉，是我早稻田大學的後輩，他們都是我要獲取情報（軍隊的移動、軍人的走動、作戰的宗旨、與汪精衛南京政府的往來等）的來源。在日軍駐地，因我的行動舉止看來像日本人，門口站崗的憲兵，都讓我自由出入。我還能聽取陳寶川從日本秘密情報單位所得來的情報，所以有關日軍情報的搜集頗有成績。

此時我認識了一個台灣艋舺人陳寶川，他從滿洲國法政學院畢業後，被派來蘇州，在松井底下做情報工作（他也帶我去見松井，但不知道我已認識）；這個學院是專門用來培養滿洲政府的官僚，有很多台灣人到該學院就讀。陳對人姿勢很低，但是裝模作樣，很虛僞。日本戰敗後，他對從重慶來接收的戴笠軍統人員逢迎拍馬，立即受軍統提拔，被派回台灣，在台灣大學做訓導工作，並以調查局等特務黑網爲背景，早期曾在蔡萬春國泰人壽做過董事長，又做過台灣合會儲蓄公司董事長、第一銀行董事長及彰化銀行董事長，最後在陳立夫中統系統的交通銀行（中國四大銀行之一）擔任常務董事，也是蔣經國親生子章孝慈的義父，可見他在特務黑網裡是一步登天，地位很高。他在台灣人社會搞情報工作，此事在我看來是罪大惡極。他唯一的好處是不會貪污，對錢財清白。

陳寶川曾介紹蔣經國在蘇聯時的同學高理文（素明）給我認識。後來我一九四九年回台時才知道，高理文在贛南時代是替蔣經國辦報紙，蔣在上海打老虎時，亦替蔣經國抓孔祥熙的兒子孔令侃。他在台灣是中央信託局最高顧問，但他卻仇恨蔣家四大家族（蔣、孔、宋、陳）的無法無天，反對蔣父子的法西斯特務政治，遂遭特務監視與跟蹤，後來移民美國。

五、蘇州舊都的文化遺址

蘇州在春秋時代是屬吳國之地，隋唐時代開闢

運河，商業、手工業發達，名勝古跡、寺塔名園尤其多，譬如雙塔寺、獅子林、寒山寺、虎丘等，東有長江、西有太湖。

十三世紀馬可波羅（Marco Polo, 1254-1324）在《東遊記》中，也描寫蘇州「是一個壯麗的大城，居民有巨量的生絲，不僅製成綢緞，使所有人都穿上絲綢，還足以運銷到其他市場」。

蘇州的寒山寺內則有張繼的〈楓橋夜泊〉石碑：

月落烏啼霜滿天
江楓漁火對愁眠
姑蘇城外寒山寺
夜半鐘聲到客船

蘇州街上，走到寒山寺，舒適的鄉下路中風景，使人想出馬致遠的〈天淨沙・秋思〉：

枯藤　老樹　昏鴉
小橋　流水　平沙
古道　西風　瘦馬
夕陽　西下　斷腸人　在天涯

我居住在尚存有昔古情景的江南古都，腦筋裡也想起元末明初的一個詩人——高啓（號青丘子，一三三六—七四），在日本時就知道明治文豪森鷗外，及大正、昭和時代的詩人佐藤春夫，都很欣賞他吟江南之春的詩作〈尋胡隱君〉：

渡水復渡水
看花還看花
春風江上路
未覺到君家

上海，所謂「萬國殖民地」的中心都市，分爲法租界、日本租界及共同租界，這個治外法權的大都市，是完全洋溢著西洋人氣氛的世界級大港口，外國船隻頻繁進出，重工業、商業發達，上海市的中國人很多是外商買辦（葡萄牙語comprador），生活奢侈虛榮，清快但輕浮。當時在上海流行著〈天堂歌〉：「上海呀本來呀是天堂/只有歡樂沒有悲傷/住了大洋房/白天又麻將/晚間跳舞場/……財神爺竟跟他們通了商/洋錢鈔票總也用不光/出入呀/汽車呀/樂洋洋。」但當時在法租界公園入

口，還樹立著象徵殖民地被統治的「狗和支那人不許進入」的小牌。上海郊外，有國民黨的「忠義救國軍」（軍統特務周偉龍、馬志超、毛森輪流任總指揮），與中共「新四軍」在江南江北互搶地盤。

我每次往上海，最喜歡的就是去聽京戲。海派麒麟童唱《蕭何月下追韓信》，四小旦之一的張君秋唱《甘露寺》，尤其是演關公名角林樹森演《華容道》，我都喜歡去聽。我一面聽戲，一面想起跟母親去大稻埕後車頭的新舞台看京戲的往事，我已成爲標準的「戲迷」了。

另外在法租界，有外國人經營的「蘭心大戲院」（Lyceum Theatre），所演出的俄羅斯作曲家史特勞汶斯基（Igor Stravinsky）《火鳥》（*The Firebird*）芭蕾舞蹈，也很樂了我的耳朵和眼睛。

有一天，我在法租界與共同租界的交界，熱鬧的南京大街上走著，一時沒注意去踩到一個中國人的腳，當然如同在台灣及日本一般，隨即向他道歉，想不到那個人迅雷不及掩耳的跳了起來，馬上捉住我的領帶，同時以上海話，哇拉哇拉的向我大聲吼叫，我聽不懂上海話，好似是在指我爲何踩到他的腳。那個人罵得很厲害，我只有向他連聲道歉，然而周圍的路人很快就將我們層層包圍住，在一旁看熱鬧。這樣鬧了將近一個小時，我突然靈光一閃，就將口袋裡的錢包拿出來，他馬上拿了錢後，好像沒發生什麼事般，轉身就離開現場，一旁的人群也隨即一哄而散。我百思不得其解的回到上海的住處，將剛發生的事情，一五一十的告訴我同宿的同志。更令我驚訝的說不出話的是，他給我的回答竟然說是我的不對，他跟我說：你向他道歉，這是你的不對，你應該說：臭你媽的，爲什麼把腳伸得那麼長？害我去絆到，走、走、走……？我一聽到同宿的話，就感到混身不對勁，這麼一來，我在上海如何活得下去呢!?

在上海時，我穿香港衫及西裝，上海人也穿香港衫及西裝，我也沒覺得有什麼不一樣的地方，市街也跟大都市一般，然而經過這樣的事件，才讓我頭一次深切感受到中國人和台灣人是這麼的不同。

六、毛澤東主義在張家口

一九四五年十一月，中共上海地下組織透過台灣人（他是好人，不是中共黨員），叫我到北京取鴉

片。當時中共在蒙疆一帶種植鴉片，運到上海、天津等處，再轉運別處出售，做爲地下工作的重要資金來源。早在一九三六年，日本爲了侵略中國，先從滿洲國攻打內蒙古爲前哨戰，趕走綏遠軍閥傅作義軍團，並使蒙古德王和漢人李守信成立了「蒙疆政府」，繼之一九三七年發生中日事變。日本敗戰後，中共接收蒙疆政府爲「晉察冀邊區政府」，同時也把該區鴉片的種植、製造及銷售一起接收，設立「戒煙局」，控制鴉片事業。日本軍佔領華北地區（樹立「華北政務委員會」，委員長王克敏。王克敏一八七三年生，浙江人，一九〇〇年任駐日公使館參贊，民國成立後，一九一七年中國銀行總裁，北京政府財政總長，參加奉天派，一九三五年冀察政務委員，一九三七年傀儡政權首腦，一九四五年爲戰犯病死獄中）的時候，國民黨、汪精衛政權及中共都是利用津浦、京漢兩大鐵路幹線，以及天津到上海的海路，利用日本軍人或朝鮮人及台灣人替他們運鴉片，流散於國民黨地區及東南亞地區。

當日本在一九四五年八月十五日戰敗之際，中共爲了防止美式武裝的國民黨軍過江北上佔領華北，即把這兩條鐵路幹線，在一夕之間拆光，使南北交通完全斷絕。因無法用鐵路來運送鴉片，共黨才秘密叫我去北方設站，做輸送鴉片的工作。先前我父親在廈門當公賣局長時，我是那麼激烈反對他染上毒癮，如今回想起來，當年一定是被「革命」兩字沖昏了頭，才做出如此邪惡的事情來。中共即把這種罪惡、反社會、危險至身的秘密工作，叫外國人去做。

想起來，我一九四二年九月到上海後，將近三年之中，所碰到的上海兩人上級，加上要北上時，碰到的兩名中共人員，結果只有碰過四個中共人員。

一九四五年九月，北京由蔣介石派來的廣西派巨頭李宗仁爲司令官，已佔領華北北京地區。派我去拿鴉片的是晉察冀軍區城工部的人，接我鴉片的是晉冀魯豫軍區的人（當場有兩個台灣人，姓許及楊，給我說明鴉片運送的技術等）；我到北京接到鴉片後，本來要立刻轉給下一手帶去上海，不知爲何失聯了，所以一直在北京等到翌年一九四六年二月，才和晉冀魯豫的地下人員（何、白兩人）聯絡上。

北京是中國將近一千年來的政治文化中心，交通四通八達，有故宮、景山、北海、中南海、

頤和園、天壇等名勝古跡，尤其是故宮的紅磚綠瓦，被認爲是世界罕見的人間奇景。但是我對於北京所好，不是別的，還是故都唯有的「京戲」。雖然北京已被日軍佔領八年，但我在北京三、四個月中，幾乎都還能集中於聽戲這件事，在四大名旦之中，程硯秋的《武家坡》、尚小雲《三娘教子》、荀慧生《玉堂春》、老生的譚富英《捉放曹》、馬連良《借東風》及大花臉金少山《霸王別姬》等等，我都聽得好過癮。在劇場旁邊，胡琴弦兒拉得淒美的韻味，一入耳朵，好似美夢成眞。「父女們打漁在河下／家貧那怕人笑咱／桂英兒掌穩啊舵／可憐我年邁蒼蒼氣力不佳……」（《打漁殺家》）

戰爭結束前，我曾經爲了情報工作，去過日本的北京大使館幾次，裡面有認識的人，所以這次滯留北京期間，就經常跑到日本的北京大使館閒晃。當時我對他們並沒有仇恨感，反而非常同情，爲安慰他們，常帶他們到山海關、孟姜女廟等景點遊玩，或去吃涮羊肉、烤羊肉、烤鴨等。

學生時期的平賀協子

日本大使館的職員之中，有一位小我九歲，當時大概才十九、二十歲，名叫平賀協子的女孩，是日本東北的岩手縣人。她有日本舞的基礎，舉止落落大方，後來回日本後當舞蹈老師，教授日本舞。當時我帶一群日本人去看京戲，她每次都跟來，一開始還不知道她是日本人。我發現平賀不像一般害羞嬌貴的女孩，

北京日本大使館時期的平賀協子（左）

她是那種如果你邀她跳舞，就奉陪到底的女孩。平賀的伯伯在中國一座相當大的紡織廠擔任社長，一九四一年左右，日本全國因戰爭而動盪不安，她伯伯就運作她來北京工作。日本戰敗後，我曾經問平賀：「妳會回去日本嗎？怎麼不留下來？」沒想到她真的留在中國。當時其實不只是平賀，很多日本人也都不想回去，因爲大家對日本的情況都不了解，自己的父母、親戚往往也都不知下落。我發現平賀沒有要回日本，才問她：「妳不回去日本，是要住在哪裡？」於是她就和我一起住了。平賀留在中國、跟我同住等，我倆並沒有事先討論過，那時候我們認爲兩個人有在一起，就可以算是彼此喜歡了。我那時候對感情的想法，就是這回事。

一九三六年四月，寫過《紅星下的中國》（*Red Star Over China*, 1938）一書的第三國際共產黨員史諾（Edgar Parks Snow, 1905-1972），到延安見毛澤東，翻譯的是後來擔任中華人民共和國外交部長的黃華，毛澤東在談話中，同意朝鮮及台灣的獨立。然而在一九四三年五月，第三國際宣布解散。

一九四五年四月，中國共產黨召開第七次黨員代表大會，在劉少奇等人特別安排之下，毛澤東終於當選黨主席，集黨政軍三大權於一身，從此開始了毛澤東的個人獨裁。當時，「中國共產黨中央軍事委員會」是共黨的軍事最高機構，主席毛澤東，副主席朱德、周恩來，副主席兼總政治部主任劉少奇，副主席兼總參謀長葉劍英（一八九七年生，廣東省梅縣人，雲南講武堂畢，一九二六年國民黨第一軍參謀長時入共黨，一九二九—三一年留學莫斯科，長征後，一九三六年中共西安辦事處主任，抗日戰中，八路軍參謀長，一九四九年北京市長，廣州市長，一九五四年國防委員會主席，黨中央委員會副主席，一九七六年軍事政變，逮捕江青等四人幫，一九七八年全人代常務委員長，一九八三年引退），八路軍總司令朱德、副總司令彭德懷、參謀長葉劍英。中共黨員最感恐慌的，就是中共解放軍即「黨軍」爲最高權力機構，而不是「國軍」，毛澤東常常強調說：「槍桿底下出政權」，這就是毛澤東掌握獨裁的思想背景。

涉世未深，單純且有傻氣的我，一下子跨出一大步，與過去的舊生活一刀兩斷，闖進新的獨裁社會，踏進一個截然不同的共黨獨裁天地，投入驚濤駭浪中翻騰，尤其看到中共黨員一切都比別人優

越，對老百姓的態度非常蠻橫，很痛苦。此後我的假名爲林鐸。

話說一九四五年十一月，我在晉冀魯豫軍區地下人員介紹下，從上海龍華機場搭乘美國水上飛機，到青島後，再坐上中華航空的飛機，抵達北京。其後在一九四六年三月，從北京搭乘國民黨軍控制下的平綏鐵路的火車，在康莊下車，經由當時國共的中立地帶的八達嶺、居庸關，坐馬車到達共軍解放區晉察冀（山西、察哈爾、河北三省）軍區司令部的張家口，當時該區司令員兼政治委員是聶榮臻（一八九九年生，四川人，參加南昌起義，參加長征，一九三七年八路軍一一五師副師長，華北晉察冀軍區司令員兼政委，一九四八年華北局第二書記，華北野戰軍司令員，京津前線司令部副司令員，殲滅傅作義軍，一九四九年自率二十兵團，京津衛戍司令員兼北京市長，十月人民政府成立，人民政府委員兼副參謀長），副司令員蕭克。從北京到張家口的三天路途中，都被帶路的黨員禁止說話，如啞吧似的默默走路，眞是生平第一次。

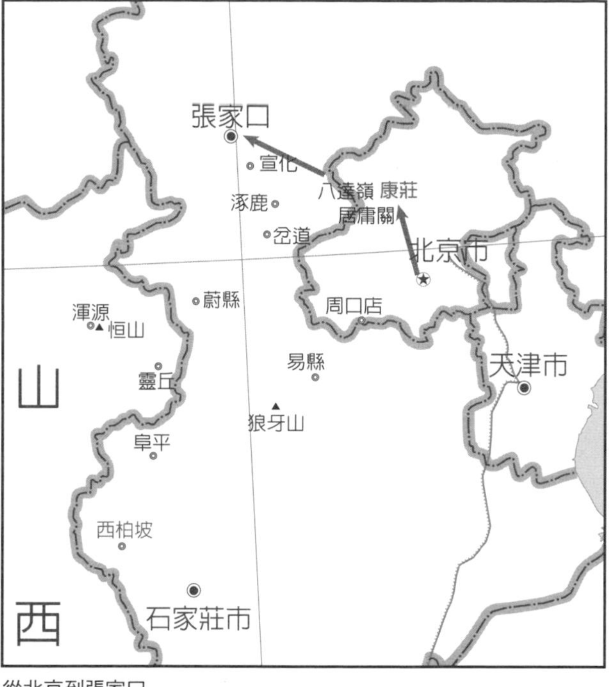

從北京到張家口

我和在北京交識的日本女朋友平賀協子，一起到達晉察冀軍區「中央局」（書記兼司令員及政治委員聶榮臻、彭眞等人）所在地的張家口。我對張家口市的頭一個印象，就是到處都貼上「中國共產黨萬歲」、「毛澤東三大政策」（根據地、土地改革、游擊戰）、「背槍上前線、荷鋤至田庄」等標語或壁報，但是在街上，大白天卻是連一個行路人都看不到，起先感覺到很奇怪。我們就住在招待所，從此卻被禁止自由出入，處處都有小鬼（少年共產黨員，

專門背槍禁止外來者隨意走動）監視，小米也吃不慣，不自由的程度，使我很意外。從招待所窗外，傳來驢馬淒厲的苦喊叫聲，不由得想起士林家裡，陷於深痛的鄉愁。就這樣，沒有出門的過了一個多月。張家口抗日時被日軍佔領八年，市街受到日本的現代建設，好似小台北。但是，路上卻都沒有人在行走，商店的一天半世靜悄悄的關著門，使我感到很奇特。

到一九四六年四月，我和平賀被帶到聯合大學（校長成仿吾），進入補習班學習。那個時候，有很多在延安「魯迅藝術學院」教書的文化人，被派來聯合大學教書，如丁玲（著名女作家）、蕭軍（魯迅的高足）、蕭三（留蘇著名詩人，共黨高級幹部）、艾青（著名詩人）等人。因爲當時我是唯一從台灣自願來的台灣人大學畢業生，另外三個台灣人都是做日軍被俘虜來的，所以他們都很珍惜我，常找我談話。

聯合大學有很多從國民黨地區或淪陷區來的青年學生，學生都十來個爲一班，合宿共寢，天天吃小米飯，每週吃一次麵，配豆腐白菜湯。我因水土不服吃不習慣，身體一天天差，亦有久年的出血性痔瘡，因爲便所都沒有門，也沒有隔牆，蹲茅廁時被同學見到流血流得厲害，丁玲、蕭軍等聽到了就常來看我，並帶我去教員餐廳吃好飯。大家都對我很不錯，這些人都有些「人道主義」的色彩，可是共黨把人道主義當作是資產階級的思想，甚至認爲是反革命的，這點是我到解放區頭一次碰到的難關。一九四二年在延安時，丁玲、蕭軍曾受到毛澤東的公開批判，透過「文藝談話」或「整風運動」（一九四二），蕭軍這些被認爲具有小資產階級思想的知識份子，後來被流放於東北地方。

我在聯合大學時，以班爲單位，天天看毛澤東的〈新民主主義〉（一九四〇）與〈論聯合政府〉（一九四五），列寧的《國家與革命》，以及看《解放日報》。當時我想從上級借來《資本論》再學習，卻被告知：「看那種大本兒書要幹什麼？」我聽了眞的大爲吃驚。在共產主義革命的解放區不准看馬克思的大著，天下爲何有這樣千奇百怪的事!?白天開會討論，晚上做自我檢討或寫自傳，搞得忙無寧日。有時全校學生一千多人集合聽「唯物史觀」的講課，但是我覺得講師的理論基礎比日本大學差得太多。譬如說，馬克思本身是以恢復在資本主義體制喪失的「人性」爲出發點，是解放的思

想，然而我們自從到解放區以來，卻時時刻刻受到監視，有機會出校外時，也必須由班長或扛槍的小鬼帶著走。這讓我開始產生不少的疑惑。又譬如說，他們宣稱核子武器，若是蘇聯擁有的，就是好的，但若是美國擁有的，就成了壞東西。

劉少奇地下工作的第一個部下劉仁（城工部長，後來爲北京副市長），曾叫我去北京，整理日本文書。兩個禮拜中，我曾再去過山海關，參觀「孟姜女廟」，才回張家口聯合大學。

七、個人獨裁的情景．古井裡的年輕朋友

抗日時期，長江以南的國民黨地區，有很多年輕學生受到蔣介石「十萬青年十萬軍」的號召，起而抗戰；然而跟日軍打仗的，都是長江以北的中共游擊隊，除了抗戰終結前夕，在長沙等處與攻進來的日軍打幾場仗之外，國民黨軍幾乎和日軍沒有正面交鋒過。日本敗戰後，蔣介石政府即時從重慶還都南京，軍人、官僚等都紛紛奔走淪陷區，去接收或掠奪日本軍民留下的龐大設施或財物，納爲己有。這時，一大群青年學生軍被棄如敝屣，其中許多人既被迫退伍，又無法歸鄉，他們聽到共黨號召：「解放區是有飯大家吃，有活兒一起做，就職上學，都很自由」，便信以爲眞，從西安或北京、天津等地奔赴解放區者，比比皆是。我在聯合大學碰到不少這種人。

聯合大學補習班，每班十幾個學生，都是在日本佔領區或國民黨地區做地下工作人員，或上述從國民黨來的人員。天天早上六點起床，七點吃早飯，九點開始上課。班長、副班長當教師，他們是久年地方出身的忠實老黨員，性格純樸，但是文化水準低，封建官僚主義，罵人時暴跳如雷，開口毛澤東主義，閉口中國救星，沒有社會主義內涵。然而學生文化水準較高，這些全體主義，根本聽不進去，但是共產黨的組織壓力大，大家只有冷眼旁觀，默默隨著。在這種橫暴的思想壓力下，久而久之，大多也都爭先喊出「毛主席萬歲」。這不外是典型的「洗腦」作用。我一開始就碰到這種實在是連想也想不到的獨裁統治，眞是不知所措，心想當初是因爲馬克思主義才走入中國，但如今卻置身於獨裁的毛澤東主義之下，眞糟糕。眼前只有默默觀察社會狀況如何而已。

國共和談的所謂「三人小組」（美國的馬歇爾將軍、張群、周恩來）談判破裂，一九四六年七月「國共內戰」打起來，駐東北的美式裝備國民黨軍集中十幾個師，兵分東西兩面，企圖佔領張家口（察哈爾省），擬以打通平綏鐵路，割斷華北與東北的聯絡線。共軍第一二〇師（蕭克指揮）在地方武裝（各村莊「民兵」）配合之下，掩護晉察冀中央局等政府機關撤出張家口，逃往阜平（河北省）。我們所屬的晉察冀銀行（蒙疆銀行）在撤退的過程中，由於碰到從東北南下的國民黨軍前哨部隊，這些中共政府機關的後續部隊便繞過宣化、涿鹿、岔道、蔚縣，及平型關（一九三七年林彪第一一五師打敗板垣征四郎的日本第四軍第五師的舊戰跡）、狼牙山、易縣等地，邊行軍邊打游擊。我就是在這三個月間，頭一次參加游擊戰，經過苦戰，先到了山西省北部的靈丘。

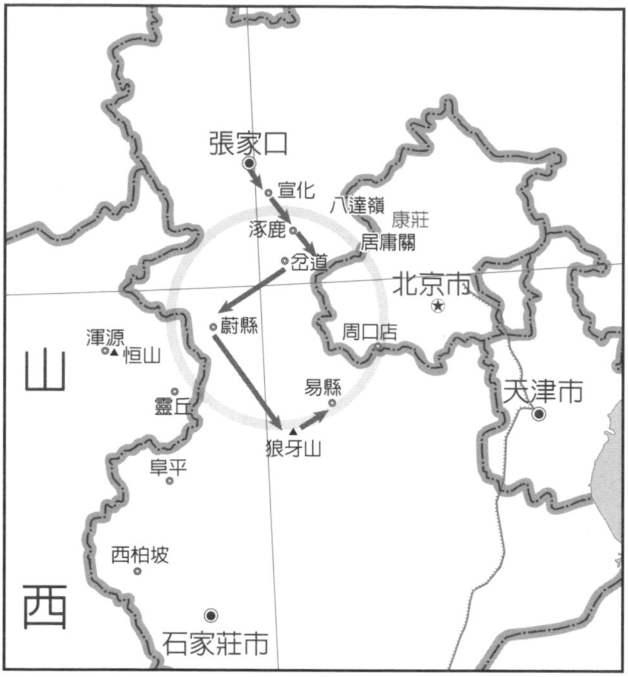

游擊戰路線圖

在靈丘暫時停軍時，我經過思索，向上級提出讓我學「軍事」的要求。組織上竟然派我往應縣，進入山溝裡頭的「軍政幹部學校」。該校是從前線調下營級以上幹部，專爲施予再教育訓練的晉察冀軍區最高軍事學校。他們軍人學生都有很多戰鬥經驗，但都是從農村被徵兵出來，幾乎不識字，文化水準低，倒也敦厚樸實，我入學後和他們一起學習了游擊戰術和毛澤東思想、紀律、帶兵等，和他們倒也搞得還不錯，有時聽他們講講得意洋洋的戰場經驗，也會感到興奮。

在軍政幹部學校受訓三個月後，我就再被調回「晉察冀蒙疆銀行」資料室做調查工作，也做了驢子運送隊的保送工作。在行軍當中，我們部隊和聯

合大學團隊，若即若離的一起行軍，和從國民黨區來的聯大學生，常有接觸或共住一個村莊的機會。行軍中，恰逢各鄉村正在搞土地改革與反國民黨的「人民裁判」，實在慘不忍睹。

一九四六年延安共黨中央發出所謂「五四指示」，命令各鄉村進行「土地改革」、「反國特」，殲滅國民黨員與地主。這原本是一項進步的政策，可使中國由封建社會轉型爲現代社會，然而共黨不僅取走地主的田產，還消滅他們的生命，所謂「罪及九族」，有的被活活打死，有的被凌遲至死，連其家屬也不能倖免。這段鬥爭史，暴露出中共獨裁政治的醜惡本質。此時，共黨把農民大眾分爲地主、重農、中農、貧農四個階級，即以地主和重農爲鬥爭對象，從黨中央派遣「管監團」在各村鄉督促和監視。他們用極殘忍的手段，消滅地主、重農的生命，流放其家屬；這些家屬被強制掛上某地主眷屬的牌子，趕出家鄉，其他村莊不敢予以收容，任令他們倒地餓死。

然而，從國民黨區剛進入中共解放區的學生，因大多是地主、資本家或中小工商業者家庭出身，先前在聯合大學的時候，就受到要不斷檢討的強制壓迫，差不多都已垂頭喪氣，再看到在人民裁判時地主遭極殘忍的流血鬥爭，恐懼、苦惱之餘，不少人都受不了衝擊，開始逃跑。但是中共的組織與行政是密集的、嚴厲的，無論任何工作人員，移動時都要攜帶各單位所發給的路條，沒帶路條的逃亡者，一定遭鄰村黨支部的民兵抓回來。他們晚上逃跑後，翌日早上就被送回原地的鄉村，被共黨幹部打得死去活來。於是有人第二次、第三次逃跑……，熬不過的，就跳古井了。

我親眼目睹過這樣的慘事，尤其二、三天前我才和他講過話的中國青年朋友，有天一早大家在古井漱口洗臉時，舀水的勺子放不下去取水，撈上來的就是這個青年人，一個撈完，又撈上來一個，死屍都是身體前彎的。我見到這樣的慘狀，對中共大失所望，所受的衝擊很大，可以說是驚慌失措，也很憤慨，連飯也吃不下。他們對人沒有一點基本的尊重。我想在這裡雖說是革命，其實做人的正義、道理都被蔑視，我今後將如何的活下去？

我只有胡思亂想，想來想去，想到在聯大所聽到的講課，或許我已吃多了「剝削飯」，這樣吃苦是一種報應。但是這樣熬過了，才猛然驚醒：「我

不是中國人，還有一條生路，死也要回台灣死才是。」此時，我歸台的心念開始具體的萌芽。

八、游擊戰初體驗

我們將撤出張家口時，我是被派在晉察冀蒙疆銀行資料室工作，這對我的情緒是不小的打擊，因爲我到解放區來的目的是要搞「革命」，爲什麼得做這種普通業務的工作呢？這頗苦惱我所擁有的革命大志。此時，一個黨組織幹部對我說：「小資產階級若獲得了一個小成就，馬上高大起來，自以爲自己了不起，這就是英雄主義的禍害，革命要你做什麼，你都得去做，無論掃地皮，清水溝……」，這句平常不過的話，才使我稍微懂得什麼是具體的革命工作（這點對我的思想進步有很大的幫助）。

在撤出張家口的行軍中，我成爲銀行的掩護部隊一員，跟押著兩百多頭驢子隊的陳隊長，輸送銀行的（土地改革時從地主、富農、中農手中奪取來的）黃金、龍銀等儲備金及一些文書擋案，向阜平出發。在途中屢屢遇到國民黨軍的前哨部隊，使我充分嚐到所謂「游擊戰」的臨危滋味。有時雙方同時佔據一個村的東西兩邊，天色一暗，槍聲就搭搭搭……互響起來。有時突然遭遇敵軍，就地挖地道，靠近敵人，聲東擊西，大打一仗。敵進，我軍就退，敵退，我們就進……。我在幹部學校已有聽過游擊戰的課，所以和敵人初次敵對，雖然沒有十幾天，也較會保持冷靜，和大家一起鬥爭下去。

共軍經過村莊時，叫老百姓騰空民房讓八路軍住下。駐在村莊的晚上，上級就動員士兵去看批鬥吊打的地主重農，或參加人民裁判公審，叫你學學「貧農對地主的階級仇恨」。但是一路走來，大家卻在暗地裡對上級心生不滿，因爲上級對成員採取差別待遇，特別照顧黨員，輕視非黨員。黨員半公開的說：「非黨員不是人」，黨員生病馬上看醫生（當時，學習四個月，就能成爲一個醫生），但非黨員生病了，頂多分到幾個雞蛋，叫你多睡覺。

九、獨裁軍中，流行歌謠偷偷唱

從國民黨地區來的新學生，連唱歌都受干涉，學生青年爲了洩洩氣，要唱自己喜歡的歌時得低聲偷偷唱，一不小心就受批判。一九三〇年代駐上

海的共黨文化工作代表周揚（後來的中央黨部宣傳副部長），提出所謂「國防文學」，專爲攻擊魯迅等反封建的民主作家的作品，巴金的《家》、《春》、《秋》等反封建文藝作品，在解放區也屬禁書。毛澤東提倡新「民主主義」，論「聯合政府」，然卻禁止反帝反封建的歌唱，天下哪有比這還矛盾的奇怪事呢？但從這些經過，才慢慢懂得毛澤東個人獨裁的思想統制。

來自華中、華南的青年人，都喜歡唱當時流行的歌曲，如王人美的〈漁光曲〉、周璇的〈送君〉、龔秋霞的〈秋水伊人〉等等。他們特別喜歡唱曹禺作詞、冼星海（從蘇聯回來的作曲家）作曲的〈夜半歌聲〉，但這條反封建的民主歌曲，因曹禺是受共黨批判的戲劇家，他們也得偷偷唱。我很喜歡這條民主歌謠，也學起來跟他們低聲唱。

夜半歌聲

空庭飛著流螢，高台走著狸鼪
人兒伴著孤燈，梆兒敲著三更
風淒淒，雨淋淋
花亂落，葉飄零
在這漫漫的黑夜裡
誰同我等待著天明？
誰同我等待著天明？
我形兒是鬼似的猙獰，心兒是鐵似的堅貞
我只要一息尚存，誓和那封建的魔王抗爭！
啊！姑娘
只有你的眼，能看破我的生平
只有你的心，能理解我的衷情
你是天上的月，我是那月邊的寒星
你是山上的樹，我是那樹上的枯藤
你是池中的水，我是那水上的浮萍
不，姑娘
我願意永做墳墓裡的人，埋掉世上的浮名
我願意學那刑餘的史臣，盡寫出人間的不平
哦，姑娘啊！
天昏昏，地冥冥
用什麼來表我的憤怒
唯有那江濤的奔騰

用什麼來慰你的寂寞
唯有這夜半歌聲，唯有這夜半歌聲

我記得共黨公開唱的是：「跨過祖國的萬水千山／衝過敵人的封鎖線……」、「東方紅／太陽昇／中國出了一個毛澤東／他是中國的大救星／呵啦嘿呀／他是大救星。」至於舞蹈、戲劇，就是天天「扭秧歌」（西北地方的民俗舞蹈），及由軍文工隊、村文工隊、農會文工隊等在早晝夜連續演「白毛女」。共黨把同一件事重複不斷的方式，使大家厭煩還不肯罷休。開會時也同樣，中央局大幹部一定要一件事重複演講，如周揚（中央局宣傳部長）、成仿吾（聯合大學校長）等，他們的口音都常帶著相當濃厚的方言，很難聽懂演講的內容，得到隔天看《解放日報》，才能了解他們在講什麼。

十、提議組成「台灣隊」

話說一九四五年十月，美國決定台灣，做爲當時聯合國的「委任統治地」（mandatory territory），美國負責統治，然美軍總司令（在日本東京）委任中華民國去台灣解除日本軍武裝。關於這個問題，當時的美國總統表示他事先不知情。蔣家國民黨佔領台灣後，在台灣新竹、苗栗、嘉義、台東等地抓「台灣兵」，爲數一萬餘人，編成「新編七十師」，師長是陳頤鼎（中將，東北人，黃埔三期畢業）。一九四六年底，蔣介石把新編七十師調派於黃河沿邊（山東省西南地區）去打內戰，初戰就在徐州大敗，幾乎潰不成軍。

一九四七年五月，中共八路軍改稱「人民解放軍」，同年六月三十日晚，劉伯承（一八九二年生，四川人，一九一〇年加入陸軍講武堂，參加辛亥革命，戰爭中，左眼失明，一九二六年入共黨，一九二八—三〇年留學莫斯科赤軍軍官學校，一九三二年紅軍第一方面軍參謀長，指揮長征，抗日戰中，八路軍一二九師師長，晉冀魯豫軍區司令員，戰後，第二野戰軍司令員，指揮攻陷南京，一九五四年人民革命軍事委員會副主席，政治局委員）、政治委員鄧小平領導的「南下大隊」十三萬，自山東省臨濮集至張秋鎮三百餘里地段，強渡黃河。劉鄧大隊以晉冀魯豫野戰軍第七十縱隊，在巨野、金鄉、魚台、羊山、豐縣、沛縣一帶，發動「魯西戰役」，國民黨被打得一敗塗地，「七十軍」（前新編七十師改編的，

軍長高吉人）被打垮，台灣兵近一萬遂在魚台被俘虜。

一九四八年十一月，國民黨軍八十萬、人民解放軍六十萬在徐州以東大會戰，稱為「淮海戰役」（徐蚌會戰），蔣介石國民黨軍大兵團幾乎被殲俘，黃維、黃百韜兵團遭殲滅，副總司令杜聿明被俘虜，機械兵團司令邱清泉敵前自殺。故在一九四六年六月初戰時蔣介石聲明：「八小時內消滅中原人民解放軍，兩個星期內佔領蘇北，三個月到六個月內擊潰人民解放軍主力」的作戰計畫，全化為烏有。

當時，一萬多名台灣兵被劉鄧大軍俘虜後，因台灣兵曾受過日本軍事訓練，所以中共把台灣兵的國民黨軍服脫下，換上中共的軍服，又派往前線去打國民黨軍（以及當中的台灣兵）。台灣兵驍勇善戰，強硬直衝，因而傷亡慘重。

我從《解放日報》的報導中，得知台灣兵每次都二、三百名一批一批陣亡，很心痛，今天打共軍被俘，明天打國民黨軍犧牲陣亡，世上哪有像台灣兵這樣悲慘的事。此時的我，更痛恨外來統治的罪惡，左思右想之後，才想藉由當時局勢的演變，提起台灣兵的事讓共黨上級知道，也許對台灣兵有幫助。所以貿然向軍政幹部學校政治部主任吳西（廣西人，長征幹部，為人純粹誠實）提議：「人民解放軍進攻國民黨地區勢如破竹，短期內必能征霸全中國，不久將來蔣介石難免逃亡台灣，所以，不要使近萬的台灣兵在前線消耗掉，必須調到後方施以政治訓練，讓他們返台後做革命工作，對革命才有利。」

吳西等學校的幹部們，對我突然提出的時局預測，誠是吃了一驚的樣子，一定馬上向延安報告。在延安的黨中央，不到一個月的時間，就來電要調我從阜平（晉察冀軍區中央所在地）往晉冀魯（山東）豫（河南）軍區，該軍區司令員是劉伯承，政治委員鄧小平。一九四七年三月八日，我在阜平中央局招待所，看到《解放日報》報導台灣爆發二二八大革命，內心再次感到波動，然而中國共產黨始終偽造歷史，譬如後來在一九七五年，廖承志（孫文革命左右手廖仲愷之子，肄業日本早稻田大學，中共對外工作的大幹部，黨中央委員）還硬說：「二二八大革命是毛澤東及其中國共產黨領導的中國革命的一部分，新民主主義的一部分。」

一九四七年三月，我和平賀兩人，各背著兩華斤半的棉被和日常用品共五、六華斤，由一個帶槍的小鬼監視同行，走了四十餘天，經過平陽、黨城、曲陽、定縣、高邑、內丘、邢台等地，從邢台轉西，經過武安，再往西行，遂到達晉冀魯豫軍區司令部，住其牛頭村的招待所。旅行途中，每到大小村莊，都碰到很悲慘的土地改革流血鬥爭，地主、國民黨舊人員被凌遲慘殺，家屬被流放而沿途倒地病餒，加上附近（如石家莊、藁城）已有國民黨侵入或被佔領，所以心中很五味雜陳，一個多月下來，根本無心欣賞各地不同的景色。

同年四月，軍區組織部一個文化水準很低但嚴正老實的資深幹部，通知我上級要我組織一個「台灣隊」。不久，軍區政委鄧小平（四川人）、黨組織部林部長及其政治敵工部張科長（廣東人），把從劉鄧大隊七縱隊調下來的台灣兵二百多人交給我，黨中央並決定，一年之中將再調下台灣兵五千人來受訓。因我林鐸不是黨員，所以是沒有隊長頭銜的隊長。

這些台灣兵，以不到二十歲的年輕人佔多數，到中國大陸後，人地生疏，言語不通，生活不習慣，他們裡頭都流傳著：「吃小米拉黃屎，快回台灣（吃白米）才會拉白屎。」對於歸鄉很心急。我聽到很揪心，爲了安慰台灣同鄉的憂悶，常帶他們到山溝小溪去撈魚（華北平地池子的魚都不能吃，因帶有很濃的鹽份，只有鱉，但華北人叫著王八，也不吃），大家在心理上才稍有一點安歇。

同年七月，上級調來蔡公狄（廣東梅縣客家人，黨員，兩廣縱隊出身），我林鐸被正式任命爲政治教員。到七月底，「台灣隊」從晉冀魯豫司令部招待所出發，行軍三天二夜後，北上到河北省南宮縣（前九世紀是商紂王妾妃妲己之住城）的棗兒莊，在此正式成立「晉冀魯豫軍區軍政大學台灣隊」。此時台灣隊的編制是：

隊　長　蔡公狄

指導員　林施均（海南島人，黨員，延安抗日大學畢業，海南島與台灣在語言上稍微會通）

政治教員　林鐸（史明，在台灣隊時，上級屢次要我入黨，但我都推拖說學習還不夠，始終沒入黨）

政治教員　辛喬（東北吉林人，黨員，懂日本話，據聞他初在瀋陽時是國民黨三民主義青年團員，後赴延安進入抗日大學，後來在北京自殺）

到一九四八年十月，中共「人民解放軍」戰況順利，東北地區林彪（一九〇七年生，湖北人，參加南昌暴動，參加長征，一九三六年紅軍軍官學校校長，一九三七年八路軍一一五師長，一九三九年抗日軍政大學校長，戰後任東北人民解放軍司令員，一九四九年中南軍政主席，援朝義勇軍總司令，一九五九年國防部長，毛澤東派，一九六六年推進文化大革命，一九七一年軍事政變失敗，逃亡途中飛機失事，墜落蒙古平原，全家皆死亡）率大軍從哈爾濱南下，攻克長春（副總司令鄭洞國率部下二十萬人放下武器投降）、錦州（守城司令范漢杰被俘），新一軍、新六軍總司令廖耀湘被俘，曾澤生率六十軍投降，東北剿匪總司令熊式輝（蔣介石在日本軍校時的同班，江西人）坐飛機逃亡。華北地區也全面掃蕩國民黨軍，只剩下北京天津地區、太原地區及青島地區等小地方而已，所以中共黨中央即把晉察冀軍區與晉冀魯豫軍區，統一爲「華北軍區」，「華北軍區中央局」第一書記劉少奇，第二書記薄一波（一九〇八年生，山西人，一九二六年讀太原國民師範時，加入共黨，畢業後赴北平，進入北京大學，一九三二年被捕，返山西太原組織「犧牲救國同盟」，背叛閻錫山，任中共晉冀魯豫副政委，一九四五年共黨中央委員，一九四八年華北人民政府副主席，一九六一年國務院工業交通辦公室主任，一九六五年國務院副總理），第三書記聶榮臻；軍區司令員聶榮臻，政委薄一波，第一副司令員徐向前（一九〇二年生，山西人，黃埔軍校第一期，從軍北伐，國共分裂後，參加廣州暴動，一九三一年紅軍第四方面軍總司令，一九三二年建設四川新紅軍，中日戰爭在華北抗日，一九四九年參謀總長，國防委員會副主席，一九七八年國防部長），第二副司令員滕代遠，第三副司令員蕭克。

早在同年四月，毛澤東、朱德、劉少奇、周恩來、任弼時（河南人，中共幹部，留蘇，一九二二年入青年團，總書記代理，批判陳獨秀，抗日中，八路軍政治主任，七全大會中呼應書記處的土地改革）等黨中央領導幹部，已從延安轉移於華北軍區，毛澤東則住在石家莊西北的西柏坡南村。

中共第一次內戰時（一九二七—三六）在井崗山設立「紅軍大學」，抗戰時（一九三七—四五）在延安則是爲「抗日大學」，此時即把兩地區大學合併爲「華北軍政大學」，華北軍區總參謀長葉劍英任校長兼校政委，蕭克任副校長兼副政委，滕代遠任副校長兼副政委。

於是，「台灣隊」隨即從棗兒莊轉移於石家

莊，以石家莊舊日軍西兵營為隊部，成為「華北軍政大學幹部總隊」第一大隊，直屬本校領導。台灣隊隊長蔡公狄，副隊長廖先景（新竹縣楊梅人，黨員，在前線立功，被稱為特等英雄），政治委員楊誠（出身印尼的台灣人，黨員，廈門集美中學畢業，抗日大學畢業，在中央青年訓練班工作，據聞後來在文革時被紅衛兵整死）、林施均，副隊長兼副政委張省吾（棗兒莊村長兼書記，典型的黨官僚，土皇帝，舉止橫暴，據聞一九五七年時，在幕後指揮鬥爭謝雪紅），政治幹事辛喬、林鐸。後來從聯合大學調來教育幹事劉世英（台灣岡山人，黨員）、林漢章（台灣宜蘭人，黨員）、張文華（台灣台南人，黨員）。結果，在隊部只有我林鐸是非黨員。

就這樣，台灣隊及其中每個台灣囝仔的生活，都籠罩在罔顧人性的個人獨裁及陰險惡劣的土皇帝的支配下、獨裁的黨官僚主義中，被全面宰制。我們所謂「革命」要講道理、正義，然而中國共產黨做革命卻是獨裁的、橫暴的，例如要你開門，若不開，他們都是強迫的，打破你的門，或丟炸彈，也要使你開門。

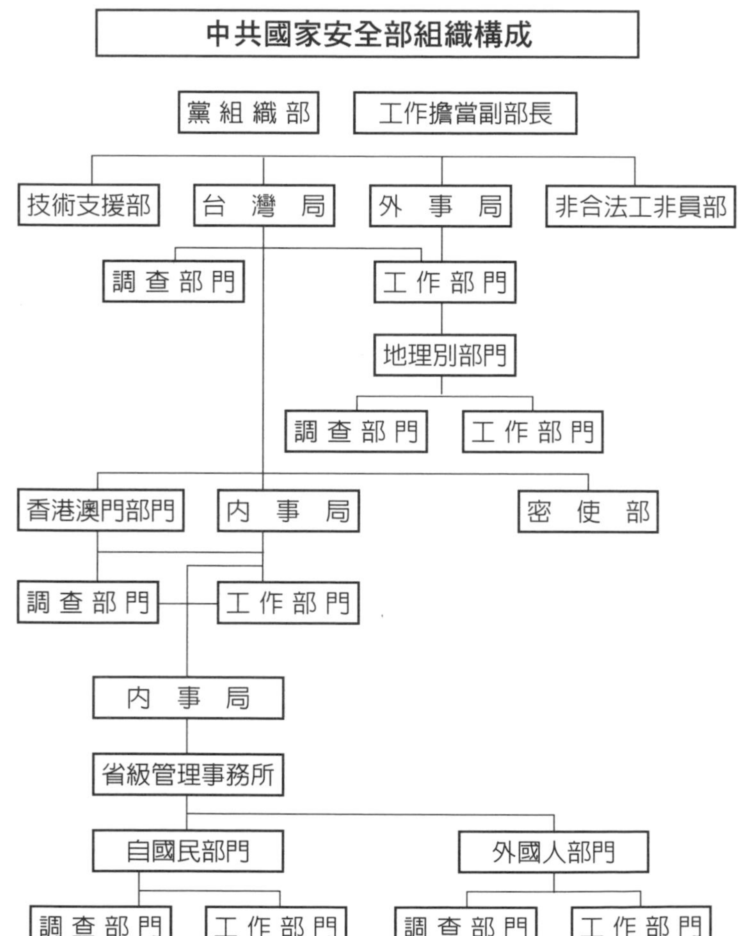

不過，台灣囝仔也真沒出息，一旦受到中共壓

制，就爭先恐後的搶先做黨員，以打擊別人來抬高自己，互相分派系來搞內鬥，結果還打死了一個台灣人。

十一、人民裁判，人間煉獄

一九三〇年代以來，中共就決定了所謂「農村政策」，一個鄉村定有共產黨「支部」，支部書記兼村長手中有黨民兵（武裝），是村中唯一的獨裁者，他的土地都叫村民「代耕」，自己不幹活，作風蠻橫，村政府都控制在黨書記手裡，所以被村民蔑稱為「土皇帝」。你若不服從，他們就用公開審問或內探等方式，以不近情理的荒謬手段來對付。

我們撤出張家口的途中，到處看到沿路的佛像頭部都被砍掉，於是我問共黨幹部為何會這樣，他們回答：「老百姓思想進步了，認為宗教是迷信，是鴉片，所以自動自發的把頭砍掉。」

到鄉村時，共黨都把工作人員分散住在老百姓的家。我與住家的老百姓關係都很融洽，常常幫老百姓挑水做勞動，他們都把我看成是日本人，才會如前面所寫到的，問我老家在什麼地方。他們都純正樸拙，是很好的中國人。

有一天半夜，我起來到院子去撒尿，發現老百姓一家子都手拿著香，跪在地上拜天公，我嚇了一跳，他們也嚇了一跳。我說：「你們連廟裡的佛像都給砍了頭，現在還在拜啥？」他們回答說：「那個不是我們自己願意這樣做，都是被共產黨逼的。」當時我聽到這句話，覺得很奇怪，也受到很大的衝擊。

當晚翻來覆去睡不著覺，我自問：「馬克思雖然是物質論，不崇拜神，但是馬克思那裡有用這一套來強逼別人嗎？馬克思不是講要恢復人性嗎？怎麼會變成這樣？我到底在這裡要做的是什麼？我，一個台灣人，做的應該是怎樣的革命事業？」接下來幾天，我好像失魂落魄一般，原來一天可走五、六十里路，這一下卻連一半路程也走不到，早上起來，就臉朝向天空聽著喜鵲在哭泣，腦筋裡都在想著台灣。我在途中想「不能這樣下去了」，自言自語的，我真是不能再與中共做下去了。

中國社會在二千年來的封建帝王制及清末以來的殖民地體制下，二千年沒有經過「社會革命」，只有「易姓改朝換代」而已，到二十世紀，才發生

獨裁的革命，然而，農民大眾過著比過去還更加像在泥沼裡打滾的窮困生活。我在華北的冬天，在一個村莊住下，看對門的小夫妻，只要丈夫出門，太太一定留在家裡，太太出門，丈夫就留在家裡，覺得奇怪就問小鬼，才知道他們家窮得只能共用一條厚棉褲，我聽到這種未曾聽過的話，真是嚇了一跳。大多數人每天喝小米粥、啃窩窩頭，很少有麵吃，佐配的頂好就是白菜豆腐，還不常有。

一九四六年，中共公布「土地改革」政策，開始土地改革鬥爭。其終極目標，不僅是給無地貧農分配土地，更加是要以毫無人性的鬥爭方法，快速消滅地主、重農的身體及階級。國民黨的家屬或親朋，也難免遭鬥爭而受到傷害。各村遂行所謂「土地改革」時，一定由黨中央局派來管督團，指示典型的流血鬥爭方法。我們每次親眼目睹的，都是把地主、重農白天叫到田裡幹活，晚上就開始鬥爭，無論男女，都吊起來以棍子打，叫他們坦白剝削佃農、貧農的具體例子，並說出所有金條、龍銀藏在哪裡，打得皮破血流也繼續亂打，這樣一次、二次、三次……，然後才召開所謂「人民裁判」。

人民裁判是事先準備一個架子，把鬥爭對象顚倒吊在架子上，架子右邊有靈桌，上面置佃農父母的神主牌，左邊桌上擱著菜刀、剪刀、牛刀、羊刀、棍子等。然後敲鑼打鼓，動員村民男女老少全部出來開會，若不出來，每一人要罰兩斤麻油，對生活極其貧困的村民來說，一只雞蛋都很寶貴，哪能拿得出兩斤麻油，所以大家都零零落落、慢呑呑的出來，到廣場報名參加人民裁判。

我看到的人民裁判，吊在架子的地主已被鬥了好幾天，人都已經被打到黃酸了，而且是個纏腳的六、七十歲的婦人。主持裁判的「議長」，就是黨支部書記兼村長，他一開始就叫出佃農，向他們大聲的說：「你們的父親受了她的父親如何如何的凌遲，你自己又遭她壓榨一輩子，現在人民當家做主，是你訴苦和報仇的時候了……」，另一方面，安插在二百多個村民裡頭的黨員民兵帶著槍，就大聲嚷嚷，造成群眾壓力，在這火旺氣狂的氣氛之下，佃農們都又驚又怕，跪在地上的小農民邊哭邊拜父母神主牌。議長再接著大聲述說地主如何如何苛酷的剝削小農，最後說：「要如何處罰這反動的罪大惡極的地主？」各民兵就舉起槍桿子來喊：「槍斃！槍斃！」但又有聲音喊出：「這樣不夠！

不夠！」遂有民兵接著喊：「要萬刀凌遲致死才可以！」最後，議長說：「萬刀凌遲的罪罰，反對的舉手！」在這種情況下，誰敢舉反對的手呢？這樣就算是「老百姓自己的決定」。議長再向大家說：「每人用一樣殺一下，可以不可以？」民兵們同聲說：「可以，可以，決定！決定！」

但是什麼人要第一個下手，就成大問題了。因爲村裡的人多半有親戚關係或是鄰居朋友，大家都在閃避，所以用抽籤的，結果一個男人抽到頭籤，得要第一個下手選擇桌上的凶器殺人。可是他下不了手，只跪在廣場中央垂頭喪氣。此時，議長就透過婦女會，發動他的牽手出來罵他，她被逼得耍不過去，就罵他沒勇氣、反革命，「你想要反共產黨，反人民裁判嗎？那我要跟你離婚了，你死好了。」就這樣，他的牽手哭哭啼啼，邊罵邊用拳頭打丈夫的腦袋，用腳踹他的背等等，逼他去殺人民罪人的地主。同時，在旁的民兵們開始大聲起鬨，整個廣場在民兵所喊的「殺殺殺」的肅殺之氣中，人心都躁動不安。

這個抽到頭籤的人，遭到身邊氣氛的深深逼迫，終於忍不住，突然站起來，把旁邊桌上的一根棒子搶在手中，一下子走近女地主身邊，把棒子又急又慌的向頭顱橫打一下，只聽到女地主哎的一聲，她的頭顱被打破了，紅色鮮血和腦漿都流了出來，好似活地獄般。接著，第二個、第三個……打人、殺人就容易多了，有的用羊刀刺殺，有的拿剪刀剪殺，有的舉球棒打，有的割下她的耳朵、鼻子等等……。村民大多用手掩目，不敢直視這活地獄的場景。我再次受到衝擊，原來自稱是社會主義革命部隊的共產黨，竟是面目猙獰的劊子手。

我那天飯也吃不下，睡也睡不著。房東一家四口，也靜悄悄的都沒吃飯。我整天躺在炕上，自問自答：「馬克思那裡有這玩意兒？馬克思不是講要恢復人性嗎？怎麼會搖身一變爲這種悲慘世界？我到底在這裡要做的是什麼？我……我……，不能這樣下去了，應該要做和這個不同的解放革命！」一方面念，另一方面卻想起台灣，思鄉之情油然而生。

所謂「毛澤東思想」是什麼？有一天在旅行途中，我忽然想起毛澤東的詞〈沁園春・雪〉：

北國風光，千里冰封，萬里雪飄，
望長城內外，惟餘莽莽，

大河上下，頓失滔滔，
山舞銀蛇，原馳蠟象，欲與天公試比高，
須晴日，看，紅裝素裹，分外妖嬈。
江山如此多嬌，引無數英雄競折腰，
惜，秦皇漢武，略輸文采，
唐宗宋祖，稍遜風騷，
一代天驕，成吉思汗，只識彎弓射大鵰，
俱往矣，數，風流人物，還看今朝。

這篇文章是毛澤東一九三五年冬（四十三歲）帶領紅軍跋涉千水萬山，歷盡艱辛始達冰天雪地的延安以前所作的詞。從這篇詞可以看出，他富於傷感事物，是一個文藻佳茂的浪漫吟詠詩人。但是這首詞也暴露了他所憧憬的，也不過是秦漢唐宋等昔古的皇帝罷了，其潛意識裡拂拭不了的，淨是封建時代的帝王思想。倘若毛澤東道道地地站在勞苦大眾這一邊，心中懸念的，倒應該是老百姓口中膾炙的「孟姜女哭倒萬里長城」。我曾遊過山海關，去過「孟姜女廟」，其大門對聯：「白雲長，長長長，長長，長消。海水朝，朝朝朝，朝朝，朝退。」廣闊天空，靜靜流傳，悠悠意長。

總歸一句話，毛澤東的思想無非就是中國帝王思想與斯大林主義的結合物。毛澤東從上而下的個人專制獨裁，更勝過中國歷代的皇帝，自恃爲神聖而不可侵犯，其「無謬性」（不會發生錯誤）還遠超過歷代中國皇帝，這與要打破階級壓迫的社會主義理論完全相悖。

第十四章　中國共產黨崛起、取天下及其內部鬥爭

毛澤東完全是口是心非，所講是實行「民主政治」，但所做都是相反，都是中國帝王與斯大林法西斯的個人獨裁政治。

一、建黨

一八四八年

馬克思、恩格斯發表《共產黨宣言》，成爲「世界革命」的出發點。

一八六四年

「第一國際」成立（一八七六年解散）。

一八八九年

「第二國際」成立（一九一四年崩潰），之後分裂爲「社會民主主義」路線與「列寧共產獨裁主義」路線。

一九一五年

北京大學教授陳獨秀辦《新青年》，成爲介紹列寧主義的左翼刊物。

一九一七年

二月，打倒帝俄（二月革命）。

十月，列寧「布爾塞維克」（多數者之意，蘇聯共產黨）打倒「孟塞維克黨」（少數者，社會民主黨），俄國共產黨無產革命成功（十月革命）。

十一月，樹立「蘇維埃政府」。

一九一八年

北京大學教授李大釗創辦「馬克思主義研究

會」。

一九一九年

三月，列寧創立「第三共產國際」（Comintern）於莫斯科（一九一九—一九四三年解散）：（一）第一期（一九一九—二〇）傾注西歐革命，（二）第二期（一九二一—二八）支援東方「民族民主革命」，（三）第三期（一九二九—四三）**斯大林開始個人獨裁**，追放托洛茨基，清黨（至一九五三年斯大林死亡，殺害五千萬人）。

五月，「五四運動」爆發於北京，共產主義思想開始興旺。

一九二〇年

列寧派第三國際東方局書記長霍金斯基（G. Voitinsky）前往中國，在上海成立「**共產國際東方局**」。

一九二一年

七月，「中國共產黨」成立大會召開於上海法租界，全國黨員五十七人，參加大會代表十三人，共產國際代表馬林（H. Maring）、霍金斯基臨場指導，決議黨綱、黨章、黨規等，列寧決定中共擔任第三共產國際東方分局，共黨決定中國當前任務爲「**國民革命**」（反封建、反殖民地），推舉陳獨秀（浙江人，中國共產黨創立第一書記，北京大學文學部長，推進「國共合作」，被批爲右翼機會主義，一九二九年被除名）爲中央黨部總書記。

一九二二年

一月，列寧、布哈林召開第三國際「**東方民族大會**」於莫斯科，決定中國共產黨當前的任務，是發展「國民革命」，必須與中國國民黨（資產階級）結成「聯合戰線」。

五月，中共正式加入共產國際，成爲「共產國際中國支部」。

一九二三年

一月，蘇聯駐華大使越飛（Adolf Joffe, 1883-1927）與孫文、廖仲愷商議結果，發表「**孫文・越飛宣言**」（（一）孫文、國民黨採取「聯蘇容共，扶助工農」政策，並允許中共黨員加入國民黨，（二）中共黨員

贊同「三民主義」，（三）第三國際支持國民黨的「國民革命」）。

十月，第三國際代表鮑羅廷（M.M. Borodin, 1884-1951，一九五〇年代遭斯大林暗殺）等二千五百名孫文軍事顧問來中國。

一九二四年

一月，列寧過世。代之掌權的斯大林，積極領導中共，指出：「中國革命的基本戰略是武裝鬥爭」，共產國際支援國民黨。

一月，孫文召開「國民黨第一屆全國代表大會」，宣布反帝、反封建兩大革命目標，採取聯蘇、容共、扶助工農三大政策，孫文演講：「共產主義是被包括在三民主義中的民生主義，三民主義就是社會主義，也就是共產主義。」同時選出中央執行委員二十四名（其中三名爲中共黨員：李大釗（河北省人，留學日本早稻田大學，創立「中國共產黨」，一九二四年推進「國共合作」，一九二七年在北京被張作霖暗殺）、譚平山、于樹德），候補執行委員十七名（其中的林祖涵、毛澤東、瞿秋白（一八九九年生，革命家、文學者，參加五四運動，批判陳獨秀，一九二七年就任中共總書記，長征時，留在江西省根據地，遭國民黨捕獲，一九三五年被槍斃）、張國燾、于方舟、韓麟符爲中共黨員）。

共產國際即支援中國國民黨：（一）派遣多數政治、軍事顧問，（二）設立黃埔軍校，（三）供給二個師團的裝備，（四）供給二萬枝來福槍及若干飛機、大砲，（五）每月支給三十萬元一般經費，四十萬宣傳費。

一九二五年

三月，孫文逝世。

十月，創立「孫逸仙大學」（中山大學）於莫斯科，由拉迪克（Karl Radek）、密夫（Pavel Mif）負責訓練中國革命幹部（學生之中，二成是中共黨員，八成是中國國民黨員）。

一九二六年

共產國際邀請國民黨加入「第三國際」，胡漢民出席共產國際第六屆擴大總會，並派遣邵力子爲代表常駐莫斯科。當時的中共黨中央，總書記爲陳獨秀，中央委員爲李大釗、蔡和森、毛澤東、瞿秋白。中共從此開始茁壯起來，創黨當初，黨員

五十七人（國民黨員五十萬人），一九二四年國共合作時不過五百人，但在國共合作之後，在共產國際支持下，建立農民協會，領導工人罷工，在國民黨內，花樣多，拉攏左派，爭取中間，打擊右派，參加北伐等，到了一九二七年國共分裂時，中共黨員已增爲六萬人，共產主義青年團四萬人，再加上在其領導下的工會會員、農民協會會員，以及北伐軍隊的左派官兵等，已成爲中國社會有組織且有力量的第一級革命勢力。

第三國際顧問密夫（莫斯科中山大學校長）發表「中國農民問題」，詳細分析中國農村的階級劃分，敘述軍閥、地主、高利貸的苛酷剝削，以及中共與國民黨的農民政策。

三月，「中山艦事件」，蔣介石（黃埔軍校校長）逮捕中共黨員。

七月，「北伐」開始。

一九二七年

斯大林、托洛茨基尖銳對立，托洛茨基主張中共應退出國共合作。

第一次國共合作破裂。

四月，蔣介石在上海大屠殺中共黨員與勞動者。

四月，張作霖在北京槍殺李大釗等中共北方幹部（「四六事件」）。

四月，中國共產黨召開「第五屆全國代表大會」（五全大會）於漢口，會上瞿秋白、任弼時批判中央總書記陳獨秀爲右傾機會主義。在武漢召開的「中共第五屆全國代表大會」，關於土地問題有三案：（一）右派陳獨秀、譚平山等主張「沒收反革命份子、反動軍人、大土豪劣紳的土地」，（二）左派彭湃等主張「大小地主無條件的沒收土地」，（三）中間派主張「限於沒收大地主、反革命份子的土地」，大會採決（三）的「有限度沒收案」。毛澤東爲了提出「中共五全大會」，才寫出：「湖南農民運動考察報告」。

五月，唐生智、何鍵在長沙屠殺中共黨員及工農份子（「馬夜事變」，毛澤東的第一任太太楊開慧及二個兒子被殺害）。

七月，鮑羅廷、駕龍（Galoin）、羅易（M.N. Roy）等共產國際派來的國民黨顧問一四〇人，相繼回蘇聯，促使斯大林、布哈林、托洛茨基、季諾

維也夫等共產國際執行委員會手足無措。

八月一日，朱德、賀龍（一八九六年生，湖南人，青年時蠻悍，綠林，哥老會軍人，一九一五年討袁軍興，嘯聚千餘人，自稱討袁軍，被北洋軍打敗時赴長沙，爲哥老會龍頭，一九．八年湘軍團長，任四川督軍熊克武部的混成旅旅長，一九二五年赴粵，一九二六年國民革命軍第九軍第一師長，一九二七年在武漢昇任第一集團總指揮，國民黨張發奎在九江整肅中共軍時，賀龍軍爲主力，發動「南昌暴動」，事成加入共黨（一九二八），昇任第二方面軍總指揮，葉挺爲前敵總指揮，一九三三年共黨中央派遣關向應領導賀龍部隊，長征開始，賀龍軍與蕭克軍會合，成立第二方面軍，賀龍總指揮，抗日開始，任八路軍一二〇師師長，一九四九年第一野戰軍副司令員（司令員彭德懷），一九五〇年西南軍區司令員（政委鄧小平），一九五一年進攻西藏，一九五九年國務院副總理，一九六七年不明去向）、葉挺（一八九六年生，廣東人，保定軍官學校畢，一九二四年入共黨，莫斯科留學，一九二五年國民革命軍第四軍獨立團長，北伐被稱爲「鐵軍」，「南昌起義」，參加廣東公社起義，抗戰時，一九三八年新四軍軍長，一九四一年「皖南事變」被國民黨逮捕，一九四六年被釋放後，從重慶歸延安中途，飛機失事死亡）、張國燾（一八九八年生，江西人，入北京大學，李大釗徒弟，一九二一年中共創立委員，從事勞動運動，一九三三年中共第四方面軍委員，一九三五年長征中途反對黨中央的北上抗日，分裂，一九三六年被毛澤東除名，投降國民黨，在加拿大死亡）、周恩來等，強行「南昌起義」（「八．一」成爲中共紅軍的建軍節）。

八月七日，中共黨中央，在共產國際代表領導下，召開中共中央委員會（「八七緊急會議」）於九江，以右傾機會主義、逃跑主義名義，撤職陳獨秀等人，由斯大林學徒的瞿秋白，繼任總書記，發出「八七宣言」，提出：（一）土地革命，（二）武裝鬥爭，（三）蘇維埃政府等三大政策。

十一月，因湖北、江西、廣東、湖南四省的「秋收暴動」失敗，瞿秋白以左傾盲動主義名義辭任總書記職。

十一月，向忠發（一八八八年生，湖北人，中共初期幹部，一九二五年湖北省總工會委員長，一九三一年被國民黨處刑）任總書記，「廣東海陸豐蘇維埃政府」（十一月，彭湃領導）、「廣州人民公社」（十二月，張太雷（中共幹部，參加五四運動，中共中央委員，青年團總書記，批判陳獨秀，廣東公社暴動戰死）領導）相繼失敗。

十二月十六日，「第三國際」莫斯科總部發

表：「共產國際執行委員會第七次總會關於中國情勢的決議」（「十二月決議」，布哈林、羅易、譚平山提議），強調爲了打倒軍閥主義者，必須使佔人口壓倒多數的農民階層，發展爲反帝國主義的一環。

十二月，布哈林在莫斯科「蘇聯共產黨大會」宣稱：「中國革命並未死亡」，又在翌年二月共產國際執行委員會中國委員會上規定：（一）中共應該準備武裝革命，（二）發表「共產國際執行委員會第九屆擴大會議對於中國問題的決議」（「二月綱領」）：（1）中國革命現階段仍是「資產階級民主主義革命」，不是無產階級共產主義革命，亦不是永久革命，（2）中國革命的發展不齊，（3）中共必須以新戰略戰術，團結廣大的工人、農民，予以教育、組織、宣傳，實現民族統一，反帝反封建，樹立工農聯合專政的蘇維埃政府，（4）中共在勞動運動中禁止暗殺異己份子及大眾。

一九二八年

四月，第三國際使「日本共產黨台灣民族支部」（台灣共產黨）成立。

七月，在莫斯科召開「中共第六屆全國代表大會」上，斯大林、布哈林、李立三、向忠發清算瞿秋白的左傾盲動機會主義，李立三（一八七二年生，湖南人，勤工儉學會員，渡法，在巴黎加入中共，參加南昌暴動，之後「李立三路線」受莫斯科批判）任新任總書記，提出：（一）工農運動，（二）蘇維埃運動，（三）建立紅軍（新三大政策）。

八月，斯大林奪取蘇維埃聯邦政府黨政軍大權，施行「**個人獨裁**」（one man dictatorship），追放托洛茨基等大量異己份子。

一九二九年

十一月，李立三以取消派、托洛茨基派罪名，肅清陳獨秀、彭述之等舊幹部（所謂「托洛茨基派」）。

一九三〇年

六月，公布「關於黨的當前政治任務」（**李立三路線**）。

七月，李立三領導的中共中央政治部，在「長沙起義」吃大敗仗（「長沙人民公社」）。

八月，留蘇派王明（陳紹禹，一九〇四年生，安徽人，一九二五年到莫斯科，一九三一年第三國際代表，一九三五年第三國際的反帝統一戰線指導者，否定中共的獨立行動，與毛澤東對立，一九四一年被毛澤東批判，一九六九年回莫斯科）、秦邦憲（博古，一九〇七年生，江蘇人，一九三一年與王明一起抓中共黨權，在延安任新華社、解放日報社長，因飛機失事死亡）等，聯絡駐上海共產國際代表密夫（原莫斯科中山大學校長），反對「李立三路線」，共產國際莫斯科總部（布哈林執行長）乃逼使李立三辭任總書記，赴莫斯科受訓。

一九三一年

一月，在國際代表密夫指導下，開中共第四屆中央委員會（四中全會）於上海，王明、秦邦憲被推舉為中共新任最高領導者，兩位僅二十餘歲的青年黨員，一上台就提出「中共的布爾塞維克化」，並相繼淘汰：（一）李立三派（李立三、向忠發），（二）中間派（瞿秋白、周恩來、李維漢），（三）反李立三派（羅章龍、何孟雄）等高級幹部。但這些剛從學校畢業返國的學生幹部，因缺乏革命鬥爭的實際經驗，所以立即往急進的「左傾教條機會主義」走。

二、井崗山建軍及大長征，到達延安

一九二八年

四月，朱德等走上江西省井崗山樹立革命軍，後毛澤東也從長沙趕來，兩位領袖在井崗山建立「中國工農紅軍第四軍」，以（一）土地改革，（二）建設根據地，（三）武裝鬥爭，（四）農村革命為四大政策，發展鄉村革命勢力（**毛澤東路線**）。

（一）紅軍第一軍（一九二八年，朱、毛部隊上井崗山成立）。

（二）紅軍第二軍（一九三〇年，賀龍在湖南、湖北的省境地帶，招兵活動成立）。

（三）紅軍第三軍（彭德懷，把國民黨第五師獨立師團叛變，參加紅軍成立）。

（四）紅軍第四軍（徐向前，帶指揮下的國民黨軍到安徽、河南、湖北的省境地帶，叛變國民黨所成立）。

（五）紅軍第五軍（方志敏，第十方面軍在江西、浙江、安徽三省境）。

（六）紅軍第六軍（蕭克，在江西省、湖南省境）。

（七）紅軍十五軍（張國燾，在河南、河北、安徽三省境）。

一九三一年

十一月，在瑞金召開「中華工農兵蘇維埃第一次全國代表大會」，通過「蘇維埃憲法大綱」、「中華蘇維埃共和國中央蘇維埃組織法」，同時成立「中華蘇維埃中央政府」（主席毛澤東，副主席項英、張國燾）（參見Otto Braun（李德），*Chinesische Aufzeichnungen*（大長征內幕））。

到了一九三三年，已發展爲蘇維埃地區八地區：

（一）「中央區」（江西省瑞金及福建省建寧等，共二十五縣）。

（二）「鄂豫皖地區」（湖北黃安、痲城、安徽立煌、河南商城等）。

（三）「湘鄂地區」（湖南桑植、湖北巴東、四川西陽等）。

（四）「閩浙贛地區」（江西上饒、福建浦植、浙江邊區等）。

（五）「贛鄂湘地區」（江西銅鼓、湖北通城、湖南邊區等）。

（六）「贛湘地區」（江西蓮花、湖南邊區等）。

（七）「陝北地區」（陝西延安、保安等）。

（八）「左右江地區」（廣東省、廣西龍州）。

紅軍則有：

（一）第一方面軍朱德、毛澤東（第一軍團林彪、聶榮臻，第三軍團彭懷德、滕代遠，第五軍團董必武、蕭勁光，第六軍團孔荷龍、蕭克，第七軍團方志敏、唐在剛）。

（二）第二方面軍賀龍、夏曦（第二軍團賀龍）。

（三）第四方面軍徐向前、張國燾（第四軍團徐向前、陳昌浩）。

（四）獨立第二五軍徐海東、吳煥先。

（五）獨立第二八軍劉志丹。

蘇維埃與紅軍的出現，赫然驚倒南京「國民政府」，軍事委員長蔣介石親率三十至九十萬大軍，費四年有餘歲月，進行五次大圍剿，才使紅軍漸趨不利。

一九三三年

從上海轉移瑞金的中共中央（王明、秦邦憲等），接到莫斯科共產國際的指令，決定放棄井崗山、瑞金。

一九三四年

五月，第三國際派來軍事顧問李德（Otto Braun, 1900-1974，德人，蘇共黨員，受斯大林派遣，參加中國長征的唯一外國人，以斯大林觀點，寫《大長征內幕》），中共黨中央委員會的命令，以第一方面軍（朱德、毛澤東）爲主力，戰略上：（一）對敵軍的防圍實行中央突破，在敵方背後作戰，（二）用獨立部隊在敵軍最後面追擊，（三）以蘇維埃地區（共軍佔領地區，瑞金共區）名義，做成「長征」開始的「作戰行動計畫」，周恩來同意進行此案，擬以繞過江西、福建、廣東、廣西、貴州、四川、陝西、甘肅而北上抗日。共軍編制爲：第一軍林彪、第二軍賀龍，第四軍張國燾，第六軍蕭克，第十軍方志敏……，一九三五年十二月抵達陝西延安。

十月，朱德、毛澤東指揮第一方面軍，開始二萬五千華里的「長征」。紅軍在莫斯科共產國際派遣的軍事顧問李德指揮下，先後突破四層蔣軍封鎖線，經過了江西、湖南、廣東、廣西、貴州、四川、甘肅、陝西等省。

一九三五年

一月，在貴州省的「遵義會議」（黨中央政治局擴大會議），毛澤東在朱德、林彪、彭德懷（一八九八年生，湖南人，一九二八年發動湖南「平江暴動」，紅五軍軍長，進入井崗山，與朱德、毛澤東合陣，長征，一九五一年援朝鮮志願軍司令，主張「軍隊正規化」，一九五九年提七萬字意見書，批評毛澤東總路線，遭毛解除國防部長，一九六六年遭紅衛兵公開鬥爭，其後下落不明）等軍事幹部支持之下，追放「國際派」的王明、秦邦憲，奪取黨、軍最高領導權。當時，李大釗、張太雷、彭湃、鄧中夏、惲代英、羅亦農、向忠發、蔡和森、瞿秋白已遭蔣介石虐殺，政治局委員只有王明、博古、洛甫、周恩來出席，毛澤東召集軍中指揮者，浸透出席，因此毛澤東派取得勝利。毛澤東就是以「遵義會議」爲跳板，才獲得黨中央及全黨的領導地位，共產國際對中共的領導權卻大爲降低。

六月，朱德、毛澤東的中央紅軍（減至四萬人），與徐向前、張國燾的第四方面軍（五萬人）會師於四川，之後發出「八一宣言」（王明在莫斯科起草，以中國共產黨名義發出的「爲抗日救國告同胞書」），

提倡「中華民族主義」，並主張「抗日民族統一戰線」。

八月，毛澤東在「毛兒蓋會議」，反對第四方面軍政委張國燾的「西進」（向青海省、西康省進軍），結果，兩人帶兵分手，毛澤東決定「北上抗日」。毛澤東以土地革命、抗日統一戰線（民族主義）獲得廣大工農大眾的支持（黨的大眾化），對於國際派（留蘇派）做了激烈的黨內鬥爭，終於成爲名符其實的唯一最高領袖。

十二月，毛澤東率領「黨中央委員會」，及改編的「陝甘支隊」（兵力七千，長征後的殘兵，第一軍司令員林彪、第三軍司令員彭德懷），抵達陝西省西北面的延安。

十二月，中共在「瓦窯堡會議」（黨中央政治局會議），確定「抗日民族統一戰線」，排除王明、秦邦憲等國際派。

一九三六年

十一月，國民黨在上海逮捕沈鈞儒、鄒韜奮、李公樸、章乃器、王造時、沙千里、史良等全國各界救國會指導者（抗日七君子）。

十二月十二日，「西安事件」。紅軍經過長征，到達陝西之後，南京政府蔣介石把「剿匪」軍事，從江西移動於西北地區，在西安成立「西北剿匪總司令部」（總司令蔣介石、副總司令張學良）及「西北綏靖公署」（主任楊虎城），毛澤東及中央政治局，即以「抗日統一戰線」爲號召，爭取張學良的東北軍及楊虎城的西北軍，然後慫恿張學良與楊虎城活捉蔣介石。蔣介石被扣消息傳來，毛澤東派主張槍決蔣介石，秦邦憲等一派（國際派）則主張請示共產國際總部，斯大林獲報後，指示釋放蔣介石，以防止發生中國內戰。周恩來、秦邦憲、葉劍英相繼趕到西安，傳達中共中央決定：（一）擁護蔣介石的抗日指揮權，（二）中共與東北軍、西北軍繼續秘密合作，（三）和平工作萬一失敗，中共必與東北軍、西北軍共存亡。蔣妻宋美齡同澳大利亞人杜納（W.H. Donald）從南京飛來西安，居中調停，於十二月二十五日，蔣介石終於被釋放，飛返南京。從此抗日熱潮頓時蓬勃，但隨蔣到南京的張學良，卻被蔣介石扣禁，楊虎城後來在重慶被抄家滅族。

三、中日事變爆發，八年抗戰

一九三七年

二月，宋慶齡、何香凝、馮玉祥等十三名親蘇派，對國民黨三中總會，提出三大政策（回復孫中山的親蘇、聯合共產黨、援助工農）。中共對國民黨提出五項要求、四項保證，以此實現「國共第二次合作」。

七月，「中日事變」爆發。國民黨廬山國防會議（周恩來參加），蔣介石表明「抗戰」（廬山談話）。

七月，日軍攻破宋哲元第二九軍，佔領天津、北京。

八月，日軍開始上海地區戰鬥（第二次上海事變），日本軍登陸吳淞，攻下張家口。日軍編成「北支那方面軍」，司令官寺內壽一。

八月，國民政府最高會議（中共代表出席），軍事委員會成立（蔣介石就任委員長），蔣介石聲明抗日自衛，中日戰爭全面發展。軍事委員會發令中國工農紅軍改編爲「國民革命軍第八路軍」（總指揮朱德，副總指揮彭德懷，參謀長葉劍英，副參謀長左權，政治部主任任弼時），統轄三個師（一一五師林彪、一二〇師賀龍、一二九師劉伯承）。

八月，中共在洛川召開「中央政治局會議」（洛川會議），正式承認「第二次國共合作」，並採決「抗日救國十大綱領」。

八月，中共軍委發布，紅軍改編爲「第八路軍」。一一五師（林彪，一九三八年三月，成立晉西根據地）渡黃河入晉西南，一二〇師（賀龍）入太原地區，一二九師（劉伯承）入晉東南。

九月，日軍在上海增派三個師團，攻下大同、保定。

九月，中共的「陝甘寧邊區」勞農政府，改名國民黨的「陝甘寧邊區政府」。

十月，日軍攻下包頭、石家莊、廣州、武漢、娘子關、綏遠。

十月，中共復活「政治委員制度」。華南各省紅軍游擊隊，改稱「國民革命軍第四軍」（軍長葉挺，副軍長兼政治委員項英）。

十月，國府軍委會命令，成立「新四軍」（正軍長葉挺，副軍長項英，參謀長張雲逸，政治部主任袁國平，副主任鄧子恢），統轄四個支隊，兵力一萬餘，置於

第三戰區顧祝同司令官之下。一九三八年成立新四軍司令部於南昌，第一支隊司令陳毅，第二支隊司令張鼎丞，第三支隊司令張雲逸，第四支隊司令高敬亭。

十月，「平型關」勝利（日軍第五師板垣征四郎司令官），共軍從九月，右側在小塞村至老爺廟兩旁山地埋伏擊敗日軍，日軍死傷千餘人。

十一月，日軍杭州灣登陸，攻下太原、上海、蘇州，轟炸延安。

十二月，日軍進軍南京（松井石根大將），攻下濟南，成立「興亞院」（日本政府外務省）、「華北處理委員會」（王克敏）。

十二月，王明以「第三國際」斯大林代表，返回延安，王明與毛澤東勢不兩立。王明召開「中共中央政治局會議」，報告斯大林的「挽救時局的關鍵」（爲了「統一戰線」，不必過於區別左派、右派、中間派等階級區分）。

※抗日初期八路軍發展：一一五師入晉西南，一二〇師入太原，一二九師入晉東南。

一九三八年

一月，第一次近衛聲明（不以蔣介石爲談判對手），日軍攻下青島。

二月，日本侵攻山西省南部及西部。

二月，國民政府「軍事委員會政治部」成立（周恩來任政治部副部長、郭沫若任政治部第三廳長）。

二月，八路軍總部指令破壞同蒲、平漢、正太等鐵路線。

三月，斯大林殺害第三國際常務執行長布哈林。

三月，日軍黃河作戰失敗，台兒莊進取。

三月，國民黨在武漢開臨時全國代表大會，蔣介石就任國民黨總裁，汪精衛副總裁，成立「三民主義青年團」。

四月，日本海軍佔領廈門。

四月，國民政府「國民參政會」（王明、博古、吳玉章、董必武、林伯渠等中共首腦參加在內）。

四月，冀中軍區（東北軍呂正操成立），破壞深澤、安國等各地僞組織，一二九師徐向前樹立晉西北根據地，進出冀南。

五月，日軍攻下徐州。

一九三八年延安的中共高層，前排左起：康生、毛澤東、王稼祥、朱德、項英、王明，後排左起：陳雲、博古、彭德懷、劉少奇、周恩來、張聞天

朱德

延安時期的毛澤東（左二）、周恩來（左一）與博古（右一）

聶榮臻

第二次國共合作時期的周恩來、博古、王明、葉劍英（由左至右）

賀龍

彭德懷

陳毅

林彪

五月，毛澤東命新四軍在華中展開游擊戰（皖中、蘇南、長江南北）。八路軍一二九師、一一五師，樹立「冀魯豫根據地」。

五月，八路軍成立「八路軍軍政學校」（王稼祥）、「八路軍幹部學校」（朱瑞）。

五月，毛澤東發表〈論持久戰〉、〈抗日游擊戰的戰略問題〉：（一）根據現實狀況自由用兵，（二）發動群眾，創立根據地，（三）實行「土地改革」，（四）群眾有鬥爭的自由，（五）堅持依據山地，分散兵力，不打硬仗。

六月，日軍攻下安慶、開封。

六月，國民黨軍在鄭州附近切斷黃河堤防，數十縣遭水災，黃河改變河道。

六月，陳紹禹（王明）發表武漢防衛的意見書，新四軍樹立蘇南根據地（茅山）。

七月，張鼓峰事件發生（日、蘇聯），日軍攻下九江。

七月，國民黨召開「國民政府參政會」（汪精衛議長，張伯苓副議長），毛澤東、林祖涵、吳玉章、董必武、陳紹禹、秦邦憲、鄧穎超等七名共產黨員被聘為參政員。

七月，抗日一周年紀念，晉察冀軍區部隊出擊平綏、平漢、正太鐵路，破壞北京近郊的石景山發電廠。

八月，日本大本營命令攻擊武漢，五萬日本軍包圍攻擊晉察冀根據地。

八月，武漢衛戍總政治部：青年救國團等中共團體，命令解散。

八月，中共中央，命令晉察冀迅速集中化軍事基地，避免與國民黨摩擦，發展「晉察冀軍區」（林彪、聶榮臻），一二〇師發展為「陝甘寧軍區」（賀龍、關向應），以一二九師建立「晉冀魯豫軍區」（劉伯承、徐向前、薄一波、鄧小平），從新四軍發展「華中根據地」（葉挺、陳毅、粟裕、譚震林），山東縱隊創立「山東根據地」（張經武、黎玉），以游擊戰從華北發展，然後展開於全國。

十月，日軍攻下廣州、武漢三鎮，打劫燒毀長沙（長沙大火事件）。

十月，王明被毛澤東處以「反紀律」，張國燾被處「反黨反革命」。在「黨六屆中央委員會六次全體會議」（「六屆六中全會」），毛澤東報告「論新階段」，決定中共在民族戰爭中的地位，還批准

毛澤東及其黨中央政治局的路線爲黨的路線，而批判王明（＝斯大林）爲右傾機會主義，鞏固了毛澤東的領導地位，「槍桿底下出政權」。

十一月，日本第二次「近衛聲明」三原則（日中友好，共同反共，經濟合作），攻下岳陽。

十一月，組織「鄂豫挺進總隊」，廣東「海汀游擊大隊」，發展「東江抗日大隊」。

十二月，日本第三次「近衛聲明」。

十二月，國民黨副總裁、國民參政會議長汪精衛，脫離重慶，投降日本。

一九三九年

一月，日軍冀中掃蕩。

一月，國民黨五期五中全會決定「容共、防共、限共、反共」，國防最高委員會決定「異黨活動限制辦法」。

二月，日軍攻下南昌，包圍新四軍，登陸海南島。

二月，周恩來與新四軍首腦協議，「向南鞏固、向東作戰、向北發展」。

三月，日本軍掃蕩晉西北地區，無差別轟炸重慶。

三月，國民精神總動員。

三月，中共組織海南游擊隊（海南島）。

四月，一二〇師在冀中河內縣大敗，賀龍負傷。

五月，日軍重慶大轟炸。攻擊中條山，國民黨軍二十五萬逃亡。在晉察冀軍區的五台山地區做掃蕩（五台山作戰）。

五月，栒邑事件（陝西栒邑縣），國民黨保安隊攻擊八路軍。

五月，江南人民抗日義勇軍成立。

六月，日軍攻下汕頭，掃蕩晉東、魯南地區（魯南作戰）。諾門罕事件。

六月，平江事件（國民黨軍襲擊新四軍平江通信所）。

七月，日軍破壞河北大清河堤防。

八月，山東八路軍魯西、魯西北開拓根據地，一二〇師離冀中。劉少奇赴任豫皖蘇邊區。

九月，在日軍指揮下，僞「蒙疆聯合自治政府」成立。

九月，日軍在南京設置「支那派遣軍總司令

部」，總司令西雄壽造，總參謀板垣征四郎。

九月，第一次長沙會戰，日軍掃蕩晉察冀軍區。

十—十二月，日軍晉察冀冬季大掃蕩。

十一月，在河南確山縣，國民黨軍攻擊新四軍。程潛（天水行營主任）密命陝甘寧邊區包圍八路軍。

十一月，劉少奇到達皖東地區，指揮新四軍江北地區。

十二月，「山東・博山戰」（山東省）、「深縣戰」（河北省）、「平山戰」（湖南省）、「確山戰」（河南省）、「閻錫山反共高潮」（山西省）、「胡宗南進攻延安」（陝西省）、「安徽省事變」、「石友三攻冀南」（河北省）、「朱懷冰進攻太行根據地」（河南省）等等，國民黨軍佔領陝甘寧軍區五縣，宣言「反共」。

一九四〇年

一月，日軍晉西北地區春季掃蕩。

一月，毛澤東發表〈新民主主義〉。

二月，日軍魯東掃蕩。

二月，中共中央軍委指示，全軍展開「生產運動」。

三月，汪精衛成立「中華民國臨時政府」（僞南京政府）於南京。

三月，安徽省北部國共摩擦深化，國民黨天水行營政治部發表「中共不法行爲破壞抗戰事實紀要」。

四月，日本掃蕩皖南地區新四軍。

四月，江蘇省主席韓德勤部隊在江都攻擊新四軍。

四月，新四軍抗議國民黨在皖東的挑撥行爲。

五月，日軍大規模重慶轟炸（到九月）。

六月，日軍廣九作戰。

六月，國民黨蘇魯皖游擊隊總指揮李明揚，攻擊江都地區新四軍。

六月，「太行軍區」成立，一二九師師長劉伯承，兼任軍區司令員。

七月，新四軍江南指揮部渡江北上，在揚州東方與蘇皖支隊合流，改組「蘇北指揮部」（陳毅兼任），江南指揮部新成立於蘇南茅山。

八月，韓德勤部隊在泰興縣攻擊新四軍。

八月，中共發動「百團大戰」（彭德懷）。

八月末，華北五省八路軍一百一十五個團四十萬人，攻擊二十萬日軍，成立冀南、太行、太岳三根據地，成立行政聯合辦事處（後來成爲「晉冀魯豫邊區政府」）。「百團」第一次。

九月，「百團大戰」第二階段，第五縱隊進出淮海地區，第四縱隊成立「懷遠抗日路線」。

十月，蘇北黃橋事件，國民黨江蘇省主席韓德勤在黃橋地區攻新四軍（陳毅）。

十月，國民黨何應欽、白崇禧，以正副參謀長名義，電令八路軍朱德、彭德懷，八路軍、新四軍必須在一個月內集中於黃河以北。

十月，「百團大戰」第三階段開始。

十月，「蘇北事件」發生，新四軍擊破韓德勤縱隊，攻克阜寧等。

十一月，朱德、彭德懷、葉挺、項英連名告知國府與全國，新四軍移動於蘇北。

十一月，何應欽停止八路軍、新四軍的軍費。

十二月，蔣介石命八路軍移於黃河以北，新四軍往長江以北移動。

十二月，蔣介石命令顧祝同、上官雲相殲滅新四軍（葉挺軍長）。

十二月，「百團大戰」第三階段終了。

一九四一年

一月，「**皖南事變**」（**新四軍事件**），北移途中的新四軍八千，在安徽省涇縣遭八萬國民黨軍圍剿（七天戰鬥，新四軍潰滅，司令葉挺被俘，副司令項英陣亡，政治主任袁國平戰死，重慶稱新四軍叛亂，命令解散），長江以南的新四軍，轉移於長江以北，新四軍重整：第一師長粟裕，第二師長張雲逸，第三師長黃克誠，第四師長彭雪楓，第五師長李先念，第六師長譚震林，第七師長張鼎丞。

一月，國民政府發表新四軍爲叛亂軍。

一月，新四軍，七個師再編成爲七個師，一個獨立旅，代軍長陳毅，政治委員劉少奇，副軍長張雲逸，政治部主任鄧子恢。

二月，國民黨蘇魯戰區李長江軍三萬，投降汪精衛僞政權。

三月，畑俊六任支那派遣軍總司令官。

三月，國民政府在國民參政會責難中共，軍委會制定「中共過激黨徒活動制裁條例」。

四月，蘇中軍區成立，第一師師長粟裕兼任司令員。

五月，日軍開始中原會戰。

五月，中央社責難中共八路軍的抗戰姿勢。

六月，北支那方面軍發表「剿共指針」。

六月，毛澤東發表談話，對蔣介石說：懸崖勒馬，停止反動命令，恢復葉挺自由，廢止一黨專政，實行民主政治。

七月，岡村寧次就任北支那方面軍司令。

七月，美中軍事會議。

八月，日軍晉察冀軍區太岳方面大掃蕩。

九月，日軍與閻錫山軍「基本協定」。

十月，美軍代表團到達重慶。

十一月，中共中央軍委發布「關於抗日根據地建設的指示」。

十二月，太平洋大戰（日軍偷襲珍珠港）爆發，日本軍對英美宣戰，六十一國參加的第二次世界大戰開始。

十二月，中共中央書記處、中央軍委發布四二年中心任務指示：「精兵簡政」、「反掃蕩」。

一九四二年

一月，「聯合國宣言」，二十六國參加，創始「國際反法西斯統一戰線」。

一月，蔣介石就任「同盟國軍」中國戰區最高司令官。

一月，中共中央公布「關於抗日根據地土地改革政策的決定」。

一月，晉察冀邊區政府發布「志願義務兵役制實施暫行辦法」（徵兵率高達人口二十%）。

一月，冀中軍民展開大規模道路破壞。

二月，日軍對華北進行軍事大掃蕩，掃蕩山西省、蘇北地區。

二月，毛澤東在延安開始「整風運動」，整頓黨的作風「學風、黨風、文風」，在「文藝座談會」（延安），發表講話：反對主觀主義，反對官僚主義，反對宗派主義，「改造學習」、「加強黨性」、「實行調查研究」、「反對黨八股」、「反對王明的左傾冒險主義」。（實際上是淘汰反對派的知識份子）

三月，國民政府「國家總動員法」（五月五日實施）。

四月，日軍掃蕩晉察冀北岳區、太行區。

四月，孫良誠（山東省主席，第三九團總司令）投降日本軍，國民黨高級將官相繼對日投降。

四月，陝甘寧邊區決定整頓自衛軍。

五月，日軍冀中大規模掃蕩作戰（五一大掃蕩），晉冀魯豫作戰，太行、太岳大規模掃蕩，浙、贛作戰。

五月，閻錫山在「安平會議」進行投降日本，投降汪精衛僞政權。

五月，八路軍野戰政治部指示全軍各單位展開整風運動。左權（八路軍副參謀長）戰死在太行區。

六月，日軍中途島對美海戰大敗。

六月，中共實行十大政策：（一）對敵鬥爭，（二）精兵簡政，（三）統一領導，（四）擁政愛民，（五）發展生產，（六）整頓三風，（七）審查幹部，（八）時事教育，（九）發展「三三制」，（十）減租減息。

九月，**施朝暉**（史明）從日本東京走入中國上海，參加中共「抗日運動」。

十一月，中共中央軍委指示新四軍「精兵簡政」。

十二月，大本營命令日軍重慶攻略作戰中止。

一九四三年

一月，陝甘寧邊區「大生產運動」開始。

一月，中共中央委員會決定「抗日根據地土地政策」。

五月，岡村寧次指揮日本大軍，進行「**三光政策**」掃蕩。

五月，國民黨軍，封鎖陝甘寧邊區。

五月，「第三國際執行委員會幹部會議」（莫斯科總部）決議解散「第三國際」，中共黨中央藉此推行毛澤東「個人崇拜」運動，以「毛澤東思想」爲中共黨思想。毛澤東排斥國際派，鞏固個人獨裁地位。

六月，胡宗南召集洛川軍事會議，國民黨集結十六個師團於陝甘寧邊區周圍，開始攻擊，程汝懷指揮國民黨軍，與日軍、汪政權軍，協力攻擊安徽省東郊的新四軍。

七月，朱德通電蔣介石，抗議國共摩擦激化，在延安「軍民緊急動員大會」，對國民黨包圍延安，動員民眾。中共黨中央委員會發表「抗日六周

年紀念宣言」，抗日六周年，打敵一萬四千六百次，殺敵十三萬兩千人。

九月，何應欽在國民參政會責難中共。

九月，中共粉碎日軍進攻冀東地區，槍殺日軍。

十月，中共中央政治局發布「減租、生產、擁政愛民運動及抗日大政策宣傳」的指示。

十二月，蔣介石、宋美齡飛開羅，與美總統、英首相，發表「開羅宣言」。

十二月，「中美合作所」（情報）成立於重慶。

※日軍掃蕩激烈化，國共對立深刻化，自然災害嚴重，招來華北各根據地危機化（縮小根據地、單純游擊化、內部動盪不安、精兵簡政、整風一時並行）。戰略上，趨於強化村落民兵，黨領導一元化，加強徵糧，軍領導政、黨，黨政地下化，實行「志願形式的義務兵役制」，把民兵動員於前線游擊戰，結果，到一九四四、四五年，地方民兵爲主軸，大規模動員大眾，克服根據地危機，克服一九四二年以來的大掃蕩（「五一大掃蕩」），一九四四年才能轉爲「精兵政策」、「主力部隊擴大政策」。

※中共動員農民大眾擴大軍事力量：

（一）初期（一九三七—三八）：募兵（抓兵），實行民眾組織，克服軍閥式作風（貪污、腐化、土皇帝併呑、抓兵、追逃兵）。

（二）中期（一九三九—四一）：統治農村（徵糧、租稅、定期檢查地方）、五台、阜平、淶源、冀中等。

（三）中後期（一九四二—四四）：利用日軍大掃蕩，大規模抓兵動員武裝，建立根據地，掌握地方一切的人力、物力，從打游擊擴大地方民兵與正規軍（精兵簡政）。

（四）後期（一九四四—四五）：大規模動員大眾，克服華北根據地危機，大規模擴軍（如冀中區開始時九個連隊，抗戰結束後，增爲二十六個團隊）。

一九四四年

一月，日本人反戰同盟擴大執委會（岡野進）。

一月，中共北方局發表「一九四四年的方針」（積蓄力量準備反攻）。

二月，晉察冀邊區勞動英雄大會開會，「戰鬥英雄」、「擁軍英雄」等。

三月，新四軍偷襲蘇北車橋鎮，打破汪精衛軍一千，生俘日軍四十八人，並打敗砲兵中尉山本一三以下三百餘人。

四月，日軍六萬，發動河南掃蕩。

四月，在重慶各種團體五百人士，黨派代表張瀾、郭沫若、鄒韜奮、沈鈞儒、宋慶齡、馮玉祥、董必武等人，舉行會議，要求實行民主。

四月，在「延安高級幹部會議」，講述毛澤東的正確性。

※八路軍、新四軍春季攻勢

八路軍解放的主要地區（二—四月）：寧城、昌黎、速水、蟠龍、武鄉、大谷村、榆社城、晉縣、越城、博野城、林縣城、沁水、方山等。

新四軍的主要活動：蘇中：泰州攻擊（一月）、車橋（三月），蘇北：高溝、楊口攻擊，六塘河兩岸地區收復（四月），淮北：泗縣、靈壁等解放。

五月，國民黨、共產黨兩方代表在西安召開會議，但不得結果，在重慶再談。

五月，河南國民黨軍（湯恩伯軍、胡宗南）四十萬，豫中會戰（對日本軍的京漢線抵抗戰）敗北，洛陽、鄭州等三十八都市被日軍所佔。

五月，八路軍解放任邱、高陽、邱縣等十數都市，攻入保定、石家莊。

六月，國民黨軍衡陽會戰（長沙、衡陽攻防戰）敗退，從此國民黨軍的抗戰力急速弱體化。

六月，中共中央發表「都市工作的指示」（都市政策）。

六月，毛澤東在延安招待內外記者會。

七月，八路軍、新四軍總部，公布在抗日第七年，殺害、俘虜二十九萬傀儡軍。中共中央發布「都市工作的指示」、「部隊的整頓與訓練指示」。

七月，駐中國美軍總司令部，派遣第一次美軍觀察團到延安。

八月，蔣介石親信軍長方先覺放棄衡陽，投降日本。

九月，中共代表林伯渠，出席第三期第三次國

民黨參政會，報告國共交涉，指出要終止國民黨一黨統治。

九月，重慶各界、各黨派、各階層代表，馮玉祥、邵力子、黃炎培、章伯鈞、沈鈞儒等五百餘人集會，要求國府改組，成立聯合政府，打破法西斯（中共領導）。

※八路軍夏季、秋季攻勢

冀魯豫區：清豐縣城、壽張縣城解放。

太行區：邢台、沙河、新鄉、渾縣、長治、和順攻勢。

晉察冀：麥順後街戰展開（五—六月）。

山東：沂水、利津、文登、榮城解放。

※新四軍夏季、秋季攻勢

蘇中：至九月，由日軍「清鄉」所失的地區大體收復。

蘇北：在海濱地方攻勢（六月）。

蘇南：長興縣城攻勢（八月）。

淮北：泗縣以北日軍據點攻勢。

第四師長彭雪楓戰死（九月）。

十月，六萬日軍掃蕩冀東解放區。

十月，蔣介石發動「十萬青年十萬軍」。

十月，周恩來在延安演講，要求即時召開國務會議，改組國府統帥部，成立聯合政府，並公布解放區的人口、軍隊、政權組織。

十一月，國民黨放棄衡陽、桂林、柳州、宜山、獨山、南寧等都市，數千萬難民離家四散。

十一月，八路軍、新四軍解放肥城、武陽、岳陽等都市。

十二月，美空軍東京大空襲。在歐洲，英、美、法、蘇聯軍開始反攻，登陸法國諾曼第海岸。美軍在太平洋佔領塞班島。蘇軍攻入德國。

※中共軍在華北、華中、華南各地區開始反攻，鞏固平津地區、冀東，恢復統治冀中、冀南、熱遼、晉西等地區，山東根據地、魯中、海濱、冀魯西等地區安定，恢復黃河以東河南省，新四區開闢豫南、豫中、淮北等地區。

一九四五年

一月，新四軍在南京、上海、杭州的三角地帶，設立「蘇浙軍區」，粟裕任司令員。八路軍解放大名。

一月，周恩來飛重慶，但交涉無結果。

二月，雅爾達會談。

三月，三百三十四架美國B29轟炸機東京大空襲。

三月，蔣介石對抗第三黨提出的要求成立「聯合政府」，主張召開「國民大會」。

四月，美、英、蘇、中四國，招請各國在美召開「聯合國會議」，中共黨中央委員董必武代表中國解放區，參加開會。

四月，中共中央篡改、捏造「中國革命史」。

四月，中共在延安召開「第七屆全國代表大會」（七全大會，一九二七年在莫斯科開「六全大會」以來，經過十七年，等到毛澤東取得黨領導權後，才召開「七全大會」）。在七全大會上，由親毛派的劉少奇、任弼時等，推舉毛澤東爲「黨的政治、軍事、組織上的領袖，同時也是思想上、理論上的領袖」，而選爲黨主席、政府主席、黨軍事委員會主席。從此，毛澤東終達成長年的願望，掌握黨政軍大權，成爲個人獨裁者。

在七全會上，決議承認：（一）毛澤東的「論聯合政府」，（二）以毛澤東的軍事思想，制定「人民軍事路線」，（三）**以毛澤東思想爲黨的思想，即把毛澤東捧上與列寧、馬克思同列的地位**。

此時，被批判爲「左傾機會主義」、「右傾機會主義」、「投降主義」、「取消主義」的有陳獨秀、羅章龍、張國燾、李立三、瞿秋白、王明、博古。

五月，德國無條件投降。

五月，國民黨六全大會在重慶，堅持獨裁。

六月，北支那日軍縮小戰面，於濟南、石門、京津地區設定據點。

七月，美、英、中三國，發表波茨坦宣言，要求日本即時無條件投降。

七月，參政員褚輔成、黃炎培、傅斯年、左舜生、冷遹、章伯鈞等六人，飛延安，商談國事。

七月，國民黨胡宗南部隊，攻擊陝甘寧邊區淳化縣。

八月，美機投下原子彈，轟炸廣島、長崎。蘇

聯對日本宣戰，違約從西伯利亞大軍攻入滿洲。

八月，朱德對各解放區部隊發出進軍命令，解除日軍武裝。

八月，蔣介石發出中共原駐地駐防命令。朱德、彭德懷拒絕國民黨原駐地駐防命令。

四、抗日戰勝利，佔領華北軍區，國共內戰爆發

一九四五年

八月十五日，日本投降，中國的抗日戰勝利，毛澤東爭奪黨的黨政軍大權。

八月十五日，朱德命令支那派遣軍司令岡村寧次投降，命令北支那日軍派代表到阜平，服從聶榮臻命令。朱德對美、英、蘇提出五個要求。中共中央把津浦線及京漢線鐵路拆光，使南北交通斷絕。

八月二十日，中共中央廢止北方局，新設晉察冀中央局、晉冀魯豫中央局，新設晉冀魯豫軍區（劉伯承），統轄太行、太岳、冀魯豫（冀南）各二級軍區。

八月二十六日，中共黨中委會決定派遣毛澤東、周恩來、王若飛前往重慶談判。

八月底，國共開始在重慶交涉。

※抗日八年，中國共產黨勢力飛躍壯大：黨員從四萬人（一九二八）增加爲一二〇萬人（一九四五），擁有百餘萬解放軍，其他有五百萬民兵、游擊隊，華北、西北解放區統治人口二億人，以及長江下游的「新四軍解放區」、「中原解放區」、「兩廣縱隊解放區」、「東北解放區」，成爲擁有六億人口的大政治勢力。

※中共黨中央高唱「毛澤東思想」、「毛澤東唯一領袖」，黨中央被「毛澤東」所佔，黨劉少奇、彭眞，政治周恩來、董必武，軍事朱德、林彪，情報康生、李克農。

九月，蔣介石派遣廣西派巨頭李宗仁佔領北京。

九月底，美軍載送國民黨軍登陸華北、塘沽。

十月十日，蔣介石、毛澤東會談於重慶，經四十三日交涉，簽訂「**雙十協定**」。

十月十一日，美軍載送國民黨軍登陸青島，三國航空隊進駐北京。

十月二十日，晉東南解放區殲滅閻錫山侵犯軍。

十月三十一日，晉冀魯豫解放區殲滅侵犯國民黨軍，國民黨第十一戰區副司令長官馬法五投降。

十一月，美軍艦運送蔣介石軍登陸秦皇島。

十一月，重慶各界代表，成立反對內戰協會（中共在幕後）。

十一月，**史明**被派由上海到北京。

十二月，美總統特使馬歇爾爲中國內戰「調處」訪華。

十二月，中共中委會指示「建立鞏固的東北根據地」。

一九四六年

一月，重慶召開「政治協商會議」（國共停戰協議）。

二月，國民黨特務破壞「政治協商會議成功祝賀會」於重慶的較場口，郭沫若、李公樸負傷（較場口事件）。

三月，蘇軍決定由東北撤兵。

三月，邱吉爾發表「鐵幕」演說，強調聯合國反共。美蘇「冷戰」開始。

三月，國民黨特務在哈爾濱殺害前東北抗日將領李兆麟（中共黨員）。

三月，東北停戰協定成立。

四月，中共代表王若飛、秦邦憲、葉挺、鄧發（都是批判毛澤東的將領），從重慶回途延安中，因飛機失事，全部犧牲。

四月，林彪東北人民解放軍殲滅四平街外圍國民黨軍，佔領長春。

四月，「中央書記處擴大會議」，毛澤東、劉少奇、周恩來、朱德、任弼時等出席，毛提出「軍隊向前進」方針。

四月，**施朝暉**（史明）從北京進入中共解放區「晉察冀軍區司令部」，換名「林鐸」，被分配到「聯合大學補習班」學習毛澤東思想、群眾工作等。

五月，中共中央發出「五四指示」，命令各地實行「土地改革」（地主、富農在村莊被鬥爭，「人民裁判」虐殺慘死）及「反國特」（無論國民黨大小黨員及其

家族親戚，均被拉出來，經「人民裁判」，被殘酷虐死，「罪及九族」）。

五月，國民黨軍佔領四平街、長春、永吉，林彪部隊撤退哈爾濱。

六月，國共和談「三人小組」（美國馬歇爾、張群、周恩來）談判正式破裂，第二次「國共內戰」爆發。八路軍總司令朱德，副總司令彭德懷，參謀長葉劍英。國共初戰時，蔣介石聲明：八小時內消滅中原人民解放軍，兩個星期內佔領蘇北，三個月到六個月內，擊潰人民解放軍主力的作戰計劃。蔣介石就任「南京政府」主席。

七月，馬敘倫等十人，赴南京請願，但在南京下關，被特務毆打，昆明民主同盟代表李公樸，及聞一多教授被特務暗殺。

七月，中共晉察冀軍區司令部撤出張家口（守軍司令員楊德志）。

八月，美馬歇爾發表「國共調處失敗」。

九月，中共反攻聲明。

十一月，國民黨佔領張家口。

十一月，共產地區各地都看到所謂「人民裁判」，毛澤東命令黨在各地鄉村「按人口比例殺人」。後來在南京、上海、廣東、重慶等舊國民黨城市，毛澤東說「殺人太少」，命令多殺，所定的殺人數目目標，要消滅反共份子五十六萬人。

十二月，蔣介石把新編七十師的「台灣兵」調派於黃河沿邊（山東省西南地區）打內戰。

十二月，林彪部隊在東北哈爾濱接收蘇聯給予的日軍機械化部隊砲槍及汽車部隊，及美式裝備軍器，創立「林彪東北軍」，開始反攻國民黨軍。

※八路軍第一一五師（晉察冀軍區）：司令員聶榮臻，副司令員蕭克，參謀長康延傑，政治部主任朱良才。

八路軍第一二九師（晉冀魯豫軍區）：司令員劉伯承，政治委員鄧小平，參謀長李達。

華北軍區：司令員聶榮臻，政委薄一波，第一副司令徐向前，第二副司令滕代遠，第三副司令蕭克。

華北聯合行政委員會：主席董必武，黨政委楊秀峰。

十二月，李先念率領「新四軍」第六師，陳賡

率領「晉冀魯豫野戰軍」渡黃河南下，切斷隴海鐵路，陳毅、粟裕率領「華東野戰軍」越過隴海鐵路，進入中原戰場，發展「豫皖蘇根據地」（開封、鄭州、徐州），彭德懷「西北野戰兵團」沙家店之役，許世友「華東野戰軍廣東兵團」解放山東區，林彪、羅榮桓「東北野戰軍」進軍長春、瀋陽、錦州等地，聶榮臻「華北野戰軍」收復石家莊，徐向前「晉冀魯豫野戰軍」攻克臨汾，包圍太原。

一九四七年

一月，美停止說服國共停止內戰。

二月，人民解放軍殲滅國民黨軍六萬於山東省萊蕪，俘虜副司令長官李仙洲、軍長韓浚。

二月，人民解放軍、中共黨中委，聲明國民黨在一九四六年一月三十日以後，單獨與外締結的條約、借款、協定等一切無效。

二月，北京駐在的葉劍英，及南京、上海、重慶三地區中共人員，都受國民黨政府逼迫，回延安，國民黨拘留新華日報社社員，封鎖報紙。

二月，台灣「二二八大革命」。

三月，胡宗南部隊十五個旅團，侵犯陝甘寧邊區，十九日佔領延安，毛澤東、周恩來指揮抗戰，劉少奇、朱德赴河北省平山縣西柏坡村，組織「中央工作委員會」。

三月，林彪軍佔領四平街，佔領錦州，守城司令范漢杰率部隊投降。

三月，內蒙古人民代表會議開幕，五月一日成立「內蒙古人民自治政府」。

三月，**林鐸**（史明）在阜平中央局招待所，看到《解放日報》報導台灣爆發「二二八大革命」消息。林鐸與平賀兩人，從阜平出發，徒步走了四十五天，到達晉冀魯豫軍區司令部招待所「牛頭村」（司令劉伯承、政委鄧小平），奉命組織「台灣隊」。

四月，蔣介石改組政府，張群取代宋子文就任行政院長。

五月，中共八路軍改稱「**人民解放軍**」。

五月，上海、南京、杭州、北京、青島等地各校學生進行反戰遊行，二十日在南京進行「救濟教育危機」聯合大遊行，遭特務警察毆打（五二〇事件）。

六月，林彪部隊攻擊四平街。

六月，中共「南下大隊」（劉伯承、鄧小平指揮），以晉冀魯豫野戰軍七十縱隊，在魚台、金鄉、羊山、曹縣一帶，發動「魯西戰役」，將國民黨軍打得一敗塗地，國民黨「七十軍」（前新編七十師改編，軍長高吉人）共六萬人被打垮，「台灣兵」萬人皆被俘虜，從此，人民解放區全國開始作戰。一萬多台灣兵被俘後，共軍令脫下國民黨軍服，換上中共軍服，再被派往戰場打國民黨軍，台灣兵傷亡慘重。

七月，蔣介石召開「國務會議」，下令「總動員令」。

七月，人民解放軍殲滅東北的八萬國民黨軍。

七月，**林鐸**在晉冀魯豫軍區司令部，政委鄧小平指揮下，組織「台灣隊」（兩百五十四名），後來「台灣隊」（隊長蔡公狄）從晉冀魯豫軍區司令部出發，三天後，到河北省南宮縣棗兒莊，正式成立「晉冀魯豫軍區台灣隊」（隊長蔡公狄，指導員林施均）。

八月，國民黨軍在蘭州，黃河堤防潰決。

八月，渡過黃河的人民解放軍，越過隴海線，到達大別山區。

八月，人民解放軍在陝北殲滅國民黨第三十六師，開始肅清西北地方。

九月，**林鐸**偶然聽到，台灣隊的隊長等，企圖用「分裂政策」來籠絡台灣兵，結果，台灣學生分爲福佬、客家，相鬥得殘忍不堪，林鐸對中共革命隊伍的信義完全消失。

十月，「中國土地法大綱修改事件」（毛澤東與劉少奇的奪權對立開始）。蔣軍胡宗南部隊佔領延安，毛澤東、劉少奇分手避逃河北省兩地，劉少奇透過「中央黨工作委員會」採決並公布「中國土地法大綱」，但因沒經過毛澤東預先批准，毛澤東隨即打電報反對，終不得不實行毛澤東的原案，這爲毛澤東、劉少奇的第一次對立。

十月，中國人民解放軍發表「中國人民解放軍宣言」，宣布打倒蔣介石，解放全中國。

十月，國民政府解散「中國民主同盟」（第三勢力）。

十一月，東北全境落到林彪手裡。

十一月，人民解放軍解放華北的石家莊，打破胡宗南部隊三萬人，俘虜師長劉英。

十二月，中共黨中委會召開「陝北米脂縣楊家溝會議」，採決毛澤東「當下情勢我們的任務」，提出「十大軍事原則」。

一九四八年

一月，蔣介石「一年中消滅中共軍主力」。

一月，「國民黨革命委員會」成立於香港，宣言打倒蔣介石獨裁政權，反對美國干涉中國內政，與中共聯合。

一月，民主同盟香港會議，再建同盟，打倒國民黨政府，聯合中共（中共幕後）。

二月，蔣家國民黨在南京發布「戡亂時期條款」，國民黨軍隊警察虐殺上海「申新紡紗」工廠人員，勞動者罷工。

二月，中共黨中委，加強「土地改革」，指責美總統的「援助蔣介石案」。

二月，人民解放軍在陝北宜川殲滅三萬國民黨軍。

三月，國民黨召開「行憲國代」，蔣介石總統，李宗仁副總統。

三月，人民解放軍佔領河南省洛陽，俘虜兩萬人。

四月，毛澤東、朱德等黨中央領導幹部，從延安進出華北軍區，住在石家莊西北西柏坡南村，對晉綏幹部講話。

四月，西北人民解放軍收復延安。

五月，蔣介石調集大兵，打算擊潰劉鄧大隊。

五月，中共黨委會，紀念五一節，號召建立「民主聯合政府」。

五月，中國國民黨革命委員會、民主同盟、民主促進會、致公黨、農工民主黨、人民救國會、國民黨民主促進會等，打電話擁護設立「新政治協商會」（中共在幕後）。

五月，華東人民解放軍攻擊膠濟線，殲滅敵人八萬四千，攻克十七都市。

五月，人民解放軍攻克山西臨汾，殲敵二萬五千，俘虜閻錫山軍總司令梁培璜。

六月，國民政府，翁文灝爲行政院長，成立第一次「行憲內閣」。

六月，中共中央，以晉察冀軍區與晉冀魯豫軍區，統一爲「華北軍區」（司令員聶榮臻，政委薄一波），設立「華北軍政大學」（校長葉劍英兼政委），

「台灣隊」從南宮轉移石家莊，成爲「華北軍政大學幹部總隊」第一大隊，隊長蔡公狄，副隊長廖先景，政委林施均、楊誠，副隊長兼副政委張省吾，政治幹事辛喬、**林鐸**（史明），教育幹事劉世英、林漢章、張文華。

六月，人民解放軍攻克河南省開封，殲敵四萬。

七月，人民解放軍攻克湖北省襄陽，殲敵二萬，生俘特務，第十五軍司令官康澤。

七月，人民解放軍，晉中戰，殲敵七萬，生俘閻錫山軍總司令趙承綬。

八月，蔣介石政府發行「**金圓券**」，一元金圓券折合三百萬元法幣，物價飛漲。

八月，毛澤東提出「新民主主義」、「論聯合政府」，表示不採取「一黨專政」，以巧言引誘在重慶反蔣獨裁的「第三黨政治人物」。

八月，華北軍區第三兵團（團司令楊成武），遼寧冀東作戰。

九月，「中共中央政治局」（委員毛澤東、朱德、劉少奇、周恩來、任弼時、彭眞、董必武），召集各軍區負責人徐向前、賀龍、陳毅、鄧小平、葉劍英、聶榮臻，宣布由游擊戰發展爲「正規戰」，五年後，完全打倒蔣家國民黨。

九月，人民解放軍攻克濟南，殲敵十萬，生俘國民黨山東省主席兼第二綏靖司令官王耀武、九十六軍長吳化文。

十月，人民解放軍攻克錦州，俘虜東北討伐副總司令范漢傑，十萬敵軍投降。

十月，人民解放軍解放長春，六十軍軍長曾澤生投降，副司令鄭洞國率二十萬軍投降。

十月，人民解放軍在東北黑山殲敵十萬，生俘兵團司令廖耀湘。

十月，蔣介石國府殘軍從東北開始撤退。

十一月，人民解放軍六十萬，國民黨軍八十萬，在徐州以東大會戰，稱爲「淮海戰役」（或「徐蚌會戰」），國民黨黃維兵團、孫元良兵團遭殲滅，黃維、吳紹周正副司令，副總司令杜聿明，蔣家國民黨軍大兵團幾乎被殲俘，國民黨軍官、官僚等高下級幹部，投降後，無例外的完全被殺害，一百多萬俘虜都被調到前線當炮灰，最後幾十萬，在一九五〇年被迫參加韓戰，均被消滅殆盡。

十一月，人民解放軍解放瀋陽、營口、山海

關、秦皇島。

十一月，翁文灝內閣失敗，孫科就任行政院長。

十一月，東北解放軍（林彪）入關，與華北軍區解放軍（聶榮臻），開始攻北京、天津的國民黨軍華北剿匪總司令傅作義軍團。

十二月，張家口克服，劉亞樓部隊總攻天津。

十二月，林彪部隊打敗傅作義第三五軍，中共軍無血入城「北京」。

一九四九年

一月，中共第四野戰軍參謀長蘇靜、傅作義代表鄧寶珊進入北京。傅作義命令國府剿總所屬兩個兵團撤出北京城，七十萬國軍「和平繳械」，中共不費一槍一彈，進入北京城。為進北京城，華北軍區（聶榮臻）與從東北下來的林彪部隊，在北京城外爭執。

一月八日，國民政府要求美、英、法、蘇干涉中國內戰，被拒絕。

一月十日，人民解放軍生俘國民黨徐州討伐總司令及二兵團，兵團司令邱清泉自殺，歷時六十五日的淮海戰役總結，殲滅二十二個軍團，五十六個師團，五十五萬人。

一月十四日，毛澤東提出「和平八條」。此時，東北地方及華北、華中均由共軍所佔，但共軍進津、京發生問題。林彪部隊急於過江，津浦鐵路為運輸軍隊，火車南北來往輻輳，只准軍人上車。

一月十五日，人民解放軍解放天津，殲敵十三萬，生俘天津警備司令陳長捷、市長杜建時。

一月二十一日，蔣介石下野，李宗仁代總統宣稱要派遣邵力子、張治中、黃紹竑、鍾天心、彭昭賢到北京和談，但是，當日到達北京的民主黨派（李濟深、沈鈞儒、馬敘倫、郭沫若等五十五人），反對國民黨的假談判陰謀。北京守將傅作義投降，大開北京門，迎中共軍入城。

一月二十七日，蔣介石放日本「中國派遣軍總司令官」岡村寧次。

一月三十日，李宗仁代總統派遣邵力子、張治中、劉斐到北京和談，中共不願談，國民黨的三代表在北京隨即投降中共。中共宣言「北京和平解放」，京津戰役殲敵五十二萬。

二月三日，中國人民解放軍入北京城，北京市

長葉劍英、平津前線司令員林彪、政委羅榮桓、華北軍區司令員聶榮臻、北京市委書記彭眞等登上北京前門台上舉行「北京城入城典禮」，「中國革命方興未艾，南京當局大勢已去」。

二月五日，國民政府行政院轉移廣州。

二月二十七日，李濟深、沈鈞儒、馬敘倫、郭沫若等到達北京，中共代表林伯渠迎接，開歡迎會。

三月，國民黨孫科內閣除任，李宗仁提何應欽任行政院長。

三月，中共黨中委會、中國人民解放軍總部搬進北京。中共黨中委會，以周恩來、林伯渠、林彪、葉劍英、李維漢爲代表，從四月一日起，在北京與國民黨代表從事和平交涉。

四月十五日，中共給國民黨代表團「國內和平協定八條二十四項」，要求二十日以前表明態度，國民黨拒絕接納。

四月二十一日，朱德總司令命令全國進軍，第二野戰軍（劉伯承、鄧小平）、第三野戰軍（陳毅、粟裕、譚震林），西從九江東北、湖口，東到江陰，長達五百公里，強行渡長江。

四月二十三日，共軍攻克南京。

四月二十四日，解放軍解放山西太原，殲敵八萬。

五月，蔣介石從浙江省溪口逃來台灣。

五月，**史明**逃出中共地區，從青島回返台灣。

五月，第四野戰軍（林彪、羅榮桓）從武漢東邊，團風至武穴的一百公里，強渡長江，武漢、武昌、漢陽解放。

五月，中共軍佔領上海，殲敵十五萬。

六月，共軍解放青島。

六月，蔣介石在台北草山設立總裁辦公室。

七月，中共誕生二十八年，毛澤東發表〈論人民民主專政〉。

七月，蔣介石、李宗仁、閻錫山組織「國民黨非常委員會」於廣東。

八月，美國務院發表「美中關係白皮書」，指責國民政府腐敗，聲明不再介入中國內戰，停止援蔣。

八月，共軍解放福州、蘭州、青海省首都西寧。

九月，綏遠（董其武）、新疆和平解放。

九月，共軍解放寧夏首府銀川，殲滅馬步芳、馬鴻逵。

九月二十一日，「新人民政治協商會議」開於北京。

九月二十七日，「新人民政治協商會議」通過：（一）人民協商會議組織法，（二）中國人民共和國中央人民政府組織法，（三）決定北京爲國都，（四）中國採用公元，（五）國歌「義勇軍進行曲」，（六）國旗是五星紅旗。

九月三十日，新政協會議第一回總會，選出中華人民共和國中央人民政府委員會主席毛澤東，副主席朱德、劉少奇、宋慶齡、李濟深、張瀾、高崗，委員五十六人，全國政治協商會議委員一百八十人，發表會議宣言，在北京天安門進行「人民英雄紀念碑」奠基禮。

※中國共產黨在國民黨統制地區的地下幹部潘漢年、方方等，從香港，經由大連，秘密迎送第三黨人物到北京。如：「民主同盟」（張瀾、羅隆基、章伯鈞、周鯨文）、「中國國民黨革命委員會」（李濟深、蔡廷鍇、陳紹寬、程潛、李德全＝馮玉祥妻、何香凝＝廖仲愷妻）、「民主建國會」（黃炎培、章乃器）、「民主促進會」（馬敘倫、許廣平＝魯迅遺妻）、「農工民主黨」（章伯鈞、季方）、「抗日愛國會」（沈鈞儒）、「九三學社」（許德珩）、「國家社會黨」（羅隆基），其他如郭沫若、巴金、田漢、茅盾（沈雁冰）、沙千里、史良等三、四百人。這些愛國第三黨知識份子政治家，開口閉口都是自由、民主、愛國的社會名人，到中國共產黨解放區，卻都成爲中國共產黨僞自由僞民主的開路人，對共產黨人只是唯命是從，聽從毛澤東獨裁者命令，成爲中國共產黨僞造民主共和國的獨裁國家的創始人。

中共黨中央召集這些從重慶來的所謂民主集團及民主人士，毛澤東叫著「**開明人士**」，使他們成立了「**新人民政治協商會議**」（簡稱「政協」），毛澤東自己當主席，副主席周恩來、郭沫若、宋慶齡等，秘書長李維漢（一八九七年生於湖南省，一九四九年在毛澤東之下，任中共中央「統一戰線工作部」部長、政務院秘書長、中央民族事務委員會主任），並根據統戰部的傀儡組織形成方式，決議了所謂「**人民民主專政**」的「**中華人民共和國**」。

這個政協案，就是十月一日毛澤東所提出的

出席新政治協商會議的中共代表團

人民英雄紀念碑奠基典禮(一九四九年九月三十日)

中共開國典禮(一九四九年十月一日)

「人民共和國」。如此，**他們只以一套資本主義性口號的「民主主權」或「民主人權」，擬以在中國政府獲得發言權。本來他們是反蔣反共，來到中國共產黨地區，在中共控制、操縱及利用之下，卻成爲中共要以「假民主」來欺騙其獨裁政治的掩蓋物。**

毛澤東完全是口是心非，所講是實行「民主政治」，但所做都是相反，都是中國帝王與斯大林法西斯的個人獨裁政治（參閱一九六七年《毛澤東選集》第四卷）。

一九四九年晚春

國共內戰結束，中國共產黨勝利，蔣介石及其國民政府，逃亡台灣。

十月一日，中國共產黨統一中國，創立「中華人民共和國」。中華人民共和國中央人民政府委員會，第一次會議，中央人民政府事務總長林伯渠，政務院總理兼外交部長周恩來，人民解放軍總司令朱德，最高人民法院院長沈鈞儒，最高人民檢察署檢察長羅榮桓，天安門三十萬人慶祝。

建國以來，毛澤東及中國共產黨掌握「國家機器」，中國人民是農民老百姓佔總人口的九十五％，都歷盡壓迫剝削的苦難，而且，封建的「中華思想」（中華大國沙文主義），在中共執政後愈來愈強大，西藏、新疆、蒙古等境內五十五個少數民族（非漢族），更加遭受中共的侵佔與壓迫剝削，尚且中共公稱要侵略台灣。

一九四九—五二年

一九四六年開始「土地改革」，中共發出「五四指示」，擬以徹底沒收地主與富農的土地、住宅、農具、家畜、穀子、現款等，毀滅地主、富農、國民黨殘餘家族的生命（消滅地主階級）。

一九五〇年，公布「**土地改革法**」。

一九五〇年，「打擊資本家」，以「**公私合營工商政策**」爲招牌，鬥爭資本家（但毛澤東以下黨官僚，勝過帝王，共黨的貪污、腐化、掠奪公產、享樂等，均不聞不問），沒收資本、工廠、店鋪等。

一九五一年，相繼發動「三反運動」（反貪污、反浪費、反官僚主義，打擊國民黨高級幹部）、五反運動（反賄賂、反逃稅、反竊取國家財產、反偷工減料、反竊取國家情報，消滅國民黨下級舊官僚），淘汰中國國民黨殘餘份子。

「反國民黨特務」，即在全國各處，以反特務的名義肅清、殘殺、消滅中國國民黨員及其家眷。

※假民主的新民主主義轉化爲暴力的社會，個人獨裁，進行反美運動，批判自由民主思想，宣傳資本主義即將滅亡，社會主義社會快到來。全國大逮捕、處決國民黨特務、警察、軍人、黨員、土豪劣紳。暴力的土地改革，殺害地主、富農，暴力沒收土地，中共地方黨員成爲新地主。打擊、掠奪工商業，消滅反革命運動，抗美援朝，參加朝鮮戰

爭，命令百萬舊國民黨俘虜參軍，發動青年學生參軍，強制全國捐款。

一九五〇年

一月，美國決定放棄台灣（Acheson Line）。英國承認「北京中共政府」，與蔣政權斷交。

一月，中共準備「攻台」，任命粟裕（總參謀長）當總指揮，「台灣隊」（隊長**蔡嘯**）從北京調來上海。

一月，中華人民共和國建國後，中共嚴厲統治中國少數民族（共有五十五個），動輒鎮壓，殘酷迫害。

二月，在莫斯科簽訂「中蘇友好同盟條約」，斯大林在克里姆林宮設宴招待毛澤東、周恩來。

二月，**史明**在台北草山菁礐組織秘密革命運動「台灣獨立革命武裝隊」（周慶安同伴），擬槍擊蔣介石。

三月，蔣介石在台北恢復中華民國總統職。

五月，蔣介石提出「一年準備、兩年反攻、三年掃蕩、五年成功」。

六月，韓戰爆發，美國杜魯門宣布「台灣中立化宣言」，並下令第七艦隊加強防台。

六月，公布「中華人民共和國土地改革法」，土改暴戾化，實行大屠殺。

七月，麥克阿瑟抵台灣，第七艦隊恢復巡航台灣海峽。

八月，政務院公布「關於劃分農村階級成分的決定」。

九月，美軍登陸韓國仁川。

十月，「中國人民義勇軍」進越鴨綠江，佔領平壤。

十一月，伍修權赴美，出席「聯合國安全理事會」，控訴「美國武裝侵略台灣」。

十二月，管制美國在中國的財產，凍結在中國全部銀行的公私準備金。

一九五一年

一月，朝中軍隊、韓美軍隊退至三十八度線。

二月，中共屠殺反革命份子（中華人民共和國懲治反革命條例）。

四月，美軍顧問團首批抵台。

七月，中共與西藏代表交談「和平解放」。

八月，美杜魯門聲明「台灣七原則」。

九月，日美安保條約。

十月，北京、天津兩市大學教師「思想改造」。

十月，人民解放軍攻入西藏拉薩。

十二月，中共人民檢察委員會，清算國民黨官僚（大多處死刑），「三反運動」，國民黨公務員被清算。

一九五二年

一月，人民檢察委員會進行「三反鬥爭」，國民黨官吏全部受清算（大多死刑）。

二月，中國文字改革研究會（北京），研究漢字改為羅馬字。

五月，河北省「人民裁判」，大殺公務員。

五月，**史明**密航日本，從東京進行島內地下運動。

六月，「中日貿易協定」在北京簽署。

六月，中國人民抗美援朝總會，總結從一九五一年六月一日至一九五二年五月獻出於中國人民志願軍，合計五十五兆舊人民幣。

七月，韓戰開始休戰會議。

七月，公安部公布「管制反革命份子暫行辦法」，加強一**黨獨裁**。

八月，公布「民族區域自治綱要」，管制少數民族。

九月，中蘇會談結果，蘇聯還給中國政府「長春鐵道」（日本時代的「南滿鐵道」）。

十月，中國人民志願軍，發表殺俘虜美軍六十六萬人，擊落飛機七千架。

十月，蘇聯軍撤出中國東北，還給中共。

十二月，**史明**在東京池袋開「珍味」。

十二月，蘇聯把東北地方「中長鐵路」交給中國。

一九五三—五六年

斯大林死亡，蘇共第一書記赫魯雪夫批判「斯大林主義」、「個人獨裁」、「黨官僚主義」。

毛澤東個人獨裁瘋狂化，中共即以「人民民主統一戰線」，拉攏非中國共產黨的「民主派」，就是以上述所謂「開明人士」以及海外華僑等投降主義者為幌子，宣傳並擴大毛澤東的「個人獨裁」。

毛澤東，即以中國傳統的封建「帝王思想」（China

Centralism），與斯大林個人獨裁主義（Stalinism）的非馬克思主義相結合，築成獨特的個人獨裁（Nomenklatura）。

批判資本主義的唯心主義，逼供坦白，抨擊「紅學」（紅樓夢）等中國舊文化，提倡「百花齊放運動」（中共獨裁整肅「不接收、不低頭的知識份子」），「反右派鬥爭」批判胡風（魯迅的高足，也是黨員作家）、丁玲（著名女作家），清算事件（一九五五）逮捕第三勢力人士及知識份子，獎勵群眾揭發，揪鬥異己運動，在農村進行合作化運動，掠奪土地（高級農業合作社，農民土地、財產、生產全成爲共有或國有，其實是黨有，在都市，私人手工業、大工業等全部變成國有（其實是黨有）），中共八全大會，毛澤東派與劉少奇派開始權力鬥爭。

五、「百花齊放」「反右派鬥爭」

一九五五年五月，毛澤東親自命令，先來一個「殺雞儆猴」，清算魯迅的高足作家胡風。胡風在一九五四年底，寫了「關於文藝問題的意見書」，批評毛澤東在一九四二年延安所做的「延安文藝座談會上的談話」（毛澤東主張「文藝應隸屬政治」爲文化工作的原則），而以「反革命」遭清算。

一九五六年五月，毛澤東在最高國務會議，提倡「百花齊放、百家爭鳴」。「百花齊放，百家爭鳴」運動，起初是宣傳在「和風細雨」之中，按照計劃順利進行，但實際上，卻不但不是這樣，而且在毛澤東中共獨裁專制的任意操縱之下，成爲罪惡的「狂風暴雨」，淹沒了全中國。

中國共產黨自一九二一年建黨以來的三十年間，幾乎都在中國農村進行革命運動，所以，黨內老幹部，均是農村出身的黨員佔絕大多數。然而，在抗日八年以及一九四九年建國以後，文化水準比農民較高的都市知識份子大批進入中共陣營。毛澤東怕這些擁有自由思想的知識份子得到一般群眾支持，乃耍弄手段，號召「百花齊放，百家爭鳴」，黨中央宣傳部長陸定一宣稱，大家可以自由說出私人意見，甚至於批評上級。廣大的人民大眾，尤其是從重慶出來的所謂「開明人士」，幾乎都上了當，而開始大鳴大放，把心中所想的意見幾乎全說出來。尤其是民盟副主席羅隆基，爲了解決民眾的怨聲，要求中共當局設置「政治設計院」，或「平

反委員會」。民主建國會副主任章乃器，要求中共黨中央做自我批判，光明日報總編輯儲安平，痛斥中國成爲中共的黨天下。中共聽到這些批判的聲音，不禁見獵心喜，覺得措施有效，馬上著手解決這些不滿份子。

反右派鬥爭繼續延燒到一九五七年，翻天覆地的激烈鬥爭又再來一次。中共黨中央乃在一九五七年六月九日的《人民日報》，登上「對企圖破壞共產主義的言論，必須斷然與其鬥爭到底」。其後，章伯鈞（交通部長）、羅隆基（森林工業部長）、章乃器（糧食部長）等，被指爲組織「章羅聯盟」，進行反共活動，均被罷免部長職務。民盟盟員被鬥爭三十九％，國民黨革命委員會會員被檢舉四百九十三人，全國聯合會被檢舉三百零二人。並且，全國五十五個少數民族中共黨部的副書記，幾乎都被檢舉（各少數民族的黨支部，都是漢人當黨書記，少數民族幹部當副書記）。此時，在海南島的抗日領導者也是共黨大幹部的馮白駒也被清算，台灣大幹部謝雪紅及江文也等，也在一九五七年七月，中共動員陳炳基（新店人）、吳國泰（宜蘭人）等中共黨員，對謝雪紅等打罵、羞辱，加以清算。其他，在地方上的著名知識份子，遭清算鬥爭的無法計數。因此，各地許多知識份子，一般都精神萎靡，不敢任意寫文章，學者噤若寒蟬，不敢發表意見。然而，也有一些遭鬥爭者，在謾罵拷打集中砲火的攻擊下，驚慌失措之餘，相繼「認錯」、「低頭投降」（日本《產經新聞》北京特派記者柴田穗，《毛沢東の悲劇》）。

六、蘇共赫魯雪夫「批判斯大林」與中共八全大會

斯大林在一九二八年追放托洛茨基後，成爲斯大林主義個人獨裁者，強行清算異己份子。到一九五三年（斯大林死亡）爲止，他在世期間殘殺蘇聯人達五、六千萬（歐洲方面新聞報導）。斯大林死後，蘇聯共產黨內部隨即捲入權力鬥爭。一九五三年赫魯雪夫（Nikita Khrushchev, 1894-1971）就任蘇聯共產黨第一書記。

一九五六年二月十四—二十五日，赫魯雪夫在莫斯科的克里姆林宮，召開「蘇共第二十屆全國代表大會」（中共代表鄧小平參加開會）。赫魯雪夫乃以

黨第一書記資格，在會上做了兩次演講。在第一次演講中，驚心動魄的抨擊非馬克思主義的「個人獨裁」等。第二次秘密會議上，舉出斯大林個人獨裁的罪惡行爲，並主張削弱「政治警察」（世界出名的蘇聯的政治特務，GPU），肅清斯大林時代的官僚權力者（斯大林死亡四個月後，特務頭子貝利亞Beria等秘密警察幹部七人已經被槍斃，並釋放大部分政治犯），揭穿斯大林個人獨裁與其遺毒。同時，強烈抨擊斯大林的「黨官僚中央集權機構」，開始自由討論與多數決議（斯大林時代是由斯大林個人獨裁決定一切）。

由於赫魯雪夫領導斯大林批判與「和平轉移論」（不靠武力鬥爭，以和平方法達成革命目的），這成爲中蘇兩國共產黨對立的開端。赫魯雪夫後來被批判而失格，以致蘇聯繼續在獨裁之下，到一九九一年才使蘇聯共產黨與蘇維埃國家，同時從地球上消失。

一九五六年九月（「百花齊放」運動進行中），中國共產黨在北京召開「第八屆全國代表大會」（中共八全大會，與一九四五年「七全大會」相距十一年）。在會上，劉少奇做「政治報告」，因蘇聯的革命形式上大轉變，說明中華人民共和國的政治權力是「無產階級專政」，即中共建國以來表面上所謂的「人民民主專政」，實際上是毛澤東個人獨裁下的「無產階級專政」。同時，關於中共中央機構上，也做了形式上的轉變（廢除獨裁革命），在文字上即把毛澤東所享有的「個人獨裁制」（one man dictatorship）改變爲「集體領導制」（collective leadership）。其結果，毛澤東的「帝王權威獨裁」（Charisma）表面上成爲觀念的、形式的空體。雖然在共黨現實上，仍然維持毛澤東個人獨裁，但在理論上、政治上及組織上的唯一領袖的絕對權力開始凋零。並且，總書記鄧小平報告時，不得不以蘇聯的斯大林批判爲示範，廢止「個人獨裁」、「個人崇拜」。

如上所述，這些黨中央的形式轉變與現實維持舊體，當然刺激了唯一領袖的獨裁者毛澤東，所以這在毛澤東與劉少奇、鄧小平等黨中央實務派之間，發生深刻的對立矛盾，遂發展爲兩者的「權力鬥爭」（struggle of power）。這就是「文化大革命」等黨內鬥爭的開端。

「八全大會」半年後的一九五七年二月二十七日，在「最高國務會議第十一次擴大會議」，毛澤

東爲了推翻劉少奇等的所謂「集團指導體制」，而加強原來的「個人獨裁」，乃提出「階級鬥爭繼續論」。與斯大林的「一國社會主義」（socialism in one state）相似，而與托洛茨基的「永久革命論」（permanent revolution）也一模一樣。斗逸賈（Isaac Deutscher，著名的俄國革命研究家，尤其對托洛茨基主義有深入的研究）說：「毛澤東主義，乃長期且頑強的主張中國一國革命所擁有的反資本主義階級性格。但是，他現已宣言永久革命才是毛澤東主義的原則，也是國際主義的存在理由。毛澤東即以托洛茨基年輕時代的姿態出現。」（Deutscher, *Maoism*, 1964，山西英一日譯，《毛沢東主義》，一九六五）

毛澤東訪蘇，引起中蘇思想對立

毛澤東在一九五七年十一月飛往莫斯科（第二次訪蘇），爲的是要申請蘇聯的經濟援助。由於國際共產主義勢力壯大，蘇聯的「洲際飛彈」（ICBM，能打到美國的長距離飛彈）實驗成功（一九五七年十月四日發表人造衛星Sputnik 1已試射成功），所以判斷「社會主義」力量在世界上已佔優勢。

因此，毛澤東才發出著名的「東風壓倒西風，而且將繼續壓倒歐美諸大國」（參閱柴田穗，《毛沢東の悲劇》，一九七九）。但是，毛澤東這次參加會議最重要的，乃是向會議提出「反對和平轉移問題的意見要綱」，而反對赫魯雪夫提出並經蘇共大會通過的「革命和平轉移論」，這使中蘇在革命思想上產生對立，而且後來發展爲黨、國家的全面對立。

當時，雖然在大會採決「十二國共產黨、工黨宣言」及「六十四國共產黨、工黨宣言」，乃成爲國際共產主義運動共同綱領的所謂「莫斯科宣言」（一九五七年十一月），然而毛澤東在莫斯科會議上，與各國共產黨代表分庭抗禮，不歡而散，同時，毛澤東向蘇聯要求的經濟援助，也不能如願以償。

七、毛澤東狂熱一年的經濟大躍進與人民公社化運動

如上所述，毛澤東從建國以來獲得「個人獨裁」地位，把黨、政、軍抓在手裡，尤其一進到一九五〇年代，其獨裁權力更加得逞，獨攬一切決策與對黨員幹部的生殺與奪。然而，關於黨的集體

領導與土地法修改問題（土地國有化）等，毛與劉少奇、鄧小平等實務派發生矛盾，並且，在莫斯科的世界共產黨代表大會又發生衝突，因此，毛澤東恐懼自己的獨裁政治權力會減低，急急忙忙的促成林彪等毛派軍事將領設法急救。

在一九五八年五月召開的「黨第八屆代表大會第二次會議」（八屆二次大會），劉少奇做了「中央委員會工作報告」，其中，劉少奇引典毛澤東在一九五七年「黨八屆三中會」上的演講（參閱一九七七年版《毛澤東選集》第五卷），即：「毛澤東同志反覆說過，進行社會主義的改造和建設，可以有兩種方法：一種方法是進行得快些好些，另一種方法是進行得慢些差些。我們在二者之間將如何取捨呢？鬥爭是存在的。」（參閱一九六七年版《劉少奇選集》）結果，強調了：「鼓足幹勁，力爭上游，多、快、好、省地建設社會主義，爲社會主義的『總路線』。」由此，毛澤東乃積極主張「大躍進運動」，這在會上被採決。

一九五八年八月召開的「中央政治局擴大會議」（北戴河會議），更加趨於急進，採決「建立農村人民公社」。

依此，「總路線」、「大躍進」、「人民公社」的總稱，即「三面紅旗」政策，緊湊成立。

經濟大躍進運動

毛澤東及黨中央，自一九五七年冬起，即以上述超級激進的「階級鬥爭繼續論」爲理論基礎（政治優先主義），在黨的絕對權力強迫下，動員一億以上的「農民大軍」（當時總人口六億），即以「人海戰術」的集體管理勞動（形式上與奴隸勞動並沒兩樣），完成了「第二期五年計劃」（大體上是水利建設）。於是，這個超級急進的「經濟大躍進運動」，如脫韁之野馬，一瀉千里的被推廣於全中國各個角落。

「全中國的二十幾個省，直轄市和自治區，及一八〇多個專區，自治州，二千多個縣，自治縣，八萬多個鄉、鎮，十萬多個手工業合作社，七十萬個農業合作社」（參閱一九六七年日本版《劉少奇選集》），因黨中央的強制性宣傳與組織動員，狂熱的沸騰起來，轉瞬間，出現了幾十萬小規模的礦山、發電所、農具製造工廠等。

其中，最急進的不外是以「人民公社」推動的

「土法煉鋼」，即「土法爐」。

一九五八年八月，毛澤東及黨中央認爲全國土法煉鋼的人海戰術已上軌道，鋼鐵產量眞的飛躍提高（其實，土法煉鋼已經失敗，黨中央所憑信的都是下級機關虛報上來的假數字）。於是，在毛澤東避暑地的北戴河，召開「黨中央政治局擴大會議」，採決建立：「農村人民公社」（agricultural commune），並將一九五八年度鋼鐵產量的生產目標訂爲一千零七十萬噸。然而，這種虛構的從上而下且蔑視經濟發展法則的所謂「人海戰術」，終於使「經濟大躍進」露出馬腳。沒多久，黨中央就發覺地方下級機關報上來的數字完全是「虛報」、「增報」（一九五八年的土法爐鋼鐵生產，只有二〇八萬噸，並且鋼質低劣，不耐使用，如同廢物），終於在一九五九年八月二日，於江西省廬山召開「第八屆黨中委會第八次全體會議」（八屆八中全會）。結果，一時搞得轟轟烈烈的神話式土法煉鋼運動，如曇花一現般，於一九六〇年春就消聲匿跡。黨中央大肆推行的「經濟大躍進運動」都告失敗。而且，因把農民勞動強制安排於鋼鐵人海戰術，導致農村種植糧食的勞動缺乏，而使全國都嚴重缺糧。

人民公社

在中國農村，做爲社會構造基礎單位而設立的，一起擁有工、農、商、學（教育）、兵（軍事的行政）及司法的機能，且把政權機構與經濟組織一體化的commune（公社）組織，卻被毛澤東利用爲進行個人獨裁的典型制度。

自一九五八年五月「黨八屆二次大會」後，不經三個月的八月中，只因毛澤東說一聲：「**人民公社好**」，就搞起更急進更破天荒的「人民公社運動」。人民公社運動，全是在最高領袖毛澤東的專橫獨裁之下，一意孤行，從上而下向全國農村發動的（參閱柴田穗，《毛沢東の悲劇》第一卷，一九七九）。所以其後跟隨而來的失敗，乃是必然的結果。

凡在社會主義革命的土地改革，可分爲「**集體共有制＝各村共有制**」與「**全民共有制＝國家所有制**」，前者被認爲是後者的過度階段。毛澤東及中共黨中央所進行的，是先採取集體共有制，然不經多久，就倉促改爲全民共有制。不管是集體共有制或全民共有制，**若是社會經濟尚未達到應有的成熟階段，及人民的思想意識尚未充分進步到一定階段**（**若是社會不到社會主義階段，人民思想還沒充分**

認識社會主義思想），光以從上而下的獨裁式蠻幹強行，一定是歸於失敗。蘇聯起先所強行的「集體農場」（Kolkhoz，土地共有，共營農場）與「國營農場」（sovkhoz，土地國有，工作人員是勞動者，社會主義農業的最高型態），也都歸失敗。

毛澤東取得政權後，只經過六年，就以國家權力（軍事力量）強制執行「初級合作社化」，不到二年，就轉變爲共有制的「高級合作社」（參閱Wilfred G. Burchett, *China: The Quality of Life*, 1974，杉山市平日譯，《中国—生活の質》，一九七五）。

高級人民公社，即以「鄉」（台灣古時的「庄」）爲單位，合併複數的高級合作社而成。人民公社的特質有三：

（一）「政社合一」，將政治機構（政治權力）的鄉公所（鄉政府），與集體公有制的高級合作機構合併，並以中國共產黨統一支配而成。所以人民公社是政治、經濟、文化、軍事、社會各部分的統一體，是共黨獨裁支配下的「工、農、兵、學、商」的統一組織體，一方面擁有行政權力（國家權力），同時在另一方面，掌握集體共有制生產機構的經濟機能，而進行社會全組織的軍事化、戰鬥化（對內是對付階級敵人，對外是反革命或殖民地的敵人），即把生活集體化（男女分別集體居住，集體吃大鍋飯），是一種全民皆兵，等於「全國屯田組織」。

（二）「一大二公」，人民公社均以三千戶左右（當時的中國農村，一村的戶數，從二十戶起算，頂多是二百多戶）的農民組成一個單位，均在毛澤東及黨中央獨裁支配下，以集體的共有制生產，從事公有性的「計劃經濟」。

（三）毛澤東認爲人民公社，是將轉進共產體制的最適當的社會組織（參閱一九五八年八月在北戴河「黨中央政治局擴大會議」採決）。

這種人民公社，是毛澤東及共黨代表國家支配農村。人民公社的各大隊是共有（國有）土地及共有勞動、生產、分配的主要單位。

如此的人民公社，只有聽到毛澤東一時的號召，不經一個月，各地鄉村赫然出現，全國有二萬三千八百八十四處的「人民公社」，這網羅全國農家的九〇・四％（參閱柴田穗，《毛沢東の悲劇》，一九七九）。

在一九五八年大躍進中，毛澤東及共產黨根據下級人民公社報告的米糧產量，決定一九五九年度

米糧產量爲四億五千萬噸，但一九五九年的實際米糧產量僅有三億四、五千萬噸，然而生產量意外減少的禍害完全由老百姓承擔，所以缺乏食糧而餓死的老百姓有好幾百萬人。

八、彭德懷諫言與遭清算

「三面紅旗」失敗，迫使毛澤東在一九五八年十二月十七日「武昌會議」後，發表辭職國家主席職位。一九五九年春，米糧的生產極端減少，生產與消費差距太大，導致全國米穀青黃不接，北方發生「糧荒」，加上南方發生水災，北方繼續發生旱災及蝗災。因此，不僅農村，都市也陷於大混亂。然而，這些自然災害，卻被毛澤東及中共黨中央利用爲掩飾「三面紅旗」失敗的幌子。

彭德懷是貧寒出身，與毛澤東同屬湖南人，一九二八年發動「平江起義」（湖南），後來上井崗山，在朱德、毛澤東領導的紅一方面軍，擔任紅三軍司令員，一九三四年擔任紅一方面軍前鋒隊總指揮，參加長征，一九三五年貴州「遵義會議」時，與朱德、林彪等紅軍將領擁護毛澤東奪權，其後，任毛澤東整編的「陝甘支隊」司令員，率領紅一方面軍殘兵敗將擁護毛澤東到達延安（一九三五年底）。一九三七年後，在華北與日軍打游擊戰。一九五〇年韓戰爆發後，以人民解放軍副總司令兼任「志願軍總司令」，並在侵入東北地方的蘇聯遠東軍區司令馬林諾夫斯基（Rodion Y. Malinovsky）支援下，與麥克阿瑟的聯合國遠東軍交戰。

彭德懷，以湖南同鄉及多年追隨毛澤東的情誼，擔心毛澤東急進冒險的三面紅旗政策（大躍進、人民公社、社會主義建設總路線）會失敗，同時也在軍隊近代化聲中，反對「唯武器論」，乃在一九五九年七月十四日，向毛澤東提出「公開意見書」，諫諍毛澤東停止急進冒險政策，及勸阻停止與蘇共的決裂。

然而，七月二日至八月一日在「廬山會議」（黨中央政治局擴大會議）上，毛澤東惱怒之餘，痛罵彭德懷、黃克誠（總參謀長，一八九九年生，湖南人，中共三軍團（彭德懷）三師團代表，師副政委，一九三七年八路軍，一一五師旅政委（旅長徐海東），一九三九年新四軍四支隊旅政委，一九四〇年新四軍三師長，一九四五年中共中委，一九四六年東北民主聯軍第二師長，一九四八年「四野」

十二兵團政委，一九五〇年十二兵團司令員兼湖南軍區司令員，參加韓戰，一九五二年「解放軍」副總參謀長，一九五九年廬山會議支持彭德懷，被免職）、張聞天（外交部副部長）、周小舟（湖南省黨委會第一書記）等所謂彭德懷派的「反黨集團」：「出現於廬山會議的鬥爭是階級鬥爭，也是過去十年來在社會主義革命過程中，資產階級與無產階級做了生死鬥的繼續」、「人民解放軍若要跟著彭德懷走，我定再上山而開始打游擊」，並要求與會的委員們表示態度，答覆對毛澤東主席是否忠誠。朱德、劉少奇、周恩來、鄧小平等大幹部，在毛澤東的淫威下驚慌不已，都偏袒毛澤東，竟使硬骨漢的彭德懷陷於孤立。

八月十六日，中共黨中央發表在會上的表決：「關於以彭德懷爲首的反黨集團的決議」。

九月十七日，黨中央罷免國防部長彭德懷與總參謀長黃克誠，由副總理林彪與公安部長羅瑞卿取代。彭德懷等的所謂「反黨集團」事件，到了八年後的一九六七年八月十五日，「文化大革命」正搞得如火如荼之際，北京電台再一次公諸於世，彭德懷等受到「紅衛兵」的武鬥，被打罵得體無完膚，生不如死（參閱柴田穗，《毛沢東の悲劇》第一卷；竹內實，《毛沢東と中国共產黨》，一九七二）。

九、毛、劉開始權力鬥爭

隨著毛澤東強制實行的超級急進政策「三面紅旗政策」的失敗表面化，全國經濟崩潰，人民怨聲載道。因此，一九六二年一月三十日召開的「中央工作會議」（七千人工作大會），乃成爲批判毛澤東的大會（這個大會對外完全保密，後來被文化大革命的「紅衛兵」揭露出來，才使一般大眾略知一二）。

會上，劉少奇在黨政軍高級幹部面前做報告，批判毛澤東脫離現實的急進冒險主義。「這次的經濟困難，是三分天災，七分人禍，因此，一九五九年清算了反對毛澤東的大躍進政策及反對彭德懷等人，不但是不正確，而且再強行的反右派鬥爭也是錯誤的，所以，必須恢復被清算的幹部們的名譽與工作才是。」

劉少奇對毛澤東的批評，遭到周恩來、林彪的反駁。

毛澤東本身在會上的發言，收錄在紅衛兵編印的《毛澤東論文集》，題爲「關於民主集中制問題

的講話」（一九六二年一月三十日）。

毛澤東談六個問題，（一）這次開會問題，（二）民主集中制問題，（三）根本立場問題（與那個階級聯合和抑壓那個階級的問題），（四）客觀世界的認識問題，（五）國際共產主義的問題，（六）全黨、全人民的團結的問題。

毛澤東知道這次開會是要批評他，涉及他的威信，所以他乃在原則問題上以攻為守，且盡量避免被牽入「三面紅旗政策」的具體問題。他並不公開反駁劉少奇等人的批判，但在輕描淡寫的談話中，暗中對劉少奇等人予以反擊。

「現在我們的國家，人剝削人的制度已消滅，土地階級與資產階級的經濟基礎已被消滅。如今，反動階級已喪失了以前所有的猛威。因而我們把其所剩下來的稱為反動階級的殘餘。但對這些殘餘份子是不能輕視，必須繼續與他們鬥爭。反動階級雖然被打垮，但仍然在企圖復辟，社會主義社會也可能產生新資產階級。整個社會主義階級鬥爭仍然存在著，這種鬥爭是長期的、複雜的。我們不但不能弱化專政的機器，而且還加以強化。」（這是毛澤東對革命的基本想法，就是以最激進的鬥爭方法，使中國人民死了幾百萬幾千萬也得盡量繼續急進的獨裁，到達共產主義社會）

一九六二年初召開的中央工作會議（七千人大會），從左至右：周恩來、陳雲、劉少奇、毛澤東、鄧小平和彭真

劉少奇等則說，實現平等世界是革命的終極目標，但若是毛澤東用那樣過於緊急獨裁且不擇手段的方法，中國老百姓一下子就死了幾百萬，不是正確的革命方法。

因此，毛澤東、林彪、周恩來等毛派（激進派），與劉少奇、鄧小平、彭眞等劉派（穩步派），分庭抗禮，開始尖銳且原則性的對立，終把這個矛盾對立的權力鬥爭，一直捲入「文化大革命」的漩渦裡。

毛澤東在中國共產黨內愈趨孤立，且感到危險迫及，他乃一方面把國內矛盾轉移到外界矛盾，而向赫魯雪夫挑戰，產生「中蘇對立」，另一方面，則再次進入黨中央政治局領導中心，重整旗鼓，擬恢復斯大林式完全的個人獨裁地位。由於毛澤東、劉少奇的對立深刻化，毛終於公然稱劉派爲「走資本主義路線的黨內當權派」，號召應給予清算。

十、「造反有理」「紅衛兵」

「馬克思主義的道理千條萬緒，歸根結底，就是一句話：造反有理。幾千年來總是說，壓迫有理，剝削有理，造反無理。自從馬克思主義出來，就把這個舊案翻過來了，這是一個大功勞。這個道理是無產階級從鬥爭中得來的，而馬克思做了結論。根據這個道理，於是就反抗，就鬥爭，就幹社會主義。」（毛澤東，「在延安各界慶祝斯大林六十壽辰大會上的講話」，一九三九年十二月二十一日）

然而在中國，毛澤東、中國共產黨，從一九六六年所進行的「文化大革命」開始，卻利用這個普遍眞理而來搞起黨內的權力鬥爭。毛澤東開始號召「造反有理」這句革命概念，實際上是激進的毛澤東派利用爲與穩步的劉少奇派的「權力鬥爭」。

一九六二年三月《人民日報》：毛澤東思想即以自己的造反有理等來統治一切問題。

特別是在一九六六年，毛澤東所造成的清華大學附屬中學「紅衛兵」，在大學大字報上，引例毛澤東一九三九年的上述講話，並把其發展爲「對反動派的造反有理」時，毛澤東公開寫信給這個紅衛兵加以鼓勵：「我支持你們所說『對反動派的造反有理』。」其後，「造反有理，革命無罪」這句話，竟成紅衛兵（擁護毛澤東派）的常用語。毛澤東

結果是以這種無方向性、無論理性，且無歷史發展規律的本能感情所提出的「造反」概念，做爲認識革命的心理基礎，他所做的，與其說是進行革命，不如說是以革命爲掩蓋，而想要打倒政敵的「權力鬥爭」。

他在一九四九年以前（尚未打倒國民黨而取得天下以前）所說的「造反」，是受壓迫的無產階級要反抗封建統治階級的造反，所以還能肯定。

然而，一九四九年中國共產黨取得政治天下以後（打倒封建統治者國民黨以後），就與之前相反，若仍在說「造反」，就意味著取得革命勝利，成爲當權者的無產階級代表要造反，這就要被否定。

在無產階級文化大革命時，毛澤東反而將「造反有理」這句話，用於攻擊劉少奇、鄧小平、彭眞等的鬥爭。當時毛澤東因「三面紅旗」失敗而退下政治統治的第一線，劉少奇代而就任國家主席，所以，本來是「造反」的主體的中國共產黨，卻轉化爲被造反的客體（對象）。就是說，毛澤東認爲中國共產黨變爲「當權派」劉少奇等的黨，必須向他們「造反」，奪取其所壟斷的黨權、國權、軍權，才能恢復「革命」原來的方向。

不用說，這在無形中暴露了中國共產黨的自我矛盾。同時，也暴露了毛澤東製造了一批黨官僚，又要再向他們「造反」的自我矛盾。

毛澤東一方面是獨裁者，同時在另一方面也是造反者，因此，文化大革命的造反者，是毛澤東，造反對象也是毛澤東本身及其所造成的一批官僚集團。

在這種情況下，中國共產黨在中國具備著兩面性，即成爲社會秩序的破壞者（革命者）與維持者（統治者）。統治者方面，革命事業上的黨員（革命者），乃自然成爲黨、政、軍各方面的官僚（統治者），所以必然的統治、壓迫了被統治者（一般人民）的自由民主權利。

特別在毛澤東的「個人獨裁」下，層層有官僚，處處有耳目、監視、統治等壓迫老百姓。毛澤東所說的「幹部」，就是統治機構內的黨官僚、政府官僚、軍隊官僚。中國共產黨的中央組織，就是最高官僚的統治機構（獨裁的最高機構）。這些「中共黨中央」的決定與公布，都只由毛澤東的擬案決定及命令執行，所以毛澤東是有意識且有計劃的建立一個他自己的黨政軍官僚機構。

毛澤東爲了打倒當權派走資本主義派路線，指示林彪開始策動文化大革命，說了：「文革先開店（戰亂），經過一年基礎堅定了，到三年將其終止」，劉少奇所領導的中央、地方都被罵爲：「老資本主義路線的實權派」，「人民革命軍要支持革命派左派（大革命手法）」。

黨員及官僚，必須堅決施行黨（毛澤東）的決議、決定、命令、指示。黨員對黨外是維持秩序（個人獨裁體制）的主體（統治者），但是一旦面對黨（毛澤東），則是維持秩序體制的客體（被統治者）。

「官僚制度一旦成立並開始行動，實際上，即造成了不可能把其破壞的統治形式。各個官僚竟受到其機構的嚴密束縛而不能脫出……職業官僚不過是工作的整個齒輪中的一個而已……只有最高領袖才能運用其機構或停止其機能。」（Max Weber, *Gesammelte Politische Schriften*, 1921，脇圭平日譯，《職業としての政治》）

從黨員方面來說，一旦加入黨，而成爲黨員即官僚，隨著其機關運營的熟練，其身份、位階也會逐漸上升。

毛澤東爲了進一步加強黨員（黨官僚）與官僚（政府官僚），跟官僚體制的最高機關即黨主席及其黨中央機關的密切關係，一方面乃加強由上而下的統治支配，另一方面則將其狀態由下而上的「反映」給上級，按級逐一呈上最高機關，這稱爲「彙報」制度，那麼，自上級向下級傳下去的命令、指示就稱爲「報告」。也就是說，一旦入黨，無論那個黨員，都有向上級彙報的義務，不然，就會被指責爲違反紀律，甚至被處罰。其所要彙報的內容牽涉廣泛，可以說「森羅萬象」，只要看到聽到，甚至所察覺到的，不管黨內黨外的事，也不管工作內容或私人生活等，一切都得「反映」給上級。這也是爲毛澤東要維持個人獨裁及黨員互相監視的一個重要關鍵。

中國共產黨的革命機構的基礎，在各鄉村的「黨支部」，黨支部的負責人就是「書記」（黨官僚），黨書記兼「村長」（地方官僚）並擔任村武裝隊長。黨書記一身掌握村的黨、政、軍大權，被稱爲個人獨裁者的最下層基礎的「土皇帝」。

毛澤東一方面雖說尊重「人民利益」，但實際上是繼承了中國封建的「牧民思想」，好似古時封建帝王，暴戾恣睢，任其凶狠胡亂殺戮。

毛澤東說「共產黨是無產階級的先鋒隊」，是無產階級組織的最高形式，然而，反過來說，黨與黨員是官方專政與其官僚，這與其說是中國革命的先鋒隊，毋寧說是故態復萌的帝王統治。

中國史上，其禍害根深蒂固的「官僚主義」，在七全大會後（一九四五年四月），乃利用「毛澤東思想」爲其思想骨幹，而更加工具化、統一化與權威化，完成了其機能。同時，毛澤東乃利用這黨官僚體制改革，毛澤東思想才具有完結的具體形式，並得到所謂「四個忠」（對毛澤東忠誠、對毛澤東思想忠誠、對黨忠誠、對中國革命忠誠），或「三個忠」（對毛澤東、對毛澤東思想、對毛澤東革命路線的忠誠）。

一九五六年的黨中央（劉少奇派），已準備在黨章上加強毛澤東退休後的黨官僚體制，以致一九五九年五月（三面紅旗失敗），毛澤東本身辭去「國家主席」後，看到繼任的劉少奇、鄧小平等新官僚的代表自行發展，而從決策上排除他（毛澤東）時，他乃認爲這無非是「以紅旗來反對紅旗」，所以他擬向新黨官僚展開反攻（參閱日本・竹內實，《毛沢東と中国共產黨》，一九七二；大久保泰，《中国共產黨史》上下，一九七一）。

十一、毛澤東辭職「中華人民共和國主席」

一九五九年五月，劉少奇取代毛澤東就職「中華人民共和國主席」，而成爲「劉少奇時代」。這正是象徵著由狂熱的毛澤東改爲冷靜的劉少奇的政策（但是中國共產黨的個人獨裁政治仍然繼續）。

一九六一年一月，劉少奇在黨中央第九次全體會議，採決所謂「調整政策」，放棄三面紅旗政策，（一）強化農業生產，（二）縮小工業基幹建設，（三）全國二十九個一級行政區（北京、天津、上海三特別市，二十一省，五個自治區），分六大地區，各置黨中央直轄的「各地中央局」，各中央局負責人均以劉少奇派遣的得力幹部充當。

毛澤東四面楚歌

《海瑞罷官》、《燕山夜話》、《三家村札記》，都是諷刺毛澤東爲無道人君，一意孤行，大爲降低毛澤東威信，所以這些諷刺文學受到一般大眾的熱烈喝采。這些文章都是以劉少奇的第一個親信彭真爲後台。

毛澤東雌伏六年

自一九六一年起的六年間，毛澤東不得不雌伏退藏而無進取餘地。當毛澤東處於窘境時，唯有林彪支持毛澤東。林彪在全軍強化了「政治委員」的地位（一九六三），藉以徹底教化「毛澤東思想」，另一方面號召各界必須「向解放軍學習」（一九六四），將軍中的「政治委員制度」，推廣於行政、工廠、學校各機關。如此，林彪掀起毛澤東思想，掌握全軍，這到後來毛澤東搞起「文化大革命」時，起了很大作用。

文化大革命的前期階段（批判文化界及劉少奇派）

文化界受到毛派的批評，根據中共的官方文獻，中共所謂的「無產階級文化大革命」（其實是黨內權力鬥爭），以一九六二年九月二十四日－二十七日，毛澤東在「八屆十中全會」上，以林彪的軍事力量爲背景，號召「絕對不能忘去階級鬥爭」爲開端。同時毛澤東把當時的蘇聯共產黨指責爲「現代修正主義」，也批評劉少奇派爲「現代修正主義」，並竭力反擊文化界爲「封建主義」、「資產階級」的殘餘，各界許多學者、知識份子被肅清，如著名歷史家楊獻珍、翦伯贊及著名文化人茅盾、夏衍等都被清算。

一九六二年九月，毛澤東提出「絕對不能忘去階級與階級鬥爭」，而使文化大革命開始激烈化。

一九六三年五月，毛澤東提出階級鬥爭、生產鬥爭、科學實驗的重要性。

十月，周揚提出「哲學、社會科學者的戰鬥任務」。

一九六五年一月，在「第三屆全國人民代表大會」上，發表彭德懷、黃克誠、習仲勳、鄧子恢、譚政等大幹部被肅清，沈雁冰（茅盾）、夏衍、李維漢被罷免。

九月，林彪強調由世界農村來包圍世界都市，發表〈人民戰爭勝利萬歲〉。

（參考：中西功，《中国革命と毛沢東思想》；今堀誠二，《毛沢東研究序說》；柴田穗，《毛沢東の悲劇》全五冊；Lucien Bianco，《中国革命の起源》（日譯）；周鯨文，《風暴十年》；金雁白，《文化大革命》；Harold R. Isaacs，《中国革命の悲劇》（日譯）；人民出版社，《毛澤東選集》全四卷，《毛澤東選集》第五卷；嚴家其、高皋共著，《中國文化大革命》（中嶋嶺雄日譯）；彭述之，《喪失的中國革

命》）

十二、江青跳上政治舞台

此時，毛澤東第三任太太江青（本名李進）受毛澤東指示：（一）著手北京「京戲」的社會主義改革，（二）秘密赴京滬，準備毛澤東的政治反攻據點。

毛澤東當時與第二任太太賀子珍（第一任太太楊開慧在一九三〇年被蔣介石打死）的離婚問題尚未解決，所以中共中央以江青不能參加政治工作爲條件，才承認毛澤東與江青兩人同居，然而，這中央條件卻在此時遭毛澤東藐視，才使江青跳上政治舞台。

十三、毛澤東派與劉少奇派的權力鬥爭表面化

一九六五年

劉少奇派的反毛澤東派的中心人物，是北京市長彭眞，毛澤東把其稱爲「北京王國」，攻擊爲「當權派」。爲了在上海建立自己的根據地，毛澤東乃藉避暑之名，由北京前往杭州（一九六五年夏）。

毛澤東在杭州與江青會合，利用江青的山東老鄉，第二回說出：「政治先行」，張春橋（新華社華東分社副社長）與姚文元（青年記者）著文批評《海瑞罷官》。毛澤東等一切準備完畢後，才偕江青兩人返回北京。但是，在北京，毛澤東的政治勢力已搞不過劉少奇。劉少奇即下令總參謀長羅瑞卿監視毛澤東。毛澤東再度南下，定居於杭州，並依靠在上海的國防部長林彪保護安全。

黨中央宣傳部副部長周揚，乃號召文藝界人士「高舉毛澤東紅旗，成爲邊勞動邊寫作的文藝戰士」（十一月）。

十一月十日，上海《文匯報》登載姚文元（毛派）批評吳晗（劉派）的歷史劇《海瑞罷官》，這成爲「文化大革命」（權力鬥爭）在全國公開化的導火線。

《解放軍報》社論（十二月一日）：「毛澤東思想是現代的馬克思、列寧主義的最高峰」，並攻擊「北京國」是反革命，總參謀長羅瑞卿（劉派）被

林彪拘禁。《人民日報》刊登方求的文章，批判吳晗的歷史劇是藉歷史上的人物批評毛澤東。

鄧拓在《北京日報》會議上，竭力辯護《海瑞罷官》是學術問題。

一九六六年

一九六六年，規定今日的整風爲「社會主義文化大革命」。

《文滙報》登載有關吳晗自我批評的「上海人座談會」，但是毛派抨擊吳晗的自我批評不夠深刻。

四月十四日，郭沫若提出自我批評。四月二十八日，郭沫若「自我批評」公開發表。

四月二十二日《人民日報》：爲了政治先行，必須堅持毛澤東的統率（第三次「政治先行」論文）。

五月四日《解放軍報》：「絕對不能忘掉階級鬥爭，違者是『反黨、反社會主義份子』。」

中國共產黨黨內，中央委員會委員共二十五人，其中：「毛林派」（毛澤東、林彪、周恩來、陳伯達、康生、李富春、徐向前、聶榮臻、謝富治）、「劉鄧派」（劉少奇、鄧小平、朱德、陳雲、賀龍、李井泉、烏蘭夫、薄一波、李雲峰），其他屬中間派。

當時分成劉少奇的「北京司令部」及毛澤東的「上海司令部」。

《人民日報》登載雲松的文章，攻擊：「田漢的《謝瑤環》是一株大毒草。」（二月一日）

江青、林彪在軍中召開「文學、藝術活動座談會」，江青在毛澤東指示下，提出所謂「關於部隊的文學、藝術活動座談會記錄綱要」（通稱「江青綱領」），號召「切斷建國以來的反黨、反社會主義黑網」（這乃是上海攻擊北京的第二砲，二月二日）。

彭眞爲了對抗「江青綱領」，著「文化革命五人小組關於當前學術討論的彙報提綱」（通稱「二月提綱」）。

所謂「文化革命五人小組」，即彭眞、陸定一（黨中央宣傳部長）、康生（黨中央書記）、周揚（宣傳部副部長）、吳冷西（《人民日報》總編輯），把「吳晗批判」限定於學術上問題，而防止發展爲政治問題。

羅瑞卿被林彪拘禁後，跳樓逃亡未果而受重傷（三月十八日），彭眞在歡迎日本共產黨代表團時，演說：「反對現代修正主義，同時，也反對現代教

條主義」（三月二十六日），然而彭眞歡送日共離開北京後，行方不明（三月二十八日）。

《人民日報》社論：「政治先行是一切工作的根本」、「政治是統帥，是靈魂」（獨裁政治的基礎，四月六日）。

《解放軍報》社論：「高舉毛澤東思想的偉大紅旗，積極參加『社會主義文化大革命』。」（第一次使用「社會主義文化大革命」的名稱，四月十八日）

《人民日報》標題：「徹底打倒反黨、反社會主義黑線」（五月四日）。

毛澤東給林彪信：「將全國編爲毛澤東思想的學校」（通稱「五・七指示」（五月七日）），《解放軍報》社論公布彭眞被罷免一切職務（五月九日）。

毛澤東突然出現（五月十日），指示《解放軍報》（林彪掌握）攻擊《人民日報》（劉少奇掌握）。

毛澤東在杭州召集「黨中央政治局擴大會議」，決定：（一）改組黨中央宣傳部，（二）解散彭眞爲首的「文化革命五人小組」，（三）撤銷彭眞的「二月提綱」，（四）決定組織「中央文化革命小組」，組長陳伯達，第一副組長江青，顧問康生（情報特務工作專家），副組長張春橋（上海市黨委書記），同時指示林彪，「不能容許資產階級知識份子控制學校」。

北京大學哲學系講師聶元梓（北京黨部小組長）與學生六人，連名在學校食堂貼上「大字報」，攻擊北京市黨委大學部副部長宋碩、北京大學黨書記彭珮雲、北京大學校長陸平爲「三家村」，「高舉毛澤東思想，完全肅清一切的妖怪及赫魯雪夫反革命修正主義者，堅持社會主義到最後的一天」（五月二十五日）。

毛澤東說：北京大學聶元梓的大字報，是全國最初的馬、列主義的大字報。從此，全國的「紅衛兵」開始公開活動。

《北京日報》、《北京晚報》兩報社社長范瑾（女）及總編輯周游被罷免（五月二十五日）。

《人民日報》登載新口號：「毛澤東思想是世界革命人民共同的財產」（五月二十七日）。

中央文革小組長陳伯達前往「人民日報社」，革除其總編輯，從此《人民日報》由劉少奇派轉爲毛澤東派掌握，成爲毛澤東的宣傳工具（五月）。

五月三十一日，《人民日報》再換新口號：「毛澤東思想是世界人民革命的燈塔。」

六月二日，《人民日報》新設「毛澤東語錄」。

北京電台廣播，中央黨委員會改組北京市黨委員會，任命李雪峰（黨中央「華北中央局」第一書記）任新委員會第一書記（六月三日）。

《人民日報》社論：「要揭穿資產階級罪惡的掩蓋物『自由、平等、博愛』。」（六月四日）

七月一日《人民日報》：「毛澤東思想萬歲」、「前北京市委的若干主要責任者徹底批評」，激烈批判黨宣傳副部長兼國家宣傳副部長周揚。

從此，毛澤東對劉少奇派的「權力鬥爭」（奪權）表面化，所謂「北京王國」終於崩潰，毛澤東第一階段獲得勝利，後來毛派的「文化大革命」就有如脫韁之馬，一瀉千里的發展下去。

全國報紙歌頌毛澤東，在毛澤東的文化大革命的「第一階段獲得勝利」後，他們擬恢復毛澤東的「個人崇拜」，即「神格化」毛澤東，「絕對化」毛澤東思想，到一九六六年七月一日，「中國共產黨創立四十五周年記念」時，毛澤東萬歲的聲音達到最高峰。

「建國以來，中共遭到三次大鬥爭，第一次是一九五三年高崗、饒漱石反黨聯盟的鬥爭，第二次是一九五九年右傾機會主義反黨集團即修正主義（指彭德懷）的鬥爭。第三次大鬥爭，就是此次的反黨、反社會主義、反毛澤東思想的鬥爭。這三次都是以毛澤東的英明領導與正確的毛澤東思想，才能克服的。」（《人民日報》七月一日）

七月九日，黨中央革職黨中央宣傳部長陸定一、副部長林默涵，周揚的宣傳路線，終於分崩瓦解。北京電台每日播送的準國歌《義勇軍進行曲》遭廢止（因是劉少奇派的田漢所作詞），改爲天天播送「東方紅，太陽升，中國出了一個毛澤東，他爲人民謀幸福，他是人民的大救星……」七月二十四日，北京電台報導毛澤東七十三歲在武漢長江游泳的大新聞，轟動一時。

毛澤東在長江「游泳」後（一九六六年七月十六日），隔兩天的七月十八日歸回北京，他自一九六五年十月離開北京的九個月間，北京政府的行政業務，即由國家主席劉少奇（黨副主席）主宰著。毛同時說：「沒有人民軍隊，不可能有人民的

存在」，卻在各省成立「軍人委員會」（王洪文、聶元梓、謝富治、楊得志等）與準備小組（四川省張國華、河南省劉鍵勛、湖南省黎原、江西省程世清、廣東省黃永勝等），一切都歸於「軍事管理」，宣傳毛澤東勝利。

一九七一年，做爲毛澤東分身的林彪，得到情報，感到自己也可能遭毛澤東淘汰，就暗中組織長子林立果、妻子葉群想要暗殺毛澤東，未果，在九月十三日零時三十分全家離開北京，暗夜中搭上飛機飛往西方，但其飛機在黑夜中消失無蹤，之後周恩來在一九七三年發表林彪要飛往蘇聯，但飛機失事墜毀。這是後話。

十四、劉少奇措手不及

劉少奇自一九六六年三月二十六日開始，做了巴基斯坦、阿富汗、緬甸的三國禮貌訪問旅行，四月十九日回北京。劉少奇旅行期間，毛澤東派報紙開始攻擊「三家村集團」，劉少奇歸來時，正是《解放軍報》社論正在引導：「參加社會主義文化大革命」的時期。

劉少奇回來後，黨中央機關報《人民日報》及北京市黨委機關報《北京日報》等，已在林彪控制之下。

在《解放軍報》、《光明日報》的砲火之下，六月二日，《人民日報》登載毛澤東對北京大學聶元梓等大字報的讚詞，六月三日北京市黨委改組，相繼襲來的不利事件，竟使劉少奇失去「反擊」的機會。

十五、文化大革命第二階段，毛澤東軍事政變

毛澤東在一九六六年夏天，看到北京情勢轉爲對自己有利，調動林彪直系的戰鬥部隊，移駐北京周圍，擬包圍北京。

劉少奇、鄧小平、彭眞等，忽然看情勢不妙，準備在林彪包圍北京完畢之前，在七月二十一日召開「中共第八屆中委第十一次總會」（十一中全會），在會中罷免黨主席毛澤東與黨副主席林彪。劉少奇派大幹部鄧小平（中共中央黨總書記）、彭眞、楊尚昆（黨中央書記處書記）、李井泉（西南中央局

第一書記）、劉瀾濤（西北中央局第一書記）等，足以確保黨中央委員的過半數。

周恩來此時已靠攏毛澤東派，乃出面半勸阻半恐嚇的叫鄧小平不要過早召開「十一中全會」，結果，劉少奇派把開會一再延期，竟到毛澤東、林彪準備好後的八月一日，才正式召開十一中全會。

是日一早，毛澤東親筆寫了「炮打司令部」的大字報，貼在「十一中全會」會場的中南海·懷仁堂門口。毛澤東一方面指示林彪發動軍事政變，指揮部隊包圍北京，另一方面則動員了毛澤東派的中央文革小組組員，及首都大專各校的造反教師及學生，衝進會場，企圖「奪權」。

在滿場的毛澤東派人員謾罵、恐嚇及怒吼聲中，投票結果，毛澤東才奪取多一票，取得多數，終於達成「奪權」目的。毛澤東在這個情況下，再強行採決，通過了所謂「關於無產階級文化大革命十六條」，同時「選出」林彪爲黨副主席。

此次的變化，（一）劉少奇、鄧小平、彭眞等劉少奇派敗退，（二）舊的黨中央機構崩潰，（三）林彪、陳伯達、江青、康生等地位高昇，（四）新設毛澤東派的「中央文革小組」（組長陳伯達，第一副組長江青，顧問康生，組員張春橋、姚文元、謝鏜忠、王力、關鋒、戚本禹、穆欣）。

十六、「紅衛兵」往全國發展

紅衛兵的出現、開始武鬥，以及下鄉退場的時期，可說是「文化大革命」的第二階段。

一九六六年八月十八日，在天安門廣場舉行「無產階級文化大革命百萬人慶祝大會」。毛澤東掛上紅色的「紅衛兵」臂章，在《東方紅》、《萬歲毛主席》的大歌唱聲中，步入大小紅旗林立的廣場，誇耀「紅衛兵」屹立於天下。林彪上台演講：「替毛主席向大家致敬，代表黨中央向大家致敬」，表示林彪已成爲毛澤東的接班人，並且在大會上規定：「文化大革命，是有關我們的黨與國家的命運的大事。」

同時，北京電台播送參加百萬人慶祝大會的中央領導幹部名單：「毛澤東、林彪、周恩來、陶鑄、陳伯達、鄧小平、康生、劉少奇、朱德……」從此可以知道，劉少奇的地位，已由第二位降至第八位。

在「破四舊」（舊思想、舊文化、舊風俗、舊習慣）運動的號召之下，王府井大街變爲「革命大路」，烤鴨子的「鹿鳴春」變爲「北京烤鴨店」，頤和園變爲「人民公園」，北海公園變爲「工農兵公園」等……

「北京市西北郊外的文教地區的中學校門，掛著名爲『紅衛兵戰校』的招牌，校內擠著很多地方出身的學生，即『紅衛兵』，在此地做了交流經驗的學習。

毛澤東與林彪在天安門城樓接見紅衛兵

文化大革命開始以來，已過了六個月，但各校都不上課，教室的走廊貼滿了『壁報』，因此校內都在『紅衛兵』控制之下。」（伊藤喜久藏、柴田穗，《文革の三年》，一九六八，頁二四六）

「紅衛兵組織的維持費、交通費、組員食費、前往地方各單位的旅費等，都是國家供給。」（前揭書，頁二四八）

然而，北京出現「紅衛兵」後不久，紅衛兵內部就發生分裂，分爲：（一）「初期紅衛兵」（首都大專院校紅衛兵司令部），（二）「後期紅衛兵」（紅衛兵總部），（三）「大專院校紅衛兵革命司令部」（江青系統的極左部隊）。這三系統都被利用爲各派系權力「武鬥」的工具。

「紅衛兵」「造反」的革命方式，是打罵殺奪，在理論上是基於「毛澤東思想」（個人獨裁專制）與落伍社會的舊威信（Prestige Charisma才能），鬥爭的方法是依據毛澤東的操縱群眾的技術。其「造反」，是以周恩來（官僚）與林彪（軍隊）的權力爲政治基礎。所以，兩者相結合，才使「紅衛兵」急速發展。兩者分裂時，同樣的立即使紅衛兵分裂沒落，終如「狡兔死走狗烹，蜚鳥盡良弓藏」，被趕

至農村僻地，被四處分散，以致全數淘汰殆盡。

一九六六年，鄧小平「自我批判」，第一次放棄一切職務。

紅衛兵掀起「破四舊運動」進出街頭時，正是毛澤東的「文化大革命」在全國最狂熱的抓人、打人的時期（一九六六年八月二十日開始），當時的紅衛兵運動，也最蠻橫最無法無天，很快就波及上海、天津、南京等全國各大都市及各地區，北京紅衛兵乃限期三天，要求解散「民主諸黨派」。

北京紅衛兵開始「武鬥化」，無論在教室或街道，都拘留與毆打劉派的大小幹部，頻頻發生死傷事件。青島紅衛兵終與四萬工人大衝突。

毛澤東、林彪等參加北京紅衛兵五十萬人大集會，江青擔任司儀，林彪、周恩來上台演講，大為煽動紅衛兵要起來「奪權」（八月三十一日）。

紅衛兵開始攻擊劉少奇、鄧小平（八月），黨中央開工作會議，**劉少奇自我批評**（十月）。

紅衛兵迅速逮捕彭眞、林默涵、萬里（北京市副市長）、劉仁（北京市黨委第二書記）、夏衍（文化部副部長）、田漢（戲劇家協會主席），在紅衛兵司令部開鬥爭大會（十二月四日）。紅衛兵把彭眞等劉派大幹部拉出來，在工人體育場開「反黨修正主義集團」鬥爭大會（十二月十四日）。把大幹部一個一個拖出來，在眾人面前加以敲打、謾罵及強制低頭表示投降等。全國紅衛兵均仿傚北京紅衛兵，到處抓劉派幹部，被打死的不可計數。「井崗山兵團」（紅衛兵，江青指揮的極左派）貼「劉少奇十大罪狀」（十二月二十五日），貼出「劉少奇自我批判書」（十二月二十六日）。

劉少奇與王光美

一九六七年「一月風暴」，北京紅衛兵「奪權

鬥爭激烈化」，各地「武鬥」頻仍。「紅衛兵」（江青領導）發表「黨內當權派」（劉少奇派）四十一人名單。劉少奇之妻王光美，被拉到清華大學受清算鬥爭，受盡侮辱。紅衛兵在北京街上貼「攻擊朱德」的壁報（一月十五日），賀龍突然被紅衛兵逮捕、失蹤（二月）。中國社會疲憊不堪。

十七、武漢事件

一九六七年，毛澤東的文革發動紅衛兵成為造反組，轉瞬間，擴張於全國各地，毛澤東支持並派謝富治（公安部長）與王力（文革中央小組）到武漢，與武漢本地武力衝突五十餘處，死者三百五十人，被俘虜者一千五百人（六月中旬），謝富治、王力兩人被武漢區解放軍（司令員陳再道，陳再道一九〇九年生，湖北人，一九二七年參加黃麻秋收暴動，一九三〇年紅十一軍三十一師（徐向前）部排長，一九三二年紅四方面軍（徐向前）十一師（李先念）團長，一九三三年入四川紅四軍（王宏坤）十一師長，一九三六年紅四軍副軍長，一九三六年隨張國燾抵陝，任紅四軍軍長，一九三七年入「杭大」，抗日戰發生，任八路軍一二九師（劉伯承）副旅長，開闢冀南根據地，一九四二年冀南軍區司令員，抗戰終結，一九四六年晉冀魯豫野戰軍第二縱隊司令員，一九四七年隨著劉伯承橫渡黃河，一九四八年參加淮海戰役，消滅蔣軍兵團，一九五〇年中南軍事委員會委員，一九五四年「四野」第三副司令員，一九五五年武漢軍區司令員，一九六六年「文革」，被調往北京，「毛澤東思想學習班」改造，久未露面）虜獲，周恩來聽到「武漢爆發武裝鬥爭」，馬上飛武漢，保護謝富治、王力（林彪派）並帶回北京，震撼全國的「武漢事件」才結束。

紅衛兵火燒英國駐北京大使館（八月二十二日）。

毛澤東考察各地引起混亂，號召「大聯合」（九月）。

一九六八年，《紅旗》抨擊解放軍的當權派（紅衛兵），《紅旗》停止發刊。

北京衛戍司令員傅崇碧襲擊「中央文化大革命小組」，毛澤東、林彪接見一萬餘革命戰士（紅衛兵），各大學紅衛兵「武鬥」擴大，死者增多。《人民日報》報導，「毛澤東工人思想宣傳隊」（解放軍）進駐北京清華大學及全國各級學校

（七月）。

《紅旗》復刊（六月三十日），發表剝奪劉少奇的國家主席等一切權力（九月七日）。

一九六八年十一月，**劉少奇被逮捕**，送到河南省監獄，在大雪中，被放置在暴雪中的中庭裡，在雪中活活凍死。劉少奇被剝奪一切權力與全部職務，並受永遠從黨除名處分（一九六八年十一月一日，十二中全會）。

毛澤東發起大躍進，餓死數千萬人，劉少奇公開批評「三分天災，七分人禍」，此後身為國家主席的劉少奇，和鄧小平一起主持黨務和國政，黨主席毛澤東在一九六四年底被迫退居二線，黨內呈現毛劉兩顆太陽，埋下文革鬥死劉的引線。曾任《人民日報》總編輯的胡績偉，在《胡績偉自述》一書中直指毛澤東發動文化大革命，就是為了打倒劉少奇。文革開始後兩個月，毛澤東發表了針對劉少奇的「炮打司令部——我的一張大字報」，明確指明黨中央有一個「資產階級司令部」。隨後江青公開稱劉少奇為「中國黨內的赫魯雪夫（蘇聯首相，在斯大林死後，於一九五六年批判斯大林為獨裁者）」，批鬥劉於焉展開。文革期間，「劉鄧路線」被打成走資派。平反劉少奇，其實也等於為鄧小平翻案。鄧小平讓劉少奇徹底平反，間接洗刷自己，同時又維持尊毛以利自己的統治。一九八〇年二月二十三日，在中共黨史上具有重要意義的十一屆五中全會於北京登場，這次會議通過平反劉少奇，恢復其名譽，撤銷「叛徒、內奸、工賊」的罪名，等同宣告徹底否定文革。（本段引自何明國，〈平反劉少奇的奧妙〉，二〇一五年二月二十三日《中國時報》）

一九六九年，林彪在九全大會上，強調繼承毛澤東的「不斷革命論」，林彪在黨章上面明記為毛澤東的接班人（四月一日）。

一九七〇年，毛澤東的久年秘書陳伯達被肅清，他是毛澤東的機要秘書（中央文革小組長，九全大會時第四位黨領袖）。

一九七一年，毛澤東出席「勞動節」，宣布從此不再出席任何集會（五月一日）。

林彪斷絕消息（周恩來在一九七三年「中共十全大會」報告，林彪企圖暗殺毛澤東的軍事政變失敗後，逃亡蘇聯

途中，在蒙古飛機失事而亡）。

中國第二十二次國慶節，廢止天安門廣場大遊行（十月一日）。

中國加入聯合國（十月二十五日）。

《紅旗》強調，黨中央存在資產階級野心家、陰謀家，並暗示林彪勢力失勢（十一月）。

一九七二年，美國總統尼克遜訪問北京，二月二十七日發表「上海公報」。

在文化大革命中被鬥爭、失蹤的舊幹部（劉少奇派）開始復權（八月）。

《人民日報》社論：「蘇聯社會帝國主義是當前的第一敵人。」（十月一日）

一九七三年，鄧小平第二次復職（毛澤東判斷單靠江青，國家獨裁權力保不住）。鄧小平復權，就任國務院副總理（四月十二日）。

江青、姚文元不出席「建軍節」典禮（八月一日）。

《人民日報》社論，楊榮國（中山大學教授）提倡「批林批孔運動」（批判林彪、周恩來，八月七日）。

毛澤東七十九歲罹患「記憶喪失症」（八月十七日）。

「中共十全大會」，周恩來做政治報告，王洪文報告修正黨章，江青、姚文元漸為失勢，發表林彪軍事政變計劃（五七一工程紀要，八月二十四日）。

烏蘭夫（內蒙古的劉少奇代表）復權（八月）。

鄧小平就任政治局委員（十二月）。

一九七四年，新中國建立以來，首次司令員調動（一月）：廣州軍司令員許世友（湖北黃麻系出身，前南京新四軍司令員）、北京軍司令員陳錫聯（紅四方面軍出身，二野，前瀋陽軍司令員）、瀋陽軍司令員李德生（黃麻系出身，二野，中央軍總政治主任）。

《人民日報》「批林批孔」（批判林彪及周恩來，江青要權的方法之一）激烈化（二月二日）。

副總理鄧小平為出席「聯合國資源委員會」而訪美（四月六日）。鄧小平在「聯合國資源委員會」，談及「**第三世界論**」（四月十日）。

一九七五年，中共第四屆全國人民代表大會通

過「新憲法」，規定蘇聯爲「社會帝國主義」（一月十三日）。周恩來發表「四個現代化政策」（農業、工業、國防、科學）。

鄧小平就任解放軍總參謀長（一月二十日）。

鄧小平第一次發表「中美建交」三條件（五月）。

「杭州事件」（工人罷工，軍隊捕殺，全國代表都市發生罷工，八月二十日）。

「農業學大寨全國會議」，公安部長華國鋒報告（九月十五日）。

十八、一九七六年，華國鋒任黨主席，毛澤東死亡

周恩來死亡（一月八日）。

副總理華國鋒代理總理（二月七日）。

毛澤東要求「中共黨政治局會議」決議，罷免鄧小平一切職務（四月七日）。任命華國鋒爲黨第一副主席（「四・七決議」，主席毛澤東）。

朱德死亡（七月六日）。

毛澤東死亡（九月九日）。

「宮廷軍事政變」，四人幫（江青、張春橋、姚文元、王洪文）被捕。華國鋒就任黨主席（十月五日）。

中國共產黨發表：華國鋒任黨主席、黨軍事委員會主席（十月二十二日）。

中共第十一屆全國代表大會（「十一全大會」），華國鋒主席宣言：第一次文化大革命以粉碎四人幫爲標誌而告結束，但仍堅持「毛澤東路線」，推進「四個近代化」（八月十八日）。大會選出主席華國鋒，副主席葉劍英、鄧小平、李先念（一九〇六年生，湖北人，一九三九年武漢陷日後，在湖北打游擊，一九四五年黨中委，一九四九年中原人民政府委員，一九五三年中南行政委員會主席，國務院第五辦公室主任，黨中央政治局委員，中央書記處書記）、汪東興。

一九七七年七月，鄧小平全職務復歸。

一九七九年一月，鄧小平堅持四個「周恩來主張」。一九八〇年十一月，林彪、四人幫裁判決定。一九八一年，胡耀邦就任黨主席。一九八九年十月，趙紫陽失勢，江澤民就任黨書記。一九九七年二月，獨裁者鄧小平死亡。

如上所述，毛澤東派當初因「三面紅旗」政策失敗，才一時退出「權力機構」的第一線。其後利用「八屆十中全會」東山再起，公然開始與「當權派」（劉少奇派）對立鬥爭。爲了打倒當權派，發動林彪及黨外的「紅衛兵」，從事「無產階級文化大革命」，毛澤東把這個文化大革命規定爲「反對資產階級及整個剝削階級的政治大革命」。但是在實際上，毛澤東所做的「文革」，並不是如他所說的是階級革命，而是要打倒對立的所謂當權派，即劉少奇派，所以才把文化大革命轉化爲敵對關係（階級矛盾關係）的「權力鬥爭」。

毛澤東的三面紅旗政策完全失敗，實務派的劉少奇也一切垮台，全中國的政治經濟都即將崩潰。一九八〇年代，殘留的鄧小平以全國的「改革開放」的大號令，才懸崖勒馬，擋住中國社會的破產，並招來其後的大發展。但是鄧拯救中國社會的第一步，就是使七、八千萬的共產黨員先繁榮的**「先富論」**（**毛澤東使之一切國有化的土地、資本、企業及工廠等，都送給各地區、各都市的共產黨各級黨員**），這就是把全國國有的一切資產，最便利且最容易實行的**「使之私有化」**，由此，共產黨一黨獨裁體制下的「經濟成長至上主義」蔓延全國，共產黨員獨佔財富，政府、企業的「數字」急速上昇。現在，這套以非民主的獨裁體制爲首的發展模式，其災禍（環境破壞及人權問題等）已經成爲中國未來不可收拾的惡果。

共產黨全體成爲權力的一個獨裁階級，在打游擊戰時，物質生活很窮困，頂多是佔領地主、富農的所有物，穿他們的衣裝，吃他們的牛、羊、雞、豬而已。然而，佔領全國後，這個大老粗，過去是獨佔鄉下的好東西，在進出都市後，物質慾望極高，乃把都市的好東西或一切享受都變爲只有他們才能享受，**馬上變成舊時的帝國主義者、資本家**，吃山珍海味，住洋房（大幹部的住家的高樓大廈叫做「別墅」），出入坐洋製汽車等，他們把美女以「馬列主義」遮掩，叫她追隨身邊，每夜開大宴會，周恩來在「北京飯店」開跳舞會，毛澤東每天由全國送來優秀的劇團，共產黨的歡樂生活，都是犧牲數億農民工人的血汗爲代價。

凡是「不是共產黨，不是人」，但是新貴族的共產黨，其享樂生活也有階級之分。最高位貴族要的東西，不論內外製品都一律要得到，同時，一切

都是公費支付，毛澤東、周恩來的花費，一切都是無限制的公費處理，沒有公私之分，擁有大樓官舍、公用車、公僕，出差時用公費支出，公車、汽車當然都是特等。中級黨員、官僚等一切費用皆由公費支付，月給補錢，有汽車，出差時旅費公家發放，汽車、汽船都屬公費。中下級人員，一切支出也皆是公費，汽車、汽船等，生病即進入二等病房等等。

毛澤東等中央幹部，三、五個月就號召一次「節約」，各機關馬上靜下來，電影院、茶館門前的汽車就少了下來，然後過了幾天，又馬上恢復原樣，汽車數變得比以前更多，這是在北京中央政府而已。並且，文藝工作團、外賓招待日、祭日等，又是大規模花費。

共產黨，以所謂「革命」的大義名分，對與自己對立的團體及人，戴上「反革命份子」的帽子，這些受害者的實際人數，不可能正確斷定，但無論如何定有數千萬。這些「反革命份子」被逮捕，重罪者被捕殺，輕罪者入獄，或被強制勞動改造。然而這些被捕、被殺者，都是擁有社會影響力的名望者。共產黨對這些被害者，毫無憐憫的殘忍說著：「交出他」、「若對反革命份子射幾發子彈就了事，這樣對他們太便宜，必須使他們勞動，在他們離開世界之前，榨出最後一滴血。」共產黨都利用人民、欺騙人民，所謂「人民政府」、「人民軍」、「人民銀行」、「人民法庭」、「人民日報」、「人民公社」云云，實際上都是做爲共產黨獨裁的幌子。

勞動改造份子被送到勞動改造隊以前，必須經過審判，此時得遭受難以想像的拷問。幾天幾夜不許睡覺的審判，交代幾人來監督，使你什麼都坦白講出來，也繼續追責你自供的全部，他們受命要「大膽懷疑」，繼續審問，在精神上逼迫你陷入死滅的狀態，若你被認爲有假話或掩蓋，緊接而來的肉體拷問在等著你，刑具是集全世界之大成，讓你飽嚐絕對無法想像的拷問，所以有不少都成爲死地獄的新人。

中共中央的「政治法律委員會」，通過「勞動改造條例」，這個條例規定勞動改造機關，有「看守所」、「監獄」、「勞動改造管教隊」、「少年管教隊」四個機關。看守所關押未決犯，省市、專

區、縣都有設置。監獄是收容死刑犯、無期徒刑的反革命份子及其他重要刑事犯。勞動改造管教隊，以省、市的需要爲主，分爲小隊、中隊、支隊、總隊，使反革命犯、刑事犯在野外勞動。少年管教隊是收容十三歲以上至十八歲的少年犯，各機關的管教員，必須給犯人做強制勞動。

「惡攻罪」，意指對於那些意欲顛覆無產階級專制政權，爲社會主義政權帶來危害的人處以死刑。「對毛澤東主席與中國共產黨惡辣攻擊之罪」就是惡攻罪中的一項罪名，例如講「毛澤東是呆子」就是惡攻罪，會迅速被槍決，把毛澤東肖像畫得破損一些，也是惡攻罪，這個罪名後來改稱爲「危害國家安全罪」。

明確非難毛澤東或共產黨是「惡攻罪」，但把其擴大解釋之後，對毛澤東的政策有了微小的疑惑，也會被立即認爲是「惡攻罪」，不小心的輕微汙損、破壞到一點毛澤東的肖像畫，或是燒掉新聞報紙上毛澤東的相片，也都會被冠上這個罪名。

一九七〇年六月二十六日，山西省大同市革命委員會署名發表十三名犯了惡攻罪犯人的判決：「立即執行死刑。」文革十年，犯了惡攻罪遭死刑的有十萬人。

二十一世紀的今日，在國際上，中國還是貧窮且落伍的國家，這是自一九五〇、六〇年代以來的情況。然而到了二〇一〇年代的今日，中國社會內部，除了共產黨資本主義暴發戶之外，「人民」仍然是同樣的貧窮（總人口十三億，其八十%還是貧窮農民，有錢的共產黨員有八千餘萬人）。一九五一年，關於富農、中農、貧農的生活，五人家族的年收入是一百五十至一百八十元，就是標準家族，一人一月的生活費是人民幣三元。然而，農民每年生活不斷惡化，因爲「農稅」、「雜稅」都年年追加。如農民規定年收的十七%要繳稅金，然實際交稅隨時增加爲三十五—四十五%。人民不能生活，所以共產政府提出「統銷政策」，標榜人民必要食糧時，政府會將所要求的米糧數量賣給人民，但實際運作上，政府並不會賣出人民不足的糧食，官僚把持著「糧站」、「許可證」，所謂的統購、統銷，全都是人民在吃苦。都市住民都「沒有糧的錢」，但「如有錢也買不到」。

第十五章　中國共產黨的「台灣侵略政策」

中國共產黨的領導人雖然是馬列主義者，但更是中華民族主義者。

——鄧小平

一、侵略的「中華民族主義」

遠自春秋戰國時代，中國就是一個歷史悠久的族群社會。它不只是擁有龐大的文字記錄，也更有著極為深奧的「歷史傳統」（精神傳統）。這種統一的歷史傳統，從古代就成為中國帝王與統治階級頭等重要的行動指標（基本原則）。此後二千多年以來，隨著漢族驚人的繁殖、征服、同化能力，以及儒教的君臣倫理思想的漢族文化優越感，並在地理上廣大無邊際的環境之下，漢族不斷的增加與擴散，使得其「歷史傳統」成為支配黃河一帶及其鄰近地域的「**中華思想**」（Sino-Centrism）。

以黃河一帶為其發祥地及生活地域的漢族，遠古以來自稱為「華夏」（《左傳》）、「**中華**」（古代華夏族自稱為中華，《魏書》）、「中原」（《左傳》）。相反的，中華以外的地域及諸族群，卻被叫做低賤的「**夷狄**」（東方的異族為夷，北方各族為狄，《論語・八佾》）。這些名稱的思想背景，就是：「中華是世界上的地理中心」、「漢族文化是優越一切的世界文化」、「世界上無論哪個族群都得朝貢中華帝王」，這種絕對至尊的支配思考，就是「中華思想」的內涵。

自古以來，「中華思想」也造就一種霸權帝國的政治制度，即對於自己族群維持至尊支配的敏感反應，在任何疆域，中國若是認為傷害到自己的至尊或危及其霸權時，都會發動討伐戰爭，以鞏固其

帝國霸權。這就是所謂的「**五服制**」，即：古代王畿（中華）外圍地域，以五百里爲率，視距離的遠近分爲五等（五番），叫「五服」。其名稱爲甸服（離王畿五百里爲一番）、侯服（離千里爲二番）、綏服（離一千五百里爲三番）、要服（離二千里爲四番）、荒服（離二千五百里爲五番）（《書經・禹貢》）。台灣即被稱爲：「荒服地」（清・劉良璧《台灣府志》）。

在中國歷史發展之中，這個「中華思想」已根深蒂固，擁有「二種特性」：

（一）「**天下定於一統**」（大一統）的政治架構，也是中國特有傳統的「帝王思想」。只要是漢族爲主要的地域及其邊陲地區，都認定自己有支配權力，更不容許異己勢力共存，必須保持「大一統」的支配權力。

（二）**強大的大漢沙文主義**（Han Chauvinism）。中國對於鄰近的其他種族或國家，均視爲王化不及的化外番邦，沒有與中國平起平坐的資格，所以不肯對中國稱「臣」的國家或種族，中國王朝都絕對不會容忍，必要時興兵征討，但對於願意歸順的，賞賜也絕對大於其所進貢，以維持其優越性，長久以來，在自己的地緣以及邊疆建立中華王權至上的絕對權威，不容任何「番邦」挑戰。

「中華思想」，在強大的秦漢或隋唐朝代，對番邦諸國諸種族，即以較爲包容、寬大政策對待，但如在宋朝或明朝，卻相反的嚴格主張華夷之別，採取排外的敵對政策。

到了十八世紀以後，對於這個東洋老大國唯我獨尊的「**中華思想**」，做了決定性挑戰且使之衰亡沒落的，就是西歐先進資本主義諸國的「**近代民族主義**」（西歐帝國主義加以侵略，打破古老的「中華思想」，並政治分割中國）。在這前途岌岌可危的當時，自**鴉片戰爭**（一八四〇年代）至第一次世界大戰（一九二〇年代），中國對這侵略性的西歐諸國，仍以「中華思想」睥睨「夷狄」的傳統來思考。西歐先進國家則以侵略性的「近代民族主義」，企圖宰割中國並把其編入帝國主義世界體制。在這古老的「中華思想」與「西歐民族主義」鬥爭的過程中（中國經過一八五八年「天津條約」的屈辱，一九〇〇年「義和團事件」的失敗等，受到外力接二連三的無情打擊），老大國吃了徹底敗戰，且逐漸被編入西歐帝國主義的世界殖民地秩序系統。結果，在當時可說是具有前期性的「中華思想」，被迫漸從內部克服其「前期

性」，而遽變為近代性的「**中華民族主義**」（經過一九一九年「五四運動」等）。

但是，經過二千多年歷史演變，始終如一，且已在中國意識中成為不二法門的「中華思想」，臨危時不但不被完全消除，反而變成「中華民族主義」的內涵意識。因此，「中華民族主義」除了八年抗戰時期外，自第二次世界大戰結束後，其傳統落後的「中華思想」隨即原形畢露，把其「大漢族主義」的侵略性暴露無遺。

「中國國民黨」，就是以這個所謂「三民主義」中的主流「侵略性中華民族主義」，做為其情結與理念，而來侵佔、統治、剝削及大屠殺台灣人，並與反侵略的「**台灣民族主義**」發生激烈鬥爭。

「中國共產黨」也不例外，更以中國傳統的「**侵略性中華民族主義**」為絕對理念，擬以武力侵犯台灣。現今，「侵略性中華民族主義」已成為中共極權及中國人民的主流意識。在這個前提之下，中國共產黨，對內不允許中國人民擁有眞正的經濟自由，也不可能使人民擁有眞正的政治民主；對外則絕對不允許中共虛稱是「中國領土」的台灣決定自己的未來及成為獨立國家。

中共極權國家，雖以「馬列主義」為主，但也不能低估其「侵略性大中華民族主義」的至尊思考。鄧小平曾公開表示：「**中國共產黨的領導人雖然是馬列主義者，但更是中華民族主義者。**」這就是中共政權對台灣政策基本的決定因素。

中共自從度過「文革浩劫」，並推動經濟改革（土地與企業經過一次全部國有化後，終以全部改為民主化、私有化為名，完全分業於共產黨員的個人私有）而使「共產主義」避免崩潰之後，現已走向軍事政治與經濟強權地位。這使中共獨裁者認為，此刻是能發揮「侵略性中華民族主義」，一舉併呑台灣的最佳良機。

中國極權國家要併呑台灣的益處有五：

（一）中共能夠把台灣主權與領土屬於中國（但台灣本身認為「台灣不是中國的一部分」）。

（二）中共能消滅中國國民黨的「中華民國」，完成歷史至尊的「大一統」（但在台灣，所謂「大一統」是僞造歷史）。

（三）中共為了避免「大陸國家」只能困在內海，更為了在二十一世紀成為「海洋國家」，並進

出太平洋，與超級強權美國進行世界性對抗，必須爭奪東北亞、東南亞軍事及經濟咽喉要道的台灣爲戰略基地（但台灣民族主張「台灣獨立」）。

（四）中共爲了「中國大陸」的戰略安全（但美國、日本等爲了亞太地域安全），永久維持世界強國地位，以及繼續中國在歷史上的「中華思想」絕對性，更不能沒有「台灣屏障」（但「台灣自主獨立」是台灣民族的死活問題）。

（五）中共能不勞而獲得遠勝於中國的台灣高科技產業及優異的二千萬勞動力（但台灣社會經濟的成就端賴於近代祖先辛苦血汗，台灣人絕不容許任何權益割讓他國）。

二、中共的「統戰」戰略

現已廣爲人知的名言：**「槍桿子底下出政權」**，是出於毛澤東語錄。從中國現代史（尤其是中國共產黨發展史），可以準確察覺到中共強權的本質及政策，眞是由「槍桿子」所決定。中國共產黨無論是其內部鬥爭，或對外部出擊，其決策運籌都離不開以槍桿子做爲主導。因此，爲了剖析中共極權政府對侵犯台灣問題的基本政策，必須掌握其武力之實際狀況。

雖然是這樣，但在中共決策之中，「黨的領導」、「軍隊」及「統戰」，是其革命勝利與拿下天下的三大法寶，其中統戰是以軍事爲背景。現在，中共極權又想運用統戰伎倆來「統一台灣成爲中國的一部分」。其統戰手段千變萬化、高深莫測，其終極目標，是在籠絡及擊敗「台灣及其革命的台灣民族主義」，完成其侵佔台灣的原來目的。因此，台灣大眾以及各階層台灣人，對中共的「統戰台灣」，都得有正確且仔細的認識才可。同時，對其「統戰」策略，應避免被誤導於「情緒化」、「盲目化」或「個人自私化」的陷阱，而流於錯誤的判斷。

中共對台統戰，自一九七四年二月舉行「二二八座談會」（主持人傅作義）開始。一九七八年二月又在「全國人民代表大會」上，呼籲全國軍民準備「解放台灣」，一九七八年三月五日所通過的「中華人民共和國憲法」，亦提及「一定解放台灣」。這個時期，中共主要是向中國國內人民宣傳「台灣是自古以來就屬中國領土」（事實上，歷來絕

大多數的中國老百姓並不認識台灣，例如我一九四八年在華北時，當地的老百姓就以爲台灣「在朝鮮北面」，台灣人是「日本人」）。

然而，自從一九七九年初，中美建交前後，中共「統戰」的目的與手段，就開始根本上的變化。中共即把一九七九年以後的統戰時期，規定爲「**新時期**」（新階段）。即在一九七八年十二月「共黨十一屆三中全會」時，具體決定「和平統一台灣」的新政策。繼之，一九七九年元旦，發表「告台灣同胞書」，主張「三通」（通郵、通商、通航），並從一九八〇年起，停辦過去每年舉行的「二二八座談會」。所謂「新時期」，就是一再強調「台灣是中國領土不可侵犯的一部分」、「統一台灣是台灣同胞普遍的願望，也是全中國人民的神聖使命」。中共黨中央「統戰部」（部長烏蘭夫），於一九七九年夏，在北京召開「全國統戰會議」（參加者黨員二七〇人，會期二十天），在會中，黨中央聲明：現階段統戰稱爲「**革命的愛國統一戰線**」，主要任務是「四化、統一」，並決定「統戰工作八大對象」：（一）人民政協會議與各民主黨派，（二）愛國者，（三）知識份子，（四）民族工作者與宗教工作者，（五）舊工商業者，（六）台灣、香港、澳門人民同胞，（七）華僑，（八）外國友好人士。（中共佔領台灣不是爲了社會主義，而是要擴大皇上的「獨裁帝國主義」）

李維漢（一九四八—六四年任統戰部長）在《人民日報》發表「關於我國統一戰線的新階段和新任務」，主張：統戰是社會主義建設的一個法寶，在中國共產黨領導之下，全國人民同胞必須團結起來，即以「和平方式」實現「四個現代化」（農業、工業、軍事、高科技，周恩來提出）與完成「統一台灣」，成爲「新時期統台」初期的理論策略。

但是，到一九八〇年一月十六日，鄧小平提出一九八〇年代的「四化、統一、反霸」三大任務後，中共的統戰理論與政策，改爲以鄧小平的「三大任務」發展爲主，所以「統戰」工作比以前更加受到黨中央重視，統戰論文更是氾濫成河。扼要說來，**鄧小平認爲「新時期」的統一戰線是「愛國統一戰線」**。因爲在中國國內贊成共產主義的人固然很多，但在海外不贊成共產主義而愛中國的人更多，「我們把愛國的旗幟舉得愈高，就愈能爭取團結更多的人，包括那些贊成祖國統一，但並不贊成

共產主義制度的人們」（統戰部長楊靜仁「新時期的統一戰線」，一九八三）。

統戰變成假「愛國的」性格之後，隨之，「對台統戰」乃成爲最重要的一環。所以中共除了上述一般原則之外，對台統戰還特別制定下列的「欺騙戰略思想」。即（一）宣揚中華民族主義、假愛國主義、祖國統一，（二）拉攏民主黨派與「假台灣團體」（「台灣民主自治同盟」、「全國台灣同胞聯誼會」等），宣傳台灣統一後，國共兩黨可以共存，（三）重視台灣人民爲統台的重要力量，（四）廣泛的拉攏台灣同胞與「假台獨份子」，在祖國統一問題上「尋求共識」，但不能強調社會主義，（五）**強調台灣的「統一」是純屬中國「內政」**，應由海峽兩岸人民協商解決，外人無權干涉（謊話連篇），（六）歡迎「假台獨份子」訪問大陸溝通和談。中共爲了研究上述「新」的戰略思想，於一九八四年初，前後召開十餘次「座談會」（包括「政協」、「無黨派人士」等也被允許參加）。

中共又經過費孝通（黨外的民主同盟副主席）的建議，實施黨內外統戰工作人員的再教育，強化「統一台灣的愛國思想及工作方法」。

早在一九七八年，中共黨中央就設立了「台灣工作領導小組」（組長相繼由葉劍英、鄧小平、鄧穎超等擔任）。在國務院也設有「對台工作小組」（組長廖承志、姬鵬飛），後來擴展到各省市，改名爲「對台工作辦公室」，在黨與政府的實際負責人是羅青長（情報系統高幹）。但是**「統台」政策決定權在「黨」中央**，上述「台灣工作領導小組」則下設組織、聯絡、安置、接待、宣傳、情報、秘書、總務等龐大的工作單位，可見中共當局重視「統台工作」的基本態度。

從此，中共對台「統戰」的向外工作逐漸活躍，但在海外，卻從居住日本的台僑及華僑爲跳板，急於發展到居住美洲（美國、加拿大）的台僑、華僑之間（早在一九七一年，中共以「保衛釣魚台」爲名，在美洲台灣人、中國人之間，建立了「統一派」的組織基礎），其工作與活動日益活躍。

一九八二年，中美兩國訂定所謂「八一七公報」，當時，中共派遣吳學謙、趙紫陽等高幹，赴美大施壓力，又利用美國總統雷根訪問北京時，說服雷根做「統一和談」（國共統一台灣和談）的調人，並促加速履行「八一七公報」中的減售軍器給

在台的中國國民黨的條例。

一九八三年八月，從美國邀集（籠絡）親共的台籍教授九人（林宗義、蕭欣義、林宗光、劉進慶、邱垂亮、涂照彥、郭煥圭，其他二人），在北平香山飯店舉行「台灣之將來研究會」。此外，普遍招待不少台籍知識份子、學生及一般市民，往中國大陸旅遊、講學、舉辦學術講習會等，極盡「統戰」之能事。

中共對「民主」黨派的拉攏也不遺餘力，而且還在各省市施行優待「原國民黨人員」及「台胞」的陰謀，尤其影響力頗大的，更邀請黃埔校友李默庵、宋希濂等人，往北京參加黃埔軍校六十年紀念，並成立了「黃埔軍校同學會」。

一九八四年七月及十一月，「黨中央對台辦公室」（負責人吳學謙、主任楊斯德）召開「對台工作與宣傳會議」，會上根據國際形勢與島內情勢的轉變，認爲統一台灣問題愈來愈有利，會議要求國內外各級統戰工作機構要抓緊新形勢，把對台灣島內宣傳與一般工作密切結合起來，以期發揮整體力量。並且，根據福建省黨委對台辦公室與台灣省民聯誼會編寫的有關台灣島內最新情勢的報告，由黨中央宣傳部、黨中央統戰部、台灣省民聯誼會、福建省黨委對台辦公室等做了聯合討論，歸論下列三點紀要，做爲今後對島內外工作的重點：

第一點，**針對國民黨黨內外刊物，利用讀者投書、捐款等方式，主導黨內外輿論指向兩岸唱和的目標**，更對「和平統一」、「一國兩制」、「三通四流」等問題，從國民黨黨內外輿論至立法院掀起熱烈討論，使國民黨當局受到更大壓力。

第二點，對國民黨黨外各派系及其領導人，徹底了解底細。根據鄧穎超（一九〇二年生，河南人，周恩來夫人，天津女子師範畢，參加五四運動，北京擔任教師，一九二五年結婚，參與蔡暢等婦女運動，參加長征，一九四五年中共全國大會中央委員候補，一九七六年全人代常務委員會委員）所指示的對台工作原則，即「一宣傳、二交友」，通過國內外管道，與他們建立私人友好關係，並要針對每一派勢力的不同條件，用不同的方式，有形無形的提供不同程度的支援，使他們感到不孤立、有後台，能夠更膽大氣壯的對抗國民黨。他們當中某些人與共黨有特殊關係，或與祖國進行經貿往來者，對此，更要參照國務院辦公廳一九八五年二月二十四日轉發的「關於福建省開展對台直接貿易問題座談會紀要」的通知，給予特別

優惠。

第三點，掌握國民黨與黨外勢力對立日益深化的矛盾，在每一個環節，利用任何一個可以利用的機會與路線，見縫插針，遇洞灌水，靈活運用，加深矛盾，擴大國民黨與群眾的對立面，抓起另一波高雄事件，爲島內（中共的）革命創造有利條件。如果國民黨採取暴力鎮壓，要立刻製造國際輿論，特別是美國輿論，促使美政府對國民黨施加壓力（一九八五年四月三日，「中共黨中央辦公廳」發表密件）。之外，還有發表決定黨中央統戰部長閻明復、國務院僑務委員會主任廖暉、國務院外貿工作主任鄭拓影共同負責台灣工作。

中共爲了籠絡台灣商人，一九八〇年後半，國務院草擬「獎勵台胞投資辦法」（條文十二條），隨即在福建、廣東等省個別訂定獎勵規定，廈門「台灣工業區」、廣東省「台灣工業區」、海南島「台灣工業區」相繼出現。如果持續發展，台灣島內經濟轉瞬間成爲空洞化，而被包括在所謂「大中國經濟圈」內。這等於中共所謂「和平統一」的前奏現象，也能成爲「武力犯台」的助力。

台灣一般人，對中共的所謂「統戰工作」，總是難以理解其具體眞相（其出發點、手段、終極目標）。由上述難得的密件，才能使大家察覺到中共對台的統戰伎倆，更能窺視其要併吞台灣的詭計。

從上述密件的字面看來，往往會錯認中共是站在台灣人這一邊，是爲台灣人利益著想的。然而，中共反對台灣的任何獨立、自決或分離的思想與行動，並認爲台灣是「中國的一部分」，在「台灣是中國的內政問題」、「要武力侵犯台灣」等中共的所謂「原則」之下，其統戰戰略的微笑姿態，眞是「笑裡藏刀」，表面上笑嘻嘻，其內心卻存有陰險狠毒的「犯台計劃」，所以，台灣人無論個人或團體，一不小心，立即陷入圈套，難以自拔。

鄧小平一生歷盡中國現代史中眾多的風浪起伏，無可避免的成爲中國史上的重要人物。他知道中國若要成爲世界強國，必須「掠取」台灣。他在一九八〇年元旦談話中，公開表示未來十年中，施政的三個最大目標，就是「發展經濟」、「保持安定」、「統一台灣」。結果，到了一九八九年，鄧小平自己認爲大體完成了前兩項工作，然而「統一台灣」的願望不但沒有完成，甚至中國對台灣的主權主張，卻受到國際上愈來愈強烈的反對，國民黨

也擬定了數百億美元高科技武器購買計劃，中華民國又藉諸國際上的交流等情況，都對中共產生更大的刺激。

因此，鄧小平乃更急於使用武力統一台灣。鄧小平在一九八九年五月，會見蘇聯總統戈巴契夫時，悄然提到「台灣問題未能解決，將是畢生的憾事」。四個月後，鄧小平辭去最高的權力地位「中共黨中央軍事委員會」主席職務。但是每個人都知道，鄧小平仍然是中共唯一的最高領導人，他在世期間（一九九七年死亡），其謀略乃是中共當局必須奉行的最高政策。鄧小平爲了實現「統一台灣」，乃制定武力侵台政策，大幅增加國防經費，大量搜購先進科技武器，提供共軍作戰將領，以及策劃大規模的侵台軍事演習等。

曾經在黨中央政壇三上三下的鄧小平，最後東山再起接掌政權之後，雖然名義上不再出任黨國領導人，但除了在政壇背後隱密成爲軍事領袖之外，就把尋找接班人做爲當務之急。他曾指派兩名心腹胡耀邦與趙紫陽爲黨領袖，擬以培養接班人。然而，兩人都因政治立場問題（兩人都主張政治民主化，但鄧小平只允許經濟改革化），相繼被鄧小平解除領袖職務，迫使他不得不臨時選擇資歷尚淺的江澤民成爲中共權力核心的接班人。

因此，鄧小平既然指定在政治倫理、經驗、威望、人脈等資格都低淺的江澤民爲接班人，就得苦心經營，使江澤民負起繼承「大一統」的歷史大業，這不僅是爲了保衛江澤民，更是爲了維護鄧小平的歷史地位不變，而不會立刻受到鞭屍的命運，也是他想要維持共產主義極權國家在中國永久化的統治地位。

三、江澤民繼承「統一台灣」政策

鄧小平在世時，留下一個跨世紀領導政略，指示接班人江澤民要執行全方位政治任務。

然而，鄧所推行的「改革開放」政策，基本上與中共的極權政治體制具有尖銳的對立矛盾，並且，無論中央或地方的幹部都已貪污腐化，人事權力鬥爭日益嚴重，軍方的未來走向問題重重，經濟改革的財經瓶頸愈來愈惡化，鄉村都市生活差距擴大，地方或民族的分離主義更形激烈（廣東等華南地區與中央的分離主義，或西藏、新疆、內蒙古的獨立運動

等），這些全國性問題都會造成中共社會動亂的原因，在日漸開放但愈顯不滿的民意浪潮下，更有可能導致另一次的「六四事件」發生。

因此，鄧後的江澤民中共政權所要面對的重重危機，多得不可勝數，若是其中一個環節發生差錯，均有可能引爆全局崩潰，甚至導致整個權力結構瀕臨瓦解。而且，剛剛接到領導權力的江澤民，爲了應付這些極大難題，他所能運用的籌碼卻是微乎其微。

於是，江澤民爲了轉移這些危機與挑戰，**其最佳的應對政略，莫過於激起「侵略的中華民族主義」的歷史情感**，來推行鄧所交給他的歷史題目——統一台灣。這樣，一方面化解這些內部危機，另一方面集中萬眾的注目於外界，使大陸突破被困於內海而直接進出太平洋，並與美國爭霸於海洋，且切斷日本與東南亞的海上交通線。

這樣一來，問題就在中共既然無法和平統一台灣，只有採取武力侵犯台灣戰略，所以江澤民政權一心一意想掠取台灣，永不能離開槍桿子（軍方）的支持。但是江澤民在中共最高軍事統率的「黨中央軍事委員會」，雖佔有主席要職，但卻是唯一非軍人出身，而且，近年來（尤其鄧小平死亡前後），共軍在中央極權政治的運作中，已扮演著極高權威角色。在這種狀況之下，江澤民需要展現政治領導能力，給予共軍一個軍事表現機會，才能獲得共軍的絕對支持。換言之，江澤民必須堅持「武力統一台灣」戰略，且讓軍方完成一場歷史性勝利，才能獲得眞正的領導權而成爲中國共產黨眞正的領袖。這也是鄧小平所策動的跨世紀安排。

其實，**中國共產黨最爲懼怕的，還是「台灣獨立」**。台灣、台灣人如果能在中共以武力犯台以前，凝聚力量推翻國民黨殖民統治而達成「台灣獨立」，繼之而起的台灣內外變局及國際上的形勢轉變（承認「台灣主權」在台灣居民），客觀形勢必不允許中共輕易的發動武力侵犯台灣。

目前，由於「台灣海峽」是台灣地理上絕佳的天然屛障，況且中共現在的科技戰備水準，尙未先進到能採取正面作戰來武力登陸台灣。美、日以及東南亞諸國等與台灣安全有關的地域，也反對中共用武力解決台灣問題。所以，中共在最近的將來，幾乎不可能採取武力行動正面攻台（中共也知悉當前形勢，所以根據一九九七年十二月北京消息，中共黨中央軍委

會副主席張萬年，在一項「對台工作會議」上，提倡要訂定二〇二〇年為武力攻台時限）。

因此，中共現在將會採取的「對台戰略」，是以裡應外合，軟硬兼施的「統戰」謀略為主，這就是企圖瓦解台灣人對中共的警惕心及破壞「台灣獨立運動」，並以市場投資交流控制台灣的經濟，且以外交途徑引出「國民黨」的妥協與封鎖「中華民國」的外援空間，等到最後時機到來（主要是中共武備達成現代化，為期十五—二十年），才以雷霆萬鈞的軍事行動，一舉攻掠台灣。

然而，現已完成跟中國不同「民族」，並具有反外來統治的「進步性台灣民族主義」的台灣人，為了實現「台灣獨立」的願望，絕對激烈反對中共侵犯台灣。現已殖民統治著台灣的中國國民黨，也以台灣人堅拒中共侵台情勢為背景，對中共政權不肯採取原則上的妥協，甚至憑藉台灣經濟發展，欲在台灣尋求苟延殘喘的機會。

因此中共對台灣的「統戰」（與武力侵犯並肩作戰），是以千方百計，繞道迂迴，所謂「見縫插針、遇洞灌水」、「最堅強的堡壘要從內部攻破」等為要道。

中共對台工作，以「中共中央對台領導小組」為最高領導。

一九九八年五月，中共在國務院總理朱鎔基推動「機構改革」的情況之下，召開「全國對台工作會議」（十一至十五日）於北京西賓館。其會議報告與討論方向，及主題「加強對台灣人民工作」等，都由國台辦副主任兼海協會常務副會長唐樹備預先擬定，全國省市台辦主任及分掌對台工作的副省長及副省委書記，乃陸續聚集於北京。

此次全國對台工作會議，主要是著重於台辦工作系統的機構改革，即把「國務院台灣事務辦公室」（略稱「國台辦」）與「中共中央台灣事務辦公室」（略稱「中台辦」）的所謂「一個機構，兩個系統」，以「國台辦」改隸於「中台辦」的中共中央直屬機構一元化方式，統一為「一個機構，一個系統」。

這種台辦工作一元化改革，原本自一九九三年的體制改革以來，就在黨政軍「對台工作領導小組」及其所屬「智庫機構」不斷進行全盤解析，結果，有系統的分為：

（一）外事工作系統（國務院系統），以錢其琛（國務院副總理兼外相）為首，但因錢其琛兼任「中共

中央對台工作領導小組」副組長，所以對國民黨的外交打壓策略等，均出於外交部「台辦局」與外交系統對台「智庫」的「國際問題研究中心」，及錢其琛私人幕僚薛謀洪（「清華大學國際關係研究所」所長）的建策。

（二）統戰工作系統與國台辦工作系統，各以王兆國（黨中央統戰部長）與陳雲林（國台辦副主任）爲首。國台辦「研究局」，是中共官方的對台研究機構。該局負責蒐集情報、研究政策、提供綜合對策等。但是統戰系統對台工作，主要是以非專業的全國性「台灣研究會」爲智囊，由統戰部補助經費，使全國或海外的台灣研究機關做專題研究，如「台研會」、「黃埔軍校同學會」、「中國和平統一促進會」、「台灣省民聯誼會」等，都是其蒐集台灣情報主要的外部機關。

（三）國家安全部工作系統，以賈春旺（國家安全部部長）爲首。國安部第八局（人員五百人）之「中國現代國際關係研究所」及國務院之「社會科學院台灣研究所」爲對台智庫機關，專責蒐集國際形勢與台灣外交情報。

（四）解放軍工作系統，以熊光楷（副總參謀長）爲首。解放軍台灣工作系統，即以總參謀部與總政治部爲兩大系統。總參謀部即以「情報部」（總參二部）爲對台蒐集情報機構（該部第一局中的「廣州分局」，負責對台情報蒐集工作）。總參謀部的對台外圍機構，則有「中國國際戰略學會」、「上海國際戰略學會」。其他，黨中央軍事委員會，有「國際戰略基金會」（秘書長陳之涯），成爲國外軍事情報工作（台灣在內）的對外機關。

總政治部對台工作系統，則有總政治部「聯絡部調查研究局」及外圍機構的「和平與發展研究中心」等負責蒐集台灣軍事、政治情報，聯絡部長是葉選寧（葉劍英之子），沈衛平、辛旗爲重要工作幹部。

（五）上海工作系統，以汪道涵（海協會會長）爲首，有「上海國際問題研究所」、「上海社會科學院台灣研究中心」、「上海市台灣研究會」、「戰略研究會」爲其對台工作智庫部分，最後由汪道涵總括之。其他以章念馳（章太炎之孫）、陳啓懋、周建明等重要幹部負責對台智庫研究。

最後，把各系統情報與結論，匯集於江澤民直屬幕僚曾慶紅（黨中央政治局候補委員、黨中央辦公廳主

任），由其負責彙整。

一九九八年八月三十日，在「中共中央對台工作領導小組」會議上，江澤民提出對台工作必須遵守「加快、交流、靈活、務實」方針，並重新強調「武力解決台灣統一問題」，同時新增補江澤民的親信中共中央政治局候補委員曾慶紅，為最高領導的「中央對台工作領導小組」成員。

此次會議決定「中共中央對台工作領導小組」成員，即江澤民任組長，錢其琛任副組長，組員曾慶紅、王兆國、汪道涵、熊光楷、許永權、陳雲林等六人，共八人，由曾慶紅主持日常最高工作。這樣一來，大為增加江澤民對該小組的控制能力，及對台工作上的決策主導權。

江澤民還要求全黨動員全社會力量，全方位的開展對台統戰工作，**除了所謂「頑固堅持『台獨』份子」之外，都歡迎來北京訪問，以獲「統戰」之實**。

例如，中共國務院在公布實施「台商投資保護法實施條例」之前，先透過「新黨」（在台灣的中共第五縱隊）帶來最新版本，由新黨做台灣內部各縣市的台商意見徵詢。也就是說，這次中共利用這條例立法，把徵詢意見做為統戰工具，侵入到台灣本島各個角落，不是透過「海協會」、「海基會」等官式管道，而是透過在台灣從事「統戰」的特定黨派，顯示了中共飄洋過海，執拗對台灣大眾統戰的一面。另外，民進黨前總召集人張俊宏也曾透露，他透過秘密管道受邀，再次前往中國大陸會晤中共黨政要員，而與許信良共提「大膽西進」、「三通」等親共政策。中共對待民進黨的這種統戰方式，完全體現出典型的「兩面政策」。另一方面，民進黨諸派系謀士們（許信良、黃信介）以及林山田、辜寬敏等各方人士，也受邀頻頻走訪北京，早已成為兩地公開的秘密。

「台灣問題」的最後決定者，不是外人，而是台灣人本身。台灣人若是明哲大義，珍惜歷史傳統，重視前途，即須以瞻前顧後的眼光，確定今後十年至二十年的長期計劃。只要以「台灣獨立」、「保衛台灣」為理論而集結力量努力奮鬥，那麼，任憑中共如何的文攻武嚇，都無法讓其「武力統一台灣」得逞。

中國流亡作家袁紅冰（內蒙古，一九五二年生），二〇〇九年在台北出版《台灣大劫難：二〇一二不

獨立台灣會宣傳車隊，喚醒台灣民族的靈魂，抗議中共的台灣侵略政策

戰而勝台灣》，警告台灣人必須準備中共侵略台灣。

鄧小平認爲在台灣島內的統一戰線工作，意外的很早成功，所以對胡錦濤說：「二〇一二年爲限，必須解決台灣問題」，「台灣問題的解決，關係到社會主義制度在中國的生死存亡……要盡早解決台灣問題。台灣和香港不同。香港有租借條約，所以百年後還可以解決。台灣沒有條約，拖下去，對我不利，越拖下去越難解決。……台灣問題要在胡錦濤同志的兩屆任期內解決。不要超過二〇一二年。」故胡錦濤攻擊了民進黨陳水扁政權，讓陳水扁總統的腐敗暴露，並推動中國國民黨政權登場。

胡錦濤在馬英九總統就任一個月後，召開「中共中央政治局擴大會議」，策定台灣問題解決法。爲了保持機密，會場設在北京西山洞穴深處的「中央軍事委員會第一戰略指揮中心」。會議參加者爲中央政治局成員、書記處成員、軍隊大軍區及軍兵種副職以上的指揮者、國務院辦公廳的正副祕書

長、統一戰線部、外交部、公安部、國家安全部副職以上領導，總計二百餘人。會議席上，胡錦濤說：「美國經由我們的離間工作，已確實把台獨視爲Troublemaker。唯有日本對移送陳水扁家族貪汙罪證的問題，態度還比較模糊，外交部要就此進一步加強對日本的外交工作。」

在這會議上，中共中央通過三個文件：

（一）解決台灣問題的政治戰略（統一戰線爲主的台灣併吞）。

（二）關於對台軍事鬥爭準備預案（統一戰線不順利時的武力侵略）。

（三）統一台灣的政治法律處置預案（併吞後的施策案）。

中共的台灣政策，完全是飴與鞭的「兩面方策」，併用威脅與利益誘導，奪取台灣各界的歡心：政界、財界、官界、言論界、學界、教育界以及宗教界，二〇一六年總統選戰後，若發生混亂，將以保持治安爲口實，要求中共出兵。然後對政治、經濟、文化、社會給予壓力，與中共一起廢止「中華民國國號、國旗、憲法」，簽訂以中共爲中央政府的和平統一政治協議。面對中國共產黨獨裁帝國主義對台灣的侵占意圖，台灣人的學習根本不夠，對中共的侵占意圖太不重視，想起來著實令人擔憂。（參見日本伊原吉之助教授評論）

有幸的是，在二〇一四年三月十八日，台灣大學學生經過長年在「獨立台灣會」民族主義的磨練，以及自身在思想上的奮鬥的結果，佔領了國民政府立法院，再次提出「台灣與中國不同」，此舉在歷史上及在思想意識上具有階段性意義，爲今後的台灣解放運動帶來曙光，對台灣前途產生光輝的影響。

台灣是不可忘卻的故土，父母長眠之地，我們老祖先流血流汗建立起來的，台灣社會絕對不讓他人毀損，現代的台灣人必須誓死起來保護我們所成長的美滿的土地。

四、中國共產黨對台灣及其革命運動的態度變化

（一）第一階段（一九二一—四三）

依據莫斯科第三國際的決定，將台灣與朝鮮、安南等同樣看待，承認是與中國民族相異的「台灣

民族」，並把台灣民族殖民地解放運動認爲是一個被壓迫弱小民族的民族解放鬥爭。

一九二〇年

七月二十八日，「第三國際第二屆代表大會」（莫斯科）通過列寧起草的「關於民族、殖民地問題的綱領」及其「補助綱領」：

1. 世界有被壓迫民族與壓迫民族之分，二者必須清楚分別。

2. 帝國主義國家從殖民地剝削得來的財富，成維持現代資本主義體制的最大武器。

3. 資本主義本國的無產階級革命，必須與殖民地解放運動相結合，同時共產國際得支持被壓迫民族與殖民地的解放革命，才能打倒資本主義體制。

4. 在民族解放與殖民地革命運動，無產階級及其利益代表的共產黨，必須與殖民地的資本階級民主主義革命勢力相結合，一起進行反帝、反封建的民族革命。

九月一日，「東方民族大會」（Baku巴庫）決議在西伯利亞的伊爾庫次克（Irkutsk）設立「東方諸民

台灣年輕人勇敢說出，台灣與中國不同，台灣人不是中國人（引自《台灣之友會訊》2014年3月18日特稿）

族部」，推進中國、日本（朝鮮、台灣在內）的民族解放運動。

一九二七年

七月，「第三國際執行委員會」第八屆擴大會議，採決執行委員長布哈林擬草的「關於日本問題的綱領」（「一九二七綱領」），其中規定：「日本帝國主義統治下的殖民地（朝鮮、台灣），應該完全獨立。」會議完了後，日本共產黨常任委員渡邊政之輔，從布哈林領取「台灣建黨」的組織章程、政治綱領等，帶回日本東京，繼之，第三國際執行委員正式擬草「日本共產黨台灣民族支部」（「台灣共產黨」）政治大綱與組織大綱。

十二月，林木順、謝雪紅自莫斯科回來，在日本東京接收日本共產黨指令。

一九二八年

四月十五日，「日本共產黨台灣民族支部」建立於上海，其政治大綱規定「台灣民族應獨立」，朝鮮共產黨代表呂運亨及中國共產黨彭榮出席見證。

一九三一年

十一月七日，中共在瑞金葉坪村建立「中華蘇維埃共和國」，在蘇維埃憲法大綱，保障中國境內的滿、蒙、回、藏、朝鮮、安南等凡有少數民族（台灣當然包括在內），享有平等權利，包括分離及建立國家的權利。

一九三二年

六月二十三日，中共在瑞金召開「蘇區反帝第一屆代表大會」，台灣人施至善、蔡孝乾與朝鮮人武停，爲少數民族代表出席大會，均被選爲執行委員。

一九三四年

一月，毛澤東（中華蘇維埃共和國主席）在「中華蘇維埃工農兵第二屆全國代表大會」上演講：「在蘇維埃地區，現住有不少來自朝鮮、台灣、安南等地革命同志……這第二屆大會，有朝鮮代表畢士狹、台灣代表蔡孝乾（此時有施至善夫婦、沈乙庚等台灣人應邀參加）、安南代表洪水、爪哇代表張然和參加……」

一九三六年

七月十六日，毛澤東與史諾（Edgar Snow）在延安會面，毛澤東答史諾說：「……朝鮮人民如果想解脫日本帝國主義的枷鎖，我們一定熱烈支持其獨立鬥爭。關於這點，對於台灣人民也同樣支持。」

一九三八年

十月，毛澤東發表「論新階段」報告：「要使日本的侵略戰爭失敗下去，必須中日兩大民族，及朝鮮、台灣等被壓迫民族共同努力，建立共同的反侵略統一戰爭」，把台灣與中國隔開，台灣與朝鮮擱在一起。

一九四一年

六月十五日，周恩來在「民族至上與國家至上」說：「……我們必須同情於其他民族國家的獨立解放運動，這不僅朝鮮、台灣的反日運動……連印度、南洋等地的民族解放運動，我們也應該加以同情。」

（二）第二階段（一九四三—四九）

由於中國共產黨本身的勢力逐漸壯大，加上一九四三年第三國際宣布解散、英美等發表「開羅宣言」，所以中國歷史傳統的大國沙文主義抬起頭來，以致對於台灣的政治態度發生根本改變。但由於此時正在進行國共決戰，中共對於台灣雖已改變原來的基本觀點，但因尚未取得中國天下，所以對台灣的態度就顯得有些含糊不清。

一九四三年

毛澤東、中國共產黨，先前遵守第三國際的宗旨，把台灣視爲是與中華民族不同的一個台灣民族，但，從一九四三年五月第三國際宣布解散後，中共對台灣的思考與態度，馬上起變化。

一九四七年

三月八日，二二八大革命時，新華社電台向台灣廣播，說明中共將貢獻給「台灣人民」許多的寶貴經驗，但其態度曖昧不清，如：一方面把台灣稱爲「台灣人民」，但另一方面卻將大革命叫著「自治運動」等。

七月，晉冀魯豫邊區成立「台灣隊」時，對台灣兵就以差別看待，施以分化政策。

(三) 第三階段(一九四九—)

中共取得天下統一中國後，公然拋棄對台灣的原來態度，豹變為主張台灣、台灣人是中國、中國人的一部分，頻繁向國際上主張，並反對台灣人的台灣殖民地解放的民族獨立運動。

一九四九年

十月一日，「中華人民共和國」成立，中共中央政治局打算在一九五〇年五、六月間，武力進攻台灣。

一九五〇年

三月，中共中央指示在台灣的「台灣省工作委員會」：「加緊鞏固力量……時機成熟時，以武裝起義，裡應外合，配合解放軍攻下台灣。」從北京調「台灣隊」(隊長蔡嘯)到上海，並在福建會合沿海中國戎克船五千隻。

六月二十五日，韓戰爆發，美國總統杜魯門下令美國第七艦隊巡弋台灣海峽，共軍攻台計畫化為烏有。**進攻台灣未果，將近一萬台灣兵都被歧視，最終亡於中國大陸。**

六月二十八日，周恩來外相駁斥杜魯門：「……台灣屬於中國的事實永遠不能改變，這不僅是歷史的事實，且已為開羅宣言、波茨坦宣言及日本投降後的現狀所肯定……必將解放台灣。」(周恩來說的完全是空話，誣衊台灣史)

七月六日，周恩來致聯合國秘書長，斥責安全理事會六月二十七日決議說：「台灣是中國領土不可分割的一部分……」(誣衊台灣史)

八月二十四日，周恩來致聯合國安全理事會主席及秘書長電「台灣是中國領土之不可分割的一部分」。

十月十七日，周恩來電求聯合國第五屆大會應有中國代表參加，並抗議將所謂「福爾摩薩問題」列入議程。

十一月二十八日，中國特別代表伍修權在聯合國第五屆大會安全理事會控訴美國武裝侵略台灣，「台灣是中國領土不可分的一部分」。

十二月十六日，蘇聯代表控訴美國侵略台灣，

伍修權支持。

一九五一年

五月二十三日，周恩來致蘇聯駐華大使羅申支持蘇聯對於對日和約意見的照會：「關於台灣與澎湖列島，業已依照開羅宣言規定歸還中國，這已經決定了領土問題，完全沒重新討論的理由。」（誣衊台灣史）

八月十五日，周恩來關於美英對日和約的草案及舊金山會議的聲明：「……但中國人民絕對不能容許這種侵佔，並在任何時候都不放棄解放台灣和澎湖列島的神聖責任。」

一九五三年

七月二十七日，韓戰休戰協定成立。

十二月，中共轉變台灣政策爲「和平解放台灣」。

十二月，「台灣民主自治同盟」（主席謝雪紅），從上海遷移北京，李純青（福建安溪人，非台灣人）、陳炳基、吳克泰、陳木森等人靠攏中共派，主張台灣利益必須服從中國利益，但是謝雪紅、楊克煌、江文也等人都要求台灣擁有高度自治。

一九五四年

一月，台灣隊在上海，改編爲「台灣幹部訓練團」（團長蔡嘯，台灣人，多年在中共華東地區做地下工作打游擊，戰中擔任新四軍旅長，戰後任台灣民主自治聯盟主席、黨全國大會代表）。

八月一日，朱德在「八一建軍節」強調：「台灣自古以來就是中國領土，中國人民一定解放台灣。」（誣衊台灣史）

八月二日，周恩來發表「台灣解放宣言」。

蔡嘯

八月二十六日，《人民日報》社論：「台灣解放是中國內政問題，不許美國干涉。」（誣衊台灣史）

九月二十三日，周恩來在中國第一屆全國人民代表大會：「……台灣是中國神聖不可侵犯的領土，決不容許美國侵佔，我們在台灣的同胞，包括高山族在內，從來就是中國民族大家庭的成員……」（誣衊台灣史）

十二月三日，「美蔣共同防禦條約」成立，周恩來聲明「台灣一定要解放」（十二月八日），越南外交部聲明支持周恩來聲明（十二月二十四日）。

一九五五年

一月二十五日，蘇聯要求聯合國安全理事會議，討論美國在台灣地區對中國的侵略行爲。

一月三十日，聯合國秘書長哈馬紹（Dag Hammarskjold）致周恩來電，邀請中國派代表討論「關於中國大陸沿海某些島嶼地區的敵對行爲問題」。

二月三日，周恩來電覆聯合國秘書長，反對干涉中國內政的紐西蘭建議，並表示除非討論蘇聯提案並驅逐蔣賊代表的情況下，才能同意派代表。

四月十八日，「萬隆亞非會議」，周恩來在會議中聲明「爲解決台灣地區紛爭，舉行中（共）美會談」（四月二十三日），美國務院表示歡迎周恩來聲明（四月二十二日深夜）。

一九五六年

一月十八日，中共公開美中會談內容，表示「台灣問題」爲障礙。

七月十九日，中華全國歸國華僑聯合會準備委員會，號召台灣解放。

八月，第三勢力的章士釗、曹聚仁，在香港策動「國共合作」。

十一月二十六日，周恩來提議蔣介石「先生」就任北京高級官員，中共對蔣介石和談，以「中共統一台灣」爲第一條件。蔣介石的和談條件是，「解散大陸傀儡政權，對蔣介石表示忠誠」。

一九五七年

四月十七日，毛澤東表示「第三次國共合作在準備中」，並把「蔣賊」改稱爲「蔣先生」，令國

民黨革命委員會（主席李濟深）幹部張治中、劉斐、黃紹竑、翁文灝、盧漢等組織「台灣和平解放工作委員會」（主席張治中），加強統戰工作。

十月，中共以李純青、陳炳基、吳克泰爲主幹，成立「整風小組」，開始整肅「台灣民主自治同盟」，動員在中國的台灣人，鬥爭謝雪紅、江文也、沈毅（女）等人，逮捕楊克煌、楊春松（台灣農民組合幹部、台灣共產黨員），誣衊謝雪紅「變節，爲國民黨通氣，二二八大革命時棄眾潛逃」，從此謝雪紅等人永遠無法在台灣人面前露面。

一九五八年

八月二十三日，中共對金門大砲戰。美軍集結大軍於台灣、沖繩，第七艦隊在台灣海峽展開戰鬥體制（八月二十四日）。中共對蔣經國提示「國共合作七條件」。

八月二十七日，艾森豪強調大陸沿海諸島，對台灣安全關係重要。

九月六日，周恩來應美國務卿杜勒斯聲明，同意再開美中大使會談。

十月六日，中共國防部長彭德懷發表「告台灣同胞書」，號召國共合作，金馬停戰，張治中號召陳誠、蔣經國歸大陸參觀祖國建設，實現「第三次國共合作」。

一九六〇年

九月二十六日，李宗仁表示「爲國共合作有意赴台」，外交部長陳毅：「歡迎蔣介石先生、蔣經國先生歸國合作。」

一九六五年

一月三十日，美中大使級會談再開於華沙。

二月二十八日，中共恣意強調：「二二八大革命是毛澤東、中共所領導的中國革命之一部分。」（僞造歷史）

一九七〇年

四月十五日，周恩來在中日貿易上提出「周四條件」，對向台灣巨額投資的日本商社拒絕交易。

一九七一年

十月二十五日，中國（中共）加入聯合國。

一九七二年

二月二十一日，美國總統尼克森訪問中國，二十七日發表「上海公報」，周恩來主張台灣屬中國，尼克森答acknowledge。

九月二十五日，日首相田中角榮訪問中國，二十九日發表中日國家正常化聲明，田中表示認識中共主張台灣爲中國領土。

十二月三十日，中國外交部聲明：「釣魚台是中國領土。」（說假話）

一九七三年

二月一日，周恩來接見留美台灣學生。

二月二十八日，中共在人民大會堂台灣廳初次召開「台灣人民武裝起義二十六周年座談會」，傅作義向台灣號召「和談」、「祖國統一」，廖承志說「不以武力解放台灣」。

三月，在美台灣留學生出現所謂「中國統一派」，一部分人訪中參觀。

八月二十四日，中共特別選出台灣出身黨員二人爲全國代表大會中央委員，蔡嘯、林麗韞當選中委。

九月三日，蔡嘯在《人民日報》登載：「台灣一定要解放，祖國統一必成。」

一九七四年

二月二十八日，在「二二八事變二十七周年紀念會」，傅作義談：「台灣海峽已不是解放台灣的障礙。」（語氣從和平變武鬥）

一九七五年

二月二十八日，政治協商會議主辦「台灣省人民二二八起義紀念會」，出席者：葉劍英（中共中央副主席）、徐向前（中共中央軍事委員會副主席）、烏蘭夫（蒙古人、全人代常務委員會副委員長）、周建人（全人代常務委員會副委員長）、沈雁冰（茅盾，政協會議全國副主席）、廖承志（廖仲愷之子，中共中委）、林麗韞（一九五二年從日本神戶參加團體往中國的台灣女姓，中央中委）、楊成武（中國人民解放軍副參謀長）、梁必業（中國人民解放軍總政治部副主任）、張宗遜（中國人民解放軍總後勤部長）、劉友法（中央統一戰線工作部）等中央大幹部，司儀許德衍（原九三學社負責人），演講廖承志。

四月五日，蔣介石死亡，中共為了加強「統戰」，特赦國民黨被俘軍政戰犯，送其至香港，擬赴台灣，但蔣家政權不准入境。

六月二日，鄧小平與美國新聞編輯協會代表團會談：「台灣問題不解決，美中貿易無法伸張。」

一九七六年

一月八日，周恩來死亡。

七月六日，朱德死亡。

九月九日，毛澤東死亡。

一九七七年

十月二十五日，鄧小平對AP通信（美聯社）社長說：「中國認為台灣是不可讓外國干涉的內政問題，但為了解決中美國交，美國若不予干涉，和平解決也不應排除。」

一九七八年

二月二十六日，中國第五屆全國人民代表大會，台灣人代表十三人出席，在新憲法上新添一條：「台灣省是中國的神聖領土，一定解放台灣，完成祖國統一的大業。」

四月三十日，解放軍副參謀長伍修權向日本軍事訪問團說：「中國已在準備武力解放台灣，開始為制空權、制海權、登陸作戰等訓練軍隊，台灣解放雖然是內政問題，但非使用武力不可達成。」

七月，中共派遣中共台胞聯誼會會長林麗韞（中共中央委員，台灣人）、副會長彭騰震（台灣客家人），赴美參加「台灣人夏令會」。

十月二十九日，鄧小平訪日本，講出：「釣魚台的處理，延長到下一代解決。」

十二月四日，中共對蔣家國民黨從文攻武嚇改為「微笑外交」，林麗韞（中央中委）、陳逸松（一九七〇年代投共的台灣人律師）、田富達（台盟理事）等台灣人向台灣播音時，將過去的「蔣幫」、「解放」等，改為「台灣省」、「復歸」。

十二月十九日，美總統卡特答覆記者：「中共對台灣的武力解放，在現實上不可能。」

一九七九年

一月一日，中美國交正常化。

一月五日，鄧小平：「蔣經國只要宣布歸復中

國，台灣可以維持現狀，讓他依舊統治台灣。」

一月十八日，中共當局暗示：「台灣可以西藏方式實現統一。」

一月二十九日，鄧小平訪美國，在美國議會表示：「中國將以耐心解決問題，中國知道對台灣的武力行動，會使中美關係陷於危機。」（三十日）

二月二日，香港中共系報紙《中國新聞》發表「有無相通，雙方有利」，表示中國供給台灣石油，中國成爲砂糖、電氣機器市場，擬進行統戰。

二月，中共黨員誣衊史明是中國共產黨員（史明始終未參加中國共產黨），並由中共黨中央拿二十萬美金給許信良辦《美麗島》（完全撒謊）。

三月五日，中共政府爲統戰，在上海上演台灣影片「家在台北」。

四月十九日，鄧小平對美國參議院外交委員會訪中團（團長邱池Frank Church）說：「中國在今後五年間沒有能力進攻台灣，但以和平無法解決時，必訴諸武力。」

一九八六年

三月，在美國的中共派台灣人（林孝信）在芝加哥舉行「台灣未來研討會」，林麗韞參加。

一九八七年

二月，中共派遣全國人民大會代表張春男（台灣人）赴美國，與各派台獨運動者接觸，宣傳中共取台灣。中共派遣台聯、台盟幹部赴美出席「二二八事件四十周年紀念研討會」。

一九八九年

九月，許信良偷渡返台時，由美國洛杉磯，先到福建福清，在中共協助下，從福清返回台灣。

五、所謂的「民族區域自治」

中共政府所謂的「少數民族區域自治」政策，就是把少數民族加以區分，將他們束縛、封鎖在特定區域內生活。但少數民族的種類很多，政府就用「民族識別」加以限制，最後公布五大民族。在漢民族之外，就是五十五個「少數民族」，並指定他們生活的區域是「自治區」或「自治縣」，如西藏自治區、新疆自治區、內蒙古自治區等。這是漢

民族中央政府（中國共產黨）殖民統治少數民族的實況。（歷史上加以統治、束縛的「封建制度」的末流）

中共政府是黨獨裁體制，各地區皆以黨委員會書記爲最高權力者，每個黨委員會都是漢民族當委員，例如胡錦濤即曾經在擔任西藏自治區的黨書記時，大屠殺西藏人。中央政府就是透過黨書記及黨委員會來支配自治區。

各自治區當然也有「自治區政府」及其主席，其組成份子通常是少數民族出身，但他們只不過是傀儡般的裝飾品而已，同時，自治區政府的第一主席，也是漢民族黨員的永久指定席。

中國「自治區」、「自治縣」的人口構成，也證明了它們在實際上是殖民地。

二〇〇五年十一月一日的人口調查中，新疆自治區的總人口爲二千零八萬人，其中，維吾爾族約八百九十七萬人，漢民族卻有七百八十九萬人，佔了總人口數約百分之四十。西藏在中國國民黨統治之時，定居在西藏的漢人僅不到一千人，然而，在一九五九年中共軍隊佔據西藏後，至二〇〇五年，漢人人口已超過三百五十萬人。廣西壯族自治區的少數民族人口數是一千八百多萬，佔總人口數約百分之三十八，同時漢民族人口已超過三千萬人。人口數差距最顯著的是內蒙古自治區，二〇〇五年十一月一日，其漢民族一千八百七十萬人，佔總人口數百分之七十八，但重要的蒙古民族只有四百二十一萬人，僅佔不到總人口數的百分之十八。從以上數據可以看出，那些只擁有自己土地的少數部分的民族，如蒙古民族等，被認定擁有「自治區」，是大大的謊言。

六、一國兩制

一國兩制的原意，是在一個國家內，同時並存著社會主義及資本主義兩種制度，適用於歸還後的香港及澳門，由最高領導人鄧小平提出並實行的構想。但這種狼與羊同居的方案，當然是從狼的角度去設計的。

香港從十九世紀成爲英國殖民地，由於長年發展高度自治及資本主義體制而繁榮起來。

到了一九八〇年代，中共政府想要掠奪這棵「搖錢樹」，向宗主國的英國要求香港回歸中國。但是，沒有一個香港人民想要回歸共產黨一黨獨裁

下的中國，在社會主義體制之下過日子，而英國政府也以社會制度相違爲理由，拒絕香港回歸中國的要求。

由此，原本就以無原則的略事主義（時代倒錯，anachronism）爲政治信條的鄧小平，所提出的「一國兩制」這種無原則的妥協案，就是說香港若是回歸中國，可以承認其資本主義的政治經濟體制。

鄧小平說，「一國兩制」是指香港在回歸中國的五十年間，中國保證香港的現有制度。

對鄧小平而言，「一國兩制」是用來釣「香港」這條大魚的餌。結果，一九九七年七月一日，如鄧小平所期待的，香港從英國回歸中國，成爲中國的一部分。

然而，自此之後，香港逐漸由親中共派所侵占，接下來的普通選舉亦然。而金融界也極早表明對中共政府忠誠，所以「亞洲金融中心」的地位就此喪失。意即，「一國兩制」早已有名無實。

愚鈍的羊終於和狼同居，牠最後的命運，大家不言可喻。

同時，因爲中共的下一個目標是台灣，想要用同樣的魚餌來釣獲台灣，所以中共政府不急著屠殺香港這隻小羊。

二〇〇七年七月一日，香港回歸十周年的時候，從北京來了胡錦濤國家主席，他在前一天先進入中國人民解放軍駐香港的海軍基地，他換穿解放軍的人民服，成爲解放軍的精銳部隊，表示香港已經在解放軍的支配之下。

胡錦濤在七月一日紀念典禮上做了一場演講，自誇自讚了「一國兩制」，並說，「一國兩制」的「一國」意味著中央政府賦予的權力。這顯然是要求香港必須表示對北京的順從與忠誠，而香港的行政長官也降爲胡錦濤的部下。

不用說，香港市民絕對不甘於這種立場，紀念日當天，香港市民發動一場七萬人的大規模遊行，做爲反抗。

七、台灣

台灣在二戰結束以來，一直在中國國民黨的中華民國統治之下，從此之後，台灣民族在獨立運動中持續抗爭著。中華民國則與大陸本國的中華人民共和國（一九四九年創立）競爭著。在台灣，台灣

民族（原住民、客家人、福佬人）與中華民族亦進行切割。

中華民國的政權並不被世界主要國家所承認，國際上不承認其代表中國人，更不承認其代表台灣人。

台灣民族被中國國民黨、中華民族所強制統治，即台灣人被殖民統治著。所以台灣民族一直被禁止出席一切以國家爲參加單位的國際組織。

中華人民共和國也持霸權主義，對世界各國要求不能承認台灣民族所企圖建立的民主國家。

自滿清時代以來，台灣漢人與中國漢人早已分爲被殖民統治者漢人與殖民統治者漢人，即「台灣本地人」與「中國唐山人」。在一八九五年日本取下台灣之前，台灣本地人已長住台灣約三百年，但中國唐山人卻只是滿清統治下的官僚與軍隊，都是三年一換，六年一調，並不長住台灣。所以在日本佔領台灣時，本地漢人都無法往返大陸，只好繼續長居台灣，後來才自稱爲台灣人。唐山漢人則到一八九七年五月八日「日本國籍決定日」全部返回中國大陸。

一九四五年八月第二次世界大戰結束後，台灣民族獲得獨立自主，然而大陸中國人卻成爲中華民族，即孫文「三民主義」中的中華民族，繼日本帝國主義之後對台灣進行殖民統治。因此，台灣民族主義與中華民族主義，變成被殖民統治者向統治者激烈鬥爭，要求民族獨立與殖民地解放的態勢。

一九四五年第二次世界大戰結束後，在中國有了國共內戰，及日後國民黨敗退的結果。一九四九年蔣介石的國民黨及中華民國的殘兵全部逃來台灣，進行殖民地統治至今。

一九四九年，內戰勝者中國共產黨於十月一日創立「中國人民共和國」及其政府之後，決定未來將合併台灣，使其「統一」於中華人民共和國之中。

當中國共產黨在一九八九年的「天安門大屠殺」中，使中國人民完全對中國共產黨的獨裁喪失信心之時，中國共產黨卻高揭「中國愛國主義」這種天大的神話。

一九九二年，海基會與海協會在香港開會，國民黨拿出「一國兩制」，中共當場反對，但翌日，中共打電話表示同意「一國兩制」。這是刻意模糊台灣地位的策略，對台灣有百害而無一利。由此，

「合併台灣」（侵略台灣）成爲中國式理念主義，並把這個口號高掛在中國人民頭上，想藉此引起所謂的「愛國主義精神」。

二〇〇三年十二月，「愛國主義」的口號大大滲透到新聞雜誌內。他們的退役長官在刊載的論文中寫到：「國家理念就是『國教』，爲了中國統一、中華民族主義思想的中國理念，佔取台灣的統一戰爭是聖戰。」

若是「台灣有事」，東亞全體將會捲入戰亂當中，不知何時會爆發的「台灣戰爭」，就是一顆最大的定時炸彈。

八、人民解放軍

以一九二七年共產勢力的武裝蜂起爲契機，中國共產黨總書記在抗日戰爭期間擴大了軍事權力，一九四九年中華人民共和國成立以後，軍方成爲能支持的武裝勢力。二〇〇八年，軍隊規模與兵力爲兩百五十五萬人，預備兵八十萬人。

在一般的國家，軍隊是獨立於政黨及政治勢力之外，從屬於國家總理的武裝組織。然而，中華人民共和國的軍隊領導權不屬於國家元首，而是由中國共產黨主席所掌握，其軍事規模是世界第一大。

黨對於解放軍的支配很嚴厲，軍官必須由共產黨員擔任，從師團以至小隊的各種軍事組織，都一定要有「政治指導員」、「政治委員」，進行黨的監督工作。

軍隊的最高司令部就是「黨中央軍事委員會」，黨總書記會自動成爲黨軍事委員會的主席，成爲全軍隊的最高司令官。

在這種組織型態下，人民解放軍對共產黨全心忠誠，宣誓對共產黨的領導「絕對服從」。

也就是說，軍隊並不是國家之軍，而是「黨之軍」，中國人民解放軍是中國共產黨的私兵部隊。聽命中國共產黨最高指導部的命令，這個龐大的武裝暴力更無限制的進行武力恐嚇，而中國共產黨則以這個恐嚇、暴力的大軍做爲權力基礎，維持黨獨裁的政治體制。毛澤東常說：「槍桿子出政權。」

一九八九年的天安門民主化運動，瀕臨政治崩潰的共產黨政權，正是以軍隊的血腥鎭壓做爲終極手段來解決自身危機，從這裡也可得知，軍隊成爲共產黨實行個人獨裁的救兵。

相反來說，做爲維持黨獨裁的命脈，黨組織也嚴格控制著人民解放軍。

九、武裝警察

正式名稱是「中國人民武裝警察部隊」，簡稱「武警」，主要是擔任鎮壓暴動的準軍事組織，其規模四十五師團，約一百五十萬人。行政上屬「公安部」管轄，隊員不是警官，就是解放軍的兵士、將校，擁有現役軍人的資格與權利，在中國共產黨軍事委員會的指揮之下，人民解放軍地方部隊被編入，進行組織整備。

武警不是軍隊而持有武器，被稱爲警察卻擔任非警察的工作，其唯一的工作內容，即以武力鎮壓人民的反抗。

中國的法治，只不過是爲了使權力正當化的裝飾品而已。

十、百弊叢生的中國共產黨領導人

毛澤東（一八九三—一九七六），出生於清朝湖南省的富農家庭，一九二一年參加中國共產黨創黨，一九四五年大戰結束前，獲得黨政軍全權，成爲個人獨裁者。

他在個人生活上，由殺人、陰謀及女人得到樂趣，掌權二十七年間，使中國人民落入活地獄的狀態。

毛澤東爲了延長自己的權力，玩弄陰謀，相繼迫使同志非自然死亡，以人世間最邪惡、殘忍、奸佞、憎惡、無恥的手段做爲政治鬥爭的工具。就是這樣的手段，讓他私佔五十棟以上的別墅、戲弄無數少女的青春，以此耽樂他的生活。

毛澤東所犯下的政治罪行，若要羅列出來是不可盡數的，他曾殘忍地說過：「即使喪失半數人口也不是大事」、「我殺了比秦始皇多數百倍的知識份子」、「不穿短褲子，也要做核兵器」等。

一九七〇年十二月十八日，美國記者史諾來訪，毛澤東對著他喊著：「我是無法無天！」這句話，就是對毛澤東在政治上所做的各種罪惡最適當的評價。

毛澤東把中國傳統的「帝王主義」，與斯大林的「個人獨裁」相結合，統治中國進行土地改革的

十二年間，殺害六千萬中國人。

周恩來（一八九八—一九七六），出生於江蘇省，在日本留學後前往巴黎，組織中國共產黨法國支部，後來擔任歐洲總支部書記。他一貫支持毛澤東的罪惡行徑，最後任職中華人民共和國總理。他跟隨毛澤東的惡毒政治路線，擔任共產黨諸要職，與毛澤東一起幹政治，使中華人民過著沒有人性的貧困生活。他自己的一生卻是走了「奴隸道路」，在活地獄的中國社會裡，成爲權力生活的「不倒翁」（置身於毛澤東殘酷的政治權力中，過著一次也不能失足的苦日子，也不提出與毛澤東相左的意見，就是完全唯命是從的奴隸性格）。

周恩來對於毛澤東的政治政策，完全不說自己的意見，一切都不反抗、不吐露不滿，對毛澤東完全卑躬屈膝，極盡奉迎。例如，在文化大革命的十年間，雖然知道毛澤東荒唐的政治運動將會帶來大災難，他還是聽從命令，共同推行這個罪害的運動。

周恩來使許多部下陷於不實之罪，即使部下、同伴們過著破滅的人生，他都只是袖手旁觀而已。就算是他的養女孫維世，被毛澤東之妻江青迫害，在全裸的狀態下被毆打致死，周恩來還是視而不見。

毀滅良信、咬死感情，只爲魔王般的主人毛澤東盡力，這就是偉大的「奴隸政治家」周恩來的做法。

鄧小平（一九〇四—一九九七），生於四川省的福客家地主家庭。十六歲至法國留學，二十歲在巴黎加入共產黨，成爲共產黨歐洲支部的領導人，其後到莫斯科學習共產主義，曾任中共中央秘書長、副總理等職，一九五七年就任總書記，指揮「反右派鬥爭」，迫害五十萬人。

鄧小平的政治生涯有兩次失足、三次復活。第一次在文化大革命（進行資本主義的「實權派」），第二次在一九七六年周恩來去世時，遭四人幫（毛澤東派）的攻擊，一九七七年再復活，其後提倡「開放路線」而行使個人獨裁，在天安門事件中，指使武力鎮壓民主化青年學生，屠殺近千人。

鄧小平以「貓抓老鼠」的譬喻，帶領十三億人民進行半民主半獨裁的改革開放政策。

進行開放政策、開始思想開放運動的是鄧小平，但是爲開放政策、思想開放運動畫下休止符的

也是鄧小平。

一九八九年六月四日早上，這個無情冷酷的暴君出動戰車部隊，虐殺手無寸鐵的民主主義者青年學生，這種行徑完全等同於毛澤東的恐怖政治。

一九九二年一月，進行南巡講話，說要轉爲資本主義市場經濟的也是鄧小平。他一方面堅持中國共產黨的一黨獨裁，另一方面，進行急速的資本主義成長，實行中國社會的歷史變貌。結果，引起貧富差距擴大、環境破壞、金錢至上、貪汙氾濫，特別是造成八千五百萬名中共黨員通通變成富有的資本家，中國大眾卻無一例外的都是沒有人權、權力、金錢的極窮困的勞動者與農家。

今天的中國，儘管平均每年的經濟成長率在百分之十以上，但農村仍常有數億單位的「剩餘勞動力」；在都市，每年大學畢業生也約百分之四十沒有工作，貧富差距持續擴大，社會的不滿也日漸高漲。

鄧小平曾經說過：「我們的改革擴大了貧富差距，那是我們的失敗。」

十一、反革命份子鎮壓運動

一九五一年以來，中國共產黨制定《中華人民共和國懲治反革命條例》，以間諜、帝國主義者、反動的團體幹部、反動指導人爲對象，逮捕一百五十多萬人，約七十一萬人遭處死刑。

對於中國政府在一年之間槍決七十一萬人的紀錄，毛澤東說：「打起旗鼓，堂堂殺反革命份子！」（一九五一）

十二、生存空間

中國共產黨說，爲了中國十三億人民的生存，需要適切的環境、空間，即空氣與土地，然而在今天，中國的生存空間日益惡化，「中國大陸總歸會成爲人無法生存的空間」。

十三、中國無「社會革命」，只有易姓革命

（一）中國史的「王的時代」與「皇帝時代」

石平（四川人，後歸化日本），以西元前二二一年秦始皇的出現做爲分水嶺，將中國史分爲「王的時代」與「皇帝時代」。

從最初的王朝——殷王朝在西元前一六〇〇年成立，到西元前七七〇年開始的春秋戰國時代，中國有了殷、西周兩個王朝的存在。

那個時候，王朝最主要的統治者一概被稱爲「王」，即使在春秋戰國時代，許多諸侯自立並相爭霸權，各國的最高統治者仍被稱爲「王」。

到了西元前二二一年，秦國以武力消滅諸侯，樹立了統一政權的秦王朝，秦國之王隨之廢除「王」的稱號，改爲新造的「皇帝」（emperor），史上有名的「秦始皇」於焉誕生。

由此，中國史上大一統的朝代交替共有十六次以上，王朝的領導人皆稱爲「皇帝」。直至一九一一年最後的清朝皇帝退位爲止，「皇帝」的稱號存在了約兩千一百年。

中國史上，前段的「王的時代」歷時約一千四百年；「皇帝時代」則延續了兩千一百年。

(二)「王的時代」的社會構造與政治體制

「王的時代」，一言以蔽之就是「封建時代」，其典型之例是周王朝（西周）。

周王朝的中心是周王及其朝廷所在地的「都」，王是最高的統治者，同時也是最高的「祭司」。王的政治權力能直接支配周邊地域，即「近畿」。而其他廣大的地域，幾乎都是由王以「封王」的方式給予「諸侯」統治權，諸侯以王爲最高權力者，但因爲封王，所以亦是半獨立的一國‧城之主。

周王朝從西元前七七〇年開始，國勢逐漸衰微，周王朝首都鎬京（位於陝西省）被蠻族攻破，王被殺害，周將首都自鎬京遷至成周（位於洛陽附近）而滅亡。

(三)「皇帝時代」的社會構造與政治體制

皇帝時代始於秦始皇，秦始皇以中央集權，將人民、土地全部置於王朝的直接支配之下，皇帝以朝廷直接命令官僚的方式取代諸侯，他們成爲皇帝的手腳，做爲各地方的政治支配者，一切命令都由朝廷發布，一切權力集中在皇帝手中（「中央集權

制」），統制的權限全歸皇帝，所以被稱爲「皇帝專制的中央集權制」。

由此，中國在其後的兩千年間都處於皇帝的專制之下。

然而，中國思想的黃金時代是從「王的時代」開始，儒家的孔子、孟子，道家的老子、莊子，法家的韓非子，墨家的墨子等，所謂「諸子百家」都是活躍在春秋戰國時代（兩千五百年前），中國史上賢聖的統治者堯、舜，都是「王的時代」的王。況且，「聖王」在皇帝時代才興盛，「王的時代」產生的儒家孔孟思想，一直到「皇帝時代」才成爲最高的道德標準、不變的眞理，並成爲「皇帝之王」政治思想的背景。除此之外，皇帝的官僚也是以孔孟思想爲借鑒，要通過皇帝的高等「科舉」，才能獲得大官的資格。

時代變遷，但中國人依據的仍是古代「皇帝時代」的儒教思想，後世之人不論如何努力，也被認爲不可能超越「聖人」。如此一來，歷史不依據前方而進化，所以，時代只能重複「古代的聖人時代」，遂不可能改變任何時代的體制，也不會有「社會革命」。

1. 皇帝權力的眞實體貌

如上所述，西元前二二一年至一九一一年的兩千一百年間的中國史，一貫是「皇帝時代」。那麼「皇帝」到底是什麼樣的存在？

先把中國的皇帝形態與日本天皇做比較。現在日本，日本憲法規定天皇爲「象徵天皇」，是日本國民統合的象徵，被賦予地位與權威，因此，內閣總理大臣做爲日本最高權力者，名義上是在天皇之下從仕的「大臣」之一。

但在實際上，天皇陛下對於「國政」完全沒有權限，對於政治要提出意見也不可行，也就是說，天皇的角色有權威但沒有權力，這就是天皇的形態。

這種形態可以回溯至江戶時代，自此以降，日本史上天皇的存在大都是如此。

2. 能自由左右人命的皇帝的超級權力

中國的皇帝與日本的天皇是完全相反的存在，這是從秦始皇開始實行中央集權之後，就造成的絕對性差異。中國皇帝是最高主權者，同時也是最高權力者，他把全國的人民及土地，利用所任命的官

僚做爲手足進行控管，國政的意志決定，則以「朱批」（皇帝自己的裁決）將所有權力掌握在手中。

皇帝被賦予最高權威的地位這件事，表現在所謂「天子」的稱呼上，天之子，即「天之兒子」之意，在中國傳統思想中，包羅萬象、宇宙全體的主宰就是「天」。皇帝做爲「天之子」，是天所任命的。

（四）戰時：漢族做漢人的皇帝

明朝諸皇帝的殺人癖日益增加，最初的皇帝明太祖（明朝初代皇帝，朱元璋，臭頭的洪武帝，安徽人，出生於貧農家庭，元末時紅巾軍出身，平定江南一帶，在南京即位，國號明，建元「洪武」，在位時間西元一三六八—一三九八年）對官僚的肅清之嚴酷，震驚了大眾，一次大屠殺，就有大小官吏一萬五千人被處死，在明太祖三次的肅清中，完全因爲冤罪而死的官僚有五千人。

其子永樂帝（一三六〇—一四二四，太祖洪武帝四子，名朱棣）也以殺人著稱，他殺了當時身爲第二任皇帝的姪子（建文帝，諡號惠帝）之後，才即位當上皇帝（一三九九年叛變於北京，史稱「靖難之變」，永樂帝即位後遷都於北京）。永樂帝要即位時，建文帝的舊臣方孝孺（一三五七—一四〇二，明初儒者，字希直，世稱正學先生，浙江寧海人，惠帝之翰林侍講，著有《遜志齋集》、《方正學先生集》）拒絕爲永樂帝寫「即位詔書」，永樂帝就抓了他所有血族、親戚、友人、門生，在方孝孺面前將他們一一酷刑處死，最後被虐殺的則是方孝孺本人，此事件被處死的共八百七十三人，這件事也顯示出中國皇帝的殘忍。

天子能夠如此不人道的殺人，不僅是因爲有皇帝的權力，也因爲有「天子」的神格及權威，對於皇帝的殺戮，誰都不疑有他，也不會反抗，因爲這樣，如明太祖的大肅清，儘管有五萬名官僚被殺，他們仍然不造反，默默的被處刑，實在是不可思議。

（五）周代的「易姓革命」

中國一方面形成「權力中心社會」，另一方面還有「易姓革命」的王、皇朝交替戲碼在上演。

中國的王朝，全部都由依據血族的姓氏世襲獨佔，如漢皇朝是劉氏、唐皇朝是李氏支配天下，所以王、皇朝一旦改變，支配者一族的姓氏也會變

化，這就是「易姓革命」（改變王、皇朝一族，但是不改變社會體制的變革（不做革命）），歷史上兩三千年以來一貫如此。

從秦始皇最初建立大一統的皇朝，持續二千一百年間，中國進行皇朝交替，即易姓革命的次數，據稱有十六次。

（六）易姓革命的歷史

各皇朝的末期，都是以權力腐敗做結，政治紊亂、百姓生活貧落，喪失生計的流民或不滿份子暴動，造成社會動亂。起先叛亂勢力弱小，但是長期抵抗官方，使得反抗人數日益增加，最後成爲超越王朝的大勢力。

其後，叛亂軍的部隊攻入京城，使前皇朝全滅，其大將人物自稱即位，造成新皇朝的誕生。

新皇帝的一族，建立起「新皇族」，成爲新的支配者君臨天下。創立新王朝的皇帝死後，其長男繼承帝位，以此「世襲」的方式，由長男繼承上一代長男權力的王朝，使天下變成一族之物，以數十代計持續承接下去。

絕對權力的崩潰，要到皇朝末期，政治腐敗相繼出現，官僚的貪污瀆職無法解決之時。

擁有絕對權力的皇帝，對全國官僚有生殺大權，且皇帝身邊的心腹也做爲皇帝的代理，統治著官僚組織，到後來，政治大權落到心腹大臣手中，全國官僚爲了保身，必須給予心腹官僚大量的賄賂，而全國官僚爲了補足上繳的量，也從地方壓榨出更大量的賄賂，這種一連串的賄賂，到最後是老百姓受害，意即，各層官僚間的賄賂、贈予，最終都是廣大的農民大眾遭到掠奪。例如，滿清乾隆時期，在大臣和珅手上的賄賂收入，匹敵政府四年的財政規劃。

一般老百姓既被科取國家稅收，又被迫負擔好幾倍的經濟支出。

上述的這些苦痛與不滿，造成叛亂的爆發，使得皇帝王朝的喪鐘即將被敲響，大量破壞及全民叛亂蜂起而不知所止。

從一九四九年毛澤東樹立政權以來，將中國這種傳統的帝王主義、專橫主義，與假社會主義（斯大林主義）個人獨裁制度相結合，引發出比歷代中國王朝更多倍的賄賂、暴動、破壞，結果產生新的剝削掠奪主義，中國老百姓也繼而遭受此厄運。中

國共產黨員則代替資本主義制度的資本家，成爲中國的新支配者掠奪階級。具體案例是一九五〇年以來的「土地國有化」以及一九六〇年代的全國中小工業的國有化，然後在鄧小平時代，全國所有的土地及大大小小企業，一天內變成「共產黨員私有化」，成爲全國八千五百萬中共黨員的「私有」。

參考書籍

1. 柴田穂著，《毛沢東の悲劇》全五巻，東京：産經新聞社，一九七九。
2. 中嶋嶺雄著，《中国の悲劇》，東京：講談社，一九八九。
3. 鹿島宗二郎譯，《中国革命の悲劇》全二巻，至誠堂，一九六六。（原著：Harold Robert Isaacs, *The Tragedy of the Chinese Revolution*）
4. 周鯨文著，池田篤紀譯，《風暴十年》，東京：時事通信社，一九五九。
5. 中嶋嶺雄著，《中国文化大革命》，東京：弘文堂，一九六六。
6. 中嶋嶺雄著，《現代中国の政治と戦略：革命国家はこのまま「西側化」するのか》，京都：PHP研究所，一九八四。
7. 矢島鈞次著，《21世紀への中国の選択：資本主義と社会主義のはざまで》，中央經濟社，一九八五。
8. 石平著，《SHOWDOWN（対決）中国が牙をむく日》，東京：産經新聞社，二〇〇七。
9. 石平著，《中国の経済専門家たちが語る　ほんとうに危ない！中国経済》，東京：海竜社，二〇一〇。
10. 彭述之著，中嶋嶺雄編譯，《失われた中国革命》，東京：新評論，一九八〇。
11. 石平、日下公人著，《中国の崩壊が始まった！》，東京：ワック（Wac Bunko），二〇〇八。
12. 石平著，《これが本当の中国33のツボ—知っているようで知らない》，東京：海竜社，二〇〇八。
13. 嚴家其、高皋著，《中国『文革』十年史》全二巻，北京：中國問題研究出版社，一九八七。
14. 石平著，《中国『悪魔の辞典』》，東京：小學館，二〇〇八。
15. 茅原郁生著，《中国軍事論》，東京：芦書房，一九九四。
16. 劉少奇著，《劉少奇選集》（一九三九—一九六一）。
17. 毛澤東著，《毛澤東黨建設》（一九二六—一九六三）。
18. 伊藤正著，《トウ小平秘録》全二巻，東京：扶桑社，二〇〇八。
19. 毛澤東著，《毛澤東選集》全四巻（一九五二—一九六六）。
20. 毛澤東著，《毛澤東選集》第五巻（一九四九—一九七七）。
21. 宾戸寛、内田知行、馬場毅、三好章、佐藤宏，《中國八路軍・新四軍史》，東京：河出書房新社，一九八九。

第十六章　出逃中國

此時我又急又氣，大失所望之餘，也真正覺悟中國共產黨不是馬克思主義，卻是斯大林個人獨裁主義，我哪能與他們搞革命？放棄中國革命返回台灣的念頭愈來愈強烈，終於慢慢的暗中策劃回台灣的方法、時期等。

一、共產黨也搞分化策略

敘述回到我在中共陣營的最後階段。一九四七年七月，我們所屬的台灣隊北上轉移到冀南「南宮」的棗兒莊，開始對台灣兵上課，也就是所謂的「洗腦」（mind control）與灌輸毛澤東思想。這些台灣兵在台灣是文化水準不高的層級，但在中共治下的中國老百姓的社會裡，台灣兵比起中國老百姓或知識份子，還算是高等的、文明的。台灣兵在中國最不適應的，是吃食等生活狀態不同。人地生疏，加上水土不服，大家都很想快點回台灣。

台灣隊第一次的兩百多名中，中共上級當局勸他們入黨，也只有三個願意加入共產黨。當時台灣兵裡面，客家人佔絕大多數（佔五分之四），其次是福佬人二、三十人，最少的是原住民，都各自分住在老百姓家。

我和其他三位教官（一個是客家人、一個是海南島人、一個是東北人）則住在被清算了的地主的大住家。晚上，三位共產黨籍的教官都必須開會，我因為不是黨員，所以不能參加。有一天，我出來上廁所，經過他們在開會的隔壁，突然聽到他們大聲喊著：「分化，要分化！」起先我聽不懂在講什麼事，到兩、三個禮拜後，才知道那時他們因要強制台灣兵入黨，所以準備發動客家人和福佬人互相打

來打去，引起台灣兵的內鬥，才容易拉入黨。

對這種慘不忍睹的手法，我非常不能諒解，時時頭昏腦脹，，想不到中共的解放軍，還來搞帝國主義殖民地「分裂政策」這一套。但無論是客家人、福佬人或原住民，經過幾次批鬥會，在心理上就立即被擊垮，果然如共黨所願的，各自競爭申請加入共黨，於是分成兩股勢力，在共產黨幹部面前互相搞起鬥爭，最後還鬥死一個福佬人。

我原來負責台灣兵的政治教育，教導內容是我所明瞭的台灣社會，譬如階級是什麼、地主是什麼等等。他們不喜歡我與台灣兵親近，要把我與台灣兵隔離，因爲我也是福佬人，這時我也受到批評，如所講的講義不徹底，不夠革命性，有大福佬主義等等，同時再叫我寫「自傳」，說我沒有徹底檢討自己。

這樣一直到一九四八年十月，我們部隊已經轉移到石家庄，共產黨在華北地區除了北京和天津以外，也大致底定，只剩下閻錫山的太原部隊，還有山東青島的國民黨軍。林彪部隊此時正要過長江。

在這情況下，蔣介石下野，代總統是李宗仁，李宗仁派邵力子（親蘇派）、張治中（蔣介石親信）、劉斐（國防部副部長，原來是中共黨員，臥底在國民黨裡）三人去北京和共產黨和談，但共產黨不肯談，結果這三人反而在北京投共，隨後連守北京城的長官傅作義（中共利用已經是地下黨員的傅作義女兒傅冬菊，取其父傅作義的北京國軍的情報，使中共獲取和談的主導權，傅作義後來頓時感到受騙，後悔不已，大罵傅冬菊「不忠、不義」。傅冬菊雖出賣父親，爲中共拿下北京立了汗馬大功勞，但並未得到特別的嘉獎，不受中共重用，反而遭受悲慘的差別歧視，以「階級敵人」交給人民裁判殘酷批鬥，使之慘死於中共手中。同樣例子，陳布雷被稱爲蔣介石的「文膽」，歷任蔣介石的侍從主任、國策顧問，然陳布雷的女兒陳璉，也是中共黨員，周恩來叫她留在父親的身邊，竊取國府最高機密，陳布雷於一九四八年自殺身亡，一九五七年毛澤東策動「反右派鬥爭」時，陳璉及其女婿受到殘酷批鬥，陳璉一九六七年在上海跳樓自殺。可見中共的所謂「叛亂份子」，亦即「大功勞人」，都沒有好下場，皆死於中共手中）也投降，大開北京城門迎接共軍，但林彪東北隊與聶榮臻華北隊因互相爭進城，頭隊在城外就戰鬥起來。

此時我又急又氣，大失所望之餘，也眞正覺悟中國共產黨不是馬克思主義，卻是斯大林個人獨裁主義，我哪能與他們搞革命？放棄中國革命返回台

灣的念頭愈來愈強烈，終於慢慢的暗中策劃回台灣的方法、時期等。

跋山涉水，爲了革命才慘淡來到異國他鄉的我，在決心苦幹賣力之際，卻遭逢與共產主義相對立的原則問題。此外，我也感到身邊危險重重。因此我便向上級報告，希望派我重新學習共產主義、學習辦報紙。我說要離開台灣隊，想不到指導員很快就答應，隨即把我與平賀，從台灣隊調離到石家莊郊外的華北軍區司令部招待所，等著分派學校。

二、僞造路條，逃離「解放區」

一九四九年四月下旬，河北天氣已漸轉暖，還不時吹起沙塵暴。當我知道要調離台灣隊，司令部的組織部給我一張到學校的路條時，我又另外偷藏了一張空白的路條用紙，上面印著「日本陸軍用箋」的用牋（終戰後，從日軍接收過來的），因我從張家口走到晉冀魯豫軍區時有經驗過，所以照他們核准路條的方式寫道：「林鐸夫婦是台灣同志，要回台灣工作，沿途憲警保護放行。華北軍區司令組織部，敬革命的敬禮。」其實，那時的士兵幾乎都不識字，各村莊幹部也不識字，只要看到寫軍區的便條，就不會多問，馬上放行。

其後，等我們到達華北軍區招待所時（都是分組住在老百姓的家裡），我就開始做逃亡的準備。我先去買些饅頭，把饅頭切成一片一片，在老百姓的屋子上曬一曬，變成乾糧，用麵粉袋裝成一袋。翌日，我然背起乾糧，到石家莊車站乘坐火車，天天都吃乾糧過活。

當時是林彪的部隊正要過長江，凡是穿軍服的人，都可以任意上車。途中，我才知道林彪部隊開到東北後，都是接收了蘇聯從美國所得到的武器及在東北從日軍那裡接收的近萬部卡車、戰車、大砲等等，因林彪部隊的中國兵無人能駕駛這些車輛，於是從西伯利亞調來被俘的日本兵駕駛，火車也是日本兵在駕駛。我與平賀上火車後碰到這些日本兵，和他們聊天，聽他們憤慨的說，蘇聯軍隊把在東北的六十萬日本軍隊帶到西伯利亞做苦工，據說餓死、病死十萬人，而且蘇聯軍隊一九四五年接收東北時，很橫暴的搶劫，也把日本兵的手錶都搶去，所以他們兩隻手臂都掛滿手錶，腳上則戴著金條，同時，更在街頭公然強暴婦女，十幾個人強暴

一個日本婦女，有不少日本女人因此而死，到後來，很多女性只好剪短頭髮假裝成男人，才能逃過一劫。又因爲蘇聯人分不清楚中國人和日本人，中國女人也吃了很大的虧。

我們和駕駛火車的日本兵越聊越起勁，竟然坐在機關車裡頭，一路的談下來，得到很多不爲外人所知的情報。

火車到濟南的時候，已經屬於新四軍的管轄區。我們在濟南下車，找旅館給換上老百姓的普通服裝，坐十幾天馬車，沿膠濟鐵路，經過半島的章丘、淄博、益都、岞山、蔡家莊、膠縣、滄口，抵青島市北面的關隘。

我們發現，沿途的老百姓都與河北、山西一樣，住的也是草屋頂的土夯厝，窗子都是小小的、用紙糊的。屋裡一半是炕，一半是灶間，灶間的火爐生火煮飯時，熱煙透過煙筒竄到土炕下面，人就在上面取暖。山東種的麥子長得比河北好，他們的麥田一壟一壟，古井就在麥田邊，水原來是靠農民以人力打上來，在麥壟間流動。後來在日本人佔領期間，改善了打水設施。本來傳統的水車是垂直轉動的，人必須一天到晚不斷地踩，很是吃力。日本人來了後，把水車改成橫著轉動，可以用騾子拖著打水，因此他們心裡都很感謝日本人，常有百姓跟我們說：「日本人在的時候，收成很大，國民黨來了後，收成只有一半，共產黨來了後，又更少了一半。」除了打水技術的改進外，指的也是共產黨比較苛酷剝削百姓。他們以爲我是日本人，所以對我的態度也比較放鬆，說：「你不要苦了，日本不到五年就站起來了。」

雖然山東麥子生產多，卻被共產黨征糧征走了，老百姓一天到晚還是吃兩頓小米粥，早上七、八點一頓，下午四、五點一頓，沒有配任何東西，最多是邊吃邊咬白蒜頭或生辣椒當做副食，或是吃在鍋沿烤玉米粉做的窩窩頭或餅。不但如此，他們吃飯時還故意裝模作樣，捧著大碗公到外面的樹下和大家一起吃，就是恐怕人家以爲他們在房內有麵條吃。我起初看了覺得很奇怪，後來才曉得，因爲中共組織「兒童團」，監視各個家庭在吃什麼東西。這是政治獨裁帶來的社會特殊怪象。

如前所述，到濟南後，我們便換上藍布大褂便衣，帶著乾糧，僱了馬車，車行十幾天（這十幾天，眞是苦不堪言，因爲查路條的是新四軍的地方幹部，他們有時

要錢，有時要東西，花費極大心血才能通過），才來到青島的郊外，進入國民黨軍的統轄區。那裡有一大片麥子場，約有上萬難民滯留在此，希望進入青島，但是國民黨軍不讓他們進去，夜晚，當地的「土共」還會來搶劫難民。難民的生活困頓，一杯水都要賣到袁大頭（袁世凱製造的龍銀，小大頭是孫文造的龍銀，兩個含銀量不同）壹圓。我們還有乾糧吃，可是周遭的難民根本連吃的東西都沒有，我心想這樣不行，於是對他們說：「大家共患難，你們與我一起吃這個乾糧吧！」他們聽到很驚訝，世上哪裡有這麼奇怪的人，居然在這種時刻願意分享糧食！其中有四川人，也有湖南人、上海人等，從此大家和我們變得融洽起來。

三、關關難過，關關過

我在那裡待了兩三天，完全不知道明天的出路，但我卻毫不擔心，心裡只想著回台灣。我發現難民中也有孫立人新六軍精銳部隊打敗仗後跑出來的官兵，穿著便衣，也想找機會回到他們的家鄉。有一天，其中有個湖南兵問我：「老林老林，能進城，你去不去？」我說：「哪裡有這種事？國民黨軍的堡壘，我們怎麼能進得去？」他說：「城外的老百姓天天進城賣菜，必須由他們帶路才進得去，一個人要付兩個袁大頭。」我當然答應了。那個姓吳的士兵，我和平賀，以及另外一個老百姓，一共四個人，就這樣順著老百姓進城的小路，不少地方要用爬的，爬了兩三個鐘頭，眞的進到青島城外。

老百姓進城的路，是在國共雙方的堡壘當中，但是比平地的道路地勢較低，他們通常推著單輪車，選擇走比平野地勢低的小路進入城內，身體放低，頭頂上是雙方的子彈飛來飛去。但是他們進城前還有最後一道關口，叫做卡子口，看守的國民黨士兵如果發現沒有國民黨軍需要的東西，會把貨都倒掉，因爲怕共軍矇混進城，晚上到這關口殺人。我一到關口就什麼都不管，半作戲的向士兵說：「我們是北京的茶商，要回台灣去！你們國共在打，我們過不下去，好不容易經過解放區逃到這裡，你不讓我們過的話，是要我們死在這裡嗎？」正在你一句我一句的時候，裡面一個國民黨的軍官出來問什麼事情，站崗的兵卒說我們是日本人，軍官才走出來。

日本曾佔領青島八年，當時汪精衛投降派的「華北政務委員會」轄下，有個「新民會」親日集團，曾送很多中國的年輕人到日本去講習，很巧合的是，走出來的軍官曾去早稻田大學進修過。他考我早稻田的校長是誰等等，我們越講越高興，他就說：「這倒挺難得。」於是開了後門，把我們帶進去。不但如此，姓吳的還親自用吉普車送我們去青島，告訴我們：「老林呀，我的力量只能送你們到這兒了，以後你們得自個兒想辦法！」

青島的國民黨總司令是劉安祺，我們到總司令部去求助，他們說：「你們是老百姓，應該去找警察局。」我們去找警察局，說：「我們是台灣人，回不去台灣，過不下去，我們願意給你關起來，在你們牢裡過日子，等到能回台灣。」輪值的警察說：「你們在說什麼？還不知道牢裡是怎麼回事呢，你眞開玩笑，在牢裡待下去？」正在你一句我一句的時候，出來一個張秘書，問起我是台灣人，居然說：「好好好，台灣人都是好人。」因爲他們就快要撤退到台灣了。於是，張秘書寫了一張條子，叫輪值的警察帶我去小旅館住。眞是前所未有的好運，我好像做戲似的，雖然危險，卻一關又一關的讓我給過來了。

住在旅館時，我身上的錢已經快用完了，突然想起青島有許多台灣茶商，便跑去找台灣茶商，拜託他們打電報到台北給我親戚王水柳（「文山茶行」社長），他是台灣有數的大茶商，娶了我阿嬷弟弟的女兒，請他去我們家拿兩百塊美金，匯到青島給我。四天後，我阿嬷竟然眞的給我匯錢來了。錢到了後，我馬上去卡子口把吳先生約出來，請他吃了一頓好飯，他說：「好好好，好事還要多做。」同時，我拿了五十塊美金

《台灣茶人王水柳》（二〇一二年，王淑惠發行）

給吳先生，見到這麼大錢，他吃了一驚，說：「那麼我要幫你們買船票。」船票當時是很難買的，他卻幫我們買到了。這又過了一關。

一個禮拜後，我們順利地坐上船，想不到翌日劉安祺部隊同時撤出青島。只差一天，好危險，我們若留在青島，什麼就都完了！

這整個過程，好比我在搬演三國誌「過五關，斬六將」的大奮鬥，很多事都不可能是事先決定的，當時隨時都會碰到困難，然而心裡卻不感覺到有什麼恐懼或不安，只是每逢困難時，就在心裡不斷的想：「怎麼辦？怎麼辦？總歸要活下去!!」能逃出組織那麼嚴密的共產地區，是天大的事情，但是一關又一關的難關，都必有辦法克服，好像冥冥中有貴人相助，眞是多麼好的運氣啊!!穿越這些從天而降的種種危險，以及汲取其中的人生經驗，不知不覺之中，將我鍛鍊成臨危也不感到害怕，且不輕易放棄希望。如此難以言喻的好事，竟碰巧讓我給遇上了！

立刻想辦法，找路了。

王淑惠（王水柳之女）在新店安坑王家祖厝

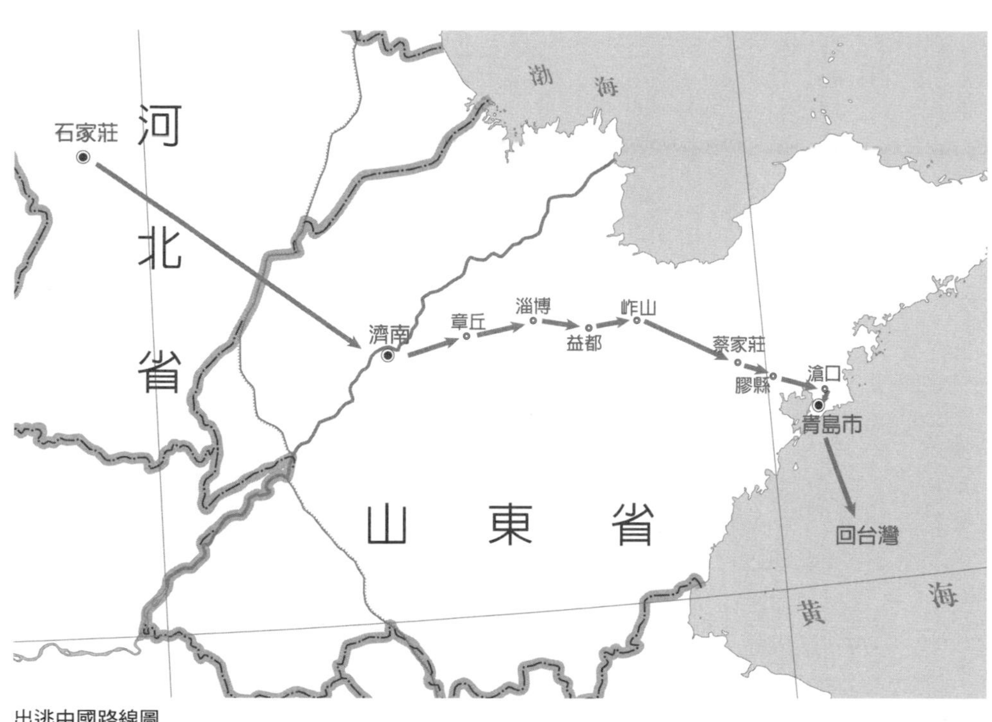

出逃中國路線圖

第十七章 回到台灣

「為了台灣，先把臭頭仔搞掉再說！」此時我的心胸裡，心驚膽跳的講出：「我這條命必將奉送給我的台灣!!」

一、青島坐船到基隆

從青島到基隆，我記得船走了四、五天，船上坐了滿滿的國民黨軍人與難民，那些難民都穿著軍服，帶著大包小包。我和平賀睡在甲板上，但即使是甲板上，貨物也堆積如山，很多布袋裡裝著麥子和小米。他們問我：「你哪裡啊？」我回答台灣，大家一聽到就親切起來，圍著我問東問西，譬如台灣最大的都市在哪裡？住在哪裡最好？等等，我當然就和他們吹噓台灣有多便利、多好多好。但遊子歸鄉，心情總是起伏不定。

等船到了基隆港，直接靠在岸壁上一看，碼頭四處皆由憲警站立監督。我們正在猶豫不定，想說沒有入境證怎麼上岸（在青島上船時，想說到台灣再說），於是問一個湖南軍人能不能幫忙，他馬上回答：「你跳吧！跳就解決了吧！」（這點就是中國人靈巧的「敏感性」，笨拙的台灣人幾乎是不能馬上想到的）我們一看，船正在卸貨，岸邊的麻袋、布袋一層層往上堆，把船沿和地面的落差縮短了一大半，說時遲那時快，平賀膽子不小，說跳她馬上跳，我也跟著跳下去，果然沒事，袋子是軟的。腳一著地，我就馬上拉著平賀逃離現場，往火車站一直跑。

在基隆岸上，我記得看到一個中國警察拖拉著一個十一、二歲的小孩，旁邊的人替孩子求情：「你原諒他吧！你原諒他小孩兒吧！」很多人都注意到那邊，那個穿著台灣日治時代黑色警察制服的

人卻說：「你們不知道，他跟共產黨有關……」台灣已經與中國一樣，我聽了感到非常可悲，接著我們就坐上火車，回到士林的家了。

二、「回來就好，回來就好！」

總歸是回到台灣了。到家裡已是下午三、四點，家人看到我們，都嚇了一跳。我一進門就馬上爬上樓，那是阿嬤在拜佛祖的所在，當時阿嬤在後面，她因爲是綁腳後流腳，穿著皮鞋腳步很重，踏踏踏地走過來。她說：「回來就好，阿暉仔，回來就好了。」我忽然用雙手擁抱著阿嬤的腰，淚如泉湧，無所適從。老祖母還拍拍平賀的肩膀表示慰問。

倒是我母親比較生氣，她跟上樓來，罵得很大聲：「你這個死囝仔，家裡最要緊的時候，你不知去向，現在沒處去，你又回來幹嘛？又娶一個日本婆仔回來。」我那時眞是垂頭喪氣，當下我一句話都沒辦法說出來，後來光說「對不起」也無法收場。等晚上父親回家，看見我們，他連聲說：「回來了，加在（有幸），加在！安全，安全了。」並且以日語向平賀說：「ごくろさま（妳辛苦了）！」

阿嬤踏踏踏的腳步聲，是我永遠的鄉愁，圖為阿嬤（中）晚年與謝龍財全家的合影，最左為李德財校長夫人謝明珠

因爲平賀沒有戶口，爲她找戶口是回來後第一件事。當時我們都得拿「良民證」，這是蔣家國民黨沿用二次大戰時，日本在佔領中國地區，強制中

國人用的殖民地性「良民證」，不叫「身份證」。我的戶口沒有問題，但是平賀有問題。不過，平賀會講北京話，而且講得比我還好，經過與阿嬤等人商量，我帶她去內雙溪山內一個做保正的親戚那裡辦良民證。雖然當時國民黨軍佔領台灣已經五年，但是完全掌握的區域卻很有限，像是山溝裡或鎮公所裡，都是台灣人在管事；從親戚那裡，平賀才拿到一個證明她來自山東的良民證。

初見平賀的阿母，罵我「娶一個日本婆仔回來」，但阿母在病危住院之際，向來探視的親友表示平賀是伊的好媳婦

三、半夜裡，特務警察踹門查戶口

當時沒有良民證，連行動都有困難，因為公路有公路警察，鐵路有鐵路警察（因為日本時代沒有這種警察，所以大家都感到很憋氣，悶在心中而不吭聲），三不五時就要查看每個人的證件。依據國民黨戒嚴時期的規定，任何人要到外地去住，必須先到住地的警察機關報備，如果碰到查戶口，被發現是外地人而沒有報備，會立刻被抓去警察局，直到查清楚這個人確實在某地有戶口，才會放人（這些事在日本時代都未曾有過）。我是一九四九年五月回台灣的，同時期，蔣介石也撤到台灣，宋美齡也隨後來到。起先是蔣介石住到草山（陽明山），宋美齡住在士林農藝試驗所，所以芝山岩一帶都被戴笠（已故）的特務系統佔據，到處都有穿著褐色制服的特務在站衛兵。

有一天半夜，來了二十幾個人，前面是憲兵，後頭跟著警察

和便衣特務，對著我們家的木門猛踹，來查戶口了。他們踹門時，已經弄得大家心驚膽跳了，一進門，就翻箱倒櫃，把每個抽屜都拉開，裡面的東西全部甩出來，連床下都用槍上的刺刀去探一探，看是不是有人躲在裡面，然後要家裡人都集合起來，一個個核對戶口。當時，嫁到苗栗的玉英姑的養女阿滿剛好來家裡，沒有先報備，立刻被帶到警察支廳，因爲我阿嬤是戶主，只好跟著去了，那麼我當然也得跟著阿嬤去。

在警察支廳裡，一屋子上百個都是碰到同樣情形的人，我們在那裡整整待了三天兩夜，吃的東西由家裡送來，梳洗、如廁都有困難，直到警察局打電話去問，證明玉英姑的養女確實在苗栗有戶口，我們才可以回家。這種情況在日本時代都沒有碰過。大家都恐懼的憋在心中，而悶聲不響。

四、苦悶的日子

那是一段相當鬱悶的日子。我走過的台北街道，「城內區」大致上熱鬧如昔，日治時代的官舍都被國民黨人佔住，也就是說，中國官僚代替日本官僚來管台灣人。很多人告誡我不要去那一帶的「世界戲院」看電影，說是他們不像日本人那麼和平，很橫暴，爲了搶座位，常把台灣人趕出戲院。我身邊的台灣人都充滿警戒，譬如我母親，就深怕人家知道我是從共產黨解放區回來的，錢也不給我，而我除了一些特殊的情況外，也盡量不讓別人知道。

有一次，我在路上看見一個中國人拿了水果不付錢，水果攤的老闆抱住這人的大腿哀求說：「拜託啊，阮是散赤（sàn-chhiah貧乏）人。」不料這人轉身就把水果攤整個打翻。另外一次，我坐公路局的巴士，看見一個中國人軍官坐車不給票，年輕的車掌小姐客氣的要他補票，他竟眾目睽睽下，一回頭就給了車掌小姐一個巴掌，她也不肯認輸的回罵軍官：「你這個吃賁（phun餿水）仔。」意思是罵他「豬」，但是罵豬軍官可能聽得懂，罵「吃賁仔」或「咬柑仔」，對方就聽不懂。日本時代並沒有這種情形，我當時感覺到，國民黨這麼橫暴，簡直和中共沒什麼兩樣嘛！原來，蔣介石（中國國民黨）、毛澤東（中國共產黨）都是孫中山培養出來的個人獨裁主義者。

另外，我從家裡的磚坪仔頂，常常看到貨車載著犯人遊街，通常是年輕人，被打得臉腫腫、面青青，手綁在背後，胳臂中插著一支告示牌，說他什麼罪刑重大、將押去槍斃，貨車開得很慢，要路人都看個清楚，俗語所說的「殺雞儆猴」，大概就是這樣。這是怎樣!!比起日本時代，台灣爲什麼變得這麼快又壞？

過了一個多月，阿嬤才對我說：「阿暉仔，二二八時節，阿山這些死人，從台灣頭殺到台灣尾，台北的圓山運動場，殺了好幾百的台灣少年人，都被丟到糞埽車（pùn-sò-chhia卡車），一車又一車，經過士林車頭前的道路，都送到淡水海棄入海底。士林河（基隆河）都是裝著死人的布袋（pòo-tē麻布袋），浮來浮去，海水都變成紅色了。士林草山的溪溝，滿布被阿山仔打死的一大堆屍體，屍體腐爛，看咱的病的施江南醫生也被打死，你老父的朋友被殺了很多人，士林大西街的某人、某人等也被打死，也有許多青年人都被抓去沒回家。看你的性格，如果在台灣也會打死吧，咱的祖公仔也是有保庇（pó-pì）的。」

我在蘇州認識的朋友陳寶川，在我回台灣不久，就跑來找我，很驚訝地問我：「你怎麼回來的？」他當時在做彰化銀行的襄理，很久以後我才知道他和特務有關係。我把在中共解放區的經歷告訴他，結論是中國這樣下去會有問題的，他便幫我介紹高理文（高素明），高理文也很驚訝我能夠從中共解放區逃出來，問了我很多細節。從談話中我聽得出來，當年他和蔣經國離開蘇聯時，也曾看出一些蘇聯的問題，譬如斯大林的個人獨裁等等，所以對於我的出逃，他連說「幸好！幸好！」

高理文是中央信託局的最高顧問，他常請我吃飯，問我有關於中共的事情。從他的談話，我知道他和中共的一些高幹都是同學，而他和蔣經國的關係，更是非比尋常。

五、成立「台灣獨立革命武裝隊」，先搞掉臭頭仔，做地下工作

一九五〇年春天我母親過世後，有一個叫做周慶安的人來找我。二二八事件以後，他曾參加過廖文毅的「台灣再解放同盟」，在香港有三、四十個台灣青年，原打算和廖文毅做一番工作，但是看廖

文毅的生活日趨變化，周慶安就回到台灣，透過林呈祿的兒子林益謙，才找到我這裡來。他住在大正街五條通，我常去找他聊天，總會有些青年人在他那裡，他也沒跟我多做介紹，只是告訴我：「這些人都是會拚命的。」（後來我有給他們講習地下戰）我這裡也有些親戚朋友等等二十來人，雙方常商議：「為了台灣，先把臭頭仔（指蔣介石）搞掉再說！」此時我的心胸裡，心驚膽跳的講出：「我這條命必將奉送給我的台灣!!」「台灣獨立革命武裝隊」就是這樣創立的。我已和學生時期不一樣，不必多說什麼，就自然而然走上這條革命的路線。大家做地下工作，分成他跟我的兩條線，分別帶開，各自行動。

士林—台北來回之間，天天經過的劍潭明治橋，革命運動時常在船中密談

日治時代遺留下來的槍很多，尤其是三八槍，我們各自蒐集了三、四十支槍，由我做頭，帶他們去草山的菁礐，我阿嬤在那裡有塊六十甲的共有地，平常的農戶不會注意，我們把槍埋藏在一個山上的雨寮裡頭。同時，由於我阿舅的朋友以前在草山公學校教書，我自小對那裡的環境很熟，和學校的老師們也認識，就向他們租了一間宿舍，在那

裡住兩個同志，就近觀察蔣介石搭乘座車出入的情況。

當時蔣介石住在草山的貴賓樓，這是日治時代招待日本皇族的宅邸，從貴賓樓有一條柏油路可以直通台北總統府，這條路在日本統治台灣的初期就有了，是日本官員爲了到草山洗溫泉鋪設的。日治時代，從榮町的街道起站，一天有五、六班次叫做「巴士（トモエバス）」去到草山的公共浴池，有一家公共的「聚樂園」，普通人也能去洗溫泉及遊玩等，一人二角五分，可以泡湯一整天。我以前常和朋友一起從士林爬上草山，到公共浴池玩，沿路有吃不完的多尼仔（一種小果子），可以採來吃，還有我家的祖墳也在草山附近的菁礐，每年都得去掃墓。

我們經過一段日子的觀察，發覺蔣介石的七、八部座車隊實在開得太快了，用步槍沒辦法刺殺他，決定另想辦法。

這時候，剛好周慶安弄來一張地圖，說是日治時代日軍的參謀本部流出來的，上面畫著苗栗大湖與南庄之間，藏著很多重機槍。但是那地方屬於深山地區，入山要辦入山證，於是我去拜託高理文，弄到一張文件，說是我在幫中央信託局蒐集香茅油；當時，全世界百分之四十的香茅油是從台灣出口的，用來做肥皀、薄荷油，高理文還很好意地問我：「你大學畢業，做這種工作，適合得來嗎？」，我答：「不一定做得來，但爲了台灣一定要做。」

六、大進大退，逃亡日本

我阿嬤弟弟的女兒阿彩姨仔嫁到苗栗，所以我去苗栗時，就住這個黃家。在苗栗也得到三個親戚朋友，協助參加我搜山。從苗栗市坐巴士到大湖，再從大湖走到南庄，那一帶就都是雜樹繁茂的深山了。地圖上雖然有目標和地名，但我找起來像在大海裡撈針。我的親戚還找來兩個客家人，我們從一九五〇年年尾開始找，很耐心的一直找到一九五一年年尾，機關槍還是沒找到。然而那時，藏在菁礐的槍卻不幸被發現，才放棄找尋。這段期間，我帶苗栗的親戚及朋友去山裡蒐集香茅油，每個月有三個禮拜會住在苗栗，從山中用方型的汽油桶把香茅油以手提方式運下山，交給中央信託局的

苗栗集油站，還賺了點錢。但是日子過得很快，去苗栗也將近一年。

大湖、南庄那一帶的山，原來都是有非常高大的樟樹，以前我們親戚來士林家裡，常帶樟腦油來。其實，製煉樟腦油的方法，和製煉香茅油的方式差不多；國民黨來台灣以後，把日本時代禁止開採的樟腦樹，當做木材賣到國外賺大錢，所以，那一帶的人沒辦法生活，才開始種起香茅油草。

一九五一年年底的某一天，我從苗栗回到士林，天氣很冷，正想回到家裡避避寒，還沒進家門，就看見亭仔腳的磚柱旁，有一個中國人的老婆仔在賣花生，她和顧客講話時，用的話不是北京話，也不是閩南話，我就感覺怪怪的，進門爬到磚坪仔上去看，沒想到對面也搬來一個中國年輕人，問了家人，說是這幾天才搬來的。由於我過去做過地下工作，所以警惕心比較高，馬上到阿嬷的眠床邊，抓起一把金條與美金，就跑出來了。然後我走到士林圓環鎭公所，還沒進門，就被熟識的公所職員何仔義推出來，他說：「你！幹嘛你？憲兵正在圍你的厝，你不知道？」我一聽，趕忙坐巴士往台北跑。

那時是下午三、四點，我遵守「危險時要大進大退」的原則，到台北後馬上坐火車下台中，第二天去高雄，第三天回到新竹，第四天又往屏東跑……，這樣反覆來去。因爲警察局是早上九點上班，上班後會到旅館拿前一晚的住宿名單，所以我通常都是近午夜十二點進旅館開房間，四、五點就退房，趕第一班車到另一個地方。

高雄有個鹽埕區，我當時常常去那裡一間便宜旅館開房間。一九五二年三月，我剛好有個機會，在基隆港做了「海蟑螂」（都是港口的貧窮人的職業）。所謂「海蟑螂」（hái-ka-tsuáh），就是拿著日常用品，上船賣給那些沒有辦法上岸的船員，如果想多賺點錢，就從那些船上的人手上接一點貨，上陸之後再轉賣出去。後來，我轉做卸香蕉的工人，花了五兩金子，換到那頂卸貨的紅帽子，再找機會混上一艘開往日本神戶的船，逃離了台灣。

從那時起，我就把身上所穿的衣服，在上衣的衣角內裡，縫上兩片刮鬍刀片，以防萬一。可是我覺得會到這種最後的情況，是很不可思議的，心裡一點也不悲觀，也不覺得失望，只是天天都摸摸那兩片刀片，時時刻刻在等著事件的結果。

第十八章 政治亡命日本

一、偷坐香蕉船，逃亡日本

一九五一年年底，我遭蔣家殖民政權特務警察，以叛亂罪名追查，既激憤也很緊張。但我就像在中國衝破凶險、過五關斬六將回到台灣那樣，精神冷靜，不驚慌，也不害怕，愈遭殃心志反倒愈堅強，從台灣頭到台灣尾，天天都是躲躲藏藏的東奔西走。

到翌年一九五二年二月，我前往基隆，在朋友（迌迌人）的介紹下，做「海蟑螂」，到停泊在基隆的外國船裡賣日用品或是台灣的特產品。不過幾天，很幸運的與基隆港的卸貨工頭做朋友，他叫做「打手的」（phah-chhiú-ê），經過一些日子的喝酒聊天或迌迌之後，等到互相熟悉了，見機拿出五兩重的金條送他，希望他借給我能夠自由上下船的一頂紅帽子（監視船隻的蔣家特務，都以這頂紅帽子爲記號，才讓人出入香蕉船）。工頭接過金條，頓時吃了一驚，這五兩重的金條對他來說是頂大的一筆錢，當下馬上就對我千謝萬謝，隨即去拿一頂紅帽子來給我（他心裡當然知道我是要做什麼的）。

在基隆港口每次裝香蕉，都是從下午一直作業到隔天透早，由香蕉工人扛香蕉簍，從陸地裝卸到船艙裡。香蕉都用竹篾交叉編織而成的簍子裝著，一簍大約三十餘公斤，那時我年紀尚輕，還扛得起

香蕉簍，一簍一簍扛上船，卸到船艙裡。通常是卸到夜半二、三點，工作才告一段落。

於是，我選在五月初，天氣不冷（當時還沒有暖氣設備），扛香蕉簍上船後，就把紅帽子托其他同伴的工人夥伴交回去給工頭交差，因爲特務警察是以點紅帽子算人頭，只要帽子數量足夠，就算是工人都有上岸，他們就不會看人。

香蕉船艙底的上方有出入口，香蕉裝完後，出入口都以厚木板壓著，再以帆布蓋上去，所以我躲在船艙底，就好像躲在黑漆漆的棺材裡頭一樣。

無論如何，我要逃亡日本的計劃已付諸實行了，內心很澎湃，也很清楚，我要爲革命、爲獨立、爲自由打拚的一生，已走到不可回頭的這一步了。

我在船艙底選擇了一個位置，是出入口對角的角落，我把三、四個香蕉簍子堆疊三層，擺放在我的四周，人就藏在簍子所圍成的高牆裡面，稍微可以伸腳躺下的狹隘空間裡。我在裡頭昏昏欲睡時，也感慨萬千的想到：「爲何我一世人都在逃亡跑路!?」但只要船早點開動，我就會再次離開台灣了。

然而過一會兒，在黑暗中，忽然一絲光線穿過竹簍子照進來，偶然抬頭一看，很驚惶的發現，有個穿著藍布衣服的船員，從打開的出入口樓梯下到船艙裡，更奇怪的是，他一直朝我所躲藏的這角落緩緩的爬過來。他在爬到離我僅有一公尺左右的地方，忽然推一推我周圍所疊好的香蕉簍，簍子稍微晃動一下，他說了一句：「可危險啊！」同時在甲板上又有另一個人大聲喊：「好了！」我在一旁是拚命閉氣，忍耐著必死的一瞬間。

後來才知道，原來是在我頭上有個通風口，從甲板上穿過通風口放下一條線，上頭綁著一隻溫度表，就是要測量艙底的溫度，那個溫度表卻卡在我疊好的香蕉簍子邊而不能上下，他是要下來撿溫度表的，也因爲下艙的這個人搖動了香蕉簍子，使得溫度表往上動，所以甲板上的船員才喊好了。那時，在艙裡的船員也立即回頭就爬回去，同時將厚木板蓋回原位，艙內又恢復如同棺材裡的黑暗。天啊!!如果簍子被他震動得倒向我的角落來，那一瞬間我就會被發現，到時，就什麼都完了。此時，我始終都閉著氣且不敢隨意亂動的等待著，實在是很危險。人生事就是那麼危機四伏，多一分少一秒，

事情就會有很大的變化。三點鐘後，船終於開動了，此時我心想著：很好的出發，這次一定會跑成功!!

這天是一九五二年五月六日。

二、天山輪晚到神戶，被日警扣押

事後，很多人都在說，既然周圍都是香蕉，那麼吃香蕉就可以活了麼!他們不知道香蕉都是生的，根本不能吃。所以我在船艙底都沒吃沒喝，也沒有屎尿，一直到第三天，腦筋裡開始出現幻覺，睡覺時一直做夢，夢到了神戶，一定要大吃神戶牛肉、牛排，喝蘇打水的大夢。

通常台北到神戶的船，是繞過下關（門司），再通過瀨戶內海，三天二夜就會到達神戶。當時，我搭的這艘「天山輪」，是在戰時運送蔣家國府的物資船，是中國招商局的五千噸美國貨船（LST），坐到第四天還沒到下關，我就開始煩惱這艘船說不定會開到中國去（當時有不少國民黨的船，會開到中國去投降中國共產黨），如果是這樣，就眞的完了。

後來才知道，船爲了躲避戰時留下來的魚雷，繞道四國的外海（太平洋），所以行程才會多花兩天。

五月十一日，船終於到達神戶港，靠岸後，日本的起貨工人就下艙來準備卸貨。他們有六個人，分成兩排坐著，其中一個工人就坐在我前面，根本沒想到我在他後面，我立刻採取行動，迅速舉起左手摀住他的嘴巴，不讓他出聲，再以右手塞一兩金子到他的手裡，然後在他的耳朵邊輕聲的以日語說：「我是從台灣來的，我很愛住日本，拜託你幫我一下。」戰後日本人的生活物資相當缺乏，老百姓都很苦，一兩金子對他們而言，是很大的價值，他立刻說：「オ・ゴクロウサマ!」（啊!辛苦了!）我要求他與我換穿衣服，他也隨即答應。換穿衣服後，他先爬到艙口看沒有警察後，才帶我出船艙。在戰後，大概這種類似的偷渡案例不少，所以他的同伴工人看到我，也當成沒看見一樣。

上岸後，我拜託這個工人帶我到神戶市的東亞道路，他隨即幫我僱了部計程車，還熱心的說：「我跟你去!」說著就馬上跟著坐進計程車內。東亞道路原來是神戶市一條有名的大馬路，當時街道

被美軍轟炸得近乎面目全非，我要找的地點已經認不出來了。

此時我在心裡想著：「這個人雖是我的恩人，但是跟著我一起這麼長的時間，對我的事情知道的太多了，豈不麻煩？」於是，我突然叫司機把計程車繞到一條車子無法進入的小巷弄前，車一停，我馬上再拿出一兩金子丟給工人，說聲：「ありがとう！さよなら！」（感謝！再見！）轉瞬間，我急忙跳下計程車，同時將車門關上，轉身拔腿就往巷弄裡跑，如此就把他甩掉（事後回想起來，眞是過意不去）。

三、以不法入國，遭神戶警察逮捕

之後，我在小巷弄附近東繞西繞，越繞越不對勁，剛好走到一戶人家的庭園門口，大門正好開著，於是我就走進去問路，裡面的女人一聽，就回答說：「你要找的公寓離這裡只有二十來公尺。」我一聽，就安心下來，給她回個禮就走出庭園，沒想到一出門就碰到兩個日本警察在巡邏。

那天是五月十一日，兩個禮拜前的四月二十八日是「舊金山對日和約」的生效日，日本人獲得政治獨立，聯軍總司令麥帥將統治權還給日本，所以日本警察從二十八日起就恢復日本的治安權（聯軍佔領日本以來，日本警察一點權力都沒有），所以能出來巡察。

當時我滿臉鬍髭，渾身髒髒的，又穿著破爛的工人服，在這住宅區很突兀，警察一看就走近來，其中一個對我查問說：「你來你來，你在幹嘛？」我回說在找朋友，他又問：「你從哪裡來？」我一時愣住，只好說是從下關來（因爲從台灣來日本時，船都會停靠在下關），沒想到這個警察又說：「我也是下關人，你是下關哪裡？」因我有去過下關很有名的円山公園，所以我脫口而出，說是從円山那裡來的，那個很意外的警察又說：「那麼巧，我也是円山公園那兒的人，你這樣不行，趕快去整理一下儀容，換換服裝，不然會被別的警察捉去。」

兩個警察話說完就走了。然而，沒想到他們倆走沒幾步，其中一個警察又突然轉過頭來問我：「喂，你從下關怎麼來的？」我答說是坐火車來的，他接著問：「火車票多少錢？」當時，我剛到日本，並不知道什麼價格，內心想日本通貨膨脹厲

害，就回答千餘円，這樣就壞了事，其實只要幾百円，警察一聽到我這麼說，兩人馬上走回來，開始搜索我的口袋，發現裡面又有金條又有美金，在這最後關頭我無法自圓其說，不得不向他們坦白說出：「對不起，我是台灣人，從台灣來的。」

他們馬上把我帶到神戶的「生田警察署」，以非法入國的罪名，將我拘留起來。我說我是因爲從事台灣獨立運動，被蔣家國府追捕才非法入國，警察方面對我還算不錯，馬上通知我在神戶的朋友（平賀的哥哥，以及許炎亭、施隆一），施氏等隨即買衣服來看我。我在拘留所裡被關了二個多禮拜，七、八個人關在一起，其中有一個是「監獄主」，他在監獄裡相當凶惡，但他聽說我是台灣人政治犯，卻對我很好，一下子買這買那要我吃，但是我很謹愼，因爲六、七天沒吃東西，所以剛開始兩天光喝水，不吃東西，後來，慢慢的把一個便當吃五分之一，漸漸增加，後來才恢復正常。

拘留十幾天後，受檢事官審問時，我向他說在台灣因爲受到政治迫害，不得已才偷渡到日本。檢事官卻說：「這樣我們可以同情，但是你沒有任何證據可考，法律上我們無法知道你是不是因爲殺人放火，才跑到日本來。」被拘留了二十幾天後，日本法院決定起訴我，就先讓我假釋，把我沒收的一些金條、美鈔也都還給我，這對我是相當好意的。我出了拘留所，看到朋友們來接我。

一直到十月，法院開庭審理，一庭結審，判四個月徒刑，三年緩刑。我非常開心，以爲這樣就可以在日本住下來。但是我還是太天眞，問題沒那麼簡單，我料想不到，以上是司法判決，然後還有行政管轄的問題，必須要經過法務省「出入國管理局」的處理，所以我一踏出法庭，「日本法務省出入國管理局」的官員，就等著將我送到神戶管理局收容所，繼續扣留，我才明瞭有可能從日本被送回台灣。

當初，在我要走出基隆時，就有做最壞的決死的覺悟，萬一事跡敗露時，就必須自盡身亡。不然，若被送回台灣，會遭蔣家國民黨的殘酷刑求，這是人所不能忍耐的，結果會吐出許多實情，獨立運動及同志們定受連累。所以，從那時起，我就把身上所穿的衣服（當時美軍將校所穿的軍衣給染成黑色），在上衣的衣角內裡，縫上兩片刮鬍刀片，以防萬一。可是我覺得會到這種最後的情況，是很不

可思議的，心裡一點也不悲觀，也不覺得失望，只是天天都摸摸那兩片刀片，時時刻刻在等著事件的結果。

在十一月的某天，出入國管理處處長差管理員來叫著：「施朝暉，出來，處長叫你去參見！」我一聽到，覺得事情終於來了，要被送回台灣了，精神有些緊張，把衣服一捆帶著，默默的跟他出去。但是，眞沒想到，我一進入處長室，處長一見到我反而站起來，很溫和的伸出手來握我的手，對我說：「おめでとう，おめでとう（恭喜恭喜）。」一時之間我被搞得一頭霧水，聽處長說明後才知道：「蔣介石中華民國政府警備總司令部，經過外交途徑蔣家大阪領事館，向日本政府提出施朝暉逮捕令狀，說是叛亂反國民黨政府第一司令，要求日本政府把施朝暉政治犯遣送回台灣。」這卻證明我眞的是政治犯，因此我才能得到日本政府的政治庇護。這種天堂地獄似的大變化救了我，終於可以住在日本了，眞使我感慨萬千。其後，出入國神戶管理局把我送到橫濱出入國管理所，一個禮拜後辦理手續，遂釋放我於東京。

我在人生強壯佼好、春秋正富的時代，歷盡種種險惡，多次險遭不測，如此的磨練，終使我所抱的抽象革命意識，一步步成長爲具體的革命行動。

四、獲得日本居留權，擺攤子、賣餃子

一九五二年十一月，我被釋放後，通知我弟弟林朝陽（歸化日本籍，取名松本一男），他再通知我的許多台灣人朋友來接我。他們一見到我，大體上都說「先輩，好極了，恭喜！恭喜！」其中卻有人跟我這麼說：「先輩，我們現在已是外國人，不是日本人了，賺錢要緊，現在最好做的是開柏青哥（Pachinko）店，可是一本萬利。」我聽到時很不爽，立即回他說：「我是要爲台灣獨立打拚，哪裡能做賭博生意？」他們聽了後一愣，無言以對。

神戶警察署還給我的金條、美鈔，我就拿給松本，叫他替我換日幣，已剩不多，然而他卻將其花完，我不得不經他的手，從台僑處借來日幣四十萬円（月息五分）。

一九五二年年底，我拿了這筆錢，就在東京山手線鐵路的池袋站西口站前，擺一個攤子，賣起餃子、炒豚肝、高粱酒等食攤。雖然只是小攤子，但

在一九五〇年代的東京，賣餃子的我算是第一家。會考慮賣這些東西的原因是，從中國華北、東北地方歸國的日本人，將近一千萬人，他們都習慣吃水餃（鍋貼）、喝高粱酒（白乾兒）。

爲什麼我會做很辛苦的飲食店呢？我確實是可以找商社當職員，但是我想到爲了革命經過千山萬水，往後又要繼續從事台灣獨立革命，就一定要有自己的店，以方便台灣來的人能自由的出出入入，也才可以與台灣島內做聯繫工作。

然而，開飲食店並不是那麼容易的事。說起來，我對料理根本是外行，從來是儘管吃而沒有做過，腦筋裡都是想怎麼做才能做出與北京餃子的味道一樣，根本沒有考慮如何才能賺錢，只有拚命幹。尙且在當時，攤子是連瓦斯都沒有，要燒餃子、炒小菜等，只能用點石煤煉炭的烘爐，而且要一邊搧火一邊操鍋子才能做菜燒餃子。每天都要使用十幾公斤的羊肉做餃子餡兒，同時餃子皮也要自己擀，然後捏成北京式薄皮水餃子。

然而一開始，日本人相爭來吃餃子，一開賣當天就熱鬧滾滾，買賣相當不錯，座位只有六個，從傍晚五點開店，不但是一直都滿座，後面客人都排列在等著。買賣就愈做愈好起來，天天都是這樣到夜裡十二點才閉店。做了快半年，一九五三年的初夏，不但把重利息的借款都還完，手裡也剩下不少錢。

此時，我與平賀的生活相當艱苦，兩人天天都睡在寬一坪半（三個榻榻米大小）的攤子上面板子，沒浴室、便所，凡是洗臉、洗澡、大小便等日常生活的事情，都利用山手線車站裡頭的廁所，也眞不簡單。這在當時的東京還不是很稀罕，因爲第二次大戰時，東京被美軍轟炸得幾被夷爲平地（一九四五年，昭和二十年），我擺攤子時的昭和二十七年，東京池袋復興的日本人住宅，差不多都是板仔厝，問題是沒有自己的廁所或洗澡間，所以那時我們睡在攤子上面，一般而言，也並不覺得有什麼稀罕，每天都利用車站的廁所如廁或洗臉，天天到「洗湯」（セントウ，大衆澡堂）去洗澡。

反而在東京的台灣人，差不多有二、三萬人，被稱作「第三國人」，生活上都受到美軍麥帥的特別照顧，加上自己搞出來的做爲戰勝者的特權關係，大家都有錢，大體上都住在東京郊外的日本住宅，所以像我這樣與日本人同樣住板仔厝的台灣

人，大概很少吧。

平賀是怎麼離開台灣而回到日本的呢？當時，蔣家國民黨正在金門、馬祖與中共軍打砲戰，蔣介石利用日本舊軍人來台組「白團」（日本將校群），及日本侵略中國時擔任華北日本軍滿蒙軍司令官並兼任北支那方面軍司令官（一九四四—四五年駐張家口）的陸軍中將根本博等，援助國民黨軍作戰，所以對日本人很禮遇，這些人都住在淡水、北投等地。平賀到北投區公所去申訴她是日本人想要回日本時，恰巧碰到這些日本軍人，在他們的幫助之下，蔣家政府才允許她回日本，她比我早回到日本（當年八月，我還被收容在神戶出入國管理所）。

我的攤子在西池袋火車站正前面，另一方面可以去橫濱利用香港定期船次，透過船員，從香港辦來皮蛋、白酒（高粱酒）或茅台酒，給客人喝中國酒吃鍋貼或中國小菜等，客人是開心得不得

流亡日本初期

與平賀一起包餃子

包餃子，做革命

新珍味

廚師史明，一九八〇年代

東京新珍味

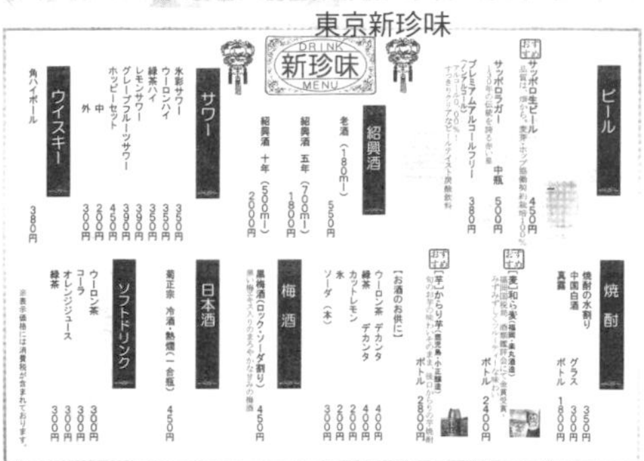

FOOD 新珍味 MENU

お酒のつまみ

清蒸鶏（むしどり） 450円
夢蘭煎蛋（干し大根入り玉子焼き） 390円
塩炒豚肝（塩レバ） 550円
醤炒大腸（ホルモン味噌炒め） 490円
香腸（タコウインナー） 350円
拌黄瓜（キュウリたたき） 380円
豚肚（ガツの合え物） 390円
榨菜（ザーサイねぎ合え） 300円
皮蛋（ピータン） 300円
棒々鶏（バンバンジー） 500円
清蒸豚足（豚足） 400円
叉焼（チャーシュー） 580円
冷豆腐（冷やっこ） 300円
蕃茄（冷トマト） 350円
拌豚耳（豚ミミの合え物） 380円
筍干（メンマ） 300円
春巻（はるまき） 三本 460円
冷拌海蜇（クラゲの甘酢） 590円

料理

おすすめ 鍋貼（焼ギョーザ） 480円
水餃子（水ギョーザ） 480円
焼売（シューマイ） 350円
炒菠菜（ほうれん草ニンニク炒め） 690円
炒青菜（肉野菜炒め） 700円
韮菜豚肝（ニラレバ炒め） 800円
麻婆豆腐（マーボードーフ） 800円
炸鶏（鶏肉の唐揚げ） 550円
宮保鶏丁（ナッツ・鶏肉の辛味炒め） 890円
回鍋肉（ホイコーロー） 780円
木須肉（豚肉とキクラゲと玉子炒め） 850円
咕咾肉（酢豚） 1600円
八宝菜（五目うま煮） 850円
炒肉片（肉炒め） 890円
乾焼蝦仁（エビのチリソース） 980円
青椒肉絲（豚肉とピーマン千切り炒め） 850円
韮菜炒豆芽（ニラともやし炒め） 590円

麺類

おすすめ 北京大滷麺（特製ターロー麺） 950円
（半ターロー麺） 630円
拉麺（ラーメン） 600円
炒麺（焼きそば） 750円
湯麺（野菜タンメン） 760円
豆芽麺（もやしラーメン） 680円
担担麺（中国式汁なしタンタンメン） 790円
大醤麺（ミソラーメン） 680円
炸醤麺（ジャジャメン） 750円
肉片湯麺（肉そば） 890円
叉焼麺（チャーシューメン） 950円
炸麺（かた焼きそば） 850円
炒米粉（焼ビーフン） 800円
五目湯麺（五目そば） 850円

飯類

炒飯（チャーハン） 650円
おすすめ 肉片炒飯（肉盛りチャーハン） 900円
蟹肉炒飯（カニチャーハン） 880円
天津飯（天津丼） 850円
中華飯（中華丼） 800円
白飯（ライス） 200円
（半ライス） 150円

スープ

大滷湯（ターロースープ） 580円
青菜湯（野菜スープ） 490円
肉片湯（肉スープ） 500円
鶏蛋湯（玉子スープ） 450円

※表示価格には消費税が含まれております。

東京新珍味

DRINK 新珍味 MENU

ビール

おすすめ サッポロ生ビール 450円
品質は、畑から。麦芽・ホップ協働契約栽培100%
サッポロラガー 中瓶 500円
130年の伝統を誇る赤い星
プレミアムアルコールフリー 380円
（ノンアルコール）
アルコール0.00%！
すっきりクリアなビールテイスト炭酸飲料

紹興酒

老酒（180ml） 550円
紹興酒 五年（700ml） 1800円
紹興酒 十年（500ml） 2000円

サワー

氷彩サワー 350円
ウーロンハイ 350円
緑茶ハイ 350円
レモンサワー 390円
グレープフルーツサワー 390円
ホッピーセット 450円
中 200円
外 300円

ウイスキー

角ハイボール 380円

焼酎

焼酎の水割り 350円
中国白酒 グラス 300円
真露 ボトル 1800円
おすすめ 【麦】和ら麦（福岡・泉丸酒造） ボトル 2400円
福岡国税局 酒類鑑評会にて金賞受賞。
みずみずしくフルーティーな味わい
おすすめ 【芋】からり芋（鹿児島・小正醸造） ボトル 2800円
旬のお芋の味わいそのまま。後口からりの芋焼酎

【お酒のお供に】
ウーロン茶 デカンタ 400円
緑茶 デカンタ 400円
カットレモン 200円
氷 200円
ソーダ（本） 300円

梅酒

黒梅酒（ロック・ソーダ割り） 450円
黒い梅エキス入りのまろやかな甘みの梅酒

日本酒

菊正宗 冷酒・熱燗（一合瓶） 450円

ソフトドリンク

ウーロン茶 300円
コーラ 300円
オレンジジュース 300円
緑茶 300円

※表示価格には消費税が含まれております。

新珍味的菜單

新珍味二樓

在新珍味做大滷麵，二〇〇九年

新珍味一樓

了。後來，客人之中漸漸增加了一些文化界、雜誌媒體界的人。一盤六個餃子五十円，白酒一小杯五十円，就這樣從小錢慢慢地賺起來。

因爲這樣，我才能在擺攤子三年後，就在靠車站附近買下十七坪大的店面（花了五百六十多萬円，後來受到東京都的市區改革，縮減成爲十一坪的店面），起先是兩層樓，後來改建爲五層樓，就是過了六十餘年以來到現在的「新珍味」，樓上當成住所使用。客人很多，生意非常繁榮，每個月都能賺一、二百萬日幣，不但是路過的普通客人，到了一九六〇、七〇年代，有些新聞記者、雜誌編輯、或者學校的教師教授，都聽說「珍味」的餃子好吃（後來又增加北京的「大滷麵」等），高粱酒純濃香郁，所以成群頻繁來店，特別是武者小路實篤（日本現代文豪）、佐藤春夫（著名詩人）、逸見梅榮（著名佛教美術學者）、石川淳（著名作家）、開高健（著名作家）等文人學者……

五、撰寫《台灣人四百年史》

一九五〇、六〇年間，舖子裡頭欣欣向榮，熱鬧無比，所以，我乃天天都得從中午十一點起，操鍋子到隔天凌晨三點，忙碌得幾乎無閑暇做其餘的事情。生活艱辛，每天都很緊張疲憊。但是在最困苦時，我都告訴自己，「這是爲了革命在吃苦」，對革命而言似乎有點可笑吧。但這樣堅持下來，店裡員工最多時達十三人，在賺錢及漸有積蓄的情勢下，使我多年來全靠自己的力量，舉凡從事台灣獨立運動或是寫作《台灣人四百年史》，皆無後顧之憂，無須外援。

白天賣餃子，晚上為台灣人寫史

一九七〇年代日居生活，寫四百年史的書桌

生意安定之餘，我就慢慢開始重新學習馬克思主義，漸漸騰出時間，也用幾個打工學生，從日本國會圖書館、早稻田大學圖書館等借出有關台灣歷史及馬克思主義的資料，反覆研讀、整理之後，在一九六二年出版了《台灣人四百年史》（日文版），那年我四十四歲。

我在中共解放區時，體驗了同為漢人，台灣人和中國人卻有很大的差異，重新恢復了「台灣人意識」（先前就有，但未深入探究）。逃回台灣後，認識到要打倒外來殖民體制，**台灣人一定要瞭解自己的歷史才行**，乃開始學習台灣史。所以在組織台灣獨立革命武裝隊期間，也跑去找當時任職台大圖書館的曹永和（小我兩歲，台北二中畢業，小時玩伴），借閱台灣歷史的書籍。流亡日本後，更是廢寢忘食地閱讀、整理各式台灣史資料，常在舖子打烊後，徹夜讀書、寫作到早晨四、五點。

日本國會圖書館、早稻田大學圖書館、日比谷圖書館等所藏有關台灣的史料，不輸給台灣本地的圖書館。因為日治時期台灣設有台北帝國大學，日本可以藉此收集非常多南方的資料，荷蘭統治時代的資料特別多，例如《熱蘭遮城日誌》也在收藏之列，甚至清朝統治台灣時期的史料，也比台灣的圖書館多，是我研究的重要來源。不過，日本圖書館關於國民黨統治時期的史料較少，我必須透過地下管道，才能蒐集到如台灣人口、物質生產數量等外界難以精確掌握的國民黨內部資料，有些重要資料甚至是花了大筆錢賄賂「貪官污吏」才輾轉獲得的。此外，台灣銀行出版了非常多跟經濟統計有關的刊物，我每期都加以研讀引用。

但《台灣人四百年史》最與眾不同之處，還是在於它的立場。因為歷來關於台灣的史書與文獻，毫無例外的，都是由外來統治者，即荷蘭人、日本人、中國人及其他外國人所寫，都是站在外來統治者的立場。即使是身為台灣人的連橫所寫的《台灣通史》，也是以中國人、北京當局的立場來寫，像林爽文這些台灣大眾眼中的抗暴義士，都被他寫成匪徒。《台灣人四百年史》是第一本站在四百年來從事開拓、建設台灣而備受外來統治者欺凌壓榨的台灣人的立場，來探索「台灣民族」的歷史發展，以及「台灣人意識」的形成過程的著作，其堅持的寫作方針是：

（一）站在台灣勞苦大眾的立場，

寫作《台灣人四百年史》

（二）以分析基層結構（即社會經濟）爲出發點，來觀察台灣社會各階段的形成發展，

（三）以文獻、傳說、逸聞等史實爲根據，

（四）著重於台灣社會各時代的國際形勢與時代潮流，以及外來統治者的國內情況及其殖民政策。

除了堅持「站在台灣勞苦大眾的立場」外，這本書所描述的二二八大革命情景，大概也是當時最全面、最具體的。我是在一九四九年才從中共解放區回到台灣，並沒有親身經歷二二八大革命，但我在日本蒐集了很多資料，而且我的姨丈王水柳，就是遭暗殺的二二八事件處理委員會宣傳組長王添灯的哥哥，他曾對我口述二二八事件有關台北的部分。我父親那邊的親戚林西陸（我叫他西陸叔），則是領導二七部隊的謝雪紅的秘書（兩人也曾同居過），他在一九四八年年底被釋後放，也對我述說過台中、嘉義一帶的見聞。此外，我有朋友認識蔣渭水的三子蔣時欽，我也透過管道跟他詢問過有關二二八的情形。所以我經由這些人，以及許多名氣較小的參與者和見證者，得知不少重要內情。

撰寫《台灣人四百年史》期間，我也在重新閱讀馬克思與社會主義，所以這本書也詳細整理了日治時期台灣社會主義思想傳播、台灣共產黨發展沿革等資料。日治時期台灣左派運動的歷史，有其可歌可泣的反抗努力，以及值得保留發揚的理論成就，但眾領導者之間，也有借理論爭論之名而行爭權奪利之實的陰暗面，我寫的固然是歷史，但對照自己正在從事的革命工作，以及當時海外獨立運動陣營的種種現況，這些文字不免也有自我警惕、自我鞭策的意涵在。

《台灣人四百年史》出版前，國民黨已經掌握到有人在寫台灣史的情報，一直試圖與各家出版社聯絡，想要買斷版權，阻止出版。所以我費了很多心力找出版社，最後才找到由早稻田大學學弟經營的音羽書房。一九六二年的日文版印了三千冊，我寄了很多本回台灣，像在台灣的美國大使館就買了一、二十本，放在美國新聞處的圖書館。我用「史明」這個筆名出版這本書，一方面是想凸顯「把歷史弄明白」的含意，另一方面也是想保密，因爲我當時已經開始進行台灣島內的地下工作，常有人到店裡找我，我不希望讓人知道這本書的作者就是施朝暉。但後來王育德走漏風聲，大家還是知道史明

就是新珍味的老闆。

一九七四年《台灣人四百年史》出版增補修訂版，因音羽書房已倒閉，便改由新泉社出版。二〇〇五年，台灣鴻儒堂以新泉社那本爲底本再版。因新一代的台灣學生已看不懂日文，所以我在一九七〇年代開始著手漢文版。爲了撰寫漢文版，我開始認眞學習漢文，並陸續修改書籍內容，甚至整章重寫，終於在一九八〇年出版了漢文版，成爲一千八百多頁的著作。這個漢文版共印了三千本，其中兩千本寄到舊金山給石清正，請他代爲販售，留在日本的一千本，大多用來送人，或讓人一本一本地偷偷運回台灣，前後大概帶了幾百本進去。後來我又補充了一九八〇年代以後的資料，在一九九八年出版了三冊裝的版本。二〇一四年再出版了最新檢定版。至於英文版，是一九八六年在美國華盛頓出版，屬於濃縮過的版本。

基本上，各版本都是以一九六二年的日文版爲基礎，思想體系大致上並無變化，但陸續加上不少補充資料。我所期望的，不外是藉著這些文字來尋求台灣民族的力量泉源，喚醒台灣民族的意識，認清身爲台灣人所負的使命。

六、戰後在日本的台灣人

一九四五年八月十五日第二次大戰結束後，居住在日本的台灣人，主要有三部分：一是從戰前就留在日本，二是在戰時中，被日本人帶到日本做軍工的一萬多名台灣青年（有徵召的，也有自願的），三是戰後偷渡到日本的台灣人（有從台灣偷運砂糖來日本的，或是在戰後跟日本人僱主一起回到日本的台灣人，我是唯一因爲政治因素偷渡到日本的人）。戰後五、六年，日本與台灣間沒有貿易關係，正式航行日本的船隻極少，所以台日之間的貿易是靠非正式方法往返兩地的台灣人。一九五〇年代，據說在日本的台灣人有五、六萬人，但沒有經過證實。最多在神戶，大阪、東京次之，其他零星的住在各地方，幾乎都在開小店（咖啡店、酒店、料理店），大店以柏青哥店佔大多數，製造業極少。台灣人大半住在東京、大阪、神戶，尤其是集中在神戶，那裡是台灣食品中心，有賣台灣的擔仔麵、大腸、蚵仔麵線等。

一九四五年九月，美軍進駐日本後，麥帥特別保障居留在日本、過去被殖民統治的朝鮮人（大約一百萬人）與台灣人，稱作「第三國人」。戰爭結

束後，日本人七千萬人口，食物、衣服、住宿等生活物資相當貧瘠匱乏，一般人都將麵粉加海菜做成丸子爲主食，第三國人卻可以得到美軍配給的米與衣服，也允許自由進出美軍購物場買東西。於是第三國人大量購買一些民生物資，再賣給日本人，藉此賺了很多錢。戰後日本人無力統管日本，所以在工廠做工的台灣人，就把工廠物資搬出來拍賣變做資本，然後在新宿、新橋、澁谷等地，開酒店、飲食店或柏青哥店等，成爲有錢人。當時日本人普遍士氣低靡，爲了維持生活，都得坐火車遠行北海道等稍有物資的地方去買海產等，有些第三國人卻很橫暴，在東京等大都市車站，把已上車的日本人趕下車，搶奪座位，往各地方獲得物資再運送回大都會賺錢謀利。另外如銀座的好地段，多被第三國人佔據，日本人敢怒不敢言。

台灣的迌迌人（所謂「黑社會」），不像中國有幫派（如青幫、紅幫）、有組織性，光是混角頭，但是在神戶的迌迌人，多是從台灣經過琉球的「與那國島」，走私砂糖到神戶，一本萬利，所以人數多，很有錢，氣勢沖天，欺負不少日本人。

戰後即有在日本的台灣人與中國人創立的「中華民國華僑同鄉會總會」（會長台灣人林以文），及一九五〇年代成立的「中華人民共和國華僑總會」（會長台灣人陳焜旺），在東京做了中國國民黨與中國共產黨的代理戰爭，鬥得很厲害。一九七〇年代初，以台灣獨立聯盟爲中心成立「東京台灣同鄉會」（會長郭榮桔），但辦法不妥，人數籌不起來。

七、重啓地下工作

老實說，我在日本的地下工作，和台灣的迌迌人有很密切的關係。

第二次世界大戰終戰之後，美軍和英軍等同盟國軍隊佔領日本，有些台灣人在廈門、上海等地，走私鴉片、嗎啡、糖精等，他們不敢回台灣，大多待在神戶，自成一個小型社群。麥克阿瑟統治日本那陣子，因爲憲兵人數不夠，沒辦法有效控制社會治安，台灣迌迌人的勢力也越來越大。

一九五二年四月，同盟國結束七年的軍事佔領，日本完全獨立，我五月抵達神戶時，日本政府陸續將這些迌迌人全部逮捕，他們多被關三至五年之後就可以假釋，但是無人敢擔任保證人。當時，

我想利用這些人來做島內地下工作，就出面擔保這些假釋的人，前後保了約二、三十人，並且照顧他們一時的生活。從此以後，神戶這些都市貧民才跟我結識。這些迌迌人很重情義，不會違背諾言，所以當他們要返回台灣時，我往往會請他們替我帶一些東西回台灣，或是幫我留意台灣的狀況，或連繫島內先前參與台灣獨立武裝隊的地下同志。

這些人（如大頭連、阿水仔等）果然很重信用，不久我就和過去台灣獨立武裝隊的核心成員周慶安重新搭上了線。周慶安在我逃亡到日本後，沒有再從事什麼有組織的活動，當時他正被嚴密看管著，也曾被逮捕、刑求，不過國民黨是詢問他先前在廖文毅底下的事情，並不知道他與我的關係。周慶安出獄後，一九六〇年代回到屏東，不久就過世。他曾幫我跟國民黨裡面的人搭上關係，但細節不方便透漏。

除了迌迌人，我也吸收了一些漁民，因爲當時台灣漁民常到琉球一帶海域捕魚，可以透過他們交換物資、情報。台灣留學生或知識份子也是我爭取的目標，但這些人相對保守，不敢做危險的事，往往在海外一臉悲壯，回到台灣遇到困難卻馬上退縮。

國民黨派來接觸我的特務當中，也有三個人被我「統戰」，倒戈加入我們的陣營。我先給他們情報，讓他們回去呈報，但是也勸告他們，身爲台灣人，要爲後代子孫著想，以台灣人的志氣，激勵他們的良心，漸漸地加以吸收，這三人就成爲雙面間

地下工作者應有的工作涵養

看問題要堅持立場，要堅持大原則，要客觀，要事實求是，要有條理。

做工作要堅持立場，要堅持大原則，要有調查研究，要有計劃，要把基本戰略和具體現實相結合來確立戰術，要負完全責任，要遵守規律，要有決斷力，要耐心，要向群衆學習，要走群衆路線，要胆大心細，要提高警惕，要放手去做，要做總檢討和總結論。

自己要堅持立場，要對自己嚴格，要虛心學習，要自我批評，要分清公私，要勇於承認錯誤，要勇於改正錯誤，要經得起鍛練，要經得起考驗，要對問題證眞，不許在生活和工作方面有特殊化和特權化，要誠實。

對別人要堅持立場，要堅持大原則，要誠實，要和藹可親，要平易近人，要關心對方，要體貼對方，要照顧對方，要團結對方，要遵守對方意見，要向對方學習，要解決對方的困難，要不放鬆對方的批評，要諄諄告誡，要對症下藥，要幫助對方前進。

地下工作者應有的工作涵養（《台灣大眾》第十七期）

諜，提供我許多情報，像有關公路局、軍車、軍營的資料，都是他們拿給我的。（一九九三年我回台後，有一位就沒跟我聯絡了，其他人每半個月仍會以無名信的方式寄情報給我，把國民黨內部的事情談得非常詳細。我曾問他們，是否願意公開跟我的關係？他們說，這一生都不能公開這件事。）此外，國民黨在日本的僑務委員中，有幾位就是我們的地下成員，有什麼風吹草動都會事先通知我。

總之，從一九五二年到一九六〇年代，我都在布建台灣地下工作的交通線，以迌迌人、漁民等底層大眾為主力。這些草根人物有台灣人意識，但並無政治思想，國民黨也有可能加以吸收，但是他們比一般人更為遵守人與人之間的道義，所以才能找他們進行任務，否則一旦曝光，就會一整串人被抓。

八、大統領廖文毅

我第一次聽說廖文毅這個人，是周慶安告訴我的。周慶安曾經在香港跟幾十位台灣青年一起追隨過廖文毅，略知廖文毅家裡的狀況。廖文毅是西螺人，自祖父那代起，廖家便是當地的大地主。一九四七年二二八事件發生前幾天，廖文毅恰巧前往上海，幸運地避開了二二八事件，否則也是性命難保。

廖文毅在二二八事件後開始提倡台灣獨立，他後來轉往香港，當時謝雪紅也在香港，廖謝兩人於一九四八年成立「台灣再解放同盟」。但兩人的思想不同，廖文毅主張台灣應交由美國託管，謝雪紅主張台灣要回歸中國，合作關係因而破裂。廖文毅遂轉往日本，當時的日本仍由美國軍事佔領，廖文毅於一九五〇年在京都成立「台灣民主獨立黨」，成功整合日本的台獨團體，成為「共主」。一九五五年，廖文毅在東京宣布成立「台灣共和國臨時政府」，順理成章地當上大統領。台灣國臨時政府成立當天，東京現場約有兩、三千人聚集，神戶方面還來了兩、三百人加以支持，甚至有兩路台灣特有的獅陣出來慶賀，活動辦得有模有樣。

廖文毅在美國留學，妻子也是美國人，比起當時其他在日本的台灣人，英文能力當然更勝一籌。我一九五二年逃亡日本後，廖文毅曾請我吃飯，當時他旁邊有兩個美國軍人陪同。雖然我的英文馬馬

虎虎，但是我還是聽得懂廖文毅對那兩個美國人說：「He is our underground.」明明是初次見面，卻向人宣稱我是他的地下成員，這使我對廖文毅的爲人有所懷疑。廖文毅並沒有邀請我參加他的組織，但我還是每個月定期資助他們，因此我對廖文毅組織內部的情形，如官僚作風、講究派頭等相當了解。

廖文毅手下有很多走私糖、味素的人，他們偷渡回台灣時，四處散布「東京有一個我們台灣人自己的政府」等消息，一時間沸沸揚揚。但所謂的台灣共和國臨時政府，並不算有眞正的組織，僅僅只有大統領、議長、部長等頭銜，讓大家塡個入會表格，佔個閒缺，沒有實際的活動，也缺乏嚴肅的獨立理念，只停留在「感情獨立」層次，對外宣傳的不外乎「國民黨如何橫暴、如何屠殺台灣人，所以我們要獨立」。而且，由於廖文毅不曾從事政治工作，缺乏辨識敵人的敏感度，所以他的臨時政府漸漸被國民黨特務滲透。

另一方面，廖文毅在台灣的親人也陸續被捕，國民黨政府以此要脅廖文毅返台。廖文毅的兄嫂蔡秀鸞很堅強，被逮捕之後又被釋放，然後又被逮捕，她堅持廖絕不能回來，不料，廖文毅返台後兩個月，她卻傷心至極而過世了。此外，國民黨還抓了鍾謙順、黃紀男和廖史豪等人，判他們死刑，又放出來，再抓一次，又判死刑，可說是一種心理作戰。廖文毅投降後，他們才獲得特赦，並未處死。

促使廖文毅返台的諸多因素中，更實際的原因是他在東京的經濟基礎崩潰了。廖文毅有錢人出身，生活水準高，他太太因不熱衷政治活動，隻身回美國，後來廖文毅在日本另結女友，住東京最好的地段，成天唱歌跳舞，開銷極大。由於廖文毅太愛花錢，再加上募款不利（在日本的台灣人擔心捐錢給廖文毅後沒辦法回台灣），到最後手邊沒剩下多少錢，竟淪落到賣官維生，例如，想當台灣共和國臨時政府議長，就要捐款一百萬元，想當財政部長，就要捐五十萬元等等。或許賣官在中國是一件平常的事，但台灣人及日本人都鄙視賣官之舉，這樣做對台獨運動更是一大傷害，使得大家對他失去信心，許多人對他很不滿，紛紛出走。我觀察廖文毅的行事作風，研判他遲早會失敗，光是「革命家賣官」一事就太離譜了！

廖文毅終於在一九六五年五月返台投降。回台

後，廖文毅名爲曾文水庫建設委員會副主委，實則被軟禁在天母，備受監視，在悶悶不樂的情緒下度過餘生。我認爲，廖文毅私自脫離戰線、投降敵人，就是一個叛變者，但他在返台之前，敢在大家還不敢喊出台灣獨立之時，第一個站出來主張並從事台灣獨立運動，也是有其歷史功績。

廖文毅返台後，許多人跟著他回台投降，台灣共和國臨時政府頓時群龍無首，許多人爭著要當大統領。有人請我出面幫忙協調，我說：「要大家都同意的人選才可以當大統領，不能自己爭著要當。」當時在日台灣人大致上分成兩派：一是臨時政府派，一是王育德、黃昭堂等爲了打倒臨時政府的台灣青年派。兩派的群眾基礎不同，臨時政府派在神戶有很多支持群眾，資源較充足，但內部不團結，彼此爭奪大統領的位置；台灣青年派則以留學生爲主，知識程度高，能寫文章，但人數少，社會關係不足。當時我對這兩派都不太贊同，臨時政府派有官僚氣息，台灣青年派欠缺在日本一般台灣人的支持且太躁進，批判臨時政府的力道比罵國民黨還凶狠，雙方都沒有從現實出發。

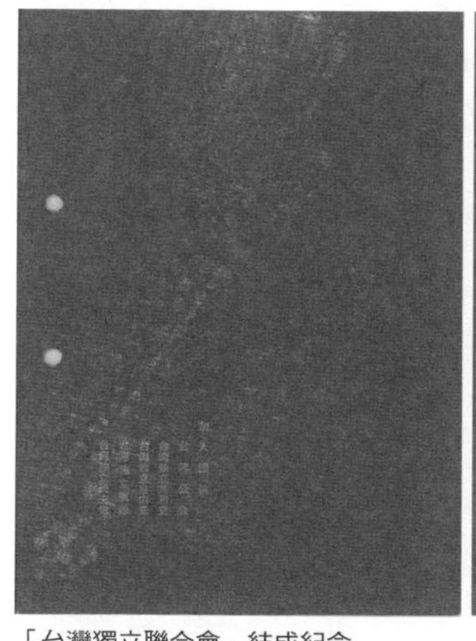

「台灣獨立聯合會」結成紀念

當時我的立場很清楚，就是希望大家可以團結，不要分派鬥爭，就提議組成「台灣獨立聯合會」。畢竟台灣要獨立，就要打倒中華民國體制；要推翻體制，就需要革命；革命需要力量，台灣獨立運動內部分成那麼多派系，力量分散，根本成不了事。因此獨立運動者彼此之間有什麼意見，應該透過內部討論機制來解決，不該在外頭爭吵，互相扯後腿。

臨時政府派接受我的提議，於是大家在一九六七年四月成立「台灣獨立聯合會」，由我擔任會長。至於台灣青年派，像是台灣青年獨立聯盟的辜寬敏與台灣獨立總同盟的張春興等人，不僅拒絕加入聯合會，還不斷在外面造謠詆毀。臨時政府的內部組織本來就很鬆散，以其爲主體的「台灣獨立聯合會」，撐沒多久就逃不過解散的命運。我爲了延續聯合會所發刊的機關誌《獨立台灣》，便集結台灣島內外的新舊地下同志，於同年六月底自行創立「獨立台灣會」。

九、王育德與辜寬敏

王育德是台南人，比我早三年（一九四九）去日本，我弟弟林朝陽跟王育德在東京念語言學時結識，常常帶王育德來我這邊坐坐。王育德的哥哥，就是二二八事件時遭殺害的檢察官王育霖，所以王育德對國民黨恨之入骨。他們全家把財產帶著，先前往香港，再轉去日本，並在日本買房子。

我在西池袋擺攤子的時候，王育德就曾來看我，當時他跟廖文毅相當密切，而我已知悉廖文毅的行事作風，因此跟王育德保持比較疏遠的態度，只說：「台灣獨立運動最重要的是立場，不可跨過敵我的界線。」雖然大家在感情上都反國民黨，但是對政治操作較爲生疏，實際上偶有跟國民黨互動交流的情形。

據我所知，王育德在台灣共和國臨時政府裡是隻孤鳥，他一開始是以個人身份參加廖文毅的臨時政府，常看到臨時政府內部的對立矛盾情形。老實說，廖文毅這個人有點中國派頭、官僚作風，加上他底下的人都是做生意的，很會宣傳，但不夠實在，王育德當過台南一中的老師，多少有些讀書人的氣質，跟他們合不太來。不僅王育德，許多年輕人也反對廖文毅，而且公開攻擊他。當時王育德原本印好批評廖文毅的宣傳單，但是被我擋下，我說：「如果無法在一起，大家各走各的就好。」王育德才打消公開批評的做法。

後來王育德完全脫離廖文毅，站到對立面，集結黃昭堂、許世楷和金美齡等年輕學子，成立「台灣青年社」。一九五九年，王育德跑來跟我說，他準備出版台灣青年社的會刊，但是缺乏經費，我就贊助他一筆錢。王育德取得資金之後，就在一九六

〇年創辦《台灣青年》（在王育德家編輯），該雜誌批判廖文毅的程度，比批評國民黨更激烈，導致廖文毅失了些威信。

王育德是明治大學教授，鑽研語言學，爲人誠實，個性耿直，是個正派的人，但是具有學者狹窄的主觀意見，不輕易聽從他人的不同觀點，喜歡照自己的意思做事；而從台灣來到日本的年輕人，脫離了國民黨的箝制，信念極爲自由，不喜歡被束縛，因此在青年社成立後不久，雙方便意見不合而告分裂。黃昭堂、許世楷等人原本是在王育德家中做事，後來搬出來，另外租一間房子當做會址，房租及其他開銷費用也是按月來新珍味找我贊助。被孤立起來的王育德，曾一度氣憤得想寫傳單批判這些「猴囝仔」，後來經我勸阻才作罷。之後王育德好不容易才與黃昭堂等人妥協，身分變成普通會員，而辜寬敏大概就是在此時介入台灣青年社。

辜寬敏是辜顯榮之子，他會進入台灣青年社，主要是想培養一個自己的系統。黃昭堂也意識到辜寬敏不斷在組織內部安插自己的人馬，意圖架空原來的領導階層，所以他和許世楷在一九六五年邀請我參加台灣青年會，目的是希望藉由我來牽制辜寬敏。我當時正在進行地下工作，所以選擇以秘密會員的方式加入。但最後辜寬敏還是用買票的方式，順利當上委員長。

當時有個叫做黃介一（後來返台投降）的人，在神戶組了「台灣公會」，邀請我擔任會長。神戶一帶有不少台灣人，多是賣雞捲、切仔麵的基層大眾，社會背景跟東京的台灣人不一樣，我希望能夠鼓勵這些大眾回台灣做點事，就答應黃介一的請求，擔任該會會長。我每周從東京搭新幹線到神戶跟他們開會，也投注不少資金來舉辦活動。辜寬敏知道這件事後，跑來找我，希望我即使參加台灣公會，也不要退出聯盟（台灣青年社在一九六三年改組爲「台灣青年會」，由黃昭堂擔任委員長，一九六五年改爲「台灣青年獨立聯盟」，由辜寬敏擔任委員長），我回說：「我沒有理由退出啊。」想不到，幾天之後，辜寬敏竟在開會中用表決的方式，以所謂的「違反規律」罪名，將我這個「秘密」盟員「公開」除名。自從一九六七年遭辜寬敏除名後，我在日本再也沒跟他見過面。

一九七二年，國民黨在東京的特務「伍英」（國民黨中央黨部第六部人員，王育德、黃昭堂、許世楷、

邱永漢等人都與他接觸過）帶著辜寬敏從香港秘密回台灣，當時國民黨的報紙並未報導此事，但我透過地下管道得知辜寬敏回台灣的消息。如果我直接告訴黃昭堂，恐怕會讓我跟他們之間發生嫌隙，所以我選擇打電話告訴人在美國的台獨聯盟世界本部主席彭明敏。彭明敏聽了後大吃一驚，向我問起消息來源，我跟他說：「是從地下管道得知的，你也不要跟別人講是從我這邊得到消息的。」然而彭明敏口風不緊，他將此消息告訴黃昭堂等人，竟然還透露情報來源是史明，導致我跟日本獨盟之間的心結愈結愈深。

事實上，王育德也有想過要回台灣。當他來找我商量此事時，我說：「你在日本是用本名在做獨立運動，你一旦回去，運動就消滅一半了。」他說：「還只是在想啦！」我說話一向很直接，就回說：「你有在想，這本身就不對！是叛變！」就此不歡而散。辜寬敏回台灣後，我在《獨立台灣》發表文章批判，並提到王育德，王育德看到文章後大驚，馬上打電話跟我說他絕對不會回去。我認爲，台灣人在面對敵人時，沒有把敵我界線拿捏好，國民黨一提「國台合作」，才會有想試試看的念頭，這是台灣人很值得檢討的一點。

十、建立「日華信用組合」，經營「泡麵工廠」

戰後在東京，台灣人有二、三萬人，所謂金融機關，只有新橋的「東京華僑中央合作社」（中共派，社長呂漱石），及池袋的「華僑合作社」（國民黨派，社長林樹根），在日本是非法的，但是戰後爲了優待華僑，東京都的金融課默認其存在。

在這個情況下，我才勸誘林益謙（文化協會大幹部林呈祿的長子，學問高頂，爲人、做人坦白）到東京都申請許可，於一九五八年五月，在新橋站前，設立合法金融機關「日華信用組合」（後來，搬到新橋、田村町建立五層樓社址）。日本時代舊台灣銀行常務理事金子滋擔當組合長，林益謙當副組合長，我則任常務理事。

日華信用組合跟中共派的東京華僑中央合作社相競爭，日華比較迅速發展，且在一般台灣人之中頗受好評，業務蒸蒸日上。但日華內部卻是紛爭不斷，分爲國民黨派（林益謙、薛國梁、辜寬敏、松本一男

日華信用組合成員合影（左四直立者：常務理事史明，右四：副主席林益謙）

等）與台灣獨立派（我及內部台灣人職員），外面則是中央合作社暗地裡中傷日華信用組合，虎視眈眈企圖破壞，使其衰退破產。

我因在一九六二年已完成《台灣人四百年史》（日文版），同時注意專心台灣島內秘密的地下工作，後來鑒於革命工作表面化，遂辭去日華信用組合常務理事。但是，在職中，因爲對台灣友人或一般商人的服務，我個人卻也損失不少財務（當時，新珍味照常營業且很賺錢）。

一九六四年春天，經過許炎亭的勸誘，購買在宇都宮（由東京坐火車需二個鐘頭的北方大都市）的一座泡麵工廠。我最主要的目的比較有政治性，想要幫助在東京的貧困台灣留學生（當時在蔣家國民黨的外匯管制之下，學生都不能從台灣自由匯錢到日本），至多時有二十餘位留學生住在工廠，半工半讀，他們稱爲「台灣青雲塾」。

然而，在新橋的中共派（陳焜旺、陳輝川）及劉正（大學時代由士林同鄉介紹的朋友）等，敵視我的反共言論，不滿我做事的氣勢，在中共派的報紙大肆對我做人身攻擊、破壞名譽、造謠等的情事，終於招來日本警察以橫領（侵占）、背任（瀆職）之嫌來調

三菱銀
一丁目
22

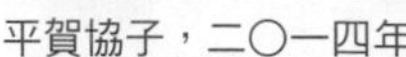
平賀協子，二〇一四年

平賀與我分開後，教授日本舞維生

查我，因爲都是虛言，所以警察無功而返，無法起訴我。但我卻因此而受到經濟上的打擊，被迫將在東京站附近經營的「日東飯店」中途放棄。

這種政治上、經濟上的問題，使我遭到空前的蹭蹬，但更深刻的問題接踵而來。平賀在此時，提出「賺的錢都花到台灣去，心生不安」，而與我別居分離。我買了一棟日本厝給她及其父母居住，兩人從此分開，以至到現在永遠別了。

陳麗貴導演（右二）為拍攝紀錄片《革命進行式》，前往日本訪問平賀協子（右三），二〇一四年東京平賀宅

鄭文堂導演（左二）為拍攝紀錄片《史明的迷霧叢林》，也專程前往日本訪問平賀協子（右四），二〇一五年東京

▲▶在日本率眾抗議中國領事館

經過了以上的轉變，一九六四年以降，我決意專心做台灣獨立革命運動，除了新珍味的經營以外，終止一切經濟活動，而公然表明台灣獨立的政治立場，一心一意努力下去。

即：

一九六二年　以史明名義，秘密出版《台灣人四百年史》。

一九六四年　全神貫注於台灣島內秘密地下工作。

一九六五年　加入「台灣青年會」秘密會員。

一九六七年　就任「台灣公會」會長。

一九六七年　參加「台灣獨立聯合會」創立，任會長。

一九六七年　「獨立台灣會」公開化，發行月刊《獨立台灣》。

十一、《獨立台灣》創刊

當時為一九六〇年代。第二次大戰後所引起「民族獨立、殖民地解放」的世界熱潮，在亞、非、中南美洲各地的殖民地皆產生激烈的反殖民地、反戰的巨大衝擊。因此，在這種國際局勢下，《獨立台灣》的發行（一九六七年六月一日出刊第一期），引起從台灣蔣家中國傳統獨裁政權逃至各國的留學生——日本、美洲、歐洲、巴西等——的注意。特別在北美西岸受到王文宏、鄭紹龍的協助；在東岸受到賴文雄、王秋森、康泰山等同志友人的協助刊行，獲得很好的出發。

然而，從發刊後的下個月開始，「台灣獨立聯合會」的會員團體，如「台灣獨立聯盟」及其他黨，卻都不出席「聯合會」的會議，所以《獨立台灣》無法刊出第二期。更有甚者，因為聯盟參加黨竟不能一起參與開會，其餘臨時政府系的三個團體也開始講不幹了，這樣一來，本部的「台灣獨立聯合會」，不過一個月就無聲無息的垮了台。

也就是說，《獨立台灣》的順利進行，不但受到敵人蔣家殖民統治者在海外的特務份子（秘密警察）所陷害，也招來獨立運動內部反動份子的誣衊與阻撓，特別是辜寬敏領導後的「台獨聯盟」（許世楷、黃昭堂、候榮邦、林啓旭等），對我展開罵街與破壞攻勢，暗害或虛偽的誣衊如「史明是共產黨」等，這些謠言更散播到美洲、歐洲及全世界。我雖然經過幾番徹頭徹尾的努力，終於設法獲得台灣青年（台灣獨立聯盟）等團體的協助，但是依舊未能達成在日台灣獨立運動大團結的原初目的。

但儘管受到挫折，「獨立台灣會」島內外的秘密同志並不因此退縮，為了堅持原本革命鬥爭的路線，隨即在同年（一九六七）六月三十日，將原本是秘密組織的「獨立台灣會」公開出現，繼續刊行《獨立台灣》，使其持續前進。也就是說，在東京的我與顏尹謨等幾個同志，為了承續、堅持台灣獨立運動，乃身處危難的臨時設立「獨立台灣會」，並把《獨立台灣》的第二期做為機關誌而繼續刊行。

《獨立台灣》除了追求台灣獨立的革命工作方法之外，特別強調「理論與行動相結合」，也引起一些留學青年的迴響。來自美洲各地讀者的稿件日益增加，例如台獨運動者張文祺等的投稿、幫助，

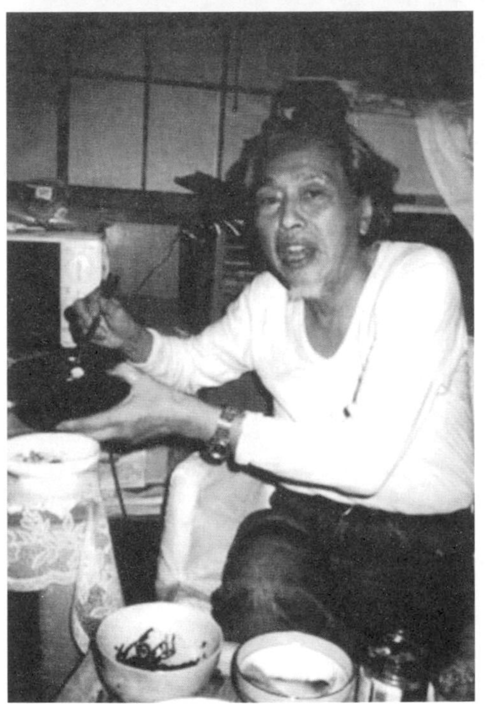

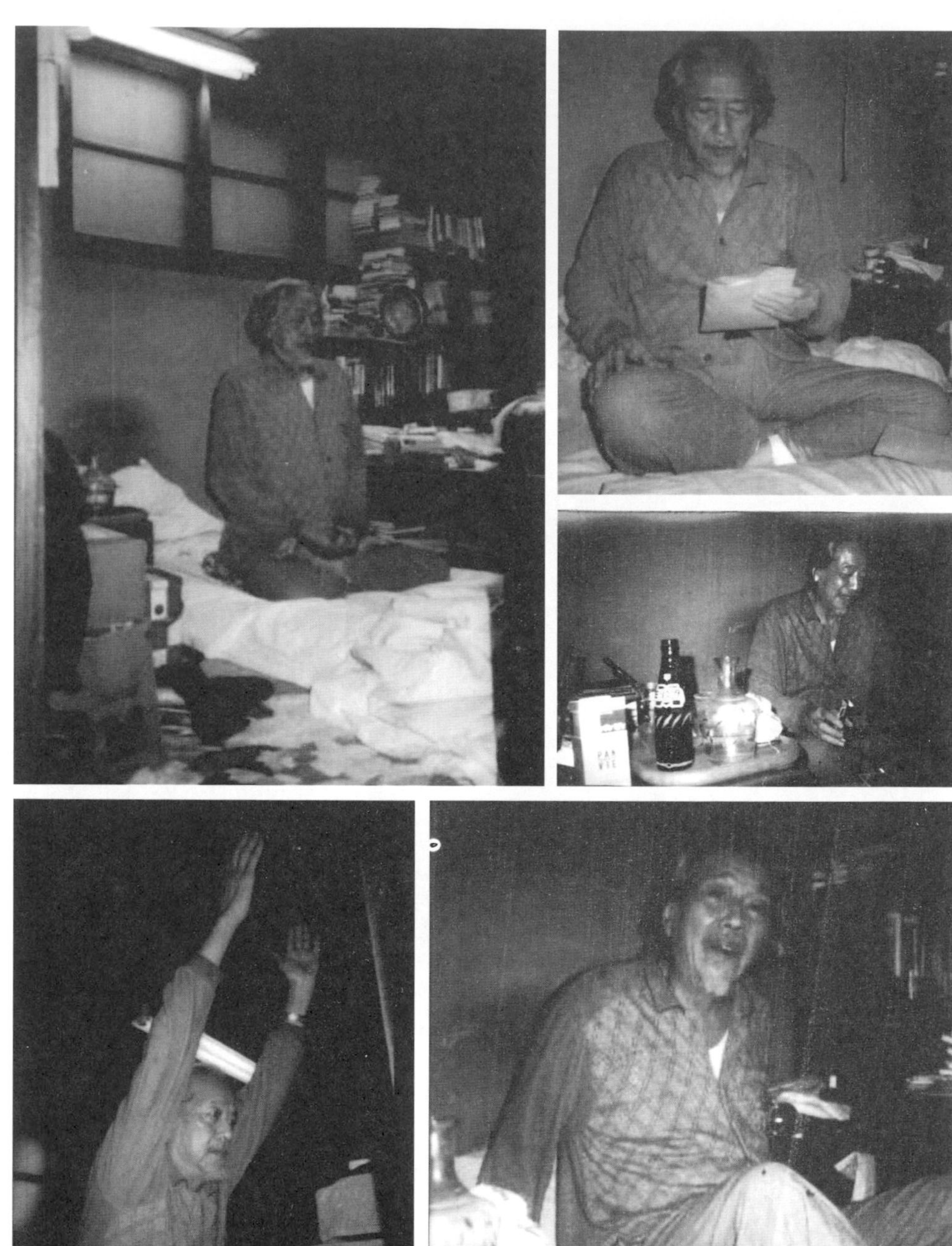

特別是美洲所謂「左派」的左雄、清溪等，頗常寫信聯絡，並頻繁提出一起創立「台灣社會主義黨」的想法。從第七期開始，也獲得幾位秘密同志公開參加工作。

自一九七〇年五月的第二十三期開始，傾向社會主義的在美留學生開始投稿《獨立台灣》，左雄（後來《台灣時代》雜誌的主編）乃提出有關民族主義鬥爭與階級鬥爭的質問。

我的解答如下：台灣四百年來，歷經荷、清、日、蔣外來統治者的壓迫剝削，是一個殖民地社會，因此，「民族對立成爲台灣社會矛盾的根源」。但是，「以民族鬥爭爲主要的反殖民地鬥爭，是避免不了階級鬥爭的」。並且，殖民地社會的「階級關係是具有國際性、民族性的」，所以民族鬥爭與階級鬥爭必須齊頭並進。民族鬥爭必須以階級鬥爭爲基礎，階級鬥爭則透過民族鬥爭表現出來。

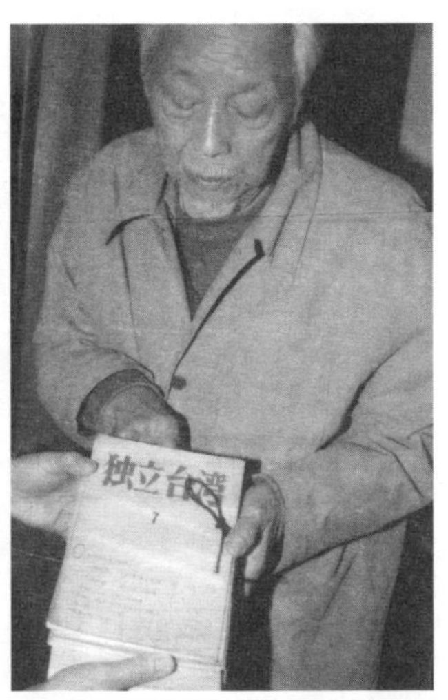

《獨立台灣》

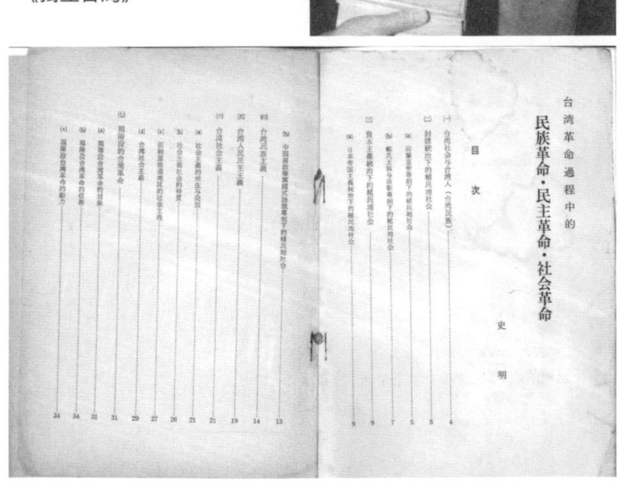

台湾革命過程中的
民族革命・民主革命・社会革命
史明

目次

(一) 台湾社会与台湾人（台湾民族）……4
(二) 封建統治下的殖民地社会……5
(a) 荷蘭重商專制下的殖民地社会……5
(b) 鄭氏王朝与清朝專制下的殖民地社会……7
(三) 資本主義統治下的殖民地社会……9
(a) 日本帝国主義統治下的殖民地社会……9
(b) 中国蔣政権蔣家閥式独裁專制下的殖民地社会……13
(四) 台湾民族主義……14
(五) 台湾人民民主主義……19
(六) 台湾社会主義……21
(a) 社会主義的発生与発展……21
(b) 社会主義社会的特質……26
(c) 亜細亜後進地区的社会主義……27
(d) 台湾社会主義……29
(七) 現階段的台湾革命……31
(a) 現階段台湾革命的対象……31
(b) 現階段台湾革命的任務……34
(c) 現階段台湾革命的動力……34

也就是說，在台灣殖民地社會，政治上處於統治者地位的外來統治者（蔣派中國人），在經濟上成爲剝削階級，被剝削者階級由台灣人民擔當，所以與外來國民黨中華民國統治者之間，爆發民族鬥爭爲主、階級鬥爭爲輔的台灣民族獨立反對殖民地統治的殖民地鬥爭，表面上叫做「反殖民地民主鬥爭」。

為台灣獨立運動奉獻青春，是我至高無上的榮耀

因此，在外來蔣家統治下的階級鬥爭，與其說是台灣社會本身內部的階級鬥爭，不如說是具有民族性、國際性的階級鬥爭（台灣農民、工人等一般大眾團結起來，再加上一部分開明的台灣民族資本家，以外來的官僚、資本家、軍人、特務等蔣派中國人，以及台灣人買辦資本家為敵人，所做的民族獨立殖民地解放鬥爭）。台灣人反殖民地鬥爭的行動，如果不包括階級鬥爭，如果不擁護農民、工人等一般大眾的階級利益，如果不保證革命勝利後一般大眾的政治民主及經濟平等，就是不公開宣言並積極進行台灣社會本身的、在殖民地統治階段的「社會主義革命」，也就很難獲得人民大眾參加。那麼，缺乏人民大眾擁護與參加的民族鬥爭，等於紙上談兵，不可能有成功的日子。

相對於當時海外其他的獨立運動組織，「獨立台灣會」尤其努力於島內工作與群眾組織工作，擴大秘密組織，特別是經過思想整理與思想武裝之後，大家（一般民眾）相繼返台，在島內發展秘密組織的細胞，如此，才能把民族獨立、殖民地解放的鬥爭繼續打下去。在經過許多同志的吃苦、犧牲之後，成長出一支隱密的力量。

從一九七一年十月開始，這個島內秘密組織的「台灣獨立革命軍」，以《獨立台灣》為啓蒙，發展島內同志，做了很多島內地下工作。

到了一九七四年，由於獨立台灣會無法兼顧島內外的兩面工作，另一方面，如《台灣政論》等島內的民主工作也發生並日益發展，故《獨立台灣》刊物在同年十月三十日刊行第七十期後，結束七年餘的發行，終於停刊。

在日本及台灣努力奮鬥過來的「獨立台灣會」，是台灣獨立運動史上，唯一富有正義及熱誠，且堅持六十餘年不改其志的獨立革命組織，在行動上有島內地下工作，地下會員最多時達七百餘人，很多人秘密往來島內，如建立地下工作網絡、發展會員，做唯一的島內工作。我們同志一輩子雖然備感苦勞，但能為台灣獨立運動奉獻青春，卻也是至高無上的榮耀。

【附錄二】

池袋常在leh落雨——記史明先生

陳明仁

人講你是
荒野的一pha孤燈
Ui[3]台灣、中國到日本
熱情的光佮火
風　吹袂hua
雨　沃袂熄
親像海角的　燈塔
恬恬tshai[7]佇hia
用哀愁的光
指點船隻
返鄉的航路
可惜tshue[7]無家己的故鄉

頭一pai[2]去拜訪你
山手線頂頭放送講
いけぶくろ
いけぶくろ
月台頂sap-a[2]雨

親像咧講古早古早
殖民地台灣
芝山岩起義的悲劇
我的目鏡攏霧--去
毋知雨水抑目屎
西武前的地下道口
アルバィドê學生
予我面紙拭雨水
我kā問路
伊毋知影史明

我心肝頭的目屎
欲按怎拭會離

逐pai^{2}去日本
攏會去看--你
毋過m^{7}知按怎
池袋tshiang^{5}-tsai 咧落雨
坐丸の内抑是山の手
ぃけぶくろ
ぃけぶくろ
放送的聲調
攏仝款單調無味
袂輸海角的燈塔
逐工看海湧來去
認袂出台灣海峽流--來e^{5}
有啥特別的　氣味

Hit工池袋無落雨
偷偷à去新珍味食麵
明知你　佇樓頂
無愛叫--你

アルバィド的中國學生
捲舌問--我
『你是老闆的朋友嗎？』
伊講我佮in頭家
看--起來有仝款的氣味
隨時就鼻著你的氣味
吩咐mai^{3}收我的錢
我錢phiann^{7}咧櫃臺
沿路走沿路喊
台灣再見
你徛佇店口
目tsiu金金看--我
Koh想起hit pha孤燈
恬恬佇池袋
愈遠愈光

さょうなら，台灣再見
さょうなら，台灣再見
山手線入站的時
池袋koh開始落雨

【附錄二】

走過相識的年代

陳淑芳

跨過青澀的年歲、共同出生入死、胼手胝足！
數十年的相依、相伴、相扶持！
在人生不確定的安定感中劃下句點！
這段永生難忘的情感，在革命的火花中劃成美麗的別離！
不是沒有不捨！不是沒有遺憾！
人生追求的價值中總有非得已的取捨！一些遺珠之憾！
別了！一段共患難的過往情感！
再見了！一位深藏在內心深處的佳人！
往前吧！看著前方向前邁進！
就讓那美麗的哀愁塵封在久遠的記憶中！
人生！
不就是一種價值伴隨著些許遺憾和一些淡淡的憂傷！
向前走吧！追求那高尚的價值不再回頭！
繼續吟唱著屬於永遠的革命者人生之歌！

2015.2.28

第十九章　島內地下工作

當晚十一點左右，漁船默默航到台灣東北海岸，在黑夜裡登上岸，我實在是膽戰心驚，但也很引以為榮，岸上已有萬華的迌迌兄弟等著接應，在外澳、北港口的中間登陸。

一、島內地下工作年表

一九四五年

十月，大戰終結，日本軍台灣司令部高級參謀，企圖將日本武器秘密交給台灣民族主義者，但台灣方面辜振甫聯絡遲遲不進，加上代表人物林獻堂考慮後猶豫不定，事未實行。事跡敗露後，辜振甫、許丙坐牢一年，日本軍司令官安藤利吉在上海引責自殺（戰後我從北一中的同窗台灣軍司令部參謀直接聽取的消息）。

十月，蔣家國民黨中華民國政府軍，在美軍支援之下，佔領台灣，搶奪：

（一）日本總督府、各縣市廳、學校、醫院等全部近代設施。帳簿上：1、官有機關財產五九三單位，計二十九億三千八五〇萬円，2、私有企業財產一千二九五單位，計七十一億六千三六〇萬円，3、個人財產四萬八千九六八單位，計八億八千八八〇萬円，三項總計五萬八五六單位，近一一〇億円。接收當時，台銀券（大）對台幣券（小），比率被算為一比一。

（二）日本人所有的耕地二十萬甲（台灣總耕地九十餘萬甲），及山地二百萬甲的使用權。

（三）駐紮台灣的日本陸海空軍四十餘萬人裝備。

（四）物資、糧食、大小企業、大小工廠等等，搶奪經濟財政。

（五）台灣銀行所有準備金、三十四億台灣銀行券都被陳儀沒收。

（六）發行日本時代八萬倍的台灣銀行券，以此爲工具，搶奪台灣人勞動生產物。

結果招來台灣的經濟恐慌、饑餓、社會混亂，而且中國兵視台灣人爲殖民地奴隸。

一九四五—四九年

（一）中國半封建的軍閥政府及其官員特務（秘密警察），一方面高談「殖民地解放」、「歸復祖國」，另一方面搬來中國軍閥政治與特務統治，並繼承了日本的殖民地統治體制，逐漸引起台灣人的政治、經濟及民族的憤怒。

（二）新來的統治者，不但是日本人所有財產，連台灣人所有的大小企業、土地、房產等，都貼上「敵產」的標誌，揚言統歸「公有」，但另一方面，卻在台灣人的眼前，把這些台灣人私有財產掠奪爲私有，終引起台灣人社會上的憤懣不滿。

（三）蔣家中華民國一到台灣就濫發紙幣，大肆掠奪米、糖、煤炭等台灣人生活必需品，供應來台的六十萬軍隊、三十萬特務、二十萬警察、當官的及許多難民使用，也運回本國大陸，致使台灣遭逢史上空前的經濟恐慌，物資缺乏，物價猛漲，失業破產，生活困苦，把台灣人無論貧或富，一律在經濟上踢進痛苦的深淵。

（四）蔣家官員及一般中國人，都以史上傳來的「中華思想」，熟門熟路的把台灣人當成被征服的奴隸，以征服者的優越地位，統治在台灣人頭上，使台灣人燃起仇恨心。

（五）蔣家軍閥帶來與二十世紀背道而馳的反動性及文化文明水準低劣性，反使台灣人產生蔑視中國人的心理。

一九四七年

二月二十五日，廖文毅從台北飛往上海，逃過二二八之劫。

二月二十八日，二二八大革命，台灣民眾起義討伐蔣家國民黨軍，全台幾乎被台灣起義民眾佔領。

三月六日，高雄殺人魔王彭孟緝，下令中國兵不分台灣人男女老幼，從六日殺到八日，見人便殺。八日正午，蔣家國軍開到屏東，進行大捕殺，

民選的臨時市長葉秋木，被割掉耳鼻遊街示眾後，遭野蠻殺害。蔣家國軍開到東部海岸後，宜蘭的郭章垣、花蓮港的張七郎父子三人等被殺害。

三月七日，台北的二二八事件處理委員會（台灣人委員佔多數）提出「三十二條政治改革方案」，委員王添灯說明該案首旨。

三月八日下午，南京派兵開到台灣後，情勢急遽逆轉，三月八日蔣軍憲兵第四團（團長張慕陶）、第二十一師（師長劉雨卿）說要殺台灣人，由基隆殺起，殺至屏東，台灣民眾起來鬥爭過的地方，都無一不被殺，整整殺了三個月，其中，台北、基隆、嘉義、高雄殺得最淋漓。

特別是以慘無人道的軍事殺戮，加上陰險恐怖的特務綁殺，在台北市整整殺了五個晝夜。台北地區被列入警備總司令部黑名單，全島被殺不可計數。這些被特務秘密綁架，枉死於劊子手手中的台灣人，都屍骨無存。

三月十一日，嘉義部隊繼九日被誘騙講和，再次中計，與敵方重行「協議」，終被消滅，陳復志在嘉義車站前被凌辱殘殺。

三月十一日，蔣軍進入台南市，屠殺市民，湯德章被捕，被縛在卡車遊街示眾，終在大正公園被殘殺。

三月十二日，「二七部隊」（謝雪紅領導的「台灣學生隊」，四百人）撤退於埔里，霧社事件原住民的後裔跑來參加打倒蔣家部隊的鬥爭行列。

三月十三日，蔣介石在南京廣播所謂「台灣民變的處理方針」，他說：「此次民變，只不過是前被日軍遣送到南洋的台灣軍人，爲共黨所煽惑，圖投機取巧……」

三月十三日，蔣軍二十一師開進「二七部隊」撤退後的台中市。

一九四九年

五月，史明從中國返台。

一九五〇—七〇年代，白色恐怖席捲全台

一九五〇年

二月，廖文毅飛至日本，在京都成立「台灣民主獨立黨」。

三月二十五日，台灣大學附屬醫院中共支部，郭秀琮、許強、胡鑫麟等被捕五十餘人，許強、郭

秀琮被槍殺。

一九五一年

一月七日，蔡孝乾等被捕，以中共台省工委會領導幹部名義，發表「脫離共產黨聲明」。

十一月，史明與周慶安、周浩、黃元、阿徹、阿斤仔、水生仔等秘密組織的「台灣獨立革命武裝隊」（一九五〇年二月），在台北士林、雙溪、菁礐、苗栗大湖等地從事搜集武器工作，以「先砍掉臭頭仔頭再說」爲號召，但在一九五一年年底被發覺，立即化整爲零。

一九五二年

五月八日，被通緝中的史明，由基隆密航，潛往神戶。

一九五五年

二月，廖文毅樹立「台灣共和國臨時政府」（大統領廖文毅，創刊《台灣民報》）於日本東京。

九月六日，林獻堂先生去世於東京。

九月，史明在東京開闢台灣地下管道，與島內同志取得聯繫，開始建立「地下組織」，提倡「主戰場在島內」，號召回台反蔣。

一九五六年

五月二十三日，李萬居、郭國基、高玉樹、余登發、郭雨新、許世賢、蘇東啓、吳三連（以上台灣人）、夏聲濤、雷震、齊世英、朱文伯（以上中國人），申請創立「中國地方自治研究會」。

一九五七年

六月十二日，廖文毅發表《台灣民本主義》。

一九五八年

六月，獨立台灣會地下組織張貼獨立台灣會傳單，「台灣民族獨立，勞苦大眾出頭天」，在台灣各處出現。

一九五九年

九月，廖文毅臨時政府地下成員廖史豪、黃紀男、廖蔡秀鸞、鍾謙順等，成立「台灣民主獨立黨」台灣地下工作委員會於島內。

祝史明老師八十五歲生日

2001
6月9日

後學 吳鍾靈

1. 參加壽宴 眞欢喜
用四句联 祝福伊
祝伊勇健 吃百二
台湾独立 出頭天

2. 史明老師 人謳咾
頭毛变白 還奔波
八十五歲 精神好
行街頭、 唱山歌

3. 蔣家講伊 是叛乱
其實伊的 道德高
伊的道德 是啥款
就是独立 救台湾

4. "独立救台湾"
是史老師 道德观
台湾独立 家己管
排除外来 政權！

5. 台湾一寡 天壽子
反对台独 上大声
不是干担 喊丫丫
ベ kua" 台湾 賣北京

6. 北京到底 好或歹
問史老師 上介知
伊曾(bat)入去 共党内
看人鬥爭 看人剖

7. 一國兩制 是陷阱
lap 落去就 無葯医
台湾独立 才会死
ヤナ統一 就死棋

8. 史明老師 人尊敬
為着信念 敢犧牲
伊的信念 上坚定
祝伊信念 紧達成

吳鍾靈致贈的四句聯仔（二〇〇一年）

一九六〇年

四月，台灣青年社（代表王育德，十幾個台灣留學生參加）由史明支助，創刊《台灣青年》於東京（一方面拿史明錢，另一方面卻說史明壞話，不團結）。

史明重讀「馬克思主義」，其後繼續研究至今。

十二月五日，前黃埔軍校台籍軍官叛亂案，林再受、吳鍾靈、李瑞雲（吳鍾靈妻）等前黃埔軍校學生，在台灣加入日本東京廖文毅「台灣民主獨立黨」被捕。

一九六一年

獨立台灣會地下組織，在台灣發展交通路線，來往全島，對公共汽車、貨運車等，廣泛貼上「獨立台灣獨立萬歲，台灣勞苦大眾出頭天萬歲」。

七月，史明《台灣人四百年史》（日文版）在東京出版。

八月，「台灣民主獨立黨」（廖文毅）在東京，分裂為「台灣民主獨立革命評議會」（吳振南、何文燦）、「台灣自由獨立黨」（廖明耀、簡文介）、「台灣獨立同志社」（邱永漢、林炎星）。

一九六三年

六月，王育德著《台灣》（日文版）出版於東京。

彭明敏來信聯絡史明，以日本人姓名秘密代號，透過香港聯絡。

一九六四年

台灣獨立革命武裝隊炸毀火車鐵路（獨立台灣會）。

六月，「台灣青年」成員許世楷、黃昭堂、金美齡、周英明、廖春榮等，每禮拜六在「珍味」四樓共讀《台灣人四百年史》，共四次。

「台灣青年」分裂，許世楷、黃昭堂、金美齡、廖春榮、周英明、林啓旭等青年人反叛王育德，互相對外爭論厲害，史明勸他們不要對外罵街。

六月，「獨立台灣會」島內地下組織，頭一次炸軍用火車成功（王田站附近）。

九月二十日，彭明敏、謝聰敏、魏廷朝，爆發「台灣人民自救宣言」印刷未果被捕，各被判徒刑八年、十年、八年。

一九六五年

一月，史明「秘密」加入「台灣青年獨立聯盟」（委員長黃有仁）。

五月十四日，「台灣共和國臨時政府」總統廖文毅，由日本返台投降蔣家國民黨。

六月，辜寬敏就任「台灣青年獨立聯盟」委員長。

七月十五日，郭泰成就任「台灣共和國臨時政府」總統，林台元任副總統。

十一月三日，彭明敏「特赦」出獄。

一九六六年

三月，少數青年在美國領事館新聞處看到《台灣人四百年史》，島內獨立運動地下工作發展，呂國民、顏尹謨、吳文就等，秘密撰印並散發「六六三一六獨立鬥爭決戰書」、「六六二二八獨立鬥爭決戰書」，鼓動民眾起來抗拒蔣家國民黨外來統治。

三月，史明爲促進「台灣青年獨立聯盟」展開島內地下工作，租借東京市ケ谷某處爲秘密聯絡所，因聯盟對地下工作不感興趣，沒有任何行動，四個月後停辦。

十月二十八日，「台灣民主獨立黨」代表、「臨時政府」副總統吳振南，返台投降蔣家國民黨政府。

十一月十二日，林水泉、顏尹謨、吳文就、黃華、張明彰等人，創立「全國青年團結促進會」於台北。

一九六七年

四月十二日，爲促成在日本的台灣獨立運動大團結，「台灣獨立聯合會」（史明、何文燦）成立於東京，參加團體：台灣民主獨立黨（郭泰成，會員五十人）、台灣自由獨立黨（廖明耀，會員三人）、台灣共和黨（林台元，會員二人）、台灣獨立戰線（李伯仁、何文燦，會員二人）、台灣公會（史明、黃介一，會員三十七人）。

四月，彭明敏前後介紹顏尹謨、陳光英來東京與「獨立台灣會」史明認識。

六月一日，史明發刊「台灣獨立聯合會」機關誌月刊《獨立台灣》（顏尹謨參加編輯）。

六月十三日，「台灣獨立聯合會」遭到較大黨

的「台灣青年獨立聯盟」（辜寬敏、黃昭堂，盟員二十名）及關西的「台灣獨立總同盟」（張春興、林水）的政治阻撓，黃介一提議，難以達成在日台灣獨立運動大團結的目標，終於決意解散。

六月三十日，史明等集結島內外的新舊地下同志，使既存的、祕密的「獨立台灣會」公開出現，繼續號召「台灣民族主義」、「台灣社會主義」、「主戰場在島內」、「台灣獨立萬歲」等理念，繼辦《獨立台灣》月刊（史明、顏尹謨），開始廣泛的散布於日、美、歐、巴西等全世界的台灣海外留學生，每月出刊數平均五千本，美、歐、巴西寄發最多，從此「獨立台灣會」傾全力於島內地下工作。

七月一日，顏尹謨返台，吸收黃華、呂國民、吳文就等人，加入獨立台灣會地下組織。

八月二十日，林水泉、顏尹謨被捕事件。台北市議員林水泉，青年學生呂國民、顏尹謨、吳文就、張明彰、顏尹琮、劉佳欽、林中禮、黃華、許曹德、陳清山、林欽添、賴水河等熱衷台灣獨立運動、企圖武裝起義同志，及宜蘭「台灣大眾幸福黨」同志，被捕二四七人，重要幹部被處重刑。

十月，台灣青年獨立聯盟（辜寬敏、黃昭堂、許世楷、林啓旭、侯榮邦），以莫須有的「違反規律」罪名，將「秘密」盟員史明「公開」除名。

十月，加拿大西岸留學生成立「溫哥華建台會」（劉明憲、鄭紹良），與獨立台灣會在洛杉磯的史清台工作聯繫。

彭明敏以日本名，經過香港，聯絡史明。

一九六八年

一月，台灣青年獨立聯盟秘密盟員許錫麟、陳光英，從史明取得地下工作資金，返台後投敵。

三月二十七日，個性爽朗的台灣青年獨立聯盟盟員柳文卿，被日本政府強制送回台灣，聯盟到機場阻撓，被日警逮捕數人。

八月，史明第一次潛入島內，布置地下組織，交給地下同志「游擊戰手冊」、各種地下宣傳工具及資助。

獨立台灣會在島內散布「反殖民地」、「民族獨立戰線」傳單。

一九六九年

獨立台灣會，在島內提出「反殖民統治、台灣

獨立革命路線」爲台灣大眾的戰鬥目標，並秘密組織島內地下同志赴東京，學習革命工作理念，爲此，史明特地在「珍味」五樓製造一個像墓龜般的石洞，訓練製造炸藥，返台後實際從事爆炸軍用火車及燒毀派出所。

九月，史明支援施清香等，在「珍味」三樓創立《台生報》。

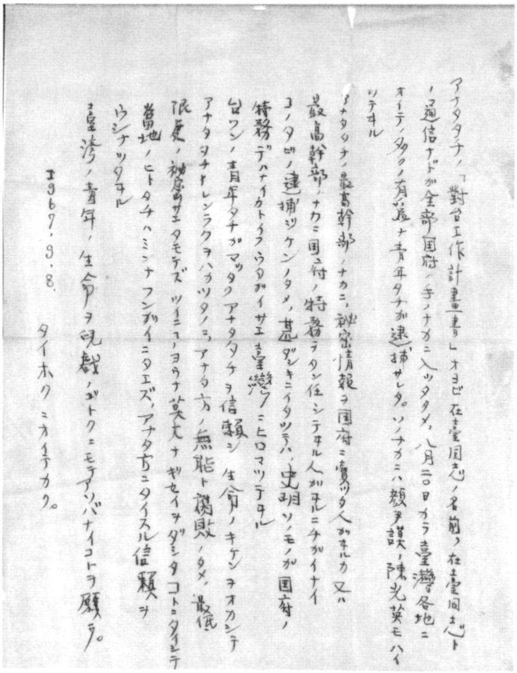

アナタタチノ「對台工作計畫書」オヨビ在臺同志ノ名前ノ在臺同志ト
ノ通信ナドガ全部国府ノ手ノナカニ入ッタタメ，八月二〇日カラ臺灣各地ニ
オイテ，多クノ有為ナ青年タチガ逮捕サレタ。ソノナカニハ顏尹謨・陳光英モハイ
ッテオル

アナタタチノ最高幹部ノナカニ，秘密情報ヲ国府ニ賣ッタ人ガオルカ又ハ
最高幹部ノナカニ国府ノ特務ヲタン任シテオル人ガオルニチガイナイ
コノタビノ逮捕ジケンノタメ，甚ダシキニイタッテハ，史明ソノモノガ国府ノ
特務デハナイカトイウウタガイサエ臺灣ニヒロマッテオル
台ワンノ青年タチガマッタクアナタタチヲ信頼シ，生命ノキケンヲオカシテ
アナタタチトレンラクヲハカッタノニ，アナタ方ノ無能ト腐敗ノタメ，最低
限度ノ秘密サエタモテズ，ツイニコノヨウナ莫大ナギセイヲダシタコトニタイシテ
當地ノヒトタチハミンナフンガイニタエズ，アナタ方ニタイスル信頼ヲ
ウシナッテオル

臺灣ノ青年ノ生命ヲ兒戲ノゴトクニモテアソバナイコトヲ願ウ。

1967．9．8．　タイホクニオイテカク。

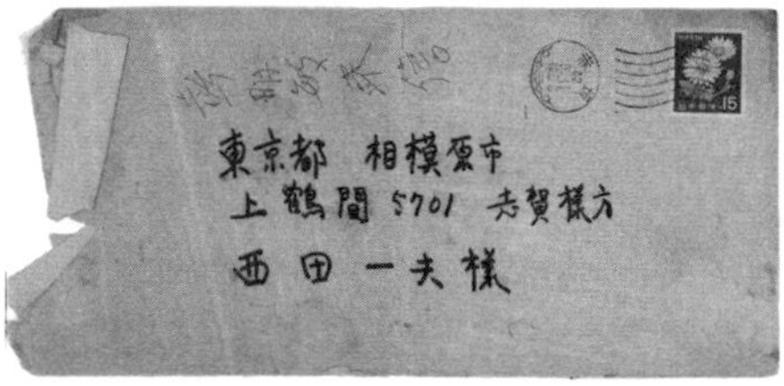

東京都　相模原市
上鶴間5701　志賀様方
西田一夫様

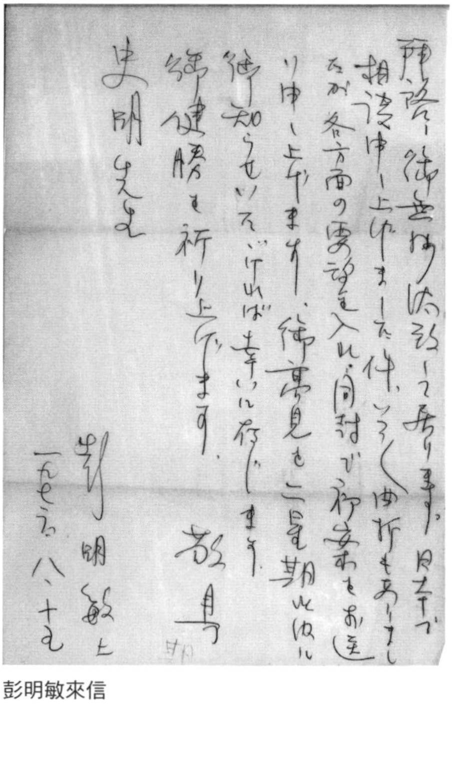

拜啓　御無沙汰致して居ります。日本で
相談申し上げました件、いろいろ曲折もありまし
たが各方面の要望を入れ、同封で御案をお送
り申し上げます。御意見を二星期以内に
御知らせいただければ幸いに存じます。
御健勝を祈り上げます。　敬具
史明先生
彭明敏上
一九七〇、八、十九

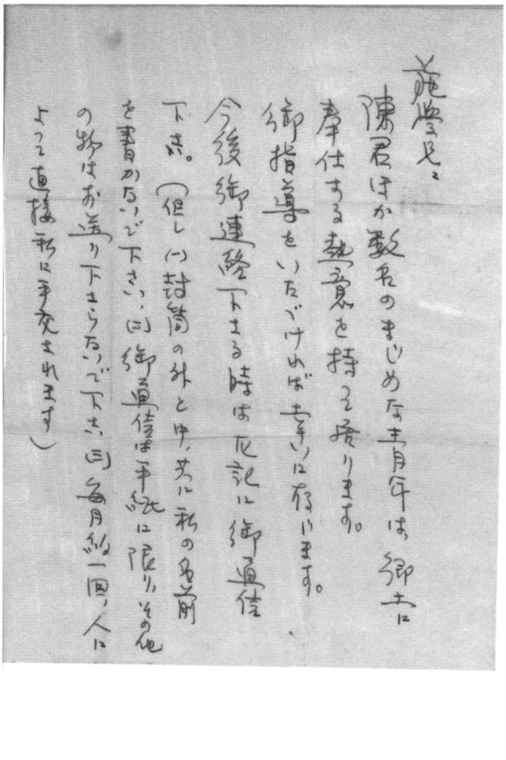

施學兄
陳君ほか數名のまじめな青年は、御士に
奉仕する熱意を持って居ります。
御指導をいただければ幸いに存じます。
今後御連絡下さる時は下記に御通信
下さい。（但し(一)封筒の外と中、共に私の名前
を書かないで下さい(二)御通信は手紙に限り、その他
の物はお送り下さらないで下さい(三)每月約一回、人に
よって直接私に手交されます）

彭明敏來信

一九七〇年

獨立台灣會在美國號召學生回台工作，「主戰場在島內」，在潮州燒毀警察派出所。

一月三日，彭明敏逃出台灣，潛往瑞典、加拿大、美國，與史明有書信聯絡。

一月，張維嘉從巴黎送來彭明敏介紹信給在日本的史明，開始與獨立台灣會發生關係，張維嘉加入獨立台灣會地下組織，爲一一號會員。從此獨台會支助張維嘉在歐洲展開獨立運動。

一月，美洲台灣人獨立派與日本台灣青年獨立聯盟合併，重新成立「世界台灣獨立聯盟」（主席蔡同榮）。

三月，林榮來、老鼠等獨立台灣會島內都市貧民同志，來回台日間做地下工作。

四月二十四日，黃文雄、鄭自才在紐約槍擊蔣經國未果（獨立台灣會王瑞霖、王文宏介入行動）。當夜，蔡同榮、陳隆志召開記者招待會，聲明黃、鄭槍擊事件與台灣獨立聯盟無關，引起各處台灣留學生表達不滿。

一九七一年

一月一日，台獨聯盟副主席陳隆志出版《台灣的獨立與建國》。

三月，從日本派回台灣假投降的老鼠等與林榮來，來往台日，做雙邊情報員，阿德（國民黨員）來日聯絡，帶回「獨立台灣會」標誌，秘密張貼於島內各地，破壞官方設施等。

三月，美國西岸台灣人社會主義者，創立「台灣社會研究社」，西岸陳嶄新，東岸左雄、蘇鐵英。

四月，蔡財源在獄中秘密送出政治犯名單被發覺，慘遭刑求並增加刑期。

四月二十五日，獨立台灣會發表「釣魚台屬台灣神聖領土及其海域爲台灣人民既定生活圈」。

九月，由巴西「獨立台灣會」（王瑞霖、王文宏）送來溫連章，在日本訓練四十日後，回台從事地下工作，秘密宣傳，燒毀中南部警察派出所。

十月八日，獨立台灣會島內設置「台灣獨立革命軍」。

十月九日，廖明耀（台灣臨時政府國民議會議長）、簡文介（臨時政府情報部長，現任台灣獨立聯盟委

員）、施清香（台灣獨立聯盟盟員）等三人，由日本返台投降。

住美國的斯大林主義者「左雄」，投稿《獨立台灣》，建議「組黨」。

十二月，張維嘉由巴黎來日，與史明商談建立獨立台灣會歐洲支部。

十二月二十九日，台灣基督長老教會發表「國是聲明」，反對中共侵入台灣。

一九七二年

鄭自才被瑞典政府遣返美國坐牢。

史明因歡迎彭明敏脫離台灣，在美國從事反蔣運動，美洲台灣左派刊物《左聯通信》（左雄）起來反對，並造謠說史明已投降，「獨立台灣會已崩潰」。

一月十日，國民黨企圖與海外獨立份子接觸，即以「國台合作」、「革新保台」等欺瞞工作，拉攏海外獨立份子。除了「獨立台灣會」，其他海外獨立團體都一時與其接觸討論。

二月二十一日，獨立台灣會地下小組溫連章（台南下營）被捕。

二月二十二日，辜寬敏（台獨聯盟日本本部執行委員）潛回台灣投降蔣家集團。

四月九日，邱永漢（台獨聯盟日本本部執行委員）返台投降。

七月，「台灣獨立革命軍」，在台北樹林、高雄岡山等處相繼炸毀鐵路、顛覆軍用車。

十月十日，京都學生林登達（獨台會）、連根藤（台獨聯盟），在蔣家國民黨雙十節慶祝會場，撕毀蔣家「國旗」，被吊銷護照。

十月，美洲東部台灣人自認社會主義者，創刊《台灣人民》（左雄）。

十二月，台灣獨立革命軍，在島內秘密大行動，各處焚毀大機關建築物、派出所等，以及焚毀台北北門鐵路局廣大的「台北工廠」。

一九七三年

二月十七日，陳鼓應、王曉波宣傳中共統戰，台大出現「統一中國救台灣」傳單，「中華民族主義」高漲。

五月十八日，美國舊金山台灣人石清正、張富美、黃介山，為發揚台灣文化，創立「台灣協志

會」。

五月十八日，斯大林主義刊物《台灣文化》（朱世紀），發刊於東京，批判獨立運動關係組織（獨台會在內），萬般謾罵。

六月，「台灣獨立聯盟」美國總部新任主席張燦鍙。

鄭評遭槍斃地點，台北市新店安坑

十月十日，獨立台灣會革命軍「鄭評小組」被破獲，鄭評最後遭槍斃。

十一月，海外台灣人基督教徒創立「台灣住民自決運動」（黃彰輝、林宗義、黃武東、宋泉盛）。

一九七四年

一月，張維嘉、盧修一等歐洲同志設立「台灣協志會」（獨立台灣會歐洲支會）。

一九七五年

二月，史明爲了整編地下組織，第二次潛回島內。

二月，張維嘉來日，與史明磋商「協志會」同志來日本訓練後回台工作。

六月，張維嘉赴美，資助左雄（反對「獨立台灣會」）、邱清溪（投共）等極左派，引起全歐洲協志會內批評糾紛。

八月，獨立台灣會革命同志徐美（女），返台被捕，徒刑八年，一九八二年出獄後，同年十月腦充血而亡。

八月，美洲的「台灣人民」派台灣人社會主義者，分裂爲：（一）台灣社會主義派（爭取殖民地解放後實現社會主義），（二）統一派（靠攏中共，主張以中共武力併吞台灣，達成台灣社會主義化，林孝信）。

九月，歐洲「台灣協志會」改稱爲「社會主義協志會」，江圳（徐雄彪）回台，完成任務後返歐。（改名一事，史明等到江圳從海外要回台灣時講出才知悉）

九月，《台灣革命》（美洲台灣左派機關誌，內部通信）分裂，批判左雄為機會主義者，破壞組織紀律，搞分裂，違反階級立場等。（無論東部或西部的左派，最大缺點就是與島內反國民黨派或一般民眾全無聯繫，獨自高唱社會主義或共產主義）

十月九日，日本關西方面獨立團體「台灣公會」（史明、黃介一），會員林璐環、黃來旺、楊子湖、楊新祈、詹東光等人，叛變返台投降。此時，日本獨立團體（臨時政府派、台灣青年台獨聯盟等）出現返台投降逆流。

十一月二十三日，宜蘭萬人示威事件，郭雨新（與東京史明有聯絡）競選立法委員，受到蔣家國民黨特務偽造選票而落選，宜蘭萬人民眾起來示威，與蔣家特務軍警大幹一場。

十二月二十七日，台灣民主運動雜誌《台灣政論》（社長康寧祥、發行人黃信介、總編輯張俊宏）刊登主張：（一）台灣人當家做主，（二）推翻蔣家國民黨獨裁政權，（三）施行民主政治的文章，遭停刊。鑑於島內「民主鬥爭」發展，「獨立台灣會」決定暫停島內武裝鬥爭。

一九七六年

十二月二十五日，蔣經國發表自一九四九年以來，以叛亂罪被處刑者計二五四人，一九七四年二十一人、一九七五年四十一人、一九七六年三十三人，無期徒刑二十七人，死刑一人（獨立台灣會鄭評），戶籍上行方不明者十二萬三千四五七人。

一九七七年

一月七日，爆炸謝東閔省主席（一九七六年十月十日）的王幸男從香港返台時被捕，處無期徒刑。

五月三日，歐洲「台灣協志會」改選，張維嘉落選，鄭自才當選主席，張、鄭分裂，協志會組織崩潰。

六月十六日，台灣基督教長老總會（總幹事高俊明牧師）發起人權宣言，要求美國支持台灣成立「新而獨立的國家」。

十月，美洲台灣人左派出版月刊《台灣時代》（左雄）。

十一月十九日，中壢萬人起義事件，起義民眾焚燒警察局及警員宿舍（「獨立台灣會」地下人員秘密

參加）。前田光枝的照相機被警察打破。

一九七八年

一月七日，原屬蔣家特務的阿富、阿成二人，被史明說服，歸順「獨立台灣會」，爲台灣獨立打拚，成爲秘密的雙面情報員，提供台灣革命情報，及從事秘密貼標語「台灣民族獨立，勞苦大眾出頭天」。

三月一日，蔣經國誣衊「台灣獨立」運動爲共匪第五縱隊。

五月，歐洲小組（協志會）失敗後，王秋森、張維邦、張維嘉、史明，集合於日本東京「獨立台灣會」，重新成立「富春協會」（王秋森提議），後來賴文雄、康泰山、賴芳雄亦參加，籌備資金做爲張維嘉的活動經費，委派張維嘉由巴黎轉移到美洲，繼續工作。

獨立台灣會從台灣送來台灣地下人員，在東京實行爆炸初步訓練。

十二月二十一日，余登發以「涉嫌參與吳春發叛亂組織」遭逮捕。

一九七九年

十二月十日，「高雄事件」（美麗島事件）發生，獨立台灣會地下人員秘密參加。

十二月十一日，蔣家特務開始搜捕黨外人士，封鎖島內的「美麗島雜誌社」。

十二月十五日，「台灣建國聯合陣線」成立於紐約，許信良、王秋森（獨立台灣會代表）、張燦鍙、郭雨新、彭明敏爲首。

一九八〇年

二月二十八日，「林義雄全家滅口事件」。

八月二十六日，王秋森、張維嘉、陳婉眞、許信良、史明等人，在洛杉磯出版《美麗島週報》（一九八五年七月二十七日停刊）。

九月，史明《台灣人四百年史》（漢文版）在日本印刷，出版於舊金山「協志會」。

一九八一年

五月四日，史明發表「台灣社會主義革命黨綱領草案」。

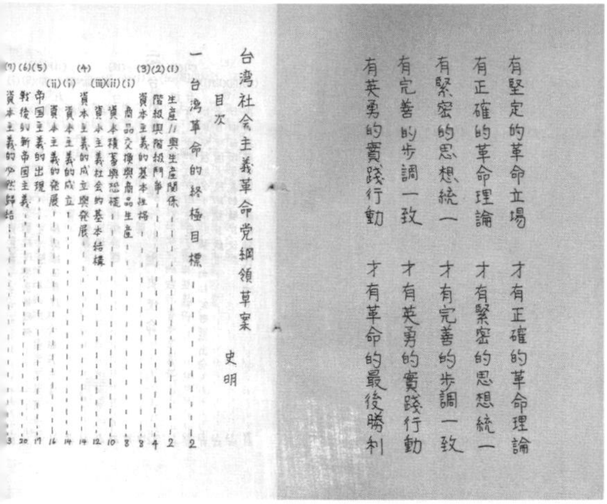

有堅定的革命立場　才有正確的革命理論
有正確的革命理論　才有緊密的思想統一
有緊密的思想統一　才有完善的步調一致
有完善的步調一致　才有英勇的實踐行動
有英勇的實踐行動　才有革命的最後勝利

台湾社会主義革命党綱領草案
史明

目次

一　台湾革命的終極目標 ……2
(1) 生産力與生産関係 ……2
(2) 階級與階級鬥爭 ……4
(3) 資本主義的基本性格 ……8
(i) 商品交換與商品生産 ……8
(ii) 資本積蓄與恐慌 ……10
(iii) 資本主義社会的基本結構 ……12
(4) 資本主義的成立與発展 ……14
(i) 資本主義的成立 ……14
(ii) 資本主義的発展 ……16
(5) 帝国主義的出現 ……17
(6) 戦後的新帝国主義 ……20
(7) 資本主義的必然歸結 ……3
(8) 資産階級（資本家階級） ……26 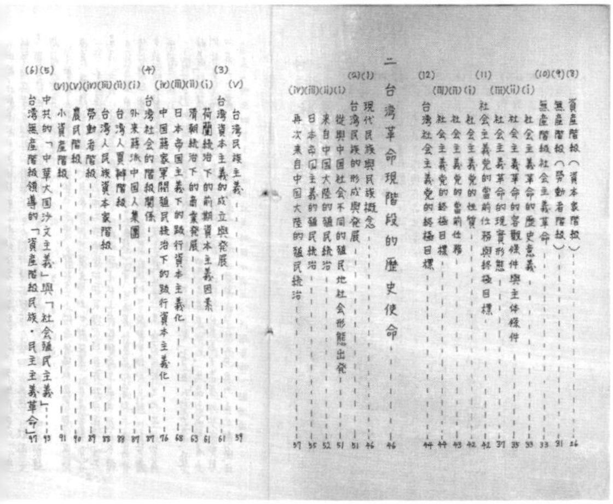
(9) 無産階級（勞動者階級） ……31
(10) 無産階級社会主義革命 ……33
(i) 社会主義革命的歷史意義 ……33
(ii) 社会主義革命的客觀條件與主体條件 ……35
(iii) 社会主義革命的現實形態 ……37
(11) 社会主義党的當前任務與終極目標 ……41
(i) 社会主義党的性質 ……42
(ii) 社会主義党的當前任務 ……43
(iii) 社会主義党的終極目標 ……44
(12) 台湾社会主義党的終極目標 ……44
二　台湾革命現階段的歷史使命 ……46
(1) 現代民族與民族概念 ……46
(2) 台湾民族的形成與発展 ……51
(i) 從與中国社会不同的殖民地社会形態出発 ……51
(ii) 来自中国大陸的殖民統治 ……52
(iii) 日本帝国主義的殖民統治 ……55
(iv) 再次来自中国大陸的殖民統治 ……57
(v) 台湾民族主義 ……59
(3) 台湾資本主義的成立與発展 ……61
(i) 荷蘭統治下的前期資本主義因素 ……61
(ii) 清朝統治下的商業発展 ……63
(iii) 日本帝国主義下的跛行資本主義化 ……68
(iv) 中国蔣家軍閥殖民統治下的跛行資本主義化 ……76
(4) 台湾社会的階級関係 ……87
(i) 外来蔣派中国人集團 ……87
(ii) 台湾人買辦階級 ……88
(iii) 台湾人民族資本家階級 ……88
(iv) 勞動者階級 ……89
(v) 農民階級 ……90
(vi) 小資産階級 ……91
(5) 中共的「中華大国沙文主義」與「社会殖民主義」 ……93
(6) 台湾無産階級領導的「資産階級民族・民主主義革命」 ……97

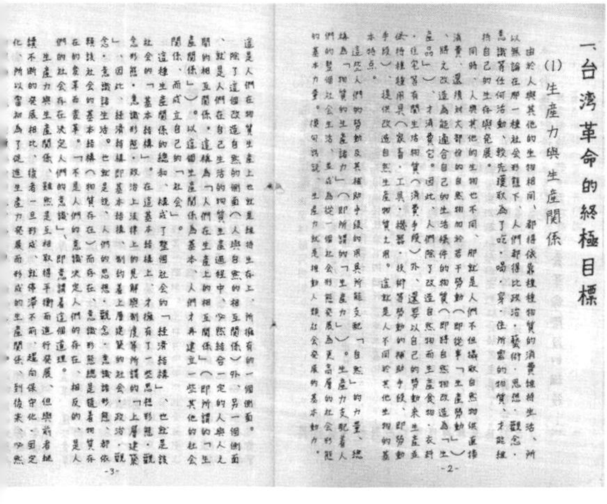

一、台湾革命的終極目標

(1) 生産力與生産関係

-2-

-3-

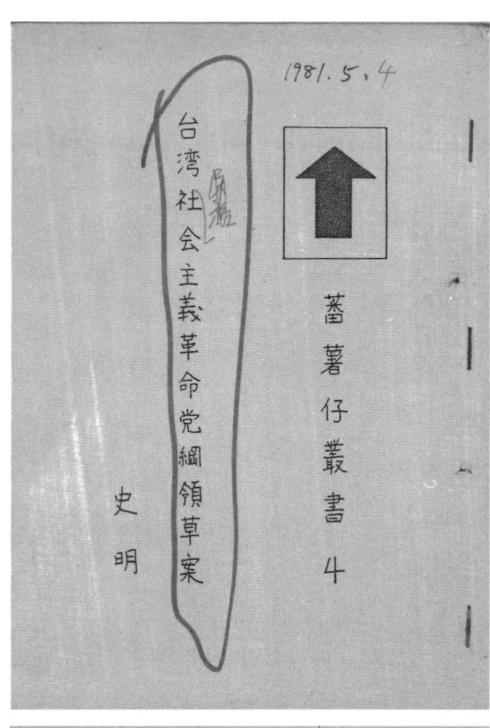

1981.5.4

蕃薯仔叢書 4

台湾社会主義革命党綱領草案

史明

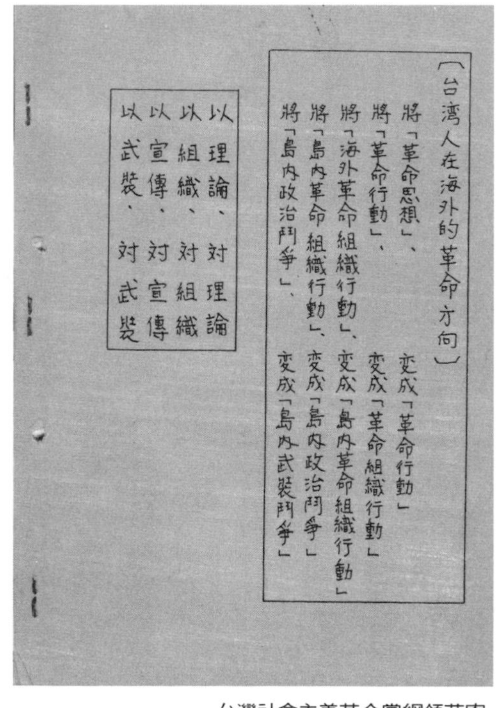

（台湾人在海外的革命方向）

將「革命思想」、變成「革命行動」
將「革命行動」、變成「島内革命組織行動」
將「海外革命組織行動」、變成「島内政治鬥爭」
將「島内革命組織行動」、變成「島内武裝鬥爭」
將「島内政治鬥爭」、

以理論、対理論
以組織、対組織
以宣傳、対宣傳
以武裝、対武裝

台灣社會主義革命黨綱領草案

五月二十六日，史明為宣揚「台灣民族主義」、「台灣社會主義」，旅行全美國，並順旅加拿大、西德、法國、比利時、奧地利及巴西，廣泛訪問各地台灣留學生，參加各地「同鄉會」（爾後至一九九二年止，前後往訪美國共十五次，加拿大三次，歐洲兩次）。

巡訪全美時，有台灣獨立運動份子，到處誣陷史明為「中國共產黨仔」，所以起先不太受歡迎，不敢讓史明借宿，但經過一次又一次相談後，逐漸受到台灣同鄉們的了解、信任。在美洲，史明起先宣傳「台灣民族主義」時，有些台灣獨立份子，造謠說台灣民族主義是「共產仔」的，並提出「台灣國民主義」來對抗，但得不到台灣同鄉普遍的贊同，不久就消聲匿跡。

六月十九日，史明在費城訪問「台灣時代」社會主義者（鄭節等六人），鄭節等要求史明必須跟反動右派許信良斷交，代為支持進步社會主義右派張金策，並主張「打倒台灣獨立聯盟，才能反對國民黨」，被史明拒絕。

六月二十五日，史明在水牛城周敦人家，與左雄相見，左雄一開始就抨擊「獨立台灣會」加入資產階級的「建國陣線」。左雄不懂殖民地鬥爭中的「民族聯合戰略」，說不到幾句就不歡而散。左雄等所謂共產主義者，與台灣島內台灣人大眾全無聯繫，光在海外孤立自稱為「共產主義者」。

七月三日，陳文成教授回台探親，遭特務約談刑求，犧牲性命，島內外掀起大抗議運動。

八月二十日，美洲左派大將鄭節來電，要求史明撤出《美麗島週報》（王秋森、許信良），否則要登報公開批評史明，並發動《海外政論》（張金策）、《半屏山》（休士頓）等處攻擊打擊史明。史明不理會他們的狂行。

十一月，張維嘉、陳婉眞退出《美麗島週報》，其後，史明推王秋森為發言人、實際負責者，由許信良代之辦報，但經營不佳。辭掉大學教職的王秋森，因與許信良不合，隔年退出《美麗島週報》，斷絕關係，相當可惜。

一九八二年

二月二十八日，獨立台灣會獲得黃界清教授支援，在德州創辦《台灣大眾》（後轉移洛杉磯，共發行二十三期）。

二月二十八日，獨立台灣會由歐洲送回島內的二〇八號劉某，失去聯絡（從一九七〇年起，海外留學生送返台灣，八十%都沒聯絡）。

六月，《美麗島週報》，決定由許信良、王秋森、陳芳明、陳昭南負責出版業務工作。

六月，「獨立台灣會」（史明）與「美麗島週報社」（許信良），創立「台灣民族民主革命同盟」，但除了獨立台灣會支助美麗島辦報外，美麗島未有開始任何政治工作。

六月，史明、賴芳雄等人，在美洲成立「台灣獨立草根運動」，但未成功。

六月，「北卡海報事件」，美洲北卡州大，在獨立台灣會及台獨聯盟支持下，劉格正、郭倍宏、林國慶、李應元等台灣留學生，掀起反蔣家國民黨運動。

一九八三年

一月三日，「獨立台灣會」盧修一、柯泗濱、前田光枝被捕，以「叛亂罪」，盧修一被判感化三年，柯泗濱感化三年緩刑三年，前田光枝感化三年即時驅逐出境，主犯史明第二次被通緝。

四月二十六日，黃世宗，由巴西獨立台灣會介紹到日本受訓練及供給資料，並受到獨盟洪哲勝資助後，返台爆炸台北「中央日報社」，六月二十六日離開台灣後，其兄黃世梗被捕，處徒刑十年，然黃世宗同志一九九〇年一月十二日，卻被一個台灣徂迌人槍擊，身亡於巴拉圭橋頭市。

六月，島內獨立派（蔡義敏）與統一派（陳映眞），掀起「台灣結」、「中國結」大爭論。

六月，美國台灣留學生，十幾個校園參加，創立反蔣獨立運動「台灣學生社」（許文輔、廖宜恩、郭倍宏、李應元、高龍榮），發行《台灣學生》，獨立台灣會及獨盟副主席洪哲勝支援。

一九八四年

四月，「台灣獨立聯盟美國總部」改選，張燦鍙連任主席，落選的洪哲勝、黃再添、林哲台等二十一名盟員，宣布脫離聯盟，洪哲勝抨擊聯盟領導層「缺乏實質民主，遭國民黨組織滲透」。同年五月，洪哲勝發表「籌建台灣革命黨聲明」。

六月，史明、陳昭南、阿城在洛杉磯秘密籌組「情報機關」，但陳昭南或阿城捲款經費一萬美金

潛逃，工作失敗。

一九八五年

一月一日，洪哲勝的「台灣革命黨」成立於紐約，公稱以「馬列主義」爲指導原理（但總書記以下沒有人理解「馬列主義是什麼」），仿傚蘇聯，總書記洪哲勝，第一副書記許信良，第二副書記林哲台，中央委員洪哲勝、林哲台、許信良、田台仁、黃再添、馬鎭山、鄭自才、柯柏、洪大銘，監察委員陳文功、林文雄、蕭廣志、陳昭南（一九八七年三月二十三日宣布解散）。史明受邀，但看投機性濃厚，所以沒參加。

獨立台灣會在美洲繼續發行不定期刊物《台灣大眾》，極力提倡「台灣民族主義」是社會主義革命的前一段革命工作的理念（ideology），但台灣留學生及獨立運動者都不太關心（他們八十%都理工出身，對於政治學、經濟學、社會學都不努力學習，幾乎沒有基本認識，光在感情上主張台灣獨立而已）。

五月一日，許信良、謝聰敏、林水泉宣布成立「台灣民主黨建黨委員會」，他們及彭明敏都說要返台，但除了林水泉回到基隆被國民黨抓到刑求之外，其他都沒有實行返台。

一九八六年

七月，史明出版英文版《台灣人四百年史》於華盛頓（陳義雄，陳支援編輯資金）。

十一月十日，島內創立的「民主進步黨」召開全國黨員代表大會，選出首屆主席江鵬堅，三十一位中執委，十一位中常委，十一位中評委。

一九八七年

七月十四日，蔣經國宣告自一九八七年七月十五日解除戒嚴，但同日施行「動員戡亂時期國家安全法」（國安法），壓制獨立革命運動。

八月三十一日，「台灣政治受難者聯誼總會」（林永生、林水泉、許曹德、蔡有全）成立。

十一月九日，「時代週刊」發行人鄭南榕，於民進黨第二屆黨代會散發「台灣獨立」傳單，與反對獨立的國民黨特務朱高正發生流血衝突。

十二月二十五日，民進黨等團體主張中山堂國會解散，萬人群眾示威，阻擋縱貫火車，使之停在西門町而動彈不得（獨立台灣會地下人員秘密指導）。

一九八八年

一月三十日，蔣經國死亡、出殯。

五月二十日，「雲林農民權益促進會」四千人示威，與憲警流血鬥爭（「五二〇事件」，獨立台灣會秘密會員在裡頭）。但經由邱義仁、洪奇昌與總統李登輝所謂「磋商」後，翌日就被解散。

十二月，獨立台灣會人員在島內出版《台灣獨立的理論與實際》。

一九八九年

五月，郭倍宏從美國來日，與史明磋商回台一事，史明支持。（李應元回台時，郭也來日磋商取支援，促其快返台）

五月十九日，鄭南榕烈士自焚，在士林舉行告別禮拜後，萬人參加遊行至總統府前，詹益樺烈士跟隨鄭南榕的腳步自焚（「獨立台灣會」會員秘密參加）。詹益樺是高雄甲仙獨立台灣會劉紀力的舊年同志。阿樺常在甲仙劉家落腳，暢談抱負。他在總統府廣場殉道，表達對台灣的大愛，以及對外來殖民統治者的憤怒，令人惋惜。

六月十九日，民進黨主席黃信介公開發言，與

▲為尤清助選的詹益樺（右）

◀悼念鄭南榕的詹益樺（前）

1989~1999
自由之路
鄭南榕殉難10週年
鄭南榕基金會

▲鄭南榕殉道十周年演講，一九九九年金寶山

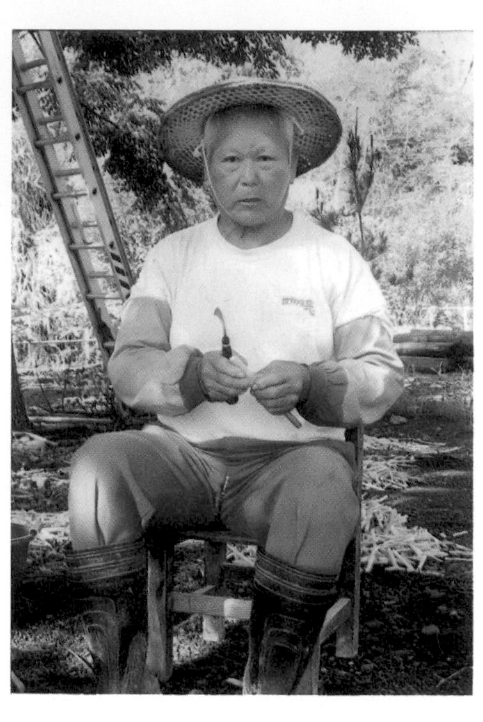
▶獨立台灣會同志劉紀力

主張台灣獨立的黨員劃清界線。

九月二十七日，許信良先在洛杉磯與國民黨特務葛某聯絡，另方面與中共舊金山領事館妥協，經由中國福建省返台，故意被國民黨緝私船在海中抓到後返台。

十二月八日，「台灣學生社」趙珠蘭、陳貴賢等，在美國重新籌組《台灣學生》。

一九九〇年

二月二十日，百名群眾在立法院外，阻止國民黨「資深立委」赴會場，與警察衝突（「獨立台灣會」王秀惠等在內）。

三月十九日，學生八千人靜坐於中正紀念堂，主張「解散國會」，李登輝於總統府接見五十位學生代表（三月二十一日），學生受騙，停止一五〇小時靜坐，宣布成立「全國學生聯合會」（王秀惠等「獨立台灣會」秘密人員參加支援）。被世人稱爲學運世代的「野百合到太陽花」的革命階段。

三月二十一日，王秀惠等「獨立台灣會」秘密人員，指導群眾往陽明山抓老賊，反對老賊選總統。王秀惠頭部被打，受傷流血。

十一月八日，獨立台灣會地下親近者陳輝華（阿貓），自行向北市萬華警察分局開槍，擊斃警員一人，被捕後處死刑。

一九九一年

台灣地下帶來三、四十名會友來日本組訓，爲期五天，屏東、高雄、嘉義方面有四十六次，新竹、宜蘭原住民同胞林金生等，參加兩次，至一九九二年，回去公開進行「民族民主活動」。

五月九日，「獨立台灣會事件」，陳正然、王秀惠、林銀福、廖偉程（清大學生）、安正光，以「分裂國土，顛覆政府」罪名被捕。

五月十二日，爲抗議「獨立台灣會」廖偉程等四名人員遭國民黨逮捕，各校學生、教授舉行靜坐遊行，台大教授陳師孟等遭到警察毆打受傷。

五月十六日，被捕的獨立台灣會會員四人交保釋放，其他會員繼續地下抵抗工作。

五月二十日，「知識界反政治迫害聯盟」（李鎭源等），主張廢止刑法一〇〇條、一〇一條，成立「一〇〇行動聯盟」，舉行萬人大遊行（獨立台灣會秘密會員三十幾人參加）。

一九九二年

十一月，黃金和領隊到東京秘密學習獨立戰略戰術（四十八人，一個禮拜，共二十六次）。

十一月一日，彭明敏「合法」返台。

一九九三年

九月二日，赴日受政治訓練的鳳山同志，成立「建國愛鄉會」（五十二人，黃金和代表）。

十月二十六日，史明翻牆回台，與建國愛鄉會四人，在新營交流道被捕，送至台北高檢署，五百餘同志包圍高檢署，李勝雄、李慶雄、蔡明華三律師自願辯護，十萬交保，當夜住李勝雄宅。

十月二十七日，記者招待會（李鎭源、彭明敏、張燦鍙出席），史明表示爲推翻殖民體制繼續奮鬥。

十月三十日，史明公開宣布繼續爲推翻國民黨殖民統治與經濟特權，與敵鬥爭。

十一月九日，應台大建國俱樂部之邀，史明在台大正門廣場演講，強調要打倒蔣家國民黨殖民體制、實現獨立，要有中心思想（理念）的台灣民族主義，要強調祖先留下的「出頭天做主人」的精神傳統，要永遠與台灣大眾站在一起，有必要時要堅

持武力鬥爭，爲啓蒙大眾，組織大眾，將組織宣傳車隊環繞全島（至今共環島四次，已進行二十餘年）。

十二月二日，史明以預備內亂罪「出庭應審」，依然背對檢察官，主張武力鬥爭保衛台灣，宣傳「台灣民族主義」，提昇台灣大眾的政治覺悟。

十二月八日，美國國防部主管亞太事務的助理副部長羅斯（Stanley O. Roth）在紐約表示，美國對台灣「負有法律責任」、「保護台灣」。

十二月二十九日，國民黨「海基會」與共黨「海協會」在台北會談，「獨立台灣會」集眾示威抗議，主張台灣主權獨立，動員上百成員包圍敵人開會地點。

一九九四年

一月三十一日，獨立台灣會在台北設立「台北聯絡處」。

二月六日，獨立台灣會堅持「體制外革命」，批判民進黨拋棄建國目標（「體制外革命」與「體制內修改」）。

三月一日，獨立台灣會成立「高雄聯絡處」，開始「卡車宣傳隊」（二十三輛宣傳卡車），環島及來往高雄、台北。

三月二十一日，獨立台灣會車隊到萬華龍山寺廣場，闡述「台灣民族主義」（車隊每一個月巡迴桃園、新竹等一次，每週轉台北一次，繼續到現在）。起先台灣民眾不知「台灣民族主義」的理念，折壞「台灣民族主義」旗幟，至今大眾漸漸改爲爭奪民族旗。

七月十六日，香港報導中共的「一軍兩制（軍事、經濟）」，中共軍方經營軍事企業達三萬件，正規軍預算半數以上，從事軍需工業。

七月三十一日，獨立台灣會在嘉義設立聯絡處。

八月四日，獨立台灣會宣傳車隊赴桃園機場與故宮博物院，向來台灣的中共海協會副會長唐樹備抗議，台北「第一次」焚毀中共國旗。

八月，中共在台灣培植代言人，成立「中國新黨」，中共工作人員冒充記者身份滲透台灣。

八月，台商對中國投資超過三百億美金，進出企業突破二萬件，但七十％中小企業陷於泥沼，獨立台灣會警告，中共將「以商逼政」，是佔領台灣統戰的頭一步。

十月，中共吸收台籍親共份子，成為統戰幫凶，吸收台灣青年留學中國大陸及旅遊。

十月，中共暗示開始侵台計劃，與民進黨接觸，台灣人起恐慌，李登輝表示「反中共、反獨立」，史明對大眾勸說停止恐共，自己團結保護台灣。

十一月，中共放出即將武力侵台的消息，成立「三軍協作訓練部隊」，並加強統戰。

十一月，美國前駐北京大使李潔明表示，「中共不放棄武力攻台」；美國亞太事務助理國務卿羅德表示，「中共迄今無力攻台」；美國在台協會理事主席白樂崎批評，「台獨即招來中共武力犯台」的論斷過於簡化；史明則表示：「中共目前無機會武力攻台，台灣人必須努力自己保衛台灣。」

中共公稱建造四萬噸級航空母艦，自一九九五年開始，十年完成。

獨立台灣會在中南部，極力號召台灣人不要怕中共，要為台灣大眾利益著想，團結大眾，組織大眾，藉以自己保衛台灣。

十二月，獨立台灣會為陳定南競選台灣省長，在台中一帶盡力助選（體制外幫助體制內，達成台灣獨立）。

一九九五年

一月三十日，史明指出，以進步的、革命的「台灣民族主義」來對抗侵略的、反動的「中華民族主義」，才能達成台灣獨立，實現民主的自由台灣國家。

二月二十日，「新黨」要角訪問民進黨，送咖啡促進「大和解」，施明德、林濁水、邱義仁、陳文茜等民進黨要角，附和中共的大和解。

史明指出，「大和解」是中共的統戰策略，「台灣不是中國的一部分」，並批判「江八點」是反台灣獨立的大統戰陰謀。

二月二十八日，彭明敏為了競選中華民國「總統」，與辜寬敏同道加入民進黨。

三月二日，國民黨陸委會指出，中共對台統戰工作人員，多達三十八萬人。

三月二十三日，「亞奧會秘書長會議」在高雄市舉行，中共國旗與代表魏紀中首次登陸台灣，獨立台灣會車隊到場抗議示威，並火燒中華民國國旗，宣揚「台灣獨立」、「台灣民族主義」、「勞

苦大眾出頭天」。

四月九日，彭明敏主張「維持現狀就是獨立」（這和台灣獨立利益不對頭）。

四月三十日，每週繞行台北的獨立台灣會車隊，這週參加「馬關條約百年」遊行，火燒日本帝國國旗。

五月，民進黨幹部指出，三黨選票都不能過半，揚言要促進「聯合內閣」，唯有體制外的獨立台灣會反對聯合內閣。

五月二十九日，中共試射移動式洲際彈道導彈（ICBM）「東風三一型」，射程七千至一萬五千公里，美國將受影響。

六月六日，日本京都大學教授位田隆一表示，台灣無法進入聯合國與國際社會，是因台灣人自身的獨立主張曖昧模糊，不清不楚。

六月二十六日，中共海協會副會長唐樹備來台灣，參觀故宮博物院，獨立台灣會車隊接機抗議，主張「台灣不是中國的一部分」，攔截唐樹備專車，高喊「唐樹備滾回中國去」，火燒中共國旗，警察布署四周，發生小衝突。

七月八日，國民黨發表中共漁船越界侵進台灣海域，一九九三—九四年，達二十六萬餘船次。

七月十一日，美眾議院議長金瑞契，主張承認台灣為獨立國家。

七月二十二日，獨立台灣會車隊在台東設立聯絡處，啟蒙獨立理念。

七月二十六日，獨立台灣會車隊示威抗議中共

發射飛彈恐嚇台灣，燒毀中共五星旗，「牛埔仔」迌迌囝仔、獨立台灣會在龍山寺燒五星旗。

七月二十九日，李登輝空談台灣沒有獨立的條件。

九月十四日，美國戰爭學院院長高溫（Paul Godwin）指出，中共現在無力攻台。

十月六日，中共國務院委員宋健指出，中共將在二〇一〇年完成新科技體制。

十月十一日，倫敦國際戰略研究所指出，中共發表軍費每年約有二八〇億美金，但世界專家估計其軍事支出，實際上達公開發表數字的四倍。

十月二十五日，三十個美國台灣人團體所成立的「台灣主權聯盟」，宣告反對外力介入台灣。

十一月二日，民進黨文宣部主任陳文茜表示「國民黨已本土化」。

十二月四日，民進黨秘書長邱義仁表示贊同民進黨與國民黨組「大聯合內閣」，國民黨表示大聯合要兩階段處理。

十二月十一日，史明抨擊「大和解」、「大聯合內閣」是一條死路，危害獨立革命路線。

十二月十四日，美國國防部助理部長奈伊，在華盛頓亞洲協會指出，中共在台海展示軍力，將威脅美國國家安全。

十二月十五日，新黨要角周荃、趙少康，在立法院聯誼廳，與民進黨施明德、林濁水、周伯倫喝咖啡，談大和解、大聯合，企圖兩黨反對獨立，分贓政治。

十二月十五日，獨立台灣會動員十二輛宣傳車與二十輛計程車，繞行立法院十數次，反對民進黨體制內要角勾結中共派，危害體制外革命的運動。

十二月二十一日，台灣教授協會批大和解背叛台灣人民。

十二月二十三日，「全民計程車聯誼會」（獨立台灣會友軍）夜晚在台北錦西街排班時遭襲，三十餘名歹徒撞車打人。毀八輛車，打傷三人（一名獨立台灣會同志在內），獨立台灣會委任處理。

一九九六年

一月十五日，史明發表聲明：「民進黨不能對敵人妥協。」

一月二十九日，中共鐵殼船橫行恆春海域，機關槍掃射台灣漁船。

二月四日，獨派李鎮源、江鵬堅、林義雄、許信良、彭明敏、高俊明、李永熾等成立「台灣建國陣線」，討論「大和解」，但無共識，無反對，無結論。

史明發出宣言，反對走「大和解」這條死路。

二月七日，中共黨軍委副主席張萬年、副總參謀長熊光楷均抵達福建，將親自指揮三軍四十萬兵力，對台灣選戰施壓的軍事演習。

二月七日，美國國務院亞太事務助理國務卿羅德指出，「台灣民族主義與中華民族主義對立尖銳化」。

二月八日，史明爲支持彭明敏競選總統，受邀就任「獨立建

「台灣不是中國的一部分」連署現場，一九九六年二月

獨立台灣會與中國新黨街頭衝突，警察築圍彈壓，一九九六年二月

國台灣總統選舉後援會」會長（但不受彭明敏重視）。

二月十一日，中共爲了攻台布線靠近一步，在釣魚台海面開始採掘石油事業。

二月十五日，美國統合參謀本部議長謝加守比指出，中共未有對台灣登陸作戰的能力。

二月十六日，獨立台灣會在台北車站西門前做簽名運動時，與林洋港、郝柏村的選舉人員發生激烈衝突，場面火爆。

二月，史明：「台灣一定要獨立，能對付中國來犯。」

三月六日，中共新華社發表自當月八日至十五

日，中共將通過台灣北部，實施飛彈演習（三月八日強行發射地對地「M9」三發於台灣北部周邊）。

三月七日，美國航空母艦「獨立號」巡弋台灣海峽。

三月十一日，中共開始在台灣西北角海面實施實彈演習。

三月十二日，中共在台灣西南、東北兩邊海面，發射導彈演習。

美軍再加航空母艦「尼米茲號」艦隊馳於台海西南海域，預防中共趁機攻台。

三月十三日，中共發射第四顆導彈飛彈。

三月十七日，獨立台灣會寫給聯合國秘書長蓋里（Boutros Gali）公開信，抗議他說「台灣是中國的一部分」。

三月二十一日，台灣人在台北大遊行，抗議中共武嚇台灣，「獨立台灣會」火燒鄧小平、江澤民芻像及五星旗。

三月二十三日，總統大選，彭明敏、謝長廷慘敗於李登輝、連戰。

四月九日，彭明敏宣布成立「建國會」（秘書長林山田，包括李鎮源、高俊明、辜寬敏、李永熾等），加深民進黨分裂危機。

四月二十二日，獨立台灣會反對大選結果，並在台北車站廣場，火燒李登輝、連戰芻像。

五月二十日，李登輝就任「總統」，聲明否定台灣獨立。

五月，民進黨高幹任國民黨「政府」資

火燒李登輝、連戰芻像

政，呂秀蓮、邱連輝、余陳月瑛任國策顧問。

六月二十日，當選民進黨黨主席的許信良說：「不排除與國民黨結合」，並在七月十二日聲明「大和解、大聯合、大改革」。

七月十五日，蔣緯國要求把蔣介石、蔣經國靈柩運回中國大陸，中共不允。

七月十五日，台灣在過去三十年間，國內生產增加了五倍，但基層階層與這超級生產成長無緣，貧富差距愈來愈大。

八月二十六日，全台工業總會理事長高清愿，趁中共的經濟統戰，率團赴中國，會見江澤民，出賣台灣利益，獲取私人巨富。

九月十一日，「建國黨」公布黨章。（改爲體制內改革路線）

九月二十三日，獨立台灣會宣傳車隊到中壢、新竹聲援「台籍

老兵大會」（從中國大陸返台），宣揚「台灣民族主義」。

十月六日，「建國黨」成立大會，李鎮源任主席，林山田任副主席，李勝雄任秘書長，決策委員十一人。堅持體制外獨立建國的「獨立台灣會」，拒絕加入建國黨及擔任顧問。

二、島內地下工作列誌

（一）地下工作人員訓練要綱

一九五五年，新珍味的經營已漸上軌道安定下來，我手裡也稍有一些資金，因此一方面重讀民族主義、馬克思主義，另一方面則進一步著手於島內地下組織與準備工作。爲了訓練地下工作的成員，我會準備一份工作綱領（都是寫了就撕，撕了再寫），傳授地下工作的基本觀念。這份訓練綱領，綜合了我所學習的社會科學及在中共從事情報工作等實際經驗，算是我從實踐中所淬煉出的一套體系，直到今日，依舊是我行動的重要指南。

1. 在島內地下做廣泛啓蒙工作：以「台灣民族主義」喚起台灣群眾的民族自覺，以「台灣獨立戰場在島內」鼓勵島內鬥爭。

2. 革命者應有的修養

（1）不愛錢
（2）不愛名
（3）敢受委屈
（4）敢倒霉
（5）敢犧牲

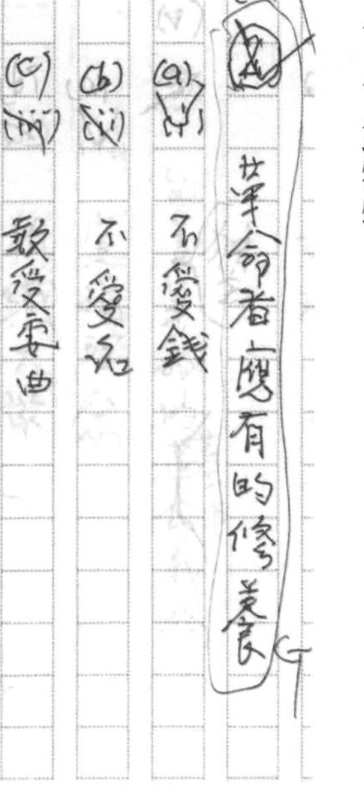
(ii) 革命者應有的修養
(a) 不愛錢
(b) 不愛名
(c) 敢受委曲
(d) 敢倒霉
(e) 敢犧牲
(iii) 地下工作要綱
(a) 安全
(b) 秘密
(c) 規律

3. 地下工作要綱

（1）安全
（2）秘密
（3）規律
（4）時間
（5）平凡

4. 革命者的思想方法

（1）從現實出發
（2）看發展的
（3）看全面的
（4）簡單明瞭
（5）重視大眾利益（走「群眾路線」）

5. 台灣獨立革命的基本戰略

（1）宣揚理念
（2）組織大眾
（3）武力鬥爭
（4）民主鬥爭
（5）聯合戰線
（6）國際宣傳

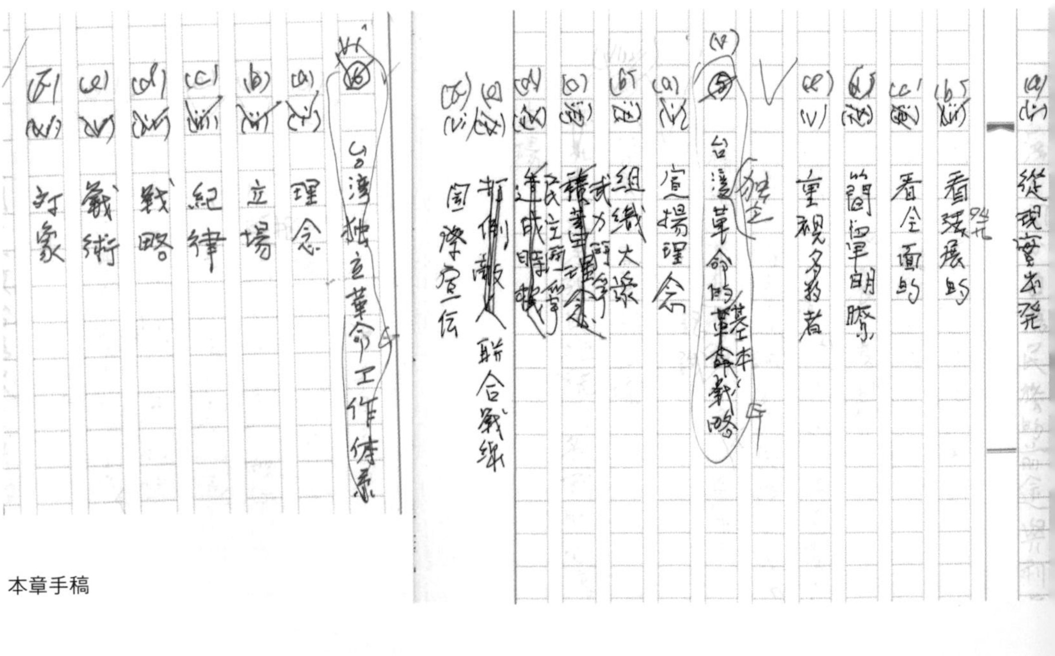

本章手稿

6. 台灣獨立革命工作體系

（1）理念
（2）立場
（3）紀律
（4）戰略
（5）戰術
（6）對象

7. 台灣獨立理念＝台灣民族主義

台灣人關心台灣民族的前途與利益，
政治上，建立台灣獨立國家，
經濟上，建立台灣國民經濟，
文化上，發展台灣固有文化，
的思想甲行動，就是「台灣民族主義」（為了確實認識台灣民族主義，必須精讀及認識台灣人四百年史）

8. 台灣獨立革命立場

遭外來殖民統治剝削的台灣民族，為台灣人的獨立自主與安全生存工作

（1）打倒蔣家國民黨中華民國殖民統治「體制」

（2）抗拒中國共產帝國主義侵略台灣的「陰謀」

（3）以台灣民族主義，團結台灣原住民、台灣客家人、台灣福佬人

（4）以台灣民族主義，勸誘並歡迎進步的在台中國人，以自由、平等、民主，共同建設台灣民主共和國

9. 台灣獨立革命的主戰力＝兩條戰略路線

（1）（殖民統治）體制外的台灣革命鬥爭
（2）（殖民統治）體制內的台灣改革鬥爭
終極目標同是台灣獨立，建立台灣共和國

10. 地下工作行動（海外東京「新珍味」五樓，特地設置破壞工作訓練所）

（1）地下游擊戰的個人準備與個人訓練
（2）破壞交通、鐵道、通信
（3）燒毀機關、工廠、設施
（4）燒毀警察地方派出所
（5）張貼台灣獨立革命傳單
（6）秘密發展台灣獨立革命組織

11. 地下秘密工作要點

（1）單線聯絡（捾肉粽，koāⁿ bah-chàng），禁止發生橫的關係

（2）公開工作與秘密工作嚴格分開

（3）交通聯絡工作由人直接對人，不許間接聯絡

（4）走群眾路線，從群眾利益出發，啓蒙群眾，參加群眾活動，壯大群眾力量，以群眾力量為地下工作背景

（5）地下工作者，職業公開化、合法化，藉以侵入敵人的機關、團體，擴大秘密組織

（6）地下工作的「二不三要」

不大意、不冒險、不盲動——安全

不說、不聞、不問——秘密

負責、決斷、解決——紀律

確實、迅速、熟練——時間

學習、行動、交友——平凡

（7）理念要明確，立場要堅持，戰略戰術要有效

（二）準備與實行破壞敵人工作

1. 建立地下交通：一九五〇年代，由阿水仔、大頭連、老鼠仔等都市貧民（迌迌人），自動公開歸回台灣，聯絡地下同志，設立秘密管道，潛入蔣家國民黨組織，公開來往台灣、日本，再返台灣，從事地下連絡工作。

2. 在海外設立「試爆小坑子」，訓練爆破技術：由於地下成員大多不是知識份子，無法用圖說或文字的方式來教導爆破技術，必須實際操作示範才行，所以在東京西池袋「新珍味」五樓房間，設備一個堅固的小坑子，在日本新左派山本、三浦兩同志指導下，訓練來日同志的爆炸、燒毀等行動工作（史明、史清台參與在內），讓受訓的地下工作人員可以現場練習、測試定時炸彈的威力。日本新左派朋友還曾受我之託，親自到台灣探勘鐵道路線，研究炸彈要安置在鐵軌的哪個部位引爆，列車最容易翻覆。

3. 一九五〇——一九九〇年代，從台灣一批一批帶來東京的台灣民眾將近一千人（嘉義以南的民眾，由高雄黃金和等人帶領，交通住宿等費用由獨立台灣會或個人支出，三、四十人為一班或個人，訓練為期五天至七天，

回去做民眾工作，其中，原住民台灣人兩組七十人），來日人員不必暴露私人事項。

4. 爲了互相保持安心、安全，不交出眞名、地址、職業，不塡表格，回台灣去做民主工作，回台灣後不做個人的聯絡。

炸彈研製與爆破推演（史明手稿）

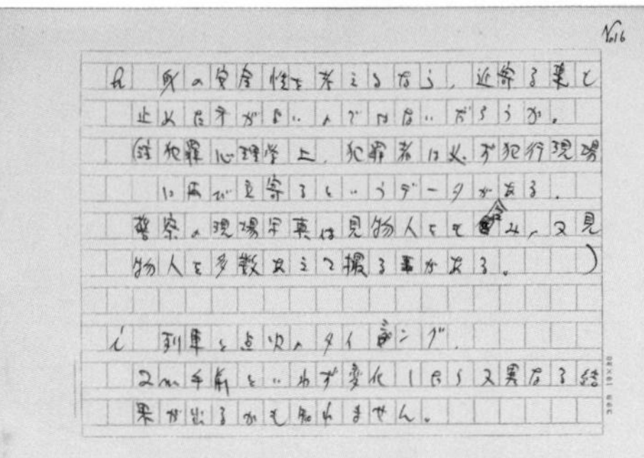

No.16

h 列車の安全性を考えるなら、近寄る車を止めた方が良いのではないだろうか。
(例 犯罪心理学上、犯罪者は必ず犯行現場に再び足を寄せるというデータがある。
警察は現場写真は見物人をも含み、又見物人を多数写して撮る事がある。)

i 列車との時間のタイミング。
2m手前といわず変化したら又異なる結果が出るかも知れません。

No.17

j 林内車運転手(日本人)の場合殺害すべきかどうか。
k 書物に記されている様に、運搬火薬は不安定である。
l 出来上がった火薬は早く保存しない方が安全であり、又更に爆発性のある火薬と他の原料は一緒に保存しない方が良い。

一応今回これにて終る。 72.12.11.

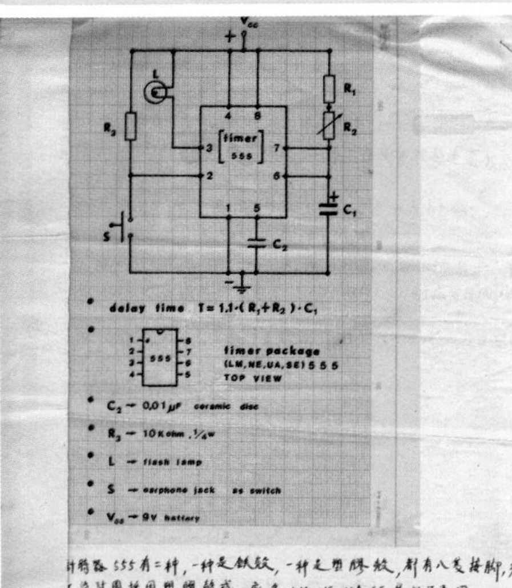
Vcc
L
R1
R2
R3
timer 555
C1
C2
S
• delay time T = 1.1·(R1+R2)·C1
• timer package (LM,NE,UA,SE) 555 TOP VIEW
• C2 — 0.01μF ceramic disc
• R3 — 10Kohm, 1/4w
• L — flash lamp
• S — earphone jack as switch
• Vcc — 9V battery
計時器555有二种，一种是鐵殼，一种是塑膠殼，都有八隻接腳，
流计圖採用塑膠殼式；廠名 LM, NE, UA, SE 等都可適用。
555，第一接腳是陰極(GROUND)，第二接腳是扳机(TRIGGER)，第三接腳是(OUTPUT)，第四接腳是 RESET，第五接腳是 CONTROL VOLTAGE，第六接腳 ...LD，第七接腳是 DISCHARGE，第八接腳是陽極(Vcc)。
T = 1.1·(R1+R2)·C1
間T等於1.1乘於电阻R1和R2之和再乘於电容C1。
.01 μF (10⁻⁸ Farad) CAPACITOR
之值為0.01 μF，可用 CERAMIC DISC, PLASTIC, MICA, MYLAR 的質料。
0KΩ, 1/4 W RESISTOR
之值為10KΩ，耐力1/4 W。

No.11

列車全体の運動のエネルギーとは逆の力が働く。尾や後部の貨車、重量貨車部は、慣性の法則によって進行方向にそのまま動こうとする。そこで連結された列車のどこかに、力量のアンバランスな所が出来る。
軽い貨車は両方向からの力量により浮き上がる場合がある。(せり上り現象)
そしてレール自体に10mm位の浮き上りによる刺激が加わり、カーブ地点であるから遠心力が働いてカーブの外側に脱線転覆

No.12

したのではないだろうか。
つまりエネルギーやレールによる刺激によって脱線転覆が引き起こされたと推理した。

2 列車がブレーキをかけない場合、上り坂でもない地点の場合は
列車部せり上り現象は起きていない。ならば、レールの浮き上りと遠心力の関係において脱線転覆したと考え得るか？

No.13

仮にこの場合に脱線転覆したならば、脱線転覆した車輌は他の車輌に比べて何らかの相違点があり、その相違点がレールの浮き上り現象(遠心力等)と絡まって脱線転覆したのではないだろうか。
相違点として、重量、長さ、荷の積み方等が思い浮かびますが。
この場合は不明と言った方が良いかも知れません。

No.14

J a カーブ地点は最も良い地点である。
単線区間も復旧作業に時間が必要です。
b 今回よりも大型の爆弾を作製したら最も面白い現象が得られると思う。
(火薬量、火薬の種類、パイプ容量等の大量大型化、2本1組づつにしても)
c カーブ地点でレールの継目の手前側や向う側、レールの真下や両内側外側に爆発物をセットしても今回と異なる結果が出るかも知れません。

No.15

d トンネル内や直線レールでも、爆弾の爆発力を増加すれば、左右へズレ、レールの破壊等により、先頭の車輌から脱線転覆が可能である。
e 材料購入等も毎回同じ店で買う事が可能かどうか。今後のポイントであろう。
f 警察関係は、火薬の種類、材料、爆発力等は当然調査済みである。
g 設置場所、事故現場に度々寄る場合は常に注意が必要であろう。

(三) 島內成功的爆炸、燒毀事件

獨立台灣會島內同志，以「台灣民族主義、台灣社會主義」（台灣獨立、大眾出頭天）爲理念，主張「主戰場在島內」，加強地下組織與啓蒙工作，開始秘密破壞行動。平常收集情報與張貼宣傳單等工作，島內同志都是個別行動，等到炸火車或燒鐵路局工廠、派出所等較大型的任務，同志們才共同行動。

獨立台灣會的傳單是特別在日本請認識的工廠印製的，貼上後極難撕掉，得用砂紙與水不停擦洗才能處理。傳單在日本印好後，就一批批包裝起來，由地下管道（通常是走私船）送進台灣，交給島內的地下成員。地下成員收到後，再透過單線方

獨台會特製貼紙，日本製，貼上後極難撕掉，戒嚴時期用於張貼各地公家機關、公共場所

在明湖中學門口張貼獨台會貼紙

在公車上張貼獨台會特製貼紙

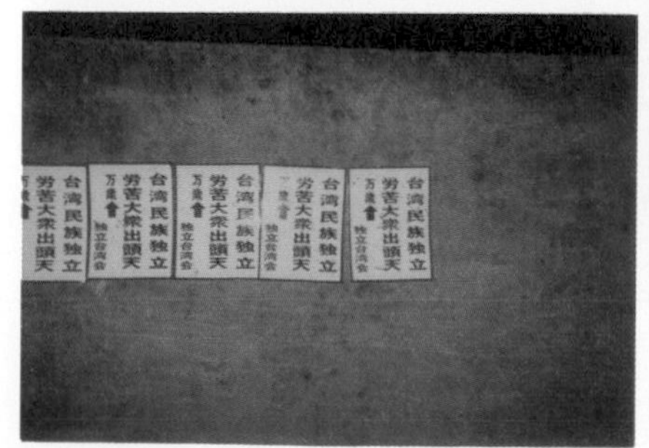

在內湖康寧路通信營張貼獨台會貼紙

在康寧路聯勤醫院張貼獨台會貼紙

式，一個傳給一個，伺機張貼在公車、貨車、甚至營區裡面。

至於爆破工作，獨台會爆破的對象都是軍用火車，所以必須先透過安插在鐵路局裡面的人，調查哪些班次是軍用火車。由於台灣島內取得火藥不易，地下成員必須分散到各縣市零星購買煙火（以免被懷疑），再逐一拆開取出裡面的黑色火藥，塞進水管裡面，才能製成簡易的炸彈。每次爆破行動都不是同一批人，帶頭的人也不一樣，每次行動後，整組人馬至少三年內都不能再進行其他行動，以免曝露行跡。

在內湖成功路貨櫃場張貼獨台會貼紙

在南京東路五段工地的貨車上張貼獨台會貼紙

我們爆破火車的行動，只有在樹林執行時有報導，其餘都被刻意壓下。燒鐵路局工廠那次，不只工廠被燒個精光，因爲風勢的關係，甚至延燒到了附近的貧民窟，因此也不得不報導這起「意外事件」。此外，我們也有到派出所縱火，因爲當時我對南部的地下成員比較有號召力，所以大部分是由南部的成員去燒南部的派出所。

1. 一九六〇年五月，炸毀高雄縣警察派出所。
2. 一九六四年六月，炸毀台中王田站附近，造成火車脫軌。
3. 一九七二年七月，台北縣樹林、高雄縣岡山，相繼炸毀軍用及貨物火車脫軌翻覆。
4. 一九七二年十二月，焚毀台北鐵路局旁至西門町的大鐵路工廠，火焰超過鐵路，延燒至三線路木造房屋。
5. 一九七二年十二月，焚毀台北市土木局倉庫。
6. 一九七二年十二月，再次炸毀樹林、岡山的火車。

7. 一九六〇年至一九七五年，連續焚毀嘉義以南的各地警察派出所無數。

8. 秘密破壞工作最盛時期，來日受訓，參加秘密行動的同志二百二十餘人（一九六八—一九七五）。

9. 各處張貼獨立台灣會行動「記號」，不斷在各地、各機關、公共汽車等貼大小標語，往前邁進⬆（▲代表笠＝農民，█代表斧＝工人，⬆即代表工農一體，往向邁進），但國民黨每次都沒發表，不讓一般人看到或聽到（大燒鐵路局工廠除外）。

10. 來往台灣、東京住新珍味，回台後行動都不必問明姓名、地址、職業、塡表等，所以大家對安全問題有信心，較能按照計劃行動。

（四）計劃從琉球送無線電波回台灣，努力四年後失敗

1. 我經日本新左派朋友勸說，決定在琉球「與那國」設立放送台（與那國離台灣最近，乘坐簡單的撈魚小汽船，花七個小時就可到台灣東岸蘇澳），把台灣獨立思想送入台灣島內，一九七〇年夏開始準備。

2. 日本朋友四人，到日本政府遞信省報名，受訓四個月，獲得「業餘遞信師」執照，做正式的小電台工作。

3. 派另外一個日本朋友，前往台灣，調查電腦放送的電台、收信器、天線等具體情況。

4. 但一九七二年美軍把琉球歸還日本，日本

台湾独立革命軍専欄

台湾独立革命軍島内行動

— 28 —

中国時報 8/20

南下貨車出軌傾覆！

樹林站外忽生意外、車廂碰毀兩邊鐵軌

暫時維持單線通車、工作人員漏夜搶修

肇事原因很多 疑係車廂陳舊

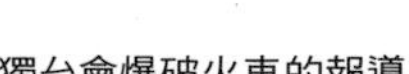

獨台會爆破火車的報導

為設立放送台，請日本人到台灣調查具體狀況

站在與那國島遙攝台灣，玉山隱約可見，一九七二年

ＮＨＫ在與那國設電台，蓋掉我的訊號，最後不得已在一九七四年放棄計畫。這個計畫用掉的費用多到難以計算，全都付諸流水了。

三、虎穴進出：兩次潛回台灣

獨立台灣會從事地下工作、收集情報與聯絡交通的同志，大多是社會底層的漁民、迌迌人，與編輯《獨立台灣》的那群知識份子有所區別。這些沒人注意的社會大眾，有他們獨特的管道、辦法（僞造身分證、規劃路線、安排住宿等），我能在一九六八、一九七五年兩度偷渡回台灣，多是依靠他們的協助。

（一）一九六八年八月，第一次潛台（帶回游擊戰術手冊、獨立台灣月刊、傳單）

1. 一九六七年顏尹謨等人被逮捕後，島內消息取得有限，沒辦法知道確切的情況，我擔心如果不弄清楚，同志們回台灣工作很容易被抓，無法進一步發展，因此決定親自返台一趟。偷渡一事茲事體大，需要眾多環節配合。首先，必須聯絡島內地下成員，跟他們確認我能不能回去、有沒有人可以接應；其次，因爲打算到與那國島搭船，所以我透過日本迌迌人，先到與那國島住一個月，跟當地人混熟；再來，因爲與那國島的漁船只開到釣魚台，所以還須安排從釣魚台偷渡到台灣的漁船。我前後用了一年的時間才規劃好。

2. 透過居住神戶的台灣迌迌兄弟皮蛋、阿水仔、大頭連等人，取得台灣島內線索。

3. 經過日本新左派介紹，飛往琉球那霸市（兩個半鐘頭），再由那霸市飛往八重山列島的與那國

島至西崎町（三小時）。

4.從西崎町，坐上事先預備雇用的漁船，航往台灣方面的海上，到釣魚台休息，透過釣魚台的台灣漁民的關係，與從蘇澳來的約定漁民連絡，坐他們的漁船回台灣。

5.與那國、釣魚台與台灣之間的公海中，有很多琉球漁船及從台灣來的台灣漁船，三三五五的在互相交換著生魚與台灣產的生活物資。

6.我聽從琉球漁民大城、今城等人的指示，在釣魚台等地點，從琉球船換乘事先聯絡好的台灣漁船。台灣這邊是由漁民阿煥、阿池來接，我拿給他們每個人各美金一五〇元，這是事先談好的費用，隨即兩隻船就迅速分開，我們即往台灣方向航行。

7.當晚十一點左右，漁船默默航到台灣東北海岸，在黑夜裡登上岸，我實在是膽戰心驚，但也很引以為榮，岸上已有萬華的迌迌兄弟等著接應，

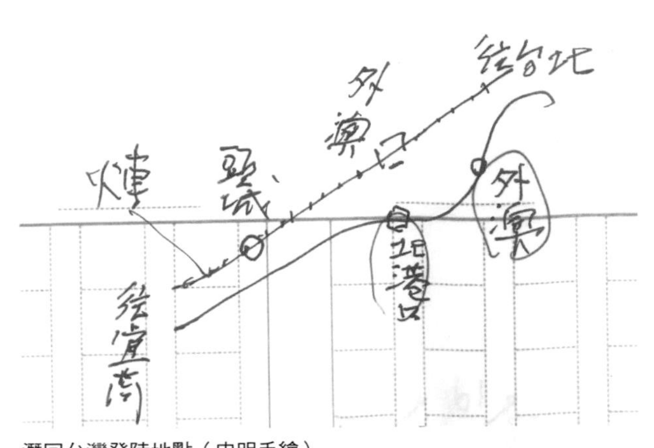

潛回台灣登陸地點（史明手繪）

在外澳、北港口的中間登陸。迌迌人做事乾脆，比知識份子更能保守秘密，也不會多問，我抵達台灣後，都住在他們替我安排的地方，受到他們的保護。

8.從外澳火車站到台北萬華，是由當地迌迌兄弟老鼠、馬仔、阿城等人來接我，手裡接過他們事先準備好的假「良民證」，當天就聽從這些人的安排住下，絕對不能到士林老家探望。

9.翌日，兩個兄弟伴隨著我，到嘉義北港訪黑松，到高雄訪Mazu（松），隱密行動，連絡少數的地下人員，大進大退，今天台北，明天台中，後天嘉義，然後苗栗、新竹等，這中間見到了台灣獨立武裝隊的黃元、周浩、阿安等同志，我帶給他們各組共二百本「游擊戰術手冊」，及五百多張傳單。雖然感覺很驚慌很冒險，同時也很榮幸、開心，不急不徐地磋談了一些危險、訓練的問題，也解決了組織的方向及費用。

10.按照預定的原來路線，經過釣魚台、與那國返回東京。這次回台灣，是想實際了解台灣社會的情況，以供日後工作的安排。我發現當時台灣社會的白色恐怖，比我一九五二年離開時更加肅殺，感覺到處都有特務出沒。

11.地下武裝秘密工作，從頭到尾都沒有台灣知識份子（留學生、島內大學生）參加。獨台會起先有送過幾個美國的台灣留學生，準備好送回台灣，但毫無例外的，回台後卻都不敢聯絡到我這裡，都好像「子彈」一樣，有去無回。

（二）一九七五年二月七日，第二次潛返台灣

1.因鄭評小組事跡敗露被逮捕，一九七四年鄭評就義被槍殺，此時的我心神緊張，懷著很大的仇恨，決定再回台灣一趟。這次參與偷渡的人與上次不同，上次完全是靠迫迌人的幫忙，這次我們自己已經有一條應援線了。

2.從東京飛那霸市，渡往與那國，由琉球人吉峯帶路，路費兩百美金，渡往釣魚台（尖閣列島）大正島，島上有台灣蘇澳漁民設的幾個小寮子可供休息，坐上台灣的漁船（共計四百美金），費時三天到達台灣，裝扮成漁民由蘇澳登陸，聯絡阿富（坦白是調查局特務線民，決意爲台灣獨立奮鬥）、黃元，住在台北大稻埕。

3.第三天再往中南部走，這次所費時間較長，但組織上的工作不太成功，因爲鄭評遭槍斃後，許多人不敢出來，連貼宣傳單也變得極少，我也不能隨便出去訪人，大多待在萬華。有些新同志怕事不敢來見面，二十六日按預定時間回到釣魚台，三十日回與那國。

4.這次在台灣觀察社會情形，發覺一般台灣人遭蔣家特務長久壓制，均不敢說話，只有阿諛奉承。台灣人喪失志氣，好多人對前途失望，生活無目標，惟有追求金錢，只爲自私利益著想，倫理道德毀壞。島內知識份子遭蔣家國民黨特務「洗腦」、「去勢」，無氣力，爲了飯碗，以奉從外來統治爲上策，民眾則無力、洩氣。

5.相對之下，海外台灣知識份子卻相當外國化，台灣獨立運動者說話抽象、觀念化，什麼激烈的言辭都能從嘴巴裡頭蹦出來，但光說不做，所謂「台灣獨立」云云，還是以自己的生活安穩享受爲重。

6. 其他同志，經過釣魚台、琉球秘密來往日本、台灣，計有八次。

7. 看到這情況的我，實在很傷心，也很擔憂，但是根據台灣歷史發展，與第二次大戰後國際形勢去向，台灣會獨立的信念愈打愈強，不會洩

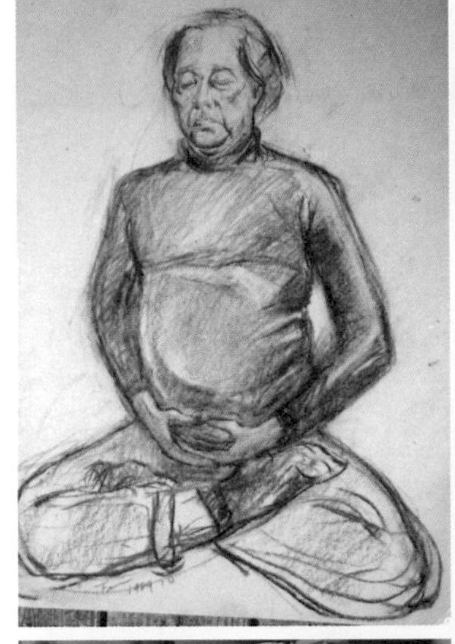

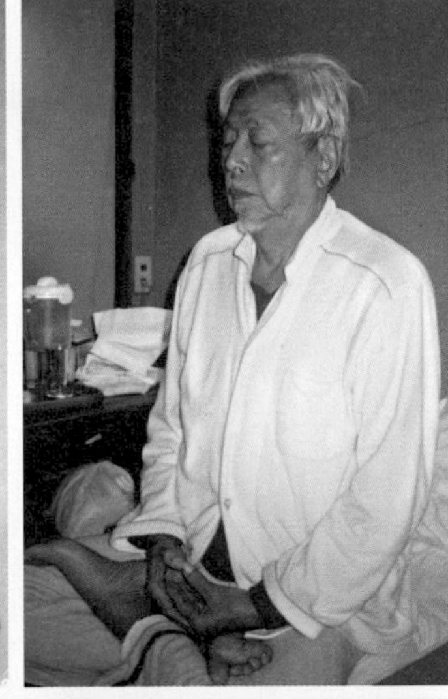

革命工作令人精神緊張，尤其是島內同志準備行動之際，我的心思就會飄回台灣，時時刻刻等候著島內的訊息，內心煩躁不安。為了統一思緒、安定內心，我重新練習大學時代曾實行過的打坐，此後打坐成為生活的一部分，有空時就會打坐，每次二、三十分鐘，讓身心得以沉靜歇息

氣。問題是台灣人如果喪失志氣，台灣獨立時間會拉長、變慢，但最後還是獨立一途。

8. 當時我覺得地下工作要秘密，要有路線，然而，當時台灣已是大眾的社會，地下工作組織要大，路線要多，地下人員要有一定的規模才行，單憑獨立台灣會一個組織，無法解決客觀的形勢，對敵展開革命勢力，因此獨立台灣會的島內工作，不得不成爲少數零勢。

第二十章　壯志未酬：六起地下革命事件

一九七四年八月十二日早晨，鄭評同志被帶出牢房槍斃，他視死如歸，從容就義，踏出台灣獨立的歷史步伐，我至今仍無法釋懷。

獨立台灣會或台灣獨立革命軍的島內地下秘密工作者，一旦失事，遭蔣家國民黨特務逮捕後，在國民黨政府法務部調查局與國防部軍法處，慘遭無法無天的刑求、逼供、強制簽口供書等的強暴橫行，然後移送軍事法庭秘密審判，即以叛亂、顛覆政府等莫須有罪名，處極刑或十五、十年徒刑，沒收財產，終身褫奪公權，坐牢完畢後，還得受特務的嚴格監視，使親朋都不敢接近。

一、林水泉、顏尹謨革命事件

（一）一九六六年由顏尹謨（彰化市人，台大法律系畢業）邀入的會員，有了林水泉（台北市松山人，台北市議員，曾被移送小琉球管訓）、呂國民（桃園縣人，國小教員）、張明彰（彰化縣人，圖書館主任）、吳文就（雲林縣古坑人，斗六電信局技術員）、林中禮（雲林縣人，淡江工商專校總務主任）、許曹德（基隆市人，中興氧氣行協理）、陳清山（宜蘭縣羅東人，宜蘭縣立東光中學教員）、黃華（基隆市人，基隆補習學校英文教員）等革命青年幾十人（顏尹謨從台北到東京報到），爲了消滅蔣家的政權，創立「全國青年團結促進會」，秘密印發「六六三一六台灣獨立鬥爭決戰書」、「六六三一六—三不三唯宣言」、「六七二二八台灣獨立鬥爭決戰書」，鼓勵全台青年起來抗拒蔣家外來政權，建立台灣獨立國家。

（二）島內青年之中，不少人在美國新聞處（台北），看到由美國送入台灣的《台灣人四百年史》（日文版）。

（三）一九六七年四月，劉佳欽（島內全國青年團結促進會同人）赴日留學，進東京大學農學院研究。

（四）一九六七年五月，顏尹謨、陳光英（後來在島內發現是特務狗腿）來新珍味找我，提出共同反蔣行動的合作，顏尹謨說出島內同志計劃爆炸油廠、水庫、橋樑等工作。

（五）顏尹謨持有島內地下組織憑證及彭明敏關係文書，但缺乏獨立相關理念或工作經驗，所以叫他暫時在新珍味與我住在一起，並支援他進入東京大學學勞動法。陳光英缺乏可以證明他的身份的證件，所以我給他東京、台灣來回旅費，以取得證明後，再來日接洽工作。

（六）顏尹琮（顏尹謨胞兄，「台灣獨立同志聯合會國內行動團」團長，南山人壽保險公司職員）來信請求供給工作資金。

（七）陳光英在台取得彭明敏推薦書（日文），同年六月與斗六鄉親郭錫麟（曾於前一年來訪過，我支援他進入慶應大學念書，台灣獨立聯盟盟員）再來

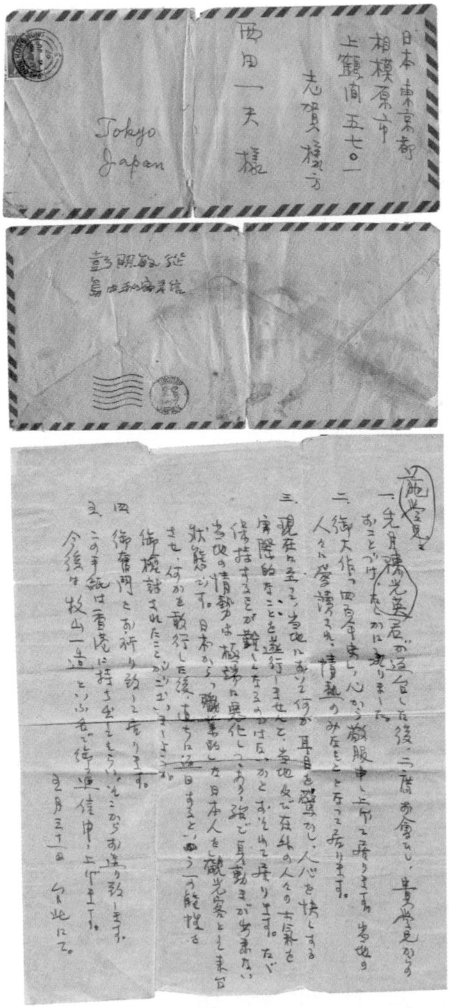

彭明敏推薦陳光英的信函

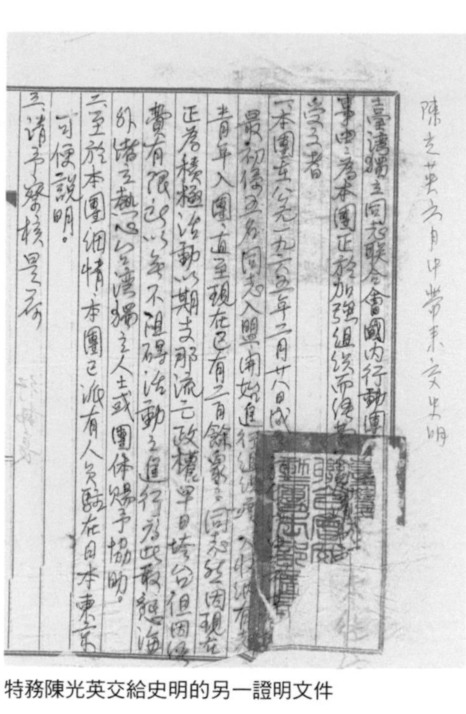
陳光英六月中帶來交史明

臺灣獨立同志聯合會國內行動團

事由：為本團正於加強組織而須

受之者

一、本團在公元一九六五年二月廿八日成

最初僅五名同志入盟開始進行

青年入團，直至現在已有二百餘眾之同志，經因現在

正為積極活動，以期支那流亡政權早日垮台，但因經

費有限，已以無不阻礙活動之進行，為此敢懇海

外諸位熱心台灣獨立人士或團体賜予協助。

二、至於本團細情，本團已派有人員駐在日本東京

可便說明。

三、請予察核是荷

特務陳光英交給史明的另一證明文件

找我，才獲得「獨立台灣會」秘密單位信任，分配他為島內單線交通任務。

（八）一九六七年六月，劉佳欽因岳父車禍返台省親，但是島內情勢已有險惡預兆，吳文就失蹤，不久劉佳欽也失蹤，後來發現均被蔣家特務秘密拘禁。

（九）一九六七年六月三十日，我與顏尹謨參加創立「獨立台灣會」，共同編輯《獨立台灣》月刊第一號，決定「主戰場在島內」、「台灣民族主義」、「社會主義」，顏尹謨受初步思想整理。

（十）一九六七年七月一日，顏尹謨返台。原先，我警告顏尹謨島內情勢險象環生，勸他暫緩返台計劃，但是顏尹謨認為能避開最壞狀況，堅持返回台灣。因我與顏尹謨共住不久，故無法判斷他在島內具體情況，所以我只在「戰略」上不同意他走，但「戰術」上只得聽他的決定（理念必須和現實結合，大方向就是戰略，執行的細節則是戰術，只有身在現場的人才能決定戰術，沒在現場的人只能講戰略）。顏尹謨接單線聯絡、保守秘密、個別工作等原則而返台。臨走時我要供給資金，他卻交給陳光英攜帶回台灣。

（十一）一九六七年七月二十日，顏尹謨在台灣與林欽添（苗栗縣竹南人，南庄中學教員）見面，並協同陳光英前往羅東，與「台灣大眾幸福黨」（主張議會主義不能解放台灣，有使用武力的必要）幹部陳清山、林樹欉見面，再與陳泉福（羅東人，國校教員，大眾幸福黨幹部）、黃英武（羅東人，中學教員，大眾幸福

黨幹部）等人會晤，傳達在日史明秘密單位工作概況，要共同計劃武裝起義。

（十二）一九六七年八月，蔣家特務開始秘密綁架，「全國青年團結促進會」、「台灣大眾幸福黨」所屬革命同志，悉數遭難被捕，達二百四十餘人，林水泉、呂國民、張明彰、許曹德、黃華、顏尹謨、顏尹琮（死於獄中）、陳清山、林欽添、林中禮、賴水河、林道平、陳泉福、林樹欉、黃英武、簡金本、黃禎義、黃恆正、黃正雄、廖正雄等主要幹部，均被處重刑（徒刑十五、十二、十年不等，其他同志被處罪刑各有不同）。

一九八〇年代在美國與吳文就（左）、謝聰敏（右）合影

一九九三年返台後在街頭與黃華合影

（十三）事後，島內同志傳來陳光英原來是蔣家國民黨特務的爪牙，革命同志悉數遭陷害。

二、溫連章革命事件

（一）溫連章，出生於雲林縣斗六街（一九三〇），受天主教神父教育（一九五二），宣教五年，後脫離教會，自營「連章西藥行」於台南縣下營（一九五七），之後移往巴西聖保羅。

（二）從巴西獨立台灣會革命同志乙峰（王瑞霖）處，將溫連章送到美國洛杉磯，由史清台（王文宏）轉送到東京新珍味（一九七一年九月）。

（三）溫連章住新珍味四十餘天，受到我的短期初步地下工作訓練，地下、秘密、單線聯絡，以及爆炸工作，學習台灣人四百年史，理念「台灣民族主義」，立場「台灣民族的利益與前途」，革命對象「蔣家國民黨及其幫凶台灣買辦份子所結成的中華民國殖民統治體制」，革命終極目標「打倒中華民國殖民統治體制，建立台灣獨立共和國」。

（四）工作計劃，以下營為基地，聯繫雲林、嘉義、台南、高雄舊時的親戚、朋友為基層，廣泛交朋友，從其中爭取革命同志，準備爆炸、焚毀（調查鐵路、鐵橋、警察派出所、加油站、工廠等），秘密張貼傳單「台灣獨立萬歲、勞苦大眾出頭天」。

短期任務是秘密破壞的游擊戰，長期任務是長期埋伏，深入群眾，發展組織，武裝工作。

要自我修養，去私就公，匿名馬燈台，由日本派人聯絡，工作資金屢次由日本供給（返台時先供給日幣一百萬円），因敵人最注意的是出入島內外的人，所以囑咐「兩年以內不能離開台灣島」（一九七一年十月返回台灣）。

（五）一九七二年一月六日，溫連章沒有事先聯絡，第二次來日，突然出現於東京新珍味門口，晴天霹靂，使人震驚（違反革命的紀律）。溫連章在人事關係方面，不當的快速發展（大家自然是革命意識薄弱），聯絡頻繁，他這次是為了購買一部汽車，來日本請求買車費用。

（六）溫連章此次來日不恰當，我判斷返台後會出事，所以特別強調安全與平凡，並必須遵守約束，再給予初步的訓練，同時供給四十萬円日幣，連於一月十六日返回台灣。

（七）一九七二年二月底，溫連章、姜啓我等人，在下營番薯園試驗炸藥，動作不慎，被警察發覺，五十餘名同伴遭捕。

（八）台灣警備總司令部軍事審判庭，以參加史明叛亂團體，企圖顛覆政府罪名，判決溫連章（四十二歲）徒刑十五年（一九八二年假釋），姜啓我（下營人，四十六歲）徒刑十二年，柯文士（下營人，四十五歲）徒刑五年，林國詳（下營人，三十三歲）徒

刑五年，其他刑期不等。

（九）溫連章被捕，他那條線等於整組斷掉，被抓到的人下獄，沒被抓到的人也不敢再做，獨立台灣會因這次事跡敗露，遭逢重大打擊。蔣家國民黨殖民統治殘酷狠毒，令人深覺惶恐，今後對地下同志必須嚴格傳授工作經驗，但因訓練日子短絀，而且「英雄主義」濃厚，無法確守紀律是一大難題。

三、鄭評槍擊蔣經國未遂，遭死刑犧牲成仁革命事件

（一）鄭評（一九二七年生，高雄人，居住台北，代名鄭仁和，名片寫鄭智仁），在台北經營麵包店，又從事印刷事業，信仰基督教，富有正義感、台灣民族共感與意識，對於蔣家外來統治者殘暴殺害台灣同胞，懷有強烈的怨憤。

（二）一九七一年十月，鄭評赴東京參加「基督教聯合會」時，以「鄭智仁」名片，與同隊基督教徒林義昌（台灣福音宣教會會長），一同前來新珍味拜訪我（他在高雄友人處聽到有關我的事蹟）。

（三）翌日，鄭評單獨再來拜訪，驟然破口大罵蔣家國民黨特務的暴政，並表示要為台灣前途打拚。

因為是初見面，我只能談到理念的問題（要排除外來統治，台灣人得學習台灣人歷史，舉起台灣民族主義旗幟，原住民、客家、福佬要團結，才有力量，現在敵人力量大，我方力量微小，所以不能公開活動，一般是要長期埋伏，秘密聯絡人員，事情才會成功等）。

他說要填表加入獨立台灣會，我答他獨立台灣會做的是地下工作，沒有所謂填表的問題，你返台後自己組織一小組，與我單線聯絡，就可成為獨立台灣會會員。

我給他通信路線，即信可寫到某地方給「栗原正博」（我的日本名），信封署名為「千千岩等」，同時給他少許的活動費用。又給他⬆標記（意思是台灣獨立，勞苦大眾出頭天）。經過一個多禮拜見了六次面後，他就回台灣。

（四）一九七二年五月，鄭評繼續來信，他在台灣北部，分別吸收游進龍（宜蘭人，住台北市）、黃坤能（嘉義縣人，十九歲）、洪維和（淡水人，三十歲）、林見中（台南縣人，居住台東縣，四十三歲），在台北秘密活動順利進展。

（五）一九七三年五月，鄭評第二次來日見我，他提出新名單，分次講出：王耀明（番號八八二，台中市人，畢業台北工專，經營木材行，四十二歲）、賴金騰（番號八八四，台中市人，經營電器行，四十二歲）、李瑞池（番號八八五，台中市人，經營無線電器行，四十三歲）、郭添水（番號八八六，台中市人，經營印刷廠，三十五歲）。他說利用基督教會信徒，盡在台中、高雄積極活動。我回應說「工作過急」。

福榮美術印刷紙器有限公司
台灣福音宣教會
附設盲人輔導會委員

鄭智仁

公司：台北市哈密街一五三號
電話：五一五六二〇
會址：台北市北投區公館路一二八號
電話：八九五〇一
郵政信箱：台北市一九〇一〇〇

鄭評名片

鄭評烈士與長男鄭遷生（中）、次男鄭遷進（右），一九七一年台北縣樹林

鄭評烈士與三男鄭湖永，一九七一年台北縣樹林

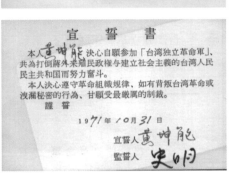

（六）鄭評來東京住在新珍味三樓，第三天，他突然悲壯地說出「要槍擊蔣經國的計劃，這只有黃坤能、洪維和知道」。我一聽到這消息，一時惶惶不安，因爲鄭評過去完全沒有秘密行動經驗，獨立台灣革命的理念、立場都尚未清楚。

（七）我愼重思考後，判斷鄭評想舉事，完全是出於怨恨蔣家國民黨外來統治，尚未有理性上的獨立思考，所以不能立即決定。

我立即打電話給神戶的皮蛋（神戶台灣人的頭人，有名的迫迌人），叫他馬上聯絡大頭連（在台灣），大頭連三天後奔來東京，我告知鄭評計劃，大頭連只有一句話：「槍呢？」我說還沒有，他回說：那不成話。我隨後問大頭連是否有辦法？他說從香港有路線，我問他可以做嗎？他說看我怎麼想，如此才與大頭連的對話有了結論。

台湾独立革命軍隊員証

区号 黃坤能 同志

19　年　月　日

台湾独立革命軍　区

宣誓書

本人黃坤能決心自願参加「台湾独立革命軍」、共為打倒蔣外来殖民政権与建立社会主義的台湾人民民主共和国而努力奮斗。

本人決心遵守革命組織規律、如有背叛台湾革命或洩漏秘密的行為、甘願受最嚴厲的制裁。

謹誓

1971年10月31日

宣誓人黃坤能

監誓人史明

「台灣獨立革命軍」隊員證

（八）過幾天，我跟鄭評說：

1. 槍擊計劃可以做，但槍要由外界送進島內，絕對不能在島內找槍，時間需要等一年半至兩年左右。

2. 我說拿到槍枝後，一定聯絡鄭評，在此之前，鄭評在年底再來一次好好訓練，要忍耐，嚴格保持單線、秘密、平凡，這段時間則秘密貼標誌，交朋友，來鍛鍊鬥志與維持勇氣。

3. 我另行聯絡（鄭評並不知道）：機械（大頭連）、搬運（大頭連及一位汕頭人）、情報（島內C組）。

4. 奇怪的是，鄭評到年底自己沒親自來日本，卻來一個自稱「鄭評派來」的賴錦桐，前後兩次來找我，說鄭評叫他來拿工作費用。他自我介紹經營「大慶建設公司」（台中縣大里鄉新仁路二段公路巷四號），是基督教福音教會會友。

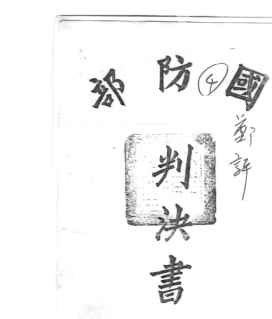

（九）沒事先聯絡，沒介紹書，我當然不能相信，不當一回事，只給他兩萬円日幣，令他回台（後來才知道，他原來是蔣家國民黨特務爪牙）。

（十）一九七三年年底，從島內傳來消息，鄭評同志返回台灣後，往南部、東部發展，到處張貼⬆標誌，暗地裡宣傳台灣獨立。然因爲工作操之過急，四處收買槍枝的動作，竟引來蔣家特務爪牙賴錦桐潛入組織，遂被以意圖非法顛覆政府並著手

國防部
判決書

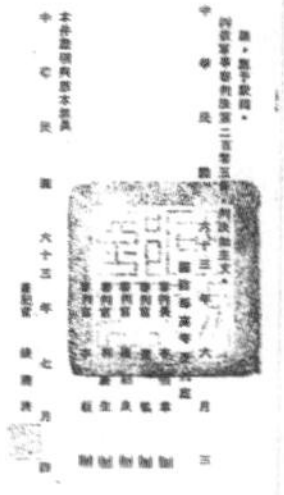

鄭評案的判決書

實行的罪名，受台灣警備總司令部逮捕，其中華民國國防部判決書云：

「被告鄭評在日本參加叛亂組織『台灣獨立黨』，接受施朝暉之命，返國積極發展組織，吸收叛徒，意圖暴力推翻政府，從事叛亂活動，被告黃坤能、洪維和、林見中於參加該叛亂組織後，復參與叛亂集會，並分別吸收蔡萬春、陳水山等參加叛亂組織，均係基於一貫叛亂犯意，顯已達於著手實行顛覆政府之程度，應各以意圖非法之方法顛覆政府而著手實行論究，被告鄭評屬主謀策動，惡性重大，依法應處以極刑，褫奪公權終身。」

一九七四年六月，被判決：

鄭評　死刑

林見中　洪維和　黃坤能　無期徒刑

郭忠義　徒刑十五年

游進龍　柯金鐘　徒刑十年

白色恐怖時代政治犯的刑場，如今現場已遭國民黨破壞，改為公墓，此墓即當時第一悲慘之地，鄭評烈士在此遭槍決（新店安康路）

刑場共有三個洞，此墓背後（有板模）即第一個洞，也是血淚流得最多的地方

（十一）鄭評同志被捕後，在獄中雖然被上手銬腳鐐，但是精神飽滿，鬥志高昂，他經常在牢房牆壁上，大寫⬆標誌，終日默誦聖經，祈禱「台灣早日出頭天」。

一九七四年八月十二日早晨，鄭評同志被帶出牢房槍斃，他視死如歸，從容就義，踏出台灣獨立的歷史步伐，我至今仍無法釋懷。

四、徐美被捕革命事件

（一）徐美，一九二八年出生於桃園，女同志。一九四五年畢業於台北市第三高等女學校，一九七〇年任台灣省高中女校教員，一九七三年任職萬像股份有限公司（董事長徐家祥，前調查局外事部特務人員），徐美隨即被特派日本，擔任日本分店店長。

（二）一九七三年秋，徐美經過長淵一郎（我的日本朋友，東京《每日新聞》記者）介紹，來拜訪我，熱烈表示反抗蔣家外來政權，台灣必須獨立。

（三）徐美做人較直爽開放，其後，一、兩個禮拜就來訪一次，頻繁接觸當中，話就說及台灣地下獨立運動，她就很熱情的說要塡表加入，我照常說明地下工作避免塡表，要緊的是要做島內秘密工作與謹愼聯繫，一步步向她說明獨立運動的理念與立場。

（四）徐美在社會上曾做過事，有事務能力，因有寫日記的習慣，我屢次給她建議，政治工作不能寫日記留證據。最後是否接受我的建議停止寫日記，無法確定。她做事大方豪爽，有濃厚的英雄主義。

（五）一九七五年三月，她將返台之前，我為了使她達到保密工作，同時也讓她能安心返台工作，某個夜晚，在街頭叫了部日本人的計程車，在東京都街上東繞西繞，轉了個把鐘頭，在車上單獨跟她講起如何保密，以及如何平凡行動。徐美有關台獨書件及我的寫字等，必須整理銷毀。

（六）她返台後不久，傳來身邊有危險（當時我在調查局內有線民），我判斷徐美必須立刻避走他鄉，隨即買了兩張日本航空機票，告訴她和另一個女同志馬上離開台灣，後者幾天後就離開台灣，飛往東京新珍味。

（七）徐美送那秘密女同志到機場後，她還要等一個禮拜後，與兒女們過完五月節（端午節），才往日本。因此，徐美被捕，如此千錯萬錯，就錯

這一著。

（八）經過這個凶險的禮拜，徐美被蔣家特務抓走，後來才知道，徐美是被一個叛徒郭幸裕（高雄人，一時在東京大森區開餐館，大談台灣獨立，一九七四年底返台叛變，出賣徐美給蔣家國民黨，徐美在東京時，與他多有往來）出賣，而事跡敗露。

（九）徐美被捕，遭萬般糾纏後，被判八年徒刑，她是台灣獨立革命，被判刑坐牢的唯一女同志。

（十）一九七八年，我透過藏在蔣家國民黨調查局的地下秘密同志，與被關在土城看守所獄中的徐美聯絡上，拿給徐美資金、衣服等，而徐美托他將她在獄中的四張相片及信件帶出來，而且寄到東京給我。

之後，徐美屢次與我有信件往來（聯絡人長淵一郎）。

信件內容：

白色恐怖時代的調查局（現台北市愛國東路）

徐美照片四張，寄自獄中

「不料六十四年徐美，乃轉向萬事重提，郭某之『檢舉徐美案』……

カク（郭）は今，セイふ（政府）のまわし物（間諜）なので，レンラクがあったと決して云ってはけない（不能說有過聯絡）。あのゴロッキ（背德漢）が證明をかりてワタシを今日のヒサシな目におとし入れたことをはっきり分ってほしい（請你知道她陷害我）」

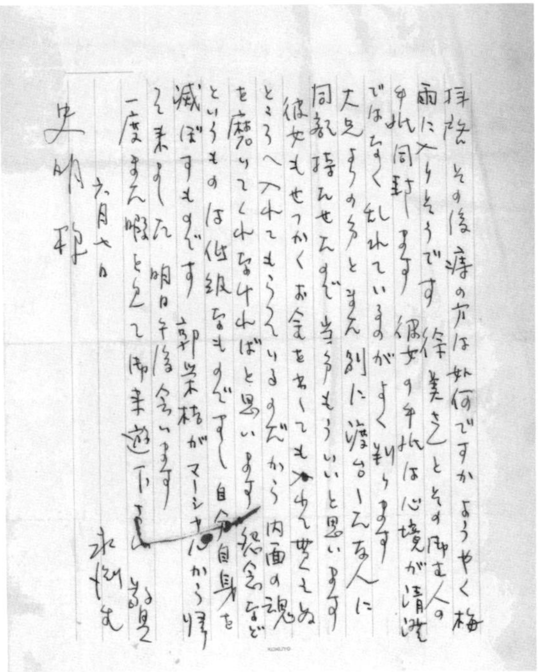

徐美從獄中傳來的信件

（十一）一九八一年六月，我訪歐時，到奧國維也納，看望留奧的徐美次女（她與奧國青年結婚）。

（十二）一九八二年四月底徐美出獄，但遭蔣家特務二十四小時跟監，親朋好友都不敢晤面。一九八二年底，住在松山私宅三樓的徐美，某一天到市場買菜時，突然腦溢血死亡，愕然結束一生。

五、盧修一、柯泗濱、前田光枝被捕革命事件

（一）盧修一，淡水三芝人，一九四一年五月出生，家貧，由寡母在肥皀工廠做工，一手養育盧修一上學成人。一九六三年政治大學政治系畢業（大三加入國民黨，擔任三民主義宣傳隊隊長，台灣各高中巡迴演講），一九六四—六六年中國文化學院政治系研究所法學碩士，一九六六—六八年中國文化學院政治系講師，一九六八年留學比利時魯汶大學政治系，一九七二年轉進巴黎第十大學政治科，獲巴黎大學碩士（論文題目「日本殖民統治下的台灣共產黨」）。

（二）一九七〇年代在歐洲與我有來往的台灣獨立派留學生：魯汶盧修一、何康美、徐雄彪、史德義、黃發展、李麗花、施光、蔡明時、吳榮義，法國張維嘉、侯錦郎、陳錦芳、石介夫，西德陳重任、張英哲、趙有源，奧國林文德、簡寬宏。

（三）一九七〇年十二月，我接到盧修一寄自比利時的來信，稱有看到獨立台灣會發行的月刊《獨立台灣》，贊成台灣獨立，願赴日訪問。一九七一年六月，盧修一來日會晤，住了五天，算來他屬有膽子，互談有關台灣獨立革命、社會主義革命及台灣民族主義等問題。他的頭腦清晰，理解問題快，互相談得很深入，他說將要研究日治時代的台灣共產黨，而後返台將近一個月，再度到日本住了八天，就初談有關理念、立場、戰略戰術等問題，其後回比利時。

（四）一九七二年，經過幾次與盧修一的信件往返，我寫信聯絡張維嘉（計劃在歐洲籌組有關獨立台灣會的組織），與盧修一提及兩人提攜合作，組織歐洲台灣獨立運動團體，為台灣前途打拚。

我交給盧修一三點提綱，做為將來組織的原則：1、組織定位為獨立台灣會在歐洲的秘密組織，與獨立台灣會是一體的，但因成員將來要回台灣工作，所以不對外公開這層關係。2、現階段的革命任務，是台灣民族民主革命，建立獨立自主的台灣共和國，最終目標才是社會主義。3、要嚴格區分公開和秘密工作。因為主戰場在島內，將來想要回去台灣工作的人，都不能公開。因為張維嘉已經公開了，盧修一還未公開，所以盧修一不能公開活動。往後要回台從事秘密工作的同志，都要先來東京，由史明負責訓練。

（五）一九七四年一月，張維嘉、盧修一在巴黎成立「台灣協志會」（我與張維嘉有共識，「台灣協志會」為「獨立台灣會歐洲支部」）。在會中，張維嘉對台灣協志會報告：「主戰場在島內」，每個會員均必須到日本受史明訓練，而後返台工作，會上通過決議（然而張維嘉對於協志會與獨立台灣會的組織關係，未向協志會會員說明清楚，之後就發生問題，關於這點，我直到協志會解散後才知道）。

（六）一九七五年八月，盧修一在返台途中，自巴黎轉來日本，住在新珍味長達四個月，學習台灣獨立革命的理念、立場及戰略戰術（學習三次），以及具體的地下工作的各種原則與工作技術等（學習一個月），所以盧修一成爲最具備資質的地下工作人員。（其他從島內出來的同志，大體上都是一、兩個禮拜，頂多一個月的學習而已）

（七）一九七五年十月，盧修一妻陳郁秀（畫家陳慧坤次女）來日旅遊一個月，因盧修一不讓老婆知道革命工作（這點是對的），所以我特別在離新珍味不遠的西池袋一處臨時租借一單間房，讓盧修一夫婦住下，他跟她說天天都要到圖書館找資料，實際上是在新珍味研討地下工作與聽講有關台灣共產黨事項。另外，盧修一委託在日本的政治大學同學許極墩，當嚮導帶陳郁秀到東京各處去觀光。

（八）一九七五年年底，盧修一夫婦自東京返台。在日本時，我提議盧修一返台後，盡量利用過去的國民黨關係，與國民黨高級幹部交好，便以隱蔽地下秘密工作。恰好，他成功的成爲中國文化大學董事長張其昀（陳立夫等「中統派」特務高級幹部，曾當過國民黨黨中央秘書長、中華民國教育部長）的乾兒子。

（九）一九七九年秋天，盧修一自台灣將赴巴黎完成博士論文途中，路過日本，住在新珍味十幾天，他報告在台灣工作很順利，國民黨很信任他，親交的朋友百餘人，事情相當容易，他與留學生同窗、大學同窗及其他有意的朋友，已談到一百七十八人（有名冊）。我叫他事情不要過於急促，要小心，並拿給他一部《台灣人四百年史》漢文版「台灣共產黨」部分的校對本，讓他回巴黎大學後，可以當成完成博士論文的參考。

他的巴黎大學指導教授：Jaques Guillermarz

博士論文：Histoire du Parti Communiste de Taiwan sous la colonisation Japonaise,1928-1932

「日本殖民統治下的台灣共產黨史」

（十）一九八〇年十二月，盧修一在巴黎大學拿到政治學博士後，經過日本，返台在中國文化大學就任政治系主任，講授政治學、思想史、各國政

府制度，兼夜間部政治系主任。

盧修一臨走回台灣時，我告訴他：

1. 強調秘密工作，維持單線，安全、平凡，制定新密碼，新聯絡方式。

2. 按照前例，年底前田光枝會做聯絡。

（十一）一九八二年六月，我突然接到獨立台灣會潛在蔣家國民黨情治機關內線的一個同志，緊急報告：「盧修一因私人因素，被調查局特務人員跟蹤監視」的不好消息。

（十二）一九八二年七月，我緊急透過秘密管道，聯絡盧修一：「緊急要事，請盡快派人來日聯絡。」

通信時所用的各式暗語，規避特務的信件檢查

（十三）一九八二年九月二十五日，在台中的同志林助雄（盧修一在歐洲時，爭取加入獨立台灣會的同志），來日與我會晤。我們在池袋某處面談三小時，我告訴他：「盧修一已有調查局特務在跟蹤，必須立即停止行動，不要多方拜訪朋友等，有意識的注意日常周圍的情況。」林助雄聽取後，我請他馬上離開，他就急忙告別（我沒有告知他盧修一遭監視的原因）。

（十四）一九八二年十二月初，盧修一忽然來信說：「問題不很嚴重，請放心。」又說：「希望前田光枝按以前約束，年底來台見面為盼。」

（十五）一九八二年十二月三十一日，前田光枝按照前例赴台（第三次，一九八〇、八一的年底都曾赴台聯絡盧修一），住在新亞飯店，她在晚間五點，聯絡柯泗濱（在歐洲加入獨立台灣會）來飯店，兩人筆談十幾分鐘後，她把所帶來的文件及信件交給柯，並約定一月二日來拿回信。八點，按往例打電話請盧修一來訪，筆談後，交給盧修一：社會主義革命綱領草案、游擊手冊、革命組織要領、宣傳單、美麗島週報、史明信函、資金、禮物等東西。她跟盧修一強調：特別注意行動。

（十六）一九八三年一月一日，午前十點二十分，盧修一前往飯店拜訪前田光枝（遲到二十分）。盧修一帶前田光枝去土城，在「土城看守所」附近繞了一圈（這成為錯源，猜不透盧修一的用意），之後，去參觀林家花園，一起吃午飯。當天晚上，前田光枝回飯店沒多久，有人來修理水電（根據我的判斷，應該是來裝竊聽器）。

土城看守所

（十七）一九八三年一月二日，前田光枝白天時，單獨前往木柵的猿山坑指南宮（主神呂洞賓）遊玩。

當晚柯泗濱來訪，帶來覆信，但盧修一沒照約定的二日將回信拿來，所以前田光枝不能按例將兩封覆信同時投入郵箱，只好將柯泗濱所交來的覆信帶在身上。

（十八）一九八三年一月三日，盧修一比預定的時間晚到（此時有人（即特務）在旅社門口照相，前田光枝到後來才知道），盧修一拿覆信來（違規，本來是一定要在前一天拿來），前田光枝午前十一時，往龍山寺觀光（此時已有特務跟蹤，這是前田光枝後來才知道的），之後，她把兩封覆信分別投入不同的郵箱。

前田光枝十二點三十分到飛機場，三點通關，午後四點

四十分的飛機航班。當她在機場等候上飛機時，突然被六位外事警察逮捕。

（十九）事後檢討起來，盧修一是很小心的人，但可能是地下工作做久了，有點鬆懈，也可能是有乾爹張其昀當背景，又當了文化大學兩個系主任，心裡有些得意，竟在這次聯絡時犯了三個錯誤：1、沒有準時赴約，2、帶日本來的前田去逛土城看守所，3、覆信晚了一天才拿來。

至於前田光枝，說起來，在這次聯絡上也犯了兩個錯誤：1、拿了柯泗濱的覆信後，沒有立即投遞，2、在地下工作時順便訪友，並在同一間旅社住太久。

（二十）根據前田光枝返回日本後的報告，她被捕後的偵訊情形如下：

她在一月三日晚上八時，被送到台北某處山溝裡的一所大建築，後來才知道是調查局。天天有三個男性、三個女性，二十四小時不斷在旁邊監管。她遭到疲勞轟炸審問逼供，被長時間強制立正。睡覺時十幾個特務跟著躺在旁邊，一閉上眼睛，特務就以腳踢動床，不讓她睡。因不知被特務掌握了多少訊息，心想「若是和史明的關係曝露，絕對沒希望，或許眞會被處死刑」，內心感到恐怖、驚慌、絕望、苦惱。但她在另一方面卻也努力堅持，不能示弱（前田光枝進入獨立台灣會以前，有兩年半在新潟大學從事「新女性」鬥爭）。周遭都是大個子的男子二十餘人，靜靜包圍著她，上廁所也不許她關門，在日本，就算是再兇惡的警察也不敢這樣做，實在是感到很受辱。

一月三日晚，所謂局長向她宣布犯了叛亂罪，最重會被處死刑。但這反而給她鼓起很大的堅持力量，覺得「能爲革命犧牲性命是光榮的」。

她漸漸知道周圍的中國人、台灣人的特務，有的是基督教徒，也有律師、大學教授，都使用兩個以上的姓名，在日本沒有這種情況，使她大爲震驚。愈知道他們，就愈了解什麼叫做特務，什麼叫做法西斯。

她爲了爭取時間，讓盧修一、柯泗濱有脫逃的機會，不管如何的被強迫、被逼供，都堅決告訴調查局說：「那兩封信，是在機場受不認識的人所委託的，說飛機快起飛了，才代爲投函。」她遭到恐

嚇、大聲叫罵、拍桌子威嚇、疲勞審問、罰長時間立正、踢腳等處罰，都不屈服。

（二十一）前田光枝這個女性，很值得一提。她出身日本新潟縣，一個叫做六日町，很寒冷的地方，大學教育科畢業，學生時代就參加學生運動，那時候日本的學生運動很厲害，每次運動都有二、三十萬人，全國都來。她也有加入日本赤軍，所以說有政治經驗。之後和大阪方面，日本赤軍系統的前田結婚，一起經營海產店。那時候如果是比較進步的學生，都是日本赤軍系統。她剛開始是研究日本少數民族愛奴人，後來涉及到台灣原住民，在認識我之前，就曾旅行過台灣埔里一帶等，收集資料。她看到我的《台灣人四百年史》後，才跟我認識，同感於我的反帝國主義。她是日本人，但反日本帝國主義，因思想上的認同，才加入台灣獨立運動。她加入獨立台灣會，對台灣獨立運動幫助很大。前田前後旅行台灣七次，除了盧修一外，也認識楊碧川、田朝明、陳菊等人。一九七七年中壢事件時，前田也在現場，當時她被群眾誤以為是特務，身上的相機被搶走，但儘管如此，她還是對現場群眾焚燒警局、警車等反抗行動亢奮不已，足見其革命熱情。一九八三年正月初十，日本的四大報紙《每日新聞》、《讀賣新聞》、《產經新聞》都刊出日本人女性因間接嫌疑在台灣被逮捕的消息，就是關於她的報導。

與前田光枝合影，攝於東京新珍味

（二十二）一月八日，盧修一及柯泗濱遭逮捕，都被關在軍法處看守所。柯泗濱全面告白和史明的革命關係，被認為罪狀不嚴重，沒幾天就被釋放了，這顯然跟柯的爸爸當了很久的刑警有關。

一月九日，蔣家政府決定將前田光枝和盧修一被逮捕的經過予以公開，柯泗濱何時被捕則沒有交代。

（二十三）一月十日，獨台會在調查局的內線傳出消息，說盧修一是在汽車駕駛練習站，交了一個女朋友，天天相逢，盧因在文化大學擔任台灣人罕有的大幹部教授，所以立即受到情治機關注意。盧修一害怕調查局公布這件事，引起家庭糾紛，甚至弄到離婚。因此國民黨特務利用盧修一愛惜家庭為其弱點，從初就攻堅此點，以壓力、利誘、慫恿，瓦解盧的心防。

盧修一很快和國民黨特務暗地裡取得妥協，就是說，國民黨不把盧修一的女人問題予以公布，而盧修一則把和獨立台灣會這幾年所做的革命工作及其組織系統、工作經驗等，全面坦白交代出來。這些內幕，我也是經過兩三個月後才獲得消息，後來也從歐洲方面獲得大體相同的消息。

關於柯泗濱，經過了將近八、九年後，我才獲知他在從事革命以前，就和國民黨情治機關有濃厚的關係。

（二十四）一九八三年一月十一日，調查局特務拿出「盧修一口供書」及「柯泗濱口供書」，前田光枝「突然好似晴天霹靂般，大為震驚，一時間落空洩氣」（前田也是單線，所以她並不知道我跟盧修一做哪些事情），她一直以為兩人還沒事，迄未被抓，殊不知他們把事情都供出來了。

結果，她說她從那時起，不得不改變原來方計，態度放軟，給他們說對不起，開始說出到台灣的目的，見到盧修一、柯泗濱的經過，以及與獨立台灣會、史明的關係。但她一講出來，就再遭特務以盧、柯兩人的口供內容為根據，吹毛求疵的追問到底。

在當天晚上，審問的特務向前田光枝說：「根據消息，妳是受充分訓練的『間諜』，要盡量坦白，才能以『政治解決』，讓妳回日本，不然的話，如果以『法律解決』，最低十年徒刑，最高死刑。」這樣再進一步的罵、嚷、強迫立正、一夜不能坐、不能睡等等，如此繼續折磨三、四天。前田身心受盡疲勞轟炸，頓時失去精神。

再者，前田光枝看到盧、柯兩人的口供書，堅持的精神也已經崩潰了一大半，他們兩人所知道

的，都已完完全全供出來，蔣家特務硬要逼她承認「史明去美國，到中共大使館拿五百萬美金（她認爲哪有這種天方夜譚的事）」，她始終說：「我不知道。」

特務一方面恐嚇，一方面說好話，想要懷柔她，叫前田光枝寫史明履歷、政治經歷、和中共的關係、和日本赤軍的關係，或是暴力行動、顚覆政府的計劃，或是獨立台灣會的理念、立場、戰略戰術、人員、組織等，但因前田光枝這方面知道的很少，沒辦法寫。

（二十五）對於盧修一被捕事件，日美等地的台灣獨立團體及一般台灣社會人，避而不言，也不做救護工作，始終沒有任何表示。盧修一被捕後，中國文化大學校長潘維和，身爲台灣人，卻冷淡處理，立即把盧修一處以停職解聘，校方從沒有去看過陳郁秀。陳郁秀萬般找友人、同事等奔走救濟，都無濟於事，經過周清玉的介紹，才去找到中國人權協會的會長杭立武，也沒有絲毫的結果。這是盧修一被捕那時候的情形。

至於當時的報導，只有《亞洲人》寫的比較中立，其他如《中央日報》、《中國時報》、《聯合報》等，都說史明是中共份子，中共要通過史明，進來台灣裡面發展組織，打倒國民黨。

（二十六）一九八三年一月三日晚，人在東京的我，接不到前田光枝回到日本的聯絡，內心無比驚慌，立即密電台灣地下，潛在「調查局的內線」，以及各方面收集消息。到五日晚，調查局內線同志才來電報告：「前田光枝三日下午在飛機場被捕，現正在調查局拘留所。」

我馬上通知前田兼三（前田光枝的丈夫，育有一男二女），並立即聯絡歐洲、美國、加拿大、巴西等地的諸同志，以及地下諸同志，並檢討解救的辦法。

一九八三年一月，在日本東京的「解救台灣政治犯之會」（三宅清子），受我之託，立即寫信給日本政府外交部大臣安部晉太郎，請求蔣家政府釋放前田光枝。

同時，我拜託日本朋友及住日台灣社會人士共二百三十七名，寫信簽名，郵送給「中國人權協會」（會長杭立武），向蔣家政府要求，對被捕三人

不能以暴力刑求逼供，允許台灣與日本的律師參與面會，並公開眞相，公平處理。

（二十七）我同時聯絡在比利時的徐雄彪同志，請他聯繫「國際特赦組織」（Amnesty International, A.I.），特別親赴倫敦會晤該會負責人，請他們向蔣家政府要求釋放被捕三位同志，也請徐雄彪同志告知歐洲各地的台灣同鄉會及盧修一在歐洲的同學、朋友，進行救護工作。盧修一被捕的消息傳出後，巴黎留學生相當震驚。

徐雄彪得報後，立即開始救援行動，馬上成立「荷、比、法、德通訊」，將盧修一、前田光枝事件向媒體、報紙報告並發表，更連忙傳送給各地台灣同鄉，發展救援工作。

徐雄彪透過居住荷蘭的陳美津、Gerrit（韋傑理）夫婦的介紹，刻不容緩隨即奔赴倫敦，與「國際特赦組織」總部取得聯繫，「國際特赦組織」總部得知消息後，一月十三日，馬上發出「緊急行動」，通告「國際特赦組織」世界各國小組，呼籲立刻去電去信給予台灣政府當局，要求尊重被捕三人的基本人權，不得刑求，使三個人能夠自由選擇辯護律師，更應予以早日釋放。

「全歐台灣同鄉會」（會長邱上義，居住奧國）去信給台灣警備總司令部，要求不得對盧修一刑求逼供，保障家庭安全。

魯汶大學校長Mg. Ed. Massgux，聽到在校的何康美告知盧修一被捕事件，在一月二十四日，親自寫信給當時在比利時的孫文文化中心主任舒梅生，要求闡明該事件的經緯，並希望盧修一校友被拘留期間，不受到任何刑求，且要保護其家庭的安全，更要其權利能夠充分被保障。

「旅法台灣同鄉會」侯錦郎等鄉親，寫信給台灣有關單位，要求還給盧修一自由之身。

魯汶老同學一起要求舒梅生，公正、公平、公開地處理這一事件。

奧國的林文德、高成城鄉親及德國鄉親，均或明或暗的給予支援。

洛杉磯《美麗島週報》第一二八期（三月五日發行），施敏輝（陳芳明）著文〈我們對盧修一事件的看法〉，要求國家安全局長汪敬熙、警總總司令陳守山、行政院長召開緊急會議，將盧修一、柯泗濱、前田光枝被捕經過公諸大眾。

（二十八）一九八三年二月二十四日，警備總司令部軍事檢察官，發表前田光枝、盧修一叛亂事件偵查終結，三人交付「感化」，不究刑責。盧修一（四十二歲）感化三年（收容於土城仁愛教化所），柯泗濱（三十二歲）感化三年（犯罪輕微，交保釋放），前田光枝（三十四歲）感化三年（驅逐出境，二十四日讓她搭乘華航〇一八班機，歸返日本）。

史明明令通緝在案，以獨立台灣會爲掩護，爲共匪叛亂活動，再行通緝（第二次通緝）。

本案主犯實爲海外叛國份子史明，被告等犯罪事實完全爲史明所指使操縱，史明早即參加共黨組織（純屬誣蔑），接受中共訓練，在海外以鼓吹台獨爲手段，蠱惑華僑、留學生及有關外籍人士，運用一切可用關係，進行滲透，從事暴力恐怖活動，陰謀顚覆政府。

（二十九）一九八三年三月二日，前田光枝來新珍味與我見面，把前一年十二月三十一日在台灣機場下飛機，一直到被捕後，至今年二月二十五日被追放回日本的遭遇，詳細、具體、一五一十的報告讓我知道。最後，她很光榮的說出：

1. 監牢是最好的革命學校。

2. 她旅行台灣七次，見盧修一三次，見柯泗濱一次，都很有價值。

3. 這次，當審問完結後，盧修一、前田光枝都被關在軍法處看守所時，盧修一在一〇八號房，前田被關在隔壁的一〇七號房。盧修一跟兩個看守很要好，好似朋友一般，例如雙方拿球丟來丟去，拿柑橘等水果給盧修一吃，或是時常聊天；而對隔壁的前田，就有如犯人般，坐在地板時不能將腳伸長，有時腳痛得想要將腳伸長歇息一下，看守就馬上有如雷吼般的罵了起來，這個情況讓她很不服

監獄是革命的學校
——此次受難事件中我所學到的東西——

前田光枝
施敏輝譯

譯者前言

今年一月台灣島内発生的盧修一事件中的主角之一前田光枝、在最近寫成一篇長達兩萬餘言的文章、題目是「監獄は革命の學校である」。在這篇文章中、她一方面交代此次事件的經過、並揭発国民党監獄的刑求真相、一方面也闡釋自己的心路歷程、檢討参加台灣民族独立革命的所思所想。這是一篇難得的第一手的革命家資料。譯者以有限的日文能力將之翻成漢文、便是為了讓更多人瞭解她的想法。

前田光枝若是沒有經歷這次苦難事件、一般人可能認為她只是一位平凡的日本家庭主婦。但是、從她這篇透過盧修一事件而總結出來的經驗教訓、就可発現她对革命運動体驗之深切、認識之透澈。前田光枝以「實踐」来檢驗她的革命理論、又以「理論」来修正她的行動、完全擺脱了小資產階級知識份子的唯心・革心的傾向、這一點是值得所有献身於台灣独立革

—198—

前田光枝事後發表的〈監獄是革命的學校〉（《台灣大眾》第六期）

氣，也很想不開，實在很不可思議。爲什麼有這樣的差別待遇？結果，前田光枝只有自以爲是的認爲：「因爲他們對日本人抱持很大的反感。」

放眼世界各地，革命行動中如果被敵人逮捕，出獄後通常都會歸營，繼續革命工作，但我們台灣人則是毫無例外地切斷聯繫，盧修一也不例外。他受感化拘留三年結束，被釋放回家後，與我斷絕組織關係，一九九三年我返回台灣後，至一九九八年盧修一去世的幾年間，他始終避免與我會晤。雙方沒有相談有關被捕的詳細狀況，令人遺憾。所以前田光枝這些具體且詳細的報告，成爲我所知道有關被捕事件的唯一消息。

事件落幕後，前田光枝說了一句「台灣人尚未能有政治上的理念，無法信任」，表達對盧修一的不解態度，並與我斷絕關係。但在台灣，盧修一卻成爲現代英雄，很快就在國民黨殖民統治下當官，所以和我碰面時，當然不可能再互相打招呼。

（三十）「獨立台灣會」關於盧、柯、前田三位同志受難被捕事件的聲明

洛杉磯《美麗島週報》一九八三·四·三十（一三六期）

台灣民族，一直沉淪殖民統治，過著政治上無人權，經濟上如牛馬的奴隸生活。

獨立台灣會，在敵人刀槍重圍之下，奉獻青春、生活、家庭，出生入死，與敵鬥爭，為台灣前途，誓死貢獻。

盧、柯、前田三同志，在島內從事台灣獨立地下工作，遭敵人設陷阱捉人，三位同志在黑牢裡，受盡萬般迫害。

獨立台灣會島內組織系統，久都採取單線組織，所以三同志被捕不會影響別系統的安全。

台湾民族民主革命同盟聲明

面対島内外台湾人更高漲的憤怒以及更積極的対抗、国民党政權想利用盧·柯·前田案加強恐怖與擴大株連的陰謀終於不敢强逞。從他們被捕到被「判」的差不多兩個月、島內外台湾人圍繞着這個案子対国民党政權進行了一場出色的鬥爭。

我們向所有公開或暗中参與這場戰鬥的戰士致敬、特别是盧·柯·前田三位同志！他們三人的堅貞和勇氣直接粉碎了国民党政權污蔑台湾革命志士的企圖、間接阻止了国民党政權対他們的案子作進一步利用。

殖民統治本身是人類社会至今猶存的最深重的罪惡。實行這種統治的政權而定别人的罪、只会在自己的罪上加罪而已。盧·柯·前田以及所有因献身於推翻国民党的罪惡統治而被定「罪」的志士當然是無罪的。他們所做的只是盡台湾民族的一份子或一個社会主義者應盡的義務。

国民党外来統治集团可以靠壟斷的暴力和欺騙而高枕無憂地統治台湾的時代已經一去不返了··対已經起来反抗的民族使用暴力只是火上加油、対已經覺醒過来的民族進行欺騙只会更顯其奸。

台湾民族対国民党殖民統治者的革命鬥争正迅速昇高。我們会再接再厲地作我們所能的一切努力迎接這個形勢··我們会加强我們在島内的組織工作、我們会加緊我們在島内的武鬥準備。我們一點都不会因為我們的挫折而退縮！

台湾民族民主革命成功万歲！

1983年 4月30日　台湾民族民主革命同盟

—197—

「盧、柯、前田被捕事件」台灣民族民主革命同盟聲明（《台灣大眾》第六期）

關於盧・柯・前田三位同志受難事件的聲明

独立台湾会

一、我們台湾民族————————————174
二、我們「独立台湾会」————————175
三、蔣家政權設阱捉人、三位同志受難-176
四、海外展開救援行動—————————179
五、蔣家国民党对此事件的收場————183
六、「台湾人為台湾前途打拚」是犯了什麼罪？——————————185
七、我們「独立台湾会」是中共的尾巴麽？——————————187
八、何謂「台湾社会主義」？——————189
九、我們「独立台湾会」受打擊、但損傷不大——————————194
十、呼吁島内外台湾同胞都来做島内工作——————————195

— 173 —

關於盧・柯・前田三位同志受難事件的聲明

独立台湾会

一、我們台湾民族

我們台湾民族、從其創立台湾社会並開始延續発展到今日、一直是個「殖民地社会」、因此、貫穿於這個民族社会的発展過程中、也一直充滿着外来侵略者與我們台湾民族之間的殖民地「統治」與「被統治」的矛盾対立、及殖民地「体制」與「反体制」的対立抗争。

我們台湾民族、歷經這種慘無人道的殖民地圧迫與剝削、故、災難深重、四百年来雖把千古不絶的原始台湾開拓為豊穰的常綠宝島、進而建設為亜洲有数的近代工業地帶、但是我們台湾人所開拓・建設的土地與工業設施等龐大的生產工具、均受歷代外来統治者的絶对控制、台湾勞苦大衆的勞動成果盡被剝奪、反而自己却過着政治上

— 174 —

「盧、柯、前田被捕事件」獨立台灣會聲明（《台灣大眾》第六期）

史明受中共指示，林義雄家屬、陳文成都是史明叫人殺的，獨立台灣會與中國共產黨、日本共產黨、日本赤軍，以及日本暴力團體山口組都有密切關係等虛言，都是蔣家國民黨特務所放的謊話連篇。

台灣人為台灣前途打拚，捨身奮鬥，是犯了什麼罪？

六、陳正然、王秀惠被捕革命事件（獨台會事件）

（一）陳正然，台灣大學社會系畢業後，留學洛杉磯加州大學，一九八八年七月，休假返台途中，在王文宏介紹之下，與我在東京會晤，住新珍味五天，學習獨立台灣會獨立運動的戰略戰術，以及創立公司幫助台獨運動。陳正然表明返台後要從台灣文化工作與研究台灣史做起，我贊成這個想法，給予陳正然台灣獨立革命諸原則及《台灣人四百年史》，以及若干資金，讓他返台。

一九八八年秋天，陳正然來信告知，他與台灣大學哲學系畢業的賴曉黎（綽號賴黎）合股，將在台北市羅斯福路三段開電腦公司：「無花果」資訊事業公司（後來改名「蕃薯藤」），問我能不能給予資助。

一九八九年春，陳正然再次來日，對我說：建立革命組織，與所謂文化工作（創立電腦事業「無花果」）結合起來，容易發展，並要創立「資料研究中心」，組班共讀《台灣人四百年史》。我對他講述爲什麼台灣要獨立的問題，同時講述台灣獨立所需要的理念、立場、戰略戰術，台灣知識份子必須與台灣大眾結合，前者向後者學習行動，後者向前者學習台灣獨立理念（台灣民族主義），並給予他建立「無花果」資金二百萬日幣（六十萬新台幣，這是陳正然在被捕後審問時對檢察官供出的）。

一九八九年夏，陳正然來信說，積極籌備「無花果」，開設「歷史研究班」二班，學生都有青年氣氛，工作進展順利。

（二）一九九〇年七月，我發出筆記稿如下：

1. 三大基本（理念、立場、大眾）。

2. 默默耕耘（秘密、安全、平凡），提高台灣大眾的政治覺悟。

3. 緊密團結地下，與敵人龐大的力量鬥爭。

4. 蔣家國民黨有三民主義，中國共產黨有共產主義，中國人有中華民族主義，然而台灣的政客、英雄主義者、野心家等，所謂台灣獨立運動者，台灣民族主義舉不起來，只憑對敵人的憤怒的模糊感情，光想等蔣家外來殖民統治勢力走下坡，才大搞一下。

鞏固台灣獨立理念，打定台灣獨立立場，組織勞苦大眾，造成一股革命軍（秘密），是當前要做的緊要工作。

敵我力量懸殊，要學機動、靈活的游擊戰術。

要（1）不求名，（2）不要利，（3）敢受委屈，（4）敢犧牲，（5）敢倒楣，即以「行動」鍛鍊自己，才能達到做革命者的世界水準。

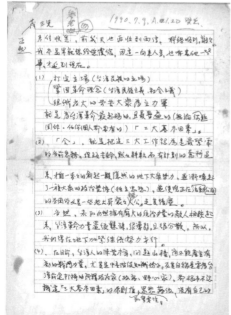

一九九〇年七月發出的筆記稿

讀書會發展不要太快，遵守「打網子撈大魚」戰術，按部就班的給予爭取，從做朋友開始，再予以啓蒙、訓練，不可落於書生造反，紙上談兵。

學習台灣人四百年史，學習社會主義，學馬克思主義，要學到其學問體系，理論與實踐要相結合。

蘇共、中共的所謂共產主義、社會主義，是「假」的社會主義，他們把一般大眾當做現代奴隸，完全是法西斯主義。

接觸既成社團時，必須要有政治界線，不能曝光自己。

（三）一九九〇年秋，我屢次接到陳正然的聯絡，覺得陳正然在工作方面，操之過急，故去信聯絡：陳正然在四百年史讀書會、社會主義讀書會、資料中心、成立無花果網路工作室，各方面雖然很順利，與統一派的理論鬥爭也正在進行，雖然島內形勢有大變動，民進黨建黨（一九八六），蔣經國宣布解除戒嚴（然代而施行國安法，一九八七年），蔣經國死亡（一九八八年），代而李登輝登台，就任中國國民黨主席、中華民國總統（一九八八年一月十二日，行政院長李煥，郝柏村任國防部長），雖然對台灣獨立革命打倒蔣家國民黨，是一個千載難逢的良機，但島內的台灣人大眾，因幾十年來都遭蔣家殖民統治的特務虐政與思想摧殘，幾乎都缺乏思想覺醒與組織行動，李登輝等人能獲政權，幾乎是蔣家國民黨分裂內亂的結果（李登輝仍站在蔣家國民黨的身份），其台灣人思想模糊，立場搖擺，少有革命熱情。

除非台灣人大眾的力量能集結起來，實際上往殖民地解放奮鬥，台灣大眾才有可能獲得自由。

所以革命工作不能操短線運作，要多警惕小心且要做長期打算。

以上，我屢次通電或由管道告知台灣方面。

（四）一九九一年一月，陳正然來日與我見面，陳正然說革命基礎的台灣人群眾（學生）正逐漸增加，讀書會很順利，「無花果」將會發展。

此時，我對他提出警告：

1. 島內各方面團體，台灣獨立理念不清楚，立場不堅定，且缺乏現實上有效的戰略戰術，老是在罵蔣家國民黨（感性獨立）。

2. 民進黨、新潮流等公開團體，卻急速國民

黨化，思想、行動、作風均保守化。

3. 現在台灣社會極爲動搖，千萬不必過於急促。

4. 形勢還會繼續紛亂，爲了保持秘密組織，工作來往書信、革命書記要燒毀或轉移包藏。

（五）一九九一年春，陳正然返台後聯絡我說：

「我們的工作才開始進行，所以請你放心。目前有一團外圍人員，包括學者、學生，他們雖然與我們做法不能完全一致，但這是一股進步力量，我們想與他們維持一定的工作關係，不撤不離，當然得根據你在日本所說的方法與界線，小心進行，特別會尊重你的筆記稿爲指標。」

（六）廖偉程，一九九〇年政大歷史系畢業，繼而在清華大學研究所研究台灣史，台北人，二十五歲。一九九一年五月九日，廖偉程遭調查處特務手持拘票，進入清華大學直接逮捕。根據他在調查處的口供：「我去日本順道看早稻田大學池田教授，並非見史明，史明我不認識，編號筆記是我記的，第六頁紅色批判是池田教授寫的，我去日本是蒐集台灣資料。」（對付並堅持的方式很正確）

陳正然則向調查處供出：

「廖偉程利用閑暇赴日本觀光，是我給他的建議，同時預先安排廖偉程與史明見面，我曾寫信告知史明，並以林大海爲廖之化名。史明以電告知悉且同意，並願意負擔廖之機票錢，我又將廖之基本資料及狀況寫信告知史明，我也將史明之電話給廖，要廖到東京後，與史明聯絡，史明即會安排與廖見面。」

（七）王秀惠，幼時家貧，父早亡，住在萬華貧民區，照顧弟妹長大，自己育有一子，與前夫離異，她爲民進黨員，及北區政治受難者基金會（北基會）會員，熱衷於台灣獨立運動，擔任街頭抗爭的糾察員，工作積極。她曾參加台南的基督教城鄉宣教會，草根訓練班（URM）初期第十期，在一九八九年原住民「還我土地運動」時，在立法院與國民黨衝突中，頭部掛彩嚴重。

王秀惠自一九八九年春，與她的母親常來往日本時，開始與我會面。從獨立台灣會地下傳來的消

息，她曾在台權會、進步婦女聯盟等社團工作，獨立台灣會秘密黨員告知，她因出身貧寒，常受到別人另眼看待，但她在知識份子佔多數的獨立運動中，懷有台灣散赤人出身之氣概，爲人直爽，對獨立運動滿溢著超人的熱情。她來見我時，談及她在反蔣家國民黨運動所參加的種種行動。

（八）林銀福（馬撒歐．卡尼爾），台東阿美族原住民，早在十七歲高中畢業後，就在遠洋漁船上當漁民，十九歲時，因工作不慎左手受傷，不能再做捕魚工作，二十一歲時重返學校，就讀玉山神學院，想做傳教士以服務原住民，後來，在基督教高雄漁民服務中心工作。他做人正直明朗，是王秀惠介紹加入獨立台灣會的秘密會員。

（九）安正光，高雄排灣族原住民，林銀福從日本拿回的各種傳單，安正光在南部原住民地區，廣泛貼在街頭的牆壁上，被警察發現逮捕。

（十）「獨台會事件」，一九九一年五月九日，清晨五時，法務部調查局台北調查處，遠赴清華大學校園內逮捕清大研究所學生廖偉程，同日早上八時，以分裂國土、顚覆政府罪名，逮捕陳正然、王秀惠、林銀福等獨立台灣會會員，以及安正光。當天晚上十時，移送高檢署偵訊後收押。

高等法院檢察署檢察官陳清碧，上午開庭偵訊：

「獨立台灣會成員陳、王、林三名被告，涉嫌接收獨立台灣會負責人施朝暉（史明）金錢支助與訓練，在台發展叛亂組織，意圖顚覆政府，積極策劃學生運動與群眾結合抗爭活動，從中醞釀暴力行爲，庭訊後，依涉嫌叛亂條例之罪嫌全部收押。

懲治叛亂條例第二條第一項，意圖破壞國體，竊據國土，或以非法行動，變更國憲顚覆政府而著手實行，以涉嫌五年以上有期徒刑重罪理由，收押三人。」

調查人員又分別押解三人到高檢署，陳正然臉色木然，林銀福面對鏡頭舉起V字手勢，表示光榮，王秀惠則微笑的以台灣話對著鏡頭後的記者說：「不要浪費底片了。」

陳、王、林三位同志都承認先後赴日，與獨立台灣會負責人史明見面，接受膳宿、金錢支助與接

受發展革命與擴大組織成員的訓練，但否認有按其行動綱領著手革命行動，僅有主張台灣獨立的意識擴散，更無按照以暴力的革命行動採取激烈手段。

（十一）五月九日夜晚，台大、清大、中興法商學院等學運團體成員，隨即召開緊急會議，並組織「廖偉程救援會」，其聲明云：廖偉程在校內那裡有任何顛覆政府的言論及行動，也未在反核運動中鼓吹台獨，對他涉嫌叛亂的具體證據何在？而情治單位在學校全面管制外人進出的時段，擅闖學生寢室並翻動私人物品，校方及警衛事前竟一無所知，此種危害校園安全事件，令學生們感到恐慌，當局在動員戡亂時期剛結束之際，又以叛亂之罪名，行政治迫害之實。

清大學生會聲明云：廖偉程既非「全學聯」核心份子，亦非校際代表……廖偉程平日表現溫和理性，從未有暴力舉止，亦未散布有關台獨的言論、主張或傳單……廖偉程平日關懷社會，情治單位以其三月份的日本之旅，虛構其策動學連，實對其個人及關懷社會的全國學生造成莫大侮辱。

九日晚，徹夜在台北市調查處門前靜坐抗議，清大學生的組織號召成立「廖偉程救援會」，爲救援清華同學大家一起行動。

台南的成功大學，經緯、西格瑪、台研、台語社等學生團體，晚上起先到光復校區校門前，高掛「台獨無罪」、「抗議特務入侵校園」等白布條。

九日下午三時，江蓋世、陳明仁、陳豐惠發起「罷選修憲國代靜坐運動」。

嘉義縣民進黨黨部執行長吳溪瀨在多位幹部陪同下，到水上分駐所前靜坐，指責國民黨迫害言論、結社的基本人權，並打壓台獨……

當晚，江蓋世、陳明仁等，聲明加入「獨立台灣會」，廣徵報名同志，表示被捕四青年若有罪，他們也願同罪，要求被捕，台灣人有權主張台灣獨立，也有權爲實現此信念而結社。

連署人，另有李喬、卓榮泰、林永生、葉國興等二十多名，尚有吳溪瀨等共八名。

雲林農權會幹部強烈反彈，該會秘書長林國華抨擊當局有意製造「白色恐怖」（有獨立台灣會地下工作人員秘密參加抗議），呼籲全體同胞全力聲援被逮捕的四青年，甚至表示，你今天不支援，明天廖偉程事件可能就發生在你身上。

（十二）一九九一年五月十六日，在學生秘密策動下，約有七百多名學生及有心的民間人士，默然聚集於「台北火車站」實行靜坐，火車站的售票處、候車廳及一部分走道均被靜坐學生佔領擠滿（裡頭有獨立台灣會地下工作人員秘密參加領導），同時在車站前的廣場，動員圍聚將近數千群眾支援（獨立台灣會地下人員十幾個秘密動員），有的在旁討論抗議訴求，有的詳細觀看學生文宣壁報與布條，廣泛且積極的聲援靜坐學生。

此時，有兩名身份不明的觀眾，與一般群眾因理念不同而發生衝突，這兩個竟然被說是「抓扒仔」，遭群眾一路圍毆，其中一人長褲被扯破，另一人則落得跪地求饒，發誓絕非「抓扒仔」。

靜坐學生不斷的廣播，提醒民眾，一旦有「抓扒仔」趁機滋事，請務必冷靜，由學生處理，以免造成我方陣營的混亂。

（十三）五月十六日晚間，佔領車站進行抗議的大學生與一般群眾，獲知被捕四人可能於十七日被交保釋放之後，更是拉高抗議的訴求，預備十七日赴行政院抗議，要求無罪釋放，隨後將一起舉行大遊行，遊行完畢後會重返火車站。學生在火車站前舉行校際會議，並發出六大訴求聲明：

1. 軍警特務退出校園。
2. 法務部長、調查局長爲獨台案負政治責任。
3. 警政署長要爲員警毆打學生等暴力事件下台。
4. 廢除懲治叛亂條例及刑法一百條。
5. 無罪釋放無辜者。
6. 限行政院長郝柏村十七日下午五點前承諾這些要求，否則將要求郝柏村下台。

郝柏村遭受學生佔領台北車站的壓力，覺得這樣延長下去，火車運輸將被阻止以至停頓，所以放低姿態，但是學生們聲明若不得其訴求的承諾，永不罷休，公開活動絕不停止。

（十四）被告辯護律師江鵬堅、李勝雄等十二位律師，在庭中向檢察官陳清碧，提出「獨台會案律師提辯護狀」，認爲獨立台灣會不是法定叛亂組織。

江鵬堅、李勝雄、顏錦福三位，到日本勸說我

即刻返台。我火速聯絡島內主要地下單位，結果，決定我此刻還不適合返台（島內地下人員怕我回來後，會遭國民黨羈押刑求，進而曝露他們的身分，因為在陳正然等被捕前，國民黨已開始調查他們與獨台會的關係）。

（十五）蔣家政府當局，十六日兩度召開憲政協調會，並分頭與黨政大老、黨中委溝通協調後，總統府、行政院、立法院、司法院等各部門達成共識，決定廢止「懲治叛亂條例」。

（十六）被捕四人的家屬身披白布條，要求釋放，當庭廖偉程堅稱對獨立台灣會不清楚，赴日所見的也不是史明，陳正然否認是獨立台灣會會員，說對史明也不清楚，王秀惠、林銀福均承認是獨立台灣會會員。

（十七）五月十七日，高檢署上午開庭，承辦檢察官陳清碧，宣布偵查獨台會涉嫌叛亂案，因羈押原因消滅，當庭諭知四人書面保證金新台幣五萬元交保。

四人獲交保後，精神顯得輕鬆愉快。廖偉程表示將會投入學運。陳正然對未來參加政治運動與否，則不表示態度。林銀福表示將繼續參加獨立台

廖偉程、王秀惠、陳正然、林銀福（由左至右）

灣會。他說此次爲從事弱勢團體的工作，很多漁民在國外被拘捕，原因是台灣沒有主權，他一直期望台灣獨立，爭取台灣的前途。王秀惠則表示繼續爲台灣前途打拚，台灣要獨立。

（十八）多位教授盼當局改革積弊，應讓四人交保，但有位教授仍疑慮未來法律審判時，四人是否能被無罪開釋，國民黨是否能痛改前非，省思檢討積弊而加以改革。

陳正然的指導教授，台大社會學系教授葉啓政，表示國府感受民情壓力而予以釋放陳正然等人，但是問題不在於保釋，而是未來法律如何判決，他認爲人權及言論自由，是民主社會的基本人權，今日知識界是希望藉著這四人的例證，讓執政黨認錯改造。

陳師孟（台大經濟系教授）希望國府考慮目前社會處境，未來能無罪釋放，予社會一個正式交代。

賀德芬（學改會理事長，台大法律系教授）指出，四人交保並不等於無罪，何況這種政治迫害恐懼仍遺留心底，而國民黨的基本體制沒變，情治人員、教官未退出校園，學術尊嚴及自由仍無保障。亦指出雖然廢除懲治叛亂條例，但是刑法第一百條未廢除，只將死刑變成無期徒刑，政治壓迫仍未廢除。

林逢慶（台教會理事，台大資訊系教授）認爲，這是國民黨的拖延戰術，利用放人渡過此學潮風波。學生抗爭二、三天，國民黨就廢除叛亂條例，比反對黨更有效，因此應放棄議會路線，走上街頭運動，這件事也凸顯國民黨法律沒有尊嚴，同時也表現大眾意識與權利是爭取來的。

（十九）五月十七日下午三時，獨立台灣會案上午交保，立法院亦將廢除「叛亂條例」，使政治情勢轉變。

下午三時，由知識界、學運、社運、民進黨等各團體在澄社辦公室召開協議會，討論五月二十日召開的反政治迫害遊行，及其訴求做某些調整。

五月十七日上午十一時，在台北車站靜坐抗議的學生團體，召開校際會議，宣布進行長期性鬥爭，並在車站成立「人民廣場」，號召群眾加入反政治迫害的訴求，同時決定參加五二〇知識界反政治迫害遊行。

此時，學生代表指出，今天的檢察署宣布四人

交保，只是學生們抗爭的「階段性勝利」，在「刑法一百條」未廢止以前，將持續抗爭。然而可惜的是，當時的學生，未有「打倒殖民地政權」就是獨立的見解。

關於抗暴學生團體決定在台北車站成立「人民廣場」之事，鐵路局台北車站站長張政源不表意見。

（二十）五月十八日，在加拿大參加「中加大學校長會議」的清華大學校長劉兆玄，被教育部急電召回，前一晚返抵桃園機場時，告訴抗議學生，訴求「已很強烈的表達，也已引起全國人的重視，聽說立法院已有回應，在此情況下，懇求各位趕快回校去，你們畢竟是學生」。

台大校長孫震，也參加中加大學校長會議，將於一、兩天內回國。

全國學生運動聯盟、廖偉程清大後援會、全民反政治迫害運動聯盟，昨天持續在台北車站靜坐，他們派代表到行政院請願，但未獲接見。

台大校門口，開起「罷課大學」，邀請學生參加罷課之課。

台大職員聯誼會、台大法學院李鴻禧教授等發出反對罷課，要求還給校園安寧的空間。

清大校長劉兆玄，分別發表對學校教授與學生的聲明：教授是校園安定的重心，務請各位勿輕言「罷課」，我們有教育的責任。給學生的聲明則說：學生們的訴求已經引起大眾、國會的回應，我（校長劉兆玄）在此請你們適可而止，回到學校來。

（二十一）五月十八日十二時，立法院意外的受到少數軍人侵入，但遭到資深立委的杯葛，廢止懲治叛亂條例即在無異議之下，主席裁示通過，立院議場響起熱烈掌聲，慶祝此一歷史時刻。

（二十二）「獨立台灣會革命事件」動員了教授、學生、一般人士，鬥爭將近半個月，搞得轟轟烈烈，結果，以國民黨政府與教育界雙方妥協，而看到結束。

學生問題，是台灣整個政治體制反動落伍（國民黨）所招來的下場，無論教育問題，或整個政治、社會、思想等問題，台灣早就岌岌可危，除非整個反動體制，即殖民地與獨裁統治體制被排除改

變，否則今後還是台灣社會的基本問題。另一方面，台灣學生保守不前進，無力承擔改變台灣基本問題的中心力量。

廖偉程，二〇一五年

關於獨台會事件的紀錄片《末代叛亂犯》

【附錄】

永遠與勞動者站在一起

——老而彌堅的史明前輩

陳菊

一九七九年我首次到日本，日本的人權工作者三宅清子安排我與東京的人權、環保、勞工等相關團體見面。三宅清子告之，除了台獨聯盟的主要領導者，還有一個非常重要的台灣獨立運動者，終生堅持社會主義信仰的史明前輩務必要去拜會。我只知史明前輩以左派觀點重寫台灣人四百年的歷史，讓台灣人也有不同的觸角和空間去思考社會的脈動，因此在三宅清子的引薦下，我見到了史明前輩。

在東京的西池袋，史明前輩所開設的新珍味料理店，外觀與一般中式餐廳無異，但一進門掌廚的日本廚師即能辨認我們非一般的食客，似乎訓練有素，頗能感受這個料理店有不同的革命氣氛和深藏不露的一面。登上三樓、四樓則是不同的天地，連走道都有不同的藏書，史明前輩衣著老舊、樸實，但洋溢著左派知識份子的熱情和自信。他笑著對我說他認識郭雨新前輩，對我來自農村的背景也十分熟稔，而我們談話內容大多繞著台灣農民、勞工和原住民，他對「赤腳的兄弟」有說不出的關愛，而且期待受壓迫的一羣能翻天。史明前輩告訴我台灣革命「地下工作」的重要性，他說成熟的政治運動者

是左手所爲，不會讓右手知道。政治是長期的工作，絕不能爲一時的搶功和膚淺的聲名而張揚自己所爲。他說每個人在革命運動裡都有不同的角色，團隊的運作配合勝於個人的優秀。

談論海外的台灣人運動，史明前輩對不同的政治團體有不同的評價。他指出左派、右派運動觀的迥異，他說過去台灣人的獨立運動沒有左派的聲音，台獨左派常被視爲類似統一派，這種混淆的觀點，是對台獨左派的打擊和畏懼。史明前輩對他半生傳奇和心路歷程更是滔滔不絕，他曾經投效延安參加中國的革命，惟當他意識到台灣人在中國的孤立和不能認同的危機，轉而團結號召台灣民族追求獨立，而且是社會主義體制的獨立國體。

我與三宅清子在史明前輩的家，正值新珍味料理店的廚師休假，史明前輩親自下廚，他熟練的炒麵烹煮，不假手他人，完全拋棄知識份子的矯情、優越，這與我見過左言右行的人士大異其趣，史明前輩操灶勞動，油煙香味雜陳，讓我深深感動，我告之我們也可以洗碗，他說餐館進出複雜敵友難辨，我們不宜太露面，這樣才能保護我們的安全。

一九七九年秋我從美國要回台灣，而我一返鄉就必須接任高雄市美麗島雜誌服務處的副主任，史明前輩爲我餞行，並介紹我認識研究台灣原住民的前田光枝。我返鄉前夕，史明前輩的《台灣人四百年史》中文版正在最後校訂，而此書附有台灣人大事紀年表，史明前輩囑我校對一九六九至一九七八年的島內大事紀，我看他振筆疾書的認眞，佩服之至。

一九七九年冬，我因美麗島事件而坐牢。在獄中常想及史明前輩的話，他常言與獨裁者抗爭，監獄是必然的歸宿，而坐牢對一個運動者而言是最眞切的檢驗和磨鍊。

一九八六年底我出獄參與組黨和助選後赴日本，與史明前輩劫後重逢，他對民進黨的成立和大選的獲勝十分高興，彷彿他一生的追求和努力得以展現。近七年不見，史明前輩與我暢談美麗島事件以後的台灣的社會，也談及前田光枝和盧修一的案子。前田光枝還特別趕來看我，雖然七年有不少的變化，但前田光枝說理想恆是不變而且不分畛域，最後也必是殊途同歸。

一九九一年獨台會案，陳正然、廖偉程、原住民的馬撒歐和王秀惠一一被捕，引發台灣社會最大

的學潮，學生罷課走上街頭佔駐台北火車站，不到十天這四人就釋放，而史明前輩和《台灣人四百年史》，人與書都名噪一時。而這些年海外台灣人用各種形式突破黑名單的桎梏，史明前輩能否歸來正是黑名單最後的藩籬。一九九三年十月下旬他依自己的模式回到台灣，在法庭，他堅持不承認蔣家政權的體制，背向法官回答律師的轉陳詢問。最後我以台權會會長和十萬元現金保釋史明前輩，也陪他在李勝雄律師家渡過回台灣的第一個夜晚，天色將曉才離去。

我與海外不同意識型態的獨立運動者深切交往十七、八年，史明前輩的風範最是獨幟一格。但重要的是台灣人在歷史的關鍵，他們都千辛萬苦跋涉歸來，決然與台灣土地和人民站在一起，而我相信這正是台灣人的契機和希望。

（一九九三年十一月十二日《自立早報》）

第二十一章　巡迴美國、歐洲宣傳「台灣民族」

當年才六十歲出頭的年輕史明，一九八一年夏天來到天氣炎熱的德州卡城，脫掉牛仔夾克，穿汗衫，著牛仔褲，帶來十幾本剛印出的《台灣人四百年史》漢文版，擠在我家的小客廳裡向十來位同學，一邊翻著書，一邊介紹他這本又厚又重，一五四〇頁，這本書的來龍去脈。他說話有力，立論清楚，大談台灣人的四百年史，大家對他印象很好。

——黃界清

一、初期台灣獨立運動

一九五〇年代

香港「台灣再解放同盟」（謝雪紅、廖文毅，一九四八），島內「台灣獨立革命武裝隊」（史明、周慶安，一九五〇），日本「台灣共和國臨時政府」（廖文毅，一九五五）。

此時在美國，台灣留學生林榮勳（台北大稻埕人，周慶安認識），發起三F運動（Formosans' Free Formosa, 1956）。

一九六〇年代

（一）在費城成立United Formosans for Independence（UFI），主席陳以德（一九六〇）。

（二）日本「台灣青年」委員長辜寬敏提出給UFI經濟支援，計劃共同出版刊物*Ilha Formosa*。

（三）辜寬敏取消支援，陳以德負債。

（四）曾茂德、周明安（廖文毅派）、陳伯山等，組織「台灣人讀者協會」（一九六〇後半），啓蒙獨立。

（五）王秋森、賴文雄、蔡同榮、張燦鍙在洛杉磯，組織台灣獨立運動，爲了推動運動，一起轉移東部。

（六）在歐洲，張宗鼎、張維邦、林文德、洪鎌德等，成立「歐洲台灣獨立聯盟」（一九七一）。

（七）在費城：

1. 陳以德、王人紀、楊宗昌、羅福全、邱坤勝等，進行台灣獨立運動。

2. 賴文雄、王秋森、蔡同榮、張燦鍙等，在東部開始獨立運動。

3. 威斯康州Madison，周烒明、利騰俊、田弘茂、簡金生等，成立United Formosans in America for Independence（UFAI, 1969），委員長周烒明。

（八）堪薩斯州立大學（曼哈頓），在范良政（新竹人）教授的鼓勵下，留學生賴芳雄、陳希寬、范良信、莊秋雄、王能祥、王秋森等人，熱心台灣獨立運動。

早期海外台灣人的獨立運動，尚未就緒，大家就是關心台灣，爲氣憤而罵罵蔣家而已，基本的台灣社會、歷史或革命鬥爭的基本知識都不知道，尤其「台灣歷史」都不知。

一九六七年

（一）賴文雄等，在密蘇里州Independence城，召開「台灣獨立聯盟盟員大會」，制定章程，陳以德主席。

（二）紐約支部的張燦鍙、張文祺、鄭自才、郭伯惠、楊啓明、呂元明、王秋森、邱南勳、戴振南、邱勝、吳木盛等，成立「聯盟秘書處」，張文祺專任秘書，負責推動工作。

一九六八年

日、歐、美、加四區協調共同發行《台灣青年》（日本負責），*Independent Formosa*。

一九七〇年

（一）在台灣的蔣家國民黨，開始對台獨派實施「統戰工作」，派遣一特務「伍英」赴日本，頻頻會談「國台合作」，與日本獨立聯盟份子及廖文毅殘派份子磋商國民黨與台灣人共同「反共」，在美國則以「革新保台」爲口號，於美洲各地拉攏美國台盟份子返台共同反共。對於獨立台灣會也頻頻宣言，但只有獨立台灣會堅持立場，完全沒有向國

特回答或接觸。

（二）「世界台灣獨立聯盟」（ＷＵＦＩ）成立，蔡同榮擔任主席。

（三）彭明敏逃出台灣（一月三日），安抵瑞典，聯絡人：日本許世楷，歐洲張維嘉，美國賴文雄。

（四）彭明敏在紐約皇后區旅社（二月），簽訂加入聯盟，但之後雙方互相爭執領導問題，鬧得不愉快。

（五）在俄亥俄州召開「聯盟盟員大會」，彭明敏受邀，以來賓身份出席。不料，雙方都吹噓不同言論，入會場時遭搜身，同行的張文祺被拒於門外，彭明敏在會議中離開會場。大會推舉鄭紹良爲主席，洪哲勝爲副主席。

一九七〇年代

（一）保釣運動（中共從內部推動），中共加入聯合國，蔣家國民黨退出聯合國。

（二）美國東部的斯大林主義共產黨，「台灣人民社會主義同盟」、「台灣時代」、左雄、蘇鐵英，及西部台灣共產主義（顏朝明、陳嶄新）較活躍，中共拉攏中西部台灣共產黨人爲「統一派」（林孝信活躍）。台獨聯盟招架無力。

（三）日本．史明聲明：

台灣是殖民地社會，必須排除殖民地統治「體制」，才能自主獨立，出頭天做主人，要做主人的立場要堅定，戰略戰術要切實際，做人的規則要遵守。

台灣獨立運動不是「修正主義」（modification），不是「改革主義」（reform），而是「革命」（revolution），是神聖的大事，台灣人必須「捨身就義」，廢除外來蔣介石國民黨以及中華民國殖民統治「體制」。

（四）郭雨新逃出台灣，前往日本、美國，在洛杉磯成立「台灣民主運動海外同盟」

郭雨新前輩（右）訪東京新珍味，一九七〇年代

（對抗國民黨及共產黨，推進台灣獨立），被推舉出來，從美國西岸與蔣經國對抗，競選「僞總統」。郭雨新與史明仍然維持秘密關係，互相交換意見。當時，中共擬以牽引郭雨新去北京，因史明等人與他見面討論，及電話、寫信聯繫，勸他不要去，終於拒絕北京的邀請。（史明主張郭先輩對中華人民共和國要求：「去中國後，要同意郭雨新講台灣獨立」，中共大使遂放棄郭雨新到中國一事）

一九七五年

（一）美國東部「台灣人民社會主義」分裂爲：

1. 美國東部「台灣社會主義」（左雄）。

2. 中共統一派（林孝信）。

從此，美國東北部、中西部，及加拿大等地區，即以林孝信爲中心，幾乎由中共統一思想滲透，中共以武力併呑台灣的主張層出不窮。

（二）中共加入聯合國（一九七一）及「保釣」前後，台獨聯盟雖然盟員遍及美洲各地，但其運動因台灣獨立思想武裝不夠，卻遭「中共派」（林孝信）及「台灣時代派」（左雄）攻擊而無法抵抗。獨盟的理念（Ideologie）不明確，立場不堅定，戰略戰術不切實，儘管破口大罵對方採用「中共的鬥爭方法」，也是無濟於事。台獨聯盟等當時在美國的台灣人諸團體，幾乎是知識份子的俱樂部性質，缺乏革命意識。

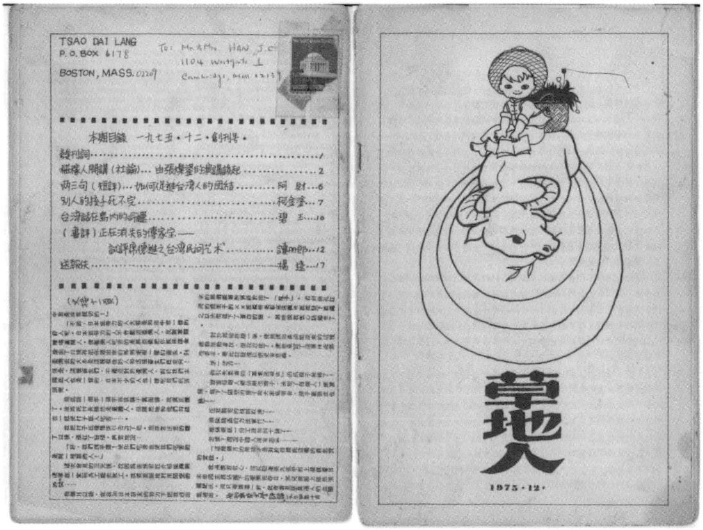

《草地人》創刊號

（三）左派地下刊物《草地人》（黃界清、蔡明殿等波士頓左派前進學生出版），一九七五年十二月到一九七八年在波士頓發行，有強烈反蔣意識及

勞動階級社會主義，但是，對於台灣獨立或者中國統一，沒有清楚的立場與界線，是一份頗受爭論的左派刊物。

二、黃文雄、鄭自才槍擊蔣經國「四二四事件」（一九七〇）

（一）鄭自才、黃文雄、賴文雄磋商槍擊計畫

1. 黃文雄、賴文雄、黃晴美（鄭自才妻，黃文雄妹）、鄭自才等四人，在紐約皇后區（Queens, NY）鄭自才家中，談起「槍擊蔣經國」計劃。史清台（王文宏）聯絡日本的我後，而參加黃文雄、鄭自才的擊蔣工作。

2. 當時台獨聯盟本部也有此種企圖。主席蔡同榮、副主席張燦鍙、外交部長陳隆志、島內聯絡部長陳榮成、執行秘書鄭自才及黃文雄談槍擊，沒結果。

3. 陳榮成入手手槍（其中，有槍（一支）是獨立台灣會巴西會員王瑞霖及其弟王文宏做中介供給之說）。但陳榮成把槍拿到鄭自才家，手槍有兩枝，小的手槍有政府登記，大的槍沒有登記（非法），據說鄭自才後來把大的槍丟棄在附近的河裡。

4. 鄭自才認爲蔡同榮等總本部人員，只有空談，所以沒有跟他們提出來討論。但是蔡同榮與陳隆志交陪密切，結成義兄弟，鄭說陳有對蔡說鄭自才等的有關槍擊計劃。

（二）黃文雄、鄭自才Hotel現場槍擊，未果，被捕

5. 四月二十四日那天，賴文雄等二十多名台灣留學生在現場遊行，在Hotel Plaza對面的Central Park前面駐會。當時沒看見蔡同榮、陳榮成等人參加。

鄭自才站在Hotel裡，臉朝外頭，觀察蔣經國的座車動靜。

黃文雄先進入Hotel內部，觀察現場情況，然後出來外頭混在Hotel門口，警察、保鏢注視當中。

6. 四月二十四日那天，蔣經國原來是要步行到他所下榻的Hotel Plaza，因當天下大雨，他才改坐車進去。蔣經國打開車門下車，走到Hotel樓梯，將進入旋轉門時，在距離約七、八公尺左右，

黃文雄瞬間向蔣經國開槍。然而當黃文雄舉起槍時，一旁的美國警察立即將手一揮，黃文雄的手槍被推動，結果只打中旋轉門，並沒打中蔣經國。黃文雄隨即被警察制伏在地上。

7. 當黃文雄被按伏於地時，他用英文大喊：「Let me stand up like a Taiwanese!」（讓我像台灣人一樣地站起來！）鄭自才也馬上從Hotel左角跑出，想安慰黃文雄，亦被警察按在地上，遭亂打。另一方面，留學生遊行隊伍驚慌四散，連蔣經國保鏢也怕得往第五街跑。

(三) 黃志士認罪，鄭志士認罪，雙人保釋出獄

8. 黃文雄被捕後，隨即認罪，五月二十六日保釋出獄（保釋金十萬美元，由全美台灣同胞、留學生捐款支出），台獨聯盟成立「黃鄭救援會」（Philadelphia，呂天民負責），全美台灣同鄉相應聲認捐，一般貧學生萬般節食籌募捐款。

9. 四月二十四日事發後，當天晚上，蔡同榮主席、陳隆志發言人二人，即以聯盟負責人的身份召開記者會，聲明「槍擊革命事件與台獨聯盟無關」，全美台灣同鄉聽得大受衝擊。

10. 黃文雄認罪，所以保釋出獄，等著審判。鄭自才並沒隨即認罪，到七月八日才保釋出獄（保釋金十萬美元）。律師是救援會（聯盟）代請，保釋金也是救援會支付的。

11. 鄭自才因為在檢察官訊問時，始終不認罪，所以他是否是槍擊事件的共犯，完全懸於他有否關係槍的交接問題而定。槍有美政府番號，是合法的，但是屬於陳榮成所有，故陳榮成乃成為此案件檢察官唯一的證人。因為這樣，所以，鄭自才根據律師意見，希望陳榮成在檢察官調問出庭時，避開兩星期不在家（不出庭），使之無法判定鄭自才是槍擊事件的共犯，只能判他「妨害公務執行罪」。

然而，鄭自才（聯盟執行秘書）請蔡同榮以聯盟主席身分幫忙，打電話給陳榮成（聯盟島內工作負責人），蔡同榮不肯打。鄭自才遂禁不住，聽說他從紐約到美國南邊的路易斯安那（飛機大約二個多小時路程）兩次，直接請求陳榮成避開關鍵時間的兩星期，但得不到陳榮成的答覆。

12. 據聞到後來，以那枝槍所有為由，陳榮成

遭檢察官施壓的結果，同意所謂「法律交易」，而承認在鄭自才家把槍交給鄭自才，這樣，事情出現一百八十度的大轉變，對鄭自才變成全面不利。

13. 黃文雄自從保釋後，大體上都在密西根州Ann Arbor，和張文祺一起，爲彭明敏身邊的助理，所以不在紐約。

14. 一九七一年三月，台獨聯盟發表七月一日將召開盟員大會，在大會上擬以改選下期的擔任幹部，蔡同榮（現任主席）表示繼續競選主席，然而，鄭自才此時也提出將參加競選主席。故蔡同榮和鄭自才雙方在立場上，自然成爲對立。

（四）黃、鄭兩志士棄保逃亡，黃文雄受左派中國同學協助而不知去向

15. 一九七一年六月，黃文雄、鄭自才都在紐約，當時兩人對於蔡同榮、陳榮成、陳隆志等聯盟當權幹部，懷有相當不滿的情緒，故據聞由鄭自才先提議，隨即黃文雄同意的情況下，六月三十日，主席競選七月一日的前一天，黃文雄乃由康乃爾大學左派中國同學幫助下衝過美國、加拿大國境，鄭自才則暗地裡得到史清台（王文宏，獨立台灣會駐美會員）的幫助下，利用史清台的護照，衝過美國、加拿大的國境，單槍匹馬飛往瑞士，後來受瑞典的政治庇護。

黃、鄭開始逃亡之前，黃文雄曾經寫一封信給日本的我，簡單說一些知心事，信中無涉及逃亡情事。

史清台因爲把護照借給鄭自才利用，遂被美國移民局盯梢，終得逃避於巴西聖保羅乙峰（王瑞霖）家，一直到十年後的一九八二年，才能再次移住於洛杉磯，其間得完全脫離「獨立台灣會」的獨立運動實際工作。

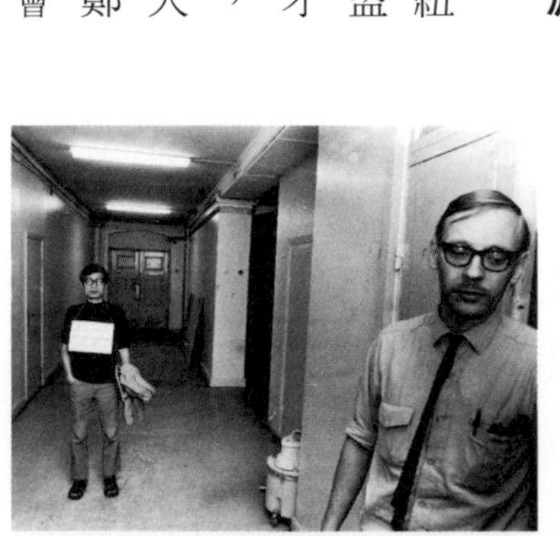

鄭自才在Langholm監獄內，胸前掛著絕食抗議的牌子（一九七二年九月一日）

鄭自才在瑞典警察車內，將被交給美國警察，於Arlanda機場（一九七二年九月四日）

（五）「四二四事件」的影響與檢討

16. 黃文雄、鄭自才逃亡後，在美國（主要是東部）的台灣同鄉之間，掀起大波瀾。「聯盟」幹部蔡同榮等大發雷霆，以前稱呼他們為「民族英雄」，變成大罵為「狗雄」。聯盟本身也引起大混亂，中心盟員相繼脫盟（賴文雄、王秋森、康泰山、鄭紹良、賴芳雄、張維嘉、張維邦等），甚至主張聯盟要解散的盟員層出不窮。結果，由張燦鍙拿出自己的住宅代替為捐款人的住宅抵押，才找到收拾善後的頭緒。這樣，蔡同榮即被迫辭去聯盟主席，張燦鍙代而擔任主席，並奠定張在聯盟其後二十年的領導權。陳榮成、陳隆志一起辭去聯盟重任，陳隆志從此在台灣獨立檯面上消聲匿跡十幾年，到一九八〇年代後期才再次出面繼續從事獨立運動，以至今日。陳榮成則自從當時隱匿之後，到如今仍然不再出面，好似從台灣獨立運動完全退休。關於黃文雄去向，從頭到現在，無人可知道，也許只有我才能思深慮遠的猜測其一端罷，他在一九九〇年代已回來台灣。

17. 蔣經國槍擊事件發生當晚，聞名天下的高級領導蔡同榮和陳隆志，乃以「台獨聯盟」名義，倉促在招待記者會中，聲明此次槍擊事件為黃、鄭兩人的個人行動，與組織根本無關，而且到後來，鄭自才也曾在二、三次公開場合說明他認為槍擊事件與聯盟毫無關係。關於這點，外界屢屢感到頗大的質疑和困惑。事實經過到底是如何？聯盟和鄭自才真的能這樣斷定嗎？

觀諸具體表現，賴文雄、蔡同榮、陳榮成、陳隆志、鄭自才、黃文雄等當事人，在早期「台獨聯盟」裡是很稀有的志同道合的聯盟大幹部，這幾個人都居住在紐約或附近地區（不是分散於廣大的美國東西岸地區），可說是經常碰面討論或籌劃國家大事，而且，舉事所用的槍可說是聯盟所有的公物，也是從聯盟幹部親手交給另一個幹部的。在這種情況下發生的事件，除非由當事人從實際的政治、心理、道義等角度做更具體的詳細說明，外界是萬不可能相信這是單獨的「個人行動」的。

凡是政治實踐，不但要達成所期目的（如改變現實），而且，還要努力獲取最大的宣傳效果，才算上軌道。因此，黃、鄭槍擊蔣經國事件，如從台灣獨立革命的觀點來說，是能把運動往前推進好幾步的，千載難逢的一大良機，就算真的是個人行動，

鄭自才（中）來訪，二〇〇八年新莊

也得舉全黨之力同舟共濟，眾志成城，哪裡有光計較是否屬個人行爲而自掘墳墓的道理呢？若是有人認爲這樣做是爲了避免組織瀕臨危機的話，那完全是失敗主義者的杞人憂天。實際上，健康的革命主義者是臨危不畏，組織愈遭艱鉅，愈打愈強。

鄭自才作品「裸女」（二〇〇五）

18. 四二四事件，爲誓死奉公的黃文雄、鄭自才帶來優渥的政治威信，是理所當然的。黃、鄭兩位志士，應以這股政治力量，廣泛團結台灣同胞，往打倒蔣家國府殖民政權勇往邁進才是。

19. 關於黃、鄭兩位志士於六月三十日秘密逃避美國一事，黃、鄭兩位從未有明確的理由說明。鄭自才最近在台北的電視上，曾片面的微言一番，即亡命理由以坐牢日子頗爲困苦爲其一。關於美國的牢獄生活暴力橫行，陰森無比是眾人皆知，當時大家都很擔憂黃鄭兩人即將接受的莫大困苦。

然而，唯以逃避苦難爲理由，大部分同胞都感到不成道理。槍擊事件，是以大義滅親、誓死成仁的崇高革命精神才付諸實行，哪裡是以一些世俗苦衷就能一語帶過？

三、《美麗島週報》在美國創刊

一九七九年

（一）一九七九年十二月十日（世界人權宣言三十一周年），「高雄革命事件」（美麗島事件）爆發。

（二）一九七九年十二月十五日，「台灣建國聯合陣線」（許信良號召）成立於紐約。

許信良成立了「台灣建國聯合陣線」，隨即見到「獨立台灣會」（日本，王秋森代表）、「台灣共和國臨時政府」（日本，林台元代表）、「協志會」（北加州，洪順五代表）、「台灣民主運動海外同盟」（華盛頓，郭雨新代表）、「台灣獨立聯盟」（紐約，張燦鍙、王康陸、洪哲勝代表）、「美麗島雜誌社」（台灣，許信良代表）、「歐洲社團」（巴黎，張維嘉代表）、「潮流」（陳婉眞代表）、「台灣民主化運動歐洲同盟」（歐洲，陳重任代表）、「台灣住民自決運動」（倫敦，黃彰輝代表）、「台美協會」（紐約，彭明敏、賴文雄代表）、「台灣時代雜誌」（費城，鄭節、張金策代表）響應。其中，「台灣時代雜誌」不過幾天，因所提出的「民族條例」、「反帝條例」受台獨聯盟反對，立即表示退出建國陣線。

（三）建國陣線隨即成立「行動組」（許信良負責）、「宣傳組」（陳婉眞負責），兩人相繼在各地募款，但因金錢問題，在內部與台獨聯盟早就發生鬥爭，機關報也不能統一發報。

（四）隔年一月，彭明敏要求改組建國陣線，

郭雨新、張燦鍙同意，張燦鍙發言：「建國陣線不是行政機關，只能是象徵性團體，都不能募款，不能有組織」，因此內部對立尖銳。

（五）美國、加拿大的全部台灣留學生或社會人士，幾乎都是台灣獨立聯盟盟員，所以聯盟不同意的，無論什麼政治團體或政策都使不上力。聯盟實際上並沒有什麼組織體系，雖然有各支部的名目，卻是以人的封建感情關係（如同鄉關係）爲主，還在「感情獨立」的階段，所籌組的各都市的同鄉會或俱樂部的支配及聯絡都在其手中，並且政治資金都受他們所掌握。如此，「台灣建國聯合陣線」成立後不久就瓦解了。

一九八〇年

住美國東岸的台灣人，與西岸同樣，都由「美國台灣獨立聯盟」的政治活動所控制，台灣留學生大多是盟員。然而加州大學學園，幾乎被國民黨特務所控制，但是與日本及台灣的交通很頻繁。

（一）許信良、陳婉眞、張維嘉，及王秋森、賴文雄等與東部台灣獨立聯盟本部合不來的獨立運動者，都尋找政治活動根據地於西部的洛杉磯、舊金山、聖荷西等地。

（二）恰在此時，洛杉磯的台商巨頭王桂榮、楊嘉猷等，正在籌備發刊「台灣語報紙」（商業性）。

（三）「辦報籌備會」：張維嘉等在東岸站不住的台灣獨立運動幹部，跟許信良一樣轉往西部，與王桂榮想談合併辦報。雙方在洛杉磯磋商的結果，都同意合併辦報。

但是，王桂榮主張辦商業性報紙，張維嘉、陳婉眞當然堅持報紙要有強烈的政治性。尤其王桂榮反對陳婉眞出面辦報，結果，雙方都不能得到妥協，不歡而散。

（四）從東部來的張維嘉（李常）、張維邦、陳婉眞，加上「新民會」的賴文雄、王秋森，獲得洛杉磯．西部共產主義者顏朝明、陳嶄新、何民進、李義雄等支持，艾琳達也行動參加，再加上陳昭南（爲從奧地利維也納來美，以出資拾萬元美金爲條件，由美麗島週報社辦來美簽證）等，後來劉明憲（西雅圖）、黃呈嘉（紐約）、賴芳雄（堪薩斯）、何惠妃（日本）等也參加，刊物名稱，以許信良、盧慕義等人參加，且許信良曾爲「台灣美麗島」社長之

故，遂決定採用《美麗島週報》，並推許信良爲社長。

社長　許信良
副社長　張維嘉
編輯　陳婉眞、張維嘉
經理　陳昭南（因經理不清，後來由張維嘉取代）

創社資金，由王秋森、賴文雄、康泰山、鄭紹良捐出，後來我也有捐助。除了社長，各工作人員每月都有薪水，工作費用等人事費佔總經費三分之二。

四、前往美、歐，宣傳台灣民族主義

（一）美國台獨運動的興起

一九六七年《獨立台灣》月刊開始發行。原本這份雜誌是要做爲「台灣獨立聯合會」的機關誌，但是最後該會因無法達成在日台灣獨立運動大團結的初志而解散了。當時顏尹謨住在東京「新珍味」，我們就把在日本所做的，秘密的台灣獨立運動部分公開化，成立了「獨立台灣會」，在其名下繼續發行《獨立台灣》，每期印刷三千至六、七千本，透過地下管道運送百餘本進台灣，其他包括巴西、北美洲、加拿大、美國、歐洲和日本等地都有寄送，直到一九七五年才停刊。

《獨立台灣》月刊，明確「獨立理念」，堅定「獨立立場」，除了啓蒙海外台灣鄉親的台灣意識之外，即以發掘革命新血，而來促進「台灣大眾」與「台灣知識份子」團結合作爲大目的。

「獨立台灣會」因爲久年傾注於島內秘密工作，潛藏地下而默默耕耘爲先，所以必須著重於秘密和踏實，這反過來說，就是不太有餘力來擴大海外的公開活動。另一方面，我們的能力不夠充足，資金方面幾乎全依靠東京「新珍味」，加上來自獨立運動同路人（台獨聯盟）的阻力與破壞，也使我們過去的革命工作不能爲所欲爲。因此，從一九七〇年代末葉，爲了接觸更多的海外台灣鄉親，集思廣益，向台灣前途再進一步的往前打拚，我決定向海外台灣鄉親開始行動。恰好自一九五〇年代以來，一直不能離開日本（因爲日本的法令規定，政治亡命者能在日本居住，但不能出國，一出去就不能再回日本居住）的我，從一九七〇年代後半才能出去世界各國（日本法令改爲：政治亡命者可以出國，只要一年之內再返日本，

美麗島週報所刊登的《台灣人四百年史》（漢文版）書訊（一九八一年六月）

就能保持原來的居留權），同時我的漢文版《台灣人四百年史》也出版了，所以，我才選在一九八一年春，起身向美洲方面做了三、四個月的旅行。

台灣人四百年史
台灣人四百年史 史明
史明 著
本社代售 每冊定價$77.00(包括郵資)
•編著廿年，全書共一千五百四十頁，含一百萬言
•高級紙質，精裝成冊，厚達三吋半。
•全書內容：
□溯自古時代，敍至高雄事件，記述詳盡
□根據原始資料及人證，記載台灣人的奮鬪史
□站在台灣人勞苦大衆的立場闡述論著
□強調台灣各時代的國際形勢陳述深入
徹底揭露外來統治者的隱密內幕及特務組織，難得一讀
□以經濟上的角度，描述台灣社會形成的種種演變，極富參攷價値
□係研究台灣人歷史者不可或缺的寶貴資料

一九五〇、六〇年代，蔣家國府管制海外旅行極端嚴酷，島內台灣人幾乎不能出去海外（如辜振甫、林挺生等靠攏國民黨的政商也不容易出去），所以能出海外的只有：1、拿到蔣家國府獎學金的少數台灣留學生（幾乎都是中國國民黨員），2、台灣人船員在美國跳船，非法滯留美國不再回台（爲數不多），3、和美軍結婚的台灣婦女（不多），4、蔣派國府貪官污吏利用關係，把財產、家眷一起搬到美國，實現逃亡（幾乎全是中國人）。他們遂當廚房人員等流浪海外，不回台而成爲海外台灣人。

到一九七〇、八〇年代，台灣才有所謂「商人」來往台灣內外，及所謂「自費留學生」（幾乎都是中國國民黨員），他們不回台灣，在美國取得居留權或歸化美國，而成爲住美台灣人。

一九八〇年初，據聞全美洲台灣人約有三、四十萬人，絕大部分居住在洛杉磯和紐約兩地，但居留地廣及全美洲，有的在鄉村的小鎮，一街大概二、三十，甚至少於十個的台灣人。他們因是在台灣大學畢業後才留學美國，都是大學研究所階層的碩士或博士，七、八十％是理工科畢業，畢業後幾乎都在美國大企業就職上班（據聞在聖荷西的IBM大企業，台灣去的台灣人與中國人技術人員就業者有七、八百人）。

一九八〇年代，台灣獨立運動的重心，也開始從日本轉移到美國。眼見美國的台灣獨立運動蒸蒸日上，我當然想去那邊接觸認識留學生，以及傳播台灣民族主義。所以自一九八一年開始，每年四、五月我都會前往美國遊歷三至四個月，至一九九二年爲止，前後訪問美國十五次，每次都去訪問美國各大學的台灣留學生。

訪美期間，我會一個一個去拜訪台灣留學生，一開始，由於有人事先宣傳我是共產黨，起碼有一半的人不敢讓我住宿。就這樣過了兩、三年之後，大約是一九八三年，他們才發現我講的話跟蘇聯不一樣，所以大家才敢跟我在一起，變得比較要好。

美國的台獨運動主流——台獨聯盟（獨盟），雖然成員眾多，但是在組織上沒有理念，打著台獨的旗幟，卻不知道要做什麼。一九八一年，我初次訪美時，帶著自己畫的「台灣民族主義」卷軸去參加美東夏令營，因為繪畫的方式比較容易讓讀者理解，大家才知道我所主張的獨立運動跟共產黨的階級鬥爭並不相同。結果台獨聯盟被我的理論嚇到，叫彭明敏搬出「國民主義」跟我對抗。但我認為，台灣根本還不是一個國家，國民主義沒有實際的基礎，再者，國民黨是中華民族主義，我方拿出國民主義，根本言不及義，起不了作用。但他們還是一貫反對我的台灣民族主義。我在美國沒有做組織活動，如果做組織就會跟台獨聯盟相衝突，更何況，我沒做組織的時候，他們就一直防備我了。

(二) 首次訪美（一九八一）

因西部社會主義者顏朝明，派人來日本接我，我才在一九八一年五月二十日先飛抵美洲，住顏明賢家，五月二十五日到聖荷西（San Jose）與石清正、張富美等協志會會員會面。

五月二十八日，我自聖荷西飛往洛杉磯，賴文雄至機場接待。

1. 王秋森與美麗島

五月三十日—六月一日，「革命社」（王秋森成立）、「美麗島週報社」，召開第二屆會議。

王秋森（東部）、許信良（洛杉磯）、賴文雄（紐約）、康泰山（紐約）、張維嘉（洛杉磯）、陳婉眞（洛杉磯）、張維邦（加拿大）、鄭紹良（洛杉磯）、劉明憲（西雅圖）、黃呈嘉（紐約）、賴芳雄（堪薩斯）、盧慕義（洛杉磯）等十二人出席。我也以觀察員身分出席。各人都擁有各地區大哥的指導者氣概，王秋森主持開會。

王秋森從初就提出「史明加入革命社」（先前曾經提出「解散獨立台灣會，加入革命社」）。我則回應：原則上不反對入革命社，但不能以解散獨立台灣會為前提。獨立台灣會辛苦經營多年，已發展出

一定的地下組織，王秋森卻要求我放棄獨立台灣會，轉而加入新成立的革命社，這是不懂組織的提議。

張維嘉做週報社的財務報告，同時發表前幾個月以來，每個月得虧空各一萬元美金。

因前後任經理陳昭南、張維嘉開銷過度，大家聽到都吃了一驚。有些人講出：「這盤買賣不能再做，解散了。」你一句我一句的，會場紛擾起來，我看這樣下去，美洲唯一的獨立運動刊物將面臨生存的危機，才站起來提議：「革命工作不是做買賣，虧錢也得堅持下去。」

我乃當場提出美金五千元的臨時捐款，同時請王秋森也捐出五千元，其他各人也零零星星各捐若干，結果，共籌出一萬多美金，才穩定會場，決定繼續出版。

然而，那天夜晚，張維邦（張維嘉兄哥）與鄭紹良兩人突然來訪，我覺得不可思議。張維邦提出：「由史明提議許信良（許信良當社長，但社務都由張維嘉獨攬）卸任社長。」我覺得自己不是會員，不適合提出許信良的辭職問題，所以一句話就拒絕他們的提議。這使我感到內部有些「權力鬥爭」。

張維嘉、陳婉眞兩人，辦報有能力，在「週報社」身佔重職，編輯、經理都在掌握之中，各地留學生都群集於宅邸，如留學芝加哥大學的邱義仁、賀端蕃（當時島內留學生運動活躍份子）乃在張宅長期滯留。

王秋森，台中市人，學業優越，小學、初中、高中、台大、留學美國都一路受到保送，專業研究生化學（Chemical biology），是Syracuse University的正座教授，爲人誠實勤勉，尤其台灣民族意識強韌，並富於行動力。他到美國後，就全身投入台灣獨立運動，因台灣家境好，所以對於獨立運動時常樂於捐款，張維嘉、許信良到美國後，在運動上、生活上都受其不小的照顧，爲了張維嘉及美麗島週報的短短二、三年，據聞王秋森已支出六、七萬美元（至一九八一年底）。

2. 石清正與協志會

因爲一九八〇年出版的《台灣人四百年史》（漢文版），由協志會出資美金一萬元出版（後來一萬美金全數奉還，出資者各送兩本書），所以這本書爲了表示對石清正等出資者的謝意，名義上仍在協志

會出版，故五月我到聖荷西就住在石清正（為人誠實、和藹，台灣意識濃厚，我往後十二年間往美國，每年都住石邸，受他們夫婦的招待）家，這次去四天，受大家開會歡迎。張富美也在大學餐廳歡迎。

資助《台灣人四百年史》的石清正一家，攝於聖荷西

同年九月十六—十九日我再到聖荷西時，於洪順伍、石清正、史博文等宅邸借宿，並於「學生夜」見張富美、陳若曦、周婉窈、張村樑等人。

協志會，全名「台灣協志會」（Taiwanese Alliance for Interculture, TAI），一九七三年五月十八日，在四十三位台灣同鄉熱烈的掌聲和虔誠的祝福中，這個獨立自主的新台灣社團在舊金山南灣正式成立。石清正博士等人共同起草組織章程。

第一屆董事（每年改選）：黃仲義、陳都、石清正、莊東榮、何文亮、郭清江、陳宏明

會長：黃仲義

副會長：陳都

總幹事：曾兆雄

協志會歷年來從事：

（1）讀書會

（2）出版會刊《蕃薯》，一九七三年

（3）致函蔣政權行政院長蔣經國，促其早日使《台灣政論》復刊（一九七五年十二月二十七日被勒令停刊），一九七六年

（4）蓬萊歌舞團，一九七六年

（5）示威遊行，一九七七年開始

（6）演講會，一九七五年開始

（7）小組座談討論，一九七三年開始

（8）參加「美西夏令營」

（9）「台灣之音」，陳介山

（10）抗議「美麗島事件」

（11）開設「信用合作社」

（12）創辦蓬島文化公司，出版史明《台灣人四百年史》（漢文版，一九八〇年九月二十二日）、《獨立台灣》、《望春風》

（13）舉行春秋晚會、露營

（參考《台灣協志會廿年回顧》）

3. 初見彭明敏

我接著從聖荷西到堪薩斯城（Kansas City，此次認識賴其萬，至今在健康上均受到其照顧），到曼哈頓（Manhattan）的堪薩斯州立大學，由賴芳雄（爲人溫和，台灣意識強）招待，見到對台灣獨立留學生很好的范良政教授。

在曼哈頓游伯龍家住三天，安排二十來位留學生談話。經過張振盛安排，秘密（因應彭明敏要求）見彭明敏。我與彭明敏從島內時互相連絡已有幾年，然此頭一次見面，卻沒有當初台灣、香港互相秘密通信時的親熱感，閒談半個鐘頭後，他倉皇而去。結果，爾後我每年到美國的十二年間，兩人單獨談話就只有這麼一次。我覺得彭明敏學術地位高，自視也高，缺少群眾觀念。

彭明敏一九七〇年成功脫出台灣後，一九七二年先就任台獨聯盟總本部主席（紐約），並在新澤西州設立「台灣研究所」（Formosan Studies）。

（1）台獨聯盟總本部發刊月刊《台獨》。

（2）彭明敏寄給我「台灣人民獨立團體團結」的信函。

（3）美國台獨聯盟支配實權由蔡同榮轉移於張燦鍙，張燦鍙就任主席，打定其後二十年的領導地位。

（4）彭明敏、蔡同榮、陳唐山，後來另組「台灣公共事務會」（FAPA，一九八二），雙方各做各的，爲招募資金，常起政治明爭暗鬥。

（5）彭明敏、蔡同榮在一九七〇、八〇年代所做的活動，主要是邀請「美國眾院國際事務委員會亞太小組」主席索拉茲（Stephen J. Solarz）在各地集會，宣傳獨立運動，並爲他募捐等。

（6）其後，彭明敏在紐約時期，都滯在賴文雄（寬心大量）宅，受賴夫婦的招待，我也常受招待住他家。

4. 美國台獨運動的內部動態

我接著從堪薩斯，經過北邊的麥迪遜（Madison，

林宣緒）、密爾瓦基（Milwaukee，石秋洋），到芝加哥，由台獨聯盟的王國光接待。然而很奇怪的，幾個人開完會後，大家都各自倉促回家，連對我打個招呼都沒有，我成為沒處可去之人。

後來才知道，有多個從日本來美的獨立運動者，先前到處宣稱：「有個日本的『台灣共產仔』就是史明，不久要來美國，大家可要注意!!」所以我到美國後，起先的兩三年，大家都特別注意我，大多不敢叫我到他家住宿。

一九八〇年代美國的台灣獨立運動內部關係，大致如下：

（1）一九七〇年代「世界台灣同鄉會聯合會」（世台會）成立後，會長郭榮桔、秘書陳錦芳前赴美國，企圖在美國推廣「世台會」。

（2）但郭榮桔（日本）、陳錦芳（巴黎），在美國缺乏台灣同鄉的人際關係，所以依靠「台獨聯盟」。

（3）結果，美國各處的「世台會」逐漸受「獨盟」所獨佔。「獨盟」也利用「世台會」，各處獲盟員，並設立「獨盟支部」，終於全美洲滿布獨盟盟員，獨盟成為台灣獨立運動中的一黨獨大。

（4）至一九八〇年初，獨盟創立「世界人權協會」，張燦鍙成為實際領導者，但龐大的捐款處理發生問題。

（5）美國東部、東北部、中西部及加拿大東西部，是台獨聯盟的金條玉池，社會團體、運動、政治開會等都受台獨聯盟所控制（以演講時間及長短等）。

（6）但在美國東部、中西部及加拿大，台獨聯盟都遭「台灣時代」（左雄，台灣斯大林主義者）激烈的批判、揭發，甚至扯後腿、辱罵，每次的大小會議，無寧說是互相扯後腿，每次都沒有結論，結果，不能做出對台灣有意義的行動。台獨聯盟（洪哲勝副主席）遭「台灣時代」（鄭節、張金策）、「半屛山」（高成炎、吳光明）挑戰、批判，手足無措，洪哲勝、鄭節淪為互相謾罵。無論左雄或洪哲勝都自稱為「左派」，然而雙方的社會主義理論涵養都很粗糙，與日本人的左翼有天壤之別。

（7）我到達美洲東部後，台獨聯盟廣泛四處造謠，「從日本來個共產黨員（共產仔）史明，大家對他特別要注意」，使得我到中西部或東北部

時，許多地方都找不到能住宿的台灣同胞住宅，常找汽車旅館過夜。「台灣時代」則在費城、芝加哥、休士頓（Houston）等地，公開鬥爭我，要求我和反動右派許信良及彭明敏切斷關係，先打倒台獨聯盟，支持社會主義進步右派張金策，不然的話，我必成為「歷史的罪人」。

5. 許信良與「革命同盟」

一九八一年七月三日—七日，美東台灣同鄉，按例於格屯斯堡（Gettysburg）舉行「美東台灣人夏令營」，參加的台灣人將近千人，我受邀踴躍參加，許信良趁著我赴會，亦一起參加。因「台灣建國聯合陣線」失敗，許信良和東部台獨聯盟盟員及其支持者關係相當惡劣，所以將近兩年他都不能去東部訪問，但因我此次新至東部，他乃抓著這個機會才來到久違的東部一起開會、訪友、談話等，可見許信良見機行事之奧妙，使人感嘆。

我隔年與許信良合組「台灣民族民主革命同盟」，跟他弄組織的目的，是希望他可以負責宣傳我們對台灣島內的地下工作，但最後因意見不同而告分裂。

一九八二年六月三日，「獨立台灣會」（史明）與「美麗島週報社」（許信良，洛杉磯）成立「台灣民族民主革命同盟」，於六月五日晚，在「週報社」，我、許信良、王秋森等人，決定「台灣民族民主革命同盟」當前措施如下：（1）史明公開出面和左派結合，（2）正式發表史明為「週報社」顧問，許信良為「獨立台灣會」顧問，（3）週報社刊登「獨立台灣會」工作消息，（4）七月世台會時，史、許並肩作戰。

同年八月十九日，「台灣民族民主革命同盟」決定：（1）由史明、許信良共同代表「民族民主同盟」，（2）許信良提議，並決定兩個組織的聯合不受「革命社」的參與和影響，王秋森、鄭紹良以「週報社」成員參與「同盟」。

同年八月二十日，制定「台灣民族民主革命同盟」章程，主要是決定兩組織的分工，「獨立台灣會」乃發展台灣島內地下組織，「美麗島週報社」則發展海外國際宣傳。

同年八月二十二日，以我、許信良、王秋森為「三鼎會」，並決定：（1）「同盟」不得以個人的獨斷專制運行，（2）以「同盟」政治方針為

《美麗島週報》的編輯方針。

然而，「台灣民族民主革命同盟」卻在短期內，和台灣一般政治團體同樣的，陷於光說不做的通病，而不了了之。剩下來就是，獨立台灣會仍舊努力於島內工作，並在財政上繼續支持「週報社」而已。

其主要原因，乃是：

（1）自從張維嘉等對抗勢力脫離週報社後，許信良逐漸原形畢露，官僚派頭公然橫行，對捐款人士不表謝意，不遵守時間，常常遲到一個鐘頭，計謀百出等壞作風暴露無遺。他單獨壟斷美麗島週報社後，好似從頭就不把「民族民主同盟」當做眞的同盟合作，只有利用，自己卻我行我素。

（2）我自九月三日離開美國後，不能常赴洛杉磯，「同盟」推進無力。

（3）王秋森，下了一大決心，辭去大學教授一職，連家眷都從東部搬到洛杉磯，打算全力以赴，來爲美麗島週報社盡犬馬之勞。然而他純粹的服務精神，卻遭許信良的計謀多端所阻礙，到了一九八三年初夏，我再赴洛杉磯時，王秋森已不在「週報社」。

（4）盧慕義擔任經理，財務再三發生毛病。

（5）「週報社」只剩下陳芳明任編輯，一人堅持。

（6）其他，陳昭南、胡忠信，均各自爲政。

6. 拜訪各地台灣鄉親

以下依我記憶所及，逐一記錄我首次到美國、歐洲所拜訪的地點及所見到的台灣留學生及鄉親，我往後十一年的巡迴行程，也大致是如此。

一九八一年六月十日，早上，賴芳雄嚮導，訪托皮卡（Topeka），見許信夫、李嵩斌。午後，賴嚮導訪威奇塔（Wichita），見吳敬次、鍾茂萃、許金壽，晚餐十五人參加，座談熱烈。

六月十一日，飛抵紐約市。

六月十五日，康泰山來接我，一起往新澤西（New Jersey）康泰山家住下。

康泰山，高雄人，化工博士，爲人和藹可親，度量大，容易近人，太太阿美也很親切。經他們熱情招待，我到美國後始能脫離緊張，而後，凡到紐約都住在康泰山家。

六月十七日，新澤西台灣同鄉會，在普林斯頓

大學（Princeton University）召開，陳明楷主持，相當熱烈，多人對我質問，如：（1）史明是否比以前對知識份子妥協多，（2）史明是否欺騙無產階級。

六月十九日，康泰山送我到紐約車站，往費城。住王瑞華家（王秋森後輩，堪薩斯州大化工畢業，台灣人意識熱烈），他們夫婦招待很周到。

六月二十日，「台灣時代」鄭節來電，下午訪問他家。「台灣時代」斯大林派五人，把我圍在中間，要求我放棄許信良，支持張金策。我看他們以斯大林那一套，機械、獨裁的唯我獨尊，乃對他們相應不理。結果，有關社會主義的原則問題都沒有涉及到，只談他們主張的戰略戰術問題，最後不了了之。

晚上，在陳鳳毅（「獨盟」大幹部，組織性強，但排他性更強）家舉行座談會，參加人數十五人，我談民族主義，連哲仁（獨盟）反對民族主義，王博文（獨盟）反對《美麗島週報》四月份對黃鄭事件的批判。

六月二十三—二十五日，在水牛城（Buffalo），蕭義明夫婦、周敦人夫婦招待。

水牛城人口兩百萬，台灣人有兩百人（學生一百人、社會人士一百人）。我頭一天住蕭義明家，第二天住周敦人家，兩夫婦爲人誠懇，文化水準高，和藹可親，台灣人意識強。周敦人知識程度高，很尊重學問的本質，對人從順和平、誠懇，太太是鋼琴老師。

趙弘雄、朱燦明等熱情歡迎，蘇俊夫反對建國陣線從事暴動、四二四事件等。在蕭、周家兩次座談，氣氛熱烈。

二十五日夜，左雄由加拿大多倫多（Toronto）來周家訪談，他提出「建國陣線」是反動失敗（他不懂「聯合戰線」的戰略價值），指責獨台會反動，反對反帝、民族、有責任，史明必須向反動黨施壓（全美九十九%都是反動黨），領導、教育群眾，群眾政治水準低時要獨裁。我不同意左雄言論，最終不歡而散。我說，認識「高雄事件」後的危機感，是全台團結的基礎，「台灣時代」反對並脫離「建國陣線」是不對的，大眾路線要緊（「台灣時代」眼中沒大眾），要使大眾漸提高文化及獨台思想的水準。

他們自稱勞動者的前鋒，但美國卻沒有台灣勞

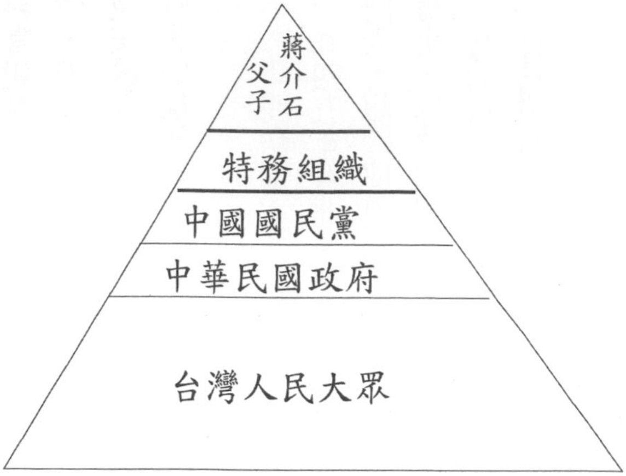

蔣家政權殖民統治台灣的權力結構

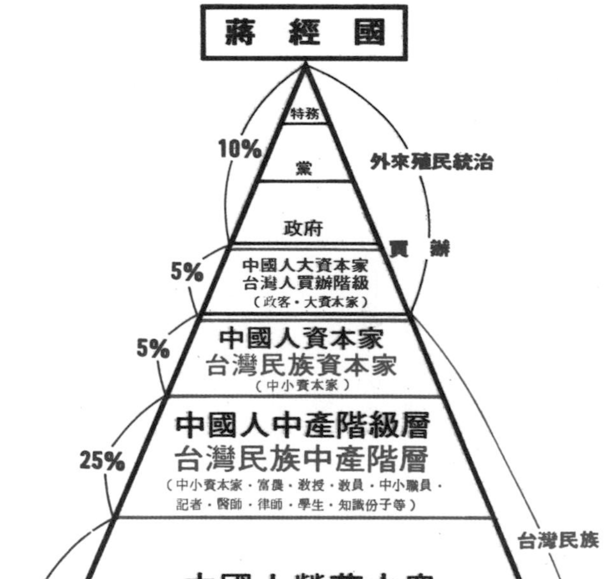

一九八〇年代台灣社會殖民統治構造

動者，都是高級知識份子，因此我勸他們回到台灣，面對台灣的勞動者，才能有效地推進社會主義。

六月二十七日—二十九日，往Syracuse。

林震源、蔡丁貴、黃俊宗，十幾個人座談。

王秋森平常在台獨運動熱心，他的學術地位高，有一定的威信，眾人談論熱烈。

我與王秋森訂立「史明・安庭（王秋森化名）私人協約事項（私人約束）」，進行聯合戰線策略。這個協約是由王秋森先提出的，我鑑於他愛台灣心意強烈，沒有私心，所提意見內容可說是有了初步的妥當，所以，我不太提出另外意見，隨即同意之。

六月二十九日，到奧巴尼（Albany），在鍾宅，十五人座談熱烈。

六月三十日，往波士頓（Boston），郭尚五來接（太太楊葆菲的母親林麗清，是廈門林冬桂次女，舊識）。

「獨盟」在波士頓的勢力大，所以對我冷淡，結果，在獨盟幹事林能傑、太太李淑瑞招待下，當天住在林家（林能傑爲人正派、純粹，眞的愛台灣，但有機械的組織觀念，結果對我築起一道牆，態度冷淡，可惜，太太是士林草山人，但對我同樣的以敵人看待）。

翌日一早，我移到曾文獻、陳美卿家住，兩人非常親熱，招待周到。曾文獻帶我參觀波士頓市街、港口，介紹十八世紀時，「茶黨」（Tea party）及美國獨立的開端，尤其是當時波士頓等十三州英國人的反殖民地武裝鬥爭的概況，令我印象非常深刻。

訪問賴永祥（哈佛大學圖書館司書），他是一九四五年台北「延平學院」（島內左派劉明創辦）同人，想聽他講有關延平學院創辦及遭國民黨壓迫廢止，以及劉明坐牢十年的經過，但除了知道劉明所有的台北市內一等的土地都遭國民黨沒收外，不太有具體的消息。

七月二日，至格屯斯堡（Gettysburg，經過哈利斯堡Harrisburg），參加「台灣人東部夏令營」。

七月三日，在美國見多數台灣鄉親聚集在一堂，熱鬧開會。

在美國，頭一次向台灣人群眾演講（談我的履歷，台灣獨立必須要有明確的理念和立場，這就是「台灣民族主義」），聽眾相當興奮，特別是自「建國陣線」失敗以來，不敢來東部的許信良，忽然也來到紐約，而且乘隙和我同時上「夏令營」的演講台，可以說「借屍還魂」，讓我看到許信良見機行事、計謀的一面。

東部夏令營聽眾三、四百人，大家很熱烈歡迎我，《台灣人四百年史》（漢文版）很得好評，當場賣出七十餘冊。

三日當晚，從十一點談到隔天早上四點，「台獨聯盟」（陳唐山等）攻擊許信良，許擋不住，康泰山出面和緩場面。

在會上碰到岡山名基督教徒高再爵醫師的次女高雅美（已婚，大學時代的舊友），很親熱，一致參加禮拜天（五日）的基督教會禮拜。禮拜會上，名牧師黃武東（一九四〇—五〇年代，前台南長老教會總幹事）熱烈宣傳「台灣獨立」，並提出「台灣民族」（這

是破天荒的引例，三日經由我的演講，在美國首次提出）的重要性。這可使我感動極了，黃武東從此親切對待我，之後我旅美時，定會拜訪他一趟，深談有關獨立問題。

會中偶然與洪志猛長女及其夫君相遇，很歡喜，後來年年都去New York北面一城，住在他家，與學生時代的摯友洪志猛夫婦舊溫友情。

七月五日，前往華盛頓（Washington），拜訪郭雨新（父親的朋友，我中學時就認識，常常趁放學時到他家玩，一九五二年我流亡到日本後，他也會到珍味來找我，很熟悉）。

郭雨新以前就跟我有關係，他到了美國後，還是經常透過電話、信件與我聯繫，我每次去美國巡迴時，一定會到華盛頓找他，在他那邊住個三、四天才離開。他很受當地台灣人的支持。

見賴義雄、張徽宗、陳唐山、黃際鑫、黃太太

在紐約演講，一九八〇年代

與早稻田大學摯友洪志猛合影，紐約

何亦佳（士林何家，思想開明）、黃慶璿（林家，林玉英的孫女，都與美國人結婚），受到親人的招待，後來也在黃慶璿家碰到林氏阿滿（阿姑養女，我的小妹）。其後年年都與她見面，吃她炒的米粉，是我現在唯一往來的林家親族。

七月六日，往新澤西，住康泰山家，許信良也來同住。康泰山夫婦，爲人慷慨，和藹可親，對客人的吃住及觀光都很用心，住他家較能歇一歇，所以以後每年的旅美，都會訪問住個幾天。

七月八日，橫渡大西洋，旅歐洲，先到海德堡（Heidelberg）。

八日中午，至法蘭克福（Frankfurt），李政一（被國民黨追捕，邱盛聰帶他來找我，我買一張日幣三十萬円機票送他到瑞士，才脫險，後來渡美國成家安住）、張英哲來接，吳富藏、柯泗濱來訪，十三人座談，氣氛熱烈。

我在歐洲發言：「台灣殖民地社會的資本主義是『跛腳的資本主義』，帝國主義剝削嚴酷，買辦階級肥大，產業工人成爲勞動貴族，中產階級分到一杯羹。」

七月十日，訪視柏林（Berlin）。經過蘇聯封鎖線（因我只有日本入國證明，沒有passport，所以被留住三個小時），才從英美法地區進入柏林。黃瑞來、盧榮杰（獨盟成員）、吳森吉（考古學）、蔡景仁（精神科醫師）等人接待，住盧榮杰家，熱烈談論。陳重任電話聯絡，見面談團結，無結果。

七月十一日，往漢堡（Hamburg）。李健夫、李文雄、趙國義、彭順興等人，都是獨盟盟員，住李健夫店裡三天。

七月十二日，Bochum，陳重任來談「聯合戰線」，沒結果。

七月十三日，比利時（Belgium），與徐雄彪（病中）、史德義、蔡名時、李麗華、何康美（獨盟）、黃朝模參

與徐雄彪（右）合影，一九八〇年代

觀滑鐵盧（Waterloo），回想拿破崙敗戰，何康美請客。

七月十五日，由Braxel→法蘭克福→渡大西洋到パラグアイ（巴拉圭）。

七月十六日，巴西聖保羅（Sao Paulo），見到王秋森夫婦、陳見治夫婦，住王文宏（史清台）家，十幾年沒見，沒工作關係。

見到王文宏、王瑞霖（乙峰）、吳彩瑜、周叔夜、魏廷卿（魏廷朝親戚）、蘇俊夫、施輝煙、黃正雄、陳朝順。

黃正雄、陳朝順加入「獨立台灣會」，但未曾參加工作，不了了之。

比利時，一九八〇年代

七月十七日，「世界台灣同鄉聯合會」於巴西舉行，我、郭雨新、彭明敏等都有參加，一共五百人許，熱烈。

演講會上，有九人對我提出質問，沒人質問郭雨新，三人質問彭明敏，黃有仁（黃昭堂）也有三人質問。

巴西「台獨聯盟」勢力大，組有行動隊（陳南天領隊）。

我從十六日至二十六日都待在巴西，但沒什麼革命進展。

七月二十三日，接到台獨思想熱烈的旅美數學家陳文成，被蔣家特務警察約談後，陳屍台大校園的消息。

巴西，一九八〇年代

七月二十六日，巴西聖保羅→邁阿密（Miami）→二十七日夜達拉斯（Dallas），住湯俊、湯明珠家。

與蔡靜輝、黃國軒、謝度鏘、陳國城、吳明基等座談，大家反對「同鄉會」，不談政治、獨立理論，島內工作談不通。

達拉斯人口三百萬，台灣人五百人（學生二百人），同鄉會長吳振成。

七月二十九日，奧斯丁（Austin），住潘以淳（士林潘厝出身）家。

見林發祥（大學圖書館，台灣人意識強烈）、林東弘、林坤松、謝浩明、劉焜安、林漢杰、林鴻仁、陳慧慈、洪振榮，學生多，一九七〇年代「統一派」勢力大，座談時熱烈問答，議論紛繁。

七月三十日，卡城（College Station）。

德州農工大學（Texas A&M University）著名學者黃界清，台灣大學畢業，MIT畢業，機械學一流學者，在波士頓學生時代就有了左派思想，和蔡明殿等出刊《草地人》，爲人熱情，默默耕耘，在卡城時，特別照顧學生，鼓勵台灣學生爲台灣獨立打拚。

見余宏志（獨盟）、吳明道（教授），學生多，會長葉治平、李昭興、陳曉昇、陳文作、陳錦鐘、梁敏雄等五、六十人。學生素質高，同鄉會辦得浩浩蕩蕩，有進取的氣勢。

在黃界清自宅客廳，一九八一年德州

因爲黃界清愛台灣熱烈，同時有行動力，太太也很招待人，所以我每年赴美都會訪問談論台灣大事。無論理工科或人文社會科的學問，界清先生多有涉獵，各方面知識相當廣泛。

以下是黃界清對一九八一年跟我初識的回憶，從中可大致了解當時與

我見面時，台灣留學生的普遍心理：

「一九八一年的夏天，有位在波士頓的王同學，在電話裡跟我提到有一位在日本很久很有名的社會主義者，『獨立台灣會』的負責人——史明，第一次被允許來北美洲走動。……當時在國民黨戒嚴高壓統治下，這種與革命份子座談的場合，大都是私下秘密進行，不對外公開。來參加座談的同學，都是平常比較談得來的。……記得，有位化學系的楊同學，還特別交代，絕對不能讓他太太知道他今天來參加史明的座談會。讓從事地下革命工作多年的史明，當場感受到台灣留學生的心理壓力，而不敢主動去問同學們的名字。

再訪黃界清，二〇一一年美國

當年才六十歲出頭的年輕史明，一九八一年夏天來到天氣炎熱的德州卡城，脫掉牛仔夾克，穿汗衫（內衣），著牛仔褲，帶來十幾本剛印出的《台灣人四百年史》漢文版，擠在我家的小客廳裡向十來位同學，一邊翻著書，一邊介紹他這本又厚又重，一五四〇頁，這本書的來龍去脈。他說話有力，立論清楚，大談台灣人的四百年史，大家對他印象很好。……接下來的幾天裡，我有機會與他談得比較多比較深入，分析當年北美洲台灣人獨立運動形勢，包括自己在來A&M之前曾經參與過一些刊物編輯的經驗。於是，一本新的刊物《台灣大眾》逐漸浮出來討論。這是我第一次與史明先生見面的經過與結果。」（黃界清編著，《1980年代史明與《台灣大眾》政論選輯》，頁四－五）

七月三十一日，往休士頓。在美國台灣人住留的人口數，休士頓排第三，總人口三百萬人，台灣人二千人（有六百戶）。此地獨盟勢力強，另外有「半屛山」（「台灣時代」的下屬機關，斯大林主義），我不受歡迎，當初住宿也成問題。幸有傅憲亮、陳麗玉夫婦提供住宿，出手救助。

見莊承業、葉國勢、陸明亮、李文雄、吳振成、廖明徵、王鎮州、吳勝吉、高文吉、楊照雄、黃瑤明、管光仁，都是獨盟成員。

見「半屛山」高成炎（返台後當台大教授）、鍾維達、吳光明（後來反而投獨盟入公論報）等共五人。

演講會，參加百餘人，盛會（但「獨盟」、「半屛山」參加的少），陸明亮司儀熱場，大家爭相購買《台灣人四百年史》。

「半屛山」成員來接我到他家去，說是要和我談社會主義，結果是要鬥爭我。他們四、五個人將我包圍住，強迫我要放棄「美麗島週報」，支持「海外政論」（張金策），要承認「先打倒台獨聯盟，之後才能打倒蔣家國民黨」（這些海外斯大林主義者，雖說擁護台灣民族主義，但根本不認識台灣是殖民地，也不懂聯合戰線大戰略）。我當然拒絕，他們大罵我「一定成爲歷史的罪人」，結果不歡而散。

中立人士Ming Tsu Daun、James Lin、Philip Yang、陳敏子、許學倫（父親是台大化工教授），但大多不敢提正名，我感到很悲哀。

八月二日，往丹佛（Denver），見蕭廣志（叔

叔是台灣共產黨員蕭友三）、蕭來福（學音樂，姑丈蘇新）、吳錫圭、林義雄、田貞雄、張明陽。丹佛總人口一百萬人，台灣人二百戶（同鄉會五十戶）。

蕭廣志負責「台灣之音」，台灣鄉好講話。林義雄專研「人口學」，人口學者，爲人誠懇。吳錫圭專研「生物學」。張明陽，順情和平，默默做自己的上班工作，太太池寶足是美術家（畫家），爲我素描留念。兩夫婦都對我很親切，到今天只有他倆還有來往，張先生常回台來看我，台灣意識熱烈，人格好。

與美國科羅拉多留學生張明陽一家合影，一九八〇年代

張明陽妻子寶足為我素描，一九九二年

我住蕭廣志家，欣賞音樂，但座談會只有十五人參加。

八月四日，明尼亞波利（Minneapolis），見林宣司（獨盟，台灣人意識強，熱情）。

八月六日，麥迪遜，此地的台灣獨立運動曾旺盛一時，此時留學生多，與李宗文、吳麗華談獨立運動。

八月七日，密爾瓦基，見石秋洋（彰化石色昆之子）。

八月八日，芝加哥（Chicago）。王奎雄、林明哲、廖述宗（教授會會長，做人誠實，文雅，有長者風度）、楊錫田、周茂寅、許辰昭（同鄉會長）、林宣繼等台灣同鄉多。「獨盟」勢力大，簡炯仁（研究「台灣共產黨」）、陳黃義敏等，座談會參加人數二十人。此時彭明敏「國民主義」出現，我講述Nation，指出殖民地下的Nation是譯爲民族，殖民地社會的台灣是台灣民族。

尋覓住宿地時，蘇建明領我到劉家住下（「台灣時代」），我才發覺蘇建明是鄭節（蘇英明）之弟，是蘇維熊（日治時代左派，台大教授）之子，化名李定一。

翌日九日一早，我就被叫起床，「台灣時代」斯大林主義者，劉（學化工，學生）、朱（學電腦，女學生）、許（女生）、陳（女生）、蘇等人，把我圍住，和「半屏山」時同樣，攻擊「建國陣線」，要求我放棄許信良，支持張金策，先打倒「台獨聯盟」，不接受的話，未來必被當做「歷史罪人」鬥爭。我拒絕，立即搭灰狗汽車，往Lafayette去。

八月九日，Lafayette。蔡嘉寅，進步教授（專研農業經濟），與廖述宗協力創始「美洲台灣人教授協會」，爲人誠懇，台灣人意識強，有行動力，我在日本時，就有過書信聯絡一趟，其學生送回台時，也曾經過日本「新珍味」。

美國農業學優秀的名校普度大學（Purdue University），有不少台灣留學生。

當夜，與蔡嘉寅、商文義、孫錦德、胡勝正深談有關台灣的將來。

學生陳、梁、蔡、吳等，台灣人意識強且熱烈，座談時，大家都很投機，後來，每年訪美時，都訪蔡嘉寅教授家，互談台灣獨立運動去向。

八月十日，辛辛那提（Cincinnati）。莊秋雄（獨盟，太太好做人），熱心，有行動，一直勸誘我加入

「獨盟」。見鄭武陽、郭必盛（誠懇）。

八月十一日，哥倫布（Columbus）。張惠勢（獨盟），親熱，誠懇，與周裕弘（學生）、廖宜恩（學生，後來爲島內教授協會與卡城的許文輔特別返台籌錢等，貢獻大）討論台灣的將來。

八月十二日，到Ann Arbor，底特律（Detroit）赴「台灣人中西部夏令營」。由黃邦男（獨盟）接頭，沒地方住，協調後住黃明華（父是廈門醫生）、許國助家受招待。

八月十三日，Grand Rapid。

八月十四日，演講，聽眾志氣不大。

見黃邦男、郭傳芳、許永華、王贊紘、王贊紹（兄弟，王添灯之子）、張家成（Lansing）、張信雄（Cleveland）、梁俊華、林如能、周烒明、洪哲勝（獨盟副主席，「公論報」發行人）、李友禮（芝加哥）。

八月十五日夜，我、洪哲勝、黃邦南、張信雄、李友禮等十幾人（獨盟人多）座談，洪哲勝如大哥一樣的坐在中央座位，從此，獨盟與我就有格格不入的氣氛，有時講得熱烈時，李友禮好似打手般，向我喊著：「你老頭子不要老是那一套」，他一站起來，將要打起來，我看情勢不妙，也站起來準備應戰。此時，張信雄（獨盟）忙走出來勸阻李友禮，這場僵局才化解，可見獨盟之傲慢。此時，洪哲勝等都絲毫不站起來，安如泰山。

八月十六日—二十日，紐約，住康泰山家。康泰山、賴文雄、李丁山、王建國、陳明才，常一起談話、請客。

八月二十日，「台灣時代」鄭節（斯大林主義）來電兩小時：

（1）「社會主義者大會」延期召開。

（2）「美麗島週報」、許信良不是左派，將來也不可能成爲左派（我同意這個意見，支持「美麗島週報」是爲了大家團結，共同爲台灣殖民地解放、民族獨立努力）。

與劉一德（右）合影，一九八〇年代紐約

（3）「台灣時代」不可能接受美國的支持與合作（反中共、反斯大林主義的我，在台灣殖民地解放階段，為了保衛台灣安全，是歡迎美國對台政策，同時反對美政府對蔣家政權在軍事、經濟上的援助）。

（4）社會主義者坐下開會談論之前，主張史明不要繼續支持「美麗島週報」（我不同意這種意見）。

（5）史明必須影響王秋森、賴文雄、康泰山，讓他們不要支持（出錢）「美麗島週報」（我不同意，也不可能做這種意見）。

（6）如果史明繼續歷來的支援「美麗島週報」政策，「台灣時代」必對史明加以公開批判。

我向鄭節強調：

（1）所謂「社會主義者」，是要「革命的」，當前目標是要打倒蔣家國民黨殖民統治台灣。

（2）「社會主義者」必須嚴格深造。

（3）「馬克思主義者」，要以馬克思主義的哲學基礎、世界觀、唯物史觀，來分析、研究具體的「革命的理念和立場及實踐」（當前是台灣殖民地革命）。

（4）海外社會主義者缺乏「台灣勞苦大眾」為革命基礎，都講空話，光以獨裁的非馬克思主義的斯大林主義來空談「社會主義革命」。最起碼必須認識的是：「台灣是殖民地社會，殖民地社會的階級矛盾是基本的，民族矛盾是主要的。殖民地革命的第一階段是『民族、民主革命』，第二階段是『社會主義革命』。殖民地革命的主力軍『勞苦大眾』要與『中產知識份子』相結合，築成『民族統一戰線』。『台灣革命』的『主戰場』是在台灣島內。」

但鄭節執拗的重複他的老一套（共產主義革命），結果，也是不歡而散。其後，「台灣時代」指示「半屏山」公開批判史明（其實是中傷、扯後腿）。

八月二十日，我要離開紐約的最後一天，才突然接到張燦鍙說要見面。當天下午五點半到七點半，王康陸、陳南天（張燦鍙本人沒來），與賴文雄及我見面，談話不能進入狀況，又是「獨盟」和「美麗島週報」的反目問題。張燦鍙忽然提出要聘請我為「公論報顧問」，但我予以婉辭（然而，等到我返回日本後，當年十月，卻從「公論報」寄來「顧問聘書」，只有這樣，以後都沒有下落，沒有再聯絡）。

八月二十日，洛杉磯。

八月二十二日，「革命社」召開第三屆大會。王秋森、賴文雄、康泰山、張維嘉、陳婉眞、張維邦、賴芳雄、盧慕義、許信良等出席，張維嘉、陳婉眞正式脫出「美麗島週報」。

八月二十三日，王秋森、康泰山、我，和邱義仁（阿德）、賀端蕃（阿金）談話，兩人是芝加哥大學社會系學生，暑假來「美麗島週報」做臨時工，住在張維嘉家，都主張張維嘉、陳婉眞的論說。

八月二十八日，往聖地牙哥（San Diego），艾琳達請我訪問她家住一夜。

八月二十九日，鄭德昌、賴淑卿夫婦，熱心、親切、和藹，全家陪同我遊玩「野生動物園」。

九月一日，柑縣（Orange County），林哲台主催，約三名台灣學生來座談。

九月二日，奧運教會，許錦銘牧師主催，與許文密、林焜雄、林天皓、林昭德、歐煌坤等座談，大家談話較有內容。許錦銘誠懇熱心，有行動力。

見過：吳瑞信（「美麗島週報」律師）、鄭紹良、陳顯治（太太林華美，士林人，林日英之妹）、楊茂生（自日本來）、陳崭新（社會主義）、郭清江（獨盟）、楊宗昌（獨盟副主席）、邱勝宗（自日本來）、黃炎（統一派？）、楊貴運（客家宗親會會長）、周實（誠實、

與艾琳達合影，一九九三年

在林義雄家與呂秀蓮相逢，一九八七年科羅拉多

熱心）、王喜雄、許丕龍（做廢鐵發跡）、蕭泰然、李木通、蘇明和、林紀賢、洪義明、沈英忠（誠實熱心）、鍾金江、林心智（林弘宣弟）、吳西面（誠實、豪爽、熱心）、陳惠亭（醫，熱心）、吳明勇（孫炳炎友）、王廷宜（王泰和，聯盟「世界人權協會」主持人）、許英智（熱心）、胡忠信、蛇姑、蔡高明、顏朝明（社會主義）、李義雄（社會主義）、何民進（社會主義）、曾宗偉（社會主義）。

周實夫婦德行高，對誰都親切和平，一九八四年「美麗島週報」將會破產時，我拜託他整理「美麗島週報」會計，費時四個月，而且受美國稅務署追及交稅了兩三個月。

九月四日，在福音教會演講，將近百人。

九月六日，往西雅圖（Seattle），劉明憲（原「台灣建國」主持人，和「獨台會」聯絡密切，「美麗島」同人，「革命社」社員）出面接待。

見到鍾茂智、沈富雄（台灣基金會）、李英偉（生物學）、陳貴顯（老台獨）、林榮茂、陳惠松（老社會主義者）、施能健（社會主義傾向，姑丈是芝加哥「台灣時代」秘密會員）、周榮亮（台獨思想）、李文凱、李峻嘉、孫正志（宣傳我在東京的「珍味」剝削台灣留學生比日本人厲害，華大東亞圖書館）、康世仁、吳燕美（華盛頓大學東亞圖書館副館長）、陳重至（統一派）、廖繼坤。

第一天住劉明憲家，第二天沒地方住，最後住施能健家（思想左派）。

九月十—十五日，往卡城，住黃界清家，討論「獨立台灣會」準備在美國出版《台灣大眾》事宜。（一九八一年年底，終於成功創辦了「獨立台灣會」在美月刊《台灣大眾》於德州卡城，第一期在黃界清處出版）

因爲到美國的台灣留學生，大多念理工科系，所以我準備用《台灣大眾》來刊登具有民族主義、社會主義色彩的文章（很多篇都是我寫的），討論殖民地革命與社會革命等議題，當作啟蒙工作的一部分。事後看來，我的巡迴美國之旅，再加上《台灣大眾》的發行，確實使「台灣民族主義」等理念得以在美洲大陸逐漸傳播開來。

以下引述黃界清的回憶，說明當時發行這本刊物的大致經過：

「爲了籌畫刊物，史明於一九八一年底，匯合幾位從歐洲及日本來的同志，一齊再來A&M討論

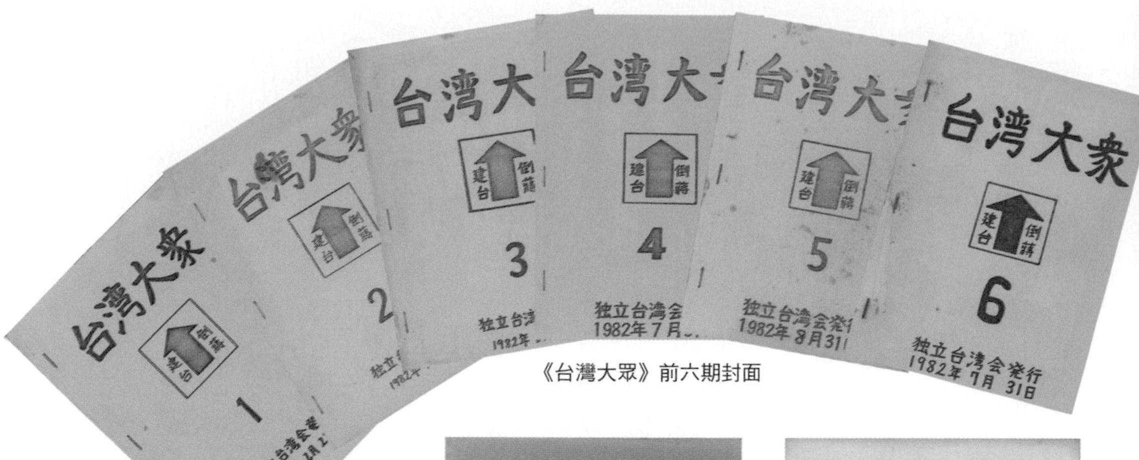

《台灣大眾》前六期封面

一九八八年《台灣大眾》刊出最後一期（第二十三期）

從一九八五年復刊的第七期起，《台灣大眾》從手抄改為打字

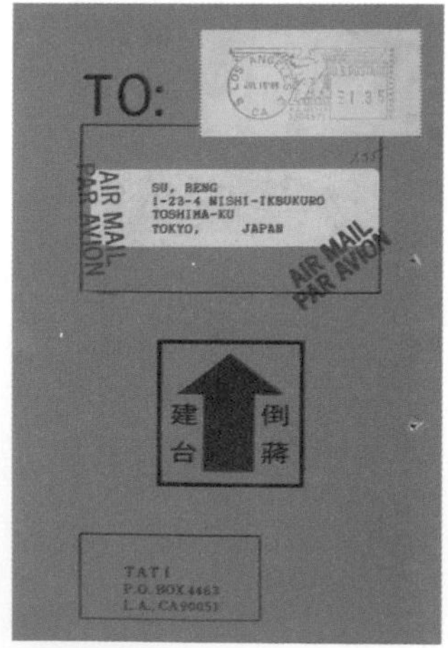

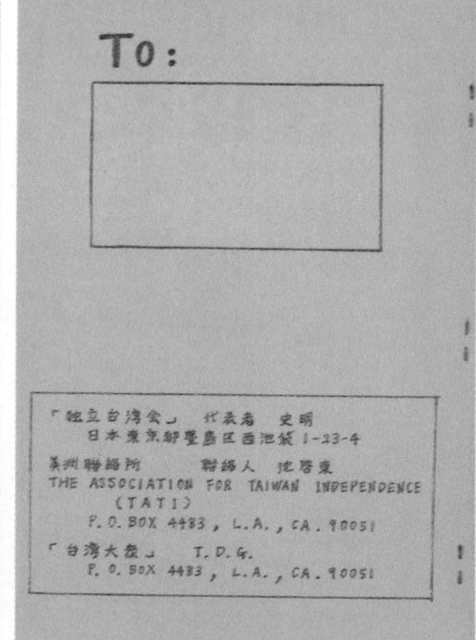

為隱匿參與者的身份，《台灣大眾》的地址與聯絡人設在洛杉磯

刊物的細節。在A&M，我與另一位化學系的陳同學共同參與，刊物定名爲《台灣大眾》。……爲了保護我與陳同學的身份，刊物的地址與聯絡人改設在洛杉磯。第一、二、三期（手抄本，一九八二年二月、四月、六月）在A&M附近一家偏僻的印刷廠裝印，我與太太、陳同學，共同貼好郵票，並貼上

通訊地址。我與陳同學兩人便開車載到休士頓寄出（當時，不敢在College Station寄，怕郵戳被認出來）。每期大約印一千本，美金一千五百元，費用全部由史明支出。……第三期之後（一九八二年六月二十日），史明知道我們這邊工作忙，壓力大，決定從第四期起（一九八二年七月三十一日），改在洛杉磯打字印刷並寄出。第六期後停刊。一直到一九八五年六月三十日，第七期在洛杉磯復刊，出刊到第二十三期爲止（一九八八年）。」（黃界清，上引書，頁五—六）

我決定將《台灣大眾》停刊的原因，是因爲當時我開始轉移重心，一批批地帶台灣人到日本接受訓練、準備遷回台灣，預備實踐我多年來一直提倡的主張——主戰場在島內。

九月十六—十九日，聖荷西。

九月二十—二十七日，洛杉磯。「美麗島座談會」，陳義雄（太太士林人）、盧慕義、許啓男等六十人。李義雄、陳嶄新、王耀南與我談話，吳銘輝（從台灣來）、王桂榮、黃炎、邱勝宗、郭清江、張維嘉、陳婉眞等座談。

第一次旅美、歐、巴西，走了四十六處，座談或演講一百三十六次，見到將近四千餘人，但，革命上並沒有什麼成就、效果，對將來感到失望。

（三）第二次遊歷美國、加拿大、歐洲（一九八二）

1. 旅美之前

（1）二月十三日，《美麗島週報》訂戶兩千四百份（陳昭南）。

（2）「半屏山」向黃界清要名單，互相主義、陰謀。

（3）二月二十日，乙峰到日本。

（4）二月二十三日，黃界清告知「台灣時代批判史明」。

（5）二月二十八日，《台灣大眾》第一期發刊，德州，五百份

（6）台獨聯盟分裂，洪哲勝將組織「台灣革命研究會」。

（7）「半屏山已成爲黃色報紙」，傳來對「半屏山」的批判言論。

《台灣大衆》第一期創刊辭如左：

「獨立台灣會自一九六七年六月創始月刊誌《獨立台灣》後，時至一九七四年四月，因應島內工作之發展，爲傾全力支援島內地下組織，不得不暫時停刊。

到一九八〇年代，當蔣家國民黨外來殖民政權氣脈漸衰，台灣革命的曙光開始照亮台灣民族的前途之際，獨立台灣會乃百尺竿頭更進一步，再度創刊《台灣大眾》，繼續爲實現台灣社會革命及闡釋正確的社會主義奮鬥。這可說是《獨立台灣》的復刊。

本刊旨在說明台灣革命的正確性，並研究如何通往革命成功的大道。革命的終極目標是要打倒現有體制，建立一人人自主、平等的民主社會。所以空洞的主張與研究不過是紙上談兵，無濟於事。創辦一革命理論性刊物，從整個革命過程來說，它是進入革命的起點而非終點。故理論的研究與實際行動必須齊頭並進，願藉此刊物來吸收新血，組織積極進步分子，深入大眾，喚醒大家的主體意識，爲革命而奮鬥。

目次

創刊辞		1
革命	史明	3
如何促使「革命的主体條件」成熟？		20
読「四百年史」筆記	林闢	24
近十年来海外台湾人政治運動的回顧	蘇平	37
経済學滿清	李鋒	44
新生代民主運動中最迫切的問題	周竹山	52
「独立台湾」小史		56
島内游擊戰（一）		36
島内游擊戰（二）		43
島内游擊戰（三）		61

創刊辞

闢闢一致力於台湾社会革命暨闡明正確社会主義的新園地

独立台湾会自1967年6月創始月刊誌「独立台湾」後、時至1974年4月、因應島内工作之発展、為傾全力支援島内地下組織、不得不暫時停刊。

到1980年代、當蔣家国民党外来殖民政權氣脈漸衰、台湾革命的曙光開始照亮台湾民族的前途之際、独立台湾会乃百尺竿頭更進一步、再度創刊「台湾大衆」、継續為實現台湾社会革命及闡釋正確的社会主義而奮鬥。這可説是「独立台湾」的復刊。

本刊旨在説明台湾革命的正確性、並研究如何通往革命成功的大道。革命的終極目標是要打倒現有体制、建立一人人自主・平等的民主社会、所以空洞的主張與研究只不過是紙上談兵、無濟於事。創辦一革命理論性刊物、從整個革命過程来説、它是進入革命的起点而非終点、故理論的研究與實際行動必須斉頭並進、願藉此刊物来吸收新血、組織積極進步分子、深入大衆、換醒大衆的主体意識、為革命而奮鬥。

所謂社会主義是根據歴史発展的必然、以勞苦大衆無産階級為主力與領導、而来推翻現實的資本主義体制、全面廃除人剥削人的階級関係。因此之故、我們必須：(一)站在勞苦大衆的立場来研究社会主義的革命理論及其方法論、若只站在小資産階級知識份子的立場来閱讀社会主義、則只能得到其表面的知識、無法瞭解

—1—

《台灣大眾》創刊辭

…………

最後，我們要將社會主義的革命理論、革命方法論，與台灣的現實結合起來，導出有效的革命基本戰略，來推翻現有體制，實現台灣革命第一階段（倒蔣建國），並準備進入第二階段（社會主義革命）。換句話說，目前台灣社會實爲一殖民地社會，所以台灣的階級對立關係是表現在民族對立關係上。基於此認識，我們可以瞭解到台灣革命現階段的任務是要以勞苦大眾無產階級爲主力與領導，團結一切民族力量，實現反殖民地革命，即實現台灣民族民主革命，建立台灣人民共和國。……」

歡迎投稿・来信

「台湾大衆」是一份台湾革命運動的刊物。為了便以共同討論問題、將設有「讀者園地」、無論什麽意見、都歡迎提出来研究。

(1)、歡迎投稿・来信。

(2)、对来稿来信的姓名・地址及本人希望保密的問題、本刊負責嚴格保密。

(3)、本刊保留删改權。

(4)、恕不退稿・無稿酬。

2. 美國行腳

一九八二年五月二十九日，飛抵洛杉磯。

江圳一家來洛杉磯。

見到王秋森、許信良、陳昭南、陳芳明、盧慕義、許丕龍、李木通（陳昭南介紹，講多，做少，始終沒關係）、陳義雄（也談，也做，對「美麗島週報」樂捐）。

在奧運教會，見到許錦銘、林昭德，熱情，對台灣熱心。

許丕龍，在洛杉磯久住，做廢鐵發財，與許信良、陳昭南要好，一九八四年終拿下破產的「美麗島週報」，但做不起來，一年多後，吳西面才處理後事。

王文宏說，《台灣大眾》用手寫的不好，反對（不懂革命作風），許丕龍也反對（沒份量），無價送人浪費。

《台灣大眾》第二期，由獨台會出版於洛杉磯，反駁「半屏山」的批判、中傷，專做台灣民族主義與將來的台灣社會主義的啓蒙、宣傳。

六月二十六日，前往堪薩斯的勞倫斯

（Laurence），到游伯龍家。蔣家國民黨特務搗鬼，游伯龍的汽車遭國民黨特務破壞，台灣人意氣憤怒，十幾人座談。

六月二十九日，威奇塔，到吳敬次家，見到許金德、歐益煌、高川（後來移住堪薩斯城，新店）、鍾茂萃、林吉雄（醫）。

七月一日，往休士頓，待到七日。

七月二日—五日，世台會在休士頓舉行，史明、江圳夫婦、王文宏一起參加。康寧祥、尤清、張德銘從台灣來美參加世台會。艾琳達現場抗議康寧祥靠攏蔣家國民黨。

七月四日，東部夏令營。遇見洪惠（洪志猛長女）、黃增桐（洪志猛女婿，誠實、愛台灣，後來常到黃家受招待，他們有一個秀才且活躍的醫師女兒）、廖文成（チエスマンリタン）。

彭良治、蔡明峰、黃呈嘉、洪哲勝、黃再添、許瑞峰、蕭信雄、王康德（同鄉會長）、林富文（陳文成基金會會長）、凌旭勢、陳錦芳、施光國（施家弟，施拱生的長男）、陳榮慶（陳明才之子）、蔡一、林尚義、陳伸夫（古板）、陳明楷、蔡明殿、王淑美、鄭景元、佩玲太太、吳明雄、許隼夫（牧師）、黃際鑫（太太士林人）、陳唐山，多人見面開會。

洪志猛長女洪惠、黃增桐夫婦，一九八〇年代

七月十日，達拉斯，與蔡靜輝、蔡靜煌、張伯寬、湯俊彥、陳國城、黃國軒、謝度鏘、蕭義明（由水牛城來）見面談話。

七月十二日，明尼亞波利，見王幸男妻之兄，但王太太要見不成，見到林宣緒、柯賢世、王金文、許文雄。

七月十四日，密爾瓦基，見石秋洋、賴青山。

七月十五日，芝加哥，住周茂寅家（賴芳雄一起，王秋森同窗）。

我與簡炯仁、胡維剛、邱新彥（曼哈頓）、

在加拿大，一九八〇年代

賴芳雄到加拿大領事館，入境證拿不到，拿到身份證明，往加拿大訪渥太華（Ottawa）潘家及多倫多施家。

七月十七日，哥倫布，住張惠勢、劉俊宏家。見施忠男、周裕弘、廖宜恩、藍（跛腳，經濟）、鄭忠和、張逸勢、莊輝雄等，學生多。辛辛那提的莊秋雄夫婦，是台獨聯盟有力盟員，但對我很好，每年都去受招待。

七月二十二日，中西部夏令營，見莊秋雄、洪哲勝、林哲台、簡炯仁、郭必盛等。

七月二十八日，拉里（Raleigh, North Carolina北卡），住劉格正夫婦家（台南人，IBM，誠實、清淨、熱情、正道）。

見林國慶、盧文雄、陳惠民、林志超、許明全（舊國民黨組長，參加獨立派）、郭倍宏（舊國民黨組長，參加獨立派）、陳宜妙、李彥禎、簡耿熙、張明添、林意楨（海洋）、林宗柏、廖年春、李鎧佑、謝憲章、林金龍、曾敬源、高龍榮。

訪Chapel Hill，見李應元、張志雄，學生意識高，團結，由劉格正帶頭。

八月九日，水牛城，住周敦人（誠實、良知、清淨、正氣）家，好招待，談話深入，學心理學，看問題具體深入，對待朋友誠心誠意。周美榮太太，是鋼琴老師。見趙弘雄等。

八月十一日—十七日，紐約，住賴文雄家，見黃高雅美。也住康泰山家。賴文雄、康泰山兩人，「台灣獨立」意識強健，早期為台灣獨立行動貢獻大。

八月十八日—三十一日，洛杉磯。

（1）我得知郭雨新（華盛頓）將前往中國北京，立即打緊急電話給郭，說：「中共是個人獨裁

法西斯國家，結合斯大林獨裁主義與毛澤東中華帝國主義，您若往中共，台灣支持您的大眾怎麼辦？中共絕不允許『台灣獨立』，只以『統戰』來籠絡郭雨新您一個人，瓦解台灣人獨立的期望。您絕不能去中共，要向中共駐美大使說：『若我去北京，必須讓我講台灣獨立。』」郭先生知悉，把這要求傳達給中共大使，結果，中共知難而退，不了了之。

郭雨新當初到美國時，台獨聯盟多加利用，帶他巡迴全美國，到處募款，而後卻毫無照顧郭老先輩。

（2）「台灣民族民主革命同盟」正式成立，但絲毫沒有任何工作，不了了之，只有給蔣家國民黨宣傳為「叛亂」而已。

（3）「美麗島兩周年酒會」（八月二十八日），楊貴運（宗親會會長）、許英智（同鄉會會長）、王貴榮、洪順五（聖荷西）、王泰和（獨盟代表）、許丕龍等參加，許信良發表演說，我強調「思想統一、步調一致」。見到林紀賢（日本東大，廢鐵）、林哲雄、周實（南加州會會長）、楊嘉猶、林水泉、盧慕義、陳義雄、沈英忠、鄭紹良、陳憲治、丁昭

與洛杉磯的台灣留學生談話（右三為史明），一九八九年

昇、王文宏、徐雄彪等。

（4）我在周實家住（誠實，夫婦很可深交，對台灣人很親切，很照顧），王嘉雄常在周實宅見面，亦是好人。我以後每次旅美，都訪周實，受到他們夫婦的照顧。

（5）陳昭南加入「獨立台灣會」，獨立台灣會給他歐洲來往航費八百美元，望他到歐洲老鄉宣傳《美麗島週報》，並爲週報募捐，然都沒有結果而回來。

（6）八月三十一日，徐雄彪（阿波，爲人清靜，有台灣意識，對社會主義也有認識，協志會地下人員，秘密回台一次，後來從歐洲來美洲一起工作三夏）返比利時。

九月二日，離美前夕，與王秋森對談。

王秋森：「《台灣大眾》不好看，不要登在《美麗島》」、「地下工作都是史明壟斷」、「美麗島和獨立台灣會『同盟』不恰當。」

我：「地下工作，對沒經驗的人，爲了保密，不能全面暴露。」

王秋森與「獨台會」只有私人的關係，所以對「美麗島」捐款要以個人的名義，不能用獨台會名義。

後來，對《美麗島週刊》捐款，王秋森（二・五萬美元）、史明（一・五萬美元）、盧慕義（八千）、許信良（三千）、鄭紹良（一・二萬）、陳婉眞（二千五百）、娥（李鳳音，一千五百）、陳顯治（二千）、賴文雄（一千）、康泰山（一千）。

3. 旅歐

九月二十八日，至比利時布魯塞爾（Brussels），居住徐雄彪家。

九月三十日，海瑞安排飯店，海瑞與我、阿波，談話不調和。

十月二—三日，「歐洲台灣同鄉會」，我與阿波參加，在西德見邵怡敦、王寶盛。

陳唐山公開質問：「蔣家國民黨，沒有祖國，台灣爲何是殖民地？」（會場大譁然）

我則回應：「有否祖國沒關係，問題是在外來者統治剝削在地人的本質，第二次大戰法國ヴィシー政權（Régime de Vichy）搬到阿爾及利亞

（Algeria），但阿爾及利亞已然是殖民地。」（會場肅然）

十月三日中午散會，當天住在蔡義宏家（歐洲同鄉會長）。

在西德見李一義、趙有源、王寶盛、劉秀美（買《台灣人四百年史》，金錢不清楚）。

相識盧榮杰、李秀琴（社會主義傾向）、吳森吉、蔡景仁、吳富藏、林本添、莊義興。

十月四日，漢堡，與阿波在張懷義、鄭瑩家吃晚飯，住趙國義家。

▲▼歐洲，一九八〇年代

相識林本添、李健夫、李文雄、張夫婦，及陳維仁、張維中、曾豐田、楊論等各地留學生，在李健夫中華料理店住。

十月六日，進入柏林（戰後由美、英、法、蘇四國管理），因需要蘇聯的許可，在東德蘇聯的關卡停待三小時。

盧榮杰家住，李秀琴（左派）、吳森吉（國立柏林民族博物館東亞研究室）招待參觀民族博物館，蔡景仁、廖森茂、陳茂棠來訪。

參觀布蘭登堡（Brandenburg）大門。

十月八日，海德堡。經過王寶盛家，蘇正平（學經濟），入「獨立台灣會」，掛號1008，準備返台從事地下工作。

十月九日，慕尼黑，莊義興（岡山）招待，見到洪丁福、梁海倫、盧政春、王鶯鶯。

十月十日，薩爾茲堡（Salzburg，十八世紀樂聖Mozart的生家），陳丕元店住，陳樂捐兩千奧幣，感激。

參觀舊城，莫札特（Mozart）家，興緻高，中世紀音樂的高格律的感傷。

十月十一日，維也納，經過PŌhen邱上義家，住邱宅幾天。

參觀古都，看諸音樂家墳墓，在維也納附近的林文德家住五六天，他是維也納唯一的台灣藝術家，做人溫暖誠懇，好交接，後來被推爲歐洲台灣同鄉會長，他住宅天穹特別高，房子四方都有白布，好似西洋中世紀貴族的住家，可欣賞中世紀歐洲風味。

找不到住處，擠進胡炳三家住一夜（「史明是共產仔」的宣傳已傳到歐洲）。

林文德作品「鄉影之一」（二〇一二）

在陳哲久家，我與邱上義談社會主義，談「獨台」和「前進」（張英哲、鄭自才）的理論差異，見徐美之女（留學維也納音樂大學，但不知道她的住所）。

十月十四日，因斯布魯克（Innsbruck），住陳重任家，談台灣獨立，他家築得好似中世紀傳來。在

高成城（高玉樹次子）店吃飯。

十月十五日，瑞士，找吳勇憲不在，住學校宿舍，與莊益利、吳勇憲、王風士、許座談。黃瑞娟、吳勇憲請吃午飯。

十月十六日，巴黎，見侯錦郎、翁正山、黃昭夫、黃照光（黃武東之子）等，獨盟盟員控制，沒地方住。

和阿波到郊外找台灣人便宜的Hotel住下，參觀巴黎市內各處歷史事跡、博物館、名跡，黃照光請吃晚飯。

林文德作品「海邊的故事」（二〇〇八）

與阿波、鄭欣、黃昭夫、鄭松均（醫）、李慶瑤姐妹、洪俊河、許美英、廖小姐等座談，到許美英家訪問，侯錦郎來訪，翁正山請吃飯，侯錦郎家吃飯。

十月二十一日，布魯塞爾，徐雄彪家住，蔡明時、黃發典、黃（畫家）、何康美來訪。遊玩滑鐵盧（Waterloo，比利時布魯塞爾的首都郊外），拿破崙從厄爾巴（Elba）返回法國（一八一五），後來在滑鐵盧被威靈頓（Wellington，英國軍元帥）擊敗，終於困禁在聖赫勒拿島（Saint Helena），並卒於該地（一八二一）。到底是歷史悠久的歐洲，但很可惜沒有歷遊的假日。

十月二十六日，荷蘭，在Gerrit & Chen Mei-chin（韋傑理、陳美津）家住一夜，這對夫婦對台灣問題相當熱心，在國際宣傳上做了許多工作。

十月二十七日，離開荷蘭，飛返日本。

一九八二年，第二次旅美、歐，走五十餘處，見二千餘人。但一九八三年一月三日，「盧修一、前田光枝事件」發生，革命成就淡薄。

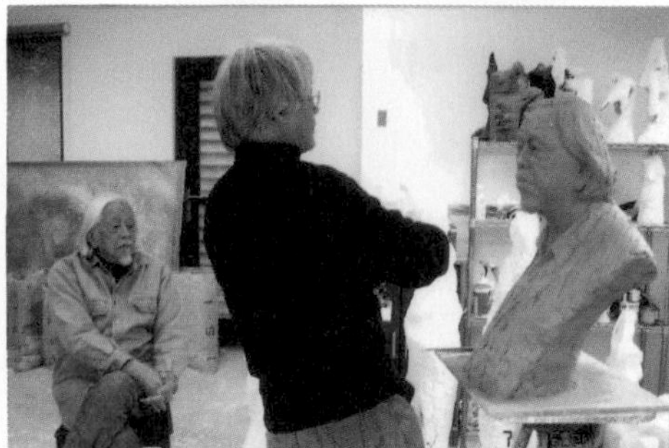

林文德為我塑像，二〇〇七年台北

4. 訪美印象

我在美國多談種族（tribe）、民族（nation, ethnic），說明台灣開始的時候，移民都是漢族（種族），漢人做滿清官僚，士兵也是漢人，沒有滿清人來台。滿清時，漢人分爲「本地人」與「唐山人」，本地反唐山，三年小反、五年大亂，要「出頭天做主人」，日本領台時，唐山人幾乎都回大陸，《台灣憲兵隊史》有詳述。結果，本地人都留在台灣，成爲日本國籍，後來經歷資本主義化、現代化，成爲「台灣民族」，與孫文所倡導的「中國民族」不同，社會上完全分開。

「台灣人」民族內涵—漢人台灣人（福佬族、客家族）、原住民台灣人。

中國人—「中國民族」（與「台灣民族」在歷史上、社會上都完全分離）—後來稱爲「中華民族」，到第二次大戰後，以外來征服者立場，坐美國的飛機、艦隊，宣稱中華民族主義佔領台灣，以殖民地體制佔領台灣，政治壓迫強治，經濟掠奪、剝削台灣，並以黃河文化系統征服台灣人意識，且大屠殺台灣人。

然而，美洲等海外台灣人（都是高級知識份子，八十%理工科技術人員），卻不太關心「台灣民族」的本質問題，甚至台灣獨立聯盟動員全美盟員排除我訪問美國，反對「台灣民族主義」。

相對之下，一九八二年的中國顯得更具謀略，不僅設有「對台漁民接待總站」、「台灣問題研究所」、「台胞投資管理委員會」、「全國台灣同胞聯誼會」等統戰機構，其統戰範圍也開始擴及所謂的台獨人士：「從台灣獨立主義上看，是與祖國相對立，是分裂祖國，分裂人民的，所以我們不允許贊成台灣獨立，但我們願意與主張『台獨』的人士交換意見，歡迎他們來大陸參觀。」（一九八〇年三月四日，人大委員會副委員長鄧穎超在北平婦女界講話）

（四）第三次訪美、歐（一九八三）

一九八三年六月六日，抵洛杉磯，與周實、王喜雄、吳西面、陳義雄、謝清志、丁宗、陳惠亭、許錦銘、林昭德、許敬勇等相見。

「美麗島週報社」五月缺薪（陳芳明 1200，許信良 1080，娥 1000，南 1080，千 360），我捐三千，盧慕義一千，楊嘉猶五百，楊貴運五百，許信良五百，我借許信良五千（不還，且許信良捐款不入帳就支出，不對）。

「台灣時代」集中砲火攻擊我、許信良，但理論不對，子彈沒有多大火力。

六月十八日，聖荷西，見石清正、洪順五、史博文、莊剛健（蔡同榮支持者）、蔡英世、楊肇福、楊基振、陳義雄（出差）。

七月一日，東部夏令營於德拉瓦（Delaware）大學舉行，一千五百人參加，「獨盟」、「台灣時代」、「海外政論」皆出席，許信良光講政治技術，我則談「理念」。

吳豐山（自立晚報社長）演講（在洛杉磯）。

陳永興（高雄醫學院，台北市立療養院，台灣民族意識強，反對統一派，有宣傳能力，但缺乏大眾性）演講。我支持陳永興的《台灣文藝》。

七月五日，華盛頓，住陳義雄家，見賴義雄、黃際鑫、郭雨新等。

七月八日，巴爾的摩（Baltimore），見鄭景元、佩玲夫婦、許隼夫、蘇松椿、鄭英哲、葉嘉猶。

七月十日，拉里（Raleigh），住劉格正家。見盧文雄、陳惠敏、林志超、陳宜妙、許明全、郭倍宏、曾敬源、林意楨、林宗柏、簡耿熙、張明添、李彥貞（台灣留學生，在劉格正的支援下，帶頭誠意招待，比較團結。太太也是熱心運動）。

七月二十二日—二十四日，「中西部夏令營」。

王圭雄、胡維剛、林明哲、廖述宗、林哲台、簡炯仁、莊秋雄、鄭武陽、郭必盛、施忠男、周裕弘、廖宜恩、張逸勢、張惠勢、許永華、黃邦男、張信重、周烒明夫婦等召集開會，洪哲勝帶十來個盟員，威風凜凜，作風強暴，如想表現台獨聯盟為一黨的邪氣。

返台後，許永華夫婦訪新莊自宅

初見郭溪（郭輝雄，巴頓魯治Baton Rouge）。台獨派高級份子郭溪教授（數學），眞正有左派精神。

七月二十六日，Lafayette，住蔡嘉寅家，與商文義、孫錦德、胡勝正會談。

見陳順偉、黃國源、梁友成、梁大成、蔡盛忠、吳博忠、吳惠一等普度大學學生。

七月二十九日，水牛城，見周敦人、趙弘雅。

八月八日，紐約，訪賴文雄、康泰山、王耀南、洪哲勝、林哲台、蔡明峰、黃武東、郭溪。

八月二十一日，巴頓魯治，住郭輝雄家（很誠實、溫和，台灣意志強，積極運動），與鄭豐吉、王天合、葉樹榮、陳榮儒、魏弘毅相見。

九月一日，丹佛，見蕭廣志、吳錫圭、林義雄、田貞雄（仙桃）、張明陽（正直、誠實，很好的朋友，太太是油畫家）。

九月二日，聖路易（St. Louis），見丁博均（Motee）、陳榮吾（醫）、蘇希三（教會）、蔡承昌（醫）、王俊傑（醫）、林逸民（醫）、林阿寶（醫）、廖錬（醫）、謝寬仁、張子卿等台灣人醫生二、三十人。

九月三日—十日，堪薩斯。

堪薩斯城，見高川、吳樹民。勞倫斯，見游伯龍、陳彥生、朱時宜、吳得民、林坤喜。

九月五日，往曼哈頓，住賴芳雄家，見范良政、張振盛、刁明華，往托皮卡見許信夫、李嵩斌、陳德明、李嵩道，台灣人醫生多。

九月八日，俄克拉荷馬（Oklahoma），見張信堂、藍信雄、廖評超、林繁男、張多喜、王明美等。

九月十一日—十六日，旅加拿大六日。

多倫多，施明雄家住五日，看李憲榮、李朝熙、羅益世、蘇必益、黃崇斌等。

我因爲沒有護照（只有日本「入境證」），所以向加拿大在日大使館申請Visa（簽證）入國都不准。幸好賴芳雄在芝加哥向加拿大領事館申請二年，才被允許一次。賴芳雄帶領我一起到多倫多，辛苦。

九月十四日，渥太華，見陳校賢、張克彥、田大仁、呂忠憲、周宗信、潘迺庚（士林潘光楷長子）一家十幾人、陳文隆（潘之女婿），都很發展。

九月三十日，半非法自西雅圖至溫哥華

（Vancouver），住到十月三日，高寬弘太太在關卡接。

見高寬弘夫婦、蔡昭雄夫婦、張邦良、許建立、陳清玉、廖炳煌、賴後霄、林仁森、張勝雄、楊正昭（醫，父楊金亟）、劉明憲、葉秀英（鄭自才第二任妻子）、林宗義、蕭欣義，熱烈、意識高、團結。在高寬弘家、蔡昭雄家住。

林宗義因組織九人教授團將到北京談台灣問題，所以我到他家勸他不要去（張邦良引導）。

十月三日，洛杉磯。陳昭南以「獨立台灣會會員」身份，旅行歐洲（獨立台灣會給陳昭南買美、歐來往飛機票八百美元），但他在歐洲活動所募捐到的款項都沒交到「美麗島週報社」。

十月七日，返日本東京，完結第三次旅美洲。

（五）第四次歷遊美國、加拿大（一九八四）

一九八四年六月九日洛杉磯—十月八日日本東京：洛杉磯—堪薩斯州曼哈頓—紐約—美東夏令營（費城）—紐約—中西部夏令營（底特律）—匹茲堡（Pittsburgh）—羅徹斯特（Rochester）—水牛城—紐約—洛杉磯—聖荷西—丹佛—聖路易—堪薩斯城—勞倫斯—曼哈頓—托皮卡—威奇塔—奧克拉荷馬—達拉斯—奧斯丁—卡城—休士頓—巴頓魯治—諾克斯威爾（Knoxville）—拉里—華盛頓—紐約—水牛城—多倫多—渥太華—溫哥華—西雅圖—洛杉磯—日本東京，共訪四十餘處，見兩千餘人。

六月九日—二十二日，洛杉磯。

七月四日—七日，費城，美東夏令營。

見洪哲勝、黃再添、陳希寬（陳逸松之子），受洪惠、黃增桐好意招待。

七月十二日—十四日，底特律，中西部夏令營。

見陳水扁、鄭欽仁（台大歷史系）、林濁水、洪哲勝、黃再添、林哲台、許永華（胡羊）、莊秋雄、洪國治、黃邦男、郭傳芳等。

七月十八日，波士頓，郭尚五、楊葆菲家住，也住曾文獻家。胡鑫麟（台大眼科，一九五〇年牽連郭秀琮事件判刑十二年，太太是李鎮源妹妹）請吃飯，久違。

張勝凱等學生十三人來訪座談。

七月二十日，Syracuse。

七月二十二日，水牛城。

八月二十八日，巴頓魯治，住郭輝雄家，見王天合。

九月一日，拉里，住劉格正家，見郭倍宏、李應元、林意楨、楊克俊。郭倍宏所組的「學生會」，有學生一百多人，每月會餐一次，我每月支持三百美元，由郭倍宏接手資金。

九月九日—十日，紐約，住康泰山家，與楊次郎、楊黃美幸、彭良治、李丁山、薛富美、吳慶昌、洪哲勝、黃再添、林哲台、田大仁等談革命黨。

鄭節來電。也與張金策、王秋森見面。

九月十一日，徐雄彪從歐洲到，一起行動。

（六）《美麗島週報》危機，第五次歷遊美國、加拿大（一九八四）

一九八四年七月，鄭紹良來電：「許信良表示『美麗島』已危險，缺款三、四萬美元，自己已沒辦法，希望找人來接替」，我請鄭紹良問許信良：「有何條件？」鄭紹良回電：「許信良表示無條件撤退。」

一九八四年年底，《美麗島週報》因「稅務」短缺（三萬多美元），將被取締。鄭紹良緊急希望我趕快去洛杉磯處理。我覺得《美麗島週報》的挫折，和自己個人沒有任何關係，責任完全在許信良的經營方法及對金錢處理沒有原則（沒按正規出入，帳目很亂）。

我緊急帶錢到洛杉磯，同時，拜託周實整理內帳。經過幾個月，周實苦心才把亂帳整理好。舊債簿整理完了，許信良卻突然「反面」，由鄭紹良告知，許信良、陳昭南已託許不龍（和許信良要好）接手經營《美麗島週報》。但一年後，許不龍不幹了，最後才由吳西面犧牲賠錢經營，以至到今天的《太平洋時報》。

其後，稅部處找周實很多次，麻煩周實，很對不起周實夫妻。

五、巡迴感想

往後的訪美、歐行程，大致如上，不再贅述。

我頭一次到美國時，共在各處住了三個月，拜訪過很多台灣留學生，結果發現在美國的台灣學生，一般來說對於台灣的將來不太關心，獨立台灣會每個月從日本寄兩、三千本機關誌《獨立台灣》去美洲，據說都不知道或沒看過，問起對台灣未來的觀感如何，大家當然都說很懷念，然而能夠超越一般對故鄉的懷念，而進一步對台灣前途關心或懷有危急存亡之任，並因此奮鬥的人很少。只有少數所謂「獨立運動者」或「社會主義者」，在每年各地的「夏令營」上台演講或表演，其他頂多是發表文章、寫寫宣言而已。

當時在美國的台灣人社會，我雖然見識不豐，但綜合多年的巡迴經驗，我還是有一個強烈的感想，那就是海外台獨人士並未把理論建立起來。那時候的台灣人，在島內備受壓迫，不敢講話，等到了海外以後，呼吸自由的空氣，對台灣有了單純的民族感情，但未在理論上鑽研。海外左派人士也是一樣，只是罵罵國民黨而已。只要有人敢罵國民黨，大家就鼓掌、捐錢，這些人都沒想到「我們要做什麼?」我認爲，

一九九一年美國（右二為史明）

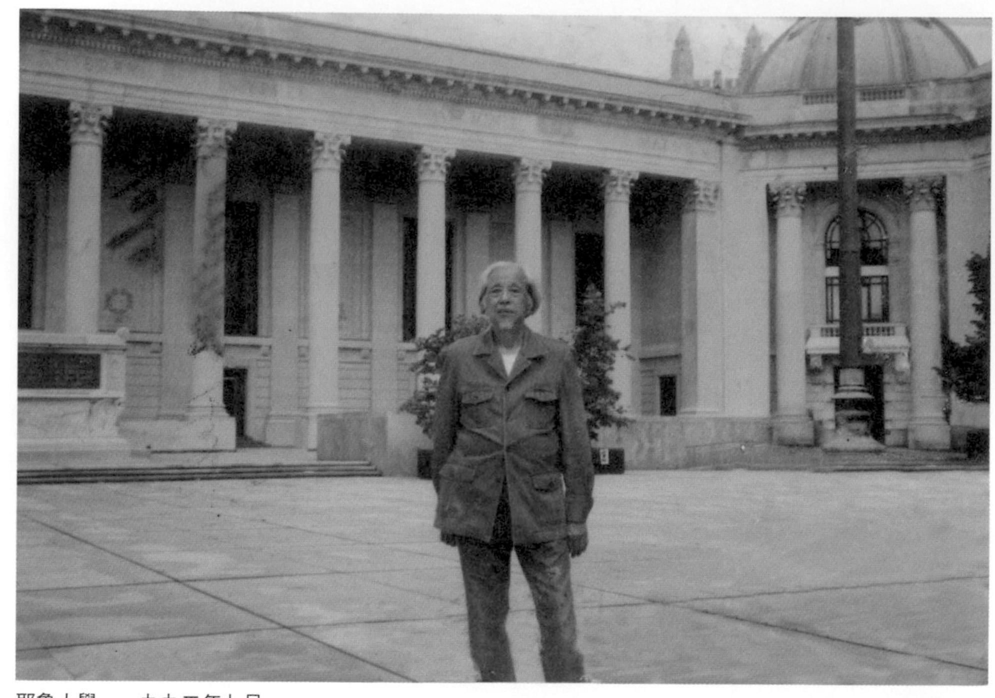

耶魯大學，一九九二年七月

若要從事台灣獨立運動，就要以世界水準來做，運動欠缺理念和理論是不行的。說起來，獨立台灣會主張宣傳台灣民族主義，成爲唯一的理論。

第二十二章　返台永久居住

我是為了打倒國民黨殖民體制、達成台灣獨立而回來的。

一、返台初期年表

一九九三年

十月，史明潛返主戰場台灣，亦將台獨活動收回本島。

十月，高雄成立獨立台灣會高雄分會。

十月二十六日，史明於台南新營交流道收費站被捕，隨即被送至台北高檢署，李勝雄、蔡明華、李慶雄三位律師自願在「法庭」辯論。史明在台北高檢署宣告「不是爲了安居樂業而返鄉，而是要繼續爲了打倒蔣家國民黨中華民國殖民

返國記者會，一九九三年

體制努力奮鬥」。最後以十萬元交保。

十月二十七日，史明在記者招待會上（李鎭源、彭明敏、張燦鍙皆到場），表示將會繼續努力於體制外革命，並說：「我是爲了打倒國民黨殖民體制、達成台灣獨立而回來的。」

十月三十一日，史明表示要推翻國民黨殖民統治的體制與特權，但歡迎在台中國人在放棄殖民統治、認同台灣之後，共同建立新台灣。

十一月九日，應台大建國

俱樂部之邀，史明在台大正門廣場公開講演，強調要實現台灣獨立，要有中心思想的台灣民族主義，要加強祖先留下來的精神傳統「出頭天做主人」，要永遠與台灣大眾站在一起，仍要堅持武力鬥爭。

十一月二十二日，史明指出，鄧小平死後的未來十五年間，是台灣獨立的最佳時機。

十二月二日，史明以預備內亂罪「出庭應訊」，依然背對檢察官，主張武力鬥爭，並以宣揚台灣民族主義來提升台灣大眾的政治覺悟。

一九九四年

一月三十一日，在海外致力台灣獨立運動的「獨立台灣會」，在台北設立「台北聯絡處」，為宣揚台灣民族主義、組織大眾及實現獨立建國繼續努力。

二月一日，獨立台灣會台北總部正式成立。

二月三日，史明著文指出：「國民黨不會實質分裂，民進黨形式上不會分裂。」

二月六日，獨立台灣會表明堅持「體制外革命」，並批判民進黨拋棄建國目標。

三月，獨立台灣會成立宣傳車隊，進行台灣民族主義的宣揚，提倡台灣獨立建國。

三月一日，獨立台灣會設立「高雄聯絡處」。

三月二十一日，獨立台灣會宣傳車赴萬華龍山

獨台會成立嘉義縣水上分會，蔡同榮前來祝賀

萬華龍山寺遊行，黃富（黃華之兄）正在演講，一九九四年

寺廣場，闡述「台灣民族主義」，並鼓勵台灣大眾爲台灣獨立勇敢站出來打拚（這種宣傳啓蒙行動，於每週六、週日進行，持續兩個月後才轉移他處舉行，現在仍繼續下去）。在龍山寺口，獨立台灣會的「台灣民族主義」旗幟往往被粗暴的台灣人拆掉。

七月三十一日，獨立台灣會在嘉義設立聯絡處。

八月，獨立台灣會宣傳車在高雄宣揚台灣民族主義運動。

八月二日，史明的所謂「預備內亂案」不起訴，但以違反國安法被起訴（十月三日）。

八月四日，獨立台灣會宣傳車隊，前往桃園機場與故宮博物院，向來台與國民黨「海基會」開會的中共海協會副會長唐樹備示威抗議。

抗議唐樹備來台，焚燒五星旗

十二月三日，省市長選舉，民進黨的陳定南競選台灣省長失利，陳水扁當選台北市長（得票率三十九％），台北市議員十八席，省議員二十三席。獨立台灣會爲陳定南在中南部盡力助選。

一九九五年

一月，史明主張推翻中華民國外來殖民統治，反對中共武力攻台，並號召台灣人起來保衛台灣。且爲了台灣獨立，主張殖民地體制外革命與體制內改革需要密切聯繫。

一月三十日，史明指出，以進步、革命的「台灣民族主義」，對抗反動、侵略的「中華民族主義」，才能實現獨立且建立民主自由的國家。

二月二十日，新黨要角訪民進黨，送咖啡促進「大和解」，施明德、林濁水、邱義仁、陳文茜等民進黨附和「大和解」，史明指出「大和解」是違反台灣獨立的原則上大錯誤。

二月二十六日，史明逐條反駁中共的「江八點」，再再主張台灣不是中國的一部分。

獨立台灣會台北宣傳車隊成立，一九九五年

三月二十九日，獨立台灣會台北宣傳車隊成立（持續至今），於每週六、日下午進行宣揚台灣獨立和台灣民族主義的車隊遊行。

三月三十日，獨立台灣會宣傳車隊在台北開始示威遊行，宣揚「台灣獨立」、「台灣民族主義」、「勞苦大眾出頭天」。

四月十七日，獨立台灣會宣傳車隊參加「馬關條約百年」遊行。

「馬關條約百年，告別中國」大遊行，一九九五年

四月三十日，獨立台灣會宣傳車隊參加「反金權爭平等」遊行。

六月六日，獨立台灣會針對美國務院准許李登輝以私人身份訪美情事發表聲明，聲明中指出，李登輝訪美期間若發表任何傷害台灣獨立的言論，一概予以駁斥。

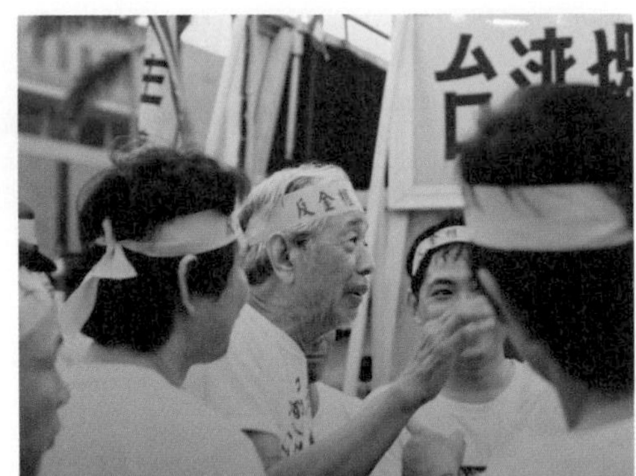

「反金權爭平等」遊行，一九九五年

六月二十六日，獨立台灣會宣傳車隊主張「台灣不是中國的一部分」，前往桃園機場，向來台的中共海協會副會長唐樹備「接機」抗議，使警方虛驚一場。唐樹備參觀故宮時，遭獨立台灣會宣傳車隊攔住示威，高喊「唐樹備滾回中國去」。警方布署四周，發生一場小衝突。

六月（一九六年三月），獨立台灣會在台中、新竹相繼成立宣傳車隊。

七月二十二日，獨立台灣會宣傳車隊長驅直奔台東，設立聯絡處、宣傳理念。

七月二十六日，獨立台灣會爲抗議中共發射飛彈恐嚇台灣，進行遊街示威、焚燒中共五星旗、下戰書，並籲爲保衛台灣鄉土而戰。

七月二十八日，獨立台灣會高雄聯絡處的巷道遭不明縱火，宣傳車也遭敵人偷燒。獨台會強調不懼怕恫嚇、獨立心志愈燒愈強。

七月二十九日，獨立台灣會在台北龍山寺口及西門町再次抗議中共發射飛彈恐嚇台灣，焚燒中共五星旗。

八月二十日，台灣教授協會、原住民人權促進會、獨立台灣會等團體舉行「抵抗中國侵略、誓死

龍山寺遊行，一九九五年

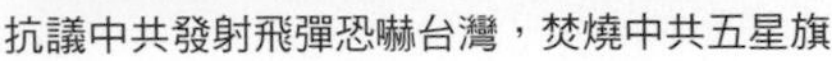

抗議中共發射飛彈恐嚇台灣，焚燒中共五星旗

大眾活動，一九九五年

保衛台灣」大遊行。

十二月十一日，史明著文抨擊荒謬的「大聯合內閣」、「大和解」政策，指出這是危害台灣獨立革命的一條死路。

一九九六年

一月十五日，史明發出聲明：「民進黨不應對敵人妥協低頭。」

四月二十二日，獨立台灣會「反對大選」，並在台北車站

「反統一・反侵略大遊行」行前記者會，史明正在發言，一九九六年三月

反統一・反侵略大遊行，火燒中共高幹，一九九六年三月

廣場焚燒李登輝、連戰芻像與國民黨旗。

七月二十五日，針對釣魚台爭議，獨立台灣會重新聲明：「釣魚台屬於台灣領土，台灣獨立之前，凡有關離島之任何條約、密約，一概不予承認。」

九月二十三日，獨立台灣會宣傳車隊到中壢聲援「台籍老兵大會」，再到新竹市進行例行遊行，宣揚台獨理念及台灣民族主義。

十一月一日，獨立台灣會設立地下電台「FM99.3台灣大眾廣播電台」，具體解釋台灣民族主義與台灣獨立運動的理念、立場、方法與終極目標。地下電台與宣傳車隊雙管齊下，擬以再進一步推行大眾啓蒙工作，提高台灣大眾政治覺醒。

二、「最後一個黑名單」歸來

一九八〇年代，大獨裁者蔣介石已死，繼任的蔣經國又健康不佳，眼看兩蔣父子用以箝制台灣人的特務系統正逐漸瓦解，台灣社會力也慢慢甦醒活絡，我在此時興起了潛返台灣，將獨立運動收回本島的念頭。爲此，我開始籌備各種準備工作。

首先是籌措回台後的工作經費。眾所周知，我推動革命工作的資金，都是依靠東京的「新珍味」。該店在冬天時生意較好，可以存個幾百萬日圓，即使較清淡的夏季，也能存上五、六十萬日圓。爲了返台計畫，我在日常生活上更加縮衣節食，連喝酒也有所節制（以前我心情稍微不好就會喝酒，一喝就停不下來），所以到一九九三年時，我已積攢下兩億日幣（約六千多萬台幣），透過我姨丈王水柳及他兒子的幫忙，將這筆錢順利弄回台灣。過去我在台灣島內的地下組織需要資金時，也是透過王水柳姨丈的協助。

資金之外，就是開始培訓將來的工作人力。所以我安排台灣島內民眾來日本受訓，表面上這些基層民眾是來日本觀光，實際上則是進行七到十天的訓練。畢竟我所做的地下工作，唯有靠基層群眾才能順利進行，若無群眾支持便無法存在。但一九八〇年代台灣基層來日本受訓的模式，跟之前一個去再換一個來的方式不同，多是三五成群，也有二、三十人一團，一整個禮拜就由我向他們講解台灣歷史（當時一個人的機票錢，加上吃住等開銷，約要十六、七萬日圓，都是由我自行負擔）。以前到東京受訓

一九九三年返台前夕，依然在日本講述台灣民族主義與台灣獨立理論

的，後來都在各地的民進黨支部工作。（返台後的一九九三、九四年期間，我也在六龜和甲仙設立訓練班，有許多基層群眾前往學習，累計三百六十多人次）

再來就是更密切的追蹤掌握島內動態。當時有些參與黨外運動的台灣人會到日本找我，他們都會順便帶來台灣的報章雜誌，也會告訴我一些較不為人知的內幕情報。另一方面，當時日本媒體對台灣的報導頗多，也敢觸及台灣不敢討論的議題，例如蔣經國的健康情況，台灣無人敢討論，但在日本卻能感受到蔣經國已時日無多的氣氛。

無論是傳自島內的消息，還是我多方蒐集到的資料，種種跡象皆顯示，國民黨對台灣社會的控制力已日益衰弱，台灣人也逐漸形成台灣意識，因此我當時對台灣的政治前途相當樂觀。一九八八年，我在台灣出版《台灣獨立的理論與實際》，回台的部署工作也緊鑼密鼓的進行當中。

但一九九一年爆發「獨台會事件」，島

內地下工作同志回報說情況過於危險，他們擔心我回來後會被逮捕，甚至喪命，讓整個獨立台灣會的地下組織瓦解，所以希望我能等情勢穩定一點再回來。因為我要回台灣的方式並不是透過正常管道，因此必須參考島內地下成員的意見，不得不延後返台時間。

一九九三年九月，赴日受政治訓練的同志，以黃金和為代表，在鳳山成立「建國愛鄉會」，我再也按捺不住了。透過日本新左派朋友的安排，我在同年十月，先從東京搭飛機到琉球，途中沒有經過釣魚台，直接從與那國島偷渡回台灣，終於踏上久違的故土。我在宜蘭上岸後，由島內地下成員接應，前往台北（住美麗華飯店）、士林，之後再南下嘉義、高雄鳳山，預計隔天再到嘉義找二位曾前往日本受訓的人員。我叫接應人員隔天要換一台車來載我，不可以用同一台車，但是他沒換，結果我們就在高速公路新營收費站被捕，從返台到被捕，前後約一個禮拜。

被捕後，我一直坐著不肯動，警察也不敢強制動我，卻叫一個「鱸鰻囝仔」來拉我，我跟他打柔道，最後不敵，只得被抓到車上，載到台北高檢署應訊。當時主任檢察官陳清碧控告我非法入境等罪名，偵訊時，我背對著檢察官，不跟他講話，只跟律師李勝雄、蔡明華講，而檢察官都面帶笑容跟我談話，最後以十萬元交保。隔天我在記者會上清楚宣告：「我是為打倒國民黨殖民體制，達成台灣獨立而回來的。」後來，無義的國民黨司法人員，前後檢驗我的手印五次，依舊不能將我入罪，但還是拖了近十年，直到二〇〇二年，有人為了開脫罪行，故意栽贓我，強以偽造文書罪名判我六個月，緩刑三年。

三、進入另一階段的革命生涯

我要離開日本時，因嫌棄中華民國駐東京辦事處（中華民國外交拚輸中國後，已喪失在日本的大使館）需要領取所謂回台「入境證」的政策，再次翻牆入台灣，最後在新營交流道遭到逮捕。這條回家之路，我應該走得跟大部分海外獨立運動者大不同吧！雖然長期離開台灣，但我回來後，克服生活及心情上的不適應，在被釋放之後，立即追求革命目標，毫不懈怠的力行實踐。

離鄉背井，經過四十餘年亡命日本後，於一九九三年才重返台灣永久居住的我，跳過了四、五十年，深知台灣的政治、經濟、社會經過變革，已經捲入全球化的漩渦中。但在外來統治者不斷搖擺、台灣社會逐漸媚中之際，我反而強化畢生服膺的自立政治信念無所動搖，也深信台灣民族的歷史意義必會獲得全面解明。

我知道台灣已沒有武裝革命的空間，畢竟台灣人有了敵人給予的假「民主」後，大多害怕武裝行動，所以我返台之後，不得不把工作的重心放在「啓蒙」與「組織」。在海外做了四十年革命，回到台灣後，還是得從革命第一課開始做起，眞是無話可說。

以下是我返台時抱持的六大戰略，獨立台灣會直到今日，也還是在做這些工作：

（一）宣傳理念，

（二）組織大眾，

（三）綜合鬥爭（體制內改革與體制外革命合作），

（四）聯合陣線，

（五）民主鬥爭，

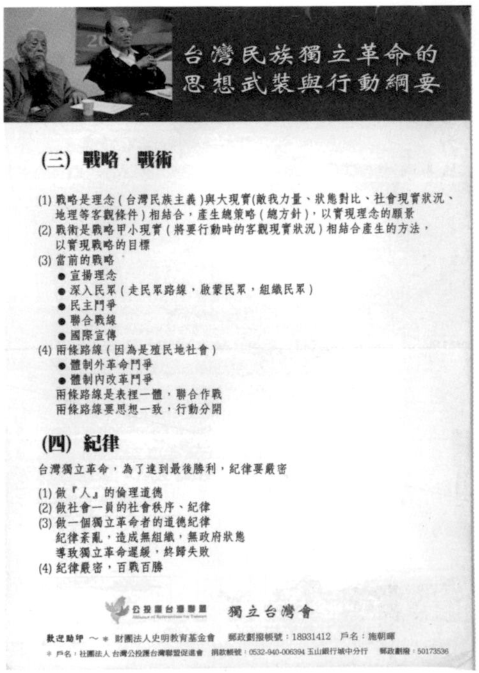

台灣民族獨立革命的
思想武裝與行動綱要

(三) 戰略・戰術

(1) 戰略是理念（台灣民族主義）與大現實(敵我力量、狀態對比、社會現實狀況、地理等客觀條件）相結合，產生總策略（總方針），以實現理念的願景
(2) 戰術是戰略甲小現實（將要行動時的客觀現實狀況）相結合產生的方法，以實現戰略的目標
(3) 當前的戰略
- 宣揚理念
- 深入民眾（走民眾路線，啟蒙民眾，組織民眾）
- 民主鬥爭
- 聯合戰線
- 國際宣傳

(4) 兩條路線（因為是殖民地社會）
- 體制外革命鬥爭
- 體制內改革鬥爭

兩條路線是表裡一體，聯合作戰
兩條路線要思想一致，行動分開

(四) 紀律

台灣獨立革命，為了達到最後勝利，紀律要嚴密

(1) 做『人』的倫理道德
(2) 做社會一員的社會秩序、紀律
(3) 做一個獨立革命者的道德紀律
紀律紊亂，造成無組織，無政府狀態
導致獨立革命遲緩，終歸失敗
(4) 紀律嚴密，百戰百勝

公投護台灣聯盟 獨立台灣會

歡迎助印 ～＊ 財團法人史明教育基金會 郵政劃撥帳號：18931412 戶名：施朝暉
＊ 戶名：社團法人 台灣公投護台灣聯盟促進會 捐款帳號：0532-940-006394 玉山銀行城中分行 郵政劃撥：50173536

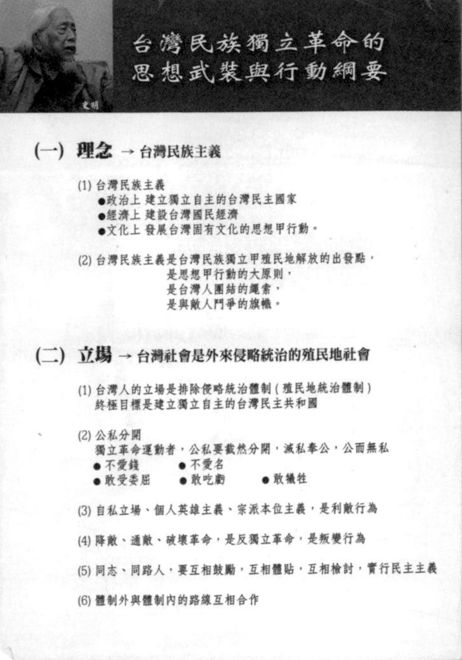

台灣民族獨立革命的
思想武裝與行動綱要

(一) 理念 → 台灣民族主義

(1) 台灣民族主義
- 政治上 建立獨立自主的台灣民主國家
- 經濟上 建設台灣國民經濟
- 文化上 發展台灣固有文化的思想甲行動。

(2) 台灣民族主義是台灣民族獨立甲殖民地解放的出發點，
是思想甲行動的大原則，
是台灣人團結的繩索，
是與敵人鬥爭的旗幟。

(二) 立場 → 台灣社會是外來侵略統治的殖民地社會

(1) 台灣人的立場是排除侵略統治體制（殖民地統治體制）
終極目標是建立獨立自主的台灣民主共和國

(2) 公私分開
獨立革命運動者，公私要截然分開，滅私奉公，公而無私
- 不愛錢 ● 不愛名
- 敢受委屈 ● 敢吃虧 ● 敢犧牲

(3) 自私立場、個人英雄主義、宗派本位主義，是利敵行為

(4) 降敵、通敵、破壞革命，是反獨立革命，是叛變行為

(5) 同志、同路人，要互相鼓勵，互相體貼，互相檢討，實行民主主義

(6) 體制外與體制內的路線互相合作

（六）國際宣傳。

以及從這些戰略延伸出來的五種戰術：

（一）深入群眾，
（二）發展組織，
（三）積聚力量，
（四）造成風氣，
（五）打倒敵人。

要如何將上述的戰略戰術加以具體實踐呢？一方面，我是以獨立台灣會在各地所設立的聯絡處爲據點，逐步發展宣傳車隊，進行常態性的遊街宣導，也參與捍衛台灣人尊嚴的各種遊行抗議，並曾設立地下電台在空中傳播理念；另一方面，則舉辦大大小小的講習會，或是出席他人主辦的各式演講會，向基層民眾、青年學生等講解台灣人的歷史及自由民主的眞義。這兩方面的共通性，就是同以大眾爲對象，以啓蒙爲出發點，以達成台灣人的覺醒，進而組織起來，展開行動，挺身爲建立自己的國家而奮鬥。

高雄演講

但在敘述我返台後的具體作爲之前，有必要先解釋一下我所做的體制外工作，與其他政治人物所做的體制內活動之間的關係。不可諱言，一九九〇年代以後的台灣，已經是選舉掛帥的時代，反對陣營的人才、資源，幾乎全投入選舉活動。在這種局面下，許多人不免疑惑：獨立台灣會一貫堅持的體制外革命路線還有必要嗎？還有可行性嗎？獨台會宣傳車隊平日高喊打倒中華民國殖民體制，到了選舉時，又大陣仗爲競選中華民國公職的獨派候選人助選，究竟有沒有言行不一、自棄原則呢？

諸如此類的疑問，追根究底，就是質問台灣人在推翻外來殖民體制的過程中，「議會」與「街頭」是否該齊頭並進？或只要獨尊「議會」路線，最終取得所謂「執政權」即可？所有關心台灣獨立

運動前途的人，都無法迴避「體制外與體制內的關係與角色爲何？」「各自又有哪些功能與侷限？」等問題。

四、台灣獨立建國的兩條路線及兩個工作方向

今日台灣仍在中華民國殖民體制統治之下，爲要達成台灣民族的獨立建國，必須有兩條路線及兩個工作方向。所謂兩個工作路線就是：「體制外革命（revolution）路線」與「體制內改革（reformation）路線」。在體制內改革是應付當前的現實，在體制外吶喊是堅持革命的終極目標。這種革命方式已有前例，例如第二次大戰終結後，猶太人在一九四八年宣布建國以來，回教徒的巴勒斯坦人就是採用這種二重政策來反抗以色列。

（一）「體制外革命路線」

所謂體制外革命路線，即是站在殖民地體制之「外」，以高唱及實踐「革命」的方法來達成獨立目標。自一九五〇年代起，在海外崛起並發展的「台灣獨立運動」，就是體制外的革命鬥爭，是要宣揚「台灣民族主義」，排除「外來殖民體制」，高舉「台灣獨立建國」，擬以「革命」的方法打倒外來殖民體制並建立台灣共和

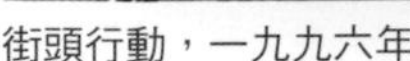
街頭行動，一九九六年

國，故是革命的，是由根基推翻「中華民國」爲開端，而後再建立「全民」的政治民主、經濟民主、道德秩序良好的現代國家。（中華民國的獨立不是「台灣獨立」，僅是一小撮特權者或少數高級知識份子拿到政權，依舊是一人獨裁的殖民統治）

台灣獨立運動既然是「革命」，就要從建立「理念」、「立場」、「戰略戰術」、「紀律」等現代革命的根本問題著手。

「**理念**」，是要從認識「台灣的歷史社會是怎樣的歷史社會？」開始，再檢討台灣爲何要獨立？台灣獨立的主力是誰？革命的對象在哪裡？台灣與中國的不同點在哪裡？……等，把這些基本問題弄清楚，才有清晰的「台灣獨立理念」（台灣民族主義）。這樣才能知道：台灣四百年來都是屬於殖民地社會，台灣史是反抗外來侵略的歷史。台灣人爲了繼承「出頭天做主人」的歷史傳統及保持民族的生存，必須爭取台灣民族的自主與獨立。

台灣革命的**主力軍**是佔全人口八十％的「台灣大眾」（不是一小撮的特權份子）。台灣人要打倒與反對的，是現正統治台灣的中華民國體制與想要併呑台灣的中華人民共和國。台灣與中國，雖然祖先是同樣血緣的漢人，但今日已發展爲「台灣民族」與「中華民族」之別。台灣是跛腳（沒有政治民主、經濟貧富懸殊）資本主義的殖民社會，然而中國是半封建半資本主義、後進的一黨專制社會（所謂「共產主義市場制」）。台灣與中國的矛盾，不是種族（tribe）矛盾，而是民族（nation）矛盾。然而，台灣過去半世紀的獨立運動，關於這個「獨立理念」的理論建設幾乎被忽略，只管罵革命對象的蔣家、國民黨、中華民國，就自以爲是獨立運動，這不過是「感情」獨立而已，難以解決獨立運動的根本問題，必須以「理性革命」，才會達到終極目標。

「**立場**」，既要改變台灣的現實，那麼，要站在哪邊來想、來說、來做、來鬥爭？當然不是站在殖民統治的中華民國或中華人民共和國那邊，而是必須不妥協、不投降、堅定不移的站在被殖民統治的台灣這邊，這才是「台灣獨立的立場」。台灣人只有站在「台灣人」的立場，其他沒有多話可說。

「**戰略戰術**」，爲要改變現實，必須要「行動」，要以明確的台灣獨立理念和堅定的台灣立場，跟具體的「社會現實」相結合，才會產生能導致獨立成功的戰略戰術（戰鬥的大方針與具體策略）。

戰略戰術要在堅持理念與立場的前提之下靈活運用，萬不能以戰略戰術來改變理念與立場。

「革命的主力」，要以佔人口絕大多數的「**台灣大衆**」爲主力軍，來與敵鬥爭。同時要把台灣的福佬、客家、原住民三大族群，用「台灣民族」的框框給圈起來、團結起來，才能打倒殖民體制。

如上所述，「體制外革命」的任務，就是建設理念、堅定立場，確實實行戰略戰術，遵守紀律，不妥協、不投降的實踐「台灣獨立」、「台灣共和國」，以「行動」來改變現實，而打倒「外來殖民體制」，這就是總目標及大目的（大義）。

加強理念、深入大衆、組織大衆、造成時機、打倒敵人。

(二)「體制內改革路線」

現今台灣既然仍在蔣家中華民國殖民體制之下，台灣獨立運動除了如上的體制外革命路線之外，必須再有「體制內改革路線」。雖然特務大頭子蔣介石及特務小頭子蔣經國相繼死亡、台灣人提高政治覺醒、李登輝導入民主空氣、陳水扁曾被選爲民選總統，但是，大家要睜大眼睛看一看，所謂政府的地基、柱子、一磚一瓦，仍然完全留著蔣家國民黨中華民國的本質，外來殖民統制仍然存在。因此，台灣獨立運動必須進入「體制內」，把其殖民統治體制的特務、軍閥、官僚、獨裁的一磚一瓦都拔除，獨立運動才能上軌道。**然而「體制內改革」不能喊「革命」與「獨立」（台灣的內外形勢使然），只能以自由、民主、平等等民主鬥爭的方式實行「改革」，而來準備「台灣獨立建國」的客觀環境（喊獨立、打倒殖民體制是「體制外」的任務，「體制內」的任務是以改革來廢除其殖民地性統治體制），體制內改革並不等於台灣成爲國家。**

因此，體制內改革路線所要做的是：第一，「還政於民」，實現完全民主（現在是由少數幹部操縱的「假政治」）；第二，恢復台灣領土的完整（台灣海峽任中共人員、槍枝、毒品、細菌等，如入無人之境的滲透入島內，台灣生態原貌以及社會道德、社會道理等皆徹底荒廢）並恢復生態原貌；第三，建立「台灣共和國」，恢復台灣社會原有的社會正義、道德及秩序，有計畫的提高經濟生產，分配公平（主權在民，爲政者是「公僕」，要以公開、說服、檢討的謙虛態度，爲人民服務，要負起責任、說到做到、埋頭苦幹、操守清廉、賞罰分明、以身作

則）；第四，喚起全民「保衛台灣」的決意，組織保衛力量，與中共搏鬥。

這四條就是當前要做的急務，講獨立、喊正名的口號，不是體制內改革要做的任務，但所謂的「中間路線」即等於投降路線，更加不可以。

「體制外革命路線」與「體制內改革路線」，是獨立運動的一體兩面，過去在世界上的「民族獨立、殖民地解放」運動，都是以這兩條路線的鬥爭方式實現獨立建國（世界上已獨立了二百餘國），即以台灣獨立爲最高理念（台灣民族主義），團結一致、互助無間，才能發揮最佳的效果（目前台灣是「體制內改革」獨佔資源，反而歧視「體制外革命」，從海外歸台的「體制外」份子也幾乎都投入「體制內」去當官，因而「體制外革命」缺乏工作人員，造成資源短絀）。

以上就是台灣獨立運動的兩條路線，即體制外革命與體制內改革的思想內涵與行動綱領。

(三)「兩個工作方向」

再來談台灣獨立運動的「兩個工作方向」，這可分爲「島內工作」與「國際工作」。島內工作是上述島內的革命與改革，建立「台灣國家」；另一方面就是有關「國際關係」的工作方向。我們要再次勇敢的面對現實：假如台灣在國際上完全孤立，恐怕早就落入中共（中國）的掌中。幸好台灣在「地緣政治學」（Geopolitics）上是「世界的台灣」，所以，不但過去沒被中共併吞，將來更有達成獨立建國的機會。台灣、台灣人爲了獨立，達成「出頭天做主人」的建國目標，必須與友邦建立深厚、親善、信實的關係，台灣的主權獨立與建設台灣共和國的崇高目標，與美國、日本的國家利益互不衝突（從國家安全或是民主主義的原則來看），不但如此，而且是一致的。對日本而言，台灣是日本通到東南亞地域的交通要道，也是能源運送路線（日本從中東運來的石油佔其總能源的六十％）。對美國而言，台灣是美國的「亞太戰略防線」上的重要一環。故與美、日在國際外交上，台灣要好好維持最高的友善和信任，這從台灣來說，當然是構成爲防止中國大國主義併呑台灣的堅強「屏障」（萬不可如過去那般，爲了台灣島內的政治鬥爭，而來惡用對美、日的外交關係，以致引起友邦的信任危機）。

我們在國際上，要宣布與實行「台灣保衛台灣」，然後爲了台灣的生存與獨立，要與美日等友

邦取得緊密的連繫，合作無間，這是不可或缺的要事。

「中華民國」不是台灣人的國家，台灣人若沒志氣，想繼續使用這個Kanban（看板），會害子孫無法出頭天做主人。

（四）立場堅定才能共生合作

以下是我在二〇〇五年二月二十一日接受《台灣日報》的專訪全文，我就是用上述的界線與原則，來評斷時任中華民國行政院長的謝長廷所提的「共生合作」主張。

新任行政院長謝長廷提出「共生合作」理念，獨台會會長史明老先生接受本報專訪時表示，如果自己的立場不清楚不堅定的話，所謂合作會變成「第三路線」，可能會因為戰術的改變影響到基本原則。而獨派團體質疑謝不重視正名運動，史明認為，陳總統是中華民國總統，不應該由他來推動正名或獨立運動，他的工作是為獨立進行準備，包括國際認同和國內工作都需要進行體制內改革。有關國民黨王馬黨主席之爭，史明認為，如果王金平不會善用黨內台灣人力量，終究贏不了馬英九。

戰術運用要配合原則

史明對謝長廷共生合作理念認為，戰術的運用要尊重理念（台灣民族主義），不能以戰術來改變理念，如果影響原則就是一條死路。過去留學生可以出國都要有國民黨關係才出得去，不過有些留在國民黨，有些就出來。過去出國留學生有八十%都是理工科，讀的書缺乏社會科學的理論基礎，更不用說哲學、歷史等訓練。那時候罵國民黨就是獨立，敢罵國民黨就以為在推動獨立，這是感情獨立。（如果國民黨殖民獨裁的程度降低，就不必獨立了，仍當殖民地奴隸也可以）

史明強調，政治上講善意只是觀念，但政治是講現實、政策（自己的生活與前途），說完善意之後要怎麼做才重要。如果說善意是「投降」、「退一步」的話，那就不行了。講「非零和」是戰術性的操作，缺乏戰略和原則。謝長廷也是律師出身，雖然政治辯論比較靈活，但如果沒有認識論理學的基礎，就會沒有尺寸，尺寸多長不會量，沒尺寸就用猜的。這樣非科學、非學問的方法，就像要殺魚，沒有刀路，刀拿起來就要砍下去。

共生會脫離台獨路線

史明指出，共生觀念是日本京都大學一位日本教授提出來的，但這已經是個舊觀念了。謝揆的「共生」是變成「第三路線」，完全脫離台灣人獨立的路線。甲路線要和乙路線合作之前，自己的理論要堅固，立場要堅定，才能從自己的原則和立場出發，如果戰術上有必要合作才需要合作。但如果自己的路線理論基礎很弱的話，說要和乙路線合作，可能讓戰術改變原則。原來大眾立場（民族主義、民主主義及社會主義），是敵強我弱時與同路者有「聯合戰線」的戰術，但聯合戰線的應用，絕對不能動搖至原則性的理念與立場。

史明進一步闡述說，所謂第三路線必須先堅定自身的理念與立場。過去國共鬥爭發展出來第三路線，重慶抗日鬥爭，一邊是重慶的國民黨蔣介石，一邊是延安的毛澤東，兩邊都是獨裁，受其影響，自己卻成為獨裁路線的反動的花瓶。現在兩岸問題，變成決策的主動權都在中國。善意是不是要投降？如果惦惦沒步數，一個球也沒有丟到中國那邊去是不行的。為什麼不把中共擊來的球丟回去呢？對中共採取保守、被動或旁觀的態度，都是一條死路。

外交不主動就沒辦法

史明指出，外交要爭取主動，現在軍事力量提高，是要在國際上為外交談判爭取主動力量的辦法，沒有主動就沒辦法。以前是中國丟球時，國民黨還有接球之前的動作。如九二年時中國主動提出「中國只有一個」，國民黨也回應說「一個中國」，但相爭中國是中華民國，不是中華人民共和國，各說各話。當時還有討價還價的力量，但國民黨現在已沒有這種力量了，國民黨最終會滅亡。

史明認為，扁政府要和國民黨、親民黨合作、拉來拉去，和共產黨也要如此，但是自己站不穩腳步就會亂掉。台灣人應該怎麼走，這個不清楚不堅定，和人家接觸就變成「第三路線」，民進黨現在變為理念、立場不清不楚，獨立的原則就會沒有了。現在台灣的國民黨官兵，一九四九年前曾和共產黨有兩次合作經驗，但中共殺很多國民黨人（一九五〇），國民黨也殺很多共產黨人（一九二七），大家都記在心裡，回去中國是回鄉玩，不是要回去住。然而現在倒是台灣人對中國的幻想比國民黨更多。

扁應尋求台灣人合作

有關宋楚瑜問題，史明說，宋楚瑜是自己「後背揹金斗甕仔，閣替人看風水」（指自顧不暇，還想幫別人）。他有準備要出來（國民黨），二〇〇〇年因為他出走國民黨，否則阿扁不可能拿到總統職位。國民黨和親民黨不一樣，國民黨還有黨產，但宋楚瑜省主席累積下來的資本已經雲消霧散。這次立委選舉後他會被淘汰，只會維持到年底縣市長選舉。為了活下去，上次和國民黨再合手，現在為了生存和民進黨也可以合作。

史明同意，宋楚瑜不會一下子就靠向扁政府，現在作態也只是「拉抬價碼」，只要他要活下去就會不擇手段。他和民進黨合作也有得有失，得的是繼續存活下去。扁讓他有生存空間，這點扁做的並不對。扁認為為了立法院，和親民黨合作可以補足立法院的席次，但這是走後路、暗路，不是光明磊落的路。如果要走正路，扁得獲得台灣人的選票，票不夠是自己的責任，選舉時宋楚瑜也不會把票投給你，必須去找支持你的台灣人大眾。民進黨的招牌是獨立，所以應該找台灣人。立法院的問題應該公開讓輿論討論，讓民眾對立法院施壓。如果為了處理現實問題違反原則，反而去找你要革命的對象，就不對了。

史明強調，獨立運動是平時要做的工作，不是選舉時刻才找民眾，沒選舉就不認識，這樣不行。種瓜就收瓜，種豆就得豆，緊急時才要找民眾就會找不到人。民進黨面臨一個危機，民進黨沒有行政經驗、群眾基礎薄弱，獲勝是偶然不是必然。高層只有少數幾個繞來繞去，這會變成寡頭政治，繼續走下去就變成獨裁，違反民主路線。像正名運動也是，動員一下之後就沒有了，台灣人和民進黨在脫離，執政後更嚴重。

馬比宋有智慧、理念

談及蘇貞昌，史明說，他一九九三年回台灣後，蘇選屏東縣長時為他站台站了五場（但他不知道），他們都是台大畢業、律師出身，和謝長廷靈活個性，碰到事情就想這樣走那樣走比較好的「拐來拐去」的個性比起來，蘇貞昌比較有「土氣」（好）、「率直」（但是理念立場不明確）。兩個人個性各有優缺點。但是講到要強化民進黨體質，他也一樣碰到民進黨「獨立牌」如何處理的問題。沒有處理好，也是一樣的情形。

至於王馬黨主席之爭，史明認為，在政治智慧和手腕上，馬英九比王金平高明（但馬被國民黨反動派所包圍，不能辨是非，不看大局）。王金平對別人是「這個人有也好、沒有也好」，不會對你這個反對，那個反對。但他不會運用台灣人的特色，他也不敢表現出來去找外省人背書沒有用，連戰也是一樣，連戰沒用就是這樣。馬英九有鐵票，王金平有的話是黨內台灣人的票，如果他不會利用就會輸馬英九的鐵票。但王金平有野心，面前吊一塊肉，要去咬是人的本性，他是否出線還是要看國民黨裡面的台灣人。馬英九很會表現，比宋楚瑜有智慧、政治理念，宋只是個野心家。

體制內改革扁擔重任

史明再次強調，扁總統不需要講獨立，中華民國總統打倒中華民國不可能。他的地基、牆壁、一磚一瓦，連柱子屋頂，都是中華民國的，把它拆了就會壓死人，要拆中華民國是體制外的工作，這是角色不同。但是台灣的國際關係和國內體制內改革路線，他的責任重大，包括：一、還政於民，重視民主；二、台灣國上處理好，不能放空營讓中國情報人員自由來去，甚至連鴉片槍枝都走私進來；三、台灣人要進步，做人要有責任，政府沒責任感，下面的人不會進步；四、提高台灣人保衛台灣的意識，不能隨時倚賴中國。

五、「獨立台灣會」在台灣

（一）設立各地聯絡處

一九九三年返台之後，我首要工作便是在各地設立獨台會的聯絡處，當作革命工作的根據地。高雄的聯絡處原先是由黃金和及另一位同志負責，但後來他們投入體制內的選舉，我就自行在鳳山設立聯絡處。鳳山一帶有些從事魚塭養殖的人，在一九八〇年代曾到日本受訓，另外旗山、東港等地也有獨台會的成員，大多是殺豬的、吃頭路的大眾。我在高雄建立一支宣傳車隊，也辦了多場每次為期七天或十天的講習會。台灣的知識份子與大眾嚴重脫鉤，大眾的文化水準無法提升，所以我舉辦的研習會就是針對這些大眾，很希望他們來參加。但是，我後來因為忙於台北聯絡處的事務，每週只能來高雄一趟，導致聯絡處的紀律糾紛，最後只好在一九九六年結束聯絡處，只留下幾台宣傳車。

高雄聯絡處，一九九五年

台北第十五次政治講習會，一九九五年

返台後在台北圓環邊寧夏路開設的「大眾冰室」，供大家開談，提高台灣大眾的政治覺悟

台北聯絡處一開始是和三、四位去過日本受訓的同志一起成立的。後來我也開始在台北開授講習會，每班差不多是二十人，爲期三天至兩個禮拜不等。目前獨台會總幹事黃敏紅、李政忠等人，就是那時參加講習會的。我把重心轉到台北後，每月月底都會開宣傳車隊到新竹、苗栗等客家地區，用意是消弭福佬人與客家人的歷史情結，一致團結在台灣民族主義的旗幟之下。但目前看來，這個政策的效果並不顯著，可見福佬、客家之間的不團結。

一九九六年成立新竹聯絡處，維持了兩、三年，但參與的人不夠踴躍，最後只好結束。嘉義的聯絡處也很早就成立了，前後辦了二十多次的講習會。台東也曾成立聯絡處，維持到二〇〇〇年左右。

(二) 成立宣傳車隊

獨台會主要的活動，除了辦講習會，就是宣傳車隊的遊街。當時我辦了不少講習會，車隊的成員、司機大多從中募集，我會提供他們相對的所得，長期性的活動不能要求別人無償付出，畢竟人家也要養家活口。車隊最早是在高雄成立的，第一次出隊只有一輛車，不過擴充的速度很快，最多時曾達二十三輛車。台北也有一支宣傳車隊，以前每逢集會、遊行的場合，我們就會動員上百輛計程車，配合十幾台既有的宣傳車，聲勢極為浩蕩。

台北的車隊路線主要有兩條：一條是從台北車站繞到圓環，再走延平北路往大龍峒，到士林後走中山北路回來；另一條則是從龍山寺出發，經西門町，走延平北路過橋到三重埔，然後再到板橋、永

嘉義聯絡處及宣傳車隊，一九九五年六月

台中聯絡處成立，一九九五年六月

台東聯絡處成立，一九九五年十月

第一次宣傳車隊環島，屏東縣政府前，一九九五年

第四次環島期間，在廟宇亭仔間打地鋪，二〇〇九年（右下為史明）

第四次環島期間，中途停歇小憩，二〇〇九年（左下為史明）

和，歷時約半天。台灣的宣傳車以前都用錄音帶，獨台會的車隊則採現場擊鼓，鼓聲傳得遠，也能震撼人心，配合整台漆成黃色、上面插滿旗幟的大型宣傳車，相當顯眼。

一九九四年宣傳車隊成立後，我馬上帶著車隊環島宣傳，至今車隊已環島四次。第一次環島有二十三輛宣傳車加上三十台計程車，每台宣傳車約有三、四人，白天遊街，晚上則休息。我們每到一個地方，詳細的路線及吃、住等，皆由在地的同志安排。若是夏天，比較不需要棉被，就在朋友的住處或廟宇的亭仔間打地鋪，冬天的話就住最便宜的旅社。

台灣獨立宣傳車隊，從一九九五年三月二十九日開始，固定在每週六、週日出車，鑼鼓喧天，繞行台北的大街小巷。初期車隊遊街時，警方會派人跟前跟後的監視，路旁的人們看到黃色的宣傳車上

貼著斗大的「台灣獨立」，聽到震天價響的鑼鼓聲及一句一句簡單有力的「台灣要獨立，獨立救台灣」的口號聲傳來，表情好像看到「歹物仔」，總是摀住耳朵逃到一旁的商店，深怕因目睹這個場面而遭殃。

我現在的特助李政忠回憶當時的大致情景：「一九九五年，有一天在路上，看到一個隊伍有如迎媽祖般，熱熱鬧鬧的在宣傳台灣獨立。旁邊很多人都看也不敢看，直接跑進家裡去。我看到後，才知道是獨立台灣會在宣傳，很感興趣，就到獨立台灣會聆聽史明老師講習，一個禮拜之後正式加入台灣獨立宣傳車隊，開始宣傳……」當時在宣傳車上打鼓喊口號的敏紅則如此回憶：「那時兩台車出去很顯眼，黃色的車，兩邊就是『台灣獨立』，頂頭一行是『消滅外來殖民體制』，下面是『勞苦大眾出頭天』，這些都是歐里桑設計的。台灣民族主義那支紅色的旗子也是伊設計的……剛開始沿途每個路口攏有警察。要宣傳總是要往熱鬧的地方去，就走新光三越，台北車站那頭去。咱沿途邊打鼓邊喊話，有的人驚到躲進去裡面，不敢接受不敢聽……」

旗幟鮮明的宣傳車

但時過境遷，現在的路人，尤其是年輕人，看到我們的宣傳車隊經過時，常會拿起手機來拍照，也會跟我們揮手致意，有時還會出現大眾爭相索取「台灣民族主義小旗子」的畫面。相對於一般台灣民眾對台灣民族主義的逐步認識與接納，台灣的政黨高層和學者卻顯得保守顢頇，至今還是不敢接受台灣民族主義。一般來說，知識份子去讀思想，來灌輸給民眾，民眾接受思想後被啓蒙，才能革命起來，但台灣卻不是，台灣的革命都是從民眾開始，知識份子反而比較落伍，只是演講或寫文章，甚至成爲反革命。

敲鑼打鼓喊口號，一切攏是為台灣

我回台後，本來要開一間革命學校，但分給我的施家財產都被花光，因經費不足，只好作罷，最後改成組織宣傳車隊。因爲宣傳車在路上遊街，是接觸一般大眾最好的方法，比較有開拓性，不像開會、演講等，只侷限在互相認識，或對獨立思想有認識的固定一群人。我們去跟群眾宣傳，第一次人

周龍三、陳淑芳全家來訪，一九九五年東京新珍味

充滿驚險的逃離紅色警戒
充滿肅殺的反政府革命與逃亡
充滿台灣人史觀的台灣人四百年史
充滿壯志的台灣獨立運動
近百年歲　身體衰微
鬥志激昂
一生堅持　一世追求
致台灣永遠的革命家史明

陳淑芳致文敬贈史明

家可能會講「肖仔來啊」，第二次講「啊，擱來啊，吵死啊」，但久而久之，就會說「你講的好像有影咧」，願意進一步接觸我們的主張。台灣大眾可能較不擅言語，頭腦較單純，但他們的眼睛是雪亮的，你是做眞的還是做假的，他們都看得出來。

如前所述，獨台會的車隊剛開始遊街宣傳時，除了吸引街上群眾的注意外，也招來不少的嘲笑與批評。但我認爲，對的事情，只要堅持下去，終究會受到應有的重視與理解。這就是獨台會宣傳車隊辛苦堅持至今的初衷，而且實際上也引起不少長期關注台灣社會文化脈動的人士的迴響與支持。以下選取幾篇紀念車隊成立十周年的代表性文章，看看其他人是如何理解我們這支爲宣揚台灣民族主義東奔西跑的「戰車隊」。

1. 獨立的聲音，街頭的榮光

現代學術研究基金會董事長　**李敏勇**

一首動人的捷克詩人塞佛特（J. Seifert, 1901-1986，生於捷克首都布拉格，主要作品有《信鴿 *Poštovní holub*》、《熄燈 *Zhasnête světla*》等，獲一九八四年諾貝爾文學獎）詩常常浮顯在我心版。在捷克首都布拉格咖

啡館菜單或紙巾的這首詩，浮顯著那個城市的榮光。

布拉格

塞佛特（捷克）

美麗的都城，當你的披風
被吹開，展現你紫金色風華。
我是這般愛你，雖只能用言語，
遠不及那些手持武器的人說得多。

是的，因此我們的眼淚很多，
落下時弄鹹了我們的麵包。
亡者的聲音在我們的街道上，
亡者呼喊的聲音。

他們躺在我們的街道上，
我羞愧那天沒和他們在一起。
英勇的美麗都城，
那天，你的美更為榮光。

（梁景峯 譯）

這是一首歌詠頌讚「布拉格之春」的詩。一九六八年春，因爲捷克展現出追尋自由化的政治動向，舊蘇聯驅使華沙集團（蘇聯要殖民統治東歐六國的司令部）調派坦克入侵鎭壓，布拉格市民湧上街頭示威抗議，引發流血，捷克的自由化雖被壓制，但布拉格之春的內在火焰和一九八八年天鵝絨革命相互輝映，共產體制瓦解了。

詩人塞佛特以自己的言語（詩），遠不及那些上街頭，手持武器的人的言語（行動），來襯托眞正的言語力量。他因慚愧而流淚，眼淚弄鹹了麵包。他歌頌亡者的聲音——他們的呼喊仍在，雖然他們在街頭殉難。因殉難者的英勇，布拉格的美更爲榮光。

讀塞佛特的詩，常讓我想到戰後台灣的街頭運動，也許可以追溯到二二八事件，延伸到一九七〇年代，一九八〇年代，一九九〇年代，甚至現在的街頭遊行——爲了民主改革和台灣的國家獨立，有人書寫，有人在街頭以行動的言語呼喊。

台灣也有像布拉格這首詩裡的榮光。可惜，台灣內部存在著外部性的壓制力量。東歐自由化以前，華沙集團介入各國干預，壓制的力量，在台灣

就如同殖民體制在內部的干預、壓制。從前，藉統治權力的行使；現在，則藉由邪惡的外來意識文化兵團的打擊、破壞。一個仍被殖民體制意理控制下的台灣，儘管已具有民主化形式，仍然無法顯現國家的獨立形貌。

在這樣的情境下，我常常想到史明先生「獨立台灣會」自一九九五年以來，持續不輟的車隊街頭遊行。十年來，他們的聲音在台灣各地呼喊，從城市到鄉村，從北到南，從西到東。這是一股體制外的政治改革力量，迥異於一般經由選舉的體制內改革力量，史明先生和他的追隨者們一直都沒有陷入體制改革的邏輯迷障裡，他們純粹又真摯地在街頭呼喊，呼喊著追尋台灣獨立的聲音。

被體制不斷構陷的獨立意義，在體制內改革獲得某種程度成功後，常常被擱置。台灣在「中華民國」的迷障裡，面臨了困境和迷惘，常常必須經由體制外堅持的聲音去警醒。從捷克布拉格，我想到台灣台北。在街頭聽見獨台會車隊遊行時，真讓人感心。我們仍然有不死滅，不向虛構體制屈服的聲音。

史明先生是這樣聲音的靈魂人物，因他的引領，這樣的聲音才被聽見，才被持續聽見。十年了，這樣的聲音。一個八十多歲高齡的革命家，如果溯自他在日本創辦獨台會，已不只五個十年了。他堅持不服從於殖民體制，他也鼓勵在殖民體制裡許多經由選舉而在政治位置有一席之地有政治改革意識的人，能夠體認分進合擊的分工任務，共同完成民主化與台灣獨立的使命。民主化是爲了

李敏勇（右）

追尋獨立於中國之外的國家願景，獨立於中國之外也是爲了民主化。這是一條未完成革命的道路。從史明先生的精神，我想到一首印尼詩人巴赫迪爾（T.S. Bachtiar）的詩，反映在東南亞的殖民地解放歷史，有許多獨立的聲音，也許也應該在台灣——這個同屬亞洲，卻尚未從殖民體制自我解放的國度，被聽見。

關於獨立

巴赫迪爾（印尼）

獨立就是山河與海洋的全部聲音
不要怕它
獨立就是詩人和流浪者的國土
不要怕我
獨立就是真誠和溫馨的愛
把我帶到那兒吧

（梁立基　譯）

獨立的聲音，街頭的榮光

街頭的榮光，因呼喊而呈現；獨立的聲音，因呼喊而動人。史明先生和他的追隨者走出一條光榮之路。在時間的長長軌跡，在空間的寬廣場域，這樣的路會拓印出光榮的歷史。

2. 革命者的典範

中興大學資訊科學系副教授　**廖宜恩**

一九八一年夏天，我到美國俄亥俄州立大學留學，當年的八月，台灣同鄉會在學生活動中心辦了一場演講會，主講人是史明先生，那是我第一次和史明先生見面，也是我開始了追求台灣獨立建國旅程的起點。印象中，當時約六十歲的史明先生，一身淺藍衣服與牛仔褲的打扮，蠻符合他為勞苦大眾打拚的社會主義者形象。史明先生當時極力鼓吹台灣民族主義，他認為要建立一個獨立的台灣國，台灣人民首先必須分清楚「台灣人」與「中國人」的不同，並且把國民黨強加在台灣人頭上的「中華民族主義」這頂大帽子拿下，建立「台灣民族主義」意識。那一場演講對我很有啓發性，也促使我去圖書館借史明先生的《台灣人四百年史》來研讀。在那個年代，《台灣人四百年史》是海外台灣人必讀的一本書。

往後的幾年，我都會在「中西部台灣人夏令會」遇見史明先生，聆聽他的演講，看他以生命的熱情，前進在社會主義台灣獨立革命的路上。當時的台灣獨立運動團體，以「台灣獨立聯盟」最具組織規模，史明先生的「獨立台灣會」主要還是在日本發展，因此我那時期的留學生，包括郭倍宏、李應元、張信堂等，我們都選擇加入「台灣獨立聯盟」，但是，我們對史明先生始終抱持敬仰之心。

一九九二年五月十五日，刑法第一〇〇條修改，廢除「和平內亂罪」，所有被捕的台獨份子均被釋放，連帶著國民黨實施幾十年的海外黑名單也解禁，僅剩史明先生及「刺蔣事件」的黃文雄先

廖宜恩（右）

生，仍是國民黨的通緝要犯。

一九九三年十月中旬，我去參加「台灣獨立建國聯盟」秘書長王康陸先生的告別式後，陪同郭倍宏、張舜華夫婦到民權東路的美麗華大飯店接已悄然回國的史明先生。能夠在台灣見到好幾年沒見面的史明先生，的確非常興奮與緊張，然而看到史明先生風采依舊、談笑自如，我也稍稍卸下緊張的心情。隨後，我們四個人一起去總統府前逛街，在國民黨中央黨部、總統府前留影，甚至在台北賓館大門前和憲兵合照。接著，我們去士林尋覓史明先生的老家，史明先生還特地進入士林分局向警察問路、合照。我當時很難想像一位被通緝的「台獨要犯」，居然如此大膽，大搖大擺地和憲兵、警察合照，這應該是「理直氣壯、勇者無懼」的最佳寫照吧！

由於史明先生回國後並沒有隱藏行蹤，還到高雄主持「獨立台灣會高雄分會」之成立，以致於一九九三年十月二十六日在新營收費站被國民黨逮捕，隨後以十萬元交保。翌日，史明先生召開記者會，正式向台灣人民宣告：「我是爲

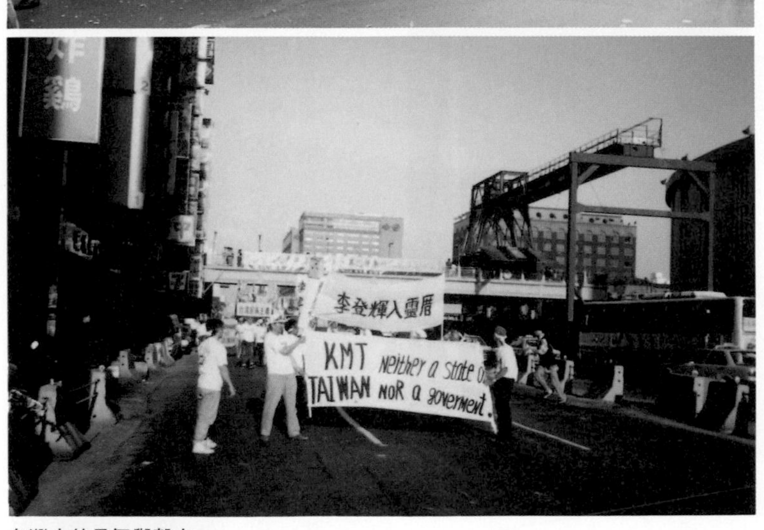

台灣人的骨氣與毅力

打倒國民黨殖民體制，達成台灣獨立而回來的！」壯哉，斯言！

史明先生能夠公開活動後，即積極將其理念付諸行動，組織基層的「獨立台灣會」分會，並於一九九五年三月二十九日成立「獨立台灣會宣傳車隊」，固定於每週六、日下午，穿梭於大街小巷，宣傳台灣獨立和台灣民族主義，從事啓蒙運動。這種體制外的運動，在民進黨執政後，益顯孤伶，然而卻猶如「荒野孤燈」！當「中華民國體制」這種全世界最荒唐的「自欺欺人」體制，卻被民進黨奉爲圭臬時，我不禁對近九十高齡的台獨前輩史明先生由衷地敬佩與感激，感謝他對台灣土地與人民的悲情，以社會主義者的熱情，用台灣人的骨氣與毅力，爭取台灣人民的「當家做主」！台灣人民應該怎樣回應史明老前輩的呼喚呢？

3. 史明與十年來的台灣

政治大學台文所教授 **陳芳明**

十年來的台灣，在政治上，歷經政權的和平轉移；在經濟上，加速被整編到全球化的漩渦；在社會上，本土化與在地化的趨勢越來越明朗。這些變化，都是返台後的史明深刻見證的，也是他親自體會的。在瞬息萬變的時代洪流裏，史明並不因爲這些表面現象的轉換而對自己的政治信念有所動搖。當政治領導者不斷搖擺之際，當社會也逐漸轉向媚俗之際，他更加堅定自己畢生所服膺的台灣民族主義與台灣歷史意識。他也深信，台灣民族主義與歷史意識必將獲得普遍認同，成爲台灣文化發展的主流。

自一九九三年返台後，史明就毫不懈怠地繼續推展他在海外投入的政治運動。凡是長期離鄉背井者，一旦回到台灣，在生活與心情上都會發生適應不良症。但是，對史明來說，縱然在這島上缺席長達四十餘年，他回來後就立即確立追求的目標，並且身體力行去實踐。對於一位社會主義的運動者，實踐原就是最基本的自我要求。這是因爲他不斷觀察、熟悉台灣，所以回來台灣就與社會融成一片。

他觀察台灣，從來都是使用結構性的分析，對政治如此，對經濟亦復如此。因此他知道台灣社會的走向，當然也更理解文化的走向。遠走他鄉的政治運動者，能夠在最短期間內就在島上展開運動，正是得力於他持續的調查研究分析。返台兩年

後，亦即從一九九五年三月開始，他便以龐大車隊在街頭遊行，宣揚台灣民族主義的理念。這個車隊，逐年增加，到現在已屆十周年，已經成爲社會基層中無可忽視的力量。

史明的行動力，來自他對台灣歷史的認識與體驗。發自他靈魂深處的生命之作《台灣人四百年史》，絕對不是史料的堆積，也不是文獻的剪輯，而是透過辯證的思維方式，從生產力與生產關係的角度，寫出一部充滿活力而具雄辯的歷史證詞。他的歷史解釋非常清楚，指出將近四百年來在島上出現的統治者都是屬於殖民政權。所謂殖民的本質，並不是從人種學的觀點來定義，而是從經濟結構與社會性質的邏輯思考得到確切的結論。這也說明爲什麼他在分析戰後國民黨的統治，並非把重點放在外省人的身上，而是集中於抨擊全然與台灣社會毫無聯繫的中華民族主義。以他的歷史透視來看，中華民族主義能夠成爲台灣的霸權論述，無非是透過各個權力環節，包括軍隊、警察、特務，以及依賴這種暴力組織所延伸出來的教育、宣傳、媒

台灣民族不是中華民族

接受陳芳明（右）廣播專訪

體等等體制傳播渲染而成。

史明的思考方式是近乎法農（Frantz Fanon, 1925-1961，反殖民主義革命家、醫師，生於西印度諸島法國殖民地Martinique島的黑人，二次大戰加入法國志願軍，戰後在法國里昂Lyon學精神醫學，加入非洲Algeria「民族解放戰線」（FLN），著有《被大地厭棄的人》。於一九六一年訪美期間，因白血病死亡）的反殖民理論。法農以正面的態度對被殖民的黑性（Negritude）予以肯定，同樣的，史明也是對揹負殖民經驗的台灣人之台灣性（Taiwaneseness）進行強悍的辯護。史明研究歷史，並非是在迷戀已經消亡的歷史，而是透過歷史分析來理解台灣人與殖民經驗之間的辯證關係。在歷史上被殖民如此之久的台灣人，似乎已經習慣被貶抑化或被污名化。因此，他的歷史書寫重心放在「殖民體制的結構」與「台灣人民的反抗」這兩種敘述之上。他不僅要揭露殖民政權的本質，也要重新定義台灣人的反抗精神。台灣先人在歷史上留下來最爲可貴也最爲豐饒的遺產，便是抵抗文化。執行抵抗權，是在強權時代維護人的基本尊嚴的最後一道防線。對於在歷史上被污名化的台灣人，史明以他銳利的筆重塑他們的形象。

然而，史明所在意者，並不滿足於對歷史的回顧與眷戀，而是如何通過歷史經驗對當代台灣社會

做更具動態的剖析。他舉起台灣民族主義的旗幟，已不僅僅是爲了對抗霸權式的中華民族主義，同時也是藉此以台灣人的正面形象進一步追尋歷史的出路。具體而言，史明的民族主義完全是建立在有著土地根鬚的歷史意識之上。在返台以前，他身上的每一個細胞都充滿批判的活力。他的批判行動落實在兩個策略之上：第一，他的《台灣人四百年史》，以長達三分之一的篇幅揭露國民黨的統治本質。他以可靠的數據、事實說明國民黨是一個不折不扣的殖民政權。同時，他也以可信的文件與事件證明台灣人是一個不屈不撓的反抗民族。第二，他以實踐的方式組成「獨立台灣會」，在戒嚴時代提供支援給島內的地下活動與黨外運動。

他的理論與行動，互爲表裏，合二爲一。在島內島外的政治運動中，他是罕見的，也是唯一的革命者。他背叛親情，背叛家庭，也背叛政府，背叛國家，爲的是能夠全力以赴爲台灣社會尋找合理的答案。做爲一個社會主義者，他的理念也許被認爲是不合時宜。但是，仔細考察的一言一行，卻又非常符合台灣歷史的節奏。他走在歷史的最前端，清楚告訴台灣人的歷史方向。

十年來的台灣，已成爲史明實踐其理念的主要根據地。十年來的台灣，也見證了史明在歷史洪流中從未退卻。他開展出來的格局，未嘗稍遜青年時代與壯年時代的勇於行動。台灣已經完成了和平演變，國民黨已被社會力量與人民力量改造成爲一個日益式微的在野黨。然而，中華民族主義的幽靈仍在島上徘徊。甚至可以說，中華民族主義霸權論述已經被對岸的北京政權接手。尤其是粗暴的「反分裂法」通過後，北京更是肆無忌憚在國際社會與台灣社會散播其民族主義的幽魂。在此危疑時期，史明高舉台灣民族主義的旗幟就更具戰鬥與批判的力量。

年屆八十八歲的史明，仍然還在台灣街頭堅持其毫不退卻的精神。歷史的道路已經舖陳得非常明白，台灣民族主義將成爲這個社會的普遍認同。台灣民族主義的力量，也必然在強權與霸權衝擊下，變得更爲傲慢而高漲。這條歷史道路，史明很早就已指出，台灣也朝著這個方向前進。

4. 獨立車隊又來了！

台灣工程師協會副會長、台灣教授協會會員　**許文輔**

一九八六年的五月，台灣還在國民黨外來政權殖民體制下「戒嚴」中，鄭南榕發動「五一九綠色行動」，是美麗島事件後知識份子第一次試圖衝撞國民黨獨裁統治的大型體制外革命。同年，鄭南榕因爲在台灣推動第一個的「台灣民主黨」建黨（組織體制外）工作，坐了六個月的牢。一九八七年的二月二十八日，在一九四七年的四十年後，那個四十年是一個百分之百沒有言論自由、台灣人不敢哭出聲的年代，鄭南榕和陳永興、李勝雄等人合辦「二二八和平日」示威遊行，衝破國民黨封鎖二二八事件的禁忌，沒有經歷過一九四七年的台灣人才開始由鄭南榕創辦的《自由時代》週刊，了解父母親不敢告訴兒女的傷心歷史。一九八七年在「台灣政治受難者聯誼會」成立總會時，在金華國中喊出島內已經四十年沒人敢在非法集會的示威活動中的口號——「台灣要獨立、獨立救台灣」。一九八八年鄭南榕和黃華等人全力推動「新憲法新國家運動」，一九八九年四月七日，爲了爭取百分之百的台灣人的言論自由，《自由時代》週刊總編輯鄭南榕自囚的第七十一天，上午八點多，國民黨重兵包圍雜誌社，破門而入之際，鄭南榕轉身走進總編輯室，反鎖房門，引火自焚。以一把火，那道猛然的火勢，燒出了台灣島內近世紀來前所未有的局面。鄭南榕是一個外省人第二代。

許文輔

在台灣的知識份子集結的海外，一九五〇年代，流亡日本的史明開始撰寫四百年史，是要追尋台灣人自己的根，自己的歷史。在東京西池袋「新珍味」麵店裡樓下包水餃，樓頂寫四百年史，同時重新學習馬克思主義。一九六二年七月，影響所有從事體制外革命和體制內改革的革命的台灣獨立運動者的鉅著——《台灣人四百年史》（日文版）在東京出版。史明的中文那時候並不流利，整整再近二十年，台灣獨立運動者的聖經《台灣人四百年史》漢文版於一九八〇年九月於美國舊金山出版，台灣人才開始脫離「史前時代」，海外台灣人有幸對從一六二四年開始在世界上出現的美麗島，有一個清楚而完整的台灣人的歷史史觀。一九八六年七月史明出版英文版《台灣人四百年史》於美國華盛

頓。

一九六七年六月三十日（筆者的生日）史明等集結島內外新舊地下同志，創立「獨立台灣會」，從事推翻國民黨殖民體制的體制外革命，多少台灣人均曾夜宿「新珍味」並受招待，「新珍味」大飯店實在是台灣人反抗外來政權史頁上一個值得記憶與緬懷的所在。一九九三年史明終於回到故鄉，一九九四年二月一日「獨立台灣會」台北總部正式成立，一九九五年三月二十一日，「獨立台灣會」宣傳車赴萬華龍山寺廣場打鼓、闡述「台灣民族主義」。一九九五年七月三十一日獨立台灣會在嘉義設立聯絡處，一九九五年八月「獨立台灣會」宣傳車隊於高雄打鼓進行宣揚台灣民族主義。

獨立車隊又來了！

一九九五年三月二十九日「獨立台灣會」台北宣傳車隊正式成軍，每週六、日下午進行利用打鼓車隊宣揚台灣獨立和台灣民族主義，持續至今從未間斷。

每個星期六、日，「獨立台灣會」的車隊，就會熱熱鬧鬧地打鼓從和平東路會址出發，向民眾宣揚台獨理念（現在改由在新莊的獨立台灣會出發）。從一九九四年開始，到現在已經整整十年了，十年來無論任何原因從無間斷。這是「獨立台灣會」的堅持，也是史明的堅持。

八十九歲的史明，在二〇〇五年的三月二十九日「獨立車隊」成立的十周年，要率領台灣大眾和知識份子從「獨立台灣會」出發，風雨無阻的繼續打鼓宣傳下去。

5. 加倍努力出頭天

中央研究院研究員　**陳貴賢**

「出頭天做主人」是人類尋找自由、發展與傳承的天性，也是台灣人幾百年來反抗紅毛、唐山、日本、中國殖民所發出的吶喊。就在中國以「反分裂法」公然強暴台灣人基本人權的時候，自然讓我想起過去幾十年來堅持「台灣人出頭天做主」的史明先生。

一九八八年的秋天，我第一次在哈佛見到史明先生。那時，年逾七十的史明先生隻身從日本來美，搭乘經濟艙，還特別選一般人不喜歡的便宜時段，爲的就是要省點錢來從事台灣獨立運動。他甚至開了一輛中古車，身上帶了幾粒饅頭就上路，風塵僕僕從美西到美東，跑遍美國各大校園，途中歷經車子拋錨與迷路的挑戰，他自許這就是從事運動者體力與意志力的修鍊。隨後他突破國民政府警備總部的封鎖偷渡回台，進入台灣最基層的社會，十多年來不曾懈怠。

雖然過去十多年來台灣經歷李登輝前總統的民主化與阿扁總統的執政，但是整個政府的殖民體制依舊，人民的自主意識也尚待發展，台灣文化的主體性也仍在萌芽階段；在此同時，中華人民共和國

「出頭天做主人」是台灣人的傳統

對台的野心日益猖狂，甚至部分統派人士與媒體處處迎合中共，種種亂象讓年近九十的史明先生推動獨立建國的決心更加堅定。他以自己參與國共內戰、熟稔中共手法的經驗，四處奔走宣告台灣人自主出頭天，不做中國奴的理念。

史明先生的一生中見識日本殖民時代，也參與中共抗日之戰與國共內戰，就在戰爭勝利之後他才認清了中共非人性的本質而逃回故鄉台灣，然後又經歷了二二八之後白色恐怖的台灣，並遭通緝而流亡海外，直至年近八十才再爬牆回到自己出生的土地。當今論及殖民體制之惡、中共統戰伎倆與台灣民族主義，在台灣無人能超乎史明先生，他在海外期間所撰寫的《台灣人四百年史》，匯集台灣、日本、中國、美國資料，成爲台灣研究的珍貴史料。

在中國霸權以「反分裂法」欺壓台灣之際，無論我們主張獨立建國、維持現狀、或是統一，大家都應該參考一下這位走過日據殖民時代、國共內戰時代、白色恐怖時代、海外流亡時代、以至當今民主亂象時代的長者——史明先生——的看法。

6. 台灣人自救之道唯有獨立建國

神學博士　**董芳苑**

當彼岸中國共產帝國主義政權訂立侵略吾土台灣的「反國家分裂法」之危機時刻，適逢史明先生「獨立台灣會」的宣傳車隊（均於週末及週日持續不斷在台灣各大都市遊街）宣揚「台灣獨立建國」理念的十周年慶。其相關之意義，委實值得台灣人民之深思，進而強化台灣人的民族意識及建國之決心。

台灣人如同「憨牛」一樣，在歷史時空下不斷任憑主人驅駛。他們終生爲主人勞碌而不知反抗，只要有草可喫，有犂可拖就可。因爲「牛性」難改，遇有種種不滿也只會在「牛稠內觸牛母」——強欺弱而已，充分凸顯其奴隸性格。這類「台灣人的悲哀」由來有自，因爲他們於歷史上未曾在自己的土地上做過眞正的主人。他們經歷過「荷蘭」（一六二四—一六六二）、「西班牙」（一六二六—一六四二）、「中國明鄭」（一六六二—一六八三）、「中國滿清」（一六八三—一八九五）、「日本帝國」（一八九五—一九四五）、及中國人的「中國國民黨走路政權」（一九四五—二〇〇〇）等六個外來政權之統治，終於使斯土斯民的「國家觀念」混淆、「民族意識」錯亂。而做慣了外來政權次等公民的台灣人民，因此養成了只要有「飯」可喫、有「錢」可賺、有

「官」可做，管他那個外來政權統治僅只會「恨命無怨天」的那種「奴隸性」。他們若有機會做了外來政權之官員之後，對自己的同胞都很殘暴，對外來政權之上司只會低聲下氣。表現此一奴性心態的理由無他，自私自利的保住飯碗所作祟，反正難以改朝換代嘛。至於「人民」的境況更慘：他們因爲沒有公務人員退休以後的十八%利息收入，更沒有退伍軍人的永久福利，所以終年勞碌做牛做馬，只要有三餐溫飽使自己及子女免於挨餓就可。不要單看每逢假日與週末，台灣各處風景區及百貨公司的人潮那麼多，就以爲是社會繁榮、經濟進步。大家應該知道，這些人均爲社會上有閒階級的人以及他們之子弟。像教末這種終生勞碌的窮教書匠，就沒有這類的享受！

實踐哲學

走入群眾，才能實踐哲學

倡導「台灣民族論」之大師——史明先生，就是爲了上述的台灣人民苦況，因而力主「體制內改革路線」及「體制外革命路線」，期望藉此使台灣人民能夠眞正覺醒，進而獨立建國。然而台灣人民之獨立自主邁向「獨立建國」之理念的第一步，就是社會「教育」。要使這類重要的「民族意識

教育」之具體行動，便是向民眾不斷地公開「宣傳」。「獨立台灣會」的「宣傳車隊」，便是擔負此一重要之社會教育使命，才會風雨無阻的自一九九四年迄今走進社會群眾之中，向這群「台灣憨牛」大力鼓吹「獨立建國」之理念，目標無他，期望將台灣人民的「奴隸意識」吵醒，進而轉化爲他們的「自主意識」及「建國意識」。許多台灣學界有識人士，都肯定史明先生的堅持及作風，並稱譽他老人家爲「台灣人的先知」及「社會主義之先覺」。最近於台灣收視率第一的「民視」特別節目中，也看到史明先生多了一個「台灣唐吉訶德」（Taiwanese Don Quixote）的稱號，委實教人深思！按《唐吉訶德》這本書，正是舉世知名的西班牙大文豪塞凡提斯（Miguel de Cervantes, 1547-1616）之作品。書中主角唐吉訶德（Don Quixote）可以說是當代武士制度下之典型人物，既可愛又可笑；然而卻在在突顯其仁慈、同情心，以及高超之社會理想。無論如何，獨立台灣會「宣傳車隊」十年來的活動，儘管昏睡中的台灣社會人士將其看成既可愛又可笑之舉動，然而當教末每次看到這個車隊行列，在這位「台灣唐吉訶德」的史明先生領導下遊行時，卻深深體會其對於台灣前途的高超理念，以及對斯土斯民之愛。如此之場面，實在使教末非常感動！值此對岸的「中國共產帝國主義惡霸」已經制訂「反國家分裂法」，將侵略台灣的企圖加以合法化之危機時代，已經充分證明史明先生這位「台灣先知」堅持「台灣獨立建國」之理念是正確的。因爲這個「台灣獨立建國」之理念，委實是台灣人民唯一自救之道。在此國家民族面臨危機之時刻，主張「一中」的賣台集團可以靜默地看這場「中國共產帝國主義政權」所搬的大戲，可是眞正的台灣「番薯仔」如果還在執迷不悟，不聽先知諍言的話，教末只能無奈的感嘆：「台灣人死好！」

(三) 台灣大衆地下電台

一九七〇年代，我還在海外的時候，就曾計畫在與那國島設立電台，向島內台灣人傳播獨立理念與思想，可惜最後無法實現。一九九三年回到台灣後，在台大教書的陳貴賢同志（上面有引用一篇他的文章），在台北市羅斯福路開了一個電台，原本有意邀請我參加，但我看陳水扁、謝長廷等人都有投資，政治上很複雜，就沒有加入。後來我請陳貴賢

幫我購買一組無線電台的設備，在一九九六年十一月成立了「台灣大眾地下廣播電台」，位在和平東路、羅斯福路的交叉路口，對面是中國派的飛碟電台。李政忠就是在這時加入獨立台灣會，他負責放音樂，管理器材。阿忠的音感跟品味很好，沒去當音樂家實在可惜。

台灣大眾廣播電台播放現場

每週的星期一至星期五晚上七點到九點，我會在「我愛台灣」的節目，用大眾能夠理解的語言，講解台灣歷史（尤其著重台灣人反抗史）、台灣民族主義、國民黨殖民體制，以及介紹西方思想史上的民主主義、社會主義、馬克思主義等，目的就是提升大眾的政治覺醒與思想水準，等於是爲大眾所開設的空中講習會。

此外，每逢選舉期間，也會觸及台灣的政治現況。當時的地下電台流行讓聽眾call-in發表意見，我的電台也不例外。當時有很多聽眾call-in進來，我就具體地詢問他們的生活狀況，從現實出發，透過各種角度來瞭解他們的想法。電台主要是談論政治及歷史，我不在電台時，也會免費讓一些民眾到電台表達心聲，有時也放音樂，或請樂團、歌仔戲團來表演。那陣子地下電台常被國民黨抄台，但台灣大眾電台的規模可能不夠大，並沒有被抄。

電台的人氣不錯，但沒有收入，因爲我怕外來的廣告會使電台的政治理念

台灣民族主義
台灣人關心　台灣的前途和利益
在政治上　建立獨立國家
在經濟上　建立國民經濟
在文化上　發展台灣固有文化
的這種思想和行動
就是咱的「台灣民族主義」
獨立台灣會
台灣大眾廣播電台
FM99.3
台北市和平東路1段182之2號11樓
TEL :(02)2363-2366
FAX:(02)2363-1970
行政電話：(02)2395-8224
郵政劃撥：18931412　戶名：施朝暉
台北市羅斯福路二段70號12樓之2

台灣大眾廣播電台時期的文宣

模糊不清，甚至使電台的基本立場受到破壞。曾有賣藥的人來談合作，但宣揚革命的電台一旦賣起藥，感覺不夠純粹，只好婉拒。電台每個月的花費大約三十萬，我咬牙苦撐到二〇〇一年底，最後因資金調度及我生病的緣故，忍痛停擺，頂讓給別人。

（四）抗議反分裂法，阻擋連戰訪中輸誠

二〇〇五年三月，中共制定反分裂國家法，將侵略台灣的意圖明目張膽的法制化，獨立台灣會隨即與台灣教授協會合辦靜坐抗議，在台大校門前抗議中共侵台意圖，靜坐十四日，反對中國的惡法。但在國際輿論普遍譴責中國之際，國民黨的江丙坤與連戰竟相繼出訪中國，做出讓國際社會誤以爲台灣人已經默認反分裂法的賣台行徑。對此，獨立台灣會展現台灣人應有的立場與態度，在言論及行動上，給予這兩個賣台急先鋒最嚴厲的批判。以下是與此事件相關的幾則報導與聲明，也是獨立台灣會引以爲豪的光榮歷史足跡。

1. 史明率眾抗議江賣台——江丙坤返台指中國行非國共和談

因不滿國民黨副主席江丙坤與中國共產黨達成所謂的「十項共識」，獨台會和台灣教授協會近百名支持者在史明的帶領下到中正機場舉旗抗議，抗議群眾在機場大廳高呼江丙坤是出賣台灣的敗類，抗議過程中，為突破警方的圍堵，曾與員警發生小小的推擠，不過，最後在史明帶領群眾高呼口號後離去，結束一場平和的抗議行動。

國民黨副主席江丙坤一行人昨天自中國返抵國門，江丙坤表示，他不認為此行是國共和談，因為過去兩次是政治與軍事，這次全部都談經濟合作，性質完全不同，根本不是國共和談或合作。他強調政府不方便不能做的，由國民黨來做，將來成果由全民享受，也是一種最好的朝野合作，他呼籲大家捐棄成見，為台灣經濟發展奮鬥，因為「經濟有實力，兩岸才有談判籌碼，才有國際空間」。

但另一方面，在史明的帶領下，近百名獨台會和台灣教授協會支持者，於昨晚八時許集中在中正機場一期航廈的入境大廳，紛紛舉著「台灣敗類江丙坤不要臉、出賣台灣」的旗子，在大廳內高聲抗議江丙坤的「十項共識」是賣台的行為，並高喊江丙坤不要回來。

由於江丙坤下機後，即刻轉往二期航廈舉行返國記者會，未從一期離去，因此，獨台會的支持群眾並未與江丙坤正面交會。

航警局（史明按：中華民國的打手）為了防止抗議群眾因太過激情而有脫序的行為，派遣數十名的警力，採取防堵的措施，

率眾抗議江丙坤賣台行徑（2005.04.02聯合報）

台灣日報

史明率眾抗議江賣台

江丙坤返台指中國行非國共和談 台教會獨台會群眾 赴機場斥責

率眾抗議江丙坤賣台行徑（2005.04.02台灣日報）

將抗議群眾「困」在入境大廳內。不過，抗議群眾在大廳內繞行多圈後，即伺機突圍，準備前往二期持續抗議，而與員警在馬路中央發生短暫的推擠情形。

最後，在史明力勸群眾要採取柔性抗議，並在他帶領群眾高呼「台灣人民萬歲」和「台灣民族主義萬歲」等口號後，才離開機場，結束約半個小時的抗議行動。（二〇〇五年四月二日《台灣日報》）

2. 獨立台灣會「四二六擋連事件」始末（史明口述、敏紅整理）

今年（二〇〇五）三月十四日中國共產黨制定「反分裂國家法」，三月十五日起，獨立台灣會與史明在台灣大學校門口，和台大學生、台灣教授協會三個團體，共同展開靜坐活動，二十四小時輪番上陣，靜坐到三月二十六日的反「反分裂國家法」大遊行為止。

在活動當中，八十八歲的史明每天靜坐超過十二小時以上，但他並不以為苦，反而藉此機會和大眾接觸，傳達其獨立理念。三二六的大遊行中，獨台會更動員百輛計程車隊繞行台北街頭，與遊行

台大前庭靜坐，二〇〇五年三月

大隊中的四個隊伍共同奮鬥，在這些活動中，強烈反對中共欲併吞台灣的主張，以及重申台灣人面對中共挑釁時應保衛台灣的立場。

後來，又驚聞中國國民黨連戰計劃訪問中國，於是在國民黨的馬前卒江丙坤從中國回台時，由史明策劃下的獨立台灣會動員三十餘人，到機場向江丙坤做最嚴重的抗議，在第一航廈外堵住江丙坤的座車，讓他前進不得，充分表達出台灣人不滿之情，也創下台灣機場堵人的新抗議模式。

國際社會對於中國通過「反分裂國家法」，原抱持反對的態度，以致連戰訪問中國的計劃，讓台灣人必須承受國際人士異樣的眼光。但此時此刻的台灣，居然所有的新聞媒體皆大肆報導連戰將訪問中國，讓世人懷疑台灣人一面倒歡迎連戰的國共和談。這時，獨立台灣會自許不可在歷史的洪流中缺席，必須要給中國國民黨連戰一個當頭棒喝，讓他清楚了解台灣人心底的想法，同時也要告訴全世界：台灣人不允許中國政府軟土深掘，台灣人仍期求台灣獨立。

史明策劃「四二六高速公路擋連事件」，原本冀望在高速公路攔阻連戰的座車，使他前進後退皆動彈不得，透過國際媒體的報導，讓全世界清楚知道台灣社會對台灣獨立的熱望。

四二六當天，獨台會獲知連戰將坐十點三十分的港龍飛機前往香港，早上六點多，史明即到南崁交流道往南的入口處等，同時在連戰的家及中央黨部門口，皆有人秘密盯住他的動向，他的行蹤皆在獨台會的掌握中。連戰的座車一上了高速公路，在南崁交流道的車輛隨即準備與他正面交鋒，要將他的車隊擋在高速公路上，只要能讓連戰延遲一、二個小時上飛機，表現出台灣人對中國國民黨連戰欲出賣台灣的強烈不滿，就會讓國際社會更明瞭台灣人追求台灣獨立的意向。

史明當時坐在獨立台灣會成員傅榮嵐的計程車上，指揮他上高速公路，在連戰的車隊即將到達南崁前，傅榮嵐快馬加鞭的往前衝刺，靠近連戰座車，隨即在連戰的座車之前將車子橫擺，堵住連戰的去路。一剎那間，獨台會其他成員尚來不及反應，連戰車隊卻已在警察的掩護下逃脫通過。

若能堵住連戰座車，和連戰曾有一次書信來往的史明要奉勸連戰回頭是岸，勿繼續做出傷害台灣人的舉動。然而，有其他反連戰的隊伍，全無阻擋

暫停
4 5:22PM

5:28:14
2005. 4.26

10:17:18
2005. 4.26

暫停

吃台灣米的
連戰出賣
10:17:54
2005. 4.26

暫停

連戰訪中 統獨掀波
民視新聞台
何人或任何政黨無權
會不會怕受刑罰?
怕什麼! 什麼叫做怕刑罰!

暫停

四二六擋連現場

連戰車隊的決意與準備，事前卻大肆的空話宣傳將去擋車抗爭，以致引起警方高度重視，當天出動三千餘警力，才使獨台會的行動功虧一簣。檢視此次的行動，是自一九八八年的「五二〇」農民抗爭行動以來，頭次破天荒的革命行動。

第一波的擋連失敗，獨立台灣會的車隊在東西向快速道路上，繼續追逐連戰座車，在加油站之前又有了第二波的短暫交峰，但功敗垂成，擋連行動到此趨於失敗。

獨台會人員到達機場集合後，在四樓的出境大廳看到多位六、七十歲的老人被打得頭破血流，救護車一輛一輛的將人載走，親眼目睹此一景象，獨台會成員莫不血脈賁張。獨台會人員在史明的帶領下，進入了機場四樓的出境大廳，看到這一亂象，史明隨即下令放鞭炮，原因無他，因藍軍的人員手中非棍即棒，非刀即是傷人的武器，而獨台會人員皆手中無任何可自衛的東西，如若不放鞭炮干擾藍軍，只怕獨台會人員也會受擊負傷，無法全身而退。

擋連沒成功，獨立台灣會的成員在機場四樓出境大廳，高喊「吃台灣米的連戰、出賣台灣」、「台灣民族出頭天萬歲」、「台灣獨立萬歲」的口號中，結束這次的抗爭活動。

隔天，四月二十七日凌晨兩點半左右，獨立台灣會成員傅榮嵐同志被高速公路警察局拘捕，在冗長的移送過程中，直到二十八日凌晨四點多，史明等人在靜待二十四小時後，桃園地方法院才裁定傅榮嵐以「妨害公務、妨害自由、妨害交通」罪嫌羈押禁見。傅榮嵐後來被處徒刑一年。在四二六機場事件中犯「重傷害」的黑衣人等份子，不過是十萬元交保或是收押，相形之下，非暴力的抗爭人士卻遭收押，使我們嚴重質疑「阿扁政權」的立場何在？

桃園地檢署發出拘票，拘提在機場放鞭炮的獨立台灣會成員黃敏紅，在史明及律師陪同下，黃敏紅於五月四日主動到航警局說明案情，隨即被移送桃園地檢署，檢察官以「妨害秩序，且有逃亡之疑慮」，申請法院羈押；經過抗辯，史明等在法院等了十一小時後，最後地檢處裁定以「十五萬元」交保候傳。同天，另件因攜帶槍械被捕案卻被裁定以「八萬元」交保候傳，更讓我們質疑政府施展公權力時的公平性。

但是，近來據聞桃園地檢署又將高齡八十八歲的史明函送法辦。

自中國制定「反分裂國家法」以來，獨台會一連串的制衡活動，無非是站在台灣人保衛台灣的立場，做合理、合法的抗爭，三月中旬以來，史明不但勞心勞力、所費不貲，更要面對來自「阿扁政權」對台灣人獨立願望的打壓，真是情何以堪。

在此，獨立台灣會希望社會大眾能發出台灣人的怒吼，也更希望大家能進一步支持獨立台灣會，以及史明半世紀以來一貫追求台灣獨立的精神。

（二○○五年五月十日《台灣日報》）

獨立台灣會「四二六擋連事件」始末（2005.05.10台灣日報）

3. 四二六擋連事件判決聲明稿（獨立台灣會・史明）

二○○五年三月十六日在台灣大學的正門口，一群各大學學生與獨立台灣會史明暨眾同志們，以及各界人士，開始在正門口持續十四天的靜坐抗議，主要是反對中共制定「反分裂法」的成立，將台灣包在一個中國的架構裡面，提出嚴重的抗議。

在這十多天的靜坐裡面，由早到晚二十四小時的人員，持續在台灣大學校門口靜坐抗議，直到三月二十六日的全台灣十萬人參加「反『反分裂法』大遊行」，在台灣逐漸掀起台灣人保衛台灣的意識。

在同年年初曾在駐日大使館工作的江丙坤頻繁來往北京，獨立台灣會得知江丙坤將於四月初從北京返台，隨即動員宣傳車隊、人員去機場圍堵江丙坤，抗議賣台之舉。然，後來傳出連戰預定於四月二十六日要前往北京，以史明的判斷，國民黨和中共已有在談判賣台問題。

故獨立台灣會動員地下人員監督連戰的行動，四月二十六自連戰走出家門，一路跟隨至桃園機場，在南崁交流道有獨立台灣會的七十輛車隊及近

百人員，在49.5k的地方堵到連戰的車隊達五、六分鐘，但遺憾的是被沿途保護的警察車隊阻撓而使連戰車隊得以逃脫。

隨後，我們的車隊馬上追至桃園機場，在四樓大廳看到黑衣人手持棍棒毆打台灣老人，手無寸鐵的獨立台灣會成員在史明帶領下，只有拿隨身攜帶的鞭炮在機場威嚇黑衣人，也隨即被警察阻擋，我們即由旁邊門離開機場。

獨立台灣會原本計劃要讓此成為國際事件，只要阻擋連戰車隊超過半小時即可，讓國際社會知道台灣不屬於中國。同時，不光只是要阻擋連戰，更重要的是要告誡台灣人，連戰等國民黨人已和中共聯手，將出賣台灣的前途和利益。

四二六擋連事件以來，獨立台灣會只要有機會，就會對台灣人提出諫言，中國國民黨終會出賣台灣，但很遺憾的，只帶給台灣人若干的警惕，台灣人並沒能注意此事的嚴重性，對於我們阻擋江丙坤、連戰的行動，都沒有反應，連媒體也沒有報導。

最後，中華民國的法院對四二六擋連事件做出判決（二〇〇九），當時九十二歲的史明被判徒刑六個月及拘役五十天，黃敏紅判六個月及拘役三個月，對此判決我們提出嚴重的抗議，中華民國的法律不是台灣的法律，愛台灣無罪。

在中共的建國日十月一日做出判決，讓我們更清楚的知道中華民國司法已受到行政的政治支配。台灣人必須要清楚的認知到中華民國不是台灣人的國家，唯有台灣實現獨立建國，才是台灣人唯一的活路。

426機場事件 史明等三人遭訴

史明哽咽 已準備被逮

批肩棄獨 不能代表台灣

違反集遊法 史明訊後飭回

坦承帶頭抗議、聲援 強調為傅之人權問題而出面

「四二六擋連事件」相關報導

（五）支持蔡英文競選總統

蔡英文是民進黨從政人員中，很優秀、很正派的一位，她個性鎮定，清秀、素美的儀態，好似與蔣渭水的女朋友阿甜仔嬸是姊妹一樣，兩人的面容很相似。她在二〇一二年出來競選總統時，獨派陣營及友黨內原本也有幾位同志想出來與她一爭雌雄，但經我努力勸說，呼籲以大局爲重，方才沒有發生台灣人陣營分裂的局面。蔡英文具備專業才能，又兼具純眞女性與客家人身分，實在是推動台灣體制內改革很好的人選。獨台會在二〇一二大選之前曾發表如下聲明相挺：

清秀、素美的蔡英文，令我想起蔣渭水的女朋友阿甜仔嬸

獨立台灣會聲明

二〇一二年一月十四日總統大選，是台灣一個很大的危機，不只是蔡英文當選的問題，而是整個台灣的前途和未來的生死鬥。

對很多不關心政治的人來說，不管誰人當選，總是要做才有得吃。但站在被殖民統治的台灣人的

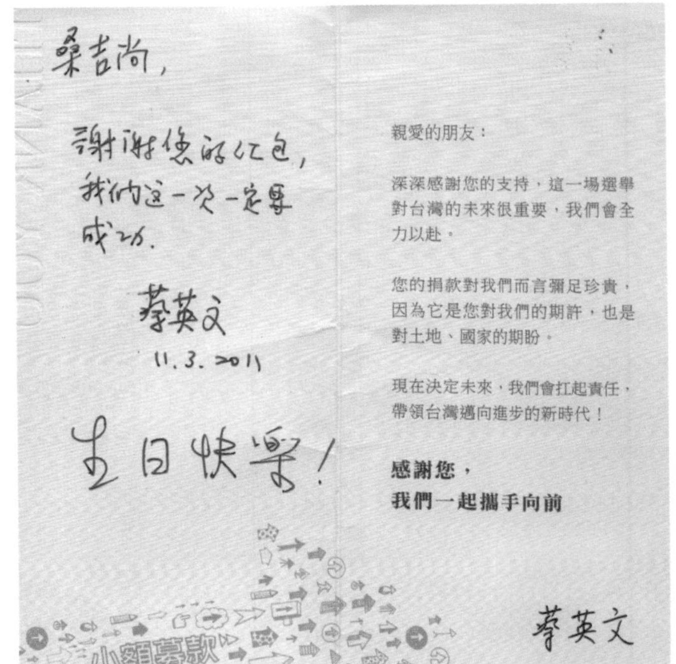

桑吉尚，

謝謝您的紅包，
我們這一次一定要
成功。

蔡英文
11.3.2011

生日快樂！

親愛的朋友：

深深感謝您的支持，這一場選舉對台灣的未來很重要，我們會全力以赴。

您的捐款對我們而言彌足珍貴，因為它是您對我們的期許，也是對土地、國家的期盼。

現在決定未來，我們會扛起責任，帶領台灣邁向進步的新時代！

感謝您，
我們一起攜手向前

蔡英文

蔡英文的卡片

立場來看，一月十四日的大選，蔡英文一定要當選！因為若蔡英文當選，台灣才有可能獨立。

假若馬英九當選，咱台灣會變怎樣？

1. 馬英九將會和中共簽訂和平合約，會承認台灣是中國的一部分，讓中國人侵透台灣。（國民黨被中共欺侮，丟了大片江山，現在還要講和，可見國民黨不是講和，而是投降）

2. 中共對台灣的經濟滲透更加厲害。

3. 中共會加強對台灣的社會及政治支配。

4. 中共將以軍事來佔領台灣為背景，先以人的統戰，以人口滲透為統戰手段，最後武力佔領台灣。

中共的獨裁是比蔣介石國民黨更加數十倍的恐怖。那個時候，台灣要怎麼辦呢？

不管是要獨立或要民主，都需要台灣人的支持，獨立台灣會選擇做而言不如起而行。

相對於眾多站在檯面上的人，獨立台灣會史明及各同志選擇以車隊掃街的方式來接近大眾，九十四歲的史明帶領獨立台灣會車隊，每台車都只有寫上「蔡英文」三個大字，自十二月初即開始以車隊的方式，開始全島的掃街：台北→苗栗→豐原→台中→彰化→雲林→嘉義→高雄→屏東→台東→花蓮。

回到台北後，仍然不間斷的在大台北地區跟民眾做近距離接觸。

在決戰接近的這幾天，台灣人要做最後的衝刺。

蔡英文一定會贏！台灣一定會贏！

上述聲明所說的全島掃街，即是二〇一一年十二月總統大選期間，獨台會爲了替蔡英文助選，所啓動的第四次環島宣傳。車隊（六台宣傳車，六台計程車，三台一般轎車）從台北出發，一路南下，途經桃園、新竹、苗栗、台中、雲林、嘉義、高雄等地掃街及接觸鄉間大眾，再轉赴台東、花蓮，與民眾近身接觸。除了民眾，我也在苗栗與作家李喬相談甚歡，在台南的成功大學演講「社會學kap台灣史」，在台東拜訪東社前社長余文儀，到花蓮接受「希望之聲」電台訪問，也在花蓮舉辦座談會。

我坐在顛簸搖晃的「戰車」上，冷風毫不留情

宣傳車隊環島為蔡英文助選，二〇一一年十二月

的正面襲來，十幾天下來，不免感到畏寒，也曾疲累到入院打點滴。但沿途群眾熱烈歡迎，舉旗助陣，讓我從心窩裡暖和出來。繞了一趟台灣回來，我發覺民進黨對總統選情太過樂觀，他們只注意到台北地區的聲勢很好，但沒有預料到中南部已遭國民黨聯合中共系統的資金及人員大舉滲透。

果然，蔡英文失敗了，我雖然悲憤，卻不意外。這其實是印證了我先前的呼籲，大部分資源都流向了體制內選舉，只在中華民國體制內談民主（而且只停留在形式上的民主程序，並沒有透過民主來推進實質的建國目標），以致平時太少體制外的人力來耕耘基層，做最基本也最重要的啓蒙（宣揚台灣民族主義）及組織工作。如此一來，等於是門戶洞開，讓敵人如入無人之境，挾著中華民族主義與龐大的經濟利益在台灣基層盡情擴張勢力。說起來，這正是台灣獨立運動這些年的瓶頸所在，也是獨台會各地聯絡處不得

不陸續關閉的原因。

無論如何，我們的努力不夠，同志們要更加深刻反省才行，未來還是充滿希望的！以下是我在當年（二〇一二）的「五二〇台灣民眾大會」上宣講的內容，大家共同勉勵：

> 這次的選舉大敗，打擊台灣人心肝真正大，特別是五、六〇年繼承過來的「台灣獨立革命運動」所受影響之大，簡直無法形容。
>
> 萬事逢著困難或阻礙，總是要回到原點來想事情。
>
> 原來台灣四百年來的代代祖先，攏是以「反對外來統治」為生存的志氣，台灣才發展到今天。
>
> 荷蘭時代是反紅毛番仔。
>
> 清朝時代的漢人開拓者祖先，自己叫做本地人，叫從大陸來的漢人軍隊、官僚、大地主等殖民統治階級為唐山人，這樣「本地人反唐山」、「三年小

反、五年大亂」，就是說差不多年年反抗，祖先以流血流汗為代價，才產生「出頭天、做主人」的台灣人的志氣和傳統，這是台灣人與中國人分離的第一階段。

日本時代，同是漢人的永住本地人留在台灣，唐山人統統回中國，這是台灣人與中國人分離的第二階段。台灣社會資本主義化、近代化，所以祖先傳來的「出頭天做主人」的使命，在台灣民眾發展為「咱攏是番薯仔」的意識來反日本狗仔，台灣人的現代意識覺醒，這是台灣人與中國人分離的第三階段。

一九四五年第二次世界大戰結束，蔣家國民黨中華民國，以六〇萬軍隊、二〇萬警察官僚、三〇萬的特務份子，來武力佔領台灣，同時接收日本留下的殖民統治「體制」，蔣政權不但是政治壓迫、經濟剝削及殺害台灣人，他們更加以「恐怖政治」，及黃河文化價值觀，來強制台灣人放棄出頭天做主人的志氣、甲台灣人的志氣的台灣民族主義。另一方面，符合世界潮流的台灣民族、台灣民族主義產生，這是台灣人與中國人分離的第四階段。

台灣人被這種中國軍閥特務的政治恐怖、強洗腦、獨裁殖民統治一層層重蓋蓋在頭尾頂，使得台灣人的志氣消沉，抬不起來。

因此，台灣人要把這個恐怖政治所給的黃河文化的「重蓋」拿掉，是第一要做的重要事。

蔣政權要殖民統治台灣，攏用「中華民族主義」為大旗，中共要併吞台灣也是舉「中華民族主義」為大旗。但是，咱台灣人要主張台灣獨立建國，對台灣民族主義卻少關心，以致於拿不起來。

台灣將來絕對會獨立建國，理由是：

第一：台灣人傳統的「出頭天做主人」會重現原貌，台灣人的獨立運動，會變為近代的有理念、有立場、有組織、有戰略戰術的民族革命運動。

第二：第二次世界大戰以前，全世界的七十％人口，攏是殖民地民眾，但是戰後，世界潮流起大變動，講正義、講人權、主權、民主、平等等進步思想，所以獨裁的殖民地已經無法繼續存在，戰後一九六五年非洲獨立六十幾國，亞洲、中南美洲，連大洋洲的大小島的五萬、十萬人口也都獨立了。今後的世界潮流是以民主來實現自由、平等。

只是，擁有人口兩千餘萬，工業有一定的水準，文化也有一定的水準的台灣，成為世界唯一的在獨裁殖民地「體制」統治之下，這種殖民地統治，已經不能長期繼續下去，這是世界潮流。

問題是台灣人，特別是台灣知識分子，有台灣人的志氣否？台灣人有愛惜台灣祖先留給咱的精神傳統和使命否？台灣人有愛惜台灣人獨特的文化甲生活否？

台灣人要獨立的阻礙有三個：一個是中共、一個是國民黨，再一個是咱們台灣人自己缺做人的正義和做台灣人的志氣。二千萬戰輸三百萬人，真是無話問蒼天。

咱看，跑去中國的，像江丙坤是台灣人，連戰是台灣人，蕭萬長、吳伯雄等等也都是台灣人，這些都是殖民地統治幫凶「買辦」！台灣人必須要大大的檢討自己、批判自己。盡全力的學習自己的台灣歷史，及效法世界史和別人的民族獨立殖民地解放的鬥爭史，才能找出祖先留下來的活路，這樣，台灣獨立才能成為成功的革命運動。

蔡英文雖先前落敗，但依舊被民眾寄予厚望，希望她往後不管往哪裡走，都能在關鍵時刻爲了台灣勇敢站起來，這是我對她及所有年輕一輩台灣人的期許。台灣如果不革命，打破殖民地體制，自己拿政權，爲台灣獨立勇往邁進，不但是繼續做國民黨的奴隸，還會受中國共產黨的侵透，四百年來台灣祖先努力過來的台灣民族的根柢也會被消滅。

史明九十六歲慶生　高唱「蔡英文站出來」

台獨運動前輩史明昨度過九十六歲生日，南北及海外眾多支持者昨晚共同出席為他祝壽的音樂會，前民進黨主席蔡英文也與會，史明高唱「台灣獨立軍進行曲」，哼著「起來，起來，歡迎蔡英文站出來！」為晚會掀起高潮。

史明強烈呼籲，台灣獨立建國，大家還要再多努力，但現在先得把政權拿下來，大家如果認為蔡英文好，就投她，若認為不好，就不要投，但「我是絕對會投她！」

蔡英文稱讚史明歐吉桑有革命精神，在台灣一代一代這樣傳下來，透過史明口述史，也讓年輕一輩開始思考並研究史明在台灣社會的意義及其傳承精神。

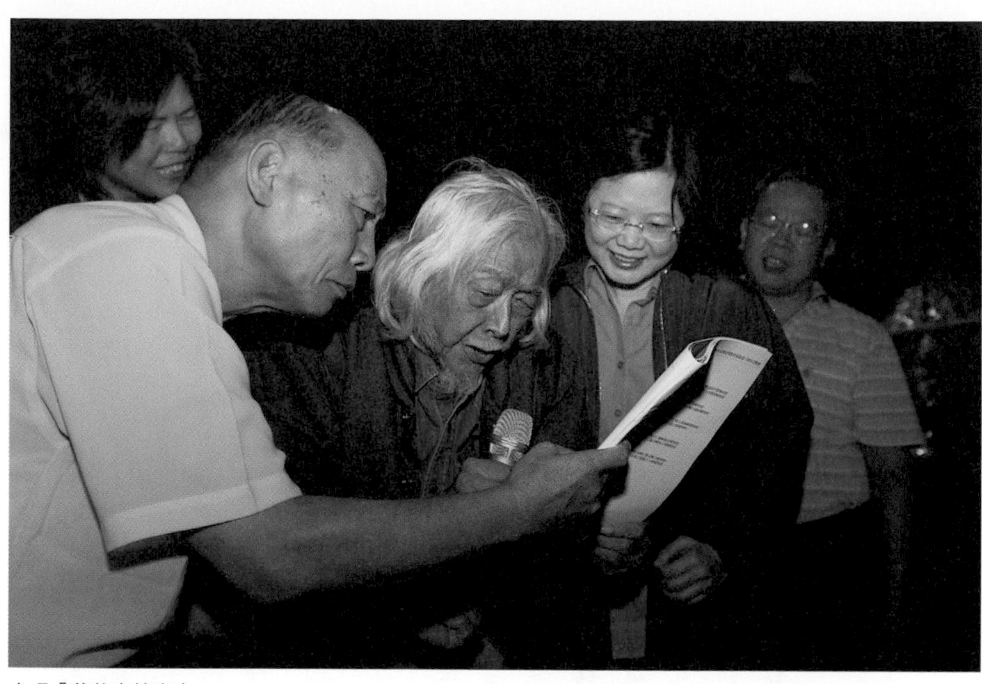

高唱「蔡英文站出來」

聘 書

站在您這邊

茲敦聘

史 明 先生 / 女士

擔任民主進步黨 第十四任總統候選人 蔡英文
第九屆立法委員候選人 陳文彬

聯合競選總部顧問

一起為故鄉發展，實現幸福台灣而努力！
Light Up Taiwan & Change Changhua
西元 2015 年 11 月 01 日

此聘

總統候選人 蔡英文
立法委員候選人 陳文彬

▲蔡英文再度參選2016年總統大選，並挑選陳建仁為副手，我同樣予以全力支持

◀體制外幫助體制內，一起守護台灣的前途

蔡英文透露，史明常到她的辦公室給她「上課」，一講就是一、二個小時，但歐吉桑雖給她指示，卻未給她壓力。

由史明教育基金會等團體主辦的「台灣民族之夜—與史明一起為台灣打拚」音樂會，共同為史明祝壽，包括蔡英文、台大醫師柯文哲、北社社長張葉森、公投護台灣聯盟總召蔡丁貴等多位綠營人士及本土社團幹部出席，場面熱烈。

雖已高齡九十六歲，但史明談起台灣獨立建國使命，依舊滔滔不絕，還表示，「大家看到我的臉，就知道台灣獨立！」他認為這幾年雖然台灣民眾的台獨意識提升，但大家面對中國的壓迫，還是不太敢公開喊台獨，中國對台灣是軟土深掘，大家一定要團結，團結才有力量。（二〇一三年十一月十日《自由時報》）

【附錄一】陳月妙ê詩

飄零之魂，失鄉之路

——寫失國失語失命失魂的台灣老兵（2005.10.29）

終止戰事六十年
我是誰，仍在熱帶叢林中遊盪
在此熱帶叢林中，為誰而戰
失去地標，失去方向，失去了歸鄉路
亦失去了時間
終日悠悠，赤陽炎炎
天空灰白迷濛
望鄉路斷
我是誰
迷失了歸途
我心愛的台灣家園
終是夢中相見
阿母的蒼顏與愁容
倚閭望斷天崖路漫漫
終無兒之蹤影

陳月妙

終止戰事六十年
我是誰我仍疑惑
為日本天皇聖戰
海南菲律賓新幾內亞戰事已終止
我是日本人台灣人中國人
我是誰？竟此一生
我仍自問我是誰
為誰而戰
吾之一生
為何而生為誰而戰
戰事之激烈槍炮之隆隆
猶震盪在耳日復一日
我是誰誰是我
砲聲隆隆日日轟
我頭痛欲裂
失去認知的指標
我是誰？魂歸來兮
七魄四散南洋中國韓國修羅場
魂兮歸來乎，福爾摩沙，
我的阿母，我是誰？

禁錮歲月（2008.01.04）

禁錮歲月中
島嶼失聲
只剩
夏日風狂雨驟
颯颯秋風

遠處偶一槍響
牽動千萬子民神經
靜默中沒有安與平
暗流滾滾處處驚
黯啞瑟縮面容
慌恐失寧
冬日樹上蕭凍顫顫枝葉
伴著暗夜母親飲泣孤零

遠處軍歌昂揚
步伐齊一嘿喲嘿喲前進
紙老虎
可氣蓋山河
神遊神州？

校園黑白齊整
青春生機
灰灰黯黯中騷動
君君臣臣四維八德
擋得住自然呼召？

窗內哀嚎
窗外痛徹心窩
兩面一體
同為形禁
海內海外
一般驅撓
難禁慈母呼喚
淚—滿—襟
黃昏夕照

烈焰的聲音（台語）

——遙拜台灣老兵許昭榮老先生（2008.05.24）

國不成國
民之不民

吾之一生
在異鄉在吾地
飄零的心流浪的魂
無國之民啊！
流浪生死四百外年
渾身傷痕累累
受盡酷刑kap虐待
沉沉苦痛麻痺無人知
哀哀無告心神渙散
性格扭曲牛犁命
不識娘親的面
不知自己身是誰啊！
我懵懂的同胞
唉！不識豺狼扮善面
愛聽好聽的巧語
認賊作阿爸
自！斷！生！路！啊！
使吾痛搥心肝無告又無計！！
悲！憤！莫名啊！無語問蒼天！！！
遂邀烈燄站同齊
kap我作夥大聲喝

同胞啊！清醒起來啦！
蒼—天—啊—吾心毋願啊！
蕃薯仔子，毋通擱再眠夢啊啦！
福爾摩沙！我的母親！
我至愛的母親！
我最後閣再看您一擺
高高的天闊闊的海港
我至愛的母親！
再會！再會啦！！
親愛的兄弟姊妹啊！
精神起來奮起啦！
再會啦！！

佇厝流浪的孤兒（台語）（2009.07.17）

有偌久矣，聽講大概有四百外冬矣
咱攏佇咱的家園咧流浪
咱叫甚麼名嘛無介清楚
咱的祖公祖媽阿爸阿母嘛講袂清楚
平埔唐山河洛客家清人日本中國抑是台灣人？
唉！世間嘛是有這款的代誌——
咱是甚麼人？叫甚麼名？竟然講袂清楚！

莫怪啊！莫怪！
咱就親像佇厝流浪的孤兒
外人一個一個入來咱兜
荷蘭西班牙鄭國姓清人阿本仔中國仔
教咱圓、教咱扁、教咱天文kap地理
就是毋教咱認識咱家己
啊！咱就是佇厝流浪的孤兒。
一個來一個推，一個來一個搥
一個來一個踢，一個來一個踏
搥予咱扁、踢予咱碎、推予咱昏昏頓頓、
渺渺茫茫毋知身是誰？

可憐喔！佇厝流浪的孤兒！
啊！予人欺、任人騎
魂神無主跪地叫老爸
管伊是誰？有奶就是阿娘
可悲啊！可哀！
渾身累累傷痕、腦筋頓頓昏昏
神魂茫茫渺渺
顛顛躑躑獨行作袂了主

啊！二十一、世紀初
末世的氣氛
世界紛紛亂亂、社會吵吵鬧鬧
咱的前程渺渺茫茫看袂清
台灣人啊！同胞啊！
你猶閣毋奮起？做你家己？
做你家園的主人？

南島大台灣　(一)（2014.11.09）

海洋國家
心胸開闊
大器大台灣
族群多元和諧
高山大洋大海
世界一等
人間無底比

南島大台灣　(二)（2014.11.12）

一九八九世界關鍵年
西方柏林圍牆倒下
民主自由大勝利

西方文明大進化
更多人類享為人尊嚴
東方睡龍以大屠殺
防堵人民自由渴求
政治走向更專制極權

二〇一四台灣人民
生死一線
被黑色巨龍吞沒
或望向無垠藍天巨洋
重生海洋南島大台灣
一念為人尊嚴
一票人民基本武器
屠向紅藍巨龍幽靈

則咱可如今之柏林
奏起凱歌快樂頌
載歌載舞喜極而泣
向南島列祖列宗
敬拜交待

南島大台灣 (三)（2014.11.13）

一念基本人權
一票卑微武器
終結外來邪魔幽靈
則咱可搶進灘頭堡
二〇一六恢復台灣尊嚴
宣布獨立立憲重生
登入世界國家之林
奏起凱歌歡呼勝利
告慰祖宗父老
復興南島祖地福爾摩沙

台灣兒女自此頂天立地
還我南島本色
站上玉山之巔
南望浩瀚大洋
睥睨南極之濱
頌我大台灣

南島大台灣 (四)（2015.09.04）

孤兒無辜
代償戰孽
現已長大
堅強勇敢
做回自己
非日非華
海洋本色
立玉山巔
睨南極濱
頂天立地
頌我世界
南島大台灣

狂想曲 (一)（2014.11.15）

全世界台灣有志
讓咱一起升起旗幟
在家門前
不管選舉贏或輸
只為宣示台灣意志
向當局也向全世界
爾後偽元旦雙十光復
咱一樣全球全台升旗如斯
不斷擴大且行動一致
讓台灣旗慢慢自南向北
不斷漫延升起
直到咱建國成功為止

狂想曲 (二)（2014.11.20）

全世界台灣兒女
台灣重生時間不遠了
全球全台有志
日夜加速奔赴
未達目的地之前
咱都不能鬆弛
請上緊你的發條
與福爾摩沙大地之聲共振
準備好你的台灣旗幟
不管選舉結果贏或輸
讓咱全部升旗宣示意志
直到最後勝利為止

狂想曲 (三)（2014.11.24）

福爾摩沙地母之聲戰鼓擂動
大地兒女調高頻率鼓舞前進
優質少年海洋之國在前召喚
戰士各就各位日夜疾馳奔赴

駝夢者——致建國志士 (一)（2014.12.15）

夢太大
願太強
駝夢而行
日日夜夜
盡頭的光
引領走過黑夜
無怨無悔
——送給所有建國志士，你不孤獨。

建台者——致建國志士 (二)（2014.12.20）

曾經熱血郊野灑
今世回返使命達
前衛浪漫高貴魂
群英相會舞台搭

追夢築夢人——致建國志士 (三)（2014.12.25）

人群中
極少數追夢者
夢比天高
願比山重
自由靈魂遨翔
追逐天際七色虹彩
夢想中自由無憂國度
日築夢而行
夜帶夢入眠
勇敢前衛

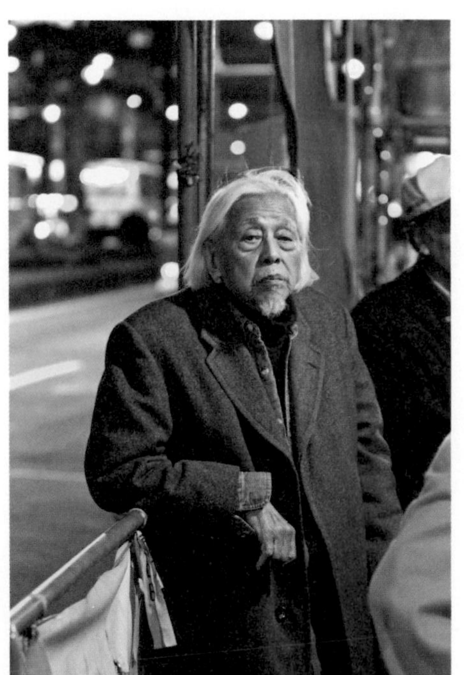

發時代先聲
繪未來圖像
充滿美麗未來想像
唯願逐夢者日日倍增
起而齊行一起築夢
數百年祖宗大願得嘗

二〇一五成年禮——寫予少年英雄（2015.08.03）

這個熱天
阮用全部生命佮青春
守護咱的教育、母土佮將來
為著欲叫醒咱的序大人
阮無顧日煎地燒
無顧風吹雨淋
大地做床天星相伴
無顧蛇籠刀片
阮跳過去
無顧銅牆鐵壁
阮衝入去
無顧阮力小拳頭細
就是欲愛恁大人
聽著阮喊救命的聲
毋過
恁攏激青暝裝啞口
無人愛插阮
用手銬束帶來縛阮
用官符對待阮
用言語威脅侮辱阮
予阮進無步退無路
只好死予恁看
犧牲性命就大義
干焦希望恁會當
聽著阮聲聲句句
聲聲句句苦苦哀求
恁大人聽著
阮喊救咱母親的聲
阮喊救咱將來的聲
阮喊救咱後代的聲

阮抱著創傷破碎的心
對靈魂深底用盡全力

喊出心聲
聲聲句句聲聲句句
苦苦哀求苦苦哀求
恁官大人
放過阮少年的
放過阮台灣

阮一代台灣之子
永遠會記得
二〇一五成年禮
恁攏斟酌聽
經過蛇籠手銬死亡洗禮
阮攏一夕成年大漢矣
堅定如石意志
恁攏覓肖想
會當打敗阮矣

【附錄二】獨立一老人

倪國榮

開過白內障的眼睛
依然清晰地
看著
台灣的痛苦與甜怡
與太平洋的浪
白髮斑駁
擺書攤喊獨立
過往青年來致敬
也有的淡陌地走了

白髮斑駁
台灣的熱血湧滿皺紋
簽下
名字如雕刻在壁崖上
（下午
我走過時
歷史的波濤濺來
史明的名字輕呼……）

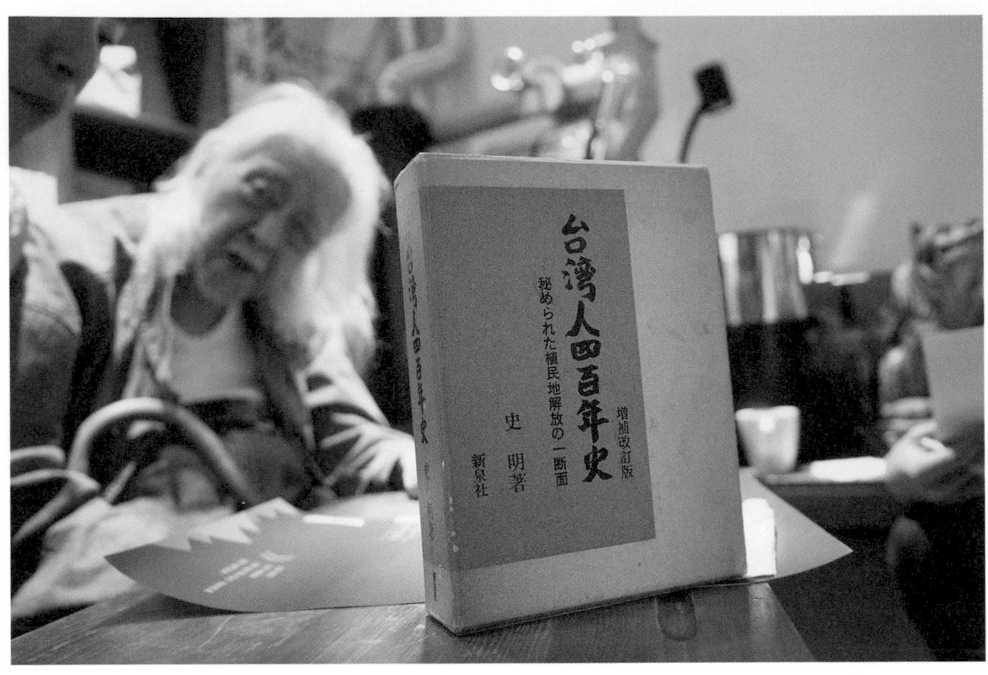

「且在他漸盲的眼裡　湧起四百年的清流與淚水」

台灣甜美地走近這個老人
且在他漸盲的眼裡
湧起四百年的清流與淚水
堅韌地微顫地
又給另一個中年人簽刻
一字一患難地寫著
字字臨風鬚揚

註：二零零八年三月十三日史明先生於竹北長昌會設書攤廣播獨立精神，年九十

史明

倪國榮

老人是革命家
嘶啞微蒼涼的聲音
從歷史與石頭纍纍裡
湧來
我與他握手
他的白髮的獨立
逼視我

血的溫暖在蒼皺裡
流來

老人眼睛看不清了
但他清楚地握著
獨立
他是長著白髮與鬚藤的大樹
拐杖是榕樹的延伸
他坐在輪椅上離開
九十五歲龐大地坐著
像一艘獨立的戰艦
凝視台灣海峽的深黑與溫度

他的光芒穿過我們
孤獨地追索時代的浮沉
獨立的岩礁危險與安全的雙重奏
他把火從簽名交給下一代
勇敢地再走下去
沙啞穿過死亡的夜黑

註：二零一四年九月二十一日參與於清大舉行的史明簽書會

「他把火從簽名交給下一代」

【附錄三】

永遠吟唱的歌

陳淑芳

一個堅定的決心走向離家的道路！遠至日本！
一段奇遇成為馬克斯男孩！
一個堅決的決心走向紅色的警戒！遇見了人性扭曲的景象！
一個堅定的決心邁向回鄉的道路！
一段流離顛沛成為勇闖居庸關的逃難者！
一個跳躍！輪船到卡車！人回到台灣！
一段反政府的抗爭成為武力的叛亂犯！
一段香蕉工的偽裝、一趟香蕉船的潛逃！
一個堅定的決心逃向日本的不歸路！
一個內心的吶喊，邊炒大麵邊革命！
一個歷史的追尋編整，誕生「台灣人四百年史」，
一個時代的潮流萌生「台灣民族主義」！
一次愛別離促使自己走向美國、海外擴展宣傳！
一個堅定的決心偷渡回台的舉措！重新踏上離家許久的土地台灣！
一個堅定的決心回台落腳深耕組織、鋪排台灣獨立的道路！
一次一次的傳講！無數次的演課、出書！
一次一次的在病榻中與死神擦身過！
一個永遠存在的夢想！
一個一定會成功的志業！台灣民族主義、台灣一定會獨立！
一個富韌性高尚的意志！
一段曲折充滿傳奇的人生！
一位偉大的革命實踐者！
一個永遠被頌讚的美麗生命！
一首永遠吟唱的生命之歌！

2015.2.28

第二十三章　返台後的啓蒙工作

要探求台灣獨立的根源，不能只停留在此時此地的台灣，須從人類歷史的源頭開始追溯起。

記得我剛開始做革命時，就是一個純粹的少年人而已，火氣大，有熱情，有理想，覺得台灣人爲台灣打拚，天經地義，從此義無反顧的往前直衝。歲月不饒人，到了一九八〇年代，我每年前往美歐宣傳台灣民族主義時，美國方面有些台灣人開始鼓勵我寫傳記（可能把我當成老頭子了），願意出資幫我出版回憶錄。後來我也陸續接受過陳芳明、蔡篤堅、陳儀深、林佳敏等的訪談，但心裡總覺得台灣獨立尚未成功，自己還有好多事要做，並沒有把寫作回憶錄當成第一要務。

直到二〇〇九年底，積勞成疾（當年四月，帶領獨台會車隊共同參與「公投護台灣聯盟」蔡丁貴所舉辦的「不爽！出來行」環島苦行，從恆春走到台北，與各地人士、社團開會，討論有關台灣獨立革命，爲期一個月；行腳團抵達台北後，隨即參加民進黨主辦的五一七嗆馬保台大遊行；十月，參與「公投盟」主辦的「老年革命軍」成立活動；十一月，往東京，處理新珍味業務），我在日本東京突然罹患急性腎衰竭，一時昏迷不醒人事。在精神恍惚之中，自嘆一輩子爲理想四處奔波勞累，人生的終點站竟是在台灣海外結束！想起了在中國遭逢生活困難種種過往，更是心繫台灣，想說死也要死回台灣。慶幸有蔡英文、蔡丁貴、陳義丕、王獻極、Freddy及日本獨派人士及其家眷等好友，特地急速趕至東京，轉達台灣各界鄉親對我的關心，希望我的身體能早日康復，及早重回台灣獨立革命的行列。我一心想說絕對不能死在日本，在受到各界的關心及鼓勵之下，才能在重病危急之中身體漸漸康復。這時，我才意識到自己年事已高，必須盡快完成回憶錄，將

蔡英文、陳振文醫師（時任北醫院長）前來探病，二〇一四年

劉湘吟（左）是我返台後的中文寫作老師，何榮幸（右）曾做過我的口述史，也是我的紀錄片的發起人之一

自己一生的經歷及見聞寫下來，傳承給獨立運動的後繼者。

我這本回憶錄自二十世紀末葉開始下筆，寫寫停停，數度易稿，始終不滿意。最終我才發覺，須先整理思想的脈絡，才能深入精髓，寫出我想要紀錄的自己的一生。這期間，我除了寫作回憶錄，也不斷在各地演講，開講習會，並在報章雜誌發表文章。演講及寫文章，本來就是我日常進行的啟蒙工作，不過別人有時會好意勸我：「歐吉桑，您得把握時間趕快寫自傳，有些不太重要的活動不要出席啦！」他們不瞭解，這些活動除了是我最重視的大眾啟蒙工作外，也是我寫作回憶錄的助力。藉由一場場有主題性的演講及一篇篇有針對性的文章，我一步一步的釐清思想脈絡，並透過聽眾讀者的表情、反應及提問，得知年輕一輩是否能理解我的論點，或較重視哪些內容等。

以下各節，選輯了我在這段自覺的結合大眾啟蒙工作與寫作回憶錄期間所做的演講及文章，它們一方面完整保留我所從事的啟蒙工作的具體內容，另一方面也大致呈現出我的思想體系。簡言之，

我認爲要探求台灣獨立的根源，不能只停留在此時此地的台灣，須從人類歷史的源頭開始追溯起。因此，我在從事啓蒙工作時，會先簡介產生現代學問的西方世界的思想史與社會史，說明「對人的尊重」如何在漫長的時間長河中慢慢浮現出來。以此爲背景，我再開始來解說台灣的歷史，說明台灣民族主義一方面是與上述西方思想演變的潮流相一致，另一方面也是台灣社會四百年來所醞釀出來的歷史產物。

不過，首先要簡略交代一下我個人的日常行程。常有人問我：「歐吉桑，最近咧無閒啥物？」我整天東奔西走，南北奔波，一言以蔽之，就是在做台灣獨立的革命工作。但要叫我一五一十描述個中細節，具體說明到底所做何事，所見何人，卻不知從何說起。

立志撰寫史明英文傳記的林佳敏

還好，有位林佳敏（Felicia Lin）小姐，她是第二代台美人，目前居住在紐約，自二〇〇四年起，立志爲我寫英文傳記，至今仍在努力中。她對我做過多次訪談，所提的

林佳敏訪談史明，二〇〇五年

問題鉅細靡遺，讓我不得不仔細回想過往的一切，有助於我這本回憶錄的撰寫。林小姐是有心人，她在二〇一四年二月專程來台，一直待到當年六月，期間陪伴我走訪眾多行程，以傳記者的角度觀察我日常的活動。以下摘譯她當時所寫的隨行側記，並佐以相關的新聞報導及聲明，讀者當可瞭解在二十一世紀的台灣，我是如何具體從事體制外的台灣獨立運動。

一、側記史明（林佳敏著，周俊男譯）

二〇一四年三月

不敢相信，我已經待在台灣一個多月了！

最近這禮拜和史明一起走動。二月二十七日我開始隨行，隔天的二十八日，史明受邀到南投草屯的台灣聖山發表二二八事件的紀念演講，我也有幸同往。……

台灣聖山位在中台灣，是台灣大地文教基金會（一九九六年由楊緒東醫師設立）所有，該基金會的宗旨是教育台灣人，發揚民主、自由、人權、國家主權獨立等核心價值。聖山是紀念那些為捍衛上述核心價值而犧牲的台灣人，其中有很多是在一九四七年的二二八事件及後續的白色恐怖中喪命。

來到二二八紀念碑前，紀念儀式一開始，我竟突然淚如雨下。沒想到我會如此感傷，連自己也無法全然理解當下的情緒，只覺得錯綜複雜的悲傷、挫折與氣憤之情將我淹沒。我想，應該是瞭解過去所發生的那些不公不義與受苦受難，激起了我內在深層且未知的情感吧！幸好我不是從頭到尾的愛哭鬼，等過了五到十分鐘，斷斷續續流完眼淚後，我就能處之泰然了。……（「史明是受邀貴賓，九十六歲身體虛弱的他，堅持要用雙腳走過『人權鐵橋』，過了『人權鐵橋』，他竟然把鞋子脫掉，光著腳爬上山腰『台灣神殿』，一路上，哼唱他自創的『台灣民族主義』歌曲，鼓勵著跟隨在後的每個人，必定要不停的向前走，就像是台灣神在人間的化身！」引自《台灣民族建國論：與史明相遇在聖山》，頁一九六—一九七）

祭拜台灣神　史明堅持走人權鐵橋

昨日是二二八事件六十七周年，南投縣草屯鎮的台灣聖山（楊緒東聖正）舉辦二二八台灣神感恩祈福大會，由高齡九十七歲的「獨台會」創始人史明

與民視董事長田再庭帶領民眾走過人權鐵橋，並祭拜追思台灣神，田再庭並以追思文緬懷新入祀紀念碑的前立委蔡同榮。

由台灣大地文教基金會發起的「台灣人拜台灣神──二二八台灣神感恩祈福大會」，昨日下午邀請史明參加。史明年事已高，行動也不方便，但堅持自己走過新落成的「人權鐵橋」，並對台灣神獻花，展現獨立前輩的硬頸精神。

活動準時在下午二時二十八分於台灣聖山的二二八台灣神紀念碑前展開，由田再庭主祭，史明等人與祭，現場並有來自日本、加拿大的友人。

（二〇一四年三月一日《自由時報》）

與楊緒東（右一）、張炎憲（左一）在台灣聖山一起走人權鐵橋

發表演說

與田再庭（右一）、楊緒東（右二）合影

當晚我們住在南投，隔天一早（三月一日）坐高

鐵回台北，隨即前往台灣教授協會舉辦的午宴現場，史明受邀參加。史明行程繁忙，一旁的我也得急急忙忙跟上才行，敬佩他到了這個年紀，還有如此的精力及頭腦。

三月二日，針對王曉波有關二二八事件的言論，史明發表如下聲明予以嚴斥：

王曉波沒認識台灣社會是外來統治的殖民地

今年二二八事件六十七周年的紀念日，根據報紙報導，世新的王曉波說國民黨在二二八殺了兩萬台灣人是「小case」，王曉波是什麼人？到底他是台灣人嗎？他說二二八或是寫台灣史，他的立場不但沒有站在台灣人這邊，他亦暗示他站在中國共產黨那邊。他若是台灣人呢，他所謂台灣人被殺了二萬人，以「小case」的字眼來形容台灣人被殺，他沒當成是什麼。實際上，台灣人到底在二二八被殺了多少？這是無法確定的事。

但是蔣經國在一九六五、六六年時，有說過國民黨自一九四五年來台以後，到一九六五、六六年當時，發表說由台灣的戶籍來看，台灣人行方不明就被當成死亡的人，據統計是有十一餘萬人。在這種情況下，王曉波說二萬多人，又以「小case」的劣詞來形容，這能說他是台灣人嗎？若是台灣人，為台灣前途而死一個烈士，我們心裡都很悲哀，更何況蔣經國說不見的、死亡的人是有那麼多的數目。

本來，荷蘭、鄭氏、滿清、日本及蔣家國民黨，都是社會上、民族上、生活上及文化上和台灣人是兩樣的，所以說蔣家國民黨來台灣統治，就是「外來統治者」，台灣的外來統治者不論荷、鄭、滿清、日本及蔣家，他們實際上都以「殖民統治」來統治台灣。然而，王曉波在寫二二八的台灣史時，完全站在所謂殖民地外來統治者的立場來想台灣，來處理台灣，所以說在思想上尚未退出外來殖民統治者的立場來寫歷史。身為台灣人，若有一絲絲想到台灣的利益和前途，就應該站在被殖民統治者的立場來寫歷史，來想台灣的前途才對。台灣現在已被國民黨統治將近七十年，在這期間，站在台灣人的立場來反外來統治者的人也不少。我們獨立台灣會的同志鄭評，為了反外來統治者的蔣家國民黨中華民國的殖民統治台灣，才在一九七四年被逮捕槍殺，而為台灣人做著嚴肅的模範。到今日，竟還有像王曉波這類敵對台灣的人，自稱為台灣人。

王曉波這個人，本來在一九六〇、七〇年代是和蘇慶黎（日本時代台灣共產黨蘇新的女兒，蘇新在一九八〇年代被中共囚禁在北京，曾受共產黨允許旅行日本一個禮拜，當時他在東京有和一位共產黨派的台灣人說：「你和我女兒秘密說，她的父親一生在北京三十年是最困苦的時代」，蘇新之後回北京，死於北京）在一起，當時蘇慶黎和王曉波就是在台灣替中共做思想統戰出版雜誌，後來一九八〇年代以後，王曉波才自己參加出版《人間》雜誌。但是中國在中共的統治下，只有黨員才是人，若是普通人，是不被當做人來對待的。就我所經驗到的來說，若是中共黨員生病，就隨時被送去給醫生看，若非黨員的軍隊幹部生病，他就只給四、五顆雞蛋，說這個吃一吃然後睡飽一點就會好。當時王曉波已表明說他是依靠中國的中共派，去中國北京就像去廚房一樣（台灣中國的來往比許信良多的多），這就是王曉波，一個正在替中共做秘密統戰的台灣人。

總言之，殖民地應該有的是外來殖民地統治者的立場，及殖民地被統治者的本地人立場的矛盾，為台灣社會的主要矛盾對立。所以說，哪可以在二二八事件上站在獨裁、大屠殺的蔣家國民黨中華民國的立場？台灣人四百年來，都只站在殖民地統治者的立場來寫歷史，來想台灣的將來。一般的說，無論是中共的中國統一派台灣人，或是台灣民族主義者，對於殖民地被統治的認識幾乎都不夠，往往台灣的知識份子，不是站在殖民地統治者立場，也不是站在殖民地被統治者立場，而是以一種曖昧的立場，來想、來說、來做。

全世界從十八世紀以來，有二百多個殖民地，但是現在看全世界，無論是亞洲、非洲、中南美洲的殖民地，都完全排除外來者的殖民地統治，已經都獨立了。所以造成一種怪現象，就是有兩千萬人口的台灣民族成為世界唯一的殖民地，台灣若真想要獨立，要脫離蔣家國民黨中華民國統治及中共的侵略的獨立，只有徹底站在被殖民統治者的立場，為了台灣的將來及利益死拚，才有看到台灣獨立的日子。

我要問王曉波教授，你若認定你是台灣人，你這時候為什麼要靠近假馬克思主義的斯大林、毛澤東獨裁主義的中國共產黨？你到底是從階級問題，或是從民族問題出發，才站在中國共產黨的立場？

台灣人得深深的徹底認識台灣四百年來，一貫

是外來統治的「殖民地」，得大大聲喊「台灣是外來統治的殖民地！」，得大大聲喊出「台灣要排除外來殖民統治、台灣要獨立！」，不可以在國民黨時代怕國民黨的暗殺，就不敢說，現在又怕中共，也不敢說是殖民地，不敢說要獨立。這才是要實現獨立的開始。

接下來幾天，各式各樣的訪客絡繹不絕，著名的媒體人馮光遠也來了。……

三月六日，史明接受「台獨全民革命ＩＮＧ」張慶恩的訪問。這個組織主張以非暴力方式達成台灣獨立，製作每日的網路電視節目，並參與抗議中華民國的集會；所謂中華民國，就是國共內戰失敗、失去中國後，強佔台灣的跑路政權。「台獨全民革命ＩＮＧ」計畫募集至少兩萬名抗議者來主張台灣獨立。它才成立不久，目前製作的僅是第五週的網路節目。

三月八日，史明領著獨立台灣會宣傳車隊出發了。但不同於平常在台北市的宣傳路線，今天車隊開往東門附近的凱達格蘭大道，聲援反核集會。當天全島各地都舉行集會，展開反核大串聯。……

二〇一四年四月

來台灣快兩個月了！三月跟隨史明兩個禮拜，見了很多人，對我完成史明的英文傳記很有幫助。我也看見助理敏紅用電腦讓史明知道臉書上的最新情況。……我知道史明是個美食家，但我發現他有時也愛披薩及肯德基炸雞，後者是他最喜歡的食物之一。

跟史明一起跑行程，你只能全力以赴，無暇他務。我告訴自己，要盡量參與他的行程，但也須顧及寫作計畫。既然現在回到士林舅舅家（史明按：士林潘家是清末以來的名望家族，林佳敏的母親是潘家直系出身），我就專心安排訪談，蒐集寫作史明傳記所需的背景資料。但每個禮拜還是會去見史明幾次。

此際的台灣，進入令人激動的歷史時刻。三月十七日，國民黨意圖迴避兩岸服貿協議的審查，激起了靜坐抗議。該協議是關於台灣與中國的貿易協定，抗議者認爲它會傷害台灣的經濟與公民自由。三月十八日晚，約三百名學生及抗議者衝入立法院，佔領議場，讓抗爭力道急劇升高。他們最初計畫要佔領到三月二十一日，那天是立法院排定要審

查並通過兩岸服貿協定的日子。我一得知此事，也趕往立法院。從那時起，數以千計的群眾開始聚集在立法院周邊，支持院內的佔領行動。

這場被稱作太陽花學運的抗議，現已進入第三週，期間我和史明一起去過立法院附近好幾次。不管下雨或放晴，抗議者始終圍繞著立法院不肯散去，史明也穿著雨衣在現場守候。三月二十日，我看見史明坐著輪椅，在後面一整排鎮暴警察的肅殺戒備下，向現場的抗議民眾發表演說，強調台灣人的抵抗權。……這些年來，有幾個學生運動團體持續與史明見面，這次學運的領袖林飛帆就是其中的一員。事實

史明坐著輪椅，在後面一整排鎮暴警察的肅殺戒備下，向現場的抗議民眾強調台灣人的抵抗權

上，在二〇一二年林飛帆等人投身反媒體壟斷運動時，史明就相當關心，林飛帆當時留下了一篇紀念文章：

二〇一二年最後一日，許多人說這是世界終結的一年，所有記憶、幸福、悲痛、仇恨甚至愛，都將隨著這顆星球殞落終結。值得喜悅的是，日子沒有停歇，愛、幸福與歡樂依然持續；令人悲傷的，那些痛苦、折磨與終結不了的不公卻也仍舊伴隨。

就在這一天，寒風中十度的低溫，我的雙手凍得提不起來，插在外套兩側口袋裡，貪圖一點接近心底的溫熱。午後，自由廣場架起了帳篷、舞臺，我們跨走這一年的計畫就要正式開始。正當我環著廣場走一圈，跟朋友打打招呼，有意無意地到處巡視，

裝裝忙；一個夥伴衝過來叫住我：「飛帆，史明老先生來了！」我很驚訝，也並不知道九十多歲的史明老先生會親自到現場來。快步跑過去，看到獨台會前輩們推著這位身穿淡藍色牛仔襯衫、腳踏著功夫鞋的史明歐吉桑。我趕緊彎下腰：「歐吉桑，哩來啊！金多蝦。」歐吉桑握起我的手，冷冽寒風中他的雙手也沒有過去溫暖，他說：「台灣靠你們了，青年人要多加油！咱現在面對的最大敵人是中國，要善用國民黨，要有戰略！……」我聽他緩緩地又很倉促地說，一面震撼的點點頭。

這位九十多歲的老者，台灣極少數經歷過中國紅色浪潮洗禮過的革命家，思路仍舊如此清明。我一直無法像身旁一些學長一樣，見到歐吉桑都可以侃侃而談；面對他，我總是難掩緊張。

我引領獨台會的大哥大姊們，讓他們把歐吉桑推到帳棚下年輕人多的地方避風。歐吉桑靜靜地坐在那，聽旁人解釋現場狀況和這場運動。事實上，見到這些前輩，我總覺有些愧疚，也充滿焦躁。總覺得，他們經歷得太多，貢獻得太多，但這一代的青年們卻對他們認識這麼少，貧乏的像是無根浮萍，不知自己歷史，更不知自己從何來。而我們守得住他們血淚換取來的一切嗎？我們又能承繼精神和他們一樣替下個世代創造什麼嗎？

配樂響起晚會開始，歐吉桑站起來，一手拄著拐杖，由旁人攙扶著，堅持站定在台前，和台下逾千名他所期待的台灣後生晚輩們講話。

「你們，台灣的青年要有理想，理念一致、立場一致、戰略戰術一致，紀律一致，才有辦法打倒敵人。」歐吉桑用盡力氣慷慨激昂地說完。舞臺正前方，我和幾位夥伴紅了眼眶。

歐吉桑是個真正的革命家啊！

峰迴路轉、轟轟烈烈的革命生涯，年邁的他從未放棄過，從未間斷過。

他是如此堅持。他沒有孩子，但卻像父親一樣看著我們，卻像母親一樣絮絮叨叨地不斷重複著囑咐那些促發革命成功的關鍵要領。演講結束後，史明歐吉桑坐著輪椅，在旁人推扶下準備離去。我問他：「歐吉桑，這麼快就要走了？」歐吉桑竟笑著對我說：「我在這邊你們不好做事，你們要努力打拚。」

我只能苦笑，卻怎樣都難掩心底的愧疚。

或許這位老先生真的想把台灣的未來交給我們吧！我這樣揣想，以減輕自己的罪惡感。

「從自身做起，成為領袖，領導台灣社會。站在我們前方的，我們不一定跟隨；站在我們身後的，我們不一定領導；所以，請讓你我站在一起，成為改變的力量！成為鼓舞自由的力量！」

二〇一三年的第一刻，青年聯盟幾個夥伴帶大家讀那份經過不斷爭辯、修了再修最後還是落落長的聲明。向這個危機不斷刺激神經、卻仍彷若處在麻痺中的台灣社會宣告，我們這個世代，仍然懷抱著理想主義，這些稚氣的青年們就要站出來領導台灣社會，成為歷史浪濤中沖不散，掏不走的自由力量。廣場上，大家一字一句細細的讀，用盡丹田的力量，喉嚨中每一條可以動到的肌肉大聲地宣讀。

我們確實這麼期待。

「歐吉桑，你是否也這麼期待？」

我站在人來人往的廣場，被台上激昂而憤怒的演說與台下焦躁鼓動的空氣包圍，看獨台會的前輩們推著歐吉桑離去，倏忽想起我們和幾代前的憤怒青年們一樣，曾嚮往過提出屬於自己的宣言、綱領與革命方略。腦中迸出那句美國青年湯姆海頓的名句：「我們是當代人，在至少是小康的環境中長大，目前住在大學校園裡，正忐忑不安地注視著我

聽講習的大學生（後排左四為林飛帆）

們所繼承的世界。」

這才猛然意識到，時代早已交到我們手中，而迎向未知的前方也早就是無可迴避的責任。

歐吉桑乘著輪椅緩緩離去，對他來說，時代早就在我們手上了，台灣青年們。

二〇一三・〇一・〇四

話題回到二〇一四年的太陽花學運。三月二十五日，史明發表如下聲明：

台灣人的抵抗權

四百年來，台灣多次遭受外來政權的侵略與統治，台灣人的祖先輩們，也屢屢奮起實施天賦的抵抗權，譬如荷蘭時代反紅毛番的郭懷一事件，滿清時代反唐山的朱一貴、林爽文事件等的「三年一小反、五年一大反」，以及日治時代的林獻堂、蔣渭水、謝雪紅、簡吉等所從事的無論右派或左派的對日抗爭。

現在的台灣海峽對岸，有三千枚飛彈對準著我們，二〇〇五年三月十四日，中國政府又制定所謂「反分裂法」，對於台灣仍然百般恫嚇。奇怪的是，來自中共對於台灣民眾身家性命、財產、未來乃至尊嚴的威脅，不但許多政客依舊笑臉相迎，似乎民間一般來說也幾乎漠不關心，幾乎無人提及「人民的抵抗權」這一事題。

抵抗權（the right of resistance）一詞的理論與實踐，在近代以來廣受政治學家討論。大體而言，抵抗權是指被統治人民對國家權力或外來統治的權力支配、打壓剝削所行使的反抗權利，譬如英國清教徒的反封建帝制革命（一六四〇—六〇）、美國的反殖民地統治獨立革命（一七七五—八三）、法國反帝王專制統治的大革命（一七八九—一八四八）。

越到晚近，資本家卻往往以民主主義為名來抑壓一般大眾的抵抗權，所以，對壟斷國政的資本家之抵抗思想與勞苦大眾反剝削的運動相結合，而逐漸茁壯發展。十九世紀以後，受到西歐帝國主義侵略的亞、非、拉的各民族，繼起主張民族獨立、殖民地解放。但是革命的形式卻不一定是透過武力，譬如印度甘地的「非抵抗運動」，本質上是「以無抵抗的方法」來抵抗英國殖民統治。

在第二次大戰中，受到德國納粹與義大利法西斯政權侵略的法國及東歐（匈牙利、保加利亞、南斯拉

夫、阿爾巴尼亞、波蘭、捷克）各國，雖然他們的政府已投降，一般大眾卻進行地下游擊戰，來行使其抵抗權，遂在第二次大戰後勝利，恢復國家獨立。

一九四五年第二次大戰結束後，中國的蔣介石政權以：（一）反動侵略的中華民族主義，（二）傳統腐敗的官僚主義，（三）法西斯的特務黑網，來佔領台灣，並劫收了日帝的現代殖民體制，壓迫掠奪台灣，並施以白色恐怖的特務統治，所以台灣人以二二八事件做為起點，實行防衛性的台灣民族解放運動，一九五〇年代開始，在海外開始體制外革命的抵抗鬥爭，一直延續到一九九〇年代，與一九七〇年代以後的島內體制內抵抗鬥爭相互輝映。

從一九五〇年代開始，獨台會就致力於提昇台灣人的民族意識，從海外以地下游擊戰與國民黨鬥爭，從一九七五年以後，因為島內的反國民黨的民主鬥爭已日趨堅強，獨台會遂轉變戰略戰術，以提高台灣大眾的獨立意識，組織菁英份子與大眾的抵抗力量，做為努力目標。

二〇〇五年四月二十六日的高速公路擋連事件，引起各界注目及討論，雖然擋住連戰座車僅四、五分鐘，但若能擋連成功，勢必使國際輿論譁然，台灣人強烈厭棄中國共產黨的侵略企圖，即可藉此事件得到國際上的認識與同情，這就是台灣人抵抗權的一次強而有力的表現。

現今，台灣人反統治、反獨裁的鬥爭，從三月十八日開始，不怕外來統治者的武裝壓迫，台灣人應該自己做決定，自己管自己的人格是不容置疑的。立法院內外二十萬參加佔領人員萬歲！

台灣民族主義

作詞：史明
譜曲：王明哲

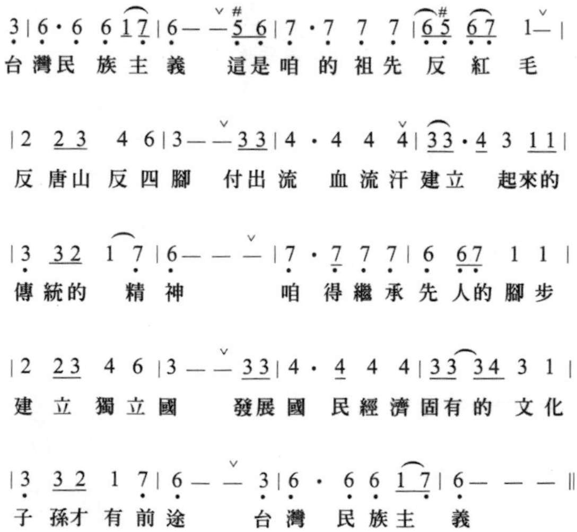

3 | 6・6 6 17 | 6 — — 56 | 7・7 7 7 | 65 67 1 — |
台灣民 族主義 這是咱 的祖先 反紅毛

| 2 23 4 6 | 3 — — 33 | 4・4 4 4 | 33・4 3 11 |
反唐山 反四腳 付出流 血流汗 建立 起來的

| 3 32 1 7 | 6 — — — | 7・7 7 7 | 6 67 1 1 |
傳統的 精神 咱 得繼承 先人的腳步

| 2 23 4 6 | 3 — — 33 | 4・4 4 4 | 33 34 3 1 |
建 立 獨立國 發展國 民經濟 固有的 文化

| 3 32 1 7 | 6 — — 3 | 6・6 6 17 | 6 — — — ||
子 孫才 有前途 台 灣 民族主 義

三月二十七日，史明被請入由學生及抗議者佔領的立法院議場，學運領袖林飛帆起身迎接。史明向學生們說：「你們現在肩負著台灣的未來……台灣人要站起來，不要讓別人管。」在學生的鼓掌下，史明高唱他自己作詞的《台灣民族主義》。隨後學生呼喊數次「退回協議！保護民主！」，表達他們的訴求。史明聽了後，說：「我本來是要來鼓勵你們，但現在換成你們鼓勵了我。」

史明：有青年人打拚　台灣前途有希望

高齡九十七歲的台獨領袖史明，今首度進入立法院議場聲援學生。史明表示，這次抗爭行動，顯現台灣青年人的正義感，以及台灣人的熱情，代表著台灣人要「出頭天、做主人」，在這個世界平起平坐，更是台灣前途往上爬的開始。

史明說，他來現場鼓勵學生、感謝學生。台灣青年人本來沒有什麼表現，他原本對台灣青年不太瞭解，但這次學生運動之後，讓他大為改觀以往對學生的不瞭解之處。

史明激動地說，台灣人要為自己的前途奮鬥，而台灣的前途就在青年人的肩膀上，青年人是台灣的主人，千萬不能輸別人，「要堅持下去」，台灣的前途絕對有希望，「因為有你們青年人打拚！」

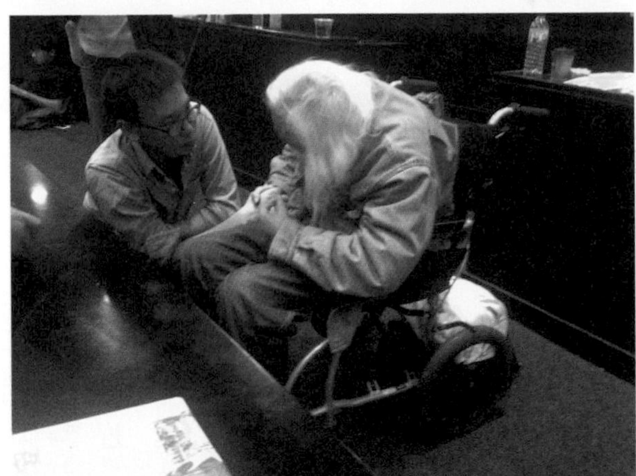

史明首度進入立法院議場，勉勵林飛帆，並發表演說

他最後鄭重地感謝所有學生，並獻唱「台灣獨立軍進行曲」，高喊「台灣人萬歲」，全場學生也熱情地鼓掌支持。（二〇一四年三月二十七日《自由時報》）

史明參加「捍衛民主、退回服貿、人民站出來！」大遊行

抗議訴求得不到馬總統的回應，太陽花學運在三月三十日於台北發動「捍衛民主、退回服貿、人民站出來！」大遊行，史明當然帶著獨立台灣會宣傳車隊前來助陣。數十萬人，或許高達五十萬人，參加了這場禮拜日的民主大遊行。

四月二日，史明再度進入立法院，帶了肯德基來慰勞學生。

帶炸雞探視學生　史明：敬佩他們！

乎恁吃了卡唔力ㄟ啦！永遠的革命家，《台灣人四百年史》作者高齡九十七歲的史明今天（四月二日）晚間帶著一大箱炸雞到立法院議場探視、聲援學生，一見到林飛帆隨即緊握著他的手，低頭在他耳邊細聲說著：「這次，你們可以說是歷史戰，很好！現在是路線鬥爭，不是兩岸協議監督條例通過與否的問題，當他們說自己是中國人的話，我們要說出台灣人要獨立。」

史明說，抗爭運動至今，所謂的自由民主必須「國家」情況下才行得通，如果是殖民地，沒有民族不行，以前是政策的鬥爭，以後是路線的鬥爭，他還交給林飛帆一份他寫的「台灣民族主義」。史

明說，他對學生只有尊敬沒有不捨，這是台灣歷史上第一次年輕人的抗爭，禁得起吃苦，為台灣打拚很好，這是歷史戰的一次。

史明緊握著林飛帆的手說「我都在外面」意指他都在立院外跟著學生一起參與這一戰，林飛帆頻點頭的說他知道，並說，歐吉桑咱作伙打拚，您要保重。史明還不忘交代林飛帆要吃炸雞，並且不讓林飛帆送他出議場，要他趕快去做自己的事。史明的這一握，是疼惜、是敬佩也是傳承，短短幾分鐘的會面，這一幕卻是令人感動不已。（二〇一四年四月二日TWIMI獨立媒體）

……四月十日晚上六點，太陽花學運成員撤離立法院，那時我跟史明來到立法院旁的濟南路。史明抵達現場時，聚集的群眾自發性地向他致意，沿途掌聲喝采不斷，場面相當感人。史明與數萬名太陽花學運支持者坐在一起，見證佔領行動結束。……

再赴立院聲援太陽花學運

史明與數萬名太陽花學運支持者坐在一起，見證佔領行動結束

四月十一日，史明前往彰化，帶領「島嶼天光大遊行」，表示太陽花學運沒有結束，而是剛剛才開始，台灣人不會憨憨接受與中國的貿易協定，台灣人不是中國人，台灣要獨立。之後，史明在彰化火車站前，向聚集的群眾演說，他高聲勉勵台灣人要鼓起勇氣，得爲台灣的未來站出來，要拿回自己的統治權。我也跟著史明來到彰化，對我來說，那是個馬不停蹄的週末。……

島嶼天光大遊行
民主傳承之夜
4月11日(五) 17:45
彰化車站前廣場
阮手牽手，作伙守護民主
詳情請洽彰化人反黑箱服貿陣線粉絲頁
特別來賓 台獨鬥士-史明

「島嶼天光大遊行」宣傳單

四月十三日，我趕回台北，來得及參加史明與David Kilgour下午的會面。Kilgour是前加拿大國會議員及前國務部長（任期二〇〇二—〇三年，負責亞太事務）……我先前就知道Kilgour是台灣的好友，也公開批判中國共產黨罔顧人權……Kilgour對史明很感興趣，想了解史明有關台灣獨立及對太陽花學運的想法。應Kilgour詢問，史明談起在中國的經歷、對鄧小平的看法、意圖刺殺蔣介石始末、東京的麵店如何支持他的地下工作，以及更多的生平事蹟。Kilgour聽完後，脫口而出：「您眞是一刻不得閒！」史明與Kilgour告別後，前往立法院，向聚集的群眾演說。……

史明行程滿檔，特定抽空接受訪談，二〇一四年四月

二〇一四年五月

五月一日，史明受邀到台中的中山醫學大學演講。等待高鐵期間，敏紅向史明解說每日的臉書動

態。史明今天的講題是「台灣歷史中的台灣人與中國人」，每位來聽講的學生都有一份史明所寫的「台灣民族主義」小冊子。……演講完後，史明順道拜訪台灣大地文教基金會，度過邊泡茶邊討論的下午時光。

……結束每週一次的訪談後，史明邀我一起到艋舺吃飯。用餐時，有人拿了《台灣人四百年史》請他簽名，餐館老闆更請史明在壁上簽名留念……

我說過，史明的行程滿檔。假日時他通常會「開放門戶」，讓成群的年輕人（指二、三十歲左右）過來聊天。所以「台獨流行ＩＮＧ」的張慶恩，就在五月十日邀了一群年輕人到史明家拜訪，他們還計畫以後要每週拜訪一次歐吉桑。當晚史明在家裡對著一大群粉絲開講。

年輕人如何理解跟史明的交流經驗呢？以下是張慶恩的認識：

大前天拜訪史明，以下是我認為九十七歲高齡的歐吉桑要大家知道的事：

（一）如果你想要一邊享受物質生活，一邊要說你想要無私為了社會、為了國家，這通常不會有什麼大作用。

（二）用感情，做獨立，很容易受到挫折，打回原點。要精神武裝，用理性與知識做台獨，要有理想，懂得規畫和實踐，並且要有耐心與觀察力。

（三）中國從以前到現在，都和歷史過去的情況完全一樣、沒有進步，沒有改掉帝制和獨裁的心態，從未真正的民主，國民黨亦然。

（四）台灣是世界的台灣，台灣主權在民，在世界中，不可狹隘的只想到什麼中國與台灣的問題，要以世界史中「人」的標準來求進步。

（五）獨立就是革命，就是反體制，跟體制內妥協的話，就不是在革命。

（六）自由是個人的，不是社會的。我們現在不自由，是因為我們的敵人是有錢、有權的人，是沒有前途、沒有理想的政權，也是跟國外勢力一起欺負台灣人的人。殖民統治與被統治的體制，如果排除，無論台灣人或中國人，都得平等一致的立場，共同創建民主、和平的台灣國。

（七）中國有兩千年以上的貪污傳統，共產黨跟國民黨完全一樣。

（八）放棄殖民體制統治（二二八武裝鎮壓非法佔

據）才能成為一個人，擺脫奴隸的身分。

（九）台灣主權在人民身上，所以全台灣人站出來才能回復自己的主權，這也才是真正的主權在民。目前我們台灣沒有主權獨立，因為我們從來沒有直接決定國家的未來。

（十）台灣有一個特殊的地理位置（此稱為地緣政治學Geopolitics），是讓世界各國羨慕的地理國家。台灣人的獨立抗爭一定會成功，並建立一個屬於自己的台灣國。

五月十四日，輔仁大學的學生邀請史明演講。史明被安排的演講時間不到一小時，所以演講完後，有些學生意猶未盡，想多聽一點史明的想法，史明就慷慨地邀請這些學生一起吃飯。這場面我先前已看過好幾次。原來當年史明在日本開麵店時，就常邀請海外留學生來吃飯，當然是他請客的。用餐時，某個住在附近的路人有緣路過，趕緊回家拿來《台灣人四百年史》請史明簽名，開心的與史明合影。……

五月十九日，我和史明到嘉義參加詹益樺的紀念儀式，這是他每年都會出席的活動。那天台北下著雨，敏紅說每年的這一天，不知怎麼的，總是會下雨。……儀式進行時，嘉義的雨勢斷斷續續，我躲了好幾次雨……在返回台北的高鐵上，有人拿一塊盤子請史明簽名，史明寫下「青年有志」予以勉勵。

詹益樺烈士雕像前演講

詹益樺自焚殉道二十五周年　史明出席活動

公投護台灣聯盟及全國台灣獨立建國大旗隊等團體，今天下午在嘉義縣竹崎鄉親水公園內詹益樺雕像前，舉辦追思紀念「台灣建國烈士詹益樺先烈」活動。

詹益樺於一九八九年五一九送鄭南榕出殯時，在凱道自焚，他一生追求台灣獨立建國，為自由民主獻身自焚，盼能喚醒台灣魂。九十七歲的史明坐輪椅與會，史明慷慨激昂的高喊：「台灣獨立萬萬歲」。

追思紀念會由杜謙遜牧師主持，嘉義中會議長王豐榮牧師主講，音樂家王明哲領唱「海洋的國家」、「犧牲換來覺醒」等歌悼念詹益樺。基督長老教會嘉義中會、鄭南榕文教基金會、台灣農權總會以及獨立台灣會等多個團體，台灣獨立建國聯盟主席陳南天等三百多人與會，場面莊嚴。

其中《台灣人四百年史》的作者史明到場最受矚目。史明表示，生命很珍貴，「阿樺為了愛台灣而犧牲生命，是真正的勇者」，令人敬佩；史明並高歌紀念詹益樺。高雄市長陳菊等送花籃致意，與會者人手一枝白菊花，場面肅穆隆重。（二〇一四年五月十九日蘋果即時）

五月二十三日晚間，史明到台灣大學會議中心演講。隨後我們馬不停蹄的趕到台北火車站，搭上往花蓮的夜班車，車程約需三小時。東華大學邀請史明來講課，從明天早上九點上到下午五點。我們當晚十一點多抵達花蓮，先到旅社休息。

趕場的史明，在台大演講完後，馬上趕到台北火車站，準備搭乘往花蓮的夜班車

五月二十四日，史明來到美麗的東華大學。在此校教授台灣史的陳進金教授，先向同學們介紹史明，說九十七歲的歐吉桑昨晚十一點才從台北趕到。陳教授促成了這場講習會，他坐在前排正中央，勤寫筆記，專心聽講，是當天最認眞的學生。

史明演講時，敏紅就即時將他的話翻譯成中

文，打在史明後方的螢幕上。沒錯，這眞的是「翻譯」，因爲史明是用台語講，而敏紅需用中文來打字。史明公開講話時，喜歡使用台語，這是他用起來最自在的語言。……

中場休息時，學生們排成一列，拿《台灣人四百年史》請史明簽名。這本書一出版就被國民黨政權列爲禁書，但人們卻能透過地下管道取得，秘密流通著。在史明的許可下，人們不斷的影印、重印這本書。畢竟史明寫這本書的目的，就是要讓台灣人了解自己的歷史，知道自己是誰，來自何方，要往何處去。

我陪在史明身邊時，常看見有人請他留步，或合照或簽名，因此也見識到市面上眾多版本的《台灣人四百年史》。最早的版本可能是綠皮精裝的，但我也看過紅皮平裝、深藍皮精裝、咖啡皮，以及一套三冊，兩冊爲黑皮精裝，另一冊爲白皮精裝的版本。另外也有一種罕見的橘黃皮平裝版本。因此，從這本書的封面，你大概就能「以貌取書」，猜出它的身世。……我們半夜才回到台北。

泰源事件追思禮拜致詞，一九九六年

五月三十一日，我們前往台中，史明應台灣大地文教基金會之邀，爲泰源事件紀念碑落成揭碑。……史明也預計在大地進行一天半的講習。……

泰源事件紀念碑建在小山上，得往上爬一段路才能抵達。史明起先坐著輪椅，被慢慢地往上推，到了三分之二路程時，史明堅持下來自行走路。他如今已不良於行，走路駝背，走平路就很艱辛費力，遑論爬坡。……史明致詞時，許多政治受難者、家屬及台灣史專家在

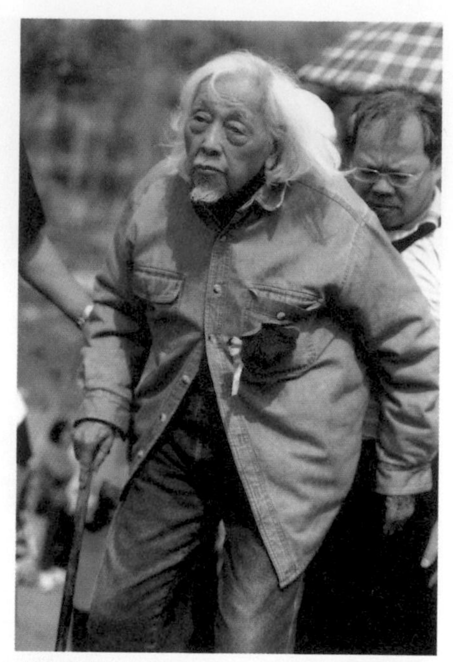
史明堅持下來自行走路

旁聆聽……當天傍晚，史明進行第一部分的講習。第二部分安排在隔天的禮拜日。

六月三日

今日陪同史明拜訪民進黨主席蔡英文。他們兩人先前就見過面，但今天是史明首度踏進民進黨中央黨部，這個歷史時刻，吸引不少媒體記者前來。（蔡英文曾公開表示：這幾年來與史明歐吉桑的相處，若問她對歐吉桑的印象是怎麼樣，她會說他是一位非常務實的理想主義者，而且也是一位與時俱進的行動家；歐吉桑會到她的辦公室，提醒她一些事情，告訴她應該從哪一個角度來看事

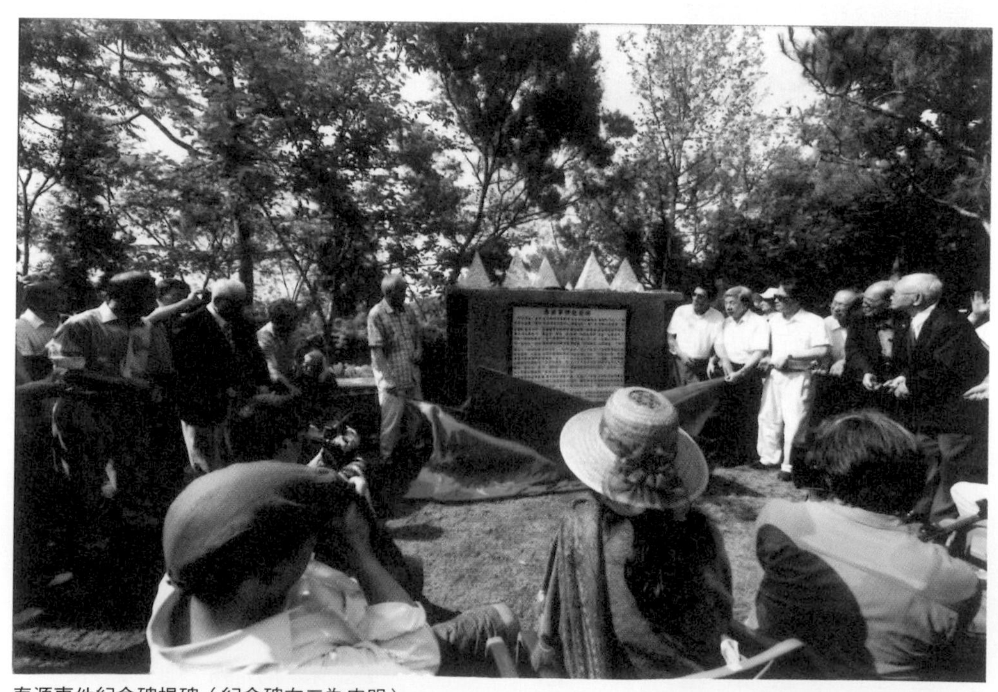
泰源事件紀念碑揭碑（紀念碑左二為史明）

史明拜訪蔡英文於民進黨中央黨部

情，這時就可以很深刻的體驗到，歐吉桑是一個理想主義者，同時他的務實的性格其實也是非常的強，對於後輩更是充滿提攜與愛護的心情；她第一次碰到歐吉桑是在日本，她到醫院探望生病的歐吉桑，歐吉桑一直向她道謝，當時她對他講一句話：「歐吉桑，你不需要謝謝我，我們做為台灣人的，都應該要謝謝你」；歐吉桑的著作不僅影響他的世代，影響我們這個世代，也影響未來的世代，在太陽花學運中就有很多年輕人是跟隨著歐吉桑，更加證明歐吉桑的影響力是與時俱進的）

六月四日

台北藝術大學美術學院在今、明兩天舉辦「史明革命工作坊——歷史與台灣革命」。

我來到簽到桌時，看到牆上掛著一幅畫，上面畫了一桶肯德基炸雞，但桶子上的肯德基爺爺則改爲漫畫的史明爺爺。爲什麼掛這張畫呢？背後的意涵是什麼？原來在佔領台灣立法院二十三天，引發「太陽花學運」期間，史明曾帶好幾桶肯德基炸雞慰勞場內的學生及場外的長期抗爭者，而肯德基炸雞剛好也是史明愛吃的食物。這幅畫上還有好幾則中

《史明口述史》作者藍士博（左一）等接受史明思想薰陶的年輕學生

學生眼中的史明爺爺

文字，圍繞著肯德基桶子，上面正中央寫著：史明、左獨大佬，左邊由上而下寫著：獨立台灣會、台灣獨立連合會、台灣人四百年史、台灣革命武裝部隊、刺殺蔣介石，右邊由上而下則是：蒸餃、新珍味、民族主義、社會主義、反帝國主義，下面正中央：六月四日—六月五日。

第一天，由《史明口述史》作者之一的藍士博先來介紹史明。二〇〇九年底，史明在日本因腎衰竭住院，之後病情稍有改善，史明就返台繼續住院，大約在這段住院期間，藍士博與其他人開始對史明進行口述史訪談。他們一開始不知道如何著手，史明的助理敏紅便拿了幾卷我之前跟史明所做的訪談錄音給他們。我從二〇〇四年開始訪談史明，二〇〇九年時我已返回紐約。我是今年三月遇到藍士博才知道這件事。

藍士博講完後，就先休息用餐。史明在下午抵達，開始第一次的演講，後續還會有兩次演講。邀請史明來這場工作坊演講的陳愷璜教授先做引言，史明的助理敏紅也講了些開場白。

史明演講時，背後的螢幕上有即時的演講字幕，主要是中文，有時也有英文。史明用台語演講，不時穿插英語、北京話及日語。站在講台旁邊，負責打即時字幕的三位學生能跟得上史明，實在很厲害。

過去幾個月我聽過史明好幾次的演講，但這場演講無疑是至今最棒的，因爲史明比往常講了更多他個人的事蹟。他娓娓道來自己出生在日治時代的台灣，就讀日本的早稻田大學，到中國參加抗日，回到經歷過二二八事件的台灣後，目睹蔣政權的殘暴，便意圖行刺蔣介石，事跡敗露而流亡日本，以及最後在一九九三年返回台灣。史明所說的，尤其是台灣社會在二二八事件後及蔣政權佔領初期的慘況，應該讓現場很多學生感到震驚。眞的，我從他們的表情看得出來。史明當天的演講，確實感動了很多人。正在製作史明紀錄片的團隊，當天也派了攝影師在現場拍攝。

六月五日

史明進行第二、三次的演講。

演講結束，和學生及老師告別、留影後，史明帶我到台北市士林區的芝山岩。那是我在士林的老家，史明也是士林人，事實上，我有一個叔公（潘迺禎）就是他的同窗好友。當我初聞史明大名而想接觸他時，還不知道我們之間有這層關係。我們要走去看石壁上的「洞天福地」，那是我曾曾叔公潘永清所刻的，意思是「此地爲天堂」。雖然需要爬一大段路，而且天空還下著雨，但史明堅持要走上去看看。對我個人來說，這個地方有很深的意義，是我家族史上一章非凡的片段。我聽過曾曾叔公的事跡，知道他是當地有影響力的重要人物。

感謝史明，領我回來這裡。

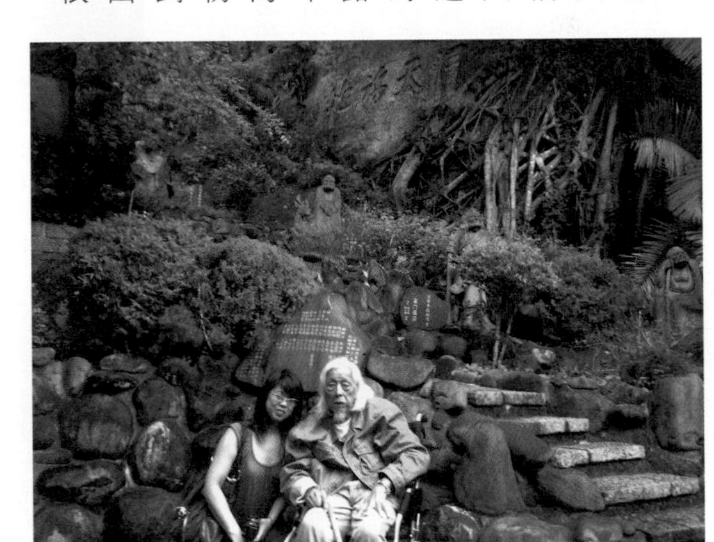
「洞天福地」前合影

六月七日

今天是星期六，史明到台中的中興大學演講「台灣獨立的革命與歷史」。敏紅先講些開場白，連我也受邀講幾句話，讓我大吃一驚。用英文公開講話已不簡單，何況要我用台語來講，更是挑戰呢。接著史明上台了，背後同樣有即時字幕，這次是由敏紅負責打字。

六月八日

我們到三義拜訪楊乃嘉先生的木雕工作室。楊先生正在把史明與張炎憲、楊緒東等人一同走過人權鐵橋的景象刻在一塊木匾上。之後，我們去參觀龍騰斷橋，那原本是一段有橋墩的火車軌道（日本時代稱「山線」），但在日治時期因地震而傾毀了（史明按：其實是國民黨打壞的）。用完午餐後，我們搭高鐵到台南，還有一場演講等著他。史明當晚

拜訪楊乃嘉的木雕工作室

史明輕撫著達摩的臉龐，直說這就是革命家的臉

楊先生的木雕作品，置掛於「大地」的祈禱室

在Masa Loft（咖啡店）的演講，吸引很多聽眾，現場座無虛席，許多人站在兩側旁聽。演講完後，我們再搭高鐵回台北。

參觀龍騰斷橋，後排左起：敏紅、林佳敏、阿忠

六月十二日

在台灣期間，我每周都會和史明見面，進行英文傳記的訪談工作。今天就是每周一次的訪談日，我帶著一長串的問題清單來見史明，但抵達史明新莊住所後，他另有計畫，他決定帶我外出吃晚餐，因爲我離台的時刻近了。用餐時，史明對其他訪客說，「林小姐就要離開台灣了」，並向我敬酒，讓我感動莫名。之後我們還拜訪了蔡瑞月舞蹈基金會。多麼美好的夜晚啊！

六月十四日

我和史明坐高鐵到台中，前往彰化參加「咱的國家咱ㄟ夢」演講會。這是我六月十八日離開台灣返回紐約前，跟隨史明的最後一次行程。首先由敏紅開場，史明接著上台講話。

「咱的國家咱ㄟ夢」演講會

十二日沒有訪問到史明，讓我有些焦慮。快沒時間了，十二日準備的問題，不知還有沒有時間來提問。過去幾個月在史明旁邊跟前跟後，是我最寶貴的經驗。我確信，史明短期內絕不會停下腳步。

吃過晚餐，並到一位朋友家拜訪完後，當晚的行程終於結束。幸好史明和我都是暗空鳥，十二日未完成的訪問，緊接著登場了。等我回到紐約後，或許還要透過Skype電話做後續訪談。

六月十五日

今日史明受邀到彰化國際藝術交流展講話。我走出展覽廳時，一眼就看到我的藝術家朋友Leigh Wei（鄭麗雲）風格獨特的作品，當然得跟這些美麗的畫作合影一下。

透過Skype接受林佳敏訪談，二〇〇九年

史明和其他人演講完後，接著是午宴，我在席上遇見幾位有作品在現場展出的藝術家。

下午有些自由時間，我跟史明一起觀展，問他最喜歡什麼風格的作品，他答曰抽象畫，並說羅特列克（Henri de Toulouse-Lautrec）是他最愛的畫家之一。

藝術家群集在此，便有人提議說，此刻不幫史明寫生，更待何時。於是有兩位畫家即席坐下，開始素描史明。接著，兩個變成三個。我想這些畫家最大的困難，就是歐吉桑一直在打瞌睡。於是，畫家們只好不時提醒一下歐吉桑，請把頭稍微抬高一些，對，這樣臉才看得清楚。

離開台灣之前的那幾週，我經歷了難以忘懷的時刻。不敢相信這場旅程要結束了，但我已準備就緒。我見了許多人，進行了必要的背景研究。過去這幾個月，我住在史明的住所，跟著他全島跑透透，獲益良多。最重要的是，我見證了佔領立法院

及太陽花學運的歷史時刻。多麼好的時機！真是一趟充實且意義非凡的旅程！

感謝眾多支持我記錄史明生平的人，能寫這個人的傳記，是我的榮幸。史明的能量、拚勁、敏銳心智、慷慨及洞察力，不斷讓我眼界大開。……

二、古代希臘哲學的兩大系統——物質論、觀念論

（一）古代希臘哲學的一特性

近世德國觀念哲學的完結者黑格爾（G. W. F. Hegel, 1770-1831）曾說過：「讀完了東方（Orient，古代指地中海以東的諸國，今日的亞細亞）的古代哲學之後，即將回歸於古代希臘哲學史研究時，在心胸裡忽然湧起Heimatich（置身家鄉的一股安息之感）。」求之原因，主要是東方的哲學（印度、中國等哲學），一貫與宗教（religion）的範疇（Kategoria，一般是「部門」的意思）相混合在一起，而從初就要追求「普遍性」（universalism，普遍真理）、「絕對性」（absolutism，絕對真理），或者「神」（God）等的概念。結果，東方古代哲學往往會抹殺了對「人」（human beings）的個性（individuality）的關心，所以讀過後會使人感到呼吸困難（stifling）的哀感。

《西洋哲學序說》（二〇〇三年）

然而古代希臘哲學一開始，就與宗教分開，同時特別重視「個人的自由」（personal freedom），並且做了寬大廣闊的發展，進而使各種思想相繼出現。所以，在不知不覺之中，產生了回到故鄉（Heimat）的安息感（ruhen）。

古代希臘哲學的「論理學」（logic，是研究推論inference的學問）泰斗亞里斯多德（Aristotelēs, 384-322 BC）說：「真正的學問（academy），是從埃及的僧侶（當時的知識人）開始的。」（亞里斯多德，《形而上學》（*Metaphysica*））

但是希臘哲學的創始者，卻不是僧侶階級。根據德國近代社會學者韋伯（Max Weber, 1864-1920）在他的史話中所說：「古代希臘都市國

家（Polis）的軍事力量非常強大，當時，僧侶均在都市國家的軍事支配之下，所以不可能擁有集團的力量，故宗教的神官不能造成代表知識人的優越地位，結果，希臘的學問，都是在都市國家的恩典（be granted privilege）之下發展起來。」

(二)第一期　古代希臘哲學泰利斯的「物質論」

1.「物質論」的開基者泰利斯

昔古的公元前六、七世紀，史上著名的都市國家，雅典（Athenai）的希臘「古代觀念哲學」尚未發展之前，從希臘本國（Greece，巴爾幹半島的西南部及其諸島），隔著愛琴海（Aegean Sea）的殖民地愛奧尼亞（Ionia，今之土耳其共和國的西南部分），已有了以泰利斯（Thalēs, 640-560 BC）爲首領的「愛奧尼亞學派」（Ionians）哲學者集團的存在。

泰利斯，愛奧尼亞的明烈盎（Milesia）出身，在希臘七賢人之中，排行第一位的自然主義哲學者（natural philosopher，物質論者）。他同時也是在愛奧尼亞學派之中，最早成立的「明烈希盎學派」（Milesians）的始祖，所以泰利斯乃被後世尊重爲西洋哲學的創始者。

據亞里斯多德所說：泰利斯是追求archē（亞爾科，指原理、始源）的哲學的創始者。他把宇宙（cosmos，世界）的始源，認爲是「水」。關於這點，他是最早提出這個世界創立始源的「實體」（希臘語Onsia，羅馬語Substantia，英語substance，就是以知覺能看到的性質、狀態、作用的內涵）爲哲學研究的哲學者（參考亞里斯多德，《形而上學》）。

泰利斯在哲學始源上所主張的水，不是在神話（myth）上所謂的「水神」（seegott）的水，而是經驗的（empirical, experience），並且超時間的（super time）物質的「水」。

在這個意義上，泰利斯的確是物質論（唯物論，materialism）的始祖。

就是說泰利斯所說的「水」，不是死的水，而是能自己活動的水。他把這稱爲「物活論」（Hylozoismus，不把物質在本質上當做是缺少感覺與生命之類，即是說，物質的水是有生命力與靈魂的）。

泰利斯所說的「物質」（唯物論），是與「精神」（唯心論）尚未區別來思考的古代階段的概

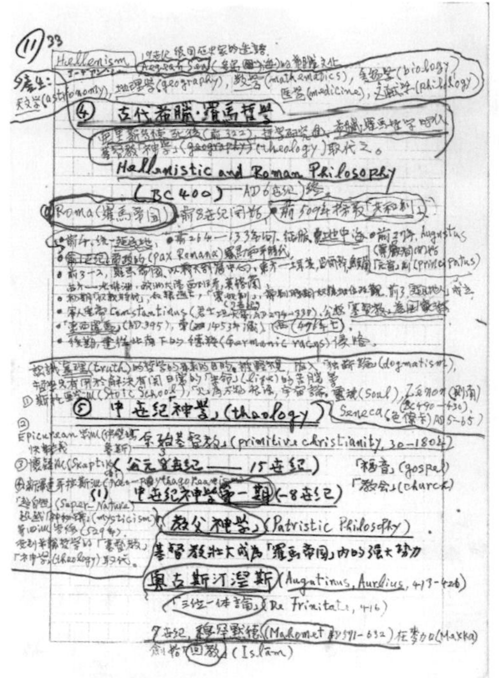

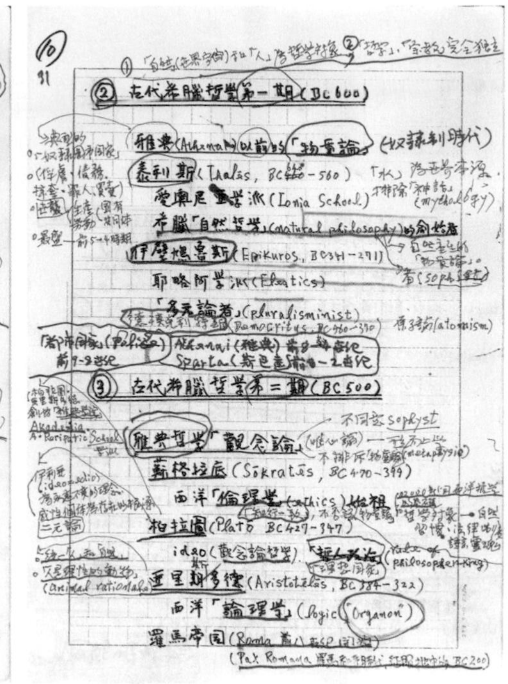

哲學筆記

念，所以他在變化無常的萬物的運行之中，一貫以「物質」研究萬物的始源，這點就是他在哲學的學問研究上，長久被譽爲是西洋哲學研究之祖，物質論（唯物論）的第一位學問研究者的原由。

泰利斯的「物質論」（唯物論，materialism），後來由他的學徒亞諾芝曼德羅斯（Anaximandros, 610-546 BC，明烈希盎學派哲學者），及他的學孫亞諾克芝曼斯底斯（Anaximenēs, ?-525 BC，明烈希盎學派的完結者）繼承，他們將「物質論」更加解脫神話傾向，竟然把泰利斯的物質論整理爲「學」的概念系統。

2. 古代希臘哲學者「則南」的辯證法

在公元前六、七世紀，泰利斯及愛奧尼亞學派的學運旺盛發展。

此時，以泰利斯爲始祖的古代希臘「物質論」（唯物論），認爲世界（宇宙）即以物質（matter）、存在（being）、大自然（nature）、事物（thing）以及實踐（reality）爲其始源。

唯物論的變革與發展，是依靠事物的「內在因」（德語causa immanēns）的對立（opposition），即由辯證法（Dialektik）運行而成。

唯物論，認爲宇宙萬物的變化發展，是依靠「內在對立」的辯證法運行而達成。

內在矛盾對立
↓
成為世界發展的
推動力

唯心論，認爲宇宙萬物的變化發展，是依靠「外在」的絕對觀念的推動而進行。

辯證法的矛盾對立，是以「定立」（Theses，「正」）→「反定立」（Antitheses）→「綜合」（Syntheses）的運動規律所運行。

自從公元前六世紀後半，希臘哲學研究發展於西南義大利的耶列阿村（Elea），創立了耶列阿學派（Eleatics），則南（Zēnon ho Eleatēs, 490-430 BC）就是耶列阿學派哲學者集團的代表人物之一。

據亞里斯多德說，則南是創立辯證法的始祖。則南是耶列阿學派的大支柱，是巴門尼德斯（Parmenidēs, 515-460 BC）的忠實學生。他爲了辯護師父的哲學思想，即主張：「事實是超過感覺與經驗的結果，而成爲不生不滅，不變不動的一個物質」，終遭論敵迫害而亡。

3. 遠離希臘本國，較能避免統治支配的壓力

如上所述，在希臘的殖民地所誕生的愛奧尼亞哲學，能比希臘本國（都市國家）的諸哲學早一步成立，其原因大體是：（1）愛奧尼亞在地理上，靠近古代王國的巴比倫尼亞（Babylonia, 1800-1000 BC爲盛時）、亞述利亞（Assyria, 750-612 BC盛時）等東方富強諸大國，所以經濟上早就發達爲富裕地域，（2）遠離希臘本國，較能避免殖民地支配的壓力。

在公元前的年代的中後期，除了愛奧尼亞派哲學之外，當時從雅典周遭的南義大利，或托拉奇亞（Thracia，雅典東北部海岸地域）相繼產出許多哲

學家，即伊壁鳩魯斯學派（Epicureanism）、畢達哥拉斯學派（Pythagoras）、耶列阿學派（Eleatics）、多元學派（Pluralism）等。他們所探求的課題，一律是有關創始萬物（世界、宇宙）的「始源」（arche，阿爾科）的問題。

泰利斯學派以「水」爲創始世界的始源。

伊壁鳩魯斯（Epicurus, 341-270 BC），以快樂主義（hedonism，以快樂爲行動的動機及目的，或者爲道德的基礎及其目的，以道德律爲其手段的論說）著名，生於薩模斯島（Samos），西元前三一〇年在彌愈體勒哪（Mytilene）開設學校，四年後移住雅典，經營「伊壁鳩魯斯庭園」爲學問所，而成爲「伊壁鳩魯斯學派」之祖，以後三十六年間在雅典過了隱遁生活。他認爲人生的目的是快樂，同時把其分爲「規準學」（Kanonikē，知識的唯一的基本）、「自然學」（Physikē，人的靈魂、神等萬物，都誕生於原子及其運動中，死是原子的散逸）、「倫理學」（Ethikē，原子atom存在只有原子及其運動的場所的空間而已）的三個範疇。

多元論者（Pluralism），定立二個以上的實在或原理，想要說明世界的立場。在古代，以地、水、火、風爲世界的四個始源的恩貝多克利斯（Empedokles, 493-433 BC，西西里島Akragas出身的哲學家）等爲代表。

德謨克利圖斯（Democritus, 460-370 BC），雅典東北部Thrace的Abdera出生，青年時，到埃及與東方地區旅行，博學多識，被稱爲Gelesinos（英：Laughing Philosopher，微笑的哲人），原子論者，也關係「倫理學」。他的原子論，在中世紀受壓迫，但在十七世紀再復活，以至到近現代。

耶列阿學派（Eleatics），西元前六世紀後半，在南義大利的耶列阿村崛起的一派，則南、芝諾芬尼（Xenophanēs）、克歇哪・伐涅斯（西元前六世紀的宗教詩人）、巴門尼德斯（Parmenidēs, 515-460 BC，西元前五世紀的哲學者）等爲代表性哲學者。

因古代希臘的「物質主義」，哲學思考的對象森羅萬象，世界與人（非我與自我）都在內，所以，當時的物質論並不排除觀念論。

物質論是以物質爲世界開闢的始源，所以，一切思考皆以物質（matter, Materie）、存在（being, Sein）、自然（nature, Natur）、事物（thing, Ding）、實在（reality, Realitat）爲出發。

古代希臘哲學的物質論，到十五、十六世

紀，促使「天文學」（astronomy）、「生物學」（biology）、「醫學」（medicine）等自然科學發展。

後來，到近現代，十九世紀末葉，日本近代民權主義者中江兆民（一八四七—一九〇一），把法文的物質論（matérialisme）翻譯日文爲「唯物論」（中江《理學鉤玄》，一八八六），從此，唯物論這個用語廣泛傳播於漢字圈的亞洲諸地域。

（三）第二期 雅典哲學蘇格拉底的「觀念論」（500 BC）

1. 蘇格拉底的「倫理學」

在古代希臘哲學史上，第二期的雅典哲學，即從西元前五世紀中葉，隨著所謂「辯論家」（sophistēs）的活動而開始。

雅典哲學，此時期由蘇格拉底（Sōkratēs, 470-399 BC）等哲學者登場，所謂從Physis（自然）回歸於nomos（人的法律、習慣、制度），即從第一期哲學的自然的物質，回歸於第二期哲學的人的觀念爲主題，logos（收集、語言、基督教所謂的「道」）、nomos、psyche（幽靈）、arete（德行、健康）、Polis（都市國家）等，成爲哲學的中心課題。

蘇格拉底，雅典繁榮末期的哲學家，父母都屬貴族系統的家庭出身，但是他的半生的事跡都不太明瞭，也沒有留下任何著作，所以只有從柏拉圖與贊諾芬（Xenophon, 430-354 BC，雅典的軍人、歷史家）的著書才能窺伺其狀況。但是，兩者的學問色彩大不相同，以致要探討蘇格拉底的學問時，會有許多不便。

蘇格拉底的思想體系，從初就進入「觀念論」（idealism）。據聞，赫拉克賴脫（Hērakleitos，西元前六—五世紀，希臘的哲學者，以「水」爲世界的始源）若是被稱爲雅典哲學的唯物辯證法的主腦，蘇格拉底則可以說是觀念論辯證法之祖。當時，辯論家只向現實觀看，以致思想一般都淪陷於日常的矛盾與混亂，所以蘇格拉底即強調：若只涉及事實，好像直視太陽而損害眼睛同樣。故他就著重於logos（語言）的世界，擬以探求普遍眞理。他的「倫理論」（theory of ethics）所提起的「善」（good, Gute），是從個個的行爲出發，企求一切場合都能適應的善，並把「德」（羅馬virtus，英virtue，德Tugend）與知識同視。所以蘇格拉底在不知不覺之中卻無視於非合理的部分與感情等的缺陷，關於這一點，亞里斯多德已提

過意見。

蘇格拉底在另一方面，因他的觀念論哲學必然的結果，擁有「神秘主義」（mysticism）傾向。他所憧憬的Kalokagathia（希臘人所敬仰的美麗且善良的人），完全不是從事勞動的農民或工人，而是貴族階層階級。但是在希臘歷史上，他是叫做「人」的世界的第一人，所以被稱爲「觀念論」（唯心論）的首領。

2. 柏拉圖的「觀念論」

蘇格拉底以後，柏拉圖的伊利亞（希、羅、英idea，德Idee，法idée，永遠不變的觀念）的哲學，柏拉圖的存在論，不但是人，也包括著蘇格拉底以前的哲學家所探求的自然，所以齊備著能包括人與世界的理論。

柏拉圖（Platōn, 427-347 BC）出生於雅典，父Ariston是王家的末裔，柏拉圖是貴族出身，但不屬於土地貴族，而是屬民主派。他使許多的親朋好友登上「對話篇」（希dialogos，英、法dialogue，德Dialog）。

柏拉圖即以「伊利亞」與感性上的個體爲存在的始源（二元論dualism，兩個互相對立的原理，以不同的立場各自說明「實在」的全部或一部分）。他認爲「普遍」（the universal, das Allgemeine），是優先於「個體」（individual, Individuum）。他提倡「哲人政治」（rule of philosopher king），追求「理想國家」（Res publica，理想國的根本原理是正義justice）。柏拉圖把蘇格拉底以來的課題，即：什麼是眞正的善？什麼是眞正的幸福？怎麼做才能帶來眞正的善，眞正的幸福？這些很難得到答案的問題，他強調是任誰都有必要努力知道的。

他從四十歲到六十歲，創設學校兼研究所的Akademia，專心於教學指導。開設一間以蘇格拉底的精神爲宗旨的學校，尊重蘇格拉底創設的「辯論術」，教育學術與教養，這是一種劃時代的事情。蘇格拉底是以個人來教育，柏拉圖則以組織來教育，他的創立學校並組織教育，被後代所推崇，「歐洲的大學」的傳統乃開始於此。但是柏拉圖開設的希臘哲學最高學府Akademia，到普羅克洛斯（Proklos, 410-485 AD，最後的館長）死亡後，終於消滅。

3. 亞里斯多德的「論理學」

亞里斯多德（Aristotelēs, 384-322 BC），生於希臘西北部，巴爾幹半島的馬其頓（Macedonia）南方的小都市，醫師家庭。十七歲時赴雅典，就學於柏拉圖主宰的Akademia（此地有英雄Akadēmos的廟宇，柏拉圖才取名爲學校名）。他在柏拉圖去世前的二十年間，是做老師卓越的助理，留在Akademia。

其後，亞里斯多德對柏拉圖思想的重要幾點掀起批判，即離開雅典，移住於舊友Hermeias支配下的小亞細亞的阿索斯（Assos），他獨自的思考與研究急速且顯著進展，據說就是在此時期。

之後，在西元前三四二——三三六年，亞里斯多德成爲馬其頓王子（後來的亞歷山大大帝）學問上的師傅。西元前三三五年回雅典，在同市東北部設立學園，名稱Lykeion（亦稱Peripatos，步廊之意），從此，被稱爲「Peripatos學派」。這個學園具備著圖書館、博物館等高度的設施，有組織的研究學問，使亞里斯多德等及其後繼者留下優越的學術成績。

西元前三二三年，亞里斯多德在學問上的學徒亞歷山大大帝（Alexander the Great, 356-323 BC，古馬其頓國王）一去世，雅典隨即充滿反馬其頓的氣氛，亞里斯多德則逃避於卡爾奇斯（Chalcis），翌年病歿於此地。

亞里斯多德的思想學說，是從批判他的老師柏拉圖開始，但從柏拉圖所受的學問上深切的教訓，也是影響到最後。他特別重視對事物的觀察，吸收古代哲學的諸學說，是把廣泛的學問視野統一爲一個體系的哲學家。

亞里斯多德的著作，可以分爲三種類：

（1）生前所刊行的「對話篇」，如：*Protreptikos*（勸讀哲學）、*Peri Philosophias*（關於哲學）。

（2）國制研究，如：*Athenaion Politeia*（雅典的政體）。

（3）亞里斯多德本來的著作全集，如：*Organon*（論理學書）、*Physica*（自然學書）、*Ethica*（倫理學書）、*Politica*（政治學書）等。

他的諸著作，因內容深奧難讀，所以對他發出大小的種種責難可算不少。但無論如何，亞里斯多德的哲學理論的偉大影響，到今日還不曾減少，是不可輕忽的。

如上所述，雅典在此時期，成爲「觀念哲學」的中心，透過古代成爲學藝之府。

則南

巴門尼德斯

泰利斯

德謨克利圖斯

蘇格拉底

恩貝多克利斯

伊壁鳩魯斯

亞里斯多德

柏拉圖

（四）第三期　希臘．羅馬哲學（Hellenistic and Roman Philosophy）

然而，一到公元前四世紀後半，亞里斯多德去世後，隨即進入Hellenism（十九世紀德國歷史家的新造語，指發展於愛琴海（Aegean Sea，又稱多島海）地域的希臘文化）的初期時代，亦是希臘哲學第三期的開始，一直到西元六世紀才告終。這個時期，除了雅典，亞歷山大港（Alexandria）、羅馬等地佔著地理上的要衝，成爲哲學研究的中心。在雅典的柏拉圖、亞里斯多德的傳統，Academy school、Peripatos school變成「雅典郊外學院」，從事於普通的教育機關。

另一方面，都市國家終於衰亡而「世界國家」崛起。當時屬於有教養的階層（貴族、平民），在這種巨大國家裡如何的活下去？這種新的憂慮產生。在這種環境變化之下，希臘、羅馬哲學遂衰退。後續的基督教「神學」（羅馬theologica，英theology，德Theologie，法theologie），乃取代希臘時代的觀念論哲學。但是基督教攜帶獨特的「神學」登場時，不可否認，若是缺乏希臘哲學傳統學問的積極協助，是不可能取勝的。

早從四世紀起，歐洲社會的政治狀況就開始變化，民族大移動（375-450）開始，羅馬帝國（500 BC-395 AD）終於分裂爲「東羅馬帝國」（East Roman Empire, 395-1453，首都Constantinople，今之伊斯坦堡、土耳其、希臘、敘利亞、埃及等地域成爲傳教範圍）、「西羅馬帝國」（West Roman Empire, 395-476，首都羅馬、義大利、西歐、伊比利半島等地域爲傳教範圍）。其他「東哥德王國」（Osrogoths，以義大利半島爲版圖）、「葡萄牙王國」（Sueves）、「法蘭克王國」（Franks）等相繼佔領法、德、奧、波蘭等地。

但是Hellenism（希羅哲學），原來就是企圖希臘與東方融合的運動，哲學方面，即如東方宗教（猶太教）進入希臘、羅馬，與希臘哲學結合。伊壁鳩魯斯學派（Epicurean School）、斯多葛學派（Stoic School）、懷疑學派（Skeptikoi）誕生。這些雜亂的新學說，在論說「個人的安定感」上是一致的。當然，比起柏拉圖、亞里斯多德的壯大、深奧的哲學，它們是遠不如的小言論，但在當時混亂時代生活的人們，也有一定的信者。

最後，祈求「神」、「超自然」的人，竟是再一度產生「新柏拉圖主義」（Neo-Platonism）的巨大

體系。結果，希臘哲學終依此見到完結，柏拉圖的Akademia學校，終在公元五二九年，以異教徒學校之名被迫關閉。

以希臘哲學爲歷史學看來，原來是亞里斯多德，他在《形而上學》第一卷，有了其論理的描寫，也有神學、天文學、數學等等。

後世有了諸多關於亞里斯多德的論說。然把亞里斯多德的諸敘述，有計劃、且全面的留下來的，只有Diogenēs（犬儒學派Cynicism創立者），這分爲「傳記」與「學說」。

其中，Theophrastos（372-286 BC）寫「自然學」、「形而上學」的歷史，Eudēmos ho Rhodis寫神學、天文學、數學的歷史，同時，Aristoxenos寫了傳記。

三、以「人」爲主體的發現

（一）原始共同社會（Primitive Community）

尚未有政治權力（Political Power）或經濟剝削發生，不知如現代社會的文字（letter）、貨幣（money）、所有（possession），均是以平等（equality）的方式生活，即：同等勞動、同等消費、同等生活（人類成立「社會」）。其社會結合的血族關係（blood relation），被認爲是「人類史的出發點」。特性：

1. 小集團，
2. 分工（division of labour）還不發達，
3. 支配、被支配的權力關係不發達，沒有國家（state）、都市（town），
4. 生產方式（mode of production）單純，
5. 孤立（isolation）。

（二）奴隸社會（slavery, Sklaverei）

人類發展之後，人口增多，爲了互相爭奪生存的自然條件，各個小社會之間爆發戰爭，結果，勝者成爲奴隸主，敗者被支配，被強制做爲奴隸而勞動。奴隸所有者，支配直接生產者的奴隸，進行物質（matter）生產。

奴隸被叫做「會說話的工具」（talking tools），做人的人格被否定，又被主人（master）收奪（expropriation）其全部生產物，過著生死皆不可得的生活。

奴隸制度存在於東方的印度、中國、日本，以及西方的希臘、羅馬等古代社會。

基於被否定（deny, ignore）其人格（personality），並被當做「物」使用（use）的奴隸的勞動之生產關係（relation of production，人與人的關係），就是奴隸社會（奴隸主絕對支配奴隸，最大剝削化）。

古代雅典（西元前四百年）、羅馬（西元前一百年）共和制後期—帝制前期，捉戰爭俘虜（prisoner of war）與買賣奴隸（trade slaves），成爲勞動奴隸或家內奴隸。

近代則有美國大農園（plantation）的近代奴隸。

(二) 封建社會（feudalism, Feudalismus）

1. 基本概念：繼承「奴隸制」之後，先行於資本制的生產方式（mode of production）。

領主（feudal lord, Herr）與農奴（serf, Leibeigene）的「主從制」（master and servant），以封建土地所有者（feudal land owner）與封建小農民（small farmer）之間所結成的生產關係、階級關係爲基本（basis）而成立。

在封建制度下，直接生產者（direct producer）的農奴，成爲事實上的土地所有者（a land owner in fact），自立（self-support）經營農耕，但隸屬（belong）於名目上的土地所有者（nominal land owner）的領主，並被剝削其「剩餘勞動」（surplus labour）。這叫做「封建地租」（feudal rent）。

◎剝削（exploitation）：透過經濟活動榨取剩餘勞動。

◎掠奪（plunder）：以超經濟手段奪取生產成果。

◎收奪（expropriation）：生產手段（土地、工廠）的掠奪。

此時的封建奴隸農民有兩種：

（1）農奴：負擔「勞動地租」（labor rent），隸屬性大。

（2）隸農：「生產物地租」（rent in kind）、「貨幣地租」（money rent），身份性隸屬（Status belong）較輕。

封建土地所有者：在歐洲，大小規模的領主，爲了支配農奴或軍事上的必要，以「知行制」（beneficium, Lehenswesen，行政、司法、軍事三權由封建主所把持）的位階制（vassal, court ranks）規定「階級」，

而形成封建領主制。但在中國、朝鮮、印度等亞洲世界，地主只取得部分地租，國家成爲基本地租取得者——即封建國家所有制。馬克思把它叫做「亞細亞的生產方式」（Asiatic mode of production）。

2. 封建社會的成立及其崩潰：從人類史看來，「封建制」是奴隸制與資本制的中間性社會制度，在諸民族的歷史過程上，直接從「原始共同體社會」（Primitive community, Ursprüngliche Gemeinschaft）或「亞細亞生產方式社會」（Asiatische Productionsweise）成立封建社會的也不少，在世界上這種例子很多。

從生產方式（mode of production）看來的封建制，因不像資本制，把生產力急速發展，所以前一段的奴隸生產方式諸關係，不能一舉就將其解體（take to pieces）。因此，「封建社會」的成立，是長期且緩慢的，所以要明確畫出一個時期較爲困難。

封建社會的經濟構造，即以「家長制自然經濟」（Patriarchal natural economy）和「自給自足」（autarky）爲特質（peculiarity），有一定的分工（division of labour）的商業與都市爲封建經濟的一環，領主把從農民剝削得來的貢納物（tribute, Tribut）之大部分，給予商品化，展開中世紀的商業與高利貸（practice usury）。另一方面，以手工業者（handicraftsmen）與商人的「同業公會」（Guild）爲中心的都市，卻從領主支配保持一定的獨立，保持些許自由。

封建社會崩潰的動機：

（1）中世紀商業發達→前期資本（former capital）發展（包括新大陸發現後的「資本原始積蓄」）。

（2）農業生產力上昇→農民小商品生產擴大→農村生產開始分工、市場關係擴大→封建地租相對降低→封建小農成長爲獨立自耕農→農民階級分化（differentiation）→資本與工資勞工（wage labour）成立。

（3）農民暴動（farmer riot）→商人操縱暴動（merchant control riot）→資產家階級民主革命（bourgeois democratic revolution）→「近代資本社會」開始。

（四）資本主義社會（capitalistic society, Kapitalistsche Gesellschaft）

資本主義社會是基於「私的所有」（private

possession）與「階級對立」（class oppose）的社會諸形態之一，在十八世紀後葉至十九世紀初葉，以「資產階級革命」，透過「封建制崩潰」而登上歷史舞台。

基層構造（basic structure, Unterban）：這是以資本主義生產諸關係的「總體」（the whole）爲一個社會的經濟構造，其上，聳揚著資本家的法律體系與政治制度，並加上社會的諸意識形態的「上部構造」（super structure, Uberban）。

資本主義，不僅是把「人」的勞動的生產物，亦把人本身的勞動力（labour power, Arbeitskraft）商品化的商品生產的最高發展階段，即人的勞動力也可當作商品買賣。

資本主義生產諸關係的基礎，是生產手段（instrument of labour, Arbeitsmittel）的私的資本主義性所有制度。能使這個制度一下子當做社會制度而確立的，是以「資本的原始積蓄」（primitive accumulation of capital）爲基礎，剝削勞動者的勞動爲資本。

原始積蓄是，農村資產階級與資產地主，利用國家權力所做的，使直接生產者（農奴）與生產手段（土地等）的強制的（enforcement）分離過程，其基礎是從農民收奪（expropriation），使資產階級單方佔有（occupation）生產手段（勞動手段）而成長。另一方的截然對立（polar）的農奴，從封建隸屬被解放，同時從一切的生產手段被割開，結果製造大量的「自由」的勞動者階級（Proletariat）。

在資本主義「商品」（commodity, Ware）生產之下，一切生活物資（living materials）都爲獲取「利潤」（profit, Profit）而來做商品生產，販賣（sale），所以若無擁有貨幣（money, Geld），一天也無法存活。沒有東西販賣的勞動者階級，只有把自己所擁有的勞動力（肉體的及腦力的能力的總體），以計算時間方式來賣給資本家階級，才能獲得生活費用。資本家買其勞動力，支給其價值，把其與「生產手段」（機械與原料等）結合，使之生產出比支出更多的價值，把其差額（difference）做爲「剩餘價值」（surplus value, Mehrwert），而無償（free of charge）的納爲己有。如此，表面上是平等，但實際上是不平等的支配，表面上自由，實際上不自由，就是資本主義的特質。但依靠「剝削」的生產力發展，總歸與生產關係發生矛盾，而指向社會主義。資本主義被認爲是階級社會的最後的形態，以這個爲社會終

焉，人類社會的前史（prehistory）告終。

(五) 文藝復興（英、德、法：Renaissance；義：Rinascimento）

十四—十六世紀，以義大利為中心崛起的，以古典主義（classicism）為指導理念的主張「人性」（human nature）的文化運動。

一般認為，這是從中世紀的黑暗（darkness）與野蠻（barbarism）逃出（come out）的光輝（brilliance）與文化（culture）的時代。

瓦薩里（Giorgio Vasari, 1511-74，義大利畫家）在古典美術再生的意思上，最初用「文藝復興」一詞。

米什萊（Jules Michelet, 1798-1874，法國歷史學者），在《法國史》中，把文藝復興定義為「人與世界的發現」。

布克哈特（Jacob Burckhardt, 1818-97，瑞士的美術史家）指出，這是人在「自由」的名義下，對一切領域做了無限的發展的時代。超越血統（blood）與財產（fortune），以自己的力量與計劃（plan），在善惡（good and evil）兩面，完成了最高度的個性（individuality）。

兩千多年前古希臘時代的維納斯雕像，展現了人體之美

以下分點概述：

1.「文藝復興」成立於義大利的理由：

（1）義大利獨佔東方貿易，招來都市與市民權（citizenship）發達，封建被打倒，成為新文化發達的基礎。

（2）地理、歷史上，義大利擁有繼承古典文化的基礎。

（3）比起其他歐洲的地域，中世紀的義大利，在政治上、經濟上是流動的（dynamic）。

（4）受到回教（Islam）、拜占庭（Byzantine，東羅馬首都）的影響。

（5）商業及羊毛工業、織布等工業發達，給予文藝復興經驗主義的基礎。

2. 分期：

（1）第一期（十四世紀）：但丁（Durante Alighieri, 1265-1321，詩人）、維朗尼（Giovanni Villani, 1275-1348，佛羅倫斯（Florence）商人、歷史家）、喬托（Giotto di Bondone, 1266-1337，畫家、美術家）、薄伽丘（Giovanni Boccaccio, 1313-75，文學家）等爲代表的時代，封建制與市民社會的未分化及其鬥爭。

（2）第二期（十五世紀）：市民社會確立及古典主義理想主義發達，文藝復興的安定期，在佛羅倫斯的人文主義者（Humanist）的活動，美術上，寫實主義（realism）定著。

（3）第三期（十六世紀）：市民階層的保守化（conservatism），知識的裝飾化，外國勢力侵入，社會混亂，馬基維利（Niccolò Machiavelli, 1469-1527）、達文西（Leonardo da Vinci, 1452-1519）、米開朗基羅（Michelangelo, 1475-1564）的時代，但因戰亂都逃避於英、法，影響西歐各國。

3. 人文主義影響：

（1）荷蘭伊拉斯謨（Erasmus, 1466-1536）。

（2）德國梅蘭西通（Melanchthon, 1497-1560），神學者、宗教改革者。

（3）英國摩爾（Thomas More, 1478-1535）。

四、「革命」的眞義

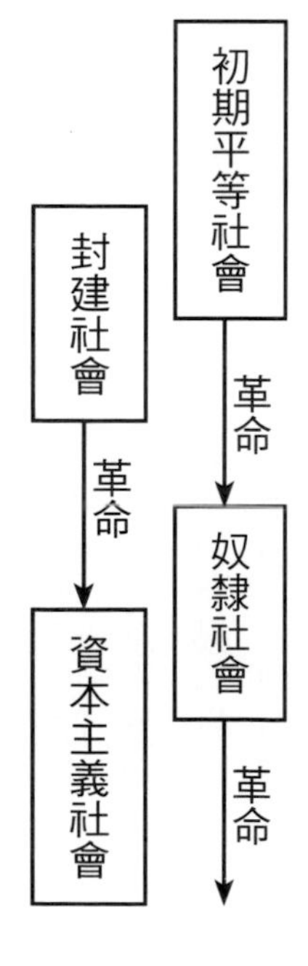

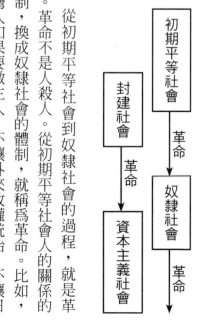

從初期平等社會到奴隸社會的過程，就是革命。革命不是人殺人。從初期平等社會人的關係的體制，換成奴隸社會的體制，就稱爲革命。比如，台灣人如果要做主人，不讓外來政權統治，不讓日本人統治，不讓國民黨統治，是不是把日本人或是中國人都殺光就是革命？不是！我們不是去殺人，而是要變更統治的體制。

從奴隸社會到封建社會的過程就是革命。初期社會大家都平等，奴隸社會有階級，分奴隸主與奴隸，這就是一種制度；接著奴隸主與奴隸之間，已經變爲沒有奴隸主與奴隸的體制，這稱爲封建社會。**變更體制即稱爲革命，這是世界歷史最基本的變化**。這些變化在西洋都曾發生過，希臘時代的前期屬於初期平等社會，希臘後期與羅馬時代的階段屬於奴隸社會，接著希臘（文明）的消失轉變爲羅馬與基督教崛起，從公元前二〇〇年到公元一五〇〇年，將近有兩千年的時間屬於封建社會，其社會演變的過程，人與人之間的關係原則或人的地位皆有不同，這就稱爲革命，這是西方的部分。

打倒中華民國體制，才是真正的革命

東洋有嗎？西洋有在進步，從初期平等社會到奴隸社會變成封建社會，這就表示人的身份一直在自由化。中國有嗎？中國沒有革命，從古代兩千多年以來，經過商朝、西周、春秋、戰國時代，接著秦朝、漢朝，雖然都有改變，卻是當帝王的人在改變，社會體制並沒有改變。所以說**東洋的革命是易姓革命，只有換「姓」，並非更換體制，都是帝王體制**。

中國、印度等亞洲方面的進步都輸給西洋的原因是，西洋是經過初期社會的變動，並不是人（皇帝）的改變，奴隸社會之奴隸主是統治者的變動，是社會當時人的關係的變動，接著封建社

會的變動，所以說西洋是體制的革命，社會的本身都有改變，而東洋都是換帝王，社會本身還是由帝王來統治。西洋的社會，從初期平等社會變成奴隸社會有改變，奴隸社會開始有了一些自由，從奴隸社會到封建社會，奴隸已開始有「人格」，在奴隸時代奴隸沒有人格，在封建時代已開始有「人格」，被稱爲「農奴」（農業奴隸），當時的奴隸已經不能買賣或消滅，所以說有在進步。

希臘當時是初期平等的社會，在初期平等社會個人都很自由，當時的希臘稱爲都市國家（城邦文明），一個家庭即一個國家，一個村莊即一個國家，當國家要做事，比如要生產什麼或跟誰打仗，要做任何決定的時候，全部村莊的人會到廟口集合共同討論決定，採用舉手表決方式來產生多數者與少數者，而贊成的多數就會成爲他們的政策。這種政治方式大家應該要知道，這是爲了自己的國家要做什麼事，大家集合在廟口或是大樹下來表達自己的意見，這種政治的決策方式就是民主，這就是民主的原則。村莊的每個人都可以表達自己的意見，而多數者的意見就會成爲村莊要做的政策。現在看來民主難道不就是這樣子嗎？

在台灣不可能找大家來舉手表達個人意見，但是咱台灣難道不也必須以多數人的意見來決定台灣的事？台灣要進步，比如說打倒國民黨比較好，如果是由多數台灣人的意見來做決定，這不就是民主嗎？而民主的源頭就是來自於希臘（文明）的這種方式。比如這個村莊要跟另一個村莊打仗，各村莊會先開會決定要不要打仗，以開會來做決定，這就是民主，民主的原則就是這樣，大家都有權利表達自己的意見，就像現在每個人都有一票。

希臘時代都是一個家庭（雅典）或一個城市，從希臘開始到羅馬時代，這種民主方式，由於人口越來越多，土地越來越廣，人的關係也越來越複雜，已經無法再集合大家用舉手表決，所以改變成間接民主，比如咱要到高雄參加決策，但無法每一個人都到場，因此就推派一位代表去參加，這就是間接民主。而希臘時代由人民自己去表達意見，就稱爲直接民主。

這些知識大家一定要寫下來，讀政治是很高級的事，在台灣的大學畢業生還有許多人不知道什麼是直接民主與間接民主，這是很好的機會，懂這些是咱台灣人的義務，什麼事情都要知道，大家要知

道什麼是民主，民主就是一人一票，依照多數者來做整個原則或政策。例如雅典是希臘的一個都市，也是一個國家，當時幾百人集合起來用投票來表決是否打仗或做經濟分配的政策，這就是民主。

世界的人類從希臘時代迄今已有兩千數百多年，地球上的人類已越來越多，因爲幅員遼闊、人口衆多，已無法集中，因此各區域選出一位代表去參與議會，這種稱爲議會政治，採用間接方式，非個人直接去參與，這是間接民主。自己去投票是直接民主，直到羅馬時代末期因人口太多，已經開始改變成間接民主。

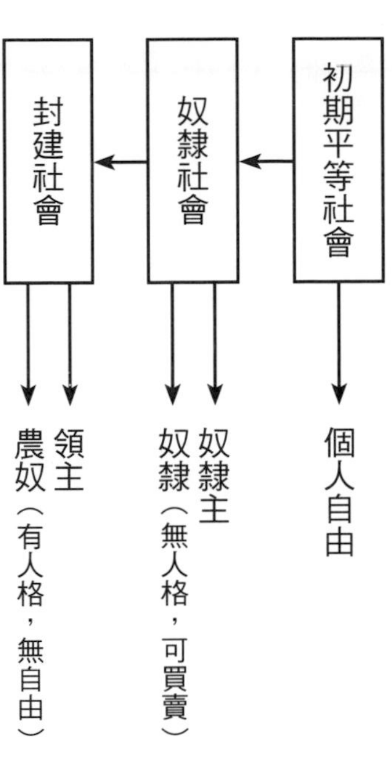

在封建社會稱爲領主與農奴，奴隸社會的奴隸不是人，無人格，可以買賣。封建時代的奴隸已有人格，奴隸主是人，奴隸也是人，人格已大有進步，這個時代稱爲農奴。領主是指一片土地都是他的勢力範圍，而向領主借土地耕作的人稱爲農奴，如同台灣早期地主與佃農的關係，所以農奴已有人格，不能買賣。但領主爲了支配他的領土，對於農奴的移動也有要求，比如從士林到北投必須要事先通報，否則就懲罰。大家可曾聽過或遇到過去台灣也有類似的情形？

我跟各位說，在一九四五年蔣介石佔領台灣的初期，一九四九年我在台灣，當時日本所做的戶籍資料是全世界最完備的，所以蔣介石將那些戶籍資料也全部接收，當時他的特務有三十萬人來台，把戶籍收集交給特務，用來管制台灣人，比如要從士林到北投必須先報備，否則晚上就來敲門查戶口，如果少一個人，戶長會立刻被抓走，這與封建社會的情形相同。所以各位知道中國人的統治就跟封建時代一樣，看現在有哪一個國家的人民出門需要報備？比如我家有七個人，特務、憲兵、警察他們都是在半夜兩、三點來查戶口，並且故意用皮鞋把大

門敲得很大聲，目的是讓你感到恐懼再開門，開門後，戶籍一查，如果多一個，就問這個人是怎麼來的？沒有報備就抓起來，然後一去不回，這種情形就與當時一模一樣。所以大家要知道，讀歷史就能知道，現在是比別人進步還是比別人落伍。

領主不只把領土借給你，還把你一年收成的八、九成全部拿走，只讓你能夠吃飽而已，這是在封建時代。你們看，雖然從初期平等社會到奴隸時代有一些進步，奴隸時代到封建時代也有進步，卻又爲何會革命？他們是整個體制的改變，而不是只有人的改變。

這個社會從公元前兩世紀—公元十五世紀有將近兩千年都是領主與農奴的世界，所以，一方面表示社會沒有在進步，另一方面也表示呈現安定的狀態。不過因爲農奴的行動不自由，其生產的八、九成都被領主拿走，這些對農奴產生極大的壓迫，已造成農奴十分的不滿，所以農奴就在安定中帶著不滿，這是歐洲世界近兩千年的情形。

歐洲的第一個動盪，是十三世紀時，蒙古入侵歐洲，讓歐洲世界大感驚訝。原本以爲世界上只有歐洲人，怎麼還有蒙古人，這麼厲害，比如伏爾加保加利亞（Volga Bulgaria）曾被蒙古佔領四百年，那裡雖然是東歐人，但頭髮跟眼珠都是黑色的，就表示是與蒙古人混血的緣故。所以蒙古西征對歐洲的社會造成很大的刺激，讓原本很安定的歐洲與認命的農奴，在蒙古來了之後引起很大的動盪。第二個動盪是，十五世紀發現新大陸，以及發現從歐洲繞過非洲好望角，通往亞洲印度的新航道，使得歐洲人的想法或思考未來如何活下去，產生很大的改變。第三個動盪是，基督教與回教的戰爭，耶路撒冷是基督教與回教的聖地，當時全歐洲派兵出征，讓原本很安定的西洋開始發生動盪，人們有了冒險到外界去闖一闖的心。

在這種情形下，受到封建社會將近兩千年的壓迫，人心已在思變，因爲不變就應付不了正在面臨的每一次的動盪。但要如何改變？一方面，十五世紀英國人到中南美洲拓展殖民地，以掠奪的方式去取得物資，然後換成金銀回到歐洲。從英國開始已使用金銀，除了吃以外，還要財產，而這些「財產」都是金銀，因此產生了資本主義。從最早的初期平等社會到奴隸社會，再變成封建社會，再變成資本主義社會。

資本主義社會跟過去的社會，有一項根本上的不同，我說過，人要吃才能活，人最早從大自然取得東西，現在逐漸發展成人去製造吃的東西，封建時代採自給自足，農奴生產的收成都給領主與自己，這樣安定了一千多年。但現在資本主義都使用金銀，他們將剩下的作物製成商品後再販賣賺錢。封建時代是自給自足，資本主義是商品，自己不吃，拿去製成商品，這就是一種革命。這種情形之下，要賺錢就需要市場，有市場才能夠買賣，但這與封建社會就產生了衝突。

封建社會在歐洲都是很多的小封建國家（城邦），但資本主義必須去尋找市場才能夠發展。比如亞當・斯密思的《國富論》寫道：從瑞士首都蘇黎世到德國柏林，必須經過二十三個小國家，也就是要被徵收二十三次的稅金，所以封建制度的存在，讓資本主義不但無法發展，還會失敗。因此資本家結合那些被領主剝削近兩千年，早已心生不滿的農奴來打倒封建社會，他們告訴農奴，打倒封建社會後大家可以一起分享，大家都平等，所以最後封建社會被資本主義打倒了。資本主義開始發展，農奴進入工廠去做工。不過當資本家變有錢之後，整個社會都是他們掌權，他們曾對農奴說過打倒封建社會，大家都自由，大家都有份，但事實上並沒有，而是資本家壟斷了政治與經濟。

學員提問：共產主義提出的口號「無產階級專政」，是屬於哪一種階段的社會？

答：資本主義社會從十四世紀就已產生，但共產主義是十八、十九世紀產生的。初步來說，十九世紀的馬克思主義是主張共產社會，但是其共產社會在馬克思死後，於第一次世界大戰後分成兩個，一個是通過民主方式來達到平等的社會主義社會，另一個是用武力來打倒資本主義，實現社會主義的社會。比如，德國、法國、英國、北歐四國是屬於透過民主來達成平等的社會主義；蘇聯的列寧與斯大林使用武力，他們動用祕密警察去屠殺地主、富農等有錢人，變成獨裁專制主義，斯大林從一九二八年到一九五三年，總共屠殺六千萬蘇聯人。馬克思認爲資本主義社會逐漸讓人性墮落，他爲提高人性才提倡共產主義。但蘇聯的共產主義卻殺掉六千萬的人，這是在毀滅人性。蘇聯一九一七年的革命（十月革命），到一九九一年蘇聯解體時，

聽講習的年輕學員（張正宜）

聽講習的年輕學員（林幸蓉）

聽講習的年輕學員（吳欣怡）

不但是共產黨，連國家都倒閣垮台了。繼承蘇聯武力的共產主義模式的，就是毛澤東，毛澤東從一九四五年到一九七六年他死掉的那年，總共殺掉六、七千萬的人，如今對共產主義是好是壞，世界也已經有了定論。

五、基本人權（Fundamental human rights）

（一）西歐古代未有人權問題

人類在上古時期，奴隸不被當作人看待，連有權參加國政的自由人（free man），也完全從屬於國家，所以未產生人權的思想或制度。

往下在中世紀社會，各階層的身份（status）仍然有區分，分為領主（lord）、騎士（knight）、農奴（serf），各有堅固的不平等（inequality）存在，所以在這封建時代，也未把做人的權利當作基本問題。

（二）西歐近代是人權問題萌芽時代

在西歐的封建制（feudalism）開始崩潰之際，絕對主義（absolutism）的近代國家出現，就是人權問題開始的過程。此時，封建諸侯從事資本主義生產，但是絕對主義的帝王壓迫這些小諸侯，而引起這些小諸侯反對帝王的專政，人權問題於此開始初步的出現。

（三）資本主義發達是基本人權思想發展的經濟背景

西歐十五、六世紀，資本主義開始發展，資本家生產日益擴大，自由民主政治思想興起，農奴逐一被解放，資本家階級即以國王的絕對主義爲資本主義發展的桎梏，第三階級（third estate, bourgeoisie）勢力強大化，新興資本家階級與貴族（nobility）對國王主張其抵抗權（right of resistance），所謂做人的「基本人權」理論以此爲社會背景而成長，其後，人權問題發展爲勞動者、農民等多數者大眾的聲音而更加紮實。

一六二八年英王查理一世（Charles I）署名的「權利請願」（Petition of Right），比一二一五年英王約翰（John）署名通過的「大憲章」（Magna Carta），更爲大眾化，這就是新興資本家階級的大勝利。其議會主義的勝利，乃是初次預告「資本家階級革命」（民主革命）的到來。

（四）英國的「基本人權」思想發展

資本主義最早發展的英國，經過兩次的資本家階級革命（bourgeois revolution），即清教徒革命（Puritan Revolution, 1640-60）及光榮革命（Glorious Revolution, 1688-89），資本家階級國家就此成立，這使得在封建制胎內發出萌芽的「基本人權」思想，確實發展。

一六八九年的「權利章典」（Bill of Rights），就是基本人權思想在國家制度內踏出法制化的第一步，所以，法治原則、請願權、實現選舉制度、尊重議員自由言論等法令，成爲英國憲法最重要的人權文件。

（五）法國大革命與美國獨立宣言的「基本人權」

關於基本人權能夠滲透於西歐世界，而成爲各國憲法所不可或缺的要件，誠是以法國大革命（一七八九－一八四八）爲出發點。但是，十八世紀以前，無論法國或美國，都受到英國革命與民主政治思想的影響，特別是受到約翰・洛克（John Locke, 1632-1704）的自由思想的大影響。所以，基本人權思想的基底，即「自然法」（natural law，西歐的倫理、政治、社會的基本理論）及「自然權」（natural rights，人生而就有人權），受到資本家階級的壓倒性

支持。

「美國獨立宣言」（一七七六）與諸州的權利章典，及法國大革命的「人及市民的權利宣言」，都是各國人權思想與制度的很好典範，使不保障基本人權的國家被認為是「不擁有憲法的國家」。

在這些時代所確立的基本人權，都是指資本家階級國家的「市民」（citizen）的人權，所以以所有權（ownership）、職業、居住、言論、出版、集會的「自由權」為其內涵。

(六) 勞動權概念

到十九世紀後半，資本家階級的自由民主思想發展的結果，想要以打破社會、經濟的不平等及工、農貧困為人權的勞動者運動興起。這種「勞動權」（right of labour，有勞動能力的勞動者，對國家要求提供勞動機會，並要求失業時提供生活費用），逐漸受到一般社會所認識，所以在第一次大戰後，德國的威瑪憲法（Weimarer Verfassung, 1919）把其制度化，其後，各國相繼追隨。但是這些勞動權、生活保障權，只是對國家的形式要求，在資本主義社會體制下，這些人權尚未有確切落實的可能。

(七) 「世界人權宣言」

人類經過第一、第二次大戰的禍害後，在一九四八年十二月，聯合國第三屆總會通過「世界人權宣言」（Universal Declaration of Human Rights）。前言云：「對人類家庭所有成員的固有尊嚴及其平等不移的權利的承認，乃是世界自由、正義與和平的基礎。對人類的無視和污衊已發展為野蠻暴行，這些暴行玷污了人類的良心，而一個人人享有言論和信仰自由並免於恐懼和匱乏的世界的來臨，已被宣布為普遍人民的最高願望。為使人類不致逼不得已鋌而走險對暴政和壓迫進行反叛，有必要使人權受法治的保護，有必要促進各國間友好關係的發展。各聯合國國家人民已在《聯合國憲章》中重申他們的基本人權，人格尊嚴和價值以及男女平等權利信念，並決心促成較大自由中的社會進步和生活水平的改善。……」這有關人權的誓言，是現代民主主義的核心，是極高格的理想精神。

但是看看第二次大戰以來，人類世界的現實，與這個理想精神，尚有很大的距離。

其他，還有列寧憲法（一九一八）和斯大林憲法（一九三六），以及毛澤東的中國人民共和國憲法

台灣人權的主要問題，就是實現台灣民族獨立與殖民地解放

等，都是在獨裁專政之下，並與社會現實相悖離的，有名無實的假基本人權。

凡是決定基本人權概念的基準，要看其社會多數者，是否獲得更多的生活自由和更高的生活水準的事實，才能認定。

（八）台灣仍處在外來殖民統治體制下的奴隸身份

台灣四百年來，一貫被迫處於殖民地統治（colonial rule）之下，台灣本來的鄉土（homeland）與民族（nation）都受到殘酷的征服霸佔、壓迫掠奪及屠殺，現在還是屬於「殖民地社會」，是現在世界唯一的殖民地社會，做人的權利從基本遭到毀壞，所以關於人權問題根本在談論之外。

要先努力實現台灣民族獨立與殖民地解放，就是台灣人權的主要問題。

六、階級（class, Klasse）

（一）概念

在一定的歷史階段的社會生產組織之下，

分爲：1、佔有社會的生產手段（instrument of labour）、即資源（resources）、工具（instrument）、機械（machine）、工廠（factory）、土地（land）、企業（enterprise）等，而剝削（exploitation）他人剩餘勞動（surplus labour）的集團，及2、不擁有生產手段，爲生活而提供「剩餘勞動」於他人的集團，這兩個集團，稱爲「階級」。

無階級的原始共產社會（primitive communal society）除外，在古代的奴隸主（lord）與奴隸（slave），中世紀的領主（feudal lord）與農奴（serf），及近代的資本家（capitalist）與勞動者（worker），就是各時代的基本階級。

（二）發生

在社會生產力的一定的階段，「剩餘生產物」產生之後，從管理這些生產物的管理員之中，出了簒奪者（usurper），即統治「直接生產者」（direct producer）的地位的一群人出現，尤其在戰爭獲勝的部族（Stamm, tribe），把敗北部族當做奴隸驅使，成爲社會發展的一大要因。從事直接勞動的肉體勞動（physical labour），與對這個生產的指揮、命令、管理等活動的精神勞動（mental labour）的分裂（division），竟然表現階級的分裂，這也是階級發生的要因。

（三）歷史的展開

古代的奴隸（slave）本身，乃被當做「會講話的物」，一切人格（personality）都被否認，並被當做奴隸主的買賣的對象。中世紀的農奴（serf），佔有土地，領主卻把農奴束縛於土地，一定時期使他們在領主直營地勞動，並徵收貢納（land rent）。到了近代，從奴隸身份獲得自由，且一切生產手段也自由的所謂「工資勞動者」（wage labour），反而被強制在擁有「生產手段」的資本家的工廠勞動，這樣做，才能買回爲了生活所必需的消費手段（instrument of consumption）。究竟，勞動者階級永遠得「從屬」於資本家階級。這就是所謂「工資奴隸制」。資本與工資的關係，就是階級關係，必須找到階級隸屬的解體，人人均平等的相互關係，人類才能再進一步。

（四）「階級」在經濟上的不平等

在資本主義社會，勞動者在法制上都享有人的形式上（formal）的平等權利，但，在經濟上，卻以生產手段所有形態，分爲有產者階級（bourgeoisie）與無產者階級（proletariat）的兩個階級集團，並在兩集團之間發生實質的（real）不平等（inequality）。

馬克思即以「剩餘價值理論」（theory of surplus value），解明在資本主義社會，價值雖是由「勞動」生產，但其「剩餘價值」卻屬於有產階級（資本家階級）所有。並且，資本家階級把其所得的「剩餘價值」，再投資於新的資本主義生產，而進行新的「資本積蓄」（accumulation of capital）。如此馬克思解明了這種資本主義制生產的社會構造。

七、民主主義

「民主主義」（英Democracy，德Demokratie，法démocratie，俄Демократия）這個詞，在今天發展爲非常多樣貌的意涵，有的意思是「關於人在社會生活中一定的方法或信念」；有的意味著特定的政治原理或政治型態。在現代則變得更加複雜，如歐美的自由國家說自己是民主，但俄國、中共等獨裁國家也自稱是民主主義，他們各自主張、高倡自己的民主主義。

民主主義的語源是希臘語dēmokratía，由dêmos（人民）與kratos（權力）結合而成，所以Democracy擁有「人民權力」的意義。民主主義（人民權力）從最初就和單一權力的「君主政治」（absolute monarch）相對，與權力屬於少數人的「貴族政治」（aristocracy）與「獨裁政治」（dictatorship）也全然相對。

「民主主義」是「擁有權力」並且能「自己行使權力」的政治概念。若是從語源說起來，民主主義的意義是與「人民主權」（people's sovereignty）、「全民主權」（popular sovereignty）都一致的。

英國著名的政治學者勃來斯（James Bryce, 1838-1922）在其著作《近代民主政治》（*Modern Democracies*, 1921）是這樣說的：「早在前五世紀，歷史學家希羅多德（Herodotus, 484-425 BC）的時代，民主主義這個說法是指國家權力不屬於特定階級，而是屬於社會全體成員的一種政治原理及形態。」意即民主主義是由人類經過經驗及願望，爲了實現

一種民主政治原理的政治型態所產生的。

希臘時代，在都市國家（Polis）的Democracy有了多數奴隸的存在，所以實質上是貴族性國家。柏拉圖認為民主政治是反「哲人政治」（Rule of Philosopher King）的、支配大眾欲望的墮落型態。而且連與柏拉圖有異議的亞里斯多德，也認為Democracy只適用於惡劣不佳的政治型態。實際上，Democracy是在個人覺醒的文藝復興（Renaissance）之後才被重視的。特別是在十八世紀，經過英國革命、美國獨立、法國革命，確立民主政治的原理與形態之後，才開啓了進步的時代。

民主主義的基本理念，在《美國獨立宣言》（一七七六）是說：「……造物者創造了平等的個人，並賦予他們若干不可剝奪的權利……為了保障這些權利，人們才在他們之間建立政府，而政府之正當權力，則來自被統治者的同意。……」在法國的《人權宣言》（一七八九）則是說：「……人類與生俱來在權利上始終是自由與平等的。一切政治結社的目的，都在於維護人類自然的和不受時限的權利。這些權利是自由、財產、安全與對壓迫的抵抗。整個主權（sovereignty）的本源屬於國民。……」

由此，自由、平等、主權在民都是屬於革命的權利，這就是民主主義的原理、內容。大家不能忘卻這些來由及意義，否則就會很容易對民主主義有著過激的認識，認為民主主義是暴民政治、過於完全的政治型態，甚至是違反自然秩序的。

在十九世紀至二十世紀，Democracy的思想迅速發達。自英國於

史明老前輩的世界史回憶錄

■辛在台

台灣人民已經進入主權在民時代，但政治生活與經濟生活互相背離，是一個愈來愈明顯的趨勢。眼光拉高來看，這種背離不僅發生於台灣，且已傳染為世界現象，稱之為全球症候群亦不為過。

一九八九年啓動之蘇東波骨牌效應，被視為民主．資本主義之勝利，亦為意識形態爭鋒之歷史的終結。此後，資本主義銳勢難擋，全球化成為硬道理，世界逐漸被推平。然，歷史遠未到達終點，二十世紀之翻天覆地，依舊未能解決民主．資本主義體制的內在矛盾。

冷戰時代，東西對峙，民主．資本主義之內在矛盾，覆蓋於全球性對抗之煙霧中，且，全球資本主義尚未上場。於今，資本主義突破國家間之壁壘，民主．資本主義之結盟亦告脫落，民主國家．政權不再是資本家唯一的選擇，舉凡能提供資本加速累積之條件者，皆為資本家垂愛之新歡。

此一場景，與台灣命運息息相關。台灣之資本家，往昔對內俯首於黨國體制，對外馳騁於民主．資本主義陣營，其於台灣屬利益共同體。詎料，中國改革開放之狂潮，全球化波濤之衝力，席捲台灣之資本家而去。當今，台灣日益民主，而資本家日益背離，此真台灣獨立建國．國家正常化之最大阻攔，故近來有中間偏左路線之討論，以求制止錢進中國之離心力。

數十年前，史明老前輩發憤著作《台灣人四百年史》，揭舉比「左統」、「右統」、「右獨」更具深度之「左獨」路徑圖。現，老前輩擴張論述場所至近代文明之全景，完成《民主主義》一書，並將繼續書寫《從民主主義到社會主義》，此應屬由世界史觀照台灣之宏觀，並為史老前輩生命情調之所寄。史老前輩之苦心，當有助於撼醒以為台灣沒有左右問題之麻木者，並照明台灣人普遍存在之右傾幼稚病。

不僅台灣。民主．資本主義鎖鏈之崩解，資本主義怪獸之出柙，象徵全球資本主義支配時代即將到來。至此，一如當前人們目睹之病態：有產者愈少而無產者愈多，財富愈集中於少數富豪，中產階級明顯萎縮，經濟開發造成生態浩劫，即令於民主國家，有政治權者亦喪失經濟權。依此演變，若以人類行動邏輯而論，資本主義終有自噬之日，社會主義恐將真獲馳騁天地，而吾輩亦更期望史老前輩之《從民主主義到社會主義》早日問世，指點迷津。

（作者為文字工作者）

《民主主義》（二〇〇七年）

一八三二年實施普遍選舉制（第一次選舉法改正）以降，各國的政治制度皆以Democracy爲目標前進。對於歷來的資本家支配階層，勞動者及農民在政治上逐漸有發言權。Max Weber（1864-1920，德國經濟學者、社會學者，把現代資本主義的本質和新教關聯起來研究）說，從「名望家的選舉」轉換爲「人民投票的選舉」，人民主權得以實質上實現。但是支配者也可能透過大眾宣傳的管道進行大眾操作，結果使得「大眾民主主義」（mass democracy）可能發生作用。

但是，所謂「人民民主主義」的內容，必須藉由人的自由、平等、主權在民等的有無，來判定是否是眞的民主主義。總歸而言，所謂的人民民主主義可能傾向「自然的秩序」，淪爲暴民、暴動或個人獨裁等非民主政治的基礎，不能忘卻民主主義政治實體曾經侵害民主教養及人的性命。

十九世紀至二十世紀間，民主主義思想有迅速而廣泛的發展。對應著bourgeoisie支配階層，勞動者、農民的被壓迫階層出現。同時，雖然「大眾傳播」（mass communications）技術發達，但支配階層的大眾操作手段亦日益進步，自此之後，人民主權的空洞化危機不斷發生，與「大眾民主主義」相反的機能喚起許多的新問題。

也就是說，一方面利用大眾的支持，實行現代「獨裁制」（Fascism），另一方面則以操作大眾民主主義來正當化階級支配。在第一次世界大戰到第二次世界大戰的發展過程中，振作起來的「民主主義」的勝利理念（ideology）取得支配的地位，其間，以俄國革命（一九一七）與社會主義國家爲首，使bourgeoisie支配的民主主義與社會主義的民主主義二者理念產生分裂，到了一九六〇年代，各個民主主義也陸續暴露出其理念上的限制及障礙。

在此時，爲了克服兩種民主主義（自由主義的民主主義、獨裁的社會民主主義）的對立，提出一些問題，諸如：人民的意志表現、代議制民主主義與直接民主主義的問題等，這些討論都是爲了民主主義的完成而重新努力著。

如此，民主主義從二十世紀開始，成爲世界的「普遍價値」（universal truth），並且，民主主義不再受限於政治型態的解釋，也被部分的應用在其他領域，產生如社會民主主義、經濟民主主義、產業民主主義、勞動問題民主主義等的使用方法。

八、認識台灣史的前提

（一）初期平等社會

初期平等社會時期，人去改造大自然取得物資，物資改造變成物質，然後分配，消費，人才能夠生存。人去改造大自然，取得物資的階段稱爲生產（圖表一）。

【圖表一】

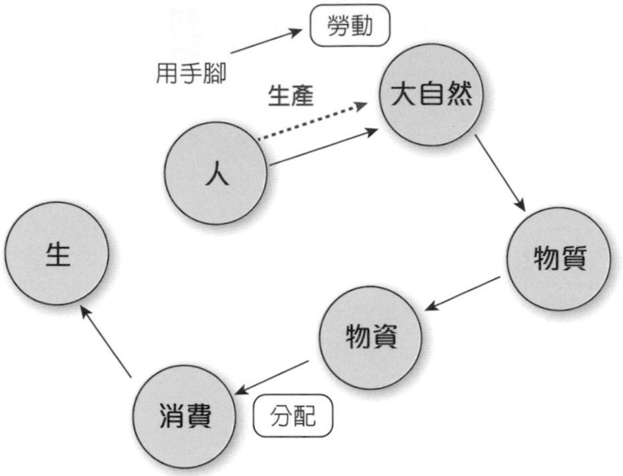

勞動
用手腳
生產
人
大自然
物質
物資
消費
分配
生

人用手腳去改造大自然稱爲勞動，於是產生肉體的進步、頭腦的進步、神經的發達，再進步到「前腳被解放」（能夠站起來），人開始使用生產工具（圖表二）的過程：石頭→樹枝→銅鐵→畜牧→手工工業→家庭工業→工廠→蒸汽→煤炭（十八世紀）→石油（十九世紀）→核子。由此可知，人的世界，要吃才能活，爲了吃就要勞動，去改造自然，人類一直在進步，而其中開始使用生產工具的部分最重要。

【圖表二】

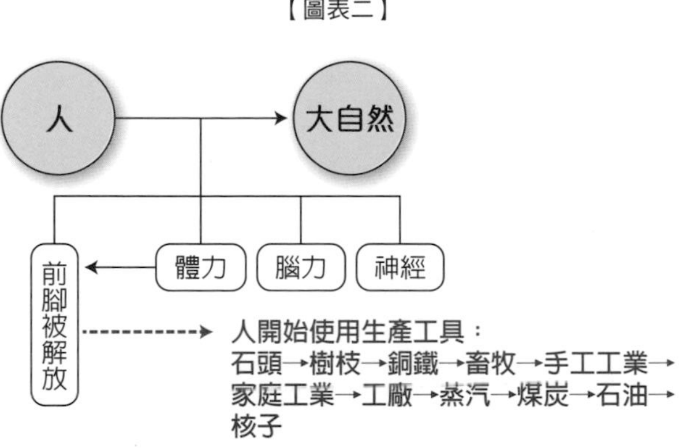

(二) 奴隸社會

奴隸社會有階級，當時的社會，奴隸沒有人格，可以買賣，故被稱爲「會說話的工具」。

(三) 封建社會

封建社會的奴隸開始有人格，能夠向領主租借土地，但是在經濟上被領主剝削，還包括政治、物質生活方面都必須受領主的支配。另一方面，當時已發生：1、蒙古西征，西歐世界動盪，2、發現新大陸（到美洲，以及經非洲→好望角→印度→麻六甲→印尼→澳門→日本→台灣）。

由此看來，全世界人類的發展，延伸到台灣的產生與生存是不是有關係？絕對有！如果沒有讀過這些階段的歷史，只有讀台灣，就如同井底之蛙般，所以想要認識關於人的社會，就要從這些開始，這些都是人類歷史的發展。例如：要了解資本主義就從資本家開始？不對！應該從「人」的根源開始；殖民地是否都從這些抵抗主義開始？不對！也是從「人」的根源開始。

這一次的課程範圍包括哲學、政治學、經濟學、心理學在內，這些內容，台灣的學校幾乎都不教。那麼咱「台灣」是從何時開始？從殖民地開始？從黃河文化開始？說起來台灣人的知識是落伍的，都被限制在黃河文化之內。或許大家聽來感到有些無趣，但是這些就是讀歷史很重要的基礎，光是這幾個字（圖表二）就已經能夠看到兩、三千年以來台灣歷史的發展了。大家看事情要有概念，以及整個發展的經過。從這

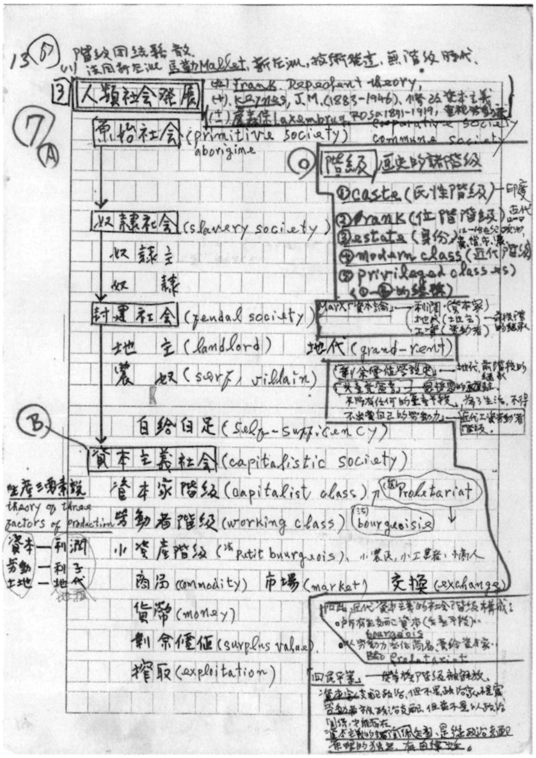

社會發展研究筆記

裡（圖表二）可以看到人類的基本發展，到現代人類已經在利用核子了，然後再回頭去看台灣的發展如何，這就是用世界的水準來看台灣，如果不用世界的觀點與從「人」的根源來看歷史，就會認爲咱台灣被別人「管」是應該的。

台灣是殖民地，四百年來咱從未做過主人。其實要講這些課程並不簡單，但是我想用簡單明瞭的方式來讓大家了解，要初步認識台灣應該從哪裡開始看起，如果只從台灣開始看，這不是眞理，而必須從「世界」的水準與「人」的根源開始看起。這些國民黨沒教過咱，日本、滿清、荷蘭時代也沒有。咱現在來看台灣，台灣究竟經歷哪些過程才有台灣？現在的台灣又是什麼樣的台灣？是自己已經做主人的台灣？還是被別人統治的台灣？而世界上其他的地方是否都是自己做主人？咱要了解這些就必須從「人」的根源看起。

如果沒有從「人」的根源開始看起，台灣人四百年來都是當人家的奴隸。如果要看台灣，台灣人就是奴隸。

現在我再說一件更抽象的事。人要看問題，依照哲學有個理論叫做「認識論」，例如，這是桌

宜蘭慧燈中學的手印銅模

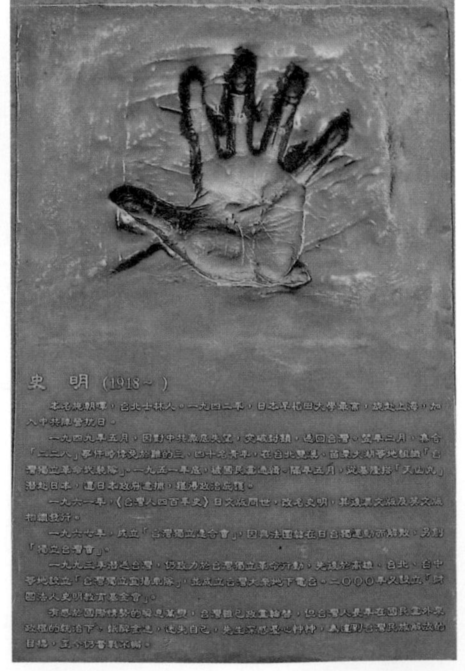

子、那是時鐘，所以學問就是從「認識論」開始。另外，也要從客觀的條件來看「認識論」，例如，這張桌子使用白色的桌布，但是白色容易髒，所以把它換成不怕髒的黑色或是紅色，於是開始有了行動。因此先有「認識論」，然後再有「行動論」。人在生活當中，簡言之，即認識與行動，這是一種哲學理論。

認識與行動之前，先要有方法。**第一、從「現實」出發**。例如，想喝水就要去拿水來喝，如果光用頭腦想卻沒有行動，就無法去處理現實，沒有從現實出發就不會有實現。**第二、看問題要看「發展」**。例如，某個人做人很壞，那麼就觀察他是否一直都很壞，或者他是否有改過認錯，這即是從現實出發，去觀察動（變動）的方面，非靜（固定）的方面。觀察事物的好壞也一樣，例如，花朵開得很美（現實花很美），但是花朵會永遠美麗嗎？不會！過一段時間它就凋謝了。所以需要看事物的發展。**第三、看「全面」**。例如，咱現場有很多人，但是如果沒有先計算過就說全部只有三個人，這不對！因爲必須先要觀察全面，不能只看眼前。**第四、處理問題要「簡單明瞭」**。例如，今天我所講的課程只講幾個小時，但是學校的老師如果要閒扯，把這些課程分成幾百個小時來上課也有可能。處理事情不分段處理，應該要簡單明瞭。

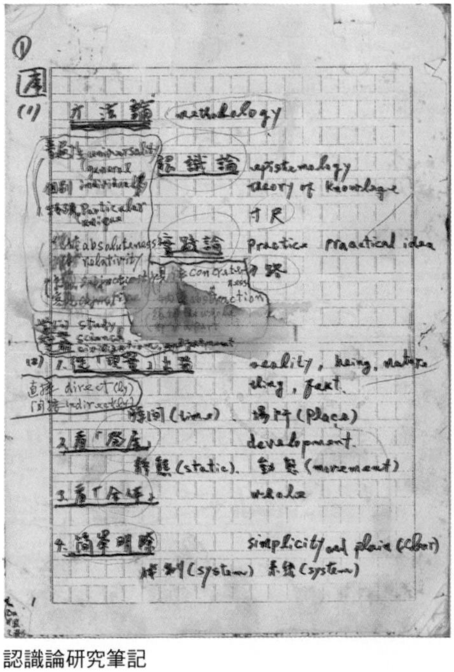

各位要記住這四點，認識問題與行動的方法：１、從現實出發，不從沒有的東西出發。２、觀看事情的發展。３、應該看事物的全面性，不能只看一部分。４、要看事情的重點與本質。

以上四點，是指人要活下去，想要認識事物就要行動，這是依照哲學的理論來解釋這些方法。事實上，要仔細解釋這些方法，用三、五年也說不

認識論研究筆記

完，例如第一點，以認識論來看現實，但有些現實，讓人看這邊是現實，看那邊也是現實，這樣來看全世界的現實怎麼樣也看不完，所以就要看它的特殊性。

另外，第二點看發展，如果事情只看分段的局部，那麼發展的動態部分就看不到。第三點全面性的道理也相同。然後第四點處理事情要簡單明瞭。

國民黨是如何教育台灣人？他們的教育並不是爲了要讓台灣更發展、更進步，他們只是以統治爲目的，如果認爲現實對他們不利的就不講，然後東拉西扯轉移焦點，但是現在最大的問題是，關於台灣的歷史，他們只用中國文化那一套來解釋、教育台灣人，這樣子台灣人絕對會受到陷害！例如，如果想讓一個人能夠了解一件事，做解釋的人應該有立意良善的心，但是如果心存不良想要支配他人然後東拉西扯其他，那麼就不是簡單明瞭了。

現在我具體來說明人的「社會」。此社會是指集團，眾人集體共同生存。在形成初期社會有哪些條件？又是如何形成？是由「紐帶」（桶箍）組合所形成的社會，此「紐帶」包括：１、血族（父母、子女、兄弟之血緣），２、土族（住在同一區域形成的族群），３、自然（住在相同的環境）。

所以，人要形成一個社會，會有一個「紐帶」，在「紐帶」形成的初期，血族會居住在同一個地方，並由血族、土族、自然來結合所形成的初期社會的自然條件。人共同生活在一起後會變得相同，例如語言相通。舉例來說，過去在福建地區的族群約有三、四十個，因爲福建的山區多，每個族群分散在山區，大家互不往來。以族群區分，在中國的黃河以南爲漢族（血族），當漢族南移去到福建，並征服居住在福建地區的這些族群之後，就合併變成漢族。因此移民來到台灣的漢人，即是被南下的漢族給征服同化之後的漢族的後代，也就是這些人的子孫遷移來到台灣。這是舉例種族與血族的問題，也說明人的結合的關係，這稱爲自然條件。

人集體居住一起：１、有共同的語言，２、生活方式會相同（例如我們用筷子吃飯，西洋人用刀叉，印度人用手），３、文化相同。以上三點再加上自然條件（血緣、土族、自然），即是社會條件。

人初期形成的社會包括：血族（父母、子女）、土族（一群人生活在同一地方久了就變成一個族群）、自

然（人與土地皆是自然），此爲形成社會的自然條件。長期共同居住下，語言與生活也會相同。

例如，我到中國，看見長江以南的主食是稻米，長江以北的主食是小米，皆因爲環境的關係，其生活形態就會有所不同。還有文化方面的影響，例如咱台灣人的祖先都是開拓者，在明末時期因受到戰亂與天災的影響，很多人的土地都消失了，因此發生糧荒，必須逃到外地求生，所以到台灣，這就是早期祖先來台的情形。

中國的自然條件屬於大陸風土，而台灣屬於海島風土，這就是自然條件裡一個很大的變動，所以這些最早來台的祖先，他們首要面對的艱困問題就是，原本是生長在大陸風土的人要改住在海島風土，於是造成大陸風土與海島風土兩邊的因素，開始出現爭鬥或生病等其他各種問題。所以如果要住在台灣，不打倒（克服）大陸風土，台灣就待不下，而且當時醫藥方面十分缺乏，總之，你要克服自然條件你才能生活下去。

這些事情爲什麼都沒有人講？咱台灣人跟中國人最大不同之處就是，中國屬於大陸風土的自然條件，咱台灣是海島，在克服了大陸自然條件之後，才有現在的台灣人。

自然條件的影響很大。咱看台灣房子的蓋法，往太平洋方向的房子的牆壁，與往海峽方向的蓋法不同，例如可以看到宜蘭或花蓮港的房子砌磚塊的方式，與西岸就有差異。因此大家可以發現，自然條件中，天候對人的生活的影響有多大。由此可知，這就是咱祖先來到台灣首要面對的困境，他們以海島風土去克服大陸風土才能生存下來。

還有一項，台灣的原住民，如果以世界觀點來說，他們是在五、六千年前來自南洋，但這個說法，他們並不認同，因爲他們認爲原住民在台灣已經有一、二萬年的歷史了，但是其實這有爭議，因爲原住民沒有文字，所以究竟是五、六千年還是一、二萬年的說法才正確呢？目前沒有根據。

世界的科學家、人類學者，尤其是日本的人類學者，對台灣原住民都有研究。例如，南部原住民的語言與菲律賓的巴丹島（Batan Island）的語言相通，這樣可以去找出來源，還有關於記載挖掘出土來自於五、六千年前的古代項鍊與在香港挖掘出土的古物相同。因此按理論來看，五、六千年是比較

有根據。原住民已有一、二萬年歷史的說法，我不否定並給予尊重，但依照世界科學的記載是五、六千年。總之，這些是關於生活上自然條件的問題。我的主題重點放在形成社會的結合有哪些？例如血緣、居住地，這些屬於自然條件，再加上語言、生活、文化等結合，即成爲社會條件。

台灣第一個主人是原住民，再來是四百年前荷蘭佔領台灣（台南安平）之後，荷人發現台灣的土地肥沃，荷蘭當時是「重商主義」（mercantilism），他們來亞洲與美洲地區不爲居住，而是以商業利益來拓殖，所以荷人在台灣開始種植甘蔗製糖（因爲糖與香料，歐美沒有生產）爲貿易，並爲荷人帶來極大的利益，但是當時約百萬人口的原住民，其農業技術還相當原始，沒有農業的生產技術，於是荷蘭人從廈門帶來有農業技術與能夠吃苦耐勞的漢人來到台灣開墾。因爲原住民沒有文字，漢人來台之後開始有文字，才有歷史的文獻記載，這也是我說的台灣人四百年史的由來。

九、從福佬、客家、原住民各族群的分類到融合

（一）原始族與漢人移民

台灣有史的門扉被敲開以前，台灣是屬於馬來．印度尼西安系原始族的「原始台灣」，擁有特有種族系統與文化系統的原始族，就是台灣最初的主人。但自從台灣有史之後，原始族竟遭漢人移民，及荷蘭、滿清、日本、蔣家中國人等外來統治者的殲滅性侵佔與打壓，大部都被驅逐於山谷狹地，或遭漢人移民混血同化，到今天，被視爲其後裔的原住民系台灣人，人口僅將近六十萬人。

公元十七世紀初，重商主義（初期資本主義）的荷蘭人，爲了在台灣產糖外銷（日本、歐洲）謀利，乃從台灣對岸的中國大陸沿海地區，找來富於農耕經驗並能吃苦的漢人農民，當爲開疆闢地的勞動力。荷蘭人爲了大批羅致奴隸移民，乃從印尼派來漢人頭目蘇鳴崗。由於蘇鳴崗出身福建泉州，所以當時的漳泉二州農民，就趁其同鄉之誼，而賣身於荷蘭人，大批被擠裝於荷蘭的大划船往航台灣。此外，有個別的流亡農民，自力冒險偷渡外洋而到達

台灣的漢人日益增多。因此，在荷蘭統治三十八年間，由大陸移民台灣的漢人都以漳泉二州的「福佬族」爲主流，其人口約有十萬人，這成爲四百年來台灣人口均由漳泉二州福佬人居多數的起點。

此時，一向稱霸於台灣海峽的海盜商人鄭芝龍，亦是泉州南安出身，所以其子鄭成功佔領台灣（一六六一年）後，移民來台的漢人仍以漳州、泉州的破產農民爲主流。但是，鄭氏原本與潮汕地方的「客家族」海上勢力結有私仇，所以鄭氏據台二十三年間，客家族移民來台只有少數。

一六八三年，清朝海將施琅佔據台灣，滿清朝廷看台灣爲「荒服地」（中國本土之外的蠻夷之地），即以杜絕流亡漢人罪犯群集台灣爲藉口，反比明朝更加嚴厲的禁止漢人移民台澎兩地。此時，原屬鄭芝龍部屬的施琅，記起與客家族的舊仇，乃在禁止移民條文「台灣編查流寓則例」中，添上「潮州惠州之地，爲海盜淵藪，積習未脫，其民禁止來台」一條，這又成爲廣東客家族來台的一大障礙。

因此，客家族移民來台，在大勢上遂遲於福佬族一百餘年。然而，中國當時正在兵亂與大旱之中，經濟崩潰，破產農民充滿各地，所以僅以一道官方禁令，無法中止福佬族爲求生存而出海冒險的移民潮。當然客家族也不能例外，只是移民來台者少於福佬族而已。「康熙二十五、六年廣東嘉應州客家移民隨之而至。」

滿清統台二一三年，乾隆、嘉慶的四、五十年間（十八世紀末至十九世紀初），移民熱潮最盛，據清末劉銘傳調查（一八九三年），台灣總人口約有二五○萬人。

根據日本「台灣總督府統計書」第三十：一九二六年，台灣總人口當中，漢人系台灣人人口有三七五萬餘人，其中，福佬族人口三一二萬人（佔漢人總人口的八十四％），廣東客家族人口有五十九萬餘人（漢人系人口的十六％）。這個福佬、客家、原住民的人口比例，大體上，成爲日治時代與蔣派國民黨時代的標準比例。

（二）分類械鬥

原在中國本土，尤其福建地區，百姓以同族、同姓爲單位而搞起集團私鬥的陋習甚盛，這乃所謂「分類械鬥」。「閩中漳泉，民多聚族居，同姓或以事相爭，往往糾眾械鬥，必斃數名。」

從華南沿海移住台灣的漢人農民及其後裔，由於出身地不同，來台時期不同，到達地點也不相同。到台灣後也各孤立的割據一方，而且爲了抵禦大自官方暴政及原住民襲擊，小至天災地變或毒蛇害蟲的禍害，必須緊密的連繫同族或同姓，築成所謂「莊堡（角頭）團結」。這種小地區的小團結，竟成孤立自己與排擠異己的很大偏向，終於繼承中國本土的「分類械鬥」方式，舉族或舉姓相寇讎相決鬥得不能自拔。「以鄉鬥者，如兩鄉相鬥，地劃東西，近東者助東，近西者助西，其牽引嘗至數十鄉。」（清・謝金鑾，《蛤仔難紀略》）

分類械鬥在台灣，以福佬族與客家族的反目對立爲最，但在福佬族中，漳、泉二州亦因小事動輒搞起大鬥爭。尚有以漳、客二族聯繫合敵泉族，或以泉、客聯合敵漳族，甚至把原住民亦夾進而錯綜交戰。

如上所述，福佬族來得早，人口亦佔壓倒多數，所以福佬族勢大，佔據水豐沃土地區，經濟水準較高。然而，客家族則定居地區偏於山間僻地，生活貧窮。因此，兩族如有爭執，福佬族常佔上風，往往施加所謂「多數橫暴」，客家族吃虧得多。在這形勢下，客家族爲了抗拒內部欺壓，往往與外來統治者通款合作，即以遠交近攻策略對付福佬族。這成爲外來統治下的封建時期，台灣百姓分裂不團結的主要禍根。「台灣一郡……其民閩之漳泉二郡，粵之近海者往焉。閩人佔居瀕海平曠之地，粵人近山居，誘番得地闢之。故閩富而狡，粵強而悍。其村落，閩曰閩莊，粵曰粵莊，閩呼粵爲客，分氣類，積不能相，動輒聚眾持械而鬥。平居亦有閩客錯處者，鬥時各依其類，閩粵鬥時泉漳合；泉漳鬥時，粵即伺勝敗，以乘其後。民情浮而易動。」（清・分巡台灣兵備道・周凱，《內自訟齋文集》）

「分而治之」乃是荷、清、日、蔣等外來統治者的慣用手段，尤其滿清據台時，對於不服從者或起義者稱之「匪徒」，相反的對於順服靠攏官方者獎爲「義民」，但其大多是狐假虎威且公報私仇，甚至肆意殺戮、放火、脅迫與搶奪他人等無惡不作。「其名爲義民，實比賊甚。」（清・盧德嘉，《鳳山縣采訪冊》）清朝稱平素不服從者或是起義民軍爲「匪徒」，對於順服者或靠攏官方並一起鎮壓起義民軍的人爲「義民」。清朝所謂「義民政

策」，乃是以康熙末年朱一貴起義時，誘引客家人倡義從官並攻擊朱一貴軍爲開端，自此之後，被清朝嘉獎爲「義民」者，以客家人最多（清・盧德嘉，《鳳山縣采訪冊》）。「以土著破土著，尚有不足用乎？」（清・鄭光策，《西霞文鈔》）這種分裂離間的政治政策，使福佬、客家兩族的反目械鬥更趨深刻化。

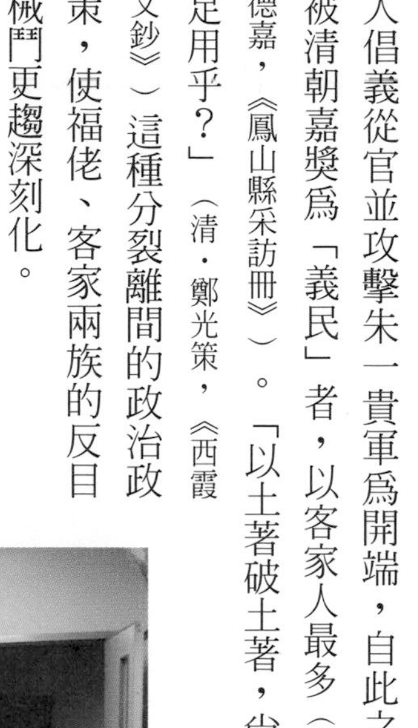
竹北客家支持者何義爐（左）

在何先生公司講課

（三）本地反唐山

經過荷蘭、鄭氏統治時期，在滿清統台二一三年間，漢人開拓者的社會構造與經濟生活，與大陸漢人的傳統社會開始隔絕，差距日益增大。而且，滿清朝廷派來的官、兵及大地主、大商人等漢人統治階級（穿靴階級），與自力逃亡來台的漢人農民（赤腳階級），二者來台管道不同，抵達台灣後的社會勢力階層完全不同，所以，當統治階級施加非人道的壓迫掠奪時，雙方產生熾烈且長期的武裝鬥爭。由於本地定住漢人對於不定住大陸漢人統治者的揭竿起義此起彼落，久而久之，雙方的仇恨心理更加深刻化。因此，雖說同是漢人，但是被統治的「本地漢人」，與統治者的「唐山漢人」，均截然分爲兩陣

營而搞起所謂「三年一小反，五年一大亂」的抗爭（第一次台灣與中國在政治社會上開始破裂）。在這階段，全體台灣住民與外來統治者的全面對立與抗爭，對台灣社會內部舊有的族群間反目械鬥心理，起了不少的緩和作用。

（四）台灣民族與台灣民族主義

一八九五年滿清政府把台灣割讓於日本帝國，之後，日本政府隨即在一八九七年，把當時的台灣本地人（原住民系及漢人系），一律編入日本國籍，依此日本籍民「台灣人」產生（台灣、中國第二次破裂深化）。從此，所謂「台灣人」，就是原住民系台灣人及其祖先從大陸移民來台定住漢人及其後裔，且具有日本國籍者之稱。依此爲起點，「台灣」與「中國」乃處於更加隔絕的社會狀態，雙方來往稀少，在意識上，終於彼此皆視對方爲異邦。

日本政府從其本國利益出發，很快就把台灣「資本主義化」、「近代化」、「世界文明化」。這成爲「傳統的本地人社會」，準備形成「民族」的基本條件。從此台灣資本主義迅速發達，生產擴大，商品流通全島，隨著全島住民（無論福佬族、客家族或原住民族）都解開舊時的孤立性、封閉性而廣泛來往接觸，交通通信等文明利器發達，文化科學茁壯，教育水準空前提高，並以政治命運共同與經濟利害共同（殖民地命運共同）爲基礎，因而產生「咱攏是番薯仔」的同胞意識。（台灣、中國第三次分裂，分化爲台灣社會與中國社會的不同規範）

這種台灣社會的近代發展，大爲降低既往的封建性、地方莊堡角頭性的族群意識界線，而以福佬、客家、原住民三族群爲社會基礎，形成了「台灣民族」。並且，在反抗日帝的殖民統治過程中，「台灣民族主義」亦茁壯產生。（台灣、中國第四次分裂，兩者在政治、經濟、社會、文化上均已不同，台灣民族與中國民族完成兩個社會）

（五）台灣民族主義與中華民族主義

一九四五年，蔣派國民黨趁機佔領台灣後，對台灣施以新舊兼並的殖民統治。蔣派中華民國即以：

1. 反動、侵略、殖民統治的「中華民族主義」（三民主義的靈魂），
2. 中國傳統的腐敗「官僚主義」，

3. 中國軍閥式六十萬軍隊，

4. 仿效蘇共與納粹的「特務組織」，

5. 叛逆台灣的台灣人買辦份子「半山」，

來殖民統治台灣、台灣人。

在蔣家國民黨軍閥的、特務的外來殖民「體制」下，台灣人對於其不人道的恐怖獨裁殖民統治，則以進步的、革命的、反殖民的「台灣民族主義」爲最高指導理念，半世紀來從事全面性（海外與島內）反殖民地鬥爭，以期達成祖先傳統的「出頭天做主人」，將要實現民族獨立、殖民地解放之「台灣民主共和國」的第一步，進而努力於實現政治自由、經濟平等的終極目標。

所謂「台灣民族主義」，即是：

「台灣人關心台灣的前途與利益
政治上，要建立台灣獨立國家
經濟上，要建設台灣國民經濟
文化上，要發展台灣固有文化
的思想與行動。」

「台灣民族主義」是台灣人的靈魂，台灣革命的最高理念，敵我界線的準繩，是台灣獨立運動的旗幟，更是台灣人「全民團結」的象徵性旗號。

因此，台灣目前的社會矛盾，即是：進步的、革命的、反殖民的「台灣民族主義」（包括福佬族群意識、客家族群意識、原住民族群意識），對抗反動的、侵略的、殖民統治的「中華民族主義」（包括浙江族群、福建族群、廣東族群……及蔣家國民黨與中國共產黨）。

台灣不是中國
台灣民族不是中華民族
台灣理念〈台灣民族主義〉要一致
台灣人為做主人的立場要堅定
台灣人為做主人的立場要團結
台灣人個個要做英雄
獨立台灣會　電話：02-2363-2366

（六）台灣三大族群的大團結、大統一

蔣家國民黨殖民體制施加「二二八大屠殺」與「恐怖政策」，迫使台灣人再次起來從事「民族獨立、殖民地解放」鬥爭。蔣家國民黨爲了遂行無法無天的殖民恐怖統治，用盡心機施行「分化政策」，導致台灣分類反目意識借屍還魂再次抬頭。

因此，台灣獨立建國事業當前的急務，誠是台

灣三大族群（福佬、客家、原住民），記取「台灣人出頭天做主人」的大義，必須努力化解族群間的分歧與反目，在「台灣民族主義」旗幟下實現大團結，才能戰勝勢力仍大的蔣派國民黨外來統治，並克服中國共產黨侵略野心，而實現台灣人共同的理想目標。

關於三大族群的大團結，必須透過具體性的談判、協商，不能流於空洞的口號。因此，在思想上、社會上，必須以行動實施以下各項目：

1. 政治上，台灣國的立法機關，在憲法必須明記：

（1）設立上院（參議院）與下院（眾議院）。

（2）下院是經過普通選舉產生，依總人口比例選出下院議員。

（3）上院反映台灣社會現實狀況，爲了均衡族群間的政治權力，同時促進大團結，應以相互謙讓的精神，展開族群比例協商，規定上院議員不得由單一族群佔有六十％以上席次。

2. 經濟上，必須重視農業投資、中小企業投資、勞工政策及失業政策，促進族群間的經濟平等。

3. 尊重原住民系台灣人的基本人權、固有文化與提高生活水準。

4. 台灣國的公用語，暫以福佬語、客家語、原住民語（協商推出一種代表語言），以及北京語。

5. 尊重及協助族群以及地方的原貌文化，提高台灣全體的文化水準。

6. 歡迎並接納在台居住的中國大陸人，放棄殖民心態，認同台灣，愛台灣，同與台灣民族三族群一起努力建立自由、民主、和平的「台灣共和國」。

值此二二八大革命六十七周年（二〇一四）台殤紀念日，本人以誠懇嚴肅的心情提出以上想法，希望能達到拋磚引玉的作用，引發全體台灣人共同思考，如何化解島內族群芥蒂，共同攜手實現台灣獨立建國目標。

十、台灣民族主義

（一）認識台灣歷史發展的四大焦點

不瞭解歷史，就不能深知現在，也不可能創造新歷史。

台灣歷史的發展，有四大焦點：

1. 殖民地社會。

2. 本地反唐山，反四腳仔，番薯反芋仔，出頭天做主人的志氣。

3. 日本佔領台灣時，唐山人回歸中國大陸，本地人永住台灣，成爲台灣民族。

4. 台灣民族凝結、台灣民族主義崛起。

台灣四百年有史以來，物質方面的社會建設及發展成果斐然，移民、開拓、資本主義工業化、社會現代化等非常進步，結果，到一九三〇年代初，台灣在亞洲，已是次於日本的近代工業化地區。

不過，台灣在這四百年中，一貫是受外來侵略者的殖民統治，自己攏無做過主人，所以台灣長久以來都是殖民地社會，這個「殖民地社會」，就是台灣歷史的第一個焦點。（什麼叫做「殖民地社會」？外來侵略者武力侵佔他人的領土，霸佔土地，統治、剝削及掠奪，屠殺本地人，就是殖民統治）

因爲這樣，所以代代的台灣祖先，都起來反抗外來侵略者的殖民統治。

荷蘭殖民統治時代，郭懷一等漢人移民，及原住民，都起來做「反紅毛番仔」的反抗鬥爭。

滿清殖民統治台灣很特殊，滿清政府派遣做官、做兵、大地主、大商人等「漢人」來管台灣，這些漢人統治者（三、六年就調回中國，先後交換）卻繼承荷蘭、鄭氏時代的土地所有政策等殖民統治體制，來統治底下的「漢人」開拓農民（移民台灣，永住）。而且這些滿清漢人統治者，比在中國大陸時更苛刻、更無人道，雖然統治者與被統治者都屬漢人，但是在台灣卻分裂爲「唐山人」與「本地人」的兩個族群與階級，因此，在二一三年間，本地開拓者農民大眾起來「三年小反，五年大亂」，朱一貴、林爽文等連續奮起做了「本地人反唐山人」的抗爭。如此雙方冤冤相報的訴諸血性的武力鬥爭，結果，被統治的本地人陣營產生了「本地人出頭天做主人」的宿願與志氣。本地人的這個宿願與志氣，一代傳過一代，成爲本地人子孫的精神傳統。這就是台灣歷史的第二個焦點。

一八九五年，滿清在甲午戰爭戰輸日本，台灣再淪陷爲日本帝國主義的殖民地　此時，在台灣的

唐山人（舊統治者漢人）攏總回歸中國大陸（一八九七年歸回中國大陸六四五六人爲最後一批，參見《日本憲兵隊史》），所以留在台灣永住的本地人攏被編入日本國籍，這些本地人，自然而然的自稱爲「番薯仔」（台灣大眾），讀書人自稱爲「台灣人」（明末何喬遠《鏡山全集》作「台灣」，沈鐵的上奏文寫爲「大灣」）。

這就是台灣歷史的第三個焦點。

日本帝國殖民統治時代，台灣資本主義發達，社會生活近代化進展，西洋文明傳入台灣，台灣人初等教育（公學六年畢業）普及化，青少年的文化水準、工作技術上升。

當在此時，世界潮流的「殖民地解放、民族獨立」的思想與運動傳入台灣，促使台灣人「出頭天做主人」的精神傳統，發展爲台灣知識份子與台灣大眾的「抗日運動」。在日據初期與中期的台灣大眾武裝抗日之後，更加在中、後期發展出近代抗日戰，如林獻堂、蔣渭水等的「台灣文化協會」、「台灣議會設立運動」、「台灣民眾黨」，簡吉等的「台灣農民組合」，謝雪紅等的「台灣共產黨」，王詩琅、張深切等的「無政府主義派」，都起來做激烈的抗日鬥爭。當時台灣讀書人知識份子與一般台灣大眾廣泛的參加抗日戰，普遍被稱爲「番薯仔反四腳仔」，結果，台灣社會的近代「台灣民族」發展成熟，「台灣民族主義」的思想與行動崛起。

這就是台灣歷史的第四個焦點。

一九四五年第二次世界大戰終結後，蔣家中國國民黨在美國的飛機、軍艦掩護之下，即以：

1. 中華民族主義，
2. 六十萬美式武裝的軍閥部隊，
3. 三十萬法西斯特務網與警察系統，
4. 三十萬中國封建官僚，

來佔領台灣，同時劫收日本帝國留下的「殖民統治體制」及其設施與物資等，以及台灣耕地的半倍廣與四十萬日本軍裝備，這些爲數龐大的設施與財富，名義上雖然被稱爲「敵產」，其實無一不是台灣人血汗的結晶。

蔣家國民黨中華民國即以這些體制與財物，在台灣推行殖民統治、剝削及大屠殺。

此時，台灣人與中國人，在社會範疇上，已經

分為「台灣民族」與「中華民族」，中華民族主義成為外來殖民統治的理念，故台灣仍然呻吟於殖民統治體制的優越與差別對待之下。

一九四九年中國共產黨建立中華人民共和國，共產帝國主義又是以中華民族主義為侵略武器，現在正以龐大的陸海空軍與三千餘枚飛彈，虎視眈眈的企圖侵佔台灣。鄧小平曾在一九八〇年代對台灣說過：「中國共產黨的理論基礎是共產主義，但是我們更加是中華民族主義者。」

（二）台灣民族為何要獨立，獨立鬥爭對象是誰？

第二次世界大戰中，全世界存在著將近二百個被壓迫民族的殖民地，然而戰爭結束後，在一九六〇年代，這些龐大的被壓迫民族及殖民地，幾乎都達成解放，各自建立獨立國家。其他，除了大約二十五個人口萬餘人的小島嶼還受英、法等管轄之外，獨獨剩下一個人口二千餘萬人的台灣，仍然在外來者殖民統治之下。人類現已進入新生的二十一世紀，自由民主的大理想將要騰達之時，還殘留這種殖民統治，外來殖民地抑壓者是罪大惡極，從被殖民統治者看來，眞是奇恥大辱的深仇大恨。

雖然我們沒有趕上民族獨立的頭一班世界列車，但是我們台灣人必須更加努力於遂行世界大方向的獨立革命運動。我們台灣人一定要緊緊懷抱祖先所留下的「出頭天做主人」的精神傳統，為了自己做台灣的主人，同時也為了能與世界各國平起平坐、為自由民主共同奮鬥，必須爭取台灣民族獨立，建立獨立的社會民主共和國。

台灣、台灣人，為了從殖民統治解放而實現民族獨立，現實上有兩個敵人。一個是現正殖民統治台灣的中國國民黨中華民國，再一個則是以龐大的武力將要侵佔台灣的中國共產黨共產帝國主義。

中國國民黨與中國共產黨，要佔領並殖民統治台灣這一點，雙方的立場是一致的。中國國民黨現乃成為中國共產黨要侵佔台灣且阻礙台灣獨立的看門狗，中國共產黨則成為中國國民黨要永久殖民統治台灣的後台。

從台灣、台灣人來說，中國國民黨中華民國與中國共產黨中華人民共和國，同樣是妨害台灣要實現獨立所須排除的兩個革命對象、兩個敵人。

(三) 台灣民族主義概念

自古以來，凡有的民主革命、民族革命或殖民地解放革命，起碼要有理念、立場、戰略戰術及紀律的一系列基本概念。即要有明確的理念，堅定的立場，有效的戰略戰術，以及正規的紀律，革命才能成功。這是世界上許多革命運動所顯示過的普遍眞理（universal truth）。

然而，很不可思議的，台灣獨立革命運動已做了六十年了，除了獨立台灣會，從來沒有聽到或者感到這種基本概念的長期主張。從始以來，都以「罵國民黨」爲台灣獨立的主要思想與行動。當然，揭發中國國民黨的壞政，揭發中國共產黨的帝國主義侵略性，是很要緊。但是，若單罵國民黨壞，單揭發中共是侵略的，那麼一旦國民黨不壞，中共不侵略，台灣就不獨立了嗎？在這裡，若不說明台灣獨立的歷史必然性，不說明「台灣本身爲什麼要獨立，台灣應不應該獨立」（理念），「今天台灣獨立萬歲，明天中國國民黨萬歲，後天中國共產黨萬歲」是背叛革命（立場不穩），「不把理念與台灣社會現狀、世界國際情勢相結合而來決定台灣獨立的思想與行動，光空想、偶然或單爲個人自我私利來講獨立，是無法團結台灣人大眾與台灣原住民、台灣客家、台灣福佬人，以及居住台灣的進步的中華民族主義者，而一起做獨立」，這樣子的話，不外是台灣獨立革命遲遲不進的很大原因。

這一系列的革命基礎理論，是要以捨身貢獻的大無畏精神，再以理性或智慧來分析研究現實資料（歷史的、世界的），而學到革命運動發展的規律與實踐，這叫做「知性革命」（rational revolutionary movement）。

相反的，如果欠缺這種革命理論、基本道理，而茫茫然、無原則、無方針、無計劃的，僅憑自己個人利益，一時性的衝動來做革命運動，這叫做「感性革命」（revolutionary movement on emotion）。感性革命具有利己主義、偶發性，缺乏革命的風格與決心，可能會停滯於欺瞞與虛言，光謾罵敵方，同時會墮落於自信過高，不肯虛心學習，不做修養，即不由「感情獨立」進爲「理性獨立」，以空談革命爲自傲自大的個人英雄主義。如果盡是這樣，不可能團結全台灣大眾、民眾而戰勝外來統治者。

（四）台灣民族主義內涵

台灣獨立革命的理念，是「台灣民族主義」。台灣民族主義是台灣的歷史產物，決心要為台灣的前途甲利益打拚，假若沒有革命理念（Ideologie）、立場（Standpoint），也沒有革命的實際行動（革命是要改變社會體制，如中國在歷史上只有改朝換代，沒有改過社會體制，二、三千年在歷史上，都是帝王體制的連續），就不可能在革命鬥爭（廢除殖民統治體制，建立自主的台灣獨立體制）中取勝。

台灣民族主義是台灣革命的理論原則，革命行動的準繩，成員團結的旗幟，及革命力量的泉源，要公開大聲一起高呼「台灣民族主義」。什麼是台灣民族主義？「台灣人關心台灣的前途甲利益，政治上，要建立台灣獨立國家，經濟上，要建設台灣國民經濟，文化上，要發展台灣固有的文化的思想甲行動」，就是台灣民族主義。

然而，從一九五〇、六〇年代，台灣獨立運動開始以來，有些獨立運動者卻宣稱：「民族主義思想已經落伍了。」他們對於台灣歷史及世界史都一知半解，但這些少數台灣人的謬論，後來傳進台灣島內，竟使台灣一般大眾不能也不敢講出「台灣民族主義」。

其實，落伍的並不是民族主義思想，而是那些少數的台灣獨立運動者的腦筋，他們不但是自己落伍，竟使一般台灣人大眾也誤解民族主義的概念及歷史意義，妨害了台灣獨立革命的前途。再說，真正落伍的是台灣、台灣人，一九六〇年代世界殖民地全面解放之際，只有我們趕不上這個殖民地解放的公共汽車。

且看第二次世界大戰結束後，世界上民族主義思想大掀，亞洲、非洲及中南美洲的所有被壓迫民族（當時全世界的殖民地人口，佔世界人口的七十％），因以民族主義的思想與行動，向世界上的帝國主義遂行解放鬥爭，結果到了一九六〇年代，全世界的被壓迫民族幾乎全都達成民族獨立而建立自己的國家。現在，只有剩下擁有二千餘萬人口的台灣，及人口三、五萬的十幾個島嶼，還在外來殖民統治體制之下，未有自己的國家。思想起來，凡在現代世界，民族主義思想是與民主主義並行，留下了劃時代的歷史意義。

殖民統治台灣的中國國民黨中華民國，及宣稱要武力侵佔台灣的中國共產黨中華人民共和國，都

是在大聲叫囂「中華民族主義」爲殖民統治台灣或武力侵佔台灣的理論基礎，反而被統治侵佔的台灣、台灣人，卻抬不起「台灣民族主義」的旗幟。

更糟糕的是，現代台灣人（特別是所謂「知性主義」的台灣知識階層）不但不敢談出「獨立」的言辭，更以似是而非的國民黨統治下的假「民主」，或莫須有的「主權」這種抽象虛言來取代，自己不敢公公然然的說、也不敢做「獨立」，不敢說「台灣民族」，怎樣可能實現「台灣獨立」呢？如果是這樣，世界上任誰也不敢同意台灣獨立革命運動了。

台灣、台灣人，必須經常深化認識並強加行動台灣革命理念，促使台灣民族主義不斷的實際存在並表現於世界上。台灣、台灣人從祖先所承受的理念，不外是與世界各民族平起平坐、自由民主的「台灣民族獨立，以及擺脫外來統治的殖民地解放」。

十一、認識歷史，站在台灣人團結的立場，以眞誠謙讓的胸襟化解族群的隔閡，實現「出頭天、做主人」

每逢選舉，很必然的，就會看見族群（原住民、客家、福佬及放棄殖民地統治思想的居住在台灣的中國人）問題被拿來大做文章，「族群大和解」、「激化族群對立」等名詞紛紛出籠（從施明德、許信良、林正杰到居住美國的洪哲勝等人）。可是，經過一次又一次的選舉，並不見族群問題被嚴肅的討論過，族群問題似乎成了選舉專用名詞，選後就遺忘了，甚至有買辦台灣人乾脆說台灣不存在族群問題。但是，大家如果誠實一些，就必須承認台灣確實存在族群問題，當面對利益分配的時候，尤其難以迴避。而且，這個問題已經存在數百年，是台灣社會和諧以及獨立建國的一大障礙，是大家必須面對、解決的一個重大問題。

要解決問題，必須從瞭解著手，要瞭解台灣的族群問題，當然要從台灣的歷史切入。

台灣原本是原住民的居住地，四百年前，荷蘭人佔領台灣，漢人開始移民台灣以後，台灣社會的發展開始出現雛形。漢人移民台灣，在人地生疏的自然條件之下，爲了求生存，自然聚集在一起居住，這就形成了所謂的「角頭」。角頭的性質，著重在對所居住的村莊的認同。（台灣一直都是由外

來者統治，不曾獨立建國，因此也沒有國家認同。）到了日治時代，開始引進資本主義，現代革命思潮湧入台灣，電話、鐵路等交通通訊設施使台灣全島得以貫通，因各地區交流暢通，原本以村莊爲中心的角頭認同擴大爲台灣整體的認同，與外來統治者相對立的「番薯仔」的概念於焉產生。

在番薯仔概念之下，其實還內含著族群的差異性，最主要的就是福客之間的差異。在漢人移民台灣的過程中，福建漳州、泉州的福佬人最先到來，潮州、汕頭、梅縣的客家人則比福佬人慢了將近一百年，由於平原地區已經成爲福佬人的天下，這些遲到的客家人很自然的朝山坡地發展（北部苗栗一帶由海豐客家人開拓，南部鳳山由梅縣客家人開拓）。因爲福佬人來得早，人數又多，逐漸產生了多數的橫霸，福客恩怨便因此開始。例如，明朝末年，福建南安人鄭芝龍以海賊爲業，因與潮州、汕頭客家區的海賊有仇，雙方便多所對立。到了清朝，施琅攻下台灣以後，頒布「渡海三禁」：（一）想渡海來台者，必須先在原籍地申請「照單」（渡台證照）。（二）渡台者一律不准攜帶家眷。（三）粵地向爲海賊窟，不准其民渡台。第三條明令禁止客家人來台，這一道禁令也導致客家人移民台灣中斷長達一百年。

台灣的族群對立，起先其實是一種最原始的求生存的戰爭。因爲福佬人的人數多，佔盡優勢，客家人便與外來者聯手對付福佬人，例如朱一貴之亂，客家人便與清廷聯手平亂。除了福客之爭，福佬人內部又有漳泉對立，就是所謂的分類械鬥。例如，林爽文是漳州人，鹿港則是以泉州人爲主的聚落，在林爽文之亂中，鹿港人便與清廷聯手平亂。此外，台灣人內部還有角頭與角頭之間的對立，漢人與原住民之間的對立。後來，統治者爲了更有效的統治，更刻意加以分化，加強各種對立關係，族群恩怨也因此而更爲深化。

到了日本時代，福佬族群內部的分類械鬥因爲彼此往來密切而趨於消弭，但是，與客家人之間的流通，則因爲地域、語言、經濟形態的差異，導致接觸機會較少，因此福客恩怨缺少化解的管道與機會。國民黨佔領台灣之後，爲了剝削台灣全體，又刻意分化福客關係，更加深了福客之間的對立。

一直到現在，台灣的農業縣份仍然以客家人爲主，而比較都市化、商業化的都市，則是以福佬人居多。因爲經濟、語言、地域的不同，加上情緒化的挑撥，進一步產生政治上的對立現象。

其實，從日治時代開始產生番薯仔觀念之後，長期的風土文化發展，台灣早已經台灣民族化，無論是日本人或是國民黨的壓迫，都是針對台灣人全體，並不會分福佬人、客家人或是原住民。從歷史上了解台灣內部族群之間的恩怨與心結之後，大家應該有所覺醒，應該以更寬容謙讓的心互相對待。大家應該了解，長期生活在台灣島上的人都屬於台灣民族，構成一個命運共同體，而台灣獨立則是台灣人生存的唯一道路。台灣內部各族群之間政治生活上的隔閡，如果不能化解，必定是台灣獨立的一大障礙。爲了化解這個障礙，台灣內部族群必須先和解。

和解不能光是嘴上說說，必須在政治、經濟等實質問題上力求平等。在歷史上，人數佔大多數的福佬人，已經長期佔盡優勢，現在，福佬人必須以謙讓的心，扶助其他弱勢族群達到平等。目前台灣人口比例上，客家人佔百分之十三，大陸人佔百分之十二，原住民將近六十萬人，其餘爲福佬人。因此，在政治上，應該分上議院與下議院，下議院依照民主原則，一人一票選出國會議員，上議院則應該依照族群比例，在台灣人口多達四分之三的福佬人，絕對不可以拿百分之六十以上的席次。因爲修憲需要三分之二以上同意，因此，至少百分之四十以上的席次必須由其他族群分配，才不會形成福佬族群獨裁危機。

也許有人會說，由於各族群通婚的結果，台灣住民早已族群融合，許多只會說福佬話的人，最近才發現自己的祖先原來是客家人或是平埔族人，因此，各族群人口比例未必如上述的估算。在這種情況下，要如何確認族群人數呢？其實，族群除了血統（封建時代大家共住的因素）之外，也是一種認同。目前，多數台灣人的問題是不瞭解自己祖先的歷史，如果台灣要進行一次族群總普查，經由自由意志登記自己所屬族群，那麼，大家勢必要從祖譜著手。瞭解自己祖先的歷史，也就瞭解了台灣的歷史。當台灣人都瞭解了台灣史，才能建立清晰的台灣認同概念，所有的歷史恩怨才有了化解的頭緒。因此，要談族群和解，先探索台灣歷史吧！

獨立台灣會新竹聯絡處成立，一九九六年一月，攝於新竹義民廟前

十二、不要怕台灣民族主義

在台灣，很多人聽到「台灣民族主義」這六個字就皮皮剉，事實上，台灣於日治時代資本主義發達後，因為人民知識普遍提高，才在精英份子的領導與鼓吹下，反抗日本人的統治，這就是台灣民族主義的萌芽。我們耳熟能詳的林獻堂、蔣渭水等，嚴格說來都是台灣民族主義的提倡者。這樣的民族意識，並不是國民黨統治後海外台獨運動的創發性思想。

至於「中華民族主義」，是滿清末年為所謂「驅逐韃虜」而生，其淵源當然是中國幽深的多種族同化歷史。

民族主義有兩面性，一方面是反動的、侵略的，一方面是反抗的、解放的、和平的。自從十六世紀以來，歐洲各國族逐漸誕生與茁壯，十八世紀以後，歐洲的資本主義崛起，為解決生產過剩的問題，以軍隊及大砲對亞、非及中南美洲進行侵略，以控制其原料及市場，那時需要以民族主義來鞏固內部民心，一方面又需要以民族主義去同化被侵略

民族，遂形成「帝國主義」；而爲了反抗帝國主義，亞、非、中南美洲各地的民族主義亦相應產生。

近代中國的對日八年抗戰，就是其中典型範例。不料在太平洋戰爭結束後，戰勝國中國，搖身一變爲侵略民族，譬如中國共產黨入侵西藏、新疆等地，爲樹立統治威權，不惜殺害數百萬當地民眾，以及中國國民黨入侵台灣，發生二二八事件及其後清鄉的白色恐怖整肅行動，至今有多少人遇害，尚無從統計。了解兩岸歷史的人當記得，台共領導人謝雪紅，就是在一九五七年新疆獨立運動的大鎮壓後，被中國共產黨淘汰；台灣方面，從日治時代傳下來的民族主義火種，也因國民黨的特務橫行，而蔚爲島外一九六〇年代至一九九〇年代的台獨運動。

台灣民族主義必須有意識與行動。在行動方面，因爲島內的政治控制太嚴密，致使知識精英只能選擇做體制內的改革，台獨運動遂分成島內主張改革、島外主張革命兩種路線（獨立台灣會原本從事海外行動的武裝革命鬥爭，爲了推進島內才開始的民主鬥爭，

傳承台灣民族主義的火種

而停止武裝鬥爭）。島內是到一九七五年蔣介石去世後，才有了《台灣政論》躍上政治檯面，開始實行體制內改革；一九八八年蔣經國去世，李登輝繼位總統後，台獨運動者才敢公開主張獨立。但光是講民主，並不會走向獨立，更何況許多口喊台灣獨立的政黨候選人，一旦權勢在握，態度便趨於保守，還反過來攻擊、排斥台獨志士是「基本教義派」。

我們看到巴勒斯坦建國的例子：巴勒斯坦的「革命評議會」是體制內組織，「阿拉法特的巴勒斯坦游擊隊」是體制外組織，兩者有一個總司令部，相生共長，阿拉伯各國出資援助總司令部，這些資金，大部分都是拿去給體制外的組織買武器與以色列做鬥爭。此外，阿爾及利亞的獨立運動也一樣。

台灣人選出來的總統，當然應該做體制內的改革，問題是目前的總統到底有沒有在做這些加深民主化的改革，經濟、社會上的公平正義，有沒有透過民主制度的改良設計，進一步獲得實現？至於體制外能夠做的最好努力，就是要先排除以自由民主主義革命爲名的殖民統治，提升台灣人的民族主義意識，竭盡一切方法來捍衛這塊寶島，使多年來島內民主志士犧牲所換取來的成果，不致在一夕間被外來勢力所破壞。

我這裡所謂的「台灣民族主義意識」，是包含三百萬大陸人及其後裔的「中華民族意識」在內。鑑於國民黨於一九二七年以降的清共手段之酷烈，以及共產黨在一九四九年當權後對於與國民黨有關係者幾近滅族式的鬥爭，相信即使是最思鄉的大陸人，也永遠不會再誤認中國是個天堂，台灣，畢竟才眞正是我們的共同家鄉。

過去海外台獨運動的激進份子，動不動就主張要「消滅」大陸人，這絕對是錯誤的，**必須徹底消滅的是「殖民統治體制」，不是任何「個人」**。現在的執政黨民進黨，對於台灣島內的少數族群（原住民、客家人、大陸人）必須公平對待，尤其要在政治制度的改造上，考慮到少數族群的尷尬處境，特別加以扶助，譬如福佬人雖在人數上佔絕大多數，但國會席次的安排上，可規定不超過五成。清領時期與日治時期，甚至國民黨當政的時代，對於福佬人與客家人所採行的分化政策，民進黨應有所警惕。

然而在這同時，台灣民眾對於中共的統戰攻勢，包括胡錦濤與連戰、宋楚瑜的會面等，皆需再

三思索與防備。台灣人在意識上、行動上，若使自身成爲一個完全不設防的島嶼，未來的命運就越加難以卜測了。（二〇〇五年五月十四日《新台灣新聞週刊》）

十三、台灣民族革命的主力軍就是台灣大眾

（一）盧梭的「重返自然」

西洋史上的民主主義，在法國，是以盧梭（Jean Jacques Rousseau, 1712-1778）的《社會契約論》（*Du Contrat Social*, 1762）爲著名。盧梭在一七一二年誕生於瑞士蘇黎世（Zurich）的鐘錶師家庭。一七二八年十六歲時，從年期制徒弟工作中逃亡，過著流浪的生活，後來，受貴族華倫夫人（Madame de Warens）優渥照顧，成爲其愛人，在她的教養下受到文化薰陶。

社會契約說，是以「自然法」爲背景，關於國家形成的學說，主要是十七、八世紀在英國、法國通行的理性主義，也是要求「社會革命」的革命者的思想。

盧梭在政治思想史上的意義，是他不停滯於啓蒙主義的君主制理論，而徹底攻擊舊體制（德Ancien Regime）。

「社會契約論」，是基於十七世紀以來的政治哲學的傳統，即自然法思想、主權論，確立了把立法權置於優位的獨特的人民主權思想，盧梭主張徹底的法治主義，認爲以之成立的「共和制」，才是把人從奴隸狀態解放的理想制度。

盧梭的根本哲學思想是所謂「重返自然」（retour à la nature）。他說：被創造時自然人是「善」的，進入不平等社會才變成「惡」，所以再一次回歸自然，重新基於人人平等的社會契約，建設正確的社會與政治。盧梭重返自然的主張，是要求「社會革命」，所以成爲美國獨立、法國大革命的精神指引，爲日後社會改革者的思想，給予長遠的影響。

（二）台灣呱呱落地時就是「殖民地社會」

台灣位於太平洋西邊，自然明媚，山高水長，自古以來就被人人所欣賞喜愛，被稱爲「美麗島」。

一五五七年（明・嘉靖三十六年），此時有個葡萄牙船員恰好路過台灣海峽時，偶然遠遠看見一個青蔥翠綠的大海島，乃不禁喊出：「Ilha Formosa!」（美麗島）這樣發自歐羅巴人的讚美之情，竟成爲台灣島新世紀來臨的先聲。不久之後美麗之島遂浮現於世界史上，位於亞細亞南北海上交通要道的這個「小琉求」（台灣島初期名稱），成爲各個殖民主義者所垂涎窺伺的「福爾摩薩」。這不外是盧梭所說的大自然之「善」。

馬來印度尼西安系原始族，在五、六千年前，從南洋北上，而定住於台灣島。

漢系開拓者則在約四百年前，荷蘭佔據台灣西南區後才移民於台灣海島。這就是漢人開拓者。漢系開拓者原本在中國大陸的福建或廣東時，已是被擠出中國社會之外的所謂「棄民」。移民台灣後，從初都是成爲荷蘭帝國主義者的「殖民地奴隸」。從那個世代開始，原住民、漢人開拓者及其子孫，都經過了荷蘭、鄭氏王族、滿清時代的大陸漢人（名目是「滿清時代」，實際上來台統治的是穿鞋子的福建、廣東人，而被統治的赤腳的開拓者也是福建人與廣東人）的殖民統治。

台灣開拓者的各代祖先，無論遭到任何殘暴的壓榨或屠殺，始終努力於開拓種地與勞動建設，導使台灣人（原住民系與漢人系）日新月異的發展起來，終於招來今日台灣的興盛與繁榮，他們乃自然而然的成爲台灣社會的主成員。

開拓者的勞動大眾，不但在台灣社會發展上貢獻心力，而且不同世代的開拓者也起來做反紅毛番仔（荷蘭），本地反唐山（大陸漢人、做官、做兵、大地主等），番薯仔反四腳（日本），番薯仔反芋仔（中國國民黨中國人）的英勇鬥爭，結果，在日帝時代「台灣民族、台灣民族主義」崛起。在日帝及蔣家國民黨中國民族集團統治下，原始族與漢人開拓者的「殖民地奴隸」身份，基本上毫無更改。

如此，外來殖民統治者與被統治的原始族、漢人開拓者及其子孫進入不平等社會，就屬盧梭所說的從大自然的善變成「惡」，所以必須拋棄現在的社會狀況，再一次回歸自然，重新基於人人平等的「社會契約」，建設正確的社會與政治。

(三) 台灣大眾是革命主力軍，知識份子卻成旁觀者

台灣大眾，不但在台灣社會發展上，而且在每一世代的反對外來鬥爭上，都毫不例外擔負起「主力軍」的重大任務，與敵死拚，每次的戰鬥人員，都是出於勞動大眾之中，受到大眾的絕對支持，所以，才能這樣產生英勇戰鬥力量。

例如，反抗紅毛番仔（荷蘭人）的郭懷一及其一千多人部下（一六五二），是漢人奴隸大眾，即赤腳的開拓農民大眾。

滿清時代「三年小反、五年大亂」的本地反唐山，朱一貴是以養鴨爲生，被稱爲「鴨母王」，與三十萬農民大眾攻進台南府城（一七二一），林爽文也集結了百萬農民大眾攻台南（一七八六—八八）。日本時代初期與中期的武裝抗日，也是貧苦大眾的農民大眾，以赤手空拳向近代武裝的日本軍挑戰。

然而，在另一方面，自清代的所謂「讀書人」、「士紳階級」（當時的知識份子），卻在反外來鬥爭時都採取旁觀態度，沒有參加過與敵鬥爭。荷蘭的大小結，滿清的大小租戶，都剝削「現耕佃戶」（農民大眾，抗外鬥爭的主力軍）。

我們這一代的「二二八大革命」也不多贅述了，開始動員台灣大眾出來抗暴的，不外是台北都市貧民的勞苦大眾，及中南部的勞苦大眾與青年學

台灣大眾是台灣民族革命的主力軍

生相結合，拿起小刀與槍桿（如古早時的竹篙接菜刀）跟蔣家國民黨特務及武裝勢力拚命作戰，而把台灣全島八日間掌控在台灣人自己手中。

如此在台灣發展史上，或台灣人反殖民地鬥爭史上，其主力軍都是遭壓迫剝削最深最重，生活最艱苦的廣大的台灣勞苦大眾。

因此，正在努力奮鬥的反蔣家中國國民黨中華民國，及反中國共產帝國主義將要侵佔台灣的台灣反殖民地勢力，必須以台灣大眾爲主力，才有勝利的展望。

然而，目前在島內及島外「公開」做的台灣民族獨立運動，都是中產階級出身的知識份子爲主，尤其是高級知識份子爲指揮，尚未做到知識份子與勞苦大眾相結合，結集台灣人的廣大力量與敵作戰。

台灣大眾，是佔台灣人的最大部分（據聞佔總人口的七十％），並擁有台灣對外鬥爭的歷史傳統。另外有堅強力氣，又有快速的行動力，當然也有他們特有的缺點，即少知識、易衝動、生活不規律等。

相對之下，知識份子因爲有機會得到知識學問，有思考力也有進步思想，並且能寫能說，即有宣傳能力或組織力量，但缺陷就是單有知識，言論是空洞理論，不能改變客觀現實。

因此，惟有台灣大眾與台灣知識份子，在理論上、行動上的密切結合，在台灣歷史產物「台灣民族」的旗幟下，團結一致而爲台灣戰鬥，台灣才會有利益與前途。台灣革命要成功，團結最要緊。

（二〇一三年十二月二十九日，台灣大地文教基金會，台灣聖山—生態教育園區，二二八台灣神追思祈禱文）

十四、台灣獨特大眾文化——「普度」

台灣普度的歷史，從滿清時代開始形成，也是台灣獨特的固有文化。

在滿清統治的二一三年間，從中國大陸過來台灣的漢人，截然分爲統治勢力（官、兵、大租戶、大商人）與移民農民開拓者二個不同陣營，二者因爲殖民性壓迫剝削的矛盾而長年對立、相爭不已，所以二者雖然同屬漢族，但在經年累月之下，終於自然形成「本地人社會」與「唐山人（本土人、中土人）社會」兩個不同的社會範疇。

因此，在本地人反抗唐山人的所謂「三年一小

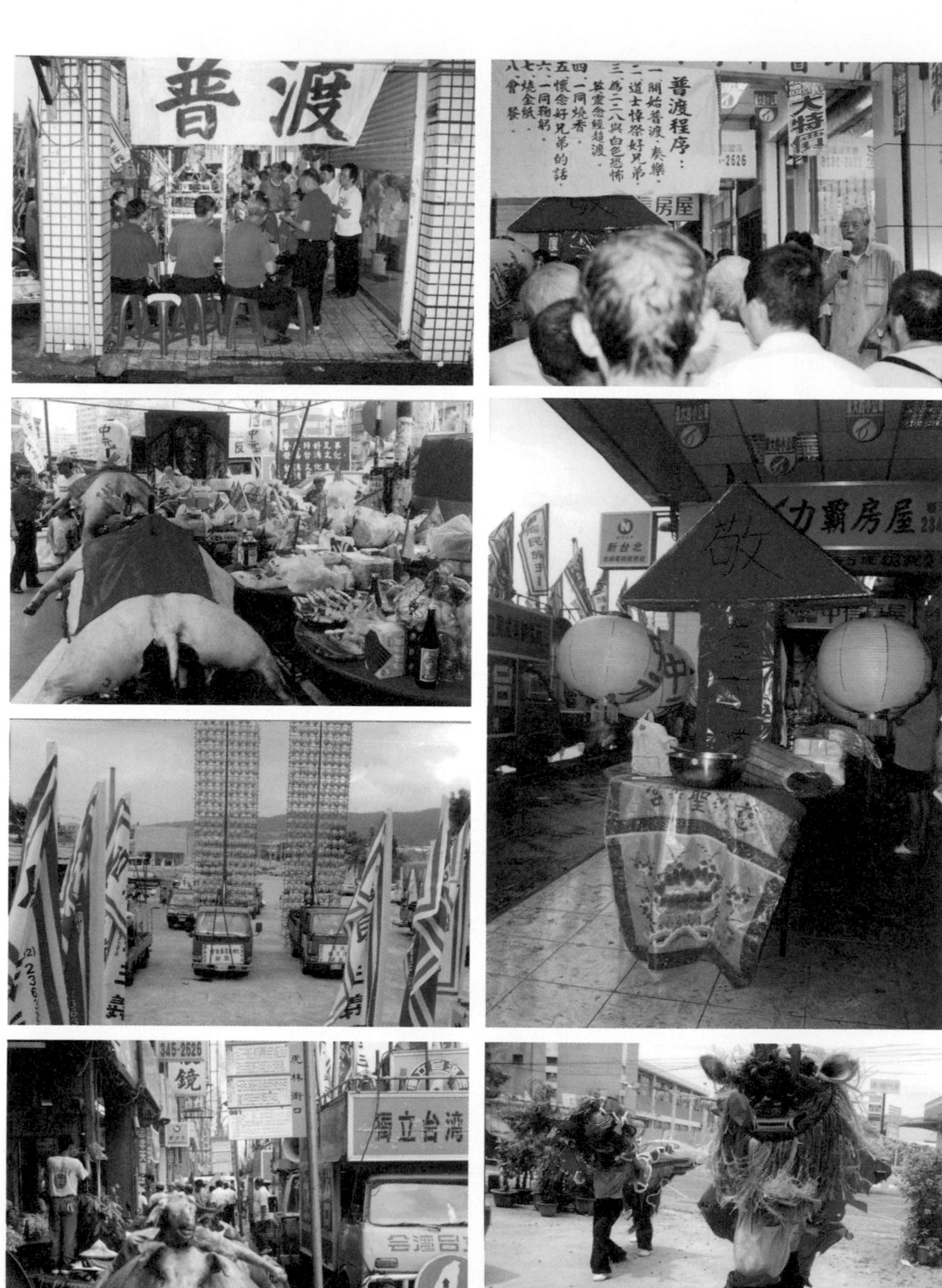

獨立台灣會為復興台灣開拓者社會文化所舉辦的普度儀式

反，五年一大亂」，以及本地人內部的「分類械鬥」等鬥爭當中，每次都造成本地農民大眾大量犧牲而遍地死屍的悲慘情景。所以本地農民都在村頭村尾設置共同墓地，合葬這些無主的犧牲英雄，這就是代代台灣人所敬仰的「大墓公」。所以，台灣開拓者後裔，對於祭祀大墓公拜好兄弟是特別虔誠熱心，每逢農曆七月，各村莊都舉行「普度」盛典，藉以安息台灣無名戰士英靈，並祈求保祐自己的合家平安與五穀豐收。老人家們就把古時好兄弟的英雄事跡講給年輕子孫們聽，而成爲台灣固有的口傳歷史教育。

台灣鄉村社會年年舉行的普度與迎媽祖等盛典，逐漸成爲凝結爲「本地人社會」的精神樞紐，與本地人共感與共同意識的精神基礎，後來才發展爲台灣社會與台灣人意識。然而，重要的是，普度這種台灣固有的大眾文化與歷史傳統，在國民黨殖民統治下，卻漸趨於蕭條頹廢。這個台灣文化的消失，實是台灣民族生存的最大危機。有鑑於此，獨立台灣會將在九月五日當天舉辦中元普度活動，就是基於這樣的道理。（刊載於一九九八年九月四日《自立晚報》）

十五、台灣大地文教基金會——台灣人拜台灣神

以前我有看過「大地」拜神的行列，當時以爲是基督教或佛教等宗教的亞流，所以不回頭看，後來知道「大地」是拜爲台灣前途犧牲的「台灣神」，認識到「台灣人拜台灣神」是理所當然，才在二〇一四年加入該會，成爲會員。台灣神的信仰，與我的信念契合，唯有台獨才能解決一切！信仰台灣神，即是台灣歷史精神，也是台灣民主建國的精神目標。

擔任台灣聖山首席顧問（左一為楊師長）

敬拜為台灣前途犧牲的「台灣神」

台灣聖山（右起：史明、楊緒東、杜正勝、張炎憲、李筱峰）

（一）台灣神信仰——大愛的修行

張炎憲

台灣神信仰，是在楊緒東大師（悟道正聖人、棄私政治賢員）的全面指導下，以爲台灣犧牲奉獻的先賢先烈做爲信仰中心，鼓勵台灣人以正義、熱情，愛台灣自己的鄉土，爲台灣打拚的革命團體。至今（二〇一四年六月）列入台灣神受祭拜者有四十九位（將加上鄭評神位，成台灣神五十位），包括爲了公義死於二二八的三十八位英靈，以及其他十二位公義人士。爲何會有台灣神信仰的產生，其實這是台灣人自我追尋的展現。

二二八之後，台灣人發現，唯有當家作主，為台灣努力奉獻，才能免於強權的欺凌和屠殺，建立起台灣人的自信和自尊。二二八的慘烈犧牲，留下許多可歌可泣的事蹟，已經成爲台灣人的典範，時時激勵台灣人不要忘記苦難。唯有從苦難中再出發，才能建立自己的家園、自己的國家。

（二）台灣人最榮耀的歸宿

楊緒東

有太多人批評日本歷屆的首相，到他們的靖國神社拜日本神，能進入日本神社的諸神，是因爲他

們曾經爲保護日本犧牲奉獻，其中有爭議的部分，乃是某些第二次大戰時奉命侵略他國的死忠軍人，亦被列爲「神社」中的戰神。依我的看法，這些人應該移出神社，交付民間奉祀，重新規定入祠的定義，才能減少國際的疑慮，這也是戰敗國不得不然的權宜辦法。

能進入日本靖國神社受到膜拜，有著精神崇高地位的榮耀，也是日本人肯爲日本國犧牲奉獻的動力來源。我觀察到參拜靖國神社的日本首相，有基督教、天主教、天理教、佛教……各種不同宗教的信徒身分，但是他們到靖國神社禮拜的虔敬與眞誠，超乎個人的宗教身分。據聞，第二次大戰時，台灣人受徵當兵，奮戰於中國大陸及太平洋的台灣青年共有二十萬人，戰死者大約三萬人，其中其神位設在東京靖國神社有兩萬八千多位。

其原因在於，神社的形成，是超宗教、超過個人執著。神社諸神代表日本的國魂，是物質生命終絕之後的最光榮歸宿。全世界的人皆知道日本人最有國家主權的堅持，一般看起來不起眼的販夫走卒，皆肯爲日本國拋頭顱、灑熱血，此乃護國日本神的信仰深植其心所致。故知靖國神社的存在，其意義不可忽視。

而台灣人民長期受國民黨黨國教育的影響，讀中國神話書，西遊記、封神榜、濟公傳、三國演義，看歌仔戲，拜各種不知來由的神，有許多寺廟爲黑道把持。

顧問證書

大地之光—來自天國的生機 The power from heaven

紫氣東來，道氣永存，天命承擔，法輪常轉。

Taiwanese people must do their way, with Democracy, Freedom, Human right as sovereign state

茲敦請獨立台灣會創辦人施朝暉(史明)先生
為二二八台灣神聖山之首席顧問

台灣大地文教基金會
公元 2013 年 12 月 29 日
Website：www.taiwantt.org.tw

受邀為台灣聖山的首席顧問

台灣被殖民四百多年，爲了生存，人人沒安全感，其精神上沒有所謂「信仰」，只有功利、結社的拜拜，故台灣人民長期以來對生命的價值，處於「賺錢死、死賺錢」，攀附權貴，冀求安心立命而已。

日治時期，初期的高壓統治曾經對反抗者殘酷的殺戮，卻也能感受到日本在台灣的軟硬體建設；到中期，放寬台灣人的民主自治運動，而終於同化性質的皇民化政策，台灣人漸漸有新的思潮，覺得爭取民主、自由、人權、法治是必然的道路，當時反日的分子不會被打、被殺，提倡台灣人民權益的社會領袖也不會被殘酷迫害。

日本戰敗，台灣由蔣介石的軍隊託管。這些歡迎「祖國」的反日、爭民主自由人權領袖，以爲會受到國民黨禮遇，共享治台，可以一起爲台灣的前途打拚，他們心裡有一塊美麗的願景。

奈何，蔣介石雖是留日學生，卻是無情的武夫。派貪婪的陳儀來台，以高高在上的「總督」姿態擔任行政長官，有計劃的執行掏空台灣資源，有劫收、有沒收、有接收，運用半山台灣人爲買辦（compradore），以台制台。爲了避免日治時期培育的台灣菁英搶大位，倡建民主、法治，不利其統治地位，於二二八大屠殺事件時，奉蔣介石的命令，把這批講和、態度謙恭有禮的國際級學者、地方領袖，或是勇於揭發國民黨瘡疤的民意代表，講和平、不武不鬥的文人、醫師、律師、法官，藉機殺光光。接續而來就是殺外省異議分子的白色恐怖、清鄉、暗殺，無惡不作。

國民黨在台灣各地有所謂的「忠烈祠」，或所謂「慈湖」，要KMT黨國政要和台灣人民去朝拜，台北亦有中正廟，高高在上，要台灣人民瞻仰，一些爲國民黨戰死，護黨而亡的軍人、政要，皆可進入忠烈祠受到尊榮，其中亦有供奉國共內戰的功臣、打日軍有功勞的軍人、綏靖台灣有成的屠殺者。

現在台灣經過李登輝、陳水扁兩位中華民國總統，虎口執政，雖然危機重重，生命可危，多多少少注入民主、自由、人權、法治的思想教育，阿輝伯成爲國際知名的民主先生，卻是國民黨的眼中釘；提倡自主建國，捍衛民主自由人權的阿扁，下場很慘，至今被關，生命垂危，不得保外就醫。

近觀E世代公民的學生運動，宅男宅女化身

爲「勇猛的民主鬥士」，究其源頭，在於台灣有批歷史學者，能夠長期無畏ROC和KMT體制的迫害，勇敢挖掘二二八眞相，探討白色恐怖的政治鬥爭。透過現在網路資訊，使年輕學子有其獨立思考、判斷的能力。

然而要把民主、自由、人權、法治思想，變成全民教育，本會提倡「台灣神信仰」，籌建台灣聖山做爲地標，傳布台灣民主建國的信念，相信如此有益於中國與台灣的民主質變。

信仰與拜拜不同，信仰是超宗教，是屬於個人自覺、自悟、自修的剛性精神力量，不易受到外在誘惑。

許多台灣宗教之媚俗、譁眾取寵、功利和追逐權貴所愛，已經變質。我尊重各種宗教，但是堅信能夠爲公理公義無畏犧牲的人，才是眞正的入世菩薩；他們爲台灣流血犧牲的奉獻，才是宗教修持的正道。

宗教不是只有講道說法、看風水、灌頂、誦經、打坐。公理、公義才是宗教修行的內涵。不敢捍衛公理、公義而勇敢奉獻、犧牲，不會成仙、成神、成佛、成菩薩、做天使。

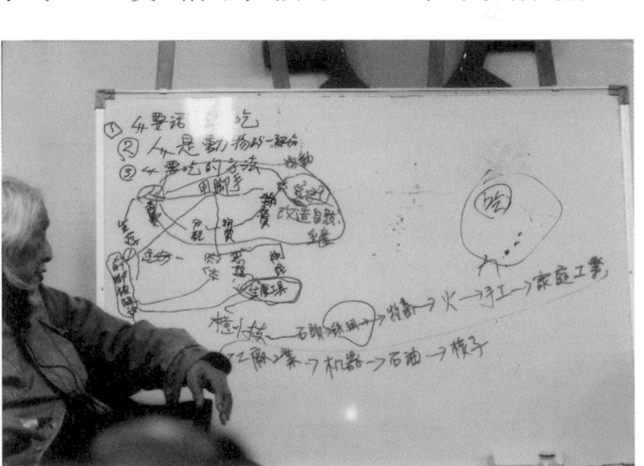

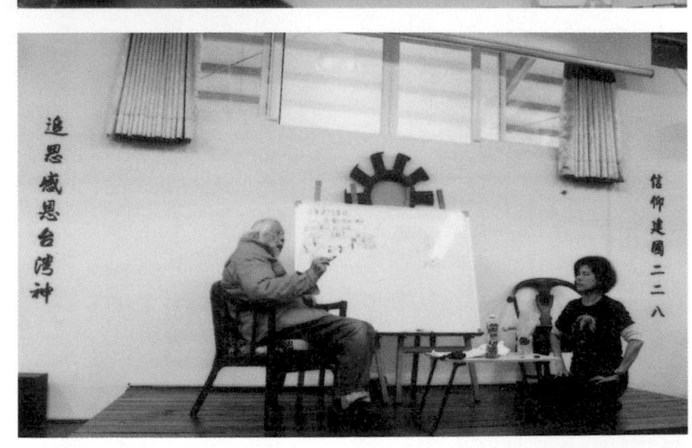

台灣聖山講課，二〇一四年

台灣神是台灣人追求公理、公義的奉獻者，生前雖然受盡迫害，但是英靈不滅，由於祂們的播種，才有今日的民主成果，到現在仍然於天堂做無

在台灣聖山聽講的學員，二〇一四年

形保台護台的工作。信仰祂們、可以感受祂們的存在，會給您力量、勇氣，死亦與祂們同在。祂們才是眞正的大修行者，眞正證道的大仙大佛、天使、菩薩，是所有台灣人最榮耀的歸宿。

（三）建國（《二二八台灣神太上真經》第三章）

台灣人受害數百年，習於自我貶價，奴性成風，喪失道德勇氣，而困於民主人權之教化；所謂是道則進，非道則退，其進退之際，漫無章法，吾等英靈，憂心憂國，生爲勇士，死爲英豪，逢此劫運天變之時，領軍下凡，一再告誡子孫，時機緊迫，國家是家，無國無家，認同台灣，應乎蓬萊，是非分明，不得偏邪。積台灣建國之力，慈民主人權之悲，佈忠國之大愛，則天地之正氣與您等同在，矜恤弱勢，捍衛台灣，須伸張無堅不摧的道德勇氣。台灣五族共和，互不傷害，惟民主人權可崇尚，無主無國之民，乃步步滅亡，彩色速轉成灰。人間煉獄，隱然成形，血腥之氺，剎那之間，何可逃？何可遁？

(四) 鄭評烈士紀念碑揭碑追思典禮

1. 武裝革命家鄭評殉難證道文(史明，二〇一四年十月二十五日)

二次大戰結束時，蔣家中國軍閥政府趁機以軍隊來佔領台灣，更施以殖民地暴政。當時的台灣人是手無寸鐵，天天無奈的唱和打油詩，以稍稍減少心中憤恨。「台灣光復，歡天喜地。貪官污吏，花天酒地。警察蠻橫，無天無地。人民痛苦，烏天暗地。」

鄭評(鄭智仁)，高雄人，生平就有強烈的「台灣意識」，在台北開麵包店兼做印刷事業。他信仰基督教。在一九七一年十月，他利用基督教會在東京開會之便，順便來「新珍味」找我，談起蔣家中國國民黨非人非道的作爲。一個禮拜後，鄭評再來找我，這次來訪，其講話態度跟上一次完全改觀，好似獨立運動者似的，一開口就強烈謾罵蔣家罵到體無完膚，同時直接請求讓他參加「獨立台灣會」。雖然是突然，我馬上與住東京的同志，即以可以加強島內力量的革命爲由，大家都歡迎鄭評加入革命軍。於是，我乃給予鄭評「台灣獨立革命軍鄭評小組七〇

二〇一五年，終於在南投草屯的台灣聖山為鄭評立碑，完成長久以來的心願

一號」的標誌，並要他努力增加革命同志，秘密貼上「台灣獨立萬歲」及革命宣傳圖⬆（▲爲農，■爲工，⬆爲全台灣團結）。一九七三年五月鄭評同志再來東京會面，並提出島內強烈的同志名單，林見中、洪維和、馬有明、賴金騰、李瑞池、黃坤能（十九歲，戰爭終結後曾來東京找我，之後沒再聯絡）、游建台、柯興南、郭忠義等人。

鄭評紀念碑前獻花

建立鄭評紀念碑的大地義工

鄭評強調「要武裝鬥爭、先把蔣經國殺掉」。鄭評這樣勇敢且具體的革命決心，是獨台會望之莫及的，以前殺幾次都沒有成功。我很快就和阿水仔（上海）、大頭連（台灣）聯絡，很快就決定具體決策，第一組尋覓槍枝（阿水仔在中國進行），第二組拿槍枝進入島內（大頭連與汕頭班有關係），第三組行動（鄭評），第四組情報（島內系統秘密工作），阿水仔、大頭連強調要一年半至二年後才能行動，而且特別強調「不能在島內找槍枝」（過去失敗的經驗）。其後，台灣東京頻頻通信，鄭評（化名千千岩），我（化名栗原正博）。

然而好事多磨，鄭評小組人員非常興奮，但是年輕人做事急率，其中幾個人就在鄭評不知道的情況下，私自各處去找槍枝，結果很快就被社會部（特務本組）查到，先由特務賴錦桐（埔里人，曾到東

京來見我兩次，因沒有事先與鄭評聯絡，我都沒理他）滲透會內，一九七四年，以「企圖叛亂、槍擊首長未遂」罪名，終被一網打盡。

鄭評烈士被捕後，在新店安坑的陸軍軍法處被判死刑。他在牢中，時時都被扣上手銬腳鐐也不失志，大天大聲吶喊「台灣獨立萬歲」，以大無畏的精神在牢中牆壁書寫獨立台灣會的革命標誌⬆，並念著「台灣出頭天」、「台灣老百姓萬歲」。

鄭評烈士臨到最後關頭，一九七四年八月十二日拂曉，獄卒將他帶出牢籠，他邊走邊大聲喊「台灣獨立萬歲」，而後到安坑槍殺場，從容就義，開創了不可毀滅的台灣獨立大道標，上天爲台灣神。

2. 鄭評烈士紀念碑碑文（史明，二〇一五年二月二十八日）

鄭評（鄭智仁，一九二七—七四），高雄人。台灣武裝革命蔣政權的台獨左翼第一人。

在台北開麵包店兼印刷事業，家境貧苦，是虔誠的基督徒，有強烈的台灣意識。一九七一年往赴東京，藉機與「獨立台灣會」的史明會晤。再次見面時，鄭評猶如台獨運動者般積極，認同該會「台灣民族主義」、「社會主義」等主張，受訓後組織「台灣獨立革命軍鄭評小組七〇一號」返台。

一九七三年三度與史明在東京會面，決定響應「主戰場在島內」的行動，勇敢且具體的提出以武裝鬥爭方式槍殺獨裁者蔣經國，同志名單有林見中、洪維和、馬有明、賴金騰、李瑞池、黃坤能、游建台、柯興南、郭忠義等人。史明以過去的經驗，強調行動需從長計議且不能在島內找槍枝，鄭評化名千千岩、史明化名栗原正博，兩人在台灣、東京頻頻通信。史明統籌四組人進行此革命工作：國外尋覓武器、槍械帶入島內、情報組、行動組。

豈料鄭評小組內的年輕人沉不住氣，私下在台灣找尋武器，被調查局察覺且遭特務賴錦桐滲透。組員於一九七四年，全數被「企圖叛亂、槍擊首長未遂」罪名捕捉。

鄭評在獄中，即使扣上手銬腳鐐也未失志，仍趁機在牆上塗寫獨台會的革命標誌⬆，不爲個人祈禱而是禱告「台灣出頭天」、「台灣人萬歲」。他於八月十二日臨就義前，仍高喊「台灣獨立萬歲！」從容就義。此大愛證道的精神，是爲公理公義犧牲奉獻的典範。

十六、史明與林保華對談民族主義

《台灣人四百年史》作者史明昨日強調，台灣要獨立，首要是推翻自兩蔣延續的中華民國體制；而他主張台灣民族主義，是開放性的，是要團結投入這塊土地的人，也包括「進步的中國人」。

史：台獨首要推翻外來體制

高齡已九十三歲的史明，去年底因一度病危，而讓許多台派人士相當憂心。昨日在台灣教授協會的安排下，與政論家林保華進行「台灣民族主義與馬克斯主義」的精彩對話，現場並吸引上百位民眾聆聽。

身體雖還處於康復階段的史明，思路與口條仍然相當的清楚，談到具體的台獨行動，語調更顯高亢。對其一生主張的台灣民族主義，林保華表示外界對民族主義存有刻板印象，認為具排他性，台獨人士還因此被污衊。

史明在回應時指出，民族主義有兩面性，既有侵略性，也有開放性。過去帝國主義殖民海外，例如英國等，就是一種侵略、反動的民族主義；後來被殖民國家爭取民族獨立、從被殖民解放，則是進步性的民族主義。

史明進而反問現場，台灣人四百年來，我們有對外侵略過嗎？既然沒有，鼓吹台灣民族主義，當然是進步的主張。

史明說，中國過去對日作戰時，還算進步的民族主義；但中共專政後，屠殺西藏與新疆人民，又想併吞台灣，完全是侵略性的民族主義。林保華也說，毛澤東早年還說過支持台灣民族獨立，拿到政權後，便完全變了個樣。

林保華認為，中國支持民族獨立解放運動是喊假的，目的是反對西方國家；對掠奪非洲資源，反而更嚴重。

史明認為，台獨最重要是要改變兩蔣的外來體制，「不是為反對中國人」。在台的中國人也有值得肯定的；改變外來體制，台灣人必須要懂得團結，這包括「進步的中國人」，否則不會有力量。

林：國共是台灣主權獨立之敵

林保華也說，馬英九執政傾中後，台灣主權獨立受很大威脅。若說過去的敵人是國民黨，現則是

國民黨再加共產黨。

史明說，中國要併吞台灣，這是外在矛盾；我們一定要先解決內部矛盾，政治上建立獨立國家，經濟上是國民經濟。要推動台灣民族主義，不能只是嘴巴說說，必須要思想與行動兼具。

士林望族、印尼華僑　先後見證共黨暴政

史明與林保華來自不同成長背景，一位出身台北的士林望族；一位出生於中國，後為印尼華僑。兩人都曾信奉馬克斯主義，相信中國共產黨，最後均因見證共黨暴政，進而失望、逃離中國。

幾年前已取得台灣身分證的林保華，五○年代因受中國共產黨的鼓吹，離開印尼到中國念書；見證文革的腥風血雨，轉赴香港。一九九七年香港歸併中國又離開，對共黨思維言行有著深刻的體會。

史明在五○年代因組織武裝革命對抗國民黨政權失敗，而逃至日本；之後並完成《台灣人四百年史》的巨著，成為許多台灣思想青年的重要精神導師。一九四二年史明還曾至中國大陸，到華北地區參與中共地下組織。

史明昨日談到這段近七年的中國經驗說，原先是以為中共也是馬克斯主義的信徒，後來經過親身經歷，才發現不是這麼一回事。中國共產黨當年為進行土改，不斷地殺人，一個村子大概要殺掉百分之三到七的人口。

史明說，真正的馬克斯主義是要提升人性，但中國共產黨則是毀滅人性。馬克斯雖然曾說對抗武裝的敵人也要武力以對，但也說過拿到政權後應實施民主，中共卻沒聽進去後段話，繼續獨裁專政。

至今仍信奉馬克斯主義的史明，早年雖曾與中共站在同一戰線，

台灣教授協會昨天邀請史明（左）與林保華（右），就「台灣民族主義與馬克斯主義」進行對談。（記者林正堃攝）

史明與林保華　對談民族主義

與林保華對談民族主義（2010.04.18自由時報）

卻早已看穿，從未成為中國共產黨一員，支持左翼卻也反共。相較現在的執政者天真地相信北京的承諾，兩者高下立判。（二〇一〇年四月十八日《自由時報》）

十七、我所認識的蔡瑞月及蔡瑞月舞蹈社

獨裁和民主這兩股力量，從希臘時期就存在，這兩股力量也對應到藝術之上。舞蹈表演過去都是皇公貴族才能夠欣賞。歌劇是在宮廷中演出給王室娛樂，芭蕾則多是貴族們欣賞的。古典藝術在中古時期是流動於上層階級，對一般人來是很昂貴、很難親近的。只有隨著政治逐漸擺脫獨裁，現代舞這種舞蹈方式才得以出現，是一種讓舞蹈欣賞不再受限於只有貴族階級，而是全民都可以欣賞的演出。

過去我在日本並沒有常看舞蹈表演，但大學時期卻曾在東京新宿看過蔡瑞月的表演。因為當時台灣人很少跳舞，在日本學舞知名的台灣女性也就兩三個，在一次很偶然的機緣，正巧看到有人跳舞，我聽見周圍的人說舞者是位台灣女孩，原來就是蔡瑞月。我有聽古典樂的習慣，學生時代在日本買了很多唱片，蔡瑞月有一支舞「印度之歌」的音樂，我也還留著那張唱片。當時現代舞在日本很流行，在台灣不流行，蔡瑞月從日本把現代舞帶回台灣演出。後來我大學畢業後前往中國參加抗日戰，對蔡瑞月在台灣的發展就沒有了解了。一九九三年我回到台灣後，到二〇〇八年遇到蕭渥廷（蔡瑞月文化基金會董事長，蔡瑞月的學生兼媳婦），之後受邀到蔡瑞月舞蹈社看表演。觀看演出時，感覺作品的結構很嚴謹，舞蹈需要很長時間的準備，一看演出，就知道蕭渥廷在訓練時一定很嚴格。

蔡瑞月舞蹈社在二〇一二年九月舉辦關於我的

蔡瑞月演出「印度之歌」的舞姿

文化論壇，並搬演我的生命故事。我記得那齣戲在最後，我阿嬤再次出現那一幕，讓我不禁感動落淚。我在舞蹈社看過多次演出，發覺這裡是獨一無二、難以取代的地方。舞者的水準很高，延續了我當時在日本看見蔡瑞月跳舞的模樣。此外，在舞作中也能看見歷史，更能在作品裡看見屬於台灣的東西。這些東西，或許唯有蔡瑞月舞蹈社才能完整詮釋並傳承吧！

一九九四年十月，因捷運工程計畫，蔡瑞月舞蹈社面臨市府拆除前夕，蕭渥廷、徐詩菱、詹天甄三位舞者，毅然在風雨中升空高掛，絕食抗議

宴請日本國寶級舞蹈家折田克子

蔡瑞月文化基金會董事長蕭渥廷

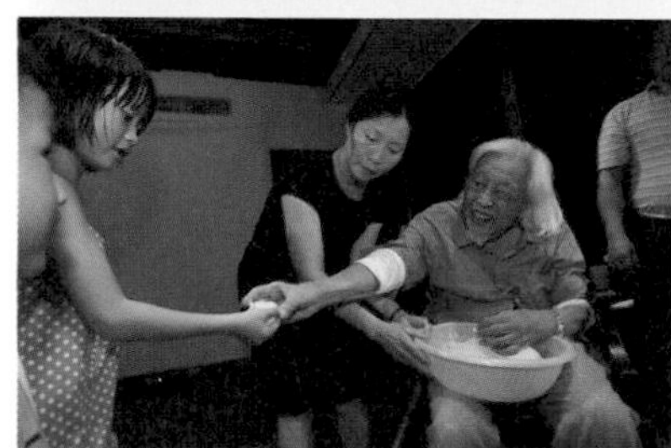

經驗分享與傳承

《第七屆蔡瑞月舞蹈節》封面，有現代藝術之美

【附錄一】

二〇一二年九月

為蔡瑞月基金會於舞蹈教室以史明為主題

舉辦文化論壇，詹天甄編舞試寫—

革命的夢、流亡的風景（四部曲）

李敏勇

I. 夢的種子

青年史明的夢

播種馬克思主義的種子

歷史的風吹拂

時代的澆淋

他尋覓讓種子開花的土地

在島嶼臺灣

也在東亞大陸

被風和雨摧折的花

飄散在現實的枷鎖裡

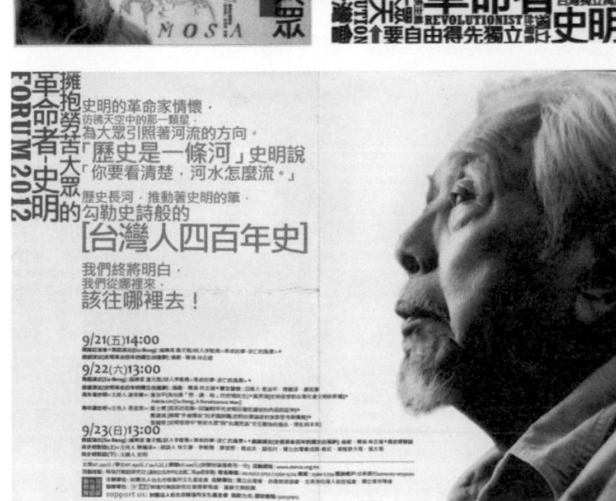

大學在日本看蔡瑞月表演時，怎樣也想不到數十年後，她所創辦的舞蹈研究社會在台灣搬演我的故事

與演出舞者合影

五、革命家

革命家史明在流亡
海是他奔走的路
革命家史明在流亡
東京是他駐紮的據點
革命家史明在流亡
池袋的閣樓他為臺灣描繪歷史的圖像
革命家史明在流亡
他撒播新的種子
革命家史明在流亡
他揮動臺灣民族的旗子
革命家史明在流亡
他的人生寫下無悔的形跡。

四、流亡者

流亡者史明在革命
海是他回鄉的路
流亡者在土地扎根
他的身體是他的樹身
流亡者史明在島嶼巡梭
他的話語是他的枝椏
流亡者史明在編織國家的夢
他的歌聲是他的葉片
流亡者史明在孕育新的種子
一棵一棵樹遍植在福爾摩沙

編舞詹天甄

導演林志遠

李炫蒼，飾演史明

IV 新風景

夢的願景會開出花
青年史明的夢
壯年史明的夢
革命家的夢
流亡者的夢

花的色彩會交織成彩虹
藍色的自由的夢
白色的平等的夢
紅色的博愛的夢
綠色的國家的夢

彩虹會映照新的視野
國家的夢
民族的夢
社會的夢
個人的夢

夢的種子會成為現實的風景

演出舞者顏可茵

呂佳芠，飾演阿姑

李欣蓓，飾演阿嬤

親愛的史明歐吉桑：

您的生命故事，化成了一齣感動人心的好戲，您的行動力與毅力讓我們自嘆弗如，您的支持與鼓勵給大家無窮的動力，您的努力與付出，完整了我們的生命。

Happy Birthday 2012.11.09

孝遠　佳芠

張子建

沖天

蔡瑞月文化基金會　敬

演出舞者的生日賀卡

【附錄二】台灣「好男好女」——蔡瑞月與史明

陳麗貴／史明紀錄片導演

蔡瑞月與史明兩個看似毫不相干的台灣前輩，冥冥之中似乎有某種超越時空的奇妙連結，這個連結究竟是什麼？

二〇〇四年，我完成蔡瑞月紀錄片《暗暝e月光》，十年後完成史明紀錄片《革命進行式》，有幸閱覽兩位前輩人生的奮鬥歷程。蔡瑞月出生於一九二一年台南商人之家，史明出生於一九一八年士林地主之門。兩人都在一九三七年戰爭初期赴日求學，蔡瑞月在東京自由之丘師承石井漠學習現代舞，史明則在東京早稻田大學專攻政治經濟學；此時兩人的生命軌跡如此靠近，但是他們是否曾經互相認識？我未曾聽說，也未曾細究。不過東京這段時間的學習經驗，在兩位台灣青年的生命中都留下了終生印記。

異質卻相似的一生

一九四二年，史明偷渡中國參與中共地下組織從事抗日活動，蔡瑞月則隨石井綠舞團在南洋、日本等地勞軍巡演。這是兩人生命座標相隔最遙遠的距離。

《革命進行式》拍攝一景

一九四九年，史明跳船返台，同年蔡瑞月的先生雷石榆被驅逐出境。隔年蔡瑞月被捕，囚禁三年，甚至遣送綠島；同時間史明組織「台灣獨立革命武裝隊」企圖暗殺蔣介石。一九五二年，史明搭香蕉船潛逃日本，從此亡命日本；蔡瑞月則於一九五二年離開綠島「小監獄」，回到台灣「大監獄」。在日本的史明白天開麵店，晚上讀書寫作，完成首部台灣人民族誌《台灣人四百年史》；在台灣的蔡瑞月則教舞、編舞，完成了台灣最早的人權舞作〈傀儡上陣〉、〈牢獄與玫瑰〉、〈死亡與少女〉等。在日本的史明奮鬥不歇，不斷向台灣輸入武裝革命，讓台灣與世界革命接軌；在台灣的蔡瑞月則持續努力澆灌台灣現代舞園地，讓本土舞者與國際創作緊密交流。

《革命進行式》電影海報

陳麗貴

李泳泉（陳麗貴夫婿）

蔡瑞月與史明乍看如此異質，卻又如此相似。若我們調高角度，以上帝之眼來俯看兩人的一生；似乎有一條台灣人的命運之繩分別牽引著兩人，讓兩個人忽近忽遠，不斷錯身而過，但是他們

終生奮鬥的目標卻如此相近，堅持不懈的精神也完全一致。八十歲的蔡瑞月一聽到音樂就翩翩起舞，九十歲的史明一上台就聲嘶力竭；八十四歲的蔡瑞月，臨終之作是描繪黃文雄與鄭自才刺殺蔣經國的〈讓我像個台灣人一樣的站起來〉、與林義雄追求人民作主的〈靜默的腳印〉；而九十七歲的史明至今依舊奔走於台灣土地上，孜孜矻矻地培育台灣獨立的革命種苗。

《革命進行式》台中老虎城放映現場

玫瑰古蹟培育後進

這是台灣「好男好女」的典範。二〇一二年，一場由蔡瑞月基金會所舉辦的「史明文化論壇」，舞者、演員、詩人、學者，以舞蹈、戲劇、詩歌、論文，謳歌史明，論述史明，將生前素未謀面的史明與蔡瑞月創造超越時空的美妙連結。發生的地點就在蔡瑞月一生舞蹈、創作、生活的場所：玫瑰古蹟。此後史明經常造訪玫瑰古蹟，造訪蔡瑞月的媳婦蕭渥廷董事長和其他舞者，他說來到這裡就像回到家一樣。

在蕭渥廷所帶領的蔡瑞月基金會的經營之下，「玫瑰古蹟」已經不只是一個單純的古蹟，表演空間，或藝

玫瑰古蹟一蔡瑞月舞蹈研究社

以身體，譜寫生命史

把自己像小孩般，輕輕抱起
飛躍過，記得要降落
旋開腳尖的筆蓋
在我們的土地，簽上你的名字

玫瑰古蹟｜蔡瑞月舞蹈研究社
Tsai Jui-Yueh Dance Research Institute
http:www.dance.org.tw

臺北市中山北路2段48巷10號
02-2523-7547，02-2567-3752
臺北市政府文化局委託，財團法人臺北市蔡瑞月文化基金會管理

蔡瑞月舞蹈社

文場所；它是一個地標，民主、自由的紀念碑。除「史明文化論壇」外，在此陸續舉辦過「鄭南榕文化論壇」、「高俊明文化論壇」、「王金河文化論壇」等等，它是台灣「好男好女」的廟堂聖地，也是新一代台灣「好男好女」的培育搖籃。

陳麗貴，一九七九年台大外文系畢業，一九八四年美國奧斯汀德州大學視聽教育碩士，一九八九年返國投入紀錄片創作迄今。

曾任：台北市女性權益促進會理事、台北市女性影像學會理事長、財團法人國家電影資料館董事、海洋台灣文教基金會董事、守望文教基金會董事、核四公投促進會召集人、蔡瑞月基金會董事、人民作主教育基金會董事長。

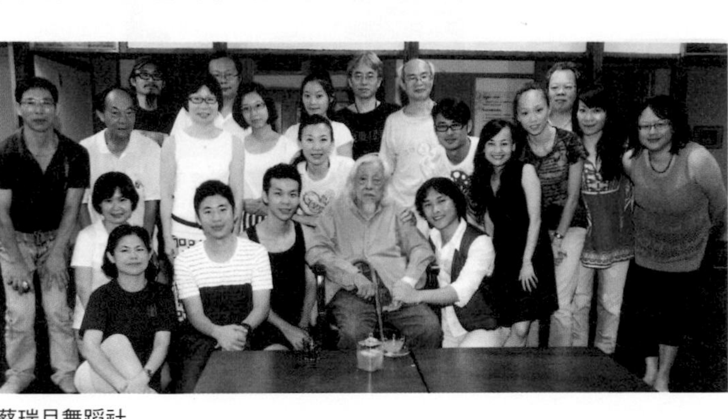

蔡瑞月舞蹈社

代表作品：《革命進行式》（二〇一五）、《好國好民》（二〇一一）、《龜毛之必要：懷念政治家陳定南》（二〇一〇）、《吹泡泡：台灣經濟眞相》（二〇〇九）、《焚》（二〇〇九）、《紅色戒嚴：陳雲林事件紀實》（二〇〇八）、《火線任務：台灣政治犯救援錄》（二〇〇八，紀錄片雙年展入圍）、《捍衛台灣鄉土紀事》（二〇〇七）、《後生行腳：青春共下行》（二〇〇七）、《台灣民主化之路》（二〇〇六）、《打拼：台灣人民的歷史—覺醒的年代》（二〇〇六）、《打拼：台灣人民的歷史—烈日殖民》（二〇〇六）、《暗暝e月光：台灣舞蹈的先驅蔡瑞月》（二〇〇四）、《青春祭：綠洲山莊的故事》（二〇〇二）、《生命之歌：坪頂古圳生態筆記》（二〇〇二）、《文學過家：李昂之婚禮》（二〇〇一）、《叫我第一名：台灣盲友攀登富士山》（二〇〇〇）、《平等思想起》（二〇〇〇）、《作家身影：鐵血詩人吳濁流》（一九九九）、《世紀女性：台灣第一女醫師蔡阿信》（一九九九）、《女超人的滋味》（一九九六）、《牽手何時出頭天》（一九九四）、《祝你生日快樂凱迪》（一九九〇，金穗獎）。

第二十四章 重新學習「民族主義」(nationalism)

民族的形成發展，必須要經過一段的「歷史過程」才能實現。這意味著，「民族」並不是單在腦筋裡一氣呵成而想出來的觀念物，也不單是一種偶然發生的自然產物，而是人類社會發展過程中，有意識的、有必然性的「歷史產物」。

一、民族的本質

漢文的「民族」，是日本人從英文nation或德文Nation翻譯過來。但是nation、Nation，原來是以拉丁語的nasci（生）爲原語。無論怎樣界定「民族」（英folk, nation，德Volk, Nation，法Peuple, nation），其實際狀態總歸是一擁有個性、集體自覺且具有堅固性的意識團體。所以，民族意識是把自己隸屬的集團與其他集團區別開來，在歷史上，是具有最爲具體性、主體性的存在契機（存在因素）。

學問上對於民族形成的研究，是從西歐社會的資本主義發達，民族形成統一的同時，諸民族相繼發生（英國十七世紀，法國十八世紀，德國十九世紀）的十七、十八世紀以來。把「民族」這個「人」的集團，以社會學體系中的「民族學」（ethnology）的觀念與方法加以研究，還是在資本主義發展爲「帝國主義」（imperialism）之後，即一八八〇年以後，才見實現。尤其到了二十世紀，經過兩次的大戰，關於民族學的研究，日新月異的發達起來。

然而，以第二次大戰爲分水嶺，在戰前，主要是德國社會學的影響下，主要研究在民族的成立與其本質，民族研究較傾向於重視民族本身所擁有的集團特質，同時，產生了關於民族的「客觀說」與「主觀說」的兩大研究系統。所謂客觀說，就是以

民族形成的客觀因素，即血統、地緣、文化、語言、經濟生活、政治命運等的共同爲指標，想來認識民族的本質的學說。主觀說，則要以民族形成的主觀因素，即民族意識爲指標，而來瞭解民族本質的學說。無論是客觀說或主觀說，大體上，民族是被認爲與其他族群的人種（race）、部族（stamm）、血族（Kith und Kim）、種族（tribe）不同，這些是不能混同的，都是各自爲有機體（organism，不把東西當作部分的機械的集合，而看作是一個生命的世界觀）的共同體。

到了第二次大戰後，由於戰後世界各地域的殖民地隸屬問題成爲國際政治上的最大問題。尤其在亞、非、拉地域等所謂第三世界的被壓迫諸民族的獨立問題爲背景，大家都把民族獨立從「民族問題」（諸民族之間的關係問題）與「殖民地解放問題」的角度來重視，所以，問題就從戰前對於民族集團本身的本質解明，發展爲從民族的社會體制問題或民族與階級的相互關係的諸側面研究爲主要對象。這從學問的領域看來，勿寧說從以前的「社會學」部門的研究，轉換爲從「政治學」、「經濟學」的諸部門而來把握民族問題。

在戰後，民族研究更顯著的特點，就是提出「民族獨立、殖民地解放」而努力的馬克思主義者，特別受到重視，所以，想要從其觀點來解明民族問題的研究方向，佔了重要地位。

但是，從馬克思主義的立場來說，「民族及其互相關係」的問題，當然不具有第一義的重要性，因爲馬克思主義的Geist（靈魂）是「階級」，所以，民族問題只是被當做包含在階級革命之內的一個問題而已。原來，馬克思主義對於民族及諸民族間的問題的認識，雖然很重視，但不能說是很充分的。

然而，從舊帝國主義最爲猖獗的十九世紀末至二十世紀初以來，當馬克思主義者在從事階級革命的歷史過程中，實際上所面對的「階級矛盾」，卻幾乎是具體表現在「民族矛盾」（contradiction of nation）上，尤其在殖民地的解放運動上，由於殖民地社會本身的階級關係具有「國際性」（剝削階級是外來帝國主義者，被剝削階級是本地的殖民地人民），所以，其「基本矛盾」的階級矛盾，都具體表現在「主要矛盾」的民族矛盾上面。因此，歷來的許多馬克思主義者，幾乎都兼爲「民族主義者」。當

然，在亞、非、拉等殖民地社會的馬克思主義者，當在進行反帝、反封建的殖民地革命鬥爭時，更爲普遍的成爲民族主義者，這無非是人類在近代歷史發展過程中，所招來的必然結果。

從民族生成發展的歷史上看來，民族的本質是從客觀因素（地緣、血緣等共同）開始的，一群人經過長期共住、共同生產、共同戰鬥等，加強政治命運及經濟共同因素，且在長久的歷史過程中，終於發展出共同的民族意識、民族感情或民族精神，成爲與其他不同的集團，這就是發生「我們與你們不同」的感情與意識的民族。

其實，民族是極微妙的存在。從十九世紀後半，關於民族形成的客觀分析，可以說是「二元論」（dualism）。但馬克思主義是以「階級論」爲靈魂的唯物主義者，它爲了避免成爲二元論，所以傾向於主觀說，馬克思、恩格斯雖有「民族理論」，但是沒有深奧的論述。比如馬克思主義把民族認爲是以語言、地域……等客觀條件，而形成的強固的共同體。階級一元論者（monism）的斯大林，注意的焦點不是民族，而是階級，如何把民族概念機械的、觀念的歸納於階級概念，就是他的題目。

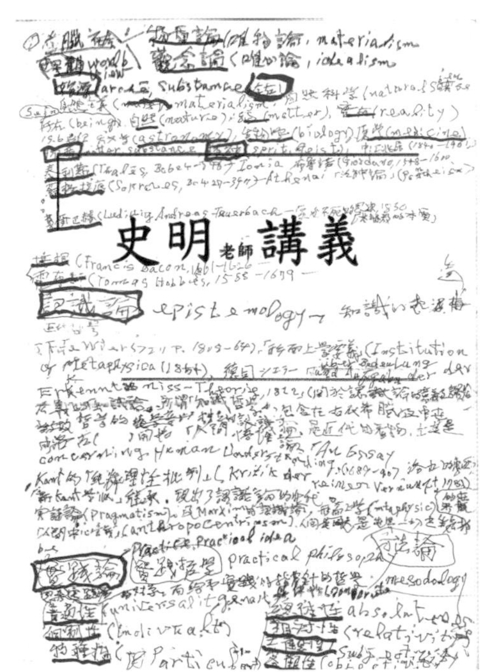

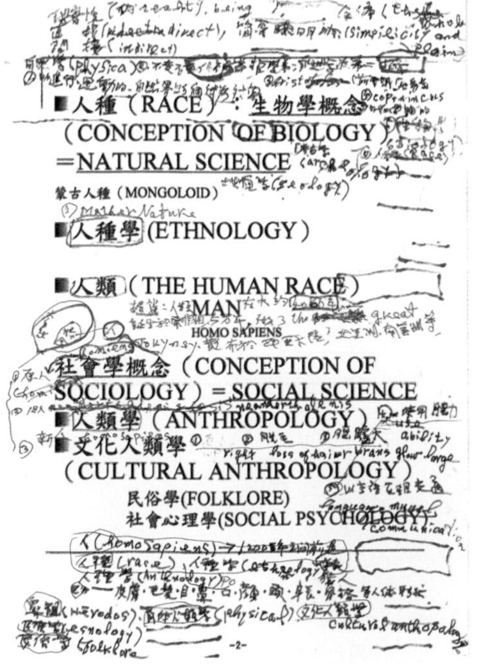

講授提要

從科學論（philosophy of science），即以理性、現實性來對民族的性質及結構等做探究的觀點來說，要從客、主兩說加以辯證法（dialectic）的思考，才能順理成章。

現在一般所說的民族概念，絕不是單一（single）的存在著，無論如何，都是把上述的兩個學說，使之折衷（compromise）或發展的論述。科學上，民族是以一定的固有的客觀條件爲前提才能形成。同時，在這種基本條件下，民族自身主體的發生意識，才見到民族的存在。由此民族才擁有現實性，在構成上，民族是與階級不同，這是事實。尤其是時代進步，十九世紀後半以後，社會構成與階級關係的論述進展，爲了不陷於二元論，結果斯大林的民族一元論形成的論法已成爲「古典」。現在若是某些程度來站在客觀因素的立場，民族形成與近代社會不能說無關係的，而是透過古代與中世紀的初步發展，到了十六世紀的荷蘭獨立，十七世紀的英國革命，十八世紀的法國革命與美國獨立，才成爲「民族國家」（national state, People states），以近代的民族完成爲基底，確實統一權力的國家是必然的。

然而，另一方面，各各民族的特性爲第一義（the first rank）的社會要因的說法，在法國革命的民族意識，被認爲傾向於個人主義（individualism）。如果是這樣，在法國就有拿破崙時代，但是德國也有，這個德國的民族自覺引起重要的歐洲民族論形成。

又在另一個方面，反映各各民族的集團的歷史諸條件，民族意識是民眾爲主體的行動成爲革命（revolution）的重要契機，與反動性（reaction）也有關係，如此，帝國主義體制（imperial system）是事

《民族形成與台灣民族》（一九九二年）

實，這點是要注意的問題。

二、民族學（英 ethnology, 德 Völkerkunde, 法 ethnologie）

現在的民族研究，尤其是初期社會（primitive society）諸文化的實證的比較研究（comparative study），廣義來說，主要是研究人類學（anthropology）的文化側面。民族學能夠發達成爲一種科學，以近代資本主義的發展爲前提，開始於航海大發現時期，以歐洲社會與未知的原始社會的接觸爲契機，並以歐洲文明世界（enlightened world）的所謂歷史爲背景。

所以民族學與民俗學（folklore）擁有很深切的關係。前者是在異民族（strange nation）支配的場合上，後者是在自己民族統一的場合上，兩者均擁有近代的社會過程，及對民族的社會的斷層（fault, gap）的究明（study, inquire）或克服（restoration）的歷史課題。

民族學發展的型態有四：

（一）英、法國型：在經濟、政治上爲支配殖民地（colony）及後進區域（undeveloped area）的政策需要，研究原始的異民族，並把其民族的研究的諸要素，導入於一般的民族學，兩相比較研究，企圖對被支配民族擁有深奧的理解。

（二）德、奧國型：爲達到國內的後進社會的民族統一（national unite），所進行的農民、漁村的「民俗」（folk）的比較研究，以常民、下層（lower class）的文化史復元，及其「基礎文化」的研究爲中心課題。

（三）自己認識學型：從本能（instinct）與下意識（subconsciousness）的交涉的研究開始。民族學研究，與民俗學相提攜，包括著廣義舊歷史科學的人類學（anthropology）的種族、民族、人類的自我認識（self-knowledge）爲課題。以「原始族」（Primitive society）爲研究對象而發展起來的「文化人類學」（Cultural anthropology）及「社會心理學」（Social psychology）等，到了戰後，也開始包括「近代民族」（modern nation）爲研究對象，結果，民族性格（character of a nation）的研究，也急速的浮現起來。

這些主要是發展在美國的社會科學界，並且，不定是從正面來研究民族集團，同時，與原來的民族

研究的諸傾向，在問題的認識上不能說是完全一致的。但是，這些諸科學在實際上，對於民族的研究加添了實證的（positive）、科學的（scientific）研究，所以也擁有很重要的一面。另外，蘇聯的民族學研究，促進了聯邦諸民族自身的民族學研究，被當做歷史科學的一環。

（四）民族學與政治學的交流：在自然狀態說（The Theory of the State of Nature）的「自然人」觀念，是航海者所發現的新社會所引導出來的。關於人是否生而平等，伏爾泰（Voltaire, 1694-1778，十八世紀主導法國啟蒙主義的哲學者）曾與主張「平等」的盧梭發生爭論。德國的赫爾德（Herder, 1744-1803，詩人、評論家）傾向於「國民主義」，名著《人類史的考察》（*Ideen zur Philosophie der Geschichte der Menschheit*），是在民族學方法的進步及「多元起源說」（Polygenism）的基礎上寫成的。

三、民族形成的三個因素

「民族」，是必有一定的「客觀因素」爲契機，經過若干的歷史過程，逐漸產生「主觀因素」而成立的社會共同體（Gemeinschaft）。也就是說，民族必須要以：

（一）客觀因素（血緣、地緣、語言、文化、政治命運、經濟利害等的共同性），

（二）歷史過程，

（三）主觀因素（共感、共同意識），

這三種因素爲前提條件，才能成立的人的一個社會集團。

這三種因素之中，對民族形成最具有決定性的，是主觀因素的共同意識（民族意識），即在一個社會集團的內部，必有這種共同意識發生，使個個成員感到：「自己的集團別於其他集團」，並使這些成員關心自己集團的共同利益及共同前途（獨立、統一、發展），同時，在實際上能起推動集團發展的作用，這樣，該集團就擁有「民族」的性格而發展。

當然，如此能使成員意識到自己集團的存在的契機，不外是這個集團的客觀因素。這種客觀因素從其各因素的內容上，可再分爲：

（一）自然因素（血緣、地緣的共同）。

（二）社會因素（語言、文化、政治命運、經濟利害的共同）。

客觀因素在過去的人類史上，成爲各種社會集團結合的契機，可以分爲前期與後期的兩個階段。「前期階段」，是人類創世以後，到社會現代化開始以前（十七世紀資本主義開始發達以前）的漫長的一個階段。在這個階段，是以客觀因素中的「自然因素」爲成立社會的主要契機，所以，所形成的社會集團，必然是以血緣共同爲主要契機的原始社會（Primitive society）、氏族（clan—母系，gens—父系）、部族（tribe）、種族（ethnic group, tribe）等前近代性的社會集團。

然而，人類的歷史一進到「後期階段」，即西歐社會開始現代化（資本主義化）後，客觀因素中的「社會因素」逐漸取代了自然因素，而成爲新的社會集團成立的主要契機。這就是現代的所謂「民族」。

尤其是資本主義生產體制發展成爲民族產生及發展的物質基礎，所以，特別是經濟生活與政治命運的共同性，在這新的社會集團形成上，增加了重要性。

由於民族的形成與發展，與資本主義發展及國家統一，是同在十七世紀以後的所謂「近代」（現代）以後，所以「民族」在學問上，常被稱作「現代民族」（modern nation）。

民族的形成發展，必須要經過一段的「歷史過程」才能實現。這意味著，「民族」並不是單在腦筋裡一氣呵成而想出來的觀念物，也不單是一種偶然發生的自然產物，而是人類社會發展過程中，有意識的、有必然性的「歷史產物」。

也就是說，民族是在一定的物質基礎（經濟基礎）上，所站立著的一個歷史存在、社會存在。在這種情況下，後期即西歐社會近代化以後的民族形成中，前期諸集團內的主要因素即血緣共同，遂被社會因素的經濟利害及政治命運取代其重要性，這不外是人類發展所演變過來的一個歷史事實。

四、諸民族的民族形成

（一）西歐諸民族形成

人類昔初的族群（community, Gemeinschaft），是以血緣共同與地緣共同爲主要的形成因素。這種

共同體（community），歷史上經過原始社會、古代社會（奴隸社會），及中世紀的封建社會等階段漫長的演變，即大小的部族、血族及種族等各種族群的時代，然後才發展爲民族。例如：昔時在歐洲的喀爾特族（Celt）、日耳曼族（German）、拉丁族（Latium），或在東洋早期的漢族（漢人）、鮮族、大和族，以及台灣原始族等，都屬於這類的族群。

西歐社會到了十六、七世紀，封建主義衰亡，資本主義興起，商品經濟發達之後，新興商人（初期資本家）爲了銷售商品於歐洲各地市場，很快就打破了傳統的封建障礙（垂直的身份位階制與水平的閉鎖隔絕），使狹隘孤立的中世紀封建制崩潰。十三世紀蒙古族西征，十五、六世紀的發現新大陸，再加上十六、七世紀的革命性社會變革，促使長久以來封閉孤立的地域性、血緣性束縛的部族、血族、種族等大小族群逐漸開放，代之而起的，就是以過去的族群爲根底，並由新的政經關係所形成的廣泛開放的「近代民族」（modern nation, gegenwärtige Nation）。

在資本主義的創始期，政治上打破了封建束縛，導致割據各地的種族、部族之潰散及其大小領主的沒落，合併或分離爲更廣泛的統一的開通的集團，這就是民族集團。然而在另一方面，原本有名無實的各地大小國王，在舊體制崩潰之際，卻與新興商人階級串通勾結，樹立了「專制王朝」（absolute monarchy）的中央集權國家，成爲民族形成與社會近代發展的新障礙，以致民族在形成的初期，一時停滯於所謂「前期性民族」的種族團體（ethnic group, volk）或「未成熟民族」（nation not yet quite satisfactory）的半成熟狀態。這種情形一直到十八世紀中葉，封建殘餘的專制王朝開始衰亡，產業資本主義開始發達，近代國家出現，前近代性民族才逐漸發展爲名符其實的近代民族。也就是說，**西歐各地域的各個近代民族，是與資本主義發展與近代國家成立伴同成立的**。如英國民族在十七世紀，法國民族在十八世紀，德國民族在十九世紀才各自形成了民族。

（二）亞細亞諸民族的形成

亞洲、非洲等所謂「未開發地區」（唯有日本除外），自十八、十九世紀起遭到西歐諸資本主義國家的帝國主義侵略，相繼淪陷爲其近代殖民

地，而受到外來支配者的併呑（annexation）、掠奪（expropriation）及剝削（exploitation）。在此同時，殖民地社會吸收了從帝國主義者傳來的民族概念，經濟也受到資本主義制度影響而開始變化，但整個社會仍然處於未開發狀態，在政治思想上卻受到外來帝國主義者的影響，本地人自然對自己的社會集團也開始「近代民族性」的自覺，逐漸反抗外來支配者的政治支配與經濟掠奪剝削，並且一步一步進到爲自己集團的政治自由與社會平等的思想上的覺醒，而進到凝聚自己的「民族主義」。

在殖民地社會反帝國主義的鬥爭過程中，殖民地本地人爲了推翻外來者的支配與剝削，乃高舉「殖民地解放、民族獨立」的旗幟，做爲具體的鬥爭目標，與現代化的外來殖民地統治者，進行熾烈且長期的反帝國主義武力鬥爭。就這樣，十九世紀後半以後的亞洲，日本形成大和民族主義，印度、印尼、安南、菲律賓等陸續發生反白人帝國主義的民族獨立鬥爭。到了二十世紀初，日本帝國主義化，所以朝鮮、台灣各自形成民族主義，向新帝國主義反抗鬥爭。

五、自然因素共同（血緣共同、地緣共同）

（一）血緣共同（民族與人種）

人們常說：「我們的身體內，有共同的血液環流著」，這句話，表現出民族是擁有血緣共同的一面。不錯，民族確實是以血緣共同爲契機之一而成立。但問題是民族已與前期社會集團的「種族」、「氏族」、「部族」等根本不同，不以自然因素的血緣共同爲其主要因素，而是以社會因素（語言、文化、政治命運、經濟利害的共同）爲其結合的主要因素。所以，血緣共同在民族形成上已成爲次要的了。

因爲這樣，才有一個血緣共同的社會集團（種族、部族），能分爲複數的民族存在，同時，也有一個民族裡，包括著複數的血緣共同的諸份子。

當然，在民族的存在上，所謂的「血緣共同」，並不指著像父子弟兄間那樣狹隘的血緣關係，而是說：譬如擁有共同的祖先，或某些相同的身體特徵的意思。但是，當一群人共有一定的血緣，即共有一定的身體特徵而劃分爲諸集團時，這在學問上，普通是把這群人稱爲「人種」（race）。

「民族」與「人種」的範疇不一樣。民族是社會科學體系（social science system）或人文科學體系（humanities system）的概念，「人種」則屬於自然科學體系（natural science system）中的「生物學」（biology）與「遺傳學」（genetics）的概念。

爲了分類人類而成爲指標的遺傳性身體特徵，一般是說，眼睛的色彩與眼形，頭髮的色澤與形態，鼻型、身長、頭顱指數等。近來，血液型遺傳子（DNA）也頗受到人類分類上的重視。

西洋的「日耳曼主義」，東方的「中華思想」（即「大漢族主義」），就是「人種主義」的典型。中華思想的「炎黃子孫血統主義」，與納粹的「日耳曼人種主義」，在人種主義這點是異曲同工，但是，前者比後者是更擁有根深蒂固的歷史根源。中國的炎黃子孫血統主義，據典是發源於堯舜時代，並到漢代武帝（約二〇〇〇年以前），漢人征服了四周的異族後，更加發展並傳流下來。這個漢人的人種主義，把四周異族稱爲東夷、西戎、南蠻、北狄，一方面產生擁有文化優越性的「中華思想」，把這些異族在文化上、種族上睥睨於腳下，另一方面則擁有在政治、社會上的「大漢族主義」，對於異族加以征服、支配與統治。而且，從昔古就把這個人種主義的中華思想與大漢族主義制度化，創立了「五服制」與「朝貢制度」。

歷來的中國朝廷，爲了征服與支配所謂「化外之地」，均採用「五服制」，即以中華爲「王畿」，從王畿距離五百里（指華里，一華里等於〇・五公里）的異地爲一服，再增加五百里遠就算二服，這樣，共有甸服、侯服、綏服、要服、荒服（距離二千五百里）。並隨著距離的遠近，而來決定與中華的親疏及各族的文化程度，同時，也由此來決定中華帝國對這些異族的支配的緩急與朝貢次數的多寡等。如此可見，中國的人種主義是如何的堅固不覊。

從中國共產黨中華人民共和國對於中國大陸的五十五個少數民族加以歧視、差別、支配，以及中國國民黨對台灣的殖民侵略，可以看見這種往古的人種主義的中華思想與大漢族主義，即使到了二十一世紀的現在，仍然繼承其內容。

中國歷來的朝廷與民間，一貫看台灣爲距離中華最遠、不屬中華的「化外異地」，即稱爲「荒服

地」，不屬中國，名曰「東蕃」，是住民最爲蒙昧未開的異地。今天，在中國國民黨中華民國的殖民統治下，本地台灣人仍然受到歧視、差別、獨佔、支配。

(二) 地緣共同

歷來，常把民族成立的兩大自然因素，形容爲「血與土地」（Blut und Boden），這就是說：在同一土地（地域）的共居，對社會集團的形成是非常重要的。

然而，在另一方面，也有不少的學者，把土地對於社會集團的作用，給予消極的評估，而認爲土地只有第二義的重要性。採取這種看法的人們，常以猶太人爲其看法的論據。但是，如德國社會學者F. Hertz所說：今日的猶太人的大部分，都在各國享受到市民平等的社會權利下生活著，所以，他們已逐漸放棄了他們原來所擁有的猶太人意識與傳統的宗教，進而培植著把自己認爲是英國民族或法國民族等的意識形態。也就是說，地域共同的喪失，會招來其他許多方面的共同因素的喪失，所以，地緣的共同，不得不認爲對於民族的存在是重要的。

原來，所謂的「地緣共同體」、「地域集團」，在其本質上，是人人都在日常生活上可以接觸到，即能感受到，能體驗到，能看到的，以很狹隘的領域爲基礎而成立的小集團，如封建諸侯封地般。這是在這種狹隘的地域內生長的人們，透過日常具體的接觸所發生共感或親愛的小集團。這一般是稱爲「鄉土」（Heimat, home country），從社會集團來說，是屬於「部族」、「氏族」等擁有閉鎖性的前期階段社會集團的種類。

然而，在現代的「民族」上所說的領域，是指「祖國」（Vaterland, fatherland）或「國土」（national territory），是擁有在日常生活上不可具體體驗到的，廣大的抽象性。並且，在這廣大的地域裡生活的人們，都是不可能以直接在人格上互相接觸來結合。因爲鄉土愛的感情是自然發生的，所以，對於這種不可直接接觸的廣大國土的共感或愛心，當然與鄉土愛在結構上有了若干的差異。

F. Hertz說：「對於國土的愛心，不外是由共同的歷史、共同的輿論，及教育的力量……等因素而培植在我們的心裡的。」也就是說，國土愛雖與鄉土愛有所關聯，但比鄉土愛有著更爲「人爲」的

特殊性格。這種擁有廣大的抽象性的領域（國土）本身，本來是無性格、無色彩的，經由血液共同、文化共同、語言共同、經濟利益共同，及政治命運共同的人們的集團，長期、連繫的共居下去，才產生了地緣的共同，而成爲民族形成的一個客觀因素。這就是說，「地緣共同」不外是社會的共同團結的反映物。

當然，在民族存在上的地緣共同，並不單是這種國土的象徵性、理念性或人爲性重要。如上所述，一群的人們共居在同一地域本身，即是集團形成及生存的基本因素。尤其在「現代民族」，成員共居一處，是與國土的象徵性具有同樣的重要。

所以，雖然是寸土，若是喪失了它，也被認爲是民族威信的失落，甚至於是一塊小小的無人島，只要成爲民族存在的象徵性國土，若是喪失了它，就是這個民族無可忍受的重大事件。

台灣島四周環海，地理上與其他地域隔絕，尤其與中國大陸以一條大海隔離著，是具有自然所給予的封鎖性與孤立性的一個海島，所以，在這封鎖、孤立的海島上，受到獨特的風土氣候的影響，其居民經過永續的共居與接觸，而在生活上發生了緊密的互相關係與互相擁護的感情，是很自然且必然的歸屬。這種地緣共同的因素，對於台灣民族的形成，是比任何其他因素都重要。即：

1. 台灣這種自然、永續的隔絕性與孤立性，四百年來，給予島內居民的民族形成具備決定性的共同地緣因素。

2. 由於台灣民族形成的過程，反過來說，就是在社會上從中國大陸社會脫離而形成台灣社會的過程，所以台灣、大陸地理間的隔絕，是具有最重要的因素。

3. 台灣風土氣候是以四個因素所造成，即：

（1）西南季風（monsoon）。

（2）熱帶（tropics）。

（3）地震（earthquake）。

（4）海島（island）。

台灣在這種風土氣候的影響下，即季風帶來的容納性與忍受性，以及熱帶、海島、地震所促成的各種特性相互交織下，使台灣居民呈現著：「不寬闊不大方，同時帶有濃厚的順從性，但有時對外界壓力會突然猛烈的反擊一番，而後，又氣短的忍受

下去」的風土性格。中國大陸則與台灣相反，其明確的風土特點，使中國大陸具有無邊際性與持久性的風土性格。如把台灣的海島性格與中國的大陸性格比較起來，就較容易瞭解台灣所具有的單純與氣短的風土性格。

因此，從風土上看來，台灣民族形成的歷史過程，就是大陸漢人移民所帶來的中國風土性，與台灣特有的風土氣候性相剋下，把「大陸人」改造爲「海島人」的社會發展過程。這也是地緣共同對於台灣民族形成非常重要的緣由。

4. 台灣雖然是海中孤島，但在地理上，是位於東臨太平洋，西隔台灣海峽而與中國相望，南北則是亞細亞的南北交通要道，這種地理條件自古以來，在軍事、政治、經濟上，均使列國認爲台灣是世界戰略上的重要據點而垂涎不已，因此，這就促成爲台灣民族形成應有的社會因素，即政治命運共同與經濟利害共同的兩大因素。

5. 台灣人與中國人，在「種族」上，雖然同屬於「漢族」，雙方有血緣共同，但這種血緣共同，在台灣歷史發展上，不但沒有正面的意義，卻是起了反面的作用。就是說，當在鄭成功時代，或清朝統治時代，或蔣家國民黨統治時代，台灣居民和來自大陸的統治者（都是漢人，清朝時來台灣當官的都是福建、廣東的漢族，三—六年調換一次而不永住）發生統治與被統治的矛盾時，這種血緣共同（永住台灣的漢人與來當官而不永住的漢人），卻露出了反面的作用，招來把「炎黃子孫人種主義」蓋在台灣住民（永住的漢人）的頭上，而成爲對台灣施加統治、剝削的口實。因此，台灣與大陸在「統治上」的矛盾，從台灣居民來說，都以二者的「地緣」不同表現出來，即：清朝時代的「本地人」對「唐山人」，或蔣家國民黨時代的「番薯仔」對「芋仔」等，這種對立就是最顯著的例子。從此可見，地緣不共同對於台灣民族形成起了政治、社會上的對敵作用。

若從民族形成史來說，現在的台灣人與中國人，古時祖先同是漢人（種族，tribe），但經過四百年歷史發展不同，以及社會發展狀況的不同，現已成爲台灣民族與中華民族，即兩個不同範疇的民族（nation）。

換言之，北方古蒙古系的漢人，南侵於福建、廣東，與南方古蒙古系的原始族混血後，經年累

月，招來人口過剩與社會疲憊的結果，其混血的子孫，再掀起往海外異地尋覓生路的移民浪潮，這就是後來稱爲「台灣」的起源。

在這種情況下，華南地區的福建、廣東沿海的漢人（種族），最早來到「平湖」（澎湖），是八百年前的南宋初葉（西曆十二世紀初），移民於「台灣本島」是四百年前的明朝末葉（西曆十七世紀初）。而後，經過四百年的歷史發展，現已形成了獨特的「台灣民族」。由於獨特的地緣共同成爲台灣民族形成的重要因素，所以，猶如天眞可愛的番薯仔形狀的台灣島，在不知不覺之間，帶給出生於島上的台灣人大眾共同的親熱感，以致台灣人大眾互相都以「番薯仔」爲自己的稱呼來對抗中國大陸，「番薯仔」這句話，終於成爲台灣同胞的民族共感的象徵。

六、社會因素共同（語言、文化、政治命運、經濟利益的共同）

（一）語言共同、文化共同

眾所周知，「民族」並不單是血緣集團或地緣集團，也不外是社會因素共同的一種廣泛的「文化共同體」。然而，從廣義的「文化」來說，「語言」的因素，對於民族的形成與發展，是具有特別的重要性。語言，不僅在人們互相之間的「表達」（indication）與「通信」（communication）上，是極爲重要的手段，並且，人們擁有語言，才能透過這個語言而來「思考」（thought）與「意識」（consciousness）。「就是這個語言，眞正具有能規定思考形態與能透過感情來導出意志與行動的力量。人們的行動與性格，是基於他們所使用的語言的性質而被規定著。」（S.I. Hayakawa, *Language in Thought and Action*, 1949）所以，某些人所使用的語言是否「共同」，對於他們的集團來說，是擁有決定性的重要性。

換言之，語言具有傳達與通信的性能，與規定思考方式即「世界觀」的作用，所以，語言的共同，是其精神文化共同的手段，這對於民族形成是具有本質性的重要意義。台灣在荷、清時代，還屬種族，所以語言上是各種族不同，但從清代末期到日本時代，台灣進入資本主義，開始語言統一化。

任何人都逃不了爲語言共同體的成員，這很深

廣的滲透於個人及共同體的一切行動裡頭，所以，必須認識語言共同體是爲民族共同體的形成發展所必需的前提及其特性。一個民族共同體，如不說母語與擁有共同文化，這個民族必成消亡或死滅。

如上所述，語言共同是民族形成的重要因素，但是在現實上，使用不同語言的複數集團形成了一個民族的例子很多，相反的，使用同一系統的語言，但各自發展爲數個不同的民族，也不算少。這不外是各各民族的形成與發展因素、時期、地域、環境、形態、過程等都不盡相同所招來的結果。

另外，從近代初期開始，西歐諸民族或諸國家，努力於成立並普及所謂「國語」（national language），想在語言上實現共同、統一，而來鞏固自己民族的發展。後進的亞、非、拉等地域的新興國家，幾乎都仿效西歐先進國家，而企圖統一自己民族或國民的語言。

(二) 政治命運、經濟利益共同

台灣到清朝末期，資本主義發生後，才認識到台灣的殖民地性，政治運命與經濟利益的共同。

七、台灣、台灣人的語言共同、文化共同

關於台灣、台灣人在語言上、文化上的各種異同性，首先可以分爲兩大源流，即：

（一）屬於南方古蒙古系的馬來人系統（Proto-Malay）台灣人，他們在語言學（Philology）上是屬於馬來・波利尼西亞語族系統（Malayo-Polynesian）的語言（台北帝國大學言語學研究室，《原語による台灣高砂族傳說集》，總說）。

（二）北方古蒙古系的漢人系統台灣人。

台灣、台灣人在語言上，與亞洲其他諸民族、部族、種族等同樣，若把這語言兩大源流再挖深一層，就再細分爲多歧多樣的許多分流，所以，其實際狀況及其歷史過程是相當複雜的。

馬來・印尼系台灣人在昔古時代，是分爲互不相同的小部族，並且，各小部族擁有互不相通、獨自的各種語言，而孤立於各個部落，在山峽飄立生活著。他們經過了悠久的孤立、閉鎖的原始時代（據考古學archaeology的推論，在台灣，五千年前就有了原始族祖先的足跡）。後來，到了二十世紀的日治時代，

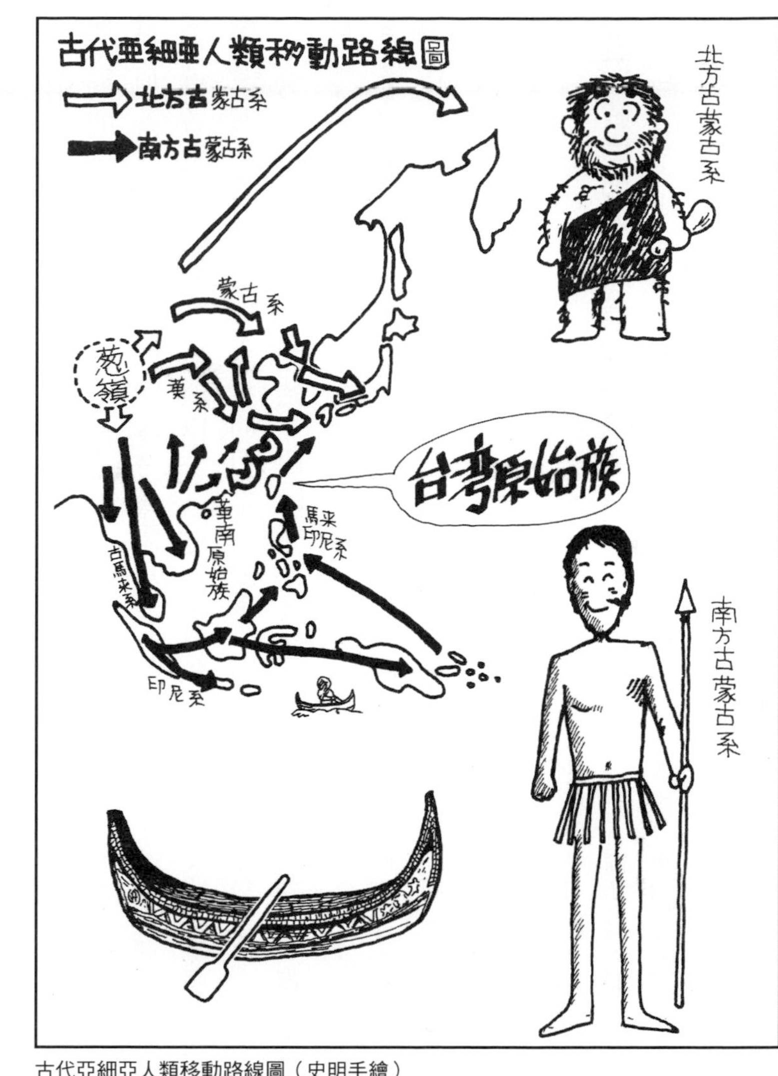

古代亞細亞人類移動路線圖（史明手繪）

在學問上（部族、語言、文化各系統上），才被整理分類爲儿個部族系統，即：1、泰雅族（Atayal），2、賽夏族（Saisiyat），3、布農族（Bunun），4、曹族（Tsou），5、魯凱族（Rukai），6、排灣族（Paiwan），7、漂族（Payuma），8、阿美族（Ami），9雅美族（Yami）。

這九個部族到第二次大戰終結，蔣家國民黨外來殖民統治後，內部再做分族，現在的分法已是九族以上。他們各有各的語言，從古以來都互不相通，沒有原住民本身的共同語言，也沒有各各的或共同的文字（台灣的原始族從未發現有任何文字），互不相通。就是在日治時代的五十一年間，經過日人強制性的教給初等的日語與日本文字，才以日語爲其相通、互相傳達的共同語言。現已在蔣家國民黨中華民國統治下，以北京語（中國國語）與漢文爲各部族共同語言與文

字，人口將近六十萬人，文化水準從日本統治以來即比以前提高得多。

漢人系台灣人，自從荷蘭佔領安平、台南的時代，才移民台灣。由於他們的祖先，在原住地的中國福建、廣東的昔古時代，是由北方古蒙古系漢人（華北黃河南邊的河南省一帶居住），與南方古蒙古系的原始族（苗族、獠族、傜族、越濮族等）混血而成，所以其後裔的他們過來台灣後，日常所使用的語言，在當時也是不亞於原始族台灣人的多歧複雜。

漢人系台灣人在部族、語言上，可再分為福建系（福佬人）與廣東系（客家人）。福佬人在人口比例上，是佔了絕大多數（各時代大體上，都佔總人口的八十三—八十五％），所以，所謂「台語」，普通是以福佬話為其主要語言（日本時代並沒有禁止福佬話），而做為互通、傳達的手段。這種情況，與漢人移民的歷史過程有不可分離的關聯性。

中國元代（西曆十三—十四世紀），汪大淵著《島夷志略》澎湖條有：「自泉州順風二晝夜可至」、「泉人結茅屋居之」的記載。這不但是指福建的泉州港，在地理上與台灣相接近，也證明了宋元時代最初的移民是屬於居住泉州的漢人。到了明代末葉

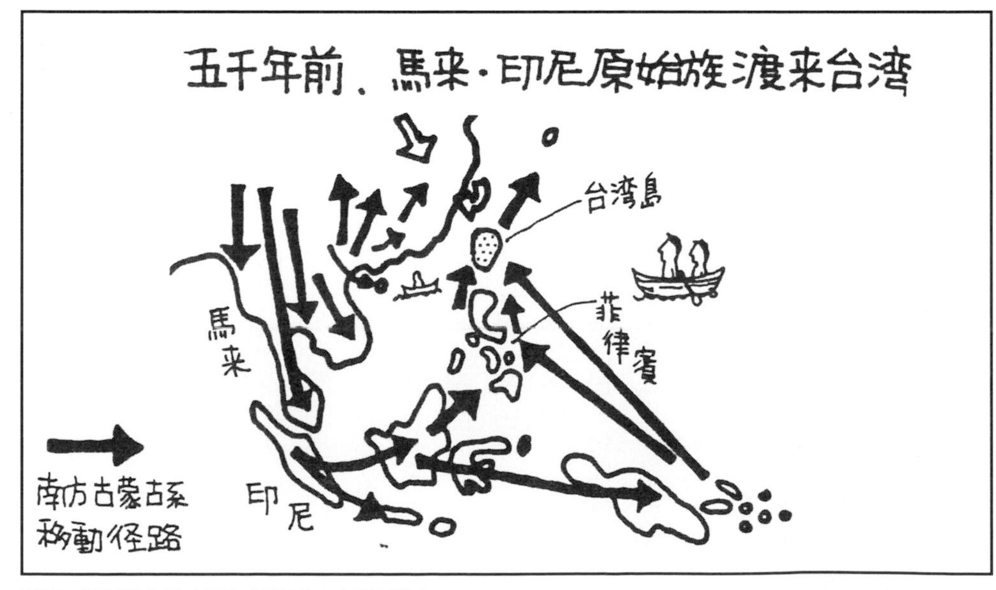

馬來・印尼系台灣人祖先遷徙圖（史明手繪）

（西曆十七世紀），荷蘭佔領台灣後，從印尼的巴達維亞被荷蘭人調來台灣，協助招募福建移民（其實是抓奴隸）的漢人頭目蘇鳴崗（取荷蘭名爲Bencon），是泉州人。繼之，取代荷蘭佔據台灣的鄭成功一

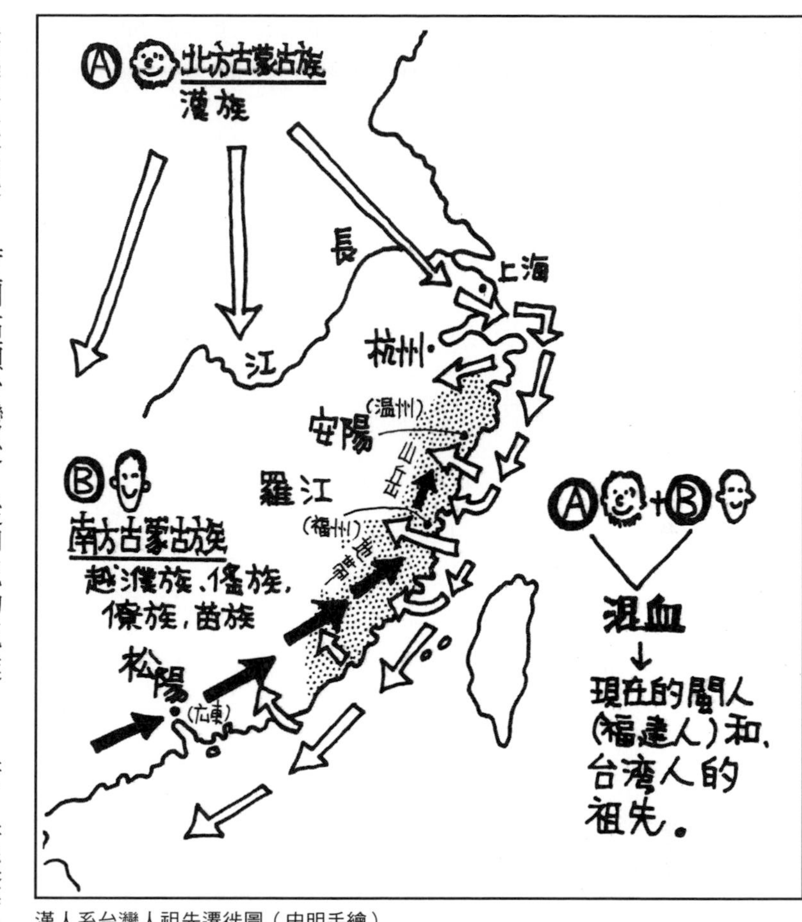

漢人系台灣人祖先遷徙圖（史明手繪）

族及其部屬，大多是泉州人。後來，統領清軍攻台的清將施琅，也是泉州人。因施琅是鄭芝龍之部將，施琅取台灣時，禁止廣東客家人來台，所以客家人來台遲於福佬將近一百年。

如此，台灣的漢人移民與福建沿海的泉州（百姓較富）及其鄰近的漳州（百姓較貧），是從初就有了密切的關聯性。所以，各個時代的移民，都由漳、泉二州的漢人佔壓倒性多數。

漳州系移民，包括著龍溪、海澄、長泰、漳平、南靖、華安、漳浦、平和、雲霄、詔安、東山等地出身的移民。泉州語系則包括著晉江、廈門、南安、同安、安溪等地出身的移民。雖說是漳、泉兩大語系，但是，隨著如此的出身地，各個在語言上，在音、腔、調等都各有異同。

八、台灣、台灣人的政治命運共同、經濟利益共同（民族發展歷史過程共同）

根據一九二六年（日本佔領台灣是一八九五年）日本政府所發表的「漢系台灣人人口統計」，總人口三百七十五萬人之中，閩南的漳州、泉州兩大語系台灣人，佔其七十九％，廣東客家系台灣人（潮州、嘉應、惠州、海豐、陸豐、梅縣等地移民）佔十七％，其餘的四％，乃由福建的汀州、龍岩、福州、興化、永春等語系移民所佔。

然而，漢系台灣移民到台灣後，當初雖各語系移民都各自建立自己的部落，而割據各地拓殖。但是，在四百年過程中，漢系移民都因開拓、農耕、通商、通婚等，遷移頻繁，搬來搬去，原屬泉州語系地區，後來有不少漳州人移入，原屬漳州語系地區，也逐漸增加了不少泉州人。雖平日為耕農的田水多寡而爭執不斷，又時時打得你死我活（分類械鬥），但在迎媽祖及七月半普度時，卻又共同拜神等，互相有接觸，就會以怨變親，逐漸融合在一起。這樣，台灣各個角落能互相來往，語言上當然互相學習對方的語言，而使台灣社會一步一步統一。資本主義發生之後，開始團結起來。經過長年累月，在部族、種族等語言上的隔閡逐漸沖淡，人際關係與通俗的台灣語言漸漸產生。

到了日治時代，教育普及，西洋近代思想進來，日本話不但在漢人系之間，連馬來．印尼系原住民台灣人與漢人台灣人之間，也以日本話為日常接觸與通信的語言。如上所述，台灣在語言上的各層次的共同化，對於台灣人要近代化、資本主義化，以及台灣民族的形成，算是有「正面」的意義。

九、歷史發展過程

血緣共同，對民族形成可說是一個最自然的紐帶，也是一個最為基礎的因素。歷史發展過程，對民族形成則算是最人為、最生活、也是最具決定性的因素。因為血緣共同是屬於民族形成的消極（negative）條件，而歷史過程則其積極（positive）條件。歷史發展只要普遍於集團全面，民族必然得見到成立（日本著名社會哲學家高田保馬，《民族論》）。也就是說，民族形成的客觀因素中，自然因素的血

緣、地緣的共同，對於民族形成是一個「可能性」（possibility）的因素，然而，廣泛的社會因素（文化、語言、政治命運、經濟生活的共同），則是屬於民族形成的「現實性」（reality）的因素。

「歷史」這個用語，一般來說，含義極爲廣泛。然而，**對於民族形成所能起作用的所謂歷史過程，是與其成員的「日常生活」有密切關係，而絕不是屬於抽象觀念的，或由少數人壟斷著的高尚的哲學、藝術等的歷史文化**。過去有個時期，都把所謂的歷史文化概念化，並認爲無論宗教、哲學、藝術、道德等，必須擁有高度的「價值」，才被算是所謂的歷史文化。然而，例如宗教，對於民族形成擁有重要作用的，並不是像一個偉大的高僧（a high priest）在其心目中所懷著的對於社會的深遠教義，而是社會集團的民眾、大眾（the common people, the masses）日常所擁有的共同信仰的神，與敬神的習慣、祭祀及其儀式等。哲學、道德也同樣，並不是像康德的倫理學（Ethics），或孔孟的儒家教義等，那樣高邁的、抽象的學問之類，而是一般民眾在普通日常生活所擁有的想法、生活信條、處世方式、道德上的習慣等。關於藝術、文藝也不例外，是具有民眾性的神話、傳說、民間藝術、民間文藝的創造，而不是屬於高視闊步的所謂藝術性、文藝性的產物。

當然，現今的文明世界，各民族各有高度的精神文化，並且，這些高度文化在某些程度，已普及於民族大眾成員之間，給予大眾能夠享受其高度的學問性或藝術性的一定的機會。但是，當初的民族形成與現在的民族存在，並不是因爲擁有這高度的精神文化，才能成爲「文化共同體」。這種高貴的精神文化，無非是以日常生活的大眾文化爲「母體」才能產生，所以，是其民族特質的反映。同時，這種高度的文化的創造與保持，也可說是「表現著民族的成長與發展」。有時也被認爲是民族的象徵。但是，「不能把這些高度的，由少數人所壟斷的文化，當做能規定民族的形成與存在的一般本質的因素」（日本著名社會學教授新明正道，《史的民族理論》）。

「文化人類學」，本來是以未開的原始族爲研究對象的學問。但在近來，它逐漸把「現代民族」的問題，也包括在其研究對象之內，結果，由文化

人類學的研究，開闢了關於民族性格、民族精神、民族文化特質為對象的科學研究部門。現代在一般社會學或文化人類學上，所擁有的「文化」概念是指：「社會全盤的生活方式，而不單指在其社會上比較高尚且高價值的少數者的生活方式。……這種文化全盤，例如像在廚房洗盤子，或在外界開汽車等日常活動，都包括在內。」（R. Linton, *The Cultural Background of Personality*, 1945，清水幾太郎日譯，《文化人類學入門》，1952）

十、台灣、台灣人的文化特質

關於台灣、台灣人（台灣民族）的文化特質，基本上，也是分為兩大系統，即（一）馬來・印尼系台灣人的文化特質，（二）漢系台灣人的文化特質。

（一）馬來・印尼系台灣人的文化特質

關於馬來・印尼系台灣人（以後稱「台灣原住民」）的來龍去脈及其生活文化等，由於戰前的日本人與台灣人的專門學者，根據：

1. 史前時代的台灣原始族遺跡，
2. 台灣原始族的遺物，
3. 亞細亞原始族的移動路線（參閱拙著《台灣人四百年史》，或《台灣大眾》第七期），
4. 現存台灣原始族的生活習俗及其原始遺產，長年研究的結果，發現台灣原始族，是屬南方古蒙古系人種的一分流，是經過東南太平洋上的諸島渡來台灣的。同時，也發現距今約五千年前，也就是人類學上的「新石器時代」（the Neolithic era＝the New Stone Age），地質學上的「沖積期」（the Alluvial Epoch），已有了他們原始人生棲於台灣的痕跡（日本・台北帝國大學教授、原住民研究專家宮本延人，《台灣先史時代概說》）。這個時期，相當於公元前三千年，在世界人類史上，是埃及古代文化、黃河流域漢人古代文化，或日本列島古代繩紋文化等，萌芽或開花的時期。

例如，在台灣遺跡所發現的遺物之中，有了屬於新石器時代以後的石器、石斧、石刀等。這些古代台灣的遺物，與在菲律賓等東南太平洋地域所發現的古代遺物相似，並且，居住於紅頭嶼（蘭嶼）的雅美族，到了近代（日治時代），還遺傳著這種打

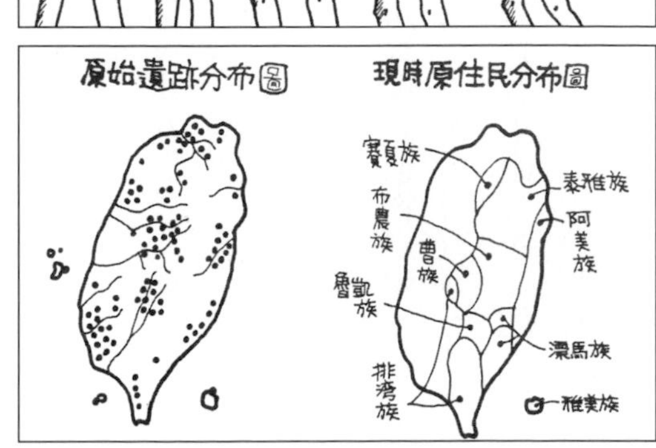

馬來・印尼系台灣人的文化特質（史明手繪）

製石器的製法。雅美族所製造的獨木船，具有古代藝術美，他們因生活於台灣東南海上的孤島，不易受到外來的侵犯與影響，所以其生活方式仍然維持原始的面目，其生活及各式用具等，充分保存著原始的純潔性。其他，居住台灣本島的原住民各族，在編竹、織布、染色、刺繡、器具、貝飾等，都屬於他們祖先傳下的原始格式，尤其作品的構造或圖案，確有現代文明無法仿造的鮮美的原始特點，與世界各地的原始工藝品比起來，毫無遜色。在生活方式上，在日本時代，仍保存著貝飾、拔毛、缺齒、紋身、輪舞、多靈崇拜等原始習俗。

這些先史時代的原始族及其後裔的現存馬來・印尼系台灣人的生活特質，是屬於東南亞細亞文化圈的「印度尼西安文化群」的一分流（宮本延人，《台灣先史時代概說》）。台灣史前文化最顯著的特點，就是與中國、印度、阿拉伯等古代亞細亞的三大高級文化，完全沒有關連性。就是說，台灣史前

文化完全獨立於三大古代文化之外。然而這台灣最初的主人，馬來．印尼系台灣人，到了台灣有史後，卻長期受到漢人移民，及荷、鄭、清、日、蔣各時代的殖民統治者的侵略與壓迫，幾乎遭到殲滅性的打擊，所以除了居住平地的一部分原始台灣人（有十幾部族）與漢人同化之外，大部分都在四百年間逐漸被驅逐於山谷僻地（一般是被稱為「番」）。

到了日治時代中期以後（一九二〇年代以後），山地同胞被稱為「高砂族」，才得到一點接觸現代文明與學習現代生產技術（主要是水田耕作，以前只靠狩獵、漁撈及燒耕生活）的機會。

同時，以日本語言為共同語言，全島的山胞才開始擁有互相通往的方途。在第二次大戰中，他們山胞被迫參軍，與日本軍轉戰於南太平洋各地。戰後受蔣家國民黨殖民統治時，有些為蔣家外來者利用，做為分化台灣民族的工具。

原住民在清朝末期，人口降為十八萬餘人（十九世紀末），日本投降時人口恢復至三十幾萬，現在據聞增至五十餘萬人。

(二) 漢系台灣人的文化特質

漢系台灣人的文化特質，若從其源流來說，是屬於「黃河流域漢人古代文化群」的一分流。這與朝鮮、日本及東南半島諸民族，是大同小異，都是或多或少的繼承了黃河古代文化特質。

屬於北方蒙古系人種的漢人，在黃河流域創造了世界有數的黃河古代文化後，自中國史上的春秋時代（距今約有二千五百年），再開始往南方移住，發展於廣大的華南地域上，而把這地域上，如福建、廣東的南方古蒙古系許多原始族，加以征服、混血、同化等，經過長期年月，終把福建、廣東各地原始族，吸收為福佬漢人、廣東漢人。這些中國大陸上的漢人，各有各的若干相異性，但是，在中國大陸特殊的自然環境、歷史經過及社會條件下，二十世紀以來，發展為「中華民族」。

然而，福建、廣東的混血漢人（此時期，還在「種族」或「部族」階段），在八百年前開始橫渡一條大海（台灣海峽）而移民「澎湖」，四百年前再移民「台灣本島」。他們在與中國大陸完全不同的自然環境（中國大陸性，台灣海島性）、歷史經過（中國是獨

立國家，台灣是殖民地）、社會條件（中國在濃厚的封建體制之下，台灣則移民、開拓、資本主義化、近代化順利進展）孕育之下，漢系台灣人及原住民系台灣人，在二十世紀後，形成了「台灣民族」，中國大陸系漢人則成爲「中華民族」。

因此，漢系台灣人（台灣民族）在其生活方式或文化特質上，以及思想意識、思考方法等，與中華民族必然的發生了本質上的相異性。

（三）民族歷史過程的共同（政治命運、經濟利益的共同）

如上所述，民族起初是以血緣共同與共同居住爲主要基礎成立的文化共同體，即種族、部族等。但是，民族成立、普及的歷史時期，是十五、十六世紀開始，中世紀君臨於歐洲的天主教分裂並衰亡，以國王爲背景的國家教會成立，及資本主義發生、民主革命成功的時期。在此時代，相較於天主教與拉丁語支配的廣大地域，領地（lord, Herr）支配的諸大小地域中，成立了中央集權國家與資本主義經濟，爲國內的人民結合並成爲其統一的共同體及其意識，對「近現代民族」的誕生起了決定性作用。

然而，不能忘掉的是，民族（市民、國民）在這種專制主義王朝之下，實際上也不過是王朝與國王支配的社會共同體而已。「（法國）路易十四世時代的祖國概念，從民眾來說，是對王朝國家或王朝有愛國的義務。」（R. Michels語）

「朕是國家」（L'Etat, C'est moi）這句名言，就是此歷史階段的反映，可說民眾尚未有充分覺醒的民主、民族意識，新成立的民族（nation）還不能完全排除種族、部族、氏族等區分，以及舊階層上的障礙。

在這歷史階段中，打破這個障礙的，最具象徵性的歷史事件，就是法國大革命（1789-1848）。在專制主義國家之下的人們，地域的共同化、統一化雖然相當高，但是，人民尚是國王的臣民（subject, Untertan），國民不過是擁有Volk的共屬感情（Zusammengehörigkeitsgefühl）而已，「我群」的民族覺醒尚不夠明確。這要等到「承認我群共同的權利，亦從我群能要求共同的愛的父親國（Vaterland）」（R. Michels語）的所謂意識開始發生並滲透，人人可以自由來往國內外，各地區或共同體

的成員都可能接觸，才能拿掉前述的封建障礙。從此，居住於統一的廣泛的新地域的全部住民，才能自覺爲民族的同胞。

就這樣，tribe（種族）才發展爲nation（民族）。換言之，民族就是從未發達的「潛在民族」（「前民族」、「未完全發達的民族」tribe, Volk），經過中央集權國家統一了新的共同體，資本主義商品的銷路擴張於全國內外，及民主主義思想方法發展確立（主權在民），才成爲自主的、有意識的近代民族。所謂「我群」這種同胞意識，與「他群」發生區別，對「我群」的共感與愛護之意識產生，就是nation的特質。

如在台灣，經過滿清時代，漢人開拓者與原住民的社會關係緊密化，台灣漢人（開拓農民）與大陸漢人（滿清的官、軍、大地主、大商人的漢人），就是「本地人」與「唐山人」開始分離甚至敵對，日本佔領台灣之初，唐山人回歸中國大陸，本地人永住於台灣。到了日本帝國主義時代，台灣人社會進入資本主義化、近代化，初等教育普遍（台灣大眾由文盲變成識字化），西歐文明傳流台灣島內，從台灣頭到台灣尾，以及原住民、客家人、福佬人都能全面接觸及統一，「我們攏是番薯仔」的共同意識普及，一致反抗「日本四腳仔」（日本殖民統治者），進行「台灣民族」的成熟化。

「感情的Gemeinschaft（命運共同體）」的tribe, Volk（未發達的民族），自覺的發展爲「有意識、有意志的Gesellschaft（利益、命運共同的共同體）」時，Nation就成立了，其後，與Volk的意思有所區別，便以Nation稱呼「近代民族」（日本著名社會哲學家高田保馬語）。

由於近代的國家與民族在歷史上是同一時代連繫發展，所以Nation包括著民族、國家、國民三重概念，但是民族與國家及其成員的國民，基本上不一定能相結合。如台灣社會、台灣人是「台灣民族」，但在日治時代的國家是「日本帝國」，因爲台灣是在殖民地統治、剝削之下，所以民族與國家不能一致，因此台灣殖民地社會、台灣人一定要努力排除日本帝國的外來殖民統治，才能走完「台灣民族」的歷史過程。在中國國民黨中華民國的外來殖民統治下，台灣殖民地社會、台灣人也同樣要這樣奮鬥。

十一、民族國家

「民族國家」（national state, nation-state），與「國民國家」（nation state）大體上意思相同。以近代「民族」（nation）完成及以其為基礎的統一、權力確立為條件才成立。但是通常所謂的「民族國家」，是佔人口絕大多數的一個民族，決定其國家的性格或特質，所以國內其他少數民族就不可能影響其國家的性格或大勢。這種「民族國家」與「複數民族國家」（multi-national state），就是近代國家的主要形態。

民族是一個很強固的共同體。民族意識是把自身的集團與他集團截然區別的生活意識，集團的形成在歷史上是集團意識（自覺）最具體、最切實的主體性發展。如上所述，民族形成是以血緣、地緣、文化、語言及政治命運與經濟利益為客觀的條件。其中有關政治共同、經濟基礎及歷史共同等命運問題，在西歐社會是經過十六世紀的荷蘭獨立、十七世紀的英國革命及十八世紀的法國大革命，越加明確化，而荷蘭、英國、法國的所謂「民族國家」才得以成立。

第二十五章　台灣民族主義

台灣民族與台灣民族主義是台灣四百年史的產物，其理念內涵就是：「台灣人關心台灣的前途與利益，政治上要建立台灣獨立國，經濟上要建立台灣國民經濟，文化上要發展固有台灣文化的思想與行動。」

一、民族主義的兩面性

民族主義的理念，一般是定義爲：「有志於自己民族（nation）的統一、獨立及發展的思想及行動。」但是民族主義的理念，「一方面意味著自由與獨立，他方面卻意味著抑壓與侵略」。所以同是民族主義，「依照歷史狀況或社會狀態的不同，有時是喚起憧憬與鼓舞的感情，有時卻會產生憎惡與憤怒的感情」（丸山眞男，《現代政治的思想與行動》下卷，一九五七）。意即隨著歷史條件與社會環境的變化，「民族主義」，有時是爲了達成對外的民族獨立或對內的民族統一，就產生鼓舞的意志，然而有時卻不顧一切的抑壓民族成員的自由，去侵略他民族的獨立，則會產生憎恨的感情。歷史上，西歐諸國對亞、非、拉等壓迫並統治爲殖民地，結果招來被壓迫的亞、非、拉等，即以民族獨立做爲自己民族前途奮鬥的目標。

同樣的，民族即國民（nation），曾以「國民主義」（nationalism）反對專制王朝體制，並爲一般國民進行政治自由鬥爭。但到後來，帶領受壓迫集團以民族主義打倒敵人的少數成員，在獲得自由、統一或獨立之後，卻反過來抑壓一般國民的自由，並侵略他集團爲殖民地而來消滅他人的自由、統一、獨立，成爲帝國主義，而造成殖民地、半殖民地。此以西歐資本主義國家的帝國主義化爲例。

所謂「民族主義」（nationalism），如此具

有進步的（progressive）、革命的（revolutionary）一面，卻又具有反動的（reactionary）、保守的（conservative）、帝國主義（imperialism）的一面。民族主義的兩面性格，在現代的最好例子就是中華民族主義。中國進行八年抗戰，反抗日本大和民族主義的侵略，是進步的、革命的民族主義的一面。然而第二次大戰後，中華民族主義卻以傳統的「中華思想」（Sino–Centrism）爲背景，對外以中華民族主義侵略台灣，對內中國共產黨則以軍事獨裁壓迫其境內五十五個少數民族，進行政治壓迫與經濟掠奪。

二、西歐型民族主義

十七世紀英國資本主義發達，英國民族（The Anglo-Saxon）崛起，隨即爲了擴張商品市場，對法國進行經濟侵略，所以後進的法國，爲了保衛本國資本主義的發達，呼籲「爲祖國奮鬥!!」（la pay et la naticn），法國民族主義遂大起，以抵抗英國民族主義的侵略。

十九世紀初葉，普魯士等德人諸地方國家，遭到英、法資本主義先進國家的經濟與軍事侵略。普魯士在一八〇七年遭拿破崙的法軍侵入之際，著名哲學家費希德（Johann G. Fichte, 1762-1814）起來呼籲《告德國國民書》（*Reden an die Deutsche Nation*），喚起強烈的德國民族主義（Germanismus）；一八六二年，鐵血宰相俾斯麥（Otto von Bismarck, 1815-1898）推進德國統一，實現德國民族主義，使德國向資本主義體制邁進，擴張軍備，遂於普奧戰爭（一八六六）、普法戰爭（一八七〇—七一）中戰勝，從上而下的完成德國統一（一八七一），德國民族主義大興。

三、亞細亞型民族主義

上述是民族「概念」產生於歐洲社會的情形，在亞洲各地區諸民族的形成，與西歐社會頗爲不同。十九世紀末葉以前，亞洲各地社會，除了日本之外，都尚未符合西歐社會的資本主義化與現代化，幾千年來，一直停滯於血緣關係與地緣關係爲主的原始族、種族、部族等後進狀態。

十五、六世紀，資本主義發達，民族、國家統

一後的歐洲諸國，特別是葡萄牙、西班牙兩國，早在一五一〇年就佔領印度的果阿（Goa），印尼爪哇的巴達維亞（Batavia，今之雅加達），一五一一年佔領馬來半島的麻六甲（Malacca）、錫蘭（Ceylon），一五五七年澳門（Macao），一五六五年西班牙人佔領呂宋島（菲律賓）的馬尼拉（Manila），一六二四年荷蘭人佔領台灣島南部的安平、赤嵌、鳳山，一六二六年西班牙人佔領台灣島北部的雞籠、滬尾。

在此同時，這些西洋白人，一五一六年已進佔華南的廣東，開始敲開中國通商的門扉，又在一五四三年到達日本，傳給日本人第一枝洋式鳥槍於九州種子島（Tanegashima）。

恰在此時，有個葡萄牙的船員，從台灣海峽中看到台灣島，喊出「Ilha Formosa!」（美麗島），竟然把台灣推上世界史上。不久之後，位於亞細亞南北交通的咽喉要道，這個「小琉求」，被稱爲「福爾摩薩」，成爲歐洲重商主義（mercantilism）海賊商人垂涎之地（中村孝志，《台灣史學概要》）。

當初由葡萄牙人、西班牙人進入亞洲，後來由英國人、荷蘭人取而代之，成爲東洋的航海及通商

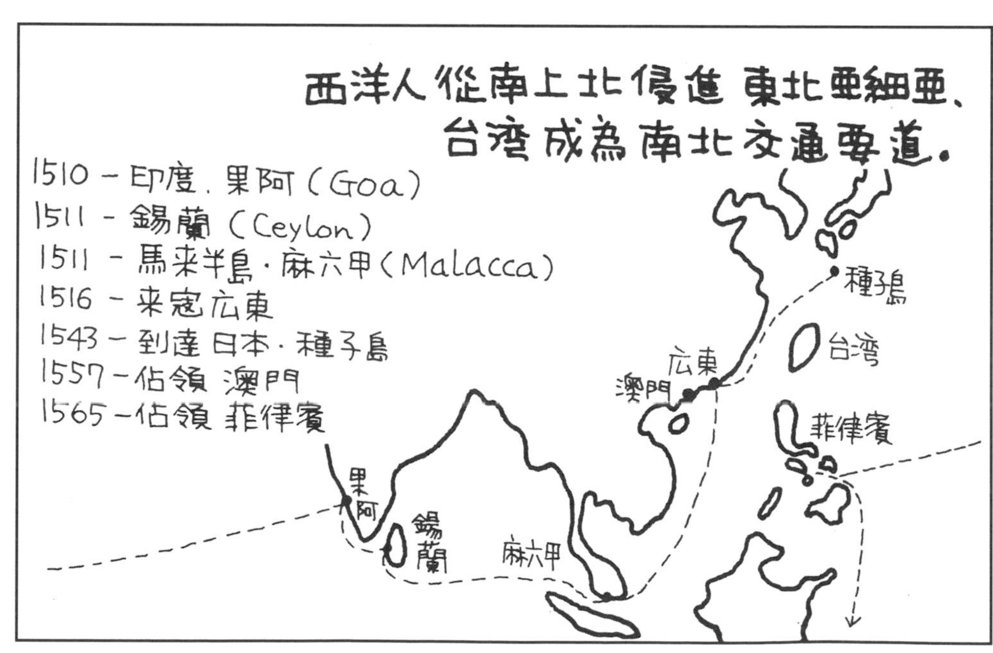

十六世紀西方勢力漸次侵入東亞（史明手繪）

Ilha Formosa!（史明手繪）

的霸權和殖民地統治者。英國於一六〇〇年創設「英國東印度公司」，荷蘭人也在一六〇二年設立「荷蘭東印度公司」，均以此統帥亞洲的殖民地統治與遠東貿易工作。如此一來，在十六、七世紀，印度洋、東南太平洋、南海、東海及其沿海各地，都遭這些歐洲重商主義國家

官員兼海盜商人所侵佔，台灣海峽也隨著北上的大划船（Galera）與大帆船（Galleon）的頻繁來往，而掀起了波濤大浪。

物換星移，到了十八世紀後半至十九世紀初葉，居歐洲資本主義諸國之首的英國，在進行了產業革命之後，西歐各國亦逐一進入產業資本主義時代，諸國家的社會生產力飛躍發展。到一八八〇年代，最高階段的金融獨佔資本主義終於形成，西歐資本主義列強爲了急速發展自國的工業生產，確保新市場與原料供給地，並爲了延緩資本主義危機的快速到來（如週期性的經濟恐慌，一八三四年開始），亞細亞、非洲、拉丁美洲等非歐洲地區的落伍民族、國家，均遭到西歐帝國主義列強瘋狂的軍事侵略，納爲本國的殖民地及半殖民地，在二十世紀初，地球上總面積的七十％全遭淪陷，佔全世界壓倒性多數的前期性民族，均遭西歐各國侵佔而成爲「被壓迫民族」。

然而，亞、非、拉等各地遭西歐帝國主義侵略征服之後，卻逐漸受到西洋的近代文明（思想、文化、科學、技術）所滲透。這種文明所帶來的「民族價值理念」（Völkerwelt Idee）的內涵就是：

（一）民族獨立（national independence），

（二）自由民主（democratic freedom），

（三）政治統一（political unity），

等當時的革命思想。對於這種進步的革命理想，被壓迫的殖民地本地人，雖在西歐帝國主義的殖民地統治之下，仍然求之若渴，嚮往自由、獨立、解放的日子快到來。被壓迫的殖民地本地人，另一方面也受到西方式民族主義的啓發，開始了民族覺醒，遂在亞、非、拉各地區掀起澎湃的「民族獨立、殖民地解放」運動。這種被壓迫民族進步的、革命的民族解放運動，從二十世紀初開始，即成爲世界革命的主要怒潮。

亞細亞與西歐的民族形成與民族主義崛起，基於歷史過程與社會狀況，其過程、形態各有不同。西歐是民族形成爲先，然後才民族主義崛起，其型態是侵略的、壓迫的；而亞細亞型民族主義卻多是被壓迫、解放的。這種亞洲型即：

（一）種族、部族的末期階段（約在十九世紀末），遭西歐資本主義侵略。

（二）淪於殖民、半殖民狀態，受到政治壓迫與經濟收奪與剝削。

（三）進行「跛腳」的資本主義化與現代化。原來資本主義與民主主義是同步發展，但在殖民地，民主主義卻被剝奪，所以進行片面、跛腳的資本主義化與現代化，只有帝國主義幫凶的本地人「買辦」（comprador）從中獲利。

（四）殖民地本地人的「前期性民族主義」，鼓舞反白人殖民地統治者的戰爭。如中國人反英國的「鴉片戰爭」（一八四〇—四二）、印度錫克教徒（Sikhism）反英鬥爭（一八四五—四六）、中國太平天國反滿清人及白人的戰爭（一八五〇—六四）、印尼婆羅洲（Borneo, Kalimantan）反荷蘭及中國人的戰爭（一八五四）、東印度公司的印度人傭兵Sepoy反英戰爭（一八五七—五九）、安南人反法戰爭（一八五八）、菲律賓人反美戰爭（一八九四—九五）、中國義和團（一八九九—一九〇一）等，以及台灣漢人開拓者武裝反荷蘭（郭懷一反抗，一六五二），台灣滿清統治二一三年間，「三年小反、五年大亂」。

（五）殖民地各地人民，先是由知識份子吸取西歐社會普遍的革命理念，尤其是「民族價值理念」，這種新思想逐漸滲透於基本大眾。（過去的反帝、反外來是封建性，缺乏理念、組織及終極目標）

（六）從第一次世界大戰前後，開始近代的（有意識、有獨立理念、有組織性、有計劃）反帝反封建的「民族獨立、殖民地解放」鬥爭。

（七）殖民地社會的資本主義化、近代化進展，社會基本建設就緒，近代民族成立，近代民族主義崛起。

（八）第二次世界大戰後，西歐資本主義列強的「殖民地支配世界體制」瓦解，資本帝國主義與共產帝國主義（蘇聯軍事支配東歐五國與波羅的海三國等爲殖民地）崩潰。

（九）亞洲、非洲、中南美洲及大洋洲（Oceania）等地區的舊殖民地，總共已達成獨立的約一百八十餘國（據一九九七年統計，亞洲四十一國、非洲七十三國、中南美洲二十一國、大洋洲十三國、歐洲十七國都達成解放）。當今世界，只剩下二十五處人口二、三萬人的小島，仍屬舊殖民地。唯一的異象，就是人口二千三百萬人的台灣依然受到舊殖民統治。

（十）以美、英爲首的帝國主義國家，對於從

舊殖民地實現獨立的新國家，卻加以「新殖民主義」，亦即政治上承認其獨立，但經濟上仍然受支配。

四、中華民族主義

從十八世紀開始，東洋老大國一脈相傳的中華思想，受到西洋大英帝國嚴峻的挑戰。如一八一六年七月，英國使臣阿美士德（William Pitt Amherst, 1773-1856）受邀來訪，他爲磋商修改有關清英貿易條件而初次晉見清仁宗（嘉慶帝），因拒行「三跪九叩頭」禮，被令即日退出北京。在外交儀式上，好似東洋的中華思想大打勝仗，但是英國立即對滿清統治下的老大國強烈進攻，把清朝打得落花流水，列國遂下手分割中國。

在這民族前途岌岌可危之際，清朝與中國漢人社會對於這些入侵的外敵卻仍不屑一顧，仍以殘破不堪的中華思想睥睨列強，將列強諸國以「夷狄」相待。

西歐帝國主義諸國家則以反動、侵略的「近代民族主義」，開始強力宰割中國，而把其編入世界殖民地的支配體制之中。然而，在兩者進行歷史性的激烈鬥爭時，老大國吃了徹底敗戰，譬如一八四二年鴉片戰爭後訂下「南京條約」，一八五八年訂下「天津條約」，備受屈辱，又在一九〇〇年反外戰爭時，朝廷所在地的北京遭八國聯軍攻破，清朝爲求和放任外國干預內政，花了龐大賠償金等，接二連三的受到無情打擊，終於淪爲「萬國的殖民地」。

十九世紀的中國，在漢族與滿族（乃從十七世紀以來從北滿洲太白山草地南下的女眞族後裔，統治期間爲一六一六—一九一二年）的全面支配下，漢族一方面以中華思想爲內涵，從事「反清復明」的長期反抗鬥爭，另一方面卻一體淪於被西洋白人壓迫與侵佔的殖民地統治。

一八九四—九五年，老大國清朝在甲午戰爭遭東洋「倭寇」的日本帝國主義打垮，繼而在一九〇四—〇五年，西洋「白熊」帝俄戰敗於東洋小國日本。連續兩個破天荒的戰果，促使外人殖民統治下的亞洲各族從冬眠中覺醒，而中國漢族也受到強烈的刺激，反清的情緒死灰復燃，重新開始熾烈的反清鬥爭。

孫文（廣東香山人，一八六六—一九二五），在南洋華僑與中國海外留學生（主要是日本留學生）及一部分日本聞人頭山滿、內田良平等的支持下，倡導「打倒清朝，樹立共和國」的反清運動，主要在中國讀書人階層宣傳中華民族主義，促使傳統的中華思想重新抬頭。

一八九四年甲午戰爭後，孫文、胡漢民（一八七九年生，廣東人，留學日本法政大學，參加辛亥革命，加強反蔣，被蔣介石監禁，一九三六年在香港去世）等成立政治結社「興中會」於夏威夷，召集各地華僑及香港的哥老會、三合會，發出「驅逐韃虜，恢復中華，成立合眾政府」的宣言，一八九五年「廣東惠州起義」的革命實踐雖然失敗，但對於激起華南漢人的反清情緒，發生很大作用。

一九〇三年，湖南省的黃興（湖南省善化人，一八七四—一九一六）、宋教仁（湖南省桃源人，一八八二—一九一三）等成立「華興會」，提倡反滿復漢。一九〇四年，浙江省的章炳麟（浙江省餘杭人，一八六八—一九三六）、蔡元培（浙江省紹興人，一八六八—一九四〇）成立「光復會」，對讀書人宣揚漢族主義，打倒滿清。一九〇五年日俄戰爭結束後，孫文以興中會爲基礎，並獲得「華興會」黃興、宋教仁及「光復會」章炳麟、蔡元培的支持，召集了在日留學生、南洋華僑，及獲得日本聞人（頭山滿）的支援，創立全國性反滿團體「中國革命同盟會」（國民黨的前身）於東京。從此，反清復漢的民族革命運動才擁有近代組織。此時，梁啓超（廣東省新會人，清代末葉，變法自強的指導者，一八七三—一九二九）因戊戌變法（一八九八）而亡命日本，在東京發行《新民叢報》（一九〇二），主張「君主立憲」。但因孫文創立推翻滿清的近代組織，漢族主義的聲譽大漲，而成爲世界注目的革命運動，結果梁啓超的保皇主張受到挫折。孫文即以自創的「三民主義」（滅滿興漢的中華民族主義，主張樹立共和政體＝民權主義，平均地權＝民生主義）爲同盟會的政綱，發行機關紙《民報》，高唱「中國革命」。

一九一一—一二年，「辛亥革命」，以國內資本主義的興起爲背景，孫文與同盟會在華南各地掀起反清的武裝起義，地主、官僚階級（漢人）屢次起來做革新運動，農民的抗糧、抗捐、飢民暴動，反滿清的中華民族運動洶湧澎湃。一九一一年「文學社」（小資產階級、新軍士兵爲核心的湖北省反清

革命團體）與「共進會」（不滿同盟會的運動方針的盟員焦達峰、陳作新、居正、劉公等，在一九〇七年成立於東京的反清革命團體），聯合舉起「武昌革命」的第一把烽火，是辛亥革命成功的起點。

一九一二年，辛亥革命成功，結果，清王朝（十二代，共二百九十七年）滅亡，孫文從外國急速回國，與黃興等民族主義者一起，並與北洋軍閥總帥袁世凱妥協，建立「中華民國」：

（一）北京政府時期：袁世凱掌握政權，把支配下的將領置於全國為督軍，此即軍閥割據的開始，並解散議會，建立獨裁。

（二）廣東政府時期：第一次國共合作（一九二四—二七），北伐（一九二六—二八），國共決裂，蔣介石屠殺中共人員（一九二七）。

（三）南京政府時期：樹立南京政府（一九三二），訓政時期的蔣介石國民黨獨裁，以財閥、地主土豪劣紳壓迫農民大眾，共產黨樹立蘇維埃政權於江西省瑞金（一九三二），中日事變（一九三七）。

（四）抗日統一戰線時期：國共第二次合作（一九三七—四五），國民政府遷都大後方重慶，少與日本侵略軍戰鬥，中共佔據延安，進出華北日軍佔領區，與敵軍打游擊戰，勢力急遽擴大。

（五）二次大戰後時期：中國站在聯合國勝利這邊，國民政府佔領並殖民統治台灣。二次國共合作破裂，國民黨在二次內戰打敗戰，逃亡台灣（一九四九），中共樹立中華人民共和國（一九四九），壓制海南島、西藏、新疆地域等少數民族。

在孫文・國民黨的時期，在反清復漢運動的過程中，培植其表象的「中華民族主義」，但實際上，「近代」中華民族主義，是以一九一九年五月四日爆發於北京的「五四運動」為契機，展開於全中國的反帝國主義運動。

第一次大戰給予中國的內外情勢很大影響。西歐帝國主義雖然一時緩和對中國的壓迫，日本帝國主義卻起而代之，加倍侵略中國，日本政府為了擴大在中國的權益，一九一五年對袁世凱政府提出「二十一條」的秘密要求（強要承認山東、東北南部、蒙古等地的特殊權益，設置警察、軍隊的日本人顧問等），以致抗日運動迭起。一九一九年五月四日，北京各

大學學生及勞動者五千人，在中共劉少奇地下運作之下，進行反日遊行，包圍簽訂二十一條的曹汝霖官邸，毆打訪客章宗祥，火燒曹官邸等。政府派遣憲警鎮壓，但反帝國主義運動逐漸擴大於全國，各地發生學生罷課、勞動者罷工、商人罷市，反帝運動從學生、知識份子的運動，擴大爲勞動者、商人、市民等全中國人參加的「民族運動」。六月十日，北京的軍閥政府遂罷免親日要人，決定拒絕簽訂凡爾塞條約。其後，中國革命終於成爲在人民大眾統一參加之下的反帝、反封建的民族獨立運動。

但是在抗日八年的過程中，隱藏於新表象的「中華民族主義」背後不變的「中華思想」，到第二次大戰結束後，即原形畢露，其侵略性的大漢主義與人種主義的大一統思想暴露無遺。國民黨當權的中華民國因繼承日本帝國主義，把台灣視做殖民地，中國共產黨中華人民共和國則壓制海南島、西藏及新疆地域的少數民族的自由與獨立，傳統的中華思想，使中華民族主義趨於反動、侵略的民族主義。

五、日本大和民族主義

十九世紀，整個亞細亞均遭歐美帝國主義大舉侵略，各地人民前途告急之際，唯有日本例外，在國內先推翻「德川幕府」三百年來的封建政治，建立「天皇」親政，實施憲法，設置議會，發展資本主義生產體制，推行科學，成爲亞洲近代化國家的先驅，這就是聞名世界的「明治維新」（一八六八年開始），在日本史上，這是大和民族振衰起敝、新舊鼎革的轉捩點。

在國際上，隨著獨特的「大和民族」形成，「大和民族主義」也抬頭，但因大和民族主義還徘徊在近代與封建之間，即以天皇爲首的軍人、官僚、財閥、地主、政治家爲統治階級，一開始就傾向富國強兵、對外擴張的侵略主義，並在甲午戰爭及日俄戰爭獲得勝利，遂奪取台灣（一八九五）、庫頁島（一九〇五）及朝鮮半島（一九一〇）爲殖民地。

但是日本在國內政治仍然墨守成規，維持以往的「官尊民卑」的天皇政治，對外則窮兵黷武，大舉侵略他國，主要是中國大陸。所以，雖說日本已踏出近代改革，然原有的封建遺毒依然存在，政治

民主化裹足不前，經濟資本主義化亦未能順利發展，其社會改革並未達到如法國革命所達成的「市民社會」（國家、主權、政府均屬國民），卻傾向普魯士型專制主義的「臣民社會」（國家、主權、政府均屬皇帝）而發展，因此軍人、官僚、財閥壟斷一切。到大正時代（一九一二—二六），由於第一次世界大戰獲得戰勝地位（一九一八），不但在國內招來資本主義飛躍發展，在國際政治上也成爲世界五強之一。

至昭和時代（一九二六—八九），因連年對外擴張，日本軍人在國內的政治勢力日益增強，終成爲強大的軍閥集團，相繼發動了軍事政變（coup d'état），日本帝國議會被軍閥壓制得幾乎不能發揮參政機能，遂以侵略的「大和民族主義」爲基礎，成爲軍國全體主義（military totalitarianism）。

在這種狀況之下，日本軍閥在中國大陸相繼策動九一八事變（一九三一），及中日事變（一九三七），從此陷入「十五年戰爭」（一九三一—四五）的第二次大戰，最後被美、英等聯合國打得體無完膚，終在一九四五年八月向盟軍投降。終戰後，所謂「侵略的大和民族主義」消聲匿跡。

六、台灣民族主義

（一）台灣社會草創時代與荷蘭殖民統治

台灣社會四百年來，在物質建設方面，乃台灣人歷代祖先（漢人系與原住民系），在外來殖民統治之下，以華路藍縷、開山伐林的開拓者精神，致力於移民、開拓、近代化、資本主義化。在精神建設方面，則代代堅持對外來統治者進行抵抗，從反紅毛番、反唐山、反日本帝國主義及反國民黨中華民國，而累積生成「出頭天做主人」的台灣精神，把原本的叢林曠野，建設成今日台灣綠油油的豐收大地與亞洲第二名的工業國家，並逐漸形成「台灣民族」，使台灣民族主義崛起。

遠在物質社會的草創時期，台灣有三十八年在白人荷蘭人「殖民奴隸制」（colonial slavery）的統治之下，經過一六五二年郭懷一反抗「紅毛番仔」，形成其社會結構與生產方式，過程中受到西洋殖民奴隸制（與歐洲白人當時在新大陸進行的同樣）與重商主義（mercantilism，初期資本主義）所規制。因此，台灣的殖民地社會，統治者是外來的白人，被統治者是原住民與漢人移民開拓者，一開始就與擁有數千年

文化傳統的大陸中國社會，無論在社會構造或經濟體制方面，或是歷史發展的方向，均不相同。這就是台灣社會、台灣人的第一個特徵。

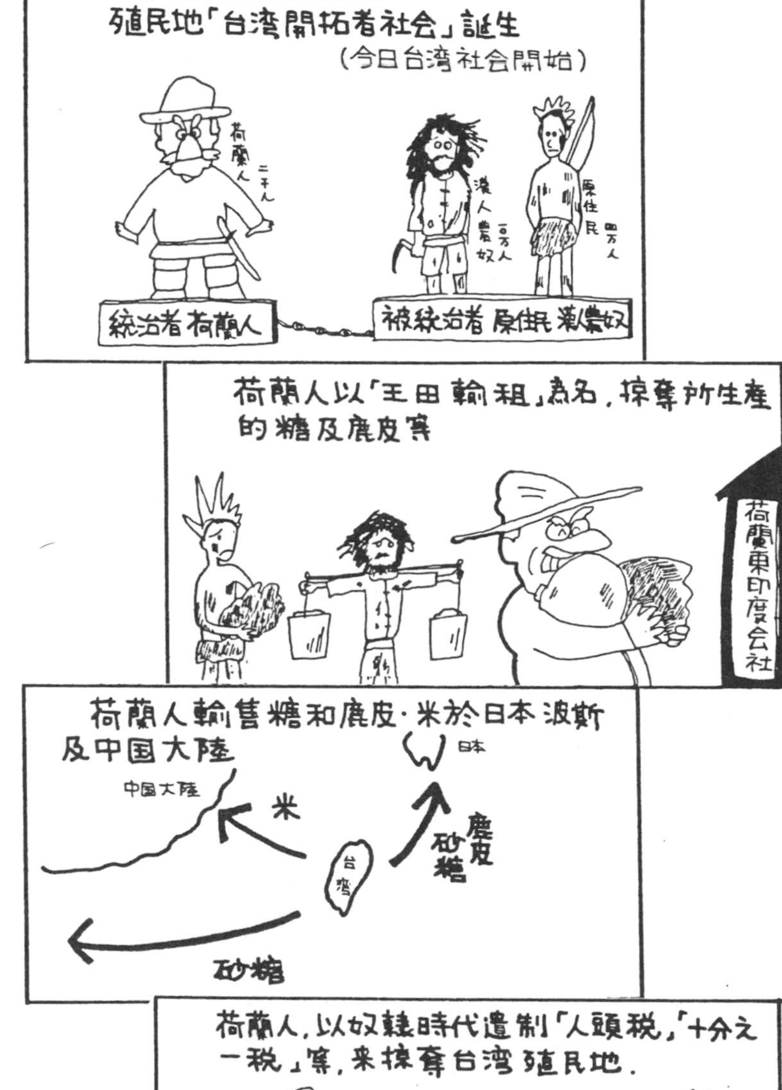

荷蘭時代的台灣（史明手繪）

（二）滿清殖民統治下的「本地反唐山」

荷蘭統治三十八年後，鄭氏王族繼承荷蘭的殖民統治制度，特別是土地所有制度與賦稅制度，統治台灣二十三年。之後，中國的滿清朝廷開始對台

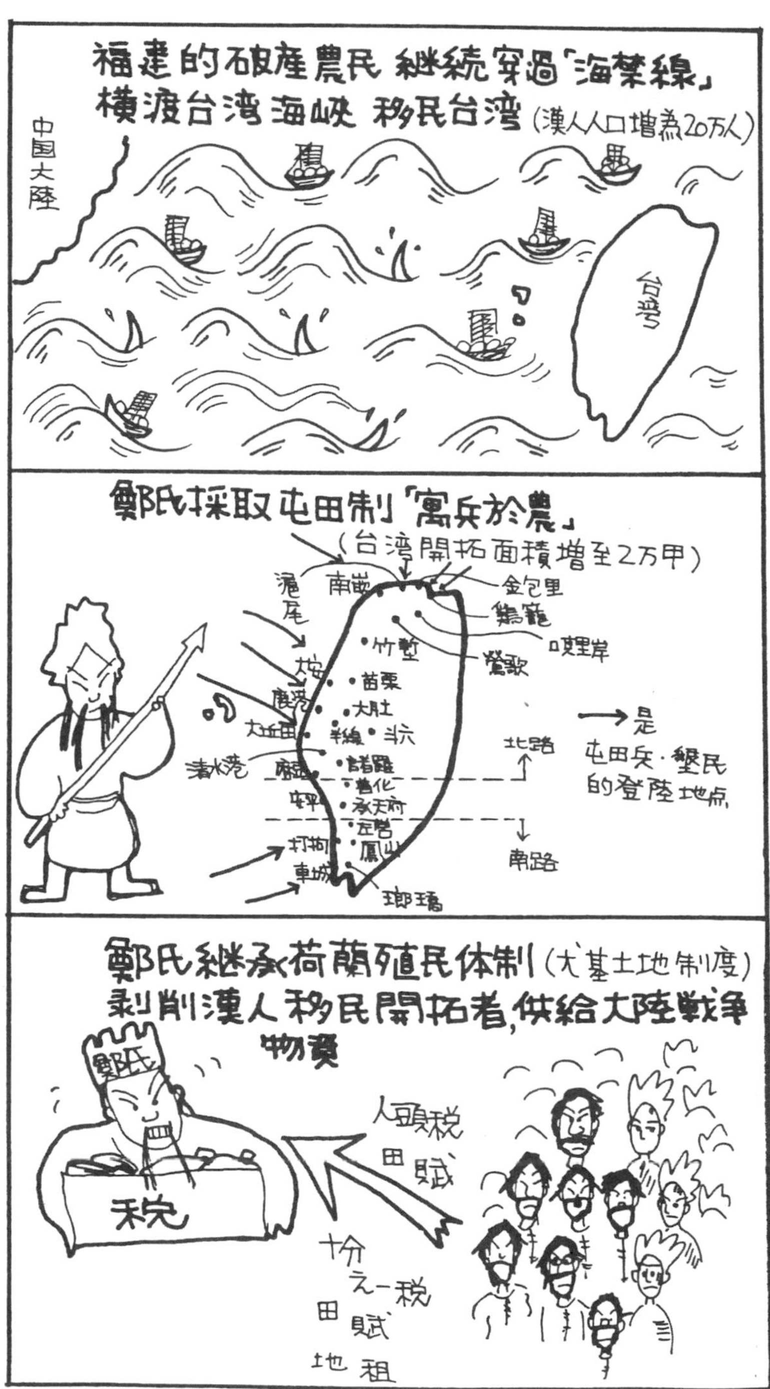

繼承荷蘭殖民體制的鄭氏政權（史明手繪）

灣長達二百一十三年（一六八三—一八九五）的統治。

福建的破產農民 繼続穿過「海禁線」
橫渡台湾海峽 移民台湾（漢人人口增為20万人）
中国大陸
台湾
鄭氏採取屯田制「寓兵於農」
（台湾開拓面積增至2万甲）
南嵌
金包里
雞籠
竹塹
鶯歌
苗栗
大肚
斗六
清水港
諸羅
安平
承天府
打狗
鳳山
車城
北路
南路
→是屯田兵・墾民的登陸地点
鄭氏繼承荷蘭殖民体制（大基土地制度）
剝削漢人移民開拓者，供給大陸戰争物資
鄭氏
税
人頭税
田賦
十分之一税
田賦
地租

滿清的漢人勢力進佔台灣後，來台的漢人社會截然分成「統治者」與「被統治者」的兩個階級。

台灣當時的統治者，是清廷從中國大陸派遣來台的漢人官兵，以及漢人大地主、大商人，此即「穿鞋階級」，抵台後的社會地位是「統治者」，而且漢人官兵「不定住」於台灣，三、五年就調回中國大陸，大地主、大商人的家人也定居中國大

滿清時代的殖民政策（史明手繪）

陸，僅是爲生意之故，往返於兩地而已。對於台灣人的統治，清廷有明顯的等第差別，視移民開拓漢人爲流氓、罪犯（如一七二三年北路參將題詩云「鹿場半被『流氓』開」），實施移民的禁止與限制（「台灣編查流寓則例」禁限福佬人及客家人來台，禁墾、遷界劃界、大小租土地所有制等），其政策與近代概念的殖民統治相似。

至於當時的被統治者，是從大陸私下來台的漢

人移民開拓農民大眾，被稱爲「赤腳階級」，來台管道是漁民或海盜等私人偷渡管道，抵台後被做官的漢人視爲流氓、罪犯、海盜（如范咸《台灣府志》中有「率爲逋逃藪」、江日昇《台灣外記》中有「海盜嘯聚之地」等記載），彼等以生離死別的決心來台，且在台灣生養子孫後代，一輩子無法回大陸，永生「定住」台灣，從事墾地或農業勞動，卻受到政治上苛酷的壓迫、經濟上的收奪與剝削，以及官場吏胥的敲詐勒索。

台灣的統治階級與被統治階級（無論漢人系或原住民系）的矛盾對立，遂因此而日趨擴大及深刻，其武力鬥爭日益頻繁且激烈，被稱爲「三年一小反，五年一大亂」（「台地之難，難於孤懸海外，非內地輔車相依可比，諺云：三年一小反、五年一大亂，豈眞氣數使然耶」，見徐宗幹，《斯未信齋文集》），其中以一七二一年高雄羅漢門的朱一貴及一七八六年彰化大里杙的林爽文之反抗鬥爭，最爲全面性。移民開拓者雖與清廷統治者同爲漢人，前者對後者的揭竿起義卻此起彼落，隨著時間推移，敵我對立的抗爭態勢與仇恨心理日益熾烈，終於發展爲「本地人」（台灣漢人自己稱呼）與「唐山人」（台灣漢人稱呼中國大陸漢人）兩大陣營，終於從社會層面的對抗擴大爲地理層面的抗爭，成爲本地台灣族群與唐山大陸族群在意識上、社會上的分離對抗。

在十九世紀後半，到了滿清末期，台灣亦遭歐美帝國主義全面的經濟侵略，引發台灣本地人社會的急遽變革，資本主義商品經濟滲透到台灣農村的各個角落，遂呈現「前期性台灣民族」的端倪，更加導致台灣本地人社會與中國唐山人社會的區隔。自此台灣人對中國人在意識上、社會上愈來愈遠離，這是在清廷統治二百一十三年間台灣歷史發展的第二特徵。

(三) 日本帝國主義統治下，近代台灣民族形成

一八九五—一九四五年的五十一年，時當日本本國正在近代化與資本主義化，大和民族主義亦奮然崛起，台灣乃遭到日本大和民族主義侵略，進入長達半世紀的日本殖民統治。

台灣被割讓日本後，自一八九七年五月八日的國籍決定日起，仍定居於台灣的本地人（漢系與原住民系），一律被編入日本國籍，從此，在台灣定居

並從事開拓建設的漢人移民，與原本就居住台灣的原住民子孫，總計約二百六十萬人，法制上成爲日本籍民，同時，台灣與台灣人在經濟、政治上，被劃入「日本勢力圈」，因此，台灣與中國在當時比在清廷統治下更加一層，幾乎處於隔絕的狀態，兩地的人眾鮮有往來，且視對方爲異邦人。

近現代的帝國主義國家，爲了滿足其經濟利益，莫不對殖民地社會進行某種程度的近代化與資本主義化，以提高殖民地人民的文化水準與技術水平，並使之日夜勞動，增加生產，然後進行予取予求的收奪，以及剝削資本主義化後產生的超額利潤（surplus profit）。日本帝國主義當然不是例外，爲了對殖民地台灣進行更多更大的收奪剝削，積極的進行「跛腳的」，即去掉民主自由、民族獨立等元素的近代化及資本主義化政策。

原本，各族群（部族、種族、血族及民族）都是歷史的產物，其中，族群的形成受到其個別的歷史、社會及自然的諸條件所規制，尤其是民族的形成，即以資本主義發展與社會近代化爲基本條件。因此，日本帝國主義爲其本國利益所實施於台灣社會的近代化（排除封建）與資本主義化（商品市場制），實是爲近代民族的誕生準備了基本的社會條件。此外，進入日本統治階段的台灣社會，已有三百多年的獨特歷史發展，其開拓的地域與生活範圍，已擴大於全島各地域，而到了日治時代的近代史階段，資本主義發生，生產力擴大，商品流通於全島，馬上使台灣住民脫離中國封建的狹隘封閉的狀態（如滿清時，從台北到士林，來回要整整一天），互相廣泛且自由的往來與接觸，以致台灣人漸漸得到意識的統一與社會的組織化，並基於共同的政治命運與經濟利益，即被外來壓迫、剝削的殖民地的命運，使全島性的同胞感覺到「咱攏是番薯仔」（台灣的大眾語），以福佬、客家、原住民爲基本族群，逐漸形成了「近代台灣民族」的意識上的串連，走向西洋概念的「民主革命」。

日本的台灣總督府，爲了使本國資本滲透台灣，對台灣社會強加從上而下的社會改造，廢除台灣封建遺制，削弱封建陋習，掃蕩滿清殘餘勢力，驅逐外人商權，淘汰自給自足的經濟遺制等，進而清查戶口、清查土地，施行統一稅制、統一貨幣、統一度量衡，再大興近代社會的基本建設，設立市

場、金融機關（銀行）、農會、商會等，加上鋪設鐵道、築橋造路、開關港口、建設電信電話系統、開設電氣能源，建設新市街，設立新式學校，普及初等教育，以日本語文傳播西洋近代的知識，設立西洋醫療設施等。日本帝國主義在台灣的近代化與資本主義化，不但有組織，且有長遠規劃，這在二十世紀初的亞洲各地，除了日本之外，是罕見的資本主義化與近代化的建設，終使台灣從一九三〇年代起，成爲在亞洲僅次於日本的工業社會。

這種徹底的近代改革化資本主義化，比起當時中國仍然停滯於封建狀態，廣大的農村還過著物物交換的落伍經濟狀態，文盲比例仍佔人口的九成以上，雙方社會在質量上的差距是不可言喻的。在台灣的近代改革中，最必須注意的，就是台灣人對於世界思想潮流逐漸採開放態度，使台灣趨向於近代社會的族群統一與開放發展。

經過近代化的改革，台灣的工業發達，商業旺盛，外貿興隆，初等教育普及，文化水準高於日本除外的亞洲各民族、各國，「咱攏是台灣人」的共同意識提高，遂凝成爲近代的「台灣民族」。這是台灣歷史發展的第三個特徵。

然而無論台灣如何的近代化，如何的獲得社會發展，絕不能忘掉台灣徹頭徹尾是日本的殖民地。台灣受專制獨裁的日本人總督所統治，其殖民地統治政策是壟斷社會、經濟資源，差別化的教育，對於土地的收奪，以及剝削日本所需的米、糖等台灣特產，供本國消費或轉售（一九三一年以後，年年運回稻米五百萬石、砂糖一二〇萬噸）。

(四) 台灣民族主義崛起

日本民族所擁有的天皇至上，獨裁專制的「大和民族主義」，在台灣盡其發揮，然而卻點燃了台灣人的共同反抗心，促成「台灣民族主義」的崛起與發展。

一八九五年，台灣遭日本帝國主義侵佔的初始，台灣人民過去反紅毛番、反唐山的反外來統治傳統意識復燃，隨之展開反侵略的抗日革命運動。

日本軍登陸台灣，初期武裝抗日的大眾起義亦隨著展開，以「抗日三猛」（台灣北部簡大獅、中部柯鐵虎、南部林少貓）爲首，全島推行武裝抗日，前後打了七年，使日軍一時無法順利平定全台。由於初期武裝抗日戰均屬自發的前近代性揭竿起義，缺乏

近代理念與統一組織，在後繼無力的情況下，終於慘遭各個擊破。

一九〇七年，台灣農民一般大眾的抗日戰爭繼起，針對日本殖民地政府的警察暴政、強奪土地及剝削農民，起而以武裝抗拒，卻同樣欠缺近代性的思考與實踐，遭到殘忍的鎮壓屠殺，終歸敗亡。

第一次世界大戰後，「殖民地解放、民族獨立」的革命運動成爲世界潮流，亞洲非洲各殖民地的「反帝、反封建」鬥爭洶湧澎湃。台灣人民亦捲入其漩渦，隨著台灣民族主義的興起茁壯，歷來的抗日鬥爭立即變成「近代殖民地解放運動」，即有理念性、有統一性、有組織性的鬥爭，民族鬥爭與階級鬥爭日趨旺盛，台灣大眾一致抗日的熱潮沸騰，抗日運動遍及全島。

這個近代民族運動，先由地主資產階級（林獻堂、林呈祿派）與新興知識份子（蔣渭水、石煥長派）及農工階級（連溫卿、王敏川派）團結開始，相繼創設台灣議會設置請願運動（一九二一年成立於東京）、台灣文化協會（一九二一年成立於台北），後來重組台灣民眾黨（一九二七年成立於台中）。台灣文化協會是民族派（右派的林獻堂、蔣渭水等人）與社會主義派（左派的連溫卿、王敏川）統一結合，會員遍布全島（一九二三—二六年，全島文化演講會高達七百九十八次），致力於啓蒙大眾，揭發總督府的殖民地暴政，促使「民族覺醒」、「台灣人必須民族獨立來出頭天做主人」等。

然而民族派（右派）出身均屬台灣上層階級的知識份子，思想保守，政治主張屬於「改良主義」（reformism），在意識上、行動上並不完全堅持台灣民族主義，而社會主義派（左派），特別是農民運動派，由當時人口最多的農民大眾所組成，有堅強的被壓迫者的革命立場，主張「革命」（revolution），所以在一九二七年，台灣文化協會的領導權從民族右派的手中，轉移社會左派。

一九二六年，台灣農民運動的近代組織「台灣農民組合」（簡吉、陳連標、黃石順等人）成立。隨即，團結的農民大眾與日本帝國主義（以總督府爲代表）、日本獨佔資本家及台灣買辦大地主（以辜顯榮、林本源、陳中和、顏雲年四大家族爲代表）做了慘烈的武力鬥爭，一九二七年獲得台灣文化協會的領導權，並與民族右派（蔣渭水等人）成立「民族統一戰線」，後來受到謝雪紅台灣共產黨指導（僅在

一九二七—二八年，農民起義高達四百二十次），因對帝國主義的威脅勢力日增，盡遭逮捕。

一九二八年，「日本共產黨台灣民族支部」（「台灣共產黨」的正式名稱），在世界共產黨第三國際的指導下，成立於上海（林木順、謝雪紅、蔡孝乾、翁澤生、林日高等人）。謝雪紅回台灣成立「地下黨部」，在莫斯科第三國際總部（常任幹部會員布哈林 Nikolai Bukharin）指導之下，以「反帝反封建」、「台灣獨立」爲當時的鬥爭目標，取得台灣農民組合的領導權，進而將影響力滲透入台灣文化協會（左派領導），致力於反殖民地鬥爭。

一九三〇年，原住民系台灣人掀起驚動世界的「霧社起義事件」。原在一九〇三年總督府設立所謂「蕃務掛」，強化「隘勇制」，一九一〇年開始「蕃人討伐五年計劃」，對人口二十餘萬的原住民系台灣人，設計「山地警察分駐所」五百處，警察、警手五千六百人，施行「林野調查五年計劃」，進行經濟收奪等。因此，原住民社會在激動的民族仇恨之下，頻頻起來反抗（一八九六—一九二〇年，共一百五十四次），一九三〇年十月二十七日，終於爆發轟動一世的霧社起義事件，共六社的台灣

一九二〇年代的謝雪紅（前排右二）

原住民，由瑪黑步社酋長莫那魯道（Mona Rudo）率領原住民族人三百餘人，分擊警察分駐所十三處，同時進襲霧社，砍殺日人三百四十九人，佔領霧社三天，才退入深山。日軍即動員大批軍警，使用飛機大砲及毒氣，進攻山區，屠殺一千餘人。到十月三十一日，首領莫那魯道看大勢已去，與一家人自盡，這可歌可泣的抗日起義才告終。

如此，無論民族派或社會主義派或原住民的抗日鬥爭，均在「台灣民族主義」的大框架下，並以此基本理念與行動綱領，爲台灣反殖民、台灣民族獨立的革命運動寫下了榮耀的一頁。

在日本帝國主義統治下崛起的台灣民族主義，因爲少數的知識份子（右派份子）沒與漢族進行實際切割，以致他們的台灣民族概念，與中國民族概念之間產生混同，虛構了所謂的「空想大漢族主義」。此爭議直到戰後面臨「二二八大革命」的爆發，才獲得解決。

台灣民族與台灣民族主義是台灣四百年史的產物，其理念內涵就是：「台灣人關心台灣的前途與利益，政治上要建立台灣獨立國，經濟上要建立台灣國民經濟，文化上要發展固有台灣文化的思想與行動。」

（五）中華民族主義殖民統治台灣

近代史上，一民族侵略他民族的領土，施以政治壓迫與經濟收奪剝削，甚至施加大屠殺，這就是所謂的「殖民統治」的具體概念，遭此外來殖民統治的社會與人，就是「殖民地社會」。

以漢裔爲人口多數的台灣社會、台灣人，與同是以漢族爲人口多數的中國社會、中國人，雖然其祖先同屬漢族，「種族」相同，但台灣的漢族系台灣社會、台灣人，經過四百年的歷史過程，因爲在自然風土條件不同（台灣是海島性，中國是大陸性），且社會條件又大不相同（台灣是新創的殖民地社會，中國是數千年歷史的封建國家），更在政治、社會上相對立（台灣、台灣人在滿清統治時代與國民黨統治時代，均是被殘酷的殖民統治，中國、中國人都是殖民統治者），這些自然與社會歷史諸條件長年交織對立，才形成兩種截然不同的民族範疇，使台灣民族與中華民族的分化成爲定勢。

總言之，台灣社會、台灣人與中國社會、中國人，在佔多數的「種族」上雖相同（漢人），但在

二十一世紀的今日，「民族」上是不同的（台灣民族與中華民族不相同）。

一九四五年第二次大戰日本敗戰，蔣介石派的中華民國（暫都重慶）由於是戰勝國盟國的一員，受盟軍總司令麥克阿瑟的委託命令，派兵進駐台灣，接收台灣日軍武裝，然而蔣介石國民黨軍卻趁機以武力佔領台灣，施以新舊並蓄的殖民統治，使台灣、台灣人再次陷入更為悲慘的殖民地境遇，直至今日，仍未完全脫離中華民國外來統治體制。

蔣家國民黨中華民國軍閥政權，企圖統治工業發達文化水準高的台灣近代化社會，立即以下列各步驟來殖民統治台灣：

1. 侵略的中華民族主義（三民主義的中心思想）為理念。

2. 掠奪日人遺留的近代殖民地機器與龐大的機關、工業、土地、財產及軍事（共計當時市價一千億日幣，一九四八年略估值市價五千兆台幣）。

3. 自中國本土搬來腐朽的封建官僚三十萬人及軍隊六十萬人。

4. 引進法西斯特務組織三十萬人。

蔣家國民黨政府一佔領台灣，立刻著手劫收日人財產：

1. 政府機關六百單位，計三百億日幣。

2. 日人私有企業、工廠一千二百單位，計七百億日幣。

3. 日人個人店舖、企業等五萬單位，計市價三百億日幣。

4. 日人住宅二十萬戶。

5. 日人七家銀行與三、四十億日幣現鈔。

6. 耕地二十五萬甲（全耕地九十四萬甲）。

7. 山林一百八十萬甲。

8. 軍隊二十個師團、四十萬日軍的裝備，軍用機場六十五處，兵營二百處等等。

這些所謂日人敵產，都是代代台灣人的血汗的結晶。

以行政長官陳儀為首的接收大員一出現於台灣人面前，軍、警、特務、官僚、政客雲集台灣全島，如土皇帝似的，一方面劫收，另一方面視台灣人為「亡國奴」，大肆搞起威脅、恐嚇、綁架、勒索、敲詐等法西斯勾當。

一九四六－四九年當中，發行舊台幣六萬倍，一九四九年六月舊台幣四萬元換新台幣一元，搶奪米糖運回中國大陸，一九四五－五〇年台北市零售米價飆漲十二萬倍，終致招來經濟大恐慌，物價膨脹、失業、饑餓、社會混亂等接踵而來。

因此：

1. 蔣家國民黨繼承日本帝國主義衣鉢，亦搬來軍閥官僚政治與特務機關，築起中華民國「殖民統治體制」，引起台灣人在政治上的憤怒。

2. 蔣家中華民國，霸佔日人所留下的全部設施與財產，引起台灣人在社會上的憤懣。

3. 蔣家中華民國帶來空前的經濟恐慌，失業破產，生活困苦，使台灣人在經濟上陷於痛苦深淵。

4. 蔣家中華民國以征服者姿態，謾罵台灣人爲亡國奴、奴隷，燃起台灣人在民族上的仇恨心。

5. 蔣家政權帶來與二十世紀時代潮流背道而馳的封建性、落伍性、反動性、侵略性的中華思想民族主義，令台灣人蔑視其文化水平。

由此引起了台灣史上的大暴動，就是「二二八大革命」。二二八大革命的火燒燎原，遍及全島。自一九四七年三月一日至七日，台灣革命大眾收復全台，三月八日南京蔣家援兵一登陸，就開始大屠殺，台灣同胞大量犧牲。台灣人經過慘痛的血的代價，才肅清過去的所謂空想漢族主義，「台灣民族主義」獲得名符其實的「自體性」與「獨立性」，而成爲一九五〇年以後「台灣人獨立運動」的出發點。

一九四九年，蔣家政權在大陸打敗戰而逃亡來台後，蔣氏父子隨即把特務黑網密布於台灣全島，以非人性的白色恐怖手段，企圖毀滅台灣民族主義（除了任意殺人、放火、綁票、逮捕之外，更禁止台灣人講台灣話及學台灣史，壓抑台灣人歷來的生活習慣，僞造歷史，強姦民意等）。其亦以政治權力的強制手段造成經濟特權，再以經濟特權鞏固中華民國殖民地體制，由此一人獨裁一黨專政的殖民統治台灣的社會、文化、媒體、思想、宗教等台灣人生活的每一層面。

一九七五年蔣介石死亡，一九八八年蔣經國去世，而後台灣人李登輝（一九八八－二〇〇〇）、陳水扁（二〇〇〇－二〇〇八）相繼就任中華民國總統，但這將近二十年歲月，卻以「假」民主塗抹一切，除非推翻中華民國殖民統治「體制」，建立台灣自主

的民主國家，台灣人是不可能達成民族獨立，而實現祖先傳來的宿願「出頭天做主人」。

台灣人三個族群的福佬、客家、原住民，必須團結在台灣大框架的「台灣民族」之下，並使居住台灣的三百萬外來的中國人，自我淘汰中華民族的侵略、反動的思想，學習進步、革命的思想，與台灣民族主義者共同努力建立台灣民主共和國，二千萬台灣人與三百萬在台中國人，才能得到自由、平等、和平、繁榮的生活。

中國共產黨的中華人民共和國，也以大漢族主義、大一統主義的中華思想的「侵略的中華民族主義」爲絕對理念，欲以武力侵略台灣。中國共產黨，比中國國民黨更加以慣用的僞造歷史強姦民意的陰謀手段，廣泛的宣傳欺騙自己，也混淆世界視聽：「台灣從古昔以來就是中國的一部分，中國統一（中國併吞台灣）是台灣人的民意。」中國共產黨第二代獨裁者鄧小平曾經公開表明：「中國共產黨員是共產主義者，但更是中華民族主義者」，來表示「侵略性中華民族主義」的優先思考。

中國共產黨極權國家自從度過「文革浩劫」（一九六六—七六），實行經濟改革（從共產主義革命轉變爲所謂「社會主義市場制」），而使中國共產黨統治下的中國逃過崩潰瓦解的下場，現已成爲走向跨世紀的軍事霸權與經濟強權的「共產帝國主義國家」（一九七〇年代，周恩來發明這一句話，罵蘇聯的世界霸權主義）。

中國共產黨極權國家要併吞台灣的動機，與台灣人的抗議主張是：

1. 中共硬說台灣是中國領土的一部分，並想併吞台灣以消滅所謂「中國叛亂團體」的中國國民黨，以期完成「大一統」。但台灣人主張，台灣是歷史上台灣人祖先以血汗得來的不可侵犯的領土，寸土不可喪失，誓死反對中國併吞。

2. 中國因地理關係，被困成「大陸國家」，所以中國共產黨企圖衝出大海洋成爲「海洋國家」，故先下手併吞台灣，然後控制太平洋，終極目標是征服全世界（新版的「中華思想」，必先要併吞台灣爲重要基地）。但台灣人爲了實現祖先所傳下的「出頭天做主人」的宿願，以期台灣的殖民地解放，民族主體獨立，並貢獻世界和平，誓死反對中共併吞。

第二十六章　眞正的「馬克思主義」

從馬克思在巴黎公社鬥爭時，與敵鬥爭當中的言論與行動，可以看出他所謂「專政」的全面的真實意思。即與敵鬥爭當中，就是「專政」，若是勞動者階級把敵人打倒，獲得政權並進入新社會建設時，馬克思說：是必須實行「民主」。然而馬克思這種「民主專政」的深奧理論，卻被後來的斯大林、毛澤東等「個人獨裁全體主義者」歪曲，甚至毀滅殆盡。

自從一九四九年離開中國共產黨地區後，我乃終於回心轉意，在自我反省中，腦筋裡頭常有兩個問題浮現。一個是在大學時代學習的馬克思主義，再怎麼思索，也不可能像中國共產黨那樣，成爲無人性（inhuman）的個人獨裁政治，所以必須徹底認識眞正的馬克思主義。再一個就是也要重新徹底學習台灣民族史來求其眞諦。

一九五二年亡命日本後，爲了今後的生活及繼續做革命的經濟來源所經營的麵店，已屢見安定，生活也逐漸平常化，我就開始著手於學習歷來的兩個問題。店裡較不忙時，我就在樓上搜集資料或寫文章，但是當樓下喊：「客人多了」，就趕緊跑下去店裡，包水餃或招待客人。有時也抽空到國會圖書館或日比谷圖書館，或者托人到早稻田大學圖書館借來參考資料，拚命學習。

一、初期社會主義

社會主義（Socialism, Sozialismus），是批判資本主義制社會的矛盾，並要克服這種矛盾（contradiction）的理論與實踐的總稱。這可以說是屬於近世紀的產業革命（industrial revolution）與機械制大工廠

生產的基礎確立後才發展的。

但是，一般的說，當受到「階級」（class, Klasse）支配的悲慘情況存在時，自然能見到要顛覆其社會秩序，並想要實現理想社會的構想。在這個意思上，古代或中世紀時期已有了社會主義的存在。

然而，社會主義畢竟是商品生產（Commodity Production）及近代的階級分化出現後才旺盛起來。也就是說，近世紀初期，資本主義創成期血腥的「資本原始積蓄」（Primitive accumulation of capital）展開，所謂「空想」（Utopia）的許多社會主義才能相繼出現。如：摩爾（Thomas More, 1478-1535，英國的理想社會主義者）、康帕內拉（Tommaso Campanella, 1568-1639，義大利哲學者，著名理想主義者）、培根（Francis Bacon, 1561-1626，近代經驗科學創始者，英國唯物論的創始者，理想主義者），都是代表各時代的「utopia」。

其後，資本主義經濟乃超過這些社會主義者的批判，而繼續發展。到十八世紀末及十九紀初期展開產業革命，使初期資本主義飛躍發展，招來近代工廠與赤手空拳的勞動者階級（Proletariat）登場。在此，一舉產生勞動大眾的窮困（poverty）、恐慌（panic）及生產與消費的不均衡（imbalance），才再使社會主義者產生。

在法國，是聖西蒙（Saint Simon, 1760-1825，巴黎出身的貴族，主張基於階級鬥爭與恐怖政治，展開獨自的經濟觀，成爲提倡物質的先驅，主張革命的集產主義collectivism）、傅立葉（François M. C. Fourier, 1772-1837），英國是歐文（Robert Owen, 1771-1858，勞動運動家），他們相繼責難資本主義社會的矛盾與毒害，主張理想的「平等主義」（equalitarianism）。歐文想在新大陸建設共產村New Harmony，但不免流於空想的理想主義。他們的「理想社會」，是對有產者與有識者啓蒙，想在資本主義的外廓建設理想社會。後來恩格斯把這些思想家叫做「空想的社會主義者」（utopian socialists），即在階級的發展尚未成立的階段夢想要創立理想世界。

馬克思、恩格斯所代表的社會主義，被叫做「科學的社會主義」（Scientific socialism），即擁有歷史的唯物論爲哲學基礎，又以剩餘價値（surplus value）理論爲解剖資本主義經濟的矛盾之武器。由

此勞動者階級對鬥爭的未來有自信，其鬥爭意志愈趨旺盛，以《資本論》爲古典的馬克思主義，乃成爲近世社會主義的主流。與近世勞動階級的實踐相結合的馬克思社會主義，在成爲社會主義思想的同時，也成爲社會主義建設的勞動者階級的政治鬥爭。

二、馬克思與恩格斯

馬克思（Karl Marx, 1818-1883），是一八一八年五月五日誕生於普魯士（Preussen，十九世紀建立「德意志帝國」）萊茵州（Rhein）的古都特里爾（Trier），猶太人律師之子。父親信奉基督教。馬克思在波昂（Bonn）、柏林（Berlin）、耶納（Jena）各處大學接受高等教育，熱衷於學習哲學、歷史學及科學。他在一八四一年獲得博士學位。

學生時代的馬克思，深入研究德國哲學家黑格爾（Georg W. F. Hegel, 1770-1831）的辯證法哲學理論。初期是「黑格爾左派」（die Linke Hegelian）的信徒，同時受到唯物論者費爾巴赫（Ludwig Andreas Feuerbach, 1804-1872）絕大的影響。

馬克思大學畢業時，普魯士正處在資本家階級民主主義革命（bourgeoisie democratic revolution）的高潮時期。早在一八四二年，年僅二十四歲的他，擔任《萊茵報》（*Rheinische Zeitung*）的主筆。但是在職中，與革命對象的封建保守派相爭激烈，終在一八四三年亡命巴黎。

馬克思

恩格斯（Friedrich Engels, 1820-1895），與馬克思並行的馬克思主義共同創始者，生於普魯士的巴爾門（Barmen），經營父親的紡織工廠。恩格斯年輕時

就成爲黑格爾左派主義者，後熱衷於社會革命運動。一八四二年，恩格斯頭一次訪問馬克思於萊茵報社。一八四四年，從倫敦的紡織工廠再度訪問馬克思於巴黎。

這兩個革命家，從此成長爲共產主義者，兩人創立了唯物辯證法的科學體系，尤其以其唯物論，批判當時流行的黑格爾的唯心辯證法及其國家論與法律論，而克服其唯心因素。

三、馬克思主義以前的「前期社會主義」

勞動者階級的鬥爭，是在資本主義體制之下，要維護勞動者大眾的利益，以及廢止資本主義體制，同時也要社會主義建設，再就是透過建設社會主義來改變人類世界的舊體制。這可說是極爲艱巨的歷史、社會問題。但是，這也就是「馬克思主義在人類、歷史、社會的解放上所要達成的革命」。

但是，勞動者階級在階級鬥爭之中，擁有馬克思主義的這種思想，是在最後的階段。在勞動者階級獲得其地位，或其解放之道之前，總歸會逢到非馬克思的許多錯誤思想。就是說，可能發生馬克思所說的「左翼的偏向」（left bias）與「右翼的偏行」（right prejudice）的運動相繼發生。

如上所述的法國的聖西蒙、傅立葉，及英國的歐文之外，更有左項的所謂先行的社會主義革命家。

（一）巴貝夫（François-Noël Babeuf, 1760-1797），繼續古代希臘及中世紀的自由平等思想，而從十八世紀出現的社會主義者。本來，「社會主義」這個名辭，是在一八三〇年，才在英國、法國開始被使用。巴貝夫所謂社會主義，是想從自由主義或無政府主義的鬥爭，要廢除資本主義的「平等主義鬥爭」。巴貝夫的這種理論，後來成爲十八、十九世紀「產業革命」（industrial revolution）的原始思想，他爲革命運動喪命於斷頭台上。

（二）布朗基（Louis Auguste Blanqui, 1805-1881），法國革命家，法國大革命的指導者，巴黎公社蜂起的中心人物，七月革命（一八三七）指導者，在二月革命（一八四八）也是巴黎民眾暴動帶頭指揮者，後來參加「巴黎公社」，一輩子有三十年都被捕在牢獄之中，最後，與馬克思主義者結成「法國社會黨」。他主張激烈的暴力鬥爭，所以被稱爲「布朗

基主義（Blanquism）。

（三）純粹、單純勞動組合運動（Pure and Simple Trade Unionism）。第一國際（一八六四—七六）旺盛時代，擁有最有力的大衆組織，是加入這個同盟的勞動組織。一八四〇年代，是資本主義的發展時期，但在此時運動已沒有了憲政運動（Chartist Movement）時的氣勢，後來他們都改爲急進資本家與勞動者的中間的存在，被稱爲「四十年間的冬眠」。

（四）普魯東（Pierre Joseph Proudhon, 1809-1865），在運動中一貫批判個人主義（individualism）的社會主義者，並主張無政府主義（anarchism）。他早年做工人而獨學社會主義，從「集工所」（force collective）資本家剝削勞動者，寫了《所有權（ownership）是什麼?》（*Qu'est-ce que la propriété?*）的名著，結論是「資本家的財產是竊盜」（La propriété, c'est le vol），而被稱爲「法國的無政府之父」，然遭捕坐牢。他又著作《貧困的哲學》（*Philosophie de la misère*），提倡生產者與消費者要設立「互助合作社」。

（五）李嘉圖派社會主義（Ricardian Socialism），是法國的大革命砲聲傳到英國時，在倫敦有一派熱衷於巴黎的「雅可賓派」（Jacobinisme，法國大革命時的革命派，急進但是主張自由生產主義）。但當時的英國小資產階級（Petite-bourgeois，中產階級與工農階級），都支持國內的邊沁（Jeremy Bentham, 1748-1832，英國功利主義者Utilitarianism），以「最大多數的最大幸福」（the greatest happiness of the greatest number）爲理想。但是，反對「民主主義」，而擁護大資本家的「產業資本主義」。

亞當・史密斯（Adam Smith, 1723-1790）最早提倡「勞動價值說」（labour theory of value），但是他說勞動者已把勞動生產交換給資本家，所以成爲擁護資本家的資本主義古典經濟學的泰斗。

李嘉圖（David Ricardo, 1772-1823）著作《經濟及課稅的理論》（*On the Principles of Political Economy and Taxation*, 1817），之後在英國，利用「勞動價值說」而主張「勞動者利益」的人逐漸增加，這些人大體被稱爲「李嘉圖社會主義者」。

所謂李嘉圖派的社會主義者，著名的有：哈爾（Charles Hall, 1740-1820）、托瑪遜（William F. Thompson, 1775-1833）、霍治斯金（Thomas Hodgskin, 1787-1869）等人，他們的世界觀雖然互不相同，但在批判資本主

義這點上是一致的。

霍治斯金著有《勞動擁護論》（*Labour Defended against the Claims of Capital*, 1825），擁護勞動者對於勞動生產物的權利，他說其權利絕大部分都被資本家、地主佔有。

（六）拉薩爾（Ferdinand Lassalle, 1825-1864），德國勞動運動、社會主義運動的指導者，在柏林大學學習哲學、歷史學，傾倒黑格爾哲學。一八四八年，與馬克思在一起，受到馬克思影響，但後來分離。一八五八年移住柏林，強化社會主義的宣傳及組織，主張「賃金鐵則」（Iron Law of Wages），創設「全德勞動者同盟」（Allgemeiner Deutscher Arbeiterverein, 1863），成爲初代總裁。寫「公開答狀」，發表同盟的鬥爭的指導方針。一八七五年該同盟結成「德國社會主義勞動黨」，後來成爲「德國社會民主黨」（Sozialdemokratische Partei Deutschlands）的母胎。拉薩爾在德國國內的勞動者動員上，力量比馬克思大。他在戀愛事件的決鬥中彈而亡。

（七）巴枯寧（Mikhail Aleksandrovich Bakunin, 1814-1876），俄國思想家，革命無政府主義的創始者，生於貴族家庭，當初當軍人，退伍後到莫斯科學哲學（1835-1840），與無政府主義者、馬克思等革命家來往，被捕，流放至西伯利亞。後來在倫敦參加「第一國際」（一八六一），在第一國際宣傳無政府主義，與馬克思派激烈鬥爭，被除名後，計畫糾合無政府主義者，與俄國國內的革命份子連絡，指導其革命運動。

巴枯寧起先受到普魯東的無政府主義之影響，後來，訓練克魯泡特金（Pëtr Alekseevich Kropotkin, 1842-1921，青年時受俄國民粹派Narodniki的訓練），在南歐洲一時很發展。

四、學習馬克思主義的「理論」

（一）「物質論」（「唯物論」）

在人類歷史上的世界觀（World view, Weltanschauung），有兩種系統：一個是物質論（materialism唯物論），一個是觀念論（idealism唯心論）。兩者的本質是對立的，貫穿整部哲學史。也就是對於「人」所生存的世界的始源（源始，希臘archē, origin, Element）是何物？是物質（自然），或意識（精神）？兩者的關係如何？對這些問題的答覆，呈現著對立。

就是說：「物質論」（唯物論）乃是主張物質（自然）爲源始（生存的開始），精神（意識）是物質（自然）的產物。「觀念論」（唯心論）則主張精神（意識）才是源始，超越物質的精神、神才是世界的創造者。

馬克思主義的理論基礎，是以物質爲源始，反對精神爲世界（宇宙universe）的始源。

馬克思主義思想，即以「物質」（matter, Materie）爲世界（宇宙）的始源，思惟（thinking, Denken）、悟性（understanding, Verstund）是物質的反映（reflection）。

恩格斯說：「一切哲學的根本問題，都是思惟與存在（being, Sein）、精神（spirit, Geist）與自然（nature, Natur）的問題。……精神與自然何者爲世界（宇宙）的根源（element，希臘archē）的問題。

關於這個問題，在歷史上，哲學家分爲兩大陣營，主張『物質』爲根源的人們，乃形成『物質論』（唯物論），主張『精神』爲根源的人們，則屬於『觀念論』（唯心論，idealism, Idealismus）。」（恩格斯，《費爾巴赫論》）

1.「物質論」開闢者——泰利斯

公元前五、六世紀，蘇格拉底（Sōkratēs, 470-399 BC）等雅典（Athenai）的希臘「觀念論」（idealism）哲學發展之前，在希臘殖民地的「愛奧尼亞」（Ionia，今土耳其與希臘的一部分），已出現了以泰利斯（Thalēs, 640-560 BC）爲首的「愛奧尼亞學派」（Ionians）的哲學集團活動。

泰利斯，是稱爲「希臘七賢」的第一人，自然哲學家，也被尊爲「西洋哲學始祖」。

據亞里斯多德（Aristotelēs, 384-322 BC）所說，泰利斯是追求「archē」（亞爾科，始源、原理）的始祖。他認爲宇宙（世界，the universe）的始源是「水」，所以泰利斯就是最早提出世界的「始源」（英Substance）來做學問研究的哲學家，他說知道世界的始源，才能認識其本質、性格、狀態、作用等內涵的諸問題。

泰利斯所認爲世界始源的「水」，不是當時所說的神話的水，而是經驗的（empirical）、超時間的（super-time）、現實的（real）水。所以泰利斯被認爲是「物質論」（羅馬mãterria, 英materialism）的開祖。

如此，古代希臘初期的自然主義（naturalism，

自然是唯一的實在）的哲學家，幾乎都是以水、火、土、風、原子、數學等「物質」（matter）爲世界創始的始源。

因物質論即以物質爲世界的始源，所以其一切思索，都以物質、存在（being）、自然（nature）、事物（matter）、實在（reality）等爲出發點。

古代希臘的物質論，認爲世界（宇宙）從創始就是物質的自我運行。

古代希臘哲學的「物質論」，到十五、十六世紀以後，出現進步發展的契機，開始發展爲「天文學」（Astronomy）、「生物學」（Biology）、「醫學」（Medicine）等近代自然科學（modern natural science），就是萬般的自然科學的開始。

蘭額（Friedrich Albert Lange, 1828-75，德國著名哲學家，主著《唯物論史》）說：「物質論的起源是與哲學同樣古老。」凡是物質論思想，都被認爲是代表著進步階級的思想，所以物質論者受到抑壓，總在歷史上走苦難的路。

如泰利斯、**德謨克利圖斯**（Democritus, 460-370 BC，希臘數學物質論家）、**伊壁鳩魯斯**（Epicurus, 341-270 BC，快樂主義物質論家）等著名學者獲得世人的看重，卻是在近代的十六世紀以後，因爲這些物質論在觀念論的基督教絕對支配的中世紀（大約一千五百年間），被壓制所以趨於沒落，一直等到近代新的科學的「自然觀」誕生，才恢復舊時的存在。

近代的物質論，乃與自然科學發展並肩作戰，抵抗了宗教的權威（authority）與傳統（tradition）的迫害（oppression），才重新發展起來。這是從**布魯諾**（Giordano Bruno, 1548-1600，義大利哲學家）開始。布魯諾原爲多明我基督教會道士，一五八七年發表與教會不同的意見，被迫逃亡日內瓦，後來漫遊歐洲各地，一五九一年被「**異端裁判所**」（heretic judgement）逮捕，八年後在羅馬被判火刑。他的哲學是「泛神論」（Pantheism），把神與自然看成同質，一切與神沒有對立。義大利的自然學者，復活了古代物質論思想。

十九世紀後半，日本人中江兆民（一八四七—一九〇一）在其著作《理學鉤玄》（一八八六）中，把德文的materialismus翻譯爲「**唯物論**」，idealismus翻譯爲「**唯心論**」，所以，造成兩者實質以上的「對立」。

2. 費爾巴赫的「物質論」

十七世紀，以**培根**（英國文藝復興時代的大思想家，提倡自由主義，被稱爲近世哲學之祖，著《隨筆集》）、**霍布斯**（英國哲學家，自由思想家，主張「人基於自己保存的本能來行使自然權，而享受行動的自由」）爲先驅，經過十八世紀，才回復物質論。

到了十九世紀，德國的**費爾巴赫**（Ludwig Andreas Feuerbach，突出的物質論者，宗教批評家）崛起。「人本來就是自然物，自然物以外，沒有任何事物存在。」他二十六歲時，因著作《死與不死的思想》（*Gedanken über Tod und Unsterblichkeit*, 1830），批評基督教的絕對神學論（觀念論），被迫辭去因拉肯大學（Erlangen Universität）的教授職。他終其一生住在故鄉的**Bruckberg**。他不同意黑格爾對神學的理性粉飾（rational decoration）。他站在物質論的立場，批判基督教舊傳統的教義著作**《基督教的本質》**（*Das Wesen des Christentums*, 1841），轟動一世。

費爾巴赫基於批判宗教的觀念論神學，主張以自然（物質）爲基礎、「人」的立場的學問，叫做「人間學」（Anthropologie），把神認爲是人的諸觀念的「理想型」。

3. 馬克思、恩格斯的辯證法「物質論」

馬克思、恩格斯即以「人」的生活實踐爲媒介，把「物質」（唯物）的概念顯現於人間社會，使過去在歷史上人人所說的種種物質論（唯物論），全面徹底化，且以辯證法與物質論（唯物論）的同一性，克服（aufheben）費爾巴赫的物質論（唯物論）所擁有的機械性（machinery）、觀念性（idealism）。

馬克思、恩格斯初期受到費爾巴赫唯物論的絕大影響，但是，由於費爾巴赫不把「人」當做社會的、歷史的存在來看，所以其唯物論免不了停留在機械的、觀念的（從腦筋出來的）唯物論，而無法發展爲以人、社會、歷史的「存在」爲根柢的唯物論。所以馬克思、恩格斯認爲費爾巴赫的唯物論與黑格爾的辯證法，同樣具有濃厚的「觀念論」成份。

馬克思、恩格斯的「辯證法唯物論」（dialectical materialism, dialektischer Materialismus），即以黑格爾辯證法，揚棄（拿掉）「費爾巴赫唯物論」的觀念論因素（機械論，缺乏人、社會、歷史的運動發展），另一方面則以費爾巴赫唯物論，揚棄（拿掉）「黑格

爾辯證法」的觀念因素（世界觀念、絕對理念），而完成了這種「辯證法唯物論」。

（二）「辯證法」

1.「辯證法」的始祖——則南

「辯證法」（希臘dialektikē, 英dialectic），語源是由希臘語dialektike technē所形成，是指**問答、對話的技術**。尤其是爲了反駁敵方的主張，即以論敵的主張爲前提，予以導出互相矛盾的命題的論法。

亞里斯多德乃把這種論法的發現者，說是希臘耶列阿（義大利半島的西南部）學派（Eleatics）的則南（Zēnon ho Eleatēs, 490-430 BC，希臘哲學家）。則南在晚年，因與專制者政治鬥爭而殞命。他是耶列阿學派始祖巴門尼德斯（Parmenidēs, 515-460 BC）的高徒。

其後，辯證法到蘇格拉底、柏拉圖的階段，這種「問答法」被留下，但是成爲以見解不同爲媒介來探求事物本質的方法，就是使用於學問思考、法則探討的方法。

2.黑格爾的「辯證法」

到近代，黑格爾批判以前的辯證法的固定性與單面性，而定式化思考運動的法則的辯證法，同時，站在觀念論的立場，論述辯證法爲運動與發展的行動法則。

黑格爾（Georg Wilhelm Friedrich Hegel, 1770-1831）誕生於德國南部斯圖加特（Stuttgart），他是德國古典哲學最後的形成者，做過德國幾個大學教授之後，就任柏林大學教授，而形成風靡全德國的「黑格爾學派」（Hegeliana），一八三一年罹患霍亂去世。

黑格爾十八歲時，聽到法國大革命爆發（一七八九），興奮得徹夜不眠，受到不小的影響。但是他認爲法國革命所實現的所謂「市民社會」（Civil Society），與他理想的社會不太符合。他認爲市民社會不外是由分工、競爭及階級鬥爭所帶來的，是爲了實現獨特的「欲望之體制」（Werden System）才提起。

然而，黑格爾也體認到只有在這個欲望之體制裡頭，才有超越欲望本身的可能性。黑格爾所理想的社會，即是「個體」可能一致的社會。

他說，亞細亞的社會是「個體」埋沒於「全體」，所以缺乏「自由」。然而，西洋的市民社會雖然擁有自由，但是老重複著競爭（competition）

與分裂（split），而缺乏全體性的「調和」（harmony）。

不過，黑格爾認爲近代社會之內擁有「合作」（collaboration, a joint work）與「相互作用」（reciprocal relation），所以隱藏著調和的可能性（possibility）。把這個可能性「現實化」（realize），應該是「**國家的使命**」（mission of the state）。這就是黑格爾辯證法的社會觀與國家觀。

3.「辯證法」的發展過程

從古代希臘傳下的辯證法，因具有不確實的推論的性格，所以「辯證法」這個用語不太被使用，改由「論理學」（Logic）代稱之。

十七世紀德國著名哲學家**萊布尼茲**（Gottfried Wilhelm Leibniz, 1646-1716），著作《單子論》（羅馬monas, 英monad, 德Monade）。他說：非物體的單子的根源是表像（idea, Varstellung，對立於感覺的觀念）。表像有著很多的明晰的階段，這些互相無關的單子，無數集合在宇宙，可能保持統一，這是由於神的世界擁有完全性（completeness）才能做到的。所以「惡」（evil）雖然是個別的存在，但是神的「義」（justice）不會受害。

萊布尼茲及其弟子，因爲以「**思辯哲學**」（spekulative Philosophie，對道德實踐，只以認識或說明爲目的的思想，而不追求行動，觀念論）展開了「人」的感覺（物質論），所以認爲只有把握了「實在」（realism）的哲學（觀念論），在「神」的存在與「靈魂不滅」（immortality）的名目之下，設置「永遠不變」（eternity）的「絕對者」（The Absolute），才能解決。

非以經驗（物質）爲基礎，而在形而上學（metaphysics，希臘的亞里斯多德所說的第一哲學或神學，就是涉及存在的一切的原理，觀念論）的基礎上，批判（criticism，指責）了古代以來的論理學（辯證法），所以造成假象的論理學（Logik der Schein，關於種種推論，予以判定其妥當性或不妥的學問）。**康德**指出，這樣對於「論理學」（辯證法）的推論，必然陷入「自相矛盾」（Self-contradiction，同時主張一個命題與相反的命題）。他以批判其「假象性」（imaginary），做爲研究論理學（古來的辯證法）的任務。

康德即以對中世紀的「經院哲學」（Scholasticism，基督教神學）的「形而上學」（metaphysics）的批

判，做爲研究的主要對象。所以，必須以過去的神、靈魂、宇宙等的「神學」（theology）的論理學批判爲主要課題。

康德在他著作的《純粹理性批判》（*Kritik der reinen Vernunft*, 1781），很詳細且很執拗的深入批判「人」的認識能力的有限性。

康德在這本主要著作中，針對所謂「超越論的（先驗的transcendental）辯證法」（transzendentale Dialektik），指出絕對者的思辯，完全是超越了「人」的經驗的議論。

然而，這些超越了「人」的理性所表現出來的，正是觀念論。因此，這些互相對立的兩個契機（moment），必然陷入於矛盾。

康德把這種絕對理性的自相矛盾，特別稱爲「二律悖反」（希臘antinomia, 英antinomy，相互矛盾的兩個命題）。當要把世界當做是從「人」的認識能力獨立出來的一個完全的客體時，把理性所必然陷入的矛盾，康德稱爲「純粹理性的二律悖反」，同時提起四對的課題：（1）世界在時間上的二律悖反，（2）世界有無單純性的二律悖反，（3）不由因果（梵語hetu-phala）律支配的自由與一切都由必然法則支配的二律悖反，（4）世界必然有絕對存在者與無絕對存在者的二律悖反。

所謂二律悖反，不過是康德站在「不可知論」（agnosticism，主張不可能認識事物的本質與實在，否定超越人的經驗的問題）的論說（否定的、主觀的辯證法）。

4. 黑格爾的觀念「辯證法」

如上所述，康德的主觀的、否定的辯證法，使康德的理性思考不得不陷入於「自相矛盾」，關於這點，黑格爾卻認爲有其積極的意義。

黑格爾說：「一般有限的事物，在自己本身之中，總是有對立（opposition）與矛盾（contradiction），這種對立與矛盾，只要受到『揚棄』（aufheben，黑格爾認爲這就是辯證法的根本因素，具有否定negation、提高raise、保存preservation的意義），就能發展於更高的層次。」黑格爾也批判康德的二律悖反的理論，他說這種理論是限於一定的領域而已。

黑格爾說：以對立、矛盾爲運動、發展的推動力，才能把握辯證法爲貫串思考與存在的運動發展的一般理論（common theory）。

黑格爾的辯證法，是普遍主義（universalism）

的辯證法。這種辯證法的運動與發展的論理構造（logical structure），即是「正、反、合」，就是「定立」（Theses）、「反定立」（Anti-theses）、「綜合」（Syntheses）的運動方式。

但是，黑格爾本身卻沒有拿出這種圖式來論述世界的構造。他只有站在這種普遍主義（universal-ism，全體高於個體，客觀的觀念論）的辯證法觀點，認爲現實世界都在這個辯證法的運動與發展的過程中，同時他想要明瞭其內部所關連的構造。

然而，黑格爾卻以思考（thinking, Denken）與存在（being, Sein）的根源（the origin, Ursprungs）同一性（identity, Identität），把辯證法的本質把握爲概念的自我展開，所以其思想體系帶有濃厚的觀念論因素。

黑格爾的哲學體系，是在啓蒙（enlightenment）的理性主義（Rationalism，以「概念」思考事物的能力，「人是理性的動物」（亞里斯多德說，政治、國家、社會之中，人是動物的意想））之上，綜合歷史主義與觀念論的辯證法。

黑格爾的哲學思想，是「理念」（Idee）或「道」（希臘logos）的辯證法的自我展開，把哲學三分爲：（1）論理學（logic，自己對自己的理念學問），（2）自然哲學（自己對自己之外界的學問），（3）精神哲學（從自己以外還原（reduction）於自己內面的理念學問）。

同時，把「精神」（Geist），分爲：（1）主觀的（subjective，個人的）精神，（2）客觀的（objective，社會的）精神，（3）絕對的（神的）精神。其中，「客觀的精神」（objektiver Geist），是精神本身克服主觀所擁有的低層次的制約，把自己提升於自由的客觀狀態的發展階段。據黑格爾說，客觀的精神在精神哲學中，是佔著展開社會的、倫理價值的法、道德、倫理（國家）的高層次階段。客觀精神雖然尚未達成完全自由的絕對精神，但是，已屬於在揚棄了主觀的低層次狀態而將實現高層次的倫理的領域中。

黑格爾亦在客觀的精神，展開了法與自由的問題，把其再分爲：（1）抽象法（abstraktes Rech，外面的法），（2）道德（Moralität，內面的人格性），（3）倫理（ethik）的三個階段。並且，把「倫理」（ethics）再分爲家族（Familie，自然的愛心）、市民社會（bürgerliche Gesellschaft，伴隨裁判、警察等制度的

慾望之體系），經過各層次的各種階段，而在最高形態的「國家」（Staat），才完成其發展。

國家是「自由的現實態」。黑格爾強調的說：所謂的「世界史」（Weltgeschichte），是諸國家從事鬥爭的「世界法庭」（Weltgericht）。這乃是經過亞細亞、希臘、羅馬等諸階段，在德族國家才見到完成。據黑格爾的說法，在普魯士國家，世界精神的辯證法體系才能完成。

黑格爾的這種歷史觀與國家觀，馬克思在《黑格爾法哲學批判》（*Zur Kritik der Hegelschen Rechtsphilosophie, Einleitung*, 1843-44）序說，把其當做「德國理念」（觀念論）而給予嚴格的批判。

五、「唯物史觀」（「史的唯物論」）

（一）「唯物史觀」的本質

唯物史觀（史的唯物論，historical materialism, historischer Materialismus），是馬克思、恩格斯確立的「科學社會主義」的世界觀，是有關社會發展法則的「科學」（science, Wissenschaft，探究事物構造的理性的認識，及其所產生的理論的體系知識）。

馬克思、恩格斯以前的、舊的（中世紀以來）歷史觀，認爲「人」的社會是偶然產生的事物集合體，若要在歷史中找出一定的規律時，其內容尙停留在神的意志或世界精神等觀念爲造物主的水準。

然而馬克思的唯物史觀，乃發現了社會發展是基於客觀的（自然的）法則，並把其與人人的物質生活的條件結合，而明確的認識了在歷史上、社會上的人民大眾的任務。由此，才使「社會科學」可能成立。

恩格斯說：基於唯物史觀與剩餘價值（Surplus Value, Mehrwert），而揭發了資本主義生產的秘密（構造structure），就是馬克思的兩個偉大的發現，並認爲由此「社會主義」才成爲科學。

唯物史觀，是從「人」生存的最基本的問題出發，剖析人爲了生存（existence, Dasein）的條件，才明確認識到人的基本需求是吃（eat）、穿（wear）、住（live）等物質生活。

爲了滿足物質生活，人乃以勞動（labour, Arbeit），製造「生產手段」（means of production, Produktionsmittel，生產工具，如樹枝、石斧、刀、工廠、機器等），再以勞動使用生產手段改造（reconstruction）

自然（nature, Natur），而獲得生活所需的衣食住等物質（matter, Materie）。人若沒有物質生活（經濟生活），就不能生存。人以勞動來得到物質的這種「生產過程」（productive process），就是人的社會存立的第一個前提（premise）。

這種物質生產在社會的「總量」（the total power），叫做「**生產力**」（productive forces, Produktivkräfte）。

但是，物質的生產不僅與自然構成關係，同時也建立了人與人的一定的社會關係，這叫做「**生產關係**」（relation of production, Produktionsverhältnisse）。這個生產關係的「總體」（the whole, Totalität），就是社會的「**經濟構造**」。

社會的經濟構造，乃構成社會的實體（substance）的基礎，叫做「**基層構造**」（basic structure, Unterban）。

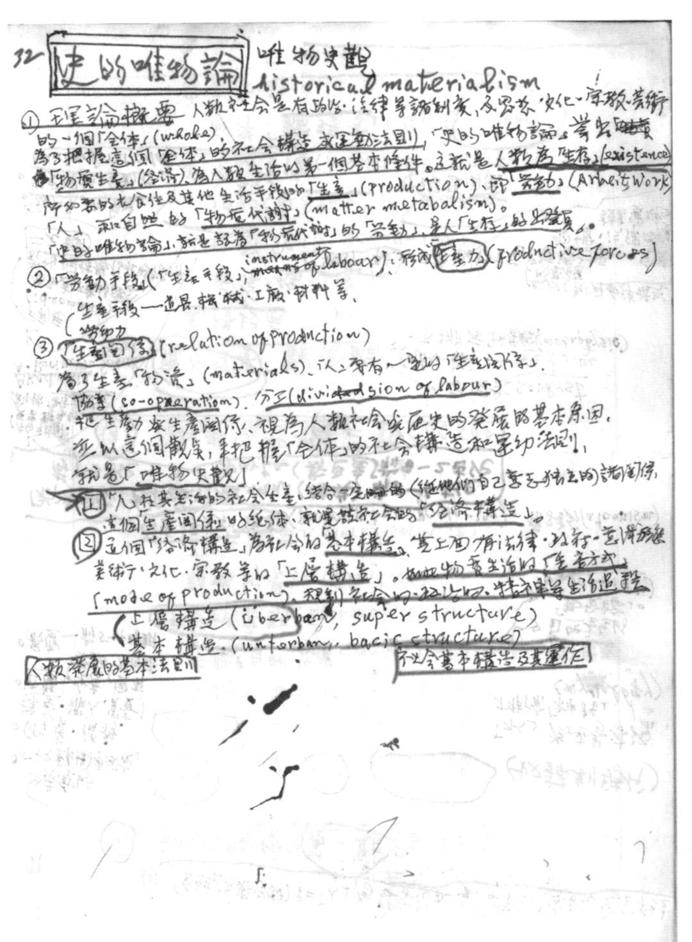

唯物史觀研究筆記

在這社會的基層構造（經濟）之上，乃聳立了國家機構、政治形態、法律制度及意識形態等，這就叫做「**上層構造**」（super structure, Überban）。

馬克思主義的唯物史觀的核心，就是以經濟（物質）為基底。馬克思在他的著作《經濟學批判》（*Zur Kritik der politischen Ökonomie*）序文，針對社

會基礎的經濟敘述道：「**人在其社會生活的生產，進入一定的、必然的、獨立於個人意志之外的關係，即進入生產關係**。這個生產關係，基於其物質的生產力的發展，分爲各種階段。這個生產關係的總體，就是社會的經濟構造，這就是現實的社會的基層構造。在這基層構造之上，聳立著法律的及政治的上層構造，同時也有一定的社會的意識形態。物質生活的生產方式（mode of production, Produktionsweise），制約社會的、政治的、精神的生活過程。」「不是人的意識決定他們的存在，相反的，是社會的存在決定意識。」

（二）生產力與生產關係的歷史必然性

唯物史觀的重要部分之一，就是說明任何人都不能隨心所欲的造成生產關係。

生產關係是受各個時代的生產力水準與其性格所決定。生產關係是獨立於個人意志之外的客觀產物。生產關係是要推進生產力的發展。

但是，生產關係一旦成立，其內部的生產力便與時俱進。在生產力積極發展之下，若是達到一定程度的階段，保守而遲遲不進的生產關係趕不上生產力的進步，這種既有的生產關係終將成爲進步的生產力的桎梏（obstruction），爲了生產力的繼續發展，既有的生產關係與將繼續發展的生產力之間，會發生「矛盾」。此時，既有的生產關係不得不由新產生的、更高度的生產關係所取代（replace），這就是「**社會革命**」。

人類社會是由具有主體性的無數的行動所共同形成。雖然各個人都普遍的具有各自的自由，及擁有動機的意志，但是，因一切都受到生產力與生產關係的發展（經濟發展）所規制，所以任何人都得瞭解這種社會構造，才能把人類社會當做「自然史」（history of physical anthropology, geschichte des physische Anthropologie）的發展過程，來認識其進步法則。

不依據人的習慣、道德、立法等制度，而依據人的本性與社會所擁有的永久且普遍的法則，這個法則就是「自然法」（羅馬lēx nātūrālis, 英natural law, 德Naturrecht）。自然史，是基於自然法的星羅萬象的發展史。

（三）「生產力」

「人」，把存在於自己以外的自然物資（natural

materials），以勞動改造並獲得爲自己的生存（生命的再生產，reproduction of life）所必要的生活物資。這是個人自己的生存的第一基本條件，並使之成爲永遠的條件，這種人的生產能力，一般是稱爲「生產力」。

使生產力可能發展的主體性要素，唯有人的「勞動力」所具有的特質。換句話說，勞動力就是生產力。但是生產力的水準是由勞動手段（instrument of labour, Arbeitsmittel，勞動工具、勞動對象、生產手段）的發達來表示。

「不是生產什麼東西……而是以如何的勞動手段生產，才能區別各種經濟時代。勞動手段，不但是人的勞動發達的測量器，而且是勞動在其內部所進行的社會諸關係的表示器。」（《資本論》）

(四)「生產關係」

人的生產，不但是作用於自然物資，也在人與人之間互相作用。就是說，人只有在一定的社會關係之中（在生產的合作與分工之中），才能展開生產活動。人當要進行生產活動時，所成立的社會關係，叫做「生產關係」。

生產關係，不但是指生產（production），也把分配（distribution）、交換（exchange）、消費（consumption）的諸關係都包含在內。

在生產關係中，最基本同時也最重要的，是關於生產手段（生產工具、土地、工廠等）的關係（生產手段的所有關係）。如在資本主義社會，由於生產手段是資本家（個人、企業）所有，所以勞動的生產物全部歸於資本家所有。若在社會主義社會，由於生產手段都歸全部社會成員所有，所以勞動生產物也歸社會所有。

(五)生產力與生產關係

生產東西時所使用的勞動手段（工具）表現出來的生產力的發展水準，決定生產諸關係的內容。

例如，在粗糙的石器成爲主要勞動手段的原始共產制社會，因爲其低生產力水準，所以其個人都不能以私的所有者而自立，只能以共同體（community, Gemeinschaft）的一員參加生產。在這種生產關係之下，生產手段（勞動手段、工具）的生產品必然歸屬社會。相反的，在以機械體系爲主要勞動手段的資本主義社會，因爲生產力水準提高，所

以生產手段爲個人所有，以致在生產活動上，基於剝削他人的無償勞動（沒有給予工資的勞動）的生產品全面歸私人所有（私有的生產）。結果，社會發生剝削與被剝削的生產關係。

這種剝削與被剝削的生產關係，所擁有的生產諸關係的體系，稱爲「經濟制度」。這種經濟諸制度之中的支配性制度的「置換」（alternation，改變），就是改變該社會的經濟構造及其基底的社會全體的編制，就是上述的「革命」。

（六）人類發展的階段與過程

人類在古昔尙以石器爲主體的生產力的時代，族群全體進行集體的「協同勞動」（cooperative labor, Gemeindearbeit），在這個階段的生產關係，不分東洋或西洋，都受「原始共同體制」（system of primitive community, System des Primitive Gemeinde）所規制。繼之，金屬器工具出現，生產力開始發展，產生「私有」（private ownership, Private Eigentum）與「階級」（class, Klasse），及血族、部族等社會集團。而後，所謂三大剝削（exploitation, Ausbeutung）的：1、古代奴隸制，2、封建制，3、資本主義制，相繼登上歷史舞台。

到現代，雖然有經過十九、二十世紀的馬克思、恩格斯的社會主義思想與鬥爭運動，但是，反剝削、反階級的鬥爭卻好似風中殘燭，漸趨消熄，馬克思、恩格斯死後的所謂「歷史上的馬克思主義者」（斯大林、毛澤東等），把眞正的馬克思主義歪曲得不成原形。

（七）「剩餘價值」

1. 剩餘價值的概念

資本家獲得自己投下的資本以上的價值，如此資本所增值部分的價值，叫做「剩餘價值」（surplus value, Mehrwert）。

資本在商品流通過程（process of distribution, umlaufenprozess）時，先是以擁有某些價值量的「貨幣」（G）的形態出現。次之，在市場變爲「商品」（W）的形態，最後，成爲擁有比最初出現時的G更大價值的貨幣（G'），而被投資者收回。就是說，資本做了G—W—G'的運動，來完結其得利欲望。

資本在這種運動中，增加其投資時的G，在回

收時成爲G'。然G'是比G大，即G'比G大了剩餘價值部分（g）。就是說，g＝G'－G，就是叫做剩餘價值。

2. 剩餘價值的本質

貨幣商品流通，只有進行價值形態的變化（如貨幣變成商品，或商品變成貨幣），是做「等價交換」（equivalent exchange），即以等價量對等價量的交換而已，所以在流通過程不可能產生剩餘價值，剩餘價值只在資本（商品）的生產過程才能發生。

資本的生產過程，是以資本家投下資本，購進「生產手段」（生產工具與材料等）與「勞動力」，並把這兩個因素結合，才生產「商品」（commodity, ware）的過程。

在這生產過程中，資本家消費勞動者的一個「勞動日」（working day, Arbeitstag）的勞動力時，其勞動力，除了生產「必要勞動」（necessary labour, notwendige Arbeit，爲勞動者的生存所必要的生產物的生產所支出的勞動）以外，還生產超過其必要勞動的「剩餘勞動」（surplus labor, surtravail）。這個剩餘勞動價值，稱爲剩餘價值，這個剩餘價值也屬資本家所有。

「剩餘價值」的概念，是由古典經濟學泰斗亞當・斯密思，在《國富論》（*The Wealth of Nations*, 1776）當中開始議論。

這個剩餘價值，基於經濟發展階段的變更，其概論份量也看到變化。

所謂「勞動日」，是一天的勞動時間（hours of work）的意思，在資本主義體制下的勞動日，從其勞動形態來看，應該對其全部勞動都得支給工資（如工作八小時有八小時的工資，十小時有十小時的工資，wage, Arbeitslohn）。然而在實質上並非這樣，實際上是生產了等價的「必要勞動」之外，還生產超過必要勞動的所謂「剩餘勞動」。以一勞動日做了必要勞動與剩餘勞動（如一勞動日八小時的工資勞動，得勞動八小時加上二小時的剩餘價值勞動，合計十小時勞動），生產剩餘價值量都一起內涵於一個生產品之內，這個生產品都屬資本家所有。

以上就是馬克思、恩格斯的剩餘價值論。

（八）「剝削」（exploitation, Ausbeutung）

「剝削」是生產手段的佔有者（資本家），把不

擁有生產手段的人（勞動者）的勞動生產物，無償的化爲己有。

剝削的形態，是以佔有支配地位的生產關係的性格而定。也就是說，由生產手段（工具）的所有關係來決定。譬如：在原始共同體制下，因生產諸力極爲弱小，沒有生產剩餘生產物的餘地（只能生產爲自己生存所需的生產物），所以不發生生產手段的私有，也沒有發生剝削的餘地。

剝削是發生在原始共同體制的崩潰過程中，其經濟基礎是在於隨著生產諸力開始擴大與分工發展，而發生生產剩餘生產物，且開始私有財產制，所以不平等生活發生，就是以這些基本因素爲基礎才發生剝削。這個剝削狀態出現，社會隨即分化爲剝削者與被剝削者的社會階級，奴隸制、封建制、資本主義制，就是在歷史上階級社會發生並發展的三個剝削形態。

奴隸制剝削，是自由市民的奴隸所有者，完全佔有生產手段與奴隸的剝削關係。而且，奴隸完全被看作是生產手段的一個工具，是「能說話的工具」（被蔑視人格），其所生產的剩餘生產物，完全由奴隸所有者直接的強制剝奪。

封建制剝削，是領主大規模私有主要生產手段的土地，及不完全的擁有農奴（所以農奴比奴隸，稍微擁有做人的權利）。然農奴（serf）即在身份（status, stand）上被束縛於領主的土地，所以不得不把自己的勞動生產物的絕大部分貢納給領主。

資本主義制剝削，馬克思說：這是「人剝削人」的最後形態。這是一方存在著佔有生產手段的資本家，他方存在著除了把勞動力當做商品賣掉之外，無其他生活方式的勞動者。資本家以雇用勞動者，佔有勞動者以無償勞動所生產的剩餘生產物（剩餘價值，剩餘勞動）。在資本主義體制社會，資本家即把被剝削者的勞動生產物，分爲勞動者（生產者）的取得部分，與資本家（剝削者）的剝奪部分。雙方所取的比例就是「剝削率」，表示剝削的程度。資本主義體制下的剝削率，即由「剩餘價值率」（rate of surplus value, Rate des Mehrwerts）決定。

(九)「階級」

人類社會在一定的歷史階段的生產方式之下，分爲：

1. 佔有社會的生產手段（instrument of labour，指

資源resources、工具implement、機械machine、工廠factory、土地land、企業enterprise等），而剝削或收奪勞動者的剩餘價值的集團，即資本家階級。

2. 不擁有生產手段，爲了生活，以自己的勞動力當做商品賣給資本家，並受其剩餘價值剝削的集團，即勞動者階級。

這兩個集團稱爲「階級」（class, Klasse）。

（十）「階級鬥爭」

人類歷史上，除了在沒有階級的「原始共同生產階段」之外，其後的奴隸制、封建制及資本主義制的各社會階段，都有分爲剝削者支配階級與被剝削者被支配階級。兩者的經濟利益互相矛盾，前者對後者，不但是剩餘價值，連必要勞動的部分也要收奪（expropriation）。被剝削者被支配階級爲了維持生存的諸條件，要拚命從事必要勞動與無償勞動。在這種矛盾之下所發生的鬥爭，叫做「階級鬥爭」（class struggles, Klassenkampf）。

然而這種矛盾之下的階級鬥爭，在階級社會的歷史上，卻成爲社會發展所不可避免的主要「動力因素」（羅馬causa efficiēns，英efficient cause，德Wirkursache）。

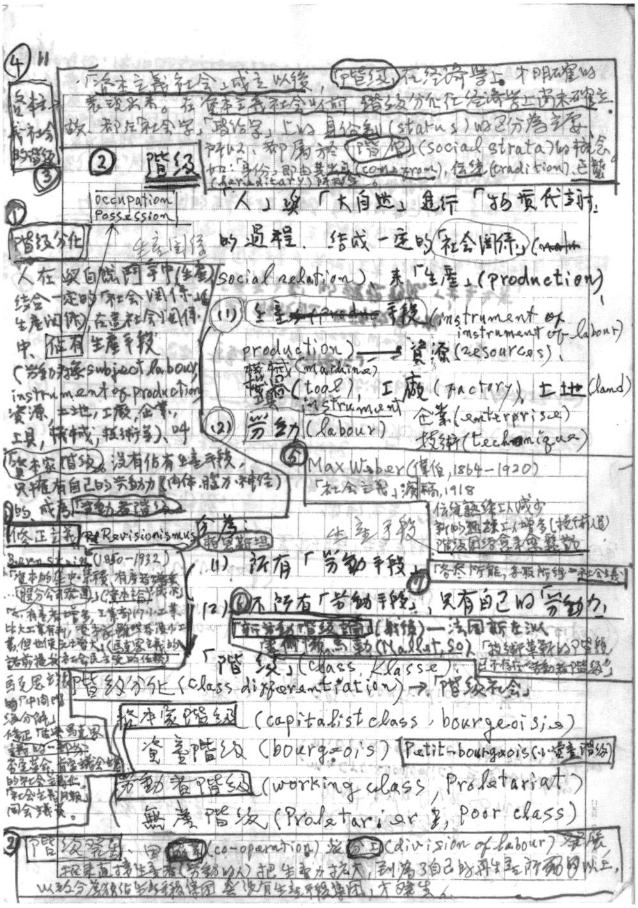

階級研究筆記

(十一) 資本主義與階級鬥爭

資本主義體制下的階級鬥爭，是在兩個基本階級（資本家階級與勞動者階級）之間，透過商品生產所展開的。

資本主義體制以前的階級鬥爭，都是反對統治階級強制人格（Personality, Persönlichkeit）與身份（Status, Stand）的隸屬，所造成的收奪剩餘價值的階級鬥爭。

馬克思強調，資本主義體制下的勞動者階級對資本家階級剩餘價值的階級鬥爭，擁有實現切斷人隸屬的性質，廢絕人剝削人，而實現剩餘生產物的平等分配的歷史使命。

(十二) 勞動者階級的革命任務

馬克思分析階級鬥爭時，嚴肅的指出勞動者階級的革命任務是：「今日對立於資本家階級的一切階級之中，惟有勞動者階級才是眞正的革命階級。其他都已在大工業發展之下趨於沒落。然而勞動者階級是大工業特有的產物。」

「小資產階級（Petit-bourgeois），就是小工業者、小商業者、農民等，要與資本家階級鬥爭，爲的是保衛自己以免沒落，所以他們的鬥爭不是革命，而是保守的改革主義（reformism, Reformismus）。」

但是，在資本主義臨到全面危機的帝國主義時期（資本帝國主義在國外侵佔殖民地時期），（殖民本國的）勞動者階級不但是自己要起來鬥爭，也要聯合農民及其他的小資產階級，而來成立統一戰線（United front, Einheitsfront），一起反對反革命者陣營（外來資本帝國主義及其殖民地「買辦階級」comprador）。這就是馬克思所說：「做爲社會主義革命者的勞動者階級的革命任務。」馬克思又說：爲了革命任務取勝，勞動者階級必須提出明確的革命理念（反帝國主義），堅定革命立場，確定戰略，準備具體的戰術，以及制定嚴格的紀律與行動綱領。

這種理論把其更推進一步，就是馬克思唯物論的歷史觀。他在初期《德國思想》未完稿時，及後來的《經濟學批判》（一八五九）的序言文中，都有名著敘述著。

人用於支配自然的「勞動力」，就是推動歷史前進的原動力，隨著勞動力發展，就形成生產關係及其上層構造的法律、政治等，但是生產力發展到

一定程度以上，即與舊的生產關係發生矛盾時，其上層構造被破壞，以致整個上層構造會發生革命。所以，在此要重視人的主體性（subjectivity），及注重客觀條件（社會條件）。這兩個條件，在理論上是相異的。因此在馬克思去世後，如列寧與考烏茨基就曾發生對立。這種對立，原來是在馬克思理論裡就存在的。如此，馬克思所述的「歷史」，是社會體制發展的歷史，即，從原始社會（無階級）開始，奴隸社會、封建社會及資本主義社會都有私有財產、階級，所以各階段社會都有過「革命」，而前進下來，故資本主義社會在歷史上也會有革命，將會被否定（歷史上）。在這短暫的時期，馬克思把其稱爲「無產階級專政」（Diktatur des Proletariats—*Kritik des Gothaer Programms*《古達批判》，1875），馬克思說從此生產力將進入無限發展的共產主義社會（馬克思的「烏托邦信仰」）。

（十二）馬克思的「烏托邦」信仰

馬克思說：社會上的生產力與生產關係的矛盾，具體表現在「人」的行動，這就是階級鬥爭。他在《共產黨宣言》中敘述：從來的歷史都是階級鬥爭的歷史。奴隸社會是自由市民（free citizen）與奴隸（slavery）的階級鬥爭。封建社會是領主（lord）與農奴（serf）的階級鬥爭。資本主義社會，是代表生產關係（社會制度）的資本家階級（bourgeoisie）與代表生產力的勞動者階級（proletariat）之間的階級鬥爭。但是，資本主義社會必然被否定，而變成沒有階級對立的共產主義社會。這就是馬克思的主張與結論，也是馬克思的烏托邦的共產主義社會很快就會到來。

馬克思以勞動者階級有實現共產主義爲世界最終階級的使命。《資本論》敘述的第一個問題，就是資本主義社會是被物質支配的世界。共產主義是人類完全支配自己的自由王國，不似斯大林蘇聯與毛澤東中共的獨裁。

然而，馬克思的這種說法，其理論具有非理論的「空想世界」的因素。馬克思的講述，其本質不出於十六世紀湯瑪斯．摩爾的「烏托邦」的思想。

爲何資本主義社會是最後的階級對立的社會？勞動者階級打倒資本主義之後，是否可能會有別的矛盾的社會出現？關於這個重要問題，始終都無適當的解答，畢竟是只憑「信念」（belief, Willen）的

論說。但是在當時，馬克思對認識勞動階級及其鬥爭是正義（justice）性的鬥爭有很大的影響，這點是不可否認的。

六、學習馬克思、恩格斯的革命「實踐」

（一）「共產主義者同盟」（第一國際）與「共產黨宣言」

話說回一八四五年一月，馬克思遭法國政府驅逐出境，移住於比利時的首都布魯塞爾（Brussels）。在此地，馬克思加入「民主主義協會」（Associatione Democratie）及「德國勞動者協會」（Allgemeiner Deutsche Arbeiterverein），從事政治活動。

一八四六年，他聯繫在英國的恩格斯，結成「共產主義通信委員會」（Communist Correspondence Committee），據聞，這個名稱是因馬克思很讚賞美國的獨立革命才使用的。該委員會的成員前往鄰近諸國，宣傳共產主義思想。但在另一方面，因在巴黎的布朗基革命已失敗（一八三九），馬克思、恩格斯只能與已瓦解的革命團體「正義者同盟」（Bund der Gerechten）的餘黨人員取得連繫而已。

一八四七年，恩格斯在倫敦與從各地前來的革命團體的革命者，結成國際的「共產主義者同盟」（Communist League, Bund der Kommunisten），這是史上最初的「國際共產主義」（Communism international）的組織，就是十五年後的「國際勞動者協會」（International Workingmen's Association）的前身（也是「第一國際」的前身）。

共產主義者同盟，主要是以在倫敦、巴黎、布魯塞爾等地亡命的勞動者與知識份子爲盟員（法、德、瑞士、俄國及義大利等國）。

同盟於一八四七年十一月二十九日至十二月八日，在倫敦開第六屆代表大會，馬克思、恩格斯都出席大會。在大會上議決做成同盟的規約與綱領，以鞏固組織，馬克思則擔任制定綱領的任務。

自一八四七年十二月至一八四八年一月，馬克思與恩格斯從事綱領起稿工作，一月末草案工作完成，隨即把草案送到倫敦的同盟本部，並於二月在倫敦發表。

這個共產主義者同盟草案綱領，一般是被叫做「共產主義者文件」（the communist document）。這就是後來的馬克思、恩格斯著作的《共產黨

宣言》（*The Manifesto of the Communist Party, Manifest der Kommunistischen Partei*）。

從此，《共產黨宣言》爲社會主義的勞動者及革命家，奠定了勞動者階級的思想基礎，並成爲他們行動的指引。

（二）產業革命

英國在十八世紀後半至十九世紀前半，技術進步與產業上的諸變革（特別是工廠制工業的出現），帶來經濟與社會組織的革命性變革，這普通被叫做「產業革命」（industrial revolution）。

此時的產業革命，即把資本主義的基礎，由手工業轉移於機械，家庭工廠變成大工廠，動力的風與水變成蒸氣的時代。

新興的資本家階級，在哲學、政治、軍事等各部門，都與封建沒落的大地主、帝王、法王、貴族等，做了激烈的鬥爭。這就是「資本家階級革命」（Bourgeois Revolution）。

同時，產業革命終於導致英國成爲製造凡有工業產品的「世界工廠」。

（三）產業革命與勞動者階級

資本主義飛躍的發展，也產生廣泛的勞動者階級（proletariat）。

封建制沒落，舊時代是獨立生產者的農民大眾，他們從自己的土地被追放後，卻成群被遣送到新的大工廠，而成爲「工資勞動者」（wage worker）。曾在小工廠獨立生產的手工業者（handworker），也被集中於大工廠。結果，就是產生了近代的勞動者階級。

「資本家就把男、女、兒童的勞動，當做奴隸使用，勞動日長及十二小時至十六小時，所以，勞動者的生活，簡直是在飢餓的緣邊。」（恩格斯，《一八四四年英國勞動階級狀態》）

資本主義諸國的勞動者，都知道爲了與自己所陷入的殘酷生活相鬥爭，必須賴於自己所屬的階級的力量（「自我解放」self-liberation）。他們都以各種方法來鬥爭，如在英國，十九世紀初的盧德派（Luddites，英國諾丁罕郡，搗毀新引進的紡織機的工人集團等），即以破壞機械與工廠來做爲他們反抗資本主義生產的鬥爭。

馬克思在第一國際演講

黑格爾

費爾巴赫

Manifest

der

Kommunistischen Partei.

Veröffentlicht im Februar 1848.

Proletarier aller Länder vereinigt Euch!

London.

Gedruckt in der Office der „Bildungs-Gesellschaft für Arbeiter"
von J. E. Burghard.

46, Liverpool Street, Bishopsgate.

《共產黨宣言》一八四八年德文初版

馬克思與恩格斯共同研究

(四) 產業革命與勞動工會

在資本主義母國的英國，「勞動工會」是從一七五二年開始（G.D.H. Cole and Raymond Postgate, *The British Common People, 1746-1838*）。這些先驅者的勞動工會，主要是熟練工人的團體，大多是非法的，所以當初即以「共濟合作社」（Friendly Society）僞裝，與「團結禁止法」（Combination Act, 1799，英國在十九世紀禁止組織勞動工會的法律）鬥爭。

一八三〇年，成立了全國性團體「全國勞動保護協會」（National Association for the Protection of Labour）。這個勞動組織，就是一八三三—三四年的「全國勞動合作者大聯合」（Grand National Consolidated Trades Union）的前身。

《台灣民族革命與社會主義》（一九九三年）

一八三七年，「人民憲章主義」（Chartism）的運動開始，其綱領「六條」（Six Points）被提出於議會，一八四一年組成「全國人民憲章協會」（National Charter Association）。一八四二年出現勞資的大衝突，勞動者在各地方實行大罷工，但被鎮壓，一八五〇年運動失敗。

七、「第一國際勞動者協會」前身（學習馬克思革命實踐）

(一) 一八四〇年代「勞動者國際組織」發生環境

勞動者階級組織的國際化，從一八四〇年代就開始。一八四四年，由德、波、義的亡命革命家，在倫敦設立「友愛民主主義者同盟」（Fraternal Democrats），即時與英國的「憲章主義運動」取得連繫。一八四七年，以德國人爲中心，數國革命家在倫敦成立「共產主義者同盟」（Bund der

Kommunisten）。

共產主義者同盟，在一八四八年二月發表馬克思、恩格斯起草的《共產黨宣言》（*Das Kommunistische Manifest*），而理論化勞動運動的國際性。然而，歐洲諸國在一八四八年的革命敗北，及在一八四九年以後的反動勢力的壓迫之下，諸國的勞動運動均趨於蕭條，勞動者階級的國際組織也一時被阻止其成長。只有在倫敦，諸國的亡命革命家及英國勞動者，不斷努力於成立國際機關，所以在一八五五年，「國際委員會」（International Committee）獲得英、法、德、義、西班牙及波蘭的革命家參加，完成了很大宣傳的效果。其後，一八六〇年代，歐洲諸國都有勞動運動的新發展，而招來勞動者在國際上團結的形勢。

（二）「國際勞動者協會」成立

從一八五〇年代繼續下來的英、法勞動者的連繫，一八六四年五月二十八日發展爲在倫敦召開的會議，在會議上，英、法、德、義及波蘭的代表決定創立「國際勞動者協會」（International Workingmen's Association，後來稱爲「第一國際」），馬克思被選作委員，「第一國際」的創立宣言及重要文書都是由馬克思起草。就是說同年十一月七日，正式採取馬克思、恩格斯所起草的宣言與暫訂規約。這個宣言是概括以前的勞動運動的經驗，與指示今後的運動原則。在這個宣言中特別強調：

1. 勞動者階級的解放，必須由勞動者本身戰鬥來爭取勝利。
2. 勞動者階級的經濟解放，必須由他們自己獲得政治權力來達成。
3. 勞動者階級的勞動解放，不是單單一國的問題，必須有進步諸國的協力合作。
4. 爲了取得國際上的協力合作，必須有各國勞動運動的國際團結，所以才產生「國際勞動者協會」。
5. 諸國勞動者階級，必須極力反對想要使這個國際連帶分裂的各國支配階級的政策。
6. 「萬國的勞動者團結起來!!」

從此，馬克思成爲國際勞動者協會的中心領導人物而踴躍活動。

第一國際，經過一八六六年瑞士・日內瓦

（Geneve）、一八六七年瑞士・洛桑（Lausanne）、一八六八年比利時・布魯塞爾（Brussels），一八六九年在巴塞爾（Basel）召開大會（congress），此間第一國際的影響力非常大，從巴塞爾大會到普法戰爭（一八七〇）開始的期間，是達到發展的最頂點。

特別是第四屆的巴塞爾大會時，第一國際的運動確實往上升，捲入各地的罷工風波，如威爾斯（Wales，英國・大不列顛島之南西部）的炭坑夫，諾曼第（Normandie，法國西北部）的纖維勞動者，里昂（Lyons，法國中東部）的絹織物勞動者，日內瓦（Geneva）的建築工，以及其他英、比、法、荷、瑞、美洲合眾國等地的各種團體的運動之中。這一切的鬥爭，都由第一國際會員領導。

在巴塞爾大會，李卜克特希（Wilhelm Liebknecht，德國第一國際組織者）等十名有力的德國代表團出席大會，他們是最初加盟第一國際的社會民主勞動黨（最初的社會主義政黨）的代表。社會民主勞動黨是在埃熱那哈（Eisenach，德國西南部）創立的，所以被稱爲「埃熱那哈派」（一八六九年，在埃熱那哈，李卜克特希做公開演說，被德國政府逮捕，「社會主義已不是理論的問題，而是權力的問題，能解決問題的不是議會，而是街頭」，埃熱那哈的「社會民主勞動黨」的統一，也不能統一勞動者），反對拉薩爾派投降俾斯麥，受馬克思指導，合作的綱領登上第一國際的連帶（國際團結）。

然而，第一國際乃包含諸國的勞動者的政治團體、勞動合作社、協同組合等，所以這些團體的支部（branch）與第一國際的關係並不固定，故加入第一國際的加盟團體的實際數目都不清楚。

普法戰爭開始以後，國際勞動者協會的總務委員會（General Council），對這個戰爭發出馬克思起草的兩個宣言（一八七〇年七月二十三日、同年九月九日），再在世界最初的勞動者政府的巴黎公社（一八七一年三月—五月）敗北的一八七一年五月三十日，發出馬克思起草的第三次宣言。以《法國的內亂》（*The Civil War in France*）之稱著名的這個第三次宣言，馬克思明示巴黎公社的歷史意義及其教訓，同時稱讚了其英雄鬥爭。

巴黎公社敗北後，在法國是因爲嚴厲的彈壓而使勞動運動衰弱化，在英國則是改良主義（reform-

ism, Reformismus，在資本主義的制度之下，想要漸漸的實現社會主義社會的思想，在勞動運動中否定暴力革命，這句「改良主義」，一般是由革命的共產主義要責難社會民主主義之時所使用的，在英國是稱作Meliorism）的影響強大起來。

至於第一國際內部，在一八六九年巴塞爾大會，馬克思主義與巴枯寧無政府主義的對立表面化（馬克思主義者提出「人民的直接立法案」，巴枯寧主義者反對。巴枯寧主義者提出「相續權廢止案」（廢除財產繼承權），馬克思主義者反對）。在一八七二年的海牙（Hague）大會，因爲憂慮第一國際的指導權落於無政府主義者之手，馬克思主義者提案並議決把總務委員會的所在地，從倫敦轉移於美國紐約，進而除名巴枯寧。然而，海牙大會終結的同時，實際上第一國際也見到終了。

一八七六年，在紐約的總務委員會宣布國際勞動者協會已不復存在。第一國際的消滅，是：1、各國的社會主義勞動者政黨未發達，2、普魯東與巴枯寧無政府主義者對於勞動者的影響大，所招來的結果。

第一國際在諸國擴大對馬克思主義的信任，造成新的運動的萌芽。這就是在從資本主義的開花期到金融資本主義的過渡時期。

（三）「第一國際」的功績

在馬克思領導之下，追隨先驅者的共產主義者同盟的腳步，第一國際在理論上、組織上都築起近代勞動運動的基礎。第一國際的根本功績，是在普及與適用馬克思、恩格斯所提出的勞動者階級的哲學與世界觀（科學社會主義）。

具體的說：第一國際造出對於資本主義國家及一般的勞動者階級的政策，檢討勞動合作社運動、協同合作社、民主主義團體的選舉權的任務，及分析婦女的地位；明確勞動者的政黨所擁有的基本作用，確立勞動者階級對於農民、戰爭及民族等諸問題的基本態度；決定武裝蜂起的戰術，當前的要求與無產階級革命的關係。如此受到訓育的馬克思主義者，在各國育成。

在這些政策或綱領制定中，第一國際產生了許多在勞動運動史上不可抹滅的文獻，這些文獻大多是馬克思所寫的，如國際勞動者協會「創立宣言」、「協會規約」，及對巴黎公社給予偉大評價的《法國的內亂》等。

與這種理論上的工作並行，第一國際把世界的勞動者所擁有的國際主義的勢力與希望，以實際的形態現實化。就是頭一次且有效果的，把所謂國際團結的基本教訓教給勞動者。第一國際把當時沒有團結的勞動運動集結起來，使之結合爲全世界的組織勢力，讓萬國的剝削者感受到恐慌與惡劣的預感。第一國際是勞動者的國際主義的開拓者。「萬國的勞動者，團結起來!!」成爲全世界勞動者普遍的口號。國際勞動者協會，在諸國家指導許多的罷工與政治鬥爭，又在很多國家從事社會主義政黨母胎的先驅者工作。

然最大的功績，是透過這種「大眾工作」，成爲巴黎公社背後很大的鼓勵力量。恩格斯說：「這個偉大的巴黎公社是第一國際所生的兒子。」加上，第一國際支援愛爾蘭人、波蘭人及其他被抑壓民族，奠定將來的民族解放鬥爭的基礎，其功績也不小。

(四) 無政府主義者的「國際」（anarchist international）

在第一國際海牙大會上，以在「國際」內部做分裂活動爲由，決定除名巴枯寧及其他無政府主義指導者。然而，巴枯寧主義者不承認這個大會的決定，不僅於此，他們發出國際勞動者協會因移轉紐約，所以在實際上已被解散的聲明，並馬上著手於組織自己本身的國際團體，且主張這才是眞實的國際勞動者協會。其後數年，結果有了兩個國際組織存在，雙方都使用同一個名稱，都稱自己才是世界勞動者的代表。

這兩個組織，其後激烈的互相鬥爭。馬克思主義者的主張，在恩格斯與Paul Lafargue（1842-1911，馬克思的女婿）共著的「社會民主同盟與國際勞動協會」中敘述著，無政府主義者的主張，則在巴枯寧著的「對國際勞動者協會的陰謀」有所說明。

一八七二年九月，無政府主義勢力在瑞士的聖梯彌誒（Saint-Imier）召開大會。大會宣言：「無論是總會，或地域會議，絕對否定所有全體會議的立法權。這種會議的使命，是公開各地方或各國勞動者階級的希望與必要，而解決這些想法的調和與統一……無論在如何的場合，會議的多數派……不能強制少數派接受自己的意志」、「勞動者階級的各支部及連合的自主獨立，是勞動者階級解放的本質

條件」、「所有種類的政治權力的破壞，是勞動者階級最初的任務」、「萬國的勞動者階級，在達成社會革命時，拒絕一切妥協，不依靠資本家政治，必須打定革命活動的堅固力量」，如此否認所有形態的政治組織與活動的支配權。

當時的勞動者，不得不從相對立的兩個國際組織中選擇一個。結果，「各國的連合的大多數成員是留在舊國際組織之下」（Gustav Jaeckh, *Die Internationale*）。但是這種現象，與其說是實質的支持第一國際，無寧說是形式的支持。

當時，歐洲的馬克思主義者一看到第一國際轉移於紐約，相信第一國際的時代已告完結，所以，對第一國際漸漸喪失關心的德國人及其他馬克思主義者，開始各自在自己的國家裡培養勞動運動與政黨。故馬克思主義者在一八七三年九月企圖召開德國的第一國際大會沒有成功，其原因竟然在此。

巴枯寧主義的無政府主義國際實際上存在著，但只有在一八七二年到一八七七年間保持積極活動而已。其後無政府主義的國際規模的活動，幾乎瀕臨死滅。巴枯寧主義者在這五年間，也開了自稱國際勞動者協會的國際大會。一八八一年無政府主義者在倫敦大會上，爲了振興其工作，造出「黑色國際」（後來的「國際勞動民眾協會」），然爲時已晚，其運動的盛時在歐洲不能再有復活的機會。

在美國，無政府主義國際勞動者協會倒有一個時期引起較大反應。因爲在美國的外國出身的勞動者幾乎沒有市民權，而被壓迫於最低工資與暴力行爲支配之下，他們一旦逢到經濟恐慌，每每都成爲最悲慘的犧牲者，所以容易接受無政府主義者的鬥爭鼓勵（John R. Commons, *History of Labor in the United States*, V. 2）。

一八七〇年代中旬，巴枯寧因病退出鬥爭的第一線。他到臨死之際，對馬克思依然持續著很激烈的敵意。他在一八七六年七月一日死於瑞士・伯恩（Bern）。當時各國的無政府主義運動人材濟濟，有名人物很多。但是巴枯寧的後繼者，卻由在國際鬥爭上比較屬於新人的俄國人克魯泡特金（Pëtr Alekseevich Kropotkin, 1842-1921）繼承。

克魯泡特金自稱爲共產主義的無政府主義者。他推進自然發生的暴動革命，與基於勞動者的自主

權的社會建設的巴枯寧主義。在他看來，主要的敵人不是資本家階級，而是國家，即：「資本家本身爲了自己獲得商業社會的權利，對國家要開始鬥爭。」（Kropotkin, *The State: Its Historic Role*, 1908）巴枯寧是行動的人，參加許多叛亂。但是克魯泡特金是活動於資本主義最安定的時期，所以幾乎是熱衷於調查、理論及宣傳。

一七八○年至一八七○年代，各國的勞動者階級進行很大發展時，無政府主義運動不但是在組織上對一般的影響趨於衰亡，加上在實踐上失敗的結果，理論上也解體崩潰。這個運動變成一種政治性墮落，陷於互相糾紛的諸分派。

其中，有所謂「哲學無政府主義」，或「個人主義」的無政府主義。他們把自己政治上的血統，認同是以季諾（Zeno of Citium, 334-262 BC）爲始祖的末流，有的即以Max Stirner（1806-1856，德國哲學家）著的《唯一者及其所有》（*Der Einzige und sein Eigentum*, 1845）爲聖書。

無政府主義者之間，產生強大的恐怖行動（terrorism）。暴力主義者是自暴自棄的過激派，看到大量暴動不可能，就應用所謂「以行爲來宣傳」的教義，殺害國家要人，企圖激動大眾。其結果，造成一九○○年前後爆發的爆破事件或政治家暗殺事件，如一八七八年德國皇帝襲擊事件、一八九二年美國Homestead罷工時的殺人未遂事件、一八九三年法國下院炸彈事件、俄王暗殺事件等。但是這些暴力活動，卻使無政府主義者遭一般人的非難。

擁有無政府主義思想的勞動者，把無政府主義應用於勞動合作社運動。然而這種運用，卻造成歪曲無政府主義的原則。因爲勞動合作社的規律，假若是anarcho-syndicalisme（法國、英國、西班牙、義大利的勞動合作社運動），就與無政府主義的個人主義思想相衝突，這是解體的無政府主義之中的主流。Anarcho-syndicalisme雖然是無政府主義的勞動合作社，但是其所預想的未來社會，事實上是勞動合作社國家，這點與無政府主義的反國家主義相對立，所以與無政府主義的個人主義思想衝突。

八、巴黎公社（Commune de Paris）

（一）建立法國共和國

Commune是相等於德語Gemeinschaft（共同體）的法國古語，現在於法國是指市街鄉鎮的行政區劃之稱。一八七一年三月十八日至五月二十七日，巴黎的市民大眾起義，以社會主義者與勞動者爲主力，把立法權與行政權統一，設立「議會」政府，站在「人」、「市民」的立場，做政治工作，稱之爲「巴黎公社」。

一八七〇年代，因拿破崙三世（Napoléon III）相繼與外國打仗，導致政府財政危機，人民生活日趨貧窮，帝制越加專橫，所以社會普遍不滿。特別是資本主義日益發展，資本家階級與勞動者階級對立日深，加上在「普法戰爭」（France-German War, 1870-71，一八六六年普奧戰爭之後，成立北德聯邦的俾斯麥，爲了全德統一，企圖合併南德諸侯國，但是法國的拿破崙三世，爲了國內問題，也爲了排除近鄰德國統一成爲強國，遂於七月十九日向德國宣戰，普法戰爭開始），拿破崙三世吃敗戰。法國慘敗的消息傳來，爲了反對拿破崙三世的抑壓政策，巴黎市民站起來革命。

巴黎市民乃宣布成立「共和制」，領導國民軍（garde nationale）防衛巴黎。

馬克思領導的國際勞動者協會總評議會，發表聲明（由馬克思所寫）：德國所謂的防衛戰爭，已變成征服戰爭，因爲俾斯麥要佔領阿爾薩斯．洛林（Alsace-Lorraine）。馬克思警告這樣下去，還會再次引起戰爭，並呼籲德國勞動者得反對併呑領土，及要與法國實現有名譽的講和。同時提醒法國勞動者，要警戒資本家階級的背叛，並強化勞動者階級的力量。（馬克思，《法國的內亂》）

但是，選舉出來的新議會議員，三分之二是王黨派，三分之一是資本家共和派，所以臨時政府趨向反動，企圖向普魯士軍做屈辱的講和，願意承諾從巴黎遷都凡爾賽（Versailles），以及解除巴黎的武裝。

德軍已至巴黎防禦線，包圍巴黎，然俾斯麥還不攻擊巴黎，他知道巴黎勞動者階級的戰鬥精神。巴黎國民軍是以勞動者爲主力。

（二）巴黎公社誕生

爲了祖國與共和國而鬥爭的巴黎市民，對資本

家階級的陰謀極爲憤怒。國民軍乃設立中央委員會的「國防政府」。三月十八日，國民軍開始攻擊政府軍，政府軍被國民軍打敗，巴黎完全歸市民佔領。中央委員會以國防政府爲臨時政府，宣布成立「社會共和國」（La République Sociale），繼之在二十日選出八十名代議員，公布「帝制的反對物」、「建立廢棄階級支配的共和國」，巴黎公社遂正式成立。

巴黎公社成立時的指導勢力，是布朗基（Louis Auguste Blanqui，法國革命家）的革命主義者，他們組織四千餘人（*Encyclopaedia Britannica*, V. 3），多數市民也贊同革命。

但布朗基本人卻在蜂起前（三月十七日），被政府軍逮捕，公社存在時，被禁錮於牢獄。

馬克思主義的國際會員，在巴黎是少數者，未有蜂起計劃。

馬克思、恩格斯認爲，以革命打倒反動政府的時機還不到。

巴黎公社以市內各地的男子普通選舉選出議員與官吏，被選出的政府人員負有責任，短期服務中，市民也能把其罷免。並且，巴黎公社不是單純的會議體，而是「立法府與行政府合併的行動體」，政府人員以勞動的人或勞動者階級的人佔多數。警察不是中央政府的特務機關，而與其他政府部門一樣，是有責任且市民在短期能罷免的公社的機關。議員與官吏都領取與一般勞動者工資水準相同的薪水，「國家高官的既得利益與交際津貼，都與高官地位一起消滅」。如此一來，公職官僚「廢止如舊時做中央政府的爪牙」。以上是一八七一年五月三十日，馬克思領導的「國際勞動者協會」（第一國際先驅）的總務委員會主導的宣言（此時的民主政策及其實行，可以說比二十一世紀現在的民主主義思想還前進）（日本譯《馬克思・恩格斯全集》第二十二卷，一一〇四頁）。

巴黎公社在第一次會議選出執行委員會，組織了軍事、財政、糧食、司法、公安、勞動、救濟、外交、教育等各委員會，一方面與反動的拿破崙中央政府軍戰鬥，另方面則實行各種改革。即，廢止中央政府各機關，樹立都市自治政府，實現個人自由，有償的沒收資本、有償的分配土地及資本等基本政策之外，立即實施暫緩償債，停止工廠的徵發

勞動人員，開設公設當舖，廢止夜間勞動，禁止對經營不振的罰金，保障最低工資，完全保障教育，國教分離等緊急政策。

「巴黎公社對巴黎所帶來的變革之中，最爲顯著的是巴黎的第二帝制（拿破崙體制）的淫威盡歸消滅。譬如在和平時日，連一個路死屍也沒有……以前滿街的小偷也不見蹤影……巴黎街頭從混亂轉變爲安定，而且無須警察在場，到處都很安全。」

（馬克思，《法國的內亂》）

（三）巴黎公社瓦解

自巴黎公社成立以來，到四月，法國發生激烈的內亂，公社戰士勇敢戰鬥，但是逐漸處於劣勢，反動的政府軍謠言連天，使大部分的小農民反對巴黎公社。俾斯麥也釋放小農民出身的俘虜十萬人，使之援助凡爾賽的反動政府。

五月二十一日，逃到凡爾塞的反動政府軍，侵入巴黎市內，經過一個禮拜的血腥大屠殺，巴黎公社的戰士與壓倒性勢力的敵軍，在各地街頭做了市街戰。

但是如同鬼魅般的大屠殺繼續好幾天，反動的政府軍起碼射殺了三萬人勞動者階級的男、女、兒童。被捕者四萬五千人以上，其中一萬五千處死刑，或坐牢獄。

在這些激烈戰鬥中，最大的失策，是巴黎公社未把法國銀行的三十億法朗現款沒收，若獲得這筆錢，就能置凡爾賽反動政府於死地（Lissagaray, *Histoire de la commune de 1871*）。內戰轉趨激烈，巴黎公社的戰士勇敢奮鬥，但無法持續，終於敗戰。

五月二十八日，其最後的一戰，在一處墓地小丘，各地的市街及勞動者的居住地，相繼被破壞，巴黎公社終於瓦解。

一八七一年巴黎的蜂起，是巴黎市民意圖以「人」的尺度，回復「人」的偉大的嘗試。市民自認爲巴黎類似希臘的都市國家（Polis）、羅馬的Wlups（都市、首都），這是西洋文明的一種規準，人的領域——「都市」（city），相對於自然的混沌未開，能夠給予成員個人與集團合理的「自由」。文明是從市民開始的。

然而，巴黎公社告終後，從十九世紀末葉開始，近代的全體主義（totalitarianism, Totalitarismus）、

獨裁主義（dictatorship, Diktatur）及帝國主義（imperialism, Imperialismus）盛行，經濟上是產業獨佔化，政治上則是國家支配國民、殖民主義抑壓異己民族等，停止以「人的尺度」思考，社會也停止了以「人的尺度」去顯現偉大革命。

巴黎民眾的蜂起，是以勞動者階級爲核心，由巴黎全市民完成。但是人（活動的大眾、集團、個人），非有對「歷史」的認識，是不可能改造歷史，亦不可能創造新歷史的。

巴黎公社的失敗，給予後人一個有價值的教訓，這個教訓，預告有更大的失敗，同時預告潛在未來的更大的可能性與重大使命。

馬克思在一八七一年蜂起之後，從諸事實的暗澹與混沌之中，得到教訓，他把這些教訓統合於自己的學說，完全消化於其後的論說裡。

從馬克思在巴黎公社鬥爭時，與敵鬥爭當中的言論與行動，可以看出他所謂「專政」的全面的眞實意思。即與敵鬥爭當中，就是「專政」（autocracy），若是勞動者階級把敵人打倒，獲得政權並進入新社會建設時，馬克思說：是必須實行「民主」。然而馬克思這種「民主專政」的深奧理論，卻被後來的斯大林、毛澤東等「個人獨裁全體主義者」歪曲，甚至毀滅殆盡。

「民主主義」，是人類從古代希臘以來，以至十六世紀近代化革命以後寶貴的「做人的」歷史傳統，也是十八、十九世紀初期社會主義者內藏的優等理念。

九、第一國際與巴黎公社

國際勞動者協會總務委員會（馬克思指揮），在馬克思寫的一八七〇年九月九日的宣言中，警告法國的勞動者：「沒有深慮的愚蠢行動。」然而一旦暴動掀起，馬克思即以革命者的態度，立即轉變，對於暴動給予最大的支持與稱讚。革命爆發後三週間，馬克思給予枯給爾曼（Ludwig Kugelmann, 1828-1902，德國婦科醫生，馬克思、恩格斯的親友，第一國際會員，馬克思寄給他的信函，是研究資本論及馬克思主義的重要參考文獻）的信中說：「今次巴黎的叛亂——假如屈服於舊社會的狼、豬或卑劣的狗等——是巴黎六月以來，吾黨最光輝的行爲。」他認爲巴黎市民的

氣勢可說是「沖天」。馬克思最初雖然反對，一旦叛亂開始，立即徹底支持。一八七一年五月三十日，公社崩潰的二日後，馬克思即以總務委員會名義，發表擁護公社的檄文，這就是馬克思全部著作之中被算爲偉大文章之一的《法國的內亂》。這個歷史文書獲得總務委員會委員的贊同，只有幾個英國出身的委員反對。

巴黎公社在馬克思、恩格斯的思想指導下，第一國際的各支部都給予凡有的支持，特別在巴黎，第一國際會員都一起拚命鬥爭到底。公社所做的立法或活動，大部分是在第一國際會員的幫忙下完成的。在巴黎的歐洲諸國的亡命革命家，也積極參加公社，很多人擔當重要地位。波蘭人當伯勒斯基（Dombrowski）等乃成爲巴黎的司令官（Gustav Jaeckh, *Die Internationale*）。

在英國，一般的勞動者大眾都歡迎巴黎公社，但是總務委員會內機會主義的勞動合作社指導者，幾乎是反對這個革命鬥爭。在德國，埃熱那哈派（Eisenacher，一八六九年，在德國西南部的Eisenach結成社會民主勞動黨的德國馬克思主義社會主義者集團）、拉薩爾派等也抵抗資本家的強力反對，支持巴黎公社。在美洲合眾國，雖然資本家系新聞報導壞消息，但是公社在勞動者大眾之間獲得廣泛的支持（Bernstein, *Science and Society*）。

巴黎公社給予世界的勞動者很寶貴的教訓，這個教訓到今日仍然有效：

（一）萬國的勞動者若要走很漫長且很險峻的社會主義之路，絕對必要受強有力並有洞察力與規律的政黨的指導（這個教訓，完全顛覆主張不必要政黨，只要大眾的自然發生的運動就好的巴枯寧主義）。

（二）馬克思說：公社才是取代資本主義的新的社會形態（這個教訓到後來，被列寧應用實行，但在列寧死後，卻變成與巴黎公社諸原則似是而非的個人獨裁體制）。

（三）馬克思說：巴黎公社的經驗，教訓勞動大眾若拿到政治權力，爲了建設新社會的基礎，必須建立新的自己的國家。「國家的死滅」（恩格斯所說的名稱），就要經過很長期的過程。

（四）馬克思說，巴黎公社明顯的教訓，在當時的社會形態下，勞動者要爭取權力之道，只有以自己力量以武力顛覆反動政治政權（馬克思的這種說

法，後來時世變遷，卻成爲教條，獨斷論dogmatism）。

（五）巴黎公社再教世人，資本家階級爲了自己的利益，不排除背叛國民（一七八九年法國大革命時，反動政府爲了與市民革命戰爭，立即與外國的敵軍握手；一八七一年的反革命勢力，爲了對抗公社，投降於敵國宰相俾斯麥）。

（六）馬克思說：一旦掌握到權力的勞動者階級，不能利用資本主義制國家來使之效勞革命，所以「無產階級專政」是以巴黎公社爲其活生生的實例（馬克思的這句話，排斥了敵對的無政府主義者的主張，到後來卻發展爲個人獨裁（one man dictatorship），造成一班毀滅人性的新階級——Milovan Djilas, *The New Class*, 1957）。

巴黎公社沒有明確的社會主義綱領。但是馬克思說：「對了，諸君!?公社是想廢止把多數者的勞動變成少數者的財富的那個階級的財產，是以要收奪收奪者爲目的。」（馬克思，《法國的內亂》）他亦說：公社的諸決定「顯然帶著無產者階級的性格」（《法國的內亂》）。

公社確實是無產階級專政，馬克思說：「其在本質上是勞動者階級的政府，是生產者階級對於收奪者階級的鬥爭所產，爲了成就勞動的經濟解放的政治形態。」恩格斯向「社會民主黨的庸人俗流」說：「好!!諸君!!是否想知道無產階級專政是什麼？看巴黎公社吧!!這就是無產階級專政!!」（《法國的內亂》）

第二十七章　馬克思去世・第二國際分裂（1889-1914）・修改馬克思主義

柏恩斯坦在理論與實踐的雙方面都想要修改馬克思主義。他反對馬克思主義的剩餘價值理論、唯物史觀與階級鬥爭的理論，並說中產階級不但沒有沒落，反而在成長，勞動者在相對上、絕對上都不會貧窮化。他特別反對「無產階級獨裁」，認為馬克思主義會因此變成獨裁主義，他希望的是「漸進的」社會主義。

一、創立第二國際

一八七一年巴黎公社失敗，歐洲諸國家的勞動運動一時削弱其盛勢。然在一八八三年馬克思去世前後，資本主義諸國家裡，反卻相繼出現許多社會主義的勞動政黨，如一八七五年「德國社會主義勞動黨」（Sozialistische Arbeiterpartei Deutschlands），一八七七年「美國社會主義勞動黨」（Socialist Labour Party of America），一八八〇年「法國勞動黨」（Parti Ouvrier Français），一八八四年「英國社會民主主義連盟」（Social Democratic Federation），其他歐美諸國也都連續產生社會主義政黨，也出現很多勞動者工會、協同合作社。如此，結成勞動者階級國際組織的諸條件，逐漸成熟。

一八七六年第一國際廢止後，關於後繼的國際勞動組織，已在一八七六—一八八八年，屢次有了預備會會議，而在一八八九年七月十四日，巴黎的巴士底監獄（Bastille）攻擊成功的百年紀念日（法國大革命），召開「國際社會主義者大會」時，獲得全歐洲加上美國共十九國家勞動者工會代表參加，在會

議上，決定「第二國際勞動者組織」創立的議案，「第二國際」（Second International）遂以此成立。

「第二國際」，從其成立到恩格斯去世（一八九五）之間，完全受到恩格斯的指導。到了二十世紀初葉，第二國際乃成爲由馬克思主義者完全領導的國際組織，所以第二國際在這十年來，在勞動者階級勢力的國際結集這一點，有了很大的貢獻。

二、改良主義的興起

十九世紀末葉至二十世紀初，由於資本主義高度發展，帝國主義諸國統治全世界的殖民地很興盛，西歐帝國主義諸國由各地殖民地收奪的財物很龐大（這叫做「超額利潤」excess profit），所以各國的資本家階級，都把這個超額利潤的一部分，分給自國的勞動者（特別是熟練工人），而提高了勞動者階級的生活水準。勞動者階級的生活狀況有了這樣的變動，就引起勞動者對革命的熱情逐漸消沉化。這一般形勢，卻也使第二國際的各國諸政黨的行動形式，產生了重視由議會活動來爭取勞動者諸權利的戰術政策。從此，第二國際內部也出現了「改良主義」（reformism）及「修正主義」（Revisionism, Revisionismus）思想，並很快就深根於內部。其結果，第二國際自從第一次世界大戰開始，就逐漸脫離了武裝鬥爭的馬克思主義。

原來，第二國際在組織上就有不少弱點。包含著各種勞動者政黨、勞動者工會及協同合作社的第二國際，並不是中央集權（centralization, Zentralisation）的組織。第二國際在一九〇〇年決定「國際社會主義事務局」（International Socialist Bureau）設立於巴西，然而這單位只是一個連絡事務機關。整體來說，第二國際與其說是行動上的組織，不如說不過是一個單純的情報交換的組織而已。這種情況，遂使大會的決議無法貫徹，而招來各國內的機會主義（Opportunism）發展的結果。

這些改良主義及機會主義，原來是從勞動階級當時的歷史條件所產生的。從一八七一年的巴黎公社敗北到二十世紀初，世界的資本主義大體上能順利發展。同時，革命危機一時鬆散，這使第二國際的諸國政黨，在其資本家民主主義範圍內的選舉運動（election campaign）、議會鬥爭（Parliamentary

Struggle）成爲主要的活動形式，所以透過議會「改良」的想法一般化。同時，如上所述，帝國主義諸國把其殖民地收奪的超額利潤的一部分，繼續分給勞動者階級，使其生活水準上昇，成爲「勞動貴族」（labour aristocrat）。從此，發生了改良主義與機會主義陣營的壯大。

以此種事態爲背景，柏恩斯坦（Eduard Bernstein, 1850-1932）即以著作《社會主義的前提》（*Die Voraussetzungen des Sozialismus und die Aufgaben der Sozialdemokratie*, 1899），主張馬克思主義的修正，即「修正主義」（Revisionismus）。翌年，法國社會主義者彌亞蘭托（Alexandre Etienne Millerand, 1859-1943）即以修正主義理論爲依據，參加資本家內閣。反之，恩格斯死後成爲第二國際指導者的考烏茨基，在「原則上」（in principle）否認修正主義，然而，如此的言語上的批判，卻不能防止改良主義行動鬥爭的擴大發展，尤其更不能防止考烏茨基本身在行動上對機會主義的肯定。

柏恩斯坦，德國修正主義派馬克思主義創始者，一八七二年參加德國社會民主黨，爲了俾斯麥的「社會主義者鎮壓法」（Sozialistengesetze, 1890，嚴禁工會、政黨、集會、出版），不得不亡命英國。他在英國徹底研究馬克思主義，而反對社會民主黨主張的社會主義，提議以「議會主義」（Parliamentarism），以漸進的步驟（gradual progress）來實現馬克思的社會主義。一九一五年，柏恩斯坦反對戰爭，脫離社會民主黨，參加創立「獨立社會民主黨」。

一九〇四年，第二國際在荷蘭首都阿姆斯特丹召開第六屆大會，其中心議題即是柏恩斯坦的修正問題。這是當時德國帝國主義興旺的產物，也是第二國際創立以來，不斷發展起來的結果。柏恩斯坦是根據當時出現的幾個社會現象，乃歸結馬克思主義的錯誤，即：（一）資本主義體制急速發展而招來相對的安定，（二）大企業發達，（三）勞動者，特別是熟練勞動者的實質工資增大，（四）勞動者獲得某些民主權利，特別獲得選舉權利，新中產階級（知識份子、技術者）蓬勃成長等。

柏恩斯坦曾在倫敦受了費邊社（Fabian Society）的影響。另一方面，從此反動、頹廢的資本主義，漸漸採取社會主義的政策。柏恩斯坦在理論與實踐

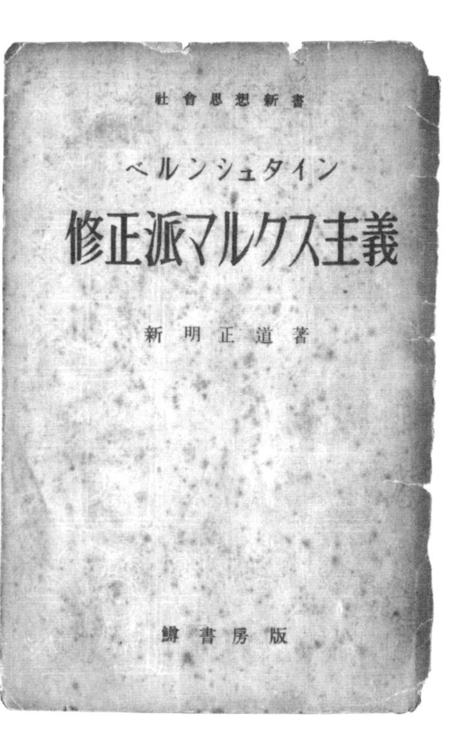

的雙方面都想要修改馬克思主義。他在一八九八年十月，對在德國的社會民主黨寫信，最初發表他的這種思想，並出版《社會主義的前提》，表示其修正主義的思想體系。他反對馬克思主義的剩餘價值理論、唯物史觀與階級鬥爭的理論，並說中產階級不但沒有沒落，反而在成長，勞動者在相對上（relative）、絕對上（absolute）都不會貧窮化。他特別反對「無產階級獨裁」，認爲馬克思主義會因此變成獨裁主義，他希望的是「漸進的」社會主義。羅莎・盧森堡（Rosa Luxemburg, 1871-1919，波蘭的婦女革命家，Spartakusbund（德國共產黨前身）的指導者）攻擊柏恩斯坦說：「現在黨的勞動工會或議會活動，重要的是其活動對於實現社會主義有很大作用。但是柏恩斯坦認爲，勞動工會能拿掉資本主義社會的剝削性格。他的修正主義的綱領是反革命的。」柏恩斯坦的修正綱領，在一八九九年的第二國際大會隨即被否定，考烏茨基、倍比爾（August Bebel, 1840-1913）等最激烈的起來責難。

考烏茨基（Karl Kautsky, 1854-1938），第二國際及德國社會民主黨的理論家，馬克思的學生兼友人，從十九世紀末至二十世紀初，爲了普及馬克思主義，出了很大力量。一八七五年參加奧國社會民主黨，一八八三年創刊德國社會民主黨機關刊物《新時代》（*Die Neue Zeit*），一八九一年在兒不爾託（Erfurt）大會提出綱領，做爲至一九二一年黨的活動指針，關於《農業問題》（*Die Agrarfrage*, 1899）與柏恩斯坦做了激烈的論爭，反對修正主義，在《柏恩斯坦與社會主義》（1899）、《社會革命論》（1903），主張社會革命的必然性，而擁護原來的馬克思主義，自認爲「正統派」（orthodoxy, Légitimisme）。

柏恩斯坦

李卜克特希

羅莎・盧森堡

考烏茨基

二十世紀關於戰爭與和平問題，考烏茨基與列寧、羅莎・盧森堡、李卜克特希（Karl August Liebknecht, 1871-1919）等Spartakusbund創立者，反對第一次大戰爆發，反對社會民主黨多數派的戰爭協力，脫出「獨立社會民主黨」，然俄國革命一旦成功，即時以《勞動者階級之獨裁》（*Die Diktatur des Proletariats*, 1918）及《恐怖與共產主義》（*Terrorismus und Kommunismus*, 1918）批判列寧而回歸社會民主黨。一九一八年，考烏茨基反對「勞動者階級專政」（Die Diktatur des Proletariats，勞動者階級獨裁dictatorship of the proletariat），攻擊蘇維埃政權的「一黨獨裁」（One Party dictatorship），主張在發達的資本主義國家，以民主主義來實現社會主義社會，遭列寧激烈謾罵爲「背教者（apostasy）考烏茨基」。大戰中，出版《大戰史》四卷，一九三八年在荷蘭阿姆斯特丹去世。

三、第二國際的告終

一九〇四—〇五年的日俄戰爭，及一九〇五年的俄國革命，給了資本主義的安定時期敲響晚鐘。帝國主義戰爭將要到來，列寧說革命危機接近。然第二國際對於這種事態，卻不太給予注目。德國社會民主黨內的左翼羅莎·盧森堡，支持俄國革命所表現的政治大眾罷工的力量，並擁護這個戰術，但是她不同意一九〇三年社會民主勞動黨的分裂，也反對列寧所領導的布爾塞維克（Bolshevik）的獨裁政治，同時也反對議會主義等政黨與成立革命的「前衛黨」（advance guard, vorhut）絕緣。

第二國際，關於革命的戰略、戰術（strategy and tactics），以及與革命有密切關係的農民解放（emancipation of peasantry），及殖民地的「民族問題」（national problem），沒有發展任何馬克思主義原則。第二國際對帝國主義的殖民地抑壓，卻從初就給予實際行動上的支持。

第二國際對帝國主義戰爭的態度，始終是採取機會主義。一九〇七年的Stuttgart大會，採決列寧及羅莎·盧森堡所提出的反對戰爭的決議，一九一二年的巴塞爾（Basel，瑞士北部）大會也決議同樣意思的議案，但是各國的勞動指導者，卻不受這些決議所拘束。

一九一四年第一次大戰爆發，第二國際諸國（當時有二十七國，一千二百萬名會員）的勞動者政黨指導者，除了俄國布爾塞維克等少數的例外，其他全部支持帝國主義戰爭，協力自國的民族鬥爭與支配階級。

這樣，一八八九年創立，其初期完成了很大使命的第二國際，在第一次大戰一開始，實際上就趨於滅亡。

列寧說：第二國際是廣泛發展的勞動者運動的國際組織，但是，由於革命水源一時低下，以及機會主義興起，終究招來不名譽的崩潰。

第二十八章　馬克思經濟學

馬克思的立場，是把經濟的社會構造的發展，當作一個自然史過程來把握。在西洋近代經濟學史上，若沒有「馬克思經濟學」的一章，是不可能談起的。

一、馬克思的生涯

西洋近世經濟學，是隨著重商主義、重農主義、古典學派、歷史學派、奧地利學派及馬克思的經濟學的歷史過程而發展起來。但，不管其流派的多寡，近世經濟學在根本思想上，畢竟是截然劃分爲兩個陣營：一是以資本主義經濟爲前提，並企圖站在資本主義續存立場的「個人主義經濟」；二是否定「個人主義經濟」，即「資本家階級經濟」的立場，主張更高社會到來的「社會主義經濟」。馬克思經濟學，當然是屬於「社會主義經濟」。

資本主義經濟內在的矛盾，是隨著十八世紀末葉的英國「產業革命」（industrial revolution）而逐漸具體表現出來，從此，人人對於資本主義經濟體制的疑慮，促其產生了對於更佳的、更富有人性的良善社會來臨的憧憬。

然而，當初這些人的願望，只限於在自己腦筋裡畫上抽象的藍圖而已。關於現實社會的客觀條件，到底能否實現這種理想社會的問題，卻未有得到任何科學知識的肯定，就是說，還在所謂「空想」的領域徘徊著。這到後來，被稱爲所謂「空想的社會主義」。

馬克思主義在十九世紀，是站在社會主義的立場，同時是當時人類的三個高度進步國家的三個思想傾向的繼承者，也是完成者，即：德國的古典哲學、英國的古典經濟學及法國的近代革命學說及其

實踐。所以，馬克思經濟學，才稱得起「科學的社會主義」。

馬克思經濟學的根底，是有了「辯證法唯物論」與「唯物史觀」，他在一八五九年著《經濟學批判》的序說之中，已明確的表達過他的辯證法唯物論立場。並且，經過其後不斷鑽研的結果，終於結晶爲其集大成的《資本論》（*Das Kapital*）。

馬克思的經濟學，是把近代社會的經濟的運動法則（發展法則），加以徹底的究明，他在《資本論》第一卷第一版的序文中說：「把近代社會經濟的運動法則揭發出來，就是本書最後的終極目標。」「我的立場，是把經濟的社會構造的發展，當作一個自然史過程來把握。」

本章手稿

馬克思（Karl Marx, 1818-1883），一八一八年五月五日誕生於普魯士的古都特里爾（Trier）。馬克思之父是猶太人系的法律家，但在一八二四年改宗爲基督教徒，是富有高等教養的社會人，全然沒有猶太商人的氣質，也是法國思想及文學的愛好者。

馬克思在這樣幸福的家庭長大，他經過當地的中學之後，深造於波昂（Bonn）大學，繼之，又在柏林大學研究法律學、歷史學、哲學、文學等。

年輕時代的馬克思，最突出的日常活動，就是常常出入於與他家庭是世交的威斯特華倫（Westphalen）家。由此，他不但得到了古典教育的機會，十八歲的馬克思，更和此名望家庭的深閨小姐燕妮·馮·威斯特華倫（Jenny von Westphalen）獲得初戀的榮冠，幸福的雙人，終於結了偕老同穴之婚。燕妮眞是成爲馬克思終生的好伴侶，即使後來的日子充滿苦難，沉浮在難以忍受的困苦與苦楚的漩渦之中，但她仍以不屈不撓的勇氣，忠實的對待自己所選擇的丈夫。

馬克思得到這個華美且忠實的伴侶，一輩子是受到如何大的鼓勵，又獲得如何的光明和歡喜！馬克思到了三十年後，爲著母親的葬禮歸鄉時，在給予燕妮的信裡，乃對他自己的妻子表出深深的熱切至情：「我每天都往羅馬街上的威斯特華倫家散步，我比古代羅馬任何有價值的思念都更爲熱情的被此家吸引著。我在此家懷念青年時期的幸福日子，因爲裡頭埋藏著對我來說是最爲貴重的寶貝。我又每每在街上，無論從右邊或左邊，都常被人問起，過去特里爾『最華美的小姐』、『舞會女王』的近況。如此，自己的妻子在市民全體的懷念中，如被掛上靈法的女王似的還存在著，這使我，做妳的丈夫，是覺得無上的光榮和幸福。」

普通一談到馬克思，人們往往認爲他是充滿血腥的，甚至於被惡染爲階級鬥爭的煽動家，但他在現實上，卻是一個偉大的革命家。因爲這樣，才會在給妻子的信函中，散發這種富有人間味的、能體貼他人的純潔男子漢氣概。原來他的一輩子，是富於正義感的「人道主義者」（humanist）。

大學生時代的馬克思，是屬於黑格爾派的「理想主義者」，但是，到後來，接觸到「黑格爾左派」之後，才逐漸向無神論的革命傾向走去。大學畢業後（一八四一），他本是想留在大學裡教書而過了學究生活。然而到後來，他覺悟到當時政府的反動政策，不可能使他所謂「自由主義者」的希望實現，才以文筆進出社會，所以自一八四二年，開始在《萊茵報》（*Rheinische Zeitung*）過著專欄記者的生活。

十九世紀初，德國雖說已進入資本主義經濟化，比起英、法兩個先進國家，還是在遠趕不上的初步階段，加上，經過拿破崙戰爭，國內生產從破壞過度到回復之際，使反動的德國政府偏偏走向擁護資本主義體制的保護政策。馬克思等急進的民主主義思想卻盡可能被排斥。

因為這樣，所以在一八四三年，馬克思即從德國被追殺而逃亡法國巴黎。然而，一八四五年馬克思又遭法國宰相追殺，從巴黎再轉移於比利時的布魯塞爾。雖然連續遭遇到這樣的追殺和壓迫，然而馬克思的研究反而日益深化，終於從自由民主主義，轉化於更為科學、更從現實出發、更加徹底的「共產主義思想」。如此，把握著明確理念的，站在堅定立場的，並富有合乎現實的戰略戰術的革命家馬克思，乃成長起來。

馬克思、恩格斯發表《共產黨宣言》（一八四八）的數日後，「二月革命」爆發之際，他又被比利時政府從布魯塞爾追殺於巴黎，後來再轉移到德國，然而翌年再度被德國追殺。馬克思從此時，才不得不再移住於倫敦（一八四九）。馬克思在相繼不斷的流亡生活中，處於極度的貧窮與痛苦的環境之下，只能依靠親友恩格斯的唯一但熱烈的援助，所以自一八四九年至一八八三年三月十四日病逝，他是繼續永住於倫敦。他在倫敦的漫長日子中，專心埋頭於經濟學的研究，終於完成了巨著《資本論》（第一卷，一八六七），成為史無前例的「近代社會的解剖圖」。所以，在西洋近代經濟學史上，若沒有「馬克思經濟學」的一章，是不可能談起的。

二、「馬克思經濟學」大綱

（一）商品

馬克思經濟學的基本範疇的「經濟的社會構造」，是社會生產過程受歷史規定的獨特的型態，還是基於其自己內涵著的動因，做了自己運動所進行的歷史的展開。這和自然構造的運動是完全相同。馬克思的重要的立場，就是將要把握做為「一個自然史過程」的經濟的社會構造的發展過程。並且，使馬克思這種見解能確立的理論根據，當然是唯物辯證法及唯物史觀。

關於「人」的經濟生活，從任何人的眼睛都很

明白的事實，就是「人」爲了自己的生活，必須把自己的「勞動」加諸於「自然」，改造自然，而來造出衣食住及其他物資。在今日的經濟社會，這些衣食住及其他諸物資的生產物，是當作「商品」而在「市場」被販賣，所以人人爲了要獲得這些生產品，一定要在市場上透過「買賣行爲」或「交換行爲」的特殊形式。所以，「商品」才是最「感性的」，在資本主義社會的基本的存在。**如此商品的**（商品交換的）**分析，就是把握著唯物論的馬克思經濟學的出發點**。

《資本論》說：「資本家性的生產的方法所支配的諸社會的財富，是一個非常巨大的商品的集大成，個個的商品，是當作這種財富的原基型態而機能著。所以，我們的研究，是以商品的分析爲開始。」

商品是生產物，是對人的生活有了某種意義的有用品。但在另一方面，商品同時也是「價值」的東西，所以，也是「超感性」（super-ästhetik, übersinnlich，以感性不能把握，惟由思維才能到達）的存在。如此，做爲「使用價值」與「價值」的辯證法統一體的商品，由這種對立物的矛盾展開，而進行自己的運動。

(二) 貨幣

這種商品的「交換過程」（流通過程），必然的招來「貨幣」的發生，並且，由貨幣展開特殊的運動型態，「資本」被展開，在此，資本主義經濟的根本機構才被造成出來。馬克思經濟學，乃如此地把資本主義經濟機構，當作「自然史的過程」加以分析。

(三) 資本

商品的交換，只要是以「等價交換」（exchange of equivalents）爲前提，兩個交換財貨必須把其價值維持相同。關於這點，理論經濟學必以「價值論」（form of value）爲中心，這在「交換價值」的分析上是理所當然的，馬克思在價值論上，是採用「勞動價值說」（labour theory of value）。據他說：價值的實體（substance）（眞相the truth）是還原於最抽象的同一性質的人勞動的凝結物，並且，其大小是以商品生產在社會所必要的勞動的份量爲規準，即以「勞動時間」爲規準而規定。

商品的交換過程，是商品的「價值關係」的過程，這個價值關係是以「價值型態」表現出來。價值關係的發展就是價值型態的發展，是從單純的價值型態展開爲廣大的價值型態，再發展爲一般的價值型態，如此，一個商品成爲一般價值受到社會的制度化時，乃看到「貨幣」的出現。由貨幣的出現，W—W'（商品對別的商品）的商品流通（商品交換），乃發展爲W—G—W'（商品以貨幣爲媒介來交換別的商品）。這個過程是所謂「販賣」及「購買」的完全對立的兩個行程的辯證法統一的過程。所以，在此已有商品流通的不安定性或危險性的所謂「恐慌」（crisis）的可能存在著。

「在歷史上，資本在任何地方，起先是以貨幣的型態，是以貨幣財產（商人資本和高利貸資本），和土地所有對立。但是，爲了把貨幣認爲是資本最初的現象型態，並不需要回顧資本成立的歷史。因爲同一的歷史，日日都在我們的眼前表演著。現今，尚在新的市場，最初是當作貨幣，即當作經過一定過程，必須轉型於資本的貨幣，即在商品市場、勞動市場或貨幣市場出現著。」（《資本論》）

成爲貨幣的貨幣，和成爲資本的貨幣，最初是指尤其不同的流通型態而區別。

商品流通的直接型態，是W—G—W'，是商品轉型貨幣，及貨幣再轉型商品，是**爲了購買的販賣**。但是，我們除上述的型態之外，還會發現第二種型態，即G—W—G，是貨幣轉型商品，及商品再轉型貨幣，就是**爲了販賣的購買**。在這種運動中，後者的流通上的貨幣，乃轉化爲「資本」，而**成爲資本**，並且，從其使命看來，**完全是資本**。（《資本論》）

在資本的運動中，起點的G和終點的G是**同一性質**，所以爲了這個運動能帶來某些意義，起點的G和終點的G，必須在其**「量」上有所不同**。並且，這個運動爲了保持其一定的資本主義經濟的意義，**終點的G必須比起點的G更大量**，此時，其剩餘部分乃被稱爲所謂的**「剩餘價值」**（surplus value），有剩餘價值的實現，貨幣才能實現資本化。那麼這種狀況，**到底是經過如何的方法，又在何處才能實現？**在以等價物的交換爲前提的世界，若是貨幣所有者按照價值購買商品，而且在其過程的終結時，他必須獲得比自己投下的價值更大的價值的話，這一定要在流通過程中實現，但是在流通

過程中是不應該實現的。**這種科學性的解決，是在生產過程才能實現**。這是以爲了生產所購買的特殊的商品爲前提。什麼叫著「特殊的商品」？

當作「生產財」廣泛的被購買的諸商品，不過是在生產過程中，把其生產物所具有的價值原封移轉而已。但是，上述的**這個「特殊的商品」，則不但移轉其應有的價值，又再添加新的價值。這種商品到底是何物？這就是所謂「勞動」商品。「就是說，爲了貨幣轉化資本，貨幣所有者，必須在商品市場，找出自由勞動者。所謂自由是有雙面意思。**一面是做爲自由人，能把自己的勞動力當作自己的商品處分；另一面是他除了勞動力以外，沒有其他可賣的任何商品，自由得一無所有，沒有任何實現自己勞動力所需的東西。」（《資本論》）

勞動過程，是人爲主體，使用手段而對於對象起作用，來生產物資的過程。但這個過程同時是要形成價值的過程。並且，這個過程從資本主義來說，**是價值增值的過程**（process of creating surplus value）。就是說：**生產過程，「做爲勞動過程**（process of labour）**和價值形成過程**（process of producing value）**的統一，是資本主義的生產過程，也是商品生產的資本主義的型態。**」（《資本論》）

在**勞動過程**，「人」是有獨立的人格，是有計畫、有合乎目的而來變革自然，是征服自然的一個征服者。然而，在**價值增值過程**時，勞動的主體卻被處於無人格化，反而資本被人格化，並被物質化，而使轉化爲可變資本的勞動者從屬之，以及支配之。從此，資本主義生產時全部構造乃被建立起來，並發展下去。把這種孕育著內部矛盾和內部對抗性的發展過程，赤裸裸地描寫出來，就是馬克思經濟學。

（四）不變資本與可變資本

在資本主義生產所投下的貨幣，可分爲「不變資本」（constant capital）部分和「可變資本」（variable capital）部分。「剩餘價值」完全由可變資本造成出來。勞動過程的要因——生產手段與勞動力，在價值增值過程，是進行不同的效用。生產資本之中，支出生產手段的部分，在適應其在資本的生產過程被消費，只是把其價值移轉於生產物而已。此時，不改變其價值量，所以被規定爲「不變資本」。然而，生產資本之中，被消費於勞動的部

分，同時產生新的價值，而且產生比自己的勞動力的量更大的價值，所以，會變爲「可變資本」。如此，價值的移轉與價值的創造同時發生，是生產商品時，成爲勞動的兩種性格。如此，資本在價值增值過程有兩種效用，所以，分爲不變資本與可變資本（馬克思，《資本論》第一卷第三篇第六章）。

(五) 剩餘價值（絕對價值與相對價值）

剩餘價值的生產，已由站在「勞動價值說」的馬克思經濟學，科學的說明過。這個**剩餘價值的生產，不外是資本主義生產**。然而，經過如何方法，剩餘價值才能被更大量的生產出來？**最單純的方法就是勞動日的延長**。這就是「絕對的剩餘價值」生產。但是，經過資本與勞動之間幾世紀「階級抗爭」的結果，「標準勞動日」確立以來，絕對剩餘生產乃走向「**相對的剩餘價值**」（relative surplus value）生產。這就是構成勞動日本身的兩個部分，即「**必要勞動**」（necessary labour）**部分和**「**剩餘勞動**」（surplus labour）**部分的比率發生變化**。爲此，有必要進行剩餘價值諸條件的組織的及技術的諸變革，資本主義生產方式的特殊性，完全依靠這些變革。

生產過程的組織性及技術性的變革過程，是經過歷史上的：1、單純協業（simple production），2、分業（division of labour）及家內工業（domestic industry），3、機械及大工業，這三個階段而發展起來。資本主義經濟的發展，是收奪農村及收奪勞動階級而進行。而且，資本主義的發達，招來對於所謂「獲取利潤」的至上命令的叛逆，就是指隨著資本的有機構成（結合不變資本和可變資本，使資本主義的發達，顯出前者比後者大起來）的高度化，所引起的「**利潤率減少的法則**」（law of the tendency of the rate of profit to fall）。這個問題有何種意思？就是說，在資本主義生產諸關係的內部的生產力發展，成爲與生產關係撞著，以致資本主義的再生產終於不得不流於停頓。

(六) 資本的再生產過程

生產力的增大會招來生產物的增大。機械生產力會使工資勞動者相對的減少，被放逐的勞動者乃形成失業軍，他們卻不可能成爲資本主義生產的商品的購買者。同時，爲了資本主義生產過程的擴大

化，剩餘價值的一部分要節約起來、積蓄起來，而被資本化來再投資。這種「**社會總資本再生產**」（reproduction of aggregate social capital）圓滑的進行的本身，在「無政府」的資本主義生產之下，不但是會遭到不斷的恐慌的危險而受到攪亂，而且，如上述，以資本的有機構成的高度化表現出來的資本主義的發達，使可變資本，對比於不變資本，更加減少。如此，**資本主義的發展，必然的招來失業群增大和大衆生活的相對的窮乏**。

（七）帝國主義戰爭與殖民抗爭

不景氣（depression）、恐慌（panic）！資本主義到底如何擋住這種危機？把大眾做爲犧牲的資本主義經濟的救濟，是完全依靠國家的大土木工事和國防工事的浪費而進行。同時，在海外侵略殖民地爲新市場（這是商品販賣地，也是原料供給地）。但是這個「海外新投資地」（殖民地）的侵略，必然的招來世界資本主義諸國家的政治和經濟的對立，以及當地人的激烈反抗。這種國際性的矛盾對立，會招來國內國防工事發展和「帝國主義戰爭」及「殖民地抗爭」的危機。所以在第一次大戰及第二次大戰，人類是飽嚐到無上的戰爭的苦痛。

因此，**資本主義必須要被揚棄，這就是馬克思經濟學的教義**。

（八）基本構造與上層構造

「人類在他們的生活的社會生產，一定的、必然的進入獨立於他們的意志的諸關係（適應於物質生產的一定的發展階段的生產關係）。這些諸關係的綜合，是社會的經濟構造（在其上面聳立著法律的及政治的**上層構造**，又對此由一定的社會意識形態所適應），乃形成了其實在的基盤（**基本構造**）。**物質生活的生產方法**（**基本構造**），**乃制約著社會的、政治的及精神的一般生活過程**（**上層構造**）。**不是人的意識規定他們的存在，相反的，他們的社會存在規定他們的意識**。在社會發展的一定階段，社會的物質生產力，必然的陷於和現存的生產關係之間，或者和在從來的內面生產力所活動的所有關係之間的矛盾對立。於是，基於生產諸力的發展形勢，生產諸關係如今乃急變爲生產力發展的桎梏（阻害）。這樣，社會革命的機會急遽到來。」（《經濟學批判》）

若在資本主義生產關係的內部，招來生產力不能發展的話，人類要求能使生產力充分發展的生產關係，乃是理所當然。

馬克思的《資本論》與《賃勞動（工資勞動）と資本》

第二十九章　假的馬克思主義

這種人民的革命，在列寧的領導下，不過幾時就走了錯誤的路線。

一、俄國革命序言

俄國革命（英Russian revolution），從Dekabrist廣場要求廢止專制政治（Absolutism）與農奴制（Serf奴隸）開始（一八二五），經過知識份子民粹派（Narodniki）運動的反抗，到了十九世紀末期，進入與勞動者運動結合的新階段，即馬克思主義與勞動者階級的大眾（mass movement）相結合的抗爭階段。一八八〇年開始，俄國勞動者階級運動，以罷工（strike）的形式積極發展起來。

馬克思主義在俄國的普及，一八八三年由普列漢諾夫（Georgi Plekhanov, 1856-1918，俄國小貴族之子，參加民粹派革命，俄譯《共產黨宣言》，宣傳馬克思主義）開始。但是俄國國內馬克思主義與勞動運動相結合的開始，則是列寧所組織的「勞動階級解放鬥爭同盟」。之後結成俄國社會民主勞動黨，一八九八年召開第一次大會，一九〇三年的第二大會通過了「黨綱領」。然而，第二次大會卻因組織問題，分裂為「布爾塞維克」（Bolsheviki多數派）與「孟塞維克」（Mensheviki少數派）。

俄國的情勢，到了一九〇五年，由於經濟恐慌與日俄戰爭發生，以該年一月九日（俄曆）「流血星期日」為契機，急遽發展為「革命」。

經過三百年繼續下來的，神秘的俄國王朝的專政，到了一九〇五年，最初發生頹廢。之前，俄帝為了伸長大勢力於滿洲或朝鮮，對日本不宣而戰。然而，面對極東的一小國日本，世界大國的俄國竟

遭屈辱的敗戰，在國際上面目失墜。另一方面，在俄國國內，苦於政治壓迫及重稅的農民及新生的勞動者，自然而然的加強歷來的反抗。

俄國沙皇尼古拉二世（Nikolai II），面對這場老百姓的政治抗議，不但不實現公約（不制定立法議會），而且加強歷來的獨裁專制政治，反使俄國的社會不安增大。所以日俄戰爭吃敗戰，戰爭終結的一九〇五年，俄國內部，因勞動者罷工與政府暗殺多起，瀕臨崩潰，終在同年六月，爆發黑海艦隊波坦金（Potyomkin）戰艦的水兵起來叛亂，全國農民也相繼發生蜂起。到了最後的十月間，全國又發生大罷工，政治麻痺，人民更加不安。帝俄政府受強力的人民勢力的抗戰與壓力，不得不宣布設置議會（Duma杜馬）。但在事實上，沙皇卻企圖只以勅令（Imperial ordinance）制定法律或限制預算審議，以期議會成爲傀儡（Puppet）。

此時，沙皇乃想到秘密警察的保安組織。過去在一八八〇年，在「內部省」（英the Home Office）之下，設立「國家警察局」，並在以前的警察局之下，設置了「特務部」，「特務部」乃由配置於全國的「特別公安警察」所構成，所以這個可憎的彈壓網，只以「秘密警察」的名稱被叫著。這個秘密公安警察，後來到了代替沙皇支配的布爾塞維克黨（共產黨）手上，也繼續使用爲彈壓民眾的專制工具。

沙皇的秘密警察，雖然規模不大（一九一六年要員僅有一萬五千餘人），但是滲透於可能威脅沙皇王座的種種革命運動組織內，尤其是布爾塞維克黨內部。

在俄國國內，沙皇的秘密警察，一方面執行滲透敵人的工作，另一方面則做了肅清工作，數百名革命派嫌疑犯遭捕入獄及被暗殺。

在此間，議會召開四次大會，實施基本改革。

二、列寧高揭「反戰」旗幟

一九一四年，俄國被捲入第一次世界大戰，二年半之間，俄國犧牲了五百五十萬人民。而且，兵士缺子彈，老百姓沒有糧食，輸送機關陷於大混亂。結果，最後的十二個月之中，換了四位首相，三位陸相，三位外相。一九一六年，將要倒台的政府，對沙皇提出警告，若不改革政權，會有爆發革

命的危機。然而，沙皇卻只命令秘密警察（間諜）潛入反政府組織，根本無視政府的警告。

當時，列寧亡命在奧國領的Galicia（波蘭南部與烏克蘭共和國西部地域，靠近俄國），在一九一四年九月往瑞士。列寧先在九月六日，寫成預備綱領，再寫上關於戰爭的宣言，這在一九一四年十一月一日，由中央委員會發表，從此宣言的基本方針，布爾塞維克推動了俄國革命與建立勞動國際。在此宣言中，第一次大戰被界定爲帝國主義戰爭。

在俄羅斯，布爾塞維克的這種主張，立即招來迫害，布爾塞維克的國會議員被投獄，黨中央委員被抓。然而黨的機關很快就再組成，反戰鬥爭繼續執行，運動浸透到瑞士的黨中央委員會本部。

在國際上，德國在一九一四年十二月，黨幹部會反對軍事公債，十四名委員投反對票，李卜克特希（Karl August Liebknecht, 1871-1919，在德國革命中被殺）在愛國者議員怒號之下，在國會發表勇敢的演說，象徵了全世界起來反戰運動。反戰運動在世界上此起彼落，如一九一五年一月，丹麥的首都哥本哈根（Copenhagen）舉行中立國的社會主義者會合，二月在倫敦，英、法、俄的社會主義政黨的會議，同年一月十八日，法、奧、匈牙利的社會主義者會合於維也納（Wien）。

第一次世界大戰爆發後，第二國際在思想上、組織上都分裂爲三派：右翼、左翼、中間三派，但是俄羅斯卻沒有參加任何一派。第三國際工作的開始，完全是基於其後的布爾塞維克陣營的結成。

原來，戰爭前後時期列寧所寫的多數著作，與馬克思的書本同樣，都是布爾塞維克陣營革命思想的基礎。一九一七年俄國革命，勞動者勇敢的戰爭，都是以其思想的傳統才產生的。另一方面，戰後，第二國際終於死亡，所以一個新的勞動國際的產生，絕對必要，也是各國勞動者階級都欲求的。

三、俄國二月蜂起

一九一七年一月，世界被強有力的俄國革命罷工運動所驚惶，Baku（蘇聯南部港町）、Nizhneudinsk大罷工，三分之一的莫斯科科學勞動者的工人深入罷工，三月三日彼德堡巨大的Putilov工廠的勞動者也突入鬥爭，翌日擴大爲大罷工。三月九日，二十萬的布爾塞維克突入大罷工，翌日成爲全罷工，戰

Putilov工廠勞動者上街抗議，一九一七年

鬥的勞動者叫喊：「拿麵包來！」三月十一日，彼得格勒的軍人拒絕向老百姓發砲，獄中的革命家被釋放。三月十四日，二月革命獲得勝利。

在聖彼得堡（Saint Petersburg）改名爲彼得格勒（Petrograd）的首都，爲了買麵包而排列著的家庭主婦，因爲買不到麵包，突然引起了少數人的抗議運動。不到幾天，四百人的工廠勞動者開始罷工起義，如此惹起的「二月蜂起」，不外是「自然發生」（natural outbreak），任何革命政黨都沒有參加。沙皇及秘密警察卻遭突然發生的事件所架空，完全不知所措。經過數日的勞動罷工遊行之後，政府的守備隊也相繼起叛亂，終於加入市民的反抗運動。

這場二月革命，在後來的蘇聯歷史家看來，是俄國勞動者自然發生的全國規模的蜂起，並不是非法的武力軍事政變（法文Coup d'Etat）。這是等了十二年，革命的好時機到來，才由列寧及托洛茨基所加入的革命。然而，這種人民的革命，在列寧的領導下，不過幾時就走了錯誤的路線。

市民起義的一個月後，議會的暫定委員宣布樹立「臨時政府」，李沃夫（Georgy Lvov，公爵）就任首相，外部大臣米留科夫（Pavel

「臨時政府」首相李沃夫

Miliukov），司法大臣克倫斯基（Alexander F. Kerensky, 1881-1970），二日後尼古拉二世退位，臨時政府則僅有九個月的命運，他們發表即時釋放政治犯，宣言言論與集會的自由，同時決定政府必須以秘密投票來選出，罷工權利也要以法律來守護。臨時政府最重要的布告，是廢止秘密警察。爲了逃脫私刑（lynch），舊秘密警察的要員必須自願就縛，所以臨時政府的所在地宮殿，排成長蛇之列。

在此同時，反對布爾喬亞的支配的挑戰，逐漸有力化。沙皇退位時，勞動者已把一九〇五年的革命視爲模範，開始組織勞動者、兵士的蘇維埃。

一九一七年五月，反動政府被改造，由主要的資本家政權、孟塞維克、「社會革命黨」（S・L）成立聯合政府，政府政策的中心是繼續進行戰爭。爲了實行這個反動的誓約，六月俄軍開始攻勢。然而，其結果卻對軍隊招來恐慌的慘敗。

四、列寧歸國

此時，德國方面，認爲列寧和布爾塞維克流亡人士回國後，將削弱主張繼續作戰的臨時政府。德國陸軍參謀本部乃立即準備特別的封印列車，把列寧經由歐洲送回彼得格勒，爲的是期待列寧與布爾塞維克黨，能在俄羅斯軍的內部助長謀反（rebellion），進而使第一次大戰的東部戰線崩潰。

德國軍部的預測馬上得中。俄國兵士的敵前逃亡開始，到十月，已有二百萬以上的將兵放棄前線，但這些將兵的放棄戰線，幾乎都與列寧的說服無關。

原來列寧是在四月十六日回歸彼得格勒，經過三個月才蜂起，七月十六日實施其計劃，但失敗，列寧逃往波蘭與芬蘭。一個月後，列寧使陸軍司令

官科爾尼魯夫（Lavr G. Kornilov, 1870-1918）企圖以武力奪取克倫斯基所率領的「臨時政府」。

克倫斯基是俄國政治家，在聖彼得堡大學學法律，畢業後當律師，其後做國會議員（一九一二），以辯才無礙著名。第一次大戰中，「二月革命」（一九一七）時，就任李沃夫公爵臨時政府的法相，在勞動者的蘇維埃內，成為優勢的「社會革命黨」首領。戰爭繼續進行，然憲法制定或土地改革遷延，引起國民的不滿，克倫斯基在政府改造時，轉任陸海相。七月，布爾塞維克奪權失敗，轉為地下，克倫斯基則在改革內閣就任首相（同年七月）。最後的反擊之際，反革命的中心勢力遭到科爾尼魯夫將軍的反叛（同年九月），克倫斯基隨即逮捕將軍。此時布爾塞維克勢力大振，列寧拿出決議案「武裝蜂起迫切」。二日後，布爾塞維克假稱德國要進攻俄國，在蘇維埃內設置「**軍事革命委員會**」，並且領導軍事委員會的各部隊配置市內各地，此時，支援軍事革命委員會是「**赤衛軍**」（red army），並把工廠勞動者編成為武裝兵力。

克倫斯基

軍事革命委員會，把其本部設置於彼得格勒蘇維埃本部所在地的斯莫爾尼學院（Smolny Institute）。臨時政府即在冬宮執掌，十月二十五日在冬宮召開閣議。深夜，軍事革命委員會急襲冬宮，經過戰鬥而奪取「政權」。首相克倫斯基脫出冬宮，做了稍稍的抗戰，終於亡命外國，在英、法、美諸國度過餘生。

列寧發表宣言：「俄羅斯的市民諸君，臨時政府已遭罷黜，國家權力已移轉到彼得格勒蘇維埃的勞動者、兵士代表會議手中，亦即領導彼得格勒勞動者階級及守備隊的先鋒隊（the advance guard）的軍事革命委員會手中。」

列寧終於把權力掌於手裡，他決意不放棄權力。

五、列寧奪權簡史

◎俄國社會民主勞動黨（馬克思主義黨）在倫敦發展。

◎布爾塞維克（Bolsheviki）與孟塞維克（Mensheviki）對戰，列寧二、三次敗選，選中央幹部時，列寧僅以多一票選贏馬爾托夫（Julius Martov，1873-1923，俄國左派革命家，死於德國），結果列寧成爲多數派（布爾塞維克），馬爾托夫（孟塞維克）成爲少數派。一九一二年成立「布爾塞維克」，一九一八年改爲「蘇聯共產黨」。

列寧（Vladimir Ilich Lenin，別名Nikolai，1870-1924），俄國馬克思主義運動指揮者，使一九一七年俄國革命成功，奠定「蘇維埃聯邦」（Soviet Federal State）的基礎，產生新展開的馬克思主義，即「列寧主義」（Leninism）。但是其後的俄國共產主義，卻發展成爲個人獨裁政治（one man dictatorship）。

俄國大革命時期的列寧，一九一七年

一八七〇年

列寧生於教員之家，喀山（Kanza）大學半途退學。

一八八八年

開始學習馬克思主義。

一八九四年

在首都反對「民粹派」（Narodniki），著《什麼是人民之友》。

一八九七年

被流放於西伯利亞（Siberia），在西伯利亞結婚，著《俄國資本主義的發展》。

一九〇〇年

亡命外國，在德國與普列漢諾夫等人，創立《火花報》（*Iskra*）。

一九〇一年

著《從何著手？》，建立馬克思黨的基礎，成爲布爾塞維克（Bolsheviki）的領導者。

一九〇二年

在倫敦面會托洛茨基（Leon Trotsky, 1879-1940，主張「永久革命論」、「黨內民主」，反對一國社會主義，與斯大林、布哈林對立，被除名，追放外國，建立「第四國際」，後在墨西哥遭暗殺）。

一九〇三年

在俄羅斯社會民主勞動黨第二屆大會，在有關黨的組織問題上，與孟塞維克衝突，列寧成爲布爾塞維克的多數派。

一九〇四年

著《進一步，退兩步》。

一九〇五年

第一次革命，歸國。

六月，波坦金（Potyomkin）戰艦水兵叛亂。

十月，全國大罷工，「立憲民主黨」成立。

十二月，莫斯科勞動者武裝起義。

一九〇七年

再次亡命外國。

一九〇九年

在瑞士出版《唯物論與經驗批判論》。

一九一二年

一月，俄國社會民主勞動黨在布拉格（Prague，又名Praha，捷克首都）開會，在列寧領導下，設置「布爾塞維克中央委員會」。

五月，布爾塞維克的機關誌《眞理報》（*Pravda*）發刊。

一九一四年

遭奧國政府逮捕，遷居瑞士。

一九一六年

一月，在德國與李卜克希特（Karl Liebknecht, 1871-1919）、盧森堡（Rosa Luxemburg, 1871-1919）會面。

十一月，俄國彼得格勒（Petrograd）發生三萬人大罷工。

一九一七年

俄國二月革命，列寧經德國返回俄國，發表「四月綱領」。

三月，首都大罷工，軍隊叛亂，勞動者、士兵代表宣布成立「蘇維埃」（Soviet），國會樹立「臨時政府」，尼古拉二世（Nikolai II）退位，羅馬諾夫王朝（Romanov Dynasty，1613-1917年的俄國王朝）滅亡。

四月，列寧歸返首都彼得格勒，在《眞理報》發表「四月綱領」，主張由民主革命過渡社會主義。

七月，列寧受臨時政府通緝，逃到芬蘭，著《國家與革命》。

七月，克倫斯基（Alexander Kerensky, 1881-1970，律師出身，轉化爲海軍，因列寧布爾塞維克勢力強大，在十月革命逃出冬宮，亡命外國，斃於加拿大）樹立內閣。

十月，托洛茨基（Leon Trotsky, 1879-1940）在首都就任「蘇維埃議長」，與列寧合作。

十月，「俄國十月大革命」，列寧被選爲「人民委員會主席」。列寧取得政權後，「急進社會黨」（S.L.黨）及異己份子，由列寧的秘密警察暗殺、破壞，共黨遂成爲獨裁黨。

十一月，革命成功後，列寧的布爾塞維克（戰鬥革命派），與克倫斯基（孟塞維克的黨主席）的孟塞維克（民主派）兩派鬥爭不已。克倫斯基內閣，被列寧的秘密暗殺團打得顚覆後（十月革命），兩派以武裝暗殺團相殺，孟塞維克爲「白色恐怖」（white terrorism），列寧爲「赤色恐怖」（red terrorism）。

一九一八年

二月，列寧的蘇聯政權宣言「土地國有」，殺死地主、富農等反對派。

三月，遷都莫斯科，德與蘇單獨締結「布列斯德—李托夫斯克條約」（Treaty of Brest-Litovsk）。

七月，第五屆蘇維埃大會，槍決尼古拉二世（Nikolai II）全家族。

八月，列寧被暗殺負傷。

十月，匈牙利（Hungary）由奧地利分離，宣言獨立，捷克（Czech）、南斯拉夫（Yugoslavia）、奧地利對協約國投降，波蘭（Poland）宣言共和國。列寧著《無產階級及叛徒，考烏茨基及修正主義》。

一九一九年

列寧創立「第三國際」（Comintern），全世界共產黨共有三十國、五十二名代表參加。

一九二〇年

列寧在第三國際發表「民族與殖民地問題」。

列寧，一九二〇年

一九二一年

第三國際執行委員會決定採取「世界勞動者統一戰線」。列寧著「論糧食問題」。

一九二三年

列寧中風，半身不遂。

一九二四年

一月二十四日，列寧病亡，結果留給斯大林絕大的政治權力，後來發展為「個人獨裁主義」。

六、捷爾任斯基登場

軍事革命委員會的本部在斯莫爾尼學院，正門是古典式裝飾的建築物，帝俄時代是貴族學校，但是十月蜂起作戰進行之間，如何處理其「保安問題」（秘密警察）成為重要議題。結果，神經質的波蘭貴族捷爾任斯基（Felix Dzerzhinsky, 1877-1926）被任命為長官。他青年時就加入社會革命組織（一八九五），再三被投獄與流刑，最後逃亡成功，參加俄國社會民主主義的第一次革命（一九〇五），在俄國社會民主勞動黨第六屆大會（一九一七）被選為中央委員，十月革命後的內戰期間，任「契

卡」（Cheka，秘密警察）初代議長，之後任交通人民委員（一九二一），又任最高國民會議議長（一九二四）。捷爾任斯基是狂信的革命家，經過幾度投獄生活，曾遭沙皇的「哦夫拉納」（Okhranka，秘密警察）慘痛的虐打，健康已經受害頗深，在獄中得到肺病，最終亡於瑞士的療養所。他能自在的說波蘭語、英語等。

革命之後，不過一個月，捷爾任斯基乃開始說：「與反革命、罷工者鬥爭」，由軍事革命評議會採擇。當時，由沙皇接收來的新秘密警察的勢力（即「契卡」），愈來愈巨大，使一般人都不能反抗。不久，「內務人民委員部」新編的秘密警察出現，民兵組織同時也成立，捷爾任斯基爲議長。他一方面保持布爾塞維克的優勢，另一方面把全俄羅斯中央執行委員會（立法府）幫助移住於他處。

捷爾任斯基

全土大罷工的情報一傳到政府，不等政府決定，列寧自己對捷爾任斯基說：必須阻擋全國罷工。

捷爾任斯基在全俄羅斯中央委員會演說：「已經開始戰爭!!敢然向敵人攻擊，這是戰到最後一兵也要繼續戰鬥的戰爭。」

七、秘密警察簡史

（一）蒙古的遺產

十二、三世紀，蒙古人在歐亞大陸建設空前的大帝國，支配俄羅斯人超過兩世紀，蒙古人統治國家的工具，就是「秘密警察」（secret service）。其後，秘密警察制度由俄羅斯統治者繼承下來，這個隱諱的「秘密警察」，成爲俄羅斯帝政的強而有力的政治統治主柱。到了俄國革命成功後，帝政時代

秘密警察的人員或活動的體制，都由蘇維埃政權（列寧）接收，斯大林等獨裁者爲了國家統治與對外交涉，更以秘密警察做爲主要手段。

沙皇（Tsar）帝制的秘密警察，後來成爲保安省所設置的保安秘密憲兵「哦夫拉納」（Okhranka，俄帝亞歷山大二世被暗殺後，所創設的秘密憲兵機關，不但對革命隊的監視比以前擴大，也監視國民、逮捕、刑求、槍殺，以及外交上的秘密工作，護照的發給等也擁有絕大的權限），以消滅革命派爲主要任務。一九〇〇年企圖暗殺列寧未遂。

（二）Cheka（契卡）

列寧在革命取勝後，於一九一七年十二月二十日，接收帝俄時代的秘密組織「哦夫拉納」，改組爲「契卡」（Cheka，全名「全俄肅清反革命及怠工非常委員會」），繼承其暗殺行動，以捷爾任斯基掌握全權，以反革命之名撲滅異己份子、孟塞維克、急進革命黨、俄皇派，以及地主、富農、資本家、貴族等（赤色恐怖）。

列寧是恐怖政治（terrorism）的信仰者，他讚揚一七九〇年法國革命時代過激革命者雅可賓黨（Jacobin）的恐怖政治革命家。他說：「我們必須找來能信用的勞動階級的『雅可賓黨員』。」

一九一八年一月，列寧在首都彼得格勒的幹部會議上，詳細說明「布爾塞維克的地下手段（暗殺手段）的意義」，宣言：「若不用暗殺手段，在當場射殺反革命份子，我們布爾塞維克是不可能遂行任何任務，反而遭敵人殺害。」「人民委員會」（政府），必須遵守蘇維埃非常委員會議長（Cheka）的報告，必以暗殺手段保護蘇維埃政權的非常急務。

一九一八年一月以後，是列寧實行恐怖、暗殺政策的頂峰期，沒有政治問題的一般善良市民，也與所謂反革命份子一樣，大量被殺害。在共產黨統治下，逮捕、拷問、刑求、槍斃成爲日常合法化。

「對人民公敵，態度強硬的人，更要加以肉體上的拷打與抹煞，再收容於強制收容所。」（在共黨政權下，有數以萬計的所謂反革命份子。所謂「反革命者」，一輩子無法被釋放而重見天日）

一九一八年八月三十一日，激進社會革命黨的女黨員加布蘭（Fanny Kaplan），在莫斯科以手槍近距離向列寧射擊，列寧受重傷。「契卡」隨即展開

人。

最嚴峻的反擊，槍殺激進社會革命黨，在莫斯科屠殺五百人，彼得格勒暗殺七百人，全國錯殺七千人。

契卡很受列寧的重視，權限極大，沒有令狀也能逮捕、即決裁判、死刑等，也支配「強制收容所」（主要是監禁政治犯）。到一九二〇年的國內戰爭期間，常從其他的革命諸政黨抓人質，強取其他黨員的投降，然後槍斃人質。例如，他們就抓了幾百名左翼社會革命黨（**社會革命黨屬於民粹派，在二十世紀結成，以農民為支持層，恐怖主義為手段，是二月革命後蘇維埃的多數派**，以克倫斯基為首，十月革命時分裂為左、右派，左派與布爾塞維克合併參加蘇維埃政府，但左翼社會革命黨的貧農獨裁主張，與布爾塞維克衝突，雙方都以恐怖主義手段相爭，最終被布爾塞維克消滅）黨員為人質。

列寧的這種非人性的狂人哲學，與馬克思主義相違，相繼出現了許多反對者。例如：有關經濟問題，他們也在生產糧食的農村捉去一些人質，他們要糧食時，若農民不能拿出他們所要的數量，農民即成為人質而被監禁，當農民能夠拿出足夠的糧食之後，就予以殺害。

如此，沙皇帝制時期無人性的「哦夫拉納」，經過列寧任命的捷爾任斯基所領導的蘇維埃秘密警察「契卡」，把帝俄封建絕對史觀與現代法西斯手段相結合，而交給斯大林這位「馬列主義者斯大林個人獨裁主義者」，造成無人性無正義無法律的「政治支配體制」（Nomenklatura），從一九二八年至一九五三年（斯大林死亡），公稱殺了五千萬人。

(三) GPU（格別烏，國家政治保衛局）

一九二二年一月，隨著內戰結束及共產黨政權穩固，受到憎恨的「契卡」被廢止，重新改組為「格別烏」（GPU, Gosudarstvennoye politicheskoye upravlenie，國家政治保衛局），隸屬於內務人民委員部（NKVD），捷爾任斯基留任為長官。

契卡改為格別烏後，八月，列寧對格別烏不嚴格進行恐怖手段表達不滿。

格別烏擁有契卡時代橫暴的權限，對反革命行為仍然不經法理審理，更加嚴厲執行監禁與槍殺的權限。所謂「反革命行為」，本來就是能擴大解釋，對於十月革命的「盜賊行為」，也能執行「即時」處分。對於現行囚犯，格別烏在逮捕現場就可

以執行處刑。

雖然削減契卡時代的要員，但是格別烏的工作效率卻絲毫不減，都市住民四人之中，一人是密告者。在捷爾任斯基的領導下，以前的凡有專制的權限都回復其工作效率。到了一九二三年，這些秘密警察權限都增加擴大。第一代格別烏長官捷爾任斯基，升為共產黨中央委員會「國內問題調查委員長」。如此，當時俄國國內的黨員，造成「密告」的前例。結果，格別烏的陰險的、非人道的權限都沒有改變，在原則上及實際上都比契卡時加強。

（四）OGPU（歐格別烏，國家政治保衛總局）

一九二三年，由於各加盟共和國合併成立「蘇維埃社會主義共和國聯邦」（USSR，簡稱蘇聯），蘇聯的保安制度也實行了第三次的改編，「格別烏」隨之改稱為「歐格別烏」（OGPU，國家政治保衛總局），脫離內務人民委員部而獨立存在，同樣以撲滅經濟、政治、社會、文化的反革命勢力為宗旨。捷爾任斯基一直擔任國家保安機關的首領，直到一九二六年去世，才由明仁斯基（Vyacheslav Menzhinsky）繼任。蘇維埃中央委員會（政府）的政治秘密警察，實際上，都是為消滅被認為是異己份子的政治勢力所利用的暗殺團。當時在國際上，「歐格別烏」是與德國納粹的「蓋世太保」（Gestapo, Geheime Staatspolizei）並稱的兩大國家秘密暗殺警察。

一九二二年五月列寧罹患腦充血，他預留「遺言」。列寧為了防止死後權力落於斯大林之手，他要把他的權限留給捷爾任斯基。列寧於一九二四年一月去世。

然而，列寧死後，斯大林立即繼承列寧的絕對支配權限，二月二十四日捷爾任斯基就任歐格別烏新統治體制長官，兼新經濟最高責任者。所以列寧死後，斯大林與托洛茨基之間展開繼承人競爭時，捷爾任斯基靠向戰勝者斯大林。

自歐格別烏成立後，即由捷爾任斯基掌握全權，以恐怖暗殺、逮捕、長期禁閉等獨裁方式，全體消滅孟塞維克、急進左派社會革命黨、托洛茨基派，以及地主、富農、資本家等所謂「反革命份子」，並清算共產黨舊同志，建立列寧死後的斯大林「個人獨裁體制」（one man dictatorship, Nomenklatura）的慘澹時代。歐洲消息說，光斯大林

的手裡，就殺了三百五十四萬公務人員，全人口被消滅五千萬人。

（五）GUGB（國家安全總局）

到了一九三四年，斯大林把歐格別烏改組爲國家安全總局（GUGB），再次納入內務人民委員部，由明仁斯基的副手雅果達（Genrikh Yagoda, 1891-1938，青年時代參加社會民主勞動黨，俄國內戰時代任赤軍指揮官，在南部、東部戰線，任「契卡」委員（一九二〇）、OGPU的議長代理（一九二四），逮捕反斯大林一派，最後卻自己被捕（一九三七），以布哈林裁判時的被告而被槍殺）來掌管內務人民委員部。雅果達以恐怖政策，橫暴的對付農民大眾。

GUGB成爲內務人民委員部的一部局，**共產國際執行委員會**（comintern）的下部機構的大部分也同樣成爲其一部局。共產國際是蘇聯爲了要影響諸外國所設立的情報組織。共產國際成功的時期，即布爾塞維克革命的浪漫主義，對西方知識人有了強力影響的時代。當時共產國際的要員，主要是由歐洲系統的知識人擔當著，此時期蘇聯滲透於英國各大學。

斯大林在此時造成「大恐怖」，這是公開裁判、大量燒殺、大量檢舉、強制勞動的時代，起碼有一千萬人的生命遭抹殺。一九三五年十月，在內務人民委員部造成所謂「國家保安管理本部」（UGB）的特別機關。這個新機關，是在黨中央委員會書記葉佐夫（Nikolai I. Ezhov, 1895-1940）的支配之下。

曾擔任藥劑師的雅果達，在他自己毒殺國民的盧比揚卡（Lubyanka）監獄的地下室，被毒害處死。雅果達臨死之際，告白過去以毒藥暗殺高爾基（Maxim Gorkii, 1868-1936）。高爾基，俄國小說家，生於下諾夫·哥羅德（Nizhny Novgorod），從事過多種下層勞動者的工作，寫過浪漫主義短篇小說，後來寫社會問題的長篇小說、劇本，著名的有《底層》（*Na Dne*, 1902），他的《自傳》三部曲，是他最好的作品。一九〇五年高爾基因參加罷工入獄，一九一四年前一直流亡義大利，後來爲新政權（斯大林時代）做宣傳工作，他是蘇聯作家協會第一任主席，也是斯大林的支持者。他死得離奇，可能是一起反蘇陰謀的受害者。

雅果達的繼任者是葉佐夫。蘇聯國內的恐怖政

治，是在葉佐夫指揮下達到最高峰，在這時期的大量虐殺，被總稱爲「葉佐夫時代」。一九三七年，葉佐夫把自己的部下，即內部人民委員部的要員，殺了三千人。二年後，斯大林想到有關大量殺人的內情，黨中央委員會書記葉佐夫瞭解最深，所以葉佐夫於一九三八年十二月被追放，在雅果達被槍殺的監房鄰室，遭槍斃。由貝利亞（L.P. Beria）繼任其職。

（六）KGB（國家安全委員會）

一九四一年，由於內務人民委員部控制的範圍太大，國家安全總局乃獨立出來，改名爲國家安全人民委員部（NKGB），貝利亞指派其心腹麥爾庫洛夫（Vsevolod Merkulov）掌管國家安全人民委員部。

一九四六年，國家安全人民委員部和內務人民委員部同時升爲「部」（minister）級，分別改稱爲「國家保安部」（MGB）及「內務部」（MVD）。

一九五三年，斯大林死後，貝利亞將國家保安部納入其領導的內務部。

貝利亞因政爭失敗被槍決後，從契卡一路延續下來的俄羅斯情報特務機構，在一九五四年再次改組爲「國家安全委員會」（KGB），直到一九九一年才被解散。

八、斯大林崛起

斯大林（Josef Stalin, 1879-1953），列寧的繼承人，布爾塞維克黨書記長（秘密警察大頭子），大元帥。一八七九年生於帝俄時代的喬治亞（Georgia，俄羅斯南部），一八九四年入神學校，一八九八年參加革命，同年加入「俄羅斯社會民主勞動黨」（蘇

年輕時代的斯大林，一九〇二年

聯共產黨前身），一九〇二年被捕，流放西伯利亞，六回流刑，五回脫逃，在各地鬥爭，一九〇五年看到列寧，一九一二年被捕，成爲「布爾塞維克」中央委員，在列寧教育下，寫《馬克思主義與民族問題》（一九一三），列寧回國後追隨列寧，十月革命（一九一七）就任「勞動國防會議」委員，內戰後獲得列寧的信賴，就任「黨中央委員書記長」（一九二二）。列寧死亡時，由斯大林代表黨宣讀弔辭。

斯大林是精通政治鬥爭的能手，在獨霸勢力尚未確立前，先結合主流派的季諾維也夫（Grigory Zinoviev, 1883-1936，生於南俄羅斯，學化學與法律，加入俄羅斯社會民主勞動黨（一九〇一），其後重複被捕、逃亡、亡命、歸國，又與列寧一起從德國回國（一九一七），任列寧的左右、心腹，革命政權成立後，任彼得格勒蘇維埃議長，「第三國際」成立後，任執行委員會議長，中央委員會政治局長，反對斯大林的一國社會主義，被斯大林槍斃）與加米涅夫（Lev Kamenev, 1883-1936，黨中央委員，被斯大林槍斃），來排除托洛茨基。

等到托洛茨基被解除軍事人民委員及革命軍事會議議長之職後，斯大林再站在一國社會主義（Socialism in one state）立場，與布哈林（Nikolai Ivanovich Bukharin, 1888-1938，政治學者、哲學者，起初與托洛茨基一起革命，後來成爲斯大林派，但最終被斯大林槍斃）結合，在「黨第十四屆代表大會」（一九二五）壓制季諾維也夫及加米涅夫等新反對派。

一九二八年，斯大林再展開黨內反右傾鬥爭，不顧布哈林、李可夫（Alexei Ivanovich Rykov, 1881-1938，早年參加革命，屢屢被捕，二月革命後曾任最高經濟委員長、人民委員會議長，但反對斯大林，被判爲托洛茨基派，被斯大林處死刑）、托姆斯基（Mikhail Tomsky）等大幹部的反對，強行「全國農業集體化」（土地國家所有化，從上而下的革命），繼而遂行「第一次、第二次五年計畫」（一九二八—三七）。從此，蘇聯個人獨裁社會主義的骨骼打定，在蘇維埃第八屆代表大會（一九三六），以斯大林自己爲委員長，發布「斯大林憲法」（斯大林「個人獨裁」的法制化），並把斯大林路線顯示爲唯一正確的革命方法，寫入《蘇聯共產黨史》（一九三八）。

斯大林在第二次大戰以前，就任人民委員會議議長（首相）、國家防衛委員會議長（一九四一）、國防人民委員（一九四一），指導戰爭取得勝利。其

斯大林，一九一二年

間，在德黑蘭（一九四三）、雅爾達（一九四五）、波茨坦（一九四五），與英美法等聯合國首腦相會，獲得資本主義國家的物資援助。爲求大功，自封元帥（一九四三）、大元帥（一九四五）。

一九一八年

七月，「列寧憲法」（宣布採取「獨裁」制度）。

一九二二年

十二月，「蘇維埃社會主義共和國聯邦」（Union of Soviet Socialist Republic）成立。

一九二四年

一月，列寧死亡，彼得格勒改稱「列寧格勒」（Leningrad）。

斯大林與托洛茨基開始激烈的權力鬥爭。

一九二五年

斯大林除名托洛茨基的最高人民委員。

一九二六年

斯大林（黨中央委員會書記長，從屬於「政治局」（Politburo），黨最高幹部，一九二二年設置）追放托洛茨基、季諾維也夫。

一九二七年

從蘇聯追放托洛茨基於國外，季諾維也夫於海外。

斯大林追放列寧的同志及開國幹部布哈林。布哈林是經濟學者、哲學者，就讀莫斯科、維也納兩大學，入俄國社會民主勞動黨（蘇聯共產黨前身，一九〇六），被逮捕（一九〇九），流刑中脫逃，旅行美國、德國，一九一七年十月革命後，任蘇聯共產黨中央委員，黨機關報《眞理報》總編輯（一九一八—二九），第三國際（Communist International）執行委員，後來成爲執行委員長。做爲右翼反對派，布哈

林因反對黨而失腳（一九二九），在黨第十六屆大會被迫承認錯誤（一九三〇），任最高國民經濟會議生產宣傳委員會議長（一九三二），與托洛茨基結合，終於以國家顛覆陰謀之罪被逮捕（一九三七），裁判的結果，被槍殺而亡。布哈林做哲學者，站在「機械論的唯物論」，做經濟學者，站在「均衡論」的立場，受斯大林、列寧的批判。布哈林明確指出，蘇聯已「從黨政治局的集團指導體制，變爲斯大林的個人獨裁」。

一九三七年

斯大林槍斃蘇聯共軍參謀總長圖哈切夫斯基（M.M. Tukhachevsky）等高級軍人幹部九人。

一九三八年

斯大林槍斃布哈林、李可夫等。

一九三九年

東歐五國被佔領（至一九四五年）爲殖民地，一九五六年反抗的羅馬尼亞被軍事鎭壓，「波羅的海三國」被迫成立蘇維埃共和國，東歐五國成爲蘇聯社會帝國主義的殖民地。

一九四〇年

八月，斯大林派遣秘密警察到墨西哥（Mexico），暗殺托洛茨基。

一九四一年

五月，斯大林兼任「蘇維埃聯邦」首相。

九、第二次世界大戰

一九四一年

六月，德國希特勒開始襲擊蘇聯（德蘇戰爭），義大利、羅馬尼亞、芬蘭、匈牙利政府對蘇聯宣戰，南斯拉夫在共產主義者狄托（Josip B. Tito, 1892-1980）領導下，編成「人民解放游擊隊」，對抗

斯大林，一九四二年

（resistance）希特勒進攻。

蘇共中央委員長斯大林，命令蘇聯祖國防衛對德戰爭，設立「國家防衛委員會」，斯大林自任議長。

十萬德軍總攻擊莫斯科，蘇聯政府轉移古比雪夫（Kuibyshev），十一月，蘇軍向西部洛斯托夫（Rostov）反攻德軍。

一九四二年

一月，聯合國二十六國簽訂共同宣言於華盛頓，贊同「大西洋憲章」，宣言不單獨講和。

蘇聯外相在摩洛哥（Morocco）與英首相邱吉爾會談，但美總統羅斯福在卡薩布蘭加（Casablanca），沒出席。

五月，蘇英兩國簽訂相互援助條約，共同處理戰後問題，領土不侵犯，內政不干涉（實際上，是英國對蘇聯的「經濟援助」）。

德軍開始北非作戰，英空軍一千架飛機初次空襲德國科隆（Cologne）。

八月，美英蘇在「莫斯科三巨頭會談」，斯大林要求開闢第二戰線，羅斯福、邱吉爾主張北非登陸作戰。

一九四三年

一月，蘇軍在斯大林格勒（Stalingrad）反攻，德軍投降。

五月，蘇聯解散「第三國際」。

一九四四年

七月，蘇軍反攻德軍到德國普魯士。

八月，巴黎人民武裝起義，聯合國軍隊進入巴黎城，戴高樂（Charles de Gaulle，法國戰時臨時政府議長）從倫敦歸返巴黎，樹立「法國臨時政府」，德軍敗戰，美英蘇中在美國華盛頓西北的丹巴頓橡園（Dumbarton Oaks）會談，一九四五年六月簽訂「聯合國憲章」，一九四五年十月「聯合國」正式成立。

十二月，「法蘇同盟條約」成立。

一九四五年

二月，美英蘇在蘇聯黑海克里米亞半島的雅爾達（Yalta）會談，密約第二次大戰後的處理問題，與援助蘇聯對日戰爭。

四月，蘇軍攻入柏林。

美蘇攻德西，會合於德國易北河（Elbe），簽訂「易北誓約」，義大利法西斯徒首墨索里尼，被

義大利國民擄獲於北義的科摩湖（Como）湖畔，被群眾槍殺。

希特勒在柏林自殺，德國向聯合國無條件投降。

六月，英美法蘇簽訂「柏林協定」（管理德國）。

七月，美英蘇三國首腦在柏林近郊波茨坦會談，發表「波茨坦宣言」（The Potsdam Declaration）。

八月，美軍在日本投下「原子彈」（廣島、長崎）。

蘇聯對日不宣而戰，進攻「滿洲」（中國東北），一九四五年十一月撤軍。

日本天皇承諾「波茨坦宣言」，實行無條件投降。

一九四七年

六月，歐洲十六國承諾「馬歇爾計劃」，蘇聯不參加。

十月，蘇聯在東歐設置「共產情報局」（Cominform, The Communist Information Bureau）。可說是「第三國際」（一九一九－一九四三）後身，南斯拉夫共產黨（主席狄托）如此批判。

一九四八年

四月，蘇聯加強管制柏林，封鎖柏林對外交通。

一九四九年

一月，蘇聯爲了支配東歐五國共產圈，設置「經濟相互援助協議會」（COMECON）。

一九五一年

蘇聯宣言從社會主義轉移爲實行共產主義。

第三十章　斯大林掠奪國政，展開大清算

斯大林絲毫不使他的反對者改心服從，或把他們引導入共同的革命事業；他只是打垮他們的意志，而後將其殺害。斯大林把一切反對者都認為是個人的敵人，以侮辱、殺害等手段處理。

一、列寧主張辭任斯大林的書記長

一九二一年十二月，列寧病重，十二月三十一日政治局給他三週的休假。

一九二二年三月二十七日，第十一次黨大會召開，在列寧出席之下，設立「中央委員會書記長」之職，任命斯大林爲書記長（主席）。

一九二二年的斯大林，在政治局是最沒人氣的人物。列寧之外，托洛茨基、季諾維也夫（Grigory Zinoviev）、加米涅夫（Lev Kamenev）、布哈林（Nikolai Bukharin）等大黨員，在大眾之間都比斯大林有人氣。

斯大林常以高加索（Caucasus）的口音低聲說話，所以在十月革命後的內戰時代，革命大眾很少察覺到斯大林的存在，他一般是藏在舞台後面。然而在黨機構內，斯大林是相當受人注目的幹部，其組織能力與粗野的態度眾所周知。但是根據列寧的信件與意見，斯大林在一九二一－二二年是不太發揮其能力的人員，所以，誰都沒有感覺他被任用到新職務會成爲大問題。

書記長一職，在一九二二年並不是黨內的主要職務，但是當時大多數的黨幹部都知道斯大林的粗暴，及其指名抨擊人的脾性，所以，爲斯大林擔當的列寧，覺得有必要追究其錯誤。

一九二三年末，斯大林粗暴、專橫的作風，造成嚴重的黨內分裂危機。列寧知道危機日益增大，

號召黨內團結，並提議再組織黨監督制度。

一九二三年四月，列寧寫了所謂的「遺言」（全三部），提議由黨中央委員會「解任斯大林」。斯大林事前知道了列寧的提議，假裝提出「辭任狀」，但是當時站在領導地位的加米涅夫、季諾維也夫，勸斯大林取下辭任狀，解任斯大林案，就這樣不了了之。

斯大林（左）、列寧（中）與加里寧（Mikhail Kalinin），一九一九年

一九二四年，列寧死亡。

一九一七－一九二九年之間，俄羅斯革命，從列寧的革命變質為斯大林的個人獨裁。

二、斯大林與反對派的鬥爭

一九三〇年代，斯大林大規模槍殺反對份子，把全國搞成殘酷黑暗的活地獄，這非從一九二〇年代中葉開始的悲劇的黨內鬥爭著手，不可能瞭解。斯大林主義的抬頭雖然簡單，也得經過一九二四年的黨內鬥爭，而與此相關的鬥爭，也延續到一九三〇年代許多的悲劇事件。然而在黨史上，一九二〇至三〇年間，斯大林與反對派鬥爭的過程，偽造問題十分嚴重。從黨大會紀錄、演說、政綱之內容，很容易就能看到這種無恥的偽造行為。比如反對派相繼敗北之後，聲明被偽造，謬誤變成正道，惡意與不實被鼓舞，亡命中的托洛茨基派的文獻、官方出版物被偽造。這種非客觀、惡意與不實的記載的集大成，就是斯大林獨裁編排的《蘇聯共產黨史》。該書把反對派領袖人物，毫無例外的以叛變者或帝國主義的間諜記述著，並且在對反對派惡言鬥爭的指導者之中，也看不到斯大林及其副手莫洛托夫（Vyacheslav Molotov, 1890-1986，軍事革命委員、黨書記局員、人民委員會議長、外務人民委員）、卡岡諾維奇（Lazar Kaganovich, 1893-1991，工人出身，交通人民委員、

重工業人民委員、副主席、黨中央委員、政治局員）的名字。

一九二〇年代積極參加反對派鬥爭的幹部，到一九三〇年代都遭大量壓迫而死亡，同時，斯大林繼續橫奪國內權力，他把大部分過去的反對者與曾經的同盟者全都一掃殆盡。

斯大林把反對他或批判他的人，都以反革命的國家罪人處理，他把異己份子或不同理念的人，都當做政治法律的罪人，以蠻橫暴戾的違逆的罪名來嚴格處罰他們，且加以非人性的打擊。斯大林絲毫不使他的反對者改心服從，或把他們引導入共同的革命事業；他只是打垮他們的意志，而後將其殺害。斯大林把一切反對者都認爲是個人的敵人，以侮辱、殺害等手段處理。

斯大林（左）及其副手莫洛托夫，一九三九年

列寧對同志的誤謬，只要不是惡意或怠慢造成的，通常較寬容。然而，斯大林面對反對者或批判者，都以最嚴格非人道的方法處理。列寧與斯大林的不同，其例證如左：

在一九二一年五月十八日，全俄勞動合作社第四屆大會的共產黨會談上，梁贊諾夫（David Riazanov，俄國的亡命法學者）批判中央委員的方針相勞動合作社自黨獨立，他提出與中央委員會，支持左的動議——用實物貨品來支付工資，他的提案在代議員中引起很大的迴響，共產黨的絕大部分，都不贊成黨中央委員會所提出的議案，而寧可選擇梁贊諾夫的動議。當時的斯大林想要撤銷動議，然而他的演說缺乏使人信服的根據，他即以慌忙的語調大罵梁贊諾夫爲「狂妄凶暴」，現場局勢越來越緊張，連反對梁贊諾夫的代議員也非難斯大林的演說。於是，列寧乃不得不介入共產黨代議員與中央委員會的爭論，他的演說具有說服力，即以論理的力量說服大家。最後中央委員會的代議員，以多數

決議方式，取消梁贊諾夫的動議，承認中央委員會提案。列寧的演說即以理性言論說服多數人，取得一致的結果。

三、斯大林與托洛茨基的鬥爭

列寧離開指導部後，以自己的政綱出線的，是當時擁有相當多追隨者的托洛茨基。

托洛茨基（Leon Trotsky, 1879-1940），生於雙親是猶太人的家庭，在實業學校時代就參加革命運動（一八九六），被捕，流刑西伯利亞，脫逃而亡命英國（一九〇二），參加俄羅斯社會民主勞動黨（一九〇三）。該黨分裂時，支持孟塞維克，參加編輯《火花報》（Искра, *Iskra*, 1904）。一九〇五年俄羅斯革命時歸國，就任首都彼得格勒蘇維埃議長，同時，形成獨立的「永久革命論」（俄перманентная революция, 英Permanent revolution）。革命失敗後，被流刑於西伯利亞，再脫逃到維也納辦《眞理報》（*Pravda*, 1908），對抗「布爾塞維克」結黨（一九〇八）。第一次大戰中，以「反戰」之名，旅行歐洲各地及亡命美國。一九一七年「二月革命」時回國，成爲孟塞維克的指導者後，加入布爾塞維克，成爲其中央委員，以及彼得格勒蘇維埃議長。在二月革命後決定性的數個月間，他優越的工作成果不可忘卻。十月革命後，以外務人民委員（外部大臣）身分，與德國交涉，不願簽署停戰協定（一九一八）。

托洛茨基在一九一七年，發揮他最佳的資質。他是大眾集會的偶像，他的政治方針很能引起大眾的共感，其決意與果敢都表現在行動上，只不過他欠缺把自己一切的人間感情從屬於社會主義的能力。他是一個很好的雄辯家，隨時都能以宏大的光輝演說，並擁有將難解思想轉譯爲通俗話語的能力。

列寧曾在憲法制定會議斷定：「像托洛茨基這樣的候選人，誰也不會提出異議。」因爲托洛茨基在歸國後，第一，站在國際主義的立場；第二，爲了聯盟做鬥爭；第三，在七月困難時勇於任事，爲革命勞動階級的黨，忠實地完成其任務。

這樣的描述，似乎誇大了一九一七年十月托洛茨基所做的影響與任務，但是低估他的行動帶來的意義也不正確。在十月革命中，托洛茨基所做的準

備與行動的任務是很大的。實際上，托洛茨基指導蘇維埃的軍事革命委員會打倒臨時政府之後，在革命的第一天，彼得格勒的全權就完全歸於軍事革命委員會。

然而，當時斯大林對托洛茨基已抱著憎惡的敵意，列寧熟知多數軍人說出對托洛茨基的否定意見，但是列寧時常評價軍事的功績，絲毫沒有要把時任陸海軍事人民委員的托洛茨基換掉的意思。

ゴーゴリ（Gogol）在其回想之中寫著：「我知道列寧高度評價托洛茨基做爲組織者的能力，托洛茨基可能是組織軍事的專家，但是列寧低聲加上：『即使如此，他仍然不是我們的同伴。我們能共事但並非同伴，我與他的關係講了很多謊言，他是很大的野心家。』」一九二四年，高爾基（Maxim Gorky, 1868-1936，俄國作家，歸國後發行《新生活》，一九〇五年爲革命遭逮捕，逃亡至國外，其後支持蘇維埃政權，集中著作）、列寧關於托洛茨基說的全部不能寫出來。托洛茨基在著作《十月的教訓》之中，誇大對革命的功績，由此歪曲列寧的立場。托洛茨基的主要敵人是季諾維也夫與加米涅夫，托洛茨基嚴厲批判季諾維也夫對第三國際（Third International）的指導方式，他在評論一九二三年德國蜂起時說，「第三國際與德國共產主義者若是夠大膽，一定成功」。

俄國內戰時期，托洛茨基擔任軍事人民委員、革命軍事會議議長，一時與列寧對立，但在列寧最後的鬥爭時，與列寧成爲同盟。在列寧後繼者當中，托洛茨基是反主流派（一九二三）。列寧死後，托洛茨基發表《十月的教訓》，要求布爾塞維克的「思想再武裝」（一九二四），主張「黨內民主」，以永久革命論，反對斯大林、布哈林的一國社會主義（俄Sotsializm v odnoi strane, 英Socialism in one state）建設論。托洛茨基後來結合「斯大林

托洛茨基，一九二〇年

反對派」（一九二六），但受到斯大林主流派激烈的打擊與破壞，而遭從「中央局」（一九二六）及「中央委員會」（一九二七）除名，最後從黨被除名，流刑（一九二八），及國外追放，後來經過挪威（一九三六），居住墨西哥（一九三七），在同地遭斯大林派來的特務暗殺（一九四〇）。

俄羅斯的俚言裡，有句「砍倒樹，其枝幹也成爲死枝」。托洛茨基被斯大林以叛黨、叛國、叛人民、反革命定罪之後，最後遭暗殺淘汰，結果，在國際上的所謂「托洛茨基派」也一一被暗殺，如一九三〇年代斯大林大屠殺時代，在國內不但是懷有托洛茨基思想的人盡被消滅，任何人一旦被斯大林認定爲異己份子，通通都被蓋上托洛茨基派的罪名，加以逮捕、刑求、強迫認罪等，而後槍斃，其數目據傳有百萬人以上。

托洛茨基的思想被稱爲「Trotskyism」（托洛茨基主義），成爲小資產階級的極左主義的泉源，後來產生「第四國際」，影響國際社會主義運動。

托洛茨基著名的「永久革命論」是個錯誤，他在後半生涯想要保守的這個理論，其主要錯誤不只在於俄羅斯民主主義時期，關於貧農的場合；在社會主義期，對勞動者階級的主要同盟者的農民革命的潛在力，也給予過小評價。

他不認爲農村的實在的可能性，不理解列寧的協同合作社計畫，曾非難黨的「富農偏行」。他比任何人都期待勞動者階級世界革命能盡早取得勝利，不在意在其革命過程中犧牲農民。一九二二年其著作《一九〇五年》如此表明著：

「手中掌握權力的勞動者階級，與協力者的廣泛的農民大眾之間，也會產生敵對衝突。農民人口佔壓倒性多數的後進國，其勞動者政府所面臨的矛盾，只有依靠勞動者階級打破舊的封建體制，達成自由民主的所謂『現代革命』，才能找到解決之道。」（日譯《第二期托洛茨基選集》）

托洛茨基主義者很強力的主張，依據當前在社會主義的經濟型態的榨取，來達成社會主義蓄積的目的。如此的敘述當然是不對的，托洛茨基說：向大規模社會主義工業進行轉向，不靠協同合作社的小商品的成長，相反的，靠小生產者的絕滅與零落。「社會主義體制與私人企業體制互相對立，一方必須毀滅另一方。」托洛茨基主義者過於強調國

家經濟困難與經濟指導的缺陷，在一九二三年預言蘇維埃聯邦的對外活動會完全麻痺，陷入全體的經濟恐慌與國家生存能力的崩潰。

托洛茨基在一九二三—二四年反對絕對必要的幣制改革，抗議「財政人民委員部的獨裁」，但是黨當局不聽他的反對。他雖然仍在政治局，但是被拿掉陸海軍人民委員一職，並就任當時不太重要的利權委員會本部長，與最高國民經濟會議附屬製品品質特別會議議長。一九二四—二五年，托洛茨基針對蘇維埃的情勢極度惡化加以批判，他說：「郭公鳥鳴，告知最後之時已來到。」這眞是**demagogue**（蠱惑人心的煽動家）。

一九二三—二四年，以托洛茨基爲中心形成的體制，可稱爲「托洛茨基主義」。在革命諸階段，每次針對黨政策發生具體爭論時，都有不同的托洛茨基支持者的存在，但是這些集團發生論爭時出現，問題解決就消熄，並不形成「理念」（ism）。

至於托洛茨基的敵對方，有些歷史學家故意將托洛茨基主義的意義誇張化，成爲有規律的反列寧的見解。政治性托洛茨基主義，被認爲在俄國革命的任何階段都極有害。尤其在中國，對馬克思主義的惡性曲解，也被稱爲托洛茨基主義。

黨內鬥爭的論理、托洛茨基等黨內上級的官僚主義化等，許多危險都實質存在著。

托洛茨基（中）在墨西哥，一九四〇年

托洛茨基主義者，經過幾年之中，形成某種管理制度，這就是官僚主義的中央集權主義。

托洛茨基在一九二八年被斯大林從蘇維埃聯邦追逃到國外，並在一九四〇年被斯大林暗殺於墨西哥。

四、季諾維也夫與加米涅夫的新反對派

在季諾維也夫與加米涅夫爲主的新反對派的攻擊中，時常可看見無原則的爭論。

季諾維也夫（法律家、化學者，俄國革命時，與列寧一起從德國返俄國，戰後，爲「第三國際」創立努力，反對斯大林的「一國社會主義」，結果被除名第三國際議長、共產黨中央委員會委員，後來恢復黨籍，但因基洛夫事件被斯大林槍決），多年來都是黨的主要指導者之一。他在二十歲時，即一九〇五年革命以前，就加入布爾塞維克，地位昇進得早。在一九〇七年第五屆黨大會被選爲中央委員，在《無產者報》等編輯局得到地位。一九〇五年，季諾維也夫與列寧同道亡命外國，二月革命後也同道回到俄羅斯。七月事件後，與列寧一起藏身西伯利亞的小屋。

十月革命後，季諾維也夫支持「社會主義聯合政府」，而辭任布爾塞維克中央委員，受到列寧的批判。但是，季諾維也夫是首都彼得格勒實際上的指導者，經常委員會的領導者。內戰期間，統治派軍隊攻入彼得格勒時，他早準備同市開城，這點受列寧的嚴重抗議。此時，季諾維也夫與托洛茨基之間有口角，使斯大林能從中得利。

第三國際設立時，由列寧推舉季諾維也夫擔任第三國際執行委員會議長。

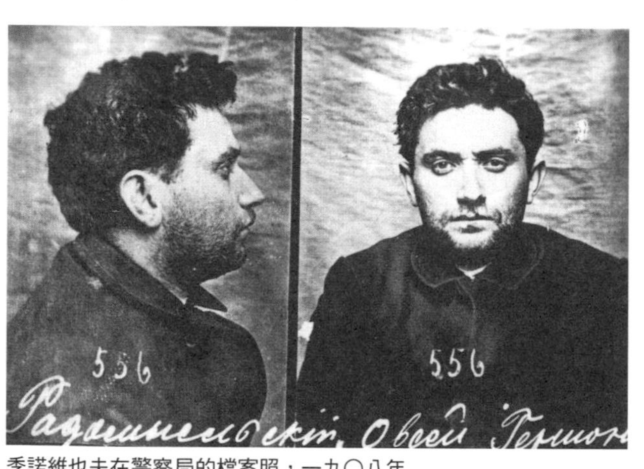

季諾維也夫在警察局的檔案照，一九〇八年

加米涅夫（入黨社會民主勞動黨（一九〇一），黨分裂後，加入布爾塞維克黨，亡命巴黎等處，編輯黨報等，第一次大戰初回國，被逮捕、流刑，釋放後就任中央委員會委員，勞動國防委員會主席，反對「一國社會主義」，由斯大林陰謀，再次被除名，與托洛茨基協同，與季諾維也夫同時被斯大林殺害）也在第二屆黨大會後加盟布爾塞維克，此時，年僅二十餘歲，其後在《無產者

報》當編輯。一九一二－一四年間，他在革命高揚的時代被派回俄國，指揮國會內的布爾塞維克議員團，此時他是《眞理報》的主筆（第一次世界大戰開始以來就爲此職）。一九一四年，加米涅夫犯了最初的大錯誤。他在布爾塞維克議員團的政治犯裁判時，表現輕蔑的態度。他言明反對「自帝國主義敗北」的列寧的發言。所以在裁判之後，被送到西伯利亞流刑地，遭到嚴峻的苦刑。

後來，透過列寧的動議，加米涅夫在一九一七年四月擔任布爾塞維克的中央委員會議長，並被選爲黨中央委員。一九一八年，他昇爲莫斯科蘇維埃議長及黨中央委員。一九一八年十月，他的工作受到列寧的積極讚揚。

小資產階級出身的加米涅夫，確實是一個有才能的人。他有教養，一生貢獻於社會主義革命，在複雜的政治情勢中，擁有迅速找到正確的行政方位的能力。他也是擁有卓越的文學才能、有能力分析理念之人，像加米涅夫這樣能找出議論的結論的人，並不多見。

加米涅夫

斯大林很巧妙的利用這些人才，他不斷煽動這些「理論家」，也與政治局的布哈林一起進入加米涅夫的集團，如此，在一九二三－二四年反對派的托洛茨基集團敗退之後，在黨中央委員會內獲得決定性權力的，並不是季諾維也夫或加米涅夫，而是出人意表的斯大林。列寧病中，黨人民委員會實際負責人加米涅夫，他因猶太人爲口實，不能被認爲是列寧的接班人。斯大林說：「我們必須考慮到俄國的農民性格。」布哈林被昇爲主要理論家，正是在這個時期。

斯大林是黨的書記長。他看到自己的機會已到，企圖在黨組織抓權力。當時的俄國，黨書記局

在形式上是從屬於政治局，但黨中央委員會的這兩個機關，實際上卻具有完全相反的權限。政治局每週開會一次，書記局是中央委員會的實務處理機關，所以中央委員會的各種業務都由書記局處理統治指導。全國的州、大都市各機關及各縣都有黨組織，全部黨政軍諸機關的各政策或幹部任免等，都在書記局做最後決定。結果，政治局會議長的加米涅夫，卻受書記長斯大林的控制。

列寧死後，斯大林乃利用組織措施，將他認爲是異己份子的新反對派加米涅夫以反對武裝鬥爭之罪，從人民委員會副議長解任，季諾維也夫也從第三國際執行會議議長及列寧格勒蘇維埃議長解任。相反的，斯大林派的布哈林，被任命爲第三國際執行委員會書記局局長。如此，斯大林在事實上，把季諾維也夫與加米涅夫從黨指導部撤下，爲了把兩人置於自己的統治之下，使用了萬般的陰謀。

斯大林無法說服反對者，只能依據「行政命令」，利用黨內鬥爭來強化自己的立場及權力，導致黨內正常的思想鬥爭成爲不可能。反對派的領導者也隱藏自己的見解，因爲害怕斯大林的報復，而把票投給他。有些黨員，與其說是和反斯大林的派別同調，毋寧說是爲了抗議斯大林傲慢、卑劣的獨裁手段而和反對派處於同一陣營。

五、伏龍芝、捷爾任斯基之死

斯大林爲建立獨裁地位，不但是撲滅托洛茨基派及季諾維也夫、加米涅夫等人，更繼續進行組織上幹部淘汰諸措施的罪惡。蘇維埃政府任職最長久，也最受到眾人尊敬的伏龍芝（Mikhail Frunze, 1885-1925，蘇聯的將軍，老布爾塞維克，內戰時代的有力指揮者，黨中央委員，軍事改革者，但病後斯大林命他手術治病，術後死亡）與捷爾任斯基（Felix Dzerzhinsky, 1877-1926，波蘭小地主，少年時加入革命（一八九五），後來被選爲黨中央委員（一九一七），特務部初代議長、交通人民委員（一九二一）、最高國民會議議長）兩人的突然死亡，終使大家瞭解斯大林用「格別烏」（秘密警察）暗殺來鞏固個人權力的手法。

先死亡的伏龍芝，在內戰期間有傑出戰功，一九二四年就任軍事革命評議會副議長，兼任紅軍參謀總長，一九二五年一月，接替托洛茨基就

任陸海軍事人民委員、軍事革命評議會議長。他是果斷、聰明、能幹的軍事上官，不但是在軍隊內，在布爾塞維克黨內也有很大的影響力。列寧在一九二三年一月，想要辭任斯大林的書記長時，伏龍芝就是候補人選之一。

伏龍芝的死亡，離奇且具悲劇性。他患有胃潰瘍，但恢復情況大致良好，一九二五年秋還很有元氣，但在十月卻不明不白斷送生命。

他在去世的五天前（一九二五年十月二十六日），寫了一封信給他的妻子：「我的試煉已接近結束。昨天早上移住病院，明後天（星期四）會進行手術……我覺得現在的身體狀況完全健康，在這個情況下卻還是要接受手術，讓我覺得很奇怪。然而，幾次的會診中，醫生都同樣決定要動手術……休養治療後，無來由的，某種不可能快速恢復的想法不斷盤旋在腦中。」（伏龍芝，〈最後的日〉，《紅星》一九三〇年十月三十一日）

在身體健康的情況下還要接受手術，是不合理的，除非有外部施壓的因素。伏龍芝的病症，在政治局引起調查，斯大林十分執意要他接受手術。

在伏龍芝的喪禮上，斯大林發表演說：「或許讓老同志以這麼簡單的方式入殮是有必要的。」（"Perhaps it is indeed necessary that our old comrades should so easily and simply go down to their graves."）當然這裡的「必要性」，是對斯大林而非對黨而言，因爲伏龍芝死後，陸海軍人民委員之職，立即由斯大林派的伏羅希洛夫（Kliment Voroshilov, 1881-1969，在俄國內戰出名，與斯大林親近，革命的元勳）擔任。從此，蘇維埃的陸海軍直屬於斯大林掌控。

一九二六年七月，「革命騎士」、國家懲罰機關的長官，健康的捷爾任斯基突然暴斃。他是托洛茨基的繼承人，從一九二四年任最高國民經濟會議議長，兼任國家政治保衛總局（OGPU）長官。

關於這個傑出的革命家，後來繼任國家政治保衛總局長官的明仁斯基（Vyacheslav Menzhinsky, 1874-1934，財政人民委員，柏林總領事）曾有如下的描述：「捷爾任斯基表現得比任何人都優秀，擁有道德上的天稟、毅然決然的革命行動力、不被任何障礙阻撓的創造力，以及除了『勞動者階級革命的勝利』這個目標之外，不被其他目標左右心志的堅決意志。」（《真理報》（*Pravda*），一九二四年五月二日）

一九二五年，第十四屆黨大會前，捷爾任斯基參加了一場討論要將斯大林從書記長一職解任的中央委員會半合法集會。這場集會的出席，竟使得他的死期提前來臨。

捷爾任斯基的死，一個期間黨全部不對外發表。捷爾任斯基的棺材，由托洛茨基、斯大林、布哈林、季諾維也夫、加米涅夫、李可夫運往紅場（Red Square），這是在傑出卓越黨員的墓前做出最後的致敬。

六、一九二六—二七年的「聯合」反對派鬥爭

在一九二五年第十四屆黨大會，托洛茨基不加入多數派（當權的斯大林派）與「新反對派」的鬥爭。托洛茨基派的多數，都投反對季諾維也夫與加米涅夫的票。

加米涅夫宣傳「托洛茨基主義與列寧主義沒有任何共通點，與列寧主義對立的托洛茨基主義的黨員，是放棄列寧主義的原理」。加米涅夫說：「我黨是站在列寧主義……托洛茨基……他們叫中央委員會爲『半托洛茨基主義』。」

但是在第十四屆黨大會，季諾維也夫與加米涅夫成爲少數者。他們因此轉變態度，在一九二六年結成反對斯大林的同盟，對托洛茨基提出「聯合」（combination）的要求，托洛茨基表示同意。季諾維也夫、加米涅夫加上托洛茨基的不預期的同盟，使黨內鬥爭激烈化。但這並沒有增大反對派的勝算。以前各派鬥爭時的表現與評價都很低劣，所以指導者們的轉換態度及相互赦免，卻使一般黨員離散，所以「聯合派」的力量比以前的諸派都弱小，其後被暗殺淘汰殆盡。

斯大林把握蘇維埃的黨、政、軍及全國經濟權力的黨書記長的最高地位，當時他所期待的德國革命失敗，所以要求統一戰線，想要與西歐的社會民主黨勾結。

斯大林所進行的工業生產，在一九二五—二六年雖然生產增大（年間增大三十%），但是工業製品不足，使都市與農村的生活都肅然緊張，一方面輸入統制招來纖維工業製品的質料素質低劣。斯大林提高「富農」的比重，解決糧食欠缺。反對派提出

反對急遽的徵稅，斯大林不得不實施特別政策。

托洛茨基等「聯合」反對派，覺得在俄國要建設一國社會主義是不可能的。

「我國的後進性及其低勞動生產性，對社會主義建設是很大的障害，因爲有了後進性，對眞的社會主義生產組織的移行，若沒有社會主義世界革命，或先進諸國的援助，是不可能的（但是斯大林所等待的德國、匈牙利的革命都失敗）。」（「十四名主要反對派的聲明」）反對派要求「黨要進行革命」（這並不是完全不對）。但是一般黨員認爲，這種主張是危險的左翼主義。因富農與新政策下的有錢人增加，斯大林、布哈林被認爲是要復活資本主義。

當時存在著社會主義立場，與想轉移於資本主義的兩個基本立場，斯大林的方針，是走兩個立場的中間。

七、斯大林對「右翼」偏向的鬥爭

斯大林對「聯合左翼」的鬥爭尚未結束，就開始了對所謂「右翼」偏向的鬥爭。爲了克服緊急的物質不足，斯大林的黨中央委員會，決定對富農

布哈林，一九三〇年代初期

（本來是做爲階級敵人，採取消滅政策）的非常措施。黨的這種急激的政策變化，是黨各階層幹部完全不能預測的，所以各地區黨幹部都有人出來批評，但是對這種從下而上的批評，斯大林都置若罔聞。他所謂「右翼」偏向都是在下級機關（區、村）。斯大林說「中央委員會」的「右翼偏向」、「左翼偏向」都是虛言、說假話。後來，他在中央委員會演說時，非難「黨內的右翼偏向」。

一九二八—二九年，農村的情況再一次惡化，生產的徵收不好，再次提出非常措施來處理。對此

惡法，政治局的布哈林、李可夫、托姆斯基採取反對態度，最後三人都辭職。布哈林是中央執行委員會書記兼《眞理報》主筆，托姆斯基是勞動組合會議議長，李可夫是人民委員會議議長。斯大林把布哈林罵為最近還是托洛茨基的弟子，自高自大，其理論是笑話，其聲明是無恥。後來布哈林被斯大林槍斃。

八、三十年代初期斯大林的犯罪與挑釁

(一) 蘇維埃權力與資本主義性知識份子

斯大林在集體化與工業化期間的重大錯誤，導致勞動者生活水準降低，食品與工業製品供給瓦解，弱化都市與農村的同盟，以及嚴重的配給腐敗在都市再次出現，所以蘇維埃人民的不滿大增。但斯大林要把這些缺失再次歸咎在富農或亞富農身上，已不可能，因為在當時，做為階級的富農已大體上絕滅。最後，斯大林找到了專門家與知識份子做為替罪羔羊。

革命以前產生的所謂「專門家與知識份子」，大多是在經濟機關、工業企業、教育設施、農業團體，以及國家計劃委員會、統計官廳等任職。列寧說：「**共產主義要靠在資本主義心理訓練的人們才能建設，才有可能。**」他也說由此共產主義人、共產主義社會才能建設，才能保證是共產主義社會。列寧說，馬克思主義和舊的空想社會主義不同，後者並非以大量典型的人與材料構成，而是血腥、不道德、掠奪的小店主的資本主義；前者的生成基礎則是有德之人，以建設新社會做為企圖。所以，列寧早在一九一八年就開始努力於利用知識份子的技術。

但斯大林卻以「給知識份子衝擊一下，使之無害，然後給予致命一擊」做為解決所有事情的公式，他的這個缺陷，影響了二十年代後期至三十年代初期，在都市及農村中所採取的階級鬥爭的形態及方法。

黨對於資本主義份子的攻擊以及人民生活水準的低下，都促發了國內外反蘇團體的反革命活動。孟塞維克與社會革命黨，在蘇聯內擁有許多地下委員會。這些反蘇組織，不僅得到富農的協助，也得到布爾喬亞知識份子與在蘇聯機關內工作的技術專家某些程度上的支援。在這個情況下，斯大林有必

要阻止這種集團的反革命活動。

其實，社會主義建設亟需知識份子及專家的知識及經驗，不幸的是，斯大林摒棄必要的理性、經驗來源，反而對其施予壓抑政策，將工業化實驗上的錯誤歸咎在布爾喬亞專家身上，斯大林派的副官把問題僞造爲「政治問題」，辱罵並粉碎黨內的專門家。斯大林又僞造論爭，把自己失敗的責任蓋在知識份子、專門家的頭上。如此消滅專門家與富農的把戲，就是在二十年代後期至三十年代初期，斯大林最旺盛表演的重頭戲。如此，政治壓迫政策不斷強化，這些壓迫在後來以政治裁判的形態出現。

（二）蘇聯聯邦的農業集體化

一九二〇年代的「新經濟政策」（NEP）產生很多富農，雇用好多貧農爲農業勞動者，這種育成自耕農、貧農爲富農，使農業相當成功。然而，斯大林把這些剩餘生產物化爲外匯，用於從外國購入工業機械，結果國內消費更加缺乏。一九二八年，莫斯科、列寧格勒（彼得格勒改名爲列寧格勒）等大都市，進行麵包**配給制度**。

對經濟沒有經驗的斯大林，導入**集體農業制度**。斯大林把農業生產的管理置於國家統治之下，企圖改善生產能力，並在保安上管理自耕農，預定在五年內把私有制農業改爲國有制。斯大林爲了達成目的，任命OGPU副長官明仁斯基（Vyacheslav Menzhinsky）。

一九三〇年一月，半數農民的私有財產移轉集體農場。農民在新農場反抗，自己殺自己的家畜，以槍或斧頭、小刀抵抗OGPU的要員，有發展爲內戰的趨勢。此時，若斯大林的反對勢力有更大的組織與武裝，斯大林失腳的可能性很大，但當時的反對勢力不能取得一致。

斯大林爲了達成輸出的數量，從農場強制奪取穀米、乳酪等農產物，然而，這種橫暴政策，反而使全國陷於飢餓狀態。這種災厄使OGPU報告斯大林，餓死者三百五十萬人，但是被推定的死者數量在五百五十萬以上。

蘇聯的農業集體化，是社會主義建設上，一個很高的階段。但是農業集體化本身是一場異常複雜的社會革命，需要蘇維埃住民非常緊急的努力與很大的責任，而且住民必須長期忍受苦楚，尤其要求大規模的個人農民經營得維持生產的增加。斯大林

在一九三〇年五月，以中央委員會之名，對人民要求在一九三一年春，一定要完成土地集體化。

斯大林的這種強制性做法，在基本原則上與馬克思主義相違背。馬克思曾主張，無產階級統治的國家，對農民「土地移行要從私有到集體所有，在移行的萌芽狀態時，就使農民自己選擇是否同意使經濟轉移集體所有」。馬克思強調農民是否擁有自由、自發的參加革命的行動。

但是斯大林實施土地集體所有的手段，明顯抵觸自發性原則。過了土地集體化的兩年之後，雖然整體情況跟先前的一九二七年相比沒有什麼進展，斯大林卻以行政權力壓迫的方式，推行全面集體化的所謂Kolkhoz（集體農場）。他在一九二九年十一月說：「以社會主義的Sovkhoz（國營農場）及Kolkhoz爲『種植』基地」，強迫舊制集體農場的農民，進行土地集體所有化，斯大林此時特別使用「種植」的字眼，就是要以權力壓迫Kolkhoz集體國家所有，特別是使用「合同」（combination. union）字眼來欺騙農民。實際上，不願追隨者，即以逮捕或暗殺手段來去掉。

如此，一九三〇年春，即以假的「自發性」手段來產生集體農場組合組織。如此，蘇維埃人民受到斯大林及其親密副官的侵犯，即以橫暴的行政命令（逮捕、流刑、槍斃）取代自發（voluntary），不但是中農，貧農也由此強制取代。反對加入集體農場的，都被當做蘇維埃的反革命者，而被淘汰，其土地、小家畜、自家菜園也被沒收。

（三）絕滅富農「階級」

革命以前，富農（所有土地自己耕作，也有土地借給貧農耕田）是俄羅斯農村的主力。十月革命（一九一七）之後，一九一九年，蘇維埃政府實行貴族地主的領地的收奪（沒收），富農的地位見到改善，當時富農佔農民人口的二十%，所有耕地的四十%。一九一八年夏，反對蘇維埃政府的農業制度（穀物買賣的國家獨佔，穀物的強制徵發）、起暴動的是富農，契卡則是製造「貧農（沒有土地的農民）委員會」對抗富農的罷工，列寧說：「富農是蘇維埃權力的敵人……人民之中的少數者的『強盜』富農的暴動，必須把其破壞。」

一九三〇年初，在西伯利亞及東部無人地帶，

造成幾千幾百個「富農」特別移住地，被送到此處的住民（富農），幾乎沒有權利，移動的自由也被剝奪，這種殘酷的措施，當然長久永存下去。

一九三〇年三月四日，斯大林在黨中央執行委員會與政府人民委員會發出訓令：第一類富農（被認為是組織恐嚇與叛亂的反革命的富農），將其即時坐牢與監禁勞動收容所及槍殺；第二類富農（富裕富農反對革命，達一萬二千戶），把其及家族追放於特別地區；第三類富農（弱小富農，斯大林叫做「亞富農」），移住於集體化地區的緣邊區。因農村鬥爭激烈化，所以富農為了報復，殺害了很多小農或勞動者，而蘇維埃政府的監禁、移住及殺害，也比計劃的多出很多。

富農的「全然收奪」（消滅）的口號，由斯大林突然提出，引起黨內普遍混亂，在此時，做為階級的富農幾乎消熄。

第二次大戰後，蘇聯強迫東歐殖民地要消滅富農，但其結果，做為階級的富農絕滅，但都是限制富農，富農本身的完全消滅，終究不能做到。在捷克、德國民主共和國、匈牙利的富農都能加入「農業協同組合」，與一般人民同樣過了普通生活。

九、斯大林個人崇拜公開

（一）一九二八—三二年的政治裁判

一九二八年的莫斯科，發生以維辛斯基（Andrey Vyshinsky）裁判長裁判的「沙赫特審判」（Shakhty Trial），被告都是石炭產業的技師等，以破壞炭坑導致災害為由，逮捕五十三名，大部分被判死刑或徒刑。其實，這是一起因為不當的黨幹部管理，以及蘇維埃組織內賄賂、竊取、無視勞動者利益所導致的「煤礦」毀壞事件，卻被斯大林及其中央委員會利用為「帝國主義的陰謀」，激起民眾對帝國主義的忿怒。

當時的內務人民委員部經濟部長查拉夫加斯（ザラフカース）後來說：「許多蘇維埃組織及經濟組織在被告發的過程中，賄賂及竊取盛行，所謂的破壞、與外國反革命組織有關係等罪名，都是在審理過程中刻意羅織的，這麼做無非是為了喚起一般人對帝國主義的忿怒。」斯大林在一九二九年四月的黨中央委員會上說：「這些事件不能看作是偶發的，他們的同類，如今散布在工業的各個部分，雖然有些被逮捕，但大部分都尚未暴露出蹤跡，布爾

喬亞與知識份子的妨害，對發展中的社會主義而言，將會是最大的威脅，且此二者與國際資本的結合，亦將造成更深一層的傷害，爲了要破壞蘇維埃的權力，他們無疑正在爲下一個行動積蓄著龐大的力量。」（日譯《斯大林全集》第三卷，第二十八頁）

類似對布爾喬亞專家的訓誡，不可避免的讓恐懼更加擴張。

一九二九年，在烏克蘭舉行「烏克蘭（Ukraina）解放同盟」的政治公審，他們以「由俄國分離烏克蘭、與波蘭訂結秘密同盟」的罪名被告發，當時在烏克蘭工作的一位老布爾塞維克黨員說，這事件全都是可疑的僞證。

一九三〇年，又偵破新的反革命組織「勤勞農民黨」（Labour Peasant Party, Трудовая Крестьянская Партия, ТКП），其指導者是臨時政府食糧大臣的同僚，同時也是經濟學者的康德拉捷夫（Nikolai Kondratiev），及著名農業學者洽亞諾夫（Alexander V. Chayanov）。據稱「勤勞農民黨」在莫斯科有九個地下集團：農業協同合作社、農業信用機關、農業人民委員部、財政人民委員部等龐大部分及報紙《貧農》（ベーター）、農業經濟研究所等機關的技術人員。

據國家政治保衛總局（OGPU）所言，「勤勞農民黨」在各個地方，特別是農業機關、富農、社會革命黨內都有很多地下集團，約莫十萬至三十萬的黨員人數。

國家政治保衛總局逮捕他們，並組織廣大的秘密裁判所，宣告這些所謂「勤勞農民黨成員及指導者」的罪過，但是斯大林禁止發表這些逮捕及其罪過。秘密裁判的結果，這些反革命者，都是舊地主、舊軍人及舊貴族，做了肉、魚、野菜等食料的供給怠工，及間諜行爲，所以諸都市的食品供給系統瓦解、食品等的物價騰貴、地區性飢荒等，都是他們的責任。當時發表四十六人被判死刑，但是聽說被屠殺的有幾萬人。

一九三〇年十一月二十五日至十二月七日，另一場政治裁判在莫斯科舉行，一團有名的技術專家集團，被稱爲「產業黨」的黨員，以破壞活動與反革命活動的罪名被逮捕、裁判，共有八名被

告。據說他們搞破壞、謀略，企圖幫助帝國主義武力顛覆國家，二〇〇〇名的產業黨員，被淘汰（死刑），據說他們與法國總統普萊加爾（Raymond Poincare, 1860-1934，左派名政治家，做過總統、首相）有難以相信、詳細的關係。

但斯大林所說的「產業黨」中央委員會的構成、對將來的政府構成、從外國接到的金錢額度及其去向等，與事實都不符，若干檢察官以「思想」爲理由大力僞造證據，裁判發生混亂。

「產業黨」裁判後數個月的一九三一年三月，在莫斯科又有一場政治裁判，即俄羅斯社會民主勞動黨孟塞維克中央委員會全國局的裁判。大多數被告，是一九二〇年至一九二二年間離開黨，在產業新聞及立案機關任職。他們的罪名據稱是破壞活動，特別是對經濟發展、計畫的立案加以破壞。如果相信這個告發狀，那麼被告已把全國的計畫系統都破壞殆盡了。被告都是蘇維埃政府內有地位的技術專家，如Gosplan（國家計劃委員會）幹部會員、國立銀行理事、經濟學者、貿易人民委員部食糧部副部長等等。

起訴狀說，孟塞維克、布爾塞維克黨內的舊反對集團與右派，都有堅固的內部連絡，因此這些人當然都被淘汰（殺害）。

據說對於蘇維埃聯邦的勝利，被粉碎階級的殘黨，也給予不小的抵抗，企圖招來社會主義「五年計劃」失敗，所以在各處揭發了大小反革命組織。

（二）一九二八—三一年政治裁判的偽造性質

二十年代末葉至三十年代初期，很多舊來的技術知識份子，以及沒有逃出蘇聯的急進社會革命黨、孟塞維克、舊民族主義者等，遭逮捕槍斃。報紙報導說，「舊技術專家，九十—九五%擁有反革命的情緒」。受彈壓的人，很多是由斯大林的OGPU認定爲不可容認的反革命份子，不是馬克思主義者。

但事實上，OGPU所說的從事破壞活動或反革命活動的人，有的其實是對蘇維埃權力保持著忠誠的態度，即以其知識與經驗，替國民帶來很大的利益。

不少歷史學家依然以當時新聞所刊載的說法來解釋一九二八—三一年間的審判。由Boris

Ponomarev所編輯、一九六〇年出版的《蘇聯共產黨史教科書》陳述如左：

「被粉碎的剝削階級及其宣傳者，對於蘇聯社會主義的勝利表現出強烈的抵抗，這股回擊蘇聯的資本主義敵對勢力，將其針對蘇聯權力的戰場設在五年計畫上，他們以所有的方法抵制計畫在蘇聯社會主義的建設，打算使之失敗。一九三〇至三一年，幾個大規模的反革命組織遭到舉發：『產業黨』、『勤勞農民黨』、『俄羅斯社會民主勞動黨全國總局』等團體的成員遭到逮捕。『產業黨』是由在工業工作的老布爾喬亞、技術人士及知識份子的上層組成；『勤勞農民黨』代表著富農的利益，企圖使農業集體化失敗；孟塞維克反革命集團的『俄羅斯社會民主勞動黨全國總局』是由國家委員會、最高國民經濟會議、國營銀行、蘇聯消費合作社中央連合及其他機關所策動。這些反革命團體被交付公開審判，在法定的審理中，他們對人民與國家的犯罪被暴露，這些妨害份子、資本家與自衛軍結合，從外國得到援助，他們進行妨害活動及諜報活動，以助長蘇聯的資本主義為目標。」

（三）彈壓黑網不斷擴張

從三十年代初，受彈壓的不僅是技術知識份子。彈壓的黑手也伸入到多數的軍事專家，斯大林以軍管區內有人搞帝王主義反革命組織為由，淘汰多數的誠實且有功勞的各軍區司令級軍人，其中有著名的軍事學者，或原陸軍大學校長。

著名的品種學者ヴェ・ヴェ・タラ—ノフ（大拉哪夫）、自然科學史的大專家ライユフ（來祐夫）教授等著名學者也被OGPU逮捕監禁，大部分都從此去向不明。

在這時期被捕並被監禁在監獄或收容所的，在蘇聯共產黨第二十屆大會（斯大林死後，被提出來批判其罪過的一九五六年）之後，都被容忍而出獄復權。

（四）文學家、藝術家也受整肅

三十年代的肅清，讓蘇維埃的文學家、藝術家也無法避免的遭受共同悲劇。

RAPP（俄國作家協會）自認為是無產階級文學唯一且全權代表，對那些被列為「異端作家」的文學家給予嚴厲的評論，那些批評不只粗暴、偏狹，而且具有sectarianism（宗派主義）的特質。非常多的作

家期待RAPP的瓦解及蘇維埃作家同盟的創立，能夠解決各種的迫害、文字上的宗派主義及教條帶來的限制，在第一屆全聯邦蘇維埃作家大會上，參與的作家們的發言，都表現出熱忱以及對變革的期待。

然而這些期待卻都面臨無法實現的命運。當時正在發生的斯大林崇拜，以及越來越增大的官僚主義（bureaucratism）的集權主義，使蘇維埃作家同盟的創立反而帶來更多官僚主義的統制，創作時的壓力也越來越大。

蘇維埃作家同盟內，文字集團的鬥爭方式一點也不正確，相反的，文學的教條主義及sectionalism（本位主義）反而佔了主位，結果，文學論爭在一九三五年激烈化，甚至有時還帶著毀滅異端者的立意。愛倫堡（Ilya Ehrenburg）在其回憶錄中寫到：

「當初在戲劇圈的集會中，泰洛夫（Alexander Tairov）等人受到毀謗，在電影圈是杜甫仁科（Alexander Dovzhenko）等人遭受攻擊，文學批判起初是帕斯捷爾納克（Boris Pasternak）被揭露。如法國人所說，食欲只會越吃越大，不久，卡塔耶夫（Valentin Kataev）等五、六人即以『形式主義偏向』之罪遭到逮捕，最後殃及克雷洛夫（Krylov）等三人。」（文學誌《新世界》一九六二年第四號）

十、暗殺基洛夫，對舊反對派的不法裁判

（一）斯大林個人的神話崇拜

如上所述，列寧死後（一九二四），斯大林做了許多惡毒的獨裁政治，導致勞動者大眾的物質生活惡化，全國及黨內的專橫與彈壓不斷強化。到了一九三〇年代，斯大林的權力已經強大發展，尤其是黨內的反對派已被粉碎，斯大林幾乎是成爲無人能阻擋其獨裁的神性權力者，他在實際上不受任何拘束，而能支配廣大的黨機關與蘇維埃政府。加上透過伏羅希洛夫（Kliment Voroshilov, 1881-1969，蘇聯金屬勞動者出身，小時就參加革命，內戰時代有軍功，任莫斯科司令官、政治局委員，晉昇元帥副首相，打破德軍在莫斯科的包圍）掌握軍隊，也透過秘密警察保安機關把全國握在手中，所以要解除他黨「書記長」的獨裁權力是很困難的，若要以民主主義的合法手段來遂行，更是不可能。斯大林和列寧不同，他每次遭遇到危

險時，都會採取更加激烈、殘忍的獨裁手段消滅該勢力，進而獨大自己。

當時，任何人都想不到斯大林的權力會如此意外地強大起來，不單單是使蘇維埃黨與國家從屬於他一人，也成功的使黨與國家墮落爲人間地獄。遺憾的是，在蘇維埃黨及國家任官的人們，沒有人成爲斯大林罪行的揭發者，反而參加了這些犯罪行爲。也就是說，蘇聯共產黨直接或間接助長其獨裁權力，因爲，即使有這麼多黨員，要抽出斯大林的錯誤、罪過竟也有很大的困難，不只是暴露斯大林的罪行不大可能，甚至這些犯下的罪行都可能被認爲是偉大的功績，或是他在政治行政上的功勞。

就是這個斯大林的個人崇拜，使全部的政治行動陷入絕大的混亂，無論是多大的共產主義者，都不能把斯大林的行動，與全黨及蘇維埃權力全體之行動區別。

個人崇拜的發生，使黨組織的閉鎖主義、命令主義及軍事主義更加熾烈，以及以OGPU爲中心的秘密警察無上發展。此時，黨員對黨、蘇維埃國家、革命、勞動者階級等概念，產生宗教崇拜的想法與態度。這都是黨對黨員灌輸「黨不會犯錯誤」的信念所產生的。對黨與國家，共產主義者是什麼事情都要去做，不管如何非人性的事，都能被革命正當化，然後再把這種信徒般的感覺轉移於斯大林身上，就產生對他的個人崇拜（眞正的馬克思主義是尊重社會科學的相對主義，反對神的絕對主義）。

許多黨幹部因在黨內提出斯大林從書記長職罷免之議，因而被槍殺或暗殺。例如曾經是托洛茨基派的斯米爾洛夫（Ivan Smirnov），他在列寧死後公開主張斯大林要辭去書記長一職，對斯大林進行過嚴厲批判，之後雖然與托洛茨基主義決裂，但仍在一九三六年被判決死刑。

（二）一九三四年新反對派出現

一九三〇年代初期，與斯大林對壘的並不是上述的舊反對派，而是在和舊反對派鬥爭之中產生的新反對派的黨幹部。反對派鬥爭就是一連串舊的黨領導者的死滅過程，後來才使新的領導幹部得權。

第十七屆黨大會（一九三四），黨中央委員會有很大的改組，共產主義者之中，那些老一輩的列寧主義者都已經被斯大林肅清，其後，有一部分知道列寧遺言的黨中央委員，被昇爲黨常任委員。從

一九三四年開始，葉佐夫（Nikolai I. Ezhov）、麥赫利斯（Lev Mekhlis）等新的活動者，被任命到黨的樞要職務。

此時，斯大林要求在大會中被選出來的基洛夫（Sergei Kirov），從列寧格勒前往莫斯科擔任新職，但基洛夫不答應。所以，當列寧格勒的布爾塞維克團到莫斯科時，斯大林對他們很冷淡，以致於斯大林與基洛夫之間產生了疏離感。

一九三四年夏天，舉行了一場提議拖拉機集中所政治部復活的會議，在會議中，基洛夫很激烈的提出在農村復活蘇維埃權力，斯大林迴避這個問題，沒有多做發言，クイブィシェフ起身支持基洛夫。當然，在場的斯大林和基洛夫之間，產生某種不合的變化，斯大林感到自己的影響越小越好。

基洛夫（右）與斯大林，一九二六年

一九三四年以前的斯大林，與其後的斯大林，有了原則的差異。一九三四年十二月的悲劇事件，影響是很大的。

（三）基洛夫被暗殺

一九三四年十二月一日，政治局委員、中央委員會書記、列寧格勒州委員會第一書記基洛夫，從背後被射殺身亡。基洛夫的死，使蘇維埃人深陷於悲觀之中，大家都要求抓到犯人。年輕的犯人尼克羅夫（Leonid Nikolaev）被逮捕，但是很奇怪的，殺害事件的審判卻是亂七八糟，如果長期擱置，就會不了了之。

暗殺基洛夫的人，曾兩度被秘密警察逮捕，卻又兩次被釋放。事實上，事件發生當場，基洛夫的護衛隊長就跟在他後面（原本的規定是護衛隊長不能離基洛夫太遠，但當時卻不在身邊）。

在蘇聯共產黨第二十屆、二十二屆大會後，數

百名共產黨員不滿意基洛夫受害事件的官方報告，進一步知道犯罪眞相，並將部分揭發出來。以下就是這兩次大會所揭露的訊息。

基洛夫被殺害後的數個月，基洛夫的護衛隊長之妻，被迫送入精神病院（lunatic asylum），她後來逃出病院，說自己「會被強迫喝下毒藥，請救救我！」她又被內務人民委員部詢問是否知道基洛夫被暗殺的事，後來被移送普通醫院，但在普通醫院被殺害。（列寧格勒委員會日丹諾夫（Andrei Zhdanov）助手、黨員イ・エム・クノラキン的證言）

基洛夫的親友ペ—ペ—・ペトロフスモ—說，在基洛夫被殺的數日中，他也遭人企圖殺害。兩名陌生人靠近他，突然拿起鐵棍毆打，他抱頭逃走。後來知道基洛夫的死訊，他才覺得極有可能是出自斯大林之手。

至於基洛夫的護衛隊長，因要受審訊而被帶走，原本斯大林、莫洛托夫（Vyacheslav Molotov）、伏羅希洛夫（Kliment Voroshilov）準備要詢問他，但車子在途中突然發生事故。官方說法是護衛隊長在車禍中死亡，但事實上，是同車帶領他的人殺死護衛隊長，且在事後，下手的這些軍人也都被槍殺。這是人爲的犯罪事件，而不是意外，能做出這種陰謀的人還會有誰?!（蘇聯第二十二屆大會第一書記赫魯雪夫（Nikita Khrushchev）在中央委員會活動的報告，及「東京結語」，蘇聯大使館，一九六一年，二〇五頁）

（四）大規模彈壓偏殺異己份子

基洛夫遇害數日後，內務人民委員部列寧格勒本部長麥德維德（Feodor Medved）、次長扎波羅熱茲（Vania Zaporozhets），以怠慢爲理由，遭到停職。他們一開始被從輕發落，送到極東的內務人民委員部機關任職，但到一九三七年，卻全遭槍殺。

一九三四年十二月一日，根據斯大林的建議，蘇聯中央執行委員會和人民委員會通過關於恐怖案件特別審查制度的決議。根據這項決議，到十二月一日時，各級裁判的審理中，包括基洛夫遇害事件及與此沒有任何關聯的幾十人反革命事件，在短時間內被移管於最高裁判所，在禁止旁聽前提下的快速判決之後，全部的被告在一九三四年十二月被宣告槍決，並即時執行，且在基洛夫葬禮當日被公告。於是，在莫斯科共有二十九人遭到槍決。數日後，在明斯克（Minsk）又逮捕了十二人（其中九人遭

槍殺），基洛夫事件被逮捕者三十七人（其中二十八人遭槍殺）。

赫魯雪夫在第二十屆黨大會的演說上，談到這個法令的嚴酷性：「在這個國家從來沒有前例的這個決定，在審理恐怖活動的準備、執行時，在十日內就可以完結，起訴狀於事件在裁判所審理的二十四小時內交付給被告，而且審判進行時，不允許辯護人參加。在這些前提下進行的審判都被承認，而且不可再審，這個法令對政治影響之大可見一斑，而且可以按照審判者的意思宣判死刑，這不外促進了事件的表面上檢討，並可直接捏造出判處被告人死刑的理由。」

一九三五年一月，新反對派最初領導者的第一場裁判召開，被告是季諾維也夫（Grigory Zinoviev）、加米涅夫（Lev Kamenev）等共計十九名。在議長短暫的審判過程中，國內有些團體提出槍決全部被告的要求。然而，莫斯科當局並沒有在基洛夫事件中成功舉證，也無法提出季諾維也夫派唆使犯人暗殺基洛夫的證據，所以最後的判決是季諾維也夫十年、加米涅夫五年的徒刑。

一九三五年一月，全組織上下都開始打擊敵對份子，爲了要根絕「黨與人民的敵人」、反革命的巢穴，要求全國人民都要全力進行秘密通報，同時，舊貴族及其家屬大量被搬遷到列寧格勒。

一九三五—三六年，國內與黨內的政治緊張日益增大。期間，在全黨之中，所謂的「懺悔」、「告白」氾濫，例如：「低估五年計劃」、「不正當的理解永久革命」等，這種「悔恨」日益擴大，參加懺悔的人漸漸增多。此半年間，各州的共和派、反對派，尤其是被巇陷爲反對派的共產主義者，幾百幾千被抓走。但是拉迪克（Karl Radek, 1885-1939，外交問題評論家，三十年代的肅清時，被淘汰）及不少反對派的指導者的大幹部，一九三五年仍然會寫文章登報。

一九三五年初，那付須基被捕，他是有名的黨史家，列寧國立公眾圖書館長，過去的舊布爾塞維克，附屬軍事組織指導者。斯大林命令他廢棄列寧在圖書館中的政治文獻，但他不廢棄，才被逮捕。此時他說：「我不是管書者，黨是把這些書本委任我保管。」

一九三六年，斯大林爲了大量屠殺官僚與人民（他說是「清黨」），禁止共產黨員攜帶武器。

一九三五—三六年社會主義建設的發展，實際上很大。在這時期的經濟狀態，日日進展。

一九三六年的彈壓強化，也伴隨著斯大林崇拜的強化，在任何時候任何地方，都能見到斯大林被獻上「偉大的領袖」的稱讚。

一九三六年八月，季諾維也夫、加米涅夫等人，被指控與流亡海外的托洛茨基成立「托洛茨基、季諾維也夫聯合本部」，計畫謀殺蘇維埃政府指導者斯大林、莫洛托夫等，最後被判決死刑。這案的十六位被告全員被槍殺，產生了新的清黨消息，並且其關係者很多被逮捕，後來都遭大屠殺。當時的新聞都充滿著虛偽的暴露，所謂「偽裝」（camouflage）爲托洛茨基派的反革命份子，如「托洛茨基的庇護者」、「科學托洛茨基派」、「思想鬥爭上的托洛茨基派」等等。在預審中，有些被告暴露出布哈林、李可夫、托姆斯基、拉迪克等，與舊反對派有罪惡的聯繫。布哈林是與列寧一起做革命，列寧死後是第三國際委員會執行部長的老革命家，更是斯大林的親信，後來是斯大林派幹部長。到了一九三八年，布哈林與其他老革命家也都受害，遭槍斃。托洛茨基也在缺席裁判中，被判死刑。

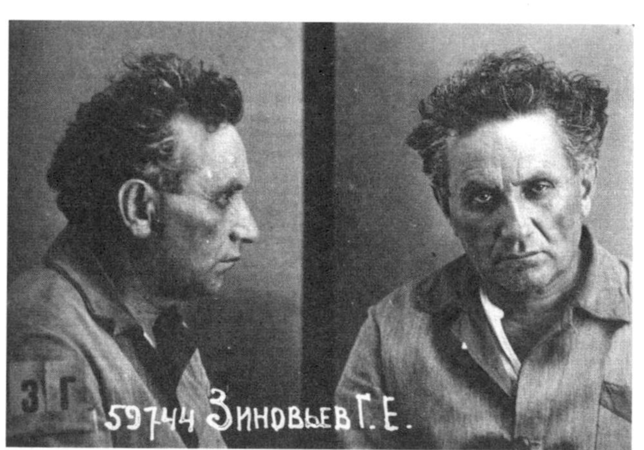

季諾維也夫被逮捕後在警察局留下的檔案照片，一九三六年

當時，西方的政治家，對於一九三七—三八年蘇維埃的政治彈壓的實際，都不能認識其本質。邱吉爾（Sir Winston Churchill）也是如此，他認爲這是軍部古老共產主義者，爲了打倒斯大林採取獨裁政策的陰謀，斯大林事先獲得消息，命令檢事總長維辛斯基用殘酷手腕所做的裁判。

但這種全面性的惡魔罪業，在蘇維埃的歷史科

學裡，卻遭到掩蓋。斯大林說了無止無盡的虛言，強調：一九三〇—三八年並沒有做政治裁判!?托洛茨基、布哈林、李可夫、加米涅夫、季諾維也夫及其他人等，都被說是反革命而受法辦。事實上，這些人也曾替蘇維埃的黨與國家做了有功勞的萬般工作，他們都曾在列寧之下做過革命工作!?但在官方宣傳中，他們就只是一群在黨內犯了重大錯誤的惡徒。對於這些問題，蘇維埃的歷史科學，一定要給予這些革命家眞實的功績評價才對。

（五）蘇維埃的拷問與責難

對斯大林而言，打壓反對份子的方式是，將他們與人民分離開來，擊潰他們的意志，使他們覺得受到污辱，並說出自己是「人民的敵人」這種發言，最後告解所有的「罪行」與「陰謀」。

然而，斯大林及其共犯需要考量到的是，如果遵守審判上一定限度的規範，那麼要把被捕的誠實蘇維埃人證實爲人民公敵、間諜、破壞份子，是不可能的。於是，斯大林在一九三七年，命令內務人民委員部職員做出一些如「人民公敵」等「反蘇本部或集團」的名單。從一九三七年列寧格勒所逮捕的黨員同志羅森布倫（Rozenblum）在第二十屆大會上的報告，即可證實這些事實（第一書記赫魯雪夫的報告）：

「……羅森布倫說出以下的事實：他在一九三七年遭到逮捕之後，受到殘酷的拷問，也被迫說出對自己及他人不利的虛假供詞。接著被送到內務人民委員部列寧格勒本部長札可夫斯基（Leonid Zakovskiy）的辦公室。部長對他說，在法庭上[illegible]部偽造的『妨害間諜、破壞份子』等說詞，這樣說的話就可以釋放你。此時，無恥的札可夫斯基對他說出編造的『反蘇陰謀』，並強調說這是本部及各支部準備好的方案，在判決時要公開實行。部長接著要求他仔細記憶即將在法庭上被提問的解答，同時威脅：『你之後的命運就由審判結果決定了，如果你應對錯誤，是自尋死路，將會人頭不保。』」

兩年後，當事人札可夫斯基及他的同伴因爲這個恐怖的審判事件受審，蘇維埃聯邦共產黨員ア—・シセン—與內務人民委員部列寧格勒本部的ニコノヴイチ（札可夫斯基的代理）住在一起，ニコノヴイチ被槍殺，但他卻免於死刑，只處二十年徒

刑，他努力延續性命，不和任何人議論，過著無爭的日子，即使如此，仍然有時會遭受嚴酷的拷問。這些內務人民委員在一九三八年二月至一九三九年，都遭槍決。

這種肉體上的拷問及刑罰，在領導機關的允許之下，OGPU對於「新方法」進行轉換，並持續捕捉一九三一年所謂「破壞份子」。但是OGPU從一九三〇年代開始，對被捕的共產主義者採取所謂的「人道」態度，直到一九三七年春，對於每個被拘留者的拷問與刑罰才開始（例如對托洛茨基主義者、「平行本部」等人民公敵的審判準備之時），犯人們被以禁止進食或睡眠等手段對待，調查官也被允許動用任何方法。一九三九年，被拘留者遭受各種酷刑。

一九三八年五月十六日，二十世紀最偉大的物理學者愛因斯坦（Albert Einstein）致信斯大林，信中抗議許多得到國際同領域學者尊敬的知名學者在俄國遭到逮捕，然而，斯大林、維辛斯基、加里寧（Mikhail Kalinin）都不予理會。

西方所有社會黨都對斯大林採取嚴厲反對的立場。事實上，很多社會黨相信圖哈切夫斯基（Mikhail Tukhachevsky）及其同僚的陰謀（plot），祕密警察致力於將這種「陰謀」送到法國諜報機關，自此，這些情報在社會黨的活動份子間流傳。整體而言，西方各國的社會黨內，對於蘇聯對社會主義及民主主義的扭曲、其政權的專橫，及其現在造成的罪惡等定論，大家都沒有異議。

斯大林所有的懲罰，遠不是正確的判決，這點不辯自明。社會主義者的意見相左，及斯大林的被害妄想（persecution mania），釀成了後來布爾塞維克黨的悲劇。

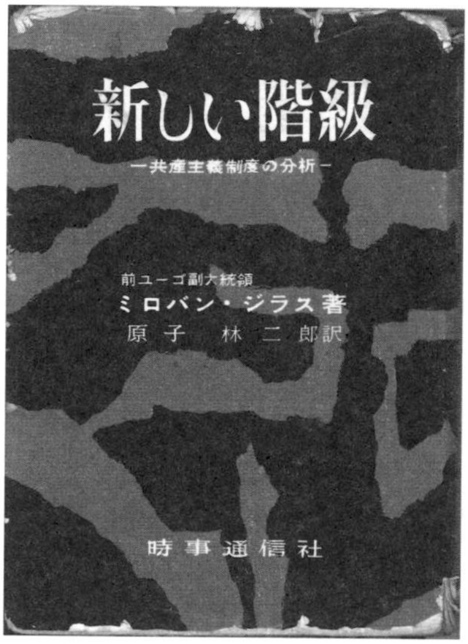

《新階級》，Milovan Djilas分析共產主義制度的名著

斯大林個人獨裁的範圍，史無前例的廣泛擴大，一九三六—三九年，以政治理由受彈壓者（槍殺、長期監禁、在勞動收容所吃苦等）數以萬計。一九三七—三八年，

彈壓與槍殺最猛烈，例如在莫斯科，每天不下一千名受害者，在裁判所判決而被槍殺。

以上只提及重要的政治家、黨活動家、高級軍人、作家、藝術家、學者等，但蘇聯的壓迫並不止於上層人士，這些壓迫也逮捕了中層、下層的活動份子，全部人民都大量遭到逮捕。

十一、貝利亞的「秘密警察帝國」

一九三七—三八年的大規模彈壓，不但影響國內經濟與政治形勢，全國各家族也無一不受彈壓波及。同時，監獄與收容所收監的犯人已成「超滿員」。

一九三八年十一月十七日，斯大林在蘇維埃共產黨中央委員會使「有關逮捕及檢事監督與審理」一律被秘密採決。次之，斯大林所信任的「內務人民的寵兒」、內務人民委員（指揮秘密警察）葉佐夫（Nikolai I. Ezhov, 1895-1940）絕斷消息（被逮捕，後來遭槍斃），接任的貝利亞（L.P. Beria, 1899-1953，蘇聯閣僚會議議長第一代理，斯大林親選的秘密警察長官，在斯大林死後，被判死刑）則是毫無原則的政客，什麼惡質的勾當都幹得出來。

貝利亞，生於喬治亞的梅丘里（Merkheuli），在喬治亞擔任一系列的地方職務後，一九三八年調任蘇維埃國內事務委員，在捷爾任斯基時代加入契卡，把他介紹給捷爾任斯基的，不是別人，就是斯大林。斯大林說：「貝利亞是有才能的青年同志，在Baku（蘇聯南部州首都港灣都市、油田），在油田勞動者之中做了很好的工作，是個可以全面信賴的人物，我想他最適當於契卡（保安秘密警察）的勤務。」

斯大林提拔的這個無賴漢，也是刑事上的犯罪者。之後，以貝利亞爲首，前任葉佐夫的部下與協力者都被逮捕與槍殺。

貝利亞

關於貝利亞，從初在委員會內就有許多惡評，但是，因處理內部問題（大量逮捕、槍殺舊人員，幾十人的有責任的官員），獲得斯大林信任。蘇維埃共產黨第十八屆大會，有幾百萬的受難者期待「復權」（restoration），結果受惠的不過是數千人而已。斯大林與內務人民委員說：這種復權，不過是要處理人民的策略。但是在貝利亞就任後，不法的逮捕卻比以前更甚，其範圍也更擴大。

貝利亞即以自己在十五年的長官時代設築的「秘密警察帝國」（NKGB）爲背景，公然成爲獨裁者，就任副首相、內相、黨中央委員會幹部，他也做秘密非法工作人員，被派遣於海外，滲透於各地的亡命者集團。

他在斯大林的主導下奪取權力，繼而追逐托洛茨基到墨西哥。在第二次世界大戰中，貝利亞組織超期的大情報工作。戰時中，貝利亞擴大秘密警察帝國，已到了無法管理的地步。他透過強制「勞動收容所」（監獄），抓著俄國大部分的經濟生產。爲了更有能力營運帝國，他終於把內務人民委員部的保安組織分離爲獨立機關。新保安組織以NKGB（國家安全人民委員部）爲名稱，並把責任範圍分割，結果原來的內務人民委員部只有支配警察行政與秘密警察，新的NKGB則支配國內治安、情報工作、國境警備、管理矯正勞動收容所、游擊工作、對德國地下活動等，成爲規模廣泛的一個機關。

貝利亞（中），一九三五年

貝利亞自身繼續留任在內務人民委員的地

位，NKGB的人民委員，即由心腹的麥爾庫洛夫（Vsevolod Merkulov）執掌。如此，即使保安工作範圍已分割，貝利亞的支配權限也沒有縮小。

最後，NKGB升爲「部」級，新稱爲MGB（國家保安部），NKVD也升爲「部」級，改稱爲MVD（內務部）。閣僚會議副議長貝利亞，事實上升爲副首相而支配了國家全部。

原來，斯大林乃設置「情報委員會」的機關。貝利亞則把MGB管轄下的對外情報工作部門轉移於秘密警察工作，不但是這樣，還把紅軍參謀本部的「情報管理本部」及GRU（軍事情報局），也吸收做爲自己控制的部局。

十二、內務人民委員部所用的不法的監禁、槍殺

斯大林覺得把反對自己的人，僅以逮捕或槍殺是不夠的。內務人民委員部（秘密警察）在審理時使用種種方法，讓反對者自白其陰謀與犯罪，承認自己是破壞份子、陰謀家，再以「反革命」、「人民公敵」等罪名予以禁錮與槍斃。

（一）刑求與拷問

以拷打或刑求，叫呼「你是人民公敵，在蘇維埃你不能活著」，製造絕望氣氛，讓人不戰而屈服，遂簽訂假罪名的「口供書」。很多軍人也變得這麼「軟弱」，也許是對獨裁、專橫的一種抗議。

（二）戲劇性的監獄與扣留地

一般的人都被宣判十五年、二十年的禁錮，但是受審判的黨、政、軍的指導者，在表決的終日，就是他們生命的最後一日，蘇維埃規定判決後要立即槍決，在地下室當中被暗殺。

（三）關在「勞動」收容所

坐牢的監禁所，不是監獄，有幾百幾千的大小收容所，斯大林時代，收容所的網子密布於全國各處。蘇維埃政府成立的當初，在刑法典上，禁止對囚犯使用枷鎖、手銬、不擇手段的刑求等虐待方法。然而，這些「自由主義」的制度，一九二七年斯大林命令廢止，收容所成爲眞的懲罰收容所，以前的矯正被廢止，而成爲絕滅犯人的場所。

斯大林、貝利亞，命令一晝夜十小時的勞動，

蠻橫時加到十六小時。囚犯都被送到懲罰收容所與特別收容所，特別收容所是設置在煤坑與金坑。他們在特別收容所，沒有休憩，最少要勞動十二—十三小時來從事採金。起先是班長以下有十—二十個班員，受到監督、守護兵的打罵，囚犯在嚴冬也被強制在外頭勞動。他們穿破衣服，冬天在野外受到大雨及暴風侵襲，一身不乾，也得做十六鐘頭的勞動，到了終日，除了班長以外，沒有死掉的只剩下幾個人，他們都生病、凍傷，[illegible]也是死掉，官員就說他們是「凍死」[illegible]思）。官員都有辦法把他們的死亡隱蔽起來。

年輕的內務人民委員部幹員，一九四〇年

斯大林與內務人民委員部，訓練內部委員部學校的學生，也包含十八—二十歲的青年，使之成爲專門拷問囚犯的刑吏。

勞動收容所

十三、斯大林徒弟貝利亞的最終

一九五三年三月五日，斯大林死亡，貝利亞感到支配蘇聯最高權力的好機會到來。貝利亞以MVD吸收MGB，掌握保安組織的全面力量，將支配權歸於自己手中。他的權力無限伸張，指揮政治警察，並把三十萬的特別部隊變爲私兵，強制勞動收容所也轉爲貝利亞直接管理，蘇聯大部分產業的支配權也在貝利亞的管理之下。

取得全國秘密警察大權的貝利亞，看低斯大林的徒弟赫魯雪夫（Nikita Khrushchev, 1894-1971）。赫魯雪夫生於卡利諾夫卡（Kalinovka），一九一八年參加蘇聯共產黨，在內戰中從事黨工作，很快被提拔，一九三九年任中央政治局委員，最高蘇維埃主席團成員，一九五三年斯大林去世後出任蘇共中央第一書記，三年後，在第二十屆代表大會上揭露斯大林的「個人崇拜」。執政期間發生波蘭及匈牙利事件（一九五六），一九六二年受美國壓迫，撤離古巴的飛彈設施，一九六四年下台，爲布里茲涅夫（Leonid Brezhnev）、何錫金（Alexei Kosygin）所取代。退休後，卒於莫斯科。

馬林可夫（Georgij M. Malenkov, 1901-1988），生於奧林堡（Orenburg），一九二〇年參加共產黨及其土地集體化運動，一九三〇年代主催斯大林發動的大清洗，一九四六年擔任蘇共中央政治局委員。一九五三年，斯大林死後，繼任蘇共中央書記兼部長會議主席，一九五五年承認農業政策失誤而辭職，一九五七年被送到哈薩克水電任總經理，卒於莫斯科。

斯大林死後，軍部不忘許多將軍遭肅清（殺死）。馬林可夫早先就與軍部有密切聯絡，所以，科涅夫（Ivan Konev）元帥逮捕了貝利亞並

馬林可夫

成爲裁判的審判長，貝利亞與其他保安組織最高責任者同樣，在盧比揚卡監獄被槍殺隊處刑。

蘇聯共產黨政治局奪取獨裁權成功後，決定不讓國家保安組織像貝利亞時代那樣，無制約的再次膨脹。所以，徹底進行機構改革，其最重要的措施，就是把保安組織直屬於黨政治局，警察、謀略工作、國境警備、國內治安等的管理機能，一切嚴密限定；產業分野的責任範圍，也分割於各部；召開即決裁判及其判決權限，即移管於法務部。

一九五四年，國家保安組織，即改名爲「國家安全委員會」，以略稱KGB而爲人週知。

十四、蘇共批判斯大林

蘇共獨裁者斯大林死亡後，蘇共與蘇維埃國內，隨之捲入權力鬥爭的漩渦裡。一九五三年赫魯雪夫就任蘇聯共產黨第一書記後，逐漸獲得黨的領導地位。

一九五六年二月，赫魯雪夫終於在「蘇共第二十屆全國代表大會」，做了兩次批判斯大林的演講。

赫魯雪夫在二月十四日做第一次批判時，尚未明確的指出斯大林的名字，而只抨擊非馬克思主義、列寧主義的「個人獨裁」與「黨官僚主義」，並要求與會的代表們廢止對領導幹部入場時所做的熱烈鼓掌的壞習慣（歷來在各種會議上，斯大林臨會時都得以滿場的鼓掌來表示崇拜唯一領導），同時採決：（一）以十五人委員會組成的中央委員會決定一切政治問題，（二）復活列寧時代的「自由討論與多數決的決議」（廢止斯大林的「個人獨裁」）。

赫魯雪夫（左）與斯大林，一九三六年

赫魯雪夫又在秘密會議上，做了第二次的

演講，[illegible]獨裁」的罪惡行爲。

當時在蘇聯國內，驅逐「斯大林」的熱潮已瀰漫於政府的各部門，因此赫魯雪夫又在大會上公布黨中央委員會的決定：（一）降低「政治特務」（秘密警察）的地位與削弱其權限、廢除斯大林時代的大肅清與大量放逐（一九五三年已強行「克里姆林宮政變」，當場逮捕斯大林親信的特務頭子，現任副首相兼內務部長貝利亞，槍斃貝利亞及其秘密警察幹部共七名），（二）廢除斯大林時代部分的勞動營與政治監獄，釋放大部分政治犯，（三）施行「新刑法」，確立新司法制度，廢除斯大林時代的永續清算與恐怖政治，保證「以法統治」，（四）施行「新勞動法」，（五）提高工人工資，降低官僚、企業家、藝術家及高級工人等特權階級的特權收入，（六）全廢初中、高中學費等。

赫魯雪夫在蘇共第二十屆全國代表大會演講，一九五六年

但是，由於赫魯雪夫本身原來是斯大林一手培植的「斯大林高足」，就是斯大林獨裁的共犯者，斯大林死後，是馬林可夫新任政府首相，很快就開始推行「非斯大林化」，赫魯雪夫恐怕「非斯大林化」衝擊太大，以致影響到他自己的安全，所以在執政上仍然保持著斯大林時代的壓制性政治獨裁政權。

赫魯雪夫雖然在觀念上否定了「個人獨裁」、「唯一領袖制」，但在實際上，中委會也沒有實行討論，其決策也像斯大林一樣的不公開，對下級機關也仍然施行斯大林那套「黨官僚中央集權統治體制」。因此，雖經過

批判斯大林主義，但實際上還不實行列寧主義與無產階級民主主義。就是說，批判斯大林以後，「個人獨裁」政治的底子仍然存在。

但是蘇共黨中央幹部會會員的米高揚（Anastas I. Mikoyan, 1895-1978），雖說是與赫魯雪夫同樣當過「斯大林主義者」，他乃早就回復列寧主義。

赫魯雪夫在末期，也被斯大林殘餘份子打倒，「個人獨裁」要等到一九九一年蘇聯共產黨與蘇維埃倒垮，才有了大略解決。

十五、斯大林對社會主義與民主主義的侵害

斯大林所進行的個人獨裁，對蘇維埃社會主義施予最大的打擊。

蘇維埃社會的民主主義原則的弱化，可以從列寧說起。從國家機構、經濟機構的官僚主義必須擁護勞動者的勞動合作社的認識極爲弱小。列寧反對勞動合作社國家化的綱領，他說：「沒有任何人例外的無產階級（Proletariat），必須自己擁護自己……這就是我們現在這個國家的存在法。」此時列寧想讓勞動合作社在社會內：「在與蘇維埃機構歪斜的官僚主義進行鬥爭時，要擁護那些蘇維埃機構的支配勢力無法觸及的方法及手段，並擁護勞動大眾物質上、精神上的利益等，不可能失去非階級的經濟的鬥爭。」（日譯《列寧全集》第三十二卷，一〇九九頁）

再加上，在列寧的計畫中，十五至二十年後，勞動合作社將會支配絕大部分的國民經濟，全國的經濟將被實際掌握在自己手中，但是，這些情況完全沒有發生。

斯大林並沒有將勞動者自治引入國民經濟之中。在個人崇拜時期，勞動合作社實際上已經國家化，僅僅成爲黨與經濟機關的附屬單位，合作社幾乎沒有做過任何關於勞動者的生活水準、實際生活費用的研究，此機構連國內最低生活費都無法確定，並沒有對於改善勞動者的物質生活有所作爲。勞動合作社的創立，原本是爲了解決國政上的大問題。雖然列寧意欲創辦共產主義的學校，但這些大眾組織的基本任務，卻僅僅成爲日常假僞問題的解決而已。

做為國家權力機構的蘇維埃，在斯大林的掌權之後，變成處於「假死狀態」，維持著無力的存在。斯大林雖然擁有龐大的蘇維埃國家體制，但不管是中央還是地方，蘇維埃機關的影響力都日趨崩毀，漸漸從本地的人民權力機關，變成僅是黨委員會的附屬物。（雜誌《和平與社會主義的諸問題》一九六三年第五號，六〇頁）

在一九三六年頒布的憲法（斯大林憲法）中，逐漸耗弱的蘇維埃機關絲毫沒有消滅到它的任務與權限，若是從蘇維埃任務的形式上來看，蘇維埃機關的選舉甚至稱得上民主。在以往，蘇維埃地方上代議士的選舉，是對應著各組織中勞動者、雇員、軍人的人數，直接在企業、機關、學校、軍隊等單位內，以舉手的方式進行選舉，而在這年憲法頒布後，改為在居住地進行選舉；以前有權利進行直接選舉代議士的，只限於地方蘇維埃，再由地方蘇維埃選出較上級的蘇維埃，後來代之以多階段選舉，各地大大小小選舉區的住民可以直接選出地方蘇維埃、都市蘇維埃、州蘇維埃、共和國蘇維埃、蘇聯邦最高蘇維埃的代議士。但實際上，在蘇維埃國家的條件下，這些對多黨制布爾喬亞民主國制度的模仿，與其說是更後退一步，不如說選舉變成了秘密投票。

新的選舉制度，讓蘇維埃機關與企業、學校、公共機構之間的連結完全失效，蘇維埃成員失去了活動的有效作用，也失去在控制上的可能性。

選舉人與代議士之間的互相結合，透露出這種制度的缺陷。做為選舉人，現在如果要監視代議士的活動，從蘇維埃當權要召回自己的權力比以前更困難。在以前，選舉直接在各個企業、機構內舉行時，選舉人在了解各個代議士候選人的優缺點之後，可以進行審議，因此能選出較優秀的人才，但在制度改變之後，下級蘇維埃失去控制上級蘇維埃的可能性，變成從上而下的單向從屬關係。簡言之，這種制度和布爾喬亞民主主義國家的都市自治是不太相同的東西。

斯大林不信任大眾、看不起人民，雖然身為勞動者，卻不尊重勞動者，他無視自己是勞動者出身的事實，輕蔑的對待勞動者。在個人崇拜的時期，對於基本的政治、經濟問題的檢討，並沒有連帶解決人民及黨的問題，在這種情勢下，針對這些問題

的解決，大多數黨及國家的人士都不便有所作爲。這種個人崇拜的實踐，在勞動者與黨員之間，擴大並扶植（establish）了政治上的被動性（passiveness）。

對於黨領導者的批判，尤其是對斯大林本身的批判，在所有標準下都被消聲匿跡，從克里姆林宮（Kremlin）出來的任何消息，經常被理所當然的接受。

雖然斯大林在口頭上極力爭辯著由下而上的批評或是針對自己的批評，在行動上卻一次都沒有表現出來。所以，批判與自我批判的字句只淪爲口號（slogan），只要事情涉及大部分領導階層或是斯大林本身，絕看不到眞正的批判。這種對領導者的保守批判，在國與黨之中造成極爲危險的情況，而斯大林言行不一的狀態更是表現出這種危險性。

當領導者的權位上昇之後，即從大眾離去，此時大眾由下往上仰視並中止了對指導者的批判，這種狀況，使領導者從大眾浮出、脫離；而大眾從領導者走遠。這種情況產生了一定的危險，這種危險也促使領導者越來越高傲，以上對下的態度面對大眾，並覺得自己的決定不可能有錯。由此，除了顯而易見的黨的破滅之外，不可能有其他結果。（日譯《斯大林全集》第十一卷，四五－四六頁）

承上述，在馬克思、恩格斯預見到社會主義國家變質爲官僚主義激烈化的可能之後，爲了防止這種可能性，並爲了不讓公社（commune）變質，他們提出兩種確實的方法：

第一，行政、司法、教育等所有職務的任命，都由普通選舉產生，若有利益關係涉入，隨時都可以解任。

第二，無論其職位高低，所有職務都和勞動者領同等薪資，即公社所能支付的最高薪資爲六千法郎（Franc）。

如此一來，就可以取消所有職務地位競爭或功利主義的可能，並對於代議機關代表制訂拘束委任制。（日譯《馬克思、恩格斯全集》第二十二卷，二二四頁）

一般而言，列寧在面對薪資均等化的問題時，尤其是對於黨員，一貫反對額外的加薪，但是他主張漸次提高勞動者的實質薪資。這種政策就是所謂的「黨員最高給月額」（パイトマクシム）。

十六、改寫蘇聯史的安托洛波夫

一九六七年四月，安托洛波夫（Yuri V. Andropov）與前任者交接，就任秘密警察長官。安托洛波夫在許多地方，得到捷爾任斯基在四十年前享受過的名聲與威信，他的住家裝飾有捷爾任斯基的肖像。

安托洛波夫有教養，愛好藝術，能講英文。他受頒列寧勳章，有「社會主義勞動英雄」的稱號。一九一四年六月生，做電信士後，成爲水力技術學校的學生，一九三六年畢業，成爲「共產青年同盟」（Komsomol）的組織者（organizer），第二次大戰中，也在德國軍前線的後方做游擊工作。一九五六年，他正擔任匈牙利（Hungary）大使，駐布達佩斯（Budapest），成功壓制了匈牙利政府首腦擬以脫出蘇聯支配的「匈牙利動亂」（Hungarian Uprising）。一九六八年，蘇聯侵略戰車軍進入捷克國首都布拉格（Prague），反蘇聯的捷克秘密警察四百人及多數捷克人被殺。

一九八二年五月，黨最高首腦部，大拔擢野心家的安托洛波夫，從秘密警察KGB議長，任爲黨政治局委員。這時的拔擢，將安托洛波夫做爲已病的布里茲涅夫首相的繼承者。蘇聯保安組織，在國內是恐怖與憎惡的對象，在西方則被以嫌惡的眼光注視著，故此時把安托洛波夫調離這個內外皆怨恨的機構，可謂政治上的「冷卻期間」，讓他較容易被內外所接納。

這個冷卻期間過了七個月，一九八二年十一月，布里茲涅夫死亡後，安托洛波夫繼承蘇聯最高權力，成爲首位秘密警察（KGB）長官出身的書記長。

在安托洛波夫任內，KGB對於有問題的知識份子或異端人物，以「斯大林以來的橫暴、苛酷」加以淘汰。他在蘇黨最高會議演說，指出對「帝國主義的謀略或破壞工作」不能懈怠，定要消滅。

接替安托洛波夫擔任KGB長官的費托爾結克（Vitaly V. Fedorchuk），秘密警察出身，狂熱的民族主義者，對反體制主義者給予苛酷的處理，對付外來者或宗教者特別橫暴。他是理念與政治鍛鍊不足，擁有民族主義偏見與宗教的陶醉，道德腐敗的專制者。他在斯大林大肅清的獨裁下，學習秘密警

察的橫暴性與非人性，成爲他最深刻的謀略。費托爾結克做爲KGB議長，留下最短任期（六個月）的記錄，隨後出任內相。他的移動，顯示KGB的強硬路線，是對國內的反體制運動的新的彈壓的表現。

珠倍庫夫（Viktor M. Chebrikov）繼任KGB議長，他同年四月才做KGB第一副議長，與前任者同樣是所謂「強硬路線」的信奉者。他是中央會委員，紅軍出身的將軍。

當時包括赫魯雪夫在內的蘇聯高官等，都說「蘇聯內，任何種類的保安組織或謀略機關，都絕對不存在」。然而，這種獨裁政策確實存在，禮贊KGB的工作的書也有刊登，但是在這些書裡，常能見到有如公式般的蘇聯史，事實關係於最高指導部所指示，都似最高指導者所指示的形態出現於社會。例如KGB只能與契卡比較，其他秘密機關都被暗殺。寫斯大林的鐵與血的誇大妄想時，才引出雅果達、葉佐夫、貝利亞等。

捷爾任斯基說：「我流了太多血了，已經沒有活下去的資格。」

以上寫得很多，長跪且廣泛的獨裁秘密警察機構，存在於很久的人間世界。

參考書籍

1. メドヴェーデフ著，石堂清倫譯，「共産主義とは何か」全二卷，三一書房，1973-74。（Medvedev, R. A. *Let History Judge: Origins and Consequences of Stalinism*. New York: Alfred Knopf, Inc. 1972）
2. 福島正光譯，「フルシチョフ 封印されていた証言」，草思社，1991。（*Khrushchev remembers: The glasnost tapes*. Foreword by Strobe Talbott. Translated and Edited by Jerrold L. Schecter and Vyacheslav V. Luchkov. Boston: Little, Brown & Co, 1990）
3. 福田ますみ著，「暗殺国家ロシア：消されたジャーナリストを追う」，新潮社，2010。（*Chasing journalists murdered in RUSSIA*）
4. ミロバン・ジラス著，原子林二郎譯，「新しい階級：共産主義制度の分析」，東京：時事通信社，1957。（Milovan Djilas, *The New Class: An Analysis of the Communist System*）
5. 佐久間穆、船戸滿之譯，「ノーメンクラツーラ：ソヴィエトの赤い貴族」，中央公論社，1981。（Michael S. Voslensky, *Nomenklatura: Die herrschend Klasse der Sowjetunion*）

6. 入江眉展譯，「今日のKGB：內側からの証言」，河出書房新社，1984。（John Barron, *KGB Today: The Hidden Hand*, New York: Readers Digest Assn, 1983）
7. 木村明生譯，「ロシア秘密警察の歷史」，東京：心交社，1989。（Richard Deacon, *A History of the Russian Secret Service*）
8. 森信成著，「マルクス主義と自由」，東京：合同出版，1975。
9. 鐮倉孝夫著，「現代社会とマルクス」，東京：河出書房新社，1984。
10. 廣松涉著，「マルクス主義の成立過程」，至誠堂，1968。
11. 高橋正雄著，「マルクスとケインズとの対話 現代の資本主義と社会主義」，東京：講談社，1963。
12. 大沢正譯，「ベリヤ：革命の粛清者」，東京：早川書房，1978。（Tadeusz Wittlin, *Commissar: The Life and Death of Lavrenty Pavlovich Beria*）
13. 勝部元、飛田勘弐譯，「コミンテルン人名事典」，至誠堂，1980。（Branko Lazitch and Milorad M. Drachkovitch, *Biographical Dictionary of the Comintern*）
14. 猪木正道監修、木村汎譯，「現代のマルクス主義：二十世紀に挑戦する思想家たち」，東京：社會思想社，1967。（Milorad M. Drachkovitch, *Marxism in the Modern World*）
15. 田中西二郎、橋本福夫、山西英一譯，「武装せる予言者・トロツキー：1879-1921」，東京：新潮社，1964。（Isaac Deutscher, *The Prophet Armed: Trotsky, 1879-1921*）
16. 對馬忠行、雪山慶正、石井桂譯，「コミンテルン・ドキュメントⅠ、Ⅱ、Ⅲ(1929-1943)」，東京：現代思潮社，1972。（Selected and Edited by Jane Degras, *The communist international documents*）
17. Ernesto "Che" Guevara著，朝日新聞外報部譯，「ゲバラ日記」，東京：朝日新聞社，1968。
18. 戰略問題研究所著，「都市ゲリラ戦の研究」，1978。
19. 木村浩、松永綠彌譯，「在煉獄之中」，東京：新潮社，1972。（Aleksandr Solzhenitsyn, *In the First Circle*）
20. B. Wlrff著，原子林二郎日譯，「フルシチョフ（赫魯雪夫）」」。

一、衝撞體制——街頭的榮光

台灣獨立
台灣獨立
勞苦大衆出頭天
獨立台灣會

消滅外來殖民體制
台灣獨立
勞苦大衆出頭天

咱台灣人要
守護台灣

消滅外來殖民體制
台灣獨立
獨立台灣會

TAXI
366-MZ

632366

反体制達成獨立
獨立台湾会
台灣獨立
台灣獨立

獨立台灣會

台灣
獨立

獨立台灣會
台灣 不是中國

Water lily
訂作服飾
手工飾品
創意家飾
設計訂作
台灣
獨立台

寫真集錄

一、衝撞體制——街頭的榮光

民族主義

台灣守

阿扁無罪
SET
三立

HOTEL
獨立台灣會

一、衝撞體制——街頭的榮光

戰 !!
反獨裁

一、衝撞體制——街頭的榮光

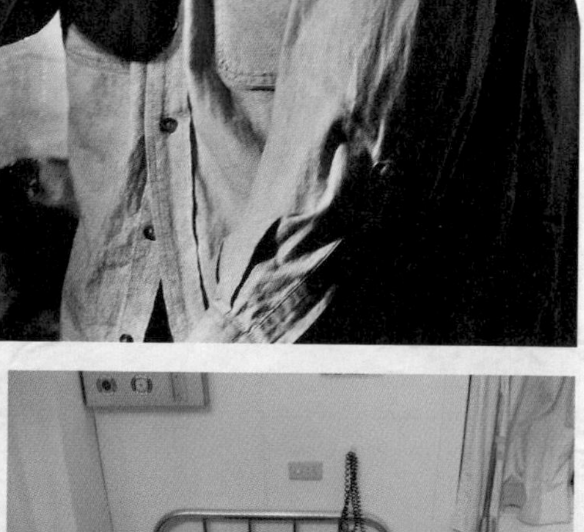

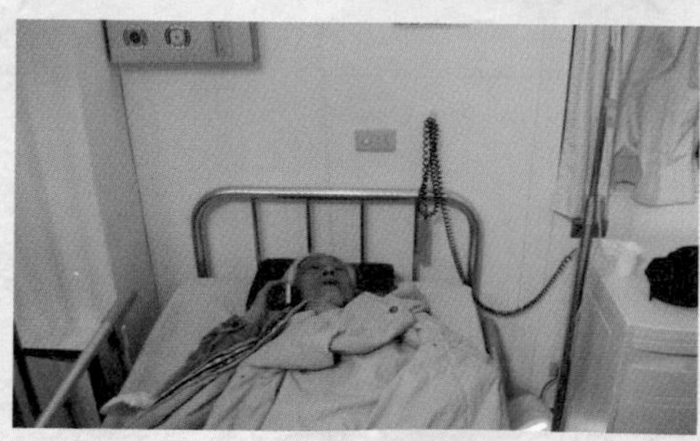

一、衝撞體制——街頭的榮光

蔡英文

蔡英文
Season's Greetings

獨立台灣會
蔡英文

文英蔡
Season's Greetings

TAIWAN NEXT
1
小豬回娘家 前進"總統府"
英文

二、前仆後繼——獨立革命眾同志

e bell

台灣魂

喚醒台灣魂剷除外

制憲換國號
勿忘228

史明老師·

祝您早日康復

臺大濁水溪社
眾同志 敬上

史明老師：

我是2005年追隨您靜坐臺大門口多日的張之豪。自從接受您的指導與啓發後，我把我的主戰場放在校園，成立了校園學生知識份子，關懷與實踐本土意識和社會進步思想的「濁水溪社」。這是我們眾同學對您的關心與打氣。

我們很多人都在唸人文、社會、政治科系的研究所，希望能走出一條認真學思、老實行動的本土知識份子的道路。今年又在台教會年會和老師共餐，很多沒見過老師的學弟妹都很榮幸。希望老師的身體快快康復，眼前臺灣還有很多硬仗要打，請回來繼續帶領臺灣走向全面解放的大道上吧！

張之豪
2009.12.1

史明老師：

願您早日康復，回來美麗的故鄉！
台湾現在也許尚未明朗，有希望，
但相信您回来時一定会好的！
心配しないで～

李東諺
2009.11.30

史明前輩，

自那年在台大大門口的相識，我到現在還經常思考您所說的：知識份子作得太少，說得太多。希望，未來可以效法您的精神意志，與奮鬥。

藍[illegible] 09.11.30

史明老師：

祝您早日康復！上次有幸在台教會的場合見到您，雖然沒有跟您說到很多話，但是您講的一些話到今天都還記得！希望您身体可以趕快好起来，改天有机会再跟我們聊聊 :)

[illegible]
2009.11.25

史明老師：

雖然始終沒能見過您，但在社團中仍會聽到些關於您的消息！希望您能儘快恢復健康，給予我們指教！

林彥廷

史明老師：

祝 早日康復

希望您可以再次看到臺灣美麗的夜景！

林晴灣

史明老師：

祝您早日康復，希望您能早日回到台灣給我們指教。

蘇致亨

史明老師，

祝您早日康復

感謝您對台灣所做的一切

林[illegible]

史明老師：

感謝您以一生奔走為台灣成為一個國家而付出的一切。請安心靜養，在我們努力創造一個自由、獨立、公義的台灣國的路上，繼續支持與指導我們!!

期待老師光榮回到獨立自由的台灣，和我們相聚的一日!!

[illegible] Nov.27

史明老師，

保重身體，
早日康復

楊[illegible]

史明老師：

祝早日康復

余崇任

史明老師：

感念您多年為臺灣打拚，來回臺日之間，請多休息，早日康復

張[illegible]

史明老師：

祝早日康復

[illegible]

史明老師：

加油！祝您
早日康復!!

李[illegible]

史明老師：

您的戰鬥精神一直深深影響著我們，謝謝您為台灣的堅持，祝您早日康復，平安歸國!!

[illegible]

史明老師：

曾多次在為台灣戰鬥的場合中遇見您的身影，敬佩老師的堅毅！希望你早日康復，歸國。

吳[illegible]

史明老師：

希望您在不久後就能恢復健康。長夜漫漫，但台灣這塊土地正在海的一方觀望您，守護您。

史明老師加油！

[illegible]

Dear 史明老師：

祝您早日康復，感謝您這一生為台灣的付出。我們會共同守護這片土地。您一定要加油和疾病奮戰!!

李[illegible]
09.11

三、巡迴講習——喚醒台灣民族的靈魂

台灣獨立建國聯盟
大團圓

三、巡迴講習——喚醒台灣民族的靈魂

90

228

歡迎
史明大師
蔡教授團隊

竹南
慈裕宮
中港

蕭美琴

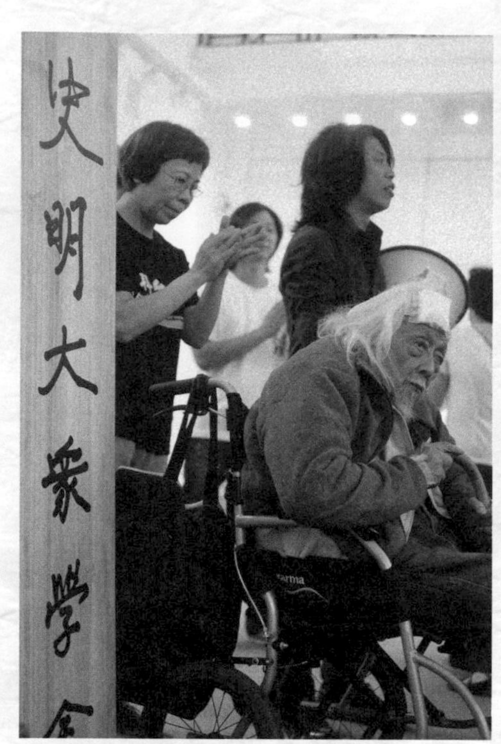
史明大衆学

史明大

神

三、巡迴講習——喚醒台灣民族的靈魂

蔡英文

TOURIST INFORMATION

四、台灣大地——信仰台灣神的同修

敏照

贊代

緒託

光岐

敬持拜台灣神的大師－楊緒東

贊若

贊屋

贊外

贊灰

敏奐

贊業

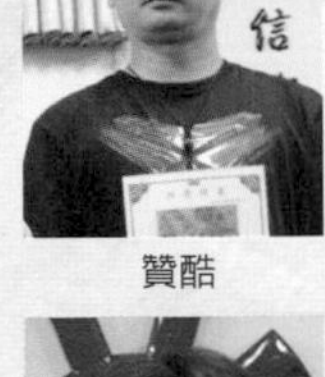
贊酷

贊坡

贊住

贊補

贊修

贊活

贊影

贊斟

贊郎

贊決

贊裙

贊浬

贊竹金

贊之

贊昱

贊琦

贊卜

贊而

贊儀

贊鵠

贊殿

四、台灣大地——信仰台灣神的同修

台灣無名戰士紀念碑

臺灣獨立

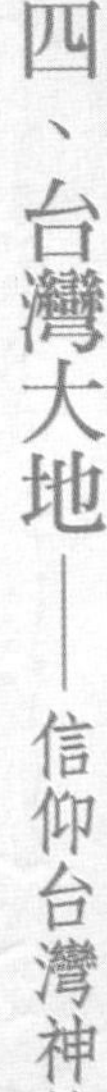

四、台灣大地——信仰台灣神的同修

信仰建國二

四、台灣大地——信仰台灣神的同修

四、台灣大地——信仰台灣神的同修

先生九十七歲慶生暨新書發表會
大地文教基金會　協辦:桶箍之愛協會　地點:天主教大樓2F(雄女斜對面)　時間:13:00~15:00

寫真集錄

四、台灣大地——信仰台灣神的同修

四、台灣大地——信仰台灣神的同修

史明歐吉桑ㄟ生日
大家作伙來鬧熱

——暨《台灣人四百年史》簽書會

壽

獨立台灣

大家作伙來鬧熱

11/8 (日) 下午3：00～9：00

地點：彰化市桂都餐廳

彰化縣彰化市中興路187-1號 TEL:04-712-8600

聯合主辦單位：

台灣中社、彰化縣醫療界聯盟、彰化縣活力旺企業協會、史明教育基金會、劉建國立委服務處、大地文教基金會、台灣人權文化協會、彰化縣小英之友會、彰化縣公民監督聯盟、908台灣國聯誼會、林世賢議員服務處、福峰酒廠、大埔周至祥、喚醒彰化青年聯盟、巫容圖牙醫診所、趙宗宋畫室、員林何醫院、黃人修牙醫診所、曉陽眼科、中華精工光電

黑公雞餐廳（贊助360顆紅蛋）

聯絡人：

趙宗宋0937-288615　黃人修0935-103820　張淑芬0911-757521

史明歐里桑ヘ生日

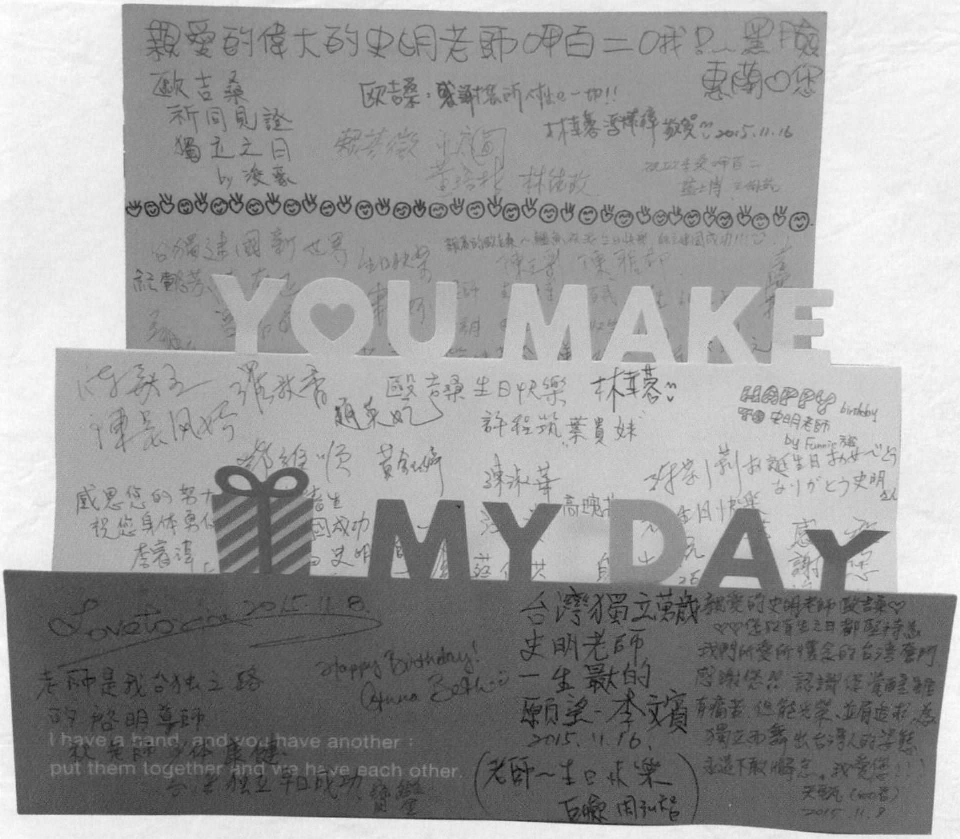

YOU MAKE MY DAY

I have a hand, and you have another :
put them together and we have each other.

寫真集錄

五、簡單平凡——革命者的居家生活

惜台灣
show Taiwan
舒潔

529-QCG

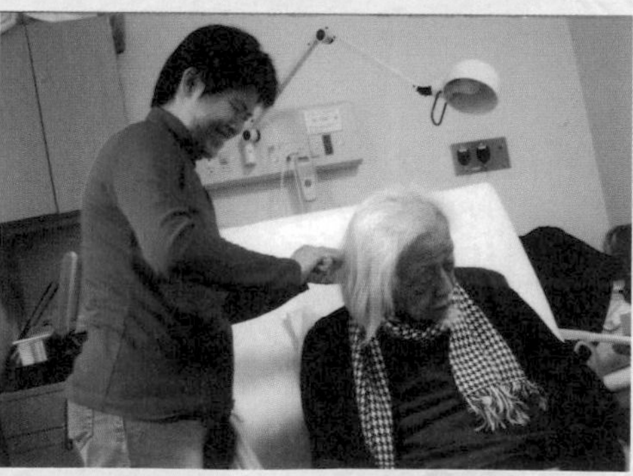

五、簡單平凡——革命者的居家生活

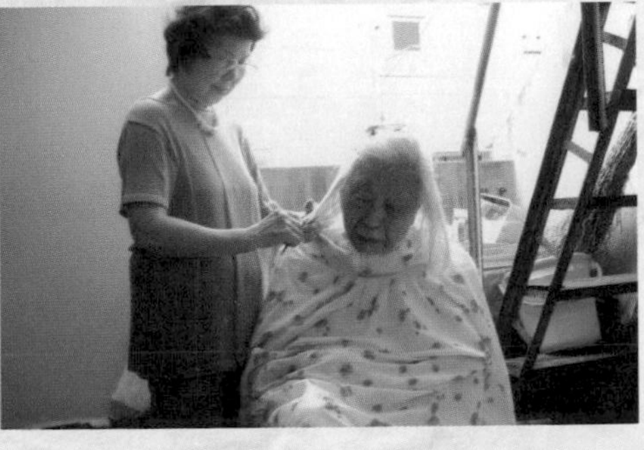

五、簡單平凡——革命者的居家生活

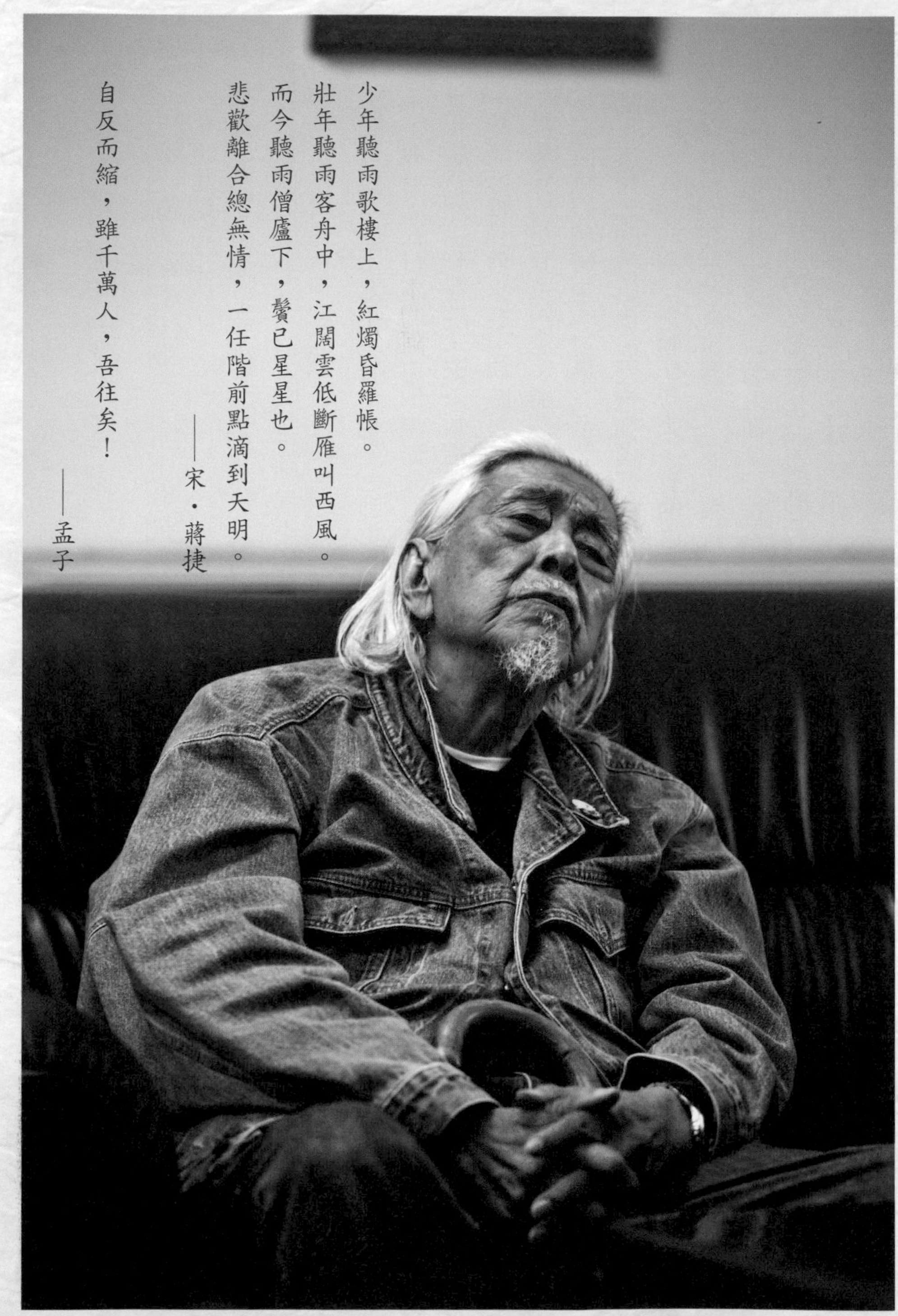
少年聽雨歌樓上，紅燭昏羅帳。
壯年聽雨客舟中，江闊雲低斷雁叫西風。
而今聽雨僧廬下，鬢已星星也。
悲歡離合總無情，一任階前點滴到天明。
——宋・蔣捷
自反而縮，雖千萬人，吾往矣！
——孟子

不敗的戰神

獨立台灣會
黃敏紅
李政忠

史明老師的回憶錄自一九九九年開始著手以來，最近也即將出版了。

我（敏紅）和阿忠跟在老師身邊學習二十年，實在是很慚愧，老師的理論和行動學不到萬分之一。

記得在二〇〇九年年底，也是老師生日過後的幾天，與老師在日本的阿忠傳來緊急電話，說老師全身水腫昏迷送到醫院，緊急救治。一接到這個消息，我隨即飛到日本趕至病院，探望老師的病情。

最麻煩的是我及阿忠，雖然簡單的日文可以，但是這個時候和醫生的對話又全然不通，還好老師經過日本醫師的救治後，慢慢恢復健康。同時在台灣方面，各界的朋友也動了起來，有的直接飛到日本探望，有的在台灣聯絡醫師，安排醫院。等候老師的病情稍微穩定後，台灣方面派一位醫師去日本接回老師。這是第一次碰到史明老師最危急的時候，那年老師九十一歲。

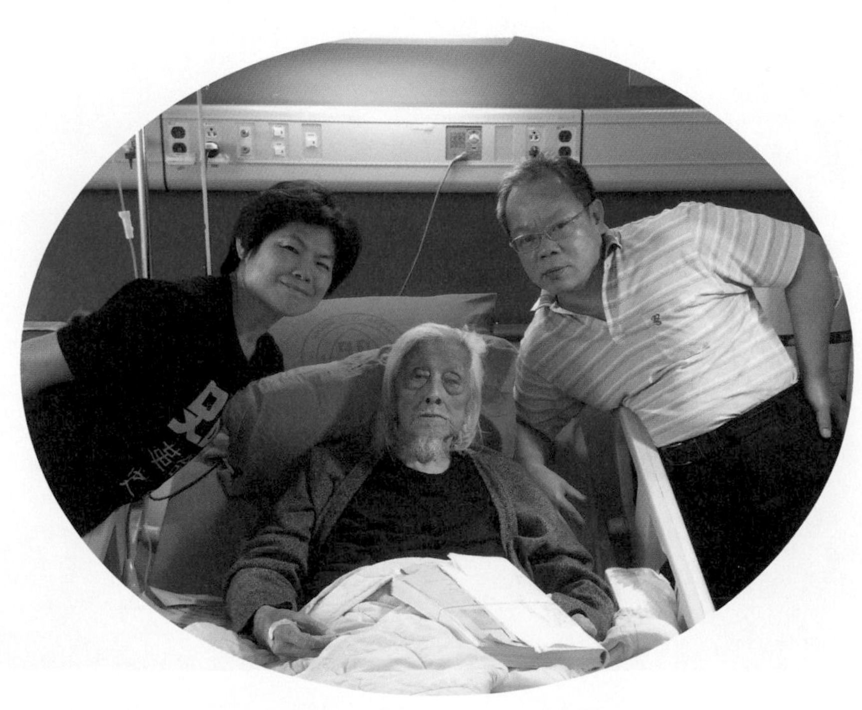

回到台灣後，住進台北醫學大學附設醫院接受陳振文院長（當時）的照護，老師也漸漸恢復往日風采，回到革命的道路繼續奮鬥。老師的生活起居都仰賴阿忠照顧，而我是處理對外事務，老師對我們的行動相當嚴格，只要是不符合處理的手續，他是絕不容情，一絲不苟。

也因爲這次的大病，讓他更加思考到獨立台灣會未來的發展，以及其他的事務的處理，所以我們在法律上登記爲老師的養子女。

老師的處世原則是對事不對人，就像他面對國民黨或是戰後來台的中國人，他的對待方式絕對不會對他們惡言相向，因爲他常說台灣要獨立，要對抗的是這個不公不義的國民黨殖民體制，對於戰後來台的中國人，他一貫的態度是希望他們能夠放棄殖民統治的心態，與台灣人一同建設一個好住的台灣，讓台灣的子孫有好的未來。

在明年（二〇一六）台灣舉行的總統大選，他說獨立台灣會雖是體制外革命的路線，但面臨中共欲併吞台灣的危機時刻，我們唯一的抉擇是聯合體制內改革的路線，一定要讓外來殖民政權下台，先保住台灣的安全，再追求台灣獨立的未來目標。

老師雖然九八高齡，仍然每天行程滿滿，四處趴趴走，他最注重與年輕學生的會面，不管現在少年郎是否聽得懂他的話語，他一定每次都講得全神貫注，希望每次的會面，都能帶給年輕的一輩一點思想交流，而唯一的目的就是希望他們能爲台灣打拚奮鬥。

此次（十二月十日）我們的行程來到嘉義（中部嘉義等地區都是由中正大學外文系陳月妙教授所企劃、領導及付諸實行），老師拖著原本就已經全身水腫的身軀，連著幾天在嘉大蘭潭、嘉中、嘉大民雄以及南華大學的《革命進行式》的映後座談，在隔天即將前往雲林科技大學的活動前，佝僂的身形更加厲害，難過的在病床上翻來覆去，口口聲聲來不及、來不及之下，趕緊以救護車送至最近的大林慈濟醫院急診室急救，檢查下來發覺老師的肺部嚴重積水，必須插管治療。在面臨老師危急的時刻，醫院讓我以養女的身份簽下了老師的病危通知書，這時候才感覺到老師對我及阿忠的信任，以及未來的責任。

幸好經過醫師的救治，老師也漸漸恢復精神，但體力已大不如前。

在病房裡，有絡繹不絕的訪客來探訪，看到年

南華大學學生社團「庶社」的慰問卡

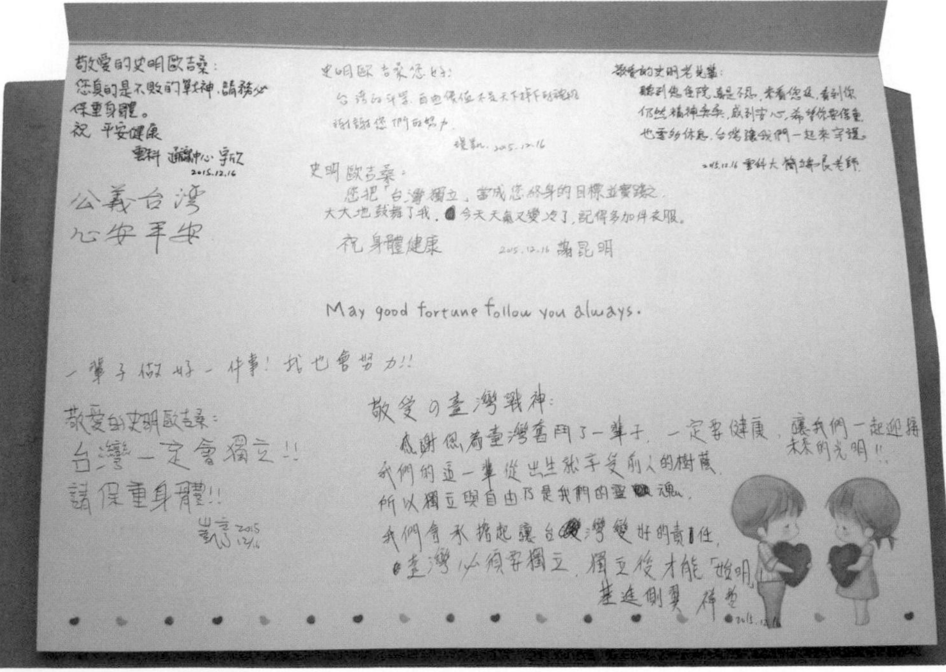

雲林科技大學的老師的慰問卡

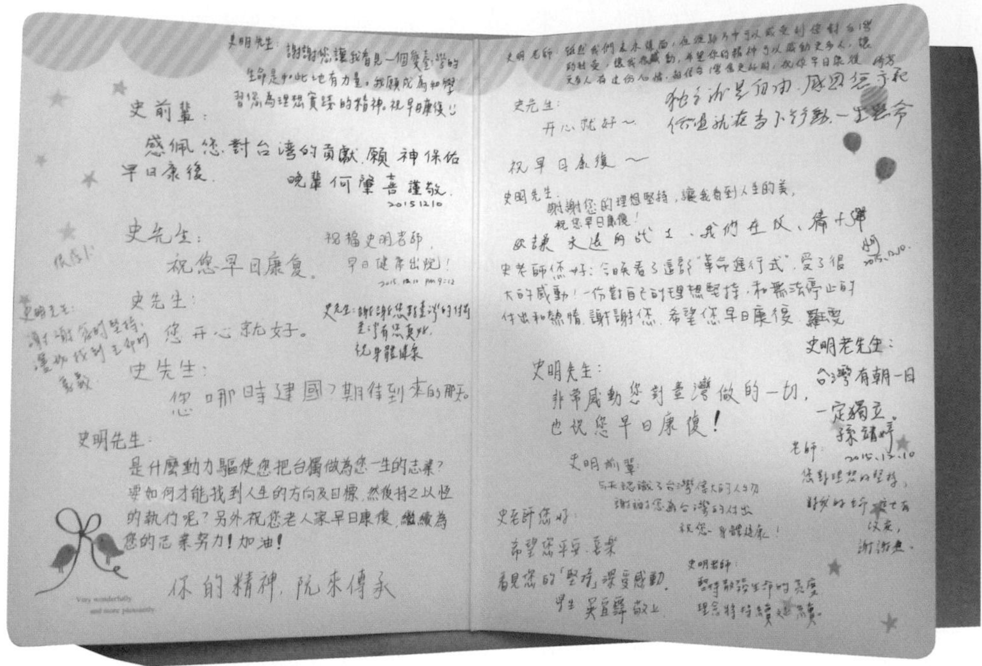

雲林科技大學的學生的慰問卡

輕人來看他，他仍舊拿出奮戰不懈的精神，一講就是一小時不間斷，在老師身邊，時常看到一個不敗的戰神在鼓勵著年輕的學子。

「一心一意爲台灣，老老實實做獨立，一切行動對歷史交代」，我想這就是老師一生最佳的寫照。

編後語

周俊男（本書編輯）

一、二十年，磨一劍

據史明自述，出版這本回憶錄並非他的第一志願。身爲革命經歷超過七十年的老革命家，我們不難揣摩他講這句話背後的沉重與無奈。台灣至今尚未獨立，台灣人淪爲世上僅存的被殖民者，眞正的革命家當然想以全部心力投入獨立事業，哪有餘力來寫自己的過往。但史明這號人物，在台灣近代史上實在太特殊、太重要，所有關心他的人莫不催促他趕緊寫自傳，除了藉以澄清有意無意間流傳甚久的謠傳外，更重要的是爲後輩台灣人留下一個值得效法的典範。不過，眞正推動史明下筆的關鍵理由，是因爲他的閱歷與思想，對於當前及未來的台灣獨立運動，具有極大的啓示作用。在生命的晚年，向接棒的晚輩傾囊相授畢生的實踐與思想精華，絕對是先行者責無旁貸的最後使命。因此才有這本回憶錄的問世。

史明這個人，我們已經越來越不陌生。電視台採訪過他，製作過他的特輯，報章雜誌上有不少關於史明的報導，甚至藝文界也開始以史明爲主題，創作舞蹈、戲劇、紀錄片、雕塑及歌曲等。近來學界也開始幫史明做口述歷史，試圖以學術規格來爲這位傳奇人物立傳。更有許多後輩透過自身專長的學科視角或獨有的問題意識，從不同面向來分析、詮釋、再現他們眼中的史明老前輩。諸多成果可謂粲然可觀。但認識史明越深，越領悟到史明之難以窮盡。靈魂要多麼熾熱才能燃燒終生，思想該怎樣堅固才能頂住漫無止盡的顚簸挫敗？沒有親身體驗過史明的時代，也無緣深入當時知識份子遨遊其間的學問場域的你我，就算與史明當面對談，也註定要隔著一道時代鴻溝。既有的報導、創作、口述歷史與學術研究的作用，是讓更多人認識史明，增加史明的新讀者。若要眞正窺探史明的心靈波動與思想堂奧，放眼僕僕風塵七十載背後的時代風貌，汲

取長年衝撞、犧牲與實踐所淬煉的寶貴智慧，我們就只能請歐吉桑親自動筆了。

但即使是史明，在寫作本書的過程也遭逢過瓶頸。首先是思想上的問題。「在一九九三年結束海外流浪的日子……回來幾年後……開始寫所謂的回憶錄，然而，又過了幾寒暑，回憶錄一直無法深入精髓，直到去年二〇〇五年才頓悟，回憶錄之所以不能順利的原因，在於得從思想歷程開始，才能寫出鉅細靡遺的一生。」（史明，《民主主義》自序）也就是說，連史明本人也得費力重整思緒一番，包括追溯自己的思想歷程，詳細論述影響自己一生的各種理念，以及這些理念最終如何構成堅實的思想體系，源源不斷地推動自己的革命行動等，才能讓這部回憶錄超越刀光劍影式的英雄故事，直抵更深刻的革命與思想之間的辯證本質。這項浩大艱鉅的思想解明工程，無疑是本書最大的特色之一，也是他人難以代筆的癥結所在。再來則是語言上的問題。眾所周知，史明那輩的台灣知識份子，熟諳的是日文，而非漢文。他須先用日文構思，再以漢文下筆，所以寫作時必須不斷跟自己手中的筆搏鬥，明明腦海裡要表達的是這個意思，筆桿卻不聽使喚，經常得重寫多次才能出現滿意的句子。儘管如此，歐吉桑依舊不憚其煩的再三修改，並靠著勤翻字典，以及敏紅姐與政忠兄的協助，努力越過連續殖民加諸在台灣不同世代之間的障礙。

終於，這位老者以二十年的光陰，期間數易其稿，更不時熬夜寫作到深夜兩三點，交出了這部質量均屬重量級的回憶錄。靜心細讀本書的有心人，當能體會潛伏在字裡行間的那股不屈氣魄，古人所說的「老驥伏櫪，志在千里；烈士暮年，壯心不已」，指的就是這般吧！

二、史明，如何寫史明？

史明不只是革命家，同時也是歷史家，當歷史家史明爲革命家史明書寫回憶錄時，記錄的絕不只是史明個人的革命生涯，更涵蓋了史明奮鬥其間的那個大時代的歷史經緯與思想潮流。依筆者淺見，史明在這本回憶錄中，隱約歸納出影響自己一生的三大因素。這些因素約略說來，分別影響了他的個性、思想與行動方式。

首先是史明的外嬤。這位不簡單的台灣老婦

人，培育了史明正直、執善固執、「路見不平，氣死閒人」的性格，也灌輸史明豐富的台灣史知識，讓他不把中國當祖國看待。其次是史明一九三〇年代就讀的早稻田大學。這所日本首屈一指、在當時被稱爲「革命思想的溫床」的私立名校，讓自小受父執輩抗日思想感染，強烈意識到自己是被殖民者的史明，大量吸收最先進的西方思想，進而接觸到主張推翻剝削體制、恢復人性的馬克思主義，燃起革命的憧憬。最後就是一九四〇年代的中國共產黨。懷著實踐馬克思主義理想的正義青年，既然決定與日本帝國主義正面對決，那麼當時的中國共產黨陣營，便是他最佳的戰場。透過這八年的中共經驗（一九四二—四九），史明摸索出地下工作的種種「鋩角」（mê-kak），成爲往後他在日本從事獨立運動的工作方式。只要與當時其他台灣獨立運動者（以學者、留學生、商人爲主）相對照，就能看出史明運動路線的特殊性。

這三大因素，讓史明成爲台灣史上獨一無二的革命家，也爲他往後的革命生涯奠下基調，始終不曾偏離。所以我們看到史明一九四二年去到中國後，雖然在中共組織內的地位逐步提升，但心中的正義感及對馬克思思想的正確認識，卻讓他日漸厭惡中共所實行的假馬克思主義的虛僞性，因而在國共內戰的最後關頭、中共即將取得政權的前夕，毅然逃離中國，放棄原本唾手可及的權勢。一九四九年重回台灣後，滿腔的正義感又督促他展開行動，準備刺殺將台灣當殖民地統治的蔣介石。當事跡敗露，史明遭蔣政權全面通緝時，八年的中共經驗派上用場，讓他依循大退大進的原則，閃避特務警察的追捕，最後成功逃離荊棘之島。史明的中共經驗告訴他，中國絕不能做爲台灣獨立運動的根據地，所以他偷渡到日本，躲過了日後謝雪紅在中國文革時遭受的酷虐（中共採取「以台制台」，打壓謝雪紅等舊台共黨員）。一九五二年抵達日本的史明，靠著擺攤賣餃子站穩腳步後，並沒有放棄社會主義，反而更加深入研讀馬克思思想。歷經一番苦思沉澱的史明，變得更加篤定紮實，不僅在思想上重新書寫台灣人自己的歷史，也在行動上結合台灣大眾、社會底層以至於𨑨迌人等做爲獨立運動的主力，走一條與廖文毅、王育德、黃昭堂等不同的「獨立台灣會」路線。一九九三年潛回台灣後，史明依舊不改本色，拒絕與中華民國殖民體制妥協，競逐任何官

職。他做的還是初衷的革命工作：廣泛接觸各類草根團體及群眾，四處演講、上課，全力啓蒙台灣人的民族意識，並在每個星期假日用他自費維持的獨立宣傳車隊「掃街」，親自擂鼓喊口號，即使已屆九十七高齡的現在，還是風雨無阻，一如往昔。史明所定義的革命與毛澤東不同，並非純粹的「暴動」。對他來說，革命就是站在群眾立場，走群眾路線。在戒嚴時代，群眾無法表達不滿，要改變現狀，只有訴諸武力才能取得效果，此時革命者便採取武裝路線；進入民主時代，群眾能透過多種非暴力方式改變現狀，因此革命者便改採其他路線。根據這種定義，始終站在大眾立場、與大眾走在一起的史明，確實搞了一輩子革命，這也是他自稱「終生革命家」的眞正意涵。

瞭解史明上述經歷，就能知道他這本回憶錄爲何在寫作架構上獨樹一格。他的開章是他的老祖母，用相當多篇幅詳盡描述這位最早影響他個性的人。即使已近百歲，史明依舊難忘老祖母的疼惜、教誨與知識傳承。透過這些點點滴滴的回憶，我們不只感受到眞摯雋永的祖孫情，也見識了不平凡的教育範例。當中有個故事特別值得注意，那就是提及阿舅死後，老祖母與阿妗爭奪弟弟親權的經過。這件訴訟歷時六年，前後出庭十幾次，一位纏小腳、不懂日語的老婦人，卻能在日本法官面前，毫無畏懼地據理力爭，並帶著小孫子史明全程參與，最後贏得訴訟。如此這般的身教言教，難怪可以教出史明這號革命家。

除了老祖母，史明也在開頭章節生動趣味地思想起他的故鄉士林及兒時台灣社會的風俗節慶。正是這些台灣特有的風土、民俗，醞釀出史明堅定不移的愛鄉之情，讓他終生以身爲台灣人自豪，畢生爲台灣獨立自主奮鬥不已。從二十一世紀的眼光來看，這些完整保留日治中期台灣社會原貌的文字，具體展現了台灣大眾文化的獨特性與豐富內涵，也傳神地描繪了當時台灣人內在的精神特質，實在是彌足珍貴的記憶傳承。

接下來的重點是早稻田大學。史明用好幾章來寫早稻田大學的歷史及與該校有關的重要人物，看似與自傳無關，實則是想勾勒出當時整個世界及日本知識界的思想氣氛，尤其是日本左派的發展史。掌握了當時的思想脈動，才能瞭解青年史明如何受到啓蒙、如何吸收西方文明，怎樣從最初的人道

主義者，進而成爲終始不渝的社會主義者。透過這些章節，我們得知日後「廣爲世界飛翔」（大隈重信語）的革命家史明，就是在這個時候立下大志的。史明當初先斬後奏偷跑到早稻田留學的原因，正是一心想掙脫封建家庭及台灣殖民地社會的重重束縛，體驗眞正的自由氣息。六年後，當早稻田的畢業季因二次大戰的戰火被迫提前，身旁的日本同學紛紛加入敢死隊，義無反顧地爲祖國獻身之時，史明也在此刻立下了人生目標。他決定，這輩子要爲社會人群的利益而活，投身反殖民、反壓迫、爭取民主自由的解放政治。在眾人都處於一心奉公的激情年代，立下這般的大志固然值得敬佩，但更難能可貴的是，隨著歲月推移，當昔日的同志逐漸妥協、世俗化，甚至轉而嘲笑、敵視先前的理想時，史明依舊不改最初的大志，在言論及行動上都沒有絲毫的退卻。這種貫徹理想到老、雖千萬人吾往矣的身影，誠然是史明留給台灣社會最寶貴的示範。

史明寫這些章節時，顯然也有意與當前台灣年輕一輩對話。這位老賢拜想告訴他們，年輕時代除了盡情玩樂外，更要及早建立人生觀，胸懷大志（be ambitious），勇敢追求理想。因此，他不只在這本回憶錄裡寫了許多早稻田時期的玩樂逸事，更用心良苦地羅列出彼時所閱讀的書籍。他不是爲了炫耀自己讀過多少書，而是想告訴晚輩，不管以後要做什麼，在這段自我摸索、思考人生方向的青春時期，都該親近這些偉大心靈，一覽人類思想史上耀眼璀璨的智慧結晶，才能提高視野與格局，爲往後的生涯發展奠立宏偉基礎。事實上，這些書單也爲當時進步的知識青年的養成教育留下紀錄，現今自許爲進步的知識青年，當能藉以反思自己的閱讀狀況。

最後一個重點則是中共。本書用相當多篇幅寫馬克思主義的思想演變，寫國際共產組織的鬥爭改組，寫斯大林如何竄改扭曲馬克思主義，就是爲了鋪陳中國共產黨，這一結合斯大林獨裁手段與中國帝王思想的假馬克思主義政黨，其崛起、發展及取得政權的歷史背景。理清了這些錯綜複雜的思想及組織，才能徹底解釋史明當年投身中共時，爲何會經歷那麼多理想幻滅的挫折，另一方面也間接交代日後史明在日本繼續堅持社會主義的理由，因爲失敗的是假的社會主義，世上還有眞的社會主義值得追尋。但對史明的革命生涯而言，八年的中共經驗

並非全然負面的。正是這個假的馬克思主義政黨，引他進入詭譎的戰時情報組織，教他學會收集敵情、發展地下組織，並帶領他眞槍實彈的打了第一次游擊戰。這場穿越紅色浪潮的試煉，強化了史明的身體、意志及處世能力，使他更加接近眞正的革命家。此時的史明已牢牢掌握住地下工作及游擊戰策略的諸多要領，準備在往後的刺蔣、台灣獨立及反中共統戰等運動上一展身手了。

本書用篇幅頗長的一章來詳盡記錄中共崛起、取天下及其內部鬥爭的歷程，寫的雖是歷史，此刻仍具有現實意義。史明對中共擁有第一手的經驗與觀察，這是他與絕大部分獨立運動者不同的地方。他清楚區分中共與中國人，前者是台灣獨立運動最大的敵人，後者則是我們該結交的朋友。他教導我們，評論中國內部的任何事件，都得謹記一點：中共本身的組織極爲嚴密，其治下的中國人則被分化隔絕得相當徹底。舉例來說，中國近年來民眾抗議及暴動事件頻仍，不少人因此主張中共即將垮台，但藉由史明的觀點，我們發現儘管中國因政治腐敗、貧富懸殊引發眾多抗議、暴動，但這些反抗活動都是小型的、侷限的，彼此之間無法有效聯繫起來；若再考量中共先進的軍力，我們實在不太可能在近一、二十年內看見中共崩台。簡言之，史明耗費極大心力，透過切身經驗與浩繁文獻相互參照所寫出的中共演變史，是他傳承給獨立運動陣營的珍貴智慧，它讓我們對中共有正確的認識，不致被中共的統戰手段所迷惑，或隨著懷有偏見的外國觀察家胡亂起舞。

筆者認爲，就史明這個人的特質而言，上述三大因素的確是決定性的。然而，若從史明漫長的革命生涯來看，這三個因素其實只是前奏，他生命中眞正的主旋律，應該始自一九五二年流亡日本，止於一九九三年潛回台灣。在這段期間，他創立「獨立台灣會」，出版《台灣人四百年史》，策動台灣島內一波波的地下工作，遠赴美國啓蒙一批批年輕的台灣留學生。這些海外時期的作爲，緩慢但深遠地影響了台灣島內一九八〇年代末期開始出現的「本土化」（史明認爲要稱作「本地化」）運動。史明關於這段期間的記述，與日本及美國等地的台灣獨立運動史密切交織，並兼及他個人與多位獨立運動領導者之間的往來經過，深具史料價值，相信也是一般讀者最期待的部分。

至於史明一九九三年回台後至今，則是一段韻味悠長的尾奏。史明以「我回台灣不是為了回家，而是要來推翻國民黨殖民體制，達成台灣獨立」這句壯語，宣告他的歸來。先知返鄉，雖有短暫的掌聲相迎，但他魂牽夢縈的土地早已截然不同了。當年那個橫行霸道的獨裁者已逝，其繼任者為了續命，也開始推行所謂的台灣化，而人民期待最深的反對黨，為了執政權，更不惜與黨綱相左的政黨遂行所謂的大和解。在這個原則淪為口號、敵友界線游移的世紀末台灣，初來乍到的史明顯得無比突兀。但他展現出革命家的高度與執著，堅定一貫的體制外路線，既不涉入體制內的利權爭奪，也不忌諱在具體問題上對體制內同志展開批判，甚至予以當頭棒喝。我們如今閱讀史明返台後的種種言行，不得不對他的有為有守肅然起敬。更難能可貴的是，在決定台灣命運的關鍵時刻，他沒有堅持本位主義，而是與體制內同志裡應外合，協力守護台灣。有些人因此批判史明，指責他沒有堅定體制外立場。但我們知道，史明始終沒有偏離，因為他從頭至尾，都走在通向獨立建國的台灣民族主義之路。

三、台灣．民族．主義

《壹週刊》（二〇一三年八月十五日，第六三八期）曾專訪過史明，對史明的生平性格描寫得頗為精要，但遺憾的是，卻誤解了史明到中國抗日的動機，認為「他（指史明）以為的祖國在中國，他接受共產黨組織的安排到中國大陸……想更進一步成為『中國人』」（頁九二）。史明前往中國的眞正原因，這本回憶錄寫得清清楚楚，筆者無需贅言。史明不是被「中華民族主義」吸引到中國的，但他逃離中國時，卻帶回「台灣民族主義」的火種。事實上，中國經驗不只讓史明徹底看清中國共產黨的本質、意外躲過台灣二二八大屠殺、學會日後從事獨立運動的工作方式，也激發他開始思考「台灣」的獨特性，最終得出他最著名的理論主張，也是他留給當前台灣獨立運動最寶貴的資產——台灣民族主義。

本書記載一則史明在中國經歷的小故事。話說史明在上海從事情報工作時，有一天不小心在街上踢到一個男人的腳，他就像在台灣和日本那樣，立刻向那人道歉，想不到對方竟迅雷不及掩耳地躍

起，抓住史明的領帶，同時以上海話向他大聲吼叫，讓他相當困窘，最後他只好在眾人重重圍觀下，付錢了事。當史明事後向中國友人提及此事時，想不到友人竟然回說這是史明的不對，「你向他道歉，這就是你的不對，你應該說：臭你媽的，爲什麼把腳伸得那麼長，害我踩到，走，走，走……」透過這個小插曲，史明驚覺中國社會在爲人處世的習慣上，與台灣存在很大的差異。諸如此類在中國親身體驗的或大或小的文化衝擊，讓史明開始意識到台灣社會的獨特性。台灣與中國究竟有什麼差異？台灣與中國雖同是以漢人爲主的社會，但經歷四百年來各自不同的歷史過程，是否已發展成截然不同的社會呢？

針對這個問題，史明沒有從較顯而易見的因素，像血統（如廖文毅）或制度層面（如有無法治、有無私有財產權等「自由中國派」）來切入，而是以一種同時兼顧風土、慣習、歷史命運，姑且稱之爲修正式的歷史唯物論，來追溯台灣社會整體的演變史，最後得出台灣民族已在歷史激流的淘洗下隱然存在的結論。台灣民族是在固定疆域內，經歷獨特的風土、慣習、歷史命運的薰染，並經受外來統治者不斷壓迫下，被捶打成形的歷史實體。這一歷史實體因產生的過程與中華民族有異，當然也就有所不同了。

史明是一個革命家，遵循「思考是爲了正確行動，而非純粹爲思考而思考」的原則。所以當他在台灣史中爬梳出「台灣民族」時，下一步思考的就是「怎麼辦」：如何讓台灣民族覺醒，掙脫束縛在自己身上的枷鎖。台灣民族這一歷史實體要成爲眞正的行動主體，就必須先認識到自己存在的獨特目的（歷史使命）。以馬克思爲例，他在分析資本主義的興起與運作過程中，找到了無產階級這一歷史實體，而後世所謂的馬克思主義，就是用來喚醒無產階級的理論武器，唯有透過馬克思主義的指引，無產階級才能起身推翻資本主義，完成邁向社會主義的歷史使命。同樣道理，史明筆下這個隱然成形的台灣民族，也需要一種意識型態幫它指引出自身存在的獨特目的，才能夠眞正覺醒，在民族內部克服Mancur Olson所謂的「集體行動的邏輯」，在民族外部抵抗外來殖民政權，最終建立屬於自己的國家。

那麼，什麼是台灣民族存在的獨特目的呢？答

案同樣存在於台灣歷史之中。唯有在歷史中尋找到與台灣民族的奮鬥史同其脈動的民族精神發展史，才能眞正喚醒這個民族。一言以蔽之，就是必須以民族史的方式來重新書寫台灣史，讓過往的台灣民族躍然紙上、栩栩如生，並爲往後的民族獨立運動注入全新的力量。因此《台灣人四百年史》告訴我們，台灣人的祖先在反荷蘭（紅毛）、反滿清（唐山）、反日本（四腳仔）的武力鬥爭中，已發展出素樸的「台灣人意識」，以及「出頭天，做主人」的精神傳統。日治時期的台灣共產黨，爲反抗日本帝國主義的剝削，也已在思想層次上提出「台灣民族」的概念。然而，終戰後面對同爲漢人的中華民國政權，台灣人卻惑於同文同種的表象，一時卸下心防。腥風血雨的二二八大屠殺，以及接踵而來的清鄉戒嚴，不啻是一記嚴厲的警鐘，提醒台灣人應當盡早覺悟，擺脫殘存的漢族意識。史明所提出的台灣民族主義，就是上述一系列台灣人祖先精神發展的最高峰。

但史明不只是民族主義者，更是個社會主義者，社會主義者要如何同時是民族主義者呢？史明透過這本回憶錄，回答了這個問題。從理論邏輯上來看：史明的台灣民族主義，是引導台灣民族終結外來殖民政權，建立自己國家的意識型態；而唯有先運用學自馬克思的歷史唯物論，方能從紛亂龐雜的台灣史事中，發掘出胚胎中的台灣民族來。從個人知識發展史來看：史明因爲身爲殖民地人民，感受到不平等與壓迫，所以先成爲社會主義者；之後到了中國，體驗到台灣與中國的差異，尤其是目睹了台灣兵淪爲國共內戰的砲灰、馬前卒後，才開始思考台灣人的命運，進而成爲台灣民族主義者。因此，無論從史明個人智識發展過程來看，或從理論本身的邏輯結構來說，台灣民族主義都後於社會主義，是社會主義運用於台灣具體情況下所得出的理論延伸。而民族主義者與社會主義者這兩種身分，在台灣特殊的政經脈絡下，爲了解放被壓迫的台灣大眾這一實踐目的，是相輔相成，而非相斥的。也就是說，史明的「台灣民族」、「台灣民族主義」，是用理論（唯物史觀）來詮釋歷史（台灣史）所得出的產物，而且具有強烈的政治實踐導向（終結外來政權）。

同時做爲社會主義者及民族主義者的史明，一旦將視野聚焦於具體的革命戰略，自然會得出異於

其他左派運動者的「二階段革命論」。史明清楚告訴革命陣營的同志，現實政治必須從實際處境出發，而台灣最特殊的處境，就是尚處於被殖民、沒有國家的狀態。因此，台灣人必須先進行自己當家做主的獨立運動（民族、民主革命），才能談後續的社會改革階級運動（社會主義革命）；若過早奢談社會主義革命，民族、民主革命將因台灣人內部的階級裂痕而潰敗。史明就是用這種觀點，來理解體制內與體制外兩種路線之間的關係及功能。

那麼，就第一階段的民族、民主革命來說，台灣民族主義該扮演何種角色呢？是否在任何情況下都得竭力宣揚台灣民族主義呢？史明常說，民族主義是一支大旗，中國人懂得揮舞中華民族主義勾魂，台灣人卻不懂依靠台灣民族主義前進，講的就是台灣民族主義做爲一種鼓舞民族獨立運動的意識型態，在台灣依舊被殖民、尚未獨立的情況下，具有極大的動員作用。但同樣道理，如果提倡台灣民族主義會有分裂獨立運動陣營的反效果，在當下就不宜太過強調。這是革命家與理論家的分野所在，而一九六二年日文版的《台灣人四百年史》告訴我們，史明是以革命家來自我定位的。當時，「反對蔣政權獨裁統治」是大家共同接受的目標，相反的，民族這概念卻經常與中華民族糾纏不清（例如日治時期台灣民族運動領導人林獻堂，在終戰後一年，即帶領「台灣光復致敬團」到中國拜謁黃帝陵），史明爲了統合獨立運動各勢力（尤其是日本的獨立運動者，畢竟當時獨立陣營的力量已經不大，一旦再分裂下去，只是徒增親痛仇快）這一實踐上的考量，只好以通用的「台灣人」來代替「台灣民族」；同樣，爲了革命實踐的考量，社會主義、歷史唯物論這些當時恐共的台灣人難以接受的概念，史明也以「可做不可說」的方式，運用在台灣史的解釋上而沒有明說。

但當前的局勢又截然不同於一九六〇年代。現在大部分台灣人都認爲，對外避免遭中共併吞，對內化解族群對立，就是現實政治的當務之急。正因爲如此，史明才會席不暇暖的四處奔走，用最後的氣力對我們高聲疾呼：台灣史上沒有任何時候，比此刻更需高舉台灣民族主義的大旗！歐吉桑要說的，其實是很簡單的道理：要建立現代國家（nation），就得要有現代概念的民族主義（nationalism）爲思想背景，而這種「民族」概念，也是協助台灣人超克「族群」衝突、「血統」羈絆

的唯一途徑。

台灣內部最大的紛爭，就是福佬、客家、原住民之間的族群對立。這種立基於前現代的族群概念的對立，一方面源自歷史上的利害衝突，另一方面也由外來統治者刻意操弄所致。台灣要獨立建國，就得克服這種內部對立問題。史明不斷教導我們，種族、族群是利用共同的血緣、語言結合起來，民族卻是因爲共同的經濟利益和政治命運而結合起來。從歷史上看，台灣人早已台灣民族化，因爲無論是日本殖民者或國民黨政權的壓迫，都是針對台灣人全體，不會區分福佬、客家或是原住民；台灣未來若不幸落入中共掌中，其壓迫也絕對不會區分福佬、客家或是原住民。「台灣人關心台灣的前途和利益，在政治上要建立獨立自主的國家，在經濟上要建設台灣的國民經濟，在文化上要發展固有的台灣文化」，史明所主張的這種台灣民族主義，應該是當前台灣各族群均能接受的最大公約數，也是統合福佬、客家、原住民來共建現代國家的唯一方法。至於在台的中國人，其實比台灣人更了解中共的眞面目，不太可能離台返中。史明對這些人的呼籲很簡單：若無法認同台灣民族主義，也歡迎以政治民主、經濟平等的原則，共同參與台灣獨立建國大業。

各族群若能在大原則上認同台灣民族主義，接下來就要解決政治、經濟上的實質問題，才能徹底化解台灣內部矛盾，共同一致對外。對此，史明以福佬人的身分主張，人口占大多數的福佬人已長期占優勢，未來必須以謙讓的心扶助其他弱勢族群達到平等。例如，在政治制度上，台灣的國會應該分爲上議院與下議院，下議院依照民主原則，一人一票選出國會議員，上議院則應該依照族群比例，在台灣人口多達四分之三的福佬人，絕對不可以拿百分之六十以上的席次。因爲修憲需要三分之二以上同意，因此，至少百分之四十以上的席次必須由其他族群分配，才不會形成福佬族群獨裁危機。史明這種以族群而非階級爲原則來組建上議院的倡議，乃緊扣著上述的二階段革命論而來，也是他與一般左派很不一樣的地方。

另一方面，面對同爲漢人的中共政權，台灣人更迫需以台灣民族主義來自我武裝。目前大部分台灣人已具有「台灣意識」或「台灣認同」，但這些概念依舊不夠清楚徹底，依舊與「中華民族」藕斷

絲連。唯有將台灣意識、台灣認同進一步深化至台灣民族主義的層次，才能有效抵抗中華民族主義的「炎黃子孫論」，避免另一次的二二八大屠殺。芝加哥大學政治學教授John J. Mearsheimer最近在一篇頗受矚目的文章中（"Say Goodbye to Taiwan"）指出，在中國持續強大的前提下，美國遲早無法協防台灣，台灣被中國奪下只是時間問題。因此，他給台灣的「忠告」是，趁著現在還有談判籌碼，要求中國「多讓點利」，爭取條件優渥的「一國兩制」。我們不必接受Mearsheimer的「忠告」，但必須重視他的警語，並從中反推出兩個史明早已不斷告誡我們的重點。其一，目前美國與台灣國內主流民意均支持的「維持台海現狀」政策，只是苟且偷安之舉，長期將導致大災難。其二，既有的國防只是添購武器，但這種軍備競賽對台灣極爲不利，台灣最應該做的是強化心防（即台灣民族主義），藉此讓中共覺悟，台灣人絕對會誓死捍衛自己的家園，即使一時之間能以武力奪下台灣，往後台灣人也將不斷蜂起反抗，成爲中共統治者的夢魘。

台灣文化要如何往台灣民族主義層次深化呢？我們可以看看史明怎麼做。他在一九九三年回台後，曾以獨立台灣會之名舉辦過幾次普度、祭拜大墓公的活動。批評者或許會質疑，做爲一個著名的馬克思思想奉行者，史明此舉是否與馬克思強烈批判宗教的立場相扞格呢？其實，馬克思所批判的，是合理化剝削體制、爲統治者抹粉施脂的宗教，但史明所祭拜的好兄弟、大墓公，卻是爲了保鄉衛民、抵抗外來侵略者而犧牲的無名戰士，兩者指涉的對象完全不同。依筆者淺見，史明並沒有拘泥於馬克思主義敵視宗教的教條，他是從台灣民族主義的立場來理解民間宗教，因此他在這方面的態度也與長期支持台灣住民自決的長老教會有所不同。史明認爲，這些信仰已經與台灣的風俗、慣習、文化，一言以蔽之，即已經與台灣大眾的日常生活緊密融合在一塊，所以無法全然擯棄不顧，革命者能做的，就是引導它們去蕪存菁，發揚當中的正面價值。例如，普度的種種儀式，無非是教導我們先人如何辛勞開墾台灣、如何挺身捍衛子孫的歷史體驗營。諸如此類的重振宗教本質的工作，乃是將台灣意識深化至台灣民族主義的整體工程之一環。（順道一提，若從思想層面來看，我們似乎可以說史明在面對民間宗教時，由於民族主義之故，態度上較傾向於英國的保守主

義，而非法國的理性主義。這點也是他異於其他社會主義者之處）

本名施朝暉的歐吉桑，在一九六二年出版日文版《台灣人四百年史》之際，正式改名爲史明，寓意著「把歷史弄明白」。歷史本質上是雜亂文獻的湊合體，唯有藉助先於文獻的理論觀點，才有可能把歷史弄明白。這本回憶錄告訴我們，史明的馬克思思想，不僅引著他前往中國革命，也帶領他在千里之外重新定位故鄉，與歷來支配著台灣史的統治者觀點相鬥爭，進行了一場從「台灣」→「台灣民族」→「台灣民族主義」的史觀革命，最終建立眞正以台灣人爲主體的歷史觀點。正是這種把歷史弄明白的史觀震撼，讓史明的著作與言行歷久彌新，成爲代代台灣人覺醒的必經之道。

四、我所見識的史明

二〇〇九年史明一度在東京病危，但意志力撐持他返回台灣，最終克服病魔。當時台灣教授協會曾幫他出版《穿越紅色浪潮》（該書所載八年中共經驗部分，經增訂後已收入這本回憶錄，即第十三章）祝賀，筆者就是因編輯該書而有幸結識史明，進而成爲本書編輯。編輯本書期間，筆者與歐吉桑有過多次會面。歐吉桑待人親切客氣，雖稍有重聽，仍認眞聽取晚輩意見。至今猶記得每次離開他新莊住所時，總是渾身朝氣，如沐春風。

歐吉桑寫作本書期間，雖偶有生病住院，但身體狀況還算不錯，自稱食量比身旁的年輕人大，即使冬天也保持每周游泳的習慣。他的行程排得很滿，參與各式會議、演講、街頭抗議，並接待絡繹不絕的訪客，剩餘的時間就全用來寫作。他腰骨不好，走路有點駝背，需拄著拐杖慢慢移動。但當他坐定位，開口講話時，就完全變成另一個人。很難想像一個九十七歲的老人家會如此健談，一開講即歷時三、四小時，內容參雜著理論與歷史，絕非純粹的閒聊。

歐吉桑回答問題時，並不會直接針對問題解答，而是習慣從更大、更宏觀的脈絡講起，經過一番長長的論述，才慢慢回歸到問題本身。用歐吉桑自己的術語，就是先從源頭講起，然後論及發展條件，再來才是具體的發展過程，而非只講事件本身。對沒有認眞聆聽或知識背景不足的人來說，常

有答非所問的困惑。例如，筆者曾請教過歐吉桑對於近來頗熱門的台灣人與漢人（尤其是北方漢人）血緣差異的意見。針對這個問題，歐吉桑慨然從最原始人類的遷移路線講起，然後才說到漢人本身就是血緣異質性很高的「種族」，況且在目前這個民族國家的時代，血緣已不再是決定性因素等結論。筆者當下對歐吉桑廣博的學識驚訝不已，但事後想來，歐吉桑更讓人敬佩的是，即使用血緣來區隔中國人與台灣人的訴求很有吸引力，也有助於推進他畢生追求的台灣獨立，但他選擇尊重他相信的學問眞理，堅持一貫的理論主張，拒絕便宜行事。

某次演講時，曾有學生問歐吉桑對台灣獨立前景的看法。歐吉桑的回答簡單明瞭：台灣一定會獨立。首先，台灣史清楚告訴我們，台灣人有反抗的精神傳統，不會默默被壓迫；其次，世界現代史也指出，當前國際上已不容許用戰爭來解決爭端。從這番回答可知，面對青年學子的提問，史明不像政客或學者那樣，搬出國際勢力、現實政治來回應。歐吉桑當然也懂國際現實，當然也注重實際處境，但他所理解的現實卻比批評者更深遠悠長，因爲在他眼中，「歷史就是最大的現實」。所以他總是從歷史源頭來研究現實問題，他的論點也總是根據歷史而來。難怪短視的人會批評他，台灣現在已經是民主時代，史明還在談什麼二二八、蔣介石；中國已改由習近平、李克強接班，但史明的中國依舊還是毛澤東、鄧小平。

閱讀過歐吉桑其他書籍的讀者可能會問，關於社會主義、馬克思主義、民族主義等理論主題，以及中共崛起過程、共產國際演變等歷史主題，歐吉桑先前都已寫過，爲何本書還用那麼多篇幅來討論呢？就筆者所知，這些章節全都是歐吉桑新寫的，並非沿用舊文章。歐吉桑這本回憶錄會「磨」得如此之久，就是因爲他想把這些主題盡可能寫得透徹完整，並提出自己的見解，例如馬克思錯估形勢，將革命看得太快；斯大林扭曲馬克思，與馬克思「提高人性」的目的背道而馳……。他很清楚，這些論述並不好讀，很多人或許會直接跳過，但要完整交代自己的一生，這些章節卻是最關鍵的，也算是他對上述這些畢生研究的主題所做的最終論述。想深入瞭解史明革命原動力的讀者，實在不宜略過。

筆者閱讀本書草稿時，發現歐吉桑習慣把歷史

與理論寫得很詳細，他個人的事情有時卻寫得頗爲簡略，據我了解，這一方面可能源自他長年從事地下工作所養成的守密習性，另一方面應該也是有意避免過於突顯自我的英雄主義。但不可諱言，對很多人來說，史明這個人的故事才是本書「賣點」所在。幸好歐吉桑欣然接受筆者提議，增補了不少生活細節及逸事。但歐吉桑似乎還是保留了很多事情。舉個例子，歐吉桑在島內地下工作那章開頭，簡要的提到戰後日本軍曾試圖要把武器交給林獻堂、辜振甫等台灣領導人物，但最終沒有實現。經筆者追問才透露，林獻堂一九五〇年代避走東京後，年輕的史明曾拜訪過林獻堂，當林獻堂得知他正在從事台灣獨立運動時，就把他帶到一旁，低聲地說「很後悔當年沒有接收日本軍的武器」。而那位辜振甫，我們一般人只知道歐吉桑一九九〇年代曾抗議辜汪會談，卻難以想像一九五〇年代辜振甫到日本訪林益謙時，同爲日華信用組合幹部的歐吉桑也會陪著一起吃飯，而且還會帶辜振甫去跳舞等往事。至於這樁日本軍移撥武器計畫的消息來源，則是歐吉桑中學同學，當時的日本軍參謀新沼五郎。由此可見，歐吉桑還有很多「記憶寶藏」等待挖掘。

但歐吉桑堅持兩類事情不寫，因此，台灣獨立運動史上許多恩怨情仇可能就此湮滅吧。第一是他在地下工作方面的同志資訊，如果當初曾承諾不提，就算現在對方已死了，照樣得遵守，不可食言。第二是歐吉桑與其他獨立運動者之間的金錢關係及私人恩怨。我們知道，歐吉桑在日本辛苦經營了一家麵食店，生意很好，該店絕大部分的利潤也用在獨立運動上，所以歷年來受過歐吉桑贊助的人實在不少。但對於個中細節，堅持寫作格調的歐吉桑選擇沉默，因爲「如果把這些人（大部分都拿了錢就跑掉，沒做到約束的事情）的名字及贊助金額全列出來，這本回憶錄不就成了帳簿？」歐吉桑的住處擺有一幅日本文豪武者小路實篤的墨寶，上頭寫著「團結就是力量」，表明他對待同志的最高原則，也印證了本書的寫作格調。

歐吉桑流亡日本時期，曾堅持不放棄武裝鬥爭路線，因而在獨立陣營中被歸類爲極左武裝鬥爭派，那時的他宛如荒野裡的一匹孤狼，踽踽獨行在悲壯的革命道路上。但一九九三年回台後的歐吉桑，順應台灣社會的變遷，改走大眾啓蒙路線，廣

泛親近年輕學子，晚年的史明正以青年啓蒙者、革命導師的形象被重新認識。此刻的他好像一塊大磁鐵，吸引各式各樣的人物前來造訪；也好似一台時光機，讓所有與他接觸過的人，包括他自己，全都年輕起來，重拾追求理想的勇氣。歐吉桑說，等本書完成後，就要到台灣各村庄巡迴「開講」。聽著他的描述，筆者不禁想起當初啓蒙過他的文化協會的下鄉演講。此時當然不會再有日本警察在一旁嚴陣以待，伺機中止演說，但當初那個在台下聽得慷慨激昂的少年史明，彷彿從未變老。歐吉桑在長年風霜艱困下，始終保持高昂鬥志，笑容中未失純眞的靦腆，應該是那個少年始終還在的緣故吧！

歐吉桑的言行、學問與風範，令人敬佩，筆者有幸編輯本書，榮幸之至

歐吉桑的人生眞值得欽羨啊！他孩提時代就與林獻堂、蔣渭水等抗日英雄相親近，青年時代體驗了當時台灣人罕有的大學生活，往後又捨得拋下名利家累，爲了理想往前衝。他打過游擊戰，刺殺過獨裁者，爆破過蔣政權的鐵路、派出所，一輩子活得盡情盡興，精彩萬分。即使爲了革命犧牲一切，依舊意氣昂揚，熱血沸騰。他多麼幸運啊！當他在中國實踐革命夢時，同時期大量的台灣年輕菁英卻淪爲二二八亡魂，青春早夭。他爲了革命結紮，沒有子嗣傳宗接代，但《台灣人四百年史》已讓他的名字不朽。他是Max Weber所定義的「卡里斯瑪」（charisma），他已帶領追隨者走過一段很長很長的路。此刻，他用這本回憶錄來傳承薪火，陪伴追隨者繼續前進，跨越沒有史明的明天，直到台灣眞正獨立那刻。